DER TEMPEL VON JERUSALEM

VON SALOMO BIS HERODES

EINE ARCHÄOLOGISCH-HISTORISCHE STUDIE
UNTER BERÜCKSICHTIGUNG
DES WESTSEMITISCHEN TEMPELBAUS

VON

TH. A. BUSINK

2. BAND

VON EZECHIEL BIS MIDDOT

Mit 155 Textabbildungen und XIX Tafeln

LEIDEN

E. J. BRILL
1980

Gedruckt mit einer Subvention der Niederländischen Organisation für
Reinwissenschaftliche Forschung (Z.W.O.)

ISBN 90 04 06047 2

PRINTED IN THE NETHERLANDS

IN MEMORIAM TH. A. BUSINK

Am 22.1.1980 verstarb in Den Haag Th. A. Busink, ohne noch das Erscheinen des zweiten Bandes seines opus magnum „Der Tempel von Jerusalem" erlebt zu haben.

Herr Busink wurde am 9.12.1898 in Arnhem geboren. Er studierte Architektur mit dem Schwergewicht auf der „archäologischen Architektur", d.h. Baukunst des Altertums. Nach dem Examen wurde er als Lehrer in das damalige Holländische Indien — Indonesien — entsandt, wo er zunächst in Batavia (Djakarta), danach in Bandung Architektur unterrichtete. Diese Tätigkeit fand mit der japanischen Invasion und der Kriegsgefangenschaft in Thailand ein Ende. Nach Kriegsende kehrte Herr Busink in die Niederlande zurück, wo er das Leben eines Privatgelehrten führte.

Der Beginn seiner wissenschaftlichen Tätigkeit fällt in die Mitte der Dreissiger Jahre. Er war dabei geprägt durch seine Vorbildung als Architekt und durch die archäologische Schule der Bauforschung, die das Profil seiner wissenschaftlichen Beiträge bestimmte. Aus den verschiedenen in Batavia (Djakarta) in holländischer Sprache publizierten Arbeiten über ägyptologische und mesopotamische archäologische Fragen sei eine dem altgriechischen Wohnhaus gewidmete Studie hervorgehoben: „Prothuron. Inleidende Studie over het Woonhuis in Oud-Griekenland" (Batavia 1936). Sein Interesse konzentrierte sich jedoch völlig auf Probleme des mesopotamischen Tempelbaus („De Toren van Babel, zijn vorm en zijn beteekenis", 1938; „Sumerische en Babylonische Tempelbouw", 1940) — Arbeiten freilich, die angesichts des entlegenen Erscheinungsortes wie angesichts der Sprache, in der sie erschienen und endlich angesichts der zeitgeschichtlichen Ereignisse leider ziemlich unbeachtet blieben. — Diese Linie der Arbeiten setzte der Verstorbene nach seiner Rückkehr in die Niederlande fort mit der Monographie „De Babylonische Tempeltoren" (Lectiones Orientales II, 1949) und verschiedenen Aufsätzen, die in der Zeitschrift „Jaarbericht van het voorazitatisch-egyptisch Genootschap Ex Oriente Lux" erschienen. Höhepunkt und Abschluss dieser Arbeiten war der grosse Aufsatz über „L'Origine et l'évolution de la Ziggurat babylonienne" in JEOL 21, 1969-70, S. 91-142.

Sein eigentliches Lebenswerk aber wurde das Werk über den Salomonischen Tempel und dessen Nachfolgebauten in Jerusalem, dessen 2.Band nunmehr vorliegt. Über die eigentlich etwas zufällige Wahl dieses Arbeitsgebietes gibt das Vorwort zum 1.Bande dieses Werks („DER TEMPEL VON JERUSALEM. Von Salomo bis Herodes. Eine archäologisch-historische Studie unter Berücksichtigung des westsemitischen Tempelbaus. 1.Band: Der Tempel Salomos". Leiden 1970) Auskunft. Dies Buch ist zugleich umfassendste Bestandsaufnahme und eigene Deutung des Baus und seiner Bestandteile, die sich v.a. auch in zahlreichen Rekonstruktionszeichnungen niedergeschlagen hat, über die sich der Laie auf diesem Gebiet durchaus falsche Vorstellungen machen kann, was darin investierte Arbeitszeit und -kraft betrifft.

Der zweite Band, der nunmehr vorliegt, behandelt nicht nur, wie der Untertitel des Buches suggerieren könnte, die Nachfolgebauten unter Serubbabel und Herodes, sondern auch die Nachgeschichte des Tempels in der Literatur des Judentums und die des Tempelplatzes in der christlichen und der islamischen Epoche und die damit verbundene Bautätigkeit. Insofern ist das Werk sehr viel umfassender, als der Untertitel vermuten lässt.

Am Schluss dieses Rückblicks auf Leben und Werk von Herrn Busink sei noch erwähnt, dass er 60 Jahre lang verheiratet war. Unser Mitgefühl und gleichzeitig unser Dank gilt seiner Witwe, die ihm in vieler Hinsicht seine streng wissenschaftsorientierte Lebensführung ermöglichte und erleichterte.

Königswinter im März 1980
Peter Höffken (Dr. theol.)

Aan Mijn Vrouw

VORWORT

Im ersten Bande meines Werkes „Der Tempel von Jerusalem, Von Salomo bis Herodes" konnte ich, ausser den älteren Rekonstruktionen des Jerusalemer Tempels, dem Tempelbau in Altkanaan, Altphönikien, Ugarit und Altsyrien, nur den Tempel Salomos eingehend behandeln. Die Arbeit war ja auf zwei zusammenhängende Bände angelegt. Der zweite, nun vorliegende Band, dessen verhältnismässig spätes Erscheinen dem Umfang des zu bearbeitenden literarischen und archäologischen Materials zuzuschreiben ist, handelt über den ezechielischen Tempelentwurf (Kap. IX); den Tempel Serubbabels (Kap. X-XI); Herodes' Bautätigkeit und den Tempel des Herodes (Kap. XIII); den Tempel der Qumrangemeinde (Kap. XVI) und den Tempel des Mischna-Traktates Middot (Kap. XVIII).

Eine archäologisch-historische Studie über den Jerusalemer Tempel erfordert aber mehr als eine nur architekturgeschichtliche Behandlung des Problems. Beim ezechielischen Tempelentwurf z.B. war auch über den Propheten Ezechiel und die Datierung des Entwurfs zu sprechen; beim Serubbabelschen Tempel über die Trümmerstätte des alten Tempels, die Heimkehr der Golah und die Opposition gegen den Wiederaufbau des Tempels. Es galt auch, den Bestand des zweiten Tempels in der persischen, seleukidischen und hasmonäischen Periode und seinen „Untergang", als Herodes den zweiten Tempel niederreissen liess, um ihn durch einen grossartigen Neubau zu ersetzen, zu behandeln (Kap. XI); eine eingehende sachliche und historische Beschreibung des Ḥarām asch-scharīf zu geben, bei der der Ḥarām auch als islamisches Heiligtum ins Licht zu stellen war (Kap. XII); die Tempel der Umwelt Palästinas — Nabatäa und Syrien — vorzuführen (Kap. XIV); den eigenen orientalischen Charakter des Jerusalemer Tempelhauses, im Unterschied zu der Architektur der Tempelhöfe, den Tempeln der Umwelt und zu der Synagogen-architektur des 2.-6. Jahrhunderts n. Chr. zu betonen (Kap. XV); den Jerusalemer Tempel als Heiligtum der jüdischen Nation und Symbol der staatlichen Selbständig-keit zu beleuchten (Kap. XVI); und dann auch eingehend über den Untergang des Jerusalemer Tempels im grossen Krieg gegen Rom 70 n. Chr., dessen Vorspiel bis 4. v. Chr. (Herodes' Tod) zurückzuverfolgen war, zu sprechen (Kap. XVII).

Eine wahrscheinliche Rekonstruktion des ezechielischen Tempelentwurfs ist erst möglich geworden durch die Arbeit vieler europäischer und amerikanischer Gelehrten am Buch Ezechiel (Kap. 40-48), von denen hier besonders K. ELLIGER, G. FOHRER, K. GALLING, H. GESE, C. C. HOWIE und vor allem WALTHER ZIMMERLI zu nennen sind. An einigen Stellen glaube ich, die Sache richtiger erklärt zu haben als vordem geschehen war.

Bei der Rekonstruktion des Serubbabelschen Tempels war Rücksicht zu nehmen auf den von Herodes wiederaufgebauten Tempel, der auch architekturgeschichtlich vom zweiten Tempel nicht zu trennen ist. Dies führte zu einer neuen Sicht des Tempels Serubbabels, der fast allgemein als ein unbedeutender Bau betrachtet wird; zu Unrecht. Bei der Rekonstruktion des herodianischen Tempels kam ich aus Josephus' Beschreibung zum Schluss, dass das Heilige des dritten Tempels (und wohl auch das des zweiten Tempels) durch ein oberhalb der Tür des Heiligen gestelltes Oberlichtfenster beleuchtet worden ist, nicht wie beim salomonischen Tempel durch oberhalb des Umbaus gesetzte Fenster (basilikale Beleuchtung).

Das Problem der von Josephus beschriebenen königlichen Halle auf der Südseite des Tempelplatzes glaube ich in der Hauptsache gelöst zu haben. Forscher wie F. DE SAULCY, M. DE VOGÜÉ, L. H. VINCENT, um nur diese zu nennen, haben sich den Kopf zerbrochen wie in vier Reihen 162 Säulen gestanden haben könnten, da 162 doch nicht durch 4 teilbar ist. Die Sache lässt sich aus der klassischen Archäologie einwandfrei erklären.

Fast alle Forscher sind der Meinung, dass die königliche Halle sich über die ganze Breite des Tempelplatzes (ca. 280 m) erstreckt habe. Die Halle war aber, wie Josephus sagt, ein Stadie (185 m) lang und bei dieser Länge lassen sich 162 Säulen einwandfrei anordnen. Eine 280 m lange Halle wäre bei dieser Säulenzahl konstruktiv nicht möglich gewesen.

Über den Umfang der Burg Antonia gehen die Meinungen der Gelehrten auseinander. Aus Josephus' Beschreibung der Einnahme der Antonia 70 n. Chr. kam ich zum Schluss, dass nordwärts des Antonia-Felsens, auf dem die eigentliche Burg stand, ein Vorwerk gelegen haben muss (Kap. XIII). Weiter, dass die Juden bei der Belagerung und Einnahme der Burg durch Titus die Burg fast ohne Kampf aufgegeben haben (Kap. XVII).

Das letzte Kapitel (XVIII) handelt über den Middot-Tempel. Ich hoffe, es endgültig klar gemacht zu haben, dass der historische herodianische Tempel nach Josephus' Beschreibung und nicht nach dem Traktat Middot zu rekonstruieren sei. Weiter glaube ich, es wahrscheinlich gemacht zu haben, dass der Verfasser des Traktates das ganze Tempelhaus, einbegriffen das Obergeschoss, für heilig gehalten hatte, während doch das Obergeschoss des zweiten und dritten Tempels einen profanen Charakter gehabt hatte.

Zum Dank verpflichtet hat mich erstens Herr Prof. Dr. PETER F. HÖFFKEN aus Bonn, der August 1977 mit Frau CARINA HÖFFKEN und der kleinen ANJA nach

Leiden kam. Er hat nicht nur mein Deutsch korrigiert, sondern auch einige wichtige Verbesserungen im Ms angebracht.

Stab und Personal des Leidener Instituts (Nederlands Instituut voor het Nabije Oosten) danke ich, dass sie mir bei meinen dreiwöchentlichen Besuchen am Institut stets sehr behilflich gewesen sind. Grossen Dank für die Herausgabe des zweiten Bandes schulde ich der Direktion des Verlages E. J. Brill (Leiden) und der niederländischen Organisation für reinwissenschaftliche Forschung (Nederlandse Organisatie voor Zuiverwetenschappelijk Onderzoek, ZWO).

Den Haag, Oktober 1978   TH. A. BUSINK

INHALT

VERZEICHNIS DER ABBILDUNGEN

Abb.

ABKÜRZUNGSVERZEICHNIS

AA	Archäologischer Anzeiger.
AAL	Annals of Archaeology and Anthropology, University of Liverpool.
AAAS	Annales Archéologiques Arabes Syriennes.
AAS	Annales Archéologiques de Syrie.
AASOR	Annual of the American School of Oriental Research.
ADAJ	Annual of the Department of Antiquities, Jordan.
AfO	Archiv für Orientforschung.
AJA	American Journal of Archaeology.
AJSL	American Journal of Semitic Languages.
AMI	Archäologische Mitteilungen aus Iran.
Anat. Stud.	Anatolian Studies. British Institute of Archaeology at Ankara.
ANEP	J. B. PRITCHARD, *The Ancient Near East in Pictures, Relating to the Old Testament.*
ANET	id. *Ancient Near Eastern Texts.*
AnnLUOS	Annual of the Leeds University Oriental Society.
Antike	Die Antike, *Zeitschrift für Kunst und Kultur des klassischen Altertums.*
AO	Der Alte Orient.
Archaeology	Archaeological Institute of America.
Ariel	A Quarterly Review of the Arts and Sciences in Israel.
ASTI	Annual of the Swedish Theological Institute.
ʿAtiqot	Journal of the Israel Department of Antiquities.
BA	Biblical Archaeologist.
BASOR	Bulletin of the American School of Oriental Research.
BCH	Bulletin de correspondence hellénique.
BHHwb	Biblisch-historisches Handwörterbuch. Herausgeg. von Bo REICKE und LEONHARD ROST, 1962 ff.
BI	Bar-Ilan. Annual of BAR-ILAN University Jerusalem.
BIES	Bulletin of the Israel Exploration Society.
BiOr	Bibliotheca Orientalis, Leiden.
BiRes	Papers of the Chicago Society of Biblical Research.
BJPES	Bulletin of the Jewish Palestine Exploration Society.
BJRL	Bulletin of the John Rylands Library.
BKAT	
BLRF	Bulletin of the LOUIS M. RABINOWITZ Fund for the exploration of ancient Synogogues.
BMB	Bulletin du Musée de Beyrouth.
BR	KURT GALLING, *Bibl. Reallexikon*, 1937.
BVBA	Bulletin van de vereniging tot bevordering der kennis van de antieke beschaving.
BWANT	Beiträge zur Wissenschaft vom Alten und Neuen Testament.
BWAT	Beiträge zur Wissenschaft vom Alten Testament.
BZ	Biblische Zeitschrift, Paderborn.
BZAW	Beihefte Zeitschrift für die alttestamentliche Wissenschaft.
DJDJ	Discoveries in the Judaean Desert of Jordan.
EJ	Encyclopaedia Judaica.
EncAEHL	Encyclopaedia of archaeological excavations in the Holy Land. Ed. M. AVI-YONAH.
ErIs	Eretz-Israel. Archaeological, Historical and Geographical Studies.
Expedition	Bulletin Un. Mus. Un. Pa.
FuF	Forschungen und Fortschritte.

HAT	Handbuch zum Alten Testament.
Hesperia	Journal of the American School of Classical Studies at Athens.
HThR	Harvard Theological Review.
HTS	Hervormde Teologiese Studies.
HUCA	Hebrew Union College Annual, Cincinnati.
IEJ	Israel Exploration Journal.
JA	Journal Asiatique.
JAOS	Journal of the American Oriental Society.
JBL	Journal of Biblical Literature.
JCS	Journal of Cuneiform Studies.
JDAI	Jahrbuch des deutschen Archäologischen Instituts.
JE	The Jewish Encyclopedia.
JEOL	Jaarbericht van het Vooraziatisch-Egyptisch Genootschap Ex Oriente Lux.
JHS	The Journal of Hellenic Studies.
JJS	The Journal of Jewish Studies.
JNES	Journal of Near Eastern Studies.
JPOS	Journal of the Palestine Oriental Society.
JQR	The Jewish Quarterly Review.
JRAS	Journal of the Royal Asiatic Society.
JSJ	Journal for the Study of Judaism in the Persian, Hellenistic and Roman Period.
JSS	Journal of Semitic Studies.
Kêmi	Revue de philologie et d'archéologie égyptiennes et Coptes.
Klio	Beiträge zur alten Geschichte. Akademie der Wissenschaften der D.D.R.
Levant	Journal of the British School of Archaeology in Jerusalem.
MDOG	Mitteilungen der deutschen Orient-Gesellschaft.
MUSJ	Mélanges de l'Université Saint Joseph, Beirouth.
NeThT	Nederlands Theologisch Tijdschrift.
NThT	Nieuw Theologisch Tijdschrift.
OA	Oriens Antiquus.
OIP	Oriental Institute Publications, University of Chicago.
OLZ	Orientalistische Literaturzeitung.
Orient	The Reports of the Society for Near Eastern Studies in Japan.
OTS	Oudtestamentische Studien.
PEFAnn	Palestine Exploration Fund Annual.
PEF QuSt	Palestine Exploration Fund. Quarterly Statement.
PEQ	Palestine Exploration Quarterly.
Persica	Jaarboek van het Genootschap Nederland-Iran.
Phoenix	Bulletin uitgegeven door Ex Oriente Lux.
PJ	Palästina Jahrbuch.
PPTS	Palestine Pilgrims Text Society.
PWK	Pauly-Wissowa-Kroll, Real-Encyclopädie der classischen Altertumswissenschaft.
QDAP	Quarterly of the Department of Antiquity Palestine.
Qadmoniot	Quarterly for the Antiquities of Eretz-Israel and Biblical Lands.
RA	Revue Assyriologique.
RAI	Rencontre assyriologique internationale.
RB	Revue Biblique.
REJ	Revue des études juives.
RGG	Die Religion in Geschichte und Gegenwart.
RHPhR	Revue d'Histoire et de Philosophie Religieuses.
RHR	Revue de l'histoire des religions.
RQ	Revue de Qumran.
RSO	Rivista degli Studi Orientali.
SH	Scripta Hierosolymitana. Publications of the Hebrew University of Jerusalem.

TA	Tel Aviv. Journal of the Tel Aviv-University Institute of Archaeology.
ThZ	Theologische Zeitschrift, Basel.
TrGUOS	Transactions of the Glasgow University Oriental Society.
VAB	Vorderasiatische Bibliothek.
VT	Vetus Testamentum.
VTSuppl.	Vetus Testamentum Supplement.
WO	Die Welt des Orients.
WVDOG	Wissenschaftliche Veröffentlichungen der Deutschen Orientgesellschaft.
WZKM	Wiener Zeitschrift für die Kunde des Morgenlandes.
ZA	Zeitschrift für Assyriologie.
ZAW	Zeitschrift für die alttestamentliche Wissenschaft.
ZDMG	Zeitschrift der deutschen Morgenländischen Gesellschaft.
ZDPV	Zeitschrift des Deutschen Palästina Vereins.
ZNW	Zeitschrift für die neutestamentliche Wissenschaft.

IX. KAPITEL

DER EZECHIELISCHE TEMPELENTWURF

EINLEITUNG

1. *Datierung.* WALTHER ZIMMERLI, dessen 1969 veröffentlichten umfangreichen und gelehrten Kommentar zum Buch Ezechiel wir im ersten Bande unseres Werkes leider nicht haben erwähnen können, betont, dass das Buch Ezechiel „eine starke Nacharbeitung erfahren hat und nicht einfach in seiner jetzt vorliegenden Gestalt vom Propheten selber hergeleitet werden kann. Das gilt in besonderem Masse für die Bewertung von Ez. 40-48" (*Ezechiel, BKAT*, XIII/2, 1. Teilb., 1969, 26*). So sagt auch OTTO EISSFELDT: „Die frühere Annahme, Hesekiel habe das Buch so, wie es uns vorliegt, oder doch wenigstens in seiner entscheidenden Gestalt selbst verfasst, ist mit Recht längst aufgegeben worden" (*Einleitung in das Alte Testament*, 1956, 453) [1]. Die Kap. 40-48, „die einen in sich abgeschlossenen Teil des Ezechielbuches, den sog. Verfassungsentwurf für das zukünftige Israel" bilden (HARTMUT GESE, *Der Verfassungsentwurf des Ezechiel. Beiträge zur historischen Theologie*, 25, 1957, 1), enthalten bekanntlich auch die Beschreibung des neuen Tempels (Ez. 40-42). Im zweiten Bande seines Kommentars erwägt ZIMMERLI die literarische Vorgeschichte von 40-48 und der Gelehrte hebt nachdrücklich hervor, was die Einzeldurchsicht von 40-48 (S. 976 ff.) ergeben hatte, „dass dieser Komplex in einer bewegten Wachtumsgeschichte entstanden ist" (S. 1240; vgl. GESE, *Der Verfassungsentwurf*, 108 f.: Die Traditionsgeschichte von Ez. 40-48). Dies gilt also auch für die Tempelbeschreibung, die nicht in allen Einzelheiten aus einer Zeit und aus einer Hand stammt. So setzt ZIMMERLI den Bericht über die grossen Tempelsakristeien, die einen wichtigen Teil der Gesamtanlage des Tempelentwurfs bilden (Ez. 42, 1-14) in die Zeit unmittelbar vor den Neubeginn des Kultus an, d.h. in die Endphase der Exilszeit (*o.c.*, 1248/49). Das ist also, wenn wir mit ZIMMERLI die Grundschicht (Ez. 40, 1-37. 47-49; 41, 1-4) dieses Teils im Jahre 573 v. Chr. ansetzen (*o.c.*, 1247), lange nach der Zeit, in der der ursprüngliche Entwurf verfertigt worden ist.

Die Meinungen der Gelehrten über Datierung und Charakter des Buches Ezechiel gehen aber bekanntlich weit auseinander, hat man doch auch das Buch dem Propheten

---

[1] Ezechiel ist Priester, oder doch Sohn eines Priesters gewesen, Ez. 1, 3; ZIMMERLI, *o.c.*, I, 1969, 24*. Ez. 24, 24 wird er bei Namen genannt. Ezechiel = „Gott möge stark machen" (ZIMMERLI, Art. *Ezechiel* in *RGG*, II, 1958, 844-847, Sp. 844).

ganz absprechen wollen und darin ein Pseudepigraph aus der Zeit 230 v. Chr. (Charles Cutler Torrey, *Pseudo-Ezekiel and the original Prophecy*, 1930, 21), oder aus der Zeit Alexanders des Grossen (L. E. Brown, *Ezekiel and Alexander*, 1952; bei Zimmerli, 1. Teilb., 1969, 10*) sehen wollen [2]. Nils Messel hält das Buch für nachexilisch (*Ezechielfragen*, 5 ff.). Er stellt die Zeit des Ezechiel auf 400 v. Chr.; ein Redaktor habe eine sehr erweiterte Neuausgabe der Schrift um 350 v. Chr. veranstaltet (*o.c.*, 23). S. 12 heisst es: „Ein babylonischer Hintergrund fehlt völlig". H. M. Orlinski hingegen schrieb 1951: „Reading the book Ezekiel with no preconceived ideas, the initial call in Babylonia becomes perfectly clear and normal" (*Where did Ezekiel Receive the Call to Prophecy?*, BASOR, 122, 1951, 34-36, p. 35). Ähnlich urteilt C. G. Howie: Ezechiel ist 598 (597) nach Babylonien weggeführt worden, er hat im Exil gelebt und dort prophezeit (*The Date and Composition of Ezekiel*, 1950, 100). Auch C. J. Mullo Weir setzt das Buch Ezechiel in der Exilszeit an. „Critics are now virtually agreed that the Book of Ezekiel is substantially from the hand of one author who was well acquainted with events in Western Asia between 593 and c. 570 B.C. and knew nothing of later events" (*Aspects of the Book of Ezekiel*, VT, II, 1952, 97-112, p. 97). Das „substantially from the hand of one author" richtet sich u.a. gegen die Ansicht Gustav Hölschers, der meinte, von den 1273 Vss., welche das Buch Ezechiel enthält, seien nur 144 dem Propheten zuzuschreiben (*Hesekiel, der Dichter und das Buch*, 1924) [3]. „Den ganzen Rest ... an die sieben Achtel des Buchbestandes, hat er als Schutt und Geröll, unter dem der echte Ezechiel verschüttet liegt, beiseitegetan" (Zimmerli, *Die Eigenart der prophetischen Rede des Ezechiel*, ZAW, 66, 1954, 1-20, S. 1). Für die Arbeit am Buche Ezechiel hat aber, wie Zimmerli betont, Hölschers Analyse höchst stimulierend gewirkt. „Die Bresche war in das Dogma vom ganz oder doch nahezu ganz problemlosen Buche Ez geschlagen" (*Ezechiel*, 1. Teilb., 1969, 8*). W. A. Irwin erkannte nur 251 Verse „in whole or in part" als echt an (*The Problem of Ezekiel. An Inductive Study*, 1943, 283). Die Kap. 40-48 meinte er ganz dem Ezechiel absprechen zu müssen.

---

[2] Siehe Zimmerli, *o.c.*, I, 1969, 4* ff.: Die kritische Arbeit am Buch Ezechiel; G. Fohrer, *Die Hauptprobleme des Buches Ezechiel*, BZAW, 72, 1952, 1 ff., 66 ff. — Über Torrey's Buch sagt C. G. Howie: „Pseudo-Ezekiel is the clever creation, not of a jewish novelist of the third century B.C., but of a professor of the twentieth century A.D. It is a well-worked-out theory which rests on false premises and is supported throughout by inconclusive evidence" (*The Date and Composition of Ezekiel*, JBL Monograph Series, Vol. IV, 1950, 34). — Sigmund Mowinckel hält 40-48 für nachexilisch; „als Ganzes ist aber das Buch ein Werk des nachexilischen Jüngerkreises" (*Studien zu dem Buch Ezra-Nehemia*, I, 1964, 102/103).

[3] Zimmerli schrieb schon 1958: „Die neuere Forschung hat die traditionelle Ansicht von der unmittelbaren Herkunft des Buches Ezechiel aus der Hand des Propheten selber wohl endgültig zerstört" (*Israel im Buch Ezechiel*, VT, VIII, 1958, 75-90, S. 75). — Die Ansicht Schulz's, dass bestimmte Vss. nachexilisch seien, lehnt Zimmerli ab (*Deutero-Ezechiel?*, ZAW 84, 1972, 501-516).

„There is nothing whatever in these nine chapters that reveals even slight relationship with the genuine work of Ezekiel" (p. 258/59). Beifall hat IRWIN nicht gefunden. Zehn Jahre später konnte er schreiben: „Beyond question chapters XL-XLVIII are generally held to contain a genuine nucleus" (*Ezekiel Research since 1943, VT*, III, 1953, 54-66, p. 61). Dass man die Echtheit des Grundbestandes von 40-48 nicht bezweifeln darf, betonte u.a. auch OTTO EISSFELDT (*Einleitung in das Alte Testament*, 1956, 457). Gegen die Echtheit von 40-42 (Tempelbeschreibung) hatte S. MOWINCKEL eingewandt, dass der Tempel damals schon bestanden haben muss. Der Prophet sei gar nicht überrascht gewesen, dass der Tempel da war (*Ezra den Schriftlaerde*, 126, bei G. FOHRER, *Die Hauptprobleme des Buches Ezechiel, BZAW* 72, 1952, 96). „Eine Überraschung ist in einer Vision auch fehl am Platz" (FOHRER, *o.c.*, 97).

Meinungsverschiedenheiten bestehen auch darüber, ob Ezechiel 597 oder 587 deportiert worden ist. „Manche Aussagen Ezechiels machen den Eindruck, dass der Prophet direkt zu der Bevölkerung Jerusalems rede" (ZIMMERLI, *Ezechiel*, 1. Teilb., 1969, 8*). Es handelt sich besonders um die Kap. I-XXIV. IRWIN, BERTHOLET u.a. haben daraus erschlossen, dass Ezechiel zur Zeit des Zedekia in Jerusalem war, also erst 587 deportiert worden ist. Das ist auch die Meinung MARTIN NOTH's (*Geschichte Israels*, 1956, 260, Anm. 1). IRWIN schrieb 1953: „We may consider that this is now the dominant view" (*VT*, III, 1953, 61). HOWIE (*The Date and Composition of Ezekiel*, 1950, 100), FOHRER (*Die Hauptprobleme*, 1952, 191; Ders., *Ezechiel, HAT*, 1955, XVIII), MULLO WEIR (*VT*, II, 1952, 97), H. H. ROWLEY (*The Book of Ezekiel in Modern Study, BJRL*, 36, 1953-1954, 146-190, p. 190), A. VAN DEN BORN (*Ezechiel uit de grondtekst vertaald*, 1954, 7), OTTO EISSFELDT (*Einleitung in das Alt Testament*, 1956, 451) sind der Meinung, dass Ezechiel schon 597 mit der Deportierung Jojachin's nach Babylonien abgeführt worden ist und dies ist auch die Meinung ZIMMERLI's (*Ezechiel*, 1. Teilb., 1969, 24*)[4]. G. FOHRER betont — und wir halten dies für entscheidend —, dass die Vertrautheit des Propheten mit den Zuständen in Jerusalem nicht über das hinaus geht, „was er aus der Zeit seines Aufenthalts vor der Deportation von 598 [597 Verf.] und durch spätere Mitteilungen wissen konnte; in keinem Fall ist es erforderlich, spätere eigene Erlebnisse anzunehmen" (*Ezechiel, HAT*, 1955, XVIII; Ders., *Die Hauptprobleme*, 1952, 244).

Die Frage ist nun, ob Ezechiel ein gemeiner Deportierter gewesen sei. Es ist doch anzunehmen, dass 597 nur Leute abgeführt worden sind, welche sich auf die Seite der Aufständischen gestellt hatten. Nichts deutet darauf, dass Ezechiel zu diesen

---

[4] VAN DEN BORN hatte 1947 angenommen, dass Ez. bis 587 in Jerusalem gearbeitet hatte (*De Historische Situatie van Ezechiels Prophetie, An. Lov. Bib. et Or.* Fasc. 2, Leuven, 1947, p. [5] und [24]); Ders., *Ezechiel, de profeet* ('t H. Land, 2, 1949, 114-119). — K. W. CARLEY, *Ezekiel among the Prophets*, London 1975 haben wir nicht gelesen.

Leuten gehört habe. Im Buche Ezechiel wird mit keinem Wort gegen die Gross-macht Babylon gesprochen, wohl gegen Ägypten und Tyrus (vgl. ZIMMERLI, *Ezechiel*, 1. Teilb., 1969, 94*). Die Erklärung, welche FOHRER dafür gibt, befriedigt nicht. „Das Fehlen von Unheilsworten gegen Babylonien ist letzlich nur aus dem Aufenthalt Ezechiels bei den Deportierten verständlich. Mehr als die Rücksicht auf das Land, in dem sie sich aufhalten, wird die Erwägung massgebend gewesen sein, dass solche Worte die Deportierten leicht in Unruhe versetzen und in ihrer nationa-listischen Haltung nur bestärken könnten. Ausserdem dürfte Ezechiel Babylonien als das Werkzeug betrachtet haben, durch das Jahwe das Gericht über Juda vollzog" (*Die Hauptprobleme*, 1952, 233/34). Letzten Grundes lässt sich u.E. das Fehlen von Unheilsworten gegen Babylon auf Ezechiels babylonienfreundliche Haltung zurück-führen (siehe auch FOHRER, *o.c.*, 241). Den Abfall Zedekia's 587 hat er scharf gerügt (Kap. 17). Ez. 17, 13 heisst es „die Vornehmen des Landes nahm er [*sc.* Nebukadneşar zur Zeit des Jojachin] weg" (Übers. ZIMMERLI, z. St.). FOHRER hat dafür: „und nahm die Grossen des Landes fort" (*Ezechiel*, *HAT*, 1955, z. St.). Wörtlich heisst es, sagt FOHRER, „die Widder", daher „die Gewalthaber" (*o.c.*, 95, Anm. 13 b). Da ist es doch ausgeschlossen, dass Ezechiel dazu gehört habe und dies macht es u.E. kaum wahrscheinlich, dass er als gemeiner Deportierte abgeführt worden ist. Ezechiel, sagt FOHRER, „wusste sich zu den Deportierten gesandt und trat unter ihnen als Prophet auf" (*Die Hauptprobleme*, 1952, 260). Die Frage ist nun aber, ob der Prophet sich aus eigener Initiative den Deportierten angeschlossen habe, oder ob die Baby-lonier ihm gebeten haben, als Verbindungs-Mann zwischen den Deportierten und der babylonischen Leitung aufzutreten. Dass er sich aus eigener Initiative ange-schlossen habe, dafür liesse sich u.E. kein Grund anführen. Damit streitet auch, dass er nicht sofort als Prophet aufgetreten ist. Die zweite Alternative stimmt u.E. zu der babylonienfreundlichen Gesinnung Ezechiels. Auch wenn Ezechiel als der von den Babyloniern ernannte Verbindungs-Mann aufgetreten ist, macht ihm dies selbstverständlich nicht zu einem Kollaborateur; er handelte im Dienste seiner Volksgenossen. So sind auch die von den Japanern im zweiten Weltkriege in Thai-land ernannten holländischen bzw. englischen Kampkommandanten (die freilich alles andere als japanerfreundlich gewesen sind) nicht als Kollaborateure zu betrachten. A. BENTZEN hält es für nicht unmöglich, „that the Babylonians have allowed him to go back to the city — on the contrary, they may have used him and his preaching for their own purpose, as clever propagandists of today often do" (*Introduction in the Old Testament*, II, 1952, 128). H. H. ROWLEY bemerkt dazu: „Jeremiah was suspected of being a fifth columnist, and suffered grievously. If Ezekiel had been allowed to return home by the Babylonians there would be even more reason to suspect him ... Yet there is no suggestion that Ezekiel suffered in any comparable way" (*The Book of Ezekiel in Modern Study*, *BJRL* 36, 1953-54, 146-190, p. 175. Vgl. G. FOHRER, *Die Hauptprobleme*, 1952, 241). Mit der Mehrzahl der Gelehrten sind wir der Meinung, dass Ezechiel 597 nach Babylonien „abgeführt" und nie nach Jerusalem zurückgekehrt ist. Wenn ROWLEY sagt: „I do not find it improbable that he could be aware of things that happened at a distance with the assurance of certainty" (*l.c.*, 189), ist, ZIMMERLI folgend, auf 2. Kön. 5, 26 hinzuweisen, wo „an inner translocation ( ) allows the prophet [*sc.* Elia] to see things which occur at a great distance" (ZIMMERLI, *The special form- and traditio-historical Charakter of Ezekiel's prophecy*, *VT*, XV, 1965, 515-527, p. 517. Ders., Art. *Ezekiel*, in *RGG*, II³, 1958, 844-847, Sp. 845; Ders., *Ezechiel*, 1. Teilb., 1969, 65*). Richtig sagt FOHRER: „Hätte der Prophet in Jerusalem gelebt, so hätte er niemals das, was er täglich mit eigenen Augen sehen konnte, als etwas in der Vision Geschautes dargestellt" (*Die Hauptprobleme*, 1952, 231). KURT GALLING meinte 1936, bei der Annahme, dass Ezechiel 597 deportiert worden ist, könne der Prophet nicht der Verfasser des Tempelentwurfs gewesen sein. GALLING meint, der Verfasser des Entwurfs nimmt Rücksicht auf den Bauschutt nach der Zerstörung des Tempels 587 v. Chr. (bei A. BERTHOLET, *Hesekiel*, *HAT*, 1936, XX). Darüber hat aber FOHRER schon das richtige gesagt (*Die Hauptprobleme*, 1952, 244 f.).

2. *Der Verfasser des ursprünglichen Entwurfs*. Aus der Traditionsgeschichte der Kap. 40-48 haben HARTMUT GESE (1957) und WALTHER ZIMMERLI (1969) es klar gemacht, dass die Tempelanlage so wie sie 40-42 beschrieben wird und wie sie unsere Rekonstruktion (Abb. 177) darstellt, nicht als der ursprüngliche Entwurf zu betrachten ist. Es fehlten im ursprünglichen Entwurf u.a. die mächtigen, der Hauptmasse des Tempelgebäudes (50 × 100 Ellen) fast ebenbürtigen und doppelt vorkommenden Tempelsakristeien (50 × 100 Ellen). Der Verfasser des ersten Entwurfs „sieht eine völlig symmetrische, dreistufige Tempelanlage vor, die bei betonter Orientierung auf eine bauliche Ausgestaltung des Westen verzichtet" (GESE, *Der Verfassungsentwurf*, 1957, 108/109). Der ursprüngliche Entwurf zeigte eine fast mathematische Strenge der Anlage, welche durch die erst später eingeführten Tempelsakristeien zerstört wird. Wir zitieren ZIMMERLI: „In den früheren Worten Ezechiels war durchgehend eine starke Neigung zur Stilisierung zu erkennen. So wird man es bei der Frage nach dem „Ort", an dem die Gestalt der Schau von 40 f. entstanden ist, nicht zwingend ausschliessen können, dass diese Schau des neuen, harmonisch gegliederten Tempelbereichs ... vom Priesterpropheten Ezechiel ... stammen könnte" (*Ezechiel*, 2. Teilb., 1969, 994). Statt „Schau" möchten wir „der ursprüngliche Entwurf" sagen. HARTMUT GESE meint: „so mag dieser erste Entwurf tatsächlich von Ezechiel oder den exilischen Kreisen um oder un-

mittelbar nach Ezechiel verfasst worden sein" (*Der Verfassungsentwurf*, 1957, 108). Dass wir es in der Tat mit einem Entwurf zu tun haben — die „Schau" ist prophetische Ankleidung — dürfen wir unbedingt annehmen. Der Verfasser des Entwurfs muss einen Grundrissplan vor sich gehabt haben. Die massenhaften technischen Detailangaben, schrieb C. STEUERNAGEL 1912 mit Recht, „(können) nur auf sorgfältiger Berechnung nach einer Zeichnung beruhen ( )" (*Lehrbuch der Einleitung in das Alte Testament*, 1912, 598; vgl. G. A. COOKE, *Some Considerations*, *ZAW*, 42, 1924, 105. R. A. S. MACALISTER, *A Century of Exc. in Palestine*, 1925, 117). ZIMMERLI sagt es vorsichtiger: „Dass sich in der Schau, die hier verkündet wird, viel menschliches Mitdenken und möglicherweise gar zu Planskizzen verdichtetes Nachsinnen des Propheten selber niedergeschlagen hat, tut dem Gewicht der „Verkündigung" ... keinen Abbruch" (*Ezechiel*, 2. Teilb., 1969, 1018). Es heisst bei ZIMMERLI aber auch: „So ist es etwa in 40 ff. (Grundtext) gar nicht zu verkennen, dass der scheinbare Erlebnisvorgang der Tempelführung von einer vorliegenden Tempelplanskizze her stilisiert worden ist" (*o.c.*, 1. Teilb., 1969, 27*; vgl. 2. Teilb., 992. 1076. 1086. 1240) [5].

Die fast mathematische Strenge des ursprünglichen Entwurfs könnte darauf deuten, dass der Verfasser ein kühler Verstandesmensch gewesen ist. FRIEDRICH MUCKL hat 1923 den Propheten in der Hauptsache einen Verstandesmenschen genannt (*Der Geist der jüdischen Kultur und das Abendland*, 1923, 502). Damit stimmt, so scheint uns, dass „Ezechiels Verkündigung von einer schneidenden Härte (ist), die nur ganz ausnahmsweise einmal sein persönliches Empfinden erkennen lässt" (ZIMMERLI, *o.c.*, 87*). Der Prophet verrät nie „etwas von seinem mitfühlenden Mitleiden mit dem Geschick des Hauses Israel" (*id.*). GEORGE FOHRER sagt von Ezechiel: „So erscheint er zunächst als kühler Verstandesmensch, der nüchtern reflektiert und systematisierend zusammenfasst. Andererseits aber verraten manche Worte eine weiche, verwundbare Seite" (*Die Hauptprobleme*, 1952, 262). „Er ist ein erregbarer Ekstatiker und denkt doch logisch und genau" (*ibid.*) [6]. Dass nun damit die Frage nach dem Verfasser des ursprünglichen Entwurfs gelöst ist, soll natürlich nicht gesagt sein. Über die Möglichkeit, dass der ursprüngliche Entwurf dem Propheten zuzuschreiben sei, kommen wir nicht hinaus. Es kommt hinzu, dass Kap. 40-48 in der ursprünglichen Gestalt des Buches Ezechiel fehlte (ZIMMERLI, *Ezechiel*, 1. Teilb., 1969, 112*). Für das Entstehen von 40-48 hat MAX VOGELSTEIN hingewiesen

---

[5] Auf Tontafeln gezeichnete Grundrisse von Gebäuden sind aus Altmesopotamien bekannt, siehe BUSINK, Band I, 1970, 59 und Anm. 219, mit Lit.

[6] Siehe aber auch E. C. BROOME, JR., *Ezekiel's abnormal Personality*, *JBL*, 65, 1946, 277-292. „The unwillingness of students of Ezekiel to admit to the prophets abnormality is evident on all sides" (p. 281). „In conclusion, we find that Ezekiel exhibits behavioristic abnormalities consistent with paranoid schizophrenia" (p. 291).

auf Nebukadnezar's Züge zur Eroberung von Phönikien im Jahre 572 oder 573. VOGELSTEIN meint, dass diese Züge „inspired hopes for an imminent return of the Exiles in Ezekiel (or contemporary authors) ...'' (*Nebuchadnezzar's Reconquest of Phoenicia and Palestine and the Oracles of Ezekiel*, *HUCA*, XXIII/2, 1950-1951, 197-220, p. 214). 573 v. Chr. war das 25. Jahr der Deportierung Jojachin's; dass aus diesem Jahr die Kap. 40-48 datieren, kann, sagt VOGELSTEIN, kein Zufall sein (vgl. ZIMMERLI, 1. Teilb., 1969, 15* und 2. Teilb., 1969, 995 f.). „It rather seems fitting that at that moment somebody drew up a memorandum outlining his ideas of the new state'' (*l.c.*, 214). Wem 40-48 zuzuschreiben sind, ist unbekannt (VOGELSTEIN); mit oder ohne Zustimmung des Propheten sind sie dem Buche zugefügt worden (*id.*, *l.c.*). Dass die Kap. 40-48 eine Wachtumsgeschichte haben, hat VOGELSTEIN nicht beachtet.

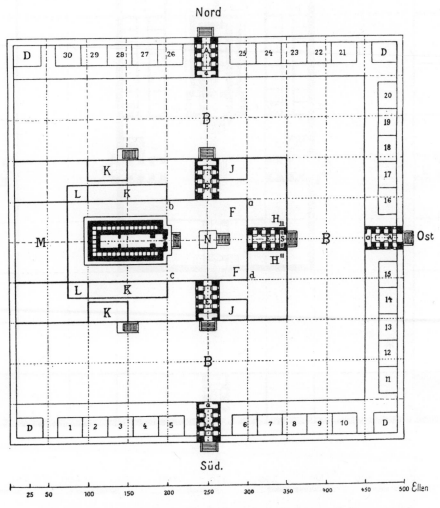

Abb. 175. Der ezechielische Tempelentwurf. (Rekonstr. I. BENZINGER)

Der ursprüngliche Entwurf ist später, wie schon bemerkt, u.a. um die Sakristeien vermehrt worden. Dass der erste Entwurf „laufend nach den historischen Bauten des zweiten Tempels korrigiert wurde", wie HARTMUT GESE es für wahrscheinlich hält (*Der Verfassungsentwurf*, 1957, 108), ist, wie ZIMMERLI mit Recht betont, „angesichts des Fehlens aller näheren Angaben für den Serubbabeltempel nicht nachzuweisen und im Grunde auch nicht wahrscheinlich" (*Ezechiel*, 2. Teilb., 1969, 1249).

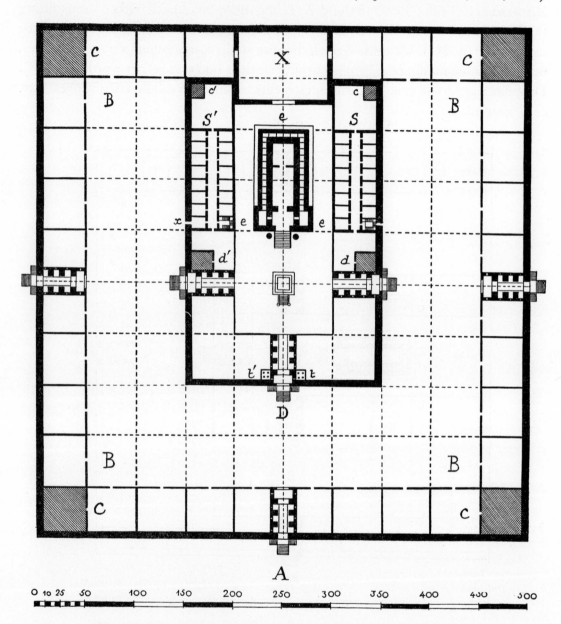

Abb. 176. Der ezechielische Tempelentwurf. (Rekonstr. L. H. VINCENT)

Wenn ZIMMERLI nun aber fragt, ob nicht bei Ez. 42, 1-14 (Beschreibung der Tempelsakristeien) „schon die stärkere Beachtung der örtlichen Gegebenheiten des Tempelbereiches hereinzuspielen beginnt" (*l.c.*), können wir dem Gelehrten nicht folgen. ZIMMERLI verrät hier den Einfluss KARL ELLIGERS, der meint, „dass das Gebäude [*sc.* die Tempelsakristeien] sich also in seiner Konstruktion der abfallenden Tendenz des Geländes anpasste" (*Die grossen Tempelsakristeien im Verfassungsentwurf des Ezechiel. Alt-Festschrift*, 1955, 79-102, S. 86; vgl. KURT GALLING bei A. BERTHOLET, *Hesekiel*, *HAT*, 1936, 148; Ders. bei FOHRER, *Ezechiel*, *HAT*, 1955, 236). Diese Auffassung ist ganz unhaltbar, denn auf der Südseite, symmetrisch gelegen, gibt es einen gleichen Bau (42, 12: eine „abkürzende Beschreibung des Gegenstücks auf der Südseite des Tempelbezirks", ELLIGER, *l.c.*, 97), bei dem die Felsabfälle demnach in umgekehrter Lage anzunehmen wären! Wir dürfen unbedingt annehmen, dass sowohl der Verfasser des ursprünglichen Entwurfs als der der späteren Bauten sich das Bauterrain flach vorgestellt hat [7]. M. J. LAGRANGE bemerkt richtig, dass der ezechielische Tempelentwurf eine Regelmässigkeit zeigt „qui défie les obstacles de l'adaptation à un sol accidenté comme celui de Jérusalem ..." (*Le Judaïsme avant Jésus-Christ*[3], 1931, 17).

A — DIE GESAMTANLAGE
(Abb. 175-177)

1. *Der Aussenhof* (החצר החיצונה; A im Plan Abb. 177). a) *Umfang des Tempelbezirks*. Der von einer Mauer umschlossene Tempelbezirk, Ez. 40, 5 als בית bezeichnet, bildet ein nach den Himmelsrichtungen orientiertes 500 × 500 Ellen grosses Quadrat (Ez. 42, 16-20). Zwar ist an dieser Stelle von 500 Ruten die Rede (חמש־אמות קנים), was, da eine Rute 6 Ellen beträgt (Ez. 40, 5) einen Umfang von 3000 × 3000 Ellen ergeben würde, es besteht aber Einstimmigkeit darüber, dass קנים später eingeschoben ist (ZIMMERLI, *Ezechiel*, 2. Teilb., 1969, 1066, Anm. 16 d). Aus Einzelberechnungen ergibt sich übrigens auch das Mass 500 × 500 Ellen. In der Nordsüdachse haben wir vier je 50 Ellen tiefe Tore (Ez. 40, 15. 21. 29. 33. 36), zwei je 100 Ellen (Ez. 40, 23) breite Abstände zwischen den Toren, und einen 100 Ellen breiten Innenhof (40, 47) [8]. Addierung der Zahlen 4 × 50 + 2 × 100 + 100 ergibt das Mass 500 Ellen. Auch für das Mass von Westen nach Osten bekommen wir 500 Ellen: das Gebäude (הבנין) auf der Westseite 80 Ellen (Ez. 41, 12; Tiefe im Lichten 70 Ellen, Dicke der

---

[7] Auch PERROT-CHIPIEZ haben bei ihrer Rekonstruktion des ezechielischen Tempels mit Recht ein flaches Terrain angenommen (*Hist. de l'Art dans l'Antiquité*, IV, 1887, Fig. 134, p. 257; 135, p. 263) und ohne Grund fragte DUSSAUD: „S'est-on du moins inquiété de savoir si le terrain autorise la solution adoptée? Il n'y paraît pas" (*Des fouilles à entreprendre sur l'emplacement du Temple de Jérusalem. Sonderdruck aus Rev. de l'Histoire des Religions*, 1919, 5).

[8] Mit החצר (40, 47 a) kann nur der innere Vorhof gemeint sein, denn hier steht der Altar (47 b).

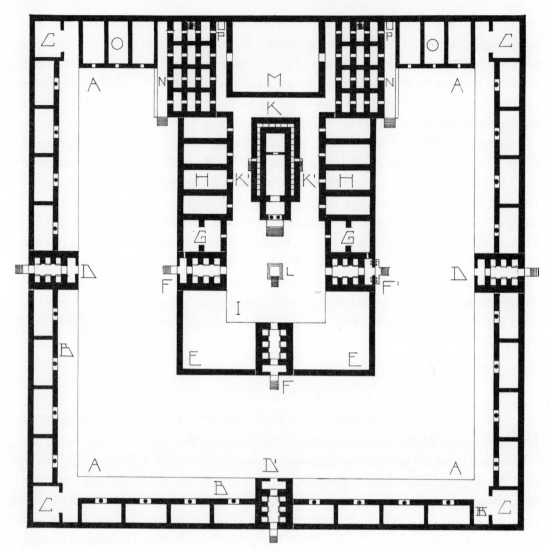

Abb. 177. Der ezechielische Tempelentwurf. (Rekonstr. Th. A. BUSINK)

Mauern 5 Ellen); der freie Raum (נזרה) hinter dem Tempelgebäude 20 Ellen (41, 9-10); die Länge des Tempelgebäudes 100 Ellen (41, 13); der innere Hof 100 Ellen; Tiefe des inneren Osttores 50 Ellen (40, 15); der Abstand zwischen dem inneren und dem äusseren Osttor 100 Ellen (40, 23); Tiefe des äusseren Osttores 50 Ellen (40, 23). Addieren wir diese Zahlen: 80 + 20 + 100 + 100 + 50 + 100 + 50, so bekommen wir wieder 500 Ellen. Der Tempelbereich ist also 500 × 500 Ellen gross und nicht 3000 × 3000 Ellen wie F. J. HOLLIS meinte (*The Archaeology of Herod's Temple*, 1934, 117).

KURT GALLING meint, das Mass 500 × 500 Ellen (Ez. 42, 15-20) sei als Innenmass zu deuten. „Aus 42, 15-20 sieht man, dass das innen gemessene Tempelareal ein Quadrat von 500 Ellen bildet" (bei FOHRER, *Ezechiel*, *HAT*, 1955, 223/224). GALLING meint, die 42, 20 erwähnte Umfassungsmauer muss ausserhalb des Quadrats angesetzt werden. „Anderenfalls würde es sich um ein Quadrat von 488 Ellen handeln, was den glatten Zahlen des Entwurfes widerspricht" (*o.c.*, 224). Die Dicke der Umfassungsmauer wird nämlich 40, 5 mit 6 Ellen angegeben: 500 — (2 × 6) = 488. Aus der Beschreibung lässt sich zwar nicht mit Sicherheit ausmachen, ob nach der Vermessung des Innenheiligtums (הבית הפנימי) das äussere, oder das innere Osttor verlassen wurde (Ez. 42, 15) — vom verschlossenen äusseren Osttor ist erst 44, 1-2 die Rede —, die Vermessung der Westseite (42, 19) deutet aber klar darauf, dass es sich um eine Vermessung der Aussenseiten des Tempelbereiches handelt: an der Westseite liegt nach innen zu das Gebäude הבנין. Auch die nach innen gekehrten Tore der Nord-, Süd- und Ostseite machten übrigens eine glatte Vermessung der Innenseiten kaum möglich. Richtig bemerkt GALLING selber, dass bei einem 500 × 500 Ellen grossen inneren Tempelareal eine aussen herumgehende Mauer die Toreingänge teilweise verdecken würde, „oder die Treppen erdrücken" (*l.c.*, 224). HARTMUT GESE bemerkt dazu mit Recht, dass GALLING damit sich selbst widerspricht (*Der Verfassungsentwurf*, 1957, 13, Anm. 3 auf S. 14; vgl. ZIMMERLI, *Ezechiel*, 2. Teilb., 1969, 999). Am Ende bleibt doch auch GALLING dabei, dass der Verfasser des Entwurfes ein inneres Quadrat von 488 Ellen im Auge gehabt habe (*ibid.*). GALLING geht dabei aus von der 40, 5 erwähnten Stärke der Umfassungsmauer: 6 Ellen. Die Mauern des Gebäudes (הבנין), dessen Westmauer in der Umfassungsmauer des Tempelbereiches liegt, sind aber 5 Ellen dick und das Mass des Quadrats (500 × 500 Ellen) bekommt man nur mit dieser Mauerstärke (siehe oben). ZIMMERLI bemerkt dazu: „Es wird von hieraus fraglich, ob die Angabe über die Dicke der Umfassungsmauer, die mit 6 Ellen rechnet (40, 5), wirklich zu den ursprünglichen Ausmessungen gehört. Bei einer nachträglichen Ergänzung des Textes durch jene Stelle könnte diese Unausgeglichenheit einfach übersehen worden sein" (*Ezechiel*, 2. Teilb., 1969, 1068). Es ist aber u.E. fraglich, ob wir in הבנין (40, 5) die eigentliche Umfassungsmauer zu sehen haben. Ihre geringe Höhe (6 Ellen; ca. 3 m) lässt eher an eine Verstärkung der Umfassungsmauer denken, wie der *kiṣṣu* an babylonischen Bauten [9]. Die Dicke der Umfassungsmauer stellen wir in unserer Rekonstruktion auf 5 Ellen und übergehen die „Verstärkung".

---

[9] Ez. 40, 5 b heisst es: „Und er mass die Dicke des Bauwerkes: eine Messrute, und die Höhe: eine Messrute" (ZIMMERLI, z.St.). בנין 41, 12 zweifellos als Bauwerk aufzufassen, lässt sich 40, 5 nicht als Bauwerk deuten. G. R. DRIVER übertragt den Terminus hier mit „structure", „i.e. the wall surrounding the house, namely the whole complex of buildings" (*Biblica*, 35, 1954, 304; auch bei ZIMMERLI, *l.c.*). C. G. HOWIE hatte schon 1950 בנין mit „structure" übertragen (*BASOR*, 117, 1950, 15). HOWIE, DRIVER und ZIMMERLI halten בנין 40, 5 für die eigentliche Umfassungsmauer.

Die Frage ist nun, woraus sich die Grundmasse des Tempelbereiches (500 × 500 Ellen) erklären lassen. Zimmerli betont die grosse Bedeutung der Zahl 25 im ezechielischen Tempelentwurf (*o.c.*, 993). Sogar in der Stufenzahl findet sich die Zahl 25 (Zimmerli, *l.c.*): siebenstufige Treppen führen zum Aussenhof empor (40, 6 [LXX]. 20-22. 26); achtstufige zum Innenheiligtum (40, 27-31. 34. 37); eine zehnstufige Treppe führt zum Ulam des Tempelgebäudes (40, 49; LXX): 7 + 8 + 10 = 25. Die Grundmasse des Allerheiligsten (20 × 20 Ellen; 41, 4) stammen selbstverständlich vom Debir des salomonischen Tempels (1. Kön. 6, 20). Es dürfte möglich und wahrscheinlich sein, dass der Umfang des Tempelbereiches aus den Grundmassen des Allerheiligsten abzuleiten sei: 500 = 25 × 20. Daraus liesse sich dann wohl auch die Quadratform der Anlage erklären. Zwar liegt das Allerheiligste nicht im Zentrum der Anlage, es ist aber Ziel der Führungsvision (vgl. Zimmerli, *o.c.*, 1240) und sakraler Mittelpunkt des Tempelbereiches. Von diesem sakralen Mittelpunkt aus wird der ganze Tempelbezirk geheiligt: die Umfassungsmauer diente um „zu scheiden zwischen dem Heiligen und Profanen" (42, 20: להבריל בין הקדש לחל).

Die Ableitung der Grundmasse des Tempelbereiches aus denen des Allerheiligsten wirft aber eine neue Frage auf. Bei dieser Ableitung sollte man doch erwarten, dass nicht das äussere, sondern das innere Quadrat 500 × 500 Ellen betragen hätte, zumal die Umfassungsmauer wie gesagt die Scheidung zwischen dem Heiligen und Profanen bildete. Die Sache lässt sich aus der grossen Bedeutung der Grundzahl 25 erklären. Es seien hier nochmals die Masse in der Richtung N.-S. genannt: Tiefe des Aussentores 50 Ellen; Abstand vom äusseren Tore zum 50 Ellen tiefen Nordtor des Innenheiligtums 100 Ellen; Altarhof 100 Ellen; Tiefe des Südtores des Innenheiligtums 50 Ellen; Abstand zwischen dem Südtor des Innenheiligtums und dem Südtor des Aussenhofes 100 Ellen; Tiefe des Südtores des Aussenhofes 50 Ellen. Hätte der Verfasser des Entwurfes das innere Quadrat auf 500 × 500 Ellen gestellt, der Abstand zwischen den Toren hätte nie nach der Grundzahl 25 bestimmt werden können; der Abstand wäre grösser als 100 Ellen gewesen. Galling hat recht wenn er sagt, die Masse des inneren Quadrats (490 × 490 Ellen; bei Galling 488 × 488 Ellen) stimmen nicht zum Regelmass der Anlage; die Sache war aber auf keine andere Weise befriedigend zu lösen. Der Verfasser des Entwurfes geht über die Sache hinweg: er erwähnt die Grundmasse des inneren Quadrats nicht, vielleicht in

---

LXX hat dafür τὸ προτείχισμα = Vormauer, Befestigung vor der eigentlichen Mauer (Pape, *Gr. D. Hwb, s.v.*). Vielleicht ist an eine äussere Verstärkung der Mauer zu denken. Der *kiṣṣu* an babylonischen Bauten hatte den Zweck, „die Umfassungsmauer des Gebäudes zu verstärken, als sein Fussboden erhöht wurde" (Robert Koldewey, *Das wieder erstehende Babylon*, 1925, 61). — Die Grundmasse des Tempelbezirkes gehen damit freilich über das Mass 500 × 500 Ellen hinaus. Es handelt sich aber möglicherweise um eine nachträgliche Erweiterung des Textes.

der Meinung (oder Hoffnung?) diese „Unausgeglichenheit" werde wohl nicht bemerkt werden.

b) *Die Tore des Aussenhofes* (D und D¹ im Plan Abb. 177). In der Umfassungsmauer des Tempelbereiches liegen drei zum Aussenhof führende Tore: eins auf der Ostseite (Ez. 40, 6 ff.), eins auf der Nordseite (40, 20 f.) und eins auf der Südseite (40, 24 f.). An welcher Stelle der Mauer sie angeordnet sind, wird nicht berichtet. Die Lage des Osttores lässt sich aber mit Sicherheit, die der zwei übrigen mit grosser Wahrscheinlichkeit bestimmen. Die Langachse des Tempelgebäudes liegt gerade in der Ostwestachse des Tempelbereiches. Es ist nun mit Sicherheit anzunehmen, dass das Osttor (D¹ im Plan), durch welches Jahwe Einzug im Heiligtum nimmt (Ez. 43, 1 f.), in die Ostwestachse, d.h. gerade in die Mitte der Ostseite des Tempelbereiches zu stellen ist. Dies macht es schon wahrscheinlich, dass auch das Nord- und Südtor in die Mitte der Nord- bzw. Südseite zu stellen sind. Dies lässt sich auch aus der Lage des inneren Osttores wahrscheinlich machen: es liegt gerade in der Ostwestachse des quadratischen zentral gelegenen 100 × 100 Ellen grossen Altharhofes; das innere Nordtor und das innere Südtor ist somit mit grosser Wahrscheinlichkeit in der Nordsüdachse des Altarhofes anzusetzen. Für das gerade gegenüber gelegene äussere Nord- und Südtor ergibt sich damit ebenfalls eine Lage in der Mitte der Nord- bzw. Südseite des Tempelbereiches.

Das äussere Osttor ist Ez. 40, 6-13. 15-16 eingehend beschrieben, das ganz ähnliche Nord- und Südtor an den oben genannten Stellen nur summarisch. Die Beschreibung hat zu auseinandergehenden Rekonstruktionen des Torgrundrisses geführt, und erst durch die in *Megiddo*, *Hazor* (Bd. I, 1970, Abb. 34) und *Geser* entdeckten Stadttore [10] ist die Lösung des Problems näher gekommen. C. G. HOWIE hat als erster die archäologischen Daten für die Rekonstruktion des Grundrisses benutzt (*The East Gate of Ezekiel's Temple enclosure and the Solomonic Gateway of Megiddo*, *BASOR*, 117, 1950, 13-19, Fig. I, p. 14, Rekonstruktion, Fig. II, p. 18: Solomonic Gate at Megiddo hier Abb. 178), was freilich nicht zu einer befriedigenden Lösung des Problems führte. KURT GALLING hatte schon HOWIE's Versuch, das Osttor dem Megiddotor völlig anzugleichen, als misslungen bezeichnet (bei FOHRER, *Ezechiel*, *HAT*, 1955, 225, Anm. 1) und HARTMUT GESE hat es 1957 klar gemacht, dass die von HOWIE vorgeschlagene Rekonstruktion sich mit der Beschreibung

---

[10] Ähnliche Stadttore sind bei neueren Ausgrabungen in Tel Beer-Sheba und Tel Dan ans Licht gekommen. Siehe YOHANAN AHARONI, *Excavations at Tel Beer-Sheba*, *BA*, XXXV, 4, 1972, 111-127, Fig. 14, p. 120-121, Stadtplan; Ders. in: *TA*, I, 1974, Fig. 1, p. 35; II, Fig. 1, p. 148; *EncAEHL*, I, 1975, Fig. p. 161; AVRAM BIRAN, *Tel Dan*, *BA*, XXXVII, 3, 1974, 26-51, Fig. 16, p. 44, Stadttor. — *IEJ*, 24, 1974, Fig. 1, p. 14: *Plans of city gates at Beersheba, Megiddo and Dan* (Y. AHARONI). AHARONI († 1976) hält es für wahrscheinlich, dass die Tore in Beersheba und Dan aus der Zeit Davids stammen (p. 15-16).

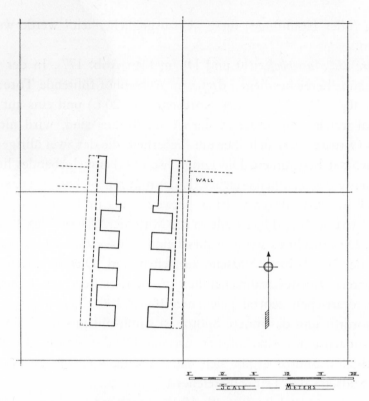

Abb. 178. Das äussere Osttor. (Rekonstr. C. G. Howie)

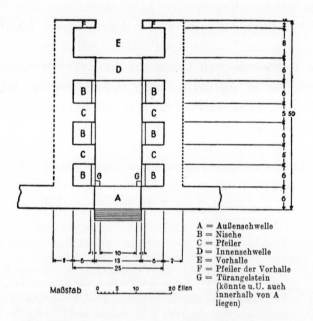

A = Außenschwelle
B = Nische
C = Pfeiler
D = Innenschwelle
E = Vorhalle
F = Pfeiler der Vorhalle
G = Türangelstein
(könnte u.U. auch
innerhalb von A
liegen)

Abb. 179. Das äussere Osttor. (Rekonstr. H. Gese)

Ez. 40, 6 ff. nicht vereinen lässt (*Der Verfassungsentwurf*, 1957, 150-151). Wir halten die Gesesche Rekonstruktion des Tores (*o.c.*, Abb. I, S. 185, hier Abb. 179), in der Hauptsache für richtig, können dem Gelehrten aber nicht in allem folgen. Bei der Übersetzung der bezüglichen Stellen (Ez. 40, 6. 13. 15; es sind dies die Vss., in denen der Grundriss des Tores beschrieben wird) folgen wir in der Hauptsache ZIMMERLI (*Ezechiel*, 2. Teilb., 1969, 980, z.St.).

40, 6) „Und er kam zum Tor, dessen Vorderseite nach Osten gerichtet war, und er stieg die Stufen hinauf. Und er mass die Schwelle des Tores, eine Messrute tief und die andere Schwelle eine Messrute tief. 7) Und die Nischen: eine Messrute lang und eine Messrute breit und zwischen den Nischen 5 Ellen und die Schwelle des Tores der inneren Vorhalle des Tores eine Messrute. 9) Und er mass die Vorhalle des Tores: 8 Ellen und die Pfeiler: zwei Ellen. Und die Vorhalle des Tores war nach innen zu. 10) Und die Nischen am Tordurchgang lagen je drei auf der einen und drei auf der anderen Seite. Ein und dasselbe Mass hatten sie und einerlei Mass die Pfeiler hier und dort. 11) Und er mass die Weite der Toröffnung, 10 Ellen, die Breite des Tordurchganges 13 Ellen. 12) Und vor den Nischen war ein erhöhtes Pflaster, eine Elle und ein erhöhtes Pflaster auf der anderen Seite, eine Elle und die Nischen 6 Ellen hier und 6 Ellen dort, Öffnung gegenüber Öffnung. 13) Und er mass das Tor von der Wand der einen Nische zu der Wand (der anderen) Nische 25 Ellen. 15) Und von der Vorderseite des Tores bis zu der Vorderseite der Vorhalle des Tores 50 Ellen. 16) Und Gitterfenster waren an den Nischen ( ) nach innen des Tordurchganges zu und an ihren Pfeilern waren Palmen''.

Nach KURT GALLING (bei BERTHOLET, *Hesekiel*, 1936; Ders., bei FOHRER, *Ezechiel*, 1955), HARTMUT GESE (*Der Verfassungsentwurf*, 1957, 129) und WALTHER ZIMMERLI (*Ezechiel*, 2. Teilb., 1969, 984, Anm. 6 c) ist 40, 6 c ואת סף אחר קנה אחד רחב: „und die andere Schwelle eine Messrute tief'' als *Dittographie* der vorhergehenden Worte zu streichen [11]. Die Sache lässt sich auch anders erklären: die (sieben) Stufen könnten zu einem 6 Ellen breiten, als Schwelle zu deutenden Absatz hinaufgeführt haben. Am inneren Nordtor (40, 35-43) müssen die (acht) Stufen unbedingt — wie wir unten sehen werden — zu einem Absatz emporgeführt haben und die im Tempelentwurf durchgeführte Systematik macht es wohl wahrscheinlich, dass an allen Tore die Stufen zu einem Absatz hinaufführten [12].

C. G. HOWIE meint, es lässt sich nicht ausmachen ob das 40, 13 genannte Mass (25 Ellen) das innere, oder das äussere Mass des Tores sei (*BASOR*, 117, 1950, 17: „it is impossible to say whether this measurement has reference to over-all dimen-

---

[11] Für das erste אחד (Text) ist אחר zu lesen (ZIMMERLI).
[12] Vgl. die von VINCENT vorgeschlagene Rekonstruktion des Ez. Tempels (*Jérusalem*, II-III, 1954, Pl. CIV, hier Abb. 176).

sions or from the back of one „recessed chamber" to the back of one opposite").
Howie hält dann dafür, dass 25 Ellen „is an outside measurement and that the
Greek rendering, „wall", is correct" (*ibid.*). Es unterliegt nicht dem Zweifel, dass
das 40, 13 genannte Mass die innere Breite des Tores angibt, wie auch Gese annimmt; die Breite des Tordurchgangs ist 13 Ellen, die Tiefe der Nischen 6 Ellen,
also 13 + 2 × 6 = 25 Ellen. Auch LXX ist doch in diesem Sinne zu deuten[13].
Mit einem Aussenmass von 25 Ellen und einem 10 Ellen breiten Tordurchgang
(so bei Howie) beträgt die Stärke der Seitenmauern nur 1½ Ellen, was Howie auch
selbst aus baulichen Gründe für unwahrscheinlich hält (*l.c.*). Kurt Galling hatte
1936 die äussere Breite ebenfalls auf 25 Ellen stellen wollen (bei Bertholet, *Hesekiel*,
1936, 137 f. und Abb. 1, S. 137), ist dann aber später davon abgekommen[14]. Wie
schon bemerkt, halten wir die von Gese vorgeschlagene Rekonstruktion des Tores
(innere Breite 25 Ellen) in der Hauptsache für richtig. Gese irrt aber, wenn er die
Breite des Toreingangs auf 13 Ellen stellt (Abb. 179) und meint, das 40, 11 genannte
Mass (10 Ellen) sei das Mass zwischen den Türangelsteinen (*o.c.*, 137 und Abb. I,
S. 185). Gese folgt hier Galling und Zimmerli sagt, die Meinung dieser Gelehrten
hat viel für sich (*Ezechiel*, 2. Teilb., 1969, 1002). Wenn Galling sagt: „Aus 6 und
11 ergibt sich, dass die Eingangsschwelle des Osttores 6 Ellen tief und 13 Ellen
breit war; da für die beidseitigen Türangelsteine jeweils ein Raum von 1½ Ellen
abgeht ..., so beträgt die Durchgangsöffnung bei eingeklappten Torflügeln nur
10 Ellen" (bei Fohrer, *Ezechiel*, *HAT*, 1955, 224), übersieht er, dass die Drehpfosten
doch nicht 1½ Ellen dick gewesen sein können. Auch geht aus 40, 11 sicher nicht
hervor, dass die Eingangsschwelle 13 Ellen breit ist! Es ist hier von der Breite des
Tordurchgangs die Rede: ארך השער שלוש עשרה אמות. Dass die Breite als „Länge" (ארך)
bezeichnet wird, erklärt sich daraus, dass dieses Mass grösser ist als die Breite des
Toreingangs. So meint auch Zimmerli, es ist nicht nötig mit Galling (*o.c.*, 223,
Anm. bei 40, 11) ארך in דרך zu korrigieren (*Ezechiel*, 2. Teilb., 1969, 1003). Mit
פתח־השער (40, 11) ist zweifellos die Breite der Maueröffnung, d.h. die Breite des
Toreingangs gemeint. Die Öffnung der Nischen wird ebenfalls als פתח bezeichnet

---

[13] Ez. 42, 13 LXX: Καὶ διεμέτρησε τὴν πύλην ἀπὸ τοῦ τοίχου τοῦ θεὲ ἐπὶ τὸν τοῖχον τοῦ θεὲ,
πλάτος πήχεις εἰκόσι καὶ πέντε. Das hebr. תא ist mit θεὲ umschrieben; „vermutlich fanden die
Übersetzer kein wirklich passendes griechisches Wort dafür" (W. von Soden, *Akkadisch taʾû und
hebräisch tāʾ als Raumbezeichnungen*, *WO*, 5, 1950, 356-359, S. 359). Von Soden hält die 25 Ellen
richtig für das innere Mass des Tores (S. 359, Anm. 7). Die akkad. Entsprechung von תא ist *taʾû*,
womit ein innerer Raum des Tempels und des Hauses bezeichnet wird (S. 359). Grundbedeutung
von תא ist also „Kammer" (*id.*). Im Traktat Middot werden mit diesem Terminus die Kammern
des Umbaus bezeichnet (IV, 3: 38 Kammern). Ein deutsches Wort für תא gibt es nicht (von Soden,
S. 361).
[14] Bei G. Fohrer, *Ezechiel*, 1955, 224 f.; Galling folgt hier offenbar von Soden, dessen Aufsatz
dort S. 225 erwähnt wird.

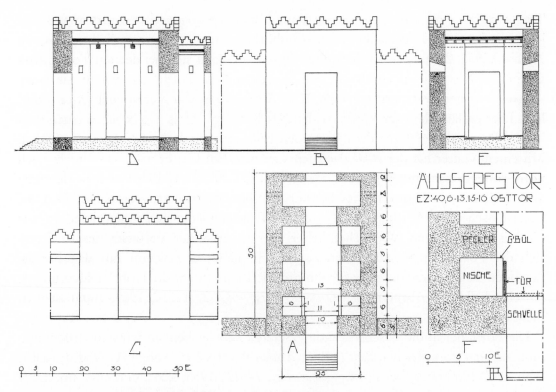

Abb. 180. Das äussere Osttor. (Rekonstr. Th. A. BUSINK)

(40, 13). Hinter den 1½ Ellen breiten Mauerflächen neben dem 10 Ellen breiten Toreingang lassen sich die Drehpfosten der Torflügeln von aussen her unsichtbar aufstellen (Abb. 180). Die von GALLING, GESE und ZIMMERLI angenommenen Türangelsteine wären von aussen her zu unterminieren gewesen! Die Breite des Toreingangs ist also auf 10 Ellen zu stellen; der Text lässt darüber keinen Zweifel. Aber auch die Breite der zu der hinteren Halle führenden Tür (bei GESE 13 Ellen, *o.c.*, Abb. I, S. 185) wird aus Gründen der Symmetrie auf 10 Ellen zu stellen sein, wenn das Mass in der Beschreibung auch nicht erwähnt wird. Das Gleiche gilt für den Ausgang des Tores; auch hier ist eine Breite von 10 Ellen anzunehmen.

HARTMUT GESE hat in seiner Rekonstruktion des Tores die 40, 12, erwähnte גבול („Abgrenzung", GALLING, z.St., S. 226) nach innen gestellt (*o.c.*, Abb. I, S. 185). An der ersten (und dritten) Nische liesse die Abgrenzung sich in der von GESE (und GALLING) vorgeschlagenen Rekonstruktion auch nur nach innen zu aufstellen, denn die Drehpfosten der Torflügel sind hier in die Ecken gestellt (Abb. 179). Die Abgrenzung liegt aber vor den Nischen: וגבול לפני התאות". So sagt auch GESE selbst: „Es muss sich also bei גבול hier um eine Abgrenzung handeln, die *vor* den Kammern angebracht ist" (*o.c.*, 135). Die Kammern (Nischen), sagt GALLING, waren wohl für

2

Tempelwächter gedacht. „Damit sie vom Mittelweg abgegrenzt wurden, war vor jede Nische ein 1 Elle dickes (ebenso hohes?) Gatter (גְּבוּל) gesetzt" (bei FOHRER, *Ezechiel*, 1955, 226). Eine 1 Elle breite Abgrenzung lässt sich bei den am Toreingang gelegenen Nischen gut erklären: bei eingeklappten Torflügeln wären sie ohne Abgrenzung ganz versperrt gewesen. Eine Abgrenzung war hier unbedingt erforderlich. Dies erklärt, dass der *gᵉbûl* v o r den Nischen liegt. Dass alle Nischen einen *gᵉbûl* haben, lässt sich wohl aus dem Bestreben nach Symmetrie in der Anlage erklären. Mit einem Gatter hat der *gᵉbûl* also nichts zu tun. Ein Gatter wäre wohl nicht nach vorn, sondern nach innen gestellt gewesen [15]. GALLING war 1936 auf dem richtigen Wege, als er in גבול ein erhöhtes Pflaster sah (bei BERTHOLET, *Hesekiel*, 1936, 138); nur ist nach dem Wortlaut des Textes das Pflaster nicht nach innen, sondern vor die Nischen zu legen. Wahrscheinlicher aber ist, dass der Verfasser des Entwurfs sich das Pflaster auch nach innen zu gedacht habe; er erwähnt nur den herausragenden Teil und davon hatte für ihn nur die Breite (nicht die Höhe) Bedeutung [16]. An eine halbhohe Absperrung (ZIMMERLI, *Ezechiel*, 2. Teilb., 1969, 1003) ist u.E. nicht zu denken.

Die Form der in die Nischenwände gesetzten Fenster kennen wir „aus Elfenbeinmodellen der vorexilischen Zeit (*AOB*, Abb. 191, *ANEP*, Abb. 131, WATZINGER I, Abb. 84)" (GALLING, bei FOHRER, *Ezechiel*, *HAT*, 1955, 226). GALLING überträgt den Terminus חלונות אטמות mit „Rahmenfenster" (*o.c.*, 225, z.St.). G. R. DRIVER übersetzt ihn im Hinblick auf arab. *'atama* (= contracted, narrowed) durch „narrowed windows" (*Biblica*, 35, 1954, 305). DRIVER meint, es werden „loop-holes" sein, „with which Symms.'s θυρίδες τοξικαὶ and possibly also the Vulg.'s fenestrae obliquae agree well enough" (*l.c.*). Wörtlich bedeutet חלונות אטמות „verschlossenes Fenster" (ZIMMERLI, *Ezechiel*, 2. Teilb., 1969, 986, Anm. 16 a). MARTIN NOTH überträgt den Terminus חלוני שקפים אטמים (1. Kön. 6, 4) mit „vergitterte Rahmenfenster" (*Könige*, *BKAT*, 95, z.St.). Wir denken, wie beim salomonischen Tempel, an Gitterfenster. Mit שקפים (1. Kön. 6, 4) sind vielleicht, meint NOTH, umrahmende Steinplatten gemeint (*o.c.*, 97, Anm. 4 f. auf S. 98). Die Umrahmung könnte selbstverständlich auch aus Holz gewesen sein. Am ezechielischen Tor fehlt offenbar die Umrahmung der Fenster: die Gitterplatte ist ohne Umrahmung in die Fensteröffnung zu stellen.

---

[15] VON SODEN, der im Hinblick auf die akk. Bedeutung von תא davon ausgehen will, dass die Nischen als Kammern aufzufassen sind, meint, *gᵉbûl* sei „ein von den Pfeilern je eine Elle in den Nischenraum vorspringendes Gatter oder einen Holzverschlag" (*l.c.*, 360). „Damit wäre die vierte Wand des Raumes wenigstens in Stümpfen angedeutet und ausserdem der Torwache, für die diese Nischen doch wohl Aufenthaltsräume sein sollten, etwas Deckung gegeben" (*id.*). Dagegen spricht, dass der *gᵉbûl* v o r den Nischen liegt.

[16] Der *gᵉbûl* braucht übrigens nicht die Höhe des Nischenpflasters zu haben; er kann wie eine Stufe niedriger sein, siehe Abb. 180: E.

Hat der Verfasser des Entwurfes die Fenster absichtlich vereinfachen wollen, eine Tendenz, welche uns später noch begegnen wird?

Nach 40, 16 (M) waren Gitterfenster an den Nischen, an den Pfeilern und in den Vorhallen (Pl.). An Pfeilern lassen sich keine Fenster anbringen und אליהמה ist denn auch als Zusatz anzusprechen (ZIMMERLI, *Ezechiel*, 2. Teilb., 1969, 986, Anm. 16 b). Für לאלמות וחלונות (40, 16) ist nach GESE לאלם חלונות zu lesen (*Der Verfassungsentwurf*, 1957, 149; vgl. ZIMMERLI, *o.c.*, 986, Anm. 16 d). Also: nur eine Vorhalle, die wie schon bemerkt, nach dem Aussenhof zu gekehrt ist. Die Breite der Türöffnung ist auf 10 Ellen (ca. 5 m) zu stellen; die nur 8 Ellen (ca. 4 m) tiefe Vorhalle wird durch die Türöffnung, in der sicher keine Türflügel anzunehmen sind, reichlich beleuchtet. Zwar wird über die Breite der Vorhalle nichts berichtet, es gibt aber keinen Grund, sie breiter als 25 Ellen — die innere Breite des Tores — anzunehmen (vgl. GESE, *Der Verfassungsentwurf*, 1957, Abb. II, S. 185, hier Abb. 179); die Breite der neben dem Eingang gelegenen Raumteile beträgt demnach nur $7^1/_2$ Ellen (ca. 3.75 m). Da die Vorhalle, wie gesagt, durch die 10 Ellen breite Türöffnung reichlich beleuchtet wird, bedurfte sie sicher keiner Fenster, die wir uns gleich wohl in den Seitenwänden vorzustellen haben. Die Frage ist also, wie diese Fenster zu erklären seien. Man könnte hier an 44, 3 denken wollen, wo es heisst, der Fürst solle in diesem Tor (dem äusseren Osttor) sitzen „um Speise vor Jahwe zu essen". „Der Fürst als das angesehendste Glied der Laiengemeinde erhält das Vorrecht, in diesem durch den Einzug Jahwes geheiligten Torraum sein Mahl zu halten" (ZIMMERLI, *o.c.*, 1112). Es wird aber nicht gesagt, dass er in der Vorhalle sitzen solle. „Von der Vorhalle des Tor(bau)es her soll er hineintreten, und auf demselben Wege soll er (wieder) hinausgehen" (Übers. ZIMMERLI, z.St.). Er soll die Speise „vor Jahwe" essen, d.h. also in der Achse des Torgebäudes sitzen. In der Vorhalle würde der Fürst demnach gerade gegenüber der Türöffnung sitzen und die Fenster der Vorhalle bleiben also damit unerklärt. Eine Vorhalle, an der Fenster unbedingt erforderlich waren, ist die Vorhalle des inneren Nordtores (F[1] im Plan Abb. 177 und Abb. 181). Hier stehen in der Vorhalle „zwei Tische auf der einen und zwei Tische auf der anderen Seite" (40, 38 a), (dazu bestimmt), auf ihnen das Brandopfer und das Sündopfer und das Schuldopfer zu schlachten" (Übers. ZIMMERLI, z.St.). Damit scheint die Frage nach dem Herkunft der Fenster an der Vorhalle der Tore erklärt. Dem ist leider nicht so, denn es handelt sich bei 40, 38-43 um einen Nachtrag; die Vss. gehören nicht zum ursprünglichen Entwurf [17]. Es ist also anzunehmen, dass der Verfasser des Entwurfs einfach der Symmetrie wegen, d.h. im Hinblick auf die Nischenfenster, Fenster an die Seitenwänden der Vorhalle gestellt hat. Aus Gründen der Symmetrie

---

[17] GALLING, bei FOHRER, *Ezechiel*, 1955, 228; GESE, *Der Verfassungsentwurf*, 1957, 20 f.; ZIMMERLI, II, 1969, 1023 f.

hatte er auch, wie wir oben sahen, vor alle Nischen eine Abgrenzung gestellt, wiewohl sie nur bei den Nischen am Toreingang nötig war.

Die Frage ist nun, wie das Ulam des Tempeltores abzuleiten sei. Wenn KURT GALLING sagt, dass Ezechiel ein monumentales Stadttor beschreibt „dem er als etwas Besonderes eine Vorhalle anfügt" (bei FOHRER, *Ezechiel*, 1955, 226; S. 225 heisst es, die Vorhalle sei „erst nachträglich ... hinzugefügt" worden), meint er offenbar, dass das Ulam des Tores eine freie Schöpfung des Verfassers des Tempelentwurfs gewesen ist. Auch das Ulam des Tores lässt sich aber aus dem Stadttor ableiten. Zwar lässt sich dies aus der Beschreibung des äusseren Osttores (Abb. 180), dessen Ulam den Charakter einer Hinterhalle hat, nicht wahrscheinlich machen, an den Toren des Innenheiligtums liegt das Ulam aber an der Front (Abb. 181) und hat hier klar den Charakter einer Vorhalle. Hier kann über die Ableitung des Ulam des Tores kein Zweifel bestehen. Das Stadttor von *Megiddo*, *Hazor* und *Gezer* zeigt einen zwischen den Tortürmen gelegenen „Vorplatz" [18]. Der Verfasser des Entwurfs hat die Tortürme des Stadttores preisgegeben und den Vorplatz zu einem breitgelagerten Raum umgestaltet. WALTHER ZIMMERLI war auf dem richtigen Wege, als er sagte: „Über GALLING hinaus muss dann aber gefragt werden, ob im Weglassen der Türme und der Zufügung des אולם nicht die spezifische Umformung des kriegerischen Wehrtores zum gottesdienstlich bedeutsamen Heiligtumstor sich auch architektonischen Ausdruck geschaffen hat" (*Ezechiel*, 2. Teilb., 1969, 1016). Das Ulam ist aber nicht zugefügt, sondern aus dem Vorplatz gebildet worden und zwar am Innenheiligtum. Es handelt sich also um eine Neubildung einer alten Form. Auch über den Sinn dieser Neubildung kann kein Zweifel bestehen. Durch die Vorhalle der Tore des Innenheiligtums werden Innenheiligtum und Aussenhof zu einer Gesamtkomposition in sakralem Sinn gebildet. Tortürme hätten eine Trennung zwischen Innenheiligtum und Aussenhof bedeutet, sie hätten den Aussenhof sozusagen zu einem profanen Gebiet herabgesetzt, die offenen Vorhallen [19] öffnen das Innenheiligtum nach dem Aussenhof zu. Sie bilden aber im sakralen Sinn zugleich eine Trennung zwischen Innenheiligtum und Aussenhof, denn der in die Vorhalle hineintretende Priester wird hier angehalten, nicht sofort das Innere des Tores und das Innenheiligtum zu betreten. Zweifellos hatte das nach innen gerichtete Ulam der äusseren Tore eine gleiche Wirkung und dies wird dem Verfasser des Entwurfs veranlasst haben, die Aussentore ähnlich, nun aber verdreht, zu gestalten. Wir können GALLING beistimmen wenn er sagt: „In jedem Falle scheint uns deutlich,

---

[18] Siehe Band I, 1970, 126 f., Abb. 34, S. 126, Stadttor von Hazor; ZIMMERLI, II, 1969, Fig. 2-4, S. 1007.
[19] Die nur 2 Ellen dicke Frontmauer des Tores zeugt dafür, dass der Eingang keine Türflügel hatte. Türflügel sind innen an der 6 Ellen breiten Schwelle anzunehmen.

dass hier theologisch-kultische Erwägungen das Bild des äusseren Osttores und der ihm entsprechenden Tore im Norden und Süden des äusseren Vorhofes bestimmt haben" (bei FOHRER, *Ezechiel*, 1955, 226). Hätte der Verfasser des Entwurfs das offene Ulam der äusseren Tore an die Front gelegt, es würde ein Verbindungsglied zwischen dem Heiligen und Profanen bedeutet haben, während doch die Umfassungsmauer scheiden soll zwischen Heiligen und Profanen.

c) *Das Pflaster und die Kammern* (40, 17. 18; 42, 8, B im Plan Abb. 177). Der Aussenhof ist rundherum über eine Breite gleich der Tiefe der Tore gepflastert [20]. Es wird als das „untere Pflaster" (הרצפה התחתונה) bezeichnet (Vs. 18). Von einem oberen Pflaster, das selbstverständlich im Innenheiligtum zu suchen ist, ist freilich nirgends die Rede (vgl. GALLING, bei FOHRER, *Ezechiel*, 1955, 226). Die Erwähnung des rundherum liegenden Pflasters deutet wohl darauf, dass der Verfasser des Entwurfs sich den Aussenhof als ungepflastert vorgestellt hatte [21]. Da die Dicke der Umfassungsmauer auf 5 Ellen zu stellen ist, kann die Breite des Pflasters nur 45 Ellen betragen.

Auf dem Pflaster liegen 30 Kammern (שלשים לשכות), denen 42, 8 eine Länge von 50 Ellen zugeschrieben wird [22]. Über die Breite und genaue Lokalisierung der Kammern wird nichts berichtet. KURT GALLING nennt die Kammern nach Jer. 35, 2 f. Familien-Hallen. „Sie gehörten wohlhabenden Familien und dienten den Sippen zur Unterkunft, wenn sie gemeinsame Opfermahlzeiten abhielten" (bei FOHRER, *o.c.*, 226). ZIMMERLI meint, dass solche Gemächer als Speise-, Kleiderablage- Beratungsräume und Ort für Opfermahlzeiten dienten (*Ezechiel*, 2. Teilb., 1969, 1005). Es soll aber nicht übersehen werden, dass wir es hier mit einem Phantasie-Entwurf zu tun haben.

Der Nachdruck, welcher in der Beschreibung auf das Pflaster gelegt wird, macht

---

[20] Ez. 40, 17-18: „Dann führte er mich in den äusseren Vorhof hinein, und siehe, da waren Gemächer, und eine Pflasterung war im Hofe rings herum angelegt. 30 Gemächer lagen auf der Pflasterung. Und die Pflasterung schloss sich seitlich an die Tore an, entsprechend der Tiefe der Tore" (Übers. ZIMMERLI, z.St.).

[21] Als JUDAS MAKKABÄUS und seine Leute zum Berg Zion hinaufzogen, um das Heiligtum zu reinigen und neu einzuweihen, sahen sie „in den Vorhöfen Gesträuch, das aufgewachsen war wie in einem Wald oder auf irgend einem Berge" (I. Makk. IV, 37 f.). Die Höfe waren offenbar nicht gepflastert.

[22] 42, 8: „denn die Länge der Gemächer des äusseren Vorhofes (betrug) 50 Ellen" (ZIMMERLI, z.St.). Es ist nicht das Innenmass, sondern das Aussenmass. Die Masse der Kammer (wie wir unten sehen werden: 25 × 50 Ellen) sind Idealmasse, die im Entwurf nicht genau einzuhalten sind. Ein Beispiel soll dies klarmachen: An der Nord- und Südseite sind je acht Kammer anzuordnen (Abb. 177). In den Ecken des Aussenhofes liegen 30 × 40 Ellen grossen Küchen. Die äussere Breite des Torgebäudes ist auf 35 Ellen zu stellen. Die Breite (und Länge) des Aussenhofes beträgt 490 Ellen (500 — 10 Ellen), Küchen und Tor erfordern 115 Ellen, die Zahl 490 ist also damit zu reduzieren, was 375 Ellen ergibt. Daran lassen sich nicht acht 50 Ellen langen Kammern, die überdies durch Innenmauern getrennt sind, anordnen.

es wahrscheinlich, dass es nur zum Teil durch Bauten verdeckt wurde (vgl. GALLING, bei FOHRER, *o.c.*, 226). Dies geht auch aus 40, 18 hervor, wo es heisst, dass das Pflaster sich seitlich an den Toren anschliesst. Dies macht es wahrscheinlich, dass die Kammern nicht die Tiefe des Pflasters haben [23]. Ez. 42, 8 wo den Kammern, wie oben bemerkt, eine Tiefe von 50 Ellen zugeschrieben wird, soll uns nicht irreführen: es werden 42, 1-9 die Tempelsakristeien beschrieben und diese gehören nicht zum ursprünglichen Tempelentwurf. Im neuen Entwurf erhielten die neben den Sakristeien gelegenen Kammern (O im Plan Abb. 177) eine neue Lage. Das Mass 50 Ellen macht es nun aber wahrscheinlich, dass die Breite der Kammern auf 25 Ellen zu stellen ist. Es ist das in der Systematik der Anlage wichtige Mass. Da die Zahl 30 nicht durch 4 teilbar ist, kann an den vier Seiten des Aussenhofes nicht eine gleiche Zahl Kammern liegen. Es gibt an den vier Seiten auch nicht einen gleich grossen Raum für die Anlage von Kammern. Schon im ursprünglichen Entwurf liegt auf der Westseite, gerade in der Ostwestachse des Tempelbereiches ein 100 Ellen breiter Bau (M im Plan Abb. 177), der eine Unterbrechung des Pflasters bildet. Auf der Nord-, Süd- und Ostseite wird das Pflaster nur durch die etwa 35 Ellen breiten Tore unterbrochen (wir stellen die Dicke der Mauern der Tore hypothetisch auf 5 Ellen). Auf der Westseite können sechs theoretisch 25 Ellen breite Kammern, auf der Nord-, Süd- und Ostseite acht solche Kammern angenommen werden [24]. Vielleicht lässt sich die Zahl von 30 Kammern — die Zahl 30 gehört nicht zur Systematik der Anlage — aus der (theoretischen) Länge der Kammern (50 Ellen) erklären: bei dieser Breite gab es im Grundriss Raum für 30 Kammern. Die Tiefe der Kammern ist, wie oben bemerkt, auf 25 Ellen zu stellen. Ez. 42, 6 ist von Säulen „der Vorhöfe" die Rede (so KARL ELLIGER, *Alt-Festschrift* 1953, 79-102, S. 91; vgl. GALLING, bei FOHRER, *Ezechiel*, 1955, 235, z.St.; GESE, *Der Verfassungsentwurf*, 1957, 26, Anm. 6; GESE folgt hier ELLIGER). ZIMMERLI überträgt die bezüglichen Wörter mit „Säulen der ‚äusseren' (Gemächer)" (*Ezechiel*, 2. Teilb., 1969, 1054, z.St.). Die Stelle gehört zu der Beschreibung der Sakristeien ואין להן עמודים כעמודי החצרות) [25]. Wir folgen Zimmerli's Übersetzung und setzen hypothetisch eine Säule in den Eingang der Kammern (Abb. 177). Über die Ableitung der Kammern wird unten (Abschn. A 1 e) zu sprechen sein.

---

[23] In der von VINCENT vorgeschlagenen Rekonstruktion bedecken die Kammern das ganze Pflaster (*Jérusalem*, II-III, 1954, Pl. CIV; hier Abb. 176). I. BENZINGER gibt den Kammern richtig eine geringere Tiefe, stellt aber die Kammern nur entlang drei Seiten (*Hebräische Archäologie*, 1927, Abb. 419, S. 331; hier Abb. 175). Auch die Länge der Kammer (theoretisch 50 Ellen) ist hier nicht beachtet.

[24] Die in den vier Ecken des Aussenhofes liegenden 30 × 40 Ellen grossen Küchen gehören vermutlich nicht zum ursprünglichen Entwurf; siehe weiter unten Abschnitt d.

[25] „und hatten keine Säulen gleich den Säulen der ‚äusseren' (Gemächer)" (ZIMMERLI, z.St.).

d) *Die Küchen* (46, 21-24; C im Plan Abb. 177). In den vier Ecken des Aussenhofes liegt ein 30 × 40 Ellen grosser nicht überdachter (er wird ja als חצר: „Hof"
bezeichnet) Raum, dessen steinerne Umzäunung (טור; 46, 23) an der Umfassungsmauer stösst (חצרות קטרות; 46, 22). GALLING übersetzt die Stelle 46, 22: „da war in
jeder Ecke des Vorhofs wieder ein Vorhof" (bei FOHRER, *o.c.*, z.St.); bei ZIMMERLI
heisst es: „An den vier Ecken des Vorhofes waren ‚kleine' Höfe …" (*o.c.*, 1180,
z.St.; siehe auch 1181, Anm. 22 a). GALLING hat 22 a gestrichen (*o.c.*, 257, z.St.;
siehe auch Anm. bei 22). Mit קטרות (46, 22) wird u.E. gesagt, dass diese Höfe nicht
frei in den Ecken des Aussenhofes liegen; ihre Mauern stossen an die Umfassungsmauer des Tempelbereichs [26]. Es sind dies die Küchen (בית המבשלים; 46, 24; LXX:
οἱ οἶκοι τῶν μαγείρων), „wo die Diener des (Tempel-) Hauses die (Mahl-) Opfer des
Volkes kochen sollen" (46, 24; ZIMMERLI, z.St.). Die Zahlen 40 und 30 (Länge und
Breite der Küchen „(sind) gar nicht in die Systematik der Tempelmassrechnung
von 40-42 eingepasst" (ZIMMERLI, *o.c.*, S. 1184). G. SAUER vermutet, dass hinter
diesen Zahlen die Zahl 70 liegt (*Die Sprüche Agurs*, BWANT 5, F. 4, 1963, 86,
ZIMMERLI, *l.c.*) [27].

Die Kochplätze der Küchen werden 46, 23 erwähnt: sie liegen (innen) am Fuss
der Umzäunung, ringsherum (מתחת הטירות סביב). Wir haben sie uns wohl aus Lehmziegeln gemauert vorzustellen. Ein schönes Beispiel, freilich aus dem 16. Jahrhundert v. Chr., ist im Palast von Mari ans Licht gekommen: die Feuerstellen sind
nach der Front zu geöffnet, kreisrunde Öffnungen oben dienen der Aufstellung der
Kochtöpfe, bzw. Kochpfanne (A. PARROT, *Mission archéologique de Mari*, II: *Le Palais*,
Architecture, 1958, 24 f., Fig. 20. 21, p. 24-25, Pl. XV, 2-3). Zum ursprünglichen
Entwurf des Tempels gehören die Küchen nicht. Es handelt sich um einen kor-
rigierenden Nachtrag (HARTMUT GESE, *Der Verfassungsentwurf*, 1957, 89, Anm. 2;

---

[26] „The meaning of קטרות was already lost to most, if not all, of the ancient translators, while
the traditional rendering of „unroofed" cannot be extracted from the root" (DRIVER, *Biblica*, 35,
1954, 311). Dass die Küchen nicht bedeckt waren, folgt wie gesagt aus der Bezeichnung חצרות:
Höfe. Ein Hof (חצר) ist doch immer unbedeckt. DRIVER sagt weiter, es gibt nur zwei Übersetzungen,
welche philologisch möglich sind „and at the same time yield a tolerable sense" 1) Symm. συνημ-
μένη „joined to, bordering on, lying next to" und 2) „arched, vaulted, roofed?" (*l.c.*). Es kann
u.E. nur „joined to" bedeuten.

[27] Die Zahl 70 könnte mit den vorhergesagten 70 Jahren des Exils (Jer. 29, 10) zusammenhängen. — Für diese 70 Jahre waren im jüdischen und christlichen Altertum zwei Berechnungen
beliebt: die eine zählte von der Zerstörung Jerusalems an bis zum 2. Jahre des Darius (587-518),
die andere ging von dem Jahre der Wegführung Jojachin's (597) aus und setzte das Ende der 70
Jahre in das 1. Jahr des Cyrus (538 v. Chr.) (F. C. MOVERS, *Die Phönizier*, II, 1, 1849, 440). Siehe
über die Zahl 70 unten Kap. XVIII, Anm. 62. — E. LIPIŃSKI sagt: „C'était un temps de pénitence,
destinée à apaiser la colère du dieu. Cette conception existait en mésopotamie et en Israël, au moins
au VIIe et au VIe siècle avant notre ère" (*VT*, 20, 1970, 40).

dort auch die Meinung verschiedener Gelehrten über die Echtheit oder Unechtheit der Vss. 21-24).

e) *Ableitung des Aussenhofes.* Quadratform und Umfang des Tempelbereiches meinten wir oben (A 1 a) aus Grundriss und Masse des Allerheiligsten ableiten zu dürfen. Die Frage ist nun, wie der Aussenhof architekturgeschichtlich und theologisch-kultisch zu erklären sei. ZIMMERLI weist darauf hin, dass der salomonische Tempel später einen zweiten Hof gehabt habe (*Ezechiel*, 2. Teilb., 1969, 1015; vgl. GALLING, bei FOHRER, *Ezechiel*, 1955, 223). ZIMMERLI meint, Ez. 40 f. „zeigen, wie diese Entwicklung radikal zu Ende geführt wird" (*l.c.*). Aus dem zweiten Hof des salomonischen Tempels allein lässt sich der Aussenhof des ezechielischen Tempelentwurfes aber nicht erklären. Beim zweiten Hof des salomonischen Tempels handelte es sich um eine Raumschöpfung; beim ezechielischen Tempelentwurf ist nicht der innerhalb der Umfassungsmauer gelegene Raum primär von Bedeutung, sondern die Umfassungsmauer selbst. Nicht umsonst heisst es Ez. 42, 20, dass die Aussenmauer dient um „zu scheiden zwischen dem Heiligen und Profanen". Die dem Festungsbau entlehnten Tempeltore, die dem Heiligtum einen defensiv abwehrenden Charakter geben (vgl. ZIMMERLI, *o.c.*, 1016) verstärken die Bedeutung der Umfassungsmauer als eine Trennung zwischen Heiligen und Profanen. Die Umfassungsmauer des Tempelbezirkes ist der Idee nach der Aussenmauer einer Burganlage vergleichbar: hier soll sie die profane Welt, dort die feindlichen Angriffe abwehren[28]. Zur profanen Welt gehört auch der Königspalast; die Umfassungsmauer soll verhindern, dass der Palast je wieder an der Seite des Heiligtums errichtet werde (vgl. Ez. 43, 8). Dass dem Verfasser des Entwurfs die Umfassungsmauer und nicht der Hofraum primär von Bedeutung gewesen ist, geht auch aus der geringen Zahl der Tempeltore hervor, drei, von denen überdies eins, das äussere Osttor, für immer verschlossen bleibt (siehe Abschn. B 7). Das Fehlen eines Tores auf der Westseite erklärt sich, meint ZIMMERLI, daraus, dass man Gott nicht vom Rücken her angehen könne (*o.c.*, 1020). Es könnte hier u.E. ebensogut der defensive Charakter der Anlage von Bedeutung gewesen sein: ein Westtor hätte unmittelbar hinter dem Tempelgebäude gelegen.

G. A. COOKE hat nur zum Teil recht, wenn er sagt, der ezechielische Tempelentwurf ist „based partly on the well remembered lines of Solomon's temple, but

---

[28] Nach Y. YADIN werden Stadtmauern seit Eisen II überwiegend massiv aufgemauert und die weniger starken Kasemattenmauern „only for the walls of the inner citadel, or for isolated and independent fortresses..." angewendet (*The Art of Warfare in Biblical Lands*, II, 1963, 289). Da ist es interessant, dass im ezechielischen Tempelentwurf die Aussenmauer des heiligen Bezirkes 5 Ellen dick ist ist, während für die Umfassungsmauer des Innenheiligtums, die überhaupt nicht erwähnt wird, eigentlich nur eine Dicke von 2 Ellen anzunehmen wäre (wir stellten die Dicke auf 5 Ellen, Abb. 177).

also modelled on the pattern of the spacious sanctuaries, walled and guarded like a fortress, which the prophet had before his eyes in Babylonia" (*Some Considerations on the Text and Teaching of Ezekiel* 40-48, *ZAW*, 42, NF 1, 1924, 105-155, S. 106). Die Idee, das Heiligtum innerhalb einem durch eine Mauer umschlossenen Bezirk zu errichten, könnte in der Tat aus Babylonien stammen [29]; es entstand aber im ezechielischen Tempelentwurf etwas ganz neues, im babylonischen Tempelbau unbekanntes: die Umschliessung des eigentlichen Heiligtums, des Tempelgebäudes, durch eine doppelte Einfriedung [30]. Babylonische Einwirkung verrät auch das Tempeltor. ZIMMERLI wird recht haben, wenn er sagt, dass die Tore des salomonischen Heiligtums ohne Zweifel ungleich bescheidenere Bauten gewesen sind als die des ezechielischen Tempelentwurfs (*Ezechiel*, 2. Teilb., 1969, 1015). „So möchte man geneigt sein, an babylonische Einflüsse bei der volleren Ausgestaltung der Tempeltore zu denken. Man wird die Mitwirkung solcher Einflüsse nicht einfach abweisen können" (*ibid.*). ZIMMERLI hat hier nur den monumentalen Charakter der Tore im Auge. Es ist aber mehr. Das ezechielische Tempeltor zeigt sich durch das breit gelagerte Ulam (am inneren Tor eine Vorhalle, am äusseren Tor eine Hinterhalle) als eine Vermischung von Langraumtor und Breitraumtor. Im Langraumtor steckt das salomonische Stadttor, im breit gelagerten Ulam das babylonische Breitraumtor [31]. Babylonischer Einfluss wird uns auch im ezechielischen Tempelgebäude begegnen (siehe Abschn. B 5) [32]. Auf babylonischen Einfluss könnte auch die Anlage von Kammern entlag der Umfassungsmauer des Tempelbezirks zurück-

---

[29] Siehe über bab. Tempelbau: TH. A. BUSINK, *Sumerische en Babylonische Tempelbouw*, Batavia 1940; E. UNGER, *Babylon. Die Heilige Stadt*, 1931, 135 f., 136 ff. (eine zweite Auflage, bearbeitet von R. BORGER, ist neuerdings erschienen); ROBERT KOLDEWEY, *Das wieder erstehende Babylon*, 1925; Ders., *Die Tempel von Babylon und Borsippa*, 15. *WVDOG*, 1911; G. MARTINY, *Die Kultrichtung in Mesopotamien*, 1932, bes. Taf. 8-13.

[30] Eine doppelte Einfriedung hat auch der von Herodes wieder aufgebaute Jerusalemer Tempel — wie übrigens schon der zweite Tempel seit dem 3. Jahrh. v. Chr. (darüber Kap. X. und XI.). Während aber der Aussenhof des herodianischen Tempels den Heiden zugänglich war, durften Heiden den Aussenhof des ezechielischen Tempels nicht betreten. Wie später der Middot-Tempel (hier Kap. XVIII) ist der ezechielische Tempel ein exklusiv „jüdisches" Heiligtum. „The first point of importance was that the new sanctuary should be guarded against every profanation" (J. A. BEWER, *The Literature of the Old Testament*[3], 1962, 194). „The program was essentially particularistic. Ezekiel never thought of the conversion of the nations and their participation in the blessings of the new era" (*id.*, p. 197).

[31] Die Tore der Einfriedung des heiligen Bezirkes von Etemenanki z.B. sind breiträumig (F. WETZEL-F. H. WEISSBACH, *Das Hauptheiligtum des Marduk in Babylon, Esagila und Etemenanki*, 59. *WVDOG*, 1938, Taf. 1; UNGER, *Babylon. Die Heilige Stadt*, 1931, Taf. 57). Das Ištar-Tor von Babylon wird aus zwei Torgebäuden gebildet: das nördliche, das durch die äussere Mauer führt, ist ein Breitraum-Tor (R. KOLDEWEY, *Das Ischtar Tor in Babylon*, 32. *WVDOG*, 1918, 7 f. und Taf. 2-3).

[32] Babylonischer Einfluss verrät sich bei Ezechiel in vielen bab. Termen (G. R. DRIVER, *Ezekiel: Linguistic and textual Problems, Biblica*, 35, 1954, 145-159, 299-312).

gehen[33]. Da aber das ezechielische Tempeltor klar vom palästinischen Stadttor stammt und die Kammern an die Kasematten der Stadtmauer erinnern, ist mit der Möglichkeit zu rechnen, dass die Kammern aus den Kasematten abzuleiten sind[34].

2. *Das Innenheiligtum* (E im Plan Abb. 177). a) *Die Mauer*. In Josephus' Beschreibung der Belagerung des Jerusalemer Tempels durch Titus (70 n. Chr.) wird das innerhalb der äusseren Umfassungsmauer gelegene Heiligtum Innenheiligtum genannt (*Bell. Jud.* VI, 4, 1 § 221 ist τυῦ ἔσωθεν ἱεροῦ statt τοῦ ἔξωθεν ἱεροῦ zu lesen). Im ezechielischen Tempelentwurf wird die innere Anlage als „inneren Hof" (החצר הפנימי) bezeichnet (Ez. 40, 28. 32). Der vor dem Tempelgebäude gelegene Altarhof heisst einfach „der Hof" (40, 47: החצר). Wenn ZIMMERLI sagt: „Er misst 100: 100 Ellen. Von einer Abschliessung durch Mauern, die man als Flankierung der gewaltigen Tore, die ja nur als Mauerdurchlasse Sinn haben, meint annehmen zu müssen, ist nichts gesagt" (*Ezechiel*, 2. Teilb., 1969, 1009), wird er wohl nicht eine Ummauerung des Altarhofes im Auge haben, denn eine Mauer ist am Ausgang der Tore nicht zu erwarten. Anders steht es um die Ummauerung des 200 Ellen breiten und 345 Ellen langen Innenheiligtum. Hier ist eine Ummauerung anzunehmen (vgl. VINCENT's Rekonstruktion, *Jérusalem*, II-III, 1956, Pl. CIV, hier Abb. 176). Erwähnt wird diese Mauer nicht, was sich vielleicht aus dem nach aussen gekehrten Ulam des Tores erklären lässt: die Frontmauer der Vorhalle ist nur 2 Ellen dick und der Symmetrie wegen hätte die Umfassungsmauer des Innenheiligtums ebenfalls eine Dicke von 2 Ellen haben sollen. Solche dünne Mauern als Einfriedung des Innenheiligtums hat der Verfasser des Entwurfs wohl nicht erwähnen wollen (für eine andere mögliche Erklärung siehe Abschn. C: *Rekonstruktion*).

b) *Die Tore des Innenheiligtums* (F im Plan Abb. 177). Das innere Südtor wird 40, 28-31, das Osttor 40, 32-34, das Nordtor 40, 35-37 in gekürzter Form beschrieben. Die Tore liegen, wie schon bemerkt, gerade gegenüber den Toren des Aussenhofes, sind diesen auch ganz gleich, das Ulam ist nun aber nach aussen zu gekehrt (40, 31: אל־חצר החצונה). Eine achtstufige Treppe führt zu den Toren empor (40, 31. 34. 37). Die Stufenhöhe wird nicht mitgeteilt, sie lässt sich hypothetisch auf eine halbe Elle stellen. Das Innenheiligtum liegt also etwa 2 m über dem Aussenhof. Aus dem Nordtor lässt sich mit Wahrscheinlichkeit schliessen — davon war oben schon die Rede —, dass die Stufen zu einem auf dem Niveau des Innenheiligtums gelegenen Absatz führten. Dreiflügeltreppen, wie VINCENT sie angenommen hat (an den

---

[33] Vgl. z.B. die Kammern der Umfriedung des heiligen Bezirkes von Etemenanki in Babylon (WETZEL-WEISSBACH, *o.c.*, Taf. 1).

[34] Über Kasemattenmauern siehe Bd. I, 1970, 123 ff. und Abb. 34, S. 126: Hazor; NANCY L. LAPP, *Casemate Walls in Palestine, BASOR*, 223, 1976, 25-42.

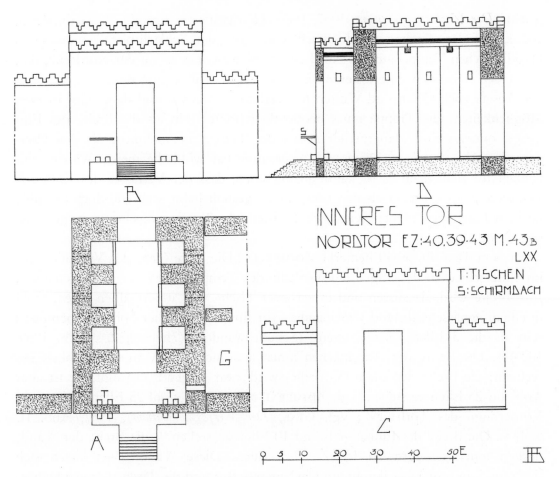

Abb. 181. Das innere Nordtor. (Rekonstr. Th. A. Busink)

inneren und äusseren Toren; *o.c.*, Pl. CIV, hier Abb. 176), hatte es zwar schon an babylonischen Zikurrati gegeben[35]; am ezechielischen Entwurf sind nur in der Achse des Tores gelegenen Treppen anzunehmen[36]. Der Absatz lässt sich, wie gesagt, aus dem inneren Nordtor (F[1] im Plan und Abb. 181) wahrscheinlich machen. Zu beiden Seiten des Eingangs der Vorhalle stehen, innen und aussen, zwei 1½ × 1½ grosse, 1 Elle hohe Tische (40, 39 f.). Dass es sich hier um das Nordtor und nicht, wie in neuerer Zeit angenommen wurde, um das Osttor handelt (so noch Galling, bei Fohrer, *Ezechiel*, 1955, 228)[37], hat Hartmut Gese klar ge-

[35] Th. A. Busink, *De Toren van Babel*, Batavia, 1938, Pl. I-III; Ders., *De babylonische Tempeltoren*, Leiden, 1949, Pl. XI-XII.

[36] Dreiflügeltreppen sind mit der streng axialen Anlage unvereinbar; es heisst auch nur: עלתותם שמונה מעלו „und 8 Stufen bildeten ‚seinen Aufgang' " (40, 31, Zimmerli, z.St.).

[37] G. A. Cooke hatte 1936 die Tische am Osttor lokalisiert, siehe W. Mc Kane, *A Note on 2 Kings 12, 10*, *ZAW*, 71, 1959, 264, Anm. 36. — Vincent noch 1956 (hier Abb. 176).

macht (*Der Verfassungsentwurf*, 1957, 156; vgl. ZIMMERLI, *Ezechiel*, 2. Teilb., 1969, 1026). Auf den Tischen wurde geschlachtet und der Schlachtplatz lag noch im herodianischen Tempel auf der Nordseite [38]. Nur die Tische auf der Nordseite, d.h. die aussen stehenden, interessieren uns hier [39]. Zur Aufstellung dieser Tische muss der Absatz nach Osten und Westen hin verlängert werden und dabei gibt es zwei Möglichkeiten: die Treppe muss beträchtlich breiter sein als die Breite des Eingangs, oder es sind Mauerpfeiler neben der Treppe anzunehmen, die den überragenden Absatz trugen. Die zweite Alternative hat wohl die meiste Wahrscheinlichkeit für sich, denn es ist kaum anzunehmen, dass der Verfasser des Entwurfs sich diese Treppe breiter als den Eingang vorgestellt habe, während doch bei allen übrigen Toren die Treppenbreite nach der Breite des Toreingangs bestimmt gewesen sein wird.

Zu dem Text 40, 39-40 bemerkt ZIMMERLI: „Die Seite (כתף) der Vorhalle wird im Unterschied zu derjenigen der Vorhalle des Tempelhauses ... nicht gemessen. Ihre Breite wird, da aussen und innen zwei Tische von anderthalben Ellen, wohl in einem gewissen Abstand voneinander, vor ihr stehen, sicher höher zu bemessen sein als die 3 Ellen jener „Seiten" (Schulterwände)" (*Ezechiel*, 2. Teilb. 1969, 1026) [40]. Die Breite der Wandflächen innen lässt sich mit Wahrscheinlichkeit berechnen: die Breite des Ulam (Vorhalle) wird zwar nirgends erwähnt, sie ist aber wohl auf 25 Ellen zu stellen (vgl. ZIMMERLI, *o.c.*, 1026: „wohl 25 Ellen breiten ... Vorderraum des Torbaues"; vgl. GESE, *Der Verfassungsentwurf*, 1957, Abb. II, S. 185). Die Breite des Eingangs ist auf 10 Ellen zu stellen [41], die Breite der Wandflächen innen beträgt also $15 : 2 = 7\frac{1}{2}$ Ellen. Diese Wandflächen lassen sich theoretisch in fünf $1\frac{1}{2}$ Ellen breite Flächen aufteilen und die Tische können anderthalb Ellen auseinander stehen und anderthalb Ellen aus der Seitenwand und aus der Leibung des Eingangs gestellt werden. Die Tische an der Aussenseite sind wohl gerade hinter die inneren zu stellen (F[1] im Plan und Abb. 181).

Interessant ist, dass LXX von Dächern spricht, welche über den Tischen angebracht waren [42]: „über den Tischen drüber aber Dächer, um zu schützen vor dem Regen und der Hitze" (Übers. ZIMMERLI, *o.c.*, 1022, Anm. 43 c). ZIMMERLI bemerkt

---

[38] Middot V, 2.

[39] Ez. 40, 40: „Und an der Seitenwand ausserhalb der ‚Vorhalle' bei der Türöffnung des Tores, das nordwärts gerichtet ist, standen zwei Tische, und an der anderen Seitenwand der Vorhalle des Tores standen (ebenfalls) zwei Tische" (ZIMMERLI, z.St., S. 1021).

[40] Die Breite der Wandflächen neben dem Eingang des Tempels beträgt innen 3 Ellen (Ez. 40, 48).

[41] Die Breite des Toreingangs ist, wie wir gesehen haben, 10 Ellen (Ez. 40, 11) und diese Breite ist auch für die übrigen Türen anzunehmen.

[42] LXX 49, 43 b: καὶ ἐπὶ τὰς τραπέζας ἐπάνωθεν στέγας, τοῦ καλύπτεσθαι ἀπὸ τοῦ ὑετοῦ καὶ ἀπὸ τῆς ξηρασίας.

dazu: Die Lesung von LXX „könnte sich nur auf die nicht näher geschilderten Tische vor der Aussenwand beziehen ... Man wird mit einer freien Ausdeutung der (LXX) zu rechnen haben" (*o.c.*, 1027).

‛ c) *Die Gemächer am inneren Nord- und Südtor* (Ez. 40, 44-46; G im Plan Abb. 177) [43]. Der an einigen Stellen u.a. nach LXX verbesserte Text wird von ZIMMERLI folgendermassen übersetzt: 44) „Und aussen am inneren Tor waren ‚zwei' Gemächer am inneren Hof, ‚eines' an der Seitenwand des Nordtores, die nach Süden ‚schaut', ‚das andere' an der Seitenwand des ‚Südtores', die nach Norden ‚schaut'" (*Ezechiel*, 2. Teilb., 1969, 1021, z.St. und 1022-1023, Anm. 44 a-g). Aus dem von ZIMMERLI verbesserten Text des Vs. 40, 38 geht hervor, dass das Gemach von der Vorhalle des Tores aus zu betreten ist: 38 a) „Und da war ein Gemach, dessen Türöffnung ‚in die Vorhalle des Tores' ging" (ZIMMERLI, *o.c.*, 1021, z.St., Anm. 38 a. b und S. 1025). Damit ist die Lage dieser Gemächer an der Umfassungsmauer des Innenheiligtums, im Norden und Süden unmittelbar an den beiden Toren, gesichert. L. H. VINCENT hat in seiner Rekonstruktion die Gemächer richtig an die Umfassungsmauer des Innenheiligtums gestellt (*Jérusalem*, II-III, 1956, Pl. CIV, hier Abb. 176). KURT GALLING (bei BERTHOLET, *Hesekiel*, 1936, Abb. 2, S. 141; Ders., bei FOHRER, *Ezechiel*, 1955, Abb. gegenüber S. 263, hier Abb. 185), und KARL ELLIGER *Alt-Festschrift*, 1953, Abb. S. 103, hier Abb. 183), setzen die Gemächer am Altarhof [44], was 40, 38 a widerspricht. Zwar heisst es 44 „am inneren Hof" (בחצר הפנימי), damit ist aber offenbar der Gesamthof des Innenheiligtums, nicht der Altarhof, gemeint. Nur die Frontmauer ist am Altarhof gelegen. Über die Grösse der Gemächer wird nichts gesagt, auch wird nicht berichtet, auf welcher Seite der Tore sie jeweils liegen (ZIMMERLI, *o.c.*, 1028). Der Plan (Abb. 177) spricht für die Westseite. Aus 40, 44 geht hervor, dass die Front der Gemächer dem Innenhof zugekehrt ist, d.h. also, dass in der dem Altarhof zugekehrten Seite eine Tür anzunehmen ist. Das Gemach am Nordtor diente zum Abspülen der Brandopfer (40, 38 b: שם ידיחו את־העלה). Nun sollte man aber erwarten, dass dieses Gemach für die Priester, denen den Altardienst obliegt, bestimmt ist. 40, 46 heisst es aber, dass das Gemach, dessen Front nach Norden wies, für die Priester, die den Dienst am

---

[43] Die Kammern haben in unserer Rekonstruktion eine Breite von etwa 30 Ellen. Diese grosse Breite erfordert für die Überdeckung einen auf Pilastern tragenden Hauptbalken, auf dem die Dachbalken ruhen.

[44] Bei ELLIGER liegt das Ulam des inneren Nordtores nach innen hin (*o.c.*, Abb. S. 103, hier Abb. 183); das widerspricht 40, 34 f. Das Gemach hat eine Türöffnung in der Vorhalle des Tores (ZIMMERLI, *o.c.*, 1021, z.St., Anm. 38 a-b und S. 1025), was nur einen Sinn hat, wenn die Vorhalle nach dem Aussenhof hin liegt, denn diese Gemächer sind natürlich auch vom Innenhof aus zu betreten (vgl. 40, 44 f.). VINCENT setzt die Vorhalle an die richtige Stelle, lokalisiert die Tische aber falsch neben der Vorhalle (*Jérusalem*, II-III, Pl. CIV, hier Abb. 176); es heisst Ez. 40, 39 באלם השער „In der Vorhalle des Tores" (vgl. ZIMMERLI, z.St.).

Altar tun bestimmt ist. Das Gemach am Nordtor ist für die Priester, „die den Dienst am „Hause" versehen" (40, 45; ZIMMERLI, *o.c.*, 1028). Sind vielleicht הדרום (40, 45) und הצפון (40, 46) zu vertauschen, d.h. hat der Schriftsteller einen Fehler begangen, wie moderne Autoren bei der Angabe der Himmelsr chtungen (N., S., O. und W.) wohl eine Fehler begehen?

d) *Der Altarhof* (40, 47: החצר; I im Plan Abb. 177). Da vom Altarhof klar gesagt wird, dass er 100 Ellen lang und 100 Ellen breit, ein Quadrat, ist [45] und eine Ummauerung nicht zu erwarten ist und auch nicht erwähnt wird, ist anzunehmen, dass er entweder etwas über, oder etwas unter dem Niveau der Umgegend gelegen ist. Es ist hier wohl die Bezeichnung des Pflasters im Aussenhof als „unteres Pflaster" (40, 18) von Bedeutung. Wenn auch kein oberes Pflaster erwähnt wird, dürfte es doch wahrscheinlich sein, dass ein Pflaster zwischen die Tore des Innenheiligtums zu legen ist. Ob der Verfasser des Entwurfes sich den Altarhof ebenfalls gepflastert gedacht hat, lässt sich nicht ausmachen (vgl. GALLING, bei FOHRER, *Ezechiel*, 1955, 239). Auf dem unteren Pflaster liegen, wie wir gesehen haben, 30 Kammern. Im Innenheiligtum gibt es zwischen den Toren — ausser den zwei oben erwähnten Gemächern — nur freien Raum. Wir dürfen annehmen, das der Verfasser auch gar nicht die Absicht gehabt habe, hier Kammern anzusetzen: die Andacht sollte ganz auf den Altar (L im Plan) gerichtet sein. Daraus lässt sich u.E. auch erklären, dass der Altar hier nur erwähnt — nicht beschrieben — wird und zwar in unmittelbarer Verbindung mit der Erwähnung des Tempelgebäudes. Die Ansicht O. PROCKSCHS, dass die Beschreibung des Altars (43, 13-17) wahrscheinlich einst auf 40, 47 gefolgt ist (*Fürst und Priester bei Hesekiel, ZAW*, 58, 1940-41, 99-133, S. 102; vgl. GALLING, bei FOHRER, *o.c.*, 238, Anm. 1: „Ursprünglich hinter 40, 47?") trifft nach ZIMMERLI (*o.c.*, 1089) sicher nicht zu. „Die formale Geschlossenheit der Führungsvision bietet keinen Raum für dieses stilistisch ohne jeden Hinweis auf Führung und Messung formulierte Stück" (*l.c.*).

e) *Der Altar* (Ez. 43, 13-17). Die Beschreibung lautet wie folgt: 13) „Und das sind die Masse des Altars in Ellen, die Elle zu einer (gewöhnlichen) Elle und einer Handbreit (gerechnet): Die ihn umgebende Rinne war eine Elle (tief) und eine Elle breit, und ihre Abgrenzung an ihrem Rande betrug eine halbe Elle ringsumher. Und dies ist die Höhe des Altars: 14) Von der Rinne am Boden bis zum unteren Gesims 2 Ellen und eine Elle die Breite. Und vom kleinen Gesims bis zum grossen Gesims 4 Ellen und die Breite eine Elle. 15) Der Opferherd 4 Ellen und vom Opferherd aufwärts (ragten) die Hörner, ihrer 4. 16) Und der Opferherd 12 Ellen die Länge auf 12 Ellen Breite, ein Quadrat, nach seinen 4 Seiten hin. 17) Und das (grosse)

---

[45] Ez. 40, 47: ארך מאה אמה ורחב מאה אמה מרבעת

Gesims 14 Ellen die Länge auf 14 (Ellen) Breite nach ihren 4 Seiten hin. Und die Abgrenzung lief rings um sie herum eine halbe Elle (breit), und ihre Rinne ringsumher eine Elle. Und seine Stufen sind nach Osten gekehrt".

Der Altar hat einen gestuften Aufbau (Abb. 182): die unterste Stufe misst 16×16 Ellen mit einer Höhe von 2 Ellen; die zweite Stufe 14×14 Ellen mit einer Höhe von 4 Ellen; die dritte 12×12 Ellen mit ebenfalls einer Höhe von 4 Ellen. Hörner krönen die Ecken der dritten Stufe. Rings um die unterste Stufe herum gibt es im Hofboden eine 1 Elle breite und 1 Elle tiefe Rinne, an deren äusserem Rande eine halbe Elle breite und ebenso hohe Abgrenzung ist, die das Überfliessen des Blutes verhindern soll. Von der zum Opferherd emporführenden Treppe wird nur die Lage (auf der Ostseite) erwähnt: über die Stufenzahl wird nichts gesagt.

Die genaue Lage des Altars lässt sich nicht mit Sicherheit bestimmen. 40, 47 heisst es: „Der Altar stand vor dem Tempelhaus" (והמזבח לפני הבית). ZIMMERLI bemerkt dazu: „Wenn das in der Regel stillschweigend so verstanden wird, dass er in der Mitte des Hofes gestanden habe (vgl. die Lägeplane bei COOKE, BERTHOLET-

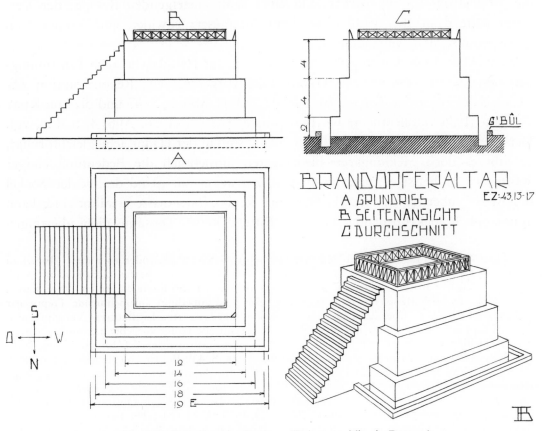

Abb. 182. Der Brandopferaltar. (Rekonstr. Th. A. BUSINK)

GALLING, EICHRODT), so spielt bei dieser Lagebestimmung unbewusst der Zwang der quadratischen Anlage nicht nur des Innenhofes, sondern des ganzen Tempelareals mit herein" (*Ezechiel*, 2. Teilb., 1969, 1009). ZIMMERLI betont, dass die Anlage des Heiligtums, anders als der grosse Himmelstempel in Peking, nicht symmetrisch auf die Mitte zu gedacht ist und die Führung des Propheten nicht ihr Ziel beim Altar, sondern in dem Allerheiligsten findet (*ibid.*). Dies schliesst aber die Möglichkeit und Wahrscheinlichkeit nicht aus, dass der Verfasser des Entwurfs sich den Altar im Zentrum des Altarhofes gedacht habe. Bei der strengen Betonung der Ostwest- und Nordsüdachse, die sich im Zentrum des Altarhofes kreuzen, würde wohl kein Entwerfer den Altar nicht im Zentrum projiziert haben (Abb. 177). Vielleicht lässt sich aus der Anwendung einer doch Ex. 20, 25 f. verbotenen Altartreppe schliessen, dass der Altar in der Tat im Zentrum des Altarhofes gedacht ist. Der 10 Ellen hohe Altar hätte eine etwa 40 Ellen lange Rampe (Neigungsgrad 1 : 4) erfordert und der Anfang dieser Rampe würde hart am Ausgang des Osttores gelegen haben. Nur wenn der Altar nahe dem Tempelhaus projiziert wird, gibt es die Möglichkeit für die Anwendung einer sanft ansteigenden Rampe; der Verfasser hätte dann aber wohl nicht, dem Altargesetz zuwider, eine Treppe zum Besteigen des Altars angenommen [46].

Wenn über die Rekonstruktion des Altars in der Hauptsache auch Einstimmigkeit besteht (die von JOH. DE GROOT 1924 vorgeschlagene Rekonstruktion *Die Altäre des Salomonischen Tempelhofes*, *BWAT*, NF 6, Abb. 5, S. 47 und die von KURT GALLING 1936 veröffentlichte bei BERTHOLET, *Hesekiel*, 1936, Abb. 4, S. 155, vgl. Ders. bei FOHRER, *Ezechiel*, 1955, Abb. S. 238 sind in der Hauptsache gleichförmig), so gibt es doch Meinungsverschiedenheiten hinsichtlich die Bedeutung einiger Worte. 43, 13 heisst es: וזה גב המזבח, was ZIMMERLI mit „Und das ist der Sockel des Altars" überträgt (z.St.). Da hier noch keine Höhenmasse erwähnt sind, kann גב unmöglich Sockel bedeuten. GALLING hatte 1936 den Terminus nicht übertragen

---

[46] Siehe über die Frage, ob 43, 17 מעלתהו als Treppe (LXX; Pesh.) oder als Rampe (Targ.) zu deuten ist, G. R. DRIVER, *Biblica*, 35, 1954, 308. — Dass die Zahl der Stufen nicht erwähnt wird, lässt sich vielleicht aus der Bedeutung der zum Tempelhaus emporführenden Stufen (10) erklären. Es werden uns noch Beispiele davon begegnen, dass eine unbedingt anzunehmende Treppe gar nicht erwähnt wird. — Über das Opfer im ez. Tempel sagt WALTHER EICHRODT: „Verschwunden ist der im priesterlichen Gesetz mit so schweren Ernst auf alle Opfer ausgedehnte Sühnegedanke, der das Heiligtum in erster Linie zu einem grossen Sühneinstitut macht" (*Der neue Tempel in der Heilshoffnung Hesekiels*, *Festschrift Leonard Rost*, 1967, 37-48, S. 43). Bei Ezechiel ist das Opfer „doch vorzugsweise als Dankesgabe eines glücklichen Volkes für die ihm wiedergeschenkte Lebensfülle charakterisiert" (*ibid.*). Über das Brandopfer: LEONHARD ROST, *Erwägungen zum israelitischen Brandopfer*, *Festschrift Otto Eissfeldt*, 1958, 177-183." Über die Bedeutung des Opfers: H. H. ROWLEY, *The Meaning of Sacrifice in the Old Testament*, *BJRL*, 33, 1950-51, 74-110. „The Law required the confession of Sin and humble penitance of spirit, without which the sacrifice could achive nothing" (p. 87).

(bei Bertholet, *Hesekiel*, 1936, 152, z.St.); Otto Procksch hatte schon 1940/41: „das ist ‚die Höhe' des Altars"' (*ZAW*, 58, 1940/41, S. 103), Galling 1955: „Und dies ist, die Höhe' des Altars" (bei Fohrer, *Ezechiel*, 1955, 239, z.St., mit Erklärung). Da Höhenmasse folgen, dürfte dies die richtige Übersetzung sein. Procksch hat die unterste, 2 Ellen hohe Stufe richtig als „Sockel" bezeichnet, nennt dann aber sachlich falsch, die zweite Stufe „oberen oder grossen Sockel" (*l.c.*, 103). Wir können Galling nicht folgen, wenn er 43, 13 ואלה מדות המזבח durch „Und dies sind die Fundamente des Altars ..." übersetzt (bei Fohrer, *o.c.*, 237, z St.). In der Beschreibung des Tempelentwurfs ist nirgends von Fundamenten die Rede. Bei Bertholet hatte Galling 1936 richtig: „Und dies sind die Masse des Altars ..." (*o.c.*, 152, z.St.; vgl. Zimmerli, *o.c.*, 1089, z.St.). Für den Terminus היק (43, 13 f.), den wir mit „Rinne" übertragen, haben Galling (bei Fohrer, *o.c.*, z.St.) und, Zimmerli (z.St.) „Ausbuchtung". S. 1092 heisst es aber bei Zimmerli: „½ m (= 1 Elle) tiefe und breite Rinne"; vgl. Galling, bei Fohrer, S. 238). Warum nicht auch diese klare Bezeichnung in der Übersetzung?

Den Terminus גבולה (43. 13. 17) kennen wir schon aus der Beschreibung des Osttores. Zimmerli (z.St.) und Galling (bei Fohrer, z.St.) übertragen den Terminus mit „Umgrenzung". Galling hat: „und ‚seine Umgrenzung' ‚an seinem Rand' ‚eine' Spanne" (bei Fohrer, z.St.). Hier fehlt סביב (13. 17). Dagegen lässt sich nichts einwenden. Wenn es aber bei Zimmerli heisst: „Und die Umgrenzung ‚lief rings um sie herum' eine halbe Elle (breit)" (43, 17 b; *Ezechiel*, z.St.), zeigt sich, dass *gᵉbûl* besser mit „Abgrenzung" zu übertragen ist (so auch Galling, bei Fohrer, *Ezechiel*, 1955, 238, nicht aber mit der Übersetzung des Textes.

Joh. de Groot hat in seiner Rekonstruktion des ezechielischen Altars einen zweiten *gᵉbûl* angenommen: an der Oberkante der dritten Stufe (*Die Altäre des Salomonischen Tempelhofes*, 1924, Abb. 5, S. 47). Daran ist nicht zu denken. Die Beschreibung des Altars geht 40, 16-17 von oben nach unten (vgl. Zimmerli, *o.c.*, 1092; es fehlt aber das Mass 16 × 16 Ellen der untersten Stufe; ist etwas aus dem Text verloren gegangen?), der Vs. 17 genannte *gᵉbûl* ist der Vs. 13 erwähnte. 40, 13 ist u.E. die Höhe, 40, 17 die Breite des *gᵉbûl* gemeint. Galling meint hingegen, 40, 17 gibt die Höhe an (bei Fohrer, *o.c.*, 238). In Vs. 16 handelt es sich aber um Breitenmasse, also wohl auch in Vs. 17. Die Abgrenzung ist eine halbe Elle breit und eine halbe Elle hoch.

Auch O. Procksch hat einen zweiten *gᵉbûl* angenommen. Er meint, der Vs. 17 genannte könne nicht derselbe sein wie der aus Vs. 13. „Vielmehr läuft der v. 17 b genannte *gᵉbûl* am Altarsockel ringsum entlang, dagegen läuft der v. 13 b genannte *gᵉbûl* vermutlich am Aussenrande (*sāphā*) des *ḥêq* ... ringsum" (*ZAW*, 58, 1940/41, 104). Es ist in der Tat auffällig, dass V. 17 der *gᵉbûl* vor der Rinne (*ḥêq*) genannt wird.

Vielleicht lässt sich dies daraus erklären, dass der *g*ᵉ*bûl* ein „Bauglied" ist, was von einer im Boden angebrachten Rinne nicht gesagt werden kann. Über diese Rinne sind übrigens die Meinungen der Gelehrten geteilt. Joh. de Groot hält sie (u.E. zu recht) für eine neben dem Sockel im Boden angebrachte Rinne (*l.c.*, Abb. 5, S. 47; vgl. Vincent, *o.c.*, II-III, Fig. 155, p. 493). Kurt Galling hingegen meint, der Boden sei über ein 18 × 18 Ellen grosses Quadrat (bei Galling irrtümlich „17 mal 17 Ellen", bei Fohrer, *o.c.*, 238) eine Elle tief ausgegraben worden und es entstand nun, da die Grundfläche des Altars 16 × 16 Ellen beträgt am Fuss des Sockels ringsherum eine 1 Elle breite Rinne (*l.c.*). „Handelt aber 13 von den Fundamenten bzw. von der Grundlegung, dann meint חֵיק die Vertiefung im Fels der (oberen) Vorhof-Terrasse" (Galling, *l.c.*). Aus nichts geht hervor, dass es sich in Vs. 13 um die Fundamente handelt; der Verfasser des Entwurfs hatte u.E. nur eine ringsum den Sockel angebrachte Rinne im Auge (vgl. de Groot, *l.c.*, Vincent, *l.c.*). Nach Gallings Annahme hätte der Altar eine Elle unter dem Niveau des Hofbodens gestanden und wäre die unterste Stufe nur eine Elle hoch gewesen. Auch Zimmerli meint, die unterste Stufe sei „von Boden der Eintiefung, in welcher der Altar steht, aus gemessen, 2 Ellen hoch" (*Ezechiel*, 2. Teilb., 1969, 1093). Von einer Eintiefung, in welcher der Altar steht, ist aber nirgends die Rede. Galling hat für den Ausdruck חיק הארץ auf die akk. Parallele *irat erṣeti*, die vertiefte Fundamentschicht beim babylonischen Palastbau (Inschrift Nebukadnezars *VAB* IV, S. 94) und *irat kigalli* beim Bau des Turms Etemenanki (*VAB* IV, S. 60, 72, 146) hingewiesen (bei Fohrer, *o.c.*, 238). Zimmerli betont aber, dass חיק sich mit dem akk. *irtum* „Brust, Rand" (W. von Soden, *Akk. Hwb.*, *s.v.*) keineswegs deckt (*o.c.*, 1092). „So wird man denn חיק הארץ auch hier am besten als Eintiefung in die Erde verstehen und auf die Gleichsetzung mit dem akk. *irat erṣeti* verzichten" (*ibid.*). Wenn Zimmerli hier nun doch „der Eintiefung, in welcher der Altar steht" sagt (*o.c.*, 1093), verrät er den Einfluss Gallings, dessen Ansicht im Grunde auf der genannten — nicht haltbaren — akk. Parallele beruht. Auch eine am Fuss des Altars laufende Rinne lässt sich als Eintiefung in der Erde deuten. Dann ist aber die Höhe der untersten Stufe (2 Ellen) nicht vom Boden der Rinne aus, sondern vom oberen Rande aus zu messen. Es scheint uns übrigens, dass 14: ומחיק הארץ עד־העזרה התחתונה auch in diesem Sinn aufzufassen ist. Die Höhe der untersten Stufe über dem Niveau des Hofbodens ist also, wie Joh. de Groot angenommen hat, auf 2 Ellen zu stellen.

Der Terminus עזרה (40, 14 f.) wird von Procksch (*l.c.*, 103, z.St.) mit Absatz, von Galling (bei Fohrer, *o.c.*, 239, z.St.) und Zimmerli (*o.c.*, 1090, z.St.) mit Einfassung übertragen. Driver meint, der Terminus sei mit „surrounding ledge", zu übersetzen (*Biblica*, 35, 1954, 307 f.). „Einfassung" lässt u.E. eher an einen nicht-massiven Altar denken, während der Verfasser des Entwurfs sich den Altar doch

sicher massiv vorgestellt hatte. Diese Übertragung stammt, wie es scheint, von
KRAETZSCHMAR, der 'azārā nach akk. êṣirtu als „Einfassung" deutete (siehe PROCKSCH,
ZAW, 58, 1940/41, 103). Wir haben den Terminus mit Gesims übertragen (vgl.
DRIVER, l.c.).

Der Name der obersten Stufe, 'arēl oder 'arî'el, ist bekannt aus Jes. 29, 1 f., wo
die Davidstadt, Jerusalem, mit diesem Namen bezeichnet wird. In 29, 2 b „wird
diese mit einem Opferherd (auf dem Opfer liegen und die Flammen lodern) verglichen" (ZIMMERLI, o.c., 1093). Die oberste Stufe ist also der Opferherd, auf dem
ein die Feuerstelle umgebender Rost anzunehmen ist (vgl. DE GROOT, l.c., Abb. 5,
S. 47; die Hörner sind hier falsch an den Ecken des Rostes angebracht). Die Etymo-
logie des Wortes 'arēl ist noch nicht geklärt. Die Ansicht W. F. ALBRIGHTS, dass
hierin das akk. arallû steckt das nach ALBRIGHT neben der Bedeutung „Unterwelt"
auch die Bedeutung „Gottesberg" hat, scheitert nach ZIMMERLI daran, dass nach
W. VON SODEN für das sum. Lehnwort arallûm die Bedeutung „Unterwelt" wohl,
nicht aber die von „Gottesberg" belegt ist (o.c., 1094).

Für die Ableitung des ezechielischen Altars hat OTTO PROCKSCH auf den salomonischen Altar hingewiesen. Er ist der Meinung, dass Höhe und Breite des ezechielischen Altars vom salomonischen stammen (ZAW, 58, 1940/41, 104). Die
2. Chron. 4, 1 genannten Masse des salomonischen Altars sind aber genau die
Masse des nachexilischen Altars (Hekataios, apud Josephus, c. Ap., I, 22 § 198). Mit
dem salomonischen Altar [47] haben diese Masse nichts zu tun. Die Grundmasse des
ezechielischen Altars, die Rinne und die Abgrenzung eingerechnet, betragen auch
nicht 20 × 20 Ellen (so bei PROCKSCH), sondern 19 × 19 Ellen. Bei der Frage
nach der Ableitung des ezechielischen Altars ist vom salomonischen Altar ganz
abzusehen. ZIMMERLI will auch den Ahas-Altar ausser Betracht lassen. „Wieweit in
dieser Altarbeschreibung Erinnerungen an die vorexilische Altarform weiterlebt
und wieweit darin programmatisch Neues zu finden ist, kann nicht mehr ausgemacht
werden, da nähere Angaben über den vorexilischen Brandopferaltar nicht erhalten
sind, weder über denjenigen Salomos noch für den Altar des Ahas" (Ezechiel,
2. Teilb., 1969, 1095). Der Ahas-Altar kam schon im ersten Bande unseres Werkes
zu Sprache (S. 677-678). Wir dachten und denken heute noch an einen gestuften
Altar (siehe auch dort 678, Anm. 45). Gerade der ezechielische Altar macht es u.E.
sehr wahrscheinlich, dass schon der Ahas-Altar einen stufenförmigen Aufbau gezeigt
habe. Dass der Verfasser des Tempelentwurfs den Altar ganz neu, ohne Anknüpfung
an eine ältere Altarform, kreiiert hätte, ist nicht anzunehmen. Wenn ZIMMERLI
sagt: „Hinter seiner sich verjüngenden Stufengestalt mag in der Ferne das Modell

---

[47] Bd. I, 1970, 321 ff.

der Zikkurrat stehen" (*o.c.*, 1095), ist zu bemerken, dass wahrscheinlich schon der Ahas-Altar etwas von dieser Form gezeigt hatte. Der Verfasser des Tempelentwurfs hat das Tempelgebäude (siehe unten Abschn. B) in der Hauptsache nach dem Modell des Jerusalemer Tempels entworfen, da dürfte es doch mehr als wahrscheinlich sein, dass er die Stufenform des Altars dem Jerusalemer Altar entlehnt habe. Wenn ZIMMERLI über die Lage des Altars im Altarhof sagt: „In alledem aber wird der Tempel Ezechiels wiederum nur die Verhältnisse des salomonischen Tempels widerspiegeln" (*o.c.*, 1010), so ist dies doch wohl auch in Betreff des Altars anzunehmen, womit übrigens nicht gesagt sein soll, dass der ezechielische Altar eine Kopie des Ahas-Altars gewesen ist. Auch die Lage der Altartreppe nach Osten zu ist unserer Meinung nach nicht als eine ezechielische Neuerung zu betrachten (anders urteilt ZIMMERLI, *o.c.*, 1095). Aus Josephus wissen wir, dass zur Zeit des Herodes die Altarrampe vom Süden aus zum Altar emporführte [48] und beim Serubbabelschen Tempel dürfte es nicht anders gewesen sein. In vorexilischer Zeit stand aber auf der Südseite des Altarhofes, nach Osten zu, das eherne Meer und auf der Nordseite standen die Kesselwagen [49]. Die Ostseite war demnach die angewiesene Seite für die Lage der Altarrampe.

Für die Hörner des Altars (43, 15) braucht man sich nicht, wie ZIMMERLI richtig bemerkt, nach den gelegentlich mit Hörnern dargestellten Zikurrati umzusehen (*o.c.*, 1095). Dieser Altartypus (Altar mit Hörnern) war schon in der Zeit des Salomo bekannt (1. Kön. 1, 50; 2, 28; siehe auch Bd. I, 324 und dort Anm. 607) [50].

f) *Das „Bauwerk"* (41, 12 f.: הבנין M im Plan Abb. 177). Auf die Beschreibung des Tempelgebäudes (40, 48-41, 26; siehe weiter unten Abschn. B) folgt die Erwähnung eines hinter dem Tempelgebäude gelegenen, davon aber durch einen גזרה genannten Raum (K im Plan) getrennt, בנין genannten Gebäudes. KURT GALLING hatte 1936 den Terminus גזרה mit Sperrplatz übertragen (bei BERTHOLET, *Hesekiel*, 1936, 142, z.St.), 1955 nach dem Vorgang KARL ELLIGERS (*Alt-Festschrift*, 1953, 79-102, S. 83) mit „Vorplatz" (bei FOHRER, *Ezechiel*, 1955, 231, z.St.). ZIMMERLI hat wieder Sperrplatz (*Ezechiel*, 2. Teilb., 1969, 1029, z.St.), doch scheint Vorplatz wohl die beste Übersetzung zu sein denn es gibt auch einen vor dem Tempelgebäude gelegenen גזרה (41, 14).

Der Bau ist im Lichten 70 Ellen tief und 90 Ellen breit; die Mauern sind 5 Ellen dick (41, 12), die Aussenmasse betragen also 80 × 100 Ellen. Seine Lage lässt sich genau bestimmen. 41, 13 heisst es: „Und er mass das Haus: [*sc.* den Tempel] 100

---

[48] *Bell. Jud.* V § 225; vgl. Middot III, 1-4.

[49] Bd. I, 1970, 326 ff., 337 ff.

[50] Bei neueren Ausgrabungen in *Tel Beer-Sheba* und *Tel Dan* ist ein gehörnter Altar aus Stein zutage gekommen, siehe *BA*, *XXVI*, 3, 1973, Fig. 1, p. 3, Foto (Y. AHARONI, *Beer-Sheba*); *BA*, xxvii, 3, 1974, Fig. 15, p. 107 (AVRAM BIRAN, *Tel Dan*).

Ellen lang, und den Vorplatz und den Bau und seine Mauern: 100 Ellen tief". Der Vorplatz zwischen dem Tempelgebäude und dem Gebäude בנין ist also 20 Ellen tief (vgl. ZIMMERLI, o.c., 1039). Dieser 20 Ellen tiefe freie Raum hinter dem Tempelgebäude wird implizit auch 41, 9-10 erwähnt: „Und der freie Raum ‚zwischen den' Seitengemächern des Hauses 10) und den Gemächern: 20 Ellen breit, ganz rund herum das Haus" (ZIMMERLI, z.St.). GALLING bemerkt dazu: „Von der an beiden Seiten des Tempels entlang laufenden „Freiheit" (מֻנָּח), die ELLIGER zutreffend als eine Art Brand-Gasse erklärt (9 f.), heisst es, dass sie rings um den Tempel gelaufen sei. Das ist ungenau ausgedrückt. Sie existierte n u r im Norden und Süden in einer Länge von 80 Ellen, [83! Verf.] denn der Trakt zu beiden Seiten der Vorhalle ist die östliche גִּזְרָה (14), und hinter dem Tempel befand sich eine westliche גִּזְרָה (12) ..." (bei FOHRER, o.c., 231). Für ungenau halten auch wir die Aussage, aber deswegen, weil der 20 Ellen breite freie Raum nur auf der Nord-, Süd- und Westseite liegt. Dass der auf der Westseite liegende als גזרה, die auf der Nord- und Südseite liegenden als מנח bezeichnet werden, hat hier kaum Gewicht (vgl. GESE, *Der Verfassungsentwurf*, 1957, 171). Der zwischen dem Tempelgebäude und dem Bau בנין gelegene Vorplatz ist identisch mit dem freien Raum hinter dem Tempelgebäude. Über die Lage des Bauwerkes (בנין) besteht also kein Zweifel. Ob wir uns den Bau überdacht vorzustellen haben, lässt sich nicht ausmachen. Säulen, Türen und Fenster werden nicht erwähnt[51]. Über den Zweck des Bauwerkes wird nichts berichtet. GALLING meint, der Lage nach dürfte es identisch sein mit dem Stall für die Sonnengott-Rosse in 2. Kön. 23, 11 (bei FOHRER, o.c., 233). Dies dürfte unwahrscheinlich sein. Erstens stimmt die Lage damit nicht überein, denn die Ställe liegen „beim Eingang zum Tempel, bei dem Gemach des Kämmerers Nathanmelech" und zweitens ist doch nicht anzunehmen, dass Ezechiel den Stall der Sonnengott-Rosse im Gedanken gehabt habe. ZIMMERLI möchte ebenfalls an das Gebäude פרבר denken (o.c., 1040). Wenn GALLING sagt: „Keinesfalls ist der בִּנְיָן ein Novum des Entwurfes; denn dann wäre über ihn, wie bei den grossen Tempelsakristeien, ein Näheres gesagt worden" (bei FOHRER, o.c., 233), halten wir dies für nicht überzeugend. Was wäre über diesen leeren Raum zu berichten gewesen? ZIMMERLI hat den Bau u.E. richtig als eine „Verlegenheitsbildung" bezeichnet. „Er soll den Raumteil hinter dem Tempelhaus, d.h. hinter dem Rücken des sein Angesicht nach vorn, d.h. nach Osten, wendenden Herrn des Allerheiligsten, für allen Zutritt der Leute sperren" (o.c., 1040; siehe auch S. 1042). Ob der Verfasser des Entwurfs sich den Bau vom Vorplatz aus zugänglich gedacht habe, lässt sich nicht mit Sicherheit ausmachen; die

---

[51] VINCENT hat in der Nord-, Süd- und Ostmauer des Gebäudes eine Tür angenommen (o.c., II-III, 1954, Pl. CIV, hier Abb. 176). Die Tür in der Ostmauer ist aufzugeben: die Laien hätten bei dieser Rekonstruktion den Altarhof betreten können!

Wahrscheinlichkeit spricht aber dafür, dass der Bau auf dieser Seite verschlossen war [52] und dies wird wohl auch die Meinung ZIMMERLI's sein. Die verhältnismässig grosse Tiefe des Baues (80 Ellen) ist durch die Breite des freien Raums hinter dem Tempel (20 Ellen) bestimmt gewesen. Aus Gründen der Symmetrie erhielt dieser freie Raum die Tiefe (20 Ellen) der entlang dem Tempelgebäude laufenden „Brand-Gasse", heisst es doch auch klar, dass ein 20 Ellen breiter freier Raum rundum das Haus läuft (41, 9-10). Wir brauchen uns u.E. nicht nach einem vorexilischen Bau umzusehen, aus dem בנין abzuleiten wäre. Dass die „Verlegenheitsbildung" architektonisch betrachtet eine Schwäche im Gesamtentwurf bedeutet, braucht kaum betont zu werden; es ist aber fraglich, ob der Verfasser des Tempelentwurfs es so gesehen hätte.

g) *Die „Vergessenen" Gemächer* (41, 9 b-10. 11 b; H im Plan Abb. 177). Das Tempelgebäude ist, wie wir sahen, auf drei Seiten, Nord, Süd und West von einem 20 Ellen breiten Raum umgeben (K und K¹ im Plan). Auf der Westseite liegt das Gebäude בנין; auf der Nord- und Südseite ist entweder eine Mauer oder eine Kammerreihe anzunehmen. In der Tat heisst es 41, 9 b-10: „Und der freie Raum ‚zwischen den' Seitengemächern des Hauses 10) und den Gemächern: 20 Ellen breit, ganz rund herum das Haus" (Übers. ZIMMERLI, z.St.). 41, 11 b heisst es: „Und die Breite ‚der Mauer' des freien Raumes: 5 Ellen (betrug sie in ihrem Verlauf) rings herum" (*id.*). Zwar heisst es in dem Text: ורחב מקום המנח חמש אמות, es muss aber wie ZIMMERLI, GESE folgend betont in dem Text גדר (Mauer), statt des unverständlichen מקום („Platz") gestanden haben (*o.c.*, 1032, Anm. 11 b; GESE, *Der Verfassungsentwurf*, 1957, 172 und Anm. 6). Das Mass 5 Ellen deutet nicht auf die Breite des freien Raums (so irrtümlich ELLIGER, *Alt-Festschrift*, 1953, 82), sondern auf die Dicke der Mauer. ZIMMERLI meint, die Angabe, die Gasse entlang den Tempelgebäude sei 20 Ellen breit, stösst sich „recht erheblich mit der Erwähnung der „Mauer", die den מנח abschliesst und in 11 b als nächstes Bauelement in korrekter Weiterbewegung nach aussen hin genannt ist" (*o.c.*, 1037). Es scheint uns, dass der 20 Ellen breite freie Raum sich sehr wohl durch die 5 Ellen dicke Mauer abschliessen lässt. Wenn ZIMMERLI fragt: „Sollte eine solche Mauer direkt vor die hier erwähnten Gemächer, die zudem dann nicht in einem Abstand von 20, sondern von 25 Ellen anzusetzen waren, sich erheben?" (*o.c.*, 1037), lässt sich antworten: in der Tat, direkt vor den erwähnten Gemächern. Dass sie dann in einem Abstand von 25 Ellen anzusetzen seien, ist kaum richtig, denn die Gemächer sind selbstverständlich durch Türen in der bezüglichen Mauer zugänglich zu denken: die Gemächer liegen also an dem 20 Ellen breiten freien Raum (H im Plan). „Was sind das für Hallen,

---

[52] Siehe aber oben Anm. 51.

die im Norden und Süden jeweils die Gasse abgrenzen?", fragt KURT GALLING (bei
FOHRER, *o.c.*, 231). Das könnte man das grosse Rätsel des ezechielischen Tempel-
entwurfs nennen. Der Verfasser hat sie nicht beschrieben[53], vielleicht um nicht die
Andacht vom Tempelgebäude abzulenken? Oder weil er sie für unbedeutend hielt?
(vgl. ELLIGER, *Alt-Festschrift*, 1953, 83). ZIMMERLI meint hier eine nachträgliche
Erweiterung zu finden, „die vielleicht aus Kenntnis späterer Verhältnisse von
Gemächern an der seitlichen Begrenzung des Tempelquadrates weiss" (*o.c.*, 1037).
Wir halten es für wahrscheinlicher, dass schon der Verfasser des ursprünglichen
Entwurfs diese Gemächer im Gedanken gehabt habe. Die Frage, warum er sie nicht
beschrieben hat, wird Abschn. C: Rekonstruktion, noch zur Sprache kommen.
L. H. VINCENT hat an dieser Stelle wie schon bemerkt die Tempelsakristeien lokali-
siert und kommt dadurch ebenfalls zu einer harmonischen Anlage des Ganzen
(*Jérusalem*, II-III, 1956, Pl. CIV, hier Abb. 176; vgl. GALLING bei BERTHOLET.
Hesekiel, 1936, Abb. 2, S. 141; GALLING hat später nach dem Vorgang ELLIGERS
diese Ansicht preisgegeben, bei FOHRER, *Ezechiel*, 1955, Abb. gegenüber S. 263).
Die Sakristeien sind weiter nach Westen zu lokalisieren.

h) *Die grossen Tempelsakristeien* (42, 1-14; N im Plan Abb. 177). Die Lage der
42, 1-14 beschriebenen 100 Ellen langen und 50 Ellen breiten (42, 2), für die Priester
bestimmten (42, 13-14) Gemachbauten — von KARL ELLIGER als Tempelsakristeien,
von ZIMMERLI, *Ezechiel*, 2. Teilb., 1969, 1054 als Priestersakristeien bezeichnet —
ist erst von ELLIGER 1955 genau bestimmt worden (Abb. 183). Der Bau — es wird
42, 1-10 erst der Nordbau beschrieben; ein ganz ähnlicher Bau findet sich im Süden —
liegt נגד הגזרה und נגד הבנין (42, 1). Mit גזרה ist, wie ELLIGER betont, ein Vorplatz
vor der Front eines Gebäudes gemeint „sei es des Tempels, sei es des „Baues"
(*Alt-Festschrift*, 1953, 82). 41, 1 handelt es sich um den Vorplatz des Gebäudes
(בנין). Der Gemachbau „steht nicht nur gegenüber dem an seiner Schmalseite 80
Ellen langen „Bau", sondern auch quer zu dem davorliegenden, an seiner Schmalseite 20 Ellen messenden „Vorplatz" (ELLIGER, *l.c.*, 83). „Die Bestimmung „gegenüber dem „Bau" scheint darauf hinzuweisen, dass die Halle nicht unmittelbar an
den „Bau" anstösst" (*l.c.*, 84). Dies geht auch, wie wir unten sehen werden, aus
der weiteren Beschreibung der Sakristeien hervor. Der Gemachbau stösst mit
einer Schmalseite an die Umfassungsmauer des Tempelbereiches. Es heisst nämlich
42, 7-8 „Und eine Mauer war da, die draussen, den Gemächern parallel, dem äusseren

---

[53] Die hier gelegenen Kammerreihen in der von VINCENT vorgeschlagenen Rekonstruktion (hier
Abb. 176) haben mit den „Vergessenen" Gemächern nichts zu tun; VINCENT lokalisierte hier zu
Unrecht die grossen Tempelsakristeien (siehe weiter unten). — Die „Vergessenen" Gemächer lassen
sich vielleicht als Vorratsräume deuten. Die von uns angenommene Zahl ist hypothetisch, wie auch
ihren Grösse.

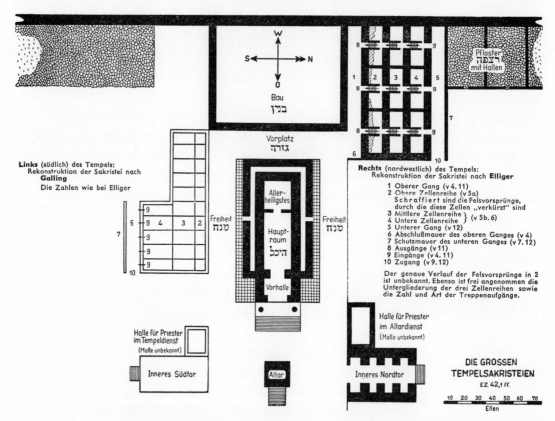

Abb. 183. Die grossen Tempelsakristeien. (Rekonstr. K. ELLIGER)

Hof zu vor den Gemächern lief. Ihre Länge (betrug) 50 Ellen, 8) denn die Länge der Gemächer des äusseren Vorhofes (betrug) 50 Ellen (Übers. ZIMMERLI, *o.c.*, 1054, z.St.). Da die 50 Ellen langen Gemächer des Aussenhofes auf dem 50 Ellen breiten Pflaster liegen, sind die Sakristeien mit einer Schmalseite an die Umfassungsmauer des Tempelbereiches zu stellen. Zum ursprünglichen Entwurf des Tempels gehören die Sakristeien aber nicht (ZIMMERLI, *o.c.*, 1060). Im ursprünglichen Entwurf hatte das Pflaster sich bis an das Gebäude בנין erstreckt und durch die Sakristeien wurde es auf der Westseite beträchtlich verkürzt; die hier gelegenen Kammern des Aussenhofes sind nun quer auf das Pflaster gestellt worden, während sie auf der Nord-, Süd- und Ostseite mit einer Langseite an der Umfassungsmauer liegen. Die 50 Ellen lange Mauer vor der Sakristei ist die 50 Ellen lange Mauer der auf dem Pflaster liegenden 50 Ellen tiefen Kammer. Es lässt sich aber aus der Beschreibung nicht mit Sicherheit ausmachen, ob die Westmauer der Sakristeien in der Umfassungsmauer des Tempelbereiches liegt, oder ob eine eigene Mauer an der Umfassungsmauer anzusetzen ist. Wir haben das erstere angenommen (vgl. ELLIGER, *l.c.*).

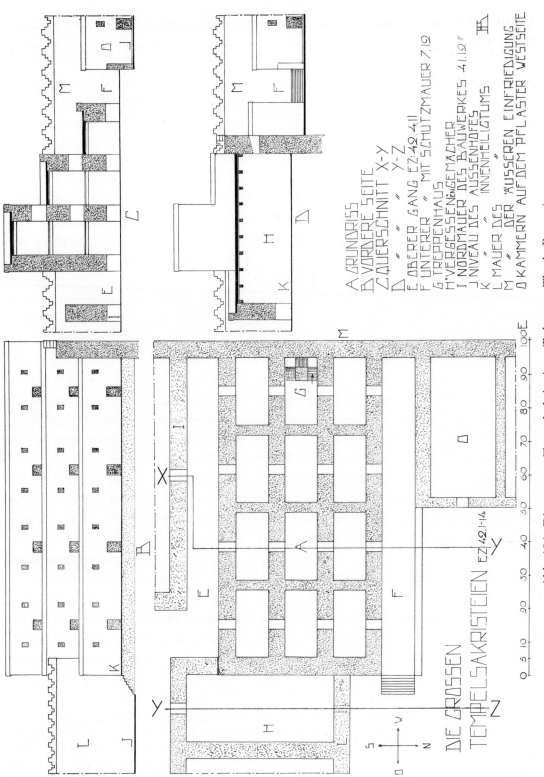

Abb. 184. Die grossen Tempelsakristeien. (Rekonstr. Th. A. Busink)

α) *Grundriss und Aufbau* (Abb. 184). In der Beschreibung der Sakristeien wird ein nach innen zu (42, 4) und ein nach aussen zu (d.h. dem Aussenhof zu) den Langseiten des Gebäudes entlang laufender Gang (bzw. Mauer, 42, 7) erwähnt; es wird berichtet, dass die Türen (der Gemächer) nach Norden, also an einer Langseite, liegen (42, 4), über Zahl und genaue Anordnung der Gemächer wird aber nichts gesagt. Die Stelle 42, 4 a, wo von dem nach innen zu liegenden Gang die Rede ist, ist erst von ZIMMERLI richtig erklärt worden. Bei ELLIGER heisst es: „Und vor den Hallen war ein Gang von 10 Ellen Breite nach innen zu ,und eine Mauer' von 1 Elle" (*l.c.*, 87). Statt „und eine Mauer von 1 Elle" (in dem Text heisst es: דרך אמה אחת; für דרך „Weg" liest ELLIGER וגדר: „und eine Mauer"; vgl. J. A. BEWER, *JBL*, 72, 1953, 168; GALLING, bei FOHRER, *Ezechiel*, 1955, 235, z.St.: „und eine Grenzmauer von 1 Elle) ist, wie ZIMMERLI betont וארך מאה אמות: ,die Länge betrug 100 Ellen' zu lesen (*o.c.*, 1054, z.St. und 1055-1056, Anm. 4 b; LXX: ἐπὶ πήχεις ἑκατὸν τὸ μῆκος). ELLIGER meint, es sei zwar nicht ganz ausgeschlossen, dass LXX das ursprüngliche biete: „Die Ganglänge von 100 Ellen würde zu der der Halle genau passen und bestätigen, dass der Gang an der Längsseite der Halle entlanglief" (*l.c.*, 87/88), er hält es aber für geraten, bei der „einen Ellen" zu bleiben (S. 88). ZIMMERLI folgt, wohl zu Recht, LXX. Nur von dem nach innen zu gelegenen Gang wird die Breite (10 Ellen) genannt (42, 4), wegen der Symmetrie ist diese Breite auch für den aussen (dem Aussenhof zu) laufenden Gang anzunehmen (ELLIGER, GALLING, ZIMMERLI). Dieser Gang führt vom Aussenhof aus zu den an der Nordseite des Gemachbaues gelegenen Türen der Gemächer (42, 4). Die Sakristeien gehören aber zum Innenheiligtum, sie sind demnach auf das Niveau des Innenheiligtums, 8 Stufen über dem Niveau des Aussenhofes, zu legen. Eine achtstufige Treppe muss demnach zum Eingang des äusseren Ganges emporgeführt haben (N im Plan Abb. 177), was die Gelehrten nicht beachtet haben. Erwähnt werden diese Stufen nicht, es gibt davon, wie wir unten sehen werden, auch ein Beispiel in der Beschreibung des Tempelgebäudes. Der Niveau-unterschied folgt aus 42, 9 [54]. Wenn ZIMMERLI fragt: „Wie soll man sich das „unterhalb der Gemächer", von deren Angrenzen an den Hof doch eben die Rede war, vorstellen?" (*o.c.*, 1057, Anm. 9 a), ist auf den Niveauunterschied zwischen Aussenhof und Innenheiligtum zu weisen [55]. ELLIGER hat ebenfalls einen Niveauunterschied im Auge; er meint, aus „*unterhalb* dieser Hallen" scheint sich zu ergeben, „dass das Gelände vom äusseren Vorhof in Richtung auf die westliche Umfassungsmauer ( ) anstieg" (*Alt-Festschrift*, 1953, 97). Wir dürfen

---

[54] Ez. 42, 9 מתחתה לשכות האלה wofür מתחת הלשכות האלה zu lesen ist (ZIMMERLI, *o.c.*, 1057, Anm. 9 a). Der Sinn kann nur sein: von einem tieferen Niveau als dem, worauf die Gemächer liegen.
[55] Von einem Niveau tiefer gelegen als die Gemächer stieg man zu den Türen der Gemächer hinauf.

aber unbedingt annehmen, dass der Entwerfer der Sakristeien, wie der der ganzen Anlage des Heiligtums, sich das Gelände als eben vorgestellt hatte. Zur Überbrückung des Niveauunterschiedes zwischen Aussenhof und Innenheiligtum sind demnach Stufen erforderlich. Auch ELLIGER hat in der von ihm vorgeschlagenen Rekonstruktion in dem Text nicht erwähnte Stufen angenommen, er legt sie aber ins Innere des Gebäudes: der Gang nach dem Aussenhof zu liegt auf dem Niveau des Aussenhofes, der Gang nach innen zu auf dem Niveau des Innenheiligtums (somit etwa 2 m höher); Stufen führen von der ersten Kammerreihe zu der zweiten Reihe empor, Stufen wieder von der zweiten Reihe zu der dritten und wieder Stufen führen von der dritten Kammerreihe zu den Ausgängen an den nach innen zu gelegenen Gang (l.c., Abb., S. 103; hier Abb. 183). Diese Rekonstruktion hat, wie wir unten sehen werden, keine Wahrscheinlichkeit für sich.

ELLIGER meint, diese Anordnung der Gemächer in drei auf verschiedenen Höhen gelegenen Reihen aus 42, 3 b schliessen zu dürfen. Es heisst dort: אתיק אל־פני־אתיק בשלשים was ELLIGER mit „Absatz an Absatz entlang, ‚in drei Stufen'" überträgt (l.c., 85; vgl. ZIMMERLI: „Absatz dem Absatz entlang ‚in drei Stufen'", Ezechiel, 2. Teilb. 1054, z.St.). ELLIGER meint nun, darin wohl KURT GALLING folgend, dass hier an Absätze im Gelände zu denken sei (l.c.): also drei Reihen von auf verschiedenen Höhen hintereinandergelegenen Gemächern. Daraus geht die „Stufenparade" in ELLIGERS Rekonstruktion hervor (l.c., Abb., S. 103, hier Abb. 183). ZIMMERLI hat dagegen schon Einspruch erhoben. „Es macht aber Schwierigkeiten anzunehmen, dass die schon in 3 genannten אתיקים dort auf 3 regelmässige Abstufungen im Gelände zu beziehen sein sollten" (o.c., 1061). ELLIGER hält es aber doch auch selbst für möglich, dass der Terminus אתיק (42, 3) „etwa zugleich oder ausschliesslich die ... Staffelung des auf diesem unebenen Gelände errichteten Gebäudes" beschreibt (l.c., 86). Damit ist aber gesagt, dass auch nach der Meinung ELLIGERS 42, 3 keine Angabe über die Anordnung der Gemächer enthält und das ist auch unsere Meinung.

Der Terminus אתוק begegnet auch 42, 5: הלשכות העליונת קערות כי־יוכלו אתיקים מהנה von ELLIGER mit „Und die oberen Hallen waren verkürzt; denn es ragten Felsvorsprünge in sie hinein. Von dem unteren und von dem mittleren ... Bau" übertragen (l.c., 88 und 91). Bei GALLING heisst es: „Und die oberen Hallen waren verkürzt, denn es ragten Absätze in sie hinein. Von dem unteren und von dem mittleren ... Bau, 6 a) denn in Dreierreihe waren sie angelegt ..." (bei FOHRER, o.c., 235, z.St., hier Abb. 185). אתיקים sind also nach der Meinung ELLIGERS (und GALLINGS) in den Bau hinaufragende Felsvorsprünge. Richtig bemerkt ZIMMERLI: „Ist es überhaupt wahrscheinlich, dass in die Beschreibung des von aussen sichtbaren Bildes der Sakristei nachträglich auch Angaben über die Beschaffenheit des

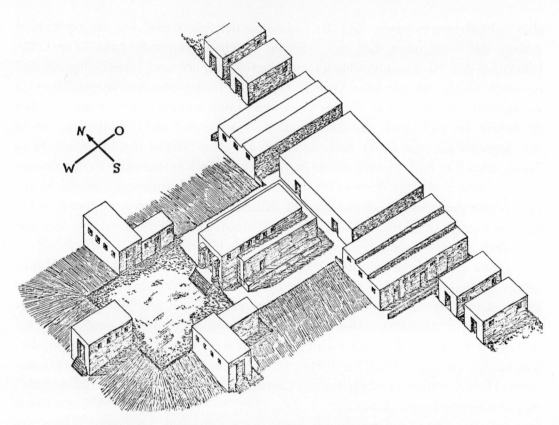

Abb. 185. Die Vision vom neuen Tempel. (Rekonstr. K. GALLING)

Geländes, das unter dem Gebäude verborgen ist, eingefügt werden?" (o.c., 1061). ZIMMERLI hätte noch darauf hinweisen können, dass nach Süden, 100 Ellen von der im Norden gelegenen Sakristei entfernt, ein zweiter doch ganz ähnlicher Bau liegt, bei dem also die Felsvorsprünge in umgekehrten Lage anzunehmen wären! Wenn der Terminus אתיק auch noch nicht befriedigend erklärt ist [56], mit der Beschaffenheit des Geländes hat er sicher nichts zu tun. Wir zitieren nochmals ZIMMERLI: „Es wäre aber eine in der ganzen Baubeschreibung singuläre Erscheinung, wenn hier Angaben über die (vom sichtbaren Baukörper) verdeckten Eigentümlichkeiten der Bodenbeschaffenheit gemacht würden. Vielmehr wird es sich auch hier um die Beschreibung des sichtbaren Baukörpers handeln" (o.c., 1056, Anm. 42, 5 b).

42, 5-6 a wird von ZIMMERLI folgendermassen übersetzt: „Die oberen Gemächer aber waren verkürzt, denn die Absätze ‚nahmen ihnen (ein Stück) weg'. Vom

---

[56] DRIVER denkt an akk. mētequ oder mētiqu „ ‚passage' and mūtaqu ‚alley', although the root is etequ ‚to pass by' " (Biblica, 19, 1938, 185). JULIUS A. BEWER: „probably not = gallery but rather = terrace (RICHTER) as GALLING appears to have further shown: a terrace before a terrace on three levels" (Textual and exegetical notes on the book of Ezekiel, JBL, 72, 1953, 158-168, p. 167).

unteren und mittleren (Stockwerk) her baute sich ‚der' Bau auf. 6 a) Denn in 3 Stufen waren sie (angeordnet) ..." (*o.c.*, 1054, z.St.). Da ist es auffällig, dass יוכלו von ELLIGER und GALLING mit „hineinragen", von ZIMMERLI mit „wegnehmen" übertragen wird. Es scheint uns, dass hier an „herausragen" zu denken ist: „denn die Absätze (*sc.* das erste und zweite Geschoss) ragten über ihnen heraus". Wenn ZIMMERLI sagt: „Es ist nun allerdings recht auffällig, dass die „Verkürzung" eines Baubestandteils auf herausragenden Elemente zurückgehen soll" (*o.c.*, 1056, Anm. 42, 5), möchten wir sagen: in einem Bauanschlag würde es sicher anders formuliert gewesen sein, der Schriftsteller war aber kein Architekt, sondern ein Priester. Dass מהתחתנות ומהתיכונות בנין mit „Vom unteren und mittleren (Stockwerk) her baute sich ‚der' Bau auf" (ZIMMERLI, z.St.) zu übertragen sei, halten wir für kaum wahrscheinlich. Solch eine abstrakte Aussage ist wohl in keiner aus dem Alten Orient datierenden Baubeschreibung zu erwarten. Der Plur. deutet u.E. darauf, dass es sich um die unteren und mittleren Gemächer handelt, nicht um die Stockwerke. Wir möchten annehmen, dass 42, 5 Schluss ursprünglich etwas über die unteren und mittleren Gemächer berichtete, etwa: von den unteren und mittleren Gemächern aus bestieg man den Bau, 6 a) „denn in drei Stufen waren sie (angeordnet)".

β) *Rekonstruktion* (Abb. 184). Der Aufbau in drei Stockwerken mit abnehmender Tiefe erfordert im Untergeschoss die Anlage von drei längsgerichteten Reihen von Kammern, wie auch ELLIGER, freilich aus anderen (nicht haltbaren) Gründe angenommen hat. Die Geschosshöhe wird nicht erwähnt und ist nur hypothetisch auf 10 Ellen zu stellen, was eine Gesamthöhe des Gebäudes von etwa 30 Ellen (ca. 15 m) ergeben würde. Setzen wir die Stärke der längsgerichteten Mauern hypothetisch mit 5 Ellen an, so beträgt die Breite der Gemächer 10 Ellen (ca. 5 m)[57]. ELLIGER hat die Gemächer wohl richtig als Breittäume aufgefasst; die Stärke der Quermauern (in ELLIGERS Rekonstruktion zu gering) wäre auf mindestens 3 Ellen zu stellen, denn ihre Höhe beträgt 10, 20 und 30 Ellen. ELLIGER hat in jeder Reihe drei Gemächer angenommen[58], wir möchten deren vier annehmen. Im Erdgeschoss gibt es nun 12 (!) Gemächer, im mittleren Geschoss 8, im Obergeschoss 4, im Ganzen also 24 Gemächer. Im Erdgeschoss und im mittleren Geschoss ist eins der Gemächer als Treppenhaus zu bilden. Die Türen liegen auf der Nordseite (42, 4. 11); sie sind auch am mittleren und oberen Geschoss selbstverständlich auf diese Seite zu stellen. Über die Verbindungstüren der Gemächer wird nichts gesagt; sie sind hypothetisch in die Achse der Eingänge zu stellen. Fenster werden nicht erwähnt, sie sind aber bei einer Länge der Gemächer von etwa 20 Ellen (ca. 10 m; so in

---

[57] Der Bau ist 50 Ellen breit; 4 Mauern zu je 5 Ellen = 20 Ellen; für die Gemächer gibt es also 30 Ellen, somit drei je 10 Ellen breite Raumtrakte.

[58] *Alt-Festschrift*, 1953, Abb. S. 103, rechts, hier Abb. 183.

unserer Rekonstruktion) erforderlich. Einige Gemächer der mittleren Reihe (Erdgeschoss) sind nur von den Nebengemächern aus zu beleuchten.

Eine interessante Notiz aus der Beschreibung blieb im obigen noch unerwähnt: es wird 42, 6 b gesagt, dass die Gemächer keine Säulen hatten „gleich den Säulen der ‚äusseren' (Gemächer)" (Übers. ZIMMERLI, *o.c.*, 1054, z.St.). Wenn ELLIGER sagt: „Es kann sich nur um Säulen handeln, auf denen die höheren Zellen hatten ruhen können, also um Substruktionen in Gestalt von Säulen oder wohl besser Pfeilern" (*Alt-Festschrift*, 1953, 91), schreibt er dem Verfasser des Entwurfs zu grosse Kenntnis der Bautechnik zu. Was kann nun aber den Verfasser veranlasst haben, über Säulen zu reden, die nicht da waren? Man kann nicht annehmen, er habe nur betonen wollen, dass die äusseren Gemächer Säulen hatten; diese Notiz dürfte erst später zugefügt worden sein. Dass er nur die Sakristei im Auge hatte, geht aus 42, 6 b hervor: „So war (der Bau) von den unteren und mittleren (Gemächern) von unten her terrassiert" (Übers. ZIMMERLI, *o.c.*, 1054, z.St.). ELLIGER hat hier u.E. richtiger „darum war terrassiert" (*l.c.*, 91); aber auch dies befriedigt uns nicht ganz. Der Verfasser der Schicht über die Sakristeien ist offenbar der Meinung gewesen, dass die Anwendung von Säulen eine Terrassierung unmöglich gemacht hätte. Die Gemächer hatten keine Säulen, „darum war Terrassierung der unteren und mittleren Gemächer möglich". Die negative Notiz über Säulen lässt sich u.E. nur daraus erklären, dass der Verfasser einen gleich grossen nun mit Säulen ausgestatteten Bau aus Autopsie oder aus dem Alten Testament gekannt habe.

γ) *Ableitung.* Das hinter dem Tempelgebäude gelegene Bauwerk בנין (41, 12 f.) liess sich, wie wir oben sahen, aus der Anlage des Heiligtums selbst erklären. Es war nicht nötig, sich nach einem vorexilischen Bau umzusehen aus dem הבנין abzuleiten wäre. Mit den Tempelsakristeien liegt die Sache anders, was schon daraus hervorgeht, dass sie nicht zum ursprünglichen Entwurf gehören; sie sind erst später zugefügt worden. Es muss in Jerusalem in vorexilischer Zeit einen etwa gleich grossen, wenn auch anders gestalteten Bau gegeben haben, der dem Verfasser des Entwurfs bei der Schöpfung der Sakristeien vor Augen gestanden hat. Wenn ZIMMERLI sagt, „dass die grossen Sakristeien mit ihrer Ausmessung von 100 : 50 Ellen deutlich an das ins Schema der Führungsvision eingepasste Mass des Tempels samt Anbauten angeglichen sind" (*Ezechiel*, 2. Teilb., 1969, 1064), ist das natürlich richtig; es bleibt aber die Frage, wie der Verfasser des Entwurfs zu diesen Massen gekommen sei. Dass in der Erwähnung der grossen Tempelsakristeien Tradition vom salominischen Tempel her aufgenommen ist, hält ZIMMERLI wohl mit recht für zweifelhaft (*o.c.*, 1064). Die Tempelsakristeien bilden in der Anlage des Heiligtums ein neues Element. Es kann kein Zufall sein, dass ihre Masse genau

denen des Libanonwaldhauses, über das wir Band I. eingehend gehandelt haben
(S. 129 ff., Abb. 37, S. 132 und Taf. V. gegenüber S. 134) entsprechen (50 × 100
Ellen). Wir halten es für wahrscheinlich, dass die Masse der Sakristeien vom Libanonwaldhaus stammen. Es lässt sich dagegen nicht anführen, dass dies ein Profanbau war; auch die Tempeltore stammen aus der profanen Baukunst. Das Libanonwaldhaus war eine Säulenhalle, mit einem 30 Gemächer enthaltenden, zurückliegenden Obergeschoss. 1. Kön. 7, 4 ist von „drei Reihen" die Rede, es könnte
dies den Verfasser der Sakristeien veranlasst haben, die Gemächer in drei Reihen
hintereinander anzuordnen. Auch der gestufte Aufbau der Sakristei könnte letzten
Grundes auf das Libanonwaldhaus zurückzuführen sein [59], doch ist möglicherweise an Einwirkung der babylonischen zikurrati zu denken. Einfluss der baby-

[59] Dass das Libanonwaldhaus ein zurückliegendes Obergeschoss hatte, d.h. gestuft war, schliessen
wir aus 1. Kön. 7, 3 (siehe Band I, 1970, 129 ff. und Abb. 37, S. 132). Martin J. Mulder, der
Einige Bemerkungen zur Beschreibung des Libanonwaldhauses in I Reg 7, 2 f. veröffentlichte (*ZAW*, 88,
1976, 99-105), lehnt diese Ansicht ab (103 f. und Anm. 22-26). Mulder meint, es werde in unserem
Text überhaupt nicht von Gemächern oder Kammern gesprochen, sondern wie in 1. Kön. 6 von
Balken oder Pfosten zur Stütze des Gebäudes. Es handele sich hier um ein Gebilde der Tektonik,
um das Gebälk oder vielmehr die Strebepfeiler des riesigen Hauses (S. 104). Nach Mulder lautet
der dies bezügliche hebr. Text in Übersetzung etwa: „(Das Haus) war von Zedern gedeckt von
oben bis zu den *selaʿot* her, die sich neben an den Säulen befanden: 45, 15 pro Reihe" (S. 103). Martin
Noth hat dafür: „und ‚eine Decke' in Zedernholz oben über den „Rippen", die sich über den
Säulen befanden, 45, 15 pro Reihe" (*Könige, B.K.*, z.St.). Statt „war gedeckt" וְסָפֻן hat Noth Subst.
„eine Decke" (וְסֻפֻּן, *l.c.* Anm. c). Es heisst aber, das Haus war gedeckt mit Zedernholz. Wenn es
nun weiter heisst „von oben bis zu den *selaʿot* her, die sich auf den Säulen befanden" ist das u.E.
so zu verstehen, dass sowohl die Kammern des Obergeschosses als das Untergeschoss eine Zedern-
decke hatten. Mit vielen Gelehrten (Stade, van Gelderen, Vincent, u.a.) halten wir *selaʿot* für
die Gemächern des Obergeschosses.

Wie H. Kosmala ist Mulder der Meinung, dass das Libanonwaldhaus ganz aus Zedernholz
konstruiert war (S. 101 und Anm. 10; Kosmala, Art. *Jerusalem* in *BHHwb*, II, 1964, 888). Wir
haben Kosmala's Ansicht schon 1970 abgelehnt (Bd. I, 133, Anm. 159). Mulder geht davon aus,
dass V. 2 (MT) von vier Reihen Säulen die Rede ist. Diese Säulen standen seiner Meinung nach
nicht im Inneren (hier gibt es 45 Säulen, je 15 in einer Reihe) sondern an den Aussenwänden (*l.c.*,
102). Nach Mulder handelt es sich Vs. 2 um die Aussenseite des Hauses, 3 und die folgenden Vss,
berichten über die Innenseite (S. 103). Zedern-Balken oder-Bretter an den Säulen (genagelt) bilden
die Wände (*ibid.*). Es handelt sich beim Wort כרתות (Vs. 2 b) nach Mulder nicht um eine Konstruktion des über den Säulen befindlichen Gebälkes, sondern um die Balken oder Bretter an den Säulen
der vier Wände des Hauses (*ibid.*). Wir halten es für viel wahrscheinlicher, dass damit (wie allgemein
angenommen wurde) die Deckenbalken gemeint seien, denn es folgt darauf unmittelbar die Notiz
über die zedern-Decke, und die Deckenbalken werden nur an dieser einen Stelle erwähnt. Da nun
Vs. 2 b sich aller Wahrscheinlichkeit nach auf die Innenseite bezieht, darf man dies doch wohl auch
für 2 a annehmen. Im Innern gab es, wie wir sahen und wie auch Mulder annimmt, 3 Reihen zu
je 15 Säulen, „so dass das Gebäude vier Schiffe gehabt haben muss" (Mulder, S. 104). Wir halten
es für möglich, dass sich daraus die Zahl „vier" in *MT* erklären lasst. Wäre das Libanonwaldhaus
ganz aus Zedern gewesen, der Verfasser des Berichtes würde dies wohl nicht unerwähnt gelassen
haben (vgl. I. Kön. 6, 16 über das zederne Debir). Wenn Mulder sagt, bereits Josephus, *Antiq.*
VIII, 5, 2 § 133 ist dieser Ansicht (*l.c.*, 101, Anm. 10), ist das kaum richtig, denn Josephus spricht
hier nur über die zedernen Säulen (κίοσι μὲν τε τραγώνοις ἀνειλημμένον ἐκ κέδρου πᾶσιν).

lonischen Tempeltürme lässt sich, wie wir unten sehen werden, wohl mit Sicherheit in der Beschreibung des Tempelgebäudes nachweisen.

i) *Die Priesterküche* (46, 19-20; P im Plan Abb. 177). Von der im Innenheiligtum gelegenen Priesterküche, wo die Priester das Schuldopfer und das Sündopfer und das Speisopfer kochen, wird nur die Lage angegeben; weitere Angaben fehlen. Es heisst 46, 19: „Und er brachte mich durch den Eingang auf der Seite des Tores [60] zu den heiligen ‚Priestergemächern‘, die gegen Norden schauen, und siehe, dort war ein Raum hinten gegen Westen hin" (Übers. ZIMMERLI, z.St.). Es ist hier den Eingang des äusseren Ganges der Nordsakristei gemeint (ZIMMERLI, *o.c.*, 1183), wo, wie wir oben dargelegt haben, eine achtstufige Treppe anzunehmen ist. Im hintersten Winkel des genannten Ganges, also an der Umfassungs-Mauer des Tempelbereiches, ist der מקום („Platz") genannte Raum der Priesterküche zu lokalisieren. Der Symmetrie wegen ist auch am äusseren Gang der Südsakristei eine Küche anzunehmen (vgl. VINCENT, *Jérusalem*, II-III, 1956, Pl. CIV, hier Abb. 176; die Sakristeien und die Küchen sind hier freilich falsch lokalisiert). Die Lage der Priesterküche lässt nun wieder darüber keinen Zweifel, dass der äussere Gang der Sakristei auf das Niveau des Innenheiligtums zu stellen ist (wie oben von uns dargelegt wurde), sonst hätte die Küche im Aussenhof gelegen! Zum ursprünglichen Entwurf gehören die Küchen freilich nicht (GESE, *Der Verfassungsentwurf*, 1957, 88 und 89, Anm. 2; ZIMMERLI, *o.c.*, 1182 f.).

B — DAS TEMPELGEBÄUDE
(40, 48-41, 26); Abb. 186-191

1. *Die Hauptmasse.* Wie der salomonische Tempel enthält das ezechielische Tempelhaus drei Räume: Ulam, Hēkal, Allerheiligstes und einen Kammerumbau. Nur die Länge des Gebäudes (100 Ellen) wird unmittelbar erwähnt (41, 13); die Breite (50 Ellen) lässt sich aus den Breiten der Räume und der Dicke der Mauern bestimmen: 5 + 4 + 6 + 20 + 6 + 4 + 5 = 50 Ellen. Meinungsverschiedenheiten bestehen darüber, ob die Anlagebreite des Tempels 50 oder 60 Ellen sei. Es handelt sich hier um den Sockel des Gebäudes.

2. *Der Sockel* (Abb. 189. 191). Die Stelle, wo vom Sockel des Tempels die Rede ist (41, 8), wird von ZIMMERLI folgendermassen übersetzt: „‚ der … des Hauses‘ — ein ‚Hochpflaster‘ rings herum, die Fundamentlager der Seitengemächer: eine volle Messrute, 6 Ellen, betrug ‚seine Terassenhöhe‘ (?)" (*Ezechiel*, 2. Teilb., 1969, 1029,

---

[60] Ez. 46, 19: על־כתף השער. Es ist damit das innere Nordtor gemeint; der äussere Zugang zu den Priestergemächern liegt etwa in der Flucht des Tores (siehe Abb. 177).

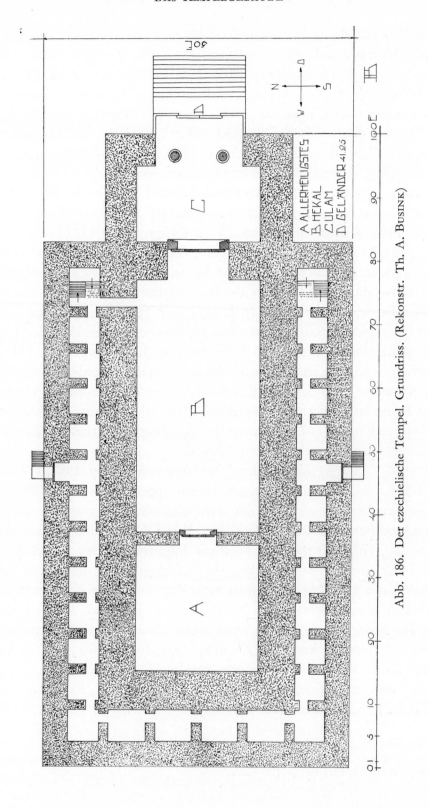

Abb. 186. Der ezechielische Tempel. Grundriss. (Rekonstr. Th. A. Busink)

z.St., S. 1031, Anm. 8 a-e). Bei GALLING heisst es: „‚und ringsum' um den Tempel
gab es ‚ein Hochpflaster', ‚die Fundamentlager' der Seitengemächer eine ‚volle'
Rute von 6 Ellen in Terrassenhöhe'' (bei FOHRER, *Ezechiel*, 1955, 229, z.St.). In
beiden Übersetzungen ist also von einer 6 Ellen hohen Terrasse die Rede. GALLING
hatte 1936 angenommen, dass das „Hoch-Pflaster'' seitlich als eine 5 Ellen breite
Terrasse (entlang den Langseiten des Gebäudes) herausragt (bei BERTHOLET, *Hesekiel*, 1936, Abb. 2, S. 141); 1955 hielt er dies nicht für nötig (bei FOHRER, *o.c.*, 1955,
231; im Schaublid gegenüber S. 263 ist nichtsdestoweniger die Terrasse eingezeichnet; hier Abb. 185). Dann gibt es aber auch keinen Grund in der Übersetzung von
„Terrassenhöhe'' (GALLING; ZIMMERLI) zu sprechen. Wie GALLING dazu kam, 1936
eine 6 Ellen hohe Terrasse anzunehmen, ist wohl klar: Nach 41, 10 liegt rundherum
der Tempel ein 20 Ellen breiter freier Raum. Die Breite des freien Raums vor dem
Tempelgebäude ist 100 Ellen (41, 14), für die Anlagebreite des Tempels gibt es also
das Mass $100 - 40 = 60$ Ellen. Da der Tempel nur 50 Ellen breit ist, wäre also
eine 5 Ellen breite, herausragende (6 Ellen hohe) Terrasse anzunehmen. Nun hat
aber ELLIGER, sagt GALLING, es klar gemacht, dass der Gang neben den Langseiten
des Gebäudes nicht 20, sondern 25 Ellen breit ist (bei FOHRER, *o.c.*, 231; Elliger,
Alt-Festschrift, 1953, 82); also: keine 5 Ellen breite herausragende Terrasse. Es heisst
aber, wie wir sahen, dass der freie Raum rundherum den Tempel 20 Ellen breit ist
und diese Breite lässt sich nicht wegrechnen. Die 41, 14 genannte Breite des östlichen Vorplatzes von 100 Ellen bekommt man, wie GESE richtig gesehen hat, in
dem man neben dem freien Raum die 5 Ellen dicken Abschlussmauern in Rechnung
stellt: $50 + 40 + (2 \times 5) = 100$ Ellen (*Der Verfassungsentwurf*, 1957, 172 und Anm.
6; Abb. III, S. 186, nach dem Masstab freilich ungenau gezeichnet)[61]. Von einer
herausragenden Terrasse am Fuss der Tempelmauern (Langseiten), wie sie auch
VINCENT angenommen hat (*o.c.*, Pl. CIV, hier Abb. 176); ist demnach ganz abzusehen
(vgl. GESE, *o.c.*, 170). Wir möchten 41, 8 wie folgt lesen: „Der Sockel des Hauses,
eine Erhöhung ringsherum, Unterbau der Seitengemächer, eine volle Messrute,
6 Ellen, die Grundlage''. Statt וראיתי ist nach ZIMMERLI תראל oder תראיל zu lesen.
„Man wird in diesem Wort einen Bauausdruck ( ) suchen. Er ist bisher noch
unerhellt. Die Bedeutung des damit bezeichneten Bauelementes kann dagegen vom
Folgenden her vermutet werden'' (ZIMMERLI, *o.c.*, 1031, Anm. 8 a). Es kann sich
nur um den Sockel des Gebäudes handeln. Das zugehörige Wort גבה, von ZIMMERLI
mit „Höhe'' übertragen (*o.c.*, 1031, Anm. 8 b), ist u.E. mit „Erhöhung'' zu übersetzen. Über das Schlusswort von 8 (אצולה) sagt ZIMMERLI: „An der vorliegende

---

[61] Der 220 Ellen lange Innenhof ist also nicht über die ganze Länge von gleicher Breite. Der
östliche Teil (Altarhof) ist 100 Ellen breit, der westliche Teil 90 Ellen. Dies erklärt, dass es 40, 47
heissen kann, der Altarhof sei 100 × 100 Ellen.

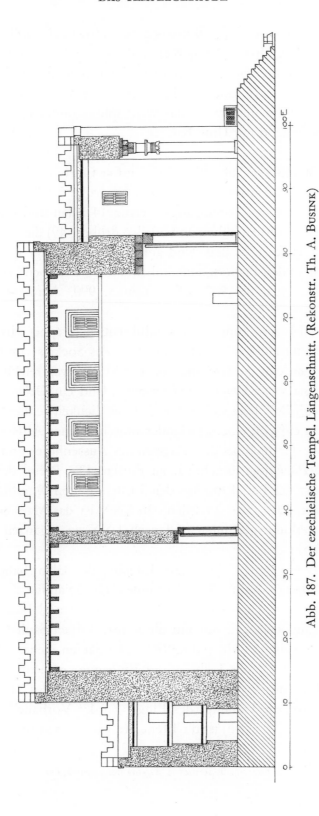

Abb. 187. Der ezechielische Tempel. Längenschnitt. (Rekonstr. Th. A. BUSINK)

Stelle wird es sich um einen bautechnischen Begriff handeln und die Lesung אצילה vorzuziehen sein" (*o.c.*, 1031, Anm. 8 e). „Terassenhöhe" (GALLING; ZIMMERLI, mit Fragezeichen) ist ausgeschlossen; es gibt an den Tempelmauern keine Terrasse. Es gibt ein Wort אציל das nach einem arab. Wort „deep-rooted" bedeutet (GESENIUS-TREGELLES, 74, *s.v.*). Wir übertragen das Wort mit Grundlage, was selbstverständlich nicht gleichbedeutend mit Unterbau ist.

3.   *Das Ulam* (40, 48-49; Abb. 186: C). „Und er führte mich in die Vorhalle des Tempelhauses hinein und mass die Pfeiler der Vorhalle: 5 Ellen hüben und 5 Ellen drüben. Und die Breite des Toreingangs ,betrug 14 Ellen und die Seiten des Einganges zur Vorhalle': 3 Ellen hüben und 3 Ellen drüben, 49) die Breite der Vorhalle: 20 Ellen, und die Tiefe ,12' Ellen. Und auf ,10' Stufen steigt man zu ihm hinauf. Säulen aber waren an den Pfeilern, eine hüben und eine drüben" (Übers. ZIMMERLI, *Ezechiel*, 2. Teilb., 1969, 981-982, z.St., dazu S. 990, Anm. 48 a-b; 49 a-d und S. 1010 f.).

Die Stufenzahl der zum Eingang hinaufführenden Treppe wird in M nicht erwähnt; sie ist bekannt aus LXX. Bei einer Höhe des Sockels von 6 Ellen (ca. 3 m) gibt es für 10 Stufen eine Stufenhöhe von ca. 30 cm, was reichlich hoch ist. Aus 41, 25, wo es heisst ועב עץ אל-פני האולם מהחוץ: „Und ein Geländer aus Holz war aussen vor der Vorhalle", lässt sich mit Wahrscheinlichkeit schliessen, dass vor dem Eingang des Ulam ein von einem Geländer umschlossener Absatz anzunehmen ist (Abb. 186: D), wie wir auch bei den Treppen des Aussenhofes und des Innenheiligtums einen Absatz meinten annehmen zu dürfen. Die Breite des Einganges (14 Ellen; ca. 7 m) lässt sich bei M nur aus den 3 Ellen breiten Wandflächen neben dem Eingang bestimmen (20 — 6 = 14 Ellen). In LXX ist das Mass erhalten [62]. Dieser Passus ist in M verloren gegangen und nach LXX zu ergänzen (ZIMMERLI, *o.c.*, 990, Anm. 40, 48 b).

Über die 40, 49 erwähnten Säulen am Eingang des Ulam haben wir im ersten Bande unseres Werkes (S. 173 f.) schon gehandelt. Die geläufige, auch von ZIMMERLI vertretene Ansicht, dass diese Säulen die Säulen Jachin und Boas sind, halten wir für verfehlt. Es kann sich u.E. nur um die konstruktiven Säulen am Eingang des salomonischen Tempels handeln (Abb. 189). Die Säulen stehen אל-האילים (40, 49) und mit אל (40, 48) ist klar die Leibung des Einganges gemeint. Die Übertragung „Pfeiler" ist irreführend; Pfeiler gibt es nicht am Eingang des Tempels. וימד אל אלם besagt u.E.: „er mass die Leibung (des Eingangs) der Vorhalle".

Die Breite des Ulam (20 Ellen) ist die Breite des Ulam des salomonischen Tempels;

---

[62] LXX, 40, 48: καὶ τὸ εὖρος τοῦ θυρώματος πηχῶν δεκατεσσάρων.

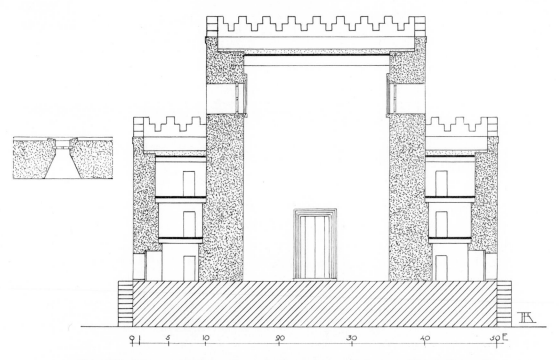

Abb. 188. Der ezechielische Tempel. Querschnitt. (Rekonstr. Th. A. Busink)

bei der Bestimmung der Tiefe ist der Verfasser des Entwurfs eigenen Wege gegangen. Nach M ist das Ulam 11 Ellen tief. Das ist aber „eine in der Gesamtausmessung unmögliche Angabe" (ZIMMERLI, *o.c.*, 990, Anm. 49 b). Die Länge des Gebäudes, 100 Ellen, bekommt man nur bei einer Tiefe der Vorhalle von 12 Ellen und das Mass ist in LXX [40, 49] erhalten [63]. Offenbar ist die Tiefe der Vorhalle durch das Mass 100 Ellen für die Länge des Gebäudes bestimmt gewesen. Auch in der Ausstattung des Ulam mit Fenstern ist der Verfasser des Entwurfs eigenen Wege gegangen. 41, 26 a heisst es: „Und Gitterfenster und Palmen hier und dort an den Seitenwänden des Ulam" [64]. Da der Eingang des Tempels als Tor (שַׁעַר; 40, 48) bezeichnet wird, dürfte es wahrscheinlich sein, dass die Fenster des Ulam des Tempelgebäudes nach Analogie der Fenster am Ulam der Tempeltore entworfen sind. Dass sie vom salomonischen Tempel stammen, darf man für ausgeschlossen halten; hier hatte es am Ulam keine Fenster gegeben. Für die Beleuchtung des Ulam waren weder am salomonischen noch am ezechielischen Tempel Fenster erforderlich. Die Fenster am Ulam der Tempeltore liessen sich, wie wir gesehen haben, als Angleichung an die Nischenfenster erklären. Ähnliches gilt nun für die Fenster am Ulam des

---

[63] LXX, 40, 49 καὶ τὸ μῆκος τοῦ αἰλὰμ πηχῶν εἴκοσι, καὶ τὸ εὖρος πηχῶν δώδεκα.

[64] Ez. 41, 26 a: וחלונים אטמות ותמרים מפו ומפו אל־כתפות האולם

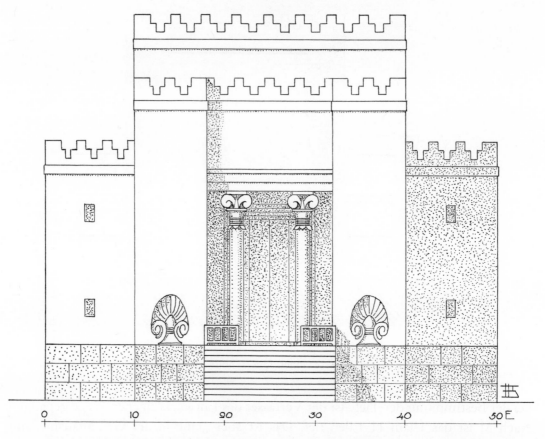

Abb. 189. Der ezechielische Tempel. Front. (Rekonstr. Th. A. BUSINK)

Tempels: die Fenster verbinden die Vorhalle in sakraler Hinsicht mit dem ebenfalls
mit Fenster ausgestatteten Hēkal (Abb. 190). Darin unterscheidet sich das Ulam des
ezechielischen Tempels vom Ulam des salomonischen Tempels; aber nicht weniger
von der Vorhalle des serubbabelschen Tempels. Im ezechielischen Tempel erfährt
die Vorhalle in sakraler Hinsicht eine Steigerung; am serubbabelschen Tempel wird
die Vorhalle, wie im nächsten Kapitel darzulegen sein wird, in sakralen Sinn herabgesetzt. Am herodianischen Tempel erhält die Vorhalle wieder eine erhöhte Bedeutung, aber nicht im sakralen, sondern im architektonischen Sinne [65].

4. *Das Hēkal* (41, 1-2. 16. 21. 23-24; Abb. 186, B). 41, 1) „Und er führte mich
in das Hēkal und mass die Leibungen: 6 Ellen die ‚Breite' hier und 6 Ellen die
‚Breite' dort, 2). Und die Breite der Türöffung war 10 Ellen, und die Seiten-

[65] Die Vorhalle des herod. Tempels war 20 Ellen tief, 50 breit und 90 hoch (*Bell. Jud.* V § 209).
Middot greift zurück auf Ez. (*MT*): Tiefe der Vorhalle 11 Ellen (Middot IV, 7).

wänden der Türöffnung 5 Ellen hier und 5 Ellen dort. Und er mass seine Länge [*sc.* des Hēkal]: 40 Ellen und die Breite 20 Ellen".

41, 21) „„Und der Eingang' des Hēkal hatte vierfach gestaffelte Pfosten".

41, 23) „Das Hēkal hatte zwei Türflügel, und das Heilige 24) hatte ,zwei' Türflügel. Die Flügel hatten zwei drehbaren Blätter: Zwei Blätter hatte der eine Flügel und zwei Blätter der andere (Flügel)".

41, 16) „... und Gitterfenster, ringsherum dreifach gestaffelt, gegenüber der Schwelle einen rundherumgehenden Holzbalken".

Die Grundmasse des Hēkal sind genau die des salomonischen Tempels (20 × 40 Ellen). Die Breite der Türöffnung, die im Baubericht der Bücher Könige nicht erwähnt wird, ist wohl das Mass zwischen den Leibungen, an die die Türpfosten zu stellen sind. Wie am salomonischen Tempel sind sie vierfach gestaffelt (41. 21: מזוזות רבעה), was, wie wir Band I, S. 187/188 gesehen haben, erst von MARTIN NOTH erklärt worden ist. Über die Türen des salomonischen und ezechielischen Tempels haben wir Band I, 190 ff. eingehend gehandelt: es sind, trotz GALLING, GESE und ZIMMERLI (*o.c.*, 1052) Klapptüren anzunehmen.

Der schwierige Vs. 41. 16, wo die Fenster des Hēkal erwähnt werden, wird von ZIMMERLI folgendermassen übersetzt: „Und die Rahmenfenster und die Absätze ringsherum hatten in ihren drei Teilen [dem Gesims gegenüber] ringsherum eine Holzverkleidung (?), ,vom' Fussboden aber bis zu den Fenstern [und die Fenster] reichte eine ... verkleidung (?) 17) ,bis' über die (Tür-) Öffnung" (*o.c.*, 1043, z.St., 1044, Anm. 41, 16 a-g und S. 1048-1049). Nur die Fenster interessieren uns hier (über die Wandverkleidung handelt Abschn. B 7). Sie sind dreifach gestaffelt und die Staffelung liegt gegenüber der Schwelle (נגד הסף), was wir so deuten möchten, dass die Schwelle unter der Staffelung liegt. Gestaffelte Fenster (aussen!) sind aus der Archäologie bekannt [66]. Die Schwelle ist wohl ein rundherum laufender herausragender Holzbalken (שחיף עץ סביב סביב 41, 16). Dass שחיף eine besondere Technik der Holzbehandlung bezeichnen sollte, was ZIMMERLI für möglich hält (*o.c.*, 1048), dürfte doch kaum wahrscheinlich sein. Erstens ist eine solche Andeutung in der Beschreibung des Tempelentwurfs kaum zu erwarten und zweitens deutet doch סביב סביב nicht in diese Richtung. Unsere Übertragung des Terminus שחיף = Holzbalken, ist aber keinesfalls gesichert. Haben wir es in der Tat mit einem rundherum liegenden Holzbalken zu tun, so wäre hierin vielleicht eine Erinnerung an den Holzlehmziegelbau des salomonischen Tempels zu sehen.

Aus der Holzverkleidung der Hēkalwände schliesst ZIMMERLI zu Recht „dass die

---

[66] Siehe M. E. L. MALLOWAN, *Nimrud and his Remains*, II, 1966, Bild gegenüber p. 434: Lady at the window; HUGO GRESSMANN, *Altorientalische Bilder zum Alten Testament*[2], 1927, Abb. 191, Taf. LXXXIII.

Fenster sehr hoch liegen müssen" (*o.c.*, 1049). Darüber haben wir Band I. S. 184 gehandelt.

Während im Hēkal des salomonischen Tempels zwei Kultgeräte, der Schaubrottisch und der Leuchter, aufgestellt waren, findet sich im Hēkal des ezechielischen Tempels nur der Tisch (Abb. 190), freilich ohne dass etwas über seine Bestimmung ausgesagt wird (41, 21-22). Es ist ein Altar aus Holz (22: המזבח עץ) und es ist hier der Tisch gemeint, „auf dem in einer urtümlichen Form der Darbringung Opfergaben vor Jahwe „dargelegt" wurden ..." (ZIMMERLI, *o.c.*, 1051): der Schaubrottisch [67].

5. *Das Allerheiligste* (41, 3-4. 23-24). 3-4) „Und er ging in das Innere und mass die Leibung der Türöffnung, 2 Ellen, und die Türöffnung 6 Ellen und die ‚Seitenwände' der Türöffnung 7 Ellen. Und er mass seine Tiefe, 20 Ellen, und seine Breite, 20 Ellen, vor dem Hēkal [68]. Und er sprach zu mir: Das ist das Allerheiligste" (Ez. 41, 3-4; Abb. 186: A).

Das Allerheiligste hat die Masse des Debir des salomonischen Tempels (20 × 20 Ellen) und es liegt wie das Debir auf dem Niveau des Hēkal; ein Aufgang vom Hēkal zum Allerheiligsten wird nicht erwähnt und ist auch nicht zu erwarten (gegen GALLING, bei FOHRER, *Ezechiel*, 1955, 234). Mit den 10 Stufen, welche zum Ulam emporführen „ist die geheimnisvoll die ganze Schilderung beherrschende Gesamtzahl von 25 Stufen vom Tempeleingang her erreicht, die keinesfalls mehr durch einen weiteren Stufenanstieg zum Allerheiligsten hin ( ) überboten werden darf" (ZIMMERLI, *o.c.*, 1010) [69].

Die Breite der in der 2 Ellen dicken Trennungsmauer zwischen Hēkal und Allerheiligsten liegenden Türöffnung beträgt 6 Ellen (ca. 3 m), 41, 23-24 werden die Türflügel des Tempeleingangs und die des Allerheiligsten erwähnt: es sind Klapptüren [70], deren Blätter am Allerheiligsten somit eine Breite von anderthalb Ellen

---

[67] Ez. 41, 22: „ ‚ein' Altar aus Holz, 3 Ellen betrug ‚seine' Höhe, seine Länge 2 Ellen ‚und 2 Ellen die Breite'. Und er hatte ‚Ecken', und ‚sein Fussgestell' und seine Wände waren aus Holz" (ZIMMERLI, z.St.). ואכן im zweiten Teil des Vss. ergibt keinen Sinn (ZIMMERLI, S. 1046, Anm. f); LXX hat καὶ ἡ βάσις αὐτοῦ. Die ursprüngliche Lesung war ואדנו (ZIMMERLI, *id.*): BERNHARD PELZL überträgt den Terminus mit Fundament: „Sein Fundament und seine Wände waren aus Holz" (*Der hebräische Bauausdruck aedaen*, BZ, 19, 1975, 41-49, S. 45). „Fussgestell" ist sicher richtiger.

[68] Ez. 41, 4 אל־פני ההיכל wird von ZIMMERLI mit „nach dem Tempelraum hin" übertragen (*Ezechiel*, 982, z.St.). GALLING hat: ‚Und er wandte sich zu mir zum Tempelraum' (bei FOHRER, *Ezechiel*, 1955, 229, z.St.). LXX: κατὰ πρόσωπον τοῦ ναοῦ. Der Engel befindet sich im Allerheiligsten, von seinem Standpunkt aus liegt das Allerheiligste „vor dem Hekal".

[69] Die Frage, ob das Allerheiligste (*Debir*) des salom. Tempels ein Niveau-Adyton oder ein Podium-Adyton gewesen ist, haben wir Bd. I, 1970, 200 ff. eingehend erörtert. Es freut uns, dass ZIMMERLI es klar gemacht hat, dass das Allerheiligste des ez. Tempels nur ein Niveau-Adyton sein könne, wie auch wir Bd. I, *l.c.* angenommen haben.

[70] Über die Frage Flügeltüren oder Klapptüren siehe Bd. I, 1970, 190 ff.

Abb. 190. Der ezechielische Tempel. Das Hekal. (Rekonstr. Th. A. Busink)

(ca. 75 cm) haben. Die Breite der Blätter stimmt zu der Dicke der Trennungsmauer (2 Ellen): für die nach dem Hēkal zu gestellten Türpfosten [71] ist eine Breite von etwa eine halbe Elle anzunehmen, es bleibt also eine Leibungsbreite von 1½ Ellen für die zurückgeschlagenen Türblätter. Drei Ellen breite Türflügel hätten zurückgeschlagen für eine Breite von 1½ Ellen ins Allerheiligste gestanden! Hier zeigt sich klar, dass Klapptüren unbedingt erforderlich waren.

Die Frage, ob wir uns das Debir des salomonischen Tempels und das Allerheiligste des herodianischen Tempels als fensterlos vorzustellen haben, ist Band I, 208, Anm. 137 erörtert worden: es unterliegt nicht dem Zweifel, dass dieser Raum in beiden Fällen (und demnach auch am Tempel Serubbabels) fensterlos gewesen ist (gegen A. van den Born, *Zum Tempelweihespruch*, *OTS*, XIV, 1965, 235-244). Zimmerli ist nun offenbar der Meinung, dass das Allerheiligste des ezechielischen Tempels mit Fenstern ausgestattet gewesen ist. Über die Vorhalle des Tempels sprechend sagt der Gelehrte: „Diese hatte gerahmte Fenster wie die beiden Innenräume" (*Ezechiel*, 2. Teilb., 1969, 1052). Mit „beiden Innenräume" können doch nur Hēkal und das Allerheiligste gemeint sein. Nichts in der Beschreibung des Tempelentwurfs deutet darauf hin, dass das Allerheiligste des ezechielischen Tempels ein durch Fenster mit Licht versorgter Raum gewesen sei. Wir haben es uns nach Analogie des salomonischen Debir zweifellos fensterlos vorzustellen. Vom Debir des salomonischen Tempels unterscheidet sich das Allerheiligste des ezechielischen Tempels aber durch die 2 Ellen dicke Mauer, welche es vom Hēkal trennt und wohl auch durch eine grössere Höhe, denn die Trennungsmauer macht es wahrscheinlich, dass der Verfasser des Entwurfs dem Allerheiligsten die Höhe des Hēkal zugedacht habe (Abb. 187). Zimmerli meint, die geringere Stärke der Trennungsmauer (2 Ellen; Stärke der Hēkalmauern 6 Ellen) sei aus der dünnen Holzwand des alten Debir zu erklären (*o.c.*, 1013). Wir möchten an die geringe Tiefe des vor dem Debir gelegenen Ulam denken.

Das Allerheiligste des ezechielischen Tempels hat durch die Trennungsmauer die Selbständigkeit, welche das Debir des salomonischen Tempels auszeichnete, verloren, was sich auf den Verlust der Lade bei der Zerstörung des Tempels 587 v. Chr. zurückführen lässt. Zimmerli nennt das Allerheiligste des ezechielischen Tempels zu Unrecht „einen selbständigen Raum" (*o.c.*, 1013). Es ist ein Planelement der Anlage und als solches der Gesamtanlage des Gebäudes untergeordnet. Die Heiligkeit des Tempels hat sich, anders als beim salomonischen Tempel, vom Allerheiligsten aus über das Hēkal und, wie wir oben sahen, sogar über die Vorhalle des Tempels ausgedehnt. Dies kommt auch in der Bezeichnung „Allerheiligstes"

---

[71] Sie sind nach der Parallele 1. Kön. 6, 31 fünffach gestaffelt zu denken (vgl. Zimmerli, *Ezechiel*, II, 1969, 1050).

(קדש הקדשים) [72] zum Ausdruck, eine Bezeichnung, welche für das Debir des salomonischen Tempels ungereimt gewesen wäre. Erst in nachexilischer Zeit hat man das Debir, wohl nach dem Vorgang Ezechiels, „Allerheiligstes" genannt (2. Chron. 3, 8).

6. *Der Umbau* (41, 5-7. 9. 11). Der Beschreibung des Umbaus geht eine Notiz über die Dicke der Mauern des Hēkal (und des Allerheiligsten) voran: 6 Ellen (41, 5: וימד קיר־הבית שש אמות). Es heisst dann: „Und die Breite des Umbaus 4 Ellen rings herum um das Haus. 6) Die Kammern, Kammer über Kammer, drei, dreissigmal. Und Vorsprünge der Mauern des Hauses für die Kammern, rings herum, damit Tragflächen [für die Balken] da seien, und keine Tragflächen [für die Balken] in der Wand des Hauses selber. 7) Und die Verbreiterung durch den „Umgang", der an den Kammern höher und höher hinaufführte, denn das Haus war umbaut ganz bis oben hinauf und um das Haus herum- so hatte das Haus eine Verbreiterung bis nach oben hin. Vom unteren Stockwerk steigt man über das mittlere zum obersten hinauf. 9) Und die Aussenwand des Umbaus: 5 Ellen. 11) Und die Türe des Umbaus nach dem freien Platz hin: eine Tür gegen Norden und eine Tür gegen Süden hin".

Meinungsverschiedenheiten bestehen über den Umfang des Umbaus. Während

Abb. 191. Der ezechielische Tempel. Der äussere Aufbau. (Rekonstr. Th. A. Busink)

[72] Ez. 41, 4.

1. Kön. 6, 5 klar gesagt wird, dass Hēkal und Debir einen Umbau haben [73], heisst es bei Ezechiel, der Umbau war „ganz herum um das Haus" (41, 5 b: סביב סביב לבית). Da בית sowohl den Tempel als den Hauptbau (Hēkal und Allerheiligstes) bedeuten kann, lässt sich den Umfang des Umbaus daraus nicht mit Sicherheit bestimmen. L. H. VINCENT hat den Umbau sozusagen bis an die Front vorgezogen (*Jérusalem*, II-III, 1956, Pl. CIV; hier Abb. 176). HARTMUT GESE meint, 41, 25 b-26 (in 26 b wird der Umbau wieder erwähnt: וצלעות הבית) ist stets von der Vorderfront die Rede. „Was auch immer der Sinn von v 26 b gewesen sein mag, es deutet darauf hin, dass die Stirnseiten der Anbauten mit der Vorderfront der Vorhalle zusammen in eine Ebene fielen" (*Der Verfassungsentwurf*, 1957, 184). Wir halten dies für ausgeschlossen und brauchen dafür nicht einmal auf den Umbau des salomonischen Tempels hinzuweisen. Das Ulam des ezechielischen Tempels hat Fenster in den Seitenwänden; neben dem Ulam, links und rechts, muss es einen freien Raum geben. ZIMMERLI kommt zum gleichen Schluss, freilich aus einer anderen Überlegung: „Auffallen wird, dass bei der Beschreibung der Vorderseite des Tempelhauses [*sc.* 41, 14. 15 a; Verf.] nicht בית נדר, מנח, צלע, als Elemente dieser Vorderseite aufgeführt werden, sondern בית und גזרה. Das deutet darauf, dass der Seitenanbau (צלע) am Haus (בית) nicht bis auf die Höhe des אלם vorgezogen ist, sondern dass er lediglich היכל und קדש קדשים flankiert, so dass sich vorn zu beiden Seiten des אלם noch ein freier Raum ergibt ..." (*o.(.*, 1039).

Meinungsverschiedenheiten bestehen auch über die Zahl der Kammern, nach 41, 6: „Kammer über Kammer, dreimal dreissig", im ganzen 90 Kammern. Wir haben darüber schon im ersten Bande gehandelt (S. 213 f. und Anm. 153) und glauben es wahrscheinlich gemacht zu haben, dass der Umbau des salomonischen Tempels sehr wohl im Hinblick auf die hölzernen Querwände 3 × 30 Kammern gehabt haben könne. Die Zahlen 3 × 30 entnahmen wir der Beschreibung des ezechielischen Tempels, es dürfte aber wahrscheinlich sein, dass diese Zahlen vom Umbau des salomonischen Tempels stammen: ezechielisch wäre 3 × 25 gewesen.

Nach 41, 5 soll die Breite der unteren Kammern 4 Ellen betragen, nach 41, 9 die Dicke der Aussenwand des Umbaus 5 Ellen. Am Umbau des salomonischen Tempels hatten die unteren Kammern eine Breite von 5 Ellen (1. Kön. 6, 6), da ist mit Wahrscheinlichkeit anzunehmen, dass in der Beschreibung des ezechielischen Tempels die Zahlen 4 und 5 verwechselt sind (CARL WATZINGER, *Denkmäler*, I, 1933, 91): die Breite der unteren Kammern 5 Ellen, die Stärke der Aussenmauer 4 Ellen. Die Erwähnung von Rücksprüngen in der Mauer (41, 6) deutet wohl darauf, dass der Verfasser den Kammern des 2. und 3. Stockwerkes eine grössere Breite als

---

[73] CARL WATZINGER hatte in seiner Rekonstruktion des salom. Tempels den Umbau falsch bis an die Tempelfront vorgezogen (*Denkmäler I*, 1933, Abb. 39, Taf. 16, hier Bd. I, 1970, Abb. 12, S. 53).

5 Ellen zugedacht hat. Am Umbau des salomonischen Tempels haben diese Kammern eine Breite von 6 bzw. 7 Ellen [74]. Ob der Verfasser des Entwurfs sich die Querwände aus Holz vorgestellt habe, wie sie am salomonischen Tempel gewesen sind, lässt sich nicht ausmachen. Angaben über Baustoffe gibt es in der Beschreibung kaum. Dass der Entwerfer an einen massiven Steinbau gedacht habe (ZIMMERLI, o.c., 1034), lässt sich weder aus der Beschreibung, noch aus der Umwelt, in der der Verfasser lebte, wahrscheinlich machen [75]. Aus der Notiz über die Fenster meinten wir eine Andeutung auf einen Holzlehmziegelbau herauslesen zu dürfen. Nur den Sockel denken wir uns aus Stein.

Interessant ist die Notiz über die Türen des Umbaus (41, 11), interessant aus zwei Gründen. Die Türen, heisst es, führen zum freien Platz. Daraus lässt sich schliessen, dass der Verfasser sich im Umbau aufstellt. Dies macht es wahrscheinlich, dass der Umbau auch vom Hēkal aus zu betreten ist und umgekehrt das Hēkal vom Umbau aus. Eine klare Andeutung darauf findet sich nur in der Beschreibung des herodianischen Tempel im Traktat Middot, worüber das letzte Kapitel unseres Werkes handelt. Die Türen des Hēkal konnten selbstverständlich nur von innen aus gut verriegelt werden [76], man muss also vom Umbau aus ins Hēkal kommen können.

Das zweite interessante Moment liegt im 6 Ellen hohen Sockel des Tempels. Die Türen des Umbau liegen selbstverständlich auf Sockelhöhe, es ist also vor der Tür eine zehnstufige Treppe anzunehmen, über die der Verfasser schweigt. KURT GALLING bemerkt dazu: „Der Prophet hat bei seinem Bauplan übersehen, dass die vor der Vorhalle eingezeichneten 10 Stufen ein Fundamentlager für das Tempelgebäude selbst erfordern, und dass er dementsprechend auch bei den Aussenportalen des Anbaus von zehnstufigen Treppen sprechen musste. Das wäre ihm wohl klar

---

[74] 1. Kön. 6, 6.

[75] Lehmziegel (*lebettu*) war das Hauptmaterial im babylonischen Tempelbau, auch in der Neu-Bab. Periode. Die Tempel erhielten aber oft eine äussere Verkleidung (*kiṣṣu*) aus Backstein (*agurru*); siehe TH. A. BUSINK, *Sumerische en babylonische Tempelbouw*, 1940, 116 f. und p. 195, Anm. 84-87, Lit. — Die Quermauern des Umbaus in unserer Rekonstruktion sind hypothetisch 3 Ellen dick; im holzarmen Babylonien lebend wird der Verfasser des Entwurfs wohl eher an Quermauern als an Holzwände gedacht haben.

[76] Ein aus der Wand vorziehbarer Verschliess-Balken (בריח; Neh. III, 3) bildete den Verschluss (A. G. BARROIS, *Manual d'archéologie Biblique*, I, 1939, 125). Ähnlich an Stadttoren, z.B. *Tel En-Nasbeh* (C. C. McCOWN, *Tell En-Nasbeh*, I, 1947, 196, Fig. 47, p. 198). Auch in Babylon war dies der gewöhnliche Verschluss (R. KOLDEWEY, *Das wieder erstehende Babylon*, 1925, 57). Mit akk. *si-ga-ru* („grendel", R. FRANKENA, *Tākultu, De sacrale Maaltijd in het assyrische Ritueel*, 1953, 35, in Anm. 37) ist wohl ein auf der Tür angebrachter Riegel gemeint; davon sicher סגר „verschliessen". Aus Qatna ist der Türverschluss einer Flügeltür bekannt: auf jedem Flügel war ein zylindrischer Stiel (aus Bronze) angebracht, durch den der bronzene Riegel gesteckt wurde. „Ces verrous ne comportaient pas de clé" (COMTE DU MESNIL DU BUISSON, *Le Site archéologique de Mishrifé-Qatna*, 1935, 91 s.; Pl. XXIV, Nr. 30-31). Die Tür konnte nur von innen aus geöffnet werden, wie bei einem Verschlussbalken.

geworden, wenn er in N und S beim Anbau die Terrasse eingezeichnet hätte, von der ein Späterer im Nachtrag in 8 berichtet" (bei Fohrer, *Ezechiel*, 1955, 232). Diese Erklärung befriedigt nicht, denn es gibt keine Terrasse am Fuss der Tempelmauern. Auch am Nordeingang der Tempelsakristei ist, wie wir oben gesehen haben, eine vom Verfasser des Entwurfes nicht erwähnte Treppe (achtstufig) anzunehmen. Offenbar hatte er nur die Haupttreppe des Innenheiligtums, die Tempeltreppe, erwähnen wollen. Im Traktat Middot gibt es ebenfalls Stellen, wo der Verfasser des Traktats über die doch unbedingt nötigen Treppen hinweggeht: er erwähnt sie nicht (siehe Kap. XVIII).

Mit dem schwierigen Vs. 41, 7 haben ältere Kommentatoren nichts anfangen können. Siegfried schrieb 1894: „Von V. 6 ab hört jede Möglichkeit einer Übersetzung auf" (bei Kautzsch, *Die heilige Schrift des Alten Testaments*, 1894, 614, Anm. 11). Eine Übersetzung gab er doch in der gleichen Anm.: 7) „Und sie (die Seitengemächer) wurden breit und umgaben immer höher hinauf die (?) Seitengemächer (man erwartet: die Tempelwand); denn der Tempel war immer höher hinauf rings um den Tempel [von den Seitengemächern] umgeben; darum hatte der Tempel oben eine Breite, und ebenso stieg das unterste [Stockwerk] über das oberste (oder auch „bei dem obersten") zum mittleren". Siegfried sagt dann: „Statt dieses unglaublich verderbten Textes muss natürlich das Gleiche wie 1 Kön. 6, 8 b berichtet gewesen sein" (*l.c.*). Kurt Galling hat noch 1955 einen wichtigen Teil des Vs. 7 a als unverständlichen Nachtrag gestrichen (bei Fohrer, *o.c.*, z.St.). Galling hat aber richtig gesehen, dass es sich um einen „Gang" handelt der zu den drei Stockwerke des Umbaus hinaufführt (z.St.). Die Übersetzung: „Und es verbreitete sich ‚der Gang' ‚von Etage zu Etage' bei den Seitengemächern", deutet darauf, dass Galling sich den Gang innerhalb des Umbaus denkt. Das Anfangswort ורחבה kann aber, wie Gese, (*Der Verfassungsentwurf*, 1957, 166) und Zimmerli (*Ezechiel*, 2. Teilb., 1969, 1030, Anm. 7 a) nachweisen, kein Verbum, sondern muss ein Nomen sein: רחב „Breite", oder „Verbreiterung", und für das zweite unverständliche Wort ונסבה ist (was auch Galling gesehen hat) מסבה zu lesen (Gese, *l.c.*; Zimmerli, *l.c.*), zu dem das in M „fälschlich mit dem vorhergehenden Wort verbunden ה als Art. zu ziehen ist ..." (Zimmerli, *l.c.*; Gese, *l.c.*). Also ורחב המסבה, was nach Gese wörtlich zu übersetzen sein würde: „Und die Breite des nach oben herumführenden Ganges war den Anbauten" (besser: „die Anbauten hatten ...")" (*l.c.*).

Gese hat die Ansicht Gallings, nach der der Gang innerhalb des Umbaus liegt (zu Recht) zurückgewiesen; ihr „widerspricht die Beschreibung, die uns von der מסבה am herodianischen Tempel überliefert ist (vgl. *Midd.* IV 5 a). Danach handelt es sich um eine nach oben führende Stiege, die an der Aussenseite der Anbauten rings um das Tempelhaus so angebracht ist, dass sie sich als eine einzige um die Nord-, West- und Südseite des Tempelhauses herumlegte grosse Treppe beschreiben lässt" (GESE, *o.c.*, 167). Die Gallingsche Ansicht liesse sich aber auch ohne Middot als unhaltbar nachweisen. Wie hätte in den unten nur 4 (5) Ellen breiten Kammern ein schräg ansteigender, durch alle Stockwerke hindurch laufender Gang angebracht werden können? GALLING hat dies wohl auch selbst für kaum möglich gehalten, denn er spricht sich nicht klar darüber aus. Im Kommentar schweigt er darüber und seine Ansicht zeigt sich nur in der Übersetzung der bezüglichen Stelle.

Erst WALTHER ZIMMERLI hat die schwierige Stelle (Vs. 7) ins klare gesetzt: „Und ,die Verbreiterung durch den „Umgang"', der an den Seitengemächern immer höher hinaufführte, denn das Haus war umbaut ganz bis oben hinauf und um das Haus herum- so hatte das Haus eine Verbreiterung bis nach oben hin. ,Vom untersten' Stockwerk steigt man über das mittlere zum obersten hinauf" (*Ezechiel*, 2. Teilb., 1969, 1029, z.St. und S. 1030, Anm. 7 a-d). Die rundherum (d.h. um Nord-, Süd- und Westseite) gehende Rampe (bzw. Treppe) bildet eine Verbreiterung des Gebäudes von unten bis nach oben hin. GESE hält dies offenbar für unmöglich, denn er sagt: „Sollte von einem Breiterwerden des Hauses gesprochen werden, so wäre einerseits das ל vor בית unmöglich, andrerseits auch den Anschluss mit על כן störend; denn es ist nicht anzunehmen, dass die מסבה breiter wird" (*Der Verfassungsentwurf*, 1957, 167-168). Es handelt sich nicht um ein „Breiterwerden", sondern eine „Verbreiterung". Das Haus erhielt durch den Umgang eine grössere Breite. Nicht der Umgang wurde breiter, wie GALLING meinte, sondern das Gebäude. Dies erklärt sich daraus, dass der Umgang auf einer am Umbau anliegenden, vom Boden ab aufgebauten Untermauerung ruhen muss.

WALTHER ZIMMERLI sagt: „Im salomonischen Tempel fehlt diese Aussenrampe bzw. — treppe ... Dass die Erwähnung einer Aussenrampe oder — treppe in Ez. 41 der Erwähnung der Aussenmauer des צלע in 9 vorangeht, ist auffällig und lässt ( ) an der Ursprünglichkeit dieser Angabe im Text zweifeln" (*o.c.*, 1036; 1032 f.). Auffällig genug hat weder GESE noch ZIMMERLI bemerkt, dass diese Aussenrampe oder - treppe am ezechielischen Tempel — wie am herodianischen — ein Ding der Unmöglichkeit ist. Sie hätte die Beleuchtung vieler Kammern des Umbaus unmöglich gemacht. Schon dies ist ein zwingender Grund, von dieser herumlaufenden Rampe abzusehen. Es ist aber mehr. Der Tempel hat einen 6 Ellen hohen Sockel und der Anfang der Rampe ist selbstverständlich auf das Niveau des freien Platzes zu stellen. Es gibt nun keine Möglichkeit, das Dach des Umbaus in einer durchlaufenden Flucht zu erreichen. Nur durch einen Rücklauf am dritten Stockwerk wäre dies möglich; hier gibt es aber keine Möglichkeit, eine zum Dach hinaufführende Stiege zu untermauern! Hinzu kommt nun schliesslich, dass die Breite des Hauses mit einer herumliegenden Rampe kein 50 Ellen und die Länge kein 100 Ellen beträgt. Die Länge wäre nun mit der Rampenbreite, die Breite mit dieser zweimal zu addieren. Die aussen herumlaufende Rampe bzw. Treppe kann nicht zum ursprünglichen Entwurf gehören. Nur 7 Schluss: „Von dem unteren Stockwerk steigt man über das mittlere zum obersten hinauf" kann ursprünglich sein. Die aussen herumlaufende Rampe verrät den Einfluss der babylonischen Zikurrat [77]. Der „Schöpfer" dieser am ezechielischen Tempel unmöglichen Rampe ist offenbar der Meinung gewesen, dass die 1. Kön. 6, 8 erwähnte Treppe am Umbau des salomonischen Tempels nach der Art einer Zikurrattreppe gebildet gewesen ist. Diese — sachlich unmögliche — Rampe am ezechielischen Tempel lässt nun vielleicht auch etwas von Vs. 26 b, das nach GESE völlig dunkel bleibt (*Der Verfassungsentwurf*, 1957, 184), verstehen; es heisst: וצלעות הבית והעבים, „und der Umbau des Hauses und die Geländer". Eine aussen herumlaufende Rampe braucht ein Geländer [78]. Es könnte u.E. in העבים dieses Bauelement des — imaginären — Umganges stecken. Der Plur. erklärt sich dann daraus, dass die Rampe aus mehreren Läufen aufgebaut ist. ZIMMERLI sagt über diesen Versteil: „Wenn dann in 26 b noch die צלעות des Tempelhauses und die עבים, in denen das עב von 25 wiederzufinden sein dürfte, genannt sind, ohne dass nähere Aussagen über diese beiden Bauelemente gemacht würden, so kann man nur vermuten, dass der grössere Kontext, dem 15 b-26 entnommen sind, nähere Angaben über die Anbauten des Tempelhauses und die möglicherweise auch dort zur Absperrung angebrachten „Gatter" enthalten hat. Doch ist hier über Vermutungen nicht hinauszukommen" (*Ezechiel*, 2. Teilb., 1969, 1053).

7. *Holzverkleidung und Dekoration.* a) *Die Holzverkleidung* (41, 15 b-17 Anfang). „Und das innere Hēkal und das äussere Ulam waren 'getäfelt' [79], vom Fussboden bis zu den Fenstern (war) eine 'Verkleidung' [80] (und) über die Türöffnung" (Vs. 17 Anfang: על־מעל הפתח). Wenn es Vs. 17 weiter heisst „„im' inneren Haus und draus-

---

[77] Einen rundherum gehenden Aufgang hatte der „Turm von Babel" (Herodot, I, 181) und nach WOOLLEY's Rekonstruktion die Zikurrat in Ur, wiederaufgebaut durch Nabonid (L. WOOLLEY, *Ur Exc.* V, 1939, Pl. 88). Siehe auch TH. A. BUSINK, *De Toren van Babel*, 1938, Pl. III; Ders., *De babylonische Tempeltoren*, 1949, Pl. XI-XII; Ders., *L'Origine et l'évolution de la ziggurat babylonienne, JEOL*, 21, 1969-1970, 91-142; ANDRÉ PARROT, *Ziggurats et Tour de Babel*, 1949; H. J. LENZEN, *Die Entwicklung der Zikurrat von ihren Anfängen bis zur Zeit der III. Dynastie von Ur*, 1941. — Einen schneckenförmigen Aufgang hatte die assyr. Zikurrat in Dûr-Šarrukîn (TH. A. BUSINK, *La Zikurrat de Dûr-Šarrukîn, RAI*, 1951, 105-122, Fig. 1-3, p. 116-121).

[78] Der „Schöpfer" des Umganges wird sich das Geländer wohl gemauert vorgestellt haben.

[79] Ez. 41, 16 Anfang הספים „die Schwellen" ist aus ספונים verschrieben (ZIMMERLI, *Ezechiel*, II, 1969, 1044, Anm. 16; vgl. GESE, *Der Verfassungsentwurf*, 1957, 175).

[80] מכסות; das zweite והחלנות ist als Dittographie zu streichen (GESE, *o.c.*, 178).

sen (ולחץ) an der ganzen Wand herum", deutet לחוץ wohl nicht, wie GALLING meint, auf die Aussenwände des Hēkal (bei FOHRER, *Ezechiel*, 1955, 234), sondern auf das Ulam. Wir brauchen auch nicht, was GESE für wahrscheinlich hält (*o.c.*, 178, Anm. 2) nur an die Aussenwand des Hēkal, an die die Vorhalle angebaut ist, zu denken. Es ist damit wohl das Ulam gemeint (vgl. ZIMMERLI, *o.c.*, 1047-1048). Hēkal und Ulam sind bis zu den Fenstern mit Holz verkleidet. Fenster gibt es aber nur an den Langwänden des Hēkal und den Schmalwänden des Ulam. Daraus erklärt sich u.E. „(und) über die Türöffnung" (17; eine im Texte aufgenommene Glosse?). Dass alle Wände getäfelt sind, wird bald darauf berichtet: „,im' inneren Haus und draussen an der ganzen Wand herum" (17). Nach der Meinung ZIMMERLI's sind mit dem „inneren Haus" Hēkal und Allerheiligsten gemeint (*o.c.*, 1048). Wir denken nur an das Hēkal.

Das Schlusswort Vs. 17: מדות wird von GESE gestrichen (*o.c.*, 178), von GALLING mit „Masse (?)" übertragen mit der Bemerkung: „Hinweis auf fehlenden Masse?" (bei FOHRER, *o.c.*, 233, z.St. und Anm. a). ZIMMERLI hat dafür „Felder (?)" (*o.c.*, 1043, z.St. und 1045, Anm. 17 e). Hēkal und Ulam sind Räume sehr verschiedener Grösse (Hēkal 20 × 40 Ellen; Ulam 12 × 20 Ellen). Wie wir Band I gesehen haben, ist für das Ulam des salomonischen Tempels eine geringere Höhe als 30 Ellen (Höhe des Hēkal) anzunehmen [81]. Wir möchten vermuten, dass מדות mit „nach Masse" zu übertragen sei [82]. Die Wandverkleidung eines 10 × 20 m grossen Raums sieht nun einmal etwas anders aus als die eines 6 × 10 m grossen Raums.

Nach 1. Kön. 6, 15 sind die Wände des Hēkal des salomonischen Tempels vom Fussboden bis zu den Balken der Decke mit Zedernbrettern verkleidet gewesen; bei Ezechiel (41, 16 b) heisst es, vom Fussboden bis zu den Fenstern. Dies führte uns Band I, 184 ff. dazu, bei der Deckenkonstruktion des salomonischen Tempels Schrägstützen (die sich wohl auch aus dem Text belegen lassen) anzunehmen und die Fenster auf die Höhe der Schrägstützen zu stellen (Band I, Abb. 49, S. 167: 50, S. 168; 56, gegenüber S. 181). Ezechiel schweigt über die Deckenkonstruktion; sie ist wohl nach babylonischer Art, ohre Schrägstützen, zu denken. Auch über den Fussboden fehlt eine Angabe. Am salomonischen Tempel war er mit Zypressen-brettern belegt (1. Kön. 6, 15). Der ezechielische Tempel unterscheidet sich in der Holzverkleidung vom salomonischen dadurch, dass nun auch die Wände des Ulam getäfelt sind. Es handelt sich auch hier, wie bei der Ausstattung des Ulam mit Fenstern, um eine Angleichung an das Hēkal. Darüber wird unten noch zu sprechen sein.

---

[81] Bd. I, 1970, Abb. 49 S. 167 und Taf. VII.
[82] G. R. DRIVER will für מדות דמות (,,likeness") lesen (*Biblica*, 19, 1938, 184).

b) *Die Dekoration*. Die Wandverkleidung hat eine aus Keruben und Palmen gebildete Ornamentik. Auch die Türen des Hēkal zeigen sie. Es heisst 41, 18: „Und (Schnitz-) Arbeit von Keruben und Palmen. Und eine Palme zwischen je zwei Keruben. Und der Kerub hatte zwei Gesichter. 19) Und das Gesicht eines Menschen war auf der einen Seite der Palme zugekehrt und das Gesicht eines Löwen auf der anderen Seite der Palme. [So war es] ringsum am ganzen Hause gemacht [83]. 20) Vom Boden bis über die Türöffnung waren die Keruben und Palmen angebracht. 25) Und an ihnen, an den Türen des Hēkal, waren Keruben und Palmen, wie an den Wänden. 26) und Palmen waren auf den beiden Schulterflächen des Ulam".

Auffallen muss, dass auf den Türen des Allerheiligsten keine Keruben/Palmen-Ornamentik vorkommt. Daraus folgt u.E., dass auch dem Allerheiligsten selbst diese Ornamentik abzusprechen ist, wie die Holzverkleidung. Religiöse Scheu hat den Verfasser offenbar gehindert, etwas näheres über das Allerheiligste zu berichten oder hinzuzudenken. Er erwähnt nur dessen Grundmasse und die Form der Türen.

ZIMMERLI ist der Meinung, dass der ornamentale Schmuck des Ulam auf Palmen reduziert ist (*o.c.*, 1052). Er schliesst dies aus 41, 26, wo Palmen an der Schulter-flächen des Ulam erwähnt werden [84]. Wir haben schon im ersten Bande angenommen, dass die 41, 26 erwähnten Palmen an die Frontseite des Ulam, neben dem Eingang (Abb. 189. 191), anzusetzen seien [85]. Zwar werden 41, 2 auch die innere Wandflächen neben dem Eingang des Ulam mit dem Terminus כתפות bezeichnet, der Terminus gehört aber der Aussenarchitektur an (vgl. 1. Kön. 6, 8; Ez. 47, 1. 3). Es wird 41, 26 auch nicht gesagt, dass die Palmen rundherum angebracht sind. Aus 41, 26 lässt sich also nicht schliessen, dass die Ornamentik des Ulam auf Palmen reduziert sei. Wir halten dafür, dass auch am Ulam die aus Keruben und Palmen gebildete Ornamentik anzunehmen ist; אל־כל־הבית (41, 19) kann sich doch schwer-lich nur auf das Hēkal beziehen und da wir uns das Allerheiligste offenbar schmuck-los vorzustellen haben, wird „am ganzen Haus" auf Hēkal und Ulam zu beziehen sein. Durch die der Ausstattung des Hēkal ganz ähnliche Ausstattung des Ulam, hat der Verfasser des Entwurfs die Vorhalle des Tempels über das Niveau einer profanen Vorhalle erhoben; die Heiligkeit des ganzen Gebäudes soll damit betont werden.

Da die Keruben- und Palmen-Ornamentik sich bis über die Türen ausdehnt, sind wohl mehrere Bildstreifen anzunehmen (vgl. GALLING, bei FOHRER, *Ezechiel*, 1955, 234). Über die Ornamentik des salomonischen Tempels haben wir Band I. eingehend gehandelt (S. 267 ff.). Zweiköpfige Keruben, wie Ezechiel sie erwähnt (Abb. 190), kamen in der Dekoration des salomonischen Tempels nicht vor. Aus der Archäologie

---

[83] Ez. 41, 19: עשוי אל־כל־הבית סביב סביב
[84] Ez. 41, 26: ותמרים מפו ומפו אל־כתפות
[85] Bd. I, 1970, 174 und Anm. 37 Ende.

sind Beispiele von zweiköpfigen Genien bekannt (*ANEP*, Abb. 644; E. AKURGAL, *Spätheth. Bildkunst*, 1949, 125). Über das Fehlen von Blumenkelchen in der Dekoration des ezechielischen Tempels sagt ZIMMERLI: „Ob es sich dabei um eine bewusste Eliminierung oder einfach um die etwas grössere Bescheidenheit der Ausschmückung des Tempels handelt, ... kann nicht mit Sicherheit gesagt werden" (*o.c.*, 1049). Das eine schliesst u.E. das andere nicht aus. Eine bewusste Eliminierung führte ja zu einer grösseren Einfachheit. In der Sicht Ezechiels ist Jahwe's Haus überirdischen Charakters. Während Keruben schon durch ihre Flügel ein überirdisches Ansehen haben, wird dies durch die Doppelgesichter von Mensch und Löwen noch verstärkt. Ezechiel bannt aus der Dekoration das irdische Element, wie vor allem auch den der Dekoration des salomonischen Tempels auszeichnenden Goldschmuck. Vielleicht lässt sich daraus auch das Fehlen einer Andeutung über die Holzarten erklären. Es ist schlicht von Holz die Rede (ZIMMERLI, *o.c.*, 1053). An Einwirkung des serubbabelschen Tempels auf der Schilderung des Tempelinneren zu denken, was ZIMMERLI für nicht ausgeschlossen hält (*o.c.*, 1053; vgl. GALLING, bei FOHRER, *Ezechiel*, 1955, 234), gibt es u.E. keinen Grund. Es ist überhaupt fraglich, ob der zweite Tempel eine besondere Dekoration besessen hat.

8. *Die Tempelquelle* (47, 1 ff.). Die Vorstellung der Tempelquelle stammt, wie ZIMMERLI dargelegt hat, aus geographischen Erinnerungen und frommen Traditionen (*o.c.*, 1191 ff.)[86]. Uns interessiert hier die Schwelle, unter der der Prophet das Wasser hervorrieseln sieht: מתחת מפתן הבית (47, 1). „Da der Prophet vor dem Hause steht, muss es sich beim מפתן um ein von aussen her sichtbares Bauelement handeln. Man wird das Wort hier wie in 46, 2 als (erhöhte) Schwelle verstehen" (ZIMMERLI, *o.c.*, 1194). KURT GALLING überträgt das Wort mit „Stufenpodium" (bei FOHRER, *o.c.*, z.St.), spricht dann aber in der Erklärung von „Tempelschwelle" (*o.c.*, 244). Wir können ZIMMERLI nicht folgen, wenn er sagt, dass der Prophet vor dem Hause steht. Der Tempel hat einen 6 Ellen (ca. 3 m) hohen Sockel, wie hätte der Prophet die (wenn auch nach ZIMMERLI erhöhte) Schwelle sehen können? Am offenen Eingang des Ulam ist überdies sicher keine Schwelle anzunehmen. Es heisst 47, 1: „Und er führte mich zur Türöffnung des Hauses zurück: וישבני אל־פתח

---

[86] Siehe hierüber KALMAN YARON, *The Dirge over the king of Tyre*, *ASTI*, III, 1964, 28-47. „A river which comes out of the Temple, out of God's throne, out of the threshold of the house, out of Jerusalem, is repeatedly mentioned" (p. 41; Sach. 13, 1; 14, 8; Ps. 46, 5; Enoch 13, 7; Ap. 22, 1-2, usw). „The common source for these descriptions can be found in the Egyptian Wisdom Literature, Amen-en-opet" (*ibid.*); WILLIAM R. FARMER, *The Geography of Ezekiel's River of Life*, *BA*, XIX, 1, 1956, 17-22. — Über den Unterschied der Bezeichnungen ʾerets israël („Land Israel") und ʾadmat israël (*id.*) bei Ezechiel, siehe BERNARD KELLER, *La terre dans le livre d'Ézéchiel*, *RHPhR*, 55, Nr. 4, 1975, 481-490.

הבית. Um den Eingang des Ulam kann es sich hier nicht handeln, denn dieser wird 40, 48 שער genannt. Die Türöffnung des Hēkal wird als פתח bezeichnet. Dass בית sowohl für des Hēkal als für den Tempel gebraucht wird, ist bekannt (z.B.: 41, 5. 6. 8, Hēkal; 40, 48; 41, 13, Tempel). Der Prophet steht nicht vor dem Hause, sondern am Eingang des Hēkal; die Schwelle, aus der er das Wasser hervorrieseln sieht, ist die Schwelle des Hēkal. Es fliesst an der rechten Seite (מכתף הבית הימנית), südlich vom Altar (מנגב למזבח) herab; die rechte Seite ist nur von innen aus gesehen die südliche. ZIMMERLI zitiert eine Stelle aus der rabbinischen Literatur (nach STRACK-BILLER-BECK, III, 855) aus der hervorgeht, dass die Rabbinen die Tempelquelle in das Allerheiligsten legen (o.c., 1194). HERBERT SCHMID lokalisiert zu Unrecht die Quelle schon bei Ezechiel im Allerheiligsten (ZAW, 67, 1955, 191). Wenn ZIMMERLI nun sagt, dass der Verfasser des Entwurfs „voller Scheu nicht hinter die Schwelle des Hauses zurückzufragen versucht" (o.c., 1194), ist das natürlich richtig, nur haben wir nicht an eine Schwelle des Tempeleingangs (es gibt hier keine Schwelle), sondern an die des Hēkal zu denken. Dies erklärt auch, dass die Rabbinen die Quelle in das Allerheiligste legen konnten.

9. *Das verschlossene äussere Osttor* (44, 1-3). Einstimmigkeit besteht darüber, dass das verschlossene Tor, das nicht geöffnet werden soll, und durch welches keiner hineingehen soll, „denn Jahwe, der Gott Israels, ist durch es hineingegangen, so soll es geschlossen bleiben,, (44, 2), auf babylonischen Einfluss zurückzuführen ist [87]. Die „Heilige Pforte" in Babylon, nach einem Bericht des Nebukadnezar am Ende der Ištar-Strasse und, wie die Ausgrabungen gelehrt haben, östlich des Turms Etemenanki gelegen [88], war „bestimmt für den Durchzug der Götter an bestimmten Festtagen, und wieder vermauert, damit die profane Menschheit sie nicht entweihen sollte" (ECKHARD UNGER, *Babylon. Die heilige Stadt*, 1931, 202/203). Im „Neujahrs-ritual" (Z. 440) wird das Fest der Türöffnung (*pît bâbi*) erwähnt (UNGER, o.c., 201). Die „Porta Sancta" in Rom, die alle 25 Jahre (Jubeljahr) für ein ganzes Jahr geöffnet wird, dann wieder für 24 Jahre verschlossen bleibt, ist „der Idee nach ein letzter Ausläufer der Heiligen Pforte von Babylon" (UNGER, o.c., 202). Das verschlossene Tor des ezechielischen Tempelentwurfs unterscheidet sich von anderen „verschlossenen" Toren [89] dadurch, dass es nie geöffnet werden soll. Es soll eine stete Erin-

---

[87] G. FOHRER, *Die Hauptprobleme des Buches Ezechiel*, BZAW, 72, 1952, 235; KURT GALLING, bei FOHRER, *Ezechiel*, 1955, 241; ZIMMERLI, *Ezechiel*, II, 1969, 1112. 1242.

[88] WETZEL-WEISSBACH, *Das Hauptheiligtum des Marduk in Babylon*, 59. WVDOG, 1938, Taf. 1-2; UNGER, *Babylon. Die Heilige Stadt*, 1931, Taf. 24, gegenüber S. 201.

[89] Beispiele von „Goldenen Pforten" bei UNGER, o.c., 203 ff. „Die römischen Triumphbogen mit einem grossen mittleren und zwei seitlichen Toren sind ähnliche „Goldene Pforten" gewesen..." (UNGER, S. 205). — Die *valvae maiores* der konstantinischen Basilika in Jerusalem, „ein nach Osten

nerung daran sein, „dass Gott in seinem Volke Wohnung genommen hat" (ZIM-
MERLI, *o.c.*, 1112). Als lieferte die Verschliessung des Tores — wie es verschlossen
wird, durch Zumauerung, oder durch Verriegelung, wird nicht berichtet — keine
Sicherheit, dass es nie wieder geöffnet werde, erhält es eine neue Funktion: im
äusseren Osttor (Abb. 177, D¹) soll der Fürst sein Mahl halten (44, 3). Auffällig
ist ZIMMERLI's Bemerkung: „damit (ist) die Torfunktion des östlichen Torbaus
ausser Kraft gesetzt" (*o.c.*, 1112). Den gleichen Zweck hatte doch schon die Verschliessung!

Während das äussere Osttor endgültig verschlossen bleiben soll und diese Vorstellung somit über die babylonische vom verschlossenen Tor hinausgeht, ist das
innere Osttor nur zeitweilig verschlossen: es soll durch die sechs Werktage hin
verschlossen sein, am Sabbattag aber geöffnet werden (46, 1). Wenn wir absehen
vom Sabbattag, haben wir hier die babylonische Vorstellung vom verschlossenen
Tore. Die Verschliessung des Tores die Werktage über steht aber „unverkennbar
im Schatten der Anweisung von 44, 1 f." (ZIMMERLI, *o.c.*, 1170). Es ist der Einzug
Jahwes durch das äussere Osttor — und doch auch durch das innere Osttor, wenn
davon auch nicht gesprochen wird — welcher hier fortwirkt.

10. *Tempel und Stadt*. Die weltgeschichtliche Bedeutung Jerusalems ist letzten
Grundes — wir betonten es schon im ersten Vorwort unseres Werkes [90] — auf den
von Salomo gegründeten Tempel zurückzuführen. Obwohl der Tempel ausserhalb
der damaligen Stadt — der Davidsstadt — lag, muss der Name Jerusalem schon
damals mit dem Tempel verknüpft gewesen sein [91]. Nach der Trennung des Reiches
unter Salomo's Sohn, Rehabeam, befürchtete Jerobeam, dass das Volk hinaufziehen
möchte", um im Jahwehaus in Jerusalem Schlachtopfer zu veranstalten . . ." (1. Kön.
12, 27); „und er sagte ‚zu dem Volke': Genug eures Hinaufziehens nach Jerusalem!"
(Übers. M. NOTH, *Könige*, *BKAT*, 1968, z.St.) Jerusalem steht hier für den Tempel
Jahwes. Dass die Erwägung Jerobeams vom jerusalemischen Standpunkt des
Erzählers aus formuliert ist (NOTH, *o.c.*, 282), verkleinert die Bedeutung der Aussage
für die enge Verknüpfung von Jerusalem und Tempel Jahwes nicht. Wenn bei

---

schauender prunkvoller Haupteingang, waren für gewöhnlich geschlossen. Sie wurden geöffnet an
einem der höchsten kirchlichen Festtage" — am Pfingstsonntag (ANTON BAUMSTARK, *Die Modestianischen und die Konstantinischen Bauten am Heiligen Grabe zu Jerusalem*, 1915, 77). Es ist bekannt aus
dem Reisebericht der AETHERIA.

[90] Bd. I, 1970, S. VI.

[91] Siehe hierüber Bd. I, 1970, 98: Urusalem war ursprünglich der Name einer Stadt und eines
Stadtstaates. Der Name Jerusalem ist von Anfang an mit dem Tempel verknüpft gewesen. — Über
das Verhältnis Jebus und Jerusalem siehe J. MAXWELL MILLER, *Jebus and Jerusalem. A Case of Mistaken
Identity*, *ZDPV*, 90, 1974, 115-127.

Dtjes und Trjes, wie Zimmerli betont, nicht der Tempel, sondern die Stadt (Jerusalem) im Mittelpunkt der Erwartungen steht (der Gelehrte weist auch hin auf Jes. 60), so hatten doch weder Jes. noch Dtjes oder Trjes das Band zwischen Tempel und Stadt zerreissen wollen (*Ezechiel*, 2. Teilb., 1969, 1227). Zimmerli weist auch hin auf Sacharja, der ebenfalls von Zion und Jerusalem als der erneut von Jahwe Erwählten redet, wobei aber von einer Trennung von Tempel und Stadt nichts zu sehen ist (*o.c.*, 1227). Alle Jahwegläubigen haben stets den Tempel und die Stadt (Jerusalem) für eine unzertrennbare Einheit gehalten. Bei Ezechiel liegt Jerusalem, dessen Namen geflissentlich vermieden wird — es wird als „die Stadt" bezeichnet [92]— getrennt vom Heiligtum. Im Tempelentwurf war die Stadt überhaupt nicht zur Sprache gekommen. „Mit dem Königspalast war sie vom Tempelbereich weg-verbannt worden" (Zimmerli, *o.c.*, 1226). In der Beschreibung der neuen Land-verteilung (47, 13-48, 29) konnte „die Stadt" nicht übergangen werden. Es handelt sich bei der neuen Landverteilung um eine Utopie, bei der dem Land Israel etwa die Grenzen des davidischen Reiches zugeschrieben werden [93] und Israel als das Zwölf-Stämme-Volk vorgestellt wird [94].

Das ganze Land wird von Nord nach Süd in dreizehn Streifen aufgeteilt, von denen die sieben im Norden und die fünf im Süden von gleicher Breite sind — sie werden den einzelnen Stämmen zugeteilt —, während der dazwischen gelegene 25000 Ellen breite Streifen, der als *t^erûmâ* [95] bezeichnet wird, keinem Stamm zu-geschrieben wird. Ein 25000 × 25000 Ellen grosses Quadrat in diesem Streifen ist unterteilt in drei ostwestgerichtete Streifen: ein im Süden liegender 5000 Ellen breiter und nördlich davon zwei 10000 Ellen breite Streifen. Das 25000 Ellen breite Gebiet im Osten und Westen des Quadrates ist für den Fürsten bestimmt. „Die Stadt" liegt im 5000 Ellen breiten Streifen im Süden des Quadrates (48, 15). Einer der 10000 Ellen breiten Streifen ist für die Priester, der zweite für die Leviten be-stimmt. Über ihren Lage besteht nun aber keine Einstimmigkeit: die Frage ist, welches Gebiet an das Stadtgebiet grenzt, das Priestergebiet oder das Levitengebiet.

Darüber besteht kein Zweifel, dass der Tempel im Priesteranteil liegt (48, 10). Zimmerli geht nun davon aus, dass nach 48, 8 das Heiligtum im Zentrum der *t^erûmâh* liegt (*o.c.*, 1221) [96]. „Das dürfte ... darauf führen, dass der Priesteranteil

---

[92] Ez. 48, 15: העיר.

[93] Ez. 47, 13-20.

[94] Ez. 48, 1-7; 23-27. Siehe hierüber Moshe Greenberg, *Idealism and Practicality in Numbers 35:4-5 and Ezekiel 48*, *JAOS*, 88, 1968, 59-66.

[95] Das Wort *t^erumah* „used in a fairly general sense in the Bible, is employed in the Mishnah very frequently in the specific sense of the portions of offerings set apart for the priests" (J. G. Snaith, *VT*, XXV, 1975, 168).

[96] Otto Procksch lokalisiert das Heiligtum in der Mitte der zwei nördlichen Streifen (*Theologie des Alten Testaments*, 1950, 324). Es würde dann zur Hälfte im Priestergebiet und zur Hälfte im

zwischen dem Leviten- und dem Stadtanteil eingebettet liegt" (*ibid.*, und Fig. 7, S. 1222). Nach der Meinung G. Ch. Macholz's gibt es keinen Anlass, בתוך streng als „in der Mitte" zu verstehen (*Noch einmal: Planungen für den Wiederaufbau nach der Katastrophe von 587. Erwägungen zum Schlussteil des sog. „Verfassungsentwurfs" des Hesekiel, VT*, XIX, 1969, 322-352, S. 334/335). Das Wort sei als „inmitten, innerhalb von" zu deuten (*l.c.*). Halten wir mit Zimmerli daran fest, dass nach 48, 8 das Heiligtum im Zentrum („in der Mitte") des 25000 × 25000 Ellen grossen Quadrates liegt, so stossen wir auf eine Schwierigkeit, über die Zimmerli hinweggeht. Nach 48, 10 liegt das Heiligtum in der Mitte (בתוך) des Priesteranteils. Das von Zimmerli gegebene Schema (Fig. 7, S. 1222) zeigt nun klar, dass das Heiligtum nicht zugleich in der Mitte des Quadrates und in der Mitte des Priesteranteils liegen kann. Man könnte meinen, dies würde für die Ansicht von Macholz sprechen, dass בתוך nicht streng als „in der Mitte" aufzufassen sei. Wir möchten aber die Sache anders erklären. Wir halten dafür, dass והיה המקדש בתוכו (48, 8) und 48, 21 Schluss nicht zum ursprünglichen Text gehören. 48, 10 wird der Tempel als Heiligtum Jahwes bezeichnet, 48, 8 wird er nur als „das Heiligtum" angedeutet und 48, 21 als „das Heiligtum des Hauses" (ומקדש הבית). Nach 48, 10 liegt das Heiligtum Jahwes in der Mitte (בתוך) des Priesteranteils und dies lässt sich nun u.E. buchstäblich als „in der Mitte" auffassen. 48, 15 wird von der Stadt gesagt, sie soll in der Mitte des Stadtanteils liegen und es gibt keinen Grund dies anders als „in der Mitte" des 25000 Ellen langen Gebietes aufzufassen. Wir halten also dafür, dass das Heiligtum in der Mitte des Priesteranteils liegt. Nach Zimmerli soll dieser Anteil zwischen dem Stadtgebiet und dem Levitengebiet zu lokalisieren sein [97]. Zimmerli ging aber, wie wir sahen, davon aus, dass das Heiligtum im Zentrum der *terûmâh* liegt, und diese Ansicht lässt sich, wie wir sahen, nicht aufrecht halten. Macholz folgt der Schilderung der *terûmâh* (48, 9 ff.), nach welcher der Priesteranteil im Norden liegt, der Levitenanteil demnach ans Stadtgebiet grenzt (*l.c.*, 335). Dass der Priesteranteil zuerst genannt wird, meint Zimmerli daraus erklären zu dürfen, dass er die höchsten Grade der Heiligkeit hat (*o.c.*, 1222). Wir halten mit Macholz dafür, dass der Priesteranteil im Norden der *terûmâh* zu lokalisieren sei. Das in der Mitte des Priesterteils liegende Heiligtum liegt nun etwa 15000 Ellen nördlich der Stadt (genauer 14750 Ellen, denn das Heiligtum bildet ein 500 × 500 Ellen grosses Quadrat). Dass das in der Landverteilung genannte Mass als Ellenmass zu deuten ist (wie auch Zimmerli annimmt), unterliegt nicht dem Zweifel: dafür zeugt der Umfang

Levitengebiet liegen. Es liegt aber im Priesteranteil (48, 10). Früher hatte Procksch gemeint, „dass das Heiligtum sehr wohl im Mittelpunkt des Gesamtquadrats liegen mag" (*Fürst und Priester bei Hesekiel, ZAW*, 58, 1940/41, 99-133, S. 12, 125). Zimmerli lokalisiert das Heiligtum, wie wir sahen, in der Tat im Mittelpunkt des Gesamtquadrats.

[97] Vgl. Procksch, *ZAW*, 58, 1940/41, 125.

der Stadt (4500 „*middot*"; 48, 30). An „Ruten" ist hier nicht zu denken; Ezechiel kann unmöglich eine Stadt von 27000 Ellen Seitenlänge (ca. 13500 m) im Auge gehabt haben. Der Gelehrte VITRINGA hatte schon im 17. Jahrhundert betont, dass das Mass der Landverteilung als Ellenmass aufzufassen sei (bei W. A. BACHIENE, *Heilige Geographie*, I/2, 1759, 613 f.).

H. HAAG meinte, das Heiligtum habe 5000 Ruten, also mehr als 15 km von der Stadt entfernt gelegen (*Was lehrt die literarische Untersuchung des Ezechiel-Textes*, 1943, 98). Bei dem mit Sicherheit anzunehmenden Ellenmass liegt das Heiligtum höchstens 8 km von der Stadt entfernt. Würde ZIMMERLI mit der Lokalisierung des Heiligtums im Zentrum der *t*ᵉ*rûmâh* recht haben, würde es nur 7250 Ellen (etwa 3,6 km) von der Stadt entfernt liegen. Wir glauben es oben wahrscheinlich gemacht zu haben, dass das Heiligtum in der Mitte des Priesteranteils zu lokalisieren sei. Würde ZIMMERLI recht haben, dass der Priesteranteil an den Stadtanteil grenzt, würde der Abstand zwischen dem Heiligtum und der Stadt nur 4750 Ellen, reichlich 2 km, betragen. ZIMMERLI's Ansicht hat aber unserer Meinung nach keine Wahrscheinlichkeit für sich.

Wenn GUSTAV DALMAN sagt, das Heiligtum liegt „fern ab von der Landeshauptstadt ..." (*PJ*, 5, 1909, 31), soll nicht übersehen werden, dass es in der *t*ᵉ*rûmâh* liegt. Keinesfalls hat M. GASTER recht, wenn er sagt, dass Ezechiel „rejects Jerusalem and selects a central spot in Palestine, which could be nothing else but Sichem or Mount Garizim" (*The Samaritans*, 1925, 15). Nach der Landverteilung liegt das Heiligtum, wie wir sahen, höchstens 8 km nach Norden; Sichem liegt 45 km nördlich von Jerusalem (thirty miles from the capital, CL. R. CONDER, *Tent Work in Palestine*, I, 1878, 29). Wir können L. FINKELSTEIN in der Hauptsache beistimmen, wenn er sagt, „he [*sc*. Ezechiel] implicitely rejects the primacy of Jerusalem. The terms he uses of the Judaite capital could hardly come from one who believed in her sanctity" (*The Pharisees*, I, 1962, 317). Die Lage der „Stadt" (doch zweifellos Jerusalem) innerhalb der *t*ᵉ*rûmâh* deutet aber darauf hin, dass der Prophet Jerusalem nicht verworfen hat. Richtig sagt aber ZIMMERLI, dass durch die Lage des Heiligtums ausserhalb der Stadt dieser „viel von ihrer Würde geraubt" worden war (*Ezechiel*, 2. Teilb., 1969, 1239).

Wie kam der Verfasser des Entwurfs dazu, Tempel und Stadt, die seit Jahrhunderten eine Einheit gebildet hatten, nun räumlich zu trennen? ZIMMERLI hat hingewiesen auf die Davidsstadt, die als David zum erstenmal auf der Stätte, wo Salomo später den Tempel baute, opferte, noch ganz ohne räumliche Berührung mit der Zone des heiligen Opfers lag (*Ezechieltempel und Salomostadt*, *VT*, Suppl. XVII, 1967, 398-414, S. 414). Die Trennung von Tempel und Stadt im 6. Jahrhundert v. Chr. lässt sich aber schwerlich aus Gegebenheiten des 10. Jahrhunderts

v. Chr. erklären [98]. Es scheint uns, dass die Verlegung des Tempels ausserhalb der Stadt sich von 43, 8 aus verstehen lässt: es werden die Könige getadelt, dass sie ihre Schwelle neben die des Heiligtums gestellt haben, d.h., dass sie den Tempel hart an dem Palast, der als profan (unheilig) gilt, errichtet haben. Die Trennung zwischen dem Heiligen und Profanen (42, 20) ist Grundprizip der Anlage des Heiligtums und Ezechiel hat dieses Prinzip bis zum äussersten durchgeführt: zum Unheiligen gehörte nicht nur der in der Stadt gelegene Palast, sondern auch die Stadt selbst (48, 15). Dass Städte die Quelle aller höheren Kultur gewesen sind, ist dem Propheten natürlich nicht bekannt gewesen, dass sie zugleich die Zerstörer aller höheren religiösen Werte sind, dem ist er sich wohl bewusst gewesen [99]. Das hatte ihn doch auch die Untreue der Jerusalemer an Jahwe gelehrt. Durch die Verlegung des Heiligtums ausserhalb der Stadt sollte der Jahwedienst dem „heidnischen" Einfluss der Stadt (Sonnenanbetung u.a.) entzogen werden.

Dass nun diese revolutionäre Neuerung ganz ohne Einwirkung von aussen aufgekommen ist, dürfte kaum wahrscheinlich sein. Im ersten Bande haben wir schon hingewiesen auf das *Bît-Akîtum* der babylonischen Sakralarchitektur [100]. Dieser Tempel, der als Neujahrsfesttempel eine wichtige Rolle im Leben der Babylonier spielte, lag wohl meistens ausserhalb der Stadt, was für Babylon inschriftlich bezeugt ist (*VAB*, IV, S. 128, Kol. IV, Z. 11, bei E. UNGER, *Babylon die Heilige Stadt*, 1931, 159). Auf Einwirkung aus Babylonien lässt sich die Quadratform der Stadt (48, 30-35) zurückführen (Grundriss der Stadt Borsippa bei UNGER, *o.c.*, Taf. 18, gegenüber S. 173). Aus babylonischen Dokumenten (Archiv von Murašu, 5. Jahrh. v. Chr.) wissen wir, dass damals Juden bei Borsippa und in der Umgegend von Nippur wohnten (*Dict. de la Bible*, Suppl. XXI, 1948, 760; R. DE VAUX) und sie werden dort wohl auch schon im 6. Jahrhundert v. Chr. gewohnt haben. Babylonischer Einfluss verrät sich auch in den zwölf Toren der Stadt (48, 30-35). Zwölf Tore hatte das Hauptheiligtum des Marduk in Babylon (F. WETZEL - FR. H. WEISSBACH, *Das Hauptheiligtum des Marduk*, 59. *WVDOG*, 1938, 63 ff.), „wobei in Israel die Zwölfzahl auf die 12 Stämme bezogen ist" (ZIMMERLI, *o.c.*, 1238). Interessant ist, dass Babylon selbst nur 8 Tore hatte (UNGER, *o.c.*, 65 ff.: Die Stadttore); offenbar sind die Exulanten stark unter den Eindruck des Hauptheiligtums der Stadt gekommen.

Die alte jerusalemische Tradition von der Gottesstadt ist auch im Buch Ezechiel nicht ganz verloren gegangen. Sie kommt im letzten Satz (48, 35) wieder zum

---

[98] Der Name Jerusalem ist übrigens, wie wir oben (Anm. 91) betonten, von Anfang an mit dem Tempel verbunden gewesen.

[99] Das hatte schon Jehonadab, der Gründer der Rechabiten-Bewegung, eingesehen. „He evidently held that civilisation and settled life inevitably led to apostacy from Jahweh, the ancestral Deity of his tribe" (*Hastings Dict.*, 1929, 784 *s.v.*, J. TAYLOR).

[100] Bd. I, 1970, 60, Anm. 229; dort Lit. über das Festhaus.

Ausdruck, wo gesagt wird: „Und der Name der Stadt heisst von nun an: Jahwe ist dort" (ZIMMERLI, *o.c.*, z.St.). „Was in 43, 1 ff. berichtet wurde, die Rückkehr Jahwes in seinen Tempel, ist hier auf die Stadt, die dann wohl wieder wie sonst ganz eng mit dem Tempel zusammen geschaut wird, übertragen" (ZIMMERLI, *o.c.*, 1239).

C — REKONSTRUKTION

Der Grundriss des ezechielischen Tempels (Abb. 186) ist dem des salomonischen Tempels (Bd. I, 1970, Abb. 48, S. 165) in der Hauptsache gleich, wenn Heiliges und Allerheiligstes hier auch durch eine zwei Ellen dicke Mauer getrennt sind (im salomonischen Tempel war es eine Holzwand gewesen) und die Vorhalle eine Tiefe von zwölf Ellen erhalten hat (im salomonischen Tempel zehn Ellen). Während im Baubericht der Bücher Könige ausser Flächenmassen auch Höhenmasse des Tempels erwähnt werden, fehlen im ezechielischen Tempelentwurf Höhenmasse fast ganz. Dass der Prophet sich eine Vorstellung vom Aufbau gemacht hat, darf man annehmen und vielleicht ist mit der Möglichkeit zu rechnen, dass in der Grundrisszeichnung Höhenmasse erwähnt wurden, die nicht in dem Text gekommen sind [101].

Soweit wir sehen, haben die Ezechiel-Erklärer die Frage, wie das Fehlen von Höhenmassen im Tempelentwurf zu erklären sei, nicht befriedigend beantwortet. Dass die Vision sich offenbar nur auf den Grundriss und nicht auf den Aufbau beziehe, wie A. VAN DEN BORN meint (*Ezechiel uit de grondtekst vertaald*, 1954, 234; darüber Bd. I, 1970, 59 und Anm. 218) ist kaum richtig. Über den Umbau wird gesagt, dass die Kammern in drei Reihen übereinander gestellt sind (41, 6); dies bezieht sich also klar auf den Aufbau. In der Beschreibung der Tempelsakristeien (wenn auch nicht zum ursprünglichen Entwurf gehörig) ist offenbar von drei Stockwerken die Rede (42, 3 b). Vom Altar werden Höhe und Aufbau erwähnt (43, 13-17). Auch die Notiz über die Höhe des Sockels des Tempelgebäudes (41, 8) deutet darauf, dass der Verfasser des Entwurfs den Oberbau des Tempels im Gedanken gehabt hat. Das Fehlen der Höhenmasse des Tempels lässt sich wohl daraus erklären, dass der Prophet die Höhenmasse des salomonischen Tempels im Auge hatte. Aber warum erwähnt er sie nicht? Vielleicht lässt sich dies aus der Höhe des Allerheiligsten erklären. Im salomonischen Tempel war das Debir kubisch gewesen,

---

[101] Die aus Babylonien bekannten Grundrisszeichnungen auf Tontafeln haben in den verschiedenen Räumen Beischriften, die aber offenbar niemals Höhenmasse enthalten. Es handelt sich auch um Aufnahmezeichnungen bestehender Bauten: ERNST HEINRICH und URSULA SEIDL, *Grundrisszeichnungen aus dem Alten Orient*, MDOG, 98, 1967, 24-45, S. 45.

während für das Allerheiligste des ezechielischen Tempels wie wir gesehen haben die Höhe des Heiligen anzunehmen ist (Abb. 187). Indem der Prophet über die Höhenmasse des Tempels schweigt, setzt er sich über diesen Unterschied hinweg. Dass bei der Rekonstruktion des Tempels der Umgang ganz ausser Betracht bleiben muss, braucht kaum betont zu werden. Es ist die Erfindung eines Priesters, der vom Aufbau des Tempels keine klare Vorstellung hatte.

Die Bedeutung der Zahl 25 in der Systematik des Entwurfs macht es wahrscheinlich, dass die innere Höhe der 5 Ellen dicken Umfassungsmauer des heiligen Bezirkes auf 25 Ellen zu stellen ist. Sieben Stufen führten zu den äusseren Toren empor (40, 22. 26; LXX 40, 6), wofür hypothetisch eine Gesamthöhe von etwa 2 m anzunehmen ist. Die äussere Höhe der Umfassungsmauer hätte also etwa 29 Ellen betragen. Die innere Breite des Tores beträgt wie wir gesehen haben, 25 Ellen; die äussere Höhe ist hypothetisch auf 40 Ellen zu stellen. Die Tore hätten der Mauer um etwa 10 Ellen überragt. Himmelhohe Torgebäude, wie CHIPIEZ sie im vorigen Jahrhundert angenommen hatte (siehe Bd. I, 1970, Abb. 16, S. 61), haben dem Propheten wohl nicht vorgeschwebt; der Grundriss des Tores zeugt für einen Aufbau in normaler „Festungshöhe" [102]. Da das Tor aus dem Festungsbau stammt, ist für Umfassungsmauer und Tore eine Zinnenkrönung anzunehmen [103]. Tortürme, üblich an babylonischen Stadt- und Tempeltoren [104], kann das ezechielische Tor nach der Beschreibung nicht gehabt haben. Sie hätten übrigens auch die Geschlossenheit der Anlage zerstört, während doch die Mauer dazu diente, das Heilige und das Profane zu trennen. Dies macht es wohl auch wahrscheinlich, dass der Prophet sich die Mauer flach, d.h. ohne die aus Babylonien bekannte Mauergliederung [105], vorgestellt hat.

Die Ringmauer des Innenheiligtums wird in der Beschreibung, wie wir gesehen haben, nicht erwähnt. Der Prophet hat sich diese Mauer vielleicht niedriger als die äussere Umfassungsmauer vorgestellt: Jahwes Tempel sollte auch von dem Aussenhof aus sichtbar sein. Das Innenheiligtum liegt 8 Stufen (etwa 2.40 m) über dem Niveau des Aussenhofes (40, 31. 34. 37), eine hohe innere Ringmauer hätte das Tempelgebäude für die Laien im Aussenhof fast ganz unsichtbar gemacht. Vielleicht lässt sich daraus erklären, dass der Prophet diese Ringmauer nicht erwähnt

---

[102] Eine gut verteidigungsfähige Festungmauer ist aussen etwa 12 m hoch (WALTER ANDRAE, *Das wiedererstehende Assur*, 1938, 111).

[103] Sie ist wohl auch für das Tempelgebäude anzunehmen, siehe Bd. I, 1970, 249 f.

[104] ROBERT KOLDEWEY, *Das Ischtar-Tor in Babylon*, 32. *WVDOG*, 1918, Taf. 2-3; Ders., *Die Tempel von Babylon und Borsippa*, 1911, Taf. III, Tempel der Ninmach, Taf. V, Tempel „Z", VII, E-PA-TU-TI-LA; TH. A. BUSINK, *Sumerische en babyl. Tempelbouw*, 1940, Fig. 18, Pl. X, Fig. 19, Pl. XI.

[105] Siehe Bd. I, 1970, 248 und Anm. 298.

und über die „vergessenen" Gemächer kaum etwas sagt. Aussenhof und Innenheiligtum bilden in sakraler Hinsicht eine Einheit, wenn auch nur die Priester das Innenheiligtum betreten dürften.

Der ezechielische Tempel ist in sakraler Hinsicht vom salomonischen verschieden. Beim salomonischen Tempel lag die Heiligkeit des Gebäudes im Debir, wo die Lade aufgestellt war. Der Verlust der Lade bei der Zerstörung des Tempels 587 v. Chr. hatte dem Debir (d.h. dem Allerheiligsten) seine Heiligkeit zwar nicht genommen, aber doch seiner Selbständigkeit beraubt. Hēkal und Allerheiligstes sind im ezechielischen Tempel, wie wir oben betonten, planmässig zur Einheit geworden, was impliziert, dass das Hēkal grössere Heiligkeit erhalten hatte. Ezechiel ist aber noch weiter gegangen. Wie wir gesehen haben, ist die Vorhalle durch Fenster und Ornamentik dem Hēkal angeglichen worden: auch die Vorhalle ist in der Heiligkeit des Tempels aufgenommen worden.

X. KAPITEL

DER TEMPEL SERUBBABELS

A — DIE TRÜMMERSTÄTTE DES ALTEN TEMPELS

Es unterliegt nicht dem Zweifel, dass der 587 v. Chr. von den Chaldäern zerstörte salomonische Tempel [1] während der ganzen Exilszeit (587-538) und, wie wir unten sehen werden, noch während etwa zwei Dezennien danach, wüst gelegen hat. Die Trümmerstätte wird im Alten Testament erwähnt, z.B. Klagelieder 5, 18: „den Zionsberg, der verwüstet ist, auf dem sich Füchse tummeln". Haggai I, 4 heisst es, dass die Leute in getäfelten Häusern wohnen, „während dieses Haus [*sc.* der Tempel] in Trümmern liegt" und Haggai I, 9... „um meines Hauses willen, weil es in Trümmern liegt, während ein jeder von euch seinem eigenen Hause zueilt". Ähnliche Aussagen über zerstörte Tempel kennen wir aus babylonischen Inschriften, z.B. Nebukadnesar 10, Kol. 12-16: „den Tempel des Šamaš in Larsa, der seit alter Zeit Trümmerhügeln gleich geworden war, in dessen Inneren Sandhaufen hingeschüttet waren, nicht mehr erkennbar waren die Bildwerke" (*VAB* 4). Wenn Sacharja (4, 7 a) die Trümmerstätte als grossen Berg bezeichnet, so lässt sich daraus nicht schliessen, dass die Tempelruine ganz unkennbar geworden war. Dem widerspricht Haggai's Bezeichnung der Ruine als „dieses Haus" (הבית הזה I, 4; vgl. I, 8). Die Ruine muss noch erkennbar gewesen sein, „sonst wäre es sinnlos, sie überhaupt mit der Pracht des früheren Tempels zu vergleichen" [2]. Haggai 2, 3 heisst es: „Welcher Übergebliebene ist noch unter euch, der diesen Tempel in seiner früheren Herrlichkeit gesehen hat? Und wie seht ihr ihn jetzt? Ist's nicht so viel wie nichts in euren Augen?". Vielleicht brachte dieser Spruch SAMUEL K. EDDY dazu, von „the badly damaged Temple of Solomon" zu sprechen (*The King is dead. Studies in the Near Eastern Resistance to Hellenism* 334-31 *B.C.*, 1961, 184). Dies geht natürlich zu weit. Der Tempel Salomos war nicht nur beschädigt; er war zerstört worden.

Auch als Trümmerstätte blieb der Ort heilige Stätte, blieb er „das Haus Jahves" [3]. Klar wird dies hinsichtlich des zerstörten herodianischen Tempels im Talmud ausgesprochen: „Weil der Ort eines Bildes auch dann, wenn es übertüncht ist, noch

---

[1] Siehe Band I, 1970, 683 ff.

[2] FRIEDRICH PETER, *Zu Haggai I, 9*, ThZ, 7, 1951, 150-151, S. 151.

[3] MARTIN NOTH, *Gesch. Israels*[3], 1956, 263; Vgl. G. VAN DER LEEUW, *Phänomenologie der Religion*, 1933, 370: „Eine heilige Stätte bleibt heilig, auch dann, wenn sie schon längst vernachlässigt ist".

erkennbar ist, deshalb hörte Israel auch dann, als der Tempel zerstört war, nicht auf, an den Festen dreimal jährlich hinzuwallen" (Midr. r. Hl 8, 11 [zu 8, 9], bei CLEMENS THOMA, *Auswirkungen des jüdischen Krieges gegen Rom (66-70/73 n. Chr.) auf das rabbinische Judentum*, BZ, NF 12, 1968, 30-54, S. 40/41) [4]. Der Glaube an der Heiligkeit der Trümmerstätte lässt sich selbstverständlich auf den Glauben, dass Zion die Wohnstätte Jahwes gewesen war, zurückführen. Wir haben im ersten Bande darauf hingewiesen, dass in Israel die Vorstellung, dass die Gottheit in den Tempel wohnt, vorherrschte, während in Babylonien die Himmelsvorstellung von grösserer Bedeutung war [5]. Vielleicht lässt sich daraus die mehr sachliche Beschreibung der Ruinenstätte eines Tempels in babylonischen Inschriften, gegenüber den mehr poetischen in den Klagelieder erklären.

Dass kurz nach der Zerstörung Jerusalems im „Haus Jahwes", d.h. an der Trümmerstätte des Tempels, Opfer dargebracht worden sind, geht, wie die Mehrzahl der Gelehrten annimmt, aus Jer. 41, 5 hervor. Leute aus Sichem [LXX: Salem] und Samaria kamen nach der Ermordung Gedaljas, um Speisopfer und Weihrauch zum Tempel Jahwes (בית יהוה) zu bringen. Jerusalem wird nicht genannt. F. GIESEBRECHT war der Meinung, mit בית יהוה kann nur ein Tempel in Mizpa gemeint sein (*Das Buch Jeremia*, 1907, 214). Er führte dafür drei Gründe an: 1) der Tempel zu Jerusalem war zerstört; 2) die Männer kamen aus Samaria, Silo und Sichem, Städte die niemals zu Juda gehört hatten; 3) ein Grund zu der Abschlachtung der Männer (Jer. 41, 7) lässt sich schwer denken, wenn sie nur bei Mizpa vorbeizogen. (*l.c.*). Aus der Erzählung (41, 6 f.) geht klar hervor, dass die Leute an Mizpa vorüberzuziehen gedachten; Ismael brauchte ihnen anders nicht entgegen zu gehen, um sie nach Mizpa einzuladen. Wir dürfen annehmen, dass Ismael, offenbar das Haupt der nationalistischen Partei, sie auf ihre Gesinnung befragt habe, und als ihm klar wurde, dass sie sich auf der Seite Gedaljas — nach der Ansicht der Nationalisten ein Überläufer — gestellt hatten, hat er sie niedermetzeln lassen. Es ist, wie KITTEL sagt: wenn die Leute „weinend und im Aufzug der Trauer kommen und wenn sie von Norden her pilgernd an Mizpa vorüberzuziehen gedenken, so kann über das „Haus Jahwes", das sie aufsuchen wollten, kein Zweifel sein" [6]. Sie wollten nach Jerusalem.

W. H. KOSTERS hielt es für wahrscheinlich, dass man schon kurz nach der Zer-

---

[4] Vgl. ALEXANDER GUTTMANN, *The End of the Jewish sacrificial cult*, HUCA, XXXVIII, 1967, 137-148, p. 139; SAMUEL KRAUSS, *Synagogale Altertümer*, 1922, 73: „die heilige Stätte blieb auch wenn der Tempel zerstört war, eine Auffassung, die bereits HUGO GROTIUS mit dem folgenden Satz des Rechtslehrers Papinian rechtfertigte: Locus in quo aedes sacrae sunt aedificatae etiam diruto aedificio sacer adhuc manet". — Vgl. OTTO EISSFELDT, *Tempel und Kulte syrischer Städte in hellenistisch-römischer Zeit*, AO, Bd. 40, 1941, 19.

[5] Band I, 1970, 637 ff.

[6] *Gesch. des Volkes Israel*, III, 2, 1929, 95; Vgl. M. NOTH, *Gesch. Israels³*, 1956, 263.

störung des Tempels Opfer an der Trümmerstätte dargebracht habe; schon bald werde man einen Altar an der heiligen Stätte errichtet haben (*Het Herstel van Israel in het Perzische Tijdvak*, 1893, 15/16). KITTEL meint ebenfalls: „Einen Altar hatte die heilige Stätte auf Zion, die einst den Tempel getragen hatte, höchst wahrscheinlich sofort nach dessen Zerstörung wieder erhalten" (*Geschichte* III, 2, 351 und § 18, 1; *id.* 419 § 51: Der Notaltar). Auch MARTIN NOTH meint, kultische Handlungen haben gewiss auch weiterhin an der heiligen Stätte stattgefunden (*Geschichte Israels*, 1956, 263)[7]. ADAM C. WELCH meint, „that the faithful remnant in Israel and Judah had combined to renew the sacrificial worship on the ancient site, and had taken steps to provide for its continuance" (*The Work of the Chronicler*, 1938, 158). Von der Errichtung eines Altars, das notwendige Requisit für jedes Opfer, hören wir aber erst nach dem Exil (Esra 3, 2 f.), und der Opferplatz Hagg. 2, 14 wird doch wohl (trotz KOSTERS, *o.c.*, 16) derselbe gewesen sein wie der Esra 3, 2 f. genannte.

Dass die Trümmerstätte des Tempels — wie der Tempel vor dem Exil — die Bedeutung eines religiösen Zentrums des Landes gehabt habe, dürfte kaum wahrscheinlich sein. FRANCIS SPARLING NORTH wird recht haben wenn er sagt: „The fall of Jerusalem, the destruction of the temple and the exile of its priesthood would tend to discredit the Southern shrine"[8]. NORTH meint dann, „that during the exilic period Bethel supplanted Jerusalem as the religious center of the Palestinian Jews" (*l.c.*, 194). Dies lässt sich aber nicht wahrscheinlich machen. Viel wahrscheinlicher dürfte es u.E. sein, dass es in der Exilzeit kein „religious center" gegeben hatte. Lokale Heiligtümer werden wieder zu Ehren gekommen sein und die Umwohnenden dieser Heiligtümer haben schwerlich Interesse für den zerstörten Jerusalemer Tempel gezeigt. Wir können NILS MESSEL aber nur zum Teil folgen, wenn er sagt: „Für die Bedürfnisse der wenigen nicht weggeführten Einwohner der Stadt war der Tempel unnötig; nicht einmal einen Altar haben sie auf dem altheiligen Boden errichtet; die Heiligstätten ausserhalb der Stadt haben ihnen genügt. Auch die übrige, von den Babyloniern zurückgelassene Bevölkerung des jüdischen Landes hat sich um den Tempel nicht gekümmert, sondern ihn mehr als 60 Jahre in seinen Ruinen liegen lassen. Sie hat ihn aufgegeben"[9]. Die Ruinenstätte blieb aber heilige Stätte. Wenn MESSEL nun fortfährt: „Auch so zeigt sich, dass der Tempel in Jerusalem ein Reichstempel gewesen war, kein Tempel des täglichen Lebens" (*l.c.*), stimmt das nicht zu dem, was er folgen lässt: „Es sind die Rückwanderer, die ihn gebaut haben" (S.

---

[7] Vgl. R. DE VAUX, *Dict. de la Bible*, Suppl. XXI, 1948, 760; P. R. ACKROYD in *JJS*, III, 1952, 1.

[8] Aaron's Rise in Prestige, *ZAW*, 66, 1954, 191-199, S. 193; Ders., *id.* 68, 1956, 25.

[9] *Ezechielfragen. Skrifter utgitt av Det Norske Videnskap-Akademi i Oslo*, II, Hist. Filos. Kl., No 1, 1945, 26.

26/27). Wäre es kein Tempel des täglichen Lebens gewesen, die Rückwanderer würden sich um den Wiederaufbau wohl nicht gekümmert haben.

Neuere Ausgrabungen an der Stelle der „Solar Shrine" zu Lachiš haben es klar gemacht, dass hier in der persischen Periode ein israelitischer Kult gepflegt wurde. Die „Solar Shrine", die freilich nicht, wie man früher meinte, aus der persischen, sondern aus der hellenistischen Periode stammt, war aller Wahrscheinlichkeit nach ein jüdischer Tempel (Y. AHARONI, *Trial Excavation in the ‚Solar Shrine' at Lachish, IEJ*, 18, 1968, 157-169, S. 163; hier Abb. 192). AHARONI bemerkt

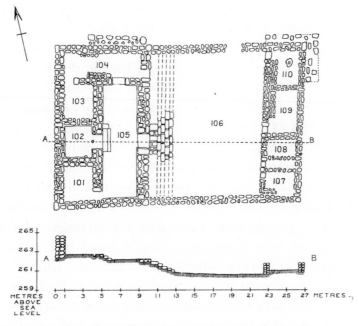

Abb. 192. Solar Shrine in Lachiš. (O. TUFFNEL)

dazu: „The concentration of cultic worship in Jerusalem effected shortly before the fall of the First Temple, apparently was not accepted by all Judeans outside of Judah" (*l.c.*, 162). Dass Jerusalem nach dem Exil als Kultort universelle Bedeutung erhielt, verdanken die Juden der aus Babylonien zurückkehrenden Gola.

B — HEIMKEHR DER GOLAH

Die Frage, wann zum ersten Male deportierte Juden nach ihren Land zurückgekehrt sind, wird nicht einstimmig beantwortet. KOSTERS' Meinung, dass v o r Esra keine Rückkehr der Golah stattgefunden habe (*Het Herstel*, 1893, 3 *passim*), ist freilich seit langem von allen Gelehrten zurückgewiesen. Zwar besitzen wir eine authentische Überlieferung über Rückkehr von Juden aus Babylonien erst aus der Zeit Artaxerxes I. (Esra 4, 12; NOTH, *Geschichte Israels*, 1956, 301), die Frage ist aber, ob schon unter Kyros und Darius Juden nach Jerusalem gekommen sind. R. DE VAUX schrieb 1937: „Sauf quelques enfants terribles de la critique, tout le monde admet qu'il y eut un retour de l'Exil sous Cyrus" (*RB*, 46, 1937, 43, n. 2). Nach KURT GALLING ist es „zwar nicht völlig ausgeschlossen, dass bereits zur Zeit des Kyros wie zu denen des Kambyses kleine Gruppen illegal abzogen, aber das Hauptkontingent unter Führung Serubbabels wird erst zur Zeit des Darius heimgekehrt sein" (*Studien*, 1964, 56). GALLING hatte früher (1961) gesagt, dass Šesbazzar „nur mit kleinem Gefolge nach Jerusalem kam" (*Serubbabel und der Wieder-aufbau des Tempels in Jerusalem, Rudolph-Festschrift*, 1961, 67-96, S. 76).

Am 29. Okt. 539 v. Chr. war Kyros der Grosse ohne Kampf und Schlacht, wie es Tonzylinder Z. 17 heisst und unter Jubel und Freude der Babylonier (Z. 23) in Babylon eingezogen [10]. Bei Upe-Opis war Kyros über den Tigris gegangen „und hat mit dem siegreich erkämpften Übergang die Entscheidung errungen" (K. GALLING, *Von Naboned zu Darius, ZDPV*, 69, 1953, 42-64, S. 64). Der von den Marduk-Priestern verhasste letzte legitime König Naboned wurde nach dem Bericht des babylonischen Priesters und Astronomen Berosos nach Karmanien verbannt (*apud Josephus, c. Ap.*, I, 20 § 153). Sowohl aus der Tonzylinder-Inschrift (Z. 33 f.) als aus dem Schmähgedicht (*Str.* VI, 12 f.) [11] wissen wir, dass Kyros die „Götter von Sumer und Akkad", die Naboned nach Babylon hineingebracht hatte, in ihre Tempeln zurückbringen liess. WOOLLEY's Ausgrabungen in Ur, der Stadt des von Naboned über Marduk erhobenen Mondgottes Nanna-Sin, lehrten, dass Kyros am Tempelkomplex des Mondgottes gebaut hat, nachdem er aber vorher Verwüstungen angerichtet hatte [12]. WOOLLEY bemerkt dazu: „but the conquerer was not so secure on his newly-won throne that he could afford to flout the feelings of his subjects, and a definite policy of conciliation provided for the repair of the temples, even of those which had been desecrated as being memorials of the last independent king" [13].

KURT GALLING betont, dass Kyros' Interesse an der Neuordnung des Kultus in Babylonien „durchaus handgreifliche Gründe hatte" und er weist hin auf Tonzylinder Z. 34 b, 35 a: „Alle Götter, die ich in ihre Städte gebracht habe, mögen täglich vor Bel und Nabu die Länge meiner Tage empfehlen" (*ZDPV*, 70, 1954, 7). RUDOLF

---

[10] F. H. WEISSBACH, *Die Keilinschriften der Achämeniden, VAB* III, 1911, 3 ff.; J. B. PRITCHARD, *Ancient Near Eastern Texts relating to the Old Testament*, 1950, 315 f.

[11] PRITCHARD, *o.c.*, 312 ff.; HILDEGARD LEWY, in *Archiv Orientalni*, XVII, 2, 1949, 57 f.; B. LANDSBERGER-TH. BAUER, in *ZA*, 37, 1927, 88 ff.

[12] L. WOOLLEY, *Ur Excavations* V, 1939, 145; Ders., *Ur of the Chaldees*, 1950, 158; C. J. GADD, *History and Monuments of Ur*, 1929, 250 f.

[13] *Ur of the Chaldees*, 158; vgl. *Ur Excav.* V, 158.

Kittel hatte sich im gleichen Sinne ausgesprochen: Kyros hatte den alten Kultus wiederhergestellt; er tat es, weil er hoffte, die Götter mögen täglich vor Bel und Nabu „die Länge meiner Tage aussprechen" (*Geschichte*, III/2, 1929, 308 Anm. 2, Tonzylinder). Man soll aber nicht übersehen, dass die bezüglichen Inschriften von den babylonischen Priestern, nicht von Kyros verfasst worden sind. Niemand wird doch den Kyros zu einem Verehrer der babylonischen Götter machen wollen, wenn es auch heisst, dass er „täglich auf seine [*sc.* Marduks] Verehrung bedacht war" (*Tonzylinder*, Z. 23). Wir wissen, dass die römischen Kaiser Geschenke an den Tempel von Jerusalem gesandt haben (Philo, *ad Caium* § 37), wiewohl die Römer die jüdische Religion für eine Superstition hielten (Ed. Meyer, *Die Entstehung des Judenthums*, 1896, 52). Dass für den Perserkönig, wie später für den römischen Kaiser in den Tempeln der unterworfenen Völkern geopfert wurde, ist eine andere Sache. Es ist die als Pflicht auferlegte kultische Betonung des Verlustes der politischen Selbständigkeit. Wir können Galling beistimmen, wenn er sagt, „nicht so sehr die Toleranz als vielmehr die Erkenntnis, dass eine konservative Kultpolitik das neue Regime am besten legitimiert", hat die persischen Könige den Weg in diese beschreiten lassen (*ZDPV*, 70, 1954, 7; Ders., *Studien*, 1964, 36). Ähnlich sagt Ed. Meyer: die Politik des Kyros (und des Darius) war es, „die persische Herrschaft auf die Förderung der religiösen Interessen der Untertanen zu stützen..." (*Die Entstehung des Judenthums*, 1896, 53). Darius' Nachfolger, Xerxes, ist nach dem Aufstand des Šamaš-erība in Babylon (482 v. Chr.) anders verfahren: er hat den Marduk-Tempel in Babylon zerstört und das Marduk-Bild weggeführt (*Herodot* I, 183; siehe hierüber F. M. Th. de Liagre Böhl, *De Verwoestingen van Babylon door Darius I en Xerxes in het licht van Babylonische en Bijbelse bronnen*, HTS, 16, IV, 1961, 261-278, S. 272; Ders., *Die babylonischen Prätendenten zur Zeit des Xerxes*, BiOr, XIX, 1962, 110-114). In den persischen Provinzen hatte Xerxes die *daiva*-Tempel zerstört und an ihren Stätten den Kult Ahuramazdas eingerichtet [14].

Einstimmigkeit besteht darüber, dass Kyros, der nach der Eroberung von Babylon auch die Herrschaft über E b i r n a r i, das Gebiet „jenseits des Flusses" (Euphrat) beanspruchte, im 1. Jahre seiner Regierung (539) befohlen hatte, den Jerusalemer Tempel wieder aufzubauen (Esra 1, 2, hebr.; 6, 3-5 aram.)[15]. Meinungsverschieden-

---

[14] E. Herzfeld, *Xerxes' Verbot des Daiva-Cultes*, AMI, VIII, 1937, 56-77, Inschr. aus Persepolis; Roland G. Kent, in *JAOS*, 56, 1936, 213. — J. Duchesne-Guillemin (*Persica*, III, 1967-1968, 8); Widengren (*Religione dell'Iran antico*, in *Le Civilta dell'Oriente*, III, 1958, 553 f., bei Duchesne, *l.c.*) und Hartmann (*OLZ*, 1931, 158) sind der Meinung, dass die von Xerxes genannten daivas die babyl. Götter sind. Gerade vor dem Verbot des Daiva-Kultes spricht Xerxes über die Revolte der Babylonier.

[15] W. Th. In der Smitten meint: „Wenn die Tempelbauerlaubnis des Kyros überhaupt eine historische Tatsache ist — und das lässt sich trotz des geringen Wertes der Quellen nicht definitiv

heiten bestehen darüber, ob gleich mit dem Tempelbauedikt die Erlaubnis zur Rückkehr erstattet wurde, wie der Chronist (Esra 1, 3 ff.) angenommen hatte. E. J. BICKERMAN (*The Edict of Cyrus in Ezra 1*, *JBL*, LXV, 1946, 249-275, p. 253), W. F. ALBRIGHT (*A Brief History of Judah*, *BA*, IX/1, 1946, 1-16, p. 7) u.a. halten die Notizen für authentisch. KURT GALLING betont, dass die Rekonstruktion des Chronisten historisch gesehen im höchsten Masse unwahrscheinlich ist (*ZDPV*, 70, 1954, 11 ff.). Das war auch die Meinung W. H. KOSTERS (*Het Herstel*, 1893). Dass im ersten Jahre des Kyros keine rund 40000 Exulanten zurückgekehrt sind, wie der Chronist annahm, hat GALLING wohl klar gemacht (*Studien*, 1964, 77 *passim*). „Die undatierte Gemeindeliste bot dem Chronisten die Möglichkeit, sie vom Bauedikt des Kyros aus mit einer Rückkehr unter Scheschbazzar zu kombinieren" (*ZDPV*, 70, 1954, 27). GALLING hält es aber, wie wir sahen nicht völlig für ausgeschlossen, dass bereits zur Zeit des Kyros (und Kambyses) kleine Gruppen illegal abzogen (*Studien*, 1964, 56). Warum illegal? Ist es nicht viel wahrscheinlicher, dass gleich mit dem Tempelbauedikt ein „Aufruf", d.h. ein Befehl zur Rückkehr einer bestimmten Anzahl Exulanten ausgegangen ist? Unter den Exulanten hatte es sicher viele gegeben, die am Wiederaufbau des Tempels interessiert waren. Wie die Zurückge-bliebenen sich dazu verhalten würden, war eine offene Frage, und wie wir unten sehen werden, war ihre Haltung zum Teil ablehnend. Es ist u.E. mehr als wahr-scheinlich, dass eine Gruppe aus der Exulanten mit Šesbazzar (*Sin-bal-uṣur* = Sin schütze den Sohn), dem ersten persischen Statthalter, nach Jerusalem gezogen ist. Mit Recht fragte KITTEL: „Wer anders sollte denn den Tempel bauen und den Opferdienst wieder einrichten?" (*Geschichte*, III/2, 1929, 320). Es kommt aber das politische Moment hinzu. Der Wiederaufbau des Tempels und die Stiftung einer persisch gesinnten Gemeinde in Jerusalem war für Kyros allererst eine politische Angelegenheit. Es war für Kyros, wie später für Darius „eine hochpolitische Not-wendigkeit, dafür Sorge zu tragen, dass an dem so wichtigen Punkte des Reiches auf der Brücke zwischen Asien und Afrika ein geordnetes und innerlich befriedigtes Staatswesen entstehe. Als bestes Mittel hierzu erkennt beider Staatsweisheit die Herstellung der heimischen Religion" (KITTEL, *o.c.*, 307). Und, fügen wir hinzu, die Rückkehr einer Gruppe persisch gesinnter Juden. In dem Krieg gegen Lydien hatte Ägypten auf die Seite der Gegner gestanden und Kyros wusste, dass über kurz oder lang ein Feldzug gegen Ägypten auf dem Programm stehen würde [16]. Jerusalem

---

ausschliessen — so kommt Esra 6, 3-5 dem tatsächlichen Inhalt sicher näher als die hebräische Version" (*Historische Probleme zum Kyrosedikt und zum Jerusalemer Tempelbau von 515, Persica*, VI, 1972-1974, 167-178, S. 171).

[16] Vgl. MAX MALLOWAN, *Cyrus the Great* (558-529 *B.C.*), *Iran*, X, 1972, 1-17. „There ist little doubt that he had set himself the task of conquering Egypt, but death intervened and this target was left to his son Cambyses who fulfilled the grand design" (p. 4).

bildete eine Brücke auf dem Wege nach Ägypten. Auf Kyros' Plan für einen Feldzug nach Ägypten deutet Herod. 1, 153 und vielleicht ist auch Deut. Jes. 43, 3 in diesem Sinne zu verstehen: „Denn ich, Jahwe, dein Gott, der Heilige Israels, bin dein Erretter: ich gebe Ägypten als Lösegeld für dich, Kusch und Seba an deiner Stelle". XENOPHON (Kyropädie 1, 1, 4) lässt denn, zum Ruhm des Kyros, ihn auch über die Ägypter herrschen. Später, nach der Unterwerfung Ägyptens durch Kambyses, hat in Gaza eine persische Garnison gelegen, um die syrische Satrapie gegen Übergriffe von Ägypten her zu sichern (GALLING, *PJ*, 34, 1938, 78). Auch R. DE VAUX hat daraufhingewiesen, dass Kyros davon träumte, Ägypten zu annektieren und dass dann das persische Heer selbstverständlich durch Palästina ziehen musste: „n'était-il pas avantageux de s'y gagner des amitiés en retablissant un foyer national juif et en restaurant le Temple?" (*Les décrets de Cyrus et de Darius RB*, 46, 1937, 29-57, p. 41/42).

Über die Zahl der mit Šesbazzar nach Jerusalem Zurückgekehrten lässt sich nichts mit Sicherheit aussagen, es dürfte aber wahrscheinlich sein, dass ausser dem „Aufruf", der doch wohl, wiewohl als Befehl zu deuten, auf „Freiwillige" als Adressaten zielte, auch andere sich dabei angeschlossen haben. Dies impliziert u.E. dass die Rückkehr damals von Kyros „gestattet" worden ist (Esra 1, 3). Dass viele es vorzogen in Babylonien zu bleiben, darf man annehmen, und ALBRIGHT hat dafür zwei Gründe aufgeführt: erstens waren die Juden in Babylonien „in general becoming well established in their new homes" (*BA*, IX/1, 1946, 7); zweitens war die Reise von Babylonien nach Juda gefährlich und kostspielig, während die Verhältnisse in Juda sicher „very unsatisfactory" waren (*l.c.*, 8; vgl. KITTEL, *Geschichte*, III/2, 1929, 323 ff. und 344). BICKERMAN weist hin auf Josephus, der berichtet: „Viele jedoch blieben in Babylon, weil sie ihr Besitztum nicht verlassen wollten" (*Antiq.*, XI, 1, 3 § 8) und BICKERMAN meint: „His idea may be sound since the Exiles were principally occupied in farming and thus attached to their immovable belonging"(*JBL*, 65, 1946, 262). Später (1949) schrieb BICKERMAN: „The exceptional feature of Jewish history is the reluctance of so many of the exiled to go back" (*The Historical foundations of Postbiblical Judaism*, in L. FINKELSTEIN, *The Jews*, I, 1949, 70-114, p. 71) [17]. BICKERMAN denkt bei denen, welche es vorzogen, in Babylonien zu bleiben, besonders an diejenigen, welche zu Ackerbesitz gekommen waren. Auch bei den in Babylon wohnenden Juden wird die Lust, nach Palästina

---

[17] Wir zitieren H. GRAETZ, *Gesch. der Juden*, II, 2, 22: „Die riesige Hauptstadt Babel und das ausgedehnte chaldäische Weltreich übten einen Zauber auf die Höherstehenden aus, verlockten sie zur Nachahmung des chaldäischen Wesens, eröffneten einen weiten Gesichtskreis und boten ihnen Gelegenheit, ihre Kräfte zu entfalten". Und weiter: „So vollständig lebten sich die wohlhabenden Judäer in das babylonische Wesen ein, dass sie ihrer Heimath und Jerusalems, das noch vor Kurzem Endziel ihrer Wünsche gewesen war, völlig vergassen, nichts davon wissen und von der Rückkehr dahin nichts hören mochten" (S. 23).

zurückzukehren, nicht sehr gross gewesen sein. Dass schon unter Amel-Marduk zahlreiche Exulanten in Babylon sassen, dürfen wir annehmen. Darauf deutet doch wohl die Rehabilitierung Jojachins (560 v. Chr.) in Amel-Marduks erstem Regierungsjahr (2. Kön. 25. 27-30). Das war im 37. Jahr der Wegführung Jojachins. Gleich mit Jojachin (597 v. Chr.) sind zahlreiche Juden deportiert worden (2. Kön. 24, 14). In Babylon muss es zur Zeit des Amel-Marduk eine jüdische Kolonie gegeben haben, sonst wäre unerklärlich, wie Amel-Marduk zu der Rehabilitierung Jojachins kommen konnte. RUDOLF KITTEL hielt es für nicht ausgeschlossen, „dass zur Zeit von Nebukadresars Tode der Einfluss begüterter Juden am Königshofe oder doch in der Hauptstadt schon so weit gediehen war, dass durch sie die Entschlüsse Evil Merodaks mitbestimmt wurden" (*Geschichte*, III/2, 1929, 130). E. KLAMROTH meinte 1912, die babylonischen Kolonien dürfen nicht allzuweit von Babylon entfernt gelegen haben, „denn von dem regen Handelsleben der Stadt bekam man doch ein anschauliches Bild (Hes. 17:14); auch deutet die Perikop Jer. 51:59 ff. auf die Nähe der Hauptstadt" (*Die jüdischen Exulanten in Babylonien*, *BWAT*, 10, 1912, 29). KURT GALLING meint, KLAMROTH habe die Sache überbetont (*Studien*, 1964, 53, Anm. 3). Wir halten dafür, dass in Babylon selbst eine jüdische Kolonie gelebt habe. Mit dem Hauptheiligtum des Marduk in Babylon sind die Exulanten offenbar gut bekannt gewesen [18]. Dass nur verhältnismässig wenige dieser „Städter" (es ist auch nicht nur an Babylon zu denken; Handwerker und Handelsleute mögen, meint KITTEL, *Geschichte*, III/2, 1929, 116 frühzeitig in die Städte gekommen sein) sich gerufen fühlten, mit Šesbazzar nach dem verwüsteten Jerusalem zurückzukehren, braucht doch nicht zu verwundern. Zum Wohlstand sind verschiedene Juden im Exil freilich erst unter der Regierung des Artaxerxes I. und II. gekommen, wie aus dem Archiv von Murašu-Söhne aus Nippur klar geworden ist (G. CARDASCIA, *Les Archives des Murašû*, Paris 1951; SIEGFRIED H. HORN, *Mordecai. A Historical Problem*, *BiRes*, IX, 1964, 14-25).

Bei der Frage, warum viele es vorzogen in Babylonien zu bleiben, muss noch ein Moment in die Betrachtung einbezogen werden (dass viele Juden dort geboren waren, Jerusalem demnach gar nicht gekannt hatten, sei nebenbei bemerkt). Wenn auch die Exulanten im Allgemeinen am Wiederaufbau des Tempels interessiert gewesen sind, so hatte es doch gewiss auch viele gegeben, welche dem Wiederaufbau des Tempels auf Befehl eines fremden Herrschers ablehnend gegenüber standen (siehe Abschn. C). Auch dies mag das Verlangen nach Rückkehr zurückgedrängt haben. Es geht aber zu weit, wenn NOTH sagt, „Rückkehr gab es zur Zeit des Tempelwiederaufbaus noch gar nicht in nennenswerter Zahl" (*Geschichte Israels*, 1956, 318,

---

[18] Einfluss der babyl. Zikurrat auf den ezechielischen Tempelentwurf!

Anm. 2). Über die Zahl der unter Kyros zurückgekehrten lässt sich ja mit Sicherheit nichts aussagen. Maurice Vernes hatte wohl als erster die Rückkehr der Juden unter Kyros bezweifelt (*Précis d'histoire juive*, 1889, 568, bei W. H. Kosters, *Het Herstel*, 1894, 18). A. Kuenen hatte diese Ansicht energisch abgelehnt (*ibid.*). Auch Bernard Stade zweifelte nicht an den Heimkehr unter Kyros (*Geschichte des Volkes Israel*, II, 1888, 96 ff.). Ed. Nielsen meint, Kyros habe dem Sacharja eine grosse Enttäuschung dadurch bereitet, dass der König nach dem Einzug in Babylon gar keine Erlaubnis zur allgemeinen Repatriierung gestattet habe. „Die allgemeine Repatriierung war aber eben das, was man sehnsuchtsvoll erwartet hatte ...” (*Deuterojesaja*, *VT*, XX, 1970, 190-205, S. 200). Dass Kyros keine Erlaubnis zur allgemeinen Heimkehr gegeben habe, lässt sich nicht erweisen und noch weniger, dass man die allgemeine Rückkehr sehnsuchtvoll erwartet habe. Kyros Befehl zum Wiederaufbau des Tempels impliziert mindestens, dass er die Rückkehr einer bestimmten Gruppe gestattet (oder befohlen) habe.

Der Leiter der unter Kyros zurückgekehrten war Šesbazzar, Judäa's erster Statthalter. Er ist vielleicht identisch mit dem 1. Chr. 3, 18 genannten Sinazar, dem Sohn Jojachins und er wäre dann ein Davidide [19]. Der Chronist hatte ihn für identisch mit Serubbabel (*zerbabīlī* = Same, Spross Babels) gehalten, aber diese Ansicht hat man im allgemeinen aufgegeben [20]. Wenn Ed. Meyer recht hat, dass Jojachins Söhne nicht vor 560 v. Chr., da er von Evil-Marduk rehabilitiert wurde, geboren sein können, kann Šesbazzar als Sohn Jojachins 538 höchstens 22 Jahre alt gewesen sein (*Die Entstehung des Judenthums*, 1896, 79; bei Meyer 21 Jahr). Šesbazzar wurde mit dem Wiederaufbau des Tempels beauftragt [21]. Zum Wiederaufbau ist es aber damals nie gekommen. „Cyrus' Temple was never realised” (E. Bickerman, *JBL*, 65, 1946, 267; vgl. H. H. Rowley, *Nehemiah's Mission and its Background*, *BJRL*, 37, 2, 1955, 528-561, p. 537).

---

[19] W. F. Albright hält ihn für den 4. Sohn des Jojachin und Haupt des davidischen Geschlechts (*BA*, IX, 1, 1946, 7). Martin Noth meint: „es ist besser, dabei zu bleiben, dass wir über die Person des Scheschbazzar nur das Wenige wissen was in Esr. 5, 14-16 steht” (*Gesch. Israels³*, 1956, 280). L. Rost sagt: „Sollte er mit Sinazar identifiziert werden dürfen, wäre er ein Davidide gewesen” (*Verbannung und Heimkehr*, Festschrift für Wilhelm Rudolph, 1961, 302).

[20] W. H. Kosters, *Het herstel van Israel in het Perzische Tijdvak*, 1893, 32; J. Touzard, *Le Juifs au temps de la Période Perse*, 1915, 31 s.: Šešbassar-Serubbabel (unsicher); Joh. Gabriel, *Zorobabel*, 1927, 48 f.: identisch; W. Rudolph, *Esra und Nehemia*, 1949, 62: „Der Chr hat dadurch, dass er Scheschbazzar und Serubbabel für dieselbe Person hielt, die Dinge verwirrt und die Ereignisse verschiedener Zeiten verschmolzen”.

[21] „Sein amtlicher Auftrag beschränkte sich offenbar auf den Rücktransport der heiligen Geräte und die Einleitung des Tempelbaus — wobei wohl zunächst für ihn die rechtlichen Dinge mehr im Vordergrund standen als die bautechnischen” (Rudolph, *o.c.*, 62).

C — OPPOSITION GEGEN WIEDERAUFBAU DES TEMPELS

Aus Haggai 1, 4.9 geht, wie wir oben (Abschn. A) gesehen haben, klar hervor, dass damals (520 v. Chr.) der jerusalemer Tempel noch eine Trümmerstätte war. Haggai 2, 19 besagt, dass im selben Jahr das „Fundament" des Tempels gelegt worden ist. Der Chronist, der sich nicht vorstellen konnte, dass die mit Šesbazzar Zurückgekehrten nicht unmittelbar einen Anfang mit dem Wiederaufbau gemacht hätten, verlegte die Fundamentlegung in die Zeit Šesbazzars. Nach dem Chronisten sollte das Volk des Landes (ʿam hāʾāreṣ), da sie von Mitarbeit am Wiederaufbau ausgeschlossen wurden (so der Chronist) den Wiederaufbau verhindert haben (Esra 4, 4 f.). Es sind, meint man, mit ʿam hāʾāreṣ (Vs. 4) die Samaritaner gemeint [22]. So meint KURT GALLING: „Die passive Resistenz der Samarier liess Scheschbassar scheitern" (*Studien*, 1964, 133). Wir wissen aber aus Haggai, dass 520 v. Chr., was Galling auch selbst betont (*o.c.*, 134), der Schuttberg noch bestand, unter Šesbazzar hatte also kein Anfang des Baus stattgefunden. Dies dürfte doch kaum der passiven Resistenz der Samaritaner zuzuschreiben sein. RUDOLPH meint, unter Hinweis auf Haggai I, 1, der wahre Grund, weshalb der Bau nicht fortgesetzt wurde, lag nicht in die feindliche Haltung der Samaritaner, „sondern in der Nachlässigkeit und Selbsucht der Juden" [23]. Diesen Grund konnte und wollte der Chronist nicht nennen, so RUDOLPH, „weil er den Glanz der für ihn idealen Anfangszeit der nachexilischen Gemeinde ... getrübt hätte ..." (*ibid.*). Seite 64 sagt RUDOLPH: „Es waren die wirtschaftlichen Nöte, durch Misswachs verschärft, die jeden nur an das Nächstliegende denken ... und die grosse Gemeinschaftsarbeit vergessen liessen". Vgl. R. KITTEL, *Geschichte*, III/2, 1929, 313 f.; siehe aber auch dort S. 388, 4, wo es heisst „die im Lande Zurückgebliebenen hatten es zum Teil mit der Zeit hier zu stattlichen Grundbesitz und Ansehen gebracht ...". Mit dem Wiederaufbau des Tempels wurde 520 v. Chr. angefangen, es waren also seit 538 achtzehn Jahre vergangen. Dass diese Jahre alle durch „wirtschaftliche Nöte" gekennzeichnet gewesen sind, dürfte doch kaum wahrscheinlich sein (vgl. was KITTEL sagte). Auch die Annahme der „Nachlässigkeit und Selbsucht der Juden" scheint uns keine befriedigende Erklärung für die Aufschiebung des Wiederaufbaus. Andere möglichen Ursache der Stockung des Baus nennt KITTEL (*o.c.*, 439): „Edomiter, Moabiter, Ammoniter und Philister hatten, ganz abgesehen von den Samariern, keinerlei Grund, die Wiederaufrichtung

---

[22] Nach JOEL P. WEINBERG war ʿam hāʾāreṣ in der 1. Hälfte des 1. Jahrtausends v. Chr. hauptsächlich die Benennung der vollberechtigten Staatsbürger und Bodenbesitzer; in Mišnah und Talmud ist es das arme und ungebildete Landvolk (*Der ʿam hāʾāreṣ des 6.-4. Jh. v. u. Z., Klio. Beiträge zur alten Geschichte*, 56, 1974, 325-335, S. 325). Dies macht es u.E. fraglich, ob Esra 4.4 die Samaritaner gemeint seien.

[23] *Esra und Nehemia*, 1949, 35.

eines Gemeinwesens auf einem Boden willkommen zu heissen den sie längst als ihr Eigentum betrachteten. So konnte Handel und Wandel nicht in Fluss kommen und das Geschäftsleben stockt". Miloš Bič meint: „Weder die Begeisterung der Heimkehrer noch die Gunst des Königs reichten aus zur Überwindung aller Hindernisse. Die Feindschaft der Nachbarstämme, besonders der Samaritaner, die Sorge um den Wiederaufbau der in Trümmern liegenden Wohnhäuser, die Besorgung des notwendigsten Lebensunterhaltes, neue Kriegswirren unter Kambyses ... denen mehrjährige Missernten folgten (vgl. Hag. 1, 6), lähmten jede Bestrebung beim Wiederaufbau des Tempels (*Die Nachtgesichte des Sacharja*, 1964, 9 unter b).

Wir möchten bei der Beantwortung der Frage, warum mit dem Wiederaufbau des Tempels erst 520 v. Chr. angefangen wurde, ausgehen von Haggai 1, 2 b: „Dieses Volk [24] sagt: Die Zeit zur Erbauung des Tempels Jahwes ist jetzt noch nicht gekommen!" Es muss in Jerusalem eine Mehrheit gegeben haben, welche den wiederaufbau des Tempels entschieden ablehnte. Diese Mehrheit ist unter den Zurückgebliebenen zu suchen. Mehr als die Deportierten müssen sie im Banne der Tempelzerstörung als einer Strafe für das sündige Volk gelebt haben. Die Andacht der Deportierten konzentrierte sich auf die Deportation als Strafe für den Abfall an Jahwe. Der Gedanke der Befreiung aus der „Gefangenschaft", der Rückkehr nach Jerusalem, gipfelte im Gedanke des Wiederaufbaus des Tempels. Es ist kein Zufall, dass der Entwurf für den Wiederaufbau des Tempels von einem Exils-Propheten stammt. Bei Sacharja (6, 15 a) heisst es: „und die in der Ferne wohnen, werden kommen, um am Tempel Jahwes zu bauen". Nach GALLING soll man 15 a so paraphrasieren: „Nur die Fernen, nur die, die im Exil waren, und nicht „die Nahen", d.h. die, die schon von je in und um Jerusalem ihr Domizil hatten, werden und sollen den Tempel bauen" [25]. Da hier der Tempelbau noch nicht begonnen ist, muss dieser Spruch vor dem 24. VI des zweiten Jahres des Darius gesprochen sein (vgl. ALFRED JEPSEN, *ZAW*, 61, NF 20, 1945/48, S. 99). WALTHER ZIMMERLI betont, dass Jeremia und Ezechiel die neue Zukunft Israels „im Bereich der Deportierten und nicht der im Lande Verbliebenen" erwarteten (*Ezechiel*, I. Teilb., 1969, 69*).

Es sind mehrere Gründe aufzuführen, welche zur Ablehnung des Wiederaufbaus des Tempels geführt haben können. Einer war uralt. Wie wir Band I gesehen haben, hatte es schon unter David eine Opposition gegen den Tempelbau gegeben [26]. Jahwes Wohnung sei ein Zelt gewesen und der Prophet Nathan wurde zum Wortführer deren, welche sich gegen die Errichtung einer festen Behausung für Jahwe sträubten. Dass die Vorstellung von Jahwes Wohnung als Zelt immer lebendig

---

[24] העם הזה

[25] *Die Exilswende in der Sicht des Propheten Sacharja*, *VT*, II, 1952, 18-36, p. 32.

[26] Bd. I, 1970, 606 f. und Anm. 118.

geblieben ist, dafür zeugen verschiedene Psalmenstellen (z.B. 18, 12; 27, 5/6). Von den Rechabiten, denen es verboten war, in Häusern zu wohnen und die in Zelten lebten, ist unbedingt anzunehmen, dass ihre Vorstellung von Jahwes Wohnung die eines Zeltes war. In der Zeit Jeremias waren die Rechabiten auch in Jerusalem bekannt (Jer. 35, 2 ff.). Dass die Vorstellung von Jahwes Wohnung als Zelt auch in der Zeit nach 538 v. Chr. lebendig war, dafür zeugt die Priesterschrift (P), in der die Stiftshütte beschrieben ist [27]. TERENCE E. FRETHEIM hat darüber 1968 einen interessanten Aufsatz veröffentlicht: *The Priestly Document: Anti-Temple?* (*VT*, 18, 1968, 313-329). Miss FRETHEIM vermutet, (suggest) „that the Priestly document is the crystallisation of a longstanding tent tradition that is to be tied up with circles that were opposed to the building of the first temple" (*l.c.*, 313). Und auch, dass die Schriftsteller der Priesterschrift „were opposed to the rebuilding of a temple after the return from the exile" (*l.c.*, 315/16). Wir haben die Stiftshütte aufzufassen, meint Miss FRETHEIM, „not as a projection of the temple back into the Mosaic period, but as an impermanent sanctuary which was programmatically set forth by the Priestly writers as the dwelling place of Yahweh for the post-exilic community" (p. 329).

Über die Datierung der Priesterschrift besteht aber keine Einstimmigkeit; nur dass sie nach-exilisch ist, wird allgemein angenommen, (siehe JOHN BRIGHT, *Modern Study of Old Testament Literature*, in: *The Bible and the Ancient Near East, Festschrift W. F. Albright*, 1961, 18; H. ROWLEY, *The Growth of the Old Testament*, 1950, 33 f.; ARVID S. KAPELRUD datiert P zwischen 585-550 v. Chr.: *The Date of the Priestly Code (P)*, *ASTI*, III, 1964, 58-64, p. 64; STEUERNAGEL datierte P 445 v. Chr., *Lehrbuch der Einleitung in das Alte Testament*, 1921, 597). Miss FRETHEIMS These wäre mit der von KAPELRUD vorgeschlagenen Datierung der Priesterschrift vereinbar. J. G. VINK hält aber KAPELRUD's Konklusion für nicht überzeugend; VINK datiert die Schrift in der Zeit Esras, nach ihm 398 v. Chr. (*The Date and Origin of the Priestly Code in the Old Testament*, *OTS*, XV, 1969, 57. 63. 143/44). Wir sind nicht kompetent, über die Datierung der Priesterschrift zu urteilen, eine Aussage A. MENES' macht es aber für uns wahrscheinlich, dass die Schrift vor den Wiederaufbau des Tempels zu datieren sei. „Wenn bei P nicht der salomonische Tempel, sondern die mosaische Stiftshütte im Mittelpunkt des Interesses steht, so sehe ich darin eine bewusste Ablehnung der vom Deuteronomium und von Ezechiel vertretene Auffassung von der Einzigartigkeit Jerusalems. Der Nachdruck liegt hier nicht auf dem Ort, sondern auf dem Heiligtum" (A. MENES, *Tempel und Synagoge*, *ZAW*, 50, NF 9, 1932, 268-276, S. 275). Da kann doch der Jerusalemer Tempel nicht schon wieder aufgebaut

---

[27] Ex. 26. 36. Siehe Bd. I, 1970, 602 f.

gewesen sein. Wir können Miss FRETHEIM nicht ganz beistimmen, wenn sie sagt: „The exile had impressed upon the minds of the people that God would be with them even when there was no temple" (*l.c.*, 316; ähnlich schon NOWACK, *Die Kleine Propheten*, 1903, 327 f., bei VINK, *o.c.*, 58). Die aus dem Exil zurückgekehrten haben sicher nicht in diesem Glauben gelebt; sonst wäre wohl keiner nach Jerusalem zurückgekehrt, siehe KITTEL: „Und doch war man um des Tempels willen heimgekehrt" (*Geschichte*, III/2, 1929, 441). Schon die zahlreichen babylonischen Tempel und die Pracht des babylonischen Kultus und der Kultfeiern mussten bei vielen Exulanten das Verlangen nach Wiederaufbau des Jerusalemer Tempels erregen[28]. KITTEL spricht *o.c.*, S. 125 vom Heimweh der Exulierten nach dem Zion und seinen Tempel. So rechnet auch der im Exil lebende Deuterojesaja mit dem Wiederaufbau des Tempels und zwar durch Kyros (Jes. 44, 28).

Die Zelttraditionalisten waren übrigens 538 wohl nicht die einzigen, welche den Wiederaufbau des Tempels ablehnten. Wir dürfen annehmen, dass es damals auch viele von ERNEST RENAN „ultra-idéalistes" genannte Leute gegeben hatte. „On serait tenté de croire que les ultra-idéalistes, persuadés que Dieu n'a d'autre temple que le monde, faisaient de l'opposition à cette œuvre toute matérielle, alléguant que Iahve n'a égard qu'a la piété et à la contrition du pauvre" (*Histoire du Peuple d'Israel*, IV, 13/14). Schon die älteren Propheten, Jesaja, Jeremia, hatten mit Geringschätzung über Ritual und Opfer gesprochen. „Profeten wie Jeremia hatten einst hohen Sinnes geglaubt, dass die Nation bald reif genug sein werde, Tempel und Opfer zu entbehren" (RUDOLF KITTEL, *Geschichte*, III/2, 1929, 124). So spricht auch F. M. TH. DE LIAGRE BÖHL von Volksreligion und prophetischer Religion. „Leidenschaftliche Worte der Ablehnung haben Propheten wie Jesaja und Jeremia selbst gegen das Opfer als äusserlichen Ritus gefunden, welchen Gott weder gewollt noch befohlen habe ..." (*Festschrift Alfred Bertholet*, 1950, 83 und 95). Die Alttestamentler sind freilich darüber einig, dass von einer erbitterten Absage an die Kultreligion bei den Propheten nicht gesprochen werden könne, siehe RAFAEL GYLLENBERG, *Kultus und Offenbarung, Festschrift Sigmund Mowinckel*, 1955, 72-84, S. 72 und 77. Nach HANS GOTTLIEB ist es die Aufgabe des Kultpropheten, „dem Volk in Verbindung mit dem Kult Jahwes Wort zu verkündigen" (*Amos und Jerusalem*, *VT*, XVII, 1967, 430-463, S. 431). Über dieses Thema gibt es aber unter den Alttestamentlern Meinungsverschiedenheiten, siehe über den Kultus und die verschiedenen Ansichten über seine Bedeutung im Alten Testament, TH. C. VRIEZEN, *Hoofdlijnen der Theologie van het*

---

[28] Nach der Beschreibung der Babylonier hatte es in Babylon 43 Tempel der grossen Götter gegeben (UNGER, *Quellen zur Topographie von Babylon, FF*, 1928, 53-54; Ders., *Babylon, die Heilige Stadt*, 1931, 136 ff. — Lit. über babyl. Tempelbau oben Kap. IX, Anm. 29. Über das bab. Neujahrsfest siehe H. ZIMMERN, *Das babylonische Neujahrsfest, AO*, 25/3, 1926; BRUNO MEISSNER, *Babylonien und Assyrien*, II, 1925, 95 f.; H. FRANKFORT, *Kingship and the Gods*, 1948, 313 ff.

Oude Testament[2], 1954, 287 ff. S. H. Hooke geht zu weit mit seiner Aussage, Jeremia habe den Tempel verworfen (*The Origins of Early Semitic Ritual*, 1938, 26); zweifellos hatte aber Jeremias Tempelrede [29] und die später erfolgte Zerstörung des Tempels bei vielen das Interesse an den Wiederaufbau des Tempels zurückgedrängt. Es war ein „ultraidéalist", der Jahwe reden lässt: „Der Himmel ist mein Thron und die Erde meiner Füsse Schemel. Was wäre das für ein Haus, das ihr mir bauen wollet, und welcher Ort meine Ruhestätte?" (Jes. 66, 1). „Die Erklärer streiten sich darüber, ob hier ein samaritanischer Gegentempel, oder ein beabsichtigter Tempel in Babylonien bekämpft werde" (Kittel, *Geschichte*, III/2, 1929, 482). Nach Kittels Meinung, und wir möchten ihm folgen, handelt es sich um den Wiederaufbau des Jerusalemer Tempels. Auch L. E. Browne meint, dass der Prophet sich hier richtet gegen die Leute, welche den Plan hatten, den Jerusalemer Tempel wieder aufzubauen (*Early Judaism*, 1920, 100). Nach Browne redet hier Deuterojesaja zu Haggai, Josua und Serubbabel (*o.c.*, 121); die Stelle gehört aber zu Tritojesaja (K. Elliger, *Die Einheit des Tritojesaja (Jesaja 56-66)*, BWANT, 3/9, 1928, 76). Auf Jesaja 66, 1 beruft sich auch Stephanus, wenn er sagt: Gott wohnt nicht in von Menschen gebauten Tempeln (Act. 7, 48 ff.) und nach Clemens Thoma beruht auch die rabbinische Relativierung und Distanziierung des Tempels auf Jesaja 66, 1 (*BZ.*, NF 12, 1968, 43). Ablehnend hinsichtlich dem Tempel stand doch auch der zweite Redaktor der Bücher Könige, wie aus dem sogen. Gebet Salomos hervorgeht. „Sollte in Wahrheit Gott auf Erden wohnen? Siehe, der Himmel und die höchsten Himmel können dich nicht fassen, geschweige denn dieser Tempel, den ich gebaut habe" (1. Kön. 8, 27). Norman H. Snaith datiert den zweiten Redaktor ca. 550 v. Chr. (in H. H. Rowley, Ed., *The Old Testament and Modern Study*, 1951, 102).

Eine ganz andere Sicht des Tempels hatten die Propheten Haggai, Sacharja und Ezechiel. Für Sacharja war das Leben des Gottesvolkes in seiner Entfaltung unzertrennlich mit dem Tempelbau verbunden [30]. Bei Haggai „wird die materielle Sorge für den Tempel und dessen Dienst als Bundesforderung verstanden" (W. A. M. Beuken, *Haggai-Sacharja 1-8*, 1967, 197). Bei Ezechiel ist, anders als bei Jeremia, Jahwes Gegenwart an den Tempel gebunden, er kann sich ein Verhältnis zwischen Gott und Mensch nicht denken ohne Kultus [31]. Haag betont hier, „dass sich kein

---

[29] Jer. 7, 1-15. Siehe Bd. I, 1970, 680 f.: Der Glaube an die Unzerstörbarkeit des Tempels.

[30] Siehe Georg Sauer, *Serubbabel in der Sicht Haggais und Sacharjas*, in *Das Ferne und Nahe Wort, Festschrift Leonard Rost*, 1967, 199-207. „Schon der Inhalt seiner Nachtgesichte lässt deutlich werden, dass er bevorzugt kultischen Interessen nachgeht" (S. 204).

[31] Herbert Haag, *Was lehrt die literarische Untersuchung des Ezechiel-Textes?*, 1943, 59. Ähnlich Joel, den G. W. Ahlström zwischen 515-590 v. Chr. datiert (*Joel and the Temple Cult of Jerusalem*, VT Suppl., XXI, 1971, 129). Für Joel, „The right cult is the only foundation for the future of the people. With such a viewpoint Joel comes close to Haggai and Zechariah" (p. 61).

alt. Prophet ein religiöses Leben vorstellt ohne Kultus" (*ibid.*). Falsch hierüber urteilt A. MENES: „Die meisten Propheten haben überhaupt die Opfer und den ganzen äusseren Kultus als entbehrlich oder sogar als schädlich betrachtet" (*ZAW*, 50, NF 9, 1932, 269).

Nicht nur Zelttraditionalisten und ultra-Idéalisten haben sich, wie wir annehmen dürfen, ablehnend gegenüber dem Wiederaufbau des Tempels verhalten. Zweifellos hatte es auch zahlreiche Leute gegeben, die der Idee, ein fremder Herrscher, Kyros, werde der Stifter des Jerusalemer Tempels sein, wie schon Deuterojesaja (44, 28) prophezeit hatte (dazu CHR. R. NORTH, *The Second Isaiah*, 1964, 144 f.), ablehnend gegenüber standen. Mit Recht hat auch E. BICKERMAN hierauf hingewiesen (*The Edict of Cyrus in Ezra 1, JBL*, LXV, 1946, 249-275, p. 267). Es sind die Nationalisten, die aber erst viel später eine wichtige Rolle in der Geschichte Israels spielen werden. Vielleicht haben nicht wenige unter den Zurückgebliebenen den Propheten Deutero-jesaja, der Kyros den Gesalbten Jahwes genannt hatte (Jes. 45, 1 ff.), für einen Ver-räter an der nationalen Sache gehalten. Wir zitieren OSCAR LEUZE: „Gewiss werden die einzelnen Kleinstaaten Syriens der Sturz ihres bisherigen Zwingherrschers freudig begrüsst haben. Aber wenn sie den Fall Babels herbeisehnten, so taten sie das gewiss nicht in dem Gedanken, den einen Herrn mit einem anderen zu vertauschen, sondern in der Hoffnung, bei dieser Gelegenheit ihre Unabhängigkeit zu gewinnen. Als der bisherige Oberherr gestürzt war, betrachteten sie sich ohne Zweifel zu-nächst als frei" [32]. Im Kyros-Zylinder heisst es gewiss: „die Könige aller Welt-gegenden, vom oberen Meere bis zum unteren Meere ... die Könige des West-landes, die Zelte bewohnen, sie alle brachten ihren schweren Tribut (und) küssten in Babylon meine Füsse" (F. H. WEISSBACH, *Die Keilinschriften der Achämeniden*, 1911, 6/7, Z. 28 ff.); aber, bemerkt LEUZE, „ob nach freiwilliger Unterwerfung, ist nicht gesagt" (*o.c.*, [29], 185, Anm. 2). Wenn KURT GALLING sagt, „dass dem ganzen Westen, nicht nur den Phönikern, erst der nach Ägypten ziehende Kambyses das Unabänderliche der neuen Situation deutlich machte" (*Studien*, 1964, 40), ist zu bemerken, dass die Juden noch im Anfang der Regierung des Darius die staatliche Selbständigkeit im Auge hatten.

Aus Jes. 45, 9 lässt sich klar herauslesen, dass viele die Ansicht Deuterojesajas hinsichtlich des Kyros als des von Jahwe Gerufenen, nicht geteilt haben. Hier werden die Exulanten angeredet, „deren Skepsis gegenüber der Sendung des Kyros der Prophet durch den Hinweis auf Jahves Schöpfergrösse zum Schweigen bringen will" (HALLER, in: *Festschrift Gunkel*, 1923, 266; vgl. CHR. R. NORTH, *The Second*

---

[32] OSCAR LEUZE, *Die Satrapieneinteilung in Syrien und im Zweistromland von* 520-320. *Schriften der Königsberger Gelehrten Gesellschaft.* Geisteswissenschaftliche Klasse, 11. Jahr, Heft 4, Halle, 1935, [28] 184.

Isaiah, 1964, 154). Es ist der Masse des Volkes, sagt ED. MEYER, alle Zeit ein un-
möglicher Gedanke gewesen, dass ein Nicht-Davidide der Messias sein könnte.
„Deuterojesaja kann ihn fassen, er kann sich sogar zu dem unbedenklich über alle
nationalen Schranken hinwegschreitenden Glauben erheben, dass Kyros der Messias ist, ein Heide, der von Jahve noch nichts weiss, aber eben deshalb von ihm als
Werkzeug erwählt wird" [33].

Der Verfasser von Jes. 11-14 hatte bei den Zurückgebliebenen ganz andere
Hoffnungen erweckt. „Und aus dem Stumpfe Isais wird ein Reis ausschlagen und
aus seiner Wurzel ein Zweig hervorbrechen" (11, 1). Auch im Exil war die Erwartung, dass die davidische Monarchie wiederherstellt werden sollte, weit verbreitet (CHR. R. NORTH, in; *Festschrift Mowinckel*, 1955, 140). Babel soll es ergehen,
wie es Sodom und Gomorra ergangen ist (Jes. 13, 19). Obwohl die Meder und
nicht die Perser als die künftigen Zerstörer von Babylon genannt werden (Jes. 13, 17),
kommt für das Gedicht, meint KITTEL (*Geschichte*, III/2, 1929, 136) nur die Zeit des
Kyros allein in Frage: „unmittelbar, jedenfalls früh nach dem Sturz des Astyages
und des Krösos, also um 550-545". Es ist anzunehmen, dass in Israel die Hoffnung
auf Wiedergewinnung der staatlichen Selbständigkeit unter der Führung eines
Davididen lebendig war. Da konnte man nur ablehnend sein gegenüber dem Plan
des Wiederaufbaus des Tempels im Auftrage eines fremden Herrschers. Nach
altorientalischer Anschauung hatte der königliche Stifter eines Tempels die Fun-
dationriten zu vollziehen [34].

Deuterojesaja hatte gewiss eine bessere Einsicht in die Geschichte Vorderasiens
als die Nationalisten in Jerusalem. Es war ihm wohl klar, dass die Perser, Erben des
babylonischen Weltreiches, das Kyros noch weit darüber hinaus vergrössert hatte [35],
niemals die Wiederherstellung eines selbständigen jüdischen Staates, gestatten
würden. Weder in Medien, noch in Lydien hat Kyros die bisherigen Könige als
Vasallen weiter regieren lassen; die Länder wurden Provinzen des persischen
Reiches. Dass die Propheten oft einen richtigen Blick auf das Weltgeschehen und die
Weltmächte gehabt haben — man denke an Jeremia, der warnte vor Abfall von

---

[33] ED. MEYER, *Die Entstehung des Judenthums*, 1896, 78. — Trito-Jesaja „deliberately rejected
Deutero-Isaiah's universalistic ideas. This is clear evidence that the history of the post-exilic period
is the history of a decline of a great ideal" (LAURENCE E. BROWNE, *Early Judaism*, 1920, 137). Siehe
über Deuterojesajas „Universalismus" P. A. H. DE BOER, *Second-Isaiah's Message*, OTS, XI, 1956,
bes. p. 89 ff. — Nach H. LEENE richtet sich Jes. XLV, 9-13 „nicht an die Israeliten, die die Predigt
Deuterojesajas als zu universalistisch betrachtet hätten, sodern an die Nicht-israeliten, die sie als zu
nationalistisch empfanden (*Universalism or Nationalism?* Bijdragen 35, 1974, 309-334, Bespr. in *ZAW*,
88, 1976, 117).

[34] R. LABAT, *Le caractère religieux de la Royauté Assyro-Babylonienne*, 1939, 183-184.

[35] A. T. OLMSTEAD, *History of the Persian Empire*, 1948, 37 f.; MAX MALLOWAN, *Cyrus the Great*,
Iran, X, 1972, 1-17.

Babylon — ist bekannt. Was ACKROYD sagt hinsichtlich Haggai, gilt auch für Deuterojesaja: „It is not casting any discredit upon Haggai as a prophet to suggest that he was influenced by political events ... It is questionable whether we can ever adequately separate the two"(*JJS*, III, 1952, 11).

Von welcher Seite 538 v. Chr. der stärkste Widerstand gegen den Wiederaufbau des Tempels kam, lässt sich nicht mit Sicherkeit sagen. Von den Ultra-idealisten sagt KITTEL: „Solche Männer eilten ihrer Zeit voraus: sie war für ihre Gedanken noch nicht reif" (*Geschichte*, III/2, 1929, 483). Die Zelttraditionalisten lebten mit ihren Gedanken sozusagen in der Wüstenzeit. Haben wir diese Gegner des Wiederaufbaus vielleicht unter den Kalebitern und Rechabitern zu suchen? Ein Angehöriger des Kalebitergeschlechtes Chur soll der Baumeister der Stifthütte gewesen sein (KITTEL, *o.c.*, 378). Dass der Tempel wiederaufgebaut wurde „according to the plans of P" (R. G. HAMERTON-KELLY, *The Temple and the Origins of Jewish Apocalyptic*, *VT*, XX, 1970, 1-15, p. 12), darf man für ausgeschlossen halten. Der herodianische Tempel zeugt dafür, dass der Tempel Serubbabels die Planelemente des salomonischen Tempels enthalten hat.

Die stärkste Opposition 538 v. Chr. gegen Wiederaufbau des Tempels dürfte von der Seite der Nationalisten gekommen sein [36]. Nicht den Wiederaufbau an sich haben sie abgelehnt, sondern den Wiederaufbau im Auftrag eines fremden Herrschers. Es ist kein Zufall, dass weder Haggai noch Sacharja den Befehl des Kyros betreffs des Tempelbaus erwähnten. Nicht Kyros, sondern der Davidide Serubbabel wurde der Stifter des Tempels. Klar spricht Sacharja es aus: „Die Hände Serubbabels haben zu diesem Haus den Grundstein gelegt, seine Hände werden [es] auch vollenden ..." (4, 9). Stifter der Heiligtümer war in Babylonien und Ägypten der König bzw. der Pharao. Dieser oder sein Stellvertreter legte den Grundstein. KITTEL, der Esra 5, 16 folgend, die Grundsteinlegung durch Šesbazzar für historisch hält (*o.c.*, 432), macht damit den Kyros zum Stifter des zweiten Tempels. Richtig sagt GALLING: „Indem Kyros die einst geraubten Tempelgeräte zurückgibt und den Bau des Tempels in Jerusalem in den alten Massen befiehlt, wird er selbst zum neuen Stifter des Tempels" (*ZDPV*, 70, 1954, 7; vgl. Ders. *OLZ*, 40, 1937, 476 über den Tempel von Elephantine). So weit ist es aber nicht gekommen: in Jerusalem hatte man den königlichen Befehl beiseite geschoben.

---

[36] Haben wir in העם הזה (Haggai I, 2) „Dieses Volk", vielleicht den nationalistisch gesinnten Teil der Jerusalemer zu sehen? Siehe aber HERBERT G. MAY, „*This People*" and „*This Nation*" *in Haggai*, *VT*, XVIII, 1968, 190-197: „dieses Volk = the Judean community". — Aus Haggai I, 2-4 lässt sich schliessen, dass die Leute, welche den Wiederaufbau des Tempels ablehnten, zu den Wohlhabenden (doch wohl Bodenbesitzern) gehörten, denn sie wohnten in getäfelten Häusern. Vgl. MAX HALLER, *Das Judentum*², 1925, 83: die Juden hatten die Mittel gefunden, „sich recht wohnlich einzurichten".

D — DER TEMPELBAU UNTER DARIUS

1. *Messianische Erwartungen.* Aus Abschnitt C wird klar geworden sein, dass wir die Auffassung vieler Gelehrten, nach der der Tempelbau schon unter Šesbazzar angefangen worden sei, ablehnen. Sogar zum Abräumen des Schuttberges ist es damals, wie aus Haggai 1, 4. 9 hervorgeht, nicht gekommen. RUDOLF KITTEL hat zwar recht, wenn er sagt: „Eine von den Bauleuten nach dem Beginn der Arbeit verlassene Baustelle sieht häufig ... fast noch übler aus als eine einfache Trümmerstätte, woraus hervorgeht, dass an sich der zweite Fall [*sc.* dass der Bau bald wieder liegen gelassen wurde] ebensogut möglich ist als der erste" [*sc.* dass der Bau überhaupt nicht in Angriff genommen worden war] (*Geschichte*, III/2, 1929, 438); aus Haggai 1, 15 a (22. Sept. 520) im Verein mit 2, 15-19 (18. Dez. 520) lässt sich aber schliessen, dass die Beseitigung des Schuttberges etwa drei Monate erfordert hat. Die Abräumung kann demnach nicht schon unter Šesbazzar stattgefunden haben, noch weniger ist natürlich an den Anfang des Baus unter Šesbazzar zu denken. Aus Haggai 1, 1-2 wissen wir, dass der Bau im 2. Jahr des Darius (520 v. Chr.) begonnen wurde; nach Esra 6, 15 ist er im 6. Jahr des Darius (515 v. Chr.) vollendet worden.

Der Anstoss zum Wiederaufbau des Tempels kam, wie KITTEL sagte, von zwei Seiten: er kam von prophetischen Männern im Volk und er kam von draussen (*o.c.*, 443). Haggai und Sacharja, die das Heranbrechen der messianischen Zeit ankündigten und die in dem Davididen Serubbabel den Messias sahen, drängten mit günstigem Erfolg zum Tempelbau. MILOŠ BIČ meint zwar, dass „mit einer eschatologischen Messiasgestalt zu rechnen ist, die also erst kommen wird, während doch Serubabel längst da war" (*Die Nachtgesichte des Sacharjas*, 1964, 38. 45/46); wir dürfen aber annehmen, dass man an den Davididen Serubbabel gedacht hat [37].

---

[37] Serubbabel, Enkel des Königs Jojachin, Sohn von dessen Erstgeborenem Sealthiel, war von Darius 520 v. Chr. als Statthalter von Juda eingesetzt. „Sollte er, der Sprössling des Davidhauses... nicht der für die zu erwartende Wendung der Dinge vorgesehene künftige König in einem wiedererstehenden Davidreich sein, wie die Propheten des 8. und auch noch des 7. Jahrhunderts ihn gelegentlich angekündet hatten? In der Tat haben Haggai und Sacharja mehr oder weniger deutlich die Gestalt Zerubbabels in diesem Lichte gesehen" (MARTIN NOTH, *Gesch. Israels*[3], 1956, 282). K. SEYBOLD, *Die Königserwartung bei den Propheten Haggai und Sacharja, Judaica* 28, 1972, 69-78 kennen wir nur aus *ZAW*, 85, 1973, 105: „Bei Haggai bricht sich die alte davidische Verheissung wieder Raum. Er sieht die bleibende Bedeutung des Königtums in dem von Jahwe gestifteten, den Davididen vorbehaltenen Amt des Gesalbten, das den universalen Herrschaftsanspruch Jahwes repräsentiert (Hag. 2, 20-28). Dagegen wird bei Sacharja Israel zur Dyarchie mit zwei Gesalbten an der Spitze, von denen der Hohepriester vorwegnehmend den Königsspross darstellt, da er vorläufig stellvertretend die Krone trägt (ungeänderter Text Sach. 6, 9 ff.)" (*l.c.*). Vgl. GEORG SAUER, *Serubbabel in der Sicht Haggais und Sacharjas, Das Ferne und Nahe Wort, Festschrift Leonard Rost*, 1967, 199-207. Bei Sacharja steht Josua, der Hohepriester, im Mittelpunkt einer eigenen Vision. „Serubbabel hingegen muss zurücktreten. Er nimmt den zweiten Platz ein, zumindest einen Platz *neben* Josua" (S. 204/205). Bei Sacharja ist Serubbabels einzige Aufgabe der Tempelbau (205). Siehe aber auch SAMUEL AMSLER, *Zacharie et l'Origine de l'Apocalyptique, VT Suppl.*, XXII, 1972, 227-231. „Dans sa

Der Anstoss kam von draussen. Es war die grosse Weltbewegung, „welche den Untergang der Persermacht, des heidnischen Reiches, unmittelbar bevorstehend erscheinen liess" [38]. Aus Darius' grosser Inschrift von Behistun wissen wir, dass er beim Antritt der Regierung zahlreiche Aufstände niederzuschlagen hatte. „Während ich in Babylon war (waren es) diese Länder, die von mir abtrünnig wurden: Persien, Elam, Medien, Assyrien, Ägypten, Parthien, Margiana, Sattagydien, Sake (nland)" (F. H. WEISSBACH, *Die Keilschriften der Achämeniden*, *VAB* 3, 1911, 27 § 21) [39]. In Babylon hatten sich nacheinander Nidintu-Bel und Araka als Nebukadnezar, Sohn des Naboned ausgegeben und die Herrschaft in Babylon ergriffen (*id.* § 16 und 49; siehe auch § 52). Alle diese Aufstände, so berichtet Darius, hatte er in einem Jahr niedergeschlagen (§ 57). Die Juden betrachteten die Weltereignisse mit messianischen Erwartungen. „Die Völker bekämpften sich und bei dem grossen Morden, das Jahves Königreich vorangeht, werden die Mächte, die jetzt herrschen, auch das Perserreich, zu Falle kommen. An ihre Stelle tritt das K ö n i g t u m J a h v e s und sein Vertreter ist Zerubabel, der Jahves Erwählter ist" (KITTEL, *Geschichte*, III/2, 1929, 453). Auffällig genug sagt KITTEL dann S. 455: „Auch wenn sich im Reiche gar nichts ereignet hätte, so hätte aller Wahrscheinlichkeit nach Haggai — und wenn nicht er, so andere Vertreter der profetischen Ideen — die messianische Zeit stürmisch erwartet". Es bedürfte, meint KITTEL, „keines besonderen Anlasses, um die messianische Erwartung aufleben zu lassen" (*o.c.*, 456). Zugleich heisst es, „dass dies gerade j e t z t geschah und dass sie sich in d i e s e F o r m kleidete, ist allerdings sicher kein Zufall, sondern die Folge der ungeheuren Ereignisse, die sich soeben draussen im Reich abgespielt hatten. Als Haggai am 21. VII., also im Sept. 520 seine erste Andeutungen machte, da waren ... doch die letzten entscheidenden Schläge schon getan" (*ibid.*). KITTELS zweifelnde Haltung lässt sich daraus erklären, dass ihm die Verbindung von Religion und Politik „als das Gegenteil echten Profetentums" galt (S. 459). Auch RIGNELL weist die Auffassung ab, dass politische Ereignisse für das Auftreten Haggais und Sacharjas bestimmend gewesen seien (*Die Nachtgesichte des Sacharjas*, 1950, 41 f.). Dazu lässt sich sagen: wir können nicht wissen, was ohne die politischen Ereignisse geschehen wäre. Sie sind da gewesen und nur dies ist für uns das Wichtige. Mit recht betont NOTH, dass die Erregung

---

version primitive, ce recit d'action symbolique [Sach. VI, 9-15] concernait très probablement non pas Josué mais Zorobabel... designé ici par le prophète comme צמח (VI 12 cf. III 8). C'est aussi à Zorobabel que s'adressait plusieurs des oracles intercalés dans la vision de מנורה en IV 6 αβ-10 α" (p. 227). Wir folgen den Gelehrten welche meinen, dass Sach. VI, 9-15 auf Serubbabel Beziehung hatte.

[38] ED. MEYER, *Die Entstehung des Judenthums*, 1896, 81 f.

[39] Alle von Darius genannten Provinzen waren schon von Kyros erobert worden (MAX MALLOWAN, *Cyrus the Great*, *Iran*, X, 1972, 1-17, p. 4).

noch nachgewirkt hat „als sich die Lage im Perserreich schon wieder konsolidiert hatte" [40]. Dass Darius „es fertig brachte, in wenigen Monaten sein Riesenreich wieder zu pazifizieren", wie Miloš Bič sagt (*Die Nachtgesichte des Sacharja*, 1964, 10), ist kaum richtig. Nach Weissbach ist mit 16 Monaten zu rechnen (Leuze, *Die Satrapieneinteilung*, [68], 224). Wir können Miloš Bié auch nicht folgen, wenn er sagt: „somit erlosch allen, auch den Juden, jede Hoffnung auf eine nationale Befreiung. Nur Hoffnungslosigkeit blieb zurück" (*l.c.*). Es wäre dann wohl nicht zum Wiederaufbau des Tempels gekommen.

A. T. Olmstead meint, dass Haggai „openly urged revolt to Zerubbabel, Yahweh's signet, and announced overthrow of the thrones of the kingdoms" (*AJSL*, LV, 1938, 410/411). Die Frage, warum Haggai nicht sechs oder zwölf Monate früher aufgetreten sei (Kittel, *o.c.*, 456), lässt sich u.E. so beantworten, dass Serubbabel sich anfangs den Plänen Haggais nicht anschliessen wollte. Wir halten es für möglich und wahrscheinlich, dass er im ersten Jahre des Darius, als das Reich im Osten krachte, nach Israel abgesandt worden ist, um dort die Ruhe zu sichern. Der von Kyros dahin gesandte Šesbazzar wird damals abberufen worden sein. Kurt Galling will Serubbabel — mit der Hauptgruppe der Exilsjuden — nach Beendigung der Aufstände in der zweiten Hälfte des 1. Jahres des Darius nach Palästina kommen lassen [41]. Dies lässt aber unerklärt, dass es in Palästina, als das Perserreich im Osten zu wanken schien, ruhig bleiben konnte. Peter R. Ackroyd hat natürlich recht, wenn er sagt, dass sichere Daten über die Ankunft Serubbabels fehlen (*JNES*, XVII, 1958, 19 ff.). Dass Serubbabel nicht sofort anfing, den Tempel wiederaufzubauen, lässt sich aus der messianischen Erwartung, welche aufgekommen war und mit der die Nationalisten selbstverständlich den Gedanken an Abfall vom Perserreich verbunden hatten, erklären. Der Wiederaufbau wäre zum Wahrzeichen des Abfalls vom Perserreich geworden, wie tatsächlich Haggai und Sacharja den Wiederaufbau des Tempels eng mit der Ankunft des Königreiches Jahwes verbunden haben. Für Serubbabel kann der Gedanke an Abfall vom Perserreich keine einfache Sache gewesen sein, hatte er sich doch zweifellos in Susa oder Babylon eidlich gebunden, die Belange des Perserreiches zu sichern [42]. Wenn Miloš Bič sagt: Serubbabel „stand in persischen Diensten und war wohl schon deswegen unfähig,

---

[40] *Gesch. Israels*[3], 1956, 281.

[41] *Studien zur Geschichte Israels im persischen Zeitalter*, 1964, 59.

[42] Auch kannte er sehr wohl die Macht des persischen Reiches. „Through his life at the royal court, Zerubbabel must have become well acqainted with the strength of the Persian army... For him therefore, there could be no lure in the proffered crown. But the zealots, impractical, were insistent; by their well circulated prophecies they had placed him in so ambiguous a position that he might justifiably be accused of high treason against his royal benefactor" (A. T. Olmstead, *History of the Persian Empire*, 1948, 138). Statt „Zeloten" sollte man „Nationalisten" sagen, denn Zeloten gibt es erst im grossen Krieg gegen Rom.

eine Messiasgestalt zu werden" (*Die Nachtgesichte des Sacharja*, 1964, 47), möchten wir sagen: da Serubbabel in persischen Diensten stand, hat er sich erst nach Zögern der prophetischen und nationalistischen Bewegung angeschlossen. Dass Serubbabel nicht sofort nach seinem Auftreten als Messiaskönig betrachtet worden ist, geht, so scheint uns, aus den dunklen Worten Sacharja 6, 12 hervor, wofür die Peschita hat: „und von unten steigt er auf". RIGNELL sagt dazu: „Das würde bedeuten, dass er von einer geringen Stellung zu seiner gegenwärtigen Würde empordringt" (*Die Nacht-gesichte des Sacharja*, 1950, 225 f.). Wir möchten sagen: der Statthalter Serubbabel wurde zum Messiaskönig. Er wurde zum Stifter des zweiten Tempels. Wenn ED. MEYER sagt, Serubbabel hat den Tempelbau nicht etwa im Auftrage des persischen königs, sondern aus eigenem Antriebe, als Träger der messianischen Ideen, in Angriff genommen [43], ist nur dem ersten unbedingt beizustimmen: nicht im Auf-trage des Königs. Aber auch nicht aus eigenem Antriebe, denn dann hätte er den Bau schon im ersten Jahre des Darius angefangen. Der Antrieb kam vom Propheten Haggai. „In der Tat hat Haggai mit seinem Drängen es erreicht, dass gegen Ende des Jahres 520 v. Chr. die Arbeit am Tempelbau wieder aufgenommen wurde" (MARTIN NOTH, *Geschichte Israels*, 1956, 282). Statt „wieder aufgenommen" sollte es u.E. heissen: angefangen wurde.

Es hatte damals in Jerusalem sicher eine starke Strömung gegeben, welche den Davididen Serubbabel als den von den Propheten angekündigten König eines wiedererstehenden Davidsreiches betrachtete (vgl. MAX HALLER, *Das Judentum*, 1925, 79). Dass man darüber redete, die Mauern Jerusalems wieder aufzubauen, besagt, dass man die staatliche Selbständigkeit im Auge hatte. Wir folgen den Gelehrten (G. VON RAD, R. KITTEL, u.a.), welche der Meinung sind, dass Sacharjas Vision: „Frei und offen wird Jerusalem daliegen ... und ich selbst, ist der Spruch Jahwes, will ihm ringsum als eine feuerige Mauer dienen ..." (2, 8-9), das Bestehen eines Kreises voraussetzt, welcher den Mauerbau forderte (vgl. ALFRED JEPSEN, *ZAW*, 61, NF 20, 1945/48, 101, Anm. 1). KURT GALLING ist anderer Meinung: „Es ist mir sehr fraglich, ob man hinter dieser Vision ... eine in Jerusalem allenthalben diskutierte Frage des Mauerbaues und einen von Sacharja geforderten Verzicht auf jegliche Befestigung sehen darf" [44]. Dies ist auch die Meinung L. G. RIGNELLS: „strittige Auffassungen über die Notwendigkeit von Befestigungen sind aus dem Text nicht herauszulesen" (*Die Nachtgesichte des Sacharja*, 1950, 84).

Dass Haggai und Sacharja, wie KITTEL sagt, nicht daran dachten, „das kommende Königtum Gottes und die ihm vorangehende grosse Umwälzung, auf die sie zuver-sichtlich hofften, zu politischen Zwecken auszunutzen" (*Geschichte*, III/2, 1929,

---

[43] *Entstehung des Judenthums*, 1896, 76.
[44] *Studien*, 1964, 116.

459), halten wir für kaum wahrscheinlich. KITTEL hielt nun einmal prophetische
Arbeit unvereinbar mit politischen Zwecken. S. 457 hatte KITTEL übrigens vorsichtiger gesagt: „Nicht politische Aspiration war es aller Wahrscheinlichkeit
nach, was Haggai und seine Geistesverwandten leitete ...". Dass Haggai und
Sacharja die politische Frage, welche doch zweifellos durch die messianische Dog-
matik aufgerufen worden war, nicht beachtet haben, ist nicht anzunehmen. Sie
haben Serubbabel für den König-Messias gehalten (Haggai 2, 22-24; Sacharja 6,
11 ff; die Krone war ursprünglich für Serubbabel bestimmt) [45]. Sie werden denn
wohl auch an die staatliche Selbständigkeit Israels gedacht haben.

Sacharaja 4, 9 heisst es: „Die Hände Serubbabels haben zu diesem Hause den
Grundstein gelegt, seine Hände werden [es] auch vollenden ...". Die Wahrscheinlichkeit spricht aber dafür, dass Serubbabel lange vor der Vollendung des Baues
abberufen worden war. In Sacharjas am IX. 4 des 4. Jahres des Darius gehaltener
Prophetie wird Serubbabel nicht genannt (Sach. 7, 1 ff.). Er wird auch nicht genannt
in dem Schreiben, das Thatnai, der *peḫa* von Ebirnari an Darius sandte, als der
Tempelbau im Gang war. Er war nach Jerusalem gekommen (Frühjahr 519), um zu
fragen, wer den Befehl gegeben habe, den Tempel und die Stadtmauern wieder
aufzubauen (Esra 5, 3 ff.). GALLING erklärt die Sache dadurch, dass der Satrap
Syriens mit den Ältesten der Juden verhandelt und nicht mit Serubbabel (*Rudolph-
Festschrift*, 1961, 79). Dies hätte aber u.E. nur Wahrscheinlichkeit für sich, wenn die
Unterhandlungen ausserhalb der Stadt Jerusalem stattgefunden hätten, was nicht der
Fall ist. Im Antwortschreiben des Darius ist von Serubbabel ebensowenig die Rede.
Es heisst dort: „der Statthalter der Juden und die Vornehmen der Juden mögen
diesen Tempel Gottes auf seiner [früheren] Stelle [wieder] aufbauen" (Esra 6, 7).
Man darf wohl fragen, sagt KITTEL, „ob mit jenem Worte vom Statthalter in Ezra
6, 7 wirklich an Zerubabel gedacht ist" [46]. Wir haben hier, meint KITTEL, entweder
eine spätere Glosse anzunehmen, oder Darius dachte an Serubbabels Nachfolger,
„dessen Entsendung vielleicht damals nur geplant war, ohne dass er sein Amt je
antrat" (*ibid.*). Das Wahrscheinlichste dürfte u.E. doch wohl sein, dass Thatnai, dem
es nicht unbekannt gewesen sein konnte, dass die Juden den Serubbabel als den
Messias-König feierten, dem Darius hierüber berichtet hatte; Thatnais Schreiben
wird Serubbabels Abberufung zur Folge gehabt haben. Dass hierüber im Esra 6,
6-12 erwähnten Reskript des Darius nicht gesprochen wird, lässt sich wohl erklären:
ein an Serubbabel selbst gerichtetes Schreiben wird wohl seine Abberufung enthalten

---

[45] Eine spätere Hand hatte im Buch Sacharja überall den Name des Serubbabel durch den des
Hohenpriesters Josua ersetzt oder durch das unbestimmte „Spross" umschrieben; siehe oben
Anm. 37.

[46] *Gesch. des jüd. Volkes*, III, 2, 1929, 464.

haben. Eine Notiz hierüber in Esra war nicht zu erwarten. Nach der Meinung KITTELS muss Serubbabels Sturz etwa im Frühjahr 518 eingetreten sein (*o.c.*, 468). Beim Besuch Thatnais in Jerusalem war der Tempelbau offenbar schon ziemlich weit gediehen (Esra 5, 8), er könnte also spät im Jahre 519 stattgefunden haben. Serubbabels Abberufung könnte demnach in der Tat wohl im Frühjar 518 erfolgt sein [47]. Mit dem Verschwinden des Sprosses aus dem Haus Davids war nun der Gefahr einer Erhebung der Spitze genommen. Einen Grund, den Wiederaufbau des Tempels zu untersagen, hatte Darius nicht [48]. Im Gegenteil. Er wusste, dass er die Juden „nur enger an das Reich fesseln würde, wenn er ihren religiösen Aspirationen entgegen kam" [49]. So hatte er auch befohlen, den Bau auf Kosten der Reichskasse fortführen zu lassen (Esra 6, 8). Es scheint fast, als habe Darius durch die Sorge um den Jerusalemer Tempel und seinen Kultus den Juden eine Kompensation für die Abberufung Serubbabels darbieten wollen [50]. Die Hauptleitung im Tempelbau hatte nach Abgang Serubbabels, so darf man annehmen, der Hohepriester Josua. „Vielleicht hat er, der zuerst Zerubabels messianische Mission freudig anerkannte, ihn, als die Behörden sich der Sache bemächtigten, preisgegeben, um seine Stellung zu behaupten" (KITTEL, *o.c.*, 470). A. T. OLMSTEAD ist noch weiter gegangen: „we may even suspect that the high priest himself was not without blame in the matter" [51]. Aus Sacharja 6, 13 liesse sich in der Tat auf eine Rivalität zwischen Serubbabel und Josua schliessen (WELLHAUSEN; MARTI), was RIGNELL aber für unbe-

---

[47] Über Serubbabels Ende ist nichts bekannt. Hat er die ihm von den Propheten zugedachte Rolle in der Tat gespielt, hat er sein Leben wohl als Rebell am Pfahl, im Gefängnis in Susa oder „in der Verborgenheit eines Bergwinkels irgendwo in Syrien geendet. Denn gegen Empörer pflegte das Perserreich scharf genug zuzugreifen" (MAX HALLER, *Das Judentum*, 1925, 79). A. VAN SELMS meint, wahrscheinlich habe Serubbabel wohl politische Aspirationen gehabt, Erfolg aber keinesfalls (*Ezra en Nehemia*, 1935, 13). OLMSTEAD: „Zerubbabel presumably was summoned to account and was executed as a rebel, for his name disappears from our sources" (*History of the Persian Empire*, 1948, 142). Vgl. E. AUERBACH, *Wüste und Gelobtes Land*, II, 1936, 230. LEROY WATERMAN: „He became the victim of the political propaganda of Haggai and Zechariah, and it brought his immediate liquidation. He is never heard of again" (*The camouflaged Purge of three messianic conspirators*, JNES, XIII, 1954, 73-78, p. 73).

[48] „Hope of a national king had been rudely destroyed... Jewish aspirations now centred about the temple at Jerusalem, which Darius wisely permitted to reach completion" (OLMSTEAD, *o.c.*, 143).

[49] ED. MEYER, *Entstehung des Judenthums*, 1896, 88.

[50] Vielleicht ist hier auch das Gleichartigkeit des von Darius verehrten Gottes Ahuramazda mit dem Gott Israels von Bedeutung gewesen. Aber auch Darius, der erklärt Ahuramazda, sei der grösste der Götter, war tolerant gegenüber anderen Religionen gewesen, siehe J. DUCHESNE-GUILLEMIN, *Religion et Politique de Cyrus à Xerxes*, Persica, III, 1967-1968, 1-9. In einem Schreiben an Gadatas, Gouverneur von Magnesia, wirft Darius diesem vor „d'avoir imposé des taxes à ceux qui cultivent les terres consacrées à Apollon et de les avoir ainsi forcés à cultiver des terres profanes. En cela, dit-il, „tu méconnais les sentiments de mes ancêtres à l'égard du dieu, qui n'a jamais dit aux Perses que la vérité" (p. 7). Nur der gr. Text ist erhalten (nach FRITZ LOCHNER-HUTTENBACH, in BRANDEN-MAYERHOFER, *Hb. des Altpersischen*, 1964, 91 ff.).

[51] *History of the Persian Empire*, 1948, 139.

gründet hält (*Die Nachtgesichte des Sacharja*, 1950, 232). Darius' Sorge um den Tempel und seinen Kultus deutet wohl darauf, dass die Stellung des Hohenpriesters Josua jedenfalls nicht gefährdet gewesen ist.

Man hat sich immer wieder die Frage gestellt, sagt GALLING, was dem Statthalter von Ebirnari „zu der inquisitorischen Befragung" (Esra 5, 3 ff.) veranlasst hat (*Studien*, 1964, 107). Man denkt dann an die Samaritaner. „Denen war die Rückkehr der Exilierten verständlicherweise ein Dorn im Auge gewesen. Welche Unruhe war dadurch in den von ihnen mitverwalteten Südannex ihrer Provinz gekommen!" (GALLING, *l.c.*). Aus Esra 4, 1 ff. wissen wir, dass die Samaritaner auf ihre Frage, am Tempelbau mitarbeiten zu dürfen, eine ablehnende Antwort erhielten (der Chronist hatte dieses Ereignis in die Zeit des Šesbazzar verlegt) und es ist möglich, dass sie Beschwerden bei Thatnai, dem *peḥa* von Ebirnari, eingebracht haben. Thatnais inquisitorische Befragung lässt sich aber auch ohne Zwischentreten der Samaritaner sehr wohl verstehen. Wie ED. MEYER bemerkt, hatten Thatnai und seine Perser „ganz recht, wenn ihnen der Tempelbau politisch sehr verdächtig vorkam und sie darüber an den König berichteten" [52]. Mit den internen Vorgängen in Jerusalem kann Thatnai nicht unbekannt gewesen sein und er wird darüber dem König berichtet haben was dann unserer Meinung nach zu der Abberufung Serubbabels führte. Dass Thatnai die internen Vorgänge in Jerusalem für wichtiger hielt als den Wiederaufbau des Tempels, folgt daraus, dass er den Wiederaufbau nie gehemmt hat (Esra 6, 13 f.).

Mit dem Sturz Serubbabels ist auch die Stimme Haggais verstummt. Sacharja redet erst etwa zwei Jahre später wieder (Sach. 7, 1 ff.; 4. IX 4. Jahr des Darius); über Serubbabel schweigt er.

2. *Grundlegung des Tempels*. KURT GALLING hat die Sprüche Haggais nicht ohne einige Übertreibung eine Bauchronik genannt. „Die Etappen des Werkes kann man bei den jeweils datierten Sprüchen Haggais gut verfolgen, stellen diese doch geradezu eine Bauchronik dar" (*Studien*, 1964, 135). Nur das Datum, an dem man begann, den Schuttberg abzuräumen, und das Datum des eigentlichen Baubeginns, lassen sich aus den Sprüchen Haggais bestimmen. ED. MEYER hatte schon betont, dass man am 24. VI. Monat (22. Sept. 520 v. Chr.) die Arbeit in Angriff genommen hatte (Haggai 1, 15), nachdem Haggai schon drei Wochen vorher dazu ermahnt hatte (Haggai 1, 1; 1. VI. Monat). Am 24. IX. Monat ist der „Grundstein" gelegt (*Die Entstehung des Judenthums*, 1896, 44). Für die vorbereitenden Arbeiten und die Beseitigung des Schuttberges rechnete ED. MEYER also etwa drei Monate. Das war zweifellos richtig gesehen. J. W. ROTHSTEIN hatte dann 1908 das Datum 24. VI.

---

[52] *Entstehung des Judenthums*, 1896, 45.

Monat (Haggai 1, 15) als Gründungsdatum des Tempels angenommen [53] und behauptet, drei Wochen (1. VI.-24. VI. Monat) genügten, um alle Vorbereitungen vor der Grundsteinlegung zu erledigen (*o.c.*, 56). Auffällig genug sagt ROTHSTEIN auf dieselbe Seite: „Bei dem bedeutenden Umfang des Baues musste man sich ja ohnehin auf eine ziemlich lange Bauzeit gefasst machen ...". Dass drei Wochen zur Beseitigung des Schuttberges eines bedeutenden Gebäudes (das war ja doch der Tempel Salomos gewesen) nicht genügen, sollte doch auch einem im Bauwesen nicht Sachkundigen klar sein.

Nach ROTHSTEIN (und andere sind ihm hierin gefolgt) sollte am 21. VII. Monat, also rund vier Wochen nach dem Beginn des Baues (nach ROTHSTEIN 24. VI. Monat) schon soviel vom Bau zu sehen gewesen sein, dass man ihn mit dem früheren Bau vergleichen konnte (*o.c.*, 69). Da der Bau unmöglich am 24. VI. Monat angefangen worden sein kann, ist Haggais am 21. VII. Monat gehaltene Rede auch nicht auf den Neubau zu beziehen. Wenn Haggai sagt: „Wer unter euch ist noch übrig, der diesen Tempel in seiner alten Pracht gesehen hat? Und wie seht ihr ihn heute? Kommt er euch nicht wie nichts vor?" (Hagg. 2, 4), so kann Haggai hier nur die Ruine im Auge gehabt haben. Das war auch die Meinung RUDOLF KITTELS (*Geschichte*, III/2, 1929, 449 f.). KITTEL meinte aber, dass am 21. VII. Monat die eigentliche Ruine des alten Tempels schon von dem Schuttberg befreit war. „Der Blick auf die noch stehenden Reste der Tempelmauern scheint manchen der Alten den Gedanken an den alten Tempel und seine Pracht wachgerufen zu haben ..." (*o.c.*, 450). An diesem Datum am 21. VII. Monat, habe man, meinte KITTEL, mit dem Wiederaufbau des Tempels begonnen. Dass am 21. VII. Monat schon etwas von den Tempelmauern zu Gesicht gekommen war, dürfte wahrscheinlich sein; dass der Schuttberg und die Ruine des Tempels damals schon ganz abgetragen gewesen seien, ist nicht anzunehmen. Das Abtragen des Schuttberges und der Ruine war gewiss keine leichte Arbeit. Mit recht sagt GALLING, dass zum Wegräumen des grossen Schuttberges über den Fundamenten hunderte von Helfern für Wochen nötig gewesen sind, „wie man von moderner Ausgrabungstätigkeit aus errechnen kann" [54]. Von der Trümmerstätte ist auch Sacharja 4, 7 die Rede, wenn wir wenigstens mit GALLING — und wir möchten ihm folgen — „den grossen Berg" als den Schuttberg betrachten dürfen (*Studien*, 1964, 138 ff.; *Rudolph- Festschrift*, 1961, 82 ff.). Zwar scheint nach Sacharja 1, 7 dieser Spruch am 24. XI. Monat gesprochen worden zu sein, RIGNELL betont aber, dass Vss. 6 b-10 frühere Prophezeiungen „aus der Zeit unmittelbar vor dem Beginn des Tempelbaus enthalten ..." (*Die Nachtgesichte des Sacharja*, 1950,

[53] *Juden und Samaritaner, BWAT*, 3, 1908, 20.56.73.
[54] *Rudolph-Festschrift*, 1961, 76.

158; vgl. GALLING, *Die Exilswende in der Sicht des Propheten Sacharja*, *VT*, II, 1952, 18-26).

Auch KURT GALLING ist der Meinung, dass Haggai 2, 3 (21. VII. Monat) „auf den chaotischen Zustand des von Schuttmassen verdeckten Tempels" anspielt (*Studien*, 1964, 136; *Rudolph-Festschrift*, 1961, 80). Die Grundlegung des Tempels setzt er nicht, wie KITTEL, auf den 21. VII. Monat, sondern, wie vormals ED. MEYER, auf den 24. IX. Monat (*Studien*, 136). Am 24. VI. Monat wurde die Arbeit in Angriff genommen. GALLING will hier an vorbereitende Aufräumungsarbeiten denken; den eigentlichen Arbeitsbeginn will er nach Haggai 1, 15 b und 2, 1 auf den 21. VII. Monat setzen (*Studien*, 136; *Rudolph-Festschrift*, 1961, 79/80). Unserer Meinung nach enthält die am 21. VII. gehaltene Rede keine Andeutung auf den Arbeitsbeginn, während in der am 24. VI. gehaltene Rede gesagt wird, dass sie „die Arbeit am Tempel ... in Angriff nahmen" (1, 15 b). Es gibt demnach keinen Grund, den eigentlichen Arbeitsbeginn am 21. VII. Monat stattfinden zu lassen. Am 24. VI. Monat hat man begonnen, den Schuttberg abzutragen. Haggais 21. VII. Monat gehaltene Rede (Hagg. 2, 2 ff.) deutet u.E. darauf, dass das Werk nach der Meinung des Propheten keinen guten Fortgang hatte. Die Rede sollte, meinen wir, die Leute zu grösserem Eifer aufmuntern. Es war nicht, wie C. G. TULAND meint, „an appeal to begin the work on the temple" (*JNES*, XVII, 1958, 275). Haggai 2, 3 (21. VII. Monat) weist „nicht etwa auf einen bereits begonnenen, aber kümmerlichen Neubau hin, sondern auf das Chaos der Trümmermassen. Da mag den Beteiligten wohl schon der Mut sinken, aber sie sollen der Verheissung Gottes trauen und ans Werk gehen!" (GALLING, *Rudolph-Festschrift*, 1961, 80). Statt „ans Werk gehen" oder „und geht ans Werk" [55] möchten wir sagen: „und arbeitet!" (Luther; Bible Segond: „Et travaillez!").

Aus sachlichen Gründen meinten wir oben annehmen zu müssen, dass weder der 24. VI. (ROTHSTEIN), noch der 21. VII. (KITTEL) der Tag gewesen sein könne, an dem der erste Stein des Serubbabelschen Tempels gelegt worden ist. Der Bauplatz kann damals unmöglich schon fertig zum Anfang des Neubaus gewesen sein. Es gibt also kein anderes Datum für den Anfang des Neubaus als Haggai 2, 18: 24. IX. Monat. Über diese Stelle gibt es freilich Meinungsverschiedenheiten. ROTHSTEIN hatte angenommen, dass Haggai 2, 15-19 nach 1, 15 a einzufügen sei. Den V. 18 b hielt er für eine Glosse (*o.c.*, 58 ff.). Der Glossator soll 24. VI. (Tag der Grundsteinlegung nach ROTHSTEIN) geschrieben haben, ein späterer Leser soll daraus den IX. Monat gemacht haben (*o.c.*, 61). Nach FRANZ HESSE „hat die neue exegetische Arbeit am Haggaibuche sich in selten zu beobachtender Einmütigkeit die Rothsteinsche

---

[55] So FR. HORST, TH. H. ROBINSON-FR. HORST, *Die zwölf Kleinen Propheten*, *HAT*, I, 14, 1961, 207, bei GALLING, *Rudolph-Festschrift*, 1961, 80.

These zu eigen gemacht" [56]. Auch W. A. M. Beuken meint, es sei „sinnvoll, den Text wieder herzustellen und nach 1, 15 a die Stelle 2, 15-19 einzufügen" (*Haggai-Sacharja 1-8*, 1967, 48). Rudolf Kittel hat aber die Rothsteinsche These eine Unglückshypothese genannt [57]. Kittel meinte, die Rothsteinsche Hypothese sei lediglich darauf aufgebaut, „dass man den „heutigen Tag" in V. 18 [24. IX. Monat Verf.] als den Tag der Grundsteinlegung verstand, was er weder ist noch sein will" (*ibid.*). Kittel hielt, wie wir sahen den 21. VII. Monat für die Grundlegung des Tempels. Für die Grundlegung des Tempels kommt aber aus sachlichen Gründe nur der 24. IX. Monat in Betracht. Nach Kittel ist nichts dagegen einzuwenden „vom 24. des IX. Monats" (18 b) als Glosse zu betrachten (*Geschichte*, III, 2, 1929, 451, Anm. 3; vgl. Galling, *Studien*, 1964, 136). Warum eine Glosse? Kittel übersetzt Haggai 2, 18 doch wie folgt: „Richtet also euren Sinn vom heutigen Tag rückwärts — vom 24. des 9. Monats — auf die Zeit von dem Tag ab, da der Tempel Jahves gegründet wurde" (*o.c.*, 451). Die Leute sollen, meint Kittel, rückwärts schauen vom 24. des IX. Monats auf das Gründungsdatum des Tempels, nach Kittel 21. des VII. Monats. Wir können Kittel nicht folgen. Mit rückwärts schauen ist u.E. gemeint, zurückblicken auf die ganze Zeit vor 24. des IX. Monats, da weder Weinstock, Feigenbau, Granatbaum, noch Ölbaum (Vs. 19) getragen hatten. Dies folgt u.E. aus dem Schluss des Vs. 19: Von diesem Tag an, von 24. [des IX.] Monats, werde ich segnen! „Der Tag an dem die Segenzeit beginnt, ist der Tag der Grundlegung" des Tempels (Galling, *Studien*, 1964, 136). Der erste Stein des serubbabelschen Tempels ist am 24. des IX. Monats, 18/19. Dez. 520 v. Chr., im zweiten Jahre des Königs Darius gelegt worden [58].

3. *Das alte Fundament beibehalten.* Wenn eine Beschreibung des serubbabelschen Tempel im Alten Testament auch fehlt, so unterliegt es doch nicht dem Zweifel, dass der Grundriss in der Hauptsache dem des salomonischen Tempels ähnlich gewesen ist. Noch der herodianische Tempel hatte dieselbe Planelemente wie der salomonische: Vorhalle, Heiliges, Allerheiligstes und Umbau. Am serubbabelschen Tempel sind diese Planelemente ebenfalls anzunehmen. Allerheiligstes und Vorhalle sind aber, wie später darzulegen sein wird, anders gestaltet gewesen.

[56] *Rudolph-Festschrift*, 1961, 109.

[57] *Gesch. des Volkes Israel*, III, 2, 1929, 452; vgl. Galling in *Rudolph-Festschrift*, 1961, 79, Anm. 52, wo statt *Die Nachtgesichte des Sacharja*, Juden und Samaritaner zu lesen ist.

[58] Von den Gelehrten, welche Rothstein folgen (Grundsteinlegung am 24. VI) nennen wir: Otto Eissfeldt (*Einleitung in das Alte Testament*², 1956, 525); D. Deden (*De Kleine Profeten. De Boeken van het Oude Testament*, Deel XII, Boek VII-XII, 1956, 304); Leroy Waterman (*JNES*, XIII, 1954, 75); Max Haller (*Das Judentum*², 1925, 79). — Julius Morgenstern hat richtig 24. IX: „the very day upon which Haggai delivered his message to Zerubbabel" (*Two Prophecies from 520-516 B.C.*, *HUCA*, XXII, 1949, 365-431, p. 406).

Weder aus Haggai, noch aus Sacharja lässt sich schliessen, dass beim Wiederaufbau des Tempels das alte Fundament beibehalten wurde; wir dürfen es aber aus Analogie der altmesopotamischen Baugewohnheiten wohl mit Sicherheit annehmen [59]. Es wird auch nirgends berichtet, dass ein neues Fundament gelegt worden ist. Im Kyros-Edikt über den Wiederaufbau des Tempels heisst es: „Und die Fundamente sollen beibehalten werden" (Esra 6, 3; GALLING, *Studien*, 1964, 130). Die persische Kanzlei hatte offenbar Kenntniss davon, dass man in Babylonien beim Wiederaufbau von Tempeln stets die alten Fundamente beibehielt. Da es im Edikt weiter heisst: „und die Kosten sollen aus dem königlichen Palaste bestritten werden" (Esra, 6, 4), könnte die Vorschrift über das Fundament wohl den Zweck gehabt haben, die Kosten des Wiederaufbaus zu drücken. Zum Wiederaufbau des Tempels ist es freilich, wie wir gesehen haben, unter Kyros nicht gekommen; sogar der Schuttberg ist damals nicht abgetragen worden. Zwar heisst es Esra, 5, 16 im Antwort an Thattenai, Šesbazzar habe (unter Kyros) die Fundamente des Tempels gelegt, dies sollte aber den Thattenai davon überzeugen, dass man auf einen Befehl des Kyros den Tempel Wiederaufbaute.

A. GELSTON hat darauf hingewiesen, dass יסד (Haggai 2, 18; Sacharja 4, 9) nicht buchstäblich „lay a foundation" zu bedeuten braucht; es kann, meint GELSTON, „repair", „restore", „rebuild" bezeichnen [60]. Das Wort ist an den bezüglichen Stellen sicher am besten mit „gründen" zu übertragen. Ein Neubau kann auch auf schon vorhandene Fundamente gegründet werden. GELSTON hat recht, wenn er sagt: „There is no question of any definite act of laying a foundation stone. Zachariah's reference to Zerubbabel [Sach. 4, 9] will mean that he was the leader under whom the work of restoration was begun in 520" (*l.c.*, 235). Wir dürfen aber wohl annehmen, dass Serubbabel den ersten Stein des neuen Tempels gelegt hatte. Am 24. des IX. Monats hatte Haggai zum zweiten Male das Wort zu Serubbabel geredet (Haggai, 2, 20 f.). Sollte es da nicht wahrscheinlich sein, dass dieser Spruch nach Vollziehung der ersten Steinlegung durch Serubbabel gesprochen worden ist?

Auf welcher Höhe der erste Stein gelegt wurde, lässt sich nicht ausmachen, denn wir wissen nicht, bis zu welcher Höhe der alte Tempel abgetragen worden ist;

---

[59] In der Inschrift des Nabopolassar über den Wiederaufbau des „Turms von Babel" heisst es: „Auf der ursprünglichen Plattform legte ich fest seinen Gründungsstein" (LANGDON-ZEHNPFUND, *Die neubab. Königsinschriften*, *VAB* 4, Nabopolassar I, Kol. II, Z. 44-46, auf S. 61). Neb. Nr. 13 heisst es über den Wiederaufbau des Ninkarrak Tempels in Sippar: „Über seinem alten Gründungsstein legte ich sein Fundament fest" (Kol. III, Z. 42-43). Beim Wiederaufbau des Eulmaš-Tempels in Sippar legte Naboned das Fundament keinen Finger breit zu weit vorspringend oder zurücktretend über dem alten Gründungsstein, d.h. also auf dem alten Fundament (*VAB* 4, Nabonid Nr. 4, Kol. III, Z. 44-45).

[60] *The foundations of the Second Temple*, *VT*, XVI, 1966, 232-235, 233 f., 235.

wahrscheinlich bis unter den Fussboden des Tempels, denn dieser war aus Holz [61] und das Mauerwerk wird auf dieser Höhe beim Brand 587 v. Chr. wohl arg mitgenommen worden sein. Von einem Stein des alten Tempels ist Sacharja 4, 7 die Rede. Nach MARTI's Übersetzung lautet die Stelle: „Wer bist du doch, du grosser Berg, vor Serubbabel? Zur Ebene [sollst du werden]! Dass er den Stein hoch hinaufführe unter den Jubelrufen: Herrlich, herrlich ist er!" (KAUTZSCH, 1894, z.St.). Um diesen Stein האבן הראשה, „so könnte man ohne Übertreibung sagen, hat sich eine ganze Generation von Forschern bemüht" (GALLING, *Festschrift-Rudolph*, 1961, 86). An einen Giebelstein ist, wie GALLING klar gemacht hat, nicht zu denken (*o.c.*, 87 und Abschnitt I). GALLING möchte in הראשה eine Verschreibung bzw. Abänderung von האשרה = „auf dem Bauplatz" sehen (*l.c.*). Mit L. G. RIGNELL denken wir an den ersten Stein des alten Tempels (*Die Nachtgesichte des Sacharja*, 1950, 157; vgl. E. LIPINSKI, *Recherches sur le livre de Zacharie*, VT, XX, 1970, 25-55, p. 30 f.). „Kopfstein" (MILOŠ BIČ, *Die Nachtgesichte des Sacharja*, 1964, 46) ist nichtssagend.

Wir haben schon im ersten Bande darauf hingewiesen, dass die Babylonier bei Neugründungen von Tempeln eifrig nach der Gründungsurkunde des alten Tempels suchten [62]. Nabonid berichtet, Kurigalzu habe nach der Gründungsurkunde des Tempels Eulmaš in Akkad, aus der Zeit Sargons und Naram-Sins gesucht, sie aber nicht gefunden; Nebukadnezar hatte nach ihr gesucht, aber ebenfalls ohne Erfolg. „Drei Jahre lang durchgrub ich die Senkschachte des Nebukadnesar, aber ich fand nichts" (es fehlen 22 Zeilen, in denen wie anzunehmen ist gesagt wurde, dass die Urkunde gefunden wurde) (*VAB* 4, *Nabonid* 4, Z. 29 ff.). Wenn Sacharja, wie von verschiedenen Gelehrten angenommen wird, unter den Exulanten gelebt hat (GALLING, *Rudolph-Festschrift*, 1961, 80; W. A. M. BEUKEN, *Haggai-Sacharja 1-8*, 1967, 334), wird ihm diese babylonische Baugewohnheit nicht unbekannt gewesen sein. Nicht nur dem Urkundenstein, auch dem ersten Stein *libittu maḫritu* wurde in Babylonien beim Wiederaufbau von Tempeln grossen Gewicht beigelegt [63] und wir möchten annehmen, dass Sacharja 4, 7 aus dieser babylonischen Baugewohnheit zu erklären ist. Unklar bleibt, welcher Stein mit *libittu maḫritu* gemeint war, aber sicher nicht „der erste Stein" des Fundaments. Dieser ist beim Wiederaufbau von Tempeln wohl niemals zutage gekommen. So bleibt auch unklar, an welchen Stein Sacharja 4, 7 zu denken sei. Der Prophet selber hätte wahrscheinlich die Frage auch nicht beantworten können. Dass man in Babylonien nach dem Urkundenstein suchte und dass man dem *libittu maḫritu* grosse Bedeutung zusagte, war dem Propheten (dürfen

---

[61] 1. Kön. 6, 15.
[62] Bd. I, 1970, 671 f. und Anm. 26, 28.
[63] Bd. I, 1970, *id*.

wir annehmen) bekannt; so sollte auch beim Wiederaufbau des Jerusalemer Tempels
nach dem ersten Stein gesucht werden. Sacharja geht aber über die babylonische
Praxis hinaus, indem er sagt, Jahwe werde den Stein ans Licht bringen. So heisst es
nach GALLINGS Übersetzung von 4, 7 b: „Und ich werde herausbringen (freilegen)
הראשה האבן unter Jubelrufen: Glück zu, Glück zu!" (*Festschrift-Rudolph*, 1961, 86).
Das Herausbringen des ersten Steins bedeutet zugleich, dass der Wiederaufbau einen
Anfang nehmen kann. Wir zitieren RIGNELL: „Versucht man, die Situation vor sich
zu sehen, so begreift man, dass die Jubelrufe nicht dem Stein als solchem gelten,
sondern dem, was die Grundsteinlegung ausdrückt. Ein bedeutsames Werk ist begonnen, und nach Sacharja handelt es sich um etwas noch Grösseres: eine neue
Ära ist inauguriert" [64].

Das Herausbringen des ersten Steins (Sach. 4, 7) gründet sich also u.E. auf eine
babylonische Baugewohnheit [65]. Keine babylonische Baupraxis, sondern eine babylonische Vorstellung von Gotteshilfe beim Abtragen einer Trümmerstätte liegt
u.E. in Sacharja 4, 6 b-7 a zu Grunde. Wir folgen GALLING, der der Meinung ist,
dass der grosse Berg (7 a) die Trümmerstätte des alten Tempels ist [66]. „Der Trümmerberg des Tempels, so sagt 4, 6 b, wird nicht durch das Aufgebot der Arbeitenden,
sondern durch „den von mir gesandten Sturmwind" zur Ebene werden" (GALLING,
Festschrift-Rudolph, 84). GALLING weist hin auf eine ähnliche Aussage Nebukadnezars
(Neb. 10, Kol. 1, 7-22, VAB 4, S. 96): „Als Marduk, der grosse Herr ... Land und
Leute zur Hut (mir) übergab, damals für Ebabbara, den Tempel des Šamaš in
Larsa, der seit alter Zeit Trümmerhügeln gleich war, [in dessen] Inneres Sandhaufen hingeschüttet waren, nicht mehr erkennbar waren die Bildwerke: unter
meiner Regierung fasste der grosse Herr Marduk für jenen Tempel Zuneigung. Die
vier Winde liess er kommen und entfernte die Staubmassen daraus, wieder sichtbar
wurden die Bildwerke" (GALLING, *l.c.*, 84). Zwar wird ברוחי (Sach. 4, 6 b) von
Übersetzern und Kommentatoren mit „durch meinen Geist" übersetzt, an vielen
Stellen des Alten Testaments muss רוח, wie GALLING betont, mit Wind (Sturm)
übertragen werden (*Rudolph-Festschrift*, 1961, 83 f. mit Belegstellen). Im gleichem
Sinn fasst GALLING — und wir folgen ihm — Sacharja 4, 6 b auf: durch den von
Jahwe gesandten Sturmwind wird der Trümmerberg zur Ebene werden (*l.c.*, 84) [67].

---

[64] *Die Nachtgesichte des Sacharja*, 1950, 159.

[65] Vgl. BEUKEN, *Haggai-Sacharja 1-8*, 1967, 335: Seit PETITJEANS Untersuchungen ist klar geworden,
dass bei den zwei Visionen über den Tempelbau (IV-V) „die religiösen Bautraditionen des Zwei-
stromlandes hier stark mitspielen".

[66] *Studien zur Gesch. Israels im persischen Zeitalter*, 1964, 138 ff., 149; Ders., *Rudolph-Festschrift*, 1961,
82 ff.

[67] Auch Gen. 1, 2 ist *ruaḥ* nach der Meinung HARRY M. ORLINSKY's nicht „Geist" sondern
„Wind": „BENNO JACOB, *Genesis* (1954), has put the case against „spirit" and for „wind" quite well"

Dass hier Einwirkung babylonischer Vorstellungen anzunehmen sei, behauptet GALLING nicht; wir möchten es jedoch annehmen. Dass Berge durch himmlische Mächte zur Ebene werden, diese Vorstellung kennen wir aus dem Alten Testament (Jes. 40, 3-4); die Anwendung der Vorstellung auf die Trümmerstätte des Tempels konnte jedoch nur bei einem aufkommen, der mit dieser Vorstellung aus Babylonien bekannt war. Zum Panbabylonismus wird niemand zurückkehren wollen [68]; dass der enge Kontakt zwischen Juden und Babyloniern in der Exilszeit ohne Einfluss auf jüdische Vorstellungen geblieben sei, ist doch nicht anzunehmen. Wir zitieren JEAN KOENIG: „La tendance à minimiser ou à ignorer la possibilité d'une influence babylonienne s'exprime fréquemment et marque une regression de la reflexion historique, par rapport à la manière dont les auteurs de la génération précédente posaient le problème" (*Tradition iahviste et influence babylonienne à l'aurore du judaïsme*, *RHR*, CLXXIII, 1968, 1-42. 133-172, p. 140, n. 2). KOENIG zielt auf etwas viel tiefgreifenderes als die Vorstellung des von Jahwe gesandten Sturmwindes: „la luminosité solaire de Shamash a bien été le facteur determinant dans l'universalisation de la loi Israélite" (*l.c.*, 139 ff.). Einwirkung der babylonischen Baukunst begegnete uns schon im Tempelentwurf des Ezechiel (Kap. IX). Sie lässt sich mit Wahrscheinlichkeit auch im Tempel Serubbabels nachweisen (Abschnitt E).

4. *Steinbau mit Holzrosten*. Nach der Notiz Esra 5, 8 (aram.) aus dem Schreiben des Thattenai, war der Tempel aus grossen Steinen unter Anwendung von Holzeinlagen in den Mauern erbaut. Die Erwähnung von Holz deutet wohl darauf, dass es ausgiebig verwendet gewesen sein muss. Darauf deutet auch Haggai 1, 8: „Steigt hinauf ins Gebirge, schafft Holz (עץ) herbei und baut den Tempel . . .". Haggai kann

(*The Plain meaning of RU^A Ḥ in Gen.* 1, 2, *JQR*, 48, 1957-58, 174-182, p. 176). Es wird auch hier auf bab. Parallelen (*Enuma eliš* z.B.) hingewiesen. Nach der Meinung ORLINSKY's hat man erst unter hellenistischem Einfluss angefangen רוח als „spirit" zu deuten, im Christentum wurde es endgültig „Geist" (p. 181). — Bei Ezechiel bedeutet רוח „zunächst ganz gegenständlich den Wind" (ZIMMERLI, *Ezechiel*, II, 1969, 1262: Exkurs 3 רוח im Buche Ezechiel). „In abgeleiteter Verwendung kann רוח dann auch die Windrichtung bezeichnen". 2. „Von der Bedeutung „bewegte Luft" ist der Übergang zum Verständnis von רוח als „Atem, Lebenshauch" leicht zu vollziehen" (*ibid.*); ruaḥ bedeutet bei Ez. aber auch Jahwes Geist (p. 1263; Ez. 37, 14).

[68] Nach der Meinung H. WINCKLER's, des Hauptvertreters des Panbabylonismus — am bekanntesten wurden aber FR. DELITZSCH's Vorträge *Babel und Bibel*, 1903 — sind innerhalb der geschichtlichen Entwicklung der Menschheit „überhaupt nur zwei Weltanschauungen zu unterscheiden: die altbabylonische und die moderne, empirisch-naturwissenschaftliche, welche erst in der Entwicklung begriffen ist" (*Himmelsbild und Weltenbild der Babylonier, als Grundlage der Weltanschauung und Mythologie aller Völker*, *AO*, III, 2-3, 1903, 9). Die Panbabylonisten hielten Israel für einen Abklatsch von Babel. Im Vorwort seines letzten Werkes, *Die grosse Täuschung*[2], 1921, schrieb DELITZSCH: „Die, „Babel-Bibel-Zeit" ist vergangen" (S. 5). S. 7 heisst es aber: „Auch der Anfang des Vorwortes bedarf vielleicht der Modifizierung, insofern die „Babel-Bibel-Zeit" möglicherweise doch noch nicht ganz vergangen ist".

hier nicht nur Holz für Türgerüste und Deckenbalken im Auge gehabt haben. Bauen, das heisst ja zuerst die Mauern aufziehen. Ausser Holz erwähnt Haggai auch Stein (אבן) (2, 16). Im Reskript von Darius ist von drei Schichten grosser Steine und einer Schicht neuem Holz die Rede (Esra 6, 4; aram.). Dass Kyros' Edikt diese Detailangabe für den Wiederaufbau des Tempels enthalten habe, ist nicht anzunehmen. Sie wird von dem Verfasser der aramäischen Chronik von Jerusalem stammen, der sie wohl nach 1. Kön. 7, 12 „drei Schichten Quadersteinen und eine Schicht Zedernbalken" gebildet hat. Wahrscheinlicher noch dürfte Sein, dass wir es hier mit einem von dem Chronisten eingefügten (aramäischen) Flicksatz zu tun haben [69]. Der Schluss des Kyros-Edikts: „und die Kosten sollen aus dem königlichen Palaste bestritten werden" (Esra, 6, 4 Ende), schliesst sich doch auch weit besser an die Angaben über Breite und Höhe des Tempels an als an die drei-Schichten-Notiz. Was den Chronisten veranlasst hat, diesen Satz einzufügen, lässt sich wohl erraten. Man sollte meinen, der Tempel Serubbabels sei aus Haustein erbaut; „drei Schichten" lässt ja auf die Anwendung von Haustein schliessen. Vermutlich sind die Mauern zum grössten Teil aus unbehauenen Steinen aufgemauert gewesen. Dafür könnte Haggai 2, 16 zeugen: „ehe denn ein Stein auf den anderen gelegt ward am Tempel des Herrn" (Luther). Dies lässt nicht gerade an eine Mauer denken, welche aus behauenen Quadern aufgezogen war. Die Steine kamen sicher nur zum Teil vom alten Tempel, denn an diesem war (nach unserer Annahme) nur wenig Haustein verwendet worden [70]. Bei der Verwüstung Jerusalems 587 v. Chr. sind natürlich alle Burgbauten zerstört worden; Steine zum Wiederaufbau des Tempels 520 v. Chr. gab es also auf der zerstörten Burg genug, behauene und unbehauene. Daraus erklärt sich auch, dass Haggai nur zum Holen von Holz aufruft (1, 8).

Archäologische Daten über die Anwendung von Holzrosten an aus dem 6./5. Jahrhundert v. Chr. datierenden Bauten Palästinas sind, soweit wir sehen, nicht bekannt; es sind auch nur wenige Bauten der persischen Periode in Palästina ans Licht gebracht worden. Die Mauern des aus dem 5. oder 4. Jahrhundert v. Chr. datierenden persischen Gebäudes in *tell ed-duweir* (*Lachiš*) „were built of small, rougly cut nari stones, set in mud mortar" [71]. Bei neueren Ausgrabungen in Samaria

---

[69] Vgl. GALLING's *Ansicht über Esra* 4, 24, *ZAW*, 63, 1951, 66, Anm. 1; GALLING folgt hier O. EISSFELDT und W. RUDOLPH, *l.c.*, 67.

[70] Bd. I, 1970, 226 ff.

[71] O. TUFNELL, *Lachish*, III, 131 ff., Pl. 119, Plan; hier Abb. 193; A. G. BARROIS, *Manuel d'archéologie Biblique*, I, 1939, 275, Fig. 106, p. 275; G. E. WRIGHT, *Biblical Archaeology*, 1957, Fig. 147, p. 204, Modell der Villa. GALLING meint, der Bau kann kaum etwas anderes gewesen sein als die Residenz des persischen Hyparchen (*Denkmäler zur Geschichte Syriens und Palästinas unter der Herrschaft der Perser*, *PJ*, 24, 1938, 59-78; nach GALLING zwischen 460-420 zu datieren). — An Darius' Palast in Susa war wenig Stein verwendet; die Mauern sind aus Lehmziegeln, die Innenseite verputzt und mit Malereien belegt (R. DE MECQUENEM, in *Oriental Studies in honour of Cursetji Erachje Pavry*, 1933,

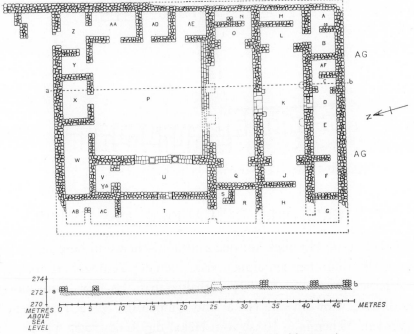

Abb. 193. Persisch Palast in Lachiš. (O. Tuffnel)

(1968) sind nur armselige Reste von Bauten der persischen Periode zutagegekommen (*Levant*, II, 1970, 6; Hennesy). Ein aus der persischen Periode datierendes „residential quarter" (spätes 6. Jahrh. v. Chr.; im 1. Drittel des 5. Jahrh. v. Chr. zerstört) wurde bei Ausgrabungen (1963-1965) in *Tell es-Samak* (Haifa; das alte Shikmona) zutagegefördert nebst Überresten einer Zitadelle aus der 2. Hälfte des 4. Jahrhunderts v. Chr. (*IEJ*, 19, 1969, 182).

296-297). — E. Stern, *The Material Culture of the Land of the Bible in the Persian Period*, 538-332 *B.C.* The Bialik Inst. and the Israel Expl. Society, Jerusalem 1973 (*hebr.*) kennen wir nur aus der Bespr. *IEJ*, 25, 1975, 179. — Das „persische" Gebäude in *Ayyelet ha-Shahar*, östlich des Berges von Hazor (1950 von Guy ausgegraben), war wie R. Reich wahrscheinlich gemacht hat, ein assyrischer Bau (*IEJ*, 25, 1975, 233-237, Fig. 1, p. 234, Plan, nach E. Stern, *The Material Culture*, Fig. 12, p. 9). — Über die Mauertechnik der persischen Periode, gut bekannt durch neuere Ausgrabungen u.a. in Tell Megadim und Tell Merovah (hier Abb. 194) siehe E. Stern, *The Excavations at Tell Merovah and the Late Phoenician Elements in the Architecture of Palestine*, BASOR, 225, 1977, 17-27. Es gibt zwei Arten von Mauerkonstruction: 1) Alternating courses of headers and stretchers built of long, well-dressed limestone blocks; 2) Walls constructed of ashlar piers with fieldstones in the spaces between them (p. 19). Die zweite Technik war seit langem bekannt aus Megiddo (V A-IV B; Bd. I, 1970, 120). Sie ist auch bei neueren Ausgrabungen in Sarepta (Sarafand) festgestellt worden, siehe J. B. Pritchard, *The Phoenicians in their Homeland*, Expedition 14, 1, 1971, 14-23 und Fig. 20. Foto. „It is difficult to see how this particular type of „rib" construction served any utilitarian function; it added little if any strength to the wall" (Pritchard, p. 19). Es wird sich um Ersparung an Arbeit handeln. In Tell Merovah ist die Hauptmauer der Kasemattenmauer ganz aus behauenen Steinen aufgebaut, die Rückmauer und die Quermauern sind in „rib" technik ausgeführt (*BASOR*, 225, 1977, Fig. 5, p. 19; Stern).

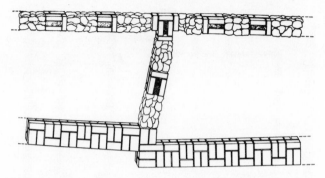

Abb. 194. Mauerkonstruktion in Tell Mevorach. (E. STERN)

E — GRUNDRISS UND AUFBAU DES TEMPELS

1. *Anlage.* Schon im Hinblick auf den salomonischen und herodianischen Tempel dürfen wir mit Bestimmtheit annehmen, dass auch der Tempel Serubbabels Vorhalle, Heiliges, Allerheiligstes und Umbau enthalten hat. Es gibt dafür übrigens auch literarische Daten, wiewohl nur Hēkal und Umbau im Alten Testament besonders erwähnt werden. Nehemia 6, 10 ist vom Hēkal die Rede (אל־תוך ההיכל) [72]; Neh. 10, 37 ff.; 12, 44; Esra 8, 29; beziehen sich vermutlich auch auf die Kammern des Umbaus [73]. Aus ausserbiblischer Literatur lässt sich sowohl das Heilige als das Allerheiligste belegen, wenn es sich hier auch um späte Berichte handelt. Die älteste ausserbiblische Erwähnung des Heiligen (Hēkal) findet sich bei Jesus ben Sirach (2. Jahrh. v. Chr.). Über den Hohenpriester Simon redend sagt ben Sirach nach der Übersetzung V. RIJSSELS: „Wie prächtig war er, wenn er aus dem Zelte hervorschaute, wenn er hervortrat hinter dem Vorhange" (50, 5; KAUTZSCH, *Die Apokryphen und Pseudepigraphen des Alten Testaments*, I, 1900, 468, z. St.). RIJSSEL meint mit אהל „(ist) jedenfalls nur das durch einen Vorhang abgeschlossene Allerheiligste

---

[72] ALFRED L. IVRY ist der Meinung, dass Hekal hier nicht das Heilige des Tempelhauses, sondern das ganze Heiligtum bedeutet. „It would appear that Shemaiah is indeed suggesting something much more plausible and more diabolical then refuge in the temple, viz. commandeering and possession of it. This is the „sin" against which Nehemiah reacts so sharply, this the intrepid move which his enemies could use against him so effectively" (*Nehemiah* 6, 10: *Politics and the Temple, JSJ*, III, 1972, 35-45, p. 38). „Where Nehemiah to have followed Shemaiah's counsel, he would in effect have been challenging the authority of the High Priest and asserting himself as a force equal, if not superior, to him. He would, in short, be acting like a king" (*id.*, p. 43). Es scheint uns, dass IVRY's Ansicht erst recht wahrscheinlich wird, wenn hier Hekal das Heilige des Tempels bedeutet. Vgl. H. C. THOMSON, *The right of entry the Temple in the O.T.*, *TrGUOS*, XXI, 1965-1966, 25-34, p. 30 f. — W. TH. IN DER SMITTEN hält es für wahrscheinlich, „dass Nehemia aus einer Seitenlinie der Davidsfamilie herstammt" (*Erwägungen zur Nehemias Davidizität, JSJ*, V, 1974, 41-48, S. 48; ähnlich schon U. KELLERMANN, *BZAW*, 102, 1967, 154-159, bei IN DER SMITTEN, *l.c.*). — Siehe über Nehemia unten Kap. XVI, Anm. 7.

[73] Vgl. IVRY, *l.c.*, 41.

gemeint" [74]. Dies darf man für ausgeschlossen halten. Aus dem Allerheiligsten heraustretend (das der Hohepriester nur einmal im Jahre betrat!) wäre der Hohepriester für die Aussenstehenden kaum sichtbar gewesen. Mit אהל kann nur das Hēkal gemeint sein, wie auch Symmachus (so berichtet RIJSSEL, *l.c.*) היכל las. Um das Heilige (Hēkal) handelt es sich auch im Bericht über Antiochus IV. Epiphanes,— der 169 v. Chr. die goldenen Kultgeräte des Tempels plünderte (I. Makk. 1, 23 f.). Vom Allerheiligsten hören wir erst in dem Bericht über die Einnahme des Tempels durch Pompeius (63 v. Chr.). Nach dem Bericht des Josephus (*Antiq.* XIV, 4, 4 § 72) betrat der römische Feldherr mit einer Anzahl seiner Begleiter das Allerheiligste (τὸ ἐντός; vgl. TACITUS, *Hist.* V. 9). Das Heilige wird hier implizit erwähnt, denn Pompeius sah den goldenen Tisch, den heiligen Leuchter und Opferschalen (*ibid.*) [75]. Die Vorhalle des zweiten Tempels wird nirgends erwähnt. Aus einer Notiz bei Jesus ben Sirach (50, 5 f.) und einer ähnlichen im Brief des Aristeas (§ 86), wissen wir aber, dass vor der Tür des Hēkal ein Vorhang hing und dieser setzt eine dem Hauptraum vorgelegte Vorhalle voraus. Wir werden darauf unten noch zurückkommen.

2. *Die Frontbreite des Tempels.* Im ersten Bande (S. 75-76) haben wir schon darauf hingewiesen, dass die Frontbreite des herodianischen Tempels (100 Ellen) sich architekturgeschichtlich nicht aus der Vorhallenfront des salomonischen Tempels ableiten lässt. Auch hätten die Pharisäer, mit denen Herodes in religiösen Angelegenheiten zu rechnen hatte, eine solche auffällige Neubildung der Tempelfront wohl nicht genehmigt. Aus diesen Gründen ist anzunehmen, dass schon der zweite Tempel eine breite Front gehabt hat; die Vorhalle (Ulam) muss den Charakter eines vorgelagerten Planelements, wie der salomonische und der ezechielische Tempel es gezeigt hatten, verloren haben und einheitlich im Plan aufgenommen gewesen sein. Wir wissen, dass in Babylonien beim Wiederaufbau zerfallener oder absichtlich zum Neubau niedergerissener Tempel, der alte Grundriss im allgemeinen beibehalten wurde; wir wissen aber auch, dass man oft nicht unwichtige Änderungen im Grundriss angebracht hat [76]. Nur dem Kultraum hat man selten eine neue Gestalt gegeben. Hēkal und Allerheiligstes waren die sakralen Planelemente des Jerusalemer Tempels, deren Grundriss auch Herodes nicht zu ändern gewagt hat; selbst die Grundmasse hat er genau angehalten. Wenn wir absehen vom Umbau, war die Vorhalle der am

[74] KAUTZSCH, *Apokryphen*, I, S. 468, Anm. d. — Vgl. J. G. SNAITH: „Tent" is used here figuratively for the Holy of Holies in the Temple..." (*Ben Sira's supposed love of Liturgy*, *VT*, XXV, 1975, 167-174, p. 173).
[75] Über den Leuchter werden wir erst beim Tempel des Herodes (Kap. XIII, II) sprechen.
[76] Siehe Bd. I, 1970, 665 und Anm. 3-4.

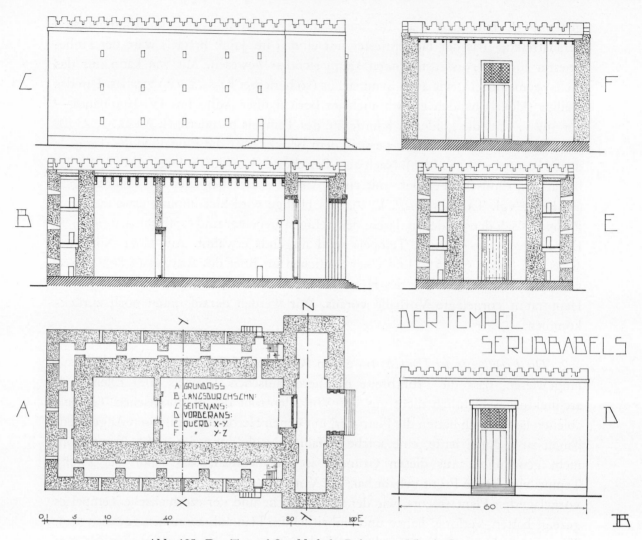

Abb. 195. Der Tempel Serubbabels. Rekonstr. (Th. A. Busink)

wenigstens sakrale Teil des Tempels; hier gab es eine Möglichkeit, sie neu zu gestalten. Hatte doch auch Ezechiel die Vorhalle mit Fenstern, welche an der Vorhalle des salomonischen Tempels fehlten, ausgestaltet. Es kommt hinzu, dass Serubbabel, der in Babylonien geboren war, den salomonischen Tempel nicht gekannt hatte, kein Priester war wie Ezechiel, der noch am salomonischen Tempel den Tempeldienst ausgeübt hatte und es ist demnach anzunehmen, dass Serubbabel zu dem alten Tempel eine geringere Bindung hatte als der Priester-Prophet Ezechiel.

Die Frage ist nun, ob die Breite der Front des serubbabelschen Tempels sich aus irgendeiner Angabe bestimmen lässt. Wir glauben, diese Angabe im Kyros-Edikt über den Tempelbau zu finden. Im Edikt heisst es: „Seine Höhe soll sechzig Ellen betragen und seine Breite sechzig Ellen'' (Esra 6, 3). Die Kommentatoren halten bekanntlich diese Stelle für verdorben. Es sollte geheissen haben: 30 Ellen die Höhe, 60 Ellen die Länge, 20 Ellen die Breite [77]. Wir halten es für wahrscheinlicher, dass in dem Edikt, wo es nach GALLINGS Erklärung heisst, die Fundamente sollen beibehalten werden, nur die Höhe des Gebäudes vorgeschrieben war. Wir möchten den Schluss von Vs. 3: „und seine Breite sechzig Ellen'' für einen (aram.) Satz des Verfassers der aram. Chronik von Jerusalem (bzw. einen aram. Flicksatz des Chronisten) halten, der aus Autopsie die sechzig Ellen breite Front des Serubbabelschen Tempels kannte. Gründer des Tempels war Serubbabel, nicht Kyros. Serubbabel, so glauben wir annehmen zu müssen, hat die Breite der Tempelfront auf sechzig Ellen bestimmt. Woraus er dieses Mass abgeleitet hat, lässt sich nicht mit Sicherheit ausmachen, vielleicht aus der Höhe des Hēkal (30 Ellen; $60 = 2 \times 30$). Das Mass 60 steckt noch im herodianischen Tempel: die Breite des hinteren Teils beträgt hier 60 Ellen [78].

Die vom salomonischen Tempel grundsätzlich verschiedene Front des serubbabelschen Tempels verrät den Einfluss des babylonischen Tempelbaus. Auch der babylonische Tempel zeichnet sich aus durch die breite Front [79]. Der salomonische Tempel war ein Langbau, dessen Langachse vorn durch die hervorspringende Vorhalle keine Grenze gesetzt wurde. Die innere Anlage liess sich aussen schon ahnen. Die Front des serubbabelschen Tempel schliesst das Heiligtum vorn ab. Es fehlt hier jede Erinnerung an das alte Zeltheiligtum.

3. *Die Vorhalle.* Wie die Vorhalle des serubbabelschen Tempels gestaltet war, lässt sich nicht mit Sicherheit sagen. Die des herodianischen Tempels war 50 Ellen breit und etwa 20 Ellen tief (*Bell. Jud.* V, 5, 4 § 209). Es ist kaum wahrscheinlich, dass Herodes eine 20 Ellen breite Vorhalle (Vorhalle des salomonischen Tempels) in eine 50 Ellen breite umgeändert habe; die Vorhalle des zweiten Tempels wird schon breiter als 20 Ellen gewesen sein. Sie könnte nichtsdestoweniger den Einfluss der alten Vorhalle verraten haben: eine etwa 50 Ellen breite Vorhalle könnte durch Pilaster an der Stelle der salomonischen Vorhalle zu einem 20 Ellen breiten Raumteil gekürzt worden sein (Abb. 195, Grundriss). Dass die Vorhalle des zweiten Tempels nicht wie die des herodianischen Tempels 20 Ellen (etwa 10 m) tief gewesen sein könne, lässt sich aus einer Notiz bei Jesus Sirach [80] und einer im Brief

---

[77] GALLING, *OLZ*, 40, 1937, 477 f.; GALLING folgt BEWER; RUDOLPH, *Esra und Nehemia*, 1949, 54.

[78] Flavius Josephus, *Bell. Jud.* V, 5, 4 § 207.

[79] Siehe KOLDEWEY, *Die Tempel von Babylon und Borsippa*, 1911, Taf. III, V, VII, X; BUSINK, *Sumerische en bab. Tempelbouw*, 1940, Pl. X-XI.

[80] Von der Schrift des Jesus Sirach, bis vor kurzem hauptsächlich nur bekannt aus der von seinem Enkel veröffentlichten gr. Übersetzung, ist bei den Ausgrabungen in Masada (1964) eine

Abb. 196. Der Tempel Serubbabels. Äussere Aufbau. 2. Bauphase (Rekonstr. Th. A. Busink)

des Aristeas wahrscheinlich machen. Ben Sirach sah den Hohenpriester aus dem Hēkal heraustreten (50, 5). Eine grosse Tiefe kann die Vorhalle demnach schwerlich gehabt haben. Darauf deutet auch die Notiz im Aristeasbrief [81]: „beim Wehen des Windes war das Gewebe [sc. der Vorhang] in beständiger Bewegung, indem sich die Bewegung von unten dem Bausche mitteilte und ans obere Ende drang" (§ 86; Übers. WENDLAND, in KAUTZSCH, *Apokryphen*, II, 1900, 12 z. St.). Ähnlich bei ANDRÉ PELLETIER, *Lettre d'Aristée à Philocrate*, 1962, 145: „En particulier, l'étoffe était animée d'un mouvement continuel par l'air qui passait au pied, car le courant

Kopie des hebr. Textes gefunden: Y. YADIN, *The Ben Sira Scroll from Masada*, 1965; A. DI LELLA, *The Hebrew Text of Sirach. A Text-critical and Historical Study*, 1966; M. DELCOR, *Le Texte Hébreu du cantique de Siracide LI, 13 et ss. et les anciennes Versions. Textus Ann. of the Hebrew Un. Bible Project*, VI, 1968, 27-47; die jüngste Studie über Jesus Sirach: TH. MIDDENDORP, *Die Stellung Jesu ben Siras zwischen Judentum und Hellenismus*, 1973 (siehe die Besprechung durch M. HENGEL in *JSJ*, V, 1974, 83-87).

[81] Die neueste Studie über Aristeas' „Brief" ist der gelehrte Aufsatz von FAUSTO PARENTE: *La Lettera di Aristea come fonte per la storia del Giudaismo alessandrino durante la prima meta' del 1 Secolo A.C.* (*Annali della Scuola Normale Superiore di Pisa*. Classe di Lettere e Filosofia Serie III Vol. II, 1, Pisa 1972, pp. 177-237; II, 2, 1972, pp. 517-567). Auf p. 177, n. 1 und 178, n. 2 alle ältere Lit.; p. 182 ff. über die Datierung, auch 182, n. 3; PARENTE datiert den Brief rund 90 v. Chr. (p. 193).

partant du sol se propageait à travers la partie souple de l'étoffe jusq'à la partie tendue en haut ...". Bewegung des Vorhanges durch den Wind ist nur möglich bei einer verhältnismässig geringen Tiefe der Vorhalle. Es ist für die Vorhalle entweder eine Tiefe von 10 Ellen (Ulam des salomonischen Tempels), oder von 12 Ellen (ezechielischen Tempelentwurf LXX) anzunehmen.

Die Frage, ob der Eingang des zweiten Tempels, wie der des salomonischen und des ezechielischen ein Säuleneingang war, lässt sich nicht mit Sicherheit beantworten. E. BICKERMAN meint offenbar, der Eingang sei ein Säuleneingang gewesen. Im Erlass des Antiochos III. an Ptolemaios (Josephus, *Antiq.* XII, 5, 4 § 138) heisst es: „Ich verordene hiermit dies auszugeben, ferner die Arbeiten am Tempel abzuschliessen, sowie auch an den Säulenhallen ..."[82]. In einer Fussnote sagt BICKERMAN dann, es ist hier die Halle, die dem Tempelhaus vorgelagert war, gemeint, und BICKERMAN weist hin auf 2. Chron. 3, 4 (*o.c.*, 177, Anm. 2). Daran ist freilich nicht zu denken. Die στοάς (*Antiq.* XII, 5, 4 § 141) können nur die am Aussenhof des Heiligtums gelegenen gewesen sein. Wir werden darauf später noch zurückkommen. A. PELLETIER war ursprünglich offenbar ebenfalls der Meinung, dass der Eingang des zweiten Tempels ein Säuleneingang gewesen sei. Wohl veranlasst durch Jesus Sirach's oben zitierte Stelle sagt PELLETIER: „Bientôt, le voile s'ouvrait comme de lui-même, et la robe blanche du grand prêtre venait s'encadrer entre les deux colonnes de ce porche percé dans une façade monumentale. Ce souvenir inspirait au Siracide ..." (*Le „Voile" du Temple de Jérusalem*, Syria, XXXII, 1955, 283-307, p. 307). Was PELLETIER veranlasste, dem Eingang zwei Säulen zuzusprechen, bleibt unklar. Ben Sirach (griech. und hebr.) erwähnt sie nicht, Aristeas ebensowenig. PELLETIER könnte den ezechielischen Tempel (wenn nicht den salomonischen) im Auge gehabt haben.

Der von Onias IV. in Leontopolis (nahe Memphis) erbaute jüdische Tempel, der nach Josephus dem Jerusalemer Tempel ähnlich gewesen sein soll[83], hatte, wenn wir FLINDERS PETRIE, der im Anfang unseres Jahrhunderts in *tell el-yehudīeh* Ausgrabungen ausgeführt hat, Glauben schenken könnten, einen Zweistützeneingang (*Hyksos and Israelite Cities*, 1906, 24 und Pl. XXIII). Basen sind aber nicht *in situ* gefunden worden; es fand sich „near the foot of the town mound on the north" nur ein Teil eines marmornen Säulenschafts (*o.c.*, 24). Die Breite des Tempels soll im Lichten ca. 12 Fuss betragen haben. Dass diese etwa 3.50 m breite Vorhalle zwei Stützen gehabt habe, ist nicht anzunehmen[84].

---

[82] E. BICKERMANN, *Der Gott der Makkabäer*, 1937, 177.

[83] Siehe Bd. I, 1970, 34 f. und Anm. 127.

[84] Siehe über *tell el-yehudieh* G. R. H. WRIGHT, *Tell el-Yehūdīyah and the Glacis*, ZDPV, 84, 1968, 1-17. Der Ägyptologe RICKE hält *tell el-yehudieh* für einen künstlichen Hügel „to serve as a cult

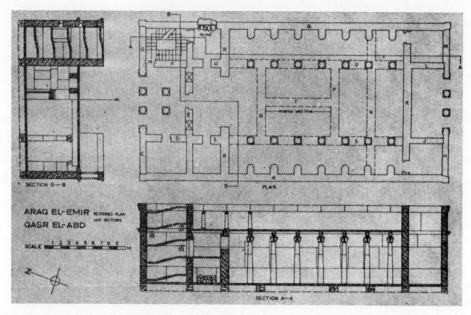

Abb. 197. Hyrkan's "Tempel" in ʿarāḳ el-emīr. Grundriss. (M. J. B. Brett)

Zweifellos eine Zweistützen-Front hatte das von dem Tobiaden Hyrkan in Tyrus (heute ʿarāḳ el-emīr) errichtete, von Josephus, *Antiq.* XII, 4, 11 § 230 f. beschriebene und durch Untersuchungen M. de Vogüé's u.a. seit der 2. Hälfte des 19. Jahrhunderts bekannte Gebäude (ḳaṣr el-ʿabd), das vermutlich ein Heiligtum war. Die Datierung in der 1. Hälfte des 2. Jahrhunderts v. Chr. ist durch neuere Untersuchungen ausser Zweifel gestellt[85]. Der zweite Tempel stand damals noch

place" (bei Wright, p. 11-12). — Über den Onias-Tempel: M. Delcor, *Le Temple d'Onias en Egypte*, *RB*, 75, 1968, 188-203. Nach Fausto Parente ist in der Mišnah der Onias-Tempel „non ( ) condannato in linea di principio, ma ne è accentuata l'inferiorite respetto à quello gerosolimitano" (*o.c.*, 195, *Menahot*, 13. 10). — Über die Oniaden: J. G. Bunge, *Zur Geschichte und Chronologie des Untergangs der Oniaden und des Aufstiegs der Hasmonäer*, *JSJ*, VI, 1975, 1-46.

[85] Darüber schon Bd. I, 1970, 43, Anm. 161. — *ADAJ*, X, 1965, 40, Paul W. Lapp, Pl. XVIII, Plan und Schnitte, M. J. B. Brett (hier Abb. 197). — M. de Vogüé hatte schon 1864 die Ruine beschrieben, *Le Temple de Jérusalem*, 1864, 38-43 und Pl. XXXIX, XXXV. Im Jahre 1904 ist sie durch die Princeton Expedition näher untersucht worden, Howard Crosby Butler, *Syria. Publ. of the Princeton Un. Archaeol. Expeditions to Syria in 1904-05 und 1909*. Div. II, Section A, Architecture, 1 ff., Fig. 2, p. 6, Plan, Pl. III hinter p. 12 Alternative Plan und Rekonstruktion; Pl. I, Rekonstr. Front. F. de Saulcy hatte als erster den Bau für einen Tempel gehalten, *Voyage en Terre Sainte*, 1865, 211-235. Watzinger hält den Bau ebenfalls für einen Tempel. Die Ruine ist 1961 f. unter der Leitung von Paul W. Lapp (Lapp ertrank 1970 beim Schwimmen im Mittelmeer) neu ausgegraben worden (*ADAJ*, VI-VII, 1962, 80-89). Lapp hielt den Bau damals, W. F. Albright folgend, für das Mausoleum der Tobiaden (p. 83). Nach der 2. Kampagne (1962) neigte er zu der Ansicht, es sei ein Tempel (*ADAJ*, X, 1965, 37-42, p. 39). Auch L. H. Vincent hält den Bau für einen Tempel: „un temple apparemment", *Jérusalem de l'Anc. Testament*, I, 1954, 339. Ist der Bau ein Tempel, was doch wohl die meiste Wahrscheinlichkeit für sich hat, könnte es wohl ein Doppeltempel gewesen sein,

aufrecht. Da aber weder Jesus Sirach (um 200 v. Chr.), noch Aristeas (um 130 v. Chr.) [86] Säulen am Eingang des zweiten Tempels erwähnten und sie auch am Eingang des herodianischen Tempels fehlten, ist am zweiten Tempel wohl ein Eingang ohne Säulen anzunehmen. Vom Tempel der Samaritaner auf dem Garizim, der nach Josephus (*Antiq.* XI, 8, 2, § 310) dem Tempel von Jerusalem gleich gewesen sein soll, sind kaum Spuren ans Licht gekommen [87]. Hekataios von Abdera (um 300 v. Chr.) sagt vom Jerusalemer Tempel nur, dass es ein grosser Bau war [88]; kein Wort über die Front des Tempels.

Eine interessante Notiz über den Eingang des zweiten Tempels findet sich im Brief des Aristeas (§ 85). Es soll aber nicht übersehen werden, dass der Tempel damals schon etwa vier Jahrhunderte alt war und Daten über seine Baugeschichte in diesen Jahrhunderten fast ganz fehlen. Der Eingang, so wie Aristeas ihn beschreibt, könnte erst später (unter den Hasmonäern) diese Form erhalten haben. WENDLAND übersetzt die bezügliche Stelle des Aristeasbriefes wie folgt: „Aber auch am Thor und seiner Verbindung mit der Schwelle und an der Befestigung des Thürsturzes zeigte sich der verschwenderische Geldaufwand" (bei KAUTZSCH, *Apokryphen*, II, 1900, 12, z.St.). Wäre diese Übertragung richtig, könnte es sich, da hier die Schwelle erwähnt wird, nur um den Eingang des Hēkal handeln. Eine Schwelle wird aber in dem Text nicht genannt, vgl. A. PELLETIER, *Lettre d'Aristée à Philocrate*, 1962, 144. ARISTEAS redet nicht über die Tür des Hēkal, sondern über den Eingang des Tempels. L. H. VINCENT übersetzt die Stelle folgendermassen: „La porte même, avec son assemblage de montants et son inébranlable linteau, trahisait déjà toute l'abondance prodigue des ressources employées" (*RB*, 5, 1908, 527; vgl. PELLETIER, *o.c.*, 145). Im Kommentar sagt VINCENT dann: „Il est visible, à

denn der Bau hatte zwei Vorhallen, eine an der Süd- und eine an der nördlichen Schmalseite: im Heiligtum könnte sowohl Baʿal Šamîn als Jahwe verehrt worden sein. Über die Verbreitung des Baʿal Šamîn-Kultes im Seleukidenreich siehe OTTO EISSFELDT, *Baʿalšamen und Jahwe*, *ZAW*, 57, 1939, 1-31, bes. 8 f. Dass Hyrkan feindlich gegenüber den Seleukiden stand, kann dagegen nicht angeführt werden; er stand auch feindlich gegenüber Jerusalem. — Aus dem Jerusalemer Tempel lässt der Bau sich nicht ableiten. J. B. MURRAY sieht den Bau als eine Synthese von hellenistischen, ägyptischen und persischen Einwirkungen (*Hellenistic Architecture in Syria*, 8). Der Tierfries verrät pers. Einfluss (vgl. D. SCHLUMBERGER, *Syria*, XXXVII, 1960, 274). Nabatäischer Einfluss verrät sich in Kapitellformen und — wenn wir recht haben — in der Weihung des Tempels sowohl an Baʿal Šamîn als an Jahwe. — KURT GALLING meint: „*Kasr-el-abd* war ( ) wohl das Konkurrenz-Heiligtum des Hyrkanus ( ) und ist den Tempeln von Elephantine und Leontopolis an die Seite zu stellen" (*EJ*, III, 1929, 225).

[86] Über die Datierung des Aristeas-Briefs siehe oben Anm. 81: PARENTE datiert den Brief rund 90 v. Chr. (p. 193; II, 2, 528 hält PARENTE eine Datierung um 75 v. Chr. für möglich). — BICKERMANN datiert den Brief zwischen 145-127 v. Chr. (*Zur Datierung des Pseudo-Aristeas*, *ZNW*, 29, 1930, 280-298, S. 293).

[87] Siehe Bd. I, 1970, 34, Anm. 127.

[88] Josephus, *c. Ap.*, I, 22 § 198: οἴκημα μέγα.

le lire, que cette entrée devait offrir un coup d'œil remarquable par ses proportions et son agencement. Ce qui est surtout mis en relief, c'est la stabilité, la „solidité" de cette immense ouverture. L'expression ἡ τῶν ὑπερθύρων ἀσφάλεια implique autre chose qu'un linteau usuel reliant les jambages" (*RB*, 6, 1909, 556). VINCENT weist zum Schluss hin auf den Eingang des herodianischen Tempels und sagt dann: „tout suggère que la structure hérodienne reproduisait, sur ce point comme sur tous les autres, un dispositif antérieur" (*ibid.*). Auch wir sind der Meinung, dass der herodianische Tempel sozusagen am zweiten Tempel vorgebildet gewesen sein muss. Wenn ARISTEAS die Breite und Höhe der Tür auch nicht erwähnt, dürfen wir doch mit VINCENT an eine Tür aussergewöhnlicher Grösse denken. Im ezechielischen Tempelentwurf beträgt die Breite des Tempeleingangs 14 Ellen (ca. 7 m), und dies war, wie wir annahmen, die Breite des Eingangs des salomonischen Tempels gewesen. In beiden Fällen handelt es sich aber um einen Säuleneingang. Ist der Eingang des zweiten Tempels später ebenfalls sieben Meter breit gewesen (am herodianischen Tempel war er 25 Ellen, ca. 12 m breit) [89], muss der Türsturz aus mehreren schweren Balken gebildet gewesen sein. Bei den Türpfosten ist nach Aristeas ebenfalls an mächtige Pfosten zu denken. VINCENT hat nicht gesagt, wie dieser aus mächtigen Hölzern konstruierte Tempeleingang Aristeas' Bewunderung erregen konnte. Sie lässt sich doch wohl daraus erklären, dass Aristeas aus dem holzarmen Ägypten kam. Eine Steinkonstruktion, womit er aus Ägypten bekannt war, hätte bei ihm wohl keine besondere Erwähnung gefunden.

Die Frage drängt sich auf, was den Gründer des zweiten Tempels veranlasst habe, den Säuleneingang, der doch den salomonischen Tempel — wie den ezechielischen — ausgezeichnet hatte, preiszugeben. Serubbabel kam aus Babylonien, es ist demnach vielleicht an Einfluss des babylonischen Tempelbaus zu denken. Für das Aufgeben des Säuleneingangs muss es aber doch auch andere Gründe gegeben haben. Das Ulam des salomonischen Tempels bildete sachlich und inhaltlich den Zugang zum Heiligtum. So war es auch beim ezechielischen Tempel, wo die Vorhalle sogar eine Angleichung an das Hēkal erfahren hatte. Beim zweiten Tempel hatte die Vorhalle diesen Charakter verloren. Aus Jesus Sirach und dem Briefe des Aristeas wissen wir, dass vor der Tür des Hēkal ein Vorhang hing und es ist anzunehmen, dass dieser Vorhang sich bis auf die Zeit Serubbabels zurückführen lässt [90]. Dass die Tür des Hēkal in sakraler Hinsicht der eigentliche Eingang des Heiligtums geworden war, geht besonders aus der Notiz bei Jesus Sirach über den Hohenpriester Simon hervor (50, 5). Es heisst nicht „wie prächtig war er, wenn er aus dem Tempel her-

---

[89] Josephus, *Bell. Jud.* V, 5, 4 § 208.
[90] Einen Vorhang hatte auch die Hauptzella der babylonischen Tempel, siehe A. FALKENSTEIN, *Topographie von Uruk*, I, 1941, 20 f. und Anm. 3.

vortrat" sondern, „wenn er hervortrat hinter dem Vorhange". Die Vorhalle war zu einer Art selbständiger Vorhalle geworden, ohne sakrale Bindung mit dem eigentlichen Heiligtum. Sie unterscheidet sich dadurch grundsätzlich von der Vorhalle des ezechielischen Tempels, die, wie bemerkt, eine Angleichung an das Hēkal erhalten hatte. Das Aufgeben des Säuleneingangs am zweiten Tempel lässt sich also auch aus der Herabsetzung der sakralen Bedeutung der Vorhalle erklären. Selbstverständlich wird auch hier wie am salomonischen, ezechielischen und herodianischen Tempel eine Treppe zum Eingang des Tempels emporgeführt haben. Einen sechs Ellen (ca. 3 m) hohen Sockel, wie der ezechielische Tempelentwurf ihn zeigt, kann der zweite Tempel aber schwerlich gehabt haben. Jesus Sirach hätte den Hohenpriester nicht aus dem Hēkal heraustreten sehen können und Aristeas hätte nicht die Bewegung des Vorhanges durch den Wind wahrnehmen können. Nach diesen Notizen könnte der Sockel höchstens etwa 1.50 m hoch gewesen sein und eine Treppe von Zehn Stufen (Ez.!) könnte zum Eingang hinaufgeführt haben (am herodianischen Tempel führten 12 Stufen zum Eingang der Vorhalle empor, *Bell. Jud.* V § 207).

4. *Das Hēkal.* Die Grundmasse des Hēkal werden selbstverständlich denen des alten Tempels (20 × 40 Ellen) entsprochen haben, denn noch das Heilige des herodianischen Tempels hatte diese Grundmasse[91]. Über Breite und Höhe der Tür des Hēkal lässt sich nichts mit Sicherheit aussagen. Die Breite könnte der des alten Tempels entsprochen haben. Anders steht es um die Höhe der Tür. Wir halten es für kaum wahrscheinlich, dass das Hēkal des zweiten Tempels, wie das des salomonischen, eine basilikale Beleuchtung gezeigt habe; es dürfte wahrscheinlich sein, dass über der Tür ein Oberlichtfenster (Abb. 195: D.F.) anzunehmen ist[92]. Im Abschnitt über den Umbau (Nr. 6) werden wir auf die Sache zurückkommen.

5. *Das Allerheiligste.* Die Grundmasse des Allerheiligsten werden denen des Debir des salomonischen Tempels (20 × 20 Ellen) entsprochen haben. Das Debir war ein hölzerner *naiskos* gewesen, der beim Brand 587 untergegangen war, wie die Lade. Die Frage ist nun, wie das Allerheiligste des zweiten Tempels vom Heiligen abgetrennt war. Im ezechielischen Tempelentwurf gibt es, wie wir Kap. IX. gesehen haben, eine zwei Ellen dicke Trennungsmauer mit einer durch Klapptüren ver-

---

[91] *Bell. Jud.* V § 215-216.

[92] Ein Fenster über der Tür des Hekal des herodianischen Tempels ist mit Sicherheit anzunehmen; darüber wird Kap. XIII. zu sprechen sein. — Die Beleuchtung des Hekal durch ein über der Tür liegendes Fenster macht es nun wohl sehr wahrscheinlich, dass der Tempeleingang, wie Aristeas' Notiz über den Tempeleingang vermuten lässt, eine grosse Höhe hatte, siehe Abb. 195: D, 196, 198: C. — Der Eingang des herodianischen Tempels war 70 Ellen hoch (Josephus, *Bell. Jud.* V § 208).

schlossenen, sechs Ellen breiten Türöffnung. Am Tempel des Herodes war das Allerheiligste durch einen Vorhang vom Heiligen getrennt (*Bell. Jud.* V, 5, 5 § 219). Aus I. Makk. IV, 51 wissen wir, dass man nach der Wiederinbesitznahme des Tempels durch Judas Makkabäus die Vorhänge (Plur.) wieder aufhing. Es kann sich hier nur um den Vorhang des Heiligen (bekannt aus Jesus Sirach und Aristeas) und den des Allerheiligsten (bekannt aus dem Tempel Salomos und aus Josephus Beschreibung des herodianischen Tempels) handeln. Es ist also auch am Allerheiligsten des zweiten Tempels mit Sicherheit ein Vorhang anzunehmen. Aus Josephus (*Bell. Jud.* V, 5, 5 § 219) scheint hervorzugehen, dass der Vorhang des Allerheiligsten sich über die ganze Breite des Raums (20 Ellen) erstreckt habe. Die Gesamtlänge des Heiligen und des Allerheiligsten habe 60 Ellen betragen, der vordere Raum war 40 Ellen tief, der hintere Raum 20 Ellen im Geviert. Es heisst dann, die innere Abteilung (das Allerheiligste) sei von der vorderen durch einen Vorhang getrennt gewesen. Das sieht so aus, als gäbe es keine Möglichkeit, eine Mauer zwischen dem Heiligen und Allerheiligsten anzunehmen (40 + 20 = 60 Ellen). Es ist aber sehr unwahrscheinlich, dass der Vorhang ganz frei, ohne Abschliessung an den Seiten, gehangen habe. Es sind auf den Seiten kurze Mauerzungen anzunehmen, über die Josephus einfach hinweggeht. Bei der Berechnung der Gesamtlänge der Räume hat Josephus die einzelnen Masse der zwei Räume, Heiliges (40 Ellen) und Allerheiligstes (20 Ellen), einfach addiert, ohne Rücksicht auf Mauerzungen, die wir aus sachlichen Gründen anzunehmen haben. Sie lassen sich vielleicht auch aus einem anderen Grund wahrscheinlich machen. L. H. Vincent hat darauf hingewiesen, dass Josephus den Vorhang des Allerheiligsten nur kurz erwähnt, wohl deshalb, weil dieser Vorhang dem des Heiligen ähnlich war (*Jérusalem*, II-III, 1956, 463). Der Vorhang des Heiligen hing vor der 16 Ellen breiten Tür (*Bell. Jud.* V, 5, 4 § 212). Es dürfte möglich sein, dass auch der Vorhang des Allerheiligsten etwa 16 Ellen breit gewesen ist. Bei dieser Breite sind zwischen dem Heiligen und dem Allerheiligsten etwa 2½ Ellen breite Mauerflächen anzunehmen [93]. Über die Breite des Vorhangs des Allerheiligsten des zweiten Tempels gibt es keine Daten. Die Wahrscheinlichkeit spricht aber dafür, dass die Türöffnung des Allerheiligsten eine verhältnismässig geringe Breite hatte. Das *Debir* des salomonischen Tempels zeigte eine fast ganz geschlossene Front, entwicklungsgeschichtlich ist anzunehmen, dass die Front des Allerheiligsten des zweiten Tempels davon noch eine Spur gezeigt habe [94]. Türflügel kann es nicht gegeben haben, denn sie fehlen am herodianischen Tempel.

[93] Dass Josephus die Mauerzungen nicht erwähnt, deutet aber wohl eher darauf, dass der Vorhang die Breite des Innenraums (20 Ellen) gehabt habe. Sie lagen hinter dem Vorhang, waren somit unsichtbar.

[94] Im ez. Tempelentwurf ist die Tür des Allerheiligsten 6 Ellen breit (Ez. 41, 3). Am zweiten

Die Durchbrechung der Trennungswand zwischen dem Heiligen und dem Allerheiligsten, das Zumachen der Türöffnung mittels einem Vorhang statt Türflügeln,
deutet darauf, dass nun dem Heiligen eine grössere Heiligkeit zugesagt wurde als
zur Zeit des salomonischen Tempels, als das Debir noch die Behausung der Lade
war. Ezechiel hatte dem Debir des salomonischen Tempels seine Selbständigkeit
im architektonischen Sinne genommen; er stand nichtsdestoweniger noch im
Banne der geschlossenen Behausung Jahwes. Serubbabel öffnet das Allerheiligste
(Abb. 195: A, Grundriss), wenn auch, wie anzunehmen ist, in geringer Breite, nach
dem Heiligen zu [95].

Über die Dicke der Trennungsmauer lässt sich mit Sicherheit nichts aussagen.
Wir dürfen aber annehmen, dass das Allerheiligste des zweiten Tempels genau an
der Stelle des alten Debir gelegen hat. Die Rückwand des Allerheiligsten wird wohl
genau auf die Linie des alten Debir gestellt gewesen sein und die Trennungsmauer
zwischen Heiligem und Allerheiligstem muss demnach nach dem Heiligen zu gelegen haben. Auch die Frontseite des Heiligen könnte wohl genau auf die Linie der
alten Frontseite gestellt gewesen sein. Das 40 Ellen tiefe Heilige des zweiten Tempels
kann nun nicht genau an der alten Stelle gelegen haben: es lag die Dicke der Trennungsmauer nach Osten hin verschoben. Sind die Mauern des zweiten Tempels 4
Ellen dick gewesen — die des alten Tempels hatten eine Dicke von 6 Ellen —, muss
die Trennungsmauer zwischen Heiligem und Allerheiligstem eine Stärke von 2
Ellen gehabt haben. Dass sie bis an die Decke des Heiligen aufgezogen gewesen ist,
dürfen wir annehmen. Kubenförmig wie das Debir des salomonischen Tempels ist
das Allerheiligste des zweiten Tempels sicher nicht gewesen, so wenig wie das
Allerheiligste des ezechielischen und des herodianischen Tempels. Der Chronist
erwähnt in der Beschreibung des salomonischen Tempels wohl die Grundmasse des
Allerheiligsten, nicht aber seine Höhe (2. Chron. 3, 8). Dies lässt sich nur daraus
erklären, dass das Allerheiligste des zweiten Tempels nicht kubenförmig gewesen ist.

6. *Der Umbau.* Dass der zweite Tempel, wie der salomonische und der herodianische, einen Kammerumbau gehabt habe, unterliegt nicht dem Zweifel; aller
Wahrscheinlichkeit nach ist er aber anders gestaltet gewesen als der Umbau des
salomonischen Tempels. Am herodianischen Tempel hatte der Umbau die Höhe des
Heiligen [96] und das Heilige war demnach aussen nicht sichtbar. Es ist kaum anzu-

---

Tempel könnte die Türöffnung ebenfalls 6 Ellen breit gewesen sein; für den Vorhang wäre dann
eine Breite von mindestens 8 Ellen anzunehmen.

[95] Es verrät sich hierin wieder Einfluss aus Babylonien, wo die Hauptzella nur durch einen
Vorhang verschlossen war (oben Anm. 90).

[96] Josephus, *Bell. Jud.* V § 220-221.

nehmen, dass Herodes es gewagt hätte, das Heilige aussen ganz unsichtbar zu machen, wenn nicht schon der zweite Tempel sich durch diese Besonderheit ausgezeichnet hätte. Schon aus diesem Grunde dürfen wir annehmen, dass auch der Umbau des zweiten Tempels die Höhe des Heiligen gehabt hat. Es kommt hinzu, dass man später den zweiten Tempel um ein Stockwerk erhöht hat; der Umbau muss demnach entweder damals schon die Höhe des Erdgeschosses gehabt haben, oder bei der Errichtung des Obergeschosses zu der Höhe des Erdgeschosses erhöht worden sein [97]. Wir halten dafür, dass der Umbau des zweiten Tempels von Anfang an die Höhe des Heiligen gehabt hat. Die geringe Höhe des Umbaus des salomonischen Tempels liess sich aus dem Wunsch, das Hēkal basilikal zu beleuchten, erklären: zwischen dem Dach des Umbaus und der Decke des Hēkals brauchte man Raum zur Anordnung der Fenster. Die geringe Höhe des Umbaus führte aber zu einer sehr geringen Höhe der drei Geschosse und dies erforderte die Anwendung einer Holzkonstruktion, die sehr viel Holz verlangte, wie wir im ersten Bande klar gemacht haben [98]. Beim Bau des zweiten Tempels hätte man sich das Holz für diese kostspielige Konstruktion sicher nicht beschaffen können. Der Architekt des zweiten Tempels hat auf die basilikale Beleuchtung des Heiligen verzichtet und dem Kammerumbau die Höhe des Heiligen gegeben, was für die drei Stockwerke des Umbaus zu einer Geschosshöhe von etwa 4½-5 m führte. Bei dieser Geschosshöhe war die Anwendung einer kostspieligen Holzkonstruktion nicht nötig, denn durch die grosse Höhe der Quermauern war ein guter Verband zwischen Hauptbau und Umbau gesichert. Ob wir beim Verzicht auf die basilikale Beleuchtung des Heiligen auch an Einfluss des babylonischen Tempelbaus zu denken haben, lässt sich nicht ausmachen. Die Cella der babylonischen Tempel wurde durch die Tür mit Licht versorgt [99]. Zwar handelt es sich hier um Breitraum-Zellen, oft gab es aber mehrere Vorzellen, was zu einer sehr grossen Tiefe führte, am Nebo-Tempel von Borsippa z.B. zu einer Tiefe von etwa 23 m [100]. Das Heilige des herodianischen Tempels wurde, wie oben bemerkt durch ein über der Tür des Heiligen angebrachtes Oberlichtfenster beleuchtet; am zweiten Tempel wird es über der Tür des Heiligen ebenfalls ein Fenster gegeben haben (Abb. 195: B, D, F).

[97] Wie das Obergeschoss des herodianischen Tempels betreten wurde, berichtet Josephus nicht; aus dem Traktat Middot wissen wir: vom Dach des Umbaus aus (Midd. IV, 5). Beim zweiten Tempel wird es nicht anders gewesen sein.

[98] Bd. I, 1970, 210 ff.

[99] In der Frühzeit Mesopotamiens (Uruk-Periode und Dj. Nasr-Periode) ist basilikale Beleuchtung bekannt gewesen, siehe M. E. L. MALLOWAN, *Excavations at Brak and Chagar Bazar, Iraq*, IX, 1, 1947, 1-87, bes. p. 61.

[100] R. KOLDEWEY, *Die Tempel von Babylon und Borsippa*, 1911, Taf. XII. — Am parthischen Gareus-Tempel in Uruk gibt es an der Rückwand der Cella, gerade über dem Kopf des Kultbildes, einen schmalen Lichtschlitz (E. HEINRICH, 6. *Vorläufiger Bericht*, 1935, 33).

Die Geschosshöhe der Kammern des Umbaus stellten wir hypothetisch auf 4½-5 m. Die Frage ist nun, welche Höhe für den zweiten Tempel anzunehmen sei. Nach Esra 6, 3 soll im Kyros-Edikt die Höhe auf 60 Ellen bestimmt gewesen sein. Kommentatoren halten den Vs., wie oben schon bemerkt, für verdorben.[101] Wir halten dafür, dass im Kyros-Edikt die Höhe vorgeschrieben war, nur kann der zweite Tempel nicht 60 Ellen hoch gewesen sein, selbst nicht nach der Errichtung des Obergeschosses. Nach Josephus hat Herodes den Jerusalemer Tempel um 60 Ellen höher gemacht als der alte Tempel gewesen war (*Antiq.* XV, 11, 1 § 385), was für den zweiten Tempel (das Obergeschoss eingerechnet) eine Höhe von 100 — 60 = 40 Ellen ergibt. Es dürfte wahrscheinlich sein, dass der Tempel vor der Errichtung des Obergeschosses die Höhe des salomonischen Tempels (30 Ellen) gehabt habe und es ist also anzunehmen, dass die Zahl 60 im Kyros-Edikt (Esra 6, 3) verdorben ist. Die Zahl 60 Ellen für die Breite des Tempels halten wir, wie oben bemerkt, für authentisch, wenn auch ursprünglich nicht zum Kyros-Edikt gehörig. Aus dieser Zahl lässt sich vielleicht die Verschreibung für die Höhe des Tempels (60 anstatt 30) erklären. Bei einer Höhe des Tempels und des Umbaus von 30 Ellen haben die Kammern des Umbaus eine Höhe von etwa 4½-5 m. gehabt. Im salomonischen Tempel hatte es auf jedem Stockwerk des Umbaus 30 Kammern gegeben[102]. Über die Zahl der Kammern am Umbau des herodianischen Tempels wird von Josephus nichts berichtet und so lässt sich auch nicht mit Sicherheit sagen, wieviel Kammern der Umbau des zweiten Tempels gehabt habe[103].

7. *Das Obergeschoss* (Abb. 198, A, B, C, D und 196). Aus Josephus' Beschreibung des herodianischen Tempels und aus dem Traktat Middot geht klar hervor, dass der dritte Jerusalemer Tempel zweigeschossig gewesen ist[104]. Das Obergeschoss überlagerte das Heilige und das Allerheiligste. Dass wir es hier mit einer von Herodes angebrachten Neuerung zu tun haben, dürfte unwahrscheinlich sein. Die Juden würden die Überlagerung des Heiligen und Allerheiligsten mit einem Obergeschoss, handelte es sich um eine herodianische Neuerung, sicher nicht erlaubt haben. Das Obergeschoss muss schon am zweiten Tempel vorgebildet gewesen sein. Josephus, der übrigens den zweiten Tempel auch nicht gekannt hat, erwähnt das Obergeschoss des zweiten Tempels nicht. Wo er über den zweiten Tempel spricht (*Antiq.* XI,

[101] W. RUDOLPH, *Esra und Nehemia*, 1949, 54. — Siehe auch Bd. I, 1970, 20 und Anm. 112-113.
[102] Diese Zahl der Kammern ist aus Ez. 41, 6 bekannt.
[103] Im Traktat Middot hat der Umbau im ganzen 38 Kammern, verteilt über drei Geschosse (Midd. IV, 3). Unsere Rekonstruktion des Herodianischen Tempels enthält im ganzen 39 Kammern, verteilt über drei Geschosse und die gleiche Zahl meinten wir am Umbau des zweiten Tempels annehmen zu dürfen (Abb. 195: A).
[104] *Bell. Jud.* V § 211. — Middot IV, 6.

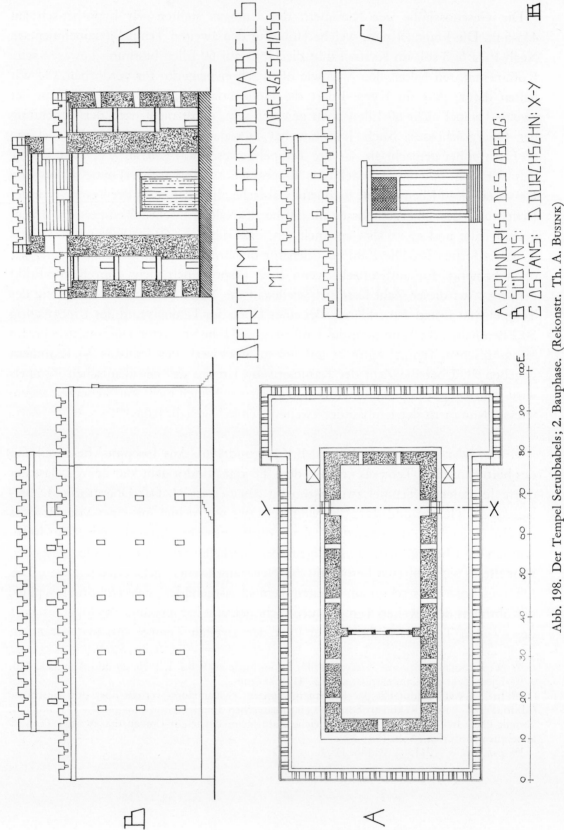

Abb. 198. Der Tempel Serubbabels; 2. Bauphase. (Rekonstr. Th. A. Busink)

5, 4 § 149), ist nicht von den oberen Räume des Tempels die Rede, wie CLEMENTZ
die Stelle falsch übersetzt; es heisst „unter freiem Himmel", d.h. im Innenhof, oder
im Raum vor dem Tempel: ἐν τῷ ὑπαίθρῳ τοῦ ἱεροῦ.

Der Chronist (2. Chron. 3, 9) erwähnt Obergemächer des salomonischen Tempels,
während doch aus dem Baubericht der Bücher Könige klar hervorgeht, dass der
salomonische Tempel keine Obergemächer hatte. Die Notiz des Chronisten lässt
sich aus dem Obergeschoss des zweiten Tempels, der noch aufrecht stand, als der
Chronist sein Geschichtswerk verfasste, erklären. Leider gehen die Meinungen der
Kommentatoren über die Datierung der Bücher Chronik weit auseinander und es
ist demnach auch kein terminus ante quem für den Bau des Obergeschosses mit
Sicherheit zu bestimmen. Nach KURT GALLING ist die Endredaktion des Werkes
ca. 200 v. Chr. anzusetzen [105].

Dass das Obergeschoss nicht aus der Zeit Serubbabels stammt, dürfen wir wohl
mit Sicherheit annehmen. Es liesse sich kein Grund anführen, welcher damals zu der
Errichtung eines Obergeschosses geführt haben könnte [106]. Wann und unter welchem
Hohenpriester dem Tempel das Obergeschoss hinzugefügt wurde, lässt sich nicht
mit Sicherheit ausmachen. Als Erbauer des Obergeschosses kommt aber der Hohepriester Simon I. (ca. 200 v. Chr.) am meisten in Frage. Über seine Bauarbeiten am
Tempel und an den Mauern Jerusalems, das Graben eines Teiches, usw. berichtet
Jesus Sirach (50, 1 ff.). Er nennt Simon den grössten unter seiner Brüdern und den
Ruhm seines Volkes (50, 1-2). F. M. ABEL bemerkt dazu: „Pour avoir suscité un tel
enthousiasme chez le Siracide, les travaux de Simon, fils d'Onias, supposent comme
résultat une réflection monumentale qui reléguait facilement dans l'oubli la restauration indigente du retour de l'Exil" [107]. Aus dem Text geht nicht mit Sicherheit
hervor, dass auch an die Errichtung des Obergeschosses des Tempels zu denken
ist. Es handelt sich um den schwierigen Vs. 50, 2, von RIJSSEL folgendermassen
übersetzt: „die Festungszinnen am Tempel des Königs" (bei KAUTZSCH, *Apokry-*

---

[105] *RGG*, I³, 1957, Sp. 1806. — Siehe auch Bd. I, 1970, 23, Anm. 86.

[106] Auch die verhältnismässig kurze Bauzeit des zweiten Tempels (4 Jahre) macht es unwahrscheinlich, dass das Obergeschoss zum ursprünglichen Entwurf gehört.

[107] *Histoire de la Palestine depuis la conquête d'Alexandre*, I, 1952, 96. — An Nehemia als Errichter
des Obergeschosses ist nicht zu denken, wenn er auch II. Makk. I, 18 als Bauer des Tempels bezeichnet und von Jesus Sirach (49, 13) verherrlicht wird. In der Denkschrift würde Nehemia es sicher
berichtet haben. Auch Esra, der von Jesus Sirach überhaupt nicht erwähnt wird kommt als Errichter
des Obergeschosses nicht in Betracht; einen Grund, den Tempel mit einem zweiten Stockwerk
auszustatten, hat es damals sicher nicht gegeben. — Das Schweigen des Sirach über Esra lässt sich
nach HENRI CAZELLES aus Sirach's Hass gegen die Samaritaner erklären: Esra hatte die Samaritaner
zu den 12 Stämmen gerechnet (*La Mission d'Esdras, VT*, IV, 1954, 113-140, p. 133). PETER HÖFFKEN
erklärt das Schweigen daraus, dass Jesus Sirach ein anderes Verständnis des theokratisch geordneten
Israel vertritt als der Chronist und damit Esra (*Warum schwieg Jesus Sirach über Esra?, ZAW*, 87,
1975, 184-202).

phen, I, 468, z.St.). Haben wir in היכל מלך den Tempel zu sehen, wie RIJSSEL wohl zu recht annimmt, (anderer Meinung ist u.a. ANDREAS JANSEN, *Het Boek Ecclesiasticus, De heilige Boeken van het Oude Verbond*, V, 1933, 567, n. 1 auf p. 568), könnte u.E. in מעון, „Wohnung", das Obergeschoss des Tempels stecken. RIJSSEL hält aber das Wort für verdorben; er hält es für geraten, מעוז „Zuflucht" als das ursprüngliche Textwort anzusehen [111]. RIJSSEL sagt dann: „Gemeint würde dann sein, dass die Zinnen, die der Mauer aufgesetzt wurden, zum Schutze der Verteidigungsmannschaften dienen sollten . . ." (*o.c.*, 468, Anm. a). Auch מעון „Wohnung" hat übrigens die Bedeutung „Zuflucht" (Ps. 90, 1; nach RIJSSEL ist hier freilich מעוז zu lesen, *l.c.*). Es könnte sich u.E. bei מעון um das Obergeschoss als Quartier der Verteidigungsmannschaften handeln. Der Tempel war kurz vorher von dem ägyptischen Feldherrn Skopas belagert worden, und damals sind die Säulenhallen des Tempelplatzes mindestens zum Teil zerstört worden. Im nächsten Kapitel wird darauf noch zurückzukommen sein.

Die Höhe des Obergeschosses kam oben schon zur Sprache. Als Herodes sein Vorhaben, den Tempel zu erneuern, durch eine Ansprache an das Volk bekannt machte, soll er nach Josephus darauf hingewiesen haben, dass an der Höhe des von den aus dem Exil Zurückgekehrten erbauten Tempels noch sechzig Ellen fehlten, „um welche der früher von Salomo errichtete Tempel ihn überragte" (*Antiq*. XV, 11, 1 § 385). Der herodianische Tempel war 100 Ellen hoch, der zweite Tempel kann also damals, ein 10 Ellen hohes Obergeschoss eingerechnet, 40 Ellen hoch gewesen sein. An einer anderen Stelle (*Antiq*. XV, 11, 3 § 391) heisst es zwar, der herodianische Tempel sei 120 Ellen hoch gewesen; dieser Notiz ist aber für die Höhe des Tempels zur Zeit des Herodes kein Gewicht beizulegen. Es wird *Bell. Jud.* V, 5, 5 § 221 klar gesagt, dass der untere Raum 60, der obere Raum etwa 40 Ellen hoch gewesen sei. „Rechnet man die vierzig Ellen zu den sechzig vom Boden aus, so ergibt sich eine Gesamthöhe von hundert Ellen" (*ibid.*).

Josephus berichtet, dass auf der Spitze des herodianischen Tempels goldene Spiesse — Vogelscheuchen — aufgesetzt waren, damit der Tempel nicht von Vögeln verunreinigt werde (*Bell. Jud.* V, 5, 6 § 224). DANIEL SPERBER hat in einem interessanten Aufsatz betont, dass auch der zweite Tempel wenigstens später solche Vogelscheuchen gezeigt haben könnte (*A Note on a coin of Antigonus Mattathias, JQR*, LIV, 1963, 250-257). Der Revers der Münze zeigt eine waagerechte Linie, auf die

---

[108] Vgl. ISRAEL LEVI, *The Hebrew Text of the book of Ecclesiasticus*, Repr. 1951, 70, Anm. d. — Aus dem 2. Jahrh. v. Chr. lässt sich ein Beispiel eines Tempels mit Obergeschoss bzw. Obergemach anführen: der Tempel der Nanaia im alten Susiana muss ein Obergeschoss bzw. Obergemach gehabt haben. Als Antiochos IV. Epiphanes den Tempel betreten hatte, um diesen auszuplündern, wurde er durch eine geheime „Tür" in der Decke mit Steinen beworfen und getötet (II. Makk. I, 13 f.).

vier senkrechte Pfeile gestellt sind (*M. Narkis, Coins of Israel*, 1936, hebr., Pl. 2, Fig. 3). SPERBER sagt dazu: „it looks most exactly like (a row of) spikes fixed into and coming out of a base-line" (p. 251). SPERBER möchte hierin die Vogelscheuchen des zweiten Tempels sehen. „There may be even more to this than merely as a cipher representing the temple. For Antigonus we know was radically anti-Roman [109], and Rome was generally symbolized by the eagle" (p. 254). Die Vogelscheuchen würden dann symbolisch „prevent the Roman eagle from alighting upon the temple precincts" (*ibid.*) [110].

F — DER TEMPELHOF
(Abb. 199)

1. *Vorhof und Altarhof.* Unter den späteren Königen Judas war, wie wir Band I gesehen haben, dem Altarhof des salomonischen Tempels ein neuer Hof vorgelagert worden [111]. Beim Wiederaufbau des Tempels 520 v. Chr. wird man die Anlage der alten Höfe beibehalten haben. Dass der nachexilische Tempel anfangs mehr als einen Hof hatte, dafür zeugt Neh. 8, 16, wo von den Höfen des Tempels Gottes die Rede ist. Dass der Vorhof nur eine verhältnismässig geringe Tiefe hatte (Abb. 199, links), meinen wir aus Neh. 8, 1 schliessen zu dürfen, wo es heisst, beim Vorlesen des Gesetzes durch Esra habe sich das Volk auf dem freien Platz am Wassertor versammelt; offenbar war der Vorhof für eine Versammlung des Volkes zu geringen Umfangs. KURT GALLING denkt darüber freilich anders; er meint, dies sei vielleicht geschehen, „um auch kultisch Unreinen die Teilnahme an diesem Akt zu ermöglichen" [112].

Die Trennungsmauer zwischen Vorhof und Altarhof muss vor etwa 300 v. Chr. niedergerissen worden sein (Abb. 199, rechts) denn Hekataios (um 300 v. Chr.) erwähnt den Vorhof nicht. Es heisst, es befindet sich in der Mitte der Stadt (!) ein etwa fünf Plethren breiter und hundert Ellen langer steinerner peribolos (ca. 50 × 150 m), in dem zwei Tore waren. Innerhalb der Umfriedung stand ein grosses

---

[109] Er war von den Parthern zum König ernannt und ist dann nach der Einnahme Jerusalems durch Sosius und Herodes (37 v. Chr.) auf Befehl des Antonius, der von Herodes bestochen war, enthauptet worden (*Antiq.* XIV § 481-490). Er ist der letzte Herrscher aus der Dynastie der Hasmonäer gewesen.

[110] PAUL ROMANOFF hält die vier senkrechten Pfeile für die vier Hörner des goldenen Altars „or the four crowns (horns) of the Table of the Shew bread... This emblem may as well suggest the earth" (*JQR*, XXIV, 1943, 168, n. 141). — Dass Vogelscheuchen schon am zweiten Tempel vorkamen, dürfte durchaus möglich sein; die vier Pfeile sind doch wohl eher, wie ROMANOFF meint, mit dem Altar in Beziehung zu setzen, nur möchten wir an den Brandopferaltar denken.

[111] Bd. I, 1970, 146 und Abb. 45, S. 147; 47, S. 160.

[112] *Studien zur Gesch. Israels im persischen Zeitalter*, 1964, 181.

Gebäude (οἴχημα μέγα) und ein Altar (*apud Josephus, c. Ap.*, I, 22 § 198). Die ursprünglich zweihöfige Anlage verrät sich vielleicht noch in den zwei Toren (ἔχων διπλᾶς πύλας), von denen eins auf der Ostseite anzunehmen ist, während das zweite auf der Südseite zum alten Altarhof geführt haben könnte.

Wann die Trennungsmauer zwischen Vorhof und Altarhof beseitigt worden ist,

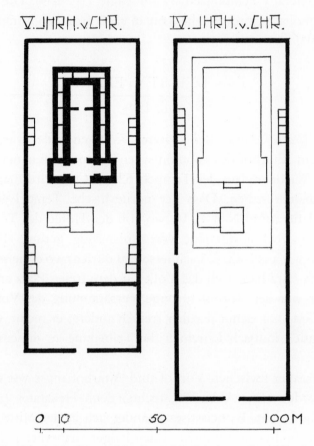

Abb. 199. Der zweite Tempel im 5. und 4. Jahrh. v. Chr. (Th. A. BUSINK)

lässt sich nicht mit Sicherheit ausmachen. Was zu der Beseitigung geführt habe, lässt sich wohl erraten: alle Tempelbesucher, auch die im Vorhof stehenden, sollten teilhaben am Opferkult. Schon in der ersten Hälfte des 5. Jahrhunderts v. Chr. hatte es in Israel zwei diametral entgegengesetzte geistige Strömungen gegeben. „Die Auffassung der einen Gruppe vom Wesen der jüdischen Religion war weitherzig und der Vermischung mit den eingesessenen Völkerschaften günstig; die andere Gruppe lehnte jede Verbindung mit den Fremden und Halbfremden, d.h. den Bewohnern von Samaria, entschieden ab und verfolgte eine Politik nationaler und religiöser Isolierung" [113]. Ähnliche Strömungen hatte es im 5. Jahrhundert v. Chr. auch unter den Juden in Ägypten gegeben. Über die jüdischen Einwohner von Syene sagte THEODOR NÖLDEKE 1907: „Offenbar war es nahe daran, dass diese Juden mit ihren Nachbarn verschmolzen, was vielleicht — und wohl kaum zum Unheil des jüdischen Volkes! — auch im grossen geschehen wäre ohne die Bemühungen Esra's, Nehemia's und ihrer Anhänger und dann wieder der Hasmonäer und Pharisäer" [114]. In der Zeit Nehemias hatte schon der Hohepriester Eljašib gute Verbindungen mit dem Statthalter und der Oberschicht von Samaria angeknüpft. „Wir beachten hier zum ersten Male eine der nachbarlichen und teilweise fremden Umgebung zugetane Haltung der hohenpriesterlichen Sadokiden, die auch in späterer Zeit noch wiederholt hervorgetreten ist" (M. NOTH, *Geschichte Israels*, 1956, 296). Dass die Trennungsmauer zwischen Vorhof und Altarhof im 5. oder 4. Jahrhundert v. Chr. von einem der Isolierung abholden Hohenpriester niedergelegt worden sei, dürfte aber kaum wahrscheinlich sein, denn es würde implizieren, dass damals auch Fremde den Altarhof betreten durften. Wahrscheinlicher dürfte sein, dass wir es mit einer anti-priesterlichen demokratischen Bewegung zu tun haben, welche zu der Niederlegung der Trennungsmauer führte. Nach AAGE BENTZEN ist die anti-priesterliche Empörung der Rotte Korachs (Num. 16) hauptsächlich in die erste Hälfte des fünften Jahrhunderts zu datieren [115]. Eine ähnliche Bewegung könnte später dazu geführt haben, dass der Unterschied zwischen Laienhof und Altarhof aufgehoben wurde. Einen regelrechten Vorhof hatte es während des ganzen Späteren Bestandes des zweiten Tempels nicht mehr gegeben. Erst der herodianische Tempel zeigt wieder einen Vorhof: der Vorhof, den auch Frauen betreten durften.

2. *Vorratskammern*. Aus Neh. 12, 44 wissen wir, dass in dem Tempelhof Vorratskammern für die Hebeopfer, die Erstlinge und die Zehnten gelegen haben. Der Hohepriester Eljašib hatte eine dieser Kammern — sie wird als gross bezeichnet לשכה גדולה — für Tobias den Ammoniter eingerichtet (Neh. 13, 5 ff.). Judas Makkabäus und seine Gefährten sahen die Kammern (παστοφόρια) zerstört liegen (I. Makk. IV, 38). Die Kammern werden an den Hofmauern gelegen haben; ob sie einheitlich im Gesamtplan aufgenommen waren, oder ob sie zufällige Anbauten gebildet haben, bleibt eine Frage [116].

---

[113] ABRAHAM SCHALIT, *König Herodes*, 1969, 490.
[114] *Die aramäischen Papyri von Assuan*, ZA, 20, 1907, 130-150, S. 132.
[115] *Priesterschrift und Laien in der jüdischen Gemeinde des fünften Jahrhunderts*, AfO, VI, 1930-1931, 280-286, S. 282. Vgl. HARTMUT GESE, *Zur Geschichte der Kultsänger am zweiten Tempel*, in *Festschrift für Otto Michel zum 60. Geburtstag*, 1963, 222-234, S. 233.
[116] Es lässt sich nicht ausmachen, ob die Kammern zum ursprünglichen Entwurf des zweiten

3. *Der Brandopferaltar*. Bei der Verwüstung des salomonischen Tempels 587 v. Chr. ist selbstverständlich auch der Brandopferaltar zerstört worden. Nach Esra 3, 3 ist der neue Altar an der alten Stelle errichtet worden. Der zerstörte Altar dürfte der unter Ahas nach „syrischem" Modell gebaute (2. Kön. 16, 10) gewesen sein, denn es wird im Alten Testament nicht berichtet, dass er durch einen anderen ersetzt worden ist. Der Chronist geht über den Ahas Altar hinweg; er berichtet nur, Ahas habe den Göttern von Damaskus geopfert (2. Chron. 28, 23). Er erwähnt (in der Beschreibung des salomonischen Tempels) den von Salomo verfertigten ehernen Altar, der nach dem Chronisten 20 × 20 Ellen gross und 10 Ellen hoch gewesen sein soll (2. Chron. 4, 1). Dass Salomos versetzbarer, eherner Altar beträchtlich kleiner gewesen sein muss, darüber haben wir im ersten Bande gesprochen [117]. Über den Brandopferaltar des zweiten Tempels haben wir den Bericht des Hekataios bei Flavius Josephus (*c. Ap*. I, 22 § 198). Der aus unbehauenen Steinen errichtete Altar war 20 × 20 Ellen gross und 10 Ellen hoch. Es sind dies die Masse, welche der Chronist dem salomonischen Altar gibt, die er aber sicher dem Altar des zweiten Tempels entnommen hat. Dass der Altar gestuft war, wird nirgends berichtet, wir dürfen es aber im Hinblick auf die verhältnismässig grosse Höhe (ca. 5 m) mit Sicherheit annehmen [118].

Dass der 587 v. Chr. zerstörte Altar (der Ahas-Altar) schon 20 × 20 Ellen gross war, dürfte kaum wahrscheinlich sein. Solche Masse hätten in keinem Verhältniss zu der Vorhalle des salomonischen Tempels gestanden. Hinzu kommt, dass diese Masse genau denen des Allerheiligsten des Tempels entsprechen, eine Übereinstimmung, welche wohl kaum Zufall sein wird, aber doch schwerlich von dem Verehrer der assyrischen Gottheiten, Ahas, bestimmt worden ist. Daraus ergibt sich die Möglichkeit, dass der nachexilische Altar, der an der alten Stelle errichtet wurde (Esra 3, 3), ursprünglich kleiner als 20 × 20 Ellen war und später vergrössert worden ist. Nach Esra 3, 2 f. hatte man schon im siebenten Monat nach der Rückkehr unter Kyros angefangen, den Brandopferaltar zu bauen, als der Tempel noch nicht gegründet war (3, 6: והיכל יהוה לא יסד). Wenn wir es hier auch mit der Vorstellung des Chronisten zu tun haben, so ist doch anzunehmen, dass der Altar vor der

---

Tempels zu rechnen sind. Jedenfalls ist mit der Möglichkeit zu rechnen, dass Nehemia einige habe hinzufügen lassen. Man denke an die Einführung der Tempelsteuer (Neh. 10, 32). — Aus der Archäologie liesse sich die aus der Hellenistischen Periode datierende Solar-Shrine in Lachiš nennen: an der Frontmauer, Innenseite, gibt es hier eine Vierzahl angebauter Kammern (*IEJ*, 18, 1968, Fig. 1, p. 158, Y. AHARONI); hier Abb. 192.

[117] Bd. I, 1970, 321 ff.

[118] Auch Josephus schweigt über den gestuften Aufbau des Brandopferaltars des herod. Tempels (*Bell. Jud*. V § 225); Middot III, 1-4 wird der Altar als gestuft beschrieben. Sowohl Josephus wie Middot erwähnt die Hörner des Altars, die auch am Altar des zweiten Tempels anzunehmen sind (vgl. Altar im ezechielischen Tempelentwurf, Abb. 182).

Grundlegung des Tempels, aber ebenfalls im zweiten Jahre des Darius, errichtet worden ist. Aus Haggai 2, 12 f. wissen wir, dass es, schon bevor der Tempelbau vollendet war, einen Opferdienst gegeben hatte. Dass man damals schon einen 20 × 20 Ellen grossen Altar errichtet hätte, dürfte kaum wahrschenlich sein. Opferspenden hatte es noch kaum gegeben. Von reichen Opferspenden hören wir erst in der Zeit Esra's (*Artaxerxes-Erlass*; Esra 7, 13 ff.)[119], und vielleicht darf man die Vergrösserung des Altars Esra zuschreiben, wenn ein Bericht darüber im Alten Testament auch fehlt.

Der Aufgang des Altars kam schon Kap. IX. zur Sprache. Wie beim herodianischen Tempel wird er auf der Südseite gelegen haben (*Bell. Jud.* V, 5, 6 § 225; Middot, III, 1). An die Ostseite (so bei Ezechiel) ist nicht zu denken: die Gläubigen hätten den Rücken des Hohenpriesters geschaut, wenn dieser den Altar bestieg. Dass dies nicht der Fall war, schliessen wir aus Jesus Sirach 50, 11 b, wo der Verfasser den Hohenpriester Simon den Altar besteigen sieht: „wenn er hinaufstieg zu dem majestätischen Altar und die Umfriedigung des Heiligtums verherrlichte" (Übers. V. Rijssel, in Kautzsch, *Apokryphen*, I, 469 z.St.). Aristeas, der den Brandopferaltar ebenfalls erwähnt und auch über den Aufgang spricht (§ 87), schweigt über die Lage der Rampe. Dass für den Aufgang eine Rampe und nicht wie bei Ezechiel eine Treppe anzunehmen ist, darf man aus Analogie der Altarrampe am herodianischen Tempel wohl annehmen. Hat der Anfang der Rampe in der Seitenlinie der 60 Ellen breiten Tempelfront gelegen, so muss der Neigungsgrad der Rampe etwa 1:2 gewesen sein.

Der Brandopferaltar ist 168 v. Chr. durch Antiochos IV. Epiphanes entweiht (I. Makk. I, 57) und dann 165 v. Chr. von Judas Makkabäus abgebrochen und erneuert worden (I. Makk. IV, 45-47). Darüber mehr im nächsten Kapitel.

G — DER AUSSENHOF
(Abb. 200)

1. *Datierung.* Der Jerusalemer Tempel hat erst verhältnismässig spät einen Aussenhof erhalten, der doch kennzeichnend war für den ezechielischen Tempelentwurf. Dass in der Zeit Esra's ein Aussenhof fehlte, schliessen wir aus Esra 10, 9: „Und das ganze Volk sass auf dem freien Platz vor dem Tempel Gottes, …" (ברחוב בית האלהים). Auf der Ostseite des Heiligtums hatte es offenbar einen geräumigen Platz gegeben, der nicht zum eigentlichen Heiligtum gerechnet wurde. Das von einer Mauer umschlossene Heiligtum muss noch offen auf dem — wenn auch ummauerten

---

[119] Kurt Galling behandelt den Erlass eingehend in *Studien zur Gesch. Israels im persischen Zeitalter*, 160 ff.; Rekonstruktion des Königserlasses auf S. 177-178.

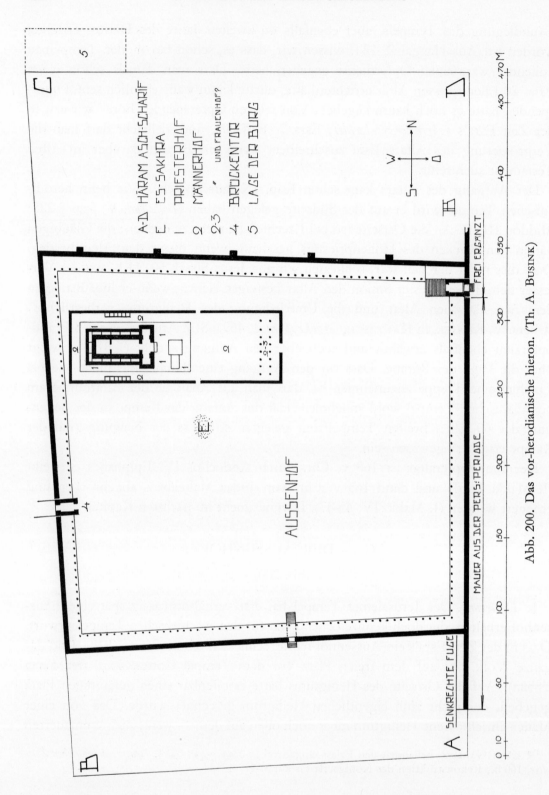

Abb. 200. Das vor-herodianische hieron. (Th. A. Busink)

— Zion gelegen haben. An der Ostmauer des Ḥaram asch-scharīf gibt es Schichten die nach MAURICE DUNAND in die persische Periode zu datieren sind [120].

Dass noch um 300 v. Chr. das Jerusalemer Heiligtum keinen Aussenhof hatte, geht aus dem Bericht des Hekataios über den Jerusalemer Tempel hervor (*apud Josephus, c. Ap.* I, 22 § 198): es ist hier, wie oben bemerkt, van nur einer Einfriedung des Heiligtums die Rede. Josephus hatte davon eine falsche Vorstellung gehabt. Er meinte, schon in der Zeit der Könige Juda's hätte das Heiligtum einen Innenhof und Aussenhof gehabt. *Antiq.* XV, 11, 3 § 400 heisst es vom salomonischen Tempelplatz: die ganze Einfriedung hatte vier Stadien Umfang, „da jede Seite ein Stadium lang war". Weiter: „Inwendig zog sich dann um den Gipfel des Hügels noch eine andere Steinmauer, welche gegen die Ostseite hin eine doppelte Säulenhalle trug ... Diese Säulenhalle hatten viele der früheren Könige reich ausgeschmückt" (§ 401). Wie Josephus dazu kam, dem salomonischen „quadratischen" *hieron* einen Umfang von vier Stadien zuzuschreiben, lässt sich wohl erklären. Nach der sicher auf Nikolaus von Damaskus zurückgehenden Notiz *Bell. Jud.* I, 21, 1 § 401 hatte Herodes die Fläche des alten *hieron* verdoppelt und das herodianische *hieron* hatte, wie Josephus *Bell. Jud.* V, 5, 2 § 192 berichtet, einen Umfang von sechs Stadien. Ein zwei Stadien langes und eine Stadie breites Rechteck hat einen Umfang von sechs Stadien und gibt genau die Verdoppelung eines 1 × 1 Stadie grossen Quadrates. Für die Frage nach dem Entstehen des Aussenhofes des Jerusalemer Tempels ist die Notiz über das salomonische *hieron* wertlos.

CARL WATZINGER sah in der Anlage eines Heiligtums mit doppelter Einfriedung (Innenhof und Aussenhof), um das Heiligtum gegen die Aussenwelt abzuschliessen, einen altsemitischen Gedanken. „Die Gestalt, die ihm Herodes gegeben hat, wird man auf die Tradition des Salomonischen Heiligtums zurückführen dürfen ..." [121]. Dass wir in der doppelten Einfriedung eines Heiligtums einen altsemitischen Gedanken zu sehen haben, lässt sich weder aus dem Tempelbau Altmesopotamiens, noch aus dem Tempelbau Palästinas wahrscheinlich machen. Auch ARMIN VON

---

[120] M. DUNAND, *Byblos, Sidon, Jérusalem. Monuments apparentés des temps achéménides, VTS,* XVIII, 1969, 64-70, Pl. I, A-B, II, C-D; vgl. Miss K. KENYON, *New Evidence on Solomon's Temple, MUSJ,* XLVI, 1970-71, *Mélanges offerts à M. Maurice Dunand,* 139-149, Pl. II a-b; Dies., *Digging up Jerusalem,* 1974, 112; Dies., *PEQ,* 100, 1968, Pl. XXXVII: „which may be of Persian type and belong to the Temple of Zerubbabel". — E. M. LAPERROUSAZ, ist der Meinung, dass die betreffende Strecke der Ostmauer vorexilisch ist. Die Übereinstimmung des Mauerwerkes mit solchem der pers. Periode in Sidon und Byblos lässt sich seiner Meinung nach hypothetisch daraus erklären „que les maçons de Byblos et de Sidon ont pu conserver la tradition de l'appareil monumental à bossages réalisé par les maçons phéniciens qui participèrent à la construction du Premier Temple de Jérusalem et de l'enceinte de celui-ci" (*A-t-on dégagé l'angle sud-est du „Temple de Salomon"?, Syria,* L, 1973, 355-399, p. 391 und Fig. 2-8, Foto's); siehe weiter unten Kap. XII, Anm. 228-232.

[121] CARL WATZINGER und KARL WÜLZINGER, *Damaskus. Die Antike Stadt, Wiss. Veröff. des deutsch-türk. Denkmalschutz-Kommandos,* Heft 4, 1921, 36.

GERKAN sah in der doppelten Einfriedung des Heiligtums zu Damaskus einen altorientalischen Gedanken (*Griechische Städteanlagen*, 1924, 103). Die doppelte Einfriedung des Heiligtums ist aber im altorientalischen Tempelbau niemals die Regel, vielmehr die Ausnahme gewesen und das älteste Beispiel bildet, wenn wir absehen vom ezechielischen Tempelentwurf, aller Wahrscheinlichkeit nach der zweite Tempel von Jerusalem [122]. Damaskus ist ein spätes Beispiel (WATZINGER, *o.c.*). Andere späte Beispiele sind u.a. der dem Gott Qos geweihte nabatäische Tempel von Khirbet Tannur [123], der nach Jean Starcky aus der Zeit des Kaisers Augustus datiert [124], und die 3. Periode des aus dem 1. Jahrhundert n. Chr. datierenden nabatäischen Tempels von Ramm (DIANA KIRKBRIDE, *Le Temple Nabatéen de Ramm*, RB, 67, 1960, 65-92, p. 73 S.).

Während um 300 v. Chr. der von einem *peribolos* umschlossene Jerusalemer Tempel, wie wir aus Hekataios (*apud Josephus, l.c.*) wissen, noch offen auf dem Tempelberg gelegen hatte [125], muss er um 200 v. Chr., wie sich aus dem Erlass des Antiochos III. an die Juden schliessen lässt, einen Aussenhof gehabt haben. In dem Erlass (Josephus, *Antiq.* XII, 3, 3 § 141) heisst es u.a.: „im gleichen sollen auch die Arbeiten am Heiligtum (τὸ ἱερὸν), an den Säulenhallen (τάς στοάς) und wo sonst Bauten nötig sind, in Angriff genommen werden". Mit den Säulenhallen können nur die des Aussenhofes gemeint sein, der hier offenbar nicht zum eigentlichen Heiligtum gerechnet wird. Auch das im Erlass genannte Verbot an Nicht-Juden, den Tempel zu betreten (*Antiq.* XII, 3, 4 § 145), zeugt für das Bestehen eines Aussenhofes. CLEMENTZ übersetzt die bezügliche Stelle wie folgt: „Kein Fremder darf das Innere des Tempels betreten, was ja auch den Juden nach dem Gesetze ihrer Väter nur erlaubt ist, wenn sie entsprechende Reinigungen vorgenommen haben" (*Des Flavius Josephus Jüdische Altertümer*, II, 81, z.St.). Diese Übersetzung sagt nicht klar, um was es sich handelt. Den richtigen Sinn gibt die Übersetzung E. BICKERMAN's: „défence à tout étranger de pénétrer dans l'enceinte du sanctuaire interdite aux Juifs eux-

---

[122] Da die doppelte Einfriedung des Jerusalemer Tempels erst aus dem 3. Jahrh. v. Chr. datiert (siehe weiter unten) könnte man meinen, der ez. Tempelentwurf könne nicht aus dem 5. Jahrh. v. Chr. stammen. So meint auch CH. C. TORREY: „But for a priest living in Jerusalem in the latter part of the third century, the construction of just such an elaborate plan as this would have been very natural indeed" (*Pseudo-Ezekiel and the original prophecy, Yale Oriental Series. Researches*, Vol. XVIII, 1930, 100). Auch SIGMUND MOWINCKEL hält Ez. 40-48 für nach-exilisch (*Studien zu dem Buche Ezra-Nehemia*, I, 1964, 102). Gegen die späte Datierung spricht die Form der Tempeltore, der Rundgang am Tempelgebäude, der den Einfluss der babylonischen Zikurrat verrät, und die Bildung eines regelrechten Priesterhofes.

[123] NELSON GLUECK, *Deities and Dolphins*, 1966, Plan A, p. 621.

[124] *Le Temple Nabatéen de Khirbet Tannur*, RB, 75, 1968, 206-235, p. 225.

[125] Damit soll natürlich nicht gesagt sein, dass der Tempelberg keine Ummauerung gezeigt habe (oben Anm. 120). Sie bildete aber kein Element der Tempelanlage.

mêmes, sauf à ceux qui s'étant purifiés, y ont accès, selon la loi ancestrale" [126]. Den Fremden war es verboten, denjenigen Hof zu betreten, welchen die Juden selbst nur betreten durften, wenn sie die Reinigungen vorgenommen hatten. Daraus lässt sich mit Sicherheit schliessen, dass der Tempel damals zwei Einfriedungen hatte, eine des Innenhofes und eine des Aussenhofes und an der des Aussenhofes haben Säulenhallen gestanden. Ob wir es hier schon mit einem regelrechten Peristylhof (rundherumgelegenen Säulenhallen) zu tun haben, oder ob nur einige Seiten des Hofes mit Hallen ausgestaltet gewesen sind, lässt sich nicht ausmachen.

Da der von einem *peribolos* umschlossene Tempel um 300 v. Chr. noch offen auf Zion gelegen hatte und das Bestehen eines mit Säulenhallen ausgestalteten Aussenhofes um 200 v. Chr. feststeht, muss der Aussenhof im 3. Jahrhundert v. Chr. gebildet worden sein. Säulenhallen verraten den Einfluss der hellenistischen Baukunst, der sich in Jerusalem wohl kaum schon im Anfang des 3. Jahrhunderts v. Chr. gezeigt hatte. Im Leben Palästinas verrät sich der Einfluss des Hellenismus erst unter Ptolemaios II. Philadelphos (285-247 v. Chr.). Aus den Zeno-Papyri ist bekannt, dass man um die Mitte des 3. Jahrhunderts v. Chr. begann, griechische Namen anzunehmen [127]. Palästina gehörte im 3. Jahrhundert v. Chr. zum Herrschaftsbereich der Ptolemäer, und es dürfte möglich sein, dass der mit Säulenhallen ausgestaltete Aussenhof unter Ptolemaios II. Philadelphos entstanden ist [128]. Dass Piladelphos ein besonderes Interesse für den Jerusalemer Tempel gezeigt habe, dürfen wir dem Briefe des Aristeas wohl entnehmen. Im nächsten Kapitel wird darüber noch zu sprechen sein. Ob der in dem Brief (§ 33 f.) genannte Hohepriester Eleasar historisch ist, ist aber „sehr zweifelhaft (siehe hierüber ORLINSKY, *HUCA*, XLVI, 1975, 102), da der Autor beliebig Namen für seine Fiktion borgt" (WENDLAND, in KAUTZSCH, *Die Apokryphen*, II, 1900, 1). Wir wissen demnach nicht, welchem Hohenpriester die Ausstattung des Heiligtums mit einem von Säulenhallen

---

[126] *Une proclamation séleucide relative au temple de Jérusalem*, Syria, XXV, 1946-1948, 67-85, p. 69.
[127] V. TCHERIKOVER, *Hellenistic Civilisation and the Jews*, 1959, 84.
[128] Der Ursprung eines von Säulenhallen umringten Hofs, bzw. Platzes geht aber weit über Alexandrien zurück. Ein von Säulenhallen umgebener Hof fand sich schon auf der Burg von Zinçirli (Sam'al, 8. Jahrh. v. Chr.), siehe Bd. I, 1970, 537 ff. und Abb. 157, S. 539. — Im griechischen Kulturkreis finden sich die Hallen an Marktplätzen zuerst an drei Seiten, siehe ARMIN VON GERKAN, *Griechische Städteanlagen*, 1924, 72 f. und 94 ff. — Marktplätze „de plan péristyle" gibt es vom 3. Jahrh. an „dans toutes les cités marchandes du monde grec" (ROLAND MARTIN, *Recherches sur l'Agora Greque*, 1951, 521). Der Tempel in Altin tepe (Urartu, 8. Jahrh. v. Chr.) hatte schon „a roofed, open gallery around the cella", *Anat. Stud.*, XIII, 1963, 22, TAHSIN ÖZGÜÇ, *Qadmoniot*, II, 1, 1969, Fig. p. 138, *id*. — Auch das Peristylhaus wurde nicht in Alexandrien erfunden. In Pompeji war es schon im 3. Jahrh. v. Chr. verbreitet (VON GERKAN, S. 72). Peristylhöfe bzw. -Plätze wird es in Alexandrien doch im 3. Jahrh. gegeben haben. Einen Peristylhof hatte der hellenistische Palast in Ptolemais in Kyrenaika, zum Reiche der Ptolemäer gehörig (A. W. BYVANCK, *Le Palais hellénistique de Ptolemais*, *BVBA*, XXVII, 1952, 17-19 und Fig. 2, p. 18, Plan).

umgebenen Aussenhof zuzuschreiben sei. Aus dem Erlass des Antiochos III., der
den Fremden verbot, den Innenhof zu betreten, schliessen wir, dass Fremden vordem oft den Innenhof betraten. Dies könnte den Hohenpriester veranlasst haben,
dem Heiligtum einen für die Heiden bestimmten Aussenhof hinzuzufügen. Er muss
ein Vertreter der Politik der nationalen und religiösen Isolierung gewesen sein. Ob
hier auch an Einfluss des ezechielischen Tempelentwurfs zu denken sei, lässt sich
nicht ausmachen. Eine exklusive jüdische Anlage, wie die ezechielische Anlage des
Heiligtums (und wie wir Kapitel XVIII. sehen werden: der Middot-Tempel) ist
der zweite Tempel jedenfalls nicht gewesen: auch Heiden durften den Aussenhof
betreten — wie beim Tempel des Herodes (siehe Kapitel XIII).

2. *Umfang des Aussenhofes.* Der Umfang des Aussenhofes des zweiten Tempels,
d.h. der Umfang des vor-herodianischen *hieron*, lässt sich aus Notizen bei Josephus
nur ungefähr bestimmen. Aristeas hilft uns kaum weiter. Aus seinen Notizen über
den Jerusalemer Tempel geht nur mit Sicherheit hervor, dass das Heiligtum einen
Aussenhof hatte, denn er sagt, der Tempel war durch drei Ringmauern umschlossen
(§ 84). Dies ist übrigens nicht buchstäblich zu nehmen. Dass der Aussenhof auf
der Ost- und Westseite zwei Ringmauern gezeigt habe — was die Ummauerung des
Innenhofes eingerechnet drei Mauern ergeben würde — ist in Anbetracht der dort
liegenden tiefen Schluchten (im Osten der Kidron, im Westen der Tyropoeon)
unwahrscheinlich. Drei Mauern gab es auf der Nordseite, wenn die Stadtmauer
eingerechnet wird. Wir dürfen annehmen, dass Aristeas diese mitgezählt hatte [129].
Die Lage der Nordmauer des alten Tempelbezirkes lässt sich mit Wahrscheinlichkeit aus Josephus' Bericht über die Belagerung des Tempelberges durch Pompeius (63 v. Chr.) und später (37 v. Chr.) durch Herodes ungefähr bestimmen. Vor
der mit grossen Türmen ausgestatteten Nordmauer (die Türme waren ein Werk
der Makkabäer/Hasmonäer) war eine bedeutende Schlucht und ein künstlicher
Graben (*Bell. Jud.* I, 7, 3 § 145 f.; *Antiq.* XIV, 4, 2 § 61 f.) [130]. Die Lage dieser
Schlucht ist im 19. Jahrhundert festgestellt worden und auf der Nordseite der
Plattform des Felsendomes (Band I, Abb. 4, S. 9; hier Abb. 201), sind Fundament-
reste einer alten Mauer ermittelt worden. Etwa an dieser Stelle ist die Nordmauer
des vor-herodianischen *hieron* zu lokalisieren (vgl. SIMONS, *o.c.*, 418 f. und Fig. 55,
p. 415). Für die Lage der Ostmauer des vor-herodianischen *hieron* haben wir Josephus' Notiz über die auf der Ostseite des Tempelplatzes gelegene sogenannte

[129] Vgl. JOACHIM JEREMIAS, *Hesekieltempel und Serubbabeltempel*, *ZAW*, 52, 1934, 109-112, S. 111,
Anm. 7.
[120] Strabo (Geographie § 40) redet nur von einem künstlichen, 60 Fuss tiefen und 250 Fuss breiten
Graben, siehe J. SIMONS, *Jerusalem in the Old Testament*, 1952, 418, n. 4.

Halle Salomos [131]. Sie ist zweifellos vor-herodianisch, wenn auch nicht salomonisch [132]. Das vor-herodianische *hieron* wird sich demnach bis an die Ostmauer des Ḥarām asch-scharīf erstreckt haben. Auch auf der Westseite hatte der alte Tempelplatz sich wahrscheinlich über die Breite des Ḥarām asch-scharīf ausgedehnt. Dafür spricht Josephus' Bericht über die Belagerung des Tempels durch Pompeius: die Juden hatten die Brücke, welche den Tempel mit der Stadt verband, abgebrochen (*Antiq.* XIV, 4, 2 § 58; *Bell. Jud.* I, 7, 2 § 143). Diese Brücke ist an der Stelle des Wilsonsbogen, 180 m aus der Südwestecke des Ḥarām asch-scharīf zu lokalisieren [133]. Wie Josephus' Notiz, Herodes habe den alten Tempelplatz um das doppelte erweitern lassen (*Bell. Jud.* I, 21, 1 § 401) genau aufzufassen sei, lässt sich nicht mit Sicherheit ausmachen. Es kommen jedenfalls in der Hauptsache nur Ausbreitungen des alten Tempelplatzes nach Norden und Süden in Betracht [134]. Die Frage, wo die Südmauer des vor-herodianischen *hieron* vermutlich zu lokalisieren sei, werden wir erst im XII. Kapitel (*Ḥarām asch-scharīf*) erörtern.

3. *Die Tore.* Über die Tore des alten Heiligtums haben wir die Notiz 1. Chron. 26, 12 ff., wo es sich aber offenbar in der Hauptsache um Tore der inneren Einfriedung handelt: es gab ein Tor auf der Nord-, Süd- und Ostseite. Das 26, 16 genannte Tor Schallechet wird in den Aussenhof geführt haben, denn es dürfte mit dem von Josephus genannten Brückentor identisch sein [135]. Die zwei Tore des Heiligtums, über die Hekataios spricht (*apud Josephus c. Ap.* I, § 198), kommen als Aussentore nicht in Betracht. Sie führten nicht, wie BICKERMAN meint, in den Aussenhof (*Syria*, 25, 1946-48, 70 und n. 5), sondern in den Innenhof: der Aussenhof bestand damals noch nicht. Beim Tor Schallechet lag das Gebäude Parbar (1. Chron. 26, 18), dessen Bestimmung freilich nicht feststeht. ANDREAS JANSEN meint, es war ein Tempelmagazin [136]. E. HÖHNE sagt, der Raum scheint „als Schuttplatz für die Opferabfälle gedient zu haben, die dann periodisch durch das „Auswurftor" (1 Chr. 26, 16) ins Stadttal hinabgeschafft wurden" (*BHHwb*, III, 1966, 1389/90, s.v.).

---

[131] *Antiq.* XX, 9, 7 § 221. Vgl. Act. 3, 11; 5, 12; Joh. 10, 23.

[132] F. DE SAULCY (*Voyage en Terre Sainte*, II², 1872, 70) und CH. WARREN (*Underground Jerusalem*, 1876, 71) hielten die Halle für salomonisch. GUSTAV DALMAN urteilte mit Recht: „nur ihre Unterlagen können als vorexilisch gelten" (*Jerusalem und sein Gelände*, 1930, 118). Ob die Unterlagen vorexilisch seien, ist noch eine offene Frage, siehe oben Anm. 120.

[133] WARREN, *Underground Jerusalem*, 1876, 68. So schon G. ROSEN, *Das Haram von Jerusalem und der Tempelplatz des Moria*, 1866, 23 f. — Siehe jetzt W. F. STINESPRING, *Wilson's Arch Revisited*, *BA*, XXIX, 1, 1966, 27-36, p. 36.

[134] Wir haben in unserer Rekonstruktion (Abb. 200) die Ostseite des vorherodianischen *hieron* hypothetisch auf 250 m gestellt, reichlich die Hälfte dieser Seite am Ḥarām (470 m).

[135] Vgl. J. SIMONS, *Jerusalem*, 1952, 426.

[136] *Die Heiligen Boeken van het Oude Testament*, III, 1933, 106, n. 18.

Das „Auswurftor" ist das Tor Schallechet (= „falling or casting down"; *Dict. of the Bible*, ED. W. SMITH, III, 1863, 1223, *s.v.*). Es kann selbstverständlich nicht nur zum Hinauswerfen von Opferabfällen gedient haben; dafür brauchte es nicht bewacht zu werden. Wir müssen annehmen, dass dieses Tor und die Brücke die Verbindung zwischen Tempel und Oberstadt gebildet hat, nur lässt sich nicht ausmachen, wann diese Verbindung zustande gekommen ist. Es muss in der äusseren Einfriedung auch ein Tor gegeben haben, von dem aus die Unterstadt zu erreichen war. Josephus berichtet, dass nach der Einnahme des Aussenhofes (37 v. Chr.) auch die Unterstadt Herodes in die Hände fiel (*Antiq.* XIV, 16, 2 § 477). Wir haben hier wohl an den Zugang zum alten Tempelplatz zu denken, der doch auf der Südseite anzunehmen ist. Er wird, soweit wir sehen, nirgends erwähnt. Eine Rampe oder Treppe wird zum Tor emporgeführt haben.

4. *Fussboden.* Als Judas Makkabäus, nachdem er 147 v. Chr. Lysias, der von Antiochus IV. Epiphanes mit der Züchtigung der Juden beauftragt worden war, bei Bethsura geschlagen hatte, mit den Seinigen zum Tempelberg hinaufging, fanden sie „in den Höfen (ἐν ταῖς αὐλαῖς) Gesträuch, das aufgewachsen war wie in einem Wald oder auf irgend einem Berge ..." (I. Makk. IV, 38). Die Höfe hatten offenbar noch kein Pflaster. Dafür gibt es übrigens noch aus dem 1. Jahrhundert n. Chr. eine Parallele: Hof und Hallen des Nabô-Tempels in Palmyra (1. Jahrh. n. Chr.) waren ungepflastert [137]. Die Höfe des Jerusalemer Tempels haben jedoch wohl schon in der zweiten Hälfte des 2. Jahrhunderts v. Chr. ein Pflaster erhalten, denn bei Aristeas heisst es: „Der ganze Boden ist gepflastert und fällt nach bestimmten Richtungen ab, damit Wasser zur Wegschwemmung des Opferbluts hingeleitet werden kann" (§ 88; WENDLAND).

H — DIE BURG BARIS

Als Aristeas (ca. 100 v. Chr.) die nahe dem Heiligtum gelegene Burg betrat, erzählte man ihm, diese diene zum Schutz des Tempelplatzes, „damit wenn ein Anschlag oder Aufstand oder feindlicher Angriff stattfinde, niemand in die Ringmauern des Tempels eindringen könne" (§ 100-101). Die Burg „sei der einzige Schutz des Tempels, und ihr Erbauer habe sie zu dessen Schutze so [stark] befestigt" (§ 104; WENDLAND). Wir wissen aus Josephus (*Antiq. XV*, 11, 4 § 403), dass auf der Nordseite des Tempelberges eine stark befestigte Burg lag, „welche die Hasmonäer gebaut und Baris genannt hatten". Zur Sicherheit und zum Schutze des Tempels hatte Herodes diese Burg noch stärker befestigen lassen und sie zur Ehre

---

[137] *AAS*, XV, 2, 1965, 130-131, ADNAN BOUNI-NASSIB SALIBY.

des römischen Feldherrn Antonius mit der Name Antonia benannt (*id.* § 409).
Über die Lage der Antonia besteht in der Hauptsache kein Zweifel (siehe hier Kap.
XIII, II, Abt., Abschn. H: *Die Antonia*) und damit ist auch die Lage der Burg Baris
bekannt; sie muss etwa an der Stelle des sogenannten Antoniafelsen gelegen haben [138].

Als Erbauer der Burg Baris nennt Josephus Johannes Hyrkanus (135-105 v. Chr.),
der, sagt Josephus, die meiste Zeit in der Burg zubrachte (*Antiq.* XVIII, 4, 3 § 91).
Wir wissen aber aus I. Makk. XIII, 52, dass die Burg schon in der Zeit des Simon,
des Hyrkanus' Vater, bestand. Antiochos IV. Epiphanes, der die Mauern Jerusalems
schleifen liess (I. Makk. I, 33), wird wohl auch die Burg niedergerissen haben und
Simon wird sie wieder aufgebaut haben. Aus II. Makk. V, 6 ist übrigens bekannt,
dass schon der Hohepriester Menelaos, als Jason Jerusalem wieder eroberte, in
die Burg flüchtete. „C'est donc par une évidente méprise que Josèphe en attribue
la création à Jean Hyrcan; tout au plus, pendant les trente années de son principat, ce
successeur de Simon eut-il l'occasion d'y faire exécuter quelques améliorations" [139].

Die Geschichte der Burg lässt sich mit Wahrscheinlichkeit bis auf Nehemia, nach
der Meinung VINCENT's (*l.c.*) sogar bis in die vor-exilische Zeit, zurückverfolgen.
VINCENT gründet seine Meinung auf I. Chron. 29, 1. 19, wo *bīrāh* (= baris, helle-
nist. Form für *Birta*, von *bīrāh*) erwähnt wird. SOEUR MARIA ALINE DE SION nimmt
ebenfalls an, dass Salomo auf der Nordseite (des Tempelberges) „une citadelle
destinée à protéger le Temple, le palais et la ville" errichtet habe [140]. Wir glauben
aber J. SIMONS folgen zu müssen, der meint, 1. Chron. 29, 1. 19 sei mit *bīrāh* nicht die
Burg, sondern der Tempel selbst gemeint (*Jerusalem in the Old Testament*, 1952, 429,
n. 2). Im Baubericht der Bücher Könige (1. Kön. 5-7) wird auch keine Zitadelle
erwähnt. Neh. 2, 8 und 7, 2 ist *bīrāh* sehr wahrscheinlich die Burg von Jerusalem
(vgl. SIMONS, *l.c.*: „it is possible"). Neh. 7, 2 wird der Oberste der Burg, Hananja,
genannt. Ob die Burg von Nehemia gegründet ist, oder ob sie von ihm wiederaufgebaut worden ist, lässt sich nicht ausmachen. Als Bollwerk von Jerusalem
begegnet uns die Burg zum ersten Male mit Sicherheit um 200 v. Chr., als unter
Antiochos III. (223-187 v. Chr.) die Juden den Syriern halfen, die von dem ägyptischen Feldherrn Skopas in der Burg zurückgelassene Besatzung zu belagern
(*Antiq.* XII, 3, 3 § 133; die Burg wird hier ἄκρα genannt). ABEL betont mit recht,
dass die Burg (damals) nicht ausschliesslich zur Sicherung des Tempels diente. In der
hellenistischen Periode hatte jede Stadt von einiger Bedeutung eine Burg [141]. Die
Erhaltung der aus der persischen Periode stammenden Zitadelle von Jerusalem

---

[138] Das Problem der Antonia behandeln wir Kap. XIII, Abschn. G: *Die Burg Antonia.*
[139] L. H. VINCENT, *L'Antonia, palais primitif d'Hérode, RB*, 61, 1954, 87-107, p. 89.
[140] *La Forteresse Antonia à Jérusalem et la question du Prétoire*, 1955, 9.
[141] *Histoire de la Palestine depuis la conquéte d'Alexandre*, I, 1952, 95.

„s'imposait à la période hellénistique où nulle ville de quelque importance n'était dépourvue d'une *acra* où le pouvoir central de l'Empire fût à même d'entretenir une garnison et un représentant de son autorité pour marquer l'état de sujétion de cette ville ..." (*l.c.*). Berichte über Bewohnung der Burg haben wir erst aus der hasmonäischen Periode. Hier wohnte der Hohepriester Simon (I. Makk. XIII, 52); Johannes Hyrkan (*Antiq.* XV, 11, 4 § 403); Aristobul I. (104/03) (*Antiq.* XIII, 11, 2 § 307). Der Palast der Hasmonäer hatte in der Oberstadt (wo auch Herodes später seinen Palast baute) gelegen [142].

Wie oben gesagt erzählte man dem Aristeas, die Burg sei der einzige Schutz des Tempels „und ihre Erbauer haben sie zu dessen Schutz so [stark] befestigt" (§ 184). Bei der Belagerung des Tempels durch Pompeius (63 v. Chr.) und später durch Herodes (37 v. Chr.) hat die Zitadelle aber gar keine Rolle gespielt und offenbar hatte sie für die Verteidigung des Tempels keine Bedeutung; die Burg Antonia hingegen musste bei der Belagerung des Tempels durch Titus (70 n. Chr.) erst eingenommen werden, bevor der Tempelplatz im Besitz der Römer kam [143]. Richtig sagt SIMONS: „Antonia alone can appropriately be called a fortress of the temple in the full sense of the word, and this because of its structural and visible connection with the *hieron*" (*Jerusalem*, 1952, 429). Viel weniger bestimmt, sagt SIMONS dann, gilt diese Bezeichnung der Burg der Hasmonäer, der Burg Baris, „which was linked to the temple only by an underground passage" (*ibid.*) [144]. Von einem unterirdischen Gang, welcher vom Tempel zu der Burg Baris gelaufen haben soll, ist aber bei Josephus nirgends die Rede (einen unterirdischen Gang vom Tempel nach der Antonia hat erst Herodes anlegen lassen) [145]. F. M. ABEL sprach 1947 ebenfalls von einer „passage souterrain reliant l'esplanade du temple à l'intérieur de Tour Baris" [146]. *Antiq.* XIII, 11, 2 § 309 (vgl. *Bell. Jud.* I, 3, 4 § 77) ist zwar von einem sehr dunkeln Weg an den Stratons-Turm die Rede, wo Antigonos, Hyrkan's Sohn, von der Leibwache seines Bruders Aristobulus I. niedergemacht wurde; es war aber kein vom Tempelplatz zur Burg Baris laufender unterirdischer Gang. Der Gang wird

---

[142] Josephus, *Antiq.* XX, 8, 11 §§ 139-193.

[143] Darüber in Kap. XVII: Untergang des Jerusalemer Tempels, Abschn. D, 7: *Einnahme der Antonia.*

[144] „Finally in a very inappropriate way the tower Hananeel can also be regarded as a temple-fortress, viz., in the sense that in spite of the absence of any direct link with the temple it had no doubt been erected on the easily accessible and therefore dangerous ridge north of the Temple Hill with a view to the latter's safety and defence" (SIMONS, 429). VINCENT hatte diesen Turm (zuerst erwähnt Jeremia 31, 28) einen fernen Vorläufer der Burg Antonia genannt (*Dict. de la Bible*, Suppl. XXI, 1948, 928). Neh. 3, 1; 12, 39 wird neben dem Turm Hananeel der Turm Mea („Hundert") erwähnt. Es könnten zwei Türme der Burg Baris gewesen sein (vgl. SIMONS, 429, n. 2). Der Name Hananeel könnte, meint VINCENT, vom Namen des Obersten der Burg Hananja, stammen (*l.c.*, 950).

[145] *Antiq.* XV, 11, 7 § 424.

[146] *RB*, 54, 1947, 251; vgl. VINCENT in *RB*, 42, 1933, 85.

fortifikatorische Bedeutung für die Burg gehabt haben. Wir sind hier aber auf Vermutungen angewiesen, denn Gegebenheiten über die Anlage der Burg fehlen. ABEL,
der 1947 wie bemerkt, den Gang als eine unterirdische Verbindung zwischen dem
Tempelplatz und der Burg Baris auffasste, hat diese Ansicht später zu Recht aufgegeben; er sieht darin einen unteririschen Gang, welcher vom Turm Straton zum
Inneren des Palastes Baris führte (*Histoire de la Palestine*, I, 1952, 225).

Dass die Burg mehr als einen Turm hatte, darf man wohl annehmen, wenn Josephus auch nur einen mit Namen erwähnt (*Antiq.* XIII, 11, 2 § 309: *Stratons
Turm* [147]; vgl. *Bell. Jud.* I, 3, 4 § 77). Übrigens berichtet Josephus nur, dass die Burg
einen rechteckigen Grundriss hatte, ausgezeichnet befestigt war (*Antiq.* XV, 11,
4 § 403) und dass die Hasmonäer das Gewand des Hohenpriesters in der Burg
Baris (wie Herodes später in der Antonia) [148] aufbewahrten.

[147] Stratonsturm war der Name einer wahrscheinlich von Straton I. (375/4-361 v. Chr.) von Sidon
erbauten phönikischen Stadt (LEE LEVINE, *A propos de la fondation de la tour de Straton*, *RB*, 80, 1973,
75-81), wo Herodes später Caesarea gründete. — HANS PETER MÜLLER meint: „Bezeichnend für
die Rolle von Phönizier in Jerusalem mag es auch sein, dass der ( ) Name Στράτωνος πύργος
noch ( ) einen unterirdischen Gang im Hasmonäerpalast zu Jerusalem bezeichnet" (*Phönizien und
Juda in exilisch-nachexilischer Zeit*, *WO*, VI, 2, 1971, 189-204, S. 200). Nicht im Hasm. Palast, sondern
in der Burg Baris.
[148] *Antiq.* XV, 11, 4 § 404. Auch die römischen Procuratoren haben das Gewand meistens in der
Burg unter Kontrolle gehalten. Darüber mehr in Kap. XVII: Untergang des Jerusalemer Tempels.

XI. KAPITEL

BESTAND UND „UNTERGANG" DES ZWEITEN TEMPELS

A — PERSISCHE PERIODE

JULIUS MORGENSTERN hat aus zahlreichen alttestamentlichen Stellen schliessen wollen, dass der 516 v. Chr. vollendete zweite Tempel nur etwa dreissig Jahre bestanden habe und durch Esra wiederaufgebaut worden ist. Im Jahre 485 v. Chr. soll Juda von einer Katastrophe betroffen worden sein, „one of the most tragic in all Jewish history" (*HUCA*, XXVII, 1956, 176). Nach dem Tode des Darius I. (486 v. Chr.) sei die nationalistische Partei in Jerusalem wieder aktiv geworden und ein Davidide, vermutlich ein Sohn Serubbabels, sei zum König gesalbt worden (*HUCA*, XXXI, 1960, 7). „This act was of course tantamount to, and was no doubt accompanied by, an official proclamation of Judah's political independance. The rebellion had now definitely begun" (*HUCA*, XXVII, 1956, 171). Xerxes, der die noch unter Darius aufständig gewordenen Ägypter zu unterdrücken hatte, habe Edom, Moab, Ammon, die Philister, Tyrus und Sidon gestattet, eine Koalition gegen Juda zu bilden und in Juda einzufallen. Xerxes selbst habe nur eine geringe persische Kriegsmacht gesandt (*HUCA*, XXVII, 1956, 171). Jerusalem sei belagert und eingenommen worden. „The ruthless enemy rushed in through the breaches in the walls" (*id.*, 173). Der Tempel, „despoiled of its treasure, was set on fire and was destroyed, if not altogether completely, at least almost so" (*ibid.*). Die Stadtmauern seien geschleift worden (*ibid.*). Der neu gesalbte König Juda's habe sich aus Jerusalem geflüchtet, er sei aber verfolgt und gefangen genommen, dann „after being tortured mercilessly" getötet worden (*id.*, 174). Von 485 an bis etwa 450 v. Chr. habe der zweite Tempel als eine Ruine da gelegen und Esra, der 458 (so MORGENSTERN, *JSS*, VII, 1962, 4) nach Jerusalem kam, habe den Tempel im Auftrage des Artaxerxes I. wiederaufgebaut (*HUCA*, XXXI, 1960, 23 f.).

Soweit wir sehen, hat MORGENSTERN's Hypothese, nach der Jerusalem und der Tempel 485 v. Chr. zerstört worden sind, nur bei F. M. TH. DE LIAGRE BÖHL Anklang gefunden. Im Hinblick auf Esra 4, 6 hält er es für möglich, dass der Aufstand in Ägypten (486 v. Chr.) Unruhen in Jerusalem zur Folge gehabt habe[1].

---

[1] F. M. TH. DE LIAGRE BÖHL († 1976), *De Verwoestingen van Babylon door Darius I en Xerxes in het licht van Babylonische en Bijbelsche bronnen*, *HTS*, 16. Jaarg., Afl. IV, 1961, 278, p. 273.

Weiter heisst es dann: „Dat Xerxes echter bij die gelegenheid — dus inderdaad in 485 — Jerusalem met de onaanzienlijke [*sic*! Verf.] tweede tempel weer zou hebben verwoest ... is toch wel een hypothese, waarvoor men graag duidelijker gegevens buiten het Oude Testament om zou willen hebben" (*ibid.*). Gewiss hat MORGENSTERN auch Notizen aus apokryphen Schriften, welche für die Zerstörung des Tempels 485 zeugen sollten, beigebracht [2], sie sind freilich nicht überzeugender als die aus dem Alten Testament vorgeführten. DE LIAGRE BÖHL scheint nun 1962 die Zerstörung des zweiten Tempels im Jahre 485 mindestens für wahrscheinlich gehalten zu haben. Er sagt: „Dass Xerxes damals auch das etwa mitschuldige Jerusalem durch das völlige Abbrechen der Mauerreste und des unansehnlichen zweiten Tempels bestrafte, steht hier nicht zu näheren Erörterung" [3]. H. H. ROWLEY hat 1955 über MORGENSTERN's Hypothese zurückhaltend geurteilt [4], und soweit uns bekannt, hat er sie niemals unterschrieben. KURT GALLING hält es für unbeweisbar und unwahrscheinlich, dass der Tempel 485 zerstört worden ist [5]. Wir können GALLING beistimmen. Dass Xerxes den Jerusalemer Tempel, nach persischer Auffassung eine Stiftung des Kyros, des Gründers der Dynastie, zerstört haben soll, ist doch durchaus unwahrscheinlich. Aus Xerxes' Daiva-Inschrift [6] wissen wir, dass er „unter dem bestimmenden Einfluss zarathustrischer Religionsanschauungen gestanden hat" (RUDOLF MAIER, in *BZ*, NF, 12, 1968, 6) und es wird Xerxes nicht unbekannt gewesen sein, dass zwischen dem im Jerusalemer Tempel verehrten Gott Jahwe und dem von ihm verehrten Gott Ahuramazda eine Ähnlichkeit bestand. MORGENSTERN behauptet zwar nicht, dass Xerxes befohlen habe, den Jerusalemer Tempel zu zerstören; er stellt die Zerstörung auf Rechnung einer Koalition zwischen Edom, Moab, Ammon, usw. (*HUCA*, XXVII, 1956, 171). Der Initiator zu dieser Koalition soll nach MORGENSTERN doch Xerxes gewesen sein und dieser wäre somit der Zerstörer des Tempels gewesen. Nichts deutet übrigens darauf hin, dass es unter Xerxes zu einer allgemeinen Revolte gegen die persische Weltmacht gekommen sei. Dass die Revolte in Ägypten Unruhe unter den Extremisten in Jerusalem zur Folge gehabt habe (vgl. A. T. OLMSTEAD, *History of the Persian Empire*, 1948, 234), dürfte wahrscheinlich sein und aus Esra 4, 6 lässt sich schliessen, dass man damals den Plan gehabt hat, die Mauern Jerusalems wiederaufzubauen [7], was dann die Samaritaner veranlasste, eine Anklage beim König einzubringen. „Dass

---

[2] *HUCA*, XXVII, 1956, 176: I. Henoch 66. 74. 89.

[3] *Die babylonischen Prätendenten zur Zeit Xerxes, BiOr*, XIX, 1962, 10-114, p. 114.

[4] *Nehemiah's Mission and its Background, BJRL*, 37, 2, 1955, 528-561, p. 556 f.

[5] *Studien zur Gesch. Israels im persischen Zeitalter*, 1964, 133, Anm. 1.

[6] E. HERZFELD, *Xerxes' Verbot des Daiva-Cultus, AMI*, VIII, 1937, 56-77, S. 61, 4. Inschrift aus Persepolis.

[7] Vgl. ABRAHAM SCHALIT, *König Herodes*, 1969, 707.

der Bescheid des Xerxes negativ war und die Arbeit wieder eingestellt werden musste, zeigt ihre Wiederaufnahme zur Zeit eines Artaxerxes" (SCHALIT, *l.c.*) [8]. Der Versuch, die Mauern Jerusalems wiederaufzubauen, impliziert nicht die Planung einer Revolte. Vielmehr ist an eine Sicherung des immer noch offen auf dem Tempelberg liegenden Heiligtums zu denken. An Wiedergewinnung der politischen Selbständigkeit unter der Führung des Davididen Serubbabel hatte man beim Anfang der Regierung des Darius gedacht. MORGENSTERN meint zwar annehmen zu dürfen, dass unter Xerxes ein Spross Davids, „vermutlich ein Sohn Serubbabels" zum König gesalbt worden sei (*HUCA*, XXXI, 1960, 7), es fehlen aber Hinweise darauf, dass damals noch ein Spross Davids am Leben war [9]. Ganz unwahrscheinlich ist doch auch MORGENSTERN's Ansicht, nach der Xerxes Juda's Nachbarvölker aufgerufen haben sollte, in Juda einzufallen und Jerusalem zu zerstören. Es scheint uns übrigens, dass MORGENSTERN später die von ihm vorgeführten alttestamentlichen und ausserbiblischen Daten, welche für die Zerstörung des Tempels 485 (und den Wiederaufbau durch Esra) bezeugen sollten, für nicht mehr ausreichend gehalten hat. Er hat 1962 zu zeigen versucht, dass Xerxes während seiner ganzen Regierung ein Feind und Unterdrücker des jüdischen Volkes gewesen sei [10]. Xerxes ist keinesfalls als Unterdrücker des jüdischen Volkes in Erinnerung geblieben, denn Josephus — der freilich über die persische Periode schlecht unterrichtet war — sagt, Xerxes sei ebenso gottesfürchtig wie sein Vater Darius gewesen (*Antiq.* XI, 5, 1 § 120). MORGENSTERN hat dann 1966 auf das Verbum כאר in Esra 7, 27 hingewiesen, das für die „reconstruction, or even the complete rebuilding, of the Temple" durch Esra zeugen sollte [11]. Wir halten es für unwahrscheinlich, dass MORGENSTERN damit den Beifall der Alttestamentler erhalten wird [12]. Es kann sich Esra 7, 27 doch höchstens um eine Ausschmückung des Tempels handeln [13].

Während kein Bericht uns sagt, Esra habe den Tempel wiederaufgebaut, oder, er habe Reparaturen am Tempel ausführen lassen — unter Esra ist vermutlich, wie

---

[8] SCHALIT vermutet, dass man schon gegen Ende der Regierung des Kyros den Mauerbau illegal in Angriff genommen hatte; auf Befehl des Kambyses sei der Bau eingestellt worden, *o.c.*, 706-707.

[9] W. TH. IN DER SMITTEN hält es für wahrscheinlich, „dass Nehemia aus einer Seitenlinie der Davidsfamilie herstammt" (*JSJ*, V, 1974, 41-48). Ähnlich schon U. KELLERMANN, *BZAW*, 102, 1967, 154-159, bei IN DER SMITTEN, *l.c.*

[10] „*The Oppressor*" *of Isa* 51. 13—*Who was he?*, *JBL*, 81, 1962, 25-34.

[11] *Further light from the Book of Isaiah upon the catastrophe of* 485 *B.C.*, *HUCA*, XXXVII, 1966, 1-28, p. 25.

[12] Die Stelle lautet nach der geläufigen Übersetzung: „Gepriesen sei Jahwe, der Gott unserer Väter, der dem Könige solches in den Sinn gegeben hat, den Tempel Jahwes in Jerusalem zu verherrlichen".

[13] Dass Esra, der reiche Spenden an Silber und Gold vom persischen König erhalten hatte (Esra 7, 12-16) diese mit zur Ausschmückung des Tempels benützt hat, dürfte doch wohl wahrscheinlich sein, siehe weiter unten.

wir oben annahmen, der Brandopferaltar vergrössert worden —, gibt es zwei
späte Berichte, welche davon reden, dass Nehemia den Tempel gebaut, bzw. Bauarbeiten am Tempel ausgeführt habe. Nach II. Makk. I, 18 soll Nehemia den Tempel
gebaut haben. Aus dem Kontext geht klar hervor, dass Nehemia hier als der Erbauer des nachexilischen Tempels betrachtet wird. Es sollte sich also um den Wiederaufbau des 587 v. Chr. von den Chaldäern zerstörten Tempels handeln. Die Notiz
II. Makk. I, 18 gehört zu den Nehemia-Legenden die, wie I, 18-38 zeigen, damals
schon reich entwickelt waren [14]. Weder im Buch Esra noch Nehemia ist davon die
Rede, dass Nehemia den Tempel gebaut habe. Auch Jesus Sirach spricht nur vom
Bau der Stadtmauern durch Nehemia (XLIX, 18). Anders Flavius Josephus. Nach
Josephus soll Nehemia den persischen König gebeten haben, ihm zu erlauben, die
Mauern Jerusalems wiederaufzubauen und das am Tempel Fehlende anzubauen
(*Antiq.* XI, 5, 6 § 165). Es heisst: „was am Tempel noch zu tun übrig bleibt zu
vollenden" [15]. In der Denkschrift Nehemias ist aber nie von Bauarbeiten am Tempel
die Rede. Der unbestimmte Ausdruck „das Fehlende am Tempel" (Josephus, *l.c.*)
deutet wohl darauf, dass der jüdische Geschichtsschreiber hier eine für die Baugeschichte des serubbabelschen Tempels wertlose Quelle benutzt hat. Dies kann nur
das zweite Buch der Makkabäer sein, wo, wie wir sahen, Nehemia als Erbauer des
Tempels genannt wird. Es war Josephus bekannt, dass der zweite Tempel lange
vor der Zeit Nehemias unter Dareios I. errichtet worden war [16]; Nehemia als Erbauer vorführen konnte er demnach nicht. Er konnte ihn aber auch nicht ganz
beiseiteschieben, das verbot die Bedeutung Nehemias für die Geschichte Jerusalems,
wie die um Nehemia gewobenen Legenden. So machte er ihn zum Erbauer eines
imaginären Teils des Tempels.

Dass Nehemia, der vom 20. bis zum 32. Jahre eines Artaxerxes Statthalter von
Juda gewesen ist (Neh. 5, 14), an dem Tempel gebaut habe, lässt sich also nicht
wahrscheinlich machen. Einstimmigkeit besteht darüber, dass er durch Artaxerxes I.
(465-424) nach Jerusalem gesandt worden ist mit der Befugnis, die Stadtmauer
wiederaufzubauen. In einem Papyrus von Elephantine von 408 v. Chr. werden die
Söhne des Statthalters Sanballat von Samaria erwähnt [17] und dieser Sanballat muss
identisch sein mit dem von Nehemia genannten Sanballat, der vereint mit Tobia
dem Ammoniter und Gešem dem Araber den Wiederaufbau der Mauern zu verhindern suchte (Neh. 2, 19; 6, 1 ff.). Nehemia war von 445-433 v. Chr. in Jerusa-

---

[14] Vgl. Norman H. Snaith, *The Date of Ezra's Arrival in Jerusalem*, *ZAW*, 1951, 53-66, p. 56.
[15] *Antiq.* XI § 165 Ende: καὶ τοῦ ἱεροῦ τὸ λεῖπον προσοικοδομῆσαι.
[16] *Antiq.* XI §§ 30-106.
[17] A. Cowley, *Aramaic Papyri of the fifth century B.C.*, 1923, 108 ff., Nr. 30; Pierre Grelot,
Documents araméens d'Égypte, 1972, 408 ff., Nr. 102.

lem [18]. Dass man schon vor Nehemia den Wiederaufbau der Mauern illegal angefangen hatte, und zwar unter demselben Artaxerxes (oder unter Xerxes?), der 445 den Wiederaufbau gestattete, ergibt sich aus Esra 4, 7 ff. In einem Schreiben an Artaxerxes I. erhob Rechem von Samaria Einspruch gegen den Mauerbau (Esra 4, 11 ff.) und im Antwortschreiben des Königs (Esra 4, 17 ff.) erhielten die Samaritaner das Recht, den Wiederaufbau der Mauern zu verhindern. Der Schluss des Briefes: „bis von mir Befehl erteilt werden wird" (Esra, 4, 21) stammt vom Chronisten, der wusste, dass die Mauer doch unter Artaxerxes I. wiederaufgebaut worden war.

Dass die Samaritaner den Mauerbau tatsächlich verhindert und das schon errichtete Mauerwerk zerstört haben, unterliegt wohl nicht dem Zweifel. So erklärt sich die Bestürzung Nehemias als Ḥanani und die mit ihm nach Susa Hinübergekommenen von der Zerstörung der Mauer erzählten (Neh. 1, 2-4). „Die ganze Haltung Nehemias hat nur einen Sinn, wenn ganz unlängst eine Zerstörung der Stadtmauer stattfand. Alle Verweise auf deren Vernichtung im Jahr 587 sind widersinnig" [19]. Anders hierüber urteilt u.a. KARL ELLIGER, der an die Zerstörung im Jahre 587 denkt [20]. „Ganz unlängst" brauchen wir nicht buchstäblich zu nehmen. GALLING weist darauf hin, dass ein genaues Datum für Artaxerxes' Antwortschreiben fehlt. (*Studien*, 1964, 155). Die Klage der Samaritaner und Artaxerxes' Antwortschreiben dürften im Anfang der Regierung des Artaxerxes, also kurz nach 465 v. Chr., zu datieren sein. Dass Artaxerxes etwa zwanzig Jahre später, 445 v. Chr., anderer Meinung war als 465, dass er nun seinen jüdischen Mundschenken zum Statthalter von Juda ernannte und ihm den Wiederaufbau der Stadtmauer gestattete, entsprang, wie GALLING betont, „klaren politischen Erwägungen. In dem 446 beendeten Megabyzos-Aufstand hatte Artaxerxes nachgeben müssen. Megabyzos blieb Satrap von Syrien. So wünschte der Grosskönig an der Spitze der Grenzprovinz dem immer unruhigen Ägypten gegenüber ... einen Mann seines Herzens zu haben", (*o.c.*, 1964, 156). RUDOLF KITTEL hat noch auf die für Persien ungünstigen Folgen des persisch-griechischen Krieges hingewiesen; diese „und der Aufstand des Megabyzos hatten die wahre Lage des Reiches hier im Westen grell beleuchtet" [21]. Es war nötig, Jerusalem „zu einer starken Festung des Perserkönigs auszubauen" (*ibid.*). Bei KITTEL heisst es: „Die persische Niederlage bei Salamis von 449 und der Aufstand des Megabyzos ..." usw. (*o.c.*, 614). KITTEL hatte natürlich den zwischen

---

[18] Das war Nehemia's erster Besuch an Jerusalem; der zweite Besuch fand 430 statt (V. PAVLOUSKY, *Die Chronologie der Tätigkeit Esdras. Versuch einer neuen Lösung, Biblica*, 38, 1957, 275-305, 428-456, p. 440.

[19] R. KITTEL, *Gesch. des jüdischen Volkes*, III, 2, 1929, 604. Vgl. C. STEUERNAGEL, *Lehrbuch der Einleitung in das Alte Testament*, 1912, 416.

[20] *Die Einheit des Tritojesaja, BWANT*, 3. Folge, Heft 9, 1928, 96.

[21] *Gesch. des jüdischen Volkes*, III, 2, 1929, 614.

Athen und Persien geschlossenen Kimon-Frieden (449 v. Chr.) im Auge. Die persischen Satrapen Kleinasiens durften von den an der Küste gelegenen griechischen Städten keinen Tribut mehr erheben; persische Kriegschiffe durften nicht mehr im Ägäischen Meer operieren usw. (GEORGE GROTE, *A History of Greece*, new. ed., V, 1870, 193). Artaxerxes' Umschwung betreffs des Mauerbaus ist durch die politischen Verhältnisse hinreichend erklärt. Nehemia hatte aber die Verselbständigung und Isolierung der Provinz Juda im Auge (MARTIN NOTH, *Geschichte Israels*, 1956, 296); um den Bestand des Perserreiches hat er sich wohl nicht gekümmert. Er war der Vertreter der exklusiven Richtung, die jede Verbindung mit den Fremden ablehnte und eine religiös-politische Isolierung anstrebte. Durch den Wiederaufbau der Stadtmauer hat Nehemia den Bestand des Serubbabelschen Tempels gesichert. Bei Josephus heisst es: Nehemia hatte dem jüdischen Volke ein dauerndes Denkmal hinterlassen (*Antiq.* XI, 5, 8 § 183).

Über den Umfang der Nehemia-Mauer bestehen bekanntlich Meinungsverschiedenheiten [22]. Neuere Ausgrabungen (darüber Bd. I, S. 106 f.) lehrten, dass Nehemia nicht an allen Stellen die Trasse der vorexilischen Stadtmauer eingehalten hatte. Die Südmauer der Davidstadt hatte er höher an den Abhang gestellt; die vorexilische Mauer hatte am Fuss des Abhanges gelegen. Das Jerusalem Nehemias hatte also einen geringeren Umfang als das vorexilische. Vielleicht lässt sich dies daraus erklären, dass die Einwohnerzahl Jerusalems nur gering war (Neh. 7, 4). Vielleicht auch hatte diese Verkleinerung etwas mit dem Widerstand der Samaritaner beim Wiederaufbau der Mauer zu tun: die hoch am Abhang arbeitenden Maurer konnten von ihren Widersachern weniger behindert werden [23].

Mit einem ganz anderen Auftrag als Nehemia, der als Statthalter nach Jerusalem kam, um die Stadtmauer aufzubauen, ist der Schriftgelehrte Esra durch einen persischen König Artaxerxes nach Jerusalem gesandt worden. Leider besteht darüber, ob Esra vor oder nach Nehemia nach Jerusalem kam, keine Einstimmigkeit. MARTIN NOTH, der Esra nach Nehemia datiert, betont „dass eine sichere Ent-

---

[22] Die Frage war, ob die Stadt sich schon über den Westhügel ausgedehnt hatte, oder auf den Osthügel beschränkt gewesen war. Siehe MILLAR BURROWS, *Nehemiah 3:1-32 as a source for the topography of ancient Jerusalem*, *AASOR*, XIV, 1933-1934, 115-140; J. SIMONS, *Jerusalem in the Old Testament*, 1952, 436-458: The City of Nehemiah, und fig. 56 gegenüber p. 442 (Ausbreitung über den Westhügel); M. AVI-YONAH, *The Walls of Nehemiah. A Minimalist View*, IEJ, IV, 1954, 239-248 und Fig. 1, p. 240 (Osthügel).

[23] Neuere von Israeli-Archäologen in der Altstadt Jerusalems ausgeführte Ausgrabungen haben es klar gemacht, dass wenigstens ein Teil des Westhügels vom 8./7. Jahrh. v. Chr. an besiedelt gewesen ist (*Qadmoniot*, 5, 1972, 91-101); N. AVIGAD, *Excavations in the Jewish Quarter of the Old City* (hebr.), ZAW, 85, 1973, 373; Ders. in *IEJ*, 25, 1975, 260 f. — Um 700 v. Chr. (Fall Samarias 721) war Jerusalem 3- bis 4-mal so gross als vordem (M. BROSHI, *The Expansion of Jerusalem in the Reigns of Hezekiah and Manasseh*, IEJ, 24, 1974, 21-26). Die Mauer Nehemia's könnte also auch einen Teil des Westhügels umschlossen haben.

scheidung nicht mehr zu fällen ist, weil es an verlässlichen und eindeutigen Argumenten fehlt, und dass höchstens eine begrenzte Wahrscheinlichkeit vorliegt" [24]. KURT GALLING hält die ältere traditionelle Ansicht, dass Esra 458 v. Chr. (im siebenten Jahr des Artaxerxes I. 465-424 v. Chr.; Esra, 7, 7. 8), also vor Nehemia nach Jerusalem gekommen sei, aus verschiedenen Gründen für problematisch. „Mag auch die genaue Datierung von Esras Mission auf das Jahr 398 [siebtes Jahr des Artaxerxes II. 404-385 v. Chr.] nicht zu beweisen sein, so kommt dafür nur die Spanne zwischen 400 und 397 in Frage, wie sich aus den Zeugnissen für Bagoas ergibt" [25]. Bagoas ist als Statthalter von Juda um 400 v. Chr. bekannt aus der Petition, welche Yedoniah, Hoherpriester von Jeb (Elephantine) im Jahre 408 v. Chr. an Bagoas (Bigvai = Bagoas; Josephus: Bagoses, *Antiq.* XI, 7, 1 § 297) richtete [26]. Haben wir in dem von Josephus genannten Hohenpriester Joannes, der dem Bagoas Anlass gab, den Tempel zu entweihen (*Antiq.* XI, 7, 1 § 298 f.), den Esra 10, 6 genannten Jochanan, dessen Tempelkammer Esra betrat, zu sehen, dann kann Esra erst unter Artaxerxes II., also nach Nehemia nach Jerusalem gekommen sein. Es scheint uns, dass die um 400 in Jerusalem bestehenden Verhältnisse besser zu der Absendung von Esra um diese Zeit als zum Jahre 458 v. Chr. stimmen. Aus Josephus wissen wir von Streitigkeiten zwischen dem Statthalter Bagoas und dem Hohenpriester Jochanan (*Antiq.* XI, 7, 1 § 300 f.). Der von Jochanan an seinem Bruder Jesus, Freund des Bagoas im Tempel begangene Mord, „bot nun Bagoas eine willkommene Veranlassung, die Juden sieben Jahre lang zu bedrücken" (*Antiq.* XI, 7, 1 § 301). Sieben Jahre mag übertrieben sein, der Kern des Berichtes, Streitigkeiten zwischen dem Statthalter und den Juden, dürfte historisch sein. War Bagoas ein Perser [27], waren sie umso gefährlicher und sie hätten den Wunsch nach Abfall vom

[24] *Gesch. Israels*[3], 1956, 289/290. — S. G. TULAND hat in jüngster Zeit die Frage wieder behandelt: *Ezra-Nehemiah or Nehemiah-Ezra? An Investigation into the Validity of the Van Hoonacker Theory. Andrews Un. Seminary Studies*, 12, 1974, 47-62, Bespr. *JSJ*, VI, 1975, 46. TULAND lehnt VAN HOON-ACKERS Argumente (Ezra nach Nehemia) ab. Siehe unten Anm. 25.

[25] *Studien zur Gesch. Israels im persischen Zeitalter*, 1964, 158 f., 161. — R. DE VAUX (*Dict. de la Bible*, Suppl. xxi, 1948, 765), W. RUDOLPH (*Esra und Nehemia*, 1949, 45. 65 f.), ULRICH KELLERMANN (*Erwägungen zum Problem der Esradatierung*, *ZAW*, 80, 1968, 55-87, S. 78), S. G. TULAND (*l.c.*) datieren Esra vor Nehemia. SIGMUND MOWINCKEL schrieb 1964: dass Neh. vor Esra anzusetzen sei, „ist heute kaum eine Frage mehr" (*Studien zu dem Buche Ezra-Nehemia*, I, 1964, 99). V. PAVLOUSKY datiert Esra nach Nehemia: *Die Chronologie der Tätigkeit Esdras. Versuch einer neuen Lösung*, *Biblica*, 38, 1957, 275-305, 428-456, S. 277 f.: Eine kurze Zusammenfassung der in den letzten sechzig Jahren vertretenen Lösungsversuchen. „Die politische und ökonomische Lage des Perserreiches schliesst die Mission Esdras vor Nehemia aus" (S. 283 ff.). Nach PAVLOUSKY begann die Mission Esras im Jahre 428, noch unter Artaxerxes I. (S. 443).

[26] A. COWLEY, *Aramaic Papyri*, 1923, 108 ff., Nr. 30, S. 113 Übers.; PIERRE GRELOT, *Documents araméens d'Egypte*, 1972, 400 ss., 408 s. Nr. 102, Übers.

[27] Vgl. GALLING, *Studien*, 1964, 162. Auch nach GRELOT gibt es keinen Grund, Bagoas für einen Juden zu halten. Die von Josephus erwähnten Schwierigkeiten zwischen Jochanan und Bagoas zeigen „le grand prêtre aux prises avec un Perse", nicht mit einem Juden (*Documents araméens*, 1972, 413 s.).

Perserreich aufrufen können. Wir halten es für möglich, dass diese unruhige Situation in Jerusalem Artaxerxes II. veranlasst habe, Esra nach Jerusalem abzuordnen.

RUDOLF KITTEL, der Esra v o r Nehemia datiert (458 v. Chr.) meint, die Angst um die Haltung der kleinen Provinz Juda habe die persische Regierung um die Zeit des ägyptischen Aufstandes geneigt gemacht, „den Juden besonderes W o h l - w o l l e n zu bekunden. Man warb um ihre Sympathien.. [28]. Dass die Absendung Esras nur durch „weltpolitische" Motive bestimmt gewesen sei, dürfte doch im Hinblick auf Esras Auftreten als „Gesetzeslehrer", Verkündiger des Gesetzes, kaum wahrscheinlich sein. Die inneren Verhältnisse in Juda müssen dazu Veranlas- sung gegeben haben und das war u.E. um 400 v. Chr. der Fall. Die reichspolitischen Verhältnisse waren übrigens um diese Zeit wenig günstiger als um 458 v. Chr. Auch um 400 v. Chr. gaben sie Anlass genug, um die Sympathien der Provinz Juda zu werben; es war um diese Zeit, dass Juda eigenes Münzrecht erhielt, wenigstens gibt es aus dieser Zeit einige Münzen mit dem Stempel *Jehud*[29]. Kyros, der jüngere Bruder des Artaxerxes II. Mnemon, zog 401 v. Chr. mit einem grossen Heer, dar- unter 10000 Griechen, aus seiner Provinz in Kleinasien zur Eroberung des per- sischen Throns[30]; bekanntlich ohne Erfolg[31]. Ägypten machte sich 399 v. Chr. unabhängig; Aufstände gab es in Kleinasien, wo lokale selbständige Dynastien, wenn auch als Vasallen des persischen König, auftraten[32].

Einstimmigkeit besteht darüber, dass wir in Esra 7, 12-16 authentisches Über- lieferungsmaterial vor uns haben (M. NOTH, *Geschichte Israels*, 1956, 298). Da ist es auffällig, welche reichen Spenden an Silber und Gold dem Esra für den Gott Israels, dessen Wohnung in Jerusalem ist, überreicht wurden (Esra 7, 15)[33]. Im Erlass ist weiter von Geldern zum Ankauf von Rindern, Widdern, Lämmern, Speis- und Trankopfern die Rede, um sie auf dem Altar des Jerusalemer Tempels darzubringen (7, 17. 22). Wie oben schon bemerkt, halten wir es für wahrscheinlich, dass unter Esra der Brandopferaltar vergrössert worden ist. Die von Artaxerxes dem Gott der Juden erwiesene Ehre sollte die Juden in Jerusalem günstig stimmen und die feindliche Haltung, entstanden durch Bagoas' böses Auftreten gegen die Juden, beseitigen. ED. MEYER (der freilich den Esra unter Artaxerxes I. datierte) meinte,

---

[28] *Gesch. des Volkes Israel*, III, 2, 1929, 583; vgl. A. VAN SELMS, *Ezra en Nehemia*, 1935, 13.

[29] GALLING, *Studien*, 1964, 182.

[30] GEORGE GROTE, *A History of Greece*, VIII, 1869, 309 ff. Es gibt dafür eine authentische Quelle: Xenophon's Anabasis.

[31] In der Schlacht bei Kunaxa (der Name ist bekannt aus Plutarch, Artaxerx. 8) ist Kyros gefallen, Xen., *Anab*. I, 8, 27.

[32] CLEMENT HUART, *La Perse antique*, 1925, 80.

[33] V. PAVLOUSKY hält die Schenkungen wohl zu Recht für nicht übertrieben. Seit dem zwischen Athen und Persien geschlossenen Kimon-Frieden (449-448) floss das Geld wieder reichlich in die königliche Schatzkammer (*Biblica*, 38, 1957, 297 s., 300).

zu dem politischen Motiv sei noch ein individuelles, wirklich religiöses hinzu-kommen: der König habe Respekt vor der Macht des Gottes von Jerusalem ge-habt [34]. Richtig hatte ED. MEYER gesehen, dass reichspolitische Motive allein — wie R. KITTEL sie annahm — dem König nicht dazu geführt haben könnten, dem Gott der Juden solche reichen Spenden darzubringen. So kam er dazu, ein individuelles, wirklich religiöses Motiv bei dem König anzunehmen. Ohne davon ganz absehen zu wollen, halten wir doch die damaligen innenpolitischen Verhältnisse in Juda und Jerusalem für Artaxerxes' freundliche Haltung gegenüber den Juden von grösserem Gewicht.

MARTIN NOTH meint, Esra musste ein bestimmtes sakrales Gesetz zur Geltung bringen. Dies sei der eigentliche Zweck von Esras Mission gewesen (*Geschichte Israels*, 1959, 300). Richtiger scheint uns, was KURT GALLING sagt: „Esra soll die Verhältnisse in Juda und Jerusalem untersuchen" [35]. Und, möchten wir hinzufügen, dort die Verhältnisse im für Persien günstigen Sinn ordnen. Esra war dafür offenbar der rechte Mann: er war „ein treuer Untertan der persischen Regierung und der Vertreter der Idee, dass auch Juda nur als eine dem König ergebene Provinz noch eine Zukunft habe" [36]. Wir können GALLING nicht ganz folgen, wenn er sagt, die Visitation hätte es nur mit dem konfessionellen Bereich zu tun (*Studien*, S. 170). Gewiss liesse sich dies aus Esra 7, 14 schliessen — GALLING stützt seine Meinung in der Tat auf diesen Paragraph des Artaxerxes-Erlasses —, der Erlass ist aber sicher nicht ohne Esra's Mitarbeit zustande gekommen. Das Rezept, die inneren Ver-hältnisse Juda's in für Persien günstigem Sinn zu ordnen, nämlich die Einführung des Gesetzes, kann nur von Esra selbst stammen. So sagt auch ED. MEYER, die persische Regierung „hat die Anträge genehmigt, welche die babylonischen Juden bei ihr gestellt haben" [37]. ED. MEYER war der Meinung, das die babylonischen Juden (Esra c.s.) niemals die Macht gehabt hätten, der palästinischen Gemeinde das Gesetz zu oktroyieren, „wenn nicht die Reichsgewalt hinter ihnen gestanden hätte" (*o.c.*, 70). Das Judentum soll eine Schöpfung der Perser gewesen sein. KURT GALLING hat die These ED. MEYERS fragwürdig genannt (*Studien*, 1964, 174). „*Die Gemeinde* bedarf keines persischen Gesetzes, um das ihr zur Reinerhaltung notwendig Er-scheinende zu statuieren! Dagegen hatte der Grosskönig durchaus ein Interesse daran, das für den Himmelsgott in Jerusalem Befohlene als unabdingbares Königs-gesetz unter Strafen zu stellen . . ." (*ibid.*). Die Strafandrohung (Esra 7, 26) ist nicht

---

[34] *Die Entstehung des Judenthums*, 1896, 64.
[35] *Studien*, 1964, 169.
[36] KITTEL, *Gesch. des Volkes Israel*, III, 2, 1929, 608; vgl. OLMSTEAD, *History of the Persian Empire*, 1948, 307.
[37] *Die Entstehung des Judenthums*, 1896, 65.

auf Glieder der jüdischen Gemeinde zu beziehen, sondern auf die Instanzen, welchen befohlen wurde, dem Esra alles, was er begehren würde, zu überreichen (Esra 7, 21-23). Die Perser haben an der Gründung des Judentums keinen anderen Anteil gehabt als dass sie den Esra nach Jerusalem gesandt haben und ihm die Anträge genehmigten, welche er ihnen gestellt hatte. Esra, „an austere and commanding figure" (*Hastings Dict.*, 1929, 252, G. H. Box), der von Artaxerxes II. die Vollmacht erhielt, das Gesetz in Jerusalem einzuführen[38], ist der Gründer des Judentums[39]. Die Einführung des Gesetzes wäre aber ohne religionsgeschichtliche Bedeutung geblieben, hätte nicht Esra die schon von Nehemia eingeführte Isolierungs-Politik rücksichtslos durchgeführt. „Der „heilige Same" — als solcher fühlten sich die Juden — „darf nicht vermischt werden mit dem der Bewohner des Landes"[40]. H. H. Rowley betont den Unterschied zwischen dem Partikularismus des Nehemia und dem des Esra. Der Nehemia's war politischen, der Esra's religiösen Charakters (*Sanballat and the Samaritan Temple, BJRL*, 38, 1955-56, 166-198, p. 192). Dies erklärt, meint Rowley, dass die samaritanische Tradition „treat Ezra with the utmost bitterness" (Rowley, *l.c.*)[41]. Rowley bemerkt dann zum Schluss: „From our safe

[38] Nach der Meinung V. Pavlousky's ist Esra vom Volk „eingeladen" worden, das Gesetz vorzulesen und Esra beschränkt sich darauf „es zu lesen und zu erklären... nichts im Text verrät auch nur im entferntesten einen königlichen Auftrag" (*Biblica*, 38, 1957, 431).

[39] Siehe aber auch K. Koch, *Ezra and the Origins of Judaism, JSS*, XIX, 1974, 173-197: Es war nicht Esra's Absicht „to set up Judah as a theocracy in the later sense nor to establish the absolute validity of the divine Law" (p. 196). Esra beabsichtigte den Wiederaufbau von Israel als ein Zwölfstämmevolk „including the later Samaritans" (*ibid.*).

[40] G. Hölscher, *Palästina in der persischen und hellenistischen Zeit*, 1902, 38; Esra 9, 2. — Nehemia hatte bei seinem ersten Besuch in Jerusalem (445-433) die Mischehen nach der Meinung Pavlousky's noch nicht für ungesetzlich gehalten. „Zu dessen Beginn, als der Mauerbau der Vollendung entgegenging, bestanden Mischehen, und Nehemia erwähnt sie, aber nur um die freundschaftlichen Beziehungen zwischen vornehmen Juden und einem seiner Hauptgegner, dem Ammoniten Tobia, zu erklären. Mit keinem Wort zeigt er, dass er diese Mischehen für ungesetzlich gehalten hätte. Er ergriff auch keine Massnahmen gegen sie, denn die Juden fuhren noch viele Jahre ungestört fort, fremde Frauen zu heiraten..." (Pavlousky, *Biblica*, 38, 1957, 429). Der Umschwung beim zweiten Besuch kann nach Pavlousky nur auf den Einfluss Esra's zurückgehen. „Esra kann Nehemia nur beeinflusst haben bei einem privaten Besuch, den er während N² und vor seiner Beauftragung durch den König in Jerusalem gemacht hat. Ein solcher Aufenthalt Esdras in Jerusalem wurde bis jetzt überhaupt nicht in Erwägung gezogen, so sehr dachte man immer nur an die offizielle Mission Esdras, und hielt darum folgerichtig das Nebeneinander Esdras und Nehemias für unhistorisch, das Neh. 8, 9 ausdrücklich bezeugt, von wem immer die Nennung Nehemias stammen möge" (*id.*, p. 429/430).

[41] K. Koch betont aber, dass Esra (9, 1 f.) wohl die Frauen aus fremden Völkern wegsenden lässt (Ammoniter, Moabiter usw.), nicht aber die Ehe mit samaritanischen Frauen zerbricht, „because in his time they are not yet Samaritans but in his view only members of the northern tribes of Israel!" (*Ezra and the Origins of Judaism, JSS*, XIX, 1974, 173-197, p. 193). Im damaligen Streit zwischen einer pro-judäischen und einer pro-samaritanischen Partei muss dann Esra auf die Seite der pro-samaritanischen gestanden haben. — II. Makk. und das Buch des Jesus Sirach „sont l'echo d'un milieu qui ne pardonnait pas à Esdras la tentative d'union avec les Samaritains et pour eux le grand

distance it is easy to criticize Ezra for his intolerance; but it may well have been that but for that intolerance Judaism would have faded away, leaving as little mark on the course of the world's religious history as the Samaritans have done" (*l.c.*, 198). Darüber zu spekulieren, ob dies der Menschheit zum Glück oder zum Unglück gewesen wäre, hat keinen Sinn.

Esra's Mission ist für den Bestand des Tempels hier von Bedeutung wegen der reichen Spenden an Silber und Gold, welche er aus Persien nach Jerusalem mitbrachte. Davon ist ausser im authentischen Artaxerxes-Erlass (Esra 7, 12-16) auch Esra 8, 25 (hebr. und vom Chronisten stammend; historisch demnach von geringerem Wert) die Rede: an silbernen Geräten hundert Talente, an Gold hundert Talente (Vs. 26), zwanzig goldene Becher [im Werte von] tausend Dariken und zwei Gefässe von feiner goldglänzender Bronze, so kostbar wie Gold (Vs. 27). Im Artaxerxes-Erlass heisst es weiter u.a.: „Und was du sonst noch an Bedürfnissen für den Tempel deines Gottes zu bestreiten haben sollest, das magst du aus dem königlichen Schatzhause bestreiten" (7, 20). Nach GALLINGS Interpretation: „Wenn für den Kultus (und die Tempelausstattung?) noch weitere Summen nötig sind, so solle sie Esra vom „Haus (Häuser?) der Schätze des Königs" beanspruchen" [42]. Es dürfte u.E. doch mehr als wahrscheinlich sein, dass die reichen Mittel, über die man nun verfügte, mit zur Ausstattung des Tempels verwendet worden sind. Der Tempel und sein Kult stehen bei Esra, wie W. RUDOLPH betont (*Esra und Nehemia*, 1949, 77) m Vordergrund seines Denkens. Von goldenen Schilden, welche an den Tempel (an die Front) aufgehängt wurden, hören wir erst aus viel späterer Zeit, sie könnten aber wohl aus der Zeit Esra's stammen. Auch vom goldenen Leuchter gibt es erst aus viel späterer Zeit einen authentischen Bericht; die Wahrscheinlichkeit spricht aber dafür, dass er aus Esra's Zeit stammt. Dass er siebenarmig war, lässt sich aus Exod. 25, 31 ff. schliessen (vgl. GALLING, *BR*, 1937, 349).

Daten über den Bestand des Tempels im 4. Jahrhundert v. Chr. fehlen ganz. Zwar hat man aus Jes. 63, 7-64 und Ps. 74-79 schliessen wollen, dass der Tempel von Artaxerxes III. Ochus (358-336) ganz oder zum Teil zerstört worden sei, diese

---

homme restait Néhémie qui les avait combattu" (HENRI CAZELLES, *La Mission d'Esdras*, *VT*, IV, 1954, 113-140, p. 133). Wie erklärt sich nun aber, dass die samaritanische Tradition „treat Ezra with the utmost bitterness"? ABRAHAM SCHALIT ist der Meinung, dass die Samaritaner um 400 v. Chr. als Erfolg dieses Streites den Tempel auf dem Garizim erbaut haben (*A Chapter in the History of the Party Conflict in Jerusalem at the End of the Fifth Century and the Beginning of the Fourth Century B.C.*, in *Commentationes in Memoriam Johannis Lewy*, 252 ff., bei V. TCHERIKOVER, *Hellenistic Civilization and the Jews*, 1959, 419, n. 12). Hat Esra die Samaritaner zu den Zwölf Stämmen gerechnet (CAZELLES; KOCH), wird er gegen Errichtung eines Tempels auf dem Garizim eine starke Opposition geführt haben und daraus liesse sich u.E. die Sache wohl erklären. ROWLEY betont aber, dass sich nicht ausmachen lässt, wann der samaritanische Tempel erbaut ist (*l.c.*, 187).

[42] *Studien*, 1964, 72, dort auch GALLING's Kommentar.

Zerstörung lässt sich aber ebensowenig wahrscheinlich machen wie die von MORGEN-STERN unter Xerxes postulierte, für die MORGENSTERN übrigens auch die genannten alttestamentlichen Stellen meinte anführen zu dürfen. Wir wissen, dass die Zeit des Artaxerxes III. Ochus voller Kriege war; Aufstände in Ägypten, Phönikien, Zypern; Revolten auch der syrischen Satrapen. GUSTAV HÖLSCHER hielt es für selbstver-ständlich, „dass auch das Judenvolk sich an der Empörung hat beteiligen müssen" [43]. Jerusalem und der Tempel seien damals von einer Katastrophe betroffen worden, der Tempel habe in Flammen gestanden (HÖLSCHER, *o.c.*, 42), die Stadtmauer sei stark beschädigt worden (*id.*, S. 41). Nach der Chronik des Eusebius soll Ochus Juden nach Hyrkanien, andere nach Babylonien deportiert haben (*Euseb. Chron.* ed. SCHOENE, II, 112, bei Sync. 486, 10, der gr. Text bei HÖLSCHER, *o.c.*, 46, Anm. 1). Wie im Anfang der Regierung des Darius, als das Perserreich zusammenzubrechen drohte, wird es wohl auch unter Ochus eine nationalistische Partei gegeben haben, welche die politische Selbständigkeit Juda's anstrebte. Dass es zum Abfall vom Perserreich gekommen sei, dafür lassen sich keine triftigen Gründe anführen. Mit recht betont L. E. BROWNE, dass es für die Annahme einer nationalen Katastrophe keine Beweise gibt (*Early Judaism*, 1920, 205). Auch Tyrus und Aradus hatten sich nicht dem Aufstand gegen die Perser angeschlossen (DROYSEN, *Histoire l'Hellénisme*, I, 1883, 277-78). Wäre der Tempel von Jerusalem um die Mitte des 4. Jahrhunderts v. Chr. zerstört worden, er würde um 300 v. Chr. nicht mehr aufrecht gestanden haben, was doch aus dem Bericht des Hekataios (*apud Josephus, c. Ap.* I, 22 § 197 f.) ausser Zweifel steht. Die Juden hätten zwischen 350-300 v. Chr. sicher nicht die Mittel gehabt, den Tempel wiederaufzubauen und Jerusalem wäre nicht zum Mittel-punkt „nicht nur für die umwohnenden, sondern für alle in der Welt zerstreuten Israeliten" [44] geworden.

B — PERIODE DER PTOLEMÄER
(3. Jahrh. v. Chr.)

Nach jüdischer Tradition soll Alexander der Grosse nach der Eroberung von Gaza (332 v. Chr.) nach Jerusalem gekommen sein und nach des Hohenpriesters Anweisung im Tempel Jahwes geopfert haben (Josephus, *Antiq.* XI, 8, 5 § 329 ff.). Darüber besteht im allgemeinen Einstimmigkeit, dass wir es hier mit einer Legende zu tun haben: „it is a historical myth designed to bring the king into direct contact

---

[43] *Palästina in der persischen und hellenistischen Periode*, 1902, 46; anders urteilte darüber H. GRAETZ, *Weltgesch. des jüdischen Volkes*, II, 2, 210.
[44] NOTH, *Gesch. Israels*[3], 1956, 305.

with the Jews, and to speak of both in laudatory terms" [4] . E. Schürer meint, die Erzählung sei im Detail jedenfalls unhistorisch, aber: „Die Sache an sich wäre nicht unmöglich" (*Geschichte des jüdischen Volkes*, I[5], 1920, 180, Anm. 1). Dass die Erzählung um einen geschichtlichen Kern gewoben ist, dürfte wahrscheinlich sein. Die Bedeutung der damaligen geschichtlichen Vorgänge: Untergang des persischen Reiches, Einnahme von Tyrus, das Aufkommen einer neuen Weltmacht, wird den Juden sicher klar gewesen sein und nach der Eroberung von Gaza durch Alexander [46] werden sie ihm eine Deputation gesandt haben, was übrigens auch Tcherikover annimmt (*o.c.*, 49). Vielleicht hat Alexander als erster hellenistischer Herrscher, wie Tcherikover meint (*l.c.*), „den Juden gestattet, nach den väterlichen Gesetzen leben zu dürfen". So haben die Juden jedenfalls während des ganzen dritten Jahrhunderts v. Chr., als Palästina zum Machtbereich der Ptolemäer gehörte, gelebt. Darauf deutet das Fehlen von jüdischer Literatur aus diesem Jahrhundert. Wenn Fehlen von Geschichte und Literatur eine Andeutung dafür ist, dass im Lande Glück geherrscht habe, „Judea may have been fairly happy under the Ptolemees" [47]. Eine Zeit des Friedens ist die Periode der Ptolemäer für Palästina allerdings nicht gewesen und auch auf dem Gebiet des Geistes enstand schon in diesem Jahrhundert Unruhe aufgrund des Einflusses des Hellenismus. Ptolemaios Lagos hatte schon 320 v. Chr., als er noch Satrap von Ägypten war, in dem Streit mit Antigonos Jerusalem eingenommen und viele Juden nach Alexandrien geführt (Josephus, *Antiq.* XII, 1, 1 § 7 f.; J. G. Droysen, *Histoire de l'Hellénisme*, II, 1884, 155 f.).

[45] V. Tcherikover, *Hellenistic Civilisation and the Jews*, 1959, 45 und 50. — Fritz Schachermeyr veröffentlichte 1973 eine umfangreiche Studie über Alexander den Grossen: *Alexander der Grosse. Das Problem seiner Persönlichkeit und seines Wirkens*, Wien 1973 (Österreichische Ak. der Wiss. Philos.-hist. Kl. S. B. 285. Bd.), 723 Seiten. Seite 261: „Ob er auf seinem Hin- oder Rückzug durch Palästina auch Jerusalem berührte, ist umstritten. Fest steht aber, dass die Einordnung des jüdischen Tempelstaates in die Organisation der syrischen Satrapie die nämliche blieb wie unter den Persern". — W. W. Tarn, *Alexander the Great*, I, 1948, p. 41: „The story that he visited Jerusalem and sacrified in the Temple belongs to legend"; n. 2: „F. Pfister, *Eine jüdische Gründungsgesch. Alexandreias, mit einem Anhang über Alexanders Besuch in Jerusalem*, Heidelberg, 1914 was conclusive enough. See now R. Marcus, App. C to vol. VI of the Loeb Josephus, on the ramifications of the legend".

[46] Die hohe Stadtmauer machte die Stadt schwer einnehmbar und Batis, der mit einer Garnison Araber (wahrscheinlich Nabatäer) die Stadt verteidigte, weigerte sich, Alexander in die Stadt kommen zu lassen; nach Diod. XVII, 48 soll Belagerung und Einnahme zwei Monate erfordert haben. „The Macedonian prince had undertaken the siege mainly in order to prove to the world that he could overcome difficulties insuperable to others. But he had incurred so much loss, spent so much time and labour, and undergone so many repulses before he succeeded, that the palm of honour belonged rather to the minority vanquished than to the multitude of victors" (George Grote, *Hist. of Greece*, XI, 1869, 469). Dass Alexander nach der Eroberung Gaza's nach Jerusalem gekommen sei, ist doch durchaus unwahrscheinlich. — Alexanders Kriege und Eroberungen sind von Flavius Arian (auch genannt der jüngere Xenophon), der im 3. Jahrh. n. Chr. lebte, beschrieben. Er benutzte u.a. ein verloren gegangenes Werk des Ptolemaios Lagos, Offizier im Heer unter Alexander und später König von Ägypten (Ptolemaios Soter).

[47] W. Tarn, *Hellenistic Civilisation*, 1953, 212.

„Palestine is the bulwork of Egypt. As Napoleon observed, domination over Palestine is indispensable if one wishes to protect the valley of the Nile. Accordingly, the rivalry between the court of Alexandria and that of Syria was concentred in Palestine" [8]. Palästina ist im 3. Jahrhundert v. Chr. sozusagen abwechseld im Besitz der Ptolemäer und Seleukiden gewesen. Fünf Kriege haben Seleukiden und Ptolemäer im 3. Jahrhundert v. Chr. geführt und wenn der Schauplatz des Krieges auch oft ausserhalb Palästinas lag, so blieb das Land doch von diesen Kriegen nicht unberührt (vgl. Josephus, *Antiq.* XII, 1, 1 § 3.). Beide Dynastien, die Ptolemäer wie die Seleukiden, „tried to gain the favor of the Jews" [49]. Die Parteinahme lässt sich sogar in LXX wahrnehmen: Deut. 26, 5 MT heisst es: „Ein umherirrender Aramäer war mein Vater; der zog ... hinab nach Ägypten". Die aus dem 3. Jahrhundert datierende LXX (Pentateuch) hat dafür: „Mein Vater verliess Syrien und zog nach Ägypten" (BICKERMAN, *l.c.*). Die LXX ist bekanntlich in Alexandrien zu stande gekommen und zwar, wenn wir Pseudo-Arsteas Glauben schenken dürfen, unter Ptolemaios II. Philadelphos (285-247 v. Chr.). Der Aussenhof des Tempels, der wie Kap. X dargelegt wurde, im 3. Jahrhundert v. Chr. entstanden sein muss, könnte aus der Zeit des Philadelphos stammen. Da der Hohepriester formell durch den König benannt wurde, „though the office was hereditary in the Zadokite family" [50], wird man für die Errichtung der zweiten Umfriedung wohl ein Gutachten des Königs gebraucht haben. Dem Briefe des Aristeas dürfen wir doch wohl entnehmen, dass Philadelphos den Juden ein besonderes Wohlwollen gezeigt habe. Die Notiz, Philadelphos habe viele jüdische Sklaven freigekauft (§§ 22-25), kann, meint auch TCHERIKOVER, historisch sein (*o.c.*, 273-274). Nach Aristeas (§ 33. 50 ff.) soll Ptolemaios Philadelphos kostbare Geschenke für den Tempel nach Jerusalem gesandt haben (vgl. Josephus, *Antiq.* XII, 2, 8 § 60 ff.; seine Quelle ist natürlich Aristeas) — einen goldenen Tisch, zwanzig goldene und dreissig silberne Schalen, fünf Mischgefässe, hundert Silbertalente — und wenn es sich hier auch um eine Legende handelt (vgl. E. SCHÜRER, *Geschichte des jüdischen Volkes*, II[4], 1907, 362), so spiegelt die Geschichte „doch die Sitte der Zeit getreu wieder" (*ibid.*). Dass Philadelphos reiche Geschenke für den Jerusalemer Tempel gestiftet hat, könnte übrigens wohl auf guter Überlieferung beruhen. Interessant ist die Notiz über die Schenkung von hundert Silbertalenten, nach RIJSEL's Übersetzung bestimmt „zur Darbringung von Opfer und zu nötigen Ausbesserungen des Tempels" (§ 42; bei KAUTZSCH, *Die*

---

[48] E. BICKERMAN, *The Historical Foundations of Postbiblical Judaism*, in FINKELSTEIN, *The Jews*, I, 1949, 70-114, p. 105/06; vgl. M. ROSTOVTZEFF, *The Social and Economic History of the Hellenistic World*, I, 1941, 29.

[49] BICKERMAN, *o.c.*, p. 99.

[50] SOLOMON ZEITLIN, *The Rise and Fall of the Judaean State*, II, 1967, 9.

Apokryphen, II, 9 z.St.). A. PELLETIER überträgt die bezügliche Stelle wie folgt: „pour l'achat de victimes et les aménagements dont le temple pourrait besoin" (*Lettre d'Aristée à Philocrate*, 1962, 129, z.St.). Die Gelder könnten wohl auch zur Ausgestaltung des Aussenhofes gedient haben.

Eine Notiz über den Bestand des Tempels in der Periode der Ptolemäer enthält auch das dritte Buch der Makkabäer, wo über Vorgänge unter Ptolemaios IV. Philopator (221-204 v. Chr.) berichtet wird. Nach der Schlacht bei Raphia (217 v. Chr.) gegen Antiochos III. besuchte Philopator (nach III. Makk., 1, 8 f.) Jerusalem, „opferte (dort) dem grössten Gott und stattete ihm Dank ab" (KAUTZSCH, *Die Apokryphen*, I, 122). Nach der Erzählung bestand er darauf, das Innere des Tempels zu betreten, wurde aber von dem Übermächtigen zur Strafe gelähmt. TCHERIKOVER hält Philopators Besuch an Jerusalem „within the bounds of possibility", und „if Philopator visited the city, he certainly did there what every Greek king would have done in his place, namely, sacrificed to the local god and behaved favorably towards the priests" (*Hellenistic Civilization*, 1959, 75). Wir wissen, dass Philopator nach der Schlacht bei Raphia vier Monate lang Syrien bereist hat, „und dabei Tempel besucht und Kulte und Heiligtümer eingerichtet (hat)" [51]; ein Besuch in Jerusalem dürfte demnach durchaus möglich sein. Er mag sogar gebeten haben, das Allerheiligste zu betreten, was ja dem Pharao in Ägypten gestattet war [52]. Dass daraus Schwierigkeiten zwischen Philopator und den Juden hervorgegangen sind, dürfte kaum wahrscheinlich sein. In einer Zeit, da Antiochos III, daran ging, Palästina zu erobern, wird Philopator erst recht danach gestrebt haben, das Wohlwollen des jüdischen Tempel-Staates zu behalten, bzw. zu erwerben. Es war in Ägypten wohl nicht unbekannt, dass es damals in Juda schon eine Seleukidenfreundliche Partei gegeben hatte [53], und Philopator wird sicher versucht haben, sich die Sympathie der Juden in Palästina zu erwerben. Wir dürfen annehmen, wenn Berichte darüber auch fehlen, dass er nicht ohne Opferspenden nach Jerusalem gekommen ist. Die Ansicht R. TARN's, nach der Philopator, ein enthusiastischer Verehrer des Dionysos, des Familiengottes der Ptolemäer, davon träumte, eine Dionysos-Religion im ganzen Reich zu stiften, „which should unify its principal racial elements" [54], halten wir für kaum wahrscheinlich. Er würde damit die Juden regelrecht auf die Seite der Seleukiden getrieben haben. Zwar heisst es III. Makk. II, 27 ff., Philopator habe die ägyptischen Juden zum Götzendienst und besonders zum

---

[51] B. LIFSHITZ, *Beiträge zur palästinischen Epigraphik, ZDPV*, 78, 1962, 64-88, S. 83.

[52] A. MORET, *Du caractère religieux de la Royauté pharaonique*, 1902, 302.

[53] TARN, *Hellenistic Civilization*, 1955, 213: „an aristocratic party had fallen out with Ptolemy and were turning to his rival". — III. Makk. II, 27 ff. — Nach Polybius (V, 86, 10) war das Volk ägyptisch gesinnt.

[54] TARN, *o.c.*, 212.

Dionysoskult zwingen wollen, die feindliche Haltung Philopators gegenüber den Juden dürfte doch wohl auf Propaganda der seleukidenfreundlichen, d.h. anti-ägyptischen Partei zurückzuführen sein. Die um Philopators Ersuchen, das Aller-heiligste betreten zu dürfen, gewobene Erzählung ist wohl der Phantasie des Ver-fassers von III. Makk. entsprungen. PIERRE JOUGUET urteilt darüber freilich anders (*Macedonian Imperialism and the Hellenisation of the East*, transl. M. R. DOBIE, 1928, 217; der Autor referiert PERDRIZET, in *Rev. des Études anciennes*, 1910, 235).

KURT SCHUBERT hat darauf hingewiesen, dass im Ptolemäerstaat des 3. Jahr-hunderts v. Chr. in Ägypten eine griechisch-makedonische Oberschicht gemeinsam lebte mit der starken einheimischen ägyptischen Bevölkerung, „deren religiöses und kulturelles Selbstverständnis so stark war, dass an eine gewaltsame Hellenisierung nicht gedacht werden konnte. Von der liberalen Haltung der Oberschicht gegen-über den Ägyptern profitierten natürlich auch die Juden Palästinas. Das 3. Jahr-hundert v. Chr. war also ein Jahrhundert liberaler Religionspolitik und damit auch ein Jahrhundert freiwilliger, schrittweiser und daher auch reibungsloser Helleni-sierung" [55]. Unter reibungsloser Hellenisierung ist hier zu verstehen eine nicht von der Staatsgewalt aufgezwungene Hellenisierung, wie dies im 2. Jahrhundert im Seleukidenstaat nach der Meinung verschiedener Gelehrter der Fall gewesen ist. Eine andere Frage ist es, ob die Hellenisierung auch reibungslos in der jüdischen Gemeinde verlaufen ist. Im 3. Jahrhundert v. Chr. hatte es, wie schon im 5. Jahr-hundert v. Chr., zwei Strömungen gegeben, eine auf Assimilation und eine auf Isolierung gerichtete. Über die inneren Reibungen im 3. Jahrhundert v. Chr. ist aber nur wenig bekannt. Dass sie dagewesen sind, unterliegt nicht dem Zweifel, sonst liessen sich die Konflikte, welche im 2. Jahrhundert v. Chr. aufgetreten sind, nicht erklären. Aus dem 3. Jahrhundert v. Chr. vernehmen wir nur die Stimme der dem Hellenismus wohl gesinnten Juden. Die einflussreichste Familie in Jerusalem im 3. Jahrhundert v. Chr. war die der Tobiaden [56]. In einem von Tobia an Apol-lonius, Finanzminister des Ptolemaios II. Philadelphos gerichteten Schreiben, be-kannt aus den Zeno-Papyri, heisst es im Anfang: πολλὴ χάρις τοῖς Θεοῖς: „den Göttern vielen Dank". „This plural is surprising in a letter of a Jew" [57]. Wenn der Brief auch von Tobia's Sekretär, sicher ein Grieche, geschrieben sein wird, ist doch kaum

---

[55] SCHUBERT, *Die Kultur der Juden. I. Israel im Altertum, Hb. der Kulturgesch.*, 1970, 152.

[56] Josephus, *Antiq.* XII, 4, 2 §§ 160 ff. — Über den Ursprung der Tobiadenfamilie: B. MAZAR (MAISLER), *The Tobiads, IEJ*, 7, 1957, 137-145, 229-238. „They were among the leaders of Jewish Hellenizers and principal supporters of a compromise with the Greek regime" (p. 137; p. 235 genealogische Tabelle der Tobiaden; nach MAZAR lebte der erste Tobiade unter Zedekia, um 590 v. Chr.). — Die wesentliche Literatur über die Tobiaden bei U. KELLERMANN, *Nehemia, BZAW*, 102, 1967, 169-171.

[57] TCHERIKOVER, *Hellenistic Civilisation and the Jews*, 1959, 71; Ders., *Corpus Papyrorum Judaicarum*, I, 1957, 125 ff.

anzunehmen, dass ein „strict Jew would have permitted such a letter to be sent from his own home signed with his own name" (*ibid.*). Zenon, Agent des Apollonius, war von 260 bis Ende 259 v. Chr. in Palästina. Er reiste das ganze Land hindurch „in grand style with a large staff of Greeks" [58]. Er besuchte Gaza, Judäa, Galiläa (*ibid.*). Aus den Zenon-Papyri wissen wir auch, dass Palästina damals überströmt wurde von Agenten der Ptolemäer, „both military and civil" (Rostovtzeff, *o. c.*, 347 und Anm. 142). Sie sind zweifellos zugleich mindestens passive Verbreiter der hellenistischen Gedanken gewesen. Der Einfluss des Hellenismus kam dann vor allem von den griechischen oder gräzisierten Städten in Palästina. Diese „spread „the tolerant and sceptical spirit of Hellenism" even in the Holy Land" (P. Jouguet, *Macedonian Imperialism*, 1928, 387). Antigonos von Socho, Anfang oder Mitte des 3. Jahrhunderts v. Chr., hatte einen griechischen Namen. „Wenn aber einer der ältesten Träger der rabbinischen Tradition einen griechischen Namen tragen durfte, dürfen wir erst recht annehmen, dass die reichen Schichten in Judäa sich in der „modernen" Welt des Hellenismus ganz und gar zu Hause fühlten" [59].

Am klarsten zeigt sich der Einfluss des Hellenismus im 3. Jahrhundert v. Chr. in Josephus' Erzählung über den Tobiaden Joseph (*Antiq.* XII, 4, 2-3 § 160 ff.). Tcherikover hat den historischen Kern dieser fast legendarischen Erzählung vorgeführt [60]. Joseph, Sohn des Tobias und Neffe des Hohenpriesters Onias II., wurde von Ptolemaios III. Euergetes (247-221 v. Chr.) zum Steuerpächter über ganz Köle-Syrien, Phönikien, Judäa und Samaria ernannt (*Antiq.* XI, 4, 4 § 175). „Thus accured the first breach in the edifice of the theocracy of Jerusalem: the responsibility for the levying of taxes and their transmission to the king was removed from the High Priest and handed to a professional financier" (Tcherikover, *o.c.*, 132). Tcherikover sieht in Joseph Züge „so typical of a number of Greeks of the period: immense willpower, rapidity of action, self-confidence and, resulting from them, undisguised contempt for ancestral tradition" (*o.c.*, 134) [61]. In Joseph, dem schlauen, einflussreichen und gewissenlosen Steuerpächter haben wir, meint Tcherikover, „the spiritual father of the Jewish Hellenizing movement" zu sehen (*o.c.*, 142). Dies ist selbstverständlich nicht so zu verstehen, dass die Bewegung von einem Mann ausgegangen sein sollte. Vielmehr war Joseph ein Exponent dieser Bewegung im 3. Jahrhundert v. Chr. Dass der geldgierige Joseph einen Teil der Steuern dem Hohenpriester zur Versorgung des Tempels überreicht hätte, ist nicht anzunehmen

---

[58] M. Rostovtzeff, *The Social and Economic History of the Hellenistic World*, I, 1941, 350.

[59] Abraham Schalit, *König Herodes*, 1969, 511, Anm. 102.

[60] *Hellenistic Civilisation*, 1959, 126 ff.

[61] Über die charakteristischen Züge des griechischen Menschen der hellenistischen Periode siehe Walter Otto, *Kulturgesch. des Altertums*, 1925, 125 f.; Julius Kaerst, *Gesch. des Hellenismus*, II², 1926, 270 ff., 281 (siehe hier Kap. XIII, Anm. 87).

und wird auch von Josephus nicht berichtet. Dass Joseph über reiche Mittel verfügte, geht wohl aus Josephus hervor. Nach der Einnahme der Steuern, bei der er
rücksichtslos hervorging (er liess in Askalon, das die Zahlung verweigerte, etwa
zwanzig ihrer Vornehmen verhaften und hinrichten; *Antiq.* XII, 4, 5 § 181), „verblieb ihm nach Bezahlung des Pachtpreises noch ein ansehnlicher Gewinn, den er
zur Befestigung seiner Macht verwandte, da er es für klug und vorteilhaft hielt,
mit seinen Reichtum sich sein Glück zu begründen. Er sandte also heimlich Geschenke an den König sowie an dessen Gemahlin, Freunde und Günstlinge, um
sich ihr Wohlwollen zu erhalten" (*Antiq.* XII, 4, 5 § 184 f.; Übers. CLEMENTZ).
Dieses angebliche „Haupt des jüdischen Volkes", der seine Reichtümer in Alexandrien deponierte (*Antiq.* XII, 4, 7 § 201), hatte für den Jerusalemer Tempel, wo er
einmal eine Volksversammlung berief (*Antiq.* XII, 4, 2 § 164; wohl im Aussenhof),
offenbar kein Interesse; wir hören wenigstens nicht, dass er Opfergaben nach
Jerusalem gesandt habe. Josephus sagt aber, dass Joseph „durch seine Tüchtigkeit
und seine glänzenden Geistesgaben das Volk der Juden aus Armut und Unansehn-
lichkeit zu glücklicheren Verhältnissen erhoben habe" (*Antiq.* XII, 4, 10 § 224).
Ist vielleicht auf seinen Antrag der Tribut, welchen Judäa dem König zu zahlen
hatte, herabgesetzt worden? In einem Atem sagt Josephus dann, Joseph „(hatte
zweiundzwanzig Jahre lang die Einbeziehung der Steuern in Syrien, Phönizien und
Samaria besorgt" (*ibid.*). Da Judäa hier nicht genannt wird (anders als *Antiq.* XII,
4, 4 § 175/176), dürfte es wahrscheinlich sein, dass die Einnahme der Steuern später
wieder Sache des Hohenpriesters gewesen ist. Nach dem Bericht des Josephus
hatte der Hohepriester Onias II. dem Euergetes den Tribut — zwanzig Talente —
nicht bezahlen wollen. Dass dies, wie Josephus sagt, aus Onias' Geiz zu erklären
sei, klingt wie eine Fabel. Nach TCHERIKOVER ist der Bruch zwischen Onias II. und
Euergetes 242-240 v. Chr. anzusetzen [62]. Wir haben dann Onias' Verweigerung,
den Tribut zu bezahlen, wohl im Lichte des dritten syrischen Krieges (246-241 v.
Chr.) zu sehen. Euergetes war in Syrien eingefallen, aber zurückgetrieben worden.
Wir dürfen annehmen, dass schon Onias II. mit den Seleukiden sympathisierte,
von denen er vielleicht eine Erleichterung des Tributs erhoffte. Unter Ptolemaios IV.
Philopator (221-205 v. Chr.), „an art-loving voluptary" [63], wird der „starke Mann",
Sosibius, der faktisch die Regierung führte, die dem König zu bezahlenden
Tribute wohl heraufgesetzt haben. „In Judaea, as in the rest of the Ptolemaic empire,
the taxes were perhaps increased at the end of the third century B.C., i.e. towards
the end of Egypt's domination of Coele-Syria. This fact may explain not only the

---

[62] *Hellenistic Civilisation*, 1959, 130.
[63] TARN, *Hellenistic Civilisation*, 1953, 21.

peculiar avarice ascribed by Josephus to the High Priest Onias II, but also the welcome which the Jews accorded to Antiochos III" [64].

Wenn wir Josephus Glauben schenken dürfen, sind die zwanzig Jahre des Steuerpachters Joseph (242-220 v. Chr.?) für Judäa Jahre des Wohlstandes gewesen und da dürfte es mindestens wahrscheinlich sein, wenn Notizen darüber auch fehlen, dass in dieser Zeit auch Bauarbeiten am Jerusalemer Tempel, besonders am Aussenhof (dass dieser schon von Anfang an einen vollständigen Peristylhof gehabt habe, ist kaum anzunehmen) ausgeführt worden sind. Onias' Verweigerung, dem Euergetes den Tribut zu bezahlen, könnte auch etwas mit Bauarbeiten am Tempel zu tun haben.

Joseph der Steuerpächter, Freund der Ptolemäer, ist dann später offenbar ins seleukidischen Lager übergetreten, in das auch seine Söhne, sein Oheim Onias II. (wie dessen Nachfolger, der Hohepriester Simon) gehörten. Nur Joseph's jüngster Sohn, Hyrkan (das Kind einer anderen Frau) stand dieser Bewegung schroff gegenüber. „Der Tobiadenerzählung darf man entnehmen, dass Hyrkan gute Beziehungen zu Ägypten unterhalten hat, und sein Selbstmord beim Regierungsantritt des Antiochos Epiphanes bestätigt diese Vermutung. Offenbar hat er die Schwenkung seines Vaters in das seleukidische Lager nicht mitgemacht und ist so in einen Gegensatz zu seinen älteren Brüdern geraten, die der politischen Gleichschaltung des Vaters gefolgt waren" [65]. PLÖGER ist der Meinung, dass Hyrkan, der sich ins Ostjordanland geflüchtet hatte — das dort von ihm errichtete oder weiter ausgebaute Gebäude (Abb. 197), heute *kasr el-abd* in ʿarāḳ el-emīr, kam schon Kap. X zur Sprache —, im Ostjordanland eine Basis hatte „für den Sprung nach Jerusalem, sobald die politischen Pläne in Alexandrien und Antiochien zur Durchführung kamen" (*l.c.*, 80). Es wäre u.E. möglich, dass Hyrkan die politische Selbständigkeit Judäas im Auge gehabt hatte. Er wäre dann in politischer Hinsicht der Vorgänger der Makkabäer gewesen. Es ist wohl nicht zufällig, dass Hyrkan sein Geld im Jerusalemer Tempel aufbewahrte (II. Makk. 3, 11), während sein Vater Joseph sein Vermögen in Alexandrien [deponiert] hatte. Sollte vielleicht Joseph's Kapital von Sosibius konfiskiert worden sein? Es würde eine Erklärung für Joseph's Übertritt im Lager der Seleukiden abgeben.

Die antiägyptische Haltung, die doch aus Onias' II. Verweigerung, den Tribut zu bezahlen, hervorgeht, dürfte nicht ausschliesslich die Folge eines übermässig hohen Tributs — darüber fehlen übrigens auch Daten — gewesen sein. Es wird den politisch Einsichtigen klar geworden sein, dass der fortwährende Streit zwischen Ptolemäern und Seleukiden um den Besitz Palästinas nur durch einen „Anschluss" an das den ganzen Orient umfassende Seleukidenreich zu Ende kommen konnte.

---

[64] A. MITTWOCH, *Tribute and Land-Tax in Seleucid Judaea, Biblica*, 36, 1955, 352-613, p. 360.

[65] OTTO PLÖGER, *Hyrkan im Ostjordanland, ZDPV*, 71, 1955, 70-81, S. 78.

Wenn B. STRICKER recht hätte, dass die Übertragung der Tora ins Griechische (LXX) durch ein Edikt des Ptolemaios Philadelphos befohlen wurde, und die Juden nur widerwillig gehorcht haben [66], hätten wir hier einen religiösen Grund, welcher mit zu einer antiägyptischen Haltung im 3. Jahrhundert v. Chr. in Jerusalem geführt haben könnte. Anklang hat STRICKER mit seiner These freilich nicht gefunden. ANDRÉ PELLETIER urteilt: „J'hésite à croire qu'un coup d'autorité de ce genre eût pu obtenir si pleinement son effet contre une résistance juive déterminée. Ce sont les besoins intérieurs de la communauté juive d'Alexandrie — et d'ailleurs — qui ont provoqué les premiers essais de traduction. C'est en tant que constitution du *Politeume* des Juifs que la Loi de Moïse intéressait les Lagides" [67]. ROBERT HANHART lehnt Stricker's These ebenfalls ab [68]. STRICKER kam zu seiner These durch eine neue Interpretation des Aristeasbriefes. HANHART urteilt darüber: „Es ist nicht möglich, alle Stellen im Aristeasbrief, in welchen von einem anfänglichen Bedenken der Judenschaft in Jerusalem gegenüber der Aufforderung des Ptolemäus Phil. oder von gewissen Bedingungen die Rede ist, unter denen allein der Hohepriester Eleazar dazu bereit ist, die 72 Schriftgelehrten nach Alexandria zu senden, dahin auszulegen, dass die Juden aus Furcht vor der Gotteswidrigkeit des Unternehmens dem König nur gezwungen und widerwillig gehorcht hatten" (*l.c.*, 153). Zusammenfassend sagt HANHART: „Die seit 400 Jahren ziemlich allgemein anerkannte These, nach welcher entgegen den Angaben des Aristeasbriefes die Ursache der Entstehung der LXX im gottesdienstlichen Bedürfnis der griechisch sprechenden Judenschaft in der hellenistischen Zeit und nicht in einem von aussen, von der ptolemäischen Oberherrschaft, kommenden Befehl zu suchen ist, kann durch neue Interpretation des Aristeasbriefes und durch die übrigen Zeugnisse nicht erschüttert werden" (*l.c.*, 161). Ähnlich urteilt LEONHARD ROST über die Entstehung der LXX. „Wohl schon seit dem 3. Jhdt. v. Chr. sah man sich genötigt, einer des Hebräischen nicht mehr in genügendem Umfang mächtigen jüdischen Schicht die Tora in griechischer Übersetzung anzubieten. Vermutlich hatte man Lesungen in gottesdienstlichen Versammlungen Vers für Vers ins Griechische übersetzt, analog dem Verfahren, das wahrscheinlich nach Neh. 7, 8 bei der Toralesung Esras durch aramäisch dolmetschende Leviten angewendet worden war. Aus diesen während des Gottes-

[66] *De Brief van Aristeas. De Hellenistische Codificaties der praehelleensche Godsdiensten. Verh. Kon. Ned. Ak. v. W. afd. Letterk.* Nieuwe Reeks, Deel LXII, Nr. 4, Amsterdam, 1956, 60 ff.

[67] PELLETIER, *Lettre d'Aristée à Philocrate*, 1962, 49 s.

[68] *Fragen um die Entstehung der LXX, VT*, XII, 1962, 139-163, bes. S. 161. Vgl. S. P. BROCK, *The Phenomen of the Septuagint*, OTS, XVII, 1972, 11-36: „hardly likely to be historical" (p. 23); FAUSTO PARENTE: „L'ipotesi appare estramamente improbabile, perchè in tal caso, la traducione non avrebbe potuto acquistare valore alcuno agli occhi degli Ebrei..." (*Annali della Scuola Normale Superiore di Pisa, Classe di Lettere e Filosofia*, Serie III, Vol. II, 2, 1972, 526).

dienstes *ad hoc* geschehenden Stegreifübersetzungen sind dann schriftliche Fixierungen der Übertragungen entstanden, die schliesslich durch eine autorisiete Übersetzung abgelöst wurden, die freilich zuerst nur die Tora umfasste" [69].

ANDRÉ PELLETIER betont, dass Aristeas „se fait avant tout le propagandiste de la traduction grecque de la Loi auprès des Grecs" (*Lettre d'Aristée*, 1962, 52). Die von Aristeas vorgeführte „Entstehungsgeschichte" der LXX, die wohl besonders die Juden angesprochen haben wird, macht es u.E. wahrscheinlich, dass hier vor allem auch an die Juden zu denken sei. Dies könnte u.E. darauf deuten, dass die Autorität der LXX sogar bei den Juden in Alexandrien nicht sehr gross war. ROBERT HANHART urteilt darüber freilich anders. Der Aristeasbrief bleibt „ein Zeugnis *für* und nicht gegen die allgemeine Anerkennung der LXX für den gottesdienstlichen Gebrauch in der griechisch sprechenden Diaspora" (*l.c.*, 161-162). Dass die Verwerfung der LXX durch die Judenschaft, wie seit SCALIGER ziemlich allgemein angenommen wird, in der Übernahme durch die christliche Kirche begründet ist (HANHART, *l.c.*, 162; B. STRICKER bestreitet diese Ansicht) mag richtig sein, es deutet doch wohl auch darauf, dass die Autorität der LXX nicht in jeder Hinsicht hoch anzuschlagen war [70].

C — SELEUKIDISCHE PERIODE
(ca. 200-142 v. Chr.)

Während aus dem 3. Jahrhundert v. Chr., da Judäa wie ganz Palästina und Phönikien zum Herrschaftsbereich der Ptolemäer gehörte, Daten über den Bestand des Tempels fast ganz fehlen, sind wir darüber aus dem 2. Jahrhundert v. Chr. besser unterrichtet. Der Herrschaftswechsel von den Ptolemäern an die Seleukiden, der, wie OTTO PLÖGER betont, von Flavius Josephus in einer auffallend beiläufigen Form vorgetragen wird, obwohl er für die Geschichte Jerusalems und der jüdischen Gemeinde nicht unwichtig war [71], fand um die Wende des 3. und 2. Jahrhunderts

---

[69] LEONHARD ROST, *Einleitung in die alttestamentlichen Apokryphen und Pseudepigraphen einschliesslich der grossen Qumran-Handschriften*, 1971, 18 f. — Siehe auch RICHARD WALZER, *L'éveil de la philosophie Islamique*, Rev. des études islamiques, XXXVIII/1, 1970, 7-42, p. 24 über die LXX; 24 n. 2 erwähnt WALZER O. MURRAY, *Aristeas and Ptolemaic Kingship*, in: *Journal of Theologic Studies*, New Series XVIII, 1967, 337 f.

[70] Die alexandrinische Übersetzung ist nichtsdestoweniger bis nach Palästina, „citadelle du Judaïsme orthodoxe" weit verbreitet gewesen (D. BARTLÉHEMY, *Redécouverte d'un chainon manquant de l'histoire de la septante*, RB, 60, 1953, 18-29, p. 12); Ders., *Les Devanciers de l'Aquila. Première publication intégrale du texte des fragments du Dodécapropheton trouvés dans le Désert de Juda*, VTS, X, 1963, p. 179: „Ce texte ne peut être une traduction indépendante". Er ist „un recension de la Septante ancienne" (*ibid.*). Aquila, „le grand champion de l'orthodoxie rabbinique" hat diese Recension als Basis genommen (BARTHÉLEMY, *RB*, 60, 1953, 23).

[71] *Hyrkan im Ostjordanland*, *ZDPV*, 71, 1955, 70-81, S. 70.

v. Chr. statt. Als Antiochus III. der Grosse (222-187 v. Chr.) im 4. syrischen Krieg
den Versuch wagte Palästina und Phönikien zu erobern, wurde sein Heer 217 v. Chr.
bei Raphia geschlagen. Als dann nach dieser Schlacht in Ägypten Unruhen ausgebrochen waren — die Ptolemäer hatten nun zum ersten Male ägyptische Hilfstruppen ins Feld geführt und dies „had aroused the national consciousness of the
Egyptians" (W. Tarn, *Hellenistic Civilisation*, 1953, 205), benutzte Antiochos III.
die dort herrschende Unruhe für einen neuen Angriff auf Ägypten (5. syr. Krieg).
Über diesen Krieg berichtet Josephus u.a. das folgende: „Als Antiochos den Ptolemaios endgültig besiegt hatte, eroberte er Judäa. Nach dem Tode des Philopator
sandte dessen Sohn [Ptolemaios V. Epiphanes; 205-181 v. Chr.] ein grosses Heer
gegen die Cölesyrer unter Skopas, der ausser vielen Städten dieses Landes auch
unser Land besetzte. Nicht lange nachher jedoch schlug Antiochos den Skopas
bei den Quellen des Jordan und vernichtete einen grossen Teil seiner Streitmacht.
Als nun infolgedessen Antiochos die Städte Cölesyriens, welche Skopas erobert
hatte, sowie Samaria in seine Gewalt brachte, unterwarfen sich ihn die Juden freiwillig, liessen ihn in die Stadt einziehen, versahen sein Heer und seine Elephanten
mit Lebensmitteln und halfen ihm, die von Skopas in der Burg von Jerusalem
zurückgelassene Besatzung belagern" (*Antiq.* XII, 3, 3 § 131-133). Skopas war 198
v. Chr. in der Schlacht bei Paneion an den Jordanquellen geschlagen worden und
diese Schlacht „deprived Epiphanes of almost all his possessions in Syria, Asia
Minor, and Trace" [72].

In einer Nachricht des Polybios (*apud Josephus, Antiq.* XII, 3, 3 § 135) heisst es:
„Skopas, der Feldherr des Ptolemaios, griff die höher gelegenen Gegenden an und
unterwarf im Winter das Volk der Juden" [73]. Es unterliegt demnach nicht dem
Zweifel, dass der Hohepriester (Simon) und die höhere Priesterklasse sich auf die
Seite der Seleukiden gestellt hatten [74]. Der Tempelberg war offenbar von Skopas
belagert und eingenommen worden, wobei, wie wir Kap. X. gesehen haben, Säulenhallen zerstört worden sind. Aus Prediger darf man schliessen, dass auch die breite
Masse des Volkes antiägyptisch war. Prediger, der von der Mehrzahl der Gelehrten
um 200 v. Chr. datiert wird, „sah alle die Bedrückungen, die unter der Sonne geschehen" (4, 1). M. Rostovtzeff wird recht haben, dass die Stelle 10, 20, in der

---

[72] M. Rostovtzeff, *The Social and Economic History of the Hellenistic World*, II, 1941, 713.

[73] Skopas, ein ätolischer Söldnerführer, gehörte zu den mächtigsten und einflussreichsten Männern
um den jungen König Ptolemaios Epiphanes; er war vor allem für die militärischen Operationen
in Syrien 202-199 v. Chr. verantwortlich (*Polyb.*, XVIII, 53 f.; Helmut Kyrieleis, *Die Porträt-
münzen Ptolemaios' V, JDAI*, 88, 1973, 218 f.). Im Jahre 203 oder 202 v. Chr. hatte er eine gross
angelegte Söldner-Werbung in Griechenland geleitet (*Polyb.* XV, 25, 26, bei Kyreleis, S. 222);
197 v. Chr. ist er in Alexandria vergiftet worden (*Polyb.* XVIII, 53 f., Kyrieleis, S. 219).

[74] Vgl. Tcherikover, *Hellenistic Civilisation*, 1959, 80 f.; B. Mazar, *The Tobiads, IEJ*, 7, 1957,
137-145, p. 138.

von dem König die Rede ist, auf Ptolemaios V. Epiphanes zu beziehen ist (*o.c.*, I, 1941, 350). Es heisst dort: „Auch in deinem Gedanken fluche nicht dem König und in deinen Schlafgemächern fluche nicht einem Reichen; denn die Vögel unter dem Himmel möchten den Laut entführen und die Geflügelten das Wort verraten." Die Stelle bezeugt wohl auch, dass die Reichen im allgemeinen proägyptisch waren [75]. Der Prediger selbst, wiewohl ein „Aristokrat", „was evidently prepared to welcome Antiochus III, the ‚king well-born'" [76]. Das war wohl der Gedanke der Juden im allgemeinen: „die Juden haben das (offenbar mildere) Regiment der neuen Herren freudig begrüsst" [77].

Der Erlass des Antiochos III. des Grossen zugunsten der Juden kam Kap. X. schon zur Sprache. Über die Echtheit oder Unechtheit des „Freibriefes für Jerusalem" sind die Meinungen der Gelehrten geteilt; wir folgen E. J. BICKERMAN, die für die Echtheit eintritt (*La charte séleucide de Jérusalem*, *REJ*, Tome C, 1935, 4-35, neu abgedruckt und übersetzt bei A. SCHALIT, *Zur Josephus-Forschung*, 1973, 205-240. Vgl. A. ALT, *Zu Antiochos' III. Erlass für Jerusalem*, *ZAW*, 57, NF 16, 1939, 283-285). Der Erlass ist an Ptolemaios, nach BICKERMAN der Name des Hohepriester-Strategen von Köle-Syrien und Phönikien (bei SCHALIT, *o.c.*, 225), ausgefertigt. CARL SCHUBERT hält ihn für den Reichsverweser für die neueroberten Gebiete [78]. Nach dem Erlass verschafft der König die Mittel für den Wiederaufbau der Säulenhallen, er befreit die Ältesten, die Priester, die Tempelschreiber und die Sänger von der Kopfsteuer, der Abgabe für die Krone und von jeder anderen Steuer (*Antiq.* XII, 3, 3 § 142). Jerusalem war offenbar im letzten Krieg stark entvölkert worden, denn es heisst im Erlass auch: „Damit nun die Stadt desto eher wieder bevölkert werde, bewillige ich den Bewohnern derselben und allen, die sich bis zum Monat Hyperberetaios dort niederlassen, Steuerfreiheit für drei Jahre. Auch will ich ihnen den dritten Teil aller Abgaben erlassen, damit sie sich von ihrem Elend erholen können" (*id.* § 143-144). Dass die Juden in den späteren Jahren der Regierung des Antiochos III. den Druck der Steuern wieder gefühlt haben, darf man wohl annehmen. Als Antiochos 196 v. Chr. die Dardanellen überschritten hatte und in Thrakien einmarschierte, griffen die Römer ein und 190 v. Chr. erlitt er schliesslich bei Magnesia in Lydien die entscheidende Niederlage. Im Frieden von Apamea (189 v. Chr.) wurde Antiochos zu schweren Kriegsentschädigungen verpflichtet, während sein Sohn, der spätere Antiochos IV. Epiphanes als Geisel nach Rom abgeführt wurde. Die schwe-

---

[75] Wie später im grossen Krieg gegen Rom (70-73 n. Chr.) im allgemeinen pro-römisch.
[76] TARN, *Hellenistic Civilisation*, 1953, 213.
[77] HATTO H. SCHMITT, *Untersuchungen zur Gesch. Antiochos' des Grossen und seiner Zeit*, *Historia*, *Ztschr. für alte Gesch.*, Einzelschriften, Hft 6, 1964, 16, Anm. 2.
[78] *Die Kultur der Juden*, I, 1970, 152.

ren ihm aufgelegten Kriegsentschädigungen werden wohl eine Erschwerung des Steuerdrucks auch in Judäa zur Folge gehabt haben. Dass Antiochos III. den Tempelschatz von Jerusalem geplündert hätte, wie später Antiochos IV. Epiphanes, wird nicht berichtet; er versuchte aber einen Tempel in Elam zu plündern und wurde dabei getötet (Diod. 28, 3; 29, 15. Strabo 16, p. 744). Dafür besitzen wir auch eine Quelle aus Babylon: Tablet B.M. 35603, Rev. Z. 7: „Antiochus (III) was killed in the land of Elam" [79].

Als Wiederhersteller des Tempels unter Antiochos III. kommt der Hohepriester Simon in Betracht, dem wir auch die Errichtung des Obergeschosses meinten zuschreiben zu dürfen. Von Seleukos IV. Philopator, dem Sohn und Nachfolger des Antiochos III. des Grossen, wird II. Makk. III, 2-3 berichtet, er habe den Jerusalemer Tempel durch kostbarste Geschenke verherrlicht und aus seinen eigenen Einkünften allen Aufwand, den der Opferdienst erforderte, bestritten. Die Notiz über die Geschenke dürfte historisch sein, hatte es doch damals auch in Jerusalem wie in anderen wichtigen Städten, welche vormals zum Machtbereich der Ptolemäer gehört hatten, noch eine proägyptische Partei gegeben [80]. Seleukos wird wohl versucht haben, sich durch Geschenke das Wohlwollen aller Juden zu erwerben. Aus der Erzählung über Heliodor's Vorhaben, den Tempelschatz von Jerusalem zu plündern (II. Makk. III, 5 ff. [81]; er war der Finanzminister des Seleukos), darf man wohl schliessen, dass der Tempel, der offenbar auch als Bank fungierte, über reiche Schätze verfügte. Nach II. Makk. III, 11 lagen in der Schatzkammer vierhundert Talente Silber und zweihundert Talente Gold. Über den Reichtum des Jerusalemer Tempels und die dort deponierten Gelder berichtet auch Flavius Josephus (*Antiq.* XIV, 7, 2 § 110; *Bell. Jud.* VI, 5, 2 § 282).

Über die Art der Geschenke wird nichts berichtet; ROSTOVTZEFF betont aber, dass die toreutische Kunst damals in Syrien hoch entwickelt war [82]; es ist demnach wohl an silberne und goldene Schalen, Becher usw. zu denken. Der Tempel zu Jerusalem war schon damals, wie es II. Makk. III, 12 heisst, ein in aller Welt hochgeehrtes Heiligtum. Hier ist selbstverständlich besonders an die Juden ausserhalb Judäas, aber doch auch an die Heiden zu denken. Die Ausdehnung der jüdischen

---

[79] A. J. SACHS and D. J. WISEMAN, *A Babylonian King List of the Hellenistic Period, Iraq*, 16, 1954, 202-212, p. 207; JOH. SCHAUMBERGER, *Die neue Seleukiden-Liste BM 35603 und die makkabäische Chronologie, Biblica*, 36, 1955, 423-435.

[80] Vgl. BICKERMAN, in FINKELSTEIN, *The Jews, Their History, Culture, and Religion*, I, 1949, 106.

[81] Nach J. C. H. LEBRAM zeigt die Erzählung vom Angriff des Heliodor auf den Tempel in Jerusalem Einfluss der delphischen Galater-Überlieferung. Brennus und seine Galater wollten 279 v. Chr. das Apollo-Heiligtum in Delphi plündern, „ein Ereignis, das grössten Widerhall in der Literatur gefunden hat" (*König Antiochus im Buch Daniel, VT*, XXV, 1975, 737-772, S. 757, Anm. 66).

[82] *The Social and Econ. History*, II, 1941, 698 und 1490, Anm. 118.

Bevölkerung ging weit über den Umfang Judäas hinaus. Auch in Ephraim, Lydda, Ramathaim, Galilea, Gilead im Ostjordanland muss im Anfang des 2. Jahrhundert v. Chr. „eine beträchtliche Anzahl Juden gewohnt haben, welche in religiöser Gemeinschaft mit Jerusalem standen" [83]. Auch für die Juden in Ägypten war der Jerusalemer Tempel ein hochgeehrtes Heiligtum. Dass der Jerusalemer Tempel um die Zeit des Seleukos IV. in vollem Glanz aufrecht stand, lässt sich aus Jesus Sirach schliessen. Er spricht von dem Tempel, „der bereitet war zu ewiger Herrlichkeit" (49, 12; KAUTZSCH, *Die Apokryphen*, I, 467, z.St.). ABRAHAM SCHALIT nennt Jesus Sirach „ein geschichtbewusster Jude, der die ruhmvolle Vergangenheit seines Volkes klar vor Augen hat und an das endlose Fortbestehen desselben unerschütterlich glaubt" [84]. Zum ersten Male bemerkt man bei Jesus Sirach eine Kritik der neuen Gesinnung, welche viele Juden in ihren Bann zog: den Gedanken des Hellenismus, welcher darauf ging, die Abgeschlossenheit der jüdischen Welt zu durchbrechen. 41, 8-9 heisst es: „Wehe euch, ihr gottlosen Männer, die ihr vergessen habt das Gesetz des Höchsten". Der Preis der Väter und der Preis Simon's „stellen offenbar bewusst dem neuen aus der Fremden gekommenen Ideal das von den Vätern er-erbte gegenüber" [85]. Jesus Sirach strebt sein ganzes Leben lang gegen den Geist der griechischen Zivilisation; er kannte die Gefahr des Hellenismus für den jüdischen Glauben [86]. Wichtig ist, was SCHALIT noch über Jesus Sirach sagt: „Dennoch scheint seine jüdisch-partikularistische Einstellung von einer anderen, weltweiten und grossherzigen Gesinnung begleitet gewesen zu sein, die ihn im Grunde seiner Seele doch als ein Kind seines Zeitalters, des Zeitalters des Hellenismus, erweist" (*o.c.*, 505, unter Hinweis auf Sirach 10, 20-21 (10, 19).

Das Streben der Reform-Juden nach Assimilation mit der griechischen Umwelt, dessen erste Anzeichen die Änderung des hebräischen Eigennamens in einen hellenistischen war (Jason = Jesus; Menelaos = Onias; Alkimus = Jakin; BICKERMAN, *The Maccabees*, 1947, 85), ist auch für den Bestand des Jerusalemer Tempels nicht ohne Folgen gewesen. Wie wir im vorigen Abschnitt gesehen haben, waren schon im 3. Jahrhundert v. Chr. hellenistische Gedanken in Jerusalem eingedrungen. Im Anfang des 2. Jahrhunderts v. Chr. war dieser Prozess in vollem Gang [87]. Die Bedeutung des Hellenismus für den Bestand des Tempels zeigt sich schon äusserlich darin, dass der Tempel nicht mehr das einzige öffentliche und übrigens für die Reform-Juden auch nicht mehr das wichtigste Gebäude der Stadt war. Die Burg

---

[83] E. SCHÜRER, *Gesch. des jüd. Volkes*, I⁵, 1920, 185.
[84] *König Herodes*, 1969, 505 unter Hinweis auf Sirach 37, 25. 29.
[85] OTTO EISSFELDT, *Einleitung in das Alte Testament*², 1956, 740/741.
[86] TCHERIKOVER, *Hellenistic Civilisation*, 1959, 144. — Siehe auch oben Kap. X, Anm. 80.
[87] SCHÜRER, *Gesch. des jüd. Volkes*, I⁵, 1920, 187.

Baris hatte selbstverständlich, gleich den Stadtmauern, nur fortifikatorische Bedeutung. Die höchste Bedeutung im Leben der mit dem Hellenismus sympathisierenden Juden hatte der Sportplatz, das Gymnasium. „Das ‚Gymnasion', d.h. der Sportplatz, bildete in der Epoche des Hellenismus Wahrzeichen und Grundlage der griechischen Lebensführung"[88]. Jason, Bruder des Hohenpriesters Onias III., der von Antiochos IV. Epiphanes für 360 Talente Silbers, nebst „von einer anderen Einnahme 80 Talente" das Hohepriestertum erkauft hatte (II. Makk., IV, 8), erhielt gegen Bezahlung von 150 Talenten, die Zustimmung des Königs, eine Ringschule mit einem Übungsplatz für Jünglinge in Jerusalem zu errichten (II. Makk., IV, 9; I. Makk., I, 15; Josephus, *Antiq.* XII, 5, 1 § 241). Onias III., der rechtmässige Hohepriester, wurde 176/5 von Antiochos IV. Epiphanes, wohl infolge des Treibens der Reform-Juden, da er der altväterlichen Tradition treu geblieben war, abgesetzt. Sein Bruder Jason war das Haupt der Griechenfreunde. Vielleicht ist hierbei auch Onias' Weigerung, den Tempelschatz dem Heliodor (Finanzminister des Seleukos IV.) auszuliefern, von Einfluss gewesen. Auch konnte Onias offenbar die Ordnung in Jerusalem nicht aufrechterhalten (siehe II. Makk., IV, 1 ff.; vgl. SAMUEL K. EDDY, *The King is dead.* 1961, 207).

Die Stiftung eines Gymnasiums mit Ephebeion in Jerusalem „symbolised in a tangible and visible fashion the entire immense change in the life of the city which took place in consequence of the Hellenistic reform"[89]. Die Juden machten unkenntlich „die Beschneidung ihrer Schamteile, sodass sie sich auch bei entblösstem Körper von den Griechen nicht unterschieden, gaben ihre heimischen Gebräuche

---

[88] E. BICKERMAN, *Der Gott der Makkabäer*, 1937, 60; W. SCHUBERT, *Die Griechen in Ägypten*, 1927, 19; W. TARN, *Hellenistic Civilisation*, 1953, 96. — Über das Gymnasium in Griechenland sagt IWAN VON MÜLLER, *Die griechischen Privataltertümer*, 1893, 138 ff.: „Entsprechend der Bedeutung, die man der Gymnastik allgemein zuerkannte, wurden in allen Städten, auch in den kleinsten und unbedeutendsten, Übungsplätze mit entsprechenden Räumlichkeiten, γυμνάσια, angelegt, welche den Architekten interessante Probleme stellten, insofern die vielen Übungsräume und baulichen Anlagen mit ihren verschiedenartigen Bestimmungen zu einem ebenso schönen als zweckmässigen Ganzen zu vereinigen waren. In diesen Pflanzschulen der εὐανδρία wurde den Epheben wie den Männern Gelegenheit geboten durch zusammenhängende naturgemässe Übungen den Leib zur vollsten Blüte männlicher Gesundheit und Schönheit harmonisch auszubilden oder in dieser Blüte möglichst zu erhalten" (S. 138). Im herodianischen Jericho wurde von J. B. PRITCHARD ein Gebäude ausgegraben, das sehr wahrscheinlich als Gymnasium zu deuten ist (*AASOR*, XXXII-XXXIII [1952-54], 1958, 56 ff. und Pl. 63. 66.). E. NETZER, unter dessen Leitung 1972-1974 neue Ausgrabungen veranstaltet wurden, möchte den Bau aber für einen Palast halten, *IEJ*, 25, 1975, 93, Fig. 2, p. 91; „I see no reason not to interpret the Gymnasium as a residential palace as well" (Mehr darüber in Kap. XIII, I: Herodes Bautätigkeit). — In Alexandria war in römischer Zeit „no place for a stranger in the gymnasium. Rigorous tests were now introduced for inscribing a youth as an *Ephebos*. The Greeks produced long lists proving their descent from Greek ancestors..." (V. A. TCHERIKOVER, *The Decline of the Jewish Diaspora in Egypt in the Roman Period*, *JJS*, XIV, 1963, 1-32; posthum veröffentlicht).

[89] TCHERIKOVER, *Hellenistic Civilisation*, 1959, 163.

auf und nahmen heidnisches Wesen an" (Josephus, *Antiq.* XII, 5, 1 § 241). Oder, wie es II. Makk., IV, 11 heisst: „Die gesetzmässigen Einrichtungen hob er [*sc.* Jason] auf und liess gesetzwidrige neue Bräuche an ihre Stelle treten". Und II. Makk. IV, 13-15: „So stark aber steigerte sich die Vorliebe für das Griechentum und der Übertritt zu ausländischem Wesen durch die übermässige Verruchtheit des gottlosen und unhohenpriesterlichen Jason, dass die Priester sich nicht mehr um den Altardienst bekümmerten, sondern mit Verachtung des Tempels und Vernachlässigung der Opfer auf den Ringplatz liefen, um der gesetzwidrigen Aufführung von Kampfspielen nach der Aufforderung zum Scheibenwerfen beizuwohnen, indem sie die vaterländischen Ehren für nichts achteten, die griechischen Auszeichnungen aber für sehr schön hielten" (KAUTZSCH, *Die Apokryphen*, I, 93, z.St.). E. BICKERMAN spricht von einer Symbiose zwischen Palästra und Tempel (*Der Gott der Makkabäer*, 1937, 65). „Es waren gerade die Priester, die zu den Eifrigsten im Gymnasion gehörten ..." (*id.*, S. 64). Nach dem jüdischen Gesetz war Sportbetrieb, meint BICKERMAN, verpönt (S. 63). TCHERIKOVER hingegen meint, der Sportbetrieb, obwohl dem nationalen Geist fremd, „was not a religious offense in the exact sense of the term"; das Mosaïsche Gesetz hatte ihn niemals explizit verboten (*Hellenistic Civilization*, 1959, 166). Der Sportbetrieb war aber, wie BICKERMAN betont, „vom Kult eines Herakles, eines Hermes, aber auch des regierenden Hauses untrennbar. Fremde Götter und ihre Idole waren also die Schirmherren des „Gymnasion" in Jerusalem" (*o.c.*, 64). Ein ganz und gar „heidnischer" Brauch wurde also Sitte der Reform-Juden, und die Alleinherrschaft der Tora dadurch aufgehoben. Für den Bestand des Tempels hatte die Bewegung anfangs keine andere Bedeutung als dass man sich um dessen Instandhaltung und Ausstattung weniger kümmerte. Die Hauptsorge galt der Instandhaltung und Ausstattung des Gymnasiums; seine hohe Bedeutung für die hellenistische Bewegung musste „repräsentativ durch die Ausstattung dokumentiert werden" [90]. Wie wir weiter unten sehen werden, ist die Anlage des Heiligtums später von der hellenistischen Bewegung nicht unberührt geblieben.

Jason erhielt von Antiochos IV. auch die Befugnis, „die Einwohner Jerusalems als Antiochener aufzuschreiben" (II. Makk., IV, 9: τοὺς ἐν Ἱεροσολύμοις Ἀντιοχεῖς ἀναγράψαι). Was darunter genau zu verstehen sei, darüber sind die Meinungen geteilt. A. KAMPHAUSEN (1900) meinte, es sollte den Einwohnern Jerusalems das Bürgerrecht von Antiochien verliehen werden [91]. Nach BICKERMAN, der meint, Jason erhielt die Befugnis, „die Antiochener von Jerusalem" aufzuzeichnen, wurde also die Gemeinde des Gymnasion „eine Rechtspersönlichkeit und als eine Korporation innerhalb Jerusalems konstituiert" (*Der Gott der Makkabäer*, 1937, 61).

---

[90] CARL SCHUBERT, *Kulturgesch. des Hellenismus*, I, 1967, 138 f.
[91] In KAUTZSCH, *Apokryphen*, I, 92, z.St. und Anm. a.

TCHERIKOVER meint, mit „to register the people of Jerusalem as Antiochenes" habe Jason beabsichtigt, Jerusalem zu einer griechischen Polis, genannt Antiochia, zu machen (*Hellenistic Civilization*, 1959, 161). Es ist u.E. möglich, dass wir hierin doch etwas mehr zu sehen haben. In einem Aufsatz über eine in Sidon gefundene griechische Inschrift, in der die Sidonier ihren hellenischen Ursprung behaupten, sagt BICKERMAN: „La civilisation hellénistique était certainement ouverte à tout le monde, mais à condition que le nouveau-venu devînt Grec et se donnât pour Grec. Elle n'était aucunement cosmopolite. Elle se basait sur l'idée de la nation hellénique, qui embrassait tous les hommes qui vivaient à la manière des Grecs quelle que fût leur race. Dans l'Égypte ptolemaïque un Phénicien ou un Perse ne le cédait pas à un Athénien ou un Corinthien, mais ceux-là comme ceux-ci étaient qualifiées de „Hellènes" par les bureaux des Lagides. En affirmant leur origine hellénique, les Sidoniens faisaient valoir leur droit de faire partie de la nation qui dominait les trois continents du monde méditerranéen"[92]. Die Gelehrten sind darüber einig, dass Durchbrechung der Absonderung des Judentums das eigentliche Ziel des Reform-Judentums gewesen ist. „The end of self-differentiation from the Gentiles, which had been the tradition of generations ever since Ezra's time, was therefore the slogan of the authors of the reform" (TCHERIKOVER, *o.c.*, 167). Praktisch verwirklicht wurde die Durchbrechung u.a. durch das Aufgeben der Beschneidung, des Sabbaths und dann durch den Sportbetrieb im Gymnasium. Sie erforderte aber aus inneren Gründen eine theoretische Bestätigung und diese konnte nur in der Fiktion liegen, dass die Juden einen Teil der weltumspannenden Nation der Griechen bildeten. Dies von Antiochos IV. bestätigt zu sehen, könnte u.E. der Sinn von Jason's Versuch sein, die Jerusalemer als Antiochener aufschreiben zu dürfen. Jerusalem nun eine Polis zu nennen (TCHERIKOVER, *l.c.*) scheint uns verfehlt. Der Begriff Polis begegnet uns in Jerusalem, wie wir bald sehen werden, erst etwas später. Eine Änderung der Verfassung hatte es in Jerusalem damals nicht gegeben (auch nicht, wie TCHERIKOVER dargelegt hat, im Anfang der röm. Periode, *IEJ*, 14, 1964, 61-78). Es ist, wie BICKERMAN sagt: die Einführung der griechischen Sitten in Jerusalem „n'enlevèrent ni au grand-prêtre ni au „conseil des anciens" le gouvernement de la Judée" (*Mélanges Syriens*, II, 1939, 99). Dass auch der Rat der Ältesten in Funktion blieb, ergibt sich aus II. Makk. IV, 44: als eine gerichtliche Untersuchung gegen Menelaos (der nach Jason das Hohepriesteramt bekleidete) eingeleitet wurde, brachten drei Männer, die durch den Rat der Ältesten abgesandt worden waren, die Sache bei Antiochos IV., damals sich in Tyrus aufhaltend, vor.

Nach dem er drei Jahre das Hohepriesteramt bekleidet hatte, wurde Jason von

---

[92] E. BICKERMAN, *Sur une inscription grecque de Sidon. Mélanges Syriens offertes à Monsieur René Dussaud*, II, 1939, 91-99, p. 95.

Antiochos IV. Epiphanes beiseite geschoben, und das Amt an Menelaos, dem Bruder des Tempelvogtes Simon (II. Makk. IV, 23; vgl. III, 4) verkauft (ca. 172 v. Chr.). Vielleicht haben wir anzunehmen, dass Antiochos IV. schon damals den Plan gehabt habe, die jüdische Religion auszurotten, und für diesen Plan einen mehr extrem gesinnten Hohenpriester, als es Jason vermutlich gewesen ist, in den Sattel hob. TCHERIKOVER könnte recht haben, dass Antiochos den Jason um Zugang zum Tempelschatz gebeten und dieser dem König ihn verweigert habe (*Hellenistic Civilization*, 1959, 170). Dass Antiochos, als er von Joppe nach Jerusalem kam, von Joppe und den Bewohnern Jerusalems grossartig empfangen wurde und der König „unter Fackelschein und Freudengeschrei" seinen Einzug in Jerusalem hielt (II. Makk. IV, 21-22), war für Antiochos offenbar kein Grund, in Jason den rechten Mann für seine Pläne zu sehen. Die Notiz ist übrigens interessant, da aus ihr hervorgeht, dass die Juden damals dem Antiochos IV. keinesfalls misstrauisch gegenüber gestanden haben.

Über Menelaos wird berichtet, er habe, um sich die Kaufsumme für das Hohepriesteramt zu verschaffen, die Tempelschätze nach Tyrus und den nahegelegenen Städten verkauft (II. Makk. IV, 32). Da er die Kaufsumme nicht sofort bezahlte, soll er des Hohepriesteramts wieder enthoben und sein Bruder Lysimachos zum Hohepriester ernannt worden sein (II. Makk. IV, 20). Die Folge des von Menelaos und Lysimachos ausgeübten Tempelraubes war ein heftiger Aufruhr in Jerusalem, in dem schliesslich Lysimachos bei der Schatzkammer des Tempels getötet wurde (IV, 42).

Über die Geschichte Jerusalems und den Bestand des Jerusalemer Tempels in dieser Periode, welche kulminierte in dem von Antiochos IV. verordneten Verbot der jüdischen Religion (167 v. Chr.) und in der Entweihung des Tempels durch die Einführung eines heidnischen Kultes, sind wir durch die Makkabäerbücher verhältnismässig gut unterrichtet. Die Vorfälle in Judäa, welche zu der Verfolgung geführt haben, „are bound up with Antiochus' Egyptian campaigns" (TCHERIKOVER, *o.c.*, 186). Im Jahre 169 v. Chr., als Antiochos gegen Ägypten gezogen war — wo er Pelusium und Memphis einnahm — und sich das falsche Gerücht, Antiochos sei gestorben, verbreitet hatte, eroberte der vertriebene Jason, der etwa tausend Man um sich versammelt hatte, wieder Jerusalem. Menelaos flüchtete sich in die Burg Baris (II. Makk. V, 1 ff.; hier wird falsch Antiochos' zweiter Zug nach Ägypten genannt). Als Jason ein Blutbad in Jerusalem angerichtet hatte, ist er wieder aus der Stadt vertrieben worden; durch wen, bleibt unklar. TCHERIKOVER meint, und dies dürfte wohl wahrscheinlich sein, dass die Stadt nun in die Hände der Feinde des Hellenismus, also der gesetzestreuen Juden gekommen war (*o.c.*, 189). Antiochos, der in dem Aufstand einen Abfall vom Reich sah, zog, als er aus Ägypten zurückkehrte, nach Jerusalem, wo er ein grosses Blutbad anrichtete (I. Makk. I, 25 f.; II, V, 11-14). Viele Juden sind damals als Sklaven verkauft worden. Menelaos wurde wieder als Hoherpriester eingesetzt, der Tempel aber wurde geplündert, wobei nach II. Makk. V, 15 Menelaos ihm behilflich gewesen sein soll. I. Makk. I, 21-23 heisst es: „Er drang in [seinem] Übermut ins Heiligtum ein, nahm den goldenen [Räucher-] Altar und den Leuchter samt allen seinen Geräten, 22) den Tisch für die Schaubrote, die Kannen und Schalen und die goldenen Räuchergefässe, den Vorhang, die Kränze und den goldenen Schmuck an der Vorderseite des Tempels und schälte alles [Gold] ab [93]. 23) Er nahm das Silber und das Gold und die kostbaren Geräte und was er an verborgenen Schätzen fand" (KAUTZSCH, *Die Apokryphen*, I, 35, z.St.). Nach II. Makk. V, 21 raubte Antiochos auch achtzehnhundert Talente aus dem Tempel. CARL SCHNEIDER hält es für sehr unwahrscheinlich, dass Antiochos Tempelschätze geraubt haben sollte [94]. Er meint, „bei der Zahlungsfreudigkeit seiner priesterlichen Freunde" sei dies gar nicht nötig gewesen (*ibid.*). Für seine fast in aller Welt ausgeführten Bauarbeiten (Tempel des Zeus Olympeios in Athen; Zeus-Tempel in Skytopolis; in Tyrus usw.) [95], die Stiftungen kostbarer Weihgaben und dann vor allem auch für seinen wohl schon 169 v. Chr. geplanten zweiten Zug nach Ägypten (168 v. Chr.) brauchte Antiochos aber viel Geld. Was die Zahlungsfreudigkeit seiner jüdischen Freunde betrifft: Menelaos hatte selbst

---

[93] I. Makk. I, 23 [22]: „...καὶ τὸ καταπέτασμα, καὶ τοὺς στεφάνους, καὶ τὸν κόσμον τὸν χρυσοῦν τὸν κατὰ πρόσωπον τοῦ ναοῦ, καὶ ἐλέπισε πάντα". — CLERMONT GANNEAU hatte als erster vermutet, dass Antiochos IV. den Vorhang dem Zeus-Tempel in Olympia geschenkt hatte (*Le dieu satrape et les Phéniciens dans le Péloponèse, p. 56 ss., extr. Journal Asiatique*, 1877, bei VINCENT, *Jérusalem de l'Anc. Testament*, II-III, 1954, 462, n. 3; VINCENT sagt, Cl. G. „a su la rendre tout à fait vraisemblable", *id.*; vgl. F. M. ABEL, *Histoire de la Palestine*, I, 1952, 120). Siehe hierüber A. PELLETIER, *Le „Voile" du Temple de Jérusalem est-il devenu la „portière" du temple d'Olympie?, Syria*, XXXII, 1955, 289-307: Pausanias V, 12, 4 spricht über einen von Antiochos in Olympia geweihten Vorhang (p. 289, gr. Text mit Übersetzung). Clermont Ganneau vermutete daher, dass es der Vorhang des Jerusalemer Tempel war. HITZIG und BLÜMNER (1901): „Die Vermutung hat viel für sich"; VINCENT (*RB*, 1909): „ingenieuse" Idee; TRAMONTANA (1931) „très tentante"; MOZES HADAS (1951): „ingénieuse conjecture". PELLETIER macht es wohl sehr wahrscheinlich, dass der von Paus. genannte Vorhang nicht der des Jerusalemer Tempels sein könne. Er betont erstens, dass der von Paus. genannte Antiochos nicht Antiochos IV. sein kann (p. 293 s.); zweitens, dass der Vorhang von Pausanias als παραπέτασμα und nicht als καταπέτασμα bezeichnet wird (p. 295). „Je crois dès lors qu'il s'agit d'un rideau qu'il faut rabattre à terre pour laisser voir la statue. Ce genre d'apparition, où se découvre d'abord la tête, convient tout à fait à la majesté d'un Zeus trônant" (p. 290). Aus dem Aristeas-Brief (§ 86) lässt sich schliessen, dass der Vorhang in der Weise einer „portière" installiert war (p. 299); καταπέτασμα: „par sa composition indique un objet qui se déplore de haut en bas" (p. 295). — CLAUDE R. CONDER hatte 1896 die Meinung CLERMONT GANNEAU's „in face of the evidence that so many other temples possessed such veils" für „improbable" gehalten (*Syrian Stone-Lore*, 1896, 189 n. †*).

[94] *Kulturgesch. des Hellenismus*, 1967, 868.

[95] Vgl. ED. MEYER, *Ursprung und Anfänge des Christentums*, II, 1921, 139 ff. MEYER nennt den Antiochos „eine der bedeutensten Gestalten der Dynastie" (S. 139).

Tempelschätze illegal verkaufen müssen, um den Kaufpreis für das Hohepriester-amt bezahlen zu können. Die Mehrzahl der Gelehrten zweifelt nicht daran, dass Antiochos IV. den Jerusalemer Tempel ausgeplündert hat [96], wovon auch Daniel XI, 31 die Rede ist. Josephus, der ebenfalls über Antiochos' Tempelplünderung in Jerusalem berichtet (*Antiq.* XII, 5, 4 § 250; *Bell. Jud.* I, 1 § 32) hat selbstverständlich die Makkabäerbücher benutzt. Josephus meint dann weiter, dass Antiochos, der auf seinem Zug gegen die Parther starb (163 v. Chr.), wegen der Beraubung des Jerusa-lemer Tempels sterben musste (*Antiq.* XII, 9, 1 § 359). Die Notiz zeugt für Josephus' Respekt für das Jerusalemer Heiligtum. Antiochos selbst hatte die Plünderung des Tempels wohl nicht als eine frevelhafte Tat betrachtet. „In the difficult times that followed the defeat of Antiochus III by Rome the Seleucids thought they had a right to use for the state the vast resources of the eastern Temples" [97]. Auch Anti-ochos IV. hielt sich zweifellos für berechtigt, den Tempelschatz zu Jerusalem zu „rauben". Dass er dann auch die Kultgeräte (Leuchter, Schaubrottisch, usw.) mitnahm, ist doch wohl so zu verstehen, dass sie ihm von Menelaos überreicht worden sind. Sie sind von den Reform-Juden, deren Haupt nun Menelaos war, betrachtet worden als „débris inutiles d'un culte qui, pensaient ils, touchait à sa fin" [98]. Antiochos IV. wird darüber nicht anders gedacht haben, und wir halten es für möglich und wahrscheinlich, dass er schon damals den Gedanken gehabt habe, die jüdische Religion auszurotten. Offenbar ist er dabei mit Vorsicht zu Werk ge-gangen. Es wird auch nicht berichtet, dass er das Allerheiligste des Tempels betreten habe. ERNST KORNEMANN meint zwar, Antiochos habe rücksichtslos das Aller-heiligste des Tempels betreten [99]; er gründet seine Ansicht aber offenbar auf spätere anti-jüdische Berichte, die doch für diese Frage kaum Bedeutung haben. Nach Apion soll Antiochos im Tempel zu Jerusalem, dass heisst natürlich im Aller-heiligsten, einen goldenen Eselskopf gefunden haben, der von den Juden mit der höchsten Ehre behandelt wurde (Josephus, *c. Ap.* II, 7 § 80). Darüber ist natürlich kein Wort zu verlieren. I. Makk. I, 23 wird in der Notiz über Antiochos' Tempel-plünderung auch der Vorhang genannt und hier haben wir doch wohl an den Vorhang des Hekal zu denken, sonst würde hier wohl vom Allerheiligsten die Rede gewesen sein. Es ist also anzunehmen, dass Antiochos das Allerheiligste unberührt

---

[96] Siehe SCHÜRER, *Geschichte*, I⁵, 1920, 197; BICKERMAN, *Der Gott der Makkabäer*, 1937, 18 f.; ROSTOVTZEFF, *The Social and Economic History*, II, 1941, 695; ABEL, *Histoire de la Palestine*, I, 1952, 118 s.; TCHERIKOVER, *Hellenistic Civilisation*, 1959, 202.

[97] ROSTOVTZEFF, in *Cambridge Ancient History*, VII, 1954, 163.

[98] ABEL, *Histoire de la Palestine*, I, 1952, 117; ABEL hat hier den Verkauf der Kultgeräte durch Lysimachos im Auge.

[99] *Weltgesch. des Mittelmeer-Raumes*, I, 1948, 320.

gelassen hatte. Die anti-jüdische Fabel vom Eselskopf ist dann später von Poseidonius verbreitet worden [100].

Über die Gründe, welche Antiochos IV. dazu geführt haben, die jüdische Religion
zu verbieten (167 v. Chr.), sind die Meinungen der Gelehrten geteilt. Im Jahre 168
v. Chr. hatte Antiochos abermals einen Zug nach Ägypten unternommen, war dann
aber auf Befehl des römischen Senates gezwungen worden, Ägypten zu räumen [101].
E. SCHÜRER meinte: „Mit diesem Scheitern seiner ägyptischen Pläne scheint es
zusammenzuhängen, dass Antiochus gerade jetzt den vernichtenden Schlag gegen
die jüdische Religion unternahm" [102]. Antiochos habe Apollonius nach Judäa
gesandt „mit dem Auftrag, Jerusalem radical zu hellenisiren" (*id.*, S. 198). SCHÜRER
weist dabei hin auf Daniel 11, 30 f. wo dieser Zusammenhang angedeutet ist (*o.c.*,
197, Anm. 34). Das Verbot der jüdischen Religion lässt sich also nach der Meinung
SCHÜRER's aus Antiochos' Kulturpolitik erklären. „Sein Bestreben war überall den
Glanz griechischer Cultur zu befördern. In Judäa kam ihm dabei eine einheimische
Partei entgegen. Es war selbstverständlich, dass er diese unterstützte und ihr das
Regiment in Judäa überliess" (S. 193). Antiochos habe das Werk des Hellenismus
radikal und mit roher Gewalt zur Vollendung bringen wollen (*id.*, S. 190). „Der
jüdische Cultus sollte gänzlich abgeschafft, rein griechische Culte eingeführt, alle
jüdischen Ceremonien mit einemale verboten werden" (*id.*). Ganz anders urteilt
V. TCHERIKOVER: die Seleukiden waren niemals Kulturbringer, „and never intended
to Hellenize the populations of the Orient on profound spiritual matters" [103]. Im
Hellenismus sah Antiochos IV. ein politisches Mittel zur Verstärkung seines Staates,
„but it never occured to him to abolish local culture and to substitute for it the
Greek" (TCHERIKOVER, *l.c.*). Schärfer sagt E. BICKERMANN es: „Die unsinnige Idee,
alle seine Untertanen zu gräzisieren, ist ihm [*sc.* Antiochos IV.] erst von der neuesten
Forschung zugeschoben worden" [104]. Ähnlich wie E. SCHÜRER urteilt W. TARN

---

[100] Siehe *JE*, II, 1916, 222-224, Art. *Ass-Worship* (S. KRAUSS).

[101] Der röm. Gesandte C. Popilius, der ihm den Befehl bekannt machte, soll um Antiochos einen
Kreis im Sandboden gezogen und gesagt haben, er sollte die Entscheidung treffen, bevor er heraus-
trete, Polyb. 29, 11; Liv. 45, 12. ROSTOVTZEFF nennt es „the famous ‚magic circle' of the Roman
envoy Popilius Laenas" (*The Social and Econ. History*, I, 1941, 67).

[102] *Gesch. des jüd. Volkes*, I⁵, 1920, 197. ROSTOVTZEFF urteilt wohl richtiger: „The poor success of
Epiphanes in Egypt was in no way such a decisive event in his personal life and such a turning-point
in his policy as several scholars are inclined to believe... The struggle with the Jews took its natural
course..." (*The Social and Economic History*, I, 1941, 67).

[103] *Hellenistic Civilisation and the Jews*, 1959, 180.

[104] *Der Gott der Makkabäer*, 1937, 46. — ROSTOVZEFF urteilt: „BIKERMAN a bien montré qu'Epi-
phane n'était pas un „hellénisateur" par conviction et profession; il n'a jamais voulu helléniser les
religions orientales, mais s'il n'était pas un hellénisateur, il était, dirais-je certainement un niveleur...
Son idée maîtrise était l'unité de son empire, basée sur une entente cordiale entre les diverses
nations qui le formaient, sur un amalgame qu'il a cru assez solide pour être imposé par force dans

über Antiochos' Kulturpolitik, nur dass er dieser einen weltpolitischen Charakter zuschreibt. Nach TARN's Meinung beschloss Antiochos, als Rom ihn gezwungen hatte, Ägypten zu verlassen, „that his best chance was to make of his empire a united people in culture and religion, which could alike only be Greek; Judaea must bow to the common need, like other places" [105]. Antiochos hatte gesehen oder glaubte gesehen zu haben, „that the success of Rome was due to her centralisation, one ruling city and one civilisation, and he set to work, so far as he could, to carry out the same ideas in his own empire, though naturally on somewhat different lines; his aim was an empire strong enough to form some sort of counterpoise to Rom, a perfectly feasible idea, as the Arsacids and the Sassanids were to show" (W. TARN, *The Greeks in Bactria and India*, 1951, 190). M. ROSTOVTZEFF stimmt der Ansicht TARN's bei. „TARN gives a brilliant picture of Epiphanes as a king of great ideas and great strength" [106]. ROSTOVTZEFF ist geneigt anzunehmen, dass der Verfasser von I. Makk. I, 41 „was right in his account of the general trend of Epiphanes' policy" (*ibid.*). Die Stelle lautet wie folgt: „Sodann liess der König in sein ganzes Reich ein Schreiben ausgehen, dass alle zu einem Volke werden, 42) und ein jeder seine besonderen religiösen Gebräuche aufgeben solle. Und alle Völker fügten sich dem Gebote des Königs". E. BICKERMANN meint nun aber, wohl zu recht, diese Auffassung des jüdischen Verfassers, der 60 Jahre nach dem Tode des Königs schrieb, ist unhaltbar, denn in Susa wurde Nanaia (*Anâhita*) nach altem Brauch verehrt; nicht anders war es in Byblos und Babylon (*Der Gott der Makkabäer*, 1937, 127) [107]. Fest steht aber, dass Antiochos IV. die jüdische Religion habe ausrotten wollen und die Frage ist, was ihn dazu veranlasst haben könnte. BICKERMAN ist der Meinung, dass Antiochos gar nicht der Initiator der Verfolgung gewesen sei; die wirklichen Initiatoren seien der Hohepriester Menelaos und seine Partei gewesen (*o.c.*, 7 f.). Diese Partei erstrebte „eine Reform des Glaubens der Väter im Sinne einer Abkehr vom Einzigkeitsglauben ( ), ohne dass sie dadurch den Gott der Väter ganz verlassen und Zion untreu werden wollten" (*o.c.*, 8).

V. TCHERIKOVER meint, die Glaubensverfolgung anders erklären zu müssen (*Hellenistic Civilization*, 1951, 191 ff.). Als Apollonius 169 v. Chr. von Antiochos IV. mit einer Heeresmacht nach Jerusalem gesandt wurde, war dort, wie wir annehmen müssen, ein Bürgerkrieg zwischen extrem gesetzestreuen Juden — die Masse des

---

les rares cases ou il ne serait pas accepté à bon gré" (in *Mélanges Syriens offerts à Monsieur René Dussaud*, I, 1939, 294).

[105] *Hellenistic Civilisation*, 1953, 215.

[106] *The Social and Economic History*, III, 1941, 1492, Anm. 125 bei Vol. II, 705.

[107] Die Tempel Bît-resch und Esch-gal in Uruk wurden unter den Seleukiden nach babylonischen Tempelbautraditionen wiederaufgebaut; Anuuballit, Stadtherr von Uruk unter Antiochos Epiphanes, baut den Anu-Antum-Tempel wieder auf (BUSINK, *Sum. en bab. Tempelbouw*, 1940, 120 und 199 n. 11).

niedrigen Volkes — und den Reform-Juden, die Aristokraten — in vollem Gang. Apollonius, von den Reform-Juden, wie anzunehmen ist, zu Hilfe gerufen (Menelaos könnte um die Hilfe gebeten haben, vgl. BICKERMAN, *Der Gott der Makkabäer*, 1937, 126) hatte dann ein grosses Blutbad unter den gesetzestreuen Juden ange-gerichtet, Wohnhäuser verbrannt, die Mauern der Stadt geschleift (I. Makk. I, 30 ff.; II. Makk. V, 24 f.). Viele Juden flüchteten sich aus Jerusalem und organi-sierten sich zu einer Guerilla, wobei sich die Bewohner der Dörfer einfügten; „whole of Judaea became a cauldron. This is the real picture of Judah and Jerusalem in the year 168/7 before the decrees of Antiochus" (TCHERIKOVER, *o.c.*, 193). TCHERIKOVER meint, dass dem Gott Israels damals im Jerusalemer Tempel schon in der Form des syrischen *Baʻal-Šamîn* geopfert wurde (*o.c.*, 195. 200) und dies wurde die Revolte der gesetzestreuen Juden wohl erklären. Der Streit der gesetzes-treuen Juden gegen Apollonius nahm im Jahre 168/7, meint TCHERIKOVER, die Form einer religiösen Bewegung an, deren Führer die *Hasidäer* [108] waren. Hingabe an das Gesetz Moses sei das Losungswort des Aufstandes gewesen und so musste, sollte der Aufstand niedergeschlagen werden, dieses Gesetz, d.h. die jüdische Religion, ausgerottet werden (*o.c.*, 198). Nach der Meinung TCHERIKOVER's ist also der Aufstand, der in dem Aufstand der Makkabäer kulminierte, nicht die Folge von Antiochos' Edikt gegen die jüdische Religion, sondern umgekehrt: das Edikt ist eine Folge des Aufstandes der gesetzestreuen Juden gewesen.

Dass dem Edikt ein Aufstand der Juden vorangegangen ist, dürfte durchaus möglich sein, war es doch schon zu einem Aufstand gekommen, als Menelaos und Lysimachus den Tempel geplündert hatten. Dass der Versuch, die jüdische Religion auszurotten, nur aus dem Aufstand der Juden zu erklären sei, dürfte u.E. kaum wahrscheinlich sein. Aus den Makkabäerbüchern geht doch klar hervor, dass viele Juden der Religion der Väter untreu geworden waren (vgl. Josephus, *Antiq.* XII, 5, 4 § 255) und sicher wäre der Aufstand der gesetzestreuen Juden auch ohne ein allgemeines Verbot der jüdischen Religion leicht zu unterdrücken gewesen. Andere Gründe müssen u.E. zu der Glaubensverfolgung geführt haben. Judäa war erst seit Antiochos III. in den Besitz der Seleukiden gekommen und im allgemeinen hatten die gesetzestreuen Juden den Blick auf Ägypten gerichtet [109]. Daran wird wohl die umfangreiche Judengemeinschaft in Alexandrien nicht unbeteiligt gewesen sein. Schon damals sind zweifellos viele ägyptischen Juden nach Jerusalem gepilgert, nach der Stätte des einzigen legitimen Tempels der Juden. Sie werden sicher Ver-

---

[108] Siehe über die Ḥasidäer JULIAN MORGENSTERN, *The Ḥᵃ SIDIM—Who were they? HUCA*, XXXVIII, 1967, 59-73; ABRAHAM SCHALIT, *König Herodes*, 1969, 522: „die Frommen". Sie waren also im Grunde pharisäische Extremisten".

[109] Vgl. BICKERMAN in FINKELSTEIN, *The Jews*, I, 1949, 106; TARN, *Hellenistic Civilisation*³, 1953, 213.

breiter der proägyptischen Gedanken gewesen sein. Nur durch Vereinheitlichung der Religion konnte zwischen Syrien und Judäa eine unzerbrechliche politische Einheit zustande gebracht werden. Der Verfasser von I. Makk. I, 41 hatte dann dem Antiochos IV. das Streben zugeschrieben alle Untertanen des seleukidischen Reiches zu einem Volk machen zu wollen. Neuere Ausgrabungen in Jerusalem haben es einigermassen wahrscheinlich gemacht, dass Antiochos IV. angefangen hatte, in Jerusalem einen grossen Tempel für Zeus-Olympios zu errichten (*IEJ*, 21, 1971, 169; M. Avi-Yonah). Dass Antiochos' Vorhaben, die jüdische Religion auszurotten, scheiterte, war bekanntlich die Folge des Aufstandes der Makkabäer. Darüber wird unten noch zu sprechen sein.

Wir müssen nun dem Zustand des Tempels in der Zeit des Antiochos IV. nachgehen. Im Jahre 198 v. Chr. wurde am Ort der alten Davidstadt von den Seleukiden eine Akra genannte Stadt errichtet (I. Makk. I, 33 ff.). Über die Lokalisierung der Akra bestehen zwar Meinnungsverschiedenheiten [110], es kann sich aber nur um die Stätte der alten Davidstadt handeln. Die neueren englischen Ausgrabungen am Ofel haben hier eine Mauer der makkabäischen Periode festgestellt [111]. Die Meinung, dass die Akra auf dem Westhügel gelegen habe (Bickermann, *Der Gott der Makkabäer*, 1937, 73) ist aufzugeben. Nach Josephus wurde in die Akra eine makedonische Besatzung gelegt; „auch hielten sich in ihr die Gottlosen und Verruchten aus dem Volke auf, die ihren Mitbürgern viel Leids antaten" (*Antiq.* XII, 5, 4 § 252). Mit

---

[110] W. Krafft schrieb 1846: „Die bis dahin schwebende Frage über die Lage des Hügels Akra kann jetzt als abgeschlossen betrachtet werden..." (*Topographie Jerusalems*, 1846, Vorrede S. III, bei Mommert, S. 133). Carl Mommert, lokalisierte die Akra an der Stätte der alten Davidsstadt (*Topographie des Alten Jerusalem*, I, 1900, 46-172). Krafft meinte, die Akra sei der Nordosthügel, wo später die Burg Antonia stand (*id.*); F. Spiess hielt die Akra für einen Teil der Unterstadt (*Das Jerusalem des Josephus*, 1881, 32 ff.). L. H. Vincent lokalisiert Akra auf dem nördlichsten Punkt des Westhügels, gegenüber dem Tempelplatz (*Dict. de la Bible*, Suppl. XXI, 1948, 954 ss.). J. Simons: „on the promontory of the S. W. Hill" (*Jerusalem in the Old Testament*, 1952, 154). F. M. Abel ähnlich wie Vincent (*Histoire de la Palestine*, I, 1952, 122); E. Schürer: an der Stätte der alten Davidsstadt (*Gesch.* I⁵, 1920, 198). Die Meinungsverschiedenheiten über die Lage der Akra lassen sich hauptsächlich zurückführen auf die Notiz des Josephus, dass der Makkabäer Simon nicht nur die Akra zerstört habe, sondern auch den Hügel, auf dem die Akra stand, habe abtragen lassen (*Antiq.* XIII, 6, 7 § 215; vgl. *Bell. Jud.* V, 4, 1 § 139 wo die Abtragung nur allgemein als Werk der Hasmonäer bezeichnet wird). W. F. Birch hatte 1880 diese Vorstellung absurd genannt (*PEF, QuSt*, 1880, 167). Simon hatte nach der Eroberung der Akra in ihr Judäer angesiedelt und sie zur Sicherung der Stadt und des Landes befestigt (I. Makk. XIV, 37). — Die jüngste Studie über die Lage der Akra ist von Yoram Tsafir: *The location of the Seleucid Akra in Jerusalem*, RB, 82, 1975, 501-521. Tsafir lokalisiert die Akra „to the south-east of the temple, within an area later included in the Herodian temenos" (p. 510 und Fig. 2, p. 511, Fig. 3, p. 512). Er meint, die untersten Schichten der Ostmauer des Ḥarām, nördl. der senkrechten Fuge, stammen von der Plattform der seleukidischen Akra. Beifall wird er wohl nicht finden. — Siehe auch Miss Kenyon, *Digging up Jerusalem*, 1974, 196 ff.; *EncAEHL*, II, 1976, 603 (M. Avi-Yonah).

[111] Siehe Bd. I, 1970, 107.

den Gottlosen sind natürlich die Reform-Juden gemeint. Daraus lässt sich schliessen, dass die Akra nicht eine Zwingburg der Seleukiden [112], sondern eine Stadt war. Die Burg von Jerusalem war auch damals noch die Burg Baris. Die Mauern Jerusalems waren 168 v. Chr. geschleift worden, Jerusalem war ein offener Wohnort geworden, die Akra war eine ummauerte Stadt, bewohnt von Griechen und Reform-Juden. Es war ein Polis (BICKERMANN, *Der Gott der Makkabäer*, 1937, 72 f.). Wie kam Antiochos IV. dazu, in der Nähe des nun offenen Jerusalem eine ummauerte Stadt zu errichten? BICKERMANN gibt die Antwort. Im Jahre 168 wurde Jerusalem „zu einem offenen Wohnort, der der Akra zugeschlagen wurde" (*o.c.*, 77). „Es war eine allgemeine Regel, dass eine Polis sich die Haupttempel des zugewiesenen Plattlandes aneignete" (BICKERMANN, *o.c.*, 78 mit Beispielen aus Athen, Mylasa, usw.). Der Tempel gehörte seit 168 nicht mehr der jüdischen Nation, er gehörte zu der nahen gelegenen Polis. Dies folgt eindeutig daraus, betont BICKERMANN, dass der Tempel im Jahre 163 v. Chr. den Juden zurückgegeben worden ist (*o.c.*, 76). Wir schliessen daraus — dies ist wohl auch BICKERMANN's Meinung —, dass Antiochos mit dem Bau der Akra beabsichtigt habe, den Juden den Besitz des Tempels zu nehmen. Auch für die Anlage des Heiligtums hatte dies Folgen. Dies lässt sich schliessen aus I. Makk. IV, 38, wo erzählt wird, in welchem Zustand Judas Makkabäus, als er mit den Seinen zum Zion hinaufstieg, das Heiligtum vorfand. Sie sahen die Tore verbrannt, „in den Vorhöfen Gesträuch, das aufgewachsen war wie in einem Wald oder auf irgend einem Berg". II. Makk. I, 4 heisst es, dass ein Tor (Sing.) verbrannt worden war und da I, 8 Jason genannt wird, meinte TCHERIKOVER das Tor sei von Jason verbrannt worden [113]. Dies war ein Irrtum, denn es wird nicht gesagt, dass Jason das Tor verbrannt habe und dies dürfte übrigens auch unwahrscheinlich sein, denn der Tempel war damals noch im Besitz der Juden. II. Makk. VIII, 33 ist von Toren (Plur.) die Rede; sie waren durch Kallistenes in Brand gesteckt. Wie die Sache zu deuten ist, hat BICKERMANN klar gemacht.

Wie wir im vorigen Kapitel gesehen haben, hatte das Heiligtum einen Innenhof und — seit etwa dem Mitte des 3. Jahrhunderts v. Chr. — einen Aussenhof. Die Anlage eines Heiligtums mit doppelter Einfriedung war nicht nur etwas Neues im Tempelbau Altkanaans und Alt-Syriens, es war auch eine ungriechischen Anlage: hellenische Heiligtümer hatten nur *eine* oder gar keine Einfriedung [114]. BICKERMANN

---

[112] Bei SCHÜRER, *Gesch.*, I⁵, 1920, 198 heisst es, die alte Davidsstadt wurde neu befestigt „und zu einer starken Burg umgebaut, in welcher fortan eine syrische Besatzung lag...".

[113] *Hellenistic Civilisation*, 1959, 187.

[114] In dem heiligen Bezirk (Altis) von Olympia z.B. liegen verschiedene Heiligtümer ohne eigene Einfriedung. Grundriss bei JOSEF DURM, *Die Bauk. der Griechen*, 1910, Abb. 403, S. 442; ALFRED MALLWITZ, *Ein neuer Übersichtsplan von Olympia*, *AA*, 1971, Heft 2, 151-157, Abb. 2, S. 153, Abb. 3, gegenüber S. 154.

12

ist nun der Meinung — und wir stimmen ihm bei —, dass das Heiligtum auf Zion unter Antiochos IV. in diesem Sinn umgestaltet worden ist (*Der Gott der Makkabäer*, 1937, 110 f.). Die Tore der inneren Einfriedung sind absichtlich verbrannt worden. Leider lässt sich nicht mit Sicherheit ausmachen, ob die innere Einfriedung tatsächlich ganz niedergerissen worden ist. I. Makk. IV, 38 könnte dafür sprechen, dass allein die Tore verbrannt worden sind, IV, 48 lässt vermuten, dass die Mauer des Innenhofes abgebrochen war. „Wenn vorher, dem Verbot des Gesetzes (Deut. 16, 21) entsprechend, auch nicht ein einziger Baum auf den gepflasterten Höfen zu sehen war … so wurden jetzt die Höfe, nachdem die dortigen Amts- und Dienstbauten („Pastophorien") beseitigt worden waren, zu hainartigen Anlagen ausgestaltet" (BICKERMANN, *o.c.*, 110). Die „hainartigen Anlagen" deuten übrigens wohl eher darauf, dass die Höfe damals noch kein Pflaster hatten; erst im Briefe des Aristeas ist vom Pflaster der Höfe die Rede.

BICKERMANN meint, dass die Kultstätte sich nunmehr auf den Brandopferaltar im Hofe beschränkte (*o.c.*, 110). Dies geht unserer Meinung nach zu weit. Auch das Tempelgebäude, der *naos*, hatte seine Bedeutung für den Kult, wie aus I. Makk. I, 44-45 hervorgeht, nicht verloren. Auf Befehl des Antiochos wurde der Tempel aber nach Zeus Olympios benannt (II. Makk. VI, 2). Das war freilich, wie BICKERMANN betont, „nichts anderes als die Benennung der dort verehrten Gottheit" (*o.c.*, 93). Es bedeutet nicht, „dass ein neuer Herr, ein griechischer Gott, auf Zion einzog …" (*o.c.*, 96). Der Grieche erforderte nun einmal für jede Gottheit einen persönlichen Namen (S. 94). Bei den Juden war der Name Jahwe im bürgerlichen Leben nicht mehr in Gebrauch, es war ein heiliger Name, den man nicht ausprechen darf. Klar heisst es später bei Josephus: „darüber [*sc.* den Namen des Gottes] darf ich nichts sagen": περὶ ἧς οὔ μοί θεμιτὸν εἰπεῖν, d.h. diesen Namen darf ich nicht aussprechen (*Antiq.* II, 12, 4 § 276). Unter den Namen Zeus ist zur Zeit des Antiochos IV. in Jerusalem der Himmelsgott von Jerusalem (d.h. Jahwe) verehrt worden (BICKERMANN, *o.c.*, 102). Die Nichtgriechen werden den Gott wahrscheinlich *Baʿal-Šamîn* — es war der Hauptgott des syrischen Pantheon — genannt haben (BICKERMANN, *o.c.*, 112 f.). Da bei der Reinigung des Tempels durch Judas Makkabäus (I. Makk. IV, 36 ff.) kein Kultbild erwähnt wird, darf man annehmen, dass der Jerusalemer Tempel ohne Kultbild geblieben ist. Dies braucht übrigens nicht zu verwundern. Erstens war der Jerusalemer Tempel baulich gesehen keine Behausung für einen griechischen Gott. Als Nikanor, der Feldherr des Demetrius, eine Drohung gegen den Tempel aussprach, falls die Juden ihm nicht den Judas auslieferten, drohte er nicht, den Tempel dem Bacchus weihen zu wollen, sondern ihn dem Erdboden gleich zu machen, um dort einen prächtigen Tempel für Bacchus zu errichten (II. Makk. XIV, 33). Zweitens: die Aufstellung eines anthropomorphen Götterbildes im Jerusalemer Tempel würde nicht nur die gesetzestreuen Juden, sondern sicher auch die Reform-Juden erbittert haben. Antiochos ist mit seinen Massnahmen gegen die jüdische Religion — die Gelehrten haben dies im allgemeinen nicht beachtet — mit Vorsicht zu Werk gegangen. So erklärt sich auch, dass er den Tempel nicht zerstören liess, um ihn durch einen griechischen zu ersetzen. Er würde damit die Reform-Juden zweifellos ins Lager der gesetzestreuen Juden getrieben haben.

Am 7. Dez. 167 v. Chr. wurde auf dem (Brandopfer-) Altar „der Greuel der Verwüstung" errichtet (I. Makk. I, 54 [57]); zehn Tage später wurde auf dem Altar das erste heidnische Opfer dargebracht (I. Makk. I, 59 [62]) Was unter „Greuel der Verwüstung" (βδέλυγμα ἐρημώσεως) zu verstehen sei, darüber gehen die Meinungen auseinander. H. GRAETZ meinte, es sei ein Bildnis des Zeus gewesen [115]. „Es ist befremdlich genug", sagt GRAETZ, „dass die Historiker und Ausleger des Makkabäerbuches und Daniel's die Tatsache in Abrede stellen, dass ein Götzenbild auf den Altar gestellt wurde" (o.c., 315, Anm. 1). I. Makk. I, 54 [57], ᾠκοδόμησαν „kann unmöglich bedeuten, dass sie auf den Altar noch einen Altar gebaut haben" (ibid.). Im Original, meint GRAETZ, könne kein ויבני gestanden haben; dies könne nur ויכיני gewesen sein: etwas auf den Altar setzen, stellen, geben. „Daher der Irrthum, der sich schon bei Josephus findet" (ibid.). Bei Josephus heisst es: „Über den Altar errichtete der König einen (anderen) Altar" (Antiq. XII, 5, 4 § 253). Es braucht kaum bemerkt zu werden, dass „etwas auf den Altar setzen, stellen" noch nicht die Aufstellung eines Götzenbildes impliziert. BICKERMANN, der der Frage im Lichte der syro-phönikischen Religion nachgeht, betont, dass diese Religionen vorwiegend bildlos waren (Der Gott der Makkabäer, 1937, 105 ff.). Er hält den Greuel der Verwüstung für einen Stein, „errichtet auf dem alten Schlachtungsort im Hofe, und dieser Aufsatz war ebenso Stätte wie zugleich Gegenstand des Gottesdienstes" (o.c., 108/109). Damit war der Gott Abrahams, Isaaks und Jakobs „zu einem der vielen arabisch-syrischen Götzen degradiert" (id., S. 109). Antiochos IV. hatte aber, wie wir gesehen haben, den Tempel dem Zeus-Olympios geweiht, da ist es doch kaum wahrscheinlich, dass er den Gott durch einen betylos dargestellt habe. Unwahrscheinlich ist es auch, dass ein betylos im Freien aufgestellt gewesen wäre [116]. Wir glauben, Josephus folgen zu müssen und die Sache folgendermassen erklären zu durfen: auf dem alten, aus unbehauenen Steinen gebauten Altar hat man einen Altar aus behauenen Steine errichtet. Bei der Reinigung durch Judas Makkabäus sind die Steine der Befleckung an einen unreinen Ort geschafft worden; es kann sich hier doch nur um die Steine des neu errichteten Altars und wohl auch die dadurch verunreinigten unbehauenen Steine des alten Altars handeln (I. Makk.

---

[115] Gesch. der Juden, II, 1873, 314 f.
[116] Siehe Bd. I, 1970, 454 f. und Abb. 127, S. 455: Münzer aus Byblos.

IV, 43). Dass dieser aus behauenen Steine gebaute Altar für die gesetzestreuen Juden ein Greuel war, liegt auf der Hand. Es war gesetzwidrig und hinzu kommt, dass der Altar nun einen heidnischen Charakter erhalten hatte [117].

V. Tcherikover meint, dass mit der Errichtung des Greuels der Verwüstung auf dem Altar am 15. Kislev (Dez.) 167 v. Chr. offiziell die königliche Billigung gegeben war für die Ausübung des syrischen Kultus des *Ba'al-Šamîn*, der ein Jahr vorher inoffiziell auf dem Tempelberg eingeführt worden war (*Hellenistic Civilization*, 1959, 200). Wir halten nur das hinsichlich des 15. Kislev 167 v. Chr. gesagte für richtig. I. Makk. I, 44-45 heisst es: „Hierauf sandte der König durch Boten Briefe nach Jerusalem und den Städten Judäas: sie sollten sich fortan nach den Gebräuchen richten, die dem Lande fremd waren, 45) die Brandopfer und [sonstige] Opfer und Trankopfer im Heiligtum abstellen ..." (Kautzsch, *Die Apokryphen*, I, 36, z.St.). Daraus geht doch hervor, dass im Jerusalemer Heiligtum noch nach jüdischer Art geopfert wurde. Trotz der Umgestaltung des Heiligtums (Niederwerfung der inneren Einfriedung; Raub der Kultgeräte durch Antiochos/Menelaos) und die Benennung der Gottheit als Zeus-Olympios/Ba'al-Šamîn (in alter Zeit hatte man Jahwe auch oft unter den Namen Ba'al, bzw. Ba'al-Šamîn angerufen) behielt das Heiligtum durch die nach jüdischer Art auf dem Brandopferaltar volzogenen Opfer noch immer seinen Charakter als jüdisches Heiligtum. Durch die Massnahmen von Dez. 167 v. Chr. hatte Antiochos dem Heiligtum diesen Charakter genommen. Der Altar war entweiht und auf diesen Altar konnten dem von den Juden verehrten Himmelsgott keine Opfer mehr dargebracht werden. E. Schürer, der den Antiochos IV. einen unverständigen Despoten nennt, sagt, Antiochos habe mit roher Gewalt das Werk des Hellenismus zur Vollendung bringen wollen (*Geschichte des jüdischen Volkes*, I[5], 1920, 190). Der Gedanken, Antiochos habe sein Reich hellenisieren wollen, ist, wie wir schon sahen, aufzugeben. Er beabsichtigte nur, so meinen wir annehmen zu dürfen, eine Unifikation der jüdischen und syrischen Religion. Dass er dabei unverständig zu Werk gegangen sei, scheint uns, wenn sein Plan auch scheiterte, nicht richtig. Er hatte das Verbot der jüdischen Religion nicht ohne die Juden darauf sozusagen vorzubereiten ergehen lassen; 1. Eingriff: Jason's und dann Menelaos' Ernennung zum Hohenpriester; 2. Eingriff: Plünderung des Tempels; 3. Eingriff: Bau der Akra, der der Tempel zugeschlagen wurde; 4. Eingriff: Niederwerfung der innere Einfriedung des Heiligtums. Ein Jahr lang hatten die Juden nun gewusst, dass der Tempel, wiewohl am Heiligtum noch nach jüdischer Art

---

[117] Es fehlten am neuen Altar z.B. sicher die für den Jerusalemischen Brandopferaltar charakteristischen Altarhörner. Da der neue Altar auf dem alten Altar errichtet wurde, muss es Stufen gegeben haben, welche zum Altar hinaufführten, was ebenfalls gesetzwidrig war. — Über griechische und römische Altäre siehe A. Baumeister, *Denkmäler des klassischen Altertums*, I, 1885, 55 ff.; Piere Lavedan, *Dict. illustré de la mythologie et des antiquités grecques et romains*, 1931, 146 ss.

geopfert wurde, kein jüdischer Besitz mehr war. Wir werden nicht fehlgehen mit der Annahme, dass die Zahl der gesetzestreuen Juden verhältnismässig gering geworden war. So konnte Antiochos IV. meinen, die Zeit sei nun reif, das Verbot der jüdischen Religion ergehen zu lassen und er ergriff die Massnahmen von Dez. 167 v. Chr. Er hatte sich aber geirrt. Von der Kraft einer durch religiöse Überzeugung getriebenen kleinen Gruppe hatte er so wenig eine Ahnung gehabt wie in unserer Zeit Staatsmänner von der Kraft einer kleinen Gruppe Nationalisten. Antiochos IV. Epiphanes' Versuch, die jüdische Religion auszurotten, scheiterte infolge des Auftretens der Makkabäer. TCHERIKOVER betont — unter Hinweise auf II. Makk. V, 27 —, dass man schon vor Epiphanes' Verbot der jüdischen Religion begonnen hatte, den Aufstand zu organisieren (*Hellenistic Civilization*, 1959, 475, Anm. 27). BICKERMANN meint, „der Erfolg der Massnahmen des Epiphanes hätte das Ende des Judentums bedeutet" (*Der Gott der Makkabäer*, 1937, 92). Seite 138 heisst es: „Wären sie [*sc.* die Makkabäer] geschlagen worden, so wäre auch das Licht des Monotheismus erloschen". Gegen diese und ähnliche unbegründete Auffassungen (vgl. SCHÜRER, *Geschichte des jüdischen Volkes*, I⁵, 1920, 190) hat TCHERIKOVER mit recht Stellung genommen. (*Hellenistic Civilization*, 1959, 477, Anm. 38).

Über die Glaubensverfolgung unter Antiochos IV. Epiphanes, worüber die Makkabäerbücher so lebendig erzählen, mehr auszuführen, gehört natürlich nicht zu unserer Aufgabe. Ebensowenig brauchen wir über den Makkabäerkrieg, der der Glaubensverfolgung ein Ende machte, eingehend zu reden. Nur wichtige Momente des Krieges sind an geeigneter Stelle zu erwähnen.

Als Judas Makkabäus 165 v. Chr. das Heer des Gorgias in der Ebene von Emmaus geschlagen hatte und das Lager der Feinde ausplündern liess, erbeutete er viel Gold und Silber „blauen Purpur und roten Purpur ‚vom Meer' und [überhaupt] grosse Reichtümer" (I. Makk. IV, 23; KAUTZSCH, *Die Apokryphen*, I, 44, z.St.). Im folgenden Jahre (164 v. Chr.), als Judas das von Lysias selbst geführte, noch stärkere Heer bei Beth-Zur aufgerieben hatte, nahm Judas Besitz von Jerusalem. Das Heiligtum wurde gereinigt, „die Steine der Befleckung" wurden an einen unreinen Ort geschafft (I. Makk. IV, 43), der entweihte Altar wurde niedergerissen, ein neuer aus unbehauenen Steinen, „wie das Gesetz vorschrieb", erbaut (*id.* 45 f.). Weiter heisst es I. Makk. IV, 48: „Sie bauten das Heiligtum wieder auf und das innere des Hauses, und weihten die [Innen-] Höfe". Die unter Epiphanes ganz oder teilweise zerstörte innere Einfriedung des Heiligtums ist also wieder aufgebaut worden. Die Kultgeräte, Leuchter, Räucheraltar und Schaubrottisch wurden neu angefertigt und im Tempel aufgestellt; auch Vorhänge [118] wurden wieder angebracht (*id.* 49 f.). Die

---

[118] τὰ καταπετάσματα § 51; der Plur. deutet sicher auf den Vorhang des Heiligen und den des Allerheiligsten.

Front des Tempels wurde mit goldenen Kronen und Schildchen geschmückt (I. Makk. IV, 57) [119]. Die von Gorgias eroberten Reichtümer (Gold, Silber) werden wohl bei der Anfertigung der Kultgeräte benutzt worden sein und so war sicher auch der Leuchter wieder aus Gold, wenn ein Bericht im Talmud darüber auch anders lautet [120]. Im Herbst 164 v. Chr. war Jerusalem in den Besitz von Judas gekommen; am 25. Kislev (etwa 15. Dez.) 164 wurde auf dem Brandopferaltar wieder dem jüdischen Himmelsgott geopfert. Die Neueinrichtung des „geschändeten" Heiligtums hatte also etwa drei Monate erfordert. Die Neuweihung des Tempels, das Chanukka-Fest, wird noch heute alljährlich von den Juden überall in der Welt gefeiert [121].

Judas, der damals etwa anderhalb Jahre Herr über Jerusalem gewesen ist, hat nicht nur den Tempel wieder instand gesetzt, er hat auch „den Berg Zion ringsum mit hohen Mauern und starken Türmen" befestigt (I. Makk. IV, 60). Dies ist wohl so zu verstehen, dass er die von Epiphanes zerstörten Mauern des Aussenhofes wieder aufgebaut und die Nordmauer mit starken Türmen ausgestattet habe. Als Judas 163 v. Chr. die „syrische" Besatzung der Akra belagerte, zog Lysias, Vogt des unmündigen Antiochos V. Eupator — Epiphanes war 163 v. Chr. auf einem Zug gegen die Partern gestorben — mit einem grossen Heer nach Judäa und zwang dadurch den Judas, die Belagerung der Akra aufzugeben und gegen das syrische Heer zu ziehen. Bei Beth-Sacharja wurde das jüdische Heer geschlagen und bald erschien Lysias vor Jerusalem, wo er den Tempelberg belagerte. Um diese Zeit zog Philippos, Freund des Antiochos IV. Epiphanes und von diesem über das ganze Reich gestellt, nach Antiochien, um sich der Herrschaft zu bemächtigen. Um freie

---

[119] Καὶ κατεκόσμησαν τὸ κατὰ πρόσωπον τοῦ ναοῦ στεφάνοις χρυσοῖς καὶ ἀσπιδίσκαις...... (§ 57). — Die Front des Tempels mit Schilden auszustatten ist aus dem urartäischen Tempelbau bekannt, MAURITS NANNING VAN LOON, *Urartian Art*, 1966, Fig. 5 b, p. 44, assyr. Relief, den Ḥaldi-Tempel zu Ardini Musasir darstellend. Bei Untersuchungen in der urartäischen Stadt Toprakkale bei Van (1959-1961) bracht die Grabung am Ḥaldi-Tempel einen bronzenen Schild zutage (*AA*, 1962, 283-414, Abb. 13-14, S. 400-401, ARIF ERZEN), Auch die Schilde am Jerusalemer Tempel werden aus Bronze und vergoldet gewesen sein. An direkten urartäischen Einfluss ist natürlich nicht zu denken; es wird sich um Einwirkung aus Persien handeln.

[120] Auf den Leuchter werden wir Kap. XIII eingehend zu sprechen kommen.

[121] BICKERMAN, *Der Gott der Makkabäer*, 1937, 84; S. STEIN, *The Liturgy of Hanukkah and the first Two books of Maccabees*, *JJS*, 1954, 100-106 und 148-155; SOLOMON ZEITLIN, *Hanukkah. Its Origin and its Signification*, *JQR*, XXIX, 1938-1939, 1-36; JULIAN MORGENSTERN, *The Chanukkah Festival and the Calender of ancient Israel*, *HUCA*, XX, 1947, 1-136. Das Hanukkah Fest ist älter als die Neuweihe des Tempels am 25. Kislew 165 v. Chr.: „it must have had antecedents as a Jewish folkfestival, and a folk-festival of wide observance, which must necessarily have reached back to ancient times in Israel" (MORGENSTERN, p. 8/9). Vgl. B. D. EERDMANS, in *OTS*, IV, 1947, 73 f.; die Rabbinen haben später behauptet, das Fest sei auf dem Tag der Neuweihe eingestellt worden (EERDMANS, p. 74). — Ein ähnliches „Festival of Lights took place at the dedication of the Temple of Baal at Ugarit not later than 1600 B.C." (E. C. B. MACLAUREN, *The Origin of the Hebrew sacrificial system*, 1948, 23).

Hand gegen Philippos zu haben, gewährte Lysias den Juden das, „worum bisher gekämpft worden war: die freie Ausübung ihrer Religion" (E. Schürer, *Geschichte des jüdischen Volkes*, I⁵, 1920, 214; II. Makk. XI, 22 f.). Lysias hatte aber die Mauern Jerusalems und des Tempelberges wieder schleifen lassen. „Die Unterwerfung der Juden war wiederhergestellt, aber mit Erreichung des Zieles, um dessentwillen sie fünf Jahre zuvor sich gegen die syrische Herrschaft erhoben hatten" (Schürer, *l.c.*). Diesen günstigen Erfolg verdankten die Juden doch hauptsächlich den Streitigkeiten im Lager der Seleukiden um die Herrschaft, wodurch übrigens auch später die Sache der um ihre Freiheit kämpfenden Juden begünstigt worden ist. Der von Judas Makkabäus angefangene Religionskrieg wurde nämlich bald ein Krieg um die nationale Selbständigkeit Judäas, in dem die Juden überdies die moralische Unterstützung der Römer, denen die Schwächung des Seleukidenreiches nur willkommen sein konnte, gehabt haben. I. Makk. VIII, 22 f. hören wir vom Bündniss zwischen Rom und den Juden unter Judas Makkabäus; I. Makk. XIV, 24 ff. von der Erneuerung des Bündnisses unter Simon, Bruder und Nachfolger des Judas [122].

Wenn auch der Hauptführer der hellenistisch-jüdischen Partei, der Hohepriester Menelaos, auf Befehl des Antiochos V. Eupator hingerichtet wurde (II. Mak. XIII, 3 ff.), war damit die Rolle dieser Partei doch noch nicht ausgespielt. Demetrius I., Nachfolger des Antiochos V. Eupator, wohl beeinflusst durch die Partei der Reform-Juden, die möglicherweise nach der Niederlage der Juden bei Beth-Sacharja die baldige Auflösung der reaktionären Partei erwartet hatten, benannte einen Anhänger der griechenfreundlichen Partei, Alkimus, zum Hohenpriester (I. Makk. VII, 9; II. XIV, 13). Ein syrisches Heer unter Führung des Bacchides wurde nach Judäa gesandt, um die Ernennung nötigenfalls mit Gewalt durchzusetzen (I. Makk. VII, 5-9). Für den Bestand des Tempels ist Alkimus' Ernennung interessant, denn dieser hellenistisch gesinnte Hohepriester hatte offenbar, wie vormals Antiochos IV. Epiphanes, dem jüdischen Heiligtum seinen exklusiv jüdischen Charakter nehmen wollen. Nach I. Makk. IX, 54 gebot er, die Mauer des Innenhofes (τὸ τεῖχος τῆς αὐλῆς τῶν ἁγίων ἐσωτέρας) niederzureissen (vgl. Josephus, *Antiq.* XII, 10, 6 § 413). Dies kann nur bedeuten, dass er das Heiligtum wieder nach Art einer griechischen temenos-Anlage habe umbilden wollen, wie die Anlage zur Zeit des Antiochos IV. Epiphanes. Er hat die Grenze zwischen Innenhof und Aussenhof beseitigen wollen,

[122] Siehe hierüber Thomas Fischer, *Zu den Beziehungen zwischen Rom und den Juden im 2. Jahrh. v. Chr.*, ZAW, 86, 1974, 90-93; S. 92 Anm. die neuere Lit. Dazu: D. Tempe, *Der römische Vertrag mit den Juden von 161 v. Chr.*, Chiron 4, 1974, 133-152, bei Thomas Fischer, ZDPV, 91, 1975, 47, Anm. 5. — Der Senat „unterstützt die abtrünnigen Rebellenführer im Seleukidenreich mit allen ihm zur Verfügung stehenden Mitteln, die ihn selbst nichts kosten... Denn materielle Hilfe erhält Judas nicht, der 160 v. Chr. in der Schlacht bei Elasa fällt" (Fischer, ZAW, 86, 1974, S. 92) — Wolf Wirgen, *Simon Maccabaeus' Embassy to Rome. Its purpose and Outcome*, PEQ, 1974, 141-146.

um dadurch den Heiden Zutritt zum Altarhof zu geben (vgl. E. Schürer, *Geschichte des jüdischen Volkes*, I⁵, 1920, 225, Anm. 6). Nach I. Makk. IX, 54-55 ist Alkimus' Vorhaben zufolge seines Todes nicht ganz ausgeführt worden.

Demetrius' gewaltsames Auftreten bei der Ernennung des hellenistisch gesinnten Alkimus zum Hohenpriester hatte für die Geschichte Judäas wichtige Folgen. Der Makkabäerkrieg, als Religionskrieg angefangen, wurde zu einem Krieg um die politische Selbständigkeit Judäas. Als Judas Makkabäus 160 v. Chr. in der Schlacht bei Elasa gegen Bacchides gefallen war, wurde der Krieg von seinen Brüdern, erst Jonathan, dann Simon, fortgesetzt. Wie schon bemerkt, hatten die Juden die moralische Hilfe der Römer erhalten. Der Senat hatte die Juden als befreundete selbständige Nation anerkannt, „so wenig beliebt auch das Volk in Rom war" [123]. Jonathan, Judas' Nachfolger, der den Streit um die Herrschaft zwischen den Seleukiden Alexander Ballas und Demetrius I. geschickt ausgenutzt hatte, wurde von Alexander Ballas 152 v. Chr. zum Hohenpriester ernannt [124], 150 v. Chr. zum Strategen und Mediarus. „Auf diese Weise zwischen den Parteien lavierend ... vermochte Jonathan und nach dessen Tode sein Bruder Simon den Makkabäerstaat zu gründen" (E. Bickermann, *Der Gott der Makkabäer*, 1937, 87). Jonathan hatte Besitz von Jerusalem ergriffen und Stadt und Tempelberg wieder befestigt [125]. „Die griechische Partei war von der Regierung in Judäa verdrängt und ist nie wieder zu derselben gelangt" (Schürer, *Geschichte*, I⁵, 1920, 229). 142 v. Chr. wurde Simon von Demetrius II. als selbständiger Fürstan erkannt (I. Makk. XIII, 41) und seit diesem Jahre prägten die Makkabäer jüdische Münzen und rechnete man nach Jahren des Hohenpriesters Simon (I. Makk. XIII, 42). 141 v. Chr. hatte Simon die

---

[123] Ernst Kornemann, *Weltgesch. des Mittelmeer-Raumes*, I, 1948, 327.

[124] Jonathan wird von der Mehrzahl der Gelehrten für den Frevelpriester der Qumranschriften gehalten, zuerst von G. Vermes; darüber handelt Kap. XVI: Heiligtum der jüdischen Nation, B: *Die Qumrangemeinde*.

[125] I. Makk. X, 10 f., XII, 35 f. — Ein Teil der Stadtmauer am Kidron war eingestürzt. Die Bedeutung des Wortes *Chaphenatha* (I. Makk. XII, 37) war ganz unbekannt (Kautzsch, *Apokryphen*, I, 71, Anm. c). Nach Simons ist Dalman's Deutung dieses *hapax legomenon* als „the double one" die am meisten annehmbare (*Jerusalem in the Old Testament*, 1952, 155; Dalman, *PJ*, XIV, 1918, 64). Es handelt sich, meint Simons, nicht sosehr um eine besondere Mauer als um ein „city quarter protected by such a wall" (p. 156). Ähnlich urteilt F. M. Abel: „on reconstruisit le pan du mur qui s'était effondré au-dessus du Cédron et l'on rendit de nouveau habitable le quartier nord de la ville connu sous le nom „Câphêltha", griech. Câphenatha „Duplication" (*Histoire de la Palestine*, I, 1952, 188). Der Name Caphenatha „is a fairly exact counterpart of „the *Mishneh*" (Simons, p. 156) und *ham-mišneh*, „die zweite (Stadt)" lässt sich auch als „the double (city)" deuten (*id.*, 156, n. 2). Über die Mishneh siehe Bd. I, 1970, 100 ff. und Abb. 29, S. 100. — Jonathan errichtete auch eine hohe Mauer zwischen der Burg (ἄκρα) und der Stadt, „um sie von der Stadt zu trennen, damit sie gänzlich abgesperrt sei, so dass sie weder Kaufen noch Verkaufen konnten" (I. Makk. XII, 36; Kautzsch, z.St.). Nach dem Bericht des Josephus errichtete Jonathan diese Mauer in der Mitte der Stadt (*Antiq.* XIII § 182: καὶ μέσον τῆς πόλεως). Diese Mauer muss u.E. am westlichen Fuss der S.O. Hügels gelegen haben.

Akra eingenommen. Auffällig heisst es I. Makk. XIV, 38, Demetrius habe den Simon als Hohenpriester bestätigt, was doch noch eine gewisse Abhängigkeit voraussetzte. Auch Simon und das jüdische Volk haben dies wohl so verstanden sich dieser Sachlage aber nicht gefügt. In einer Versammlung von Volk, Priestern, Fürsten und Ältesten des Landes wurde Simon zum erblichen Hohenpriester und Kriegsobersten des Volkes ernannt (I. Makk. XIV, 28 ff., besonders 41). „Es wurde damit eine neue hohepriesterliche und fürstliche Dynastie, die der Hasmonäer begründet" (SCHÜRER, o.c., 249). Ohne Opposition von der Seite der Konservativen ist dies offenbar nicht geschehen. Simon war wohl priesterlichen Abkunft, aber nicht aus dem Geschlecht Aarons und nur dies konnte das Hohepriesteramt bekleiden. Aus dem Volksbeschluss spricht offenbar die Stimme der Konservativen, denn es heisst, Simon sei auf immer, „bis ein zuverlässiger Prophet erstehe", zum Hohenpriester und Kriegsobersten ernannt worden (I. Makk. XIV, 41). Dadurch sollte, wie KURT SCHUBERT bemerkt, die Opposition der Konservativen beschwichtigt werden [126]. Wenn SCHUBERT nun sagt: „In Qumran wurden dann die Nachfolger des Simon schlechthin als Frevelpriester bezeichnet ..." (l.c.), ist dies ungenau. Mit dem Frevelpriester ist doch ein bestimmter Hoherpriester gemeint [127].

Die Staatsakt der Ernennung Simons fand statt an einer *saramel* genannte Stätte (I. Makk. XIV, 27). Das rätselhafte Wort ist, wie ABRAHAM SCHALIT betont, „auf verschiedene, zum Teil recht phantasievolle Weise erklärt worden" [128]. Es scheint uns, dass die von SCHALIT vorgeschlagene Deutung die richtige sein muss. Das Wort (ἐν σαραμὲλ) muss in deser Text ἐν ἀσαρᾷ μεγάλῃ gelautet haben (SCHALIT, o.c., 784). Die Versammlung hat stattgefunden in dem grossen Hof, d.h. im Aussenhof des Heiligtums. SCHALIT bezeichnet ihn merkwürdigerweise als „Tempelhalle". S. 784 heisst es: „Tempelhalle, richtiger der Tempelhof ...". Wenn der Aussenhof auch zweifellos Hallen hatte, so kann eine Volksversammlung doch nur auf dem Aussenhof selbst stattgefunden haben. Dort ist wohl auch die auf ehernen Tafeln geschriebene Urkunde aufgestellt worden. Es heisst: ἐν περιβόλῳ τῶν ἁγίων ἐν τόπῳ ἐπισήμῳ (I. Makk. XIV, 48), KAUTZSCH überträgt dies mit: „an der Mauer des Heiligtums an einem [allen] sichtbaren Ort" (*Die Apokryphen*, I, 77, z.St.), sagt dann aber: „Möglich wäre auch „im Umgang um das H." oder „im Vorhofe des H." (l.c., Anm. a). ἐν περιβόλῳ dürfte u.E. mit „im Aussenhof" zu übertragen sein. Die ehernen Tafeln könnten auf in den Interkolumnien der Säulenhalle aufgestellten (I. Makk. XIV, 26) Stelen gestanden haben.

[126] *Die Kultur der Juden*, I, 1970, 175.
[127] Er war der Gegner des Lehrers der Gerechtigkeit. Darüber Kap. XVI. Absch. B: Die Qumrangemeinde.
[128] *König Herodes*, 1969, 781 ff., Anhang XIV; dort Beispiele; vgl. KAUTZSCH, *Apokryphen*, I, 75, Anm. g.

D — PERIODE DER HASMONÄER
(ca. 140 - bis Herodes)

Nach I. Makk. XIV, 37 hat Simon die Mauern Jerusalems erhöht [129], er hat das Heiligtum herrlich gemacht (τὰ ἅγια ἐδόξασεν, I. Makk. XIV, 15), den Tempelberg verstärkt (I. Makk. XIII, 53) und die Geräte des Heiligtums vermehrt (I. Makk. XIV, 15). Aus Josephus' Beschreibung des von Simon auf dem Grabe seines Vaters und seiner Brüder in Modein aus glatt behauenen Steinen errichteten Grabdenkmals, das mit grossen monolithen Säulen umgeben war und pyramiden- oder obeliskenförmige Aufsätze hatte, wissen wir, dass es dem Simon an Bausinn nicht gefehlt hat [130]. Vielleicht dürfen wir die doppelte Säulenhalle im Innenhof (an dessen Ostmauer) über die Josephus berichtet (*Antiq.* XV, 11, 3 § 401), dem Simon zuschreiben. Der hellenistisch gesinnte Hogepriester Alkimus hatte, wie wir oben sahen, die innere Umfriedung des Heiligtums abbrechen wollen; mit der Errichtung dieser Halle hätte Simon dann betonen wollen, dass die innere Einfriedung unbedingt zum jüdischen Heiligtum gehört: die Heiden durften den Innenhof nicht betreten. Simon könnte weiter auch Bauarbeiten an den Hallen des Aussenhofes verrichtet haben. Dass in den Makkabäerbüchern die Säulenhallen nicht erwähnt werden, darf nicht befremden. Es war ein griechisches Bauelement und die Verfasser der Makkabäerbücher werden die Säulenhallen am Tempelhof, wie später der Verfasser des Mischna-Traktats Middot [131], als ein heidnisches Element abgelehnt haben.

Daten über den Bestand des Tempels unter der Regierung des Johannus Hyrkanus I. (135-104 v. Chr.), des Sohnes und Nachfolgers des Simon, fehlen fast ganz. Sein politischer Nebenbuhler, bzw. Oberherr, war Antiochos VII. Sidetes (139-129 v. Chr.), der letzte „strong man of his line" (W. TARN, *Hellenistic Civilisation*, 1953, 36). Schon unter Simon war Sidetes darauf bedacht gewesen, Judäa's politische Selbständigkeit zu bändigen; 134 v. Chr. belagerte er Jerusalem und verlangte ausser einem Tribut von 500 Talenten Silber und der Lieferung von Geiseln, dass man den Mauerrand mit den Zinnen abbreche (*Antiq.* XIII, 8, 3 § 247: καθεῖλεν δὲ καὶ τὴν στεφάνην τῆς πόλεως). Hyrkan hatte dann später die Mauer wieder instand gesetzt.

---

[129] I. Makk. XII, 36 wird dies auch von Jonathan berichtet.

[130] Josephus, *Antiq.* XIII, 6, 6 § 211-212; I. Makk. XIII, 27-29. — CARL WATZINGER, *Denkmäler Palästinas*, II, 1935, 22. — Nach HANS BURGMANN hatte Simon die Reichtümer seiner innenpolitischen Feinde konfisziert („*The wicked Woman*": *Der Makkabäer Simon?*, *RQ*, Nr. 31, Tome 8, Fasc. 3, 1974, 352 f.). „Nach Ansicht der Frommen im Volke ist dieser Hochpriester nicht der im makkabäischen Preislied gerühmte Friedenfürst (1. Makk. 14, 11. 15), vielmehr ein Frevler, der seinem Volke unermessbaren Schaden zufügte" (*id.*, S. 358).

[131] Siehe Kap. XVIII: Der Tempel nach dem Traktat Middot.

Sidetes zwang aber 130 v. Chr. den Hyrkan, mit seinem Heer und einem Kontingent jüdischer Söldner über den Euphrat gegen die Parther zu ziehen, eine Expedition, welche misslang und in der Sidetes getötet wurde. Damit hatte Hyrkan die Hände frei zur Gründung dessen, was GUSTAV HÖLSCHER einen „Raubstaat" meinte nennen zu dürfen [132]. F. M. ABEL urteilt über Hyrkan's Auftreten wie folgt: Als Erbe der von Simon betriebenen Politik hatte Hyrkanus ambitiöse Pläne. „Cette politique, le moment était venu de l'élargir. Il ne s'agissait plus de combattre les apostats bien diminuées depuis la chute de l'Acra, il s'agissait de se venger des peuples qui leur avaient prêté mainforte, d'anéatir ou de subjuger les ennemis héréditaires d'Israel toujours prêts à seconder les rois païens dans leurs entreprises contre les sectateurs de la loi de Moïse, de faire de la Terre Sainte un pays de circoncis groupé autour du Mont-Sion, le sanctuaire unique" (*Histoire de la Palestine*, I, 1952, 211). Tatsache ist, dass Hyrkan bald nach des Antiochos' Tode einen Feldzug gegen die Städte Syriens unternahm, den Tempel auf dem Garizim zerstörte, Adora und Marissa eroberte, auch die Idumäer unterwarf und ihnen die Beschneidung gebot (*Antiq.* XII, 9, 1 §§ 254-258). Auch hat er Samaria belagert, eingenommen und von Grund aus zerstört (*Antiq.* XIII, 10, 3 § 280-281). Den Makkabäerstaat einen Raubstaat zu nennen (HÖLSCHER), oder die Kriegzüge eines Hyrkan als Racheakte zu betrachten (ABEL) ist ungerecht. Die Sicherung der politischen Selbständigkeit und die gegen feindliche Unternehmungen gegen den jüdischen Staat erforderte eine Expansionspolitik. Daraus sind zum Teil die von den hasmonäischen Fürsten an verschiedenen Orten errichteten Burgen zu erklären [133]. TARN hat Hyrkanus' Regierung „The golden age" der hasmonäischen Dynastie genannt (*Hellenistic Civilisation*, 1953, 235)

[132] *Palästina in der persischen und hellenistischen Zeit*, 1902, 20.

[133] Es sind im allgemeinen militärische Stützpunkte gewesen. Sie sollten aber auch den Ruhm des eigenen Namens fortleben lassen. „Die Vorliebe der hellenistischen Herrscher, in Form von Befestigungen, Stadtgründungen, königlichen Residenzen usw. dem Hellenismus das weite Feld des Orients zu erschliessen und dabei zugleich für den Ruhm des eigenen Namens Sorge zu tragen, hatte auch die hasmonäischen Herrscher ergriffen..." (OTTO PLÖGER, *Die Makkabäischen Burgen*, *ZDPV*, 71, 1955, 141-172, S. 141). Herodes hatte die von den Makkabäern erbauten Burgen, obwohl sie im allgemeinen ihre Bedeutung als Festung verloren hatten, übernommen. Die von Hyrkan gegründete Burg Hyrkania (*Ḥirbeth Mira*, ABEL, *Geographie Pal.*, II, 350) hatte er prächtig ausgestaltet; sie diente ihm aber im Grunde als ein innenpolitisches Gefängnis (PLÖGER, S. 155). Das Alexandreion (*Qarn Sartabe*, ABEL, II, 241) ist nach dem überlieferten Namen zu urteilen von Alexander Jannäus errichtet worden, wiewohl Josephus ihn nicht als Bauherrn nennt (PLÖGER, S. 144/145). An der Stätte der Burg Machärus (*Bell. Jud.* VII, 6, 1 § 163 f.; *el-Meschnequh*, bei *el-Mekâwer*, ABEL, II, 371) hatte nach Josephus (§ 171) Alexander Jannäus schon eine Festung angelegt, „vermutlich schon jetzt als Stützpunkt gegen die Nabatäer, wenn auch dieser Grund erst für die Zeit des Herodes besonders erwähnt wird" (PLÖGER, S. 153, vgl. S. 166 f.). Auch in Masada (durch die neueren Ausgrabungen unter der Leitung von Y. YADIN gut bekannt geworden) hatte Alexander Jannäus schon eine Festung, die er Masada nannte, gebaut (*Bell. Jud.* VII, 8, 3 § 285; der genannte Hohepriester Jonathan dürfte Alex. Jannäus sein, vgl. SCHALIT, *König Herodes*, 1969, 344; freilich ist u.E. Jonathan, Judas' Bruder, nicht ganz auszuschliessen, siehe I. Makk. XII, 35).

und richtig sagt TCHERIKOVER, Johannes Hyrkanus hatte den Grund gelegt für die jüdische Oberherrschaft in Palästina (*Hellenistic Civilization*, 1959, 241). Der Verfasser des Testaments der Zwölf Patriarchen, „the chief monument of Hyrcanus' reign" (W. TARN, *o.c.*, 236) hat in Hyrkan, Prophet, Priester und Kön g (vgl. Josephus, *Antiq.* XIII, 10, 7 § 299) die Realisierung der messianischen Erwartung gesehen (TARN, *l.c.*).

Ganz anders urteilten die Pharizäer über Hyrkan. Sie verlangten von ihm, dass er das Hohepriestertum ablege und sich damit begnüge, die zweite Macht auszuüben. Die Folge war, dass Hyrkan zu der Partei der Sadduzäer überging (er war ein Schüler der Pharisäer gewesen), und dann ein Aufstand der Pharisäer, der freilich niedergeschlagen wurde (*Antiq.* XIII, 10, 5 §§ 288-298). „Je mehr die politischen Interessen bei ihm in den Vordergrund traten, um so mehr traten die religiösen zurück. In demselben Masse aber musste Hyrkan sich den Pharisäern entfremden und den Sadducäern näher kommen" (SCHÜRER, *Geschichte*, I⁵, 1920, 271).

Der Bericht über die Belagerung und Zerstörung Samaria's enthält die interessante Notiz, dass Hyrkan, als er allein in dem Tempel ein Rauchopfer darbrachte, eine Stimme vernommen habe soll, die ihm verkündigte, Antiochos IX. Kysikenos sei soeben von Hyrkan's Söhnen besiegt worden (*Antiq.* XIII, 10, 3 § 282). Hier spricht der Glaube vom Wohnen der Gottheit im Tempel worüber wir Band I, 637 f. gehandelt haben.

Wichtiger für den Bestand des Tempels in dieser Periode ist eine Notiz über Alexander Jannäus (103-76 v. Chr.), Sohn und zweiter Nachfolger des Hyrkanus (Aristobul I., Sohn und Nachfolger des Hyrkan hatte nur ein Jahr regiert; 104-103 v. Chr.). Wie sein Vater war Alexander Jannäus ein Anhänger der Sadduzäer, die Pharisäer hatten aber den grössten Anhang beim Volk. Sie galten als die Frommen schlechthin. Die hasmonäischen Fürsten waren für sie illegitime Herrscher — das Königtum gehörte dem Hause Davids — und auch das Hohepriestertum kam ihnen nicht zu, denn sie waren nicht aus dem Geschlecht Zadoks. Was ABRAHAM SCHALIT hinsichtlich des Standpunkts der Pharisäer gegenüber der Herrschaft des Herodes sagt, gilt auch für die Zeit der Hasmonäer. „Das Bedrohliche an diesem pharisäischen Argument lag darin, dass es dem herodianischen Reiche die göttliche Hilfe entzog. Und das galt in den Augen des jüdischen Volkes als ungeheure Gefahr" (*König Herodes*, 1969, 471). Das Volk erhob sich gegen Alexander Jannäus „und bewarf ihn während einer Festfeier, als er am Altar stand und opfern wollte, mit Citronen" [134]. „Auch schmähten sie ihn, er sei der Sohn einer Gefangenen und des Hohenpriestertums wie die Ehre, Opfer darzubringen, nicht wert" (§ 372/73). Der König — Alexander Jannäus hatte als erster Hasmonäer den Königstitel angenommen [135] — liess sechstausend Juden niedermetzeln [136]. „Dann liess er rings um den Altar und den Tempel eine Holzwand (δρύφακτον δὲ ξύλινον, § 373) errichten bis an den Raum, den nur die Priester betreten durften, und verwehrte so dem Volke den Zutritt (*id.*). Ein Streifen um Altar und Tempelgebäude war offenbar nur den Priestern zugänglich. Dieser für die Priester reservierte Teil war im herodianischen Tempel und wohl auch im zweiten Tempel durch ein niedriges Gitter (*thrinkos*) vom den Laien zugänglichen Teil abgetrennt. Statt dessen errichtete Alexander Jannäus hier nun hohe hölzerne Scheidewände [137]. Wir schliessen daraus, dass der Innenhof des Heiligtums auch damals, wie schon im 4. Jahrhundert v. Chr., ungeteilt war, d.h. dass ein Vorhof (nicht zu verwechseln mit dem Aussenhof) fehlte. Hätte es einen Vorhof gegeben, der König hätte den Juden den Zugang zum Altarhof durch Verschliessen des Tores zwischen Vorhof und Altarhof verwehren können.

Unter Alexander Jannäus (103-76 v. Chr.) hatte der jüdische Staat wieder den Umfang des alten davidisch/salomonischen Reiches erreicht. Ob der Herrscher dieses Grossreiches sich um die Verschönerung des Tempels gekümmert hat, lässt sich nicht sagen [138]. Da er zweifellos über grosse Reichtümer verfügte, König und

---

[134] Josephus, *Antiq.* XIII, 13, 5 § 372. Das war am Laubhüttenfest. Nach alten Brauch wurde dann Wasser auf den Altar ausgegossen. Alexander Jannäus, der als Sadduzäer, anders als die Pharisäer, diesem Brauch keinen Wert zuerkannte, goss das Wasser nicht auf den Altar, sondern auf seine Füsse. „Das Volk befürchtete, wegen dieser boshaften Handlung könnte der Regen ausbleiben und bewarf den König daher mit Etrogim. Wahrscheinlich wollte der Sadduzäer Alexander Jannai sein Missfallen über die Wasserlibation zum Ausdruck bringen, weil er meinte, diese könnte an Bedeutung beim Volke den Jom Kippur [den Versöhnungstag] verdrängen, an dem Alexander als Hoherpriester die Hauptrolle spielte. Dazu kommt, dass das Wasseropfer im A.T. gar nicht erwähnt wird; es galt den Sadduzäern nicht als verbindlich" (E. L. EHRLICH, *Die Kultsymbolik im alten Testament und im nachbibl. Judentum*, 1959, 57, Anm. 151). Der Ethrog gehörte zur Festausrüstung am Laubhüttenfest. — Josephus erwähnt den Grund nicht. Er ist bekannt aus dem Talmud (*Suk* 48 *b*, EHRLICH; auch DERENBOURG, *Essai*, 1867, 48). — Über das Wasseropfer siehe M. DELCOR, *Rites pour l'obtention de la pluie à Jérusalem et dans le Proche-Orient, RHR*, CLXXVIII, 1970, 117-132. „L'Ancien Testament est apparemment muet sur les rites que l'on pratiquait au temple de Jérusalem en vue d'obtenir la pluie" (p. 120).

[135] SCHALIT, *König Herodes*, 1969, 743; SCHÜRER, WELLHAUSEN, NOTH meinten Josephus folgend, Aristobul. ED. MEYER: Alexander Jannäus. „In der Tat hat E. MEYER wie so oft auch hierin richtig gesehen" (*ibid.*). E. MEYER folgte Strabo.

[136] Über den Streit zwischen Alexander Jannäus und den Pharisäern siehe C. RABIN, *Alexander Jannaeus and the Pharisees, JJS*, VII, 1956, 4-11. E. SCHÜRER hatte aus rabbin. Erzählungen über den Streit erschlossen, dass es „mehr kindische Neckereien als ernsthafte Kämpfe" gewesen sind (p. 9). „If we accept the Midrash's version of the relations between the king and the Pharisees, it becomes a great deal easier to understand the Pharisee rise to power under Jannaeus' widow, Salome Alexandra…" (*ibid.*). RABIN meint: „we cannot identify the group which led the rebellion against Jannaeus" (p. 10).

[137] „um jeden etwa möglichen Überfall des Volkes zu verhindern" (EWALD, *Gesch. des Volkes Israel*, IV², 1852, 438).

[138] Die von Jannäus errichteten Burgen Alexandreion und Machärus „sind ingesamt ein Zeugnis

Hohepriester war, dabei siebenundzwanzig Jahre regiert hat, erhebt sich die Frage, warum dieser Herrscher nicht, wie später König Herodes, das alte jüdische Heiligtum durch einen Neubau ersetzt habe. Schwerlich lässt sich dies ausschliesslich daraus erklären, dass er sich mehr um die Ausbreitung seines Reiches als um den Dienst am Altar kümmerte. Die Sache ist, dass Alexander Jannäus nicht nur, wie Herodes, König war, er war auch Hoherpriester. Für Alexander galt, anders als für Herodes, das Band mit der Vergangenheit. Sein Hohespriestertum war mit diesem Tempel, wo sein Grossvater Simon vom Volke zum erblichen Hohenpriester und Kriegsobersten des Volkes ernannt worden war, verknüpft. Hätte er den Tempel niederreissen lassen, um ihn durch einen Neubau zu ersetzen, wäre das Band mit der Vergangenheit zerbrochen.

Das hasmonäische Grossreich hat bekanntlich keinen langen Bestand gehabt. Schuld daran waren zum grössten Teil die Streitigkeiten in der königlichen Familie. Nach Alexanders Tode· wurde nicht sein thronberechtigter Sohn Hyrkan II. zum König ernannt, sondern Alexanders Frau Salome Alexandra (76-67 v. Chr.) wurde Königin. Nach der von Alexander Jannäus auf seinem Totenbett erhaltenen Anweisung versprach Alexandra den Pharisäern, nichts ohne ihren Zustimmung tun zu wollen (*Antiq.* XIII, 15, 5 § 400 f.; 16, 1 § 405; 16, 2 § 408)[139]. Drei Münzen des Alexander Jannäus haben die Inschrift in der aramäischen Schrift und Sprache, vielleicht ein Anzeichen dafür, dass er am Ende seines Lebens sich mit seinem Volke versöhnen wollte[140]. Beim Volk war weder das Althebräische, noch das Griechische in Gebrauch (*ibid.*).

Salome Alexandra ernannte Hyrkanus II. zum Hohenpriester (*Antiq.* XIII, 16, 2 § 408). Als dann Aristobul II., Hyrkan's jüngerer Bruder, noch während Salome Alexandra's Leben sich der Herrschaft bemächtigt hatte, entstand der Bruderkrieg, welcher schliesslich zum Verluste der politischen Selbständigkeit des Hasmonäerstaates führte. In der Schlacht bei Jericho wurde Hyrkan's Heer geschlagen; nachher schlossen die Brüder in Jerusalem eine Übereinkunft, nach der Aristobul König und Hyrkan als Privatmann weiter leben sollte (*Antiq.* XIV, 1, 2 § 6). Dass die Verabredung zwischen den Brüdern keine Dauer hatte, kam durch das Auftreten des

---

für die Selbsteinschätzung dieses Regenten, der sich durchaus als ein hellenistischer Herrscher jüdischer Herkunft betrachtete; er judaisierte kräftig und zerstörte, was sich ihm in den Weg stellte, aber nicht als Jude, der dem jüdischen Glauben und Gesetz zum Siege verhelfen, sondern seinem Territorium den Stempel seiner Autokratie aufprägen wollte und darum mit den strenggläubigen Juden in stetem Kampf lebte" (Otto Plöger, *ZDPV*, 71, 1955, 167). — Die Sadduzäer sahen in Jannäus ihr Ideal „who, by his military genius, had placed the judaean state on a firm foundation. They approved his policy of conquest to add more territory to Judaea for they were strongly nationalistic" (S. Zeitlin, *The Pharisees, JQR*, 52, 1961, 97-129, p. 125).

[139] Siehe oben Anm. 136.

[140] J. Naveh, *Dated Coins of Alexander Jannaeus, IEJ*, 18, 1968, 20-25, p. 25.

Antipater, des Vaters des Herodes des Grossen. Antipater war der Gouverneur des von Johannes Hyrkan eroberten Idumäa. Es war dem Antipater gelungen, sich des Hyrkan's Freundschaft zu erwerben und auf Vorschlag des Antipater floh Hyrkan, der doch der Verabredung mit seinem Bruder nach nur als Privatmann leben sollte, nach Petra zu Aretas III., dem König der Nabatäer (*Antiq.* XIV, 1, 4 § 14 ff.; *Bell. Jud.* I, 6, 2 § 124 f.). Als dann Aretas III. mit seinem Heer Aristobul zu Felde besiegt hatte, floh Aristobul nach Jerusalem, wo nun der Tempelberg durch Aretas belagert wurde (*Antiq.* XIV, 2, 1 § 19 f.). Die Belagerung führte nicht zur Einnahme des Tempelberges; ohne Belagerungstürme oder Wälle war der Tempelberg auch nicht einzunehmen. Dass Aretas von Jerusalem abzog, war aber die Folge des von dem Römer Scaurus, der von Damaskus nach Judäa gekommen war, an Aretas ergangenen Befehls abzuziehen, wenn er nicht zu einem Feind der Römer erklärt werden wolle (*Antiq.* XIV, 2, 3 § 32); *Bell. Jud.* I, 6, 3 § 128. Scaurus war von Pompeius, der in Armenien Krieg gegen Tigranes führte, nach Syrien gesandt worden. Als er dann von Damaskus nach Judäa gekommen war, kamen Gesandte sowohl von Aristobul als von Hyrkan zu ihm, die ihn um Hilfe baten (*Antiq.* XIV, 2, 3 § 29 f.; *Bell. Jud.* I, 6, 3 § 128). Scaurus schloss einen Vertrag mit Aristobul, „weil dieser sehr reich und freigebig war und weniger verlangte, während Hyrkanus arm und dabei geizig war und für seine unsichere Versprechungen viel mehr begehrte" (*Antiq.* XIV, 2, 3 § 30). Was beide begehrten, ist klar: Aristobul das Abziehen des Aretas vor Jerusalem, Hyrkan die Eroberung Jerusalems. Es war in der Tat leichter, Aretas durch eine Warnung zum Aufgeben der Belagerung zu zwingen, als Jerusalem einzunehmen! Scaurus hatte sich, wie aus Josephus' Bericht hervorgeht, ausschliesslich durch seine Gewinnsucht leiten lassen. Pompeius dachte über die Sache, wie wir bald sehen werden, anders.

Als Pompeius nach Beendigung des Krieges in Armenien selbst nach Damaskus kam, sandte Aristobul ihm als Geschenk einen goldenen Weinstock im Werte von fünfhundert Talenten [141]. Bald danach kamen abermals Gesandte zu ihm, Antipater für Hyrkan, Nikodemus für Aristobul (*id.* § 37). Dieser Nikodemus muss etweder ein sehr ungeschickter Diplomat, oder im Herzen ein Feind des Aristobul gewesen sein. Er klagte nämlich Gabinius und Scaurus bei Pompeius der Bestechlichkeit an (Aristobul hatte dem Scaurus vierhundert Talente geschenkt; *Antiq.* XIV, 2, 3 § 30; § 37 ist von 500 und 300 Talenten die Rede; *Bell. Jud.* I, 6, 3 § 128 von 300 Talenten).

---

[141] Josephus, *Antiq.* XIV, 3, 1 § 34. „Die nähere Kenntnis des goldenen Kunstwerkes verdankt Josephus dem ( ) Gewährsmann Strabo, den er deshalb wörtlich zitiert" (KURT GALLING, *Die* Τερπωλη *des Alexander Jannäus*, in *Festschrift Otto Eissfeldt*, 1958, 49-62). Bei Strabo heisst es εἴτε ἄμπελος εἴτε κῆπος (§ 35): „das sowohl einen Weinstock als einen Garten darstellte" (GALLING, S. 50). Strabo hatte das Kunstwerk im Tempel des kapitolinischen Zeus in Rom gesehen. GALLING versetzt die Terpole in die Reihe der Adonisgärten (S. 61).

„Hierdurch machte er ausser anderen auch noch diese beiden zu Aristobul's Feinden"
(*Antiq.* XIV, 3, 2 § 37). Ein Todfeind des Aristobul war Antipater, denn im Krieg
zwischen Aristobul und Aretas/Hyrkan war Antipater's Bruder Phallion, der auf
der Seite des Hyrkan stritt, gefallen (*Antiq.* XIV, 2, 3 § 33; *Bell. Jud.* I, 6, 3 § 130).
Antipater hatte übrigens den Aristobul, der Antipater's Zukunftpläne nur hätte
hemmen können gehasst, seit dieser auf den Thron gekommen war (*Bell. Jud.* I, 2
§ 123).

Die streitenden Parteien sollten beim Frühlingsanfang wiederkommen. Diesmal
erschienen Aristobul und Hyrkan selbst vor Pompeius (*Antiq.* XIV, 3, 2 § 41).
Auch Abgesandte des jüdischen Volkes kamen zu Pompeius und das Volk liess
vorbringen, es sei bei ihnen alte Sitte, nur den Priestern des von ihnen verehrten
Gottes zu gehorchen (*id.* § 41). Das heisst, sie lehnten das Königtum der Hasmonäer ab. Wie E. Bammel betont, entspricht dies auch der Bestreitung der Legitimität
der Hasmonäer, wie sie Diod. 40, 2 berichtet [142].

Wir dürfen u.E. annehmen, dass Pompeius schon damals den Beschluss gefasst
hatte, den Aristobul beiseite zu schieben. Dass er den Beschluss nicht sofort bekannt
machte, hatte seinen guten Grund. Pompeius beabsichtigte erst nach Arabien, nach
Petra, zu ziehen. Er sprach dem Aristobul freundlich zu, damit er das Volk nicht
zum Aufruhr aufhetze und ihm nicht den Durchgang (nach Arabien) versperre
(*Antiq.* XIV, 3, 3 § 46). Wir können H. Graetz nur beistimmen wenn er sagt:
„Mit geringem Scharfsinn konnte er [*sc.* Pompeius] wissen, dass sich Hyrkans
Schwäche, bevormundet von seines Ratgebers Intriguengeist, besser zu der Rolle
eines römischen Schützlings eignen würde, als Aristobuls tollkühner Mut ..." [143].
F. M. Abel ist offenbar ebenfalls dieser Meinung, wenn er Carcopino, *Histoire
romaine*, II, 580 zitiert: „Il [*sc.* Pompeius] pencha tout de suite en faveur d'Hyrcan,
qui était inoffensif, mais il ne laissa rien paraître de sa préférence et déclina toute
intervention sous prétexte qu'il avait l'urgent devoir de châtier le chef des pillards
Nabatéens, Arétas III, l'ethnarque de Pétra, en Transjordanie" [143]. Wir können
Abraham Schalit nicht beistimmen, wenn er sagt, hätte Aristobul „eine wirklichkeitsnahe Politik geführt, so hätte er nicht nur das Königtum des Hasmonäer-
hauses, sondern auch den Besitz des Hasmonäerstaates zum grössten Teil, wenn
nicht gar in vollem Umfang, retten können" (*König Herodes*, 1969, 19 ff., S. 21/22).
Wie hätte Aristobul eine wirklichkeitsnahe Politik führen können, da ihm schon in
Damaskus klar gewesen sein wird, dass nach dem Wunsch des Pompeius seine Rolle

---

[142] Die Neuordnung des Pompeius und das römisch-jüdische Bündnis (*ZDPV*, 75, 1959, 76-82.
S. 78, Anm. 12).
[143] *Gesch. der Juden*, III, 1⁵, 1905, 159.
[144] *Le siège de Jérusalem par Pompée, RB*, 54, 1947, 277.

als König ausgespielt war? Die Wahrscheinlichkeit spricht u.E. dafür, dass Aristobul sofort nach der Unterhaltung in Damaskus den Plan gefasst habe, es auf einen Krieg mit Rom ankommen zu lassen, was ihm wohl von vielen Seiten abgeraten wurde (*Antiq.* XIV, 4, 2 § 58; *Bell. Jud.* I, 7, 2 § 142), worüber aber Aristobul's Anhänger ähnlich dachten(*ibid.*). Wir halten es übrigens für wahrscheinlich, dass Pompeius selbst den Krieg als das beste Mittel angesehen habe, die von ihm erwünschte Ordnung im Lande zu schaffen. Musste doch auch die gewaltsame Einnahme des Tempelberges, des Bollwerkes von Jerusalem, den ruhmbegierigen Pompeius sehr ansprechen. Hyrkan's Anhänger hatten ihm wohl die Tore der Stadt geöffnet (*Antiq.* XIV, 4, 2 § 59; *Bell. Jud.* I, 7, 2 § 143), die Anhänger Aristobul's besetzten aber den Tempelberg, brachen die Brücke, welche den Tempel mit der Stadt verband, ab und „bereiteten sich auf eine Belagerung vor" (*id.* § 58; vgl. *Bell. Jud.* I, 7, 3 § 145). Pompeius lagerte sich an der Nordseite des Tempelberges, wo dieser am leichtesten einzunehmen war (*Antiq.* XIV, 4, 2 § 60; vgl. *Bell. Jud.* I, 7, 3 § 145). Die oberhalb einer tiefen Schlucht und Graben laufende Nordmauer hatte aber starke Türme und die Einnahme des Tempelberges war sicher keine leichte Sache. Der tiefe Graben wurde ausgefüllt, Wälle und Belagerungstürme wurden errichtet und mittels aus Tyrus geholten Belagerungs- und Schleudermaschinen gelang es im dritten Monat der Belagerung, den Tempelberg zu erobern. Der grösste der Mauertürme war unter den Schlägen der Belagerungsmaschinen gefallen und eine Bresche war in der Mauer geschlagen (*Antiq.* XIV, 4, 4 § 69; *Bell. Jud.* I, 7, 4 § 149)[145]. Während der Belagerung hatten die Priester nicht aufgehört, die täglichen Opfer zu vollbringen und auch nach der Einnahme des Bollwerkes, als sie die Feinde mit dem Schwert in der Hand auf sich zukommen sahen, verharrten viele Priester bei dem Gottesdienst; „beim Ausgiessen des Trankopfers wurden sie hingeschlachtet und bei der Darbringung des Räucherwerkes, und so achteten sie ihre Rettung geringer als den Gottesdienst" (*Bell. Jud.* I, 7, 5 § 150; Übers. O. Michel - O. Bauernfeind *Flavius Josephus, De Bello Judaico*, I, 1959, z.St.)[146]. Von den Juden kamen 12000 Mann ums Leben (*id.* § 151; vgl. *Antiq.* XIV, 4, 4 § 71).

---

[145] Graetz sagt: „Die Belagerung braucht nicht drei Monate gedauert zu haben, denn auch in einer kürzeren Zeit konnten die vervollkommneten römischen Belagerungsmachinen einen Turm der nördlichen Tempelseite erschüttern und eine Bresche machen" (*Gesch. der Juden*, III, 1⁵, 1905, 161, Anm. 1). Josephus sagt nicht, dass die Belagerung drei Monate gedauert habe, sondern, dass die Römer im dritten Monat der Belagerung ins Heiligtum eindrangen (*Bell. Jud.* I, 7, 4 § 149). Die Belagerung könnte also etwas mehr als zwei Monate gefordert haben. Graetz meint, περὶ τρίτον μῆνα (*Antiq.* XIV, 4, 3 § 66) sei als der dritte Monat des Jahres (von Nisan an gezählt) zu deuten (*o.c.*, 161, Anm. 1). *Bell. Jud.* I, 7, 4 § 149 heisst es aber τρίτῳ γὰρ μηνὶ τῆς πολιορκίας „Im dritten Monat der Belagerung" (siehe auch V, 9, 4 § 397); vgl. Schalit, *König Herodes*, 1969, 765.

[146] Vgl. *Bell. Jud.* II, 2, 5 § 30: Archelaos liess eine Menschenmenge innerhalb des Tempels nieder-

Es unterliegt nicht dem Zweifel, dass Pompeius der Einnahme Jerusalems grosses Gewicht für seinen Ruhm beigelegt hatte. Im Triumphzug in Rom — es war sein dritter — wurden unter den Gefangenen auch Aristobul und dessen Verwandte aufgeführt (*Antiq.* XIV, 4, 5 § 79; *Bell. Jud.* I, 7, 7 § 157-158; Plutarch, Pompeius § 45, wo freilich nur Aristobul genannt wird). Cicero hat den Pompeius „noster Hierosolymarius" genannt (ad. Att., II, 9), „thus seeming to attach great importance to the occupation of Jerusalem even among the splendid services of Pompey" (H. H. Millman, *History of the Jews*, I, ed. 1913, 398, n. 1). Ernest Renan meinte freilich: „Peut-être se mêla-t-il à cette transcription une pointe d'ironie" [147]. Eine gewaltlose Einnahme Jerusalems hätte für Pompeius' Ruhm keine Bedeutung gehabt. Hier ist weiter an die alte von Alexander dem Grossen und später von den Seleukiden gehegte Auffassung zu erinnern: Einwohner eroberter Städte bzw. Länder betrachteten sie als ihre Untertanen, „for they had acquired dominion over them by their victories, ‚by their spear'" [148]. So heisst es auch bei Tacitus, Pompeius habe nach dem Recht des Siegers den Tempel von Jerusalem betreten: templumque iure victoriae ingressus est. (*Hist.* V, 9). Wir können also Ernst Bammel nicht beistimmen, wenn er sagt, Pompeius mischte sich in einen Bürgerkrieg ein „und wurde im Verlauf der Aktion — durch die verschiedenen Geschenke verpflichtet — zu Opperationen genötigt, die ihm zunächst ferngelegen hatten" (*Die Neuordnung des Pompeius*, ZDPV, 75, 1959, 76-82, S. 77/78). Richtiger scheint uns, was Bammel weiter sagt: „Ein von Alexanderverehrung genährter hemmungsloser Drang, die Welt mit eigenen Händen zu ordnen, liess ihn im Vertrauen auf seine militärische Potenz alle Rücksichten auf Vertrag, Bündnis und den eigenen Senat beiseite schieben" [149]. Auch den von Scaurus mit Aristobul geschlossenen Vertrag hatte er für wertlos gehalten. Wir glauben annehmen zu müssen, dass Pompeius schon in Damaskus den Plan gehabt habe, Jerusalem mit Gewalt einzunehmen. Hätte er sich auf die Seite Aristobul's gestellt, es wäre nicht zu einer Belagerung des Tempelberges gekommen und die Einnahme Jerusalems hätte nichts zu seinem Ruhm beigetragen. Er hätte auch nicht das in aller Welt berühmte jüdische Heiligtum betreten können. Richtig sagt Abraham Schalit: „Es leuchtet ein, dass Pompeius auf seine Grosstat in Judäa, die Eroberung des weit und breit berühmten Tempels von Jerusalem, ins besondere aber auf das Betreten des Allerheiligsten — was selbst den Juden, mit Ausnahme des Hohenpriesters am Versöhnungstage, bei Todes-

---

metzeln; ein Teil wurde neben ihren Opfern hingeschlachtet. — Lukas, 13, 1: Pilatus habe das Blut von Galiläern mit dem Blut ihrer Opfer vermischt.

[147] *Histoire du Peuple d'Israel*, V, 150, n. 1.

[148] M. Rostovtzeff, *The Social and Economic History of the Hellenistic World*, I, 1941, 525.

[149] *l.c.* S. 78.

strafe verboten war! — sich nicht wenig zugute getan haben wird" (*König Herodes*, 1969, 748).

Dass Pompeius den Tempel betreten hat, darüber bestehen keine Meinungsver-schiedenheiten[150]. Anders steht es um den Bericht bei Josephus, dass Pompeius die Tempelschätze nicht angerührt habe. Es heisst: „Obwohl ihm der goldene Tisch, der heilige Leuchter, die Opferschalen, eine Menge Räucherwerk und aus-serdem im Tempelschatz gegen zweitausend Talente Gold zu Gesicht kamen, rührte er aus Frömmigkeit nichts davon an, sondern benahm sich, wie man von seiner Tugend erwarten konnte" (*Antiq.* XIV, 4, 4 § 72; vgl. *Bell. Jud.* I, 7, 6 § 153). Auch Cicero sagt, Pompeius habe die Schätze des Jerusalemer Tempel nicht an-gerührt (*Pro Flacco*, 67: *At Cn. Pompeius, captis Hierosolymis, victor ex illo fano nihil attigit*). Nach Dio Cassius hingegen soll Pompeius den ganzen Tempelschatz ge-plündert haben (XXXVII, 16: καὶ πάντα τὰ χρήματα διηρπάσθη). Die Gelehrten haben im allgemeinen den Bericht des Josephus (und Ciceros') für wahr, den des Dio für falsch gehalten[151]. ABRAHAM SCHALIT urteilt darüber nun anders. „Wir dürfen ruhig der Nachricht Dio's den Vorzug geben, weil sie ganz dem entspricht, was als einer der hervorstechendsten Züge des ganzen Ostfeldzuges des Pompeius zu erkennen ist: die Plünderung des Tempelschatzes von Jerusalem war nur die Fort-setzung der Erpressungen und Räubereien, die Pompeius im Verlaufe des Krieges im Orient unter dem Deckmantel von Kriegsentschädigungen und Zahlungen von Bussen für begangene „Verfehlungen" verübt hatte" (*König Herodes*, 1969, 678/79). Dio lebte aber etwa ein Jahrhundert nach Pompeius, Cicero in der Zeit des Pom-peius. Dio gibt auch ein schiefes Bild vom Jerusalemer Tempel, der nach ihm nicht überdacht (ἀνώροφος) gewesen sein soll. Ein falsches Bild von Pompeius gibt er, wenn er sagt, hätten die Juden den Tempel täglich mit der gleichen Energie ver-teidigt, Pompeius hätte den Tempel niemals einnehmen können (XXXVII, 16/17). Dio benutzte hier offenbar Josephus der aber an der bezüglichen Stelle (*Antiq.* XIV, 4, 2 § 63) nur über den Bau des Belagerungsdamms spricht. Wir können SCHALIT nicht folgen, wenn er hinsichtlich der Tempelplünderung in Jerusalem auf Pom-peius' Verhalten im ganzen Verlauf des Ostfeldzuges hinweist. Die Sache lag in Jerusalem doch anders als z.B. in Syrien. Richtig sagt BAMMEL: „Und doch unter-scheidet sich die Behandlung, die Pompeius dem Judenland zuteil werden liess, von der Syriens. Auch dort gab es zwei Prätendenten, aber Pompeius schiebt sie beide

---

[150] *Antiq.* XIV, 4, 4 § 72; *Bell. Jud.* I, 7, 6 § 152; Tacitus, *Hist.* V, 9. Er betrat auch das Aller-heiligste: nulla intus deum effigie vacuam sedem et inania arcana: „drinnen war kein Götterbild, sondern ein leerer Raum, nichts mystisches". Nur das Allerheiligste war ein leerer Raum; im Heiligen standen Leuchter und Schaubrottisch.
[151] ED. MEYER, *Ursprung und Anfänge des Christentums*, II, 1921, 312; H. GRAETZ, *Gesch. der Juden*, III, 1⁵, 1905, 162.

hinweg, während er hier einen Vertreter der alten Dynastie in den Sattel hebt, der politischen Spitze eine Gestalt gibt, die den Juden gegenüber nicht als Provokation, sondern als Wiederherstellung der geheiligten alten Zustände erscheinen konnte und sollte, im übrigen aber sich jeden Eingriffs in die innere Struktur des Rumpfstaates enthält" (*ZDPV*, 75, 1959, 79). Judäa wurde nicht der Provinz Syrien einverleibt; Hyrkan wurde zum Hohenpriester ernannt (*Antiq.* XIV, 4, 4 § 73; *Bell. Jud.* I, 7, 6 § 153). Es scheint uns, dass Pompeius' Verhalten gegenüber Judäa und Jerusalem Josephus' Bericht, Pompeius habe den Tempelschatz unberührt gelassen, wohl wahrscheinlich macht [152]. Fragt man, wie Dio's Nachricht über die Tempelplünderung durch Pompeius zu erklären sei, dann ist auf die Tempelplünderungen in späterer Zeit hinzuweisen: schon Crassus, der Proconsul Syriens, hatte 54 v. Chr. in Jerusalem den Tempelschatz geraubt [153].

Pompeius hatte die Mauern Jerusalems schleifen lassen (*Antiq.* XIV, 5, 2 § 82/83; Tacitus, *Hist.* V, 9: *Muri Hierosolymorum dirute, delubrum mansit*; Strabo, XVI, 2, 40: κατασπάσαι δ'οὖν ἐκέλεσε τὰ τείχη πάντα). Als Hyrkan 57 v. Chr. versuchte, die Mauern wiederaufzubauen, wurde dies von den in der Stadt anwesenden Römern verhindert (*Antiq.* XIV, 5, 2 § 83). Berichte über Bauarbeiten am Tempel fehlen, wir halten es aber für möglich, dass unter Hyrkan II. die Nordhalle des Aussenhofes errichtet worden ist. In dem Bericht über die Einnahme des Tempelberges durch Pompeius (63 v. Chr.) ist nie von Säulenhallen die Rede, erst in dem Bericht über die Einnahme des Tempels durch Herodes (37 v. Chr.) hören wir, dass einige Säulenhallen, darunter doch wohl auch die Nordhalle, in Brand geraten waren (*Antiq.* XIV, 16, 2 § 476). Das Auftreten des Herodes als König der Juden bedeutete das Ende der Herrschaft der Dynastie der Hasmonäer. Die Geschichte Judäas von 63-37 v. Chr. sei hier kurz erzählt.

Es war eine Zeit voller Unruhe in Judäa, ganz anders als Pompeius es sich vorgestellt hatte, als er die staatlichen Verhältnisse in Syrien und Palästina ordnete. 57 v. Chr. versuchte Aristobul's Sohn Alexander, der wie sein Vater durch Pompeius nach Rom weggeführt wurde und nun aus Rom entkommen war, sich der Herrschaft in Palästina zu bemächtigen. Sein Heer wurde aber von dem Prokonsul Gabinius in der Nähe von Jerusalem geschlagen (*Antiq.* XIV, 5, 2 § 85). In der Hoffnung, die nationale Einheit der Juden zu brechen, zerteilte dann Gabinius das Land in fünf Bezirke [154] und liess dem Hyrkan nur die Sorge um den Tempel. Jede

---

[152] Dass Josephus ein Freund der Römer und Cicero zeitweise ein Anhänger des Pompeius gewesen ist, hat dagegen kaum Gewicht.

[153] *Antiq.* XIV, 7, 1 § 105.

[154] E. BAMMEL, *The Organisation of Palestine by Gabinius, JJS*, XII, 1961, 159-162; E. MARY SMALL-WOOD, *Gabinius' Organisation of Palestine, JJS*, XVIII, 1967, 89-92.

politische Befugnis ist ihm damals genommen worden. Als es dann auch Aristobul selbst und dessen Sohn Antigonos gelungen war, aus Rom zu entkommen (56 v. Chr.), strömten viele Juden dem Aristobul zu, „einmal seines alten Ruhmes wegen, und dann auch, weil sie an Umwälzungen Gefallen hatten" (*Antiq.* XIV, 6, 1 § 93). Das letztere hat der jüdische Geschichtsschreiber wohl aus Liebe zu den Römer hinzugefügt. Die Sache war, wie WELLHAUSEN betonte, dass Aristobul als der Repräsentant der nationalen Sache galt. Sein Bruder Hyrkan, Kreatur des Antipater und der Römer, sah man nicht als Hasmonäer [155]. Aristobul wurde gefangen genommen und wieder nach Rom geschickt; dort ist er, wie wir bald sehen werden, durch Anhänger des Pompeius vergiftet worden.

Alexander bemächtigte sich 55 v. Chr. zum zweiten Male der Regierung, durchzog mit einer Truppenmacht das Land, wurde nun aber von Gabinius bei dem Berg Tabor geschlagen; Gabinius ordnete die Verhältnisse in Jerusalem nach dem Vorschlag des Antipater. Im Jahre 54 v. Chr. kam Crassus als Prokonsul nach Syrien. Er raubte in Jerusalem den Tempelschatz, zweitausend Talente, und überdies alles Gold im Werte von ungefähr achttausend Talenten (*Antiq.* XIV, 7, 1 § 105). Hier hören wir von Josephus, dass die Tempelvorhänge von wunderbarer Schönheit und kostbar gearbeitet waren (*id.* § 107).

Die Verhältnisse Judäas änderten sich wieder mit dem Auftreten Julius Caesar's. Da Antipater sich auf die Seite des Pompeius gestellt hatte, beabsichtigte Caesar, den Aristobul, den Gegner des Pompeius und des Antipater, in Freiheit zu setzen, „um ihn mit zwei Legionen nach Syrien zu schicken, um dort die Verhältnisse zu ordnen" (*Antiq.* XIV, 7, 4 § 123). Von Parteigängern des Pompeius ist Aristobul dann in Rom vergiftet worden (§ 124). Alexander, der Sohn des Aristobul, wurde in Antiochien, zweifellos auf Vorschlag Antipater's, hingerichtet (§ 125).

Antipater war klug genug, sich sofort auf die Seite Julius Caesar's zu stellen. Er unterstützte ihn mit dreitausend jüdischen Fusssoldaten auf seinem Zug nach Ägypten (*Antiq.* XIV, 8, 1 § 127 f.). Als Caesar 47 v. Chr. nach Syrien kam, ernannte er den Hyrkan zum Ethnarchen, später in einem Dekret zum erblichen Ethnarchen und Hohenpriester (*Antiq.* XIV, 10, 2 § 192 f.; vgl. XIV, 8, 5 § 143). Antipater, der das römische Bürgerrecht erhielt, wurde als Prokurator bestätigt. Hyrkan erhielt auch die Erlaubniss, die von Pompeius zerstörten Mauern Jerusalems wiederaufzubauen (*Antiq.* XIV, 8, 5 § 144). Antipater, der sah, „wie träge und nachlässig sich Hyrkan benahm", ernannte seinen ältesten Sohn, Phasael, zum Befehlshaber von Jerusalem und Umgebung und vertraute dem zweitältesten Sohn, Herodes, Galiläa an (*Antiq.* XIV, 9, 2 § 158).

---

[155] *Prolegomena*, engl. Übers., 1885, 528.

Julius Caesar wurde am 15 März 44 v. Chr. in der Senats-Sitzung ermordet. Mit dem Triumvir M. Antonius (zweites Triumvirat) war Antipater, Herodes' Vater, schon befreundet. Als einhundert der angesehensten Juden zu Antonius nach Daphne kamen, um Herodes und seine Verwandten anzuklagen, hatten sie keinen Erfolg. Herodes und sein Bruder Phasael wurden zu Tetrarchen ernannt (*Antiq.* XIV, 13, 1 § 325-326). Da Hyrkan von Caesar zum Ethnarchen ernannt worden war, wird er dies damals wohl geblieben sein. Faktisch waren aber Herodes und Phasael, Antipater's Söhne, die Herren des Landes. „Der Sieg der idumäischen Brüder in ihren Kampf um die Gunst des Triumvirs war vollständig. Das Volk war aber damit nicht für sie gewonnen. Ihre Stellung im Volke wurde nicht besser sondern schlechter, der Hass der Menge gegen sie und die römische Macht steigerte sich im gleichen Masse, wie diese Herrschaft ihren wirtschaftlichen Druck verstärkte" (A. SCHALIT, *König Herodes*, 1969, 70/71).

SCHALIT hat über Antipater ein günstiges Urteil gefällt. „Niemals hat der besonnene Idumäer seinen Platz im Volksganzen vergessen. Er hat verstanden, dass er immer nur die rechte Hand, der Eingeber, der Lenker und der Vollzieher im Namen des Hohenpriesters und legitimen Fürsten aus dem Hasmonäerhause sein konnte . . ." (*o.c.*, 52). H. GRAETZ hatte den Antipater den Vampyr der jüdischen Nation genannt, „der ihr edelstes Blut ausgesogen hat" (*Geschichte der Juden*, III/1, 1905, 154). Josephus spricht von der Ergebenheit und Treue des Antipater gegen Hyrkanus (*Antiq.* XIV, 9, 2 § 162; *Bell. Jud.* I, 11, 4 § 266). Seine Quelle wird Nicolaus von Damaskus, Freund des Herodes, gewesen sein; grosser Wert ist der Aussage demnach nicht beizulegen. Wichtiger ist, was Josephus weiter berichtet. Als die Juden sahen, wie mächtig Antipater und seine Söhne wurden, sträubten sie sich gegen die Macht der Idumäer (*Antiq.* XIV, 9, 3 § 163). Die Juden hassten den Antipater als „Freiheitsmörder" (vgl. GRAETZ, *Geschichte*, III/1, 166). Wenn Zeitgenossen auch nicht stets ein richtiges Urteil über zeitgenössische Staatsmänner fällen, so haben die Juden damals doch zweifellos über Antipater richtig geurteilt. Man darf annehmen, dass auch Hyrkan selbst schliesslich die Gefahr, die seine Herrschaft von Seiten der Idumäer lief, erkannt hatte und wir halten es für möglich und wahrscheinlich, dass der Mord an Antipater durch Malichus (*Antiq.* XIV, 11, 4 § 281; vgl. § 277; *Bell. Jud.* I, 11, 4 § 226) nicht ohne sein Vorwissen geschehen ist. Wir können SCHALIT auch nicht beistimmen, wenn er sagt: „Hätte Antipatros in diesem Sinne weiter wirken können, so liegt die Vermutung nahe, dass Herodes niemals einen Thron bestiegen hätte . . ." (*l.c.*). Antipater hatte aber das Auftreten des Antigonos, des Sohnes des in Rom vergifteten Aristobul, und den Einfall der Parther (40 v. Chr.) nicht verhindern können. Er hätte nicht verhindern können, dass Antigonos von den Erbfeinden der Römer, den Parthern, zum König und Hohenpriester ernannt

wurde. Dass Herodes 40 v. Chr., als er vor den Parthern geflüchtet war, um sich
über Ägypten nach Rom zu begeben, dort vom Senat und dem Caesar zum König
ernannt wurde, lässt sich doch besonders daraus erklären, dass Antigonos sich von
den Parthern in die Herrschaft hatte einsetzen lassen, „ohne sich um die Römer zu
kümmern" (*Antiq.* XIV, 14, 4 § 384). Antonius hatte den Herodes dabei unterstützt, teils durch das Versprechen einer Geldsumme, „ganz besonders aber aus
Hass gegen Antigonos, den er für aufrührerisch und den Römern feindlich gesinnt
hielt" (*id.* § 382; vgl. *Bell. Jud.* I, 14, 4 § 282). Dass auch Herodes' Persönlichkeit
als rücksichtsloser Herrscher bei seiner Ernennung von Bedeutung gewesen ist,
darf man wohl annehmen. Herodes musste freilich sein Reich erst von Antigonos
(und den Parthern) erobern. 37 v. Chr. im dritten Jahre nach seiner Ernennung zum
König (*Antiq.* XIV, 15, 14 § 165) ist Jerusalem von Herodes und dem römischen
Feldherrn Sosius eingenommen worden [156].

Während bei der Belagerung von Jerusalem durch Pompeius Hyrkan's Anhänger
die Stadttore geöffnet hatten und Pompeius bei der Einnahme des Tempelberges
nur eine Mauer einzunehmen hatte, musste Herodes erst die Stadtmauer erobern.
Nach *Bell. Jud.* I, 18, 2 § 351 dauerte die Belagerung fünf Monate (πέντε μησὶν
διήνεγκαν τὴν πολιορκίαν) [157]. Josephus schweigt hier über die Einnahme des Tempelberges. Nach *Antiq.* XIV, 16, 2 § 476 wurde die erste Mauer in vierzig, die zweite
Mauer in fünfzehn Tagen genommen. Mit der ersten Mauer kann nur die Stadtmauer, mit der zweiten die Nordmauer des Tempelberges gemeint sein. Dies
schliesst die Möglichkeit, dass die Belagerung im ganzen fünf Monate währte, nicht
aus. An Ausfällen der Belagerten hatte es nicht gefehlt (vgl. *Bell. Jud.* I, 18, 2 § 349) [158].
Hinzu kommt, dass Herodes, als die Belagerungswälle aufgebaut wurden, nach
Samaria reiste, um Mariamne, die Tochter des Alexander, des Sohnes des in Rom
vergifteten Aristobul, zu heiraten (*Antiq.* XIV, 15, 14 § 466 f.). Das Wichtigste
für uns ist nun, dass die Einnahme des Tempelberges durch Pompeius ungefähr

---

[156] Jahr und Monat sind noch umstritten (SCHALIT, *König Herodes*, 1969, 764 ff.: Anhang IX:
Das Datum der Eroberung Jerusalems durch Herodes). — „Die Stadt fiel sicherlich im Jahre 37,
nicht wie Dio Cass. 49, 22 f. meint im Jahre 38; wahrscheinlich einem Sabbat Juni/Juli, wie Dio
richtig feststellt" (O. MICHEL-O. BAUERNFEIND, *Flavius Josephus, De Bello Judaico*, I, 1959, 415,
Anm. 154). — Der Ausdruck *Antiq.* XIV, 4, 3 § 66 und XIV, 16, 4 § 487 τῷ τρίτῳ μηνί „ist un-
verständlich, und die Forscher haben auf die verschiedenste Weise versucht, ihm einen Sinn ab-
zugewinnen" (SCHALIT, S. 765). „Als einzig zuverlässiges Zeugnis behalten wir somit die Angabe
im „Jüdischen Krieg", dass die Belagerung im Jahre 37 v. Chr. fünf Monate lang dauerte" (SCHALIT,
S. 766).

[157] Die Angabe *Bell. Jud.* V, 9, 4 § 398 ἐπὶ μῆνας ἕξ „verdient keinen Glauben" (SCHALIT, *o.c.*,
765; OTTO, *PWK*, Suppl. 2. Heft, 1913, Sp. 34, Anm⁰, auch bei SCHALIT, *l.c.*).

[158] „In offenem Kampf brachen sie auf die Römer los, den sichern Tod vor Augen; mittels der
Minen tauchten sie plötzlich in ihrer Mitte auf, und ehe ein Stück der Mauer eingerissen war, hatten
sie ein anderes dafür aufgerichtet" (I, § 350; Übers. MICHEL-BAUERNFEIND, z.St.).

drei Monate gefordert hatte, während Herodes die Nordmauer des Tempelberges in fünfzehn Tagen einnahm. Als Pompeius den Tempelberg belagerte, hatte die Nordmauer starke Türme und musste der auf der Nordseite gelegene Graben ausgefüllt werden. Bei der Belagerung des Tempelberges durch Herodes ist weder von Mauertürmen, noch von einem Graben die Rede. Die Mauertürme sind offenbar zwischen 63-37 v. Chr. nicht wieder aufgebaut worden, obwohl Julius Caesar Erlaubnis zum Wiederaufbau der Stadtmauer gegeben hatte. Dies erklärt sich vielleicht daraus, dass unsere „zweite" Mauer keinen Teil der Stadtmauer bildete; sie bildete die Nordmauer des vorherodianischen *hieron*. Die Stadtmauer, um die es sich bei der Belagerung Jerusalems durch Herodes handelt, wird etwa auf der Höhe der Nordseite des heutigen Ḥarām asch-scharīf gelaufen haben. Die von Pompeius an der Nordseite des Tempelberges mit viel Mühe aufgerichteten Belagerungswälle sind zwischen 63-37 v. Chr. wohl nicht ganz abgetragen worden; Herodes kann also die „zweite" Mauer (die Nordmauer des Tempelberges) wohl in fünfzehn Tagen eingenommen haben [159]. Bei der Einnahme des Tempelberges sind, wie schon mehrmals bemerkt, einige Säulenhallen in Brand geraten (*Antiq.* XIV, 16, 2 § 476). Als der Aussenhof des Tempels und die Unterstadt eingenommen waren, flüchteten sich die Juden in das Innere des Heiligtums (d.h. in den Innenhof) und in die Oberstadt (*Antiq.* XIV, 16, 2 § 477). Bei SCHALIT heisst es: „Als die Unterstadt fiel und die äusseren Umfriedigungen des Tempelberges besetzt wurden ..." (*König Herodes*, 1969, 97). Erst als der Aussenhof des Heiligtums besetzt war, ist offenbar die Unterstadt eingenommen worden (*Antiq.* XIV, 16 2 § 477: ἡρημένου δὲ τοῦ ἔξωθεν ἱεροῦ καὶ τῆς κάτω πόλεως; vgl. F. SPIESS, *Das Jerusalem des Josephus*, 1881, 34). Die Einnahme des Innenheiligtums wird von Josephus nicht speziell berichtet; es heisst nur, Herodes liess die Stadt erstürmen und dann: „In dichten Haufen wurden die Besiegten in den Gassen, in den Häusern und im Tempel, in welchen sie sich geflüchtet hatten, niedergemacht" (*Antiq.* XIV, 16, 2 § 480; vgl. *Bell. Jud.* I, 18, 2 § 352).

Als Antigonos aus der Burg Baris, in die er sich zurückgezogen hatte herauskam, (nicht aus dem Tempel, wie es bei SCHALIT, *o.c.*, 97 heisst; *Bell. Jud.* I, 18, 2 § 353: ἀπὸ τῆς βάρεως; vgl. *Antiq.* XIV, 16, 2 § 481) nahm Sosius ihn gefangen. Auf Herodes' Vorschlag, der befürchtete, die Römer möchten doch dem Antigonos, der aus königlichem Geschlecht war, die Herrschaft zusprechen, hat Antonius den Antigonos

---

[159] SCHALIT hat offenbar nicht beachtet, dass Pompeius diese Mauer erst im dritten Monat der Belagerung erobert hatte. SCHALIT sagt: „Da sie schwächer war — war sie doch innerhalb der Stadt gelegen —, konnte sie bereits nach fünfzehn Tagen bezwungen werden" (*König Herodes*, 1969, 97, Anm. 148). — Merkwürdig ist, dass bei der Belagerung und Einnahme Jerusalems durch Titus (70 n. Chr.) die erste Mauer der Stadt auch am 15. Tag der Belagerung eingenommen wurde (*Bell. Jud.* V, 7, 2 § 302). Ist es Zufall oder eine gewisse josephische Angleichung?

(in Antiochien) hinrichten lassen (*Antiq.* XIV, 16, 4 § 490). Das war das Ende der Herrschaft der Hasmonäer[160]. Hyrkan II., Bruder des Aristobul II. und Onkel des Antigonos, war noch am Leben. Er war von den Parthern nach Parthien abgeführt worden, wo er bei den Juden in hohen Ansehen war[161], dann wieder entlassen worden und nach Jerusalem zurückgekehrt. Zum Hohenpriestertum war er nicht mehr fähig (die Perser hatten ihm, wahrscheinlich auf Antigonos' Bitte, die Ohren abgeschnitten)[162] und da Herodes selbst nicht Hoherpriester sein konnte, ernannte er einen aus Babylonien berufenen Priester, Ananel, zum Hohenpriester. Den Hyrkan, nun in seinem achtzigsten Lebensjahr, hat er vor seiner Reise nach Rhodos (30 v. Chr.) hinrichten lassen, als er befürchtete, dass er, der mit Antonius befreundet gewesen war, bei Octavian (Augustus) in Ungnade fallen werde. Es gab aber noch einen zum Hohenpriestertum fähigen Thronerben: den Jüngling Aristobul, der Sohn Alexanders und Alexandra's und also Enkel des Hyrkan (II.) und des Aristobul (II.) (Alexander war der Sohn des Aristobul, Alexandra die Tochter des Hyrkan), der Bruder der Mariamne, Herodes' Gemahlin. Auf Bitten der Alexandra hatte dann Herodes den siebzehnjährigen Aristobul zum Hohenpriester ernannt, ihn aber ein Jahr später in Jericho beim Schwimmen ertränken lassen (*Antiq.* XV, 3, 3 § 53-56). Ausgrabungen in Jericho haben 1973 ein 20 × 34 m grosses und 4 m tiefes Reservoir zutage gebracht, „which has been shown to have functioned mainly as a swimming pool" (*JEI*, 23, 1973, 260; E. NETZER); womit natürlich nicht gesagt sein soll, dass der Jüngling gerade in diesem Schwimmbassin den Tod gefunden habe (NETZER hält es für möglich, *JEI*, 25, 1975, 92).

Bei der Belagerung und Einnahme des Tempelberges durch Herodes waren, wie wir sahen, die Säulenhallen ganz oder zum Teil zerstört worden. Es ist nicht wahr-

---

[160] Nach Strabo und auch nach Plutarch ist Antigonos enthauptet worden; nach Dio Cassius ans Kreuz gebunden, gegeiselt und dann ermordet worden (SCHALIT, *König Herodes*, 1969, 691/692, mit Belegstellen). — SCHALIT hält, wie wir gesehen haben, den Aristobul (II) verantwortlich für den Untergang des Hasmonäerstaates. Wir sind vielmehr der Meinung, dass daran der blödsinnige Hyrkan (II), dem es an Menschenkenntnis und Tatkraft fehlte und der dadurch zur Marionette in Händen des schlauen Antipaters werden konnte, Schuld hat, wenn wenigstens man einen Hasmonäer für den Untergang des Hasmonäerstaates verantwortlich machen will. Über Hyrkan (II) sagt Josephus: „Denn er scheint milden und gemässigten Charakters gewesen zu sein, und da er sich mit Staatsgeschäften nicht gern befasste und auch in der Kunst des Regierens nicht erfahren war, liess er das Reich grösstenteils durch andere verwalten. Diese seine grosse Milde war auch allein Schuld daran, dass Antipater und Herodes zu so grosser Macht gelangten, von welchem letzteren er dann endlich gegen Recht und Gerechtigkeit mit dem Tode bestraft wurde" (*Antiq.* XV, 6, 4 § 182; Übers. CLEMENTZ, z.St.).

[161] JACOB NEUSNER, *A History of the Jews in Babylonia*, I, 1965, 31.

[162] NEUSNER sagt: „Antigonus mutilated his uncle's ear..." (*o.c.*, 29). SCHALIT wird recht haben, dass nicht Antigonos, sondern die Parther den Hyrkan gerichtet haben; „das Abschneiden der Ohren war ein spezifisch parthischer Brauch" (Tacitus, *Ann.*, XII, 14). SCHALIT hält es aber für möglich, dass Antigonos danach ersucht hatte (*o.c.*, 763).

scheinlich, dass Herodes sich damals um den Wiederaufbau der Hallen gekümmert hat (vgl. *Bell. Jud.* I § 401). Sein Interesse galt anderen Bauten: Masada, die Burg Antonia, dem Palast auf dem Westhügel, usw. Wir werden über Herodes' Bautätigkeit später (Kap. XIII.) eingehender handeln. Erst im 18. Jahre seiner Regierung hat Herodes den Serubbabelschen Tempel niederreissen lassen und den Neubau des Tempels angefangen (*Antiq.* XV, 11, 1 § 380; nach *Bell. Jud.* I, 21, 1 § 401 im 15. Jahre) [163]. Die Frage drängt sich auf, warum Herodes nicht schon im Anfang oder wenigstens früh in seiner Regierung mit dem Neubau begonnen ist. Die Sache ist, meint SCHALIT, dass Herodes nicht das Recht hatte, im Tempel selbst irgendwelche Änderungen vorzunehmen (*König Herodes*, 1969, 313, Anm. 593). „Das religiöse Werk überstieg dermassen alle seine Befugnisse, selbst diejenigen, die er sich als absolutistischer Herrscher angemasst hatte, dass er sich gezwungen sah, die Häupter des Volkes in seine Pläne einzuweihen" (*ibid.*). ‚Gezwungen sah' möchten wir anders als SCHALIT verstehen. Wir können ruhig annehmen, dass der Beschluss den alten Tempel niederzureissen, um ihn durch einen grossartigen Neubau zu ersetzen, damals bei Herodes fest stand. Bei Josephus heisst es: „Weil Herodes einsah, dass das Volk nicht leicht zur Inangriffnahme eines so gewaltigen Unternehmens zu haben sein wurde, beschloss er, dasselbe zunächst durch eine Anrede darauf vorzubereiten und erst dann Hand ans Werk zu legen" (*Antiq.* XV, 11, 1 § 381). Es findet sich in der Anrede (§ 382 ff.) keine Spur davon, dass Herodes ein Gutachten der Ältesten oder des Volkes für seine Unternehmung eingeholt habe, was SCHALIT allerdings auch nicht behauptet. Herodes hielt sich sicher für voll berechtigt, das alte Heiligtum durch einen grossartigen Neubau zu ersetzen. Worauf der König dieses Recht gründete, darüber wird erst Kap. XIII. zu sprechen sein. Eine Ansprache an das Volk war aber nötig; denn, hätte er den alten Tempel ohne Anmeldung abbrechen lassen, hätte beim Volk wohl der Gedanke aufkommen können, Herodes beabsichtige an seiner Stelle einen heidnischen Tempel zu bauen, wie er in verschiedenen Städten heidnische Tempel errichtet hatte. Ein heftiger

---

[133] G. ROSEN meinte, der Widerspruch erkläre sich aus dem Unterschied zwischen Herodes' Ernennung zum König (40 v. Chr.) und der Eroberung Jerusalems (37 v. Chr.). (*Das Haram von Jerusalem und der Tempelplatz des Moria*, 1866, 30). Dies hat keine Wahrscheinlichkeit für sich, denn Herodes ist auch 40-37 v. Chr. legal König gewesen, siehe BARUCH KANAEL, *The Coins of King Herod of the Third Year* (*JQR*, 42, 1951-52, pp. 261-264, p. 264). CH. WARREN meinte, im 15. Jahr begann Herodes mit der Verbreiterung des Tempel-Areals (*Underground Jerusalem*, 1876, 62); F. SPIESS: das 15. Jahr sei vermutlich aus einem Irrtum des Josephus oder eines Kopisten zu erklären (*Das Jerusalem des Josephus*, 1881, 51/52); E. SCHÜRER: Der Umbau begann im 18. Jahre des Herodes = 20/19 v. Chr. (*Gesch. des jüd. Volkes*, I[5], 1920, 392). Auch MICHEL-BAUERNFEIND halten das 18. Jahr für wahrscheinlicher (*De Bello Judaico*, I, 1959, 417, Anm. 183; vgl. SCHALIT, *König Herodes*, 1969, 372). Wir halten mit WARREN dafür, dass Herodes im 15. Jahr seiner Regierung mit der Verbreiterung des Tempelareals begonnen ist: sicher hatte man damit angefangen, bevor der alte Tempel niedergerissen wurde.

Aufruhr wäre die Folge gewesen. Der Serubbabelsche Tempel ist ohne Aufruhr oder Kriegsgewalt „untergegangen". Er hatte fünf Jahrhunderte aufrecht gestanden, nicht ohne Neuerungen während diesen Jahrhunderten erfahren zu haben: Niederwerfung der Trennungsmauer zwischen Vorhof und Altarhof, Bildung eines mit Säulenhallen ausgestalteten Aussenhof, Errichtung eines Obergeschosses, Bau einer doppelten Säulenhalle an der Ostmauer des Innenhofes [164]. Der zweite Tempel ist gewiss kein unbedeutender Bau gewesen [165]. Herodes' Neubau übertraf ihn aber fast in jeder Hinsicht, besonders aber durch die grossartige Gesamtanlage des Heiligtums. Davon zeugt noch heute der Ḥarām asch-scharīf, das berühmte Islamische Heiligtum in der Altstadt von Jerusalem.

[164] Nach D. H. KALLNER-AMIRAN ist Jerusalem 64 v. Chr. durch ein Erdbeben betroffen, wobei Tempel und Stadtmauer beschädigt worden sind (*A Revised Earthquake. Catalogue of Palestine*, *IEJ*, I, 1950-51, 223-246). Ob auch das Tempelgebäude selbst beschädigt worden ist, lässt sich nicht ausmachen. Es ist wohl eher an die Säulengänge des Aussenhofes zu denken.

[165] Im allgemeinen hält man bekanntlich den zweiten Tempel für einen unbedeutenden Bau—zu Unrecht, wie wir Kap. X. hoffen gezeigt zu haben. Bei R. A. S. MACALISTER heisst es: „The poor little second Temple" (*A Century of Excavation in Palestine*, 1925, 190); D. FLUSSER: „the poverty of the house which they were building..." (*Two Notes on the Midrash on 2 Sam VII*, *IEJ*, 9, 1959, 99); K. ELLIGER: „wenn sie die Armseligkeit ihres Notbaues sahen" (*Die Einheit des Tritojesaia*, 1928, 88). J. SIMONS: „the modest sanctuary of Zerubbabel" (*Jerusalem in the Old Testament*, 1952, 344). M. AVI-YONAH, „The Second Temple, much poorer than the First" (*Ariel*, 23, 1969, 6). M. A. BEEK sagt richtig, der zweite Tempel „war grösser als der Tempel Salomos" (*Gesch. Israels*, 1957, 108). Der Vorbau muss stattlicher gewesen sein als die Vorhalle des salomonischen Tempels und der Umbau wird, wie wir glauben annehmen zu dürfen, von Anfang an die Höhe des Heiligen gehabt haben. War so der Tempel Serubbabels schon in seiner ersten Anlage grösser als der Tempel Salomos, so war dies erst recht nach der Errichtung des Obergeschosses (um 200 v. Chr.?) der Fall.

XII. KAPITEL

HARĀM ASCH-SCHARĪF

A — ISLAMISCHES HEILIGTUM

1. *Vor der Errichtung des Felsendomes.* Der heilige Fels auf Ḥarām asch-scharīf, über dem ʿAbdalmalik 691 n. Chr. den Felsendom errichtete (Bd. I, Abb. 3; hier Abb. 201-203), gilt den Muslimen „als eines der höchsten Heiligtümer, das kaum der Kaʿba in Mekka und dem Prophetengrab in Medina nachsteht [1]. Dass schon Mohammed mit dem Bestehen des heiligen Felsens bekannt gewesen ist, durfte möglich und wahrscheinlich sein, denn nach jüdischer Tradition war der Fels die Stätte der Opferung Isaaks und diese Tradition könnte Mohammed, der in Jathrib (Medina) tägliche Berührungen mit den Juden hatte, bekannt gewesen sein. Den ersten, der Mohammed sah, als er aus Mekka in Medina ankam, war ein Jude [2]. Die Erzählungen über die Opferung Isaaks im Koran (Sure 37, 89-110) sind von Mohammed in der medinensischen Periode verfasst worden (C. SNOUCK HURGRONJE, *Het Mekkaansche Feest*, 28 ff, bei J. W. HIRSCHBERG, *Jüdische und christliche Lehren im vor- und frühislamischen Arabien*, 1939, 59). „Mohammed selbst wusste nicht, wer der geopferte sei (Sure 37, 98-110) und noch in späteren Zeiten sind die Meinungen darüber bei den Koranerklärern geteilt" (HIRSCHBERG, *l.c.*). Einige meinten Isaak, andere Ismael (*ibid.*). Nach H. SPEYER geht aus Sure 37, 112 hervor, dass Abraham nicht Isaak, sondern Ismael opfern wollte [3]. Es war auch in Medina, also nach der *hiǧra* (622 n. Chr.), dass Jerusalem (*al-Ḳuds*, wie die Araber Jerusalem nennen) von Mohammed als Gebetsrichtung (*ḳiblah*) bestimmt wurde (im 17. Monat nach der Ankunft; IBN ISḤĀQ § 381, GUILLAUME, *The Life of Muhammed*, 258). Keine Stelle im Koran weist darauf hin, dass vor Mohammed's Auswanderung nach Medina die Gebetsrichtung auf Jerusalem gerichtet war. Dass Jerusalem als Gebetsrichtung bestimmt wurde, lässt sich daraus erklären, dass die Juden nach Jerusalem beteten;

---

[1] R. HARTMANN, *Der Felsendom*, 1909, 7. Siehe Bd. I, 1970, 7 und Abb. 4, S. 9: Ḥaram asch-sharif, Abb. 5, S. 11 eṣ-ṣakhra im Grundriss, Taf. II gegenüber S. 5: Felsendom (Foto ANDRÉ PARROT)—Hier Abb. 201. 202. 227.

[2] Ibn Isḥāq § 334, A. GUILLAUME, *The Life of Muhammed. A Translation of Isḥāq's sīrat rasūl ʿAllāh*, 1955, 227. Über Berührungen Mohammed's mit den Juden: Ibn Isḥāq § 351 f., GUILLAUME, 239 ff. und 259.

[3] *Die biblischen Erzählungen im Quran*, 1961, 164.

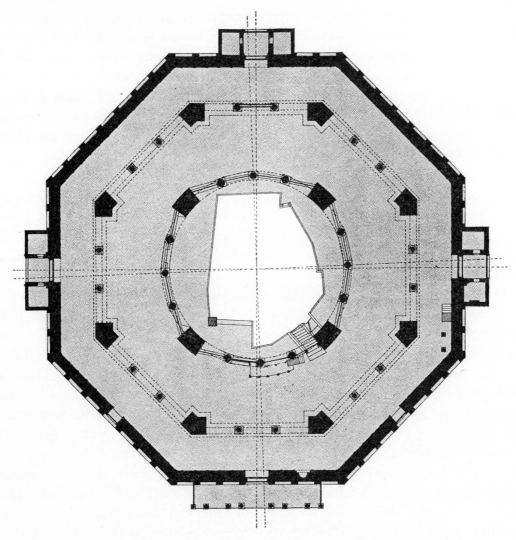

Abb. 201. Der Felsendom in Jerusalem. Grundriss. (E. T. Richmond)

vielleicht auch hoffte Mohammed dadurch die Juden leichter zur Bekehrung zu bringen[4]. K. A. C. Creswell meint: „probably because that town occupied a prominent position in his mind, a result of the immense veneration in which he saw it was held by all the Jews ...” (*Early Muslim Architecture*, I, 1², 1969, 11). Als Mohammed's Versuch, die in Medina ansässigen Juden, die das Leben der Stadt durch ihren Reichtum und höhere Kultur beherrschten (vgl. A. Guillaume, *Islam*, 1963, 11), zu bekehren misslang (Ibn Isḥāq § 393 f., A. Guillaume, *The Life of*

---

[4] Vgl. W. Montgomery Watt, in *The Cambridge History of Islam*, I, 1970, 44. S. D. Goitein lehnt diese „generally accepted theory” ab, *Studies in Islamic History and Institutions*, 1966, 4. 34. 86.

Muhammed, 1955, 266), wurde die Idee, Jerusalem sei das Zentrum der Welt von Mohammed preisgegeben. Als solches wurde nun Mekka mit der Ka'ba betrachtet. „Die stillschweigende oder ausdrückliche Ablehnung seines Prophetentums durch die Juden von Medina muss Mohammed tief getroffen haben" [5]. Der erbitterte Prophet hielt den Juden nun ein ganzes Sündenregister vor, u.a. Sure, 2, 87-93 (*ibid.*; siehe IBN ISḤĀQ § 363 ff., GUILLAUME, *o.c.*, 247 ff.). Schon nach seinem ersten Erfolg über die Mekkaner (Schlacht bei Badr) hatte Mohammed dann die Juden verfolgt. Der B. Qaynuqa-Stamm der Goldschmiede u.a. wurden ihrer Besitzungen beraubt und aus dem Lande verbannt (IBN ISḤĀQ § 545 f., GUILLAUME, *o.c.*, 363 f.). Nicht alle Juden sind aber damals aus Arabien verbannt worden. HIRSCHBERG weist darauf hin, dass im Hause des Ibn 'Abbās, Vetter Mohammeds, oft Juden anzutreffen waren, „die zu seinen Gewährsmännern gehörten" [6]. Die Muslime brauchten sich also nicht erst nach Syrien zu begeben, „um die jüdischen Legenden kennenzulernen" (*ibid.*).

Der Verzicht auf Jerusalem als *kiblah* wurde dadurch begründet, dass das Gotteshaus in Mekka älter und ehrwürdiger sei als Jerusalem. Vor Moses und Jesus habe es Propheten gegeben, die weder Jude noch Christ waren und doch von allen Schriftbesitzern als Gottesboten anerkannt worden seien. „An solche knüpfte er [*sc.* Mohammed] nun fernerhin besonders an, und zwar vor allem an Abraham (*Ibrâhîm*), von dem er eben im Verkehr mit den Juden erfahren hatte, dass er ihren Schriften zufolge durch Ismâ'îl der Urahn der Araber sei. Ibrâhîm, so heist es mit Nachdruck im Quran, war weder Jude noch Christ, sondern *muslim, ḥanîf*" (C. SNOUCK HURGRONJE, *Der Islam*, in CHANTEPIE DE LA SAUSSAYE, *Lehrbuch der Religionsgeschichte*, I, 1925, 648-756, S. 666). Weder Jude noch Christ: das erstere erklärt sich selbstverständlich daraus, dass nach der sicher auch Mohammed bekannten jüdischen Ansicht Abraham vor Moses gelebt hatte. Das zweite lässt sich mit daraus erklären, dass es nach christlichen Schriftstellern schon vor dem Dasein des jüdischen Gesetzes Freunde und Auserwählte Gottes gegeben hatte, als ersten Abraham, die faktisch „Christen" waren. Nach Eusebius ist das Christentum „die Wiederaufnahme der ältesten, vormosaischen Religion" [7]. Schöpfer dieser Idee war Eusebius freilich nicht. „Le christianism, non content de s'identifier au judaïsme, et pour affirmer son originalité, affirme son antériorité". (MARCEL SIMON, *Verus Israel*, 1964, 105). Die Idee findet sich schon bei Paulus (Röm. 4, 9. 20; Gal. 3, 6. 16. 29) und MOSHE

---

[5] RUDI PARET, *Toleranz und Intoleranz im Islam*, Saeculum, 21/4, 1970, 344-365, S. 349.

[6] *Jüdische und christliche Lehren im vor- und früh-islamischen Arabien*, 1939, 22. Vgl. S. D. GOITEIN, *Muhammad's Inspiration by Judaism*, *JJS*, IX, 1958, 149-162. Mohammed „during his formative period, was in close contact with people whom he regarded as well versed in the Hebrew Scriptures and as competent to testify as to the true contents of God's revelation to mankind" (p. 154).

[7] Dem. ev. 1, 5, 2 f., bei JOSEPH VOGT, *Kaiser Julian und das Judentum*, Morgenland, 30, 1939, 25.

PEARLMAN meint, Mohammed könnte damit durch eine „Christian homily" bekannt gewesen sein [8]. Nach SNOUCK HURGRONJE scheint der Koran die Ka'ba schon vor der *hiǧra* als ein Haus Gottes betrachtet zu haben. „Über die Ursprünge hat sich Muhammed ebensowenig gekümmert wie seine Stammgenossen. Seitdem nun aber Abraham ihm zum Stammvater und zum Vorgänger geworden war, hat er die Gründung der Ka'bah diesem Propheten zugeschrieben, und so wurde auf einmal das Gotteshaus Mekkas älter und ehrwürdiger als Jerusalem ... Der mekkanische Kultus wurde nun — selbstverständlich unter Vorbehalt einer vorzunehmenden Sichtung, beziehungsweise Wiederherstellung, in monotheistischem Sinne — dem Islam förmlich einverleibt" (SNOUCK HURGRONJE, *Der Islam*, 666/67).

Wie wohl Jerusalem von Mohammed später als unwürdig erachtet worden war, die Gebetsrichtung zu verkörpern, blieb es für die Muslime eine heilige Stadt. „Palestine was holy, because it was the home-land of prophecy and of God's revelation" [9]. Dass Jerusalem für die Muslime eine heilige Stadt wurde, lässt sich aber wohl nicht einfach daraus erklären, dass die Stadt für Juden und Christen heilig war. Vielmehr ist daran zu denken, dass mit dem Felsen *eṣ ṣakhra* der Name Abrahams, des Urahns der Araber, verbunden war. Es hatte unter den Muslimen freilich auch Leute gegeben, welche die populäre Auffassung von der Heiligkeit Jerusalems ablehnten, siehe GOITEIN, *o.c.*, 140 f.; vgl. CHARLES D. MATTHEWS, *A Muslim iconoclast (Ibn Taymīyyeh) on the „merits" of Jerusalem* (*JAOS*, 56, 1936, 1-6). Über die Frage, wann der Fels *eṣ ṣakhra* das Interesse der Muslime erregt habe, bestehen aber Meinungsverschiedenheiten. K. A. C. CRESWELL, der hervorragende Kenner der islamischen Architektur, meint, aus dem Bericht des Arculphus (670 n. Chr.) über die von 'Omar auf Ḥarām asch-scharīf errichtete Moschee ergäbe sich, dass „the Rock had not attracted the attention of the Muslims ..." (*Early Muslim Architecture*, I, 1², 1969, 33; vgl. p. 34). Ähnlich urteilt HANS L. GOTTSCHALK: „Die Muslime schenkten diesem Fels zunächst keine Aufmerksamkeit" (in: *Die Kultur des Islams*, 1971, 188). CRESWELL meint andererseits, *eṣ-ṣakhra* „was sanctified in the eyes of the Muslims as the place whence Muhammed had made his famous night journey to Heaven" (*o.c.*, 65). Dass Jerusalem schon vor der Errichtung des Felsendomes durch 'Abdalmalik als der Ort betrachtet wurde, von wo Mohammed seine Himmelreise machte, darin wird CRESWELL (*o.c.*, 65) recht haben. Dass die *mi'raj* damals schon mit *eṣ-ṣakhra* verknüpft gewesen sei, dürfte sehr unwahrscheinlich sein. Wir zitieren R. W. HAMILTON: „if the rock in 'Abd al-Malik's time had already been connected with the *mi'raj* or—what was usually identified with it—the Night-

---

[8] In ABRAHAM GEIGER, *Judaism and Islam* [1832 in lat. erschienen], 1970, p. XXIII.

[9] S. D. GOITEIN, *Studies in Islamic History*, 1966, 143; 134 ff.; The Sanctity of Jerusalem and Palestine in Early Islam.

journey, one could be sure that any dedicatory inscription placed on the building would have included the opening words of the 17th Sura; but ʿAbd al-Malik's inscription ... contains not a word of it" [10]. Die bezüglichen Worte der Sure 17, 1 lauten: „Preis dem, der seinen Knecht des Nachts von dem heiligen Gebetsplatz zu dem weitentfernten Gebetsplatz reisen liess ...". Die Anfangsworte sind erst 1545 von Sultan Soliman auf die Aussenseite der Tambur angebracht worden (HAMILTON, *l.c.*). CL. R. CONDER schrieb schon 1897: „The whole tradition of the nightjourney and ascent from the Sakhra to heaven is late ..." [11]. Der älteste Bericht darüber findet sich bei Jaʿkūbī (874 n. Chr.), zugleich der älteste Bericht über den Felsendom. Wo Ibn Isḥāq (672-673) in seiner Biographie Mohammeds über die *miʿraj* spricht (§ 263 ff.; GUILLAUME, *The Life of Muhammed*, 181 ff.) ist nie vom Felsen *eṣ-ṣakhra* die Rede. Nach Jaʿkūbī sollte ʿAbdalmalik seinen Untertanen den folgenden Spruch des Propheten vorgehalten und gesagt haben: „Man reist nur nach drei Stätten, um zu beten: Masjid Ḥarām (in Mekka), nach meiner Masjid (in Medina) und nach der Masjid der heiligen Stadt (das ist Jerusalem). Diese wird euch die Masjid Ḥarām (in Mekka) ersetzen und dieser Fels von dem überliefert ist, der Gesandte ʿAllāh's habe seinen Fuss auf ihn gesetzt als er zum Himmel aufstieg, die Kaʿba" [12]. ʿAbdalmalik kann diese Worte, wie wir unten sehen werden, nicht gesprochen haben. Dass *eṣ-ṣakhra* erst verhältnismässig spät mit der miʿraj verknüpft worden ist, geht aus anderen arabischen Schriftstellern hervor die den Felsendom erwähnen. Bei Ibn al-Faḳîh (903 n. Chr.) heisst es: „nahe dem Felsen ist die Kubbat al-miʿraj" (LE STRANGE, *o.c.*, 121: „near the Rock is the Dome of the Ascension"). Bei Mukaddasi (985 n. Chr.), einem Einwohner Jerusalems, lesen wir nach LE STRANGE's Übersetzung: „on this Platform [*sc.* die Plattform des Felsendomes] stand four Domes. Of these, the Dome of the Chain, the Dome of the Ascension [Kubbat al Miʿraj], and the Dome of the Prophet are of small size ... In the centre of the Platform is the Dome of the Rock ..." (*o.c.*, 123). Mudschir ed-din (1496 n. Chr.) sagt: „Rechts vom Felsen, auf der Plattform, auf der Westseite, ist die Kubbat al miʿraj, „fort connue et l'objet de pieuses visites" [13]. Dieser Dom blieb nach LE STRANGE (1890) die Kubbat al miʿraj bis auf unserer Zeit (*o.c.*, 154). Wäre Mohammed's Himmelsreise von Anfang an mit dem Felsendom, d.h. mit *eṣ-ṣakhra*, verknüpft gewesen, hätte niemals ein anderer Dom auf der Plattform als Kubbat al

---

[10] Bei CHRISTEL KESSLER, *ʿAbd al-Malik's Inscription in the Dome of the Rock: A reconsideration*, *JRAS*, 1970, 2. 14, p. 11, n. 20.

[11] *The Life of Saladin by Behâ ed-Dîn*, PPTS, XIII, 119, n. 1.

[12] GUY LE STRANGE, *Palestine under the Moslems* [1890], 1965, 116; WERNER CASKEL, *Der Felsendom und der Wallfahrt nach Jerusalem*, 1963, 25.

[13] H. SAUVAIRE, *Histoire de Jerusalem et d'Hébron. Depuis Abraham jusqu'à la fin du XVᵉ siècle de J.C. Fragments de la Chronique de Moudjir-ed-dyn*, traduits sur le texte arabe, 1876, 111.

Abb. 202. Der heilige Fels. (Foto L. H. VINCENT)

Abb. 203. Der Felsendom in Jerusalem. Der innere Umgang.
(Foto K. A. C. Creswell)

miʿraj bezeichnet werden können. Nasir-i- Chosrou, ein Perser aus Balkh in Afgha-nistan, der 1047 Jerusalem besuchte, sagt über den Felsen nach LE STRANGE's Übersetzung: „The Rock inclines on the side that is towards the Kiblah (or south), and there is an appearance as though a person had walked heavily on the stone when it was soft like clay, whereby the imprint of his toes had remained thereon. There are on the Rock seven such footmarks, and I heard it stated that Abraham ... was once here with Isaac ... when he was a boy, and that he walked over this place, and that the footmarks were his" (LE STRANGE, *o.c.*, 128). Nicht der Prophet, sondern Abraham wird hier mit *eş-şakhra* in Verbindung gebracht. Etwa 150 Jahre später heisst es bei ʾAli von Herat, der 1173, als Jerusalem noch im Besitz der Christen war, die Stadt besuchte (er hat sein Buch aber nach dem Fall Jerusalems verfasst), auf *eş-şakhra* gibt es die Fusseindrücke des Propheten (LE STRANGE, *o.c.*, 132). Nach al Suyûti (1470 n. Chr.) wurden in der Kreuzfahrerzeit die „Eindrücke" Christus' Fusseindrücke genannt (*id.*, 136); der Fusseindruck des Propheten sei auf einem frei vom Felsen stehenden, von einer Säule getragenen Stein zu sehen (*ibid.*). Wir möchten vermuten, dass die Verknüpfung von *eş-şakhra* mit der *miʿraj* erst nach der Kreuzfahrerzeit, als die Christen behauptet hatten, auf dem Fels gibt es die Fussein-drücke Christi, Eingang gefunden hatte.

Wenn *eş-şakhra* erst verhältnismässig spät mit der *miʿraj* verknüpft worden ist, muss der Fels aus anderen Gründen von den Muslimen von Anfang an als heiliger Fels betrachtet worden sein (vgl. CHRISTEL KESSLER, in *JRAS*, 1970, 11). Dass er 670 n. Chr., als Arculphus Jerusalem besuchte, noch nicht die Andacht der Muslime gehabt habe, wie CRESWELL meint, ist nicht anzunehmen und lässt sich aus Arculphus' Schweigen über den Felsen nicht erschliessen; Arculphus hatte, anders als der Pilger von Bordeaux im Jahre 333 n. Chr., als die Juden den Untergang des Tempels beim *lapis pertusus* (*eş-şakhra*) beweinten [14], keinen Grund, den Fels zu erwähnen. Dass *eş-şakhra* schon vor der Errichtung des Felsendomes von den Muslimen verehrt wurde, geht auch aus einem späten Bericht bei Mudschir ed-din hervor: ʿAbdal-malik beabsichtigte über eş-şakhra einen Dom zu errichten, „qui mette les musel-mans à couvert de la chaleur et du froid" (Übers. H. SAUVAIRE, *Histoire de Jérusalem*, 1876, 49). Hier ist selbstverständlich an Muslime zu denken, welche nahe dem von ihnen verehrten Fels standen. Die Tradition, dass ʿAbdalmalik sein Vorhaben, den Felsendom zu bauen, dem Volke brieflich bekannt gemacht habe — ohne den Willen des Volkes zu kennen habe er es nicht tun wollen — (LE STRANGE, *o.c.*, 144), könnte u.E. einen geschichtlichen Kern enthalten. Der Akt erinnert mutatis mutandis

---

[14] Siehe Bd. I, 1970, 6 und Anm. 21.

an Herodes' Ansprache an die Juden, als er beabsichtigte, den alten Jerusalemer Tempel durch einen Neubau zu ersetzen [15].

CRESWELL meint, wie wir sahen, dass der Fels noch 670 n. Chr. „had not attracted the attention of the Muslims" (*Early Muslim Architecture* I, 1², 1969, 33). Die Sache ist, dass CRESWELL den Bericht des Eutychius († 940 n. Chr.) über die Freilegung des heiligen Felsens durch ʿOmar, als dieser 638 nach Jerusalem gekommen war, um die Kapitulation der Stadt anzunehmen, für legendarisch hält (*o.c.*, 32 f.). In der Hauptsache dem Bericht des Eutychius gleichlautend berichten darüber arabische Schriftsteller, u.a. Mudschir ed-din (1496 n. Chr.), was natürlich noch nicht besagt, dass wir es hier mit einer historischen Tatsache zu tun haben. Dass die Einkleidung des Berichtes legendarisch ist (darüber unten mehr), dürfte möglich und wahrscheinlich sein, es lassen sich aber u.E. keine stichhaltigen Gründe dafür anführen, dass der Kern nicht historisch sein könne. Was ʿOmar 638 sehen wollte, sagt HAMILTON, war die mihrab von David oder die masjid Sulaiman, was ihm gezeigt wurde, wissen wir aus dem Bericht des Pilgers von Bordeaux: den *lapis pertusus* auf Ḥarām asch-scharīf (bei KESSLER, *JRAS*, 1970, 11, n. 20). Dass ʿOmar mit der jüdischen Tradition, nach der der Fels die Stätte von Isaak's Opfer gewesen sei, bekannt war, dürfen wir annehmen; war er doch Mohammed's eifrigster Anhänger und Parteigänger und Mohammed wird die mit dem Felsen verknüpfte Legende von den Juden kennen gelernt haben. Hinzu kommt, dass ein zum Islam bekehrter Jude, ʿAl b. Salām b. al-Ḥāriṯ, der ursprünglich al-Ḥuṣain hiess, mit ʿOmar an der Reise nach Jerusalem teilgenommen hat (FUAT SEZGIN, *Geschichte des arab. Schrifttums*, I, 1967, 304). Dass Eutychius über diese mit dem Felsen verknüpfte Abrahamlegende schweigt, braucht nicht zu verwundern, denn die traditionelle Stätte vom Opfer Isaaks war von den Christen nach dem Ort der Grabeskirche verlegt worden [16].

Die Einkleidung des Berichtes könnte legendarisch sein. Es heisst: „man [*sc.* die Christen] hatte auf den Felsen Erde geworfen, so dass auf ihm ein grosser Schutthaufen entstanden war" [17]. ʿOmar soll dann den Schutt an seinem Busen weggetragen haben; keiner zögerte, ihm darin zu folgen, bis der Platz (Ḥarām) gereinigt „und der Fels sichtbar geworden war" (GILDEMEISTER, *l.c.*, 5). Wie diese Einkleidung entstanden sein könnte, dafür gibt CRESWELL eine kaum wahrscheinliche Erklärung: Die Muslime nannten die Anastasis-Kirche (Grabeskirche), die auf arab. Kanīsat al-Qiyāma (= Anastasis) heisst, al-Qumāma = Misthaufen (CRESWELL, *o.c.*, 33;

---

[15] Josephus, *Antiq.* XV, 11, 1 §§ 382-387.

[16] Theodosius (530 n. Chr.), Übers. J. H. BERNARD, *PPTS*, II, 1893, p. 40; *Of the Holy Places visited by Antonius Martyr*, ca. 570, *id.*, p. 16.

[17] Eutychius, II, 285-298, bei JOHAN GILDEMEISTER, *Die arab. Nachrichten zur Gesch. der Harambauten*, *ZDPV*, XIII, 1890, 1-24, 4 f.; S. 7-8 die Erzählung nach Mudschir ed-din, Übers.

vgl. GUY LE STRANGE, *Description of Syria including Palestine by Mukaddasi*, 1886, *PPTS*, III, 24, n. 1). „Is it not possible that the Christians invented the above account to show that it was the Muslim sanctuary which had better claim to be called the Dunghill?" (CRESWELL, *l.c.*). Eine interessante Erklärung, die aber unerklärt lässt, warum man die Legende in die Zeit 'Omar's verlegt habe. Hätte 'Omar kein Interesse für eş-şakhra gezeigt, würde die legendarische Einkleidung nicht haben entstehen können.

Die Muslime haben, wie wir oben sahen, noch 1047, als Nasir-i-Chosrou Jerusalem besuchte, eş-şakhra mit Abraham, dem Urahn der Araber in Beziehung gebracht. Später wurde es die Stätte, von der Mohammed seine Himmelreise anfing und viele andere Vorstellungen wurden mit eş-şakhra verknüpft: der Fels war Mittelpunkt und höchster Punkt der Erde, der erste Fleck der Erde, welcher geschaffen war (HARTMANN, *Der Felsendom*, 1909, 10, mit arab. Belegstellen). Wie der Dominikaner FELIX FABRI, der 1483 auf seiner Reise durch Palästina Jerusalem besuchte, berichtet, sind auch viele biblischen Fabeln auf den Felsen „geschrieben" worden: hier opferte Melchisedek Brot und Wein, hier schlief der Patriarch Jakob, hier sah er die Leiter, welche zum Himmel reichte, hier sah David den Engel Gottes stehen (*PPTS*, IX, 246). Wir dürfen annehmen, dass verschiedene dieser Vorstellungen schon früh mit dem heiligen Felsen verknüpft worden sind, einige vielleicht schon in der israelitischen Königszeit. Im Alten Testament wird der Fels aber überhaupt nicht erwähnt.

Nach Theophanes (7. Jahrh. n. Chr.) hatte 'Omar zwei Jahre vor seinem Tode angefangen, eine Moschee auf Ḥarām asch-scharīf zu bauen. Nach der Beschreibung der Moschee durch Arculphus (670 n. Chr.) [18] war es ein Holzbau rechteckigen Grundrisses aus aufgerichteten Brettern und grossen Balken; sie konnte, sagte man, dreitausend Mann fassen [19]. GILDEMEISTER lokalisiert den Bau in die südliche Hälfte des Tempelplatzes, an der Umfassungsmauer (*Die arab. Nachrichten*, *ZDPV*, XIII, 1890, 11). und auch CRESWELL lokalisiert ihn an der Südseite (*Early Muslim Arch.*, I, 1², 1969, 34). CRESWELL bezeichnet ihn als „the First Aqsa Mosque". Er weist darauf hin, dass die Mihrab (Gebetsnische) der Aksa-Moschee in der Flucht des heiligen Felsens liegt und er sagt dann: „As the Rock had not yet attracted the attention of the Muslims, the primitive mosque cannot have been placed in such an exact relationship to it" (*o.c.*, I, 1, 1969, 34). Das ist, wie wir oben betonten, wohl anders gewesen und es dürfte mindestens wahrscheinlich sein, dass schon die Mihrab der von 'Omar errichteten Moschee in die Fluchtlinie des heiligen Felsens gestellt

---

[18] Der gallische Bischof Arkulf hatte das Werk nicht selbst geschrieben; der Abt Adamnanus aus Jone schrieb *de locis sanctis libri tres* nach Angaben von Arkulf.

[19] JAMES ROSE MACPHERSEON, *The Pilgrimage of Arculfus in the Holy Land*, 1889, *PPTS*, III, 4.

gewesen ist; bei der Errichtung der zweiten Aksa-Moschee wird man betreffs der Lage der Mihrab wohl auf den alten Bau Rücksicht genommen haben.

Nach CRESWELL sollten die von 'Omar auf dem Tempelplatz ausgeführten Bauarbeiten die ersten gewesen sein, welche nach der Zerstörung des jüdischen Tempels durch Titus (70 n. Chr.) stattgefunden haben (*o.c.*, 29 ff.: *The fate of the Temple Area after the Siege of Titus*). Zwar sind die Meinungen darüber geteilt, ob der Jupiter-Tempel, den Hadrian nach Dio Cassius an der Stelle des jüdischen Heiligtums errichten wollte, tatsächlich zustande gekommen ist [20], es geht aber zu weit, wenn CRESWELL sagt: „there is nothing to show that Hadrian's proposed temple was ever built" (*o.c.*, 29). Wir haben die Notiz bei Hieronymus, in der ein Jupiterbild erwähnt wird (Comm. in Jes. II, 9, bei VINCENT-ABEL, *Jérusalem Nouvelle*, 1914, 33) und dies macht den Bau eines Tempels doch wohl wahrscheinlich (siehe hier Kap. XVIII, Anm. 1). HUGO MANTEL hat es wahrscheinlich gemacht, dass das Dekret hinsichtlich des Baus des Jupiter-Tempels nicht vor, sondern nach dem Bar-Kochba-Aufstand erlassen worden ist. Das Dekret über den Bau von Aelia Capitolina „was issued after the quelling of the rebellion, as a punishment upon the Jews and a warning to other nations, not to rebel" [21]. Auch dürfte es mehr als wahrscheinlich sein, dass Bar Kochba, der drei Jahre Herr über Jerusalem gewesen ist (nach B. KANAEL freilich nur zwei Jahre, *IEJ*, 21, 1971, 45), den jüdischen Tempel, sei es auch in dürftiger Form, wieder aufgebaut hatte. Die letzten Bauarbeiten auf dem Tempelplatz vor der Errichtung der hölzernen Moschee durch 'Omar haben unter Julian Apostata (361-363) n. Chr.) stattgefunden, wenn es auch zum Wiederaufbau des Tempels nicht gekommen ist [22].

Die Frage, ob auf dem Tempelplatz einmal eine byzantinische Kirche gestanden habe, lässt sich nicht mit Sicherheit beantworten. Dass die von Justinian (527-565 n. Chr.) erbaute und von Procopius beschriebene Theotokos-Kirche an der Stelle der Aksa Moschee gestanden habe, wie von verschiedenen Gelehrten angenommen wurde, hatten im 19. Jahrhundert schon TITUS TOBLER (*Zwei Bücher Topographie von Jerusalem*, I, 1853, 581), DR. SEPP (*Jerusalem und das Heilige Land*, I, 1873, 63) und JOHANN GILDEMEISTER (*ZDPV*, XIII, 1890, 12) unrichtig genannt und CRESWELL lehnt die Ansicht mit Bestimmtheit ab. „The church must have been built on the eastern slope of the highground now occupied by the Jewish Quarter ..." (*Early Muslim Arch.*, I, 1², 1969, 32; p. 31, n. 6 reiche Bibliographie über die alte Theorie;

---

[20] Bd. I, 1970, 3, Anm. 5 und S. 4.
[21] HUGO MANTEL, *The Causes of the Bar Kokba Revolt*, *JQR*, LVIII, 1968, 224-242 und 274-296, p. 296.
[22] Siehe Bd. I, 1970, 5 und Anm. 16, wo auch JOSEPH VOGT, *Kaiser Julian und das Judentum*, *Morgenland*, 30, 1939, bes. 46 ff. zu nennen ist.

vgl. Peter Thomsen, *Das Stadtbild Jerusalems auf der Mosaikkarte von Madeba*, *ZDPV*, 52, 1929, 149-174 und 192-219, S. 209 f.). Bei neueren Ausgrabungen in der Altstadt von Jerusalem, ausgeführt durch israelitische Archäologen, sind Reste dieser Kirche ans Licht gekommen (*IEJ*, 20, 1970, 138; N. Avigad).

A. E. Mader, J. Jeremias und A. M. Schneider haben aus der Madebakarte und auf Ḥarām asch-scharīf aufgefundenen Architektur- und anderen Reste erschliessen wollen, dass auf dem Tempelplatz eine byzantinische Kirche gestanden habe[23]. An der Stätte der Aksa Moschee meint Jeremias, die Austreibungskirche lokalisieren zu sollen. Dies sei die einzige christliche Kirche, welche auf dem Tempelplatz errichtet worden ist (*ZDPV*, 65, 1942, 115, Anm. 5). Es ist u.E. fraglich, ob aus der Madebakarte das Vorkommen einer Kirche auf dem Tempelplatz erschlossen werden darf — sie könnte in der Nähe gestanden haben —, und was die Architektur- und anderen Reste betrifft, so könnten sie von zerstörten Kirchen ausserhalb des Ḥarām stammen und von den Muslimen bei der Errichtung des Felsendomes und der Aksa Moschee hinaufgebracht worden sein. Hätte es in ʿOmar's Zeit eine zerstörte Kirche auf dem Tempelplatz gegeben, ʿOmar würde die Architekturstücke wohl beim Bau seiner Moschee benutzt haben. Dies war aber, wie wir sahen, ein schlichter Holzbau. „Es scheint wirklich, als habe eine religiöse Scheu jede Art von Bebauung gehindert" (Gildemeister, *l.c.*, 12). Der Versuch Julians, den jüdischen Tempel wiederaufzubauen, wird bei den Christen erst recht ein Gefühl von Abscheu für den alten Tempelplatz erregt haben. Die Muslime, dafür zeugt die von ʿOmar errichtete hölzerne Moschee, haben den alten Tempelplatz von Anfang an zu einem Betort erhoben und dies lässt sich doch mindenstens zum Teil auf den mit dem heiligen Felsen verknüpften Namen Abraham zurückführen[24]. Kalif Moʿawiya (661-680), der Gründer der Dynastie der Omaiyaden, hat, wie später darzulegen sein wird, aller Wahrscheinlichkeit nach das alte, aus der Zeit des Herodes stammende Goldene Tor an der Ostmauer des Ḥarām asch-scharīf wiederaufgebaut. Dass dann Kalif ʿAbdalmalik (685-705 n. Chr.) über dem heiligen Felsen einen architektonisch hervor-

---

[23] Mader, *Byzantinische Basilikareste auf dem Tempelplatz in Jerusalem*, *ZDPV*, 53, 1930, 212-222; Jeremias, *ZDPV*, 65, 1942, 115, Anm. 5; Schneider, *id*. 119.

[24] Siehe aber Oleg Grabar, *The Umayyad Dome of the Rock in Jerusalem*, *Ars Orientalia*, III, 1959, 33-62. „At any rate, the Muslims took over the Ḥaram area with a definite knowledge and consciousness of its implication in the Jewish tradition as the site of the Temple" (p. 41). Und weiter: „in building anew on the Temple area . . ., the Muslims committed a political act: taking possession for the new faith of one of the most sacred spots on earth and altering the pattern imposed on that spot by the Christian domination, without restoring it to its Jewish splendor. But, in all these undertakings the Rock itself played but a minor part" (p. 41/42). Auf p. 44 heisst es: „and since a great number of Jews were converted to Islam in the first decades of the new religion, it is very likely that the early Muslims did know of the association between the Rock and Abraham's sacrifice". Dies macht es u.E. doch wohl sehr wahrscheinlich, dass bei der Übernahme des Tempelplatzes durch die Muslime der heilige Fels keine geringe Rolle gespielt hatte.

ragenden Kuppelbau errichtete, war wenigstens zum Teil die Folge der damaligen politischen Verhältnisse, die hier kurz zu erwähnen sind.

2. *Errichtung des Felsendomes.* Die Empörung des Statthalters von Syrien, Mo ʿawiya ibn-abi Sufyan erst gegen Kalif Ali (Schwiegersohn Mohammeds; er war mit Fatima verheiratet), dann nach Ali's Ermordung gegen dessen Sohn Hasan (erster Bürgerkrieg im Islam, 656-661) führte schliesslich dazu, dass Hasan der Kalifenwürde zu Gunsten Moʿawiya's (661-680) entsagte. Wie C. SNOUCK HURGRONJE sagt: „den ältesten Sohn Ali's, H̱asan, kaufte er [*sc.* Mo ʿawiya] ab" (*Mekka*, I, 1888, 27). In dem Streit gegen Ali hatten Moʿawiya's Truppen ihren Führer schon als Kalif begrüsst und Ende Mai 660 n. Chr. hatte Moʿawiya in Jerusalem „accepted a formal oath of allegiance as caliph" [25]. Die Erblichkeit der Kalifenwürde kam damit an das Haus Omaiya, Sitz des Kalifats wurde Damaskus. Mo ʿawiya führte dann den Brauch ein, Ali jeden Freitag in seiner Khutbah (Predigt) nach den Juma- (Freitags) gebeten öffentlich zu verdammen (SAYYID FAYYAZ MAHMUD, *Gesch. des Islam*, Übers. EVA SCHÖNFELD, 1964, 108).

Unter Jazid I. (680-683), Sohn und Nachfolger Moʿawiya's machte Husein, Ali's jüngerer Sohn (demnach Enkel Mohammeds) ihm die Kalifenwürde streitig (zweiter Bürgerkrieg im Islam, 680-692) [11]. Husein und seine Getreuen wurden aber von den Truppen Ubeidallah's, Emir von Basra — der die Verschwörung entdeckt hatte — niedergemacht. Bald nachher wurde in Mekka ein Alide (Anhänger Ali's), ʿAbdallāh ibn az-Zubair, der durch seine Grossmutter mit dem Propheten verwandt war, zum Kalif ausgerufen. Er beherrschte Arabien und den grössten Teil Persiens. Ein von Kalif Jazid nach Arabien gesandtes Heer belagerte Mekka, verbrannte die Kaʿba (siehe aber J. WELLHAUSEN, *The Arab Kingdom and its Fall* [1902], 1963, 165: Schuld an dem Brand hatten die Syrer nicht), konnte aber ʿAbdallāh ibn az- Zubair nicht zur Unterwerfung bringen. Es gab nun also einen Kalifen in Damaskus und einen Rivalen in Mekka. Dies war noch der Fall, als ʿAbdalmalik, fünfter Kalif der Omaiyaden und Erbauer des Felsendomes, die Kalifenwürde antrat. Erst Oktober 692 „wurde der zweite Bürgerkrieg im Islam mit dem Tode des (Gegen-) Chalifen ʿAbdallah ibn az-Zubair und der Übergabe der heiligen Stadt Mekka an al-Ḥaǧǧāg, den Emir der Truppen seines omaiyadischen Gegenspielers ʿAbdalmalik (685-705), beendet" (R. SELLHEIM, *l.c.*, 92).

Wie aus der von ʿAbdalmalik stammenden kufischen Inschrift in goldenen Buch-

---

[25] CARL BROCKELMANN, *History of the Islamic Peoples*, 1949, 70.

[26] Siehe hierüber RUDOLF SELLHEIM, *Der zweite Bürgerkrieg im Islam (680-692)*. Sitz.-ber. der wiss. Gesellschaft an der Johann Wolfgang Goethe Un., Frankfurt/Main. Bd. 8, 1969, Nr. 4, 87-111, Wiesbaden, 1970.

staben auf blauen Hintergrund hoch an der Wand des inneren Achtecks, mit dem
Jahresdatum 72/691 hervorgeht — al-Mamun hat später seinen Namen an die Stelle
ʿAbdalmalik's gesetzt —, ist der Felsendom in der Zeit des zweiten Bürgerkrieges
errichtet worden [27]. Was den ʿAbdalmalik zu der Errichtung des Felsendomes veranlasst habe, darüber sind die Meinungen geteilt. Nach Jaʿkūbī (874) sollten die
Syrer davon abgehalten werden, nach Mekka zu pilgern, „weil Ibn az-Zubair sie
dabei zur Huldigung nötigte" (bei CASKEL, *Der Felsendom*, 1963, 25. Vgl. GILDE-
MEISTER, *l.c.*, 15 f.; LE STRANGE, *Palestine under the Moslems*, 116). Wäre ʿAbdalmalik's Versuch gelungen, meint LE STRANGE, „it is a question whether Jerusalem
might not then have become the capital of the Omayyads" (*l.c.*). Das von Jaʿkūbī
vorgetragene politische Motiv wird u.a. von JOHANN GILDEMEISTER (*ZDPV*,
XIII, 1890, 15 f.), IGNAZ GOLDZIHER (*Muhammedanische Studien*, II, 35-37, bei
GOITEIN, siehe weiter unten), CARL BROCKELMANN (*History of the Islamic Peoples*
[1939], 1949, 86), HANS L. GOTTSCHALK (in *Die Kultur des Islams*, 1971, 188) unterschrieben. SHELOMO DOV GOITEIN hingegen betont, „that the erection of the Dome
of the Rock could not have been intended to divert the Hajj from Mecca to Jerusalem" [28]. Die Quellen zeugen nicht dafür, sagt GOITEIN, dass der Felsendom „was
originally conceived to replace the Kaʿba" (*JAOS*, 70, 105). ʿAbdalmalik könne
diese Absicht nicht gehabt haben; er hätte sich selbst damit als einen Kāfir gekennzeichnet, gegen den die Jihād verpflichtend gewesen wäre (*ibid.*). Hinzu kommt,
sagt GOITEIN, dass Ragâ b. Ḥaiwa, der beim Bau des Felsendomes herangezogen
war, ein berühmter Theologe war, der seine Zustimmung „to such a pious fraud"
nicht gegeben haben könne (*ibid.*). Die Pracht der christlichen Kirchen muss einen
tiefen Eindruck auf die Muslime gemacht haben (p. 106); „the erection of Qubbat
as-Sakhra was largely an act of propaganda and rivalry, or even in the spirit of an
Islamic mission to the Christians" (p. 108). Ähnlich war die Meinung Mukaddasi's
(985), wenigstens die seines Onkels, der dem Mukaddasi auf dessen Einwand, die
Reichtümer, welche die Errichtung der Moschee von Damaskus gekostet hatten,
hätten doch besser zu der Anlage von Strassen, caravanserais und der Ausbesserung
der Forts benutzt werden können, u.a. erwiderte: Verstehst Du es nicht, dass
ʿAbdalmalik, als er die Herrlichkeit der Kuppel der al Kumāmah (Auferstehungs-
kirche) sah, aus Besorgnis, sie könne auf die Muslime einen zu grossen Eindruck
machen, den Felsendom errichten liess? [29].

---

[27] Siehe über die Inschrift LE STRANGE, *Palestine under the Moslems*, 118 f., bes. p. 119; CHRISTEL
KESSLER, ʿAbd al-Malik's Inscription in the Dome of the Rock: *A reconsideration, JRAS*, 1970, 2-14; 4 ff.
die Inschrift in kufischen Buchstaben; Pl. I-III, Fotos.

[28] *The Historical Background of the Erection of the Dome of the Rock, JAOS*, 70, 1950, 104-108, p. 104;
Ders., *Studies in Islamic History*, 1966, 134 ff.

[29] Bei CASKEL, *Der Felsendom*, 24; LE STRANGE, *Description of Syria including Palestine by Mukaddasi*,

Werner Caskel bringt die Errichtung des Felsendomes durch ʿAbdalmalik mit einer Tat seines Gegners, ʿAbdallah ibn az- Zubair, in Beziehung. Dieser habe die Kaʿba, die bei der Belagerung Mekkas 683 in Brand geraten und arg beschädigt war, neu aufgebaut. Grundriss und Bauweise wurden verändert; aus Marmor geschnittene Fenster wurden eingesetzt. Dieser 684 vollendete Neubau habe ʿAbdalmalik dazu angeregt, auf dem Tempelplatz in Jerusalem „ein seinem Sinn nach der Kaʿba verwandtes Gebäude" zu errichten [30]. Hierin könnte etwas richtiges stecken, es ist damit aber über den Zweck, den ʿAbdalmalik bei der Errichtung des Felsendomes vor Augen hatte, nichts wesentliches ausgesagt. Caskel hat dies wohl auch selbst eingesehen, denn er fährt fort: „Wie wäre es, wenn der Entschluss, den Bau zu beginnen, mit dem Plan zur Wiederaufnahme des grossen Krieges zusammenhinge? Nämlich mit der Hoffnung, durch dieses dem Triumph des Islam gewidmete Werk die göttliche Hilfe zur Wiederherstellung der Einheit der Gemeinde ... zu erlangen" (*l.c.*). Das Motiv könnte zweifellos bei der Errichtung des Felsendomes mitgespielt haben; ein gottgefälliges Werk hätte ʿAbdalmalik aber auch in Damaskus, Sitz des Kalifats, errichten können. Dass er dafür Jerusalem wählte, erklärt sich natürlich daraus, dass die Stadt für die Muslime schon grosse religiöse Bedeutung hatte. Hatte doch auch, wie wir gesehen haben, Moʿawiya sich in Jerusalem als Kalif bestätigen lassen.

ʿAbdalmalik, sagt Rudolf Sellheim, „liess ( ) unter geschickter Auslegung und Ausgestaltung gewisser Traditionen verkünden, dass der Prophet Mekka, Medina und Jerusalem als Wallfahrtsorte gleichgestellt, ja Jerusalem in dieser Beziehung über die beiden Prophetenstädte erhoben habe" (*l.c.*, 104). Goitein lehnt die Ansicht, ʿAbdalmalik habe Jerusalem als Pilgerort über Mekka stellen wollen, wie wir gesehen haben, unbedingt ab. Mit der Errichtung des Felsendomes könne ʿAbdalmalik nicht die Absicht gehabt haben „to divert the Hajj from Mecca to Jerusalem" [31]. Wir folgen Goitein und Grabar und nehmen an, dass ʿAbdalmalik keinesfalls Jerusalem als Pilgerort über Mekka habe stellen wollen. Die geläufige Ansicht beruht, wie wir gesehen haben, auf dem Bericht Jaʿkūbī's (874 n. Chr.). Als Jaʿkūbī schrieb (er hatte sein Buch wohl in Ostpersien verfasst; Caskel, *o.c.*, 25), war die Dynastie der Abbassiden schon lange an der Macht. Die Glieder der Omaiyaden-Dynastie wurden durch die Abbassiden fast vollständig ausgerottet. Die Wahrscheinlichkeit spricht dafür, dass Jaʿkūbī's Bericht, d.h. die Anschuldigung,

---

1886, *PPTS*, III, 22 f.; Ders., *Palestine under the Moslems*, 117 f.; Creswell, *Early Muslim Architecture*, I, 1², 1969, 66.

[30] Caskel, *Der Felsendom*, 1963, 27.

[31] Goitein, in *JAOS*, 70, 1950, 104; Ders., *Studies in Islamic History*, 1966, 134 ff.; Oleg Grabar hat 1959 Goitein's Ansicht unterschrieben, *The Umayyad Dome of the Rock*, *Ars Orientalia*, III, 1959, 33-62, p. 35 f.

ʿAbdalmalik habe die Kaʿba durch eṣ-ṣakhra als Pilgerstätte ersetzen wollen, von den Erzfeinden der Omaiyaden, den Abbasiden stammt (vgl. S. D. GOITEIN, *Studien in Islamic History*, 1966, 136; OLEG GRABAR, *l.c.*, 46) [32]. Noch Mamun (813-834), der sich in der Inschrift des Felsendomes fälschlich für den Erbauer des Domes ausgibt, wollte den Gründer der Omaiyaden-Dynastie, Moʿawiya, von der Kanzel verfluchen lassen, was ihm wegen der starken Opposition des Volkes nicht gelang [33]. Diese Opposition lässt darüber keinen Zweifel, dass die Dynastie der Omaiyaden, wenn auch von der Weltbühne verschwunden (mit Ausnahme ʿAbd er-Rachman's in Spanien) vom Volke noch hoch verehrt wurde [34]. Von den Abbassiden konnte dies am besten durch eine schwere Verleumdung bestritten werden.

CHRISTEL KESSLER, darin HAMILTON folgend, betont, dass keine einzige Tradition den wirklichen Zweck oder Botschaft (message) des Felsendomes erkennen lässt; „it was the inscription surrounding the Rock which did that: declaring for all to read — Muslims or People of the Book — that Islam had superseded both Christianity in its doctrine of Jesus and Judaism in its inheritance from David" (*JRAS*, 1970, 11, n. 20). Dass ʿAbdalmalik den Dom über dem heiligen Felsen, mit dem damals die miʿraj noch nicht verknüpft war, errichtete, lässt sich nur daraus erklären — und dies ist wohl auch die Meinung KESSLER's und HAMILTON's —, dass eṣ-ṣakhra (mit dem der Name Abraham verbunden war) ein von den Muslimen schon hoch verehrtes Heiligtum war, wohin viele Muslime pilgerten. Als ʿAbdalmalik dann verkünden liess, der Prophet habe Mekka, Medina und Jerusalem als Wallfahrtsorte gleichgestellt, musste dies doch durch eine architektonische Schöpfung wahr gemacht worden. Damit wurde zugleich das Wort des Propheten als absolute Wahrheit betont, was dann in der Inschrift des Domes, in der der Islam über Judentum und Christentum gestellt wird, theologisch zum Ausdruck kommt. Es ist aber auch an Rivalität mit den Christen zu denken. Dafür zeugt die Ähnlichkeit des Domes mit Heiligtümern der Christen (siehe weiter unten). „From a Muslim point of view, therefore, the Dome of the Rock was an answer to the attraction of Christianity, and its inscription provided the faithful with arguments to be used against Christian positions" [35].

[32] Siehe auch WILLIAM G. MILLWARD, *Al-Yaʿqubi's Sources and the question of Shīʿa partiality*, Abr-Nahrain, XII, 1971-1972, 47-74, bes. p. 61.

[33] V. BARTOLD, in: *The Islamic Quarterly*, VII, 1963, 122.

[34] Siehe aber IGNAZ GOLDZIHER, *Vorlesungen über den Islam* [1924], 1962, 91: „Die Omajyaden wussten ganz gut, dass ihre Dynastie ein Dorn im Auge der Frommen sei ... Es war ihnen wohl bekannt, dass sie vielen ihrer Untertanen als Gewalthaber galten, die sich die Herrschaft mit den Mitteln der Gewalt und Unterdrückung aneigneten; als Feinde der Prophetenfamilie, als Mörder der geheiligten Personen, als Entweiher der heiligen Stätten".

[35] OLEG GRABAR, *l.c.*, p. 56; GOITEIN sagt: „The very form of a rotunda, given to the Qubbat al-Sakhra, although it was foreign to Islam, was destined to rival the many Christian domes. The

Eine eingehende Beschreibung des Felsendomes fällt natürlich ausserhalb unserer Aufgabe [36]. Nur die Hauptmerkmale des Domes seien hier erwähnt. Die sich etwa 32 m über der Plattform erhebende hölzerne Kuppel (Durchmesser 20.44 m) hat eine halbkugelförmige Innenkuppel und eine leicht spitzbögige Aussenkuppel. Die Kuppel ruht auf einer kreisrunden gemauerten Tambur, in der sechzehn Rundbogenfenster vorkommen. Gemauerte Rundbogen auf zwölf Säulen und vier schweren Pfeiler tragen die Tambur. Dieser kreisrunde Kern ist von einem oktogonalen Pfeiler und Säulenkranz, etwa bis zum Ansatz der Tambur reichend, umgeben: acht Pfeiler und je zwei Säulen zwischen den Pfeilern. (Abb. 201). Nach der Meinung CONDER's war dies die ursprüngliche Anlage des Felsendomes: ein ganz offener Bau, ähnlich dem östlich vom Felsendom stehenden Kettendom. Der geschlossene oktogonale Umbau stammt, meinte CONDER, vom Abbassiden-Kalifen al-Mamun. „The doors in this outer wall bear Cufic inscriptions dating 831 A.D., at which time Mamûn restored the building; the beams in the roof resting on the wall bear the date 931 A.D." [37]. CRESWELL lehnt diese schon 1873 von CHAPLIN und in neuerer Zeit von STRZYGOWSKY vertretene Ansicht ab: die Aussenmauer gehört zum Bau ʿAbdalmalik's (*Early Musl. Arch.*, I, 1², 1969, 80 ff.). CRESWELL weist darauf hin, dass al-Mamun „did not scruple to alter the inscription of ʿAbdal-Malik in the interior, in accordance with the well-known policy of the ʿAbbāsids, whose wish was to efface every souvenir of the Umayyads" (*o.c.*, 82). Einen ganz ähnlichen geschlossenen oktogonalen Umbau zeigt, wie CRESWELL betont, die Ruine der Himmelfahrtskirche auf dem Ölberg (*o.c.*, 107 und Fig. 41, nach VINCENT-ABEL, *Jérusalem Nouvelle*, 1914, Fig. 155, p. 361). Die Seiten des Oktagons am Felsendom sind 15.70 m, an der Himmelfahrtskirche 15.80 m, „a very remarkable fact" (CRESWELL, *l.c.*). Daraus lässt sich u.E. noch nicht mit Sicherheit schliessen, dass ʿAbdalmalik's Dom schon den geschlossenen Umbau gezeigt habe. Auch al-Mamun könnte ihn nach dem Beispiel der Himmelfahrtskirche gebildet haben. (Siehe aber

inscription decorating the interior clearly display a spirit of polemic against Christianity, while stressing at the same time the Koranic doctrine that Jesus Christ was a true prophet . . . All this shows that rivalry with Christendom, together with the spirit of Islamic mission to the Christians, was at work at the creation of the famous Dome" (*Studies in Islamic History*, 1966, 139).

[36] Siehe ERNEST TATHAM RICHMOND, *The Dome of the Rock in Jerusalem. A Description of its Structure and Decoration*, 1924; K. A. C. CRESWELL, *Early Muslim Architecture*, I, 1², 1969, 68 ff.; Ders., *A Short account of Early Muslim Architecture* (A Pelican Book, 1958, 17-39: The Dome of the Rock).— Auch RICHMOND hält den Felsendom für ein Konkurrenzheiligtum. „For this purpose it was necessary to construct as splendid a building as possible" (p. 2).—Das Baumaterial kam von byzant. Kirchen, oder ihren Ruinen in Jerusalem; 614 waren die meisten christlichen Bauten von den Persern unter Chosroes zerstört worden. RICHMOND sagt: „Both the materials and the workers seems to have been, for the most part, in their origin, rather foreign than local" (*ibid.*).

[37] *Tent Work in Palestine*, I, 1878, 318/319, statt 931 ist 831 zu lesen. Übersetzung der Inschrift al-Mamun's bei LE STRANGE, *Palestine under the Moslems*, p. 119.

Enc. AEHL, II, 1976, 615: das Oktogon stammt aus der Kreuzfahrerzeit). CONDER hat sicher recht, wenn er sagt: „The symmetry of the proportions is althogether destroyed by the great breadth of the larger building in comparison with its height, which is due simply to the addition of the outer wall. Once remove the outer wall, and the pleasing proportions of the Dome of the Chain are reproduced to three times their scale" (*o.c.*, 319). Ähnlich hatte sich offenbar Ja'kūbī (874) den Felsendom vorgestellt. „Es schwebte ihm offenbar ein einfacher Rundbau vor, aussen mit kostbaren Vorhängen bekleidet wie die Ka'ba" (CASKEL, *Der Felsendom*, 1963, 25; vgl. LE STRANGE, *Palestine under the Moslems*, 116). Damals, 874, war der Felsendom schon umbaut; Ja'kūbi könnte aber eine alte Quelle benutzt haben. Wie oben schon mehrmals bemerkt, hatte der Felsendom bei der Errichtung durch 'Abdalmalik noch nicht in Beziehung mit der mi'raj gestanden. Da ist es auffällig, dass der Umbau offenbar nach dem Beispiel der Himmelfahrtskirche gebildet ist. Wir möchten CONDER folgen: der Umbau ist al-Mamun zuzuschreiben (auch die Grabeskirche war ein offener Bau gewesen, *Jerusalem Revealed*, 1975, 24), er hat sich aber die Errichtung des ganzen Baues zugeschrieben. Vielleicht lässt sich der Umbau im Grunde aus dem Streben der Abbassiden erklären „to efface every souvenir of the Umayyads". ERNST DIEZ behauptet freilich, dass die Koraninschriften auf der bronzenen Nord- und Osttür als Inschriften 'Abdalmalik's erkannt worden sind (*Die Kunst der Islamischen Völker. Handb. der Kunstwissenschaft*, 1915, 15).

Vier Türen (O., W., N. und S.), die Portalvorbauten haben, das Hauptportal (Süd) mit Säulenportikus (Abb. 201), führen ins Innere des Domes, das sich durch überschönen Farbenreichtum auszeichnet: weisser Marmor, vergoldete Kapitelle, grüne und blaue Mosaiken. Siehe die prächtige Abbildung bei CRESWELL, *o.c.*, I, 1²: Frontespice: Dome of the Rock. Section looking south. Scale 1:150. Measured and drawn 1909 by the late WILLIAM HARVEY. Die Mosaiken, *o.c.*, 213 ff. von MARGUERITE GAUTIER-VAN BERCHEM.

Über die Ableitung des Felsendomes und die Herkunft vieler Details besteht kein Zweifel. Es gab damals in Jerusalem verschiedene von den Persern 614 n. Chr. zerstörte christlichen Kirchen, von denen Material, u.a. Säulen und Kapitelle unseres Baues stammen. Den Entwurf wird wohl ein einheimischer christlicher Architekt gemacht haben. 'Abdalmalik hatte auch einen christlichen Architekten mit der Ausbesserung bestimmter Bauten in Mekka „und der Hinzufügung anderer Bauten zur Ablenkung des Wassers" beauftragt [38]. Die Omaiyaden schickten christliche Maurer „zum Bau der Moschee nach Mekka; die strenge Ausschliessung der Nichtmuhammedaner datiert erst aus abbassidischer Zeit" (*ibid.*).

---

[38] C. SNOUCK HURGRONJE, *Mekka*, I, 1888, 19.

Das älteste bekannte Beispiel eines kreisrunden Gebäudes mit einer auf Säulen ruhenden Kuppel ist die von Kaiser Konstantin in Rom erbaute Santa Constanza Kirche, „and it must therefore be taken as the starting-point of the evolution which was completed on Syrian soil and culminated in the Dome of the Rock" [39]. Direktes Beispiel für die Kuppel war die ursprünglich von Konstantin in Jerusalem erbaute, dann von den Persern zerstörte und vom Patriarchen Modestus wiederaufgebaute

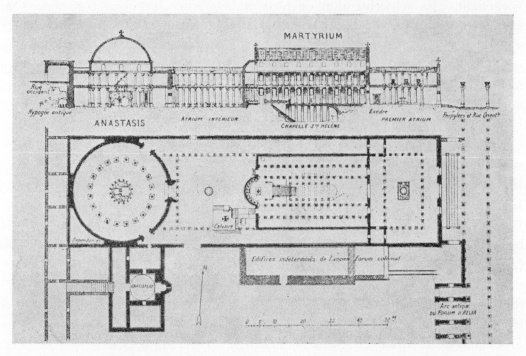

Abb. 204. Grabeskirche und Martyrium. (Rekonstr. L. H. Vincent)

Anastasis-Kirche (Grabeskirche) [40]. Durchmesser und Proportionen der hölzernen Kuppel stammen von der Anastasis (Creswell, o.c., 107). Das Oktogon des Pfeiler/ Säulen-Kranzes, wie das des späteren Umbaus, stammen von der Himmelfahrts- kirche auf dem Ölberg. Beim Wiederaufbau der zerstörten Kirchen im 6. und

---

[39] Creswell, Early Musl. Arch., I, 1², 1969, 106 f.—Plan der Santa Constanza: Creswell, A Short Account, Fig. 6, p. 35; Blick ins Innere: Oskar Wulff, Altchristl. und Byzant. Kunst, I, 1918, Abb. 239, S. 246.

[40] Siehe H. Vincent-F. M. Abel, Jérusalem Nouvelle, 1914, 218 ff., Chap. VIII: Le Saint-Sepulcre de 614 à 1009, Fig. 119, p. 219, Rekonstr. der Anlage; Anton Baumstark, Die Modestianischen und die Konstantinischen Bauten am Heiligen Grabe zu Jerusalem. Studien zur Gesch. und Kultur des Altertums 7. Bd. 3.-4. Heft, 1915; John Wilkinson, The Tomb of Christ. An Outline of its structural History, Levant, IV, 1972, 83-97; Suzanne Spain Alexander, Studies in Constantinian Church Architecture. Rivista di Archeologia Christiana, XLVII, 1971, 281-330.—L. H. Vincent/D. Baldi, Il Santo Sepolchro di Gerusa- lemme, 1949 (ital. und franz. Text), Fig. 7, p. 29, Plan (= Vincent-Abel), hier Abb. 204.

7. Jahrhundert erhielten sie, um zu einer raschen Ausführung zu kommen, Holz-kuppeln (ERNST DIEZ, *Die Kunst der islam. Völker. Handb. d. Kunstwissenschaft*, 1915, 16). „Rasche Bauausführung mit Erzielung möglichster äusserer Pracht waren die zwei Haupterfordernisse, die nun auch die islamischen Fürsten an ihre Baumeister stellten . . .” (*ibid.*). Äussere Pracht ist hier selbstverständlich nicht einfach im Sinne der Aussenarchitektur zu verstehen; man denke an das Innere des Felsendomes. Stark kontrastierend mit der Pracht des Inneren (Abb. 203) wirkt der im Herzen des Domes liegende nackte Fels (Abb. 202). Auch in der Anastasis bildet ein nackter Fels der Kern der Anlage (CRESWELL, *o.c.*, I 1, 108 f.; vgl. OSKAR WULFF, *Altchrist. und Byzant. Kunst. Handb. d. Kunstwissenschaft*, I, 1918, 247). Darüber wird weiter unten (Abschn. D, 3) noch zu sprechen sein.

3. *Die el Aksa Moschee* (Abb. 205-207). Auf Ḥarām asch-scharīf steht bekanntlich ein zweites hochwichtiges islamisches Heiligtum: die auf der Südseite gelegene el Aksa Moschee (die „Ferne Moschee”). Es ist ein etwa 55 m breiter und ca. 70 m tiefer siebenschiffiger Langbau mit Pfeilervorhalle [41]. Hauptschiff und anliegende Seitenschiffe haben eine flache Decke und sind basilikal erhöht; die zwei auf der Ostseite und die zwei auf der Westseite anliegenden Seitenschiffe sind mit zwölf bzw. vierzehn Kreuzgewölben überdeckt. Die Säulen, die Spitzbogen oder erhöhte Spitzbogen tragen, sind durch auf den Kapitellen ruhende Balken untereinander verbunden. Wo Hauptschiff und Transept — im südlichen Teil — sich kreuzen, erhebt sich hoch über dem Bau eine Kuppel. In der südlichen Rückmauer ist die Mihrab mit vorliegender Maksura.

Nach arabischen Schriftstellern soll die Aksa von ʿAbdalmalik gebaut sein [42]; sie ist aber wahrscheinlich von dessen Nachfolger el-Walid gebaut oder vollendet worden [43]. Nach Mudschir ed-din war der Ostteil der von ʿAbdalmalik gebauten Aksa eingestürzt und von el-Walid restauriert worden (bei SAUVAIRE, *o.c.*, 52). Die Aksa ist dann später mehrmals durch Erdbeben zerstört und dann wiederaufgebaut bzw. restauriert worden. CRESWELL unterscheidet im ganzen fünf Aksa's; den von ʿOmar errichteten Holzbau bezeichnet er, wie schon bemerkt, als erste Aksa. Die von ʿAbdalmalik gegründete und von el-Walid vollendete bzw. restaurierte Moschee

---

[41] CRESWELL, *Early Muslim Architecture*, I, 2¹, 1969, 373 ff., Fig. 446 gegenüber p. 379, Plan; Ders., *A Short Account*, 1958, 204 ff., Fig. 39, p. 206, Plan.—E. DIEZ, *Die Kunst der islamischen Völker*, 1915, 16 ff., Abb. 12, s. 17, Plan (nach M. DE VOGÜÉ, *Le Temple de Jérusalem*, 1864), Abb. 13, S. 17, Foto des Äusseren, Abb. 14, S. 18, Foto des Inneren.—Wir haben den damaligen Zustand im Auge und lassen spätere Zerstörungen und Renovierungen (nicht aber Untersuchungen) ausser acht.

[42] U.a. Mudschir ed-din, 1496. H. SAUVAIRE, *Histoire de Jérusalem et d'Hébron. Fragments de la Chronique de Moudjir-ed-dyn*, 1876, 51.

[43] CRESWELL, *Early Muslim Arch.*, I, 2², 1969, 374 und n. 1; Ders., *A Short Account*, 1958, 43.

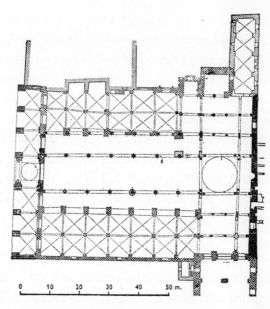

Abb. 205. Die Aksa Moschee in Jerusalem. (K. A. C. CRESWELL)

wird von CRESWELL als zweite Aksa bezeichnet (*o.c.*, 373 ff. und 374, n. 1). Die „zweite" Aksa ist 747 oder 748 durch Erdbeben zum Teil zerstört worden und nach einem späten Bericht (l. *Muthir al Gharam*, 1351) vom ʿAbbassiden-Kalifen al-Mansur (754-775) wiederaufgebaut worden (LE STRANGE, *Palestine under the Moslems*, 92-3, Übers.). Ein zweites Erdbeben soll diesen Bau wieder beschädigt haben und einige Jahre später ist er dann vom Kalifen al-Mahdi (775-785) neu aufgebaut worden. Von dieser Aksa besitzen wir eine Beschreibung durch Mukaddasi (985). Aus der Notiz bei Muthir al Gharam (1351), auch bekannt aus Mudschir ed-din (1496), lässt sich schliessen, dass die alte Aksa vor dem Wiederaufbau durch al-Mahdi ein Langbau war. Al-Mahdi soll über die alte Moschee gesagt und befohlen haben: „Diese Moschee ist schmal und lang und ohne Gläubige; mache sie kürzer und breiter" (SAUVAIRE, *o.c.*, 60, franz. Übers.). Wie dies zu deuten sei, darüber lässt sich, wie wir unten sehen werden, noch streiten; wir lesen daraus, dass die alte Moschee ein „Schmalbau", d.h. ein Langbau war. Aus der Notiz lässt sich nicht ausmachen, ob die alte Moschee ein dreischiffiger oder ein fünfschiffiger Langbau war. Aus Mukaddasi's Beschreibung der Aksa al-Mahdi's geht jedenfalls hervor, dass in der alten Moschee marmorne Säulen standen. „The more ancient portion remained, even like a beauty spot, in the midst of the new, and it extends as far as the limit of the marble columns; for beyond, where the columns are of concrete, the latter building commences" [44].

[44] Übers. LE STRANGE, *Palestine under the Moslems*, 98.

Abb. 206. Die Aksa Moschee in Jerusalem. Das Innere.
(Foto K. A. C. Creswell)

Abb. 207. Die Aksa Moschee in Jerusalem. (Foto L. H. VINCENT)

Direktes Vorbild für die Kuppel des Felsendomes war, wie wir gesehen haben, die Kuppel der Anastasis. Es dürfte wahrscheinlich sein, dass das östlich gelegene, von Modestus wiederaufgebaute Martyrium [45] direktes Vorbild für diese Aksa gewesen ist. Eli Lambert hat darauf hingewiesen, dass die zwei Heiligtümer auf Ḥarām asch-scharīf, Felsendom und el Aksa Moschee, eine Parallele bilden zu den zwei christlichen Bauten, Anastasis und Martyrium (*L'architecture des Templiers*, 1955, 23). Nach der von Vincent-Abel vorgeschlagenen Rekonstruktion des Martyrium war dies ein fünfschiffiger Langbau (*Jérusalem Nouvelle*, 1914, Fig. 119, p. 219; hier Abb. 204). Auch die zweite Aksa (Creswell; Hamilton bezeichnet sie als Aksa I) könnte ein fünfschiffiger Langbau gewesen sein [46]. Wir zitieren P. J. Riis: „That the supporters of the new religion did not desist from using the churches and copying their plan may in the first place be due to practical, partly locally conditioned reasons, and then also to a desire of marking Islam's victory over Christianity, as well as to the architectural tradition from ancient Rome; but we should not forget Muhammad's personal attitude towards the Christian belief and the Christian clergy" [47].

Durch Untersuchungen unter dem Fussboden der heutigen el Aksa, ausgeführt durch das Department of Antiquities in Palestine (1938-1942), sind Spuren der ältesten Aksa (des von ʿAbdalmalik oder el-Walid errichteten Baues) ermittelt worden. „The most important single discovery was of a marble pavement ..." [48]. Die Unterlage des marmornen Pflasters liegt ca. 80 cm unter dem heutigen Fussboden (*ibid.*). Etwa 19 m südwärts der heutigen Nordmauer (d.h. der Moschee, nicht der Vorhalle) endet die Unterlage des marmornen Pflasters gegen eine etwa 1 m dicke O.-W. gerichtete Mauer: die Nordmauer der ältesten Aksa (Hamilton, *o.c.*, 57. 59). Diese war also in der Richtung N.-S. 19 m kürzer als die heutige Aksa (p. 60). Die Breite der Schiffe (N.-S. gerichtet) betrug 4-6 m. „The arcades which separated these aisles were carried by slender supports, resting on footing stones or shallow plinths not more than 62 cm wide; they ended in wall pilasters of the same width" (*o.c.*, 60). Die Lage der Achse konnte nicht festgestellt worden, an der Stelle der

---

[45] Die konstantinische Basilika; schon vor dem Ausgang des 4. Jahrh. war Martyrium die Bezeichnung auch der konstantinischen Basilika (Baumstark, *o.c.*, 46). Die Apsis der Basilika „wurde nach dem klaren Zeugnis des Brevarius [unbekannter Verfasser, vor 460 n. Chr.] als die Stelle der Kreuzauffindung bezeichnet (*id.*, Seite 84).

[46] Barbara Finster sagt: „Die Zahl der Schiffe, die senkrecht auf die Qiblawand stiessen, ist nicht bekannt. In jedem Fall betrugen sie mehr als drei Schiffe", in *Kunst des Orients*, VII, 2 [1970/71], 1972, S. 128.

[47] P. J. Riis, *Temple, Church and Mosque*. Historisk-filosofisk Meddelelser udgivet af Det Kongelige Danske Videnskabernes Selskab, 40, Nr. 5, 1965, 46.

[48] R. W. Hamilton, *The Structural History of the Aqsa Mosque*, 1949, 53 f.: Discoveries beneath the floor, und Fig. 30 gegenüber p. 53.

heutigen Achse kann sie aber nicht gelegen haben (*ibid*.). Nicht bekannt ist auch die Zahl der Türen (*id*.). Nach Analogie des Martyrium meinten wir oben einen fünf-schiffigen Langbau (also fünf Türen) annehmen zu dürfen. Sicherheit darüber ist wohl nie zu erwarten, denn dies würde regelrechte Ausgrabungen unter el Aksa erfordern.

Die von al-Mahdi (775-785) wiederaufgebaute Aksa (Hamilton's Aksa II) hatte nach der Beschreibung durch Mukaddasi (985) an der Frontseite (Nordseite) fünfzehn und an der Ostseite elf Türen (Übers. bei LE STRANGE, *Palestine under the Moslems*, 98 f.; vgl. HAMILTON, *o.c.*, 72). LE STRANGE (*o.c.*, Fig. gegenüber p. 99), CRESWELL

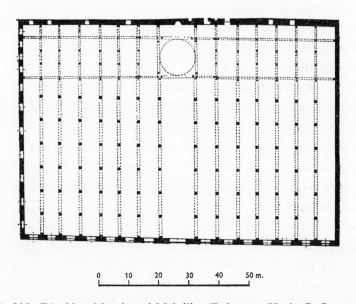

Abb. 208. Die Aksa Moschee al-Mahdi's. (Rekonstr. K. A. C. CRESWELL)

(*A Short Account of Early Muslim Architecture*, Fig., p. 211) und HAMILTON (*o.c.*, 36 und Fig. 20, p. 37) schliessen aus den fünfzehn Türen der Frontseite — die Haupttür in der Achse und je sieben Türen rechts und links — wohl zu recht, dass diese Aksa fünfzehnschiffig war (Abb. 208 und 209). Der alte unserer Vermutung nach fünf-schiffige Langbau ist demnach mit zehn Schiffen verbreitert worden, d.h. der Lang-bau ist zu einem Breitbau umgestaltet worden. Al-Mahdi hatte, wie anzunehmen ist, die Entsprechung der Moschee zu einer christlichen Kirche beseitigen wollen. Er hatte doch auch als erster im Islam die Ketzer mit unbeugsamer Strenge ver-folgt [49]. P. J. RIIS lehnt SAUVAGET's Ansicht, dass die breite Anlage der ʿOmaiyaden-Moschee sich aus der grossen Zahl der in die Moschee betenden Muslime erkläre, ab (*l.c.*, 43). RIIS betont, dass die Christen das gleiche Problem durch Langbau-

---

[49] Siehe I. GOLDZIHER, *Gesammelte Schriften herausgeg. von Joseph DeSomogyi*, III, 1969, 3.

Kirchen gelöst haben (*id.*). Riis wird recht haben, wenn er sagt: „Just as the taking-over of the pagan sanctuary by the Christian church implied the profanation of the cult-places, so a corresponding act had to be performed when the church became a mosque. Accordingly, the Umayyad type is a monumentalisation of the triumph of the mosque over the church ...'' (*l.c.*, 46). Dass heisst, der Langbau der christlichen Kirchen wurde aufgrund des Siegesbewusstseins des Islam über das Christentum zu einem Breitbau umgestaltet. Mit dem Omaiyaden-Typ hat freilich al-Mahdi's Aksa nur die aussere Breitlage gemein, nicht die Querlage der Schiffe (Omaiyaden Moschee von Damaskus, CRESWELL, *A Short Account*, 1958, Fig. 9, p. 48-49; DIEZ, *Die Kunst der Islamischen Völker*, 1915, Abb. 18, S. 19).

Von al-Mahdi's Aksa stammen die Frontlinie und Teile der Frontmauer der heutigen Aksa (HAMILTON, *o.c.*, 22 und Fig. 30 gegenüber p. 53). Die in der heutigen Mauer erkennbaren Reste von Aksa II zeugen für drei Türen „including the central door'' (HAMILTON, *o.c.*, 36). Es unterliegt nicht dem Zweifel, dass an der Ostseite des Hauptschiffes mindestens drei Seitenschiffe lagen, und möglicherweise eine grössere Zahl (*o.c.*, 36). An der heutigen Aksa hat Hamilton feststellen können, dass die zwei unmittelbar am Hauptschiff anliegenden Seitenschiffe durch je zwei Rundbogen-fenster beleuchtet wurden, die freilich nicht erhalten sind; sie sind später (Aksa III) durch runde Fenster ersetzt worden, die dann wieder später zugemauert wurden (HAMILTON, *o.c.*, 34 f.). Aksa II „extended farther east than it does now'' (*o.c.*, 15). Untersuchungen an den östlich der Kuppel gelegenen Schiffen haben es klar ge-macht, dass hier nicht zwei, sondern drei Süd-Nord gerichtete Säulenreihen gewesen sind, „and the fact that the third and outer most was once an open arcade suggests that yet others existed farther east'' (*o.c.*, 15 und Fig. 7, p. 11). Nach der Beschreibung von al-Mahdi's Moschee durch Mukaddasi ist sie fünfzehnschiffig zu denken und in diesem Sinne hat Hamilton die Front schematisch rekonstruiert: die Schiffe werden durch zwei Rundbogenfenster in der Frontmauer beleuchtet (HAMILTON, *o.c.*, Fig. 20, p. 37; hier Abb. 209). Diese Aksa hatte schon ein breites Hauptschiff und

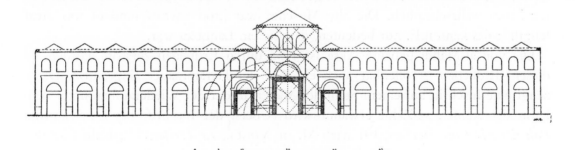

Abb. 209. Front der al-Mahdi Moschee. (Rekonstr. R. W. HAMILTON)

15

eine Kuppel über der Kreuzung von Hauptschiff und Transept (HAMILTON, *o.c.*, 60-61). CRESWELL setzt die Breite des Hauptschiffes mit 11.80 m an, die Breite der 14 übrigen Schiffe mit 6.50 m, was eine Gesamtbreite des Gebäudes von 102.80 m ergibt (*A Short Account of Early Muslim Architecture*, 1958, 210 und Fig. 41, p. 211; hier Abb. 208). Eine ähnliche Breite hat die Front in HAMILTON's schematischer Rekonstruktion (Abb. 209). Das Mittelschiff ragt über die Seitenschiffe hinaus und ist oben an der Front nach Mukaddasi's Beschreibung (HAMILTON, *o.c.*, 72, Übers.) mit einem grossen Giebel gekrönt. Das Mittelschiff war also mit einem Satteldach überdeckt.

In Mukaddasi's Beschreibung der Moschee heisst es, wie wir sahen, dass Teile der alten Moschee (HAMILTON's Aksa I), kenntlich an marmornen Säulen, in die von al-Mahdi wiederaufgebaute Aksa aufgenommen worden sind und HAMILTON hat dies in der Tat festgestellt (*o.c.*, 72). Über die Zahl der Traveen besteht keine Sicherheit. Nach Mukaddasi lagen auf der Ostseite elf Türen, was auf elf Traveen deuten könnte. Nach HAMILTON's Untersuchung und Berechnung muss es 16 Traveen gegeben haben, „five must, therefore, have had no corresponding door in the east wall of the mosque" [50].

Wenn wir recht sehen, ist HAMILTON der Meinung, dass schon die von al-Mansur (754-775) wiederaufgebaute Aksa ein Breitbau gewesen war. Al-Mahdi soll, wie wir sahen, gesagt haben: „the mosque had been too narrow, and of too great length ... they should curtail the length and increase the breath" (Muthir al Gharam, 1351, Übers. HAMILTON, *o.c.*, 72). Es heisst nun p. 73: „The plan of Aqsa II did indeed involve a change in the dimensions of the building, but it was the north-south axis that was lengthened. We must conclude then, that al Muqaddasi, or the tradition he was following, used the word ‚length' to designate the east-west dimension". Nach HAMILTON's Ansicht sollte al-Mahdi also befohlen haben, die Breite zu verkleinern und die Tiefe zu vergrössern. Die Tiefe ist in der Tat, wie wir gesehen haben, um 19 m vergrössert worden. Hatte al-Mahdi die Breite der alten Moschee verkleinert, dann muss al-Mansur's Aksa breiter gewesen sein als die al-Mahdi's. Wir halten dies für kaum wahrscheinlich. Die alte Moschee war „too narrow, and of too great length"; das kann u.E. nur bedeuten, dass sie ein Langbau war.

Die von al-Mahdi gebaute Aksa ist 1033 durch Erdbeben zerstört worden. In diesem Erdbeben ist offenbar auch ein Teil der Harāmmauer eingestürzt. Dafür zeugt eine Inschrift auf einem Stein der Mauer, in der der Wiederaufbau unter dem Fatimiden-Kalifen az-Zahir erwähnt wird (Übers. der Inschrift bei LE STRANGE, *Palestine under the Moslems*, 101 nach M. DE VOGÜÉ, *Le Temple*, 77). Kalif az-Zahir

---

[50] HAMILTON, *o.c.*, 72. CRESWELL's Rekonstr. zeigt elf Traveen, *A Short Account*, Fig. 47, p. 211; hier Abb. 208.

hatte dann 1035 auch die Aksa wiederaufgebaut (CRESWELL's fünfte, HAMILTON's dritte Aksa) und die Inschrift, in der dies erwähnt wurde, hatte 'Ali von Herat, der 1173 Jerusalem besuchte, noch auf die Innenseite der Kuppel gelesen (Übers. bei LE STRANGE, *o.c.*, 102). Der türkische Architekt KEMAL AD-DIN, der 1924 und 1927 Restaurationsarbeiten an el Aksa verrichtete, hat an der Nordseite des nördlichen Bogens unter der Kuppel kufische Inschriften mit dem Namen az-Zahir entdeckt [51].

CRESWELL ist der Meinung, dass die von az-Zahir wiederaufgebaute Aksa nicht breiter gewesen ist als die heutige Aksa (*A Short Account*, 1958, 205 ff.). Wie die heutige Aksa soll az-Zahir's Bau siebenschiffig gewesen sein (*ibid.*). Von az-Zahir's Aksa haben wir aber eine Beschreibung durch Nasir-i-Chosrou der 1047 in Jerusalem war (Übers. bei LE STRANGE, *o.c.*, 105 ff.), und sie lässt doch eher vermuten, dass diese Moschee breit gelagert war. Nach Nasir war el Aksa 420 Ellen lang und 150 Ellen breit. Die Zahl 420 kann, wie LE STRANGE betont, nicht richtig sein; es ist dafür 120 zu lesen (*o.c.*, 104). „This being 240 feet, would bring the North Wall and Gates of Nasir's Mosque on the same line as the Gates and North Wall (inside the porch) of the present Mosque" (*ibid.*). Der Portikus von el Aksa datiert erst aus der Zeit der Kreuzfahrer und der Periode der Mameluken (HAMILTON, *o.c.*, 37 ff. und Fig. 21, p. 40). Die Breite der heutigen Aksa beträgt (im Lichten) ca. 55 m; Nasir nennt eine Breite von 150 Ellen (ca. 90 m; siehe LE STRANGE, *o.c.*, 104: „150 cubits or 300 feet"). Es gibt aber in Nasir's Beschreibung mindesten eine korrupte Zahl: für 420 ist 120 Ellen zu lesen; auch die Zahl 150 Ellen könnte korrupt sein. LE STRANGE hatte dies später auch angenommen [52]. Statt 420 und 150 Ellen wollte LE STRANGE nun 120 und 100 Ellen lesen „which would roughly agree with the present measurements" (*ibid.*). Nasir sagt aber, dass der Raum zwischen der Ostmauer des Ḥarām und der Ostmauer der Aksa 200 Ellen (400 feet: LE STRANGE, *Palestine under the Moslems*, 104. 105) = 120 m breit war und diese Zahl könnte eher echt sein: 100 Ellen wäre unmöglich, 300 Ellen u.E. kaum wahrscheinlich. Heute beträgt der Abstand zwischen der Aksa und der Ostmauer des Ḥarām ca. 150 m (Band I, Abb. 4, S. 9), eine Differenz von ca. 30 m. Nach Nasir's Beschreibung hätte also die Ostmauer der Aksa ca. 30 m weiter nach Osten gelegen als die Ostmauer der heutigen Aksa. Da die Lage der Mihrab nie verändert worden ist und az-Zahir's Aksa nach Nasir 150 Ellen, ca. 90 m breit war muss der Grundriss dieser Aksa unsymmetrisch gewesen sein: die Mihrab-Achse könnte etwa 65 m aus der Ostmauer und 25 m aus der Westmauer der Aksa gelegen haben. Die Westmauer könnte an der Stelle der Westmauer der heutigen Aksa gestanden haben: der Raum zwischen der Ostmauer des Ḥarām und der Ostmauer der Aksa war, wie wir sahen, nach Nasir 200 Ellen =

---

[51] HAMILTON, *o.c.*, 9 und n. 1, Fig. auf Pl. II-III 1; CRESWELL, *A Short Account*, 205.
[52] *Diary of a Journey through Syria and Palestine by Nasir-I-Khusrau in 1047 A.D.*, PPTS, IV, 1888, 64.

120 m; die Breite der Aksa war nach Nasir 150 Ellen = 90 m. Die innere Breite des
Ḥarām beträgt auf der Südseite ca. 281 m, der Raum zwischen der Westmauer des
Ḥarām und der Westmauer der Aksa war also (bei Nasir) ca. 71 m. Auch die Westmauer der heutigen Aksa liegt etwa 71 m aus der Westmauer des Ḥarām (siehe J.
Simons, *Jerusalem in the Old Testament*, 1952, Abb. 46 gegenüber p. 346). Neben dem
Hauptschiff der heutigen Aksa liegen auf der Westseite drei Schiffe und auch bei
az-Zahir's Aksa muss dies der Fall gewesen sein [53]. Auf der Ostseite könnten neben
dem Hauptschiff sieben ca. 7.50 m breite Schiffe gelegen haben; az-Zahir's Aksa
wäre dann ein elfschiffiger Bau gewesen (Abb. 210). Le Strange war ursprünglich

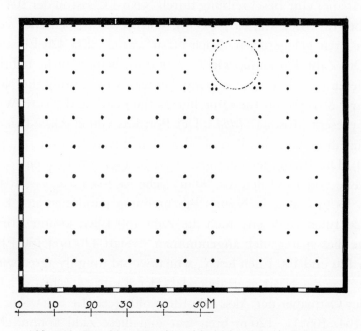

Abb. 210. Die Aksa Moschee al-Zahir's. (Th. A. Busink)

der Meinung, dass die von Nasir beschriebene Aksa im grossen Ganzen der Aksa al-
Mahdi's ähnlich gewesen sei. Wie diese sollte sie fünfzehnschiffig gewesen sein
(*Palestine under the Moslems*, Plan hinter p. 110; Plan gegenüber p. 99 zeigt die Aksa
al-Mahdi's). „The chief difference between the Mosque as described by Mukaddasi
and that seen by Nasir lies in the number of gates" (Le Strange, *o.c.*, 102). Aksa II
(Hamilton) hatte auf der Nordseite 15 und auf der Ostseite 11 Türen; die von Nasir
beschriebene Aksa hatte auf der Nordseite fünf Türen (auf der Ostseite zehn); Le
Strange, *o.c.*, 106). Die Reduzierung der Türenzahl der Nordseite erklärt Le

[53] Die Mihrab-Achse konnte, wie wir sahen, 25 m aus der Westmauer der Aksa gelegen haben,
was Raum gibt für drei Seitenschiffe neben dem Hauptschiff.

STRANGE wohl richtig aus der Absicht, den Bau besser gegen Erdbeben zu sichern; sie macht es aber doch auch wahrscheinlich, dass die Zahl der Schiffe vermindert wurde. Die fünf Türen lassen sich in einem elfschiffigen Bau so anordnen, dass der Bau besser gegen Erdbeben gesichert ist.

Eine Erinnerung an die unserer Meinung nach elfschiffige Aksa az-Zahir's bildet möglicherweise der an der Ostseite der el Aksa an der Umfassungsmauer des „Tempelplatzes" anliegende mit vier Kreuzgewölben überdeckte Annexbau (Plan bei HAMILTON, *o.c.*, General Plan of the Aqsa, Pl. I; CRESWELL, *A Short Account of Early Muslim Architecture*, Fig. 39, p. 206; SIMONS, *Jerusalem in the Old Testament*, 1952, Fig. 46, gegenüber p. 346; DIEZ, *Die Kunst der Islamischen Völker*, 1915, Abb. 12, S. 17; hier Abb. 211). Mudschir ed-din hat ihn als Omar-Moschee bezeichnet (SAUVAIRE, *o.c.*, 98). Auch CRESWELL weist auf diesen Annexbau. Er betrachtet ihn aber nicht als eine Reminiszens der Moschee az-Zahir's, sondern der Moschee al-Mahdi's (*o.c.*, 210), die, wie wir gesehen haben, (wahrscheinlich) fünfzehnschiffig war. „The east side of this annexe, therefore, corresponds to the east side of the mosque of al-Mahdi, if reconstructed as suggested . . ." (*o.c.*, 210 und Fig. 41, p. 211; hier Abb. 208). Es handelt sich um einen späten Anbau (nach der Kreuzfahrerzeit), da war doch jede Erinnerung an die wenn auch von Mukkaddasi beschriebene Aksa al-Mahdi's verschwunden: nicht aber die an die u.E. elfschiffige Aksa az-Zahir's. Die Ostseite des Annexbaues liegt etwa 122 m aus der Ostmauer des Ḥarām und nach Nasir war der Abstand zwischen el Aksa und der Ostmauer 120 m, eine ungefähre Übereinstimmung, welche kaum auf Zufall beruhen wird.

Die von az-Zahir errichtete Aksa war also unserer Meinung nach im Unterschied zu der Moschee al-Mahdi's ein unsymmetrischer Bau. Als Parallele sei hier die Moschee von Cordova genannt. Bei der letzten Erweiterung dieser Moschee unter Hischam II. (976-1009) wurden im Osten in der ganzen Linie des Baues acht Schiffe angebaut. „Das ursprünglich zentrale, auf den Mihrab zulaufende, breiter angelegte Hauptschiff wurde durch diesen letzten Anbau aus der Mittelachse verdrängt" [54].

CRESWELL ist, wie wir gesehen haben, der Meinung, dass as-Zahir's Aksa wie die heutige Aksa siebenschiffig war; wir meinten aus Nasir's Beschreibung schliessen zu dürfen, dass sie elfschiffig gewesen ist. HAMILTON kam durch seine Untersuchungen an der heutigen el Aksa zu einer ganz anderen Ansicht. „The whole structure between the dome and the north wall [*sc.* von Aksa II] was demolished and rebuilt with the limestone columns and arches, the high nave, and raking aisles roofs which survived until 1938" [55]. HAMILTON hält es für möglich, dass Aksa III von der Säule

---

[54] DIEZ, *Die Kunst der Islamischen Völker*, 1915, 50 und Abb. 67, S. 52; die ursprüngliche symmetrische Anlage bei CRESWELL, *A Short Account*, 1958, Fig. 44, p. 225.

[55] HAMILTON, *Structural History of the Aqsa Mosque*, 1949, 22-23.—Zwischen 1938-1942 sind Haupt-

nr. 29 an (Fig. 7, p. 11) bis zu der Nordmauer fünfschiffig gewesen sei, in Übereinstimmung mit den von Nasir-i-Chosrou erwähnten fünf Türen (*o.c.*, 23). Östlich des Hauptschiffes sollte es also nur ein Schiff, westlich des Hauptschiffes drei Schiffe gegeben haben, also eine unsymmetrische Anlage. HAMILTON's Untersuchungen an den zwei mit je sechs Kreuzgewölben überdeckten östlichen Schiffen haben es klar gemacht, dass sie in ihrer heutigen Struktur nicht zu der Aksa III gehört haben können (*o.c.*, p. 23 ff.: The East Aisles). Die südliche Sektion (sechs Kreuzgewölbe) ist zuerst gebaut (*o.c.*, p. 25 und Fig. 11, p. 24) und dieser Teil stammt aus der Zeit der Kreuzfahrer. „Everything goes to show, in fact, that the vaults are the work of the Templar Knights who occupied the Aqsa during that century" (*o.c.*, 26; 12. Jahrhundert). Der nördliche Teil der zwei Ostschiffe (ebenfalls sechs Kreuzgewölbe; sie unterscheiden sich von den südlichen durch einen etwa quadratischen Grundriss) ist jüngeren Datums. Der Ostteil des Portikus ist durch eine Inschrift von Sultan al Malik an Naṣir Ḥasan 1350-1351 datiert (HAMILTON, *o.c.*, 28). Dieser Teil des Portikus bildet strukturell ein Ganzes mit dem nördlichen Teil der zwei östlichen Schiffe. „Erneuert" in al Malik an Naṣir Ḥasan's Inschrift „thus means the incorporation once more within the mosque of an area which had in part stood vacant since the occupation by the Crusaders" (HAMILTON, *o.c.*, 28). Unter al Malik an Naṣir Ḥasan erhielten die zwei östlichen Schiffe ihre heutige Form (*ibid.*), d.h. die Aksa hat erst im 14. Jahrhundert ihre siebenschiffige Form erhalten. HAMILTON's sorgfältige Untersuchungen am heutigen Bau schliessen u.E. die Möglichkeit, dass Aksa III (az-Zahir's Aksa) ein elfschiffiger Bau gewesen ist, wie wir dies aus Nasir-i-Chosrou's Beschreibung meinten schliessen zu dürfen, nicht aus. Im 12. Jahrhundert, sagt HAMILTON, ist der Teil des älteren Baues (d.h. der Aksa III) nördlich des Transepts und östlich der drei zentral gelegenen Schiffe niedergerissen worden (*o.c.*, 27). Über den Umfang dieses östlich gelegenen Teils lässt sich durch Untersuchungen am heutigen Bau nichts mit Sicherheit sagen. Nichts verbietet uns anzunehmen, dass dieser Teil sechs Schiffe gross war, die von den Kreuzfahrern niedergerissen worden sind; sie haben dann später den südlichen Teil der zwei östlichen Schiffe wieder aufgebaut. Dass Aksa III, die Nachfolgerin einer fünfzehnschiffigen Aksa, nur fünfschiffig gewesen sein sollte (HAMILTON, *o.c.*, 23) dürfte doch auch aus architekturgeschichtlichen und religiösen Gründen kaum wahrscheinlich sein.

schiff und östlich anliegendes Seitenschiff der Aksa abgebrochen und wiederaufgebaut worden. „Those who knew the old Aqsa will remember that the three central aisles of the mosque were divided by arcades which rested on masonry columns crowded by capitals of indeterminate ‚Byzantine' character . . . " (HAMILTON, *Some Capitals from the Aqsa Mosque*, *QDAP*, 13, 1948, 103-120, p. 103). HAMILTON hält es für möglich („possible conjecture"), dass die meisten Säulen und Kapitelle des Martyrium in Jerusalem von az-Zahir 1035 beim Wiederaufbau der Aksa gebraucht worden sind (*id.* p. 119).—Das Martyrium war nach der Zerstörung durch die Perser nicht wieder aufgebaut worden.

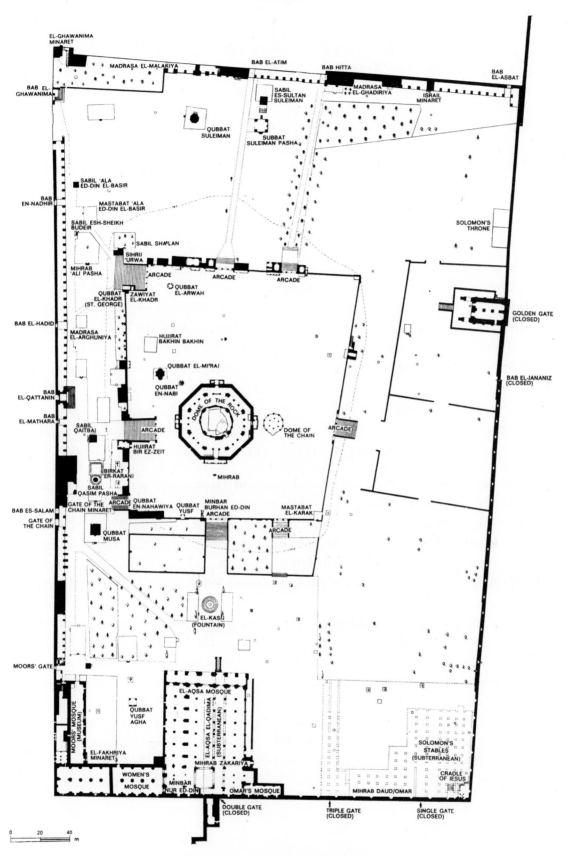

Abb. 211. Ḥarām asch-scharīf. (M. ROSEN-AYALON)

Keine Beschreibung sondern eine Bemerkung über el Aksa besitzen wir aus 1172, als Jerusalem noch im Besitz der Kreuzfahrer war. THEODORICH hatte den Bau mit einer Kirche verglichen (AUBREY STEWART, *Theodorich's Description of the Holy Places*, *PPTS*, V, 30 f.). Wir dürfen vielleicht annehmen, dass der südliche Teil der Aksa damals schon siebenschiffig war. Nach THEODORICH's Beschreibung lagen in der Nähe der Aksa von den Tempelherren errichtete Magazine und Kornhäuser (*l.c.*). Langrechteckige überwölbte Räume sind noch erhalten (HAMILTON, *o.c.*, Fig. 26, p. 49 und General Plan, Pl. I gegenüber Titelblatt). Eine eingehende Beschreibung der el Aksa, in der sie als siebenschiffig bezeichnet wird, besitzen wir von Mudschir ed-din (1496). (H. SAUVAIRE, *Histoire de Jérusalem et d'Hébron. Fragments de la Chronique de Moudjir-ed-dyn*, 1876, 95-100; LE STRANGE, *Palestine under the Moslems*, 110 f.).

Felsendom und el Aksa Moschee sind religionsgeschichtlich und architektur-geschichtlich die wichtigsten auf dem alten jüdischen Tempelplatz errichteten Islamischen Bauten. Die zahlreichen kleineren architekturgeschichtlich übrigens ebenfalls interessanten Bauschöpfungen auf Harām asch-scharīf (Abb. 211) dürfen wir übergehen und für eine eingehende Beschreibung der Hauptbauten müssen wir auf die Arbeiten von CRESWELL, HAMILTON und RICHMOND verweisen (siehe auch M. ROSEN-AYALON, *The Islamic Architecture of Jerusalem*, in *Jerusalem Revealed*, Ed. Y. YADIN, 1975, 92-96, 92 n. *).

B — GESCHICHTE UND EXPLORATION

Aus dem oben über die Hauptheiligtümer auf Harām asch-scharīf — Felsendom und el Aksa Moschee — Gesagten ist wohl klar geworden, dass arabische Schrift-steller wie Ja'kūbī (874), Mukaddasi (985), Mudschir ed-din (1496) und der aus Balkh in Afghanistan stammende Perser Nasir-i-Chosrou (1047) sich sehr um die Beschreibung der muslimischen Heiligtümer bemüht haben. Nicht nur die einzelnen Heiligtümer, auch der Harām als ganzes: Mauern, Säulenhallen, Tore und Umfang des Tempelplatzes haben bei ihnen Erwähnung gefunden. Die genaue Kenntnis von Harām asch-scharīf verdanken wir freilich europäischen Reisenden, Unter-suchern und Palästinologen. Sie ist aber erst im 19. Jahrhundert erzielt worden, obwohl schon vom vierten Jahrhundert n. Chr. an, also lange vor der Eroberung Palästinas durch die Araber, zahlreiche christliche Pilger Jerusalem besucht hatten. Das *Itinerarium Hierosolimitanum* des Pilgers von Bordeaux (333 n. Chr.) enthält, wie schon Band I bemerkt wurde (S. 6-7), den ältesten Bericht eines europäischen Reisenden über den alten Tempelplatz. Der erste Pilger, dessen Namen bekannt ist, war ein Bischof von Caesarea (Anatolien): FERMILIAN im Anfang des 3. Jahr-

hunderts [56]. Im vom Pilger von Bordeaux genannter aede meinten wir den Tempelplatz zu sehen (Band I, S. 7, Anm. 24) und dies ist auch die Neinung CRESWELL's (*Early
Muslim Architecture*, I, 1², 1969, 30, n. 8: „‚in aede' is apparently used here in the sens of
‚the Temple enclosure'"). Ähnlich, wenn auch zurückhaltender, sprach schon 1887
AUBREY STEWEART sich darüber aus: „‚In aede' may main ‚in the (temple) court'; if a
building is intended, it was, perhaps, the temple of Jupiter ..." [57]. Die christlichen
Pilger kamen aber nicht nach Jerusalem, um die Ruine des 70 n. Chr. von Titus zerstörten jüdischen Tempels in Augenschein zu nehmen. Kaiser Konstantin hatte 313 n.
Chr. das berühmte Edikt von Mailand erlassen (GIBBON, *Decline and Fall of the Roman
Empire*, II, 292 f.) und dann später in Jerusalem die von Eusebius in einem verloren
gegangenen Buch beschriebene, heute nur aus Eusebius' Leben Konstantin's bekannte Anastasis-Kirche (Grabeskirche) — über dem Grabe Christi — und die in
unmittelbarer Nähe gelegene Basilika (Martyrium) errichtet [58]. Südöstlich der
Anastasis war der schon vom Pilger von Bordeaux (333) erwähnte, Golgotha genannte Fels (*Vincent-Abel*, p. 185). Kaiserin Helena, die Mutter Konstantin's, die
326 eine Reise nach Palästina machte „to uncover Calvary and to find all the relics
of the Passion" (RUNCIMAN, *o.c.*, I, 39), hatte dann in verschiedenen Städten Palästinas — Jerusalem, Bethlehem, Nazareth, Tiberias, Kapernaum — Kirchen bauen
lassen (nach Nikophorus, gest. 1350, mehr als dreissig, Lib. VIII, 30, bei W. A.
BACHIENE, *Heilige Geographie des Joodschen Landes*, I, 1758, 9), von denen hier nur die
Geburtskirche in Bethlehem erwähnt sei [59]. In den folgenden Jahrhunderten sind

[56] *Hieron, De Viris Illustribus, M.P.C.*, Vol. XXIII, Col. 665-6, bei STEVEN RUNCIMAN, *A
History of the Crusades*, I, 1953, 38, n. 1.—R. RÖHRICHT, *Bibliotheca Geographica Palestinae von 333 bis
1878*, Berlin 1890, erwähnt etwa 3515 Reisenden von 333-1878 (YEHOSHUA BEN-ARIEH, *The Geographical exploration of the Holy Land*, PEQ, 104, 1972, 81-92, p. 86).

[57] *Itinerary from Bordeaux*. „‚The Bordeaux Pilgrim" (333 A.D.), *PPTS*, I, 1887, 21, n. 4.

[58] H. VINCENT-F. M. ABEL, *Jérusalem Nouvelle*, 1914, 154 ss. und Fig. 102, p. 155: Schéma du Saint-
Sepulcre constantinien d'après la description d'Eusèbe, pp. 180 ss., Chap. VII, Le Saint-Sepulcre
avant 614. — Abb. 204. Über die Echtheit oder Unechtheit des heiligen Grabes siehe J. SIMONS,
Jerusalem in the Old Testament, 1952, 282 ff. — A. HEISENBERG meinte, das Grab sei eine Adonishöhle
gewesen (*Grabeskirche und Apostelkirche. Zwei Basiliken Konstantins*, 1908, 198-211, bei ANTON BAUM-
STARK, *Die modestianischen und die konstantinischen Bauten am Heiligen Grabe zu Jerusalem*, 1915, 48 f.).
Über die Baugeschichte des Grabes siehe JOHN WILKINSON, *The Tomb of Christ. An Outline of its
structural History*, Levant, IV, 1972; Über die Kirche: CH. COÜASNON, *The Church of the Holy Sepulchre*.
The Schweich Lect. [1972], 1974 (Bespr. R. W. HAMILTON, in *PEQ*, 107, 1975, 78). — „Die Weisung
zum Bau der Kirchenanlage am Grabe Christi ging vom Kaiser selbst aus; sein aus dem Sommer 326
stammendes Schreiben an Bischof Makarios von Jerusalem (VC III 30-32) setzt bereits die Freilegung des Grabes voraus, nennt er doch seine Entdeckung ein Wunder, das alle menschliche Ver-
nunft übersteigt (III 30)" (GEORG KRETSCHMAR, *Festkalender und Memoralstätten Jerusalems in alt-
kirchlicher Zeit, ZDPV*, 87, 1971, 167-205, S. 179).

[59] Himmelfahrtskirche: VINCENT-ABEL, *o.c.*, Fig. 155, p. 361; Geburtskirche: E. T. RICHMOND,
The Church of the Nativity. The Plan of the Constantinian Church, QDAP, VI, 1938, 63-66, Fig. 1, gegenüber p. 66, Plan.

dann in Jerusalem noch verschiedene Kirchen gebaut worden, so die Marien-
Kirche auf dem Ölberg, wo Maria nach der Tradition begraben sein soll (siehe
auch AVI-YONAH, in *EncAEHL*, II, 1976, 614 f.). Kaiser Justinian (6. Jahrh.)
baute dann die von Prokop beschriebene Theotokos-Kirche [60], die, wie schon
bemerkt, von verschiedenen Gelehrten irrtümlich auf dem Tempelplatz lokalisiert
wurde. Es waren die christlichen Heiligtümer und die Stätten, wo nach dem Neuen
Testament Jesus geweilt hatte, nicht der alte Tempelplatz, wiewohl Jesus sich doch
auch hier aufgehalten hatte, welche von den Pilgern besucht wurden. Die Orthodoxen wurden zu der Pilgerfahrt nach Palästina vor allem angeregt durch die in LXX
falsch übersetzte Ps.-Stelle CXXXII, 7 wo es heisst: „Lasst uns in seine Wohnung
eingehen, vor dem Schemel seiner Füsse niederfallen". Die LXX hat dafür: „Wir
werden anbeten, wo seine Füsse gestanden haben" (EUSEBIUS, *Das Leben Konstantins*,
III, 42). Man leitete daraus ab, dass die Christen die Stätten, wo Jesus sich aufgehalten hatte, besuchen und ihm dort verehren sollten. Andere christliche Schriftsteller — Augustinus; Gregorius von Nazianz — hielten die Pilgerfahrt für unnütz,
oder gar für gefährlich [61]. Man machte die Pilgerfahrt zum Heiligen Land auch wohl,
um Busse zu tun für ein Verbrechen (der fränkische Edelmann FROMOND, 9. Jahrh.,
ist der erste dessen Name wegen solcher Busse bekannt ist, RUNCIMAN, *o.c.*, I, 45,
n. 1), oder, wie Ludwig IX. von Frankreich 1244 als Danksagung für die Genesung
von einer Krankheit. Pilger, welche den alten Tempelplatz erwähnen, gibt es nur
wenige. C. M. WATSON betont, dass auf der aus dem 6. Jahrhundert datierenden
Madeba-Karte der Tempelplatz nicht vorkommt, „which rather confirms the idea
that the Christians regarded it with abhorrence ..." [62]. Egeria, auch genannt Silvia
von Aquitania (ca. 385 n. Chr.) [63], beschreibt eingehend die täglich in den Jerusalemer Kirchen abgehaltenen Dienste [64]; sie schweigt über den Tempelplatz. Als
Kaiserin Eudokia (5. Jahrh.) sich in Jerusalem niederliess, förderte sie das Sammeln
von Reliquien. Pilger aus westlichen Länder und aus Konstantinopel folgten ihrem
Beispiel (RUNCIMAN, *o.c.*, I. 40). „Men and women would now travel for to see a
holy relic" (*id*. p. 41). Eucherius (ca. 440) scheint den Tempelplatz betreten zu haben;
er spricht von den Resten des alten Tempels, einst ein Weltwunder, von dem noch

---

[60] AUBREY STEWART, *Of the Buildings of Justinian by Procopius*, 1888, *PPTS*, II, Übers.

[61] RUNCIMAN, *A History of the Crusades*, I, 1953, 39-40.

[62] *The Story of Jerusalem*, 1918, 127; siehe aber Bd. I, 1970, 5 f. und Anm. 20.

[63] Nach GEORG KRETSCHMAR hat PAUL DEVOS 1967 überzeugend gezeigt, dass Egeria von Frühling 381 bis Frühling 384 im heiligen Land war (*ZDPV*, 87, 1971, 175; PAUL DEVOS, *La date du
voyage d'Égérie*, An. Boll. 85, 1967, 165-194).

[64] JOHN H. BERNARD, *The Pilgrimage of S. Silvia of Aquitania to the Holy Places*, *PPTS*, I, 11 ff., 45 ff.;
VINCENT-ABEL, *Jérusalem Nouvelle*, 1914, 210 ss., lat. Text.

ein Rest bestanden haben soll [65]. Die jüdische Tradition, nach der der heilige Fels auf dem Tempelplatz die Stätte gewesen ist, wo Abraham den Isaak (bzw. Ismael) opfern wollte, wird selbstverständlich auch den Christen bekannt gewesen sein. Nach Antonius Martyr (ca. 570 n. Chr.) gab es aber auf Golgatha einen Altar, auf dem Abraham den Isaak opfern wollte [66]. Wir dürfen annehmen, dass die Christen die traditionelle Stätte der Opferung vom Tempelplatz nach Golgatha verlegt hatten. Daraus liesse sich vielleicht erklären, weshalb man den Felsen mit Schutt bedeckt hatte, wenn wenigstens die Einkleidung des Berichtes über die Auffindung des Felsens durch 'Omar als historisch und nicht als eine Fabel zu betrachten ist.

Der schon unter Kaiser Justinian I. (527-565) angefangene Krieg mit den Persern unter Chosroes I. (531-579) — der Anstoss war von den Persern ausgegangen — führte unter Kaiser Heraklios zur Eroberung Syriens, Palästinas und Ägyptens durch Chosroes II. (591-628). Der armenische Historiker SEBEUS erzählt, dass, als das persische Heer nahe Palästina kam, „die Reste des jüdischen Volkes sich gegen die Christen empörten; sie begingen aus nationalem Fanatismus grosse Verbrechen und vollbrachten Missetaten gegen die christliche Gemeinde. Sie gingen und vereinigten sich mit den Persern und machten mit ihnen gemeinsame Sache" (bei MICHAEL AVI-YONAH [† 1974], *Geschichte der Juden im Zeitalter des Talmud. Studia Judaica*, II, 1962, 263). AVI-YONAH bemerkt dazu: „Aus dieser Quelle erfahren wir also, dass der jüdische Aufstand vor dem Eintreffen der Perser ausbrach, dass die zum Aufstand treibende Kraft die nationale Begeisterung war, und dass bei der Ankunft der Perser ein Bündnis mit ihnen geschlossen wurde" (*ibid.*). Nach AVI-YONAH haben die Juden damals bei den Persern ihre politische Forderung vorgebracht, ihnen Jerusalem zurückzugeben (*ibid.*). Nachdem sich Jerusalem zunächst ergeben hatte, so berichtet SEBEUS, erzwang ein Teil der Einwohner erneuten Widerstand. Als der persische General „Shaharbazar von diesem Kapitulationsbruch hörte, sammelte er seine Armee und zog zusammen mit seinen jüdischen Truppenteilen nochmals nach Jerusalem" (AVI-YONAH, *o.c.*, 266). Die Kirchen ausserhalb der Stadt wurden zerstört und nach einer zwanzig Tage dauernden Belagerung wurde Jerusalem, als durch Unterminierung eine Bresche in der Mauer entstanden war, von den Persern eingenommen (5. Mai 614) (siehe auch JUSTER, *Les Juifs dans l'empire romain*, II, 1914, 175 und n. 2). Die Kirchen in Jerusalem, auch die Grabeskirche, sind damals zerstört worden [67]. Die Perser „scheinen vertragsgemäss die Stadt

---

[65] AUBREY STEWART, *The Epitome of S. Eucherius about certain Holy Places*, 1890, PPTS, II, 7 ff., 9; p. 18 lat. Text.

[66] *Of the Holy Places visited by Antonius Martyr*, PPTS, II, 16; VINCENT-ABEL, *Jérusalem Nouvelle*, 1914, 187.

[67] ANTON BAUMSTARK schliesst aus literarischen Quellen, dass die Anastasis damals nicht ganz zerstört worden ist; die Umfassungsmauer muss noch aufrecht gestanden haben (*Die Modestianischen*

den Juden übergeben zu haben" (AVI-YONAH, *o.c.*, 266). „An der Spitze der Juden stand damals ein Führer, dessen symbolischer Name Nehemiah . . . war; sein wahrer Name ist unbekannt". Er behauptete seine Autorität in der Stadt und brachte nach dem sog. Buch Serubbabels Opfer dar. „Es scheint also, dass zum dritten mal seit der Zerstörung des zweiten Tempels der Versuch gemacht worden sei, den Opferdienst wieder aufzunehmen" (AVI-YONAH, *o.c.*, 276). Die jüdische Herrschaft über Jerusalem hat damals etwa drei Jahre bestanden, dann wurden die Juden von den Persern wieder aus Jerusalem vertrieben. Die Perser wünschten, nach der Eroberung in einem befriedeten Lande zu herrschen und brauchten dafür „der Unterstützung der loyalen und staatserhaltenden Kräfte" (AVI-YONAH, *o.c.*, 270). Sie brauchten der Unterstützung der Christen, die die Mehrheit im Lande bildeten (*id.*, S. 271). Wir können AVI-YONAH nicht ganz folgen wenn er sagt: „Diese Wendung der persischen Politik hat eine sehr grosse Bedeutung für die Geschichte der Juden Palästinas, denn als die Perser sich gegen ihre Bundesgenossen wandten, begruben sie auf lange Zeit die Hoffnung der Juden auf eine Wiederherstellung ihrer Herrschaft im Lande" (*o.c.*, 271-272). Auch ohne diese Wendung in der persischen Politik hätte Heraklios, der im Winter 628 vor den Tore Ktesiphon's stand, die Räumung der von den Persern besetzten Provinzen erreicht. 629 war er in Jerusalem. Die Juden wurden in einem Umkreis von drei Meilen aus der Stadt verbannt. Viele Juden sind damals hingerichtet worden (AVI-YONAH, *o.c.*, 274). Etwa ein Jahrzehnt später änderte sich die Lage in Syrien und Palästina durch die arabische Invasion endgültig. Jerusalem ergab sich 638 dem Kalifen 'Omar. „Auf die Juden, die bisher von den Christen in übler Weise drangsaliert worden waren, wirkte die Ablösung der christlichen durch die arabisch-islamische Herrschaft fast wie eine Befreiung" [11]. Nach H. H. MILMAN beschuldigen einige christlichen Schriftsteller die Juden sogar „of a deep-laid conspiracy to advance the triumph of Mohammedanism; but probably this conspiracy was no more than their united prayers and vows, that their oppressors [*sc.* die Christen] might fall before a power which ruled them on the easy terms of tribute, the same which they exacted from all their conquered provinces" (*The History of the Jews*, II, 250). Es kann keinem Zweifel unterliegen, sagt AVI-YONAH, „dass die Juden ihre Hoffnung auf das Reich Ismaels setzten, damit sie von „dieser frevelhaften Herrschaft erlöst" wurden. Aber wir haben keinen Bericht unserer Quellen über eine direkte Zusammenarbeit" (*o.c.*, 276). Besonder die von Heraklios 634 veranlasste Massnahme der Zwangstaufe wird den Hass der Juden gegen die

---

und die Konstantinischen Bauten am Heiligen Grabe zu Jerusalem, 1915, 54 f.). — Die Anastasis ist dann 1009-10 von *al Hakim bi 'Amr Illah* zerstört worden und 1027 wiederaufgebaut. Die Basilika Martyrium ist wie schon gesagt nie wieder aufgebaut worden (R. W. HAMILTON, *QDAP*, 13, 1948, 118 f.).

[68] RUDI PARET, *Toleranz und Intoleranz im Islam*, *Saeculum*, 21/4, 1970, 344-365, S. 354.

Byzantiner gesteigert haben. Während die ersten christlichen Kaiser günstig gegenüber den Juden gestanden hatten (Konstantin's Edikt von Mailand hatte auch
den Juden freie Ausübung ihres Gottesdienstes gesichert), sind bald Massnahmen
für den Christen und gegen den Juden vorgenommen worden (siehe hierüber
MARCEL SIMON, *Verus Israel*, 1964, 155 f., 239 ff., Chap. VIII: L'antisémitisme
chrétien). Bei der Eroberung Palästinas und Jerusalems durch die Perser haben die
Juden an der Seite der Perser gestritten (vgl. JUSTER, *l.c.*); da dürfte es doch mehr
als wahrscheinlich sein, wenn sichere Berichte darüber auch fehlen, dass sie mit den
Arabern gegen Byzanz konspiriert haben.

Nach der Eroberung Jerusalems 638 durch 'Omar ist der alte Tempelplatz ein
muslimisches Heiligtum geworden und mit Unterbrechung der Periode der Kreuzfahrer ist er dies geblieben. Dass es den Christen anfangs nicht verboten war, Ḥarām
asch-scharīf zu betreten, geht aus dem Reisebericht des Pilgers Arculphus (ca. 670
n. Chr.) hervor: er beschreibt, wie wir Abschnitt A gesehen haben, die von 'Omar
errichtete hölzerne Moschee [69]. Erst unter 'Abdalmalik (685-705), dem Erbauer des
Felsendomes, wurde Ḥarām asch-scharīf zu einem exklusiven muslimischen Heiligtum. Christen und Juden war es auf Todesstrafe verboten, den Ḥarām zu betreten.
Christlichen Pilger im Heiligen Land wurde aber im allgemeinen von den Muslimen
nichts in den Weg gelegt. Der Angelsachse Willebald hatte viermal das H. Land
besucht (723-726). Gerade im 8. Jahrhundert war der Pilgerstrom aus Europa, der
vordem ins Stocken geraten war (die arabischen Eroberungen hatten zur Folge gehabt, dass syrische Kaufleute nicht länger an die Küsten von Frankreich und Italien
kamen; im Mittelmeer gab es wieder Seeräuber), wieder in Gang gekommen. Im
9. Jahrhundert, als dem schiitischen Kalifen von Kairo, der nun über Palästina
herrschte, viel daran gelegen war, in der Freundschaft des byzantinischen Kaisers
ein Gegenwicht gegen das Kalifat von Bagdad zu gewinnen, erfuhren die Christen —
und die heiligen Stätten der Christen — eine schonende Behandlung (G. DIESTEL,
Gesch. des Mittelalters, II. Teil. *Spamers Illustr. Weltgesch.*, IV, 1897, 7). Im 10. Jahrhundert führte sicher die Furcht vor dem Untergang der Welt im Jahre 1000 hunderte von Pilgern, vor allem aus Frankreich, nach dem Heiligen Land; die Cluni-
azenser propagierten dort die Pilgerfahrt. Ḥarām asch-scharīf blieb aber für Christen
und Juden unzugänglich. Während nun die Araber tolerant gegenüber Christen und
Juden waren — nur Kalif al-Hakim Abu 'Ali al-Mansur (998-1021) von Ägypten
hatte antijüdische und antichristliche „Edikte" erlassen [70] — änderte sich die Lage
der Pilger, als die Seldschuken an die Macht kamen.

---

[69] JAMES ROSE MACPHERSON, *The Pilgrimage of Arculfus in the Holy Land*, 1888, *PPTS*, III, 4.
[70] Die Schriften aus der Kairo-Genisa haben hierauf freilich ein neues Licht geworfen. „The
sudden outburst against Christians and Jews appears now to have started as a popular outbreak

Im Jahre 1071 hatte Atsiz ibn Abaq, nominell Vasall des Sultans Alp Arslan, Jerusalem ohne Krieg eingenommen; er okkupierte bald Palästina bis zu der Grenze Askalons. Als dann 1076 die Fatimiden von Ägypten wieder Besitz von Jerusalem genommen hatten, sind sie von Atsiz wieder herausgetrieben worden. Atsiz wurde von dem Bruder des Grossultans Malik Shah (Sohn und Nachfolger des Alp Arslan) Tutusch ermordet, der nun Herr über ein Gebiet von Aleppo (das noch im Besitz der Araber war) bis Ägypten wurde. Er machte Ortoq ibn Aksab zum Gouverneur von Jerusalem, dem nach seinem Tode seine beiden Söhne Soqman und Ilghazi nachfolgten. Der Patriarch von Jerusalem, Simeon, wurde von Ortoq ins Gefängnis geworfen, um die Christen zu einem hohen Lösegeld für seine Befreiung zu zwingen.

Nach der Meinung der Mehrzahl der Gelehrten waren die Schikanen, welchen die Seldschuken den Pilgern aussetzten, der Hauptgrund, welcher zum erten Kreuzzug (1096) führte. „Les vexations dont le pèlerinage était systématiquement l'objet depuis la conquête seljûqide suffisent à expliquer le projet d'Urban II"[71]. Ähnlich urteilt BERTOLD SPULER: das wichtigste war, „dass die Seldschuken nach der Wegnahme Jerusalems 1071 die damals noch immer verhältnismässig zahlreichen christlichen Pilger (   ) vielerlei Schikanen aussetzten, die diesen unter der fatimidischen Verwaltung offenbar nicht widerfahren waren"[72]. HANS EBERHARD MAYER wird u.E. recht haben, wenn er sagt: „Der ständige Pilgerstrom musste in der Christenheit den Wunsch aufkeimen lassen, das Grab Christi selbst zu besitzen, nicht um die Schwierigkeiten der Pilgerfahrt zu beseitigen, sondern weil der Gedanke, die hl. Stätten, das „Erbgut Christi" in der Hand der Heiden zu wissen, für die Menschen allmählich immer unerträglicher wurde" (*Gesch. der Kreuzzüge*, *Urban-Bücher* 86, 1965, 21).

Edessa, das noch immer zum byzantinischen Reich gehörte (1060 hatten die Türken unter der Führung Alp Arslan's die Stadt angegriffen ohne sie einnehmen zu können), kam 1098 in Besitz von Balduin von Bologna, Graf von Edessa, was sich bald als von grösstem Vorteil für die Kreuzfahrer, die unter Boemund seit 1097 Antiochien (eine fast unnehmbare Festung) belagerten, erwies. Als Kurboga, atabeg (Vormund) von Mossul mit einem grossen Heer nach Antiochien aufmarschierte, um dem belagerten Emir von Antiochien Yaschi Siyan zu Hilfe zu kommen, hatte er sich drei Wochen mit der Belagerung von Edessa aufgehalten, ohne die Stadt erobern zu können. Vor Antiochien erschien er nun zu spät: die Stadt war (durch Verrat) in den Besitz der Franken gekommen (3. Juni 1098). Der energische

---

against the „liberal" rule of the Fatimids rather than a personal whim of a caliph" (S. D. GOITEIN, *Studies in Islamic History*, 1966, 288). Vgl. ALEXANDER SCHEIBER, *Ein aus arabischer Gefangenschaft befreiter christlicher Proselyt in Jerusalem, HUCA*, XXXIX 1968, 163-172.

[71] RENÉ CROUSSET, *Histoire des Croisades et du Royaume franc de Jérusalem*, I, 1934, 2.

[72] SPULER, *Die Chalifenzeit, Hb. d. Orientalistik*, VI/1, 1952, 94.

Widerstand des Grafen von Edessa hatte die Kreuzfahrer gerettet, was schon die Meinung war von Wilhelm von Tyrus (siehe GROUSSET, *Histoire des Croisades*, I, 96). Die Ortoqiden von Jerusalem hatten Hilfstruppen zu Kurboga gesandt und Al-Afdal von Ägypten benutzte die Gelegenheit, Jerusalem, das damals von den Ortoqiden Soqman und Ilghazi unter der Suzeränität des Herrschers von Damaskus, Duqaq ibn Tutuš, verwaltet wurde, zu belagern und am 26. Aug. 1098 einzunehmen. Jerusalem wurde damit wieder ägyptisches Besitztum. Ein Jahr später aber, am 7. Juni 1099, erschienen die Kreuzfahrer unter Gottfried von Bouillon vor Jerusalem. Der ägyptische Gouverneur Iftikhar ad-Dawla verfügte über eine Garnison Araber und Sudanesen. Alle Christen, Orthodoxe wie Lateiner, entfernte er aus der Stadt; nur die Juden durften bleiben. Am 15. Juli, also nach einer nur etwa einen Monat dauernden Belagerung, wurde Jerusalem von den Christen eingenommen. Die Muslime haben sich dann in die Moschee el-Aksa geflüchtet in der Absicht, daraus ein letztes Bollwerk zu machen. „But they had no time to put it into a state of defence" (RUNCIMAN, *A History of the Crusades*, I, 1953, 286). Die Muslime wurden von den Christen ermordet, die Juden nach einem muslimischen Bericht in ihre Hauptsynagoge getrieben und verbrannt. „It was this bloodthirsty proof of Christian fanaticism that recreated the fanaticism of Islam" (RUNCIMAN, *o.c.*, 287). Aus einem Geniza-Dokument aus Ägypten wissen wir nun aber, dass die meisten Juden gefangen genommen und gegen Bezahlung freigelassen worden sind [73]. Dass es den Kreuzfahrern so verhältnismässig leicht gelang, Jerusalem und dann viele andere Städte des Landes zu erobern, erklärt sich daraus, dass Syrien/Palästina in zahlreiche Emirate zerteilt war, deren Herrscher fortwährend miteinander in Streit lagen.

GOTTFRIED VON BOUILLON, der den Königstitel ablehnte, nannte sich Advocatus Sancti Sepulcri, „Beschützer des H. Grabes". Erst sein Bruder BALDUIN VON BOLOGNA, Graf von Edessa, wurde nach Gottfried's Tode König von Jerusalem. Beinah ein Jahrhundert sind die Christen dann Herr über Jerusalem gewesen (1099-1187). RICHARD POCOCKE, der 1737 Jerusalem besuchte, meinte, hätten die Christen damals Ausgrabungen in Jerusalem veranstaltet, ohne Zweifel würden sie Reste des Tempels und der Paläste, auf Zion ans Licht gebracht haben [74]. Heute urteilen wir darüber anders: Ausgrabungen hätten damals sicher mehr archäologische Daten zerstört als zur Kenntnis gebracht. Die Christen hätten natürlich eine genaue Beschreibung mit Planzeichnung des Ḥarām verfassen können; dass sie es nicht taten, lässt sich wohl nicht aus einer Scheu vor dem islamischen Heiligtum erklären, denn sie haben sich keinesfalls vom Ḥarām asch-scharīf abgewendet. Als der Pilger

---

[73] S. D. GOITEIN, *Contemporary Letters on the capture of Jerusalem by the Crusades*, JJS, III, 1952, 162-177, p. 165 und 171 ff.
[74] *Beschrijving van het Oosten*, usw. III, 27, Übers. ERNST WILLEM CRAMERUS, 1779.

Saewulf (1102-1103) Jerusalem besuchte, scheint man die muslimischen Bauten noch nicht in Gebrauch genommen zu haben. „Possibly the Christians were, at first a little doubtful about using buildings which had been dedicated to the worship of Islam" (WATSON, *The Story of Jerusalem*, 1918, 182). König Balduin hatte seinen Palast auf dem Harām an der Stätte der el Aksa Moschee. Hier wohnten anfangs auch die Glieder des 1118 von Hugues de Payens und Géoffroy de Saint-Omer gestifteten Ordens der Tempelherren, die später den ganzen Harām zum Besitz erhielten, sich hier einen neuen Palast erbauten und als Kirche den Felsendom, nun als Templum Salomonis bezeichnet, benutzten; 1142 wurde er unter dem Namen „Tempel des Herren" eingeweiht. Der Kettendom (östlich neben dem Felsendom) wurde von den Tempelherren dem Jakobus, dem ersten Bischof von Jerusalem, geweiht (siehe ÉLIE LAMBERT, *L'architecture des Templiers*, 1955, 24, s.). Die Moschee el Aksa muss damals von einem elfschiffigen Breitbau in einen Langbau, wohl um ihr den Charakter einer Moschee zu nehmen, verändert worden sein. Der von den Tempelherren an der Westseite der el Aksa (als Palast Salomos bezeichnet) errichtete Bau, den Mudschir ed-din Dchami-an-Nisa (Frauen-Moschee) nennt und in dem LE STRANGE das Zeughaus sah, war nach der Meinung CONDER's der Speisesaal der Tempelherren[75]. Die an der Südostecke des Harām liegenden Pfeilerhallen dienten den Tempelrittern als Ställe für ihre Pferde. Sie werden schon von Johann von Würzburg (1160-1170) als Ställe Salomos bezeichnet und diese Bezeichnung dürfte doch wohl aus der Zeit der Kreuzfahrer stammen. Die Meinung J. SIMONS, dass dieser Name sich schon vor Joh. von Würzburg bei arab. Schriftstellern findet (*Jerusalem in the Old Testament*, 1952, 347, n. 6), scheint uns verfehlt. 'Ali von Herat, auf den Simons hinweist, schrieb erst 1173 (LE STRANGE, *Palestine under the Moslems*, 167) und er wird den Namen doch wohl von den Christen übernommen haben; diese hatten den Namen Salomo doch auch mit dem an der Stelle der el Aksa gelegenen Palast verbunden.

Aus Nasir-Chosrou's Beschreibung des Harām-Areals geht mit Sicherheit hervor, dass vor der Einnahme Jerusalems durch die Kreuzfahrer verschiedene Bauten auf dem Harām standen „no traces of which remain at present; and, from the descriptions of Mujir ad Din and Suyuti, many would seem to have already disappeared at the date of Saladin's re-occupation of the Holy City" (LE STRANGE, *Palestine under the Moslems*, 167). Es dürfte mehr als wahrscheinlich sein, dass sie von den Christen zerstört worden sind.

Die Gründung des Königreiches Jerusalem und der abendländischen Feudal-fürstentümer (Antiochien, Edessa usw.) war, wie oben bemerkt, begünstigt durch

---

[75] CONDER, *The City of Jerusalem*, Übers. des franz. aus der Zeit nach der Eroberung Jerusalems durch Saladin datierendes Werkes *Citez de Jherusalem*, PPTS, VI, 12, n. 2.

die Aufteilung des Landes in verschiedene Herrschaften, deren Emire mit einander in Streit lagen. Dass die Gründung dieser abendländischen Kleinstaaten für die Kirchengeschichte bedeutsam gewesen ist, betont BERTOLD SPULER. Die Kluft zwischen Byzanz und dem Westen ist durch die Kreuzzüge „so nachhaltig erweitert (worden), dass sie sich (im Gegensatz zu allen früheren Zeiten) nicht wieder hat schliessen lassen" [76]. Die „Byzantiner mussten es als selbstverständlich ansehen, dass die eroberten Landesteile ... ihnen als den rechtmässigen christlichen Herren zurückgegeben wurden. Indem die Abendländer das aus konfessionellen und wirtschaftlichen Gründen heraus nicht taten, haben sie nicht nur die Oströmer aufs tiefste verletzt, sondern auch die Bildung einer einheitlichen christlichen Abwehrfront — getragen von der unter der Komnenen-Dynastie wieder recht bedeutend angewachsenen Macht des byzantinischen Staates — verhindert und dadurch wohl mittelbar an dem verhältnismässig schnellen Zusammenbruch der christlichen Unternehmungen beigetragen" (SPULER, l.c.).

Anfang des Zusammenbruchs war die Einnahme Edessa's (1144) durch den seit 1127 in Mossul regierenden Türken Imam-ad-Din Zengi, atabeg der seldschukischen Fürsten Alp Arslan und Farrukh Shah; sie führte zu dem zweiten Kreuzzug (1147-1149) der ohne Erfolg blieb. Als dann nach Zengi's Tode (er ist von einem Sklaven ermordet worden) Edessa wieder in Besitz der Christen gekommen war (unter Graf Joscelin II.), wurde es von Zengi's Sohn, Nur-ad-Din, wieder erobert; die Christen wurden ermordet (1146), die Stadt von Grund aus zerstört. Nur-ad-Din, der durch die Teilung des Reiches nach Zengi's Tode Syrien erhielt, beherrschte die ganze Ostgrenze der christlichen Staaten Syriens. Die Austreibung der Franken war Hauptziel seiner auswärtigen Politik (BROCKELMANN, *History of the Islamic Peoples*, 1949, 223), was freilich während seiner Regierung nicht erreicht wurde. Als er 1174 starb, war Jerusalem noch im Besitz der Franken. Nicht der Türke Nur-ad-Din, sondern der Kurde Saladin hat Jerusalem wieder für den Islam erobert. Saladin's Leben ist beschrieben durch den arab. Schriftsteller Behâ ed-Dîn (1137-1193) und eine engl. Übersetzung liefert Band XIII, 1897, der *PPTS* (*The Life of Saladin by Behâ ed-Dîn (1137-1193)*. ,Saladin'; or, *What Befell Sultan Yusuf (Salâh ed-Dîn)*; Chapter XXXVI p. 118 f.: *Taking of the Holy City* (*EL KUDS esh-Sherîf*).

Saladin war der Vetter Schirkuh's, der von Nur-ad-Din mehrmals mit einem Söldnerheer nach Ägypten gesandt worden war und dort schliesslich durch den letzten Fatimiden, Kalif ʿAdid, zum Wesir ernannt worden war. Nach seinem Tode folgte ihm sein Vetter Saladin, der Sohn Aiubs, in dieser Funktion nach und nach ʿAdid's Tode (1172) nahm Saladin Besitz von Ägypten; dann, nach dem Tode Nur-

---

[76] SPULER, *Die Chalifatenzeit, Hb. d. Orientalistik*, VI/1, 1952, 96.

ad-Din's (1174) auch von Syrien. Er herrschte also über ein Gebiet vom Tigris bis zu der Wüste Afrika's und es galt nun als erstes Jerusalem zu erobern. Bei Ḥattin am See Genezareth wurden die Franken von Saladin, der schon 1183 mit einem grossen Heer aus Damaskus gezogen war, um Palästina zu erobern, dann im April 1186 wieder nach Damaskus zurückgekehrt war (es war ein Waffenstillstand auf vier Jahre geschlossen), 1187 geschlagen. Jerusalem, wo Balian von Ibelin die Verteidigung leitete, wurde belagert und nachdem eine Bresche in die Mauer geschlagen war, kam es zu Kapitulationsverhandlungen. Am 2. Okt. 1187 hielt Saladin seinen Einzug in Jerusalem. König von Jerusalem war damals Guido von Lusignan, der aber bei Ḥattin von Saladin gefangen genommen worden war. „The huge cross that rose from the dome of the Sakhra was thrown down. In this manner, by means of the Sultan, God accorded a magnificent triumph to Islam. The chief condition stipulated by the treaty was that each man should pay ten Tyrian dinars as his ransom; each woman five; children, both boys and girls, were to pay only one dinar each" (*Behâ ed-Dîn*, Übers. *PPTS*, XIII, 1897, 120). Steven Runciman bemerkt dazu: Saladin's „mercy and kindness were in strange contrast to the deeds of the Christian conquerors of the First Crusade" (*A History of the Crusades*, II, 1952, 466). Die orthodoxen Christen und die Jakobiten blieben in Jerusalem; die Juden wurden angeregt, sich in Jerusalem anzusiedeln (*id.* p. 467) [77]. Juden und Christen sind aber in sozialer Hinsicht von Saladin degradiert worden: sie durften z.B. kein Pferd oder Maulesel, sondern nur Esel als Reittier benutzen [78].

Jerusalem war wieder eine muslimische Stadt. Der Fall Jerusalems war bekanntlich der Anlass zum dritten Kreuzzug (1189-1192). Richard Löwenherz, der an der Möglichkeit der Einnahme der Stadt zweifelte, hatte aber von einem Angriff auf Jerusalem abgesehen. Mehr Erfolg hatte der deutsche Kaiser Friedrich II., der ohne Belagerung in Besitz von Jerusalem kam. Als er durch die Befestigung von

---

[77] Die Franken erhielten gegen Bezahlung eines Lösegeldes freien Abzug aus der Stadt. — Dass es vor der Eroberung Jerusalems durch Saladin kaum Juden in Jerusalem gab, wissen wir aus der Reisebeschreibung des Rabbi Petachia von Ratisbon (1170-1187). „The only Jew there is Rabbi Abrahem, the dyer, and he pays a heavy tax to the king to be permitted to remain there" (*Jewish Travellers*, Ed. with an Introduction, by Elkan Nathan Adler, 1930, 64 ff., p. 88).

[78] E. Ashtor-Strauss, *Saladin and the Jews*, *HUCA*, XXVII, 1956, 305-326, p. 306 f. — Ausgerottet sind die Christen aber nicht. „The history of Christianity in Western Asia does not leave the student with much respect for the „inspired" character of his religion. Certainly the Christian reaction to Islam, as evidenced in the Crusades, makes one wonder how the Christian Church of that time could, with a straight face, claim any connection with the inspiration of Jesus. The fantastic spread of Islam throughout „Christian" lands, in the next few decades, implies that for millions of peasants Islam seemed more adequate for their religious needs than Christianity had proved" (Donald Broadribbe, *The Self-image in Islam. Abr-Nahrain*, IX, 1969-1970, 66-80, p. 68/69). — Über das 1972 erschienene Werk von Andrew S. Ehrenkreutz, *Saladin* (New York 1972) sagt A. S. Atiya: Ehrenkreutz „skilfully proceeds to break down the idolised image of his hero" (Bespr. in *The American Journal of Arabic Studies*, II, 1974, 75-77, p. 76).

Jaffa eine drohende Stellung gegen al-Kamil von Ägypten eingenommen hatte, schloss dieser mit dem Kaiser einen Vertrag (18. Febr. 1229), nach welchem Jerusalem, Bethlehem, Nazareth u.a. Orte zunächst auf zehn Jahre Eigentum der Christen sein sollten. Ḥarām asch-scharīf mit Felsendom und el Aksa sollten muslimischer Besitz bleiben. Friedrich hat den Ḥarām betreten, aber auch verordnet, dass jeder Priester, der ohne Zustimmung von Seiten der Muslime den Ḥarām betreten würde, getötet werden sollte (RUNCIMAN, *A History of the Crusades*, III, 1954, 189). Der von al-Kamil mit Friedrich geschlossene Friede ist von einer arabischen Quelle als „one of the most disastrous events of Islam" bezeichnet worden [79]. Friedrich II., der sich am 18. März 1229 in der Grabeskirche eine goldene Krone aufs Haupt setzte, ist der letzte, freilich vom Papste nicht erkannte König von Jerusalem gewesen, der die Stadt in Besitz gehabt hatte. Der Kaiser hatte aber schon im selben Jahre Jerusalem wieder verlassen wegen „his urgent desire to return home as swiftly as possible to secure his Sicilian kingdom" (VAN CLEVE, *o.c.*, 458-59). Wir dürfen annehmen, dass Ḥarām asch-scharīf während der Zeit des genannten Vertrages zum ersten Male nach der Errichtung des Felsendomes von Muslimen und Christen betreten worden ist. Den Juden war es während der zweiten Okkupation von Jerusalem durch die Christen, seit 1229, nicht erlaubt, sich in der Stadt aufzuhalten, aber „under a special agreement, they were given access to the Holy Places" (S. D. GOITEIN, in *Eretz Israel*, IV, 1956, X, Nr. 7). Ḥarām asch-scharīf war während der zehnjährigen Okkupation von Jerusalem durch die Christen, wie oben bemerkt, im Besitz der Muslime geblieben. Im Jahre 1244 erneuerte aber der Herrscher von Damaskus, aṣ-Ṣāliḥ Ismāʿil die Allianz mit den Franken und im Frühling desselben Jahres gab er den Christen den vollen Besitz über Jerusalem. „What had been outrageous perfidy in al-Kamil fifteen years before was now taken for granted, even to the extent of surrendering the Dome of the Rock" [80]. Im gleichen Jahre änderte sich aber die Lage der Christen endgültig. Im Einvernehmen mit aṣ-ṣāliḥ Aiyub von Ägypten ist Jerusalem von einem unter der Führung Berke Khan's heranrückenden, aus Türken gebildeten Söldnerheer erobert worden; es wurde wieder Besitz von Ägypten. Auch die Hoffnung Ludwig's IX. von Frankreich, Jerusalem zurückzugewinnen, ist nicht in Erfüllung gegangen [81].

Ḥarām asch-scharīf zu betreten war den Christen wie vor der Einnahme Jerusalems durch die Franken auf Todesstrafe verboten. Dies berichtet u.a. der deutsche Pilger

---

[79] THOMAS V. VAN CLEVE, *The Crusade of Frederick II*, in: *A History of the Crusades*, Ed. KENNETH M. SETTON, II, 1962, 429-462, p. 455.

[80] HAMILTON A. R. GIBB, *The Aiyubids*, in: *A History of the Crusades*, Ed. KENNETH M. SETTON, II, 1962, 693-714, p. 709.

[81] Siehe JOSEPH R. STRAYER, *The Crusades of Louis IX*, in: *A History of the Crusades*, II, 1962, 1962, 487-518, bes. p. 506.

Ludolph von Suchem der 1336-1341 eine Reise durch den Orient machte. Es heisst:
„Die Saracenen erstatten keinem Christ diesen Tempel zu betreten und wenn sie
hineingehen sollen sie getötet werden, oder sie sollen ihren Glauben verleugnen.
Dies geschah zu meiner Zeit, denn einige Griechen gingen hinein und zertraten die
Bücher der Saracenen. Weil sie sich verweigerten ihren Glauben zu verleugnen, sind
sie in zweien gehauen worden" [82]. Was von Suchem sagt über den Felsendom
(„Tempel des Herrn") und die Moschee el Aksa („Salomos Tempel") „is based
upon what he could see from outside and on what he was told" (WATSON, *The Story
of Jerusalem*, 1918, 249). Auch der Dominikaner Felix Fabri aus Ulm, der 1480 und
1483 eine Reise durch Palästina machte, berichtet, dass Christen nur bei Todesstrafe oder Verleugnung des Glaubens den Ḥarām betreten durften [83]. Er staunte
über die kolossale Ḥarāmmauer [84] (es handelt sich um die Südmauer), hatte dann an
einer Stelle, wo eine Quader der Mauer ausgehoben war, die „Ställe Salomos"
betreten (er hielt sie für Magazine bestimmt zur Aufbewahrung von Gewürzen und
Räucherwerk), wo er sieben Reihen Säulen die Gewölbe tragen sah (*o.c.*, 128 f.).
Im Gewölbe war ein grosses Loch, durch welches die Saracene den Schmutz des
Tempels und des Hofes hinabwarfen (*o.c.*, 130). In der Übersetzung heisst es dann:
„Had we not been afraid, we might have climbed up over the rubbish into the
courtyard of the temple" (*ibid.*). An der Ostmauer des Ḥarām sah Felix die eingebaute marmorne Säule, auf die Mohammed nach der muslimischen Legende am—
Tage des letzten Urteils sich setzen wird (*ibid.*). Was Felix vom Felsendom zu
erzählen weiss (*o.c.*, 242 ff.), hat er nur, wie er selbst sagt, ausserhalb des Ḥarām
stehend wahrgenommen und von anderen erzählen hören (*o.c.*, 245 f.) [85]. Trotz des
strengen Verbotes hatte es, wie Felix bemerkt, verschiedene Christen gegeben, die
sich nach Wegen umsahen, den Ḥarām betreten zu können (*o.c.*, 251). Zwei Pilger,
Pero Tafur (1436) und Arnold von Harff (1497) behaupten, Ḥarām asch-scharīf betreten zu haben (CRESWELL, *Early Musl. Arch.*, I, 1, 1969, 67).

Palästina-Syrien war von 1260 bis 1516 Besitz von Ägypten und die Herrscher
haben offenbar im allgemeinen den christlichen Pilgern nichts in den Weg gelegt.

---

[82] AUBRY STEWART, *Ludolph von Suchem's Description of the Holy Land*, PPTS, III, 98.

[83] *The Wanderings of Felix Fabri*, PPTS, IX, 1897, 251.

[84] Wie um dieselbe Zeit (1481) Rabbi MESHULLAM BEN R. MENAHEM aus Volterra: „The huge
stones of the building are a wondrous matter, and it is difficult to believe how the strength of a
man could have moved them into their present position" (*Jewish Travellers*. Ed. ELKAN NATHAN
ADLER, 1930, 156 ff., p. 189). Rabbi Meshullam's Worte: „The Temple, may it be restored speedily
in our days . . . " (p. 189) zeugen dafür, dass er die Hoffnung auf Wiederaufbau des Tempels nicht
aufgegeben hatte.

[85] Rabbi Meshullam sagt: „Near the sanctuary is a great vaulted building with pillars surrounding
the large pavement which covers the Temple area" (*o.c.*, 190). Vielleicht ist damit der Felsendom
gemeint.

Als der türkische Sultan Selim 1516 Syrien-Palästina und 1517 auch Ägypten erobert hatte, änderte sich die Lage. Von den Türken erwarteten die Christen, besonders die aus römischen Ländern, offenbar nicht viel Gutes, denn im Hinblick auf
die Eroberung des Heiligen Landes durch die Türken wollte Papst Leo X. einen
neuen Kreuzzug [86]. Konstantinopel war schon 1453 von Sultan Muhammed II.
erobert worden und Muhammed hatte sich zum Schützer der griechischen Kirche
aufgeworfen (WILLIAM HOLDEN HUTTON, *Constantinopel*, 1921, 155). Nur wenige
Christen aus römischen Ländern werden seit 1516 Lust gehabt haben, nach dem
Heiligen Land zu pilgern. Es gibt nichtsdestoweniger aus diesem und dem folgenden Jahrhundert Beschreibungen des Heiligen Landes; sie stammen aber nicht von
Pilgern, sondern von Reisenden, die aus Wissbegierde die Länder des Nahen
Orients besucht haben [87]. Dazu gehören u.a. Leonard Rauwolff (1573-1576), George
Sandys (1674-1708), Cornelis de Bruin (1674-1707). Ḥarām asch-scharīf zu betreten,
war den Christen untersagt und es fehlt aus jenen Jahrhunderten denn auch ein
selbst einigermassen genauer Plan des alten Tempelplatzes. Der von RICHARD
POCOCKE, der 1737 Jerusalem besuchte, gezeichnete Plan zeigt ein einfaches Rechteck
mit dem in der Mitte eingezeichneten Grundriss des Felsendomes und an der Seite
ein kleines Rechteck, die Moschee el Aksa darstellend [88]. Auch Pococke hatte den
Tempelplatz vermutlich nicht betreten [89]. Der erste nicht ganz unbrauchbare Plan
des Ḥarām ist nichtsdestoweniger verfasst worden, als Ḥarām asch-scharīf für
Christen noch unzugänglich war. Er stammt von dem Spanier Bady y Leblich,
besser bekannt unter dem muslimischen Namen Aly-Bey el Abassi, der 1803-1807
als Muslim verkleidet den Tempelplatz fünfmal besichtigte und dann einen Plan
veröffentlichte (in *Voyages en Afrique et en Asie pendant les années 1803-1807*). Der
englische Architekt und Bauforscher JAMES FERGUSSON hatte diesen Plan für sein
1847 veröffentlichtes aufsehenerregendes Buch ‚*An Essay on the Ancient Topography
of Jerusalem*' benutzt. Es heisst dort: „The moment I saw his plan of the Haram, I
jumped to the conclusion that the Mosque of Omar and the Aksa were Christian

---

[86] BROCKELMANN, *History of the Islamic Peoples*, 1949, 289/90.

[87] R. RÖHRICHT, *Bibliotheca Geographica Palestinae*, 1890, erwähnt „approximately 2,000 individuals
who recorded their visits made between 100 and 1878, and who published their records" (YEHOSHUA
BEN-ARIEL, *The Geographical exploration of the Holy Land*, PEQ, 104, 1972, 81-92, p. 83).

[88] *Beschrijving van het Oosten*, III, Übers. E. W. CRAMERUS, 1779, Pl. III, gegenüber p. 28.

[89] Vom Tempelplatz sagt er aber: „Tegenwoordig staat er, in 't midden der oude tempelplaatse,
eene fraaie achthoekige moskee, met een Koepel gedekt ... De moskee ziet er ongemeen fraai uit,
zijnde van buiten, en, naar men zegt, ook van binnen, met steenen van verschillende kleuren, doch
voornaamlijk groenen, bekleed. Naar de kant des zuidoosthoeks der tempelplaatse is een andere
moskee F, [*sc.* im Plan Pl. III gegenüber p. 28] zijnde een langwerpig vierkant. Een gedeelte daarvan
ist met een koepel gedekt" (*o.c.*, 27) Die Aksa Moschee liegt nach der Westseite zu, nicht nach der
Südostecke.

edifices, taken possession of by the Mahometans ..." (p. XI). Das war, wie wir schon Band I (S. 8 und Anm. 30-31) gesehen haben, Fergusson's grosser Irrtum.

Der Engländer E. D. CLARKE, der es klar aussprach, Jerusalem nicht als Pilger, sondern „by the light of History, with the Bible in our hands" ansehen zu wollen [90], bat in Jerusalem vergebens darum Harām asch-scharīf betreten zu dürfen. „He [*sc.* der Dolmetscher] entreated us not to urge the request, saying his own life would certainly be forfeited as the price of our admission ..." (p. 385). Der englische Arzt RICHARDSON hat aber 1818 den Harām (wohl insgeheim) betreten und eine Reisebeschreibung veröffentlicht (CRESWELL, *Early Musl. Arch.*, I, 1. 1969, 67) [91].

Zugänglich für europäische Forscher wurde der alte Tempelplatz im 19. Jahrhundert zum ersten Male unter Mehammed Ali, Vizekönig von Ägypten, der sich 1831 von der Pforte ganz unabhängig gemacht hatte. Er stritt nichtsdestoweniger auf Seiten der Türkei gegen Griechenland, wofür Sultan Mahmud ihm den Besitz Syrien/Palästinas zugesagt hatte. Als Mahmud diesem Versprechen nicht nachkam, kam es zum Krieg gegen die Türkei und erst im Frieden von Kütahya (1833) kam Syrien/Palästina unter die Herrschaft von Ägypten. Im gleichen Jahre gestattete Mehammed Ali, der ein grosser Bewunderer der europäischen Zivilisation war (er hatte eine Studienmission im Zuge seines Reformprogramms nach Frankreich entsandt) [92], dem englischen Architekten F. CATHERWOOD (zusammen mit ARUNDALE und BONOMI) Untersuchungen auf Harām asch-scharīf zu verrichten. Sechs Wochen waren sie auf dem Tempelplatz, „exploring, drawing, and measuring everything with the most exemplary diligence" (J. FERGUSSON, *The Temples of the Jews*, 1878, 4). Catherwood veröffentlichte den Plan des Harām in kleinem Massstab (siehe FERGUSSON, *An Essay*, 1847, hinten im Buch) und erst nach seinem Tode konnte Fergusson 1861 nach Catherwood's Material einen 38 × 25 inches grossen Plan veröffentlichen [83]. C. WILSON, der, wie wir bald sehen werden, 1864 Harām asch-scharīf genau untersuchte, hat Catherwood's Plan „minutely accurate" genannt, nur dass bei der Zusammenfügung der Blätter an der Nordwestecke der Esplanade ein

---

[90] *Travels in Various Countries of Europe, Asia and Africa*, IV⁴, 1817, 319.

[91] Y. BEN-ARIEH, *The first Surveyed Maps of Jerusalem*, Er Is, XI, 1973, 64-74 (hebr.), 24* engl., erwähnt F. W. SIEBER der 1818 eine Karte von Jerusalem verfasste; Harām asch-scharīf hatte er wohl nicht betreten.

[92] RUDI PARET, *Toleranz und Intoleranz im Islam*, Saeculum, 21, 1970, 344-365, S. 364 und Anm. 45. Vgl. JACK HEINZ SISLIAN, *Religiöse Toleranz und das Problem der Bekehrung zur Zeit Mehmed Alis* (aus dem eng. übersetzt durch K. TH. HUMBACH), Saeculum, 22, 1971, 377-386. — Die Hohe Pforte hatte 1827 gesagt: „Wie jede weise Person weiss, ist jeder Muslim von Natur aus der Todfeind der Ungläubigen, so wie jeder Ungläubige der Todfeind der Muslime ist" (HUMBACH, 379). Mehemed Ali dachte darüber anders. — RENÉ et GEORGES CATTANI, *Mohamed-Aly et l'Europe*, Paris, 1950, haben wir nicht gelesen. ANDREW S. EHRENKREUTZ, *Saladin*, 1972 (siehe oben XII, Anm. 78).

[93] FERGUSSON, *The Temples of the Jews*, 1878, 4, n. 1. — Siehe ErIs, XI, 1973 לוח יד: „Plan of Jerusalem by F. Catherwood Architect. July 1835". Aufschrift auf der Karte!

Fehler begangen wurde (WILSON-WARREN, *The Recovery of Jerusalem*, I, 1871, 29).
Der Amerikaner EDWARD ROBINSON, der Vater der palästinischen Geographie,
hatte schon 1838 (und dann abermals 1852) Jerusalem besucht und sich besonders
um die Topographie der Stadt bemüht. Er ist der Wiederentdecker des nach ihm
benannten Robinson-Bogens (der Bogen war schon 1833 von CATHERWOOD und
BONOMI entdeckt worden, siehe TITUS TOBLER, *Zwei Bücher Topographie von Jerusalem
und seinen Umgebungen*, I, 1853, 477), in dem er die von Josephus erwähnte Brücke sah
(*Biblical Researches in Palestine*, I², 1856, 287 f.). Bei seinem ersten Besuch 1838 hatte
Robinson auch den Tempelplatz betreten, von dem es heisst, die Esplanade „does
not differ from that of the ancient temple" (*o.c.*, 283); bei seinem zweiten Besuch
war Ḥarām asch-scharīf für Christen wieder unzugänglich. Seit 1840 gehörte nämlich
Syrien/Palästina wieder zum Reich der Osmanen. Als ALDRICH und SYMONDS,
englische Marineoffiziere und sechs Ingenieure 1841 nach Jerusalem kamen, um
Stadt und Umgebung topographisch aufzunehmen, haben sie, um die religiösen
Vorurteile der Muslime nicht zu verletzen, Ḥarām asch-scharīf nicht betreten [94].
Der Holländer C. W. M. VAN DE VELDE, der 1851 und 1852 eine Reise durch Syrien
und Palästina machte und 1857 eine Karte des Heiligen Landes, die auch einen
Grundriss von Jerusalem enthält (später erschienen als *Plan of the town and environs of
Jerusalem constructed from the english Ordnance-Survey and Measurements of Dr. T. Tobler
by C. W. M. VAN DE VELDE*), schrieb 20. März 1852 aus Jerusalem: „Richardson's
en Catherwood's beschrijvingen van deze moskee, [*sc.* el Aksa] gelijk ook van de
Omar-moskee [*sc.* der Felsendom] en van al de andere heiligdommen binnen de
area van den *haram el-Sjerîf* zullen u moeten aanvullen, wat geen „*ongeloovigen*"
vergund is te zien" (*Reis door Syrie en Palestina in 1851 en 1852*, II, 1854, 16). VAN DE
VELDE hat dem Ḥarām damals also nicht betreten können. TITUS TOBLER, der
schon 1833 und dann später mehrmals in Jerusalem war und den Ḥarām beschrieben
hat (*Zwei Bücher* usw. I, 460 ff.), hatte ihn (zwischen 1833-1840) betreten. Erst nach
dem Orientkriege (Krim-Krieg) 1854-1856 ist der alte Tempelplatz wieder für
Christen — gegen 1 £ Bezahlung — zugänglich geworden. Es dürfte möglich und
wahrscheinlich sein, dass VAN DE VELDE nach 1840 abermals eine Reise nach Jerusalem unternommen hat.

Direkter Anlass zu dem Krim-Kriege waren Streitigkeiten zwischen den christlichen Gemeinschaften in Jerusalem (lateinische, griechische, armenische, syrische,
koptische, abessinische) um die Aufsicht über die Heiligtümer der Christen. Die
Streitigkeiten lassen sich übrigens bis in die Zeit des Königreiches von Jerusalem
zurückverfolgen, als Patriarch Daimbert unter Balduin I. die einheimischen Christen

---

[94] TITUS TOBLER, *Planographie von Jerusalem. Memoir zu dem nach den Ingenieurs Aldrich und Symonds,
so wie nach Dr. Tobler von C. W. M. Van der Velde neu konstruirten Grundriss*, 1857, 15-16.

(Orthodoxen) aus der Grabeskirche verbannt hatte; von Balduin wurde dann der Schlüssel der Kirche wieder den Griechen übergeben (RUNCIMAN, *A History of the Crusades*, II, 1952, 86). Die zehn Millionen orthodoxen Christen, Untertanen der Pforte, standen im 19. Jahrhundert unter dem Schutz des Zaren Nikolaus, der das Haupt der orthodoxen Kirche war; die lateinischen Priester standen unter dem Schutz des französischen Ministerium *des affaires étrangeres*. Russland's Versuch, Einfluss im Nahen Orient zu gewinnen, ist misslungen: im Orientkrieg — Krieg zwischen Türkei und Russland — stellten sich England, Frankreich, Später auch Österreich, auf die Seite der Türkei. Beim dritten Pariser Frieden, 30. März 1855, entsagte Russland (unter Nikolaus' Nachfolger Alexander II.) dem Protektorat über die Christen, während die Pforte die Gleichstellung der Christen mit den Muslimen zusicherte. Schon während des Krieges erhielten der Herzog und die Herzogin von Brabant (später König und Königin von Belgien) und der britische Konsul JAMES FINN einen speziellen Firman (1855), Harām asch-scharīf zu betreten (CRESWELL, *Early Musl. Arch.*, I, 1. 68). Erst etwa zehn Jahre später erschien dann ein wichtiges, zum Teil auf eigenen Untersuchungen beruhendes Werk über den Tempelplatz, in dem Catherwood's Plan als Grundlage genommen war: MELCHIOR DE VOGÜÉ, *Le Temple de Jérusalem. Monographie du Haram-ech-Chérif suivi d'un essai sur la Topographie de la Ville-Sainte*, 1864 Eine genaue topographische Aufnahme von Jerusalem und dem Tempelplatz verdanken wir aber dem englischen Genieoffizier Captain (später Sir) C. W. WILSON [95].

Der Anstoss kam von der englischen Baroness Burdett-Coults, die die Anlage eines guten Wasserversorgungskanals in Jerusalem im Auge hatte, was eine genaue topographische Aufnahme der Stadt erforderte. Die Baroness schenkte dazu einem Kommitee 500 £. Daraus ging die berühmte Ordnance Survey of Jerusalem hervor, 1864 von C. W. WILSON und seinen Mitarbeitern angefangen und dann 1865 vollendet. Die Ergebnisse sind 1868 veröffentlicht worden. Die Ordnance Survey machte u.a. die folgenden Karten: Jerusalem und Umgebung (1:10000); Jerusalem mit Strassen und Gebäuden (1:2500); Harām asch-scharīf (1:500); Felsendom (1:200) (*Recovery*, I, 1871, 3 ff. Captain WILSON, R.E., *The Ordnance Survey of Jerusalem*, p. 31 f.). WILSON, der 1864 auch schon Grabungen ausgeführt hatte, lieferte später u.a. einen wichtigen Beitrag für die Kenntnis der Harāmmauer: *The Masonry of the Haram Wall* (*PEF QuSt.*, 1880, 9-65).

Die Ergebnisse der Ordnance Survey hatten 1865 in London zur Gründung der

---

[95] Abbildung der englischen Pioniere C. W. WILSON (1836-1905), CH. WARREN (1840-1927) und CL. R. CONDER (1848-1910) bei J. SIMONS, *Jerusalem in the Old Testament*, 1952, Pl. I, 3 und II, 1. 3. — WARREN, der 1876 ‚als er erst 36 Jahre alt war, schrieb, dass er für die Resultate seiner Untersuchungen seine Gesundheit („my health") opferte (siehe Bd. I, 1970, 8, Anm. 22), ist nichtsdestoweniger in hohem Alter (87) gestorben.

Palestine Exploration Fund für wissenschaftliche Untersuchungen betreffs Topographie und Archäologie Palästina's geführt und die Behörde sandte 1867 Captain (später General Sir) C. WARREN nach Jerusalem, wo er 1867-1870 seine berühmte Grabungen an der Ḥarāmmauer ausführte, über die Band I, S. 8 und Anm. 33 etwas gesagt wurde. Wie WARREN selbst sagt: „the very object of my sojourn at Jerusalem was for the purpose of examining those walls ..." (*Recovery*, I, 111). Die Grabungen lehrten, dass die Ḥarāmmauer auf dem zum Teil tief unter dem heutigen Boden liegenden Fels fundiert ist. Die Ergebnisse sind veröffentlicht in: C. WARREN, *The Recovery of Jerusalem*, 1871; Ders., *Underground Jerusalem*, 1876; in dem speziell Jerusalem gewidmeten Band (I.) des siebenbändigen Werkes *The Survey of Western Palestine* (*1881-1884*) und in verschiedenen Aufsätzen in *PEF QuSt*. Mit dem Survey of Western Palestine ist der Name eines dritten berühmten englischen Forschers verbunden: CLAUDE REIGNIER CONDER (1848-1910). Er wurde 1872, vierundzwanzig Jahre alt, der Leiter dieser Expedition, als der ursprüngliche Leiter STEWART wegen Malaria nach England hatte zurückkehren müssen[96]. Zweck dieser wieder vom PEF ausgesandten Expedition war die Kartierung West-Palästinas. Erst durch eine zweite 1877 ausgesandte Expedition unter der Leitung des später aus anderen Gründen berühmt gewordenen Lord KITCHENER's ist die Arbeit vollendet und 1880 dann die Karte veröffentlicht worden. CONDER selbst hatte schon 1878 in einem zweibändigen Werk über seine Untersuchungen berichtet: *Tent Work in Palestine. A Record of Discovery and Adventure*. Über den Tempelplatz handelt I, pp. 316 ff.

Von den Forschern, welche im 19. Jahrhundert Untersuchungen am Ḥarām asch-scharīf verrichteten, seien hier noch erwähnt: der Franzose FELIX DE SAULCY (1853); der Amerikaner J. T. BARCLAY (das nach ihm benannte alte Tor in der Westmauer des Ḥarām war schon von ALI BEY entdeckt worden, *Travels in Morocco*, 1807, II, 226, bei G. WILLIAMS, *The Holy City*, II, 1849, 309); der preussische Konsul in Jerusalem G. ROSEN (1866) und dann besonders der deutsche Architekt und Bauforscher CONRAD SCHICK[97]. Wenn SCHICK's Arbeit heute auch weniger günstig beurteilt wird als im vorigen Jahrhundert[98] und wenn auch die von SCHICK vorgeschlagenen

---

[96] Siehe über CONDER und die Arbeit der *PEF*, ELIAHU ELATH, *Claude Reignier Conder* (*In the Light of his Letters to his Mother*), *PEQ*, 1965, 21-41 (hebr. geschrieben und von T. L. FENTON übersetzt). — Als CONDER erst 24 Jahre alt war, schrieb er seiner Mutter aus Palästina: „My name will put all others in the shade" (*l.c.*, p. 27). Es zeugt für seinen Enthusiasmus; die Hoffnung ist aber nicht in Erfüllung gegangen: CHARLES WARREN war und ist der Hauptfigur der englischen Pioniere geblieben.

[97] Abbildung von CONRAD SCHICK (1822-1901) bei SIMONS, *o.c.* Pl. I, 2.

[98] Siehe Bd. I, 1970, 49, Anm. 186. — GEORGE ADAM SMITH hat noch 1907 CONRAD SCHICK „the practical architect and high authority on the topography of Jerusalem" genannt (*Jerusalem, The Topography, Economics and History from the Earliest Times, to A.D. 70*, I, 1907, 76). — Ein Neudruck

Rekonstruktionen des salomonischen und des herodianischen Tempels uns, wie wir Band I (Abb. 10 und 21, S. 50 und 67) gesehen haben, in Erstaunen setzen, so ist doch seine eingehende Beschreibung des Ḥarām wertvoll. SCHICK, der selbständig Vermessungen am Ḥarām verrichtet hat, und auch die Zisterne unter der Ḥarām-Esplanade untersucht hat, veröffentlichte 1887 *Beit el Makdas oder der alte Tempelplatz zu Jerusalem* (später als Teil III abgedruckt in *Die Stiftshütte* usw., 1896). L. H. VINCENT hat natürlich recht, wenn er sagt, das monumentale Werk der englischen Pioniere bleibt bis heute die beste, wenn nicht die einzige positive Basis für die archäologische Untersuchung des Ḥarām; SCHICK habe das Werk nur durch ober-flächliche Details komplettiert, „sans y ajouter d'éléments importants" [99]. Dass der von WILSON in *Ordnance Survey of Jerusalem* veröffentlichte Plan des Ḥarām der beste war und von SCHICK benutzt wurde, sagt SCHICK auch selbst (*Die Stiftshütte*, 1896, 240). VINCENT, der in unserer Zeit Ḥarām asch-scharīf am eingehendsten beschrie-ben (*o.c.*, 527 ss.), und der auch selbständig Untersuchungen am Ḥarām verrichtete, hat besonder an einem Punkt das Werk der englischen Forscher komplettiert: das Problem der Burg Antonia ist durch unter seiner Aufsicht ausgeführte Unter-suchungen der Lösung näher gekommen. Darüber wird XIII, Kap., Abschn. G: *Die Burg Antonia* eingehend zu sprechen sein. VINCENT hatte aber eine wichtige, von den englischen Forschern ermittelte Tatsache kaum beachtet: die Fuge in der Ostmauer des Ḥarām und diese Fuge, über die wir Band I. S. 155 f. schon ge-sprochen haben, ist für die Baugeschichte des Ḥarām bedeutsam. Hierauf hatte 1952 der hochverdiente holländische Palästinologe J. SIMONS († 1969) hingewiesen: die Mauer ist durch Herodes von Nord nach Süd verlängert worden [100]. Im Abschn. E: *Ḥarām und Hieron*, werden wir darauf zurückkommen.

In jüngster Zeit, also ein Jahrhundert nach Warren's epochemachenden Gra-bungen, sind wieder Grabungen an der Ḥarāmmauer und Untersuchungen an dem sogen. Wilsonbogen an der Westmauer verrichtet worden. Das Department of

---

dieses hervorragenden Werkes, mit Prolegomenon durch S. YEIVIN über die Ausgrabungen 1907-1971, ist 1972 erschienen (siehe *ZAW*, 85, 1973, 275).

[99] *Jérusalem de l'Ancien Testament*, II-III, 1956, 527.

[100] SIMONS, *o.c.*, 421. — Wenn E. M. LAPERROUSAZ sagt: „Busink ne paraît pas, dans ce volume, [*sc.* Bd. I, 1970] s'être rendu compte du problème que posait ce „straight joint" (*Syria*, L, 1973, 357, n. 2) ist das nicht ganz richtig, siehe Bd. I, S. 155-156. Wir meinten aber SIMONS Meinung, nach der die Mauer von Nord nach Süd verlängert worden sei, ablehnen zu müssen. Heute denken wir dar-über anders. — Auffällig genug erwähnt LAPERROUSAZ das Werk von SIMONS (*Jerusalem in the Old Testament*, 1952) nicht. Auch Miss KENYON irrte 1968, als sie sagte: „The straight joint had in fact been noted by Warren, but had been discounted by Vincent and others" (*PEQ*, 100, 1968, 105; siehe auch KENYON, *Royal Cities of the Old Testament*, 1971, p. 39: „Warren, incidentally, recorded this straight joint, but his observation has been ignored by subsequent commentators". SIMONS hat in unserer Zeit als erster auf die Bedeutung der senkrechten Fuge hingewiesen (*Jerusalem in the Old Testament*, 1952, 421). VINCENT nannte es eine „prétendu faux joint" (*Jérusalem*, II-III. 1956, 538-539).

Antiquity of Jordan hatte 1964 eine Strecke der Ostmauer an der Stelle der Fuge freigelegt [101] und W. F. STINESPRING untersuchte 1966, also vor dem Juni-Kriege, den Wilsonbogen [102]. Als dann im Juni-Kriege 1967 Israel Herr über Jerusalem wurde, haben die Israeli-Archäologen unter der Leitung B. MAZAR's seit 1968 heute noch nicht abgeschlossene Ausgrabungen an der Südmauer und Südwestecke der Ḥarāmmauer verrichtet. Über die Ergebnisse dieser Ausgrabungen wird an geeigneten Stellen des nächsten Abschnittes zu sprechen sein [103].

C — DIE ḤARĀM-MAUER

1. *Die Südmauer.* a) *Das Mauerwerk.* Fast alle Steinschichten unter dem Boden [104] der 281 m langen Südmauer und mehrere über dem Boden gehören zum alten Tempelplatz; die oberen Schichten datieren aus der römischen, arabischen oder türkischen Zeit. Die Stärke der Südmauer beträgt am dreifachen Tor 3.80 m [105]; nach B. MAZAR ist die Südmauer aber 4,60 m dick [106]. Die Quadern haben an einigen Stellen eine abnorme Länge. Ein 12 m langer Stein der Südmauer ist nach CONRAD SCHICK der längste des ganzen Tempelplatzes [107]. Mit Ausnahme der Steine der sogenannten „Grossen Schicht", über die unten noch zu sprechen sein wird, haben die Steine durchschnittlich eine Dicke von 1.05 m. Am unteren Teil der Mauer ist jede Schicht um 8-10 cm, am oberen Teil 3-4 cm über die untere Schicht zurückgesetzt (SCHICK, *o.c.*, 316); die Mauer zeigt also eine leichte Böschung. Es dürfte

[101] Siehe KENYON, *Digging up Jerusalem*, 1974, 11 und Pl. 35-36.

[102] *BA*, XXIX, 1, 1966, 27-36; XXX, 1, 1967, 27-31.

[103] Die Ausgrabungen, die erst nach dem Juni-Krieg (1967) möglich waren, haben 28 Febr. 1968 unter der Leitung B. MAZAR's und Mitarbeit des Architekten B. LABOR angefangen. Es sind nur vorläufige Berichte der Ausgrabungen veröffentlicht: B. MAZAR, *The Excavations in the Old City of Jerusalem. Prel. Rep. of the First Season*, 1968. Translated from an article in *Eretz-Israel* Vol. Nine, *The Albright Volume*, Jerusalem 1970; Ders., *Prel. Rep. of the Second and Third Seasons 1969-1970*, Jerusalem 1971; Ders., *The Excavations in the Old City of Jerusalem near the Temple Mount. Second Prel. Rp.* (*ErIs*, X, 1971, 1-34, hebr.); Ders., *Excavations near the Temple Mount* (*Qadmoniot*, V, 3-4 (19-20), 1972, 74-90, hebr; engl. in *Jerusalem Revealed*, Ed. Y. YADIN, 1975, 25-40); M. AVI-YONAH, *Excavations in Jerusalem. Review and Evaluation* (*Qadmoniot*, V, 3-4 (19-20), 1972, 70-73, hebr.; engl. in *Jerusalem Revealed*, 1975, 21-24); M. BEN-DOV, *Excavations near the Temple Mount. — Early Islamic Periods* (*Qadmoniot*, V, 111-117, hebr; engl. in *Jerusalem Revealed*, 1975, 97-101). Siehe auch J. L. BLOK-v. D. BOOGERT, *Israelische opgravingen langs de muur van de Tempelberg* (*Phoenix*, 20 [1974], 1975, 339-350). — Im jüdischen Qartier der Altstadt sind Ausgrabungen unter der Leitung N. AVIGAD's verrichtet worden: N. AVIGAD, *Excavations in the Jewish Quarter of the Old City* (*Qadmoniot*, V, 1972, 91-101, hebr.; engl. in *Jerusalem Revealed*, 1975, 41-51); Ders., *Archaeological Discoveries in the Jewish Quarter of Jerusalem. Second Temple Period. The Israel Mus. Jerusalem*, 1976, hebr; vgl. *Phoenix*, 22 [1976], 1977, 69 f., BLOK-v. D. BOOGERT.

[104] Das heisst, vor den von den Israeli hier ausgeführten Ausgrabungen.

[105] VINCENT, *Jérusalem de l'Ancien Testament*, II-III, 1956, 571.

[106] *Prel. Report of the Second and Third Seasons*, 1971, p. 2.

[107] *Stiftshütte*, 334; Dicke des Steins 1. 28 m (*id.*).

wahrscheinlich sein, dass sie aus der Funktion der Mauer als Stützmauer eines künstlichen Plateaus zu erklären ist. Mit nur wenigen Ausnahmen sind alle alten Quadern der Harāmmauer gerändert und die 10-15 cm breiten Ränder sind „most beautifully worked. The stones are fitted together in the most marvellous manner, the joints being hardly discernible" [108]. Die Israeli-Ausgrabungen haben dies schön bestätigt. „The further we uncovered the courses of the Herodian wall, the more we could appreciate the exact joining of the masonry—which was of entirely dry construction—and the magnificent quality of the dressing of the gigantic stones with their flat bosses; some of the stones were 9-10 m long" [109]. Der obere Randschlag hat fast immer eine grössere Breite als der untere und dies gilt nicht nur für die Südmauer, sondern auch für die West- und Ostmauer (WARREN, *Recovery*, I, 116). J. SIMONS meint, die grössere Breite des Oberrandes erkläre sich daraus, „that to one looking up from the foot of the wall they appear to be equal" [110]. Richtiger wohl sagt E. MADER, man habe den oberen Randschlag der Quadern stets viel breiter gemacht als den unteren, „offenbar in der Absicht, ihn überhaupt noch sehen zu können, wenn man die gewaltige, ursprünglich 47 m hohe Mauer von unten betrachtete ..." (*Mambre. Die Ergebnisse der Ausgrabungen*, 1957, 74). L. H. VINCENT, der das gleiche Verfahren an den Quadern der Mauer vom *Harām el-Khalîl* in Hebron festgestellt hatte, gibt eine mehr subtile Erklärung [111].

Wiewohl die Steine im allgemeinen gerändert sind, haben nicht alle einen flachen Spiegel. WARREN hatte an der Südmauer vier Schachte gegraben und in Schacht I (213 Fuss aus der Südwestecke) zeigten schon die Steine der ersten sechs Schichten Buckel (und Ränder), die folgenden zwei Schichten sind gerändert und haben eine rauh bearbeitete Fläche [112]. In Schacht II (90 Fuss aus der Südwestecke) gibt es Steine mit schön bearbeiteten Rändern, aber mit starken Buckeln (bis 45 cm stark; WARREN, *Recovery*, I, 127; WILSON, *PEF QuSt*, 1880, 61). Auch in Schacht III (64 Fuss 6 inches aus der Südwestecke) und IV (an der Südwestecke) wurden die gebuckelten Steine festgestellt und zwar auf derselbe Höhe als in Schacht II. WARREN hatte die Schachte stets bis auf den Felsen ausgegraben und dadurch die Gestalt des Felsbodens bestimmen können. An der Stelle des dreifachen Tores (etwa 87 m aus der Südostecke des Harām) liegt der Felsboden nahe unter dem heutigen Boden.

---

[108] WARREN, *The Recovery of Jerusalem*, I, 1871, 127; vgl. C. W. WILSON, *PEF QuSt*, 1880, 61.

[109] B. MAZAR, *Prel. Rep. of the First Season*, 12 und Pl. VIII.

[110] *Jerusalem in the Old Testament*, 1952, 360/361.

[111] „La ciselure très large entre le tableau saillant de chaque bloc et l'arête supérieure dégage et avive cette arete, accentuant ainsi au regard la valeur du fruit entre les assises. Dans la marge inférieure, au contraire, l'ombre qui souligne le creux paraît augmenter les proportions et dans la perspective restitue à cette ciselure l'ampleur d'une bande large" (L. H. VINCENT-E. J. H. MACKAY-F. M. ABEL, *Hébron. Le Haram el-Khalîl. Sépulture des Patriarches*, 1923, 46 und Fig. 37, p. 47).

[112] WILSON, *PEF QuSt*, 1880, 60.

Nach Osten zu senkt der Felsboden sich allmählich bis zu der Südostecke etwa 30 m (101 Fuss; Wilson, *PEF QuSt*, 1880, 63). Westlich vom dreifachen Tor senkt der Felsboden sich über eine Länge von ca. 156 m allmählich 26 m. Dieser Punkt liegt etwa 27 m aus der Südwestecke des Ḥarām und von diesem Punkt ab steigt der Felsboden bis zu der Südwestecke des Ḥarām etwa 9 m (Warren, *Album*. Pl. XXVII; Vincent, *o.c.*, Pl. CXVIII). Das Fundament der Südmauer liegt also an den genannten Stellen auf sehr ungleicher Tiefe. Der heutige Boden liegt von etwa 30 m aus der Südwestecke ab bis zum einfachen Tor (etwa 32 m aus der Südostecke) etwa auf dem Niveau des dreifachen Tores, senkt sich dann aber bis zu der Südostecke um etwa 7 m[113]. Die erste Steinschicht der Südostecke liegt also etwa 23 m unter dem heutigen Boden (30-7). Etwa 27 m aus der Südwestecke liegt die erste Schicht ca. 26 m unter dem heutigen Boden[114], und da der Fels von diesem Punkt an nach der Südwestecke des Ḥarām zu um 9 m, der heutige Boden um etwa 2 m ansteigt, liegt die erste Schicht der Südwestecke des Ḥarām (26 + 2) — 9 = etwa 19 m unter dem heutigen Boden. Wenn auch die erste Schicht der Südostecke 23 m, die erste Schicht an der Stelle 27 m aus der Südwestecke des Ḥarām 26 m unter dem heutigen Boden liegt, so liegt die an der Südostecke nach dem Niveau über Meereshöhe am tiefsten. Die erste Schicht der Südostecke liegt auf Niveau 2278 Fuss (683.40 m), die erste Schicht an der letztgenannten Stelle liegt auf Niveau 2289 Fuss (686.70 m; Simons, *o.c.*, Fig. 50, gegenüber p. 356; hier Abb. 212). Die Esplanade des Ḥarām liegt im südlichen Teil auf Niveau 738 m[115]. An der Südostecke beträgt die Höhe der Ḥarāmmauer also — die Höhe der Umfassungsmauer der Esplanade nicht eingerechnet — etwa 55 m (738-683.40 m). In der Zeit des Herodes lag nier nur ein geringer Teil der Mauer unten dem Boden: damals gab es hier nur eine 13 Fuss (ca. 3.60 m) dicke Schuttlage (Warren, *Recovery*, I, 123). An der Südostecke gab es also eine sichtbare Höhe der Mauer von etwa 50 m!

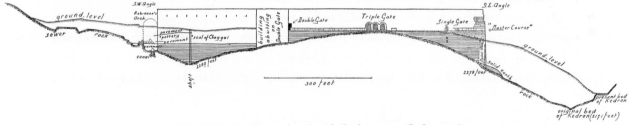

Abb. 212. Ḥarām asch-scharīf. Südmauer. (J. Simons)

[113] Vincent, *Jérusalem*, II-III, 1956, 540; Simons, *Jerusalem in the Old Testament*, 1952, Fig. 50, gegenüber p. 356.

[114] Warren, *Album*, Pl. XXVII, Vincent, *o.c.*, Pl. CXVIII; Mazar, *Prel. Rep. First Season*, Fig. 2, gegenüber p. 10.

[115] Vincent, *o.c.*, Fig. 165, p. 547.

Über die Schichten mit stark gebuckelten Steinen waren WILSON und WARREN verschiedener Meinung. WARREN entdeckte 38 Fuss unter dem heutigen Boden in Schacht IV ein aus der Zeit des Herodes datierendes Pflaster, das auch entlang der Westmauer ermittelt worden ist. Die Schichten mit gebuckelten Steinen liegen unter dem Niveau des Pflasters und WARREN war der Meinung, dass „the rough stones below the pavement were never exposed to view" (*Recovery*, I, 122). WILSON war anderer Meinung: „it is hardly possible to believe that rubbish had accumulated to a depth of over 50 feet in the central ravine before the date of Herod's reconstruction, or that such a mass of *débris* could have been removed when the solid wall was built" (*PEF QuSt*, 1880, 62). Die Errichtung einer oder mehrerer Stützmauern auf der Südseite zum Stützen der Schuttmasse würde, meinte WILSON, „in itself have been a work of great labour" (*ibid.*). WILSON meinte, die Abwechslung von gebuckelten und flachen Steinschichten aus dem dekorativen Effekt erklären zu dürfen. „The effect produced by the highly finished masonry resting on a sub-base of bold rugged work would be at once grand and striking, and it would almost seem as if two courses of stone with rough but not projecting faces were intended to soften the line of junction between the two styles of masonry" (*ibid.*). Die von den Israeli-Archäologen an der Südmauer ausgeführten Grabungen haben nun WILSON's Meinung wohl als unhaltbar erwiesen. Unter der „Herodes Strasse" wurden zwei Reihen an der Harāmmauer anliegende Kammern gefunden (Abb. 213), die auf dem Fels fundiert sind [116]. Der Teil der Harāmmauer unter der Strasse ist demnach von Anfang an unsichtbar gewesen. Dass die Schichten mit gebuckelten Steinen zum nicht sichtbaren Unterbau der Mauer gehörten, war auch die Meinung SCHICK's (*Die Stifthütte*, 336), SIMONS' (*Jerusalem in the Old Testament*, 357) und VINCENT's (*Jérusalem de l'Anc. Testament*, II-III, 1956, 542). MAZAR sagt es vorsichtiger: „the lower ones have much cruder, bulging bosses, and should probably be regarded as the foundations of the wall, not meant to be exposed to view" [117].

Das Mauerwerk der Südmauer östlich des zweifachen Tores zeigt im allgemeinen einen anderen Charakter als das westlich dieses Tores. Steine mit Buckeln kommen hier nicht vor und die geränderten Quadern haben im allgemeinen eine schön bearbeitete Fläche. WARREN leitete daraus ab, dass das Mauerwerk westlich dieses

---

[116] MAZAR, *Prel. Rep. Second and Third Seasons*, 8 und Fig. 2.

[117] *Ariel*, 27, 1970, 14. — MAZAR hat einen Teil der von WARREN entdeckten Strasse freigelegt; sie ist „paved with large, squared flags, with flights of steps rising up the east" (*id.*, p. 15); *Prel. Rep. of the First Season*, 12; *Second and Third Season*, 8. Drei je 20.5 cm hohe Stufen (Auftritte 35 cm) führen zu einem 1.70 m langen Absatz, wieder drei Stufen führen zu einem zweiten Absatz; Gesamthöhe 1.24 m (*IEJ*, 20, 1970, Fig. 3, p. 63, R. GRAFMAN). Südlich der Strasse gibt es einen Platz, „sections of which served as a gathering place for the crowds of pilgrims coming to Jerusalem on the festivals" (MAZAR, *Ariel, l.c.*) — Abb. 213 und 221.

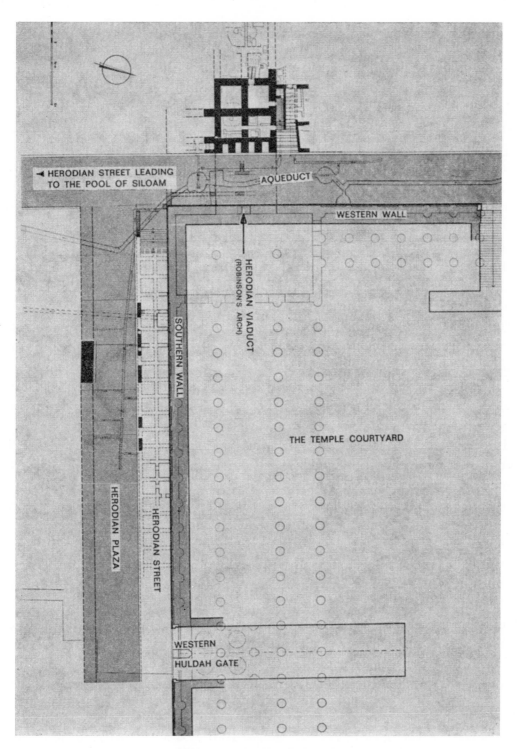

Abb. 213. Die Herodes-Strasse.

Tores jünger, „more recent" gewesen sein muss als der östliche Teil (*Recovery*, I, 118; für das zweite „to the west" ist „to the East" zu lesen). WILSON betonte aber, dass das Mauerwerk zwischen dem zweifachen Tor und der Südostecke des Ḥarām noch nicht genau untersucht worden ist. Der Charakter „must still to a great extent be matter of speculation" (*PEF QuSt*, 1880, 64). Nach VINCENT ist aber die Mauer zwischen der Südostecke und einbegriffen dem zweifachen Tor ausgeführt „en appareil à refends et champ lisse depuis le roc, sans aucun indice de reprise jusqu'à la base de la „Grand ass." (   ) qui se termine à la porte Double" (*Jerusalem*, II-III, 1956, 543). Dass das Mauerwerk der Oststrecke wenigstens teilweise von dem der Weststrecke verschieden ist, lässt sich besonders an den tiefen Schichten der gut untersuchten Südostecke beobachten [118]. WARREN meinte: „The only solution of the question I can see, is by supposing the portion to the east of the Double Gate to have formed the south wall of Solomon's Palace, and that to the West to have been added by Herod when he enlarged the courts of the Temple" (*Recovery*, I, 118). Mit Salomos Palast hat diese Strecke sicher nichts zu tun; der Palast hat zweifellos viel weiter nördlich gelegen. Während nun WARREN und dann auch VINCENT den Unterschied zwischen der Oststrecke und der Weststrecke betonen, betont J. SIMONS, dass der grösste Teil der Mauer westlich vom zweifachen Tor „differs in nothing from the eastern part" (*Jerusalem*, 1952, 411, n. 2). Es unterliegt heute wohl kaum mehr dem Zweifel, dass die ganze Südmauer des Ḥarām dem Herodes zuzuschreiben ist [119].

In der Oststrecke gibt es eine Schicht ausserordentlich dicker Steine (Abb. 214) und WARREN hatte diese Schicht „Great Course" getauft (*Recovery*, I, 119 ff.). Ihre Unterseite liegt auf den Niveau der „Ställe Salomos" (siehe unten C) und sie erstreckt sich von der Südostecke bis zum zweifachen Tor (Länge der Schicht 182.90 m; sie ist freilich nicht vollständig erhalten). Die Steine sind 1.83 m dick (VINCENT, *Jérusalem*, II-III, 537. 540; p. 556 wird eine Dicke von 1.74-1.85 m genannt). An der Ostmauer zeigt die Schicht sich als ein 6.10 m langer Stein (Abb. 215: EF). Das Gewicht dieses „Ecksteins" beträgt mehr als hunderd Tonnen (WARREN, *Recovery*, I, 121). Die Schicht liegt nicht über ihre ganze Länge horizontal: vom dreifachen Tor bis zu der Südostecke neigt sie sich um 75 cm (WARREN, *o.c.*, 120:30 inches). Die Strecke zwischen diesen beiden Punkte ist aber nicht gerade, sondern leicht gebogen („a very gentle curve", *ibid.*). WARREN möchte hierin einen durch die Bodengestalt bestimmten Kunstgriff sehen, „in order to avoid offending the eye, and it is interesting to find the courses so placed, whether from accident or design'

---

[118] WARREN, *Recovery*, I, 138 f.; VINCENT, *Jérusalem*, II-III, 1956, 540 f. und Fig. 163, p. 539, p. 554 s. und Pl. CXV, nach WARREN, *Album*.

[119] Siehe unter Abschn. E: Ḥarām und Hieron.

Abb. 214. Die Südostecke des Ḥarām asch-Scharīf. (Foto L. H. Vincent)

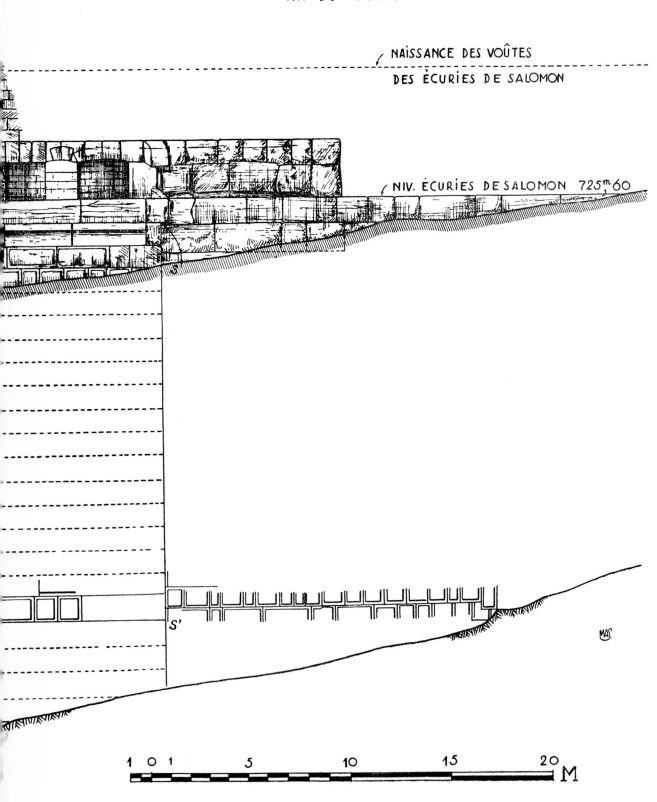

NIV. DU HARAM

NAISSANCE DES VOÛTES

DES ÉCURIES DE SALOMON

NIV. ÉCURIES DE SALOMON 725ᵐ60

S'

1 0 1   5   10   15   20
M

Ostmauer. (Ch. WARREN)

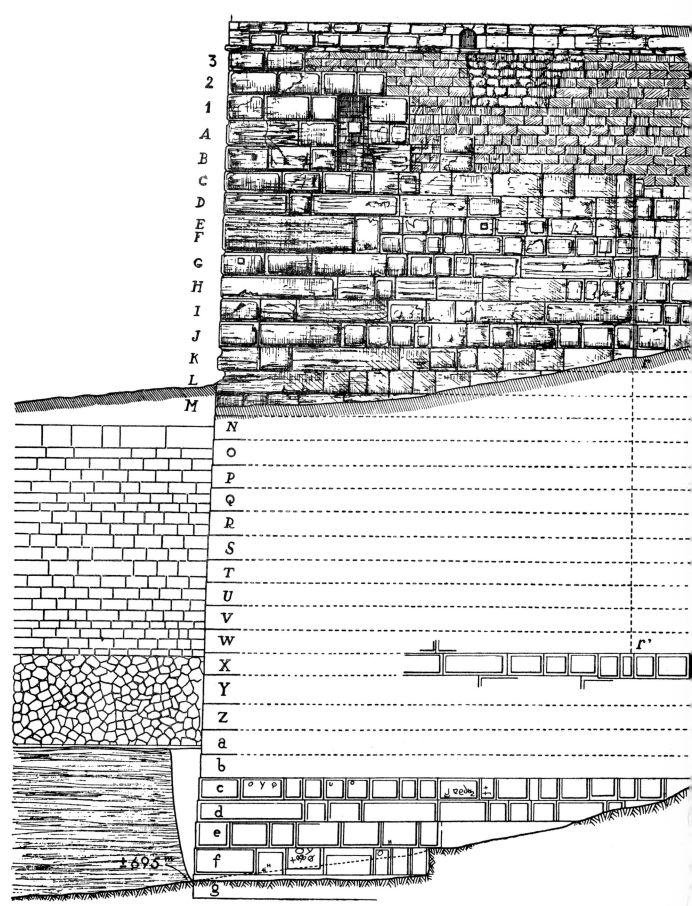

Abb. 215. Der südliche Teil de

(*ibid.*). Da die Grosse Schicht westl. vom zweifachen Tor nicht vorkommt, auch nicht an der Südwestecke des Ḥarām, wo die alten Steine zweifellos *in situ* liegen, meinte WILSON, die Grosse Schicht könne nicht aus Herodes' Zeit stammen; Herodes würde sie wohl bis an die Südwestecke weiter geführt haben (*PEF QuSt*, 1880, 63 f.). Die Schicht könne, meinte WILSON, nur von Justinian's Bautätigkeit stammen (*ibid.*, 65, n.*). CONDER hatte diese Ansicht schon als unhaltbar zurückgewiesen (*PEF QuSt*, 1880, 94) und in unserer Zeit hat VINCENT die Übereinstimmung zwischen der Steinbearbeitung der Grossen Schicht mit der des herodianischen Mauerwerks in Hebron betont (*Jérusalem*, II-III, 556).

J. SIMONS weist darauf hin, dass die Grosse Schicht ungefähr eben so lang ist wie Herodes' Königliche Halle, die zweifellos auf der Südseite des Ḥarām gestanden hatte und nach Josephus eine Stadie (185 m) lang war [120]. SIMONS meint: „it is natural to suspect some connection between the Master Course ... and the „royal portico", Herod's most extolled masterpiece of architecture" (*l.c.*). Wir halten dies für kaum wahrscheinlich; nur die Rückmauer der Halle kann auf der Südmauer gestanden haben. Wir möchten die Sache anders erklären. Die Grosse Schicht liegt in der Mauerstrecke, wo die damals am meisten benutzten Tore des Heiligtums, zweifaches Tor und dreifaches Tor, gestanden haben [121]. Sie liegt überdies auf dem Niveau der Tore. Der Zweck der Aufstellung dieser gewaltigen Quadern kann doch kein anderer gewesen sein als die Tempelbesucher in Erstaunen zu setzen. Die Anwendung abnorm grosser Steine ist auch an römischen Tempeln Syriens festgestellt worden (siehe weiter unten Kap., XIV, II, 8). In der Umfassungsmauer des Zeus-Heiligtums zu Hössn Soleiman z.B. gibt es Steine von 10 m Länge und bis 2.60 m Höhe. D. KRENCKER und W. ZSCHIETZSCHMANN betonen, dass die Verwendung so grosser Blöcke „nicht nur einen technischen Sinn, sondern auch eine symbolische Bedeutung gehabt haben muss" [122]. Die Länge unserer Grossen Schicht lässt sich u.E. nicht aus der Länge der Königlichen Halle, sondern aus der Lage des zweifachen Tores erklären.

b) *Die Tore der Südmauer* (Abb. 212). α) *Einfaches Tor*. An der Südmauer liegen drei (zugemauerten) Tore: einfaches Tor, zweifaches Tor und dreifaches Tor. Das ca. 32 m aus der Südostecke des Ḥarām liegende einfache Tor (2.75 m breit und 3.65 m

---

[120] *Jerusalem in the Old Testament*, 1952, 411; Josephus, *Antiq.* XV, 11, 5 § 415. Das Problem der königlichen Halle behandeln wir in Kap. XIII.

[121] Dass diese Tore am meisten benutzt wurden, dafür zeugt nicht nur die entlang der Mauer laufende „Herodes" — Strasse, sondern auch der Traktat Middot; „die beiden Hulda-Tore auf der Südseite dienten als Eingang und Ausgang" (Midd. I, 3; vgl. II, 1 und COHN, *Mischnajot*, V, 1925, 485, Anm. 4).

[122] *Römische Tempel in Syrien. Archäol. Inst. des deutschen Reiches*, Bd. 5, 1910, S. 68 und z.B. Taf 32. — Siehe weiter unten Kap. XIV, Abschn. II, 6: Megalith-Blöcke.

hoch; es hatte ursprünglich nicht wie heute einen Bogen, A. SHARON, *Planning Jerusalem*, 1973, 70, 1, Foto, sondern einen Türsturz, SCHICK, *Stiftshütte*, 341) „has all the appearance of being quite a modern construction" (WARREN, *Recovery*, I, 121). Nach VINCENT datiert es aus dem Mittelalter (*Jérusalem*, II-III, 1956, 539). Mit dem alten Tempelplatz hat das Tor also nichts zu tun. Tief unter dem Tor, in dessen Achse, ist in der Südmauer eine 61 cm breite Öffnung, welche in einen 91 cm breiten und ca. 4 m hohen Gang ausmündet, „and at the bottom there is a groove cut as though for liquid to flow along" (WARREN, *Underground Jerusalem*, 1876, 329). WARREN hielt es für beinahe sicher, dass dieser Gang war „for the blood, carrying it from the altar down to the Kidron" (*ibid.*; vgl. VINCENT, *o.c.*, 541). Da der Altar weit nach Norden gelegen haben muss, dürfte dies kaum wahrscheinlich sein. Der Gang scheint mit einer metallenen Tür (2.12 m breit) innen verschliessbar gewesen zu sein (VINCENT, *o.c.*, 541); es könnte sich vielleicht um einen geheimen Zugang handeln. SIMONS hält es für möglich, dass das einfache Tor aus einer Zeit stammt als der grosse Gang durch allmähliche Aufschüttung des Terrains unbrauchbar geworden war (*Jerusalem in the Old Testament*, 1952, 360).

β) *Zweifaches Tor* [123]. Das ca. 173 m aus der Südostecke des Ḥarām und ca. 10-11 m über dem Felsboden liegende zweifache Tor (wie die übrigen an der Südmauer liegenden Tore seit langem zugemauert) gehört zum alten Tempelplatz, wenn es auch später Änderungen erfahren hatte. Die zwei durch eine kurze, nach innen gerichtete 1.83 m breite Mauer getrennten Toreingänge sind je 5.45 m breit (Abb. 216). Sie führen in ein mit Kuppeln überwölbtes Vestibül, von wo aus zwei nebeneinander gelegene überwölbte, nach Norden ansteigende Tunnel zu der Ḥarām-Esplanade hinaufführten. Der Westtunnel ist 58 m vom Toreingang weiter entfernt in voller Höhe zugemauert: hierauf ruht die Halle und das erste Schiff der el Aksa-Moschee. Säulen auf der Trennung der zwei Tunnel haben Kapitelle „en corbeille évasée" mit hohen Akanthusblättern in schwachem Relief (VINCENT, *Jérusalem*, 569 und *Atlas* Pl. CXXIV, 2). Ausser Vestibül und Tunnel enthält die Anlage einen kleinen Raum (2.40 × 2.60 m) benannt nach dem Propheten Elia; durch eine Tür in der Ostwand des Vestibüls wird dieser mit grossen flachen Steinplatten überdeckte Raum betreten (SCHICK, *Stiftshütte*, 312). SPENCER CORBET vermutet, dass es der Wachraum für den Torhüter gewesen ist [124].

Die Toreingänge sind mit schweren monolithen Türstürzen überdeckt und

---

[123] VINCENT, *Jérusalem*, II-III, 1956, 568 s. und Fig. 174, p. 568, Plan zweifaches Tor; SCHICK, *Stiftshütte*, 311 f.; WATZINGER, *Denkmäler*, II, 1935, 35. — Hier Abb. 216.

[124] *Some observations on the Gateways to the Herodian Temple in Jerusalem*, PEQ, 84, 1952, 7-14, p. 8 und Fig. 3, p. 11. — Nach SCHICK trägt das „Zimmerchen" den Namen des Propheten „Elias" (*Stiftshütte*, 312).

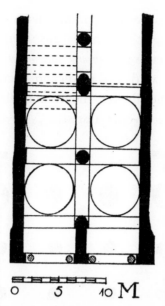

Abb. 216. Das zweifache Tor. (L. H. Vincent)

hierauf sind erst in späterer Zeit Archivolte angebracht. Auch die in die Toreingänge gestellten Säulen, je zwei in jeder Eingangsöffnung, waren späte Zusätze. J.
Jeremias datiert sie in früh-islamischer Zeit [125]. Die Schwelle des Tores liegt praktisch auf dem Niveau des dreifachen Tores, d.h. auf dem Niveau der Grossen Schicht
(Vincent, o.c., 568). Beim dreifachen Tor liegt der Fels nahe der Oberfläche, beim
zweifachen Tor liegt er 10-11 m tief. Die Herodes-Strasse, „which rises towards the
east towards the Double Gate" (B. Mazar, *Prel. Rep. Second and Third Seasons*, 1971,
4), muss demnach am zweifachen Tor etwa auf der Höhe der Schwelle gelegen haben
oder eine vor dem Eingang gelegene Treppe muss zum Toreingang emporgeführt
haben.

Etwas östlich vom zweifachen Tor und unter dem Niveau der el Aksa-Moschee
liegt in der Südmauer der Stein mit der auf dem Kopf stehenden lateinischen Inschrift des Titus Aelius Hadrianus Antoninus, über die wir Band I schon
gesprochen haben (Abbildung bei Simons, *Jerusalem*, Fig. 51, p. 358).

---

[125] *Das westliche Südtor des herodianischen Tempels*, ZDPV, 65, 1942, 112-118, S. 115. — Die Israeli-
Archäologen haben südlich des Tempelberges einen islamischen Palast, erbaut von Kalif el-Walid I.
(705-715 n. Chr.), ans Licht gebracht, siehe M. Ben-Dov, *The Omayyad Structures near the Temple
Mount. The Excavations, Prel. Rep. Second and Third Season*, 1971, 37-44, Fig. 1, p. 38, Plan; Ders.,
Building techniques in the Omayyad Palace near the Temple Mount, ErIs, XI, 1973, 75-91, hebr.; Ders.,
The Area South of the Temple Mount in the Early Islamic Period, Jerusalem Revealed, 1975, 97-101, Fig.
p. 97 ff. Eine auf einem Bogen (über die „Herodes-Strasse" gespannt) gemauerte Treppe führte vom
Dach des Palastes in den Ḥaram (*l.c.*, Fig. p. 97. *Phoenix*, 20 (1974), 1975, Fig. 97, p. 342). Die heutige
Form des zweifachen Tores stammt aus der Zeit der Omaiyaden (*l.c.*, p. 99).

γ) *Das dreifache Tor*[126]. Dieses etwa 82 m aus der Südostecke des Ḥarām gelegene
Tor (Abb. 217), das ursprünglich ebenfalls aus Herodes' Zeit datiert, hatte drei
4 m breite Toreingänge (SHARON, *Planning Jerusalem*, 1973, 70, 1, Foto) mit dazwischen zwei 6.80 m langen und 1.80 m dicken nach innen zu gesetzten Pfeilern
(SCHICK, *Stiftshütte*, 310). Die Pfeiler, heute mit flacher Rückseite, hatten hier
ursprünglich Halbsäulen (siehe weiter unten). „Von diesen ziehen sich nordwärts

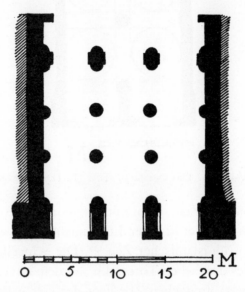

Abb. 217. Das dreifache Tor. (L. H. VINCENT)

zwei Reihen ungefähr 1 m dicke, viereckige Pfeiler, welche so drei über 62 m lange
„Eingänge" bilden. Die ganze Breite dieser drei Gänge (die Pfeilerreihen mit
eingeschlossen) beträgt 16, 30; sie sind heute mit Tonnengewölben überdeckt. Der
grösste Teil des Bauwerkes ... ist offenbar eine Restauration eines viel älteren
ähnlichen Thoreingangs, von welchem noch mehrere Reste erhalten sind ..."
(SCHICK, *l.c.*). Die Gänge waren ursprünglich, so SCHICK, von Süden nach Norden
über eine Länge von 20.60 m überdacht, weiter nach Norden unüberdacht (*o.c.*,
310). Da der Boden von Süden nach Norden ansteigt, sind die Pfeiler nicht alle
gleich hoch; beim Eingang beträgt die Höhe 4.20 m. Sie tragen halbkreisförmige
Bogen. Die Toreingänge, heute mit Bogen überdeckt, hatten ursprünglich mächtige
Türsturze (SCHICK, *l.c.*). Nach der von MELCHIOR DE VOGÜÉ vorgeschlagenen
Rekonstruktion des dreifachen Tores hatte das Vestibül (es gibt davon keine Reste;

---

[126] VINCENT, *Jérusalem*, II-III, 571 s.; SCHICK, *Stiftshütte*, 310; WATZINGER, *Denkmäler*, II, 38.
Nach WARREN war das dreifache Tor „once a double gate similar to that called the Double or Huldah
Gate ..." (*Underground Jerusalem*, 415).

VINCENT, *o.c.*, 571) ursprünglich in der Flucht der Pfeiler (diese mit Halbsäulen) zwei Säulen und einen Pfeiler mit Halbsäulen; Halbsäulen auch an den Wänden und Viertelsäulen in den Ecken. VINCENT hält diese Rekonstruktion in der Hauptsache für richtig (*o.c.*, 572, Fig. 176, p. 571; hier Abb. 217). In der von VINCENT vorgeschlagenen Rekonstruktion ist das Vestibül mit neuen Kuppeln (auf Pendentifs) überdeckt (*o.c.*, *Atlas* Planche CXXVIII). VINCENT hält es für wahrscheinlich, dass der Tunnel drei Gänge hatte, „correspondant aux baies extérieures" (*o.c.*, 572). Von drei Gängen spricht auch, wie wir sahen, CONRAD SCHICK (*Stiftshütte*, 310). Heute gibt es aber nach VINCENT's Beschreibung nur zwei Gänge, die sich 58.60 m nach Norden ausdehnen. „Bloqué par un mur moderne, le passage n'a plus d'issue intérieure sur l'esplanade" (VINCENT, *o.c.*, 571).

Vor dem dreifachen Tor hatte es ein Perron gegeben von dem im 19. Jahrhundert noch ein grosser Teil erhalten war. Bei SCHICK heisst es: „ein zu einem grossen Teil noch erhaltener, mit grossen Steinplatten belegter Perron, zu welchen einst Treppen hinaufführten, denn ausserhalb dieser Perronterrasse ist der Fels einige Meter senkrecht hinunter gehauen" (*Stiftshütte*, 340). Darüber berichtet auch F. DE SAULCY. Er spricht von einer „immense palier" angelegt auf dem geebneten Felsen. „Deux lambeaux de ce palier étaient en excellent état de conservation . . ." (*Voyage en Terre Sainte*, II², 1872, 6). Handelt es sich um eine antike Anlage, muss man von der wohl auch hier anzunehmenden „Herodes Strasse"(?) zu den Treppen hinaufgestiegen sein [127].

c) *Die „Ställe Salomos"* [128]. Der Fussboden der im Südosten unter der Ḥarām-Esplanade liegenden „Ställe Salomos" (Band I, Abb. 4, S. 9) liegt auf dem Niveau der Unterseite der Grossen Schicht (WARREN, *Recovery*, I, 126). Die grösste Tiefe des Raums beträgt 58 m, die grösste Breite etwa 80 m. Der westliche Teil hat aber über eine Breite von ca. 24 m eine Tiefe von nur ca. 21 m, dann über einen Streifen von ca. 9 m eine Tiefe von ca. 33 m. Der Raum ist etwa 9-10 m hoch (SCHICK, *Stiftshütte*, 308) und er ist durch dreizehn parallel laufende Tonnengewölben überdeckt. Die Gewölbe ruhen auf von Pfeilern getragenen halbkreisförmigen Bogen, die oben flach angemauert sind. Im ganzen gibt es 88 viereckige Pfeiler (ca. 1.20 m dick), die im allgemeinen aus geränderten Quadern aufgemauert sind (SCHICK, *Stiftshütte*, 308; VINCENT, *Jérusalem*, II-III, 572 f.). Zugang zu dieser „Pfeilerhalle" gibt heute eine Öffnung in der Ostmauer des dreifachen Tores (Band I, Abb. 4, S. 9; VINCENT, *o.c.*, 572 und *Atlas* Planche CXXVIII). In der Südostecke der Halle liegt auf einem

---

[127] In der Zeit des Herodes könnte hier wohl auch ein Perron gelegen haben; dass aber die von de SAULCY und SCHICK erwähnten Reste aus dieser Zeit stammen, ist nicht anzunehmen. Es ist an die islamische Zeit zu denken.

[128] WILSON, *The Recovery of Jerusalem*, 1871, 14; WARREN, *id.*, 126. 134. 231; Ders. *Underground Jerusalem*, 1876, 325; SCHICK, *Stiftshütte*, 1896, 307 ff.; VINCENT, *Jérusalem*, II-III, 1956, 572 s.

massiven Unterbau ein kleiner Raum, den die Muslime als Jesu Wiege bezeichnen
(VINCENT, *o.c.*, 573 und Fig. 177; *Atlas* Planche CXXVIII).

Die Bezeichnung der Pfeilerhalle als „Ställe Salomos" wird, wie wir oben betonten, aus der Zeit der Kreuzfahrer stammen. Die Araber nennen sie „die alte
Moschee" (VINCENT, *o.c.*, 572). Über die Bauzeit besteht keine Sicherheit. „In their
present state they are certainly a reconstruction, one of the piers being formed of an
old lintel, and others of weather-worn stones taken from the walls, and this is also
shown by the manner of which the vaulting joins an immense mass of rubble masonry
at the south-east angle" (WILSON, in *Recovery*, I, 14/15; WARREN, *id.*, 126; VINCENT,
o.c., 573). An der Stelle, wo der Pfeilersaal (d.h. wie wir bald sehen werden, das
Pfeilerfundament) liegt, sind die Ost- und Südmauer des Tempelplatzes vielleicht
schon unter Titus(?) zerstört worden und es ist nicht wahrscheinlich, meint WARREN,
dass der alte Unterbau des Tempelplatzes (d.h. das Pfeilerfundament) damals instand
geblieben ist (*Recovery*, I, 126). Über die Bauzeit der heutigen „Ställe" besteht auch
keine Sicherheit. WARREN dachte an die Zeit Justinians (*Underground Jerusalem*, 1876,
325; vgl. SCHICK, *Stiftshütte*, 309), wir wissen aber dass die von Justinian errichtete
Theotokos-Kirche nicht auf dem Ḥarām gestanden hatte. Lässt sich auch die
Bauzeit der heutigen „Ställe" nicht mit Sicherheit bestimmen (wir möchten an die
früh-arab. Zeit denken, als die Moschee el Aksa erbaut wurde), Einstimmigkeit
besteht doch darüber, dass die Pfeilerhalle als Pfeilerfundament aus der Zeit des
Herodes zu deuten ist. An der Stelle des Pfeilersaals liegt der Felsboden auf grosser
Tiefe; statt diesen Raum auszufüllen, was einen grossen Druck gegen die Umfassungsmauer zur Folge gehabt hätte, hat Herodes' Architekt, bautechnisch ganz
richtig, ein Pfeilerfundament angewendet. Schon WARREN meinte, „it seems more
than likely that there is another system of older arches underneath those visible at
present" [129], und VINCENT hat den Unterbau der „Ställe" in diesem Sinne Schematisch rekonstruiert (*Jérusalem*, II-III, 1956, *Atlas*, Taf. CXXVIII; hier Abb. 218).
Die Rekonstruktion ist übrigens archäologisch nicht ganz unbegründet. WARREN
entdeckte unterhalb der „Ställe" einen alten Gang, dessen Boden beim Ausgang am
einfachen Tor 9 m unter dem Fussboden der „Ställe" liegt (*Recovery*, I, 132; SCHICK,
Stiftshütte, 309). Oberhalb des Eingangs des Ganges ist ein 1 Steinschicht hohes
Fenster (SCHICK, *l.c.*; VINCENT, *o.c.*, *Atlas*, Taf. CXXVIII). Unterhalb den „Ställe"
ist also aller Wahrscheinlichkeit nach ein Raum und es dürfte möglich und wahrscheinlich sein, dass es sich um das untere System des Pfeilerfundaments handelt.
EDWARD ROBINSON hielt es für nicht unwahrscheinlich, dass auch am südwestlichen

---

[129] *Recovery*, I, 134; vgl. J. KING, *Recent Discoveries on the Temple Hill at Jerusalem. By-Paths of Bible Knowledge*, IV. Religious Tract Society, 1884, 63/64; SCHICK, *Stiftshütte*, 307.

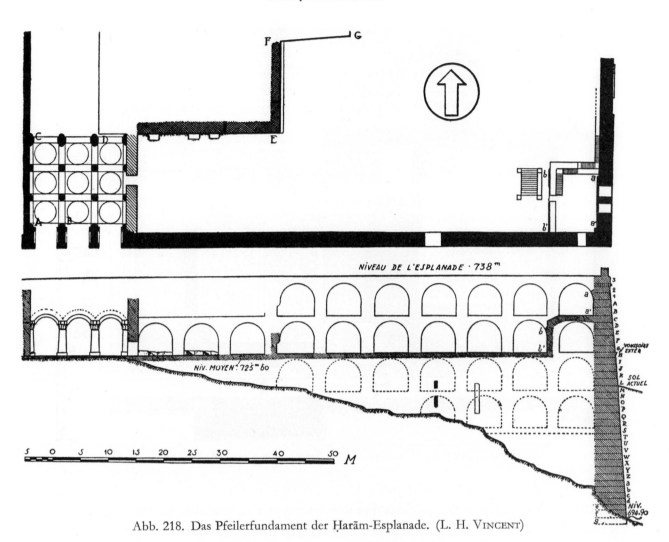

Abb. 218. Das Pfeilerfundament der Ḥarām-Esplanade. (L. H. Vincent)

Teil des Ḥarām ein überwölbtes Pfeilerfundament anzunehmen sei [130]. Warren urteilte darüber freilich anders: „There seems, however, now no likelihood of this; indeed, if there were such vaults, why should not there also be openings from them as there are on the other side?" (*Underground Jerusalem*, 1876, 344).

2. *Die Westmauer.* a) *Das Mauerwerk.* Die ca. 485 m lange Westmauer des Ḥarām ist wie die Südmauer (und die Ostmauer) auf dem Felsen fundiert. Soweit heute bekannt ist, steigt der Felsboden erst über eine lange Strecke mit verhältnismässig geringer Neigung von Süd nach Nord an [131]. Im äussersten Norden reicht der Fels

[130] *Biblical Researches*, I², 1856, 304; vgl. Carl Mommert, *Topographie des alten Jerusalem*, II, 1903, 51.
[131] Vincent, *o.c.*, Atlas Planche CXI, nach Warren, *Album*, P. XII „et des contrôles directs".

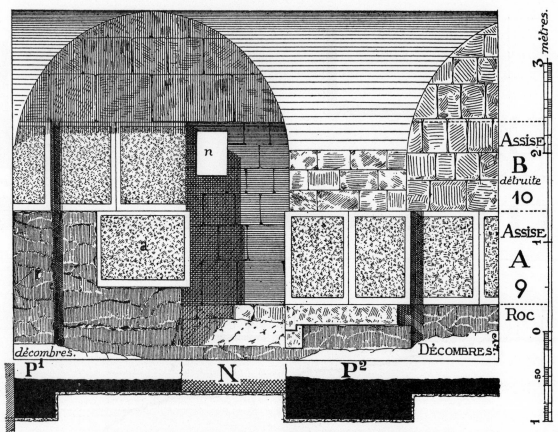

Abb. 219. Die Nordwestecke der Ḥarāmmauer. (L. H. VINCENT)

aber sogar über die Ḥarām-Esplanade hinaus und dies gilt nicht nur für den etwa 10 m hohen Fels der Antonia (darüber werden wir erst im nächsten Kapitel sprechen), sondern auch die Nordwestecke der Esplanade, wo die Ḥarāmmauer zum Teil aus dem lebendigen Felsen gehauen ist (Abb. 219). Am südlichen Teil wurde schon von WARREN über eine Länge von ca. 60 m die „Herodes Strasse" festgestellt, die an der Ecke ca. 7 m über dem Felsboden liegt [132]. Schon WARREN meinte: „in all probability" dieselbe Strasse wie die auf der Südseite [133]. Die neueren Grabungen haben dies bestätigt. Die Westmauer ist nun über eine Länge von ca. 75 m freigelegt (MAZAR, l.c.). Nahe der Südwestecke ist der Robinsonbogen, über den wir weiter unten sprechen werden. Nach WARREN ist das Mauerwerk unter der Strasse aus „drafted stones with rough faces"; oberhalb der Strasse sind die Quadern gerändert und flach (Recovery, I, 109). Bei MAZAR heisst es: „The courses of the Herodian Wall are of ashlars with flat bosses and are preserved to a considerable

[132] Nach MAZAR ca. 8 m, Prel. Rep. Second and Third Seasons, 1971, Fig. 2, gegenüber p. 10.
[133] Recovery, I, 101.

height, together with „Robinson's Arch"" (*l.c.*). An der Westmauer scheinen überhaupt nur wenige Schichten mit gebuckelten Steine festgestellt worden zu sein. Durch einen von WARREN südlich des Wilsonbogens gegrabenen Schacht (mit Tunnel) wurde geklärt, dass hier die erste Schicht im Felsen eingebettet war. Die geränderten Steine dieser Mauerstrecke (21 Schichten) sind 1.10-1.20 m dick und flach, ähnlich den Quadern der Klagemauer. WARREN sagt dann: „the wall, when first built, appears to have been exposed to view from the very bottom" (*Recovery*, I, 78). WARREN meinte: „it is probably one of the oldest portions of the Sanctuary now existing and may have formed part of the original enclosure wall of the Temple ..." (*ibid.*). WARREN gründete seine Meinung offenbar auf das Fehlen von gebuckelten Steine in den unteren Schichten. Es steht nämlich fest, dass auch hier die unteren Schichten später (in der Zeit des Herodes) unter dem erhöhten Pflaster gelegen haben; das Strassenpflaster lag hier einige Fuss höher als das am Robinsonbogen. Das gleiche Mauerwerk: flache, geränderte Quadern unmittelbar vom Felsen hinauf gibt es auch unter dem Barclay Tor; auch hier ist die erste Steinschicht in den Felsboden eingebettet (*Recovery*, I, 114; VINCENT, *o.c.*, 543).

Nördlich vom Wilsonbogen sind keine Tiefengrabungen an der Ḥarāmmauer ausgeführt worden. Nach WILSON erstreckt sich die Westmauer von der Südwestecke bis zu etwa 30 m (88 Fuss) nördlich vom *bab el-Nadir*, also über eine Strecke von ca. 420 m, in gerader Linie, springt dann aber etwa 2.40-2.70 m (8-9 Fuss) hervor (*PEF QuSt*, 1880, 32). Da der Fels hier nahe an das Niveau der Ḥarām-Esplanade heranreicht, kann die Mauer an dieser Stelle nur eine geringe Höhe haben (*ibid.*). Ein Teil der hieron-Mauer, d.h. der Umfassungsmauer des Aussenhofes des Tempels, ist an dieser nördlichen Stelle sogar aus dem lebendigen Fels gehauen (Abb. 219). Fragmente der hieron-Mauer sind von CL. CONDER entdeckt bzw. erwähnt worden (*PEF QuSt*, 1877, 135; *id.*, 1880, 32 f.) und zwar ca. 52 m aus der Nordwestecke des Ḥarām (VINCENT, *Jérusalem*, II-III, 544). CONDER stellte fest, dass die hieron-Mauer an der Aussenseite eine Pilastergliederung gezeigt hatte, was MELCHIOR DE VOGÜÉ nach dem Beispiel der Ḥarāmmauer in Hebron schon in seiner Rekonstruktion des herodianischen Tempels angenommen hatte[134]. Die Front der aus geränderten Quadern gebildeten Pilaster liegt in einer Fläche mit der Frontseite der Ḥarāmmauer, wie in Hebron. Eine schräge Plinthe bildet in Hebron den Übergang zwischen dem Unterbau und den Pilasterfeldern. In Jerusalem wird es vermutlich nicht anders gewesen sein[135], wiewohl die schräge Plinthe am von Conder entdeckten Fragment

---

[134] Siehe Bd. I, 1970, Taf. IV, gegenüber S. 62.
[135] Eine schöne Rekonstruktion der Südwestecke des Tempelplatzes findet sich in *Ariel*, 27, 1970, Fig. hinter p. 16; hier Abb. 220.

fehlt. Conder hatte zwar die schräge Plinthe angenommen [136], das Fragment der Mauer ist aber erst 1919 von Vincent genau untersucht worden. Vincent hat darüber schon 1923 berichtet (*Hébron*, usw., 1923, 102 ss. und Fig. 61, p. 104, Fig. 62, Fig. 164, p. 544). Hieron-Mauer (Dicke 2.10 m, Vincent, *o.c.*, 545) und Pilaster p. 105, Foto), dann 1956 eingehend darüber gehandelt (*Jérusalem*, II-III, 543 ss. und sind an dieser Stelle aus dem lebendigen Felsen gehauen; es gibt dabei unter den Feldern der Pilaster also kein Mauerwerk, das eine schräge Plinthe rechtfertigen könnte (siehe Vincent, *o.c.*, Fig. 164, p. 544; hier Abb. 219). Die Pilastergliederung fängt an auf Niveau 739.20 m (Vincent, *o.c.*, 546). Die Esplanade liegt an dieser Stelle auf Niveau 741 m, die Pilastergliederung reicht hier also 1.80 m (741-739.20 m) unter das Niveau der Harām-Esplanade [137]. Am höchsten Punkt dieser Stelle reicht der Fels — der zur Aufnahme der geränderten Quader nach Süden zu gestuft ist — ca. 1.50 m über den Esplanade. Nach Norden zu steigt der Fels an und bildet den Antonia-Felsen. Die Pilaster, die 29.6 cm vorspringen, haben eine Breite von 1.48 m, die Felder zwischen der Pilastern eine Breite von 2.68 m (Vincent, *o.c.*, 544).

In der Westmauer liegt bekanntlich die Klagemauer [138]. Man hatte diese stets für ursprünglich gehalten, „but the carelesness of the building and the frequent occurrence of coarse open joints makes it almost certain that the stones are not really *in situ*, and that this section of the wall is a reconstruction with old material" (Wilson, *PEF QuSt*, 1880, 17). Der grösste, sicher ursprüngliche Teil (ca. 21-28 m) liegt unter dem Boden, über dem Boden haben die ersten fünf Schichten geränderte Quadern mit flachem Spiegel. Mader sagt über die Klagemauer: „Über den fünf herodianischen Quaderschichten lagern vier hadrianische ohne Randschlag und Bosse; darauf folgen Kreuzfahrer — und spätarabische Steinlagen" (*Mambre*, 1957, 75). Das Material ist sehr ungleicher Qualität. „Many of the blocks are much worn by the weather owing to their softness or to their not having been set on their quarry beds" (Wilson, *l.c.*, 17). J. Simons sagt: „and probably still more from the mourners' exuberant devotion ..." (*Jerusalem*, 1952, 361). Warren berichtet, dass die Juden geschriebene Gebete so tief wie möglich in die offenen Fugen steckten, meinend die Gebeten würden so zum Himmel steigen [139]. Ähnliches berichtet

---

[136] *Tentwork in Palestine*, I, 1878, Fig. p. 346; vgl. Perrot-Chipiez, IV, Fig. 138, p. 273; Watzinger, *Denkmäler*, II, 1935, 34 und Anm. 1.

[137] Es ist selbstverständlich anzunehmen, dass der Anfang der Pilaster rundherum auf einerlei Niveau (739. 20) gelegen habe. Da das Niveau der Esplanade im Süden (Robinsonbogen) 738 beträgt, liegt der Anfang der Pilaster im Süden etwa 1.20 m über dem Niveau der Esplanade. In der schönen Rekonstr. *Ariel*, 27, 1970, Fig. hinter p. 16 ist der Anfang der Pilaster wohl zu hoch gestellt; hier Abb. 220.

[138] Bd. I, 1970, Pl. I gegenüber S. 4; siehe auch ebend. S. 5, Abm. 20; sie ist von den Israeli-Archäologen frei gelegt worden.

[139] *Underground Jerusalem*, 1876, 367.

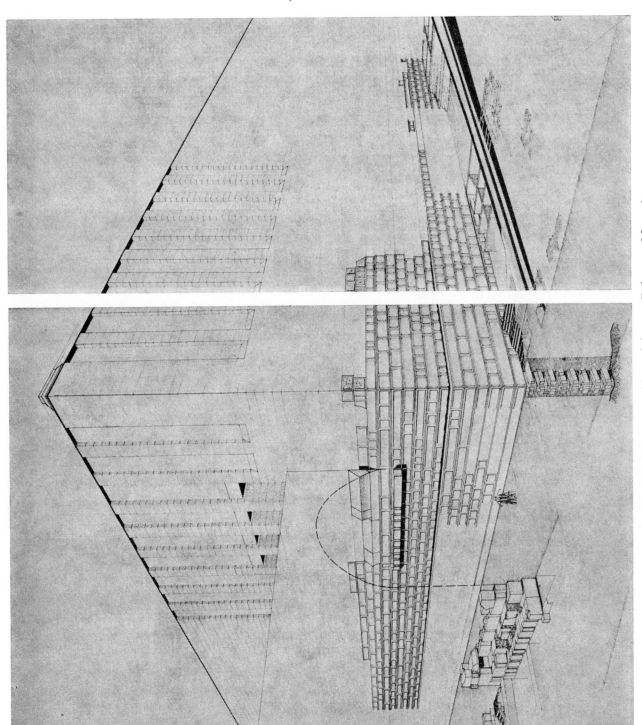

Abb. 220. Die Südwestecke des Tempelplatzes. (Rekonstr. MAZAR)

VINCENT über Hebron: an der Südfront des Ḥarām gibt es einen Quader in dem
zwei Löcher vorkommen, „dont la plus profonde passe pour communiquer directe-
ment avec le caverne patriarchale. Les Juifs prodiguent leurs ardentes supplications
devant ce trou, dans lequel ils aiment à introduire des requêtes écrites qui ont peu
de chance d'aboutir jusqu'à la cendre des Patriarches" (*Hébron. Le Haram el-Khalîl*,
1923, 52).

b) *Die Tore der Westmauer*. Von den sieben oder acht Toren, durch welche heute
Ḥarām asch-scharīf auf der Westseite betreten wird, ist das *bab es-silsileh* (Kettentor)
das am meisten benutzte [140]. An dieser Stelle hatte auch, wie wir unten sehen werden,
ein Tor des alten Tempelplatzes gelegen. Ein zweifellos altes Tor ist auch das 1848
vom Amerikaner BARCLAY wiederentdeckte nach ihm benannte, 82.30 m aus der
Südostecke gelegene Barclay-Tor.

α) *Das Barclay-Tor* [141]. Das an dieser Stelle gelegene arabische Tor heisst *bab
el-Burak* oder auch *Propheten-Tor*. Es war der mächtige, 2 m dicke und 7.60 m lange,
über dem heutigen Boden sichtbare Türsturz, welcher im 19. Jahrhundert zu der
Entdeckung des alten Tores führte. WARREN stellte dann später fest, dass das Tor
5.74 m breit und 8.78 m hoch war und dass die Schwelle verschwunden ist. Die
Unterseite des Türsturzes liegt ca. 23.50 m über dem Felsboden, die Schwelle hatte
also etwa 14.80 m über dem Fels gelegen. Auf welcher Höhe das Pflaster der „Herodes Strasse" hier lag, ist nicht mit Sicherheit bekannt. In der von den Israeli-Archäologen vorgeschlagenen Rekonstruktion liegt das Pflaster hier auf dem Niveau der
Schwelle (*Qadmoniot*, V, 3-4 (19-20), 1972, Abb. p. 78; hier Abb. 221), doch ist dies,
wenn wir recht sehen, nur eine Vermutung. WARREN entdeckte etwa in der Flucht
der nördlichen Leibung eine zu der Schwelle reichende, auf einer etwa 2.10 m
dicken Schuttlage ruhende Mauer (WILSON, *l.c.*), vermutlich eine Stützmauer.
CONRAD SCHICK sagt hierüber: „Die Höhe vom Felsboden bis zur Thorschwelle
beträgt 15.20 m [nach WILSON's Angabe 14.80 m] was, wenn unten auch einige
Meter hoch Erde angeschüttet war, doch immer noch eine hohe Treppe notwendig
machte" (*Stiftshütte*, 330). WILSON dachte an eine Rampe: „The original approach to

---

[140] An der Stelle des Wilsonbogens. Der frühere (islam.) Namen war *Bāb Daʾud*. Es ist „a double
gate whose magnificence in Fatimid times was described by Nāṣir-i-Khusraw" (OLEG GRABAR,
New Inscription from the Ḥaram-al-Sharīf in Jerusalem. A Note on the Mediaeval Topography of Jerusalem,
in *Studies in Islamic Art and Architecture. In Honour of Professor K. A. C. Creswell*, 1965, 72-83, p. 79).
Es war der Hauptzugang zum Ḥaram in der Zeit, da Jerusalem im Besitz der Christen war (*id.*). Von
den Christen wurde es als *Porta Speciosa* („Schönes Tor") bezeichnet (C. R. CONDER, in *PPTS*, VI, 12,
n. 1). — Über die übrigen (islam.) Tornamen des Ḥaram, siehe GRABAR, *l.c.*, 78 ff. Von Anfang an
hatten die Tore zwei Namen: einen religiösen und einen lokal-topographischen (p. 78).

[141] J. T. BARCLAY, *The City of the Great King*, 1857, 281; WARREN, *Recovery*, I, 114 f.; WILSON, *id.*,
15; Ders., *PEF QuSt*, 1880, 17 f.; SCHICK, *Stiftshütte*, 1896, 329; VINCENT, *Jérusalem*, II-III, 1956,
549 s., Fig. 167, p. 551, *Atlas*, Pl. CXIX.

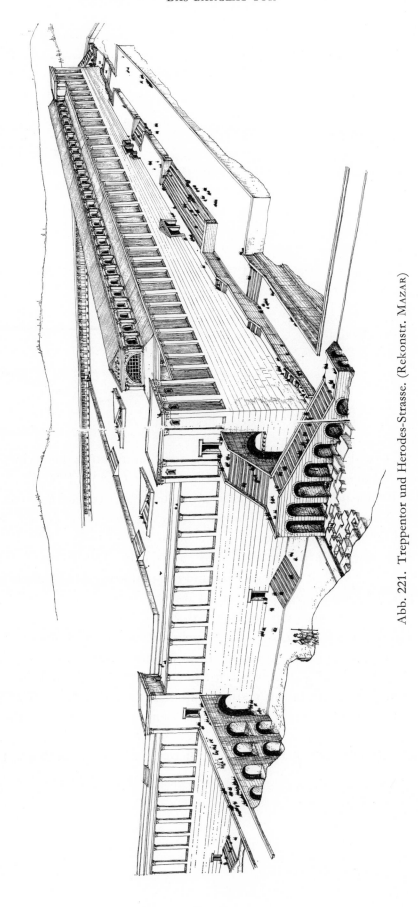

Abb. 221. Treppentor und Herodes-Strasse. (Rekonstr. MAZAR)

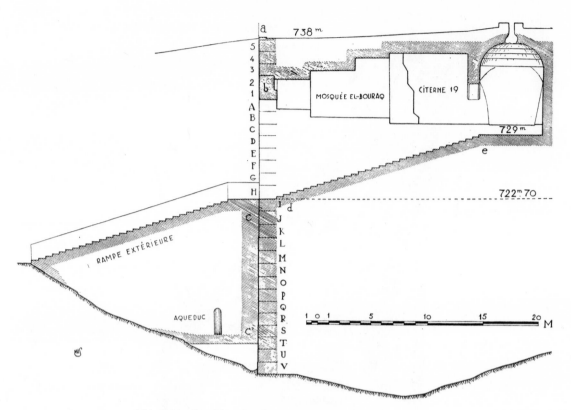

Abb. 222. Das Tor-Barclay. Rekonstr. (L. H. VINCENT)

Barclay's Gate would appear to have been by a solid ramp across the ravine, but the information is not full enough to render this certain" (*PEF QuSt.*, 1880, 18). VINCENT denkt an eine Rampe oder Treppe [142]. Erst wenn die Israeli-Archäologen das Niveau der „Herodes Strasse" am Barclay-Tor mit Sicherheit festgestellt haben, wird ein sicheres Urteil hierüber möglich sein.

WILSON hatte auch das Innere des Tores untersucht. Der Eingang führte zu einem ca. 20 m West-Ost gerichteten Gang und dieser führte „to a chamber covered by a well-built dome, and at this point turned at right angles to the south" (WILSON, *Recovery*, I, 15). WILSON war der Meinung, dass der Gang vom Eingang bis zur „domed chamber had a level floor" (*ibid.*). Auch 1880 war er noch dieser Meinung: „It would seem that originally the passage from Barclay's Gate, nearly 19 feet wide, ran in on a level for about 67 feet, when it entered a vestibule about 19 feet square, and that from the south side of this vestibule another passage of the same width, and rising at a slope of about 1 in 20, led off to the south at right-angles to the former

[142] *Jérusalem*, II-III, 1956, 549/550, Fig. 167, p. 551, Rekonstr. der Anlage mit Treppe, hier Abb. 222.

one" (*PEF QuSt*, 1880, 20). SCHICK war der Meinung, dass in dem Gang einst eine Treppe war (*Stiftshütte*, 330) und VINCENT hat das Innere des Tores in diesem Sinn rekonstruiert: die Treppe führt hinauf zu einem Podest (Niveau 729 m) das ca. 9 m unter das Niveau der Ḥarām-Esplanade (Niveau 738 m) liegt. Eine zweite nach Süden gerichtete Treppe muss zu der Esplanade hinaufgeführt haben (*Jérusalem*, II-III, 550 s. und Fig. 167, p. 551; hier Abb. 222). Diese nach Süden gerichtete Treppe könnte, meint VINCENT, eine Länge von 40 m gehabt haben und würde dann nicht weit von der königlichen Halle anfangen bzw. endigen [140].

Der Raum, wohin die erste Treppe führte, ist heute eine Zisterne (Nr. 11 bei SCHICK; Nr. 19 bei WARREN), die sich weiter nach Westen und Süden (wo ursprünglich die zweite Treppenflucht war) ausdehnt (VINCENT, *o.c.*, *Atlas* Taf. CXIX). Unmittelbar hinter dem zugemauerten Toreingang und unter der Ḥarām-Esplanade liegt die Moschee *el-Buraq* (ca. 7.30 × 6.30 m). Eine in der westlichen Halle des Ḥarām gelegene Treppe führt zu der Moschee hinab (WILSON, *PEF QuSt*, 1880, 18).

β) *Das Tor am Wilsonbogen*. Der 180 m aus der Südwestecke des Ḥarām an der Westmauer liegende, nach WILSON benannte Bogen (an der Stelle der *bab es-Silsileh*; der Bogen war schon von TITUS TOBLER entdeckt worden, *Denkblätter aus Jerusalem*, 1852, 42, bei J. SIMONS, *Jerusalem*, 1952, 365 und n. 2) hat eine Spannweite von 12.60 m (42 inches, *Recovery*, I, 85) und eine Breite von 12.90 m (43 Fuss, *ibid.*). An jeder Stirnseite hat der halbkreisförmige Bogen 23 Gewölbesteine von 2-4 m Länge und 1 m Höhe, „und im Durchschnitt fast ebenso dick. Die untere Fläche des Schlusssteins erhebt sich bloss 7.60 m über den jetzigen, aber 22.25 m über den alten Boden" (SCHICK, *Stiftshütte*, 327). Die Gewölbesteine der ersten drei Schichten bilden einen Teil der Ḥarāmmauer (WILSON, *PEF QuSt*, 1880, 22; nach *Survey Western Palestine*, *Mem. Jerusalem*, 196 ist dies nicht ganz sicher) und wenn der jetzige Bogen auch nicht aus der Zeit des Herodes stammt, so ist er doch zweifellos der Nachkomme eines antiken Bogens. Reste eines älteren eingestürzten Bogens wurde von WARREN tief unter dem Fussboden des unter dem Wilsonbogen liegenden Teich Burak gefunden, „which may have been that of the time of Herod" (WARREN, *Underground Jerusalem*, 369). Über die Datierung des heutigen Bogens gehen die Meinungen auseinander. Nach WARREN könnte er nicht vor dem 5. oder 6. Jahrhundert entstanden sein (*Recovery*, I, 83). Bestimmter heisst es *Underground Jerusalem*, 369: 4. oder 5. Jahrhundert. WILSON dachte an die Zeit Konstantin's oder Justinian's (*PEF QuSt*, 1880, vgl. *Survey Western Palestine*, *Mem. Jerusalem*, 196). Das Mauer-

---

[143] VINCENT, *o.c.*, 552. — Bei einer Höhenlage des Podestes von 9 m unter dem Niveau der Esplanade genügte eine etwa 25 m lange Treppe (mit Absatz) um hinauf zu kommen. Der Ausgang kann übrigens auch nicht nahe der königlichen Halle gelegen haben, denn diese lag mehr nach Osten.

werk hat aber, wie VINCENT betont, den Charakter des Mauerwerkes aus Hadrian's Zeit (*Jérusalem*, II-III, 1956, 552, n. 4) und eine Datierung in diese Zeit dürfte demnach wahrscheinlich sein.

Nach WARREN betrug die Breite des Bogens ursprünglich nur die Hälfte des heutigen Bogens, „and then, after a period, another set of arches of different span were added on, side by side, the two together making up the width of the great arch" (*Underground Jerusalem*, 1872, 373). WARREN hielt es für möglich, dass der Wilsonbogen noch zur Zeit des Herodes nur etwa 6.50 m breit gewesen sei; es heisst, die Verdoppelung sei möglicherweise in die Zeit des Titus zu datieren (*Underground Jerusalem*, 68). Die Breite des Barclay-Tores (5.74 m) macht es u.E. wohl wahrscheinlich, dass auch das am Wilsonbogen gelegene Tor etwa 6 m breit gewesen ist.

WARREN hatte auch den Pfeiler des Bogens untersucht: er ist 3 m dick. Es gibt dabei aber noch einen zweiten nur 1.20 m dick, mit einem Zwischenraum von 15 cm (*Recovery*, I, 81 und Fig. gegenüber p. 81, Schnitt). Der auf dem Fels fundierte Pfeiler hat einen 5.85 m hohen und 4.42 m dicken Sockel aus mächtigen wenig bearbeiteten Quadern; der Pfeiler selbst ist aus flachen Steinen (0.92-1.25 m dick) die den über den geränderten Quadern liegenden flachen Steinen der Klagemauer ähnlich sind (VINCENT, *o.c.*, 552 und n. 3).

Der Anfang des Bogens liegt auf Niveau 729.38 m [144], bei einer Höhe der Gewölbesteine von 1 m liegt der Extrados also auf Niveau 735.69 m (729.38 + 6.30 [halbe Spannweite] + 1 m). Das Niveau der Ḥarām-Esplanade liegt an dieser Stelle auf 738.75 m, also etwa 3 m über dem Extrados des Bogens. Über die Höhenlage des Pflasters des Dammes — der Bogen bildete das östliche Ende eines Dammes, siehe weiter unten — fehlen Gegebenheiten, wir dürfen aber wohl mit grosser Wahrscheinlichkeit annehmen, dass der Toreingang über eine Treppe betreten wurde (sie fehlt in der Rekonstruktion *Qadmoniot*, V, 3-4 (19-20), 1972, Fig. p. 78; hier Abb. 221). Hat WARREN recht, dass der Bogen ursprünglich halb so breit wie heute gewesen ist, haben wir am Wilsonbogen ein einfaches Tor anzunehmen (wie das Barclay-Tor). Das heutige *bāb es-Silsileh* ist ein Doppeltor: *bāb es-salām*, Tor des Friedens, und *bāb es-silsileh* (Kettentor). Die Frage ob dieses Doppeltor der Nachkomme eines Doppeltores aus der Zeit des Herodes oder aus der Zeit des Hadrian ist, wird vorläufig wohl offen bleiben.

Nach der Meinung WILSON's bildete der Wilsonbogen das östliche Ende eines zum Tempelplatzes führenden Dammes (causeway); „a grand approach" vom Palast des Herodes auf dem Westhügel zum Tempelplatz (*PEF QuSt*, 1880, 28). W. F. STINESPRING, der 1965 den Bogen untersuchte, sagt wohl richtiger: „we have

[144] VINCENT, *o.c.*, 552.

Abb. 223. Robinsonbogen. (Foto L. H. Vincent)

here one span of the bridge as originally built by Herod beginning about 20 B.C. to connect the Temple area with the western part of Jerusalem ..." [145]. WILSON hielt es für möglich, dass der Damm auf Josephus' erste Mauer, die nach Josephus am Tempelplatz endete [146], zurückzuführen sei. „When the second wall was built the causeway [d.h. also die erste Mauer] may have been pierced for convenience of communication towards Siloam, and the narrow opening spanned by a wooden bridge ..." (*PEF QuSt*, 1880, 28). Diese Maueröffnung könnte, meinte Wilson, von Herodes verbreitert worden sein; der aus rauh bearbeiteten Steinen bestehende Sockel der Pfeiler könnte, so WILSON, das Ende der ersten Mauer sein (*ibid.*). Der Durchgang unter dem Bogen würde dann die Verbindung zwischen zwei Stadtteilen bilden [147]. Da ist es aber auffällig, dass dieser Durchgang bei der Belagerung und Einnahme Jerusalems durch Titus von Josephus nicht erwähnt wird [148]. Es gibt u.E. zwei Möglichkeiten: entweder hatte die erste Mauer weiter nördlich gelegen, oder der Bogen stammt nicht aus der Zeit des Herodes, sondern aus der Zeit des Hadrian [149].

Westlich vom Wilsonbogen entdeckte WARREN unter dem Boden verschiedene überwölbten Räume (der Plan u.a. bei SIMONS, *o.c.*, Fig. 53, p. 268), von denen er einen, aus welchen Gründen lässt sich nicht ausmachen, „Masonic Hall" taufte (*Underground Jerusalem*, 1872, 369). W. F. STINESPRING hat 1966 diesen Raum neu untersucht (*Wilson's Arch and the Masonic Hall, BA*, XXX, 1, 1967, 27-31). Entlang einigen dieser Räume läuft der als „Secret Passage" bezeichnete Gang, den WILSON dem Herodes zuschreiben möchte. WILSON meint, der Gang könnte dazu gedient haben, Soldaten unbemerkt von der Zitadelle zum Tempelplatz kommen zu lassen. „The eastern end of the passage may still exist within the Ḥarām enclosure" (*PEF QuSt*, 1880, 29). Dies hat doch kaum Wahrscheinlichkeit für sich, denn der Tempel wurde von der Burg Antonia aus überwacht. Auch würde Josephus diese Besonderheit nicht unerwähnt gelassen haben.

γ) *Das Warren-Tor*. Etwa 235 m aus der Südwestecke des Ḥarām entdeckte WILSON (1866) in die Westmauer einen später als Zisterne (Nr. 12 bei SCHICK; Nr. 30 bei WARREN) benutzten alten Eingang zum Ḥarām, den er „Warren-Tor" meinte taufen zu dürfen, „as a small tribute to Captain Warren, R. E., whose ex-

---

[145] *Wilson's Arch Revisited, BA*, XXIX, 1, 1966, 27-36, p. 36, Fig. 21, p. 32, Foto.

[146] *Bell. Jud.* V, 4, 2 § 142 ff.

[147] Siehe Bd. I, 1970, Abb. 30, S. 109: Jerusalem zur Zeit des Herodes des Grossen. Vorläufiger Plan (K. KENYON); KENYON, *Digging up Jerusalem*, 1974, Fig. 36, p. 224, Plan of Herodian Jerusalem, Fig. 42, p. 245, Plan of Jerusalem in the period of Herod Agrippa.

[148] Siehe Kap. XVII: Untergang des Jerusalemer Tempels, Abschn. D 4.

[149] In dem von M. AVI-YONAH vorgeschlagenen Plan von Jerusalem stösst die erste Mauer beim Wilsonbogen an den Tempelplatz (in *Jerusalem Revealed*, Ed. Y. YADIN, 1975, Fig. p. 10; hier Abb. 342.

cavations have thrown so much light on the topographical features of ancient Jerusalem" (*PEF QuSt*, 1880, 30, n. 1). Interessant war WARREN's Reaktion: „Colonel Wilson proposes to call this gate by my name, because he discovered it, on the same principle that Tobler's discovery was called Wilson's Arch. I would deprecate the naming of the ancient buildings in this manner" (*ibid.*, 165). In unserer Zeit hat VINCENT WILSON's Vorschlag eine sehr glückliche Suggestion genannt; die Bezeichnung Warren-Tor „merite d'être conservée" (*Jérusalem*, II-III, 1956, 553).

Das Tor (WILSON, *PEF QuSt*, 1880, 30 f.; Ders. *Recovery*, 17; VINCENT, *o.c.*, 553) hat eine Breite von ca. 5.50 m. Der mit „small course rubble" zugemauerte Toreingang ist heute mit einem Bogen überdeckt und der ca. 25 m tiefe überwölbte Tordurchgang liegt ca. 9 m unter der Esplanade des Ḥarām, vermutlich ca. 15 m über dem Felsboden (so bei VINCENT, *o.c.*, *Atlas*, Taf. CXI; das Niveau des Felsens ist hier nicht genau bekannt, VINCENT, p. 553). Die Eingangshöhe (bis zum Intrados des Bogens) beträgt bei VINCENT ca. 8 m (*ibid.*). „The passage is in some respects similar to that running in from the Barclay's Gate, but it seems to be of a more modern date ..." (WILSON, *l.c.*, 30). Wie man durch dieses Tor zu der Esplanade hinaufstieg, ist nicht bekannt. Unbekannt ist auch, wie man zum Toreingang hinaufstieg. Es dürfte wahrscheinlich sein, dass das Warren-Tor eins der vier Tore ist, die nach Josephus (*Antiq.*, XV, 11, 5 § 410) vom Westen aus zum Tempelplatz hinaufführten. WARREN dachte 1871 an eins der zwei Tore, welche nach der Vorstadt führten (*Recovery*, I, 117); 1876 dachte er an das Treppentor (*Underground Jerusalem*, 68). Es ist aber sehr wohl möglich, führte WILSON dagegen an, „that the approach may have been by a roadway supported by arches" (*PEF QuSt*, 1880, 31). Wir werden über die von Josephus erwähnten Tore im nächsten Kapitel eingehend handeln.

δ) *Der Robinson-Bogen* [150]. Von dem 11.85 m aus der Südwestecke des Ḥarām liegenden Robinson-Bogen (nach R. GRAFMAN 11.65 m aus der Südwestecke; *Herod's Foot and Robinson's Arch*, *IEJ*, 20, 1970, 61) sind auf der Höhe des heutigen Bodens Reste von vier Reihen Bogensteiner, die aus der Ḥarāmmauer hervorspringen, erhalten (Abb. 223). Die Spannweite des Bogens betrug nach VINCENT 13.40 m (*o.c.*, 547); nach SCHICK 12.80 m (*Stiftshütte*, 333); nach GRAFMAN aber 15.50 m (*l.c.*). Wir halten das von Grafman genannte Mass für richtig; die Breite des Bogens ist 15.25 m. „Die Steinlage, auf welche die Bogensteine jetzt sind, tritt über die senkrechte Mauerlinie 0,34 m heraus, wohl um die Bogenstelle darauf stellen zu können und um zugleich eine Art Ornament zu bilden" (SCHICK, *o.c.*, 332; vgl.

---

[150] WARREN, *Recovery*, I, 94 ff.; WILSON, *PEF QuSt*, 1880, 13 ff.; SCHICK, *Stiftshütte*, 332 f.; SIMONS, *Jerusalem in the Old Testament*, 362 f.; VINCENT, *Jérusalem*, II-III, 546. Über die neueren Untersuchungen (1968 f.) siehe weiter unten.

Wilson in *PEF QuSt*, 1880, 9: „an offset of 1 foot 3 inches in the wall, which forms a sort of pier, is just visible"; weiter heisst es: „was probably formed by allowing the courses of stone to run up perpendicularly, or nearly so, from the rock, whilst each course in the wall itself is set back about one inch", *ibid.*, p. 10). Der Vorsprung wird wohl, wie Schick meinte, zur Auflage der Bogenstelle gedient haben und die ornamentale Wirkung dürfte sekundär sein. Vielleicht haben wir an dem von Warren entdeckten Pfeiler des Bogens einen ähnlichen, dem gleichen Zweck dienenden Vorsprung anzunehmen. Vom Pfeiler sind aber an der Westseite nur zwei, an der Ostseite drei Steinlagen *in situ*. Sie sind von sehr hartem *mizzi*, anders als die niedergestürzten Bogensteine, die vom weichen *malaky* sind, was sich auch an den noch herausragenden Bogensteinen, die stark verwittert sind, verrät. Der Pfeiler (15.25 m breit; 3.65 m dick), der bei den neueren Ausgrabungen durch die Israeli-Archäologen wieder entdeckt wurde [151], war nicht massiv; nach Warren war ein fünf Fuss grosser Raum im Inneren, während die Ostseite Nischen zeigt, die mit Stürzen überdeckt waren. „By this method, only about half of the bulk of the pier is occupied by stone" (*Recovery*, I, 101). Nach Mazar gibt es aber im Pfeiler vier Gemächer deren Öffnungen nach Osten gerichtet sind, „facing the Herodian avenue that passed beneath the arch. These chambers may well have served as shops" [152].

Vincent weist darauf hin, dass Warren die Höhe der Bogensteine nicht erwähnt; er setzt sie mit 1.20-1.30 m an (*Jérusalem*, II-III, 547). Da der Bogenanfänger auf Niveau 728.10 m liegt (Vincent, *l.c.*), erreicht der Extrados des Bogens nach Vincent Niveau 736 m (728.10 + 6.70 [halbe Bogenweite] + 1.20 m), während die Esplanade an dieser Stelle Niveau 738 m zeigt (*ibid.*). „Le tablier courant au-dessus de l'arche s'alignera des lors facilement au sol antique de l'esplanade …" (*ibid.*). Nach Vincent hätte also zwei Meter hohes Mauerwerk auf dem Bogen gelegen, was bautechnisch nicht sehr wahrscheinlich ist. Heute, da wir wissen, dass die Bogenweite nicht 13.40 m (Vincent), sondern 15.60 m (bzw. 15.50 m, Grafman) war, stellen wir fest, dass durch etwa 1 m hohes Mauerwerk auf dem Bogen das Niveau des Ḥarām erreicht wurde.

Darüber besteht Einstimmigkeit, dass der Perron des Robinson-Bogens von der Esplanade aus zu betreten war. Die Frage, wozu er gedient habe, ist aber verschieden beantwortet worden. Robinson sah hierin den Anfang einer Brücke [153], Mommert dachte an einen Balkon [154]. Warren dachte 1871, Robinson folgend, an eine Brücke, „leading over to the upper city, which appears undoubtedly to be the bridge over

---

[151] *Ariel*, 27, 1970, 17; *Prel. Rep. Second and Third Seasons*, 1971, 13 ff.
[152] *Ariel*, *l.c.*; *Prel. Rep. Second and Third Seasons*, 16 und Pl. IX.
[153] *Biblical Researches*, I², 1856, 228.
[154] *Topographie*, II, 1903, 85 f.; vgl. Simons, *Jerusalem in the Old Testament*, 1952, 410, n. 1 und p. 424.

which Titus parleyed with the Jews after he had taken the Temple" (*Recovery*, I, 310). Später (1876) hat er ROBINSON's Ansicht abgelehnt. „Now we have ascertained that this arch was not one of a series, reaching across the valley to the Upper City, and sofar Dr. Robinson was mistaken; this arch supported the Propylaea leading from the valley into the Royal Cloister, a noble approach to this grand arcade" (*Underground Jerusalem*, 1876, 316). WILSON urteilte über den Zweck des Robinson-Bogens wie folgt: „The excavations unfortunately throw no light on the character of the roadway over Robinson's Arch. The brow of the cliff beneath the Jew's quarter being 26 feet higher than the level of the Haram, it is quite certain that there was never a continuous viaduct across the valley; but a broad flight of steps, carried on arches, from the valley would form a grand approach to the Royal Cloisters which ran along the south wall, and be a very probable arrangement" (*PEF QuSt*, 1880, 16). Wie im 19. Jahrhundert ROBINSON hält in unserer Zeit VINCENT den Bogen für den Anfang einer das Tal überspannenden Brücke [155]. Etwa 12.60 m westlich des ersten Pfeilers deute die Abarbeitung des Felsbodens auf einen zweiten Pfeiler (Reste davon fehlen) für einen zweiten Bogen, dessen Spannweite der des Robinson-Bogen gleich kommt (*o.c.*, II-III, 548). Noch weiter westlich entdeckte WARREN einige durch (eingestürzte) Gewölbe verbundene kleine Pfeiler, „interprété par Warren comme la continuation du viaduc, encore que par la suite il laisse son hypothèse dans de doute" (VINCENT, *ibid.*; *Mem. Jer.*, 185 ff. und Taf. XXIX). WARREN hatte aber 1876 die Brücken-Hypothese abgelehnt.

CONRAD SCHICK, der es für erwiesen hielt, dass der von WARREN entdeckte Pfeiler „nur für einen Bogen bestimmt war" (*Stiftshütte*, 333), war der Meinung, dass eine Holzbrücke von geringer Breite die Fortsetzung der steinernen Brücke gebildet habe (*ibid.*). Das Robinson-Tor bildete aber den äusseren Zugang zu der königlichen Halle, Herodes' schönster Schöpfung auf dem Tempelplatz. Dass eine Holzbrücke dazu hinaufgeführt haben sollte, ist durchaus unwahrscheinlich. Nur eine monumentale, zum Perron des Bogens hinaufführende Treppe ist aus architektonischen Gründe mit der königlichen Halle vereinbar.

In jüngster Zeit ist der Leiter der neuen Ausgrabungen, B. MAZAR, anfänglich ebenfalls für die Brücken-Hypothese eingetreten. Westlich des Pfeilers des Bogens war ein monumentales Gebäude, freilich nur fragmentarisch erhalten. Nach der Meinung MAZAR's (1970) ging das Viadukt über das Dach des Gebäudes hinweg „towards the Upper City" (*Ariel*, 27, 1970, 17; vgl. *Prel. Rep.* 2.-3. *Seasons*, 1971, 17). Hätte in der Flucht der Brücke ein Gebäude gestanden, Herodes würde es zweifellos niedergerissen haben.

[155] *Jérusalem*, II-III, 1956, 548 und Fig. 165, p. 547.

Wir können WILSON nur beistimmen; eine über das ganze Tal laufende Brücke kann es nicht gegeben haben. Breite Stufen werden, wie WILSON annahm, zum Perron des Robinson-Bogens hinaufgeführt bzw. zum Tal hinabgeführt haben. WARREN hatte sich die Sache ähnlich vorgestellt: wahrscheinlich gab es nur zwei Bogen: „it allowed of an exit from the level of the cloisters to the suburbs below by means of a flight of steps on piers and arches" (*Underground Jerusalem*, 69). WILSON möchte das hier gelegene Tor — wir wollen es R o b i n s o n - T o r nennen — für das von Josephus (*Antiq.* XV, 11, 5 § 410) erwähnte Treppentor halten (*PEF QuSt*, 1880, 16). Das war auch die Meinung von F. SPIESS, und die Lokalisierung des Treppentores am Robinson-Bogen halten auch wir für mehr als wahrscheinlich. Die Brücken-Hypothese ist auch von SPIESS abgelehnt worden. „Dass eine Brücke sich an den Robinsonbogen nicht angeschlossen hat, scheint durch die englischen Nachgrabungen hinreichend dargethan zu sein. Dagegen muss die Frage erhoben werden, ob er nicht die Verbindung des Treppenzuganges zum Tempelplatze gebildet habe" [156]. S. 249 heisst es dann: „Das eigentliche Treppenthor aber suchen wir im Robinsonbogen", d.h. nicht am Barclay-Tor. Richtig sagt SPIESS auch, dass „die Annahme eines Z w e i f a c h e n Brückentor durch alle Angaben des JOSEPHUS durchaus ausgeschlossen ist" (*ibid.*). Das Brückentor, darüber besteht Einstimmigkeit, lag an der Stelle des Wilsonbogens.

Die Israeli-Ausgrabungen haben nun doch auch in jüngster Zeit die zuerst von WILSON vertretene Ansicht, nach der am Robinson-Tor eine Treppenanlage zu der Ḥarām-Esplanade hinaufführte, bestätigt und der Leiter der Ausgrabungen, B. MAZAR hat denn auch die Brücken-Hypothese aufgegeben [157]. Die Anlage zeigt zwei Hauptfluchtlinien, die untere Südnord, die obere Westost gerichtet. Ein Podest bildet die Verbindung zwischen beiden Fluchten. Die untere Flucht ruht auf mehreren Tonnengewölben, die obere könnte, so scheint uns, zum Teil massiv untermauert gewesen sein. Die Rekonstruktion ist in der Hauptsache durch die Ausgrabungen gesichert (siehe *l.c.*, Fig. auf p. 80, links oben; hier Abb. 221 und 254).

Unter der Herodes-Strasse war nach WARREN eine ca. 7 m dicke Schuttlage und altes Mauerwerk; sie liegt auf dem Felsboden. Nach MAZAR ist die Schuttlage nur ca. 5 m dick (*Prel. Report Second and Third Seasons*, 1971, Fig. 10, p. 15). Das alte Mauerwerk stammt von „subterranean chambers below" (MAZAR, *l.c.*, p. 16 und Fig. 10, p. 15). Im Felsboden gibt es einen 12 Fuss tiefen und 4 Fuss breiten überwölbten Kanal und auf dem Gewölbe liegen, zum Teil eingesenkt, zwei mächtige

---

[156] SPIESS, *Die königliche Halle des Herodes im Tempel von Jerusalem*, ZDPV, XV, 1892, 234-256, S. 247.

[157] *Qadmoniot*, V, 3-4 (19-20), 1972, 78 ff., hebr. und Rekonstr. Fig. p. 78-79; hier Abb. 221.

Gewölbesteine [158]. „From whence can these have come but from an older arch than that which lies on the marble pavement above?" (WARREN, *Underground Jerusalem*, 319). Auf dem Pflaster der Herodes-Strasse liegen nämlich verschiedene Steine des eingestürzten Robinsonbogens (MAZAR, *l.c.*, Fig. 10, p. 15). Für die auf dem Kanal liegenden Steine dachte WARREN an eine Brücke aus der Zeit Salomos (*id.*, 320). Daran ist nicht zu denken. Der Kanal stammt aus der Zeit des Herodes (MAZAR, *l.c.*, 17). Einer der zwei Steine ist „much decayed" (*Recovery*, I, 108 f.); es ist offenbar *malaki* wie die Steine des Robinsonbogens. Der zweite Stein ist 7 Fuss lang und 4 Fuss hoch. Am Extrados ist er 5 Fuss dick, am Intrados 4 Fuss 4 inches. Daraus lässt sich berechnen, dass er für einen (halbkreisförmigen) Bogen von 15.60 m Bogenweite (Weite des Robinsonbogens nach GRAFMAN 15.50 m) bestimmt gewesen sein muss, was WARREN merkwürdig genug nicht beachtet hatte. Auch VINCENT geht über die Masse des Steins hinweg. Er stellte hypothetisch die Höhe der Gewölbesteine, wie wir oben sahen, auf 1.20-1.30 m (*o.c.*, 547). Es unterliegt wohl nicht dem Zweifel, dass die zwei Steine für den Robinsonbogen bestimmt gewesen sind. Dass sie auch benutzt worden sind, ist u.E. kaum wahrscheinlich. Sie werden als überflüssig oder untauglich hinabgeworfen worden sein. Dass sie bis auf den Fels hinunter gekommen sind, lässt sich wohl erklären. Es hatte hier selbstverständlich eine bis auf den Fels gehende Baugrube gegeben und es ist durchaus möglich, dass die Baugrube erst nach Vollendung des Bogens zugeschüttet worden ist; die uberflüssigen oder aus irgendeinem Grunde untauglich erachteten Gewölbesteine hatte man dann im voraus hinabgeworfen.

Auf dem Pflaster der Herodes-Strasse unter dem Robinsonbogen lagen, wie oben bemerkt, viele Gewölbesteine des eingestürzten bzw. zerstörten Bogens. WILSON meinte, daraus schliessen zu dürfen, dass der Bogen „was destroyed during or immediately after the siege and captive of the City by Titus" (*PEF QuSt*, 1880, 14). Eine Notiz bei Josephus macht es u.E. wahrscheinlich, dass bei der Belagerung Jerusalems durch Titus Treppen und Bogen durch die Juden selbst zerstört worden sind. Viele Juden (etwa 6000) hatten sich bei der Belagerung in die königliche Halle geflüchtet und nach der Eroberung des Tempels ist die Halle durch die Soldaten in Brand gesteckt worden; „so kam es, dass die einen zugrunde gingen, als sie sich aus der Glut herausstürzten, die anderen aber in ihr selbst. Gerettet aber wurde von so vielen kein einziger" (*Bell. Jud.* VI, 5, 2 § 284; Übers. MICHEL-BAUERNFEIND). Hätten Bogen und Treppen noch aufrecht gestanden, viele hätten sich durch das Robinson-Tor in die Stadt — dieser Stadtteil war noch im Besitz der Belagerten —

---

[158] WARREN, *Recovery*, I, 104 ff.; VINCENT, *Jérusalem*, II-III, Fig. 165, p. 547; MAZAR, *Prel. Rep. Second and Third Seasons*, Fig. 10, p. 15.

flüchten können. Zweck der Zerstörung (unserer Meinung nach also durch Simon bar Giora) war dann, die Einnahme dieses Stadtteils durch die Römer zu verhindern.

3. *Die Ostmauer* [159]. a) *Das Mauerwerk*. Der Felsboden liegt an der ca. 470 m langen Ostmauer an zwei Stellen auf sehr grosser Tiefe: an der Südostecke (Niveau 683.10 m) und etwa 420 m weiter nach Norden, wo einmal das S. Anna-Tal war (Niveau 683.40 m). Von der Südostecke an steigt der Felsboden nach Norden über eine Länge von etwa 275 m, wo er ca. 27 m höher liegt als an der Südostecke. Über eine Länge von etwa 40 m (bis zum goldenen Tor) senkt sich der Fels um 2 m „und

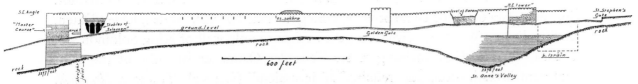

Abb. 224. Ḥarām asch-scharīf. Ostmauer. (J. SIMONS)

dann immer stärker ab, sodass nach 105 m vom goldenen Thor der Abfall beinahe wieder in das Niveau der Südostecke niedergeht (Abb. 224). Von da an steigt der Fels wieder bis an die Nordostecke des Harams um 16.80 m in einer Länge von 46 m" [160]. Dass nicht alle Steinlagen über dem heutigen Boden antik sind, braucht kaum noch bemerkt zu werden. An der Südstrecke, wo die Mauer über dem Boden noch 25 m hoch war [161], besteht der obere Teil über eine Höhe von ca. 7 m aus jüngerem Mauerwerk (WILSON, *PEF QuSt*, 1880, 48). Die Mauer läuft nicht genau rechtwinklig auf die Südmauer; in der untersten Schicht der Südostecke gibt es einen 92° 35′, an der Oberfläche einen 92° 5′ grossen Winkel (WARREN, *Recovery*, I, 140). Die Mauer liegt auch nicht über ihre ganze Länge in gerader Linie. Nach WARREN läuft sie über die ersten 260 Fuss von der Südostecke an in gerader Linie. An diesem Punkt gibt es eine kleine (zugemauerte) Tür (vgl. SCHICK, *Stiftshütte*, 317: 75.50 m aus der Südostecke). Bei dieser Tür „the wall takes a slight turn to the north-east, so that in 650 feet it is about 8 feet to east of a line in production of the first 260 feet of the east wall" (*Recovery*, I, 140). Beim sogenannten Thron Salomos, ca. 33 m nördlich des goldenen Tores, biegt die Mauer etwas nach Osten zu („the wall bends slightly to the east", *PEF QuSt*, 1880, 41). „An der ganzen Ostseite hat

[159] WARREN, *Recovery*, I, 135 ff.; Album, Pl. XII, XVIII; WILSON, *PEF QuSt*, 1880, 41 ff.; SCHICK, *Stiftshütte*, 315 ff.; SIMONS, *Jerusalem in the Old Testament*, 369 ff.; VINCENT, *Jérusalem*, II-III, 553 ss., *Atlas* Pl. CXI. CXVI.

[160] SCHICK, *Stiftshütte*, 316; vgl. VINCENT, *o.c.*, *Atlas*, Pl. CXI; SIMONS, *o.c.*, Fig. 50 gegenüber p. 356.

[161] Die südliche Strecke ist 1966 vom Jordianan Department of Antiquities zu grösserer Tiefe freigelegt worden (K. KENYON, *Royal Cities of the Old Testament*, 1971, 39).

die Mauer, so weit sie alt ist, eine ziemlich starke Böschung, indem jede obere Steinreihe über die untere um 8 bis 10 cm zurückgesetzt ist ..." (SCHICK, *Stiftshütte*, 316). An der Südmauer ist die Zurücksetzung nur am unteren Teil so stark, nach oben nur 3-4 cm (*ibid.*). Nach WILSON beträgt sie an der Ostmauer 3-6 inches (7.5-15 cm), an der Südmauer 2.5 cm (*l.c.*, 49). Die Ostmauer hat also eine stärkere Böschung als die Südmauer. Eine grosse Strecke der Ostmauer stammt aber, wie später darzulegen sein wird, aus viel älterer Zeit als die Südmauer; das Mass der Zurücksetzung könnte aus einer bestimmten Baugewohnheit zu erklären sein.

WARREN hatte die unter dem heutigen Boden liegenden Steinschichten nicht an allen Stellen untersuchen können; es gab hier nämlich einen muslimischen Friedhof. Über eine etwa 600 Fuss lange Strecke, vom goldenen Tor nach Süden, fehlen Daten, die Strecke, wo WARREN vermutete „the ancient temple wall of King Solomon still to exist" [162]. Die Untersuchung dieses Teils der Ostmauer ist „one of the most important investigations still required at Jerusalem" (*l.c.*; vgl. VINCENT, *Jérusalem*, II-III, 1956, 557: „c'est la région où sa connaissance exacte serait du plus haut intérêt pour l'analyse et la détermination chronologique") [163]. Gut bekannt durch WARREN's Untersuchungen sind die unteren Schichten am südlichen Teil der Ostmauer [164]. Der Fels ist an der Südostecke „very soft". Drei Fuss aus der Mauerecke war eine kleine, in den Felsen gehauene Grube (Durchmesser 1 Fuss; Tiefe auch 1 Fuss) in der „a little earthenware jar was found, standing upright, as though it had been purposely placed there" [165]. VINCENT hatte diesen Krug von Bedeutung für die Datierung der Südostecke gehalten [166]. Die unterste Steinschicht (3 Fuss 6 inches hoch) ist an der Südostecke teilweise, weiter nach Norden über eine ca. 41 Fuss lange Strecke — wo diese Schicht endet — im Felsen eingebettet. Die Steine der untersten fünf Schichten „are in the most excellent preservation, as perfect as if they had been cut yesterday" (*Recovery*, I, 139). Sie sind gerändert, wenn auch nicht stets an vier Seiten und die Ränder sind auch nicht stets von einerlei Breite. Steine mit Buckeln kommen hier nicht vor und im allgemeinen ist die Front der Steine flach. Der dritte Stein der fünften Schicht ist aber „very roughly dressed within the bevel" (*Recovery*, I, 143). Die Steinlagen sind nicht von einerlei Höhe (die Steine der 3. Schicht z.B. sind 4 Fuss 2½ inches dick, die der 10. Schicht 3 Fuss 8 inches; WILSON, *PEF QuSt*, 1880, 50) und die Steine sind auch nicht von gleicher

---

[162] *Recovery*, I, 153; vgl. WILSON, *PEF QuSt*, 1880, 48 und n. *.
[163] Siehe weiter unten Abschn. E: Ḥarām und Hieron, 1. Datierung.
[164] *Recovery*, I, 140 ff.; *Album*, Pl. XVIII-XIX (VINCENT); WILSON, *PEF QuSt*, 1880, 49 ff.; VINCENT, *Atlas*, Pl. CXV-CXVI. — Siehe Bd. I, 1970, Abb. 64, S. 237.
[165] WARREN, *Recovery*, 141 und Fig. p. 140; VINCENT, *o.c.*, II-III, Fig. 170 *bis* p. 558; SCHICK, *Stiftshütte*, 318 (falsch „viereckig").
[166] *Jérusalem*, II-III, 1956. 582. — Siehe auch Bd. I, 1970, 673.

Länge. In der 4. Schicht z.B. liegt neben dem 5.31 m langen Eckstein ein nur 1.10 m breiter Stein, darauf folgt ein ca. 1.70 m breiter, darauf ein ca. 3.80 m breiter. Auf einem der Steine der 2. Schicht kommen drei Buchstaben in roter Farbe vor (*Recovery*, I, 138/139) die man als phönikische Buchstaben hatte deuten wollen, woraus CONRAD SCHICK erschloss, dass die Südostecke des Ḥarām aus der Zeit Salomos stammt (*Stiftshütte*, 319). Ähnliche Buchstaben finden sich auf Steinen der 4. (5.) Schicht (*Recovery*, I, 143, 148) und auf Schichten der Nordostecke. Nach VINCENT lassen sich unter den 15 oder 16 verschiedenen Zeichen der Nordostecke mit einiger Wahrscheinlichkeit „des lettres hébréo-phéniciennes archaïques" unterscheiden (*Jérusalem*, II-III, 560). Heute lässt sich mit Wahrscheinlichkeit sagen, dass die Buchstaben für die Baugeschichte des Ḥarām kaum Bedeutung haben.

„Von der Südostecke 20.75 m nordwärts ist über dem heutigen Boden eine 0.25 m starke, senkrechte Zurücksetzung in der Mauer ..." (SCHICK, *Stiftshütte*, 316; WILSON, *PEF QuSt*, 1880, 51: „64 feet 3 inches from the south-east angle"). Die „Zurücksetzung" (es handelt sich um ein Hervorspringen) fing offenbar bei der 10. oder 11. Schicht über dem Felsboden an [167]. Von dieser Schicht an ist dann die Frontseite des südlichen Teils der Mauer senkrecht aufgemauert. Bei SCHICK heisst es: „Soweit ging demnach der Eckturm ..." (*o.c.*, 317). Eine nur 25 cm hervorspringende 20 m lange Mauerstrecke lässt sich kaum als Turm deuten; defensive Bedeutung kann sie nicht gehabt haben. Es handelt sich vielleicht um einen Nachkommen der an Forts üblichen Ecktürme: eine alte Bauform defensiven Charakters ist dann dekorativ verwendet worden [168].

Mehr nordwärts, 108 Fuss (32.40 m) aus der Südostecke und unter dem „heutigen" Boden, „there appears to be a straight joint here through three courses" [169]. Es betrifft die 10.-11. (bzw. 10.12.) Schicht über dem Felsboden. Diese Fuge zeigte sich auch an zwei Steinschichten über dem damaligen Boden und zwar 105 Fuss 6 inches aus der Südwestecke (WARREN, *l.c.*; WILSON, *PEF QuSt*, 1880, 50 f.; SCHICK, *Stiftshütte*, 317). Neuere Ausgrabungen, ausgeführt durch das *Department of Antiquities of Jordan* [170] haben es klar gemacht, dass diese Fuge über eine grosse Höhe der alten Ostmauer vorkommt. Die geränderten Steine südlich der Fuge sind flach bearbeitet, die des nördlichen Teils zeigen Buckel. Zwar war dies schon von Warren ermittelt worden (*Recovery*, I, 150: „where the smooth faced stones terminate,

[167] VINCENT, *o.c.*, *Atlas*, Pl. CXV, nach WARREN, *Album*, Taf. XIX.
[168] Die königliche Halle auf der Südseite des Tempelplatzes hatte aller Wahrscheinlichkeit nach ihren Anfang an der Ostmauer (siehe unten Kap. XIII, Abschn. E: Die königliche Halle) Der etwa 20 m breite Vorsprung in der Ḥarām-Mauer könnte mit der königlichen Halle in Beziehung gestanden haben, wiewohl die Halle beträchtlich tiefer als 20 m war.
[169] WARREN, *Recovery*, 150; VINCENT, *o.c.*, *Atlas*, Pl. CXV s s'; nach WARREN, *Album*, Pl. XIX.
[170] Siehe oben Anm. 161 und weiter unten Anm. 228 und 232.

and the projecting faced stones begin"), WARREN hielt aber das Bestehen der Fuge für „not proven" (*PEF QuSt*, 1880, 163). Heute besteht über das Bestehen der Fuge keinen Zweifel mehr. Auch die Frage, ob sie senkrecht ist, oder sich nach Süden neigt, ist gelöst. WILSON hatte sich die Fuge als von Nord nach Süd geneigt vorgestellt. „If, as there is some reason for supposing, there was once a tower at the south-east angle unconnected with the wall, the difference between the two dimensions, 105 feet 6 inches and 108 feet, would correspond exactly to the batter of the northern and southern faces, 1 foot 3 inches for each face" (*PEF QuSt*, 1880, 51, n. †). Die Differenz lässt sich nach der Ansicht Miss KENYONS aus der Böschung der Südmauer erklären: die Fuge neigt sich nicht; sie ist senkrecht [171]. Bei der Frage nach der Datierung der Mauer werden wir auf die Fuge zurückkommen.

In der vierten Schicht über dem heutigen Boden und ca. 23 m aus der Südostecke liegen zwei 18 Fuss langen Bogensteine, nach SCHICKS Meinung der Rest eines einstigen Balkons (*Stiftshütte*, 317). Andere dachten an eine Brücke. Nach WILSON liegen die Bogensteine aber nicht *in situ*; „there is nothing in their appearance to justify the belief that they formed part of the arche of a bridge over the Kedron Valley" (*PEF QuSt*, 1880, 48). In der 7. Schicht über dem heutigen Boden liegt an der Ecke der Stein der Grossen Schicht. Es ist der mächtigste am Tempelplatz verwendete Block (WILSON, *l.c.*, 48).

An der Nordostecke hat die Ostmauer einen 26.80 m breiten 1.80 m vorspringenden Turm (SCHICK, *Stiftshütte*, 320; nach WILSON beträgt der Vorsprung 7 Fuss; von WILSON falsch als „Castle of Antonia" bezeichnet, *PEF QuSt*, 1880, 41; „totaliy misplaced Name", SIMONS, *Jerusalem*, 1952, 372 und n. 3). Über dem Boden gibt es fünf Schichten aus grossen geränderten Steinen und am Nordende noch Teile von sieben ähnlichen Schichten. Die Steine sind 3 bis 4 Fuss dick und einer davon ist 7.10 m lang (23 Fuss 8 inches; WILSON, *l.c.*). Der obere Teil des Turms ist aus kleinen Steinen gemauert. Ganz oben ist die Mauer nach SCHICK noch 4 m dick (*Stiftshütte*, 320). Der Vorsprung reicht nicht bis zum Felsboden hinab, er nimmt aber tief unter dem heutigen Boden seinen Anfang (auf der Höhe der 16. Schicht der Südecke, WILSON, *l.c.*, 43), „indem jede höhere Schichte bloss um 0,025 von der untern zurückgesetzt ist, während es bei der Mauer selbst stets 0,10 und mehr beträgt" (SCHICK, *l.c.*; WARREN, *Recovery*, I, 167; WILSON, *l.c.*, 43). Das heisst also, die Frontseite des Turms hat eine geringere Böschung als die Mauer.

Die von WARREN an der Nordostecke ausgeführten Grabungen „are without a parallel in the history of excavation" (WILSON, *PEF QuSt*, 1880, 41; siehe WARREN, *Recovery*, I, 159 ff.). Im tiefsten Schacht wurde der Felsboden erst 37.50 m tief (125

---

[171] Briefliche Mitteilung. — E. M. LAPERROUSAZ ist anderer Meinung, *Syria*, L, 1964, 364; siehe weiter unten Anm. 232.

Fuss) erreicht. Um eine gute Auflage für die Steine zu bekommen, ist der Felsboden stets gestuft abgearbeitet. An der Südecke des Turms sind die Steine der fünfzehn untersten Schichten gerändert und sie haben durchschnittlich 25 cm starke Buckel. Von der 17. Schicht an sind die Steine ähnlich denen der Klagemauer (WILSON, *l.c.*, 43). An der Nordecke des Turms gibt es vom Felsboden an geränderte Steine, die aber auf einer bestimmten Höhe 5 bis 50 cm oder noch stärkere Buckel haben (*Recovery*, I, 166/167). In alter Zeit lag der Fels hier höchstens 60-90 cm unter dem Boden (*id.*, 170). Der Turm hatte damals offenbar bis zur 16. Schicht der Südecke unter dem Boden gelegen. Die gebuckelten Steine sind dann unsichtbar gewesen, während die Steine über dem damaligen Boden flach abgearbeitet gewesen sind. An der Mauer selbst, südwärts des Turms, gibt es aber nur gebuckelte Steine, wahrscheinlich, so meinen WARREN (*Recovery*, I, 184) und WILSON (*l.c.*, 43) bis zum goldenen Tor. Die unter dem Boden liegenden Schichten sind aber nur bis zu etwa 20 m südlich des Turms untersucht worden (vgl. SIMONS, *Jerusalem*, 1952, 373). Die Buckel, sagt WARREN, sind denen der Steine an der Südwestecke (des Ḥarām) sehr unähnlich, „presenting a very curious appearance" (*Recovery*, I, 167 § 7). VINCENT bemerkt dazu: „L'étude la plus attentive de la description et des graphiques fournis pour l'une et l'autre section demeure impuisante à concrétiser cette vague discri-mination" (*Jérusalem*, II-III, 554 und Pl. CXIII No. 1-2 und 4, nach WARREN, *Album* Pl. XV). Da die Südwestecke des Ḥarām zweifellos herodianisch ist, ist diese Buckel-Frage für die Datierung dieses Teils der Ostmauer nicht unwichtig; darüber mehr Abschnitt E. Dass die Abarbeitung der am Turm vorkommenden flachen geränderten Steine nachträglich, d.h. an der Stelle, ausgeführt worden ist, darf man annehmen. Steinsplitter erwähnt WARREN z.B. *Recovery*, I, 170 und 182. Aus dem 9. Jahrhundert v. Chr. ist dieses Verfahren in Samaria festgestellt worden: die Steine wurden gerändert aufgesetzt und erst dann wurden die Buckeln der über dem Boden liegenden Schichten abgehauen [172]. Es dürfte möglich und wahrschein-lich sein, dass man die Absicht gehabt habe, auch die über dem damaligen Boden liegenden Steine der am Turm anschliessenden Mauer flach abzuarbeiten. Stammt dieser Teil der Mauer aus der Zeit des dritten Tempels, was wohl wahrscheinlich ist, könnte die Vollendung dieses Mauerteils aus der Zeit nach Herodes' Tode stammen.

Im Norden schliesst sich die Stadtmauer mit einer Fuge an die Frontmauer des Turms an. Die Fuge reicht aber nicht bis zum Felsboden her: 44 Fuss unter dem heutigen Boden (etwa 6 m über dem Felsboden) gibt es noch keine senkrechte Fuge (WILSON, *PEF QuSt*, 1880, 45; vgl. WARREN, *Recovery*, I, 162 wo es heisst, der Tunnel ist auf eine Tiefe von ca. 42 Fuss gegraben worden). Wo die Fuge genau

---

[172] Siehe Bd. I, 1970, 239.

anfängt, ist nicht bekannt. Nach Warren erstreckt sich die Ostmauer mindestens 64 Fuss über die Nordostecke des Turms hinaus (*o.c.*, 171 und *Album* Pl. XIV; Vincent, *o.c.*, Pl. CXII). Vom Ḥarām bis zum Stephan-Tor ist die Stadtmauer nicht wie die Ḥarāmmauer auf dem Fels fundiert; sie ruht auf einer aus Steinstücken und Kalk gebildeten Lage „concrete" (Warren, *Recovery*, I, 161. 170. 176-177. 182). „It is apparent that this wall is of no very ancient date" (*id.*, 161; vgl. Simons, *Jerusalem*

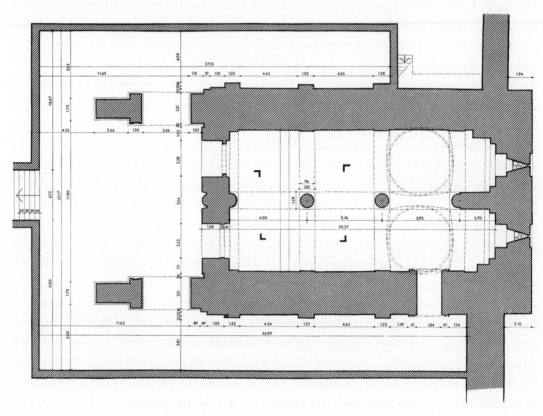

Abb. 225. Das goldene Tor. Grundriss. (Arieh Sharon)

1952, 373-374). Warum der Architekt den unteren Teil der Mauer bis ca. 20 m über die Nordostecke weiter gezogen hatte, bleibt eine Frage [173].

b) *Das goldene Tor* [174]. Das Torgebäude (breit 16.67 und im Lichten 20.37 m tief) liegt 315.50 m aus der Südostecke des Ḥarām. Die Frontseite springt 2.10 m aus der Ḥarāmmauer hervor (Abb. 225). Ursprünglich war das seit langem zugemauerte Tor ein zweifaches Tor, was heute noch kenntlich ist an der die Front zierenden

---

[173] Es könnte sich u.E. um eine Sicherung des Turms handeln.

[174] G. Ebers und H. Guthe, *Palästina in Bild und Wort*, I, 1882, 77 f. und Abb. S. 75. 76; Schick, *Stiftshütte*, 1896, 319; Watzinger, *Denkmäler*, II, 1935, 36 f.; R. W. H. Hamilton, in *QDAP*, 13, 113; Vincent, *Jérusalem*, II-III, 1956, 574 ss., *Atlas* Pl. CVI. CXIV.

Doppelarchivolte (Abb. 226). An beiden Seiten der Doppelarchivolte und in ihrer Mitte ist ein mit flachen Blättern verziertes Kapitell. Die auf dem Ḥarām liegende Westseite des Gebäudes zeigt eine ähnliche Dekoration. Hier ist noch das Kapitell der Säule, welche den Doppelbogen in der Mitte stützte, erhalten (VINCENT, *o.c.*, *Atlas*, Pl. CXXV; EBERS-GUTHE, *Palästina*, I, 1882, Abb. S. 75).

Etwa 15 m östlich vor dem goldenen Tor entdeckte WARREN unter dem heutigen Boden eine N.-S. gerichtete Mauer, „composed of large quarry-dressed blocks of *mezzeh*" (*Recovery*, I, 157 f.), welche von VINCENT als Stützmauer einer vor dem Tore gelegenen Terrasse des alten herodianischen Tores gedeutet wird [175]. Simons meint, die Lage dieser Mauer „agrees remarkably well with that suggested for the wall of Manasseh by the Chronicler's description" [176]. Die Mauertechnik (WARREN, *o.c.*, 158) deutet aber, wie auch SIMONS selbst betont, nicht auf eine Mauer des 7. Jahrhunderts v. Chr. (*o.c.*, 331). Dass die Mauer „gradually turns in to west" (WARREN, *o.c.*, 158) spricht nicht unbedingt gegen VINCENT's Auffassung der Mauer als Stützmauer einer Terrasse. Sie liesse sich aus der Kontur des Felsbodens erklären. Da die Schwelle des Tores 12.50-13 m über dem Felsboden liegt, dürfte es wahrscheinlich sein, dass es vor dem Tore ein Perron mit anliegender Treppe gegeben hatte.

Die Schwelle liegt ca. 6.50 m unter dem Niveau der Ḥarām-Esplanade, eine Rampe oder Treppe muss also, wie heute, zu der Esplanade hinaufgeführt haben (Abb. 225). Eine kleine Tür an der Westfront gab vormals Zugang zum Inneren. Hier gibt es in der Langachse — wie beim zweifachen Tor der Südmauer — einen Pfeiler, an dessen Rückseite eine Halbsäule vorkommt; dann zwei freistehende marmorne monolithen Säulen und ein gemauerter Pfeiler mit einer Halbsäule an Vor- und Rückseite. Die Seitenwände des Raums haben schwach hervortretende Pilaster in der Achse der erwähnten Stützen. Die Stützen tragen niedrige Bogen, über denen sechs auf Hängezwickeln ruhende Kuppeln schweben. Die Kuppeln über den zwei westlichen Traveen sind denen des zweifachen Tores der Südmauer ähnlich; die zwei der östlichen Traveen, die halbkugelförmig sind, ruhen auf über den Hängezwickeln errichteten hohen Tamburs. Das Kapitell der Halbsäulen und der Pilaster zeigen drei Reihen Akanthus-Blätter in flacher Arbeit. Die freistehenden Säulen haben bizarre jonische Kapitelle, der Form nach weit entfernt vom klassischen jonischen Kapitell. Die überreich dekorierte Wandkrönung lässt noch Elemente der klassischen Krönung ahnen.

In der Südmauer war nahe dem Vestibül einst eine durch einen Bogen überdachte Tür (von den Araber „Begräbnispforte" genannt, EBERS-GUTHE, *Palästina*, I, 1882,

---

[175] *Jérusalem*, II-III, 554.
[176] *Jerusalem in the Old Testament*, 332.

78), die in einen unter der Esplanade liegenden überwölbten Gang geführt haben muss und nach Osten umbiegend zum 1.40 m breiten Tor führte, das 15.50 m südwarts des goldenen Tores in der Ostmauer (später zugemauert) vorkommt. Dieses Tor gehört nicht zu der ursprünglichen Anlage des Tempelplatzes; es ist „percée de seconde main" (VINCENT, *o.c.*, 575 und Fig. 179: La poterne au S. de la porte Dorée).

Über die Datierung des goldenen Tores gehen die Meinungen auseinander. J. FERGUSSON meinte, den Bau Kaiser Konstantin zuschreiben zu müssen [177], eine Datierung, an die seit langem niemand mehr denkt. M. DE VOGÜÉ setzte den Bau ins 5. oder 6. Jahrhundert [178]. VINCENT datiert den Bau in der 1. Hälfte des 5. Jahrhundert und schrieb den Wiederaufbau Kaiserin Eudokia zu [179]. Dass an der Ostmauer des Tempelplatzes ein Tor war, wissen wir aus Josephus' Beschreibung der Belagerung und Einnahme Jerusalems durch Titus [180] und auch aus dem Traktat Middot (I, 3). Nach VINCENT hat man schon im 4. Jahrhundert an dieser Stelle das schöne Tor (Ac. 3, 2. 10), wo Petrus den Lahmen gesund gemacht haben soll, lokalisiert. „Si l'on se remet en mémoire la fervente dévotion de l'imperatrice Eudocie pour le Prince des Apôtres, on ne s'étonnera nullement qu'elle ait dédié cette élégante chapelle au souvenir de son premier miracle" (*o.c.*, 579). Auffällig genug spricht VINCENT nicht über die Westfront des goldenen Tores, welche Seite doch klar zeigt, dass es auch hier zwei Tordurchgänge gegeben hatte. Eine „chapelle" kann dieser Bau schwerlich gewesen sein: es war eine Toranlage. Eine von Eudokia erbaute Kapelle würde wohl anders ausgesehen haben [181]. Hinzu kommt, dass das Tor zu der Tempelanlage gehört, von der Jesus gesagt hatte, es werde davon kein Stein auf dem anderen bleiben. Da ist es doch kaum wahrscheinlich, dass Eudokia, die sich in Jerusalem, wo Jesus gekreuzigt und nach der Tradition auferstanden war, niedergelassen hatte, einen Teil dieser Anlage wiederaufgebaut haben sollte, ein Jahrhundert nachdem Kaiser Julian versucht hatte, das jüdische Heiligtum wieder aufzubauen. Dass das Tor als der alten Anlage zugehörig betrachtet wurde, dafür spricht gerade die Lokalisierung des schönen Tores an dieser Stelle und diese Lokalisierung geht nach VINCENT bis zum Ende des 4. Jahrhunderts hinauf. C. M. WATSON hält es für möglich, dass das Tor gebaut wurde „when the Emperor Julian

---

[177] *The Temples of the Jews*, 1878, 233.

[178] *Le Temple de Jérusalem*, 1864, 64.

[179] *Jérusalem*, II-III, 576 ss.

[180] Als die X. Legion sich auf dem Ölberg lagerte, machten die Juden einen Ausfall und kam es zu einem kampf am Abhang des Ölberges (*Bell. Jud.* V § 75 ff.); es ist hier wohl an einen Ausfall aus dem Osttor zu denken.

[181] Die von Eudokia um 460 errichtete Kirche des Protomartyrers Stephanus bei Jerusalem war eine dreischiffige Basilika (O. WULFF, *Altchr. und byz. Kunst*, I, 1918, 208/209).

permitted the Jews to attempt the reconstruction of their Temple ..." (*Jerusalem*, 1918, 319). SPENCER CORBETT schliesst aber aus einem Bericht des Pilgers von Placentia, dass das goldene Tor noch im 6. Jahrhundert zerstört dalag (*PEQ*, 84, 1952, 9). Dies macht selbstverständlich auch die von VINCENT vorgeschlagene Datierung (5. Jahrh.) hinfällig. CORBETT meint, das Tor — wie das zweifache Tor der Südmauer — sei von persischen Architekten unter Chosroes wiederaufgebaut worden, oder „more likely" unter der Dynastie der Omaiyaden (*l.c.*, 10). A. M. SCHNEIDER schrieb 1942: „An der Frühdatierung wird Vincent selbst und und mit ihm kaum jemand mehr festhalten wollen ..."[182]. VINCENT hatte aber, wie wir sahen, noch 1956 das Tor ins 5. Jahrhundert datiert. Nach SCHNEIDER kommt nur die Zeit von ca. 6. Jahrh. bis zum Anfang des 8. Jahrhunderts in Frage (*ibid.*) und er kommt dann u.a. aus Gründen der Ornamentik zum Schluss, dass das zweifache Tor (Südmauer) und das goldene Tor spät im 6. Jahrhundert entstanden sein könnten und unter Modestus restauriert worden sind (*l.c.*, 121). Wenn wir nun sehen, dass VINCENT aus Gründen der Ornamentik sich an die Frühdatierung hält, SCHNEIDER teils aus denselben Gründen den Bau mindestens ein oder anderthalb Jahrhunderte später datiert, schliessen wir daraus, dass stilistische Gründe allein kaum ausreichen, den Wiederaufbau des goldenen Tores genau zu datieren[183].

JAMES FERGUSSON, der, wie wir sahen, das goldene Tor Kaiser Konstantin zuschrieb, war der Meinung, dass das Tor „must be part of some group of buildings, and led to some building ..."[184]. Dies wäre nur richtig, wenn wir es mit einer neuen Toranlage zu tun hätten. Die ursprüngliche Anlage, darüber besteht Einstimmigkeit, stammt vom herodianischen Tempel[185]. Wie wir oben gesehen haben, hatte Kalif 'Omar eine hölzerne Moschee auf dem Tempelplatz errichtet und zwar an dessen Südmauer, weit entfernt also vom damals noch zerstört daliegenden goldenen Tor. Der alte Tempelplatz wurde damit aber ein islamisches Heiligtum. 'Abdalmalik hat dann später den Felsendom und die el Aksa(?) gebaut. Von Kalif Muawiya, der Mai 660 in Jerusalem „accepted a formal oath of allegiance as caliph"[186] wird zwar nicht berichtet, dass er Bauarbeiten am Ḥarām verrichtet habe, wir halten es aber für möglich und wahrscheinlich, dass ihm der Wiederaufbau des

---

[182] *ZDPV*, 65, 1942, 119.

[183] „Stylistic criteria are admittedly an uncertain basis for chronology, especially if unsupported by independent evidence" (R. W. H. HAMILTON, in *QDAP*, 13, 1948, 115). Das goldene Tor kann, meint HAMILTON, nicht vor Ende des 6. Jahrhs gebaut sein, wahrscheinlicher noch im 7. oder gar im 8. Jahrh. (p. 113).

[184] *The Temples of the Jews*, 1878, 285.

[185] M. DE VOGÜÉ, *Le Temple de Jérusalem*, 1864, 51; SCHICK, *ZDPV*, 22, 1899, 97; DALMAN, *Jerusalem und sein Gelände*, 1930, 255; WATZINGER, *Denkmäler*, II, 1935, 41 („es (ist) wahrscheinlich, dass der Unterbau aus herodianischer Zeit stammt"); VINCENT, *Jérusalem*, II-III, 1956, 554.

[186] CARL BROCKELMANN, *History of the Islamic Peoples*, 1949, 70 [deutsche Ausgabe 1939].

goldenen Tores zuzuschreiben sei. Man erzählte dem Nasir-i-Chosrou später (1047),
das Tor sei von Salomo erbaut worden [187]. Es wird sich um eine alte Tradition
handeln und sie könnte mit Anlass gewesen sein, das ehrwürdige Tor wiederaufzubauen. Architekt und Bauleute werden einheimische Christen, oder zum Islam
bekehrte Christen, gewesen sein.

Der Name „goldenes Tor" scheint nicht älter als das 12. Jahrhundert zu sein. Er
ist bekannt aus dem Bericht des Pilgers Saewulf [189] und zurückzuführen auf die
neutestamentliche θύρα ὡραία (Act. 3, 2. 10) „schönes Tor", was von den frühen
Pilgern aus ungenügender Kenntnis des Griechischen als Porta Aurea, „goldenes
Tor" aufgefasst wurde. Das ist wenigstens die geläufige Ansicht [189]. Nach MORGEN-
STERN hat der Name „goldenes Tor" ein viel höheres Alter. Der Name sollte aus der
Zeit des herodianischen Tempels stammen. Nach einer in verschiedenen Formen
vorkommenden Tradition, sagt MORGENSTERN, war eine goldene Platte oder Abbildung (image) „shaped either like a candelabrum, or perhaps also like the sun
itself, ( ) affixed to this gate" [190]. Nach PETER THOMSEN kommt im arab. Texte des
Antiochos Strategios ein arabisches Wort vor, das „goldenes Tor" bedeutet. Dann
ist dieser Name jedenfalls schon für das 7. Jahrhundert bezeugt (*ZDPV*, 52, 1929,
201, Anm. 2).

Die Araber nennen die zwei Durchgänge des seit langem zugemauerten goldenen
Tores *bāb-ar-rahmah* (Gnaden-Tor) und *bāb-at-taubah* (Tor der Reue) (MORGENSTERN,
l.c., 1). Zugemauert wurde das Tor offenbar durch die Türken, die im 16. Jahrhundert (unter Suleiman) die Mauern Jerusalems wieder aufgebaut haben; die
Zumauerung geschah wohl aus defensiven Gründen [191]. Aus einer Notiz beim
arab. Schriftsteller Šams ad Din Suyûti, der 1470 Jerusalem besuchte, geht aber
hervor, dass das Tor schon damals nicht mehr benutzt wurde (LE STRANGE, *Palestine*,
184). Zugemauert war es aber noch nicht, denn aus Felix Fabri, der 1483 in Jerusalem war, wissen wir, dass die hölzernen Türen noch bestanden; sie waren nur noch
mit „scraps of gilded copper" verkleidet (WATSON, *o.c.*, 319). Winzige Teile Holz und
Kupfer wurden von den Christen, sagt Felix, mit Silber und Gold bezahlt. „The
reason why relics from this gate are so dear is because it is said (whether it be a vain
superstition or not, I cannot tell) that whosoever carries a morsel of that gate about
with him, will be proof against apoplexy, falling sickness and plague" (bei WATSON,

---

[187] GUY LE STRANGE, *Jerusalem under the Moslems* [1890], 1965, 177. — Dass schon im vor-herod.
hieron an dieser Stelle ein Tor war, dürfte wohl wahrscheinlich sein (siehe Abb. 200).
[188] GUY LE STRANGE, *Palestine under the Moslems* [1890], 1965, 184.
[189] Vgl. SIMONS, *Jerusalem in the Old Testament*, 1952, 371, n. 3.
[190] *The Gates of Righteousness*, *HUCA*, VI, 1929, 1-37, p. 23 und p. 15, n. 36.
[191] Vgl. C. M. WATSON, *Jerusalem*, 1918, 319.

Abb. 226. Das goldene Tor. (Foto L. H. Vincent)

o.c., 320). Es ist hier natürlich an die Tradition des Schönen Tores (Act. 3, 2. 10) zu denken. Im 11. Jahrhundert, als Nasir-i-Khosrau Jerusalem besuchte, war das goldene Tor noch im Gebrauch. Man erzählte ihm, im Tor der Reue habe Gott David's Reue akzeptiert (Le Strange, *o.c.*, 177). Nach der Eroberung Jerusalems durch die Kreuzfahrer (1099) wurde das goldene Tor für die Christen weit mehr als einfach ein Zugang zum Tempelplatz: es wurde eine heilige Pforte, die nur am Palmsonntag geöffnet wurde. „Schon in der Kreuzfahrerzeit war es geschlossen und wurde nur am Palmsonntag und am Feste der Kreuzerhöhung geöffnet, da Jesus hierdurch eingezogen und Heraklios mit dem geretteten Kreuze zurückgekehrt sein sollte" [192]. Darüber berichtet auch der arab. Geograph Edrisi (1154): er spricht von „la porte dite de la Miséricorde (   ), laquelle est ordinairement fermée et ne s'ouvre que lors de la fête des rameaux" [193]. Morgenstern meint, das Tor sei 1187 durch die Muslime zugemauert worden, „in order to put an end to the important Christian rites of the solemn opening of the gate on Palm Sunday and the Festival of the Cross with the attendant ceremonies" (*HUCA*, VI, 1929, 5). Zugemauert ist das Tor damals, wie wir sahen, noch nicht [194], wir dürfen vielleicht annehmen, dass die hohe Bedeutung, welche das Tor für die Christen gehabt hatte, für die Muslime der Grund gewesen ist, das Tor zu umgehen. Es wurde nicht mehr benutzt, was durch die Notiz bei Suyûti (1470) bezeugt ist [195].

---

[192] Peter Thomsen, in *ZDPV*, 52, 1929, 201. Im Reisebericht des Pilgers Saewulf heisst es: „There is a Gate of the City at the eastern part of the Temple which is called the Golden Gate ... Through the same Gate the Lord Jesus, coming from Bethany on Palm Sunday, entered the city sitting on an ass ... By that same gate the Emperor Heraclius returned triumphant from Persia with our Lord's Cross" (Übers. *PPTS*, IV, 1892, 17). Die Legenden sind vielleicht aus dem Namen des Tores entstanden.

[193] Übers. P. Amédée Jaubert, *Geographie d'Édrisi*, I, 1836, 341.

[194] Das Tor ist 1530 zugemauert worden, „and the ancient wood doors removed at this time were presented to the Franciscans of the Coenaculum, to be placed amongst their relics in the church of the Holy Sepulcher" (George Jeffery, *A Brief Description of the Holy Sepulcher*, 1919, 137). Die Christen sind offenbar der Meinung gewesen, dass die Türen aus der Zeit des herodianischen Tempels, d.h. aus der Zeit Jesu, stammten.

[195] Eine Notiz im Reisebericht des Rabbi Petachia aus Ratisbon (1170-87) scheint darauf zu deuten, dass das Tor auch in der Kreuzfahrerzeit zugemauert war, wobei dann am Palmsonntag und am Feste der Kreuzerhöhung das Mauerwerk abgetragen sein muss. Es heisst nach Adler's Übers.: „At Jerusalem there is a gate: its name is Gate of Mercy. The gate is piled up with stone and lime. No Jew is permitted to go there, and still less a Gentile. One day the Gentiles wished to remove the rubbish and open the gate ..." (*Jewish Travellers*, Ed. Elkan Nathan Adler, 1930, 90). In der Nachkreuzfahrerzeit waren die Holztüren, wie wir aus Felix Fabri wissen, wieder sichtbar. Das berichtet auch Rabbi Meshullam b. R. Menahem aus Volterra (1481). „On the east side are the Gates of Mercy made of brass [d.h. natürlich mit Bronze verkleidet] and embedded in the ground. The gates are closed and on the sides of the gates are Moslem graves" (Übers. Adler, *o.c.*, 189). Auch aus dieser Notiz geht hervor, dass das Tor nicht mehr benutzt wurde. Offenbar lag unten gegen die Türen Sand aufgehäuft („embedded in the ground").

4. *Die Nordmauer* [196]. Die ca. 310 m lange Nordseite des Ḥarām wird im westlichen Teil über eine Länge von ca. 120 m begrenzt durch den Fels der Burg Antonia [197]. Die Breite N.-S. des 6-10 m hohen, künstlich abgearbeiteten Felsen beträgt 45 m (VINCENT, *o.c.*, I, 1954, 196). An der Nordwestecke des Ḥarām, wo sich das aus 1207/08 datierende Minaret erhebt, schliesst der Fels der Westmauer sich an den Antonia-Felsen an [198]. Ältere Topographen, die aus Josephus' Beschreibung der Antonia zu Recht erschlossen hatten, dass die Burg beträchtlich grösser gewesen sein muss als die ca. 45 × 120 m grosse Fläche des Antonia-Felsens, lokalisierten einen grossen Teil der Burg auf dem Ḥarām. Dies hat sich durch neuere Ausgrabungen als unwahrscheinlich erwiesen. Wir werden aber erst im nächsten Kapitel das Problem der Antonia eingehend behandeln.

Der östliche Teil der Nordseite des Ḥarām wird über eine Länge von ca. 110 m begrenzt durch *birket isrâ'il*, ein seit langem zugeworfenes altes, ca. 38 m breites Reservoir. Am übrigen Teil der Nordseite, zwischen dem Antonia-Felsen und *birket isrâ'il*, gab es Bauten verschiedener Perioden (arab.; türk.) und zwei Eingänge: den überwölbten Gang *bâb-el 'Atem* (Tor der Finsternis) und *bâb Ḥiṭṭah* (Tor der Sündenvergebung). Letztgenanntes Tor trägt diesen Namen mindestens seit der Kreuzfahrerzeit (LE STRANGE, *Palestine*, 185), der Name des zweiten Tores, *bâb el-'Atem*, ist mindestens seit 1470 durch den arabischen Schriftsteller Suyûti bezeugt (*id.*, 186) [199]. Am alten Tempelplatz hatte auf der Nordseite ein Tor gelegen, das Middot I, 1. 3 als Tor *Todi* bezeichnet wird. Der Fels zwischen den genannten arabischen Toren ist verhältnismässig eben und demnach sehr geeignet „pour une voie d'accès au Temple, correspondant à peu près au couloir actuel de bâb el-'Atem, dans l'axe Nord-Sud de la Roche sacrée" (VINCENT, *o.c.*, II-III, 529). Dass das alte Nordtor in Relation mit *eṣ-ṣakhra* gestanden habe, dürfte u.E. kaum wahrscheinlich sein; der Fels lag aller Wahrscheinlichkeit nach, wie wir Band I (S. 20) betonten ausserhalb des Tempelbereichs.

Die Nordmauer des Ḥarām lässt sich leider archäologisch noch nicht mit Sicherheit nachweisen. Reste der Mauer müssen hinter der Südmauer des (vom heutigen Terrain gemessen) 24.40 m tiefen Teichs *birket isrâ'il* gesucht werden. „La puissante muraille du Ḥaram constituait le barrage méridional, mais ses assises empâtées sous

---

[196] WARREN, *Recovery*, I, 189 ff.; WILSON, *PEF QuSt*, 1880, 38 ff.; SCHICK, *Stiftshütte*, 320 ff.; VINCENT, *Jérusalem de l'Ancien Testament*, I, 1954, 195 ss., II-III, 1956, 529 ss.

[197] VINCENT, *o.c.*, I, *Atlas*, Pl. XLI, 1-2.

[198] VINCENT, I, *Atlas*, Pl. XLII.

[199] Siehe über die arab. Tornamen des Ḥaram asch-scharif OLEG GRABAR, *A Note on the Mediaeval Topography of Jerusalem*, in *Studies in Islamic Art and Architecture. In Honour of Professor K. A. C. Creswell*, 1965, 72-83, bes. 78 ff.; „until the fourteenth century, no description specifically indicates which gates were on what side of the Ḥaram" (p. 78).

le crepissage n'ont pu être exposées" [200]. Die bewurfte Südmauer des Teiches ist aus verhältnismässig kleinen Steinen mit breiten Fugen aufgemauert, worin unter Anwendung von Mörtel Steinstücke eingesetzt sind, eine Mauerkonstruktion also ganz verschieden von der Ḥarāmmauer. WILSON hielt es für möglich, freilich für nicht wahrscheinlich, dass diese Mauer eine Verkleidungsmauer der Ḥarāmmauer sei (*PEF QuSt*, 1880, 39, n*). CONDER hielt es für unwahrscheinlich. „Had a fine wall existed on the north side of the Haram, surely the cement would have been spread directly over it, and not over a facing of inferior stone-work far more liable to leak" (*Tent Work in Palestine*, I, 1878, 355; vgl. SIMONS, *Jerusalem*, 1952, 413: „not probable, because if it existed the plaster would more probably have been applied to that ancient wall itself"). „More probable" ist dies freilich nicht. Im Hinblick auf die Ostmauer des Ḥarām ist zu vermuten, dass die Quader der Nordmauer im Fundament ebenfalls starke Buckel haben und darauf liesse sich nur ein ausserordentlich dicker Bewurf anbringen, was bautechnisch kaum zulässig war. Eine „Verblendungsmauer" als Unterlage des Bewurfes war hier durchaus am Platz. Wasserundurchlässig war übrigens weder die Hauptmauer noch die Verblendungsmauer; sie erforderte überdies einen Bewurf. A. SALZMAN hatte dies offenbar schon 1856 eingesehen [201]. CONDER wies 1880 darauf hin, dass einige Steine der Südmauer (des Teiches) herausgefallen sind; eine zweite Reihe „of similar masonry" mit breiten Fugen, auf dieselbe Art ausgefüllt, ist dahinter sichtbar. Die Gewölbe im Inneren (d.h. unter dem nordöstlichen Teil des Ḥarām) seien nicht älter als das 12. Jahrhundert, es ist also, meinte CONDER „highly improbable that any drafted masonry like that of the other walls of the Haram exists here" (*PEF QuSt*, 1880, 93). WARREN hielt es für möglich, dass wir es hier in der Tat mit einer Verblendungsmauer zu tun haben, „and what may be the true face of the north Sanctuary wall may thus be covered up. The removal of a few stones here might settle this question" (*Recovery*, I, 171). CONDER meinte: „A boring through the wall would here be most valuable as an exploration ..." (*Tent Work*, I, 355); zur Bestätigung seiner Ansicht, dass der Tempelplatz sich nicht über den nordöstlichen Teil des Ḥarām ausgestreckt habe, hielt CONDER die Untersuchung nicht für nötig (*ibid.*). Das scheint fast, als fürchtete CONDER, das Resultat dieser Untersuchung möchte seine Ansicht (worüber wir Abschnitt H noch sprechen werden) torpedieren! Die Lösung des hundert Jahre alten Problems dürfen wir nun vielleicht von den Israeli-Archäologen erwarten.

---

[200] VINCENT, *o.c.*, II-III, 529; Fig. 158, „coupe sur la digue orientale du Birket Isrâ'îl"; *Atlas*, Pl. CIX, Plan et coupe longitudinale d'O. en E".

[201] Siehe FERGUSSON, *The Temples of the Jews*, 1878, Fig. 76, p. 282: Section of Masonry lining the Birket Israel, nach SALZMAN, *Jérusalem. Étude et reproduction photographique des monuments de la ville Sainte*, p. 11.

Über die Datierung des Teiches *birket isrâ'il* besteht keine Sicherheit. Da Josephus ihn nicht erwähnt, ist kaum anzunehmen, dass er in der Zeit des dritten Tempels schon bestanden habe. CONRAD SCHICK hielt ihn freilich für so alt. „Die Besatzung dieses Turmes [*sc.* an der Nordostecke des Ḥarām] konnte Wasser holen, ohne vom Feinde beobachtet oder gesehen zu werden" (*Stiftshütte*, 321). SIMONS hingegen sagt richtig: „its early origin is by no means certain" (*Jerusalem*, 1952, 22). Dass der Teich 985 schon vorhanden war, weiss auch SIMONS (*o.c.*, 417, n. 2). Verfehlt war CONDER'S Ansicht, dass der Teich nicht vor dem 12. Jahrhundert erwähnt worden ist (*Tentwork*, I, 355). Die älteste Erwähnung des Teiches datiert aus 985 n. Chr.: Mukaddasi erwähnt ihn als *Birket Bani Israel*, „Teich der Kinder Israels" [202]. Aus einem nahe dem Boden des Teiches gravierten griechischen Kreuz schliesst VINCENT, dass *birket isrâ'il* noch in der byzantinischen Periode vom 4.-7. Jahrhundert im Gebrauch war, „comme une très opportune reserve d'eau" (*Jérusalem*, II-III, 1956, 531/532 und Fig. 158, p. 530, Sigle n). VINCENT hält die Anlage für sehr alt (*o.c.*, 531), er spricht sich aber über die Gründungszeit nicht aus. Die Bezeichnung des Teiches als *birket banu israel*, „Teich der Kinder Israels", lässt u.E. doch vermuten, dass der Teich aus einer Zeit stammt, da die Juden Herr über Jerusalem waren. Es kommt hier dann die Zeit von 614-617, als der persische König Chosroes II. 614 Jerusalem erobert und den Juden zurückgegeben hatte, in Betracht. Die Christen haben später *birket isrâ'îl* für den Joh. 5, 2 ff. genannten Teich Bethesda gehalten. Im 19. Jahrhundert ausgeführte Ausgrabungen haben es aber klar gemacht, dass der Teich Bethesda etwas nördlich von birket isrâ'îl an der St. Anna-Kirche gelegen hatte (J. JEREMIAS, *Die Wiederentdeckung von Bethesda*, Göttingen, 1949).

D — DIE ESPLANADE UND DIE PLATTFORM DES FELSENDOMES

1. *Die Esplanade*. Ḥarām asch-scharīf, das alte jüdische Heiligtum, ist eine gigantische künstliche Terrasse, errichtet über einem nach drei Seiten (O., W. und S.) abfallenden Felsrücken. Den heutigen Umfang erhielt der Ḥarām erst in der Zeit des Herodes, als dieser das vorherodianische hieron, dessen Umfang wir Kap. X. festzustellen versuchten, nach Norden und Süden vergrössert hatte. Bei der Anlage und besonders bei der Ausbreitung der Terrasse hat man den Felsen an einigen Stellen abgehauen, an einer anderen („Ställe Salomos") ein Gewölbefundament über dem tief liegenden Felsboden errichtet und man hatte die Terrasse mit Steinen und Schutt (rubbish) ausgefüllt (WILSON, *Recovery*, I, 12). Besonders im Norden, wo der Fels am höchsten anlag, ist er abgehauen worden, an einer Stelle sogar über eine Höhe von 7 m. Von dort ab ist der Fels dann bis zu der Nordwestecke der wohl aus

---

[202] LE STRANGE, *Palestine under the Moslems*, 200/201; Ders., *Description of Syria including Palestine by Mukaddasi*, PPTS, III, 39.

der arabischen Zeit datierenden Plattform des Felsendomes abgearbeitet; an der Plattform (Nordseite) ist er senkrecht abgehauen und er kommt hier nahe an die Oberfläche der Plattform (WILSON, *o.c.*, 13). Im südlichen Teil liegt der Fels fast überall tief unter der Esplanade. Wie schon Band I, S. 70 f. bemerkt, bildet die Esplanade keine wagerechte Fläche. Während sie im Nordwesten, nahe *bâb es-serai* (ca. 52 m aus der Nordwestecke des Ḥarām), wo der Fels an der Oberfläche liegt, das Niveau 741 m zeigt, beträgt es im Süden beim Robinsonbogen 738 m, eine Differenz also von etwa 3 m. Das gleiche Niveau (738) hat die Esplanade oberhalb der „Ställe Salomos". Ganz im Norden ist die Lage anders: am Fuss des Antonia-Felsens ist das Niveau 746.40 m und von dort senkt sich das Niveau nach Süden und Osten. Dass die Esplanade nicht unmittelbar von Süden an einheitlich nach Norden ansteigt, ergibt sich aus dem Niveau am Barclay-Tor, ca. 82 m nordwärts der Südwestecke des Ḥarām. Das Niveau beträgt hier 738.10 m. Bei einheitlicher Neigung hätte das Niveau hier 738.66 betragen. Ein breiter Streifen (etwa 60 m) im Süden des Ḥarām bildet offenbar eine etwa waagerechte Fläche und die Breite dieser Fläche stimmt ungefähr zu der grössten Tiefe der „Ställe Salomos". Nur durch eine starke Abarbeitung des Felsen im Norden, oder durch eine grössere Höhe des Pfeilerfundaments wäre von Nord nach Süd eine waagerechte Esplanade zu erzielen gewesen[203]. Dass Herodes bei der Bearbeitung des Felsens ökonomisch zu Werk gegangen ist, zeigt die Arbeit am Felsen an der Nordwestecke der Ḥarāmmauer: nur das unbedingt Notwendige ist hier abgehauen worden[204]. Das Niveau im Süden könnte wohl durch das Niveau des vorherodianischen *hieron* bestimmt gewesen sein.

Nach CONRAD SCHICK (19. Jahrh.) waren damals 20 000 m² der Esplanade mit grossen Steinplatten belegt, „auf dem übrigen stehen Bäume und wächst Grass und 4500 m² sind Felsboden" (*Stiftshütte*, 241). Das heutige Bild ist nicht viel anders. Schon in früharabischer Zeit hatte der ganze Ḥarām nach dem Bericht Mukaddasi's (985) ein Pflaster gehabt (LE STRANGE, *Palestine*, 123). Dass Ḥarām asch-scharîf durch seine immense Grösse, die vielen islamischen Bauten und die Ausstattung mit Zypressen zu den schönsten heiligen Stätten der Welt gehört, durch die Klagemauer zugleich eine der berühmtesten bildet, ist bekannt genug. Die schönen Bäume hatten schon früh die Aufmerksamkeit der arabischen Schriftstellern gefunden.

[203] Dass die Neigung aus dem erforderlichen Abfliessen des Regenwassers zu erklären sei, dürfte kaum wahrscheinlich sein; das Wasser floss in die Zisterne unter der Esplanade. Beim Ḥaram in Hebron, wo Zisternen fehlen, wäre es wohl wahrscheinlich, denn hier gibt es am unteren Ende eine Rinne (siehe VINCENT-MACKAY-ABEL, *Hébron. Le Ḥaram el-Khalîl*, 1923, Fig. 67, p. 155 und p. 40: „une sensible inclinaison". Es heisst aber auch: „dans le sens de la pente naturelle" (*ibid.*). Die Neigung ist also wahrscheinlich durch den Boden bestimmt gewesen.

[204] Siehe VINCENT, *Hébron*, p. 104. Über die Nordwestecke des Ḥarām in Jerusalem heisst es: „curieuse tendance à économiser l'effort..." und Fig. 61, p. 104. Siehe hier Abb. 219.

Nach dem Geographen Edrisi (1154), der vermutlich Schriften aus dem Anfang des 11. Jahrhunderts benutzt hatte, war gegenüber dem Nordtor des Felsendomes „un jardin bien planté de diverses espèces d'arbres et entouré de colonnes en marbre sculptée avec beaucoup d'art. Au bout du jardin est un réfectoire pour les prêtres et pour ceux qui se destinent à entrer dans les ordres" (Übers. P. AMÉDÉE JAUBERT, *Géographie d'Edrisi*, I, 1836, p. 344; vgl. LE STRANGE, *o.c.*, 131). Nach LE STRANGE ist der Priester-Garten (auch von Ali von Herat 1173 erwähnt) „doubtless the House of the Augustinian Canons established here by Godfrey de Bouillon" (*l.c.*). Wenn die Berichte auch aus einer Zeit datieren, als Jerusalem im Besitz der Christen war, darf man doch wohl annehmen, dass Harām asch-scharīf schon früher mit Bäumen ausgestattet war.

2. *Die Plattform des Felsendomes* (siehe Abb. 211: Harām asch-scharīf). CONRAD SCHICK charakterisiert die Plattform wie folgt: „eine auf Mauern gestellte im Durchschnitt 4 m über dem übrigen Platz erhöhte Terrasse" (*Stiftshütte*, 241). Die Plattform liegt nicht in der Mitte der Esplanade, sondern etwas nach Norden und Westen zu verschoben. Nur die Nord- und Südmauer der trapezförmigen Plattform liegen parallel zu den Harāmmauern. Ihre Seiten sind von ungleicher Länge: Süd 132 m, Nord 160 m West 170 m, Ost 165 m (SCHICK, *o.c.*, 241 ff.). Sieben Treppen führen zu der Plattform hinauf. „An drei Stellen sieht man für ganz kurze Strecken den senkrecht niedergehauenen Felsen an der Nord- und Ostseite; auch am Boden oben, nahe der nordwestlichen Treppe ... ragt der Fels hervor" (*id.*, S. 241). Die Plattform ist nicht ganz massiv: „auf dem westlichen Teil der Südseite gehen einige gewölbte Räume hinein ..." (*ibid.*).

Der älteste Bericht über die Plattform stammt von Ibn al Fakīh (903 n. Chr.). Sie soll damals 300 Ellen lang und 140 Ellen breit gewesen sein [205]. LE STRANGE setzt die Elle mit 1½ Fuss an, woraus sich ca. 135 × 63 m ergibt. HARTMANN, der die Elle zu 44 cm rechnet, gibt 132 × 66 m (*Der Felsendom*, 40 f.). Die Plattform ist also um 900 n. Chr., wenn wenigstens das Breitenmass bei Ibn al Fakīh nicht korrupt ist, beträchtlich kleiner als heute gewesen. Da Ibn al Fakīh auch die Kuppel Silsile, die ostwärts vom Felsendom auf der Terrasse steht, erwähnt, muss die Länge der Plattform in der Richtung Ost-West gelegen haben.

Interessant ist, was Nāsir-i-Chosrou (1047) über die Errichtung der Plattform sagt. „The Platform was constructed by reason that the Rock, being high, could not be brought within the compass of the Main-building (of the Aksâ Mosque)" (Übers. LE STRANGE, *o.c.*, 158). Wir möchten Nāsir's Notiz so deuten: der Fels unter der Plattform hatte eine Form, welche es unmöglich machte, den Dom darauf zu er-

[205] LE STRANGE, *Palestine under the Moslems*, 157.

richten. Die Errichtung des Domes erforderte die Anlage einer Plattform. Es hatte offenbar eine (wohl glaubwürdige) Tradition gegeben, welche den Bau der Plattform mit der Errichtung des Felsendomes in Beziehung setzte. Die Beschreibung des Felsendomes durch Ibn Haukal und Istakhri aus 978 ist vom Geographen Abu-l-Fida (1321) verbatim abgeschrieben worden. Es heisst dort nach LE STRANGE's Übersetzung: „At this place there has been raised a stone (terrace) like a platform, of great unhewn blocks, in the center of which, covering the Rock, is a magnificent Dome" (LE STRANGE, o.c., 122/123).

Der Bericht des Nāsir i-Chosrou über die Plattform ist auch weiter interessant. Die Plattform sollte 330 × 300 Ellen gross gewesen sein, wobei die Elle nach LE STRANGE (p. 157) auf zwei Fuss zu rechnen ist, also 660 × 600 Fuss. Diese Masse (198 × 180 m) sind beträchtlich grösser als die der heutigen Plattform. LE STRANGE weist darauf hin, dass die von Nāsir erwähnten Masse des Felsendomes genau den heutigen Massen des Domes entsprechen (o.c., 125/126). Es fragt sich nun, wie Nāsir's Masse der Plattform zu erklären seien. Nach der Übersetzung durch LE STRANGE berichtet Nāsir das folgende: „Along the edge of its four sides are parapets of marble blocks that fence it round, so that, except by the openings left especially therefore, you cannot enter" (o.c., 158). Dass das Geländer auf dem Rand der Plattform gestanden habe, dürfte kaum wahrscheinlich sein. Treppen führten zu der Plattform empor und diese lassen sich schwerlich als Öffnungen bezeichnen. Wir möchten vermuten, dass die von Nāsir genannten Flächenmasse die einer Umzäunung der Plattform waren. Die Höhe der Plattform sol nach Nāsir 12 Ellen (24 Fuss) betragen haben (LE STRANGE, o.c., 157) und diese grosse Höhe macht es wahrscheinlich, dass es sich um die Gesamthöhe von Plattform und Umzäunung handelt. Dies impliziert nicht, dass die Umzäunung auf der Plattform gestanden habe. Nāsir hatte seine Beschreibung selbstverständlich erst später, als er nach Balkh in Afghanistan heimgekehrt war, verfasst. Bei der Ausarbeitung seiner Notizen wird er einen Fehler begangen haben und seine Erinnerung der Anlage wird sich geschwächt haben. Betreffs der Vorstellung, welche er später vom Felsendom hatte, ist dies zweifellos der Fall gewesen, denn nach seiner Beschreibung des Domes sollten zwischen den Pfeilern des inneren Zirkels zwei, zwischen den Pfeilern des äusseren Zirkels drei Säulen gestanden haben (LE STRANGE, o.c., 126 und Plan), während am Dom drei Säulen im inneren und zwei im äusseren Zirkel stehen (Abb. 201). Hier ist es klar, dass Nāsir „had made a mistake in copying his notes" (C. M. WATSON, *Jerusalem*, 1918, 162).

Nach der Chronik von Ibn al Athir war der Felsendom 1016 eingestürzt. Kalif az-Zahir von Ägypten, der, wie wir oben gesehen haben, 1035 die Moschee el Aksa wiederaufbaute, befahl 1022 den Felsendom wieder aufzubauen (LE STRANGE, o.c.,

125). Es dürfte möglich sein, dass das von Nāsir-i-Chosrou (1047) erwähnte Geländer, d.h. nach unserer Vermutung die Umzäunung der Plattform, von az-Zahir
errichtet worden ist. Die Christen, die 1099 Herr über Jerusalem wurden, müssen
die Umzäunung dann entfernt haben, denn Ali von Herat, der 1173 in Jerusalem
war, erwähnt sie nicht.

Masse, welche ungefähr mit der heutigen Plattform übereinkommen, finden sich
bei Mudschir ed-din (1496). Die Länge Süd-Nord gibt er mit 235 Ellen an (die Elle
nach LE STRANGE zu 2¼ Fuss, o.c., 157; also etwa 158 m), die Breite Ost-West mit
189 Ellen (ca. 127 m). Sie bleiben unter den Massen der heutigen Plattform und dies
besonders, was die Breite betrifft. Die Südseite ist heute, wie wir sahen, 132 m, die
Nordseite 150 m breit. Wie aus Mudschir ed-din's Beschreibung hervorgeht (LE
STRANGE, l.c.) hatte er die Masse auf der Plattform genommen und zwar offenbar
erst von Süd nach Nord. Dann hatte er die Breite der Plattform nicht wie zu erwarten
wäre im Norden, sondern im Süden, nahe der *Kubbat at Tamar*, Dom der Rolle, auf
der Südostecke der Plattform (H. SAUVAIRE, *Histoire de Jérusalem*, 1876, 117), gemessen. Dafür muss er doch einen Grund gehabt haben. War vielleicht der nordöstliche Teil der Plattform baufällig geworden, oder war man dabei, die Plattform
dort zu verbreitern? C. M. WATSON war der Meinung, dass die Plattform später auf
der Ostseite eine Verbreiterung in der Form einer „wedge-shaped strip" bekommen
habe [206]. Diese Verbreiterung könnte wohl aus der Zeit des Mudschir ed-din
datieren.

Über die Zeit der Ausstattung der Plattform geben wir einige Daten. Man erzählte dem Nāsir-i-Chosrou, dass Amir Laith ad Daulah Nustakin Ghuri, der 1028-
1041 Gouverneur von Syrien war, die Treppen auf der Westseite der Plattform
(nebst den Bogenarkaden) errichten liess [207]. Die Arkade einer der Treppen ist dann
später unter Sultan El Malek el Achraf Cha'ban (14. Jahrh.) neu aufgebaut worden
(Mudschir ed-din, bei SAUVAIRE, *Histoire de Jérusalem*, 248). Nach Mudschir ed-din
sind die Arkaden der zwei nördlichen Treppen unter Sultan El Malek en-Naser
Mohammed (ca. 1320) errichtet worden (SAUVAIRE, o.c., 246). Derselbe Schriftsteller berichtet, dass unter Sultan Ed-Daher Baybar (1260-1277) die Plattform
gepflastert worden ist (SAUVAIRE, o.c., 264). Nach Ibn Haukal und Isthakri (978)
war die Plattform, wie wir oben sahen, aus unbehauenen Steine erbaut; hier und da
reichte der Fels aber an die Oberfläche. Die *Kubbat es-Silsileh* (Kettendom) ist von
Baybar restauriert worden (Mudschir ed-din, bei SAUVAIRE, o.c., 240). Die Bau-

---

[206] Bei F. HOLLIS, *The Archaeology of Herod's Temple*, 1934, 280; schon Bd. I, 1970, 14, Anm. 53
erwähnt.
[207] LE STRANGE, *Palestine under the Moslems*, 159/160.

geschichte der auf der Plattform errichteten bzw. restaurierten Bauten reicht aber bis in unsere Zeit hinauf; sie gehört nicht zu unserer Aufgabe [208].

3. *Eş-şakhra*. Die genauen Masse des Felsens verdanken wir besonders den Untersuchungen des deutschen Palästina-Forschers GUSTAF DALMAN [209]. Gute Pläne waren freilich schon von WILSON (*Ord. Surv.*, Notes, Pl. II) und WARREN (*Excav.*, *Album*, Pl. XXXIX) veröffentlicht worden. Während CONRAD SCHICK Länge und Breite des Felsens noch auf 15 bzw. 12 m bestimmte (*Stiftshütte*, 242), stellte DALMAN fest, dass die Länge 17.935, die Breite 13.185 m beträgt (*o.c.*, 111/ 112). Ob eine solche zu mm gehende Massaufnahme am Felsen möglich bzw. von Nutzen ist, darf man freilich mit VINCENT bezweifeln [210]. VINCENT setzt die Länge mit 18 m, die Breite mit 13.20 m an (*o.c.*, 562). H. SCHMIDT, dessen Arbeit über den Felsen (*Der heilige Fels in Jerusalem. Eine archäologische und religionsgeschichtliche Studie*, 1933) bei der Frage nach der Lage des Tempels (Band I., S. 13-14) schon zur Sprache kam, beschreibt den Felsen, DALMAN folgend, ausführlich (S. 7 ff.: Der Fels in der Gegenwart). Uns interessiert die Hauptform, wie auch VINCENT diese beachtet hatte (*o.c.*, 562). Eine schönes Photographie des Felsens, aufgenommen von der Galerie (unter der Kuppel) aus, enthält das Werk von E. T. RICHMOND (*The Dome of the Rock in Jerusalem*, 1924, Fig. 15; vgl. VINCENT, *o.c.*, *Atlas*, Pl. CXXIII, hier Abb. 202).

Der Fels hat keine regelmässige Form (Abb. 227) und keine einheitliche Höhe. Er erhebt sich 1.77 m über den nördlichen Fussboden der Rotunde (DALMAN, *o.c.*, 132). Nach Osten zu, wo der Fels eine stark gebogene Linie zeigt, senkt die Oberfläche sich bis zum Pflaster des Felsendomes (DALMAN, *o.c.*, Abb. 72, S. 112; VINCENT, *o.c.*, Fig. 172, p. 563, Plan und Querschnitte). Am Westrande des Felsens ist ein im Süden ca. 1.54 m breiter, nach Norden zu aber schmäler werdender, etwa 1.09 m über dem Pflaster des Felsendomes liegender flacher Streifen. Er ist nicht, wie SCHICK meinte, senkrecht abgehauen (*Stiftshütte*, 242); er hat eine Böschung von etwa 65° (DALMAN, *o.c.*, 112). Ein zweiter, etwa 40 cm breiter Streifen und ein dritter nur an einer Grube erkennbarer schliessen sich im Osten an. Die Südwestecke des Felsens zeigt eine ca. 4.20 × 2.80 grosse, die Nordostecke eine nur ca. 2 × 2 m grosse Auskehlung. Vom südlichen Vorsprung heisst es bei SCHICK: „über denselben

---

[208] Siehe jetzt M. ROSEN-AYALON, *The Islamic Architecture of Jerusalem*, in: *Jerusalem Revealed*, Ed. Y. YADIN, 1975, 92-96. „A Survey of the monuments on the Temple Mount is currently being carried out under the direction of the author, on behalf of the Hebrew University in Jerusalem" (p. 92, n. *).

[209] *Neue Petra-Forschungen und der heilige Felsen von Jerusalem* (*Palästinische Forschungen zur Archäologie und Topographie*, II, 1912), 111-152: *Der heilige Felsen von Jerusalem*, Abb. 71, S. 110, hier Abb. 227.

[210] *Jérusalem*, II-III, 1956, 562, n. 3.

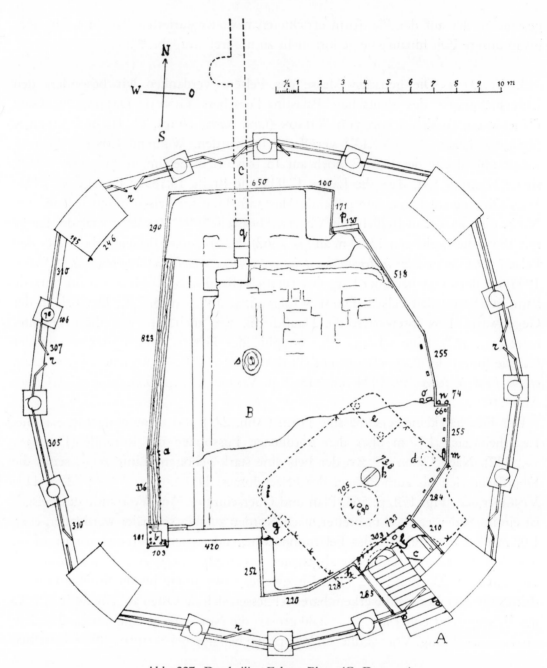

Abb. 227. Der heilige Felsen, Plan. (G. Dalman)

führte einst der Aufgang oder die Rampe auf den Altar hinauf" (*o.c.*, 242/243). Wir
dürfen aber wohl mit Sicherheit annehmen, dass der Fels erst bei der Errichtung des
Felsendomes durch ʿAbdalmalik seine heutige Form erhalten hat, was auch Vincent
annimmt (*o.c.*, 562). Dass der Fels erst in die Zeit der Kreuzfahrer seine heutige

Gestalt erhielt, wie CONDER meinte (*Tent Work*, I, 1878, 321), ist, was die allgemeine Form betrifft, sicher falsch. Der Fels ist mit der Anlage des Felsendomes in Einklang gebracht worden. Der Umfang des inneren Kreises des Domes war vorgeschrieben: der Durchmesser der Kuppel sollte dem der Anastasis entsprechen. „There is (   ) little doubt that in designing the Dome of the Rock, the diameter and proportions of the dome of the Anastasis were taken as a basis" [211]. Die Kuppelweite des Felsendomes ist 20.44 m, die der Grabeskirche 20.48 m. Die Auskehlungen an der Südwest- und Nordostecke des Felsen lassen sich aus dem Stand der zwei westlichen und des nordöstlichen Pfeilers des Felsendomes erklären. Auch die gebogene Form im Osten stammt sicher aus der Zeit der Errichtung des Felsendomes [212]. Die Streifen am westlichen Teil hingegen haben mit der Errichtung des Felsendomes wohl nichts zu tun. Sie müssen damals schon vorhanden gewesen sein oder, und dies ist das Wahrscheinlichste, sie stammen aus der Zeit der Kreuzfahrer. Aus der Chronik des Ibn al Athir wissen wir, dass die Kreuzfahrer den Felsen mit marmornen Platten belegt hatten [213]. Nach diesem Bericht sollte es geschehen sein, um das Abhauen von Felsstücken zum Verkauf an Pilger zu verhindern: „certain of the (Latin) Kings, fearing lest the Rock should all disappear, ordened that it should be paved over to keep it safe" (Übers. LE STRANGE, *l.c.*). Dass Teile des Felsens verkauft worden sind — gegen Gold —, ist aus arabischen Schriftstellern bekannt. Als der russische Abt Daniel (1106-1107) kurz nach der Einnahme Jerusalems durch die Kreuzfahrer Jerusalem besuchte, lag der Fels offenbar noch bloss [214]. Das marmorne Pflaster hatte man aber später angebracht, um darauf einen Altar zu errichten (vgl. CONDER, *Tent Work*, I, 321; VINCENT-ABEL, *Jérusalem Nouvelle*, 1914, 971 ss.). Im Jahre 1112 hatte man am Templum Domini, wie die Kreuzfahrer den Felsendom nannten, ein Kapitel von Domherren angestellt und von 1115 bis 1136 hatte man die Änderungen im Inneren des Felsendomes ausgeführt (CONDER, *l.c.*). Das marmorne Pflaster erforderte einen waagerechten Unterbau und dazu bedurfte es kurzer Stützen. Wahrscheinlich sind bei dieser Arbeit, wie SCHICK meinte, „die da und dort befindlichen Löcher eingehauen, wohl auch Stücke abgeschlagen, wodurch der Felsen vielfach bearbeitet aussieht" (*Stiftshütte*, 244). Das erhöhte Pflaster (Höhe etwa 2 m?) erforderte zum Hinaufsteigen eine Treppe und diese wird auf der Westseite gelegen haben. Das erhöhte Pflaster bildete sozusagen eine nach Westen offene, d.h. nach Osten orientierte Kapelle. Der flache Streifen im Westteil des Felsens

---

[211] CRESWELL, *Early Muslim Architecture*, I, 1², 1969, 107.
[212] Vgl. VINCENT, *Jérusalem*, II-III, 1956, 562.
[213] LE STRANGE, *Palestine under the Moslems*, 134, Übers.
[214] *The Pilgrimage of the Russian Abbot Daniel in the Holy Land*, PPTS, IV, bes. p. 20, Übers. C. W. WILSON.

wird mit der Treppe (vgl. M. DE VOGÜÉ, *Le Temple*, 1864, 94), die Nord-Süd Richtung der Kehllinie mit der Orientierung der Kapelle nach Osten in Beziehung zu
setzen sein.

Nach der Wiedereroberung Jerusalems durch Saladin (1187) ist alles wieder in
den alten Zustand gebracht worden. In der Chronik von Ibn al Athir heisst es,
Saladin „ordered that the Masjid [*sc.* Harām asch-scharīf] should be cleansed, as also
the Rock, from all the filth and impurities that were there" (Übers. LE STRANGE,
o.c., 109). Weiter heisst es: „Now the Franks had covered the Rock with a marble
pavement, and this Saladin ordered to be removed" (Übers. *id.*, ebenda 134). Als
eine „impurity" galt selbstverständlich auch der christliche Altar.

Es gibt am Felsen einige Details, die zweifellos alt sind, wenn auch die Zeit ihrer
Entstehung sich nicht mit Sicherheit bestimmen lässt. Im Norden ist auf dem Boden
eines Loches ein nach Norden (genauer N.-W.) gerichteter Kanal (Abb. 227: C);
man hat ihn über eine Länge von ca. 9 m untersuchen können (VINCENT, *Jérusalem*,
II-III, 1956, 564; WARREN hatte ihn über eine Länge von ca. 3.50 m entdeckt, siehe
Underground Jerusalem, 1876, 402 ff.). Dass dieser Kanal etwas mit dem Brandopferaltar des Jerusalemer Tempels zu tun hatte (VINCENT, *o.c.*, 564, n. 1; vgl. WARREN,
o.c., 402 ff., 406; DALMAN, *o.c.*, 120 ff.). halten wir für ausgeschlossen. Stammt der
Kanal aus der Königszeit, könnte es sich vielleicht um eine unterirdische Verbindung zwischen Felsenheiligtum und Tempelanlage handeln.

Unter der Südostecke des Felsen (Abb. 227) ist eine Höhle ungefähr quadratischen
Grundrisses (ca. 7 × 7 m; Höhe: vorn 2.80 m, hinten 1.55 m), in die eine Treppe
hinabführt (DALMAN, *o.c.*, 127 f. und Abb. 72, S. 112, und Abb. 84, S. 132). Die
heutige regelmässige Form der Höhle wird sicher aus arabischer Zeit stammen
(siehe weiter unten); dass hier schon eine Felsenkluft gewesen sein muss, geht aus
dem runden Loch in der Decke der Höhle, vom Pilger von Bordeaux als *lapis
pertusus* erwähnt [215], hervor. VINCENT hält es für wahrscheinlich, dass die ursprüngliche Höhle „avec des formes moins géométriques s'amplifiait en diverses direc-
tions ..." (*o.c.*, 564). Die Heiligkeit des Felsens könnte u.E. letzten Grundes auf
das Bestehen einer natürlichen Höhle zurückzuführen sein. Interessant ist, was
WILSON 1871 über *eṣ-ṣakhra* schrieb: „Much has been written on the isolated position
of this rock, and its elevation above the general level of the Sanctuary, as if there
were something extraordinary in it, but if the pavement of the platform were removed and the ground restored to its original form, it would have no remarkable
prominence" (*Recovery*, I, 14). Dies stimmt zu unserer Vermutung, dass die Heiligkeit des *eṣ-ṣakhra* nicht auf seine Form, sondern auf eine natürliche Höhle zurückgeht. Auch über das runde Loch in der Decke der Höhle (Durchmesser nach SCHICK

[215] Siehe Bd. I, 1970, 6 und Anm. 22.

46 cm, *Stiftshütte*, 243; nach DALMAN, 80 cm, *Neue Petra-Forschungen*, 127, vgl.
VINCENT, *o.c.*, 564) wagen wir es, eine Vermutung auszusprechen. Dass es, wie
DALMAN meint, aus der Kreuzfahrerzeit stammen sollte (*o.c.*, S. 128), ist nicht anzunehmen. Dem widerspricht die Erwähnung des Loches durch den Pilger von
Bordeaux. Es ist auch nicht einzusehen, was die Kreuzfahrer mit dem Loch beabsichtigt haben könnten. Zur Luftzufuhr (daran denkt DALMAN, S. 128) war doch
der Zugang ausreichend. Das Loch „look like the mouth of a cistern, but it has
not the usual marks left by the draw ropes; it is somewhat similar in character to
the openings often found in the vestibules of tombs" (WILSON, *Recovery*, I, 14).
Diese werden wohl irgend eine sakrale Bedeutung gehabt haben. Wir möchten vermuten, dass das Loch des heiligen Felsen aus den über ganz Palästina in jeder Periode
und in jeder Grösse vorkommenden schalenförmigen Austiefungen („Spende-
schalen", DALMAN, *Petra*, 1908, 81 f.; „Schalensterne", *PJ*, 1908, 23 ff.) in der
Oberfläche des Felsen („cup-hollows") abzuleiten sei (siehe über diese Austiefungen
auch J. G. DUNCAN, *Digging up Biblical History*, II, 1931, 40 ff.) [216]. Es waren zweifellos
oft Opferstätten und auch das Loch in der Decke von *eš-ṣakhra* könnte ursprünglich
solch eine Austiefung gewesen sein. Als solche könnte es aus vor-israelitischer Zeit
stammen, in israelitischer Zeit noch benutzt sein, dann unter Hiskia oder Josia
zerstört worden sein, zerstört in dem Sinne, dass es durchgehauen worden ist.

Die älteste Erwähnung der Höhle datiert, soweit wir sehen, von 903 n. Chr. Ibn
al-Faḳîh (903), von dem die älteste detaillierte Beschreibung des Felsendomes
stammt, erwähnt die Höhle (LE STRANGE, *Palestine*, 120). Nach Ibn al-Faḳîh betete
das Volk in der Höhle; 62 Personen konnten sich hier aufhalten (*ibid.*). Ausführlicher ist der Bericht Ibn Haukal's und Istakhri's (978), erhalten beim Geographen
Abu-l-Fida (1321). „You may descent below it by steps, as though going down
to a cellar, passing through a door measuring some 5 ells by 10. The chamber below
the Rock is neither square nor round, and is above a man's stature in height"
(Übers. LE STRANGE, *o.c.*, 123; die Höhe vorn beträgt wie wir sahen 2.80 m). Von
Nāsir-i-Chosrou (1047) hören wir, dass in der Höhle dauernd Kerzen brannten
(LE STRANGE, *o.c.*, 129). Auch Mudschir ed-din (1496) berichtet, dass die Höhle
eine der Stätten war, welche von den Gläubigen (Pilgern) viel besucht wurde;
„elle inspire le respect et la vénération" (Übers. H. SAUVAIRE, *Histoire de Jérusalem*,
1876, 106). Nach einem wohl apokryphen Bericht bei demselben Schriftsteller hatte
die Höhle „une porte qu'on ouvre aux personnes désireuses d'y faire leurs prières
ou de s'y livrer à la retraite" (Übers. SAUVAIRE, *o.c.*, 107).

---

[216] Siehe auch DAVID USSISHKIN, *Hollows, „Cup-marks" and Hittite Stone Monuments*, *Anat. Studies*,
XXV, 1975, 85-103 und Fig. 1 ff. „It seems that various substances, probably liquids, were placed
in them as part of the rituals practiced in connection with the monuments in question" (p. 85).

Es unterliegt kaum dem Zweifel, dass die heutige Gestalt der Höhle aus der Zeit 'Abdalmalik's stammt. Es ist hier an die Anastasis-Kirche, nach deren Beispiel die Kuppel des Felsendomes entworfen ist, zu denken. Unter der Anastasis-Kirche war eine künstliche Höhle (das angebliche Grab Christi), in der einige Gläubige, nach Arculphus drei, (stehend) beten konnten („in quo possunt (ter) terni homines stantes orare", bei VINCENT-ABEL, *Jérusalem Nouvelle*, 1914, 233). Wie die Anastasis-Kirche musste auch der Felsendom seinen in den Felsen gehauenen Betraum haben. Auf diese Übereinstimmung hat auch CRESWELL, darin SIMPSON folgend, hinge-wiesen (*Early Muslim Architecture*, I, 1², 1969, 108). Wie nun aber mit der Grotte der Anastasis eine religiöse Idee verbunden war, die Idee der Auferstehung Christi, so wird auch mit der von 'Abdalmalik unter dem Felsendom angebrachten Höhle von Anfang an eine religiöse Idee verknüpft gewesen sein. An Mohammed's Him-melreise (*mi'raj*) ist nicht zu denken.

Am Boden der Höhle ist „eine 1 m im Durchmesser haltende, runde Marmor-platte, die, wenn man darauf tritt oder stösst, einen tief hohlen Ton gibt, und die einen Schacht oder etwas der Art zuzudecken scheint. Die Araber nennen denselben „Bir Aruah", d.h. Seelen- oder Geisterbrunnen. Nach ihren Vorstellungen ist dies der Eingang ins Totenreich" (SCHICK, *Stiftshütte*, 244). SCHICK war überzeugt, „dass es nichts anderes ist, als der Eingang in den Kanal, der das Opferblut des Altars und alles unreine Abwaschwasser in den Kidron abführte" (*l.c.*). Spätere Untersuchungen (1911) haben es wahrscheinlich gemacht, dass unter der Marmor-platte nur eine höchstens 25 cm tiefe Grube ist. Endgültig gelöst ist die Frage freilich nicht [217]. Interessant ist, dass noch 'Ali von Herat (1173) die Höhle selbst „Seelenhöhle" nennt (LE STRANGE, *o.c.*, 132), die Tradition vom „Seelenbrunnen" ist offenbar erst später entstanden. Laut der damaligen Tradition werde Allah die Seelen aller Rechtgläubigen an dieser Stelle zusammenbringen (LE STRANGE, *l.c.*) [218]. Es dürfte wahrscheinlich sein, dass diese Vorstellung von Anfang an mit der von 'Abdalmalik unter dem Felsendom angebrachten Höhle verknüpft gewesen ist. Nach muslimischer Tradition ist Jerusalem der Ort des Endgerichtes und diese von jüdischen Lehren übernommene Tradition war sicher zur Zeit der Errichtung des Felsendomes schon bekannt. Jerusalem wurde in dieser Hinsicht sogar über

---

[217] Siehe VINCENT, *Jérusalem*, II-III, 1956, 564, n. 3.

[218] Man erzählte 'Ali, in der Höhle sei das Grab des Zacharias (*ibid.*); offenbar war die Marmor-platte ('Ali erwähnt sie nicht) damals schon da. Als 'Ali von Herat Jerusalem besuchte (1173), war Jerusalem noch im Besitz der Christen; es wird sich also um eine christliche Tradition handeln. Es erinnert uns an den Bericht des Pilgers von Bordeaux von der Marmorplatte, über die das Blut des Zacharias geflossen sein sollte (Hieronymus wollte diesen Stein am Südende des Haram gesehen haben, siehe Bd. I, 1970, 19). Die Wahrscheinlichkeit spricht u.E. dafür, dass die Marmorplatte in der Höhle von den Christen angebracht worden ist. Dass es die Platte ist, welche der Pilger von Bordeaux (bzw. Hieronymus) gesehen haben soll, ist natürlich ausgeschlossen.

Mekka und Medina gestellt, denn es heisst bei Mukaddasi (985): „Verily Makkah and Al Madînah have their superiority by reason of the Ka 'abah and the Prophet ... but, in truth, on Day of Judgement both cities will come to Jerusalem, and the excellencies of them all will then be united" (Übers. LE STRANGE, *o.c.*, 85).

4. *Die Zisternen*. Es war schon arabischen Schriftstellern bekannt, dass unter der Ḥarām-Esplanade zahlreiche Zisternen liegen. Bei Muthir ist von 24 Zisternen die Rede (LE STRANGE, *Palestine*, 148). Nāsir-i-Chosrou redet von verschiedenen Zisternen. Man erzählte ihm, Salomo habe die Zisternen angebracht (*id.*, 197). Dass schon Salomo's Burg einige Zisternen enthalten habe, dürfte mehr als wahrscheinlich sein. Verschiedene Zisternen dürften aus der Periode der Ptolemäer, Seleukiden und Makkabäer/Hasmonäer stammen, andere aus der Zeit des dritten Tempels, wieder andere aus der arabischen Periode. Der Brauch, Zisternen in den Felsboden zu hauen, war in Palästina alt. In Meser sind solche schon aus dem 4. Jahrtausend v. Chr. bekannt (*IEJ*, 7, 1957, 226). PAUL LAPP († 1970) entdeckte in *Tell Taʿanach* eine 12.48 m tiefe, kreisrunde, in den Felsboden gehauene Zisterne (*RB*, 71, 1964, 243; Durchmesser 4.05 m). Das Dachwasser wurde mittels einer Dachröhre in die Zisterne geleitet (*ibid.*; *BASOR*, 173, 1964, 23 ff., 26, n. 37). Im 9. Jahrhundert v. Chr. hatte in Palästina fast jedes Haus seine eigene Zisterne, worin im Winter das Regenwasser für das ganze Jahr aufbewahrt wurde (W. F. ALBRIGHT, *Archaeology of Palestine* [1949], 1960, 210). Die Zisternen unter der Ḥarām-Esplanade gehören also zu der gewöhnlichen Weise der Wasserversorgung Altpalästinas. An verschiedenen Stätten (u.a. Jerusalem und Megiddo) sind auch kunstvolle, in den Felsen gehauene Wasserversorgungsanlagen bekannt geworden. Es hat für unseren Zweck keinen Sinn, alle Zisternen des Ḥarām zu beschreiben. Viele sind durch unterirdische Kanäle miteinander verbunden und WARREN schätzte die gesamte Kapazität der Zisternen auf 10 Million Fallons = 45.4 Million Liter [219]. Die meisten Zisternen sind schon 1865 von WILSON vermessen und beschrieben worden (*Ordn. Survey*, Notes, p. 43 ff.); WARREN hatte sie dann später zur Feststellung der verschiedenen Niveau's des Felsbodens unter Ḥarām asch-scharîf untersucht. CONRAD SCHICK, der die Zisternen ebenfalls selbständig untersucht hatte (nr. 27, bei WARREN nr. 37, ist von SCHICK entdeckt worden, *Stiftshütte*, 300), zählte deren 34 (*Stiftshütte*, 292 ff., Taf. IV. IX), WARREN anfänglich 34 (*Recovery*, I, 204 ff.), später 37 (WARREN-CONDER, *Mem. Jer.*, 217 ff.). SCHICK hat eine eigene Numerierung, er setzt aber stets die Warrensche hinter die seinigen. Wir folgen seinem Beispiel. VINCENT [220] folgt

---

[219] SIMONS, *Jerusalem in the Old Testament*, 1952, 350.
[220] *Jérusalem*, II-III, 1956, 565 ss., Pl. CVI.

WARREN, so auch SIMONS [221]. Wir nennen nur die unter der Plattform des Felsendomes liegenden Zisternen.

Zisterne Nr. 28 (5) am Südende der Plattform (siehe Bd. I, Abb. 4, S. 9), ist
54.50 m lang (ohne die Treppe) und 4.60 m breit. Die quergerichtete Galerie im
Südosten ist 28.60 m lang und 4 m breit. Der nach Westen gerichtete gekrümmte
Arm ist 17 m lang, der sekundäre Arm im Norden 9 m. „Die Tiefe vom Plattform-
boden gemessen beträgt 15 m ausserhalb, bei der Treppe 11.80 m, da der Boden der
Oberfläche des Hofes dort 3.20 m niedriger als die Plattform ist!" (SCHICK, *Stiftshütte*, 301). Der westliche Teil ist mit einem Tonnengewölbe überdeckt, der östliche
ist ganz aus dem Felsen gehauen. Der im Nordosten gelegene alte Zugang führte
über eine Treppe (mit Absatz) herab zu dem 11.80 m tief liegenden Boden.

Die nördlich vom Felsendom liegende Zisterne Nr. 31 (1) bildet im Plan ein
Nordsüd gerichtetes, 41 m langes und 7.40 m breites Rechteck. Sie ist 12.50 m tief.
„Das Becken ist in den Felsen gehauen, im Süden 9.60 m, aber im Norden, wo der
Fels von Natur niedriger ist, bloss 7 m tief; was fehlte ist mit Mauerwerk erhöht
und das Ganze ist mit einem halbkreisförmigen Tonnengewölbe bedeckt" (SCHICK,
o.c., 302).

Zweifellos ein Wasserbehälter war auch die nach Osten gelegene Zisterne Nr.
30 (2). Sie misst 10.50 × 10.50 m, sie ist aber nischenartig vergrössert (15 × 18 m)
und hat eine Tiefe von 14 m. „Sie ist ebenfalls ganz in den Felsen gehauen, hat
flache Felsdecken und ein Mundloch in der Mitte ..." (*Stiftshütte*, 302). Wasserbehälter waren auch die in der Nähe und weiter östlich liegenden Zisternen; u.a.
29 (34).

Die im Westen gelegene Zisterne Nr. 32 (3), in den Felsen gehauen, enthält im
Süden einen 8 × 12 m grossen, 13 m unter dem Boden liegenden Raum. Der Nord-
ost gerichtete Gang führt zu zwei hintereinander gelegenen kleine Räumen, die
wohl, so scheint uns, zur Aufbewahrung von Schätzen gedient haben könnten.

Zisterne Nr. 33 (25), *Bir Abdallah*, Brunnen des Knechten Allah's genannt, ist
kreisrund mit einem Durchmesser von 4 m und einer Tiefe von 11.50 m; „ihr
unterer Teil ist 6 m in den Felsen gehauen, weiter herauf ist sie mit Mauerwerk
hergestellt und oben mit einem Gewölbe bedeckt" (SCHICK, *o.c.*, 304).

Die westlich vom Felsendom liegende Zisterne Nr. 34 (4) hat einen ovalen
Grundriss (4 × 3.50 m). Sie ist „ganz in den Felsen gehauen und 6.30 m tief; weiter
herauf ist ein 1.40 m weiter und 6 m hoher, viereckiger Schacht gemauert (daran
ist 2.50 m altes und 3.50 m neues Mauerwerk), so dass die ganze Tiefe 12.30 beträgt"
(*Stiftshütte*, 404). SCHICK war der Meinung, dass diese „Aushöhlung" ursprünglich

---

[221] *Jerusalem in the Old Testament*, 1952, Fig. 47, p. 351.

nicht eine Zisterne gewesen war, sondern als eine verborgene Schatzkammer angelegt war (*ibid.*), was VINCENT (p. 565) für kaum wahrscheinlich hält. Interessanter
ist übrigens SCHICKS Bemerkung, dass der Schacht aus 3.50 m neuem Mauerwerk
besteht. Diese Höhe entspricht etwa der Höhe der Plattform. Bei der Anlage der
Plattform musste der Schacht offenbar um 3.50 m erhöht werden, sollte die Zisterne
nicht unzugänglich werden.

E — ḤARĀM UND HIERON

1. *Datierung*. Im 19. Jahrhundert hatten einige Forscher den Bau der mächtigen
Ḥarāmmauern als ein Werk des Königs Salomo betrachtet. So der Vater der Biblischen Geographie EDWARD ROBINSON, der sagte, die grossen behauenen Steine „at
once strike the eye of the beholder as ancient; as being at least as old as the time of
Herod, if not of Solomon" (*Biblical Researches*, I², 1856, 232/233). Ist hier doch
auch von Herodes die Rede, an anderer Stelle des Buches heisst es: „They are
probably to be referred to a period long antecedent to the days of Herod; for the
labours of this splendour-loving tyrant appear to have been confined to the body
of the temple and the porticoes around the court" (*o.c.*, 289). Auch die Steinbearbeitung, verglichen mit der der herodianischen Bauten, meinte ROBINSON, „seem to
point to an earlier origin" (*ibid.*). Im Bericht über die Zerstörung des salomonischen
Tempels sei von diesen Mauern auch nicht die Rede und es sei auch nicht wahrscheinlich, dass die aus dem Exil Zurückgekehrten dieses Werk ausgeführt hätten
(*ibid.*). Kaum zu bezweifeln sei, dass die Ḥarāmmauer aus der Zeit Salomos oder
„rather of his successors" datiert (*ibid.*). Wie wir unten sehen werden, unterliegt
es heute wohl kaum mehr dem Zweifel, dass auch die aus dem Exil Heimgekehrten
einen Anteil am Bau der Ḥarāmmauer gehabt haben. Richtig war Robinson's Bemerkung, Josephus berichtet nirgends, dass Herodes „had anything to do with the
massive walls of the exterior enclosure" (*o.c.*, 283). Darauf haben wir schon Band I,
S. 152 hingewiesen: ohne es zu behaupten, lässt Josephus es an einigen Stellen
durchscheinen, als sei die mächtige Umfassungsmauer ein Werk des Königs Salomo
gewesen.

FELIX DE SAULCY, der 1864 den Bau der Ḥarāmmauer ebenfalls dem Salomo zuschrieb (so übrigens schon 1853: *Voyage autour de la Mer Morte*, II, 1853, 192 ss.),
stützte seine Meinung damals auf den Charakter des Mauerwerkes des sogenannten
David-Turmes, einem der Türme der Zitadelle von Jerusalem [222], dessen Mauer-

---

[222] Es sind bekanntlich die Türme Hippikus, Phasael und Mariamne der herodianischen Palastanlage (*Bell. Jud.* V, 4, 3 § 162-171), von Herodes so benannt nach seinem Freund Hippikus (nicht
Sohn, wie wir Bd. I, 1970, 310 irrtümlich sagten), seinem Bruder Phasael (nicht Sohn, *ibid.*) und
seiner Frau Mariamne.

werk dem der Harāmmauer ähnlich ist. Diesen Turm meinte er, darin dem arabischen Schriftsteller Mudschir ed-din (H. SAUVAIRE, *Histoire de Jérusalem*, 1876, 182) folgend, dem Salomo zuschreiben zu dürfen [223]. Turm und Harāmmauer sind aufgebaut aus grossen Quadern „taillés en bossage" (*o.c.*, 147; DE SAULCY nannte es „appareil salomonien"), die Harāmmauer sei also salomonisch. Auch 1872 hatte DE SAULCY die ältesten Schichten noch für salomonisch gehalten. Diese Steinlagen sollten dem Mauerwerk der zweifellos dem Herodes zuzuschreibenden Bauten (Herodium; Masada; Caesarea) ganz unähnlich sein (*Voyage en Terre Sainte*, II, 1872, 81). Anders als EDWARD ROBINSON, der 1856 vorsichtig sagte, Josephus berichtet nicht, dass Herodes etwas mit dem Bau der Harāmmauer zu tun gehabt habe, behauptete de Saulcy, Josephus habe das Werk für salomonisch gehalten (*l.c.*). Josephus schreibt aber nur eine Säulenhalle der Ostmauer und damit wohl auch einen Teil der Ostmauer selbst klar dem Salomo zu (*Antiq.* XX, 9, 7 § 221). Zehn Jahre später schrieb de Saulcy noch: „J'ai, dès le premier jour où je me suis trouvé devant ses blocs gigantesques déclaré que c'était là l'ouvrage des architectes de Salomon" (*Jérusalem*, 1882, 150). Der berühmte französische Gelehrte MELCHIOR DE VOGÜÉ, der 1860, FELIX DE SAULCY folgend, die Harāmmauer ebenfalls für salomonisch hielt (*Les Églises de la Terre Sainte*, 1860, 266), hatte diese Ansicht aber schon 1864 aufgegeben und die Harāmmauer für herodianisch erklärt (*Le Temple de Jérusalem*, 1864, 25). Dass Mauerwerk aus grossen geränderten Steinen nicht ausschliesslich als „appareil salomonien" (DE SAULCY) zu betrachten ist, hatte besonders die Ruine des Gebäudes von *arāk el-emīr* aus dem 2. Jahrhundert v. Chr. klar gemacht (*Le Temple*, 37-41; PERROT-CHIPIEZ, IV, 211). Dass die Harāmmauer Herodes zuzuschreiben sei meinte man aus Josephus ableiten zu können, der von grossen 25 Ellen langen und 12 Ellen breiten Steinen am Tempelgebäude spricht (*Antiq.* XV, 11, 3 § 392/93) und an anderer Stelle sagt, Herodes habe die Säulenhallen von Grund aus neu aufgebaut (*Bell. Jud.* I, 21, 1 § 401). Mauerwerk aus grossen geränderten Steinen wurde nun nicht für salomonisch (DE SAULCY), sondern für herodianisch gehalten (vgl. PERROT-CHIPIEZ, IV, 1887, 213). So hatte auch der preussische Konsul in Jerusalem G. ROSEN (1866) „die grossen umrandeten Quaderlagen der Nordostecke, der Südostecke, der Südseite, der Südwestecke und des südlichen Drittels der Westseite" dem Herodes zugeschrieben [224]. Die noch von PERROT-CHIPIEZ 1887 vertretene Ansicht, nach der Mauerwerk aus grossen geränderten Quadern herodianisch sei, war nun so gut wie die Ansicht de SAULCY's in ihrer Allgemeinheit falsch. Es kann sowohl salomonisch, nachexilisch als herodianisch sein (vgl. WARREN, *PEF QuSt*, 1880, 160) und dies

---

[223] *Histoire de l'art judaïque*, 1864, 146 ss. Hier Taf. 230.
[224] *Das Haram von Josephus und der Tempelplatz des Moria. Eine Untersuchung über die Identität beider Stätten*, 1866, 63.

besagt, dass der Charakter des Mauerwerkes kein sicheres Kriterium für die Datierung der Ḥarāmmauer abgibt.

Mit WILSON und WARREN entsteht die Einsicht, dass Teile der Ḥarāmmauer aus verschiedenen Perioden datieren können. Bei WILSON, *PEF QuSt*, 1880, p. 13 heisst es, die Ḥarāmmauer sei von Herodes errichtet worden, p. 55 lesen wir „the southeast angle may be due to Nehemiah". Leicht ironisch schrieb dann WARREN: „Colonel Wilson affirms that the whole wall was built by Herod, and yet that only a part was built by him . . ." (*ibid.*, 160). Ähnliches finden wir doch auch bei WARREN selbst. Er war einerseits der Meinung, dass bestimmte Strecken der Ḥarāmmauer (die Westmauer von Wilsonbogen bis zum Barclay-Tor; die Südmauer vom zweifachen Tor „round by the south-east angle") salomonisch seien (*Recovery*, I, 324), anderseits meinte er doch auch, dass beim Bau der Mauer das griechische bzw. römische Fussmass gebraucht worden war, „as the stones generally are in measure multiples of our English foot nearly" (Letter XVII, Nov. 22, 1867, bei WILSON, *PEF QuSt*, 1880, 22, n. *). WARREN hatte hier offenbar die ganze Ḥarāmmauer im Auge und eine salomonische Strecke wäre damit natürlich unvereinbar.

CLAUDE R. CONDER hatte 1880 versucht, die Ḥarāmmauer nicht nach dem Charakter des Mauerwerkes, sondern nach der Art der Steinbearbeitung als herodianisch zu deuten. Den nordöstlichen Teil des Ḥarām erklärte er freilich, wie unten darzulegen sein wird, für post-herodianisch. CONDER ging dabei aus vom Robinsonbogen, den er WILSON folgend und übrigens zu Recht für herodianisch hielt (*Notes on Colonel Wilson's paper on the Masonry of the Haram Wall*, *PEF QuSt*, 1880, 91-97). Die Steine des Bogens zeigen eine criss-cross Bearbeitung der Ränder (*l.c.*, 92), d.h. die Ränder sind mit einem achtzähnigen Meissel sowohl horizontal als vertikal bearbeitet, „making a regular *criss-cross* pattern" (*l.c.*, 91). Nebenbei sei bemerkt, dass L. H. VINCENT dies später als einen Irrtum nachwies, denn die Ränder sind nur an den Ecken, wo die horizontalen und vertikalen Streifen sich kreuzen, *criss-cross* bearbeitet (VINCENT, *Hébron. Le Ḥaram el-Khalîl*, 1923, 107, n. 1). Nach CONDER hatten auch die Südostecke des Ḥarām, die Grosse Schicht, die Klagemauer, die Südwestecke die *criss-cross* Bearbeitung. CONDER sagt dann: „As far as our information yet goes it appears that the method of dressing masonry is on a rule very distinctive of the period to which the masonry belongs" (*l.c.*, 91/92). Es ist also möglich, meinte CONDER, dass alle Steine mit *criss-cross* Bearbeitung aus einer Zeit datieren (p. 92). CONDER hielt es für möglich, dass Herodes das vor-herodianische Mauerwerk habe entfernen lassen und dass die heutige Mauer dem Herodes zuzuschreiben sei. CONDER wies dabei hin auf *Antiq.* XV, 11, 3 § 391, wo es heisst, Herodes habe die alten Fundamente durch neue ersetzen lassen (diese Stelle bezieht sich aber auf das Tempelgebäude, nicht auf die Mauer des Tempelberges!) und *Bell. Jud.* I, 21, 1 § 401,

wo gesagt wird, Herodes habe die Säulenhallen von Grund auf neu aufbauen lassen
(*l.c.*, 92): ἅς μὲν γὰρ ἀνῳκοδόμησεν ἐκ θεμελίων. Hier sagt Josephus in der Tat implizit,
dass der Unterbau der Hallen, d.h. die Mauer des Tempelberges von Herodes erbaut
worden ist. Josephus berichtet aber auch, dass eine Halle auf der Ostseite des hieron
ein Werk Salomo's gewesen sei (*Antiq.* XX, 9, 7 § 221), er kann § 401 also nur
die von Herodes errichteten Hallen im Auge gehabt haben. Josephus hatte also
nicht die ganze Ḥarāmmauer dem Herodes zugeschrieben und dies stimmt, wie wir
unten sehen werden, zu der heutigen Ansicht über die Bauzeit der Ḥarāmmauer:
ein Teil der Ostmauer ist sicher vor-herodianisch.

Wie vormals WARREN hatte auch CONRAD SCHICK bestimmte Strecken der
Ḥarāmmauer für salomonisch gehalten. Über den östlichen Teil der Südmauer sagt
er: „Hier sind gar keine Steine mit Bucklen. Es sind da zehn Lagen ge r ä n d e t e
Steine mit g l a t t e n F l ä c h e n, ganz wie sie an der Südostecke sind, sie sind also
nicht herodianisch, sondern stammen aus der salomonischen Zeit" (*Stiftshütte*, 337).
Das sieht so aus, als hätte man damals (1896) schon Kenntnis von salomonischem
Mauerwerk gehabt! Bekanntlich ist die Kenntnis über Mauerwerk der frühen
Königszeit erst durch die amerikanischen Ausgrabungen in Samaria und Megiddo
erzielt worden [225]. Was WARREN — SCHICK folgte doch nur WARREN — dazu
führte, einen Teil der West-, Ost- und Südmauer für salomonisch zu halten, wird
Josephus' Notiz über die Halle Salomos gewesen sein. War dieser Teil der Ostmauer salomonisch, müsste ja auch der östliche Teil der Südmauer salomonisch
sein. Hinzu kommt, dass nach WARREN's Meinung Salomos Palast auf der Südseite
des Ḥarām gestanden hatte; die königliche Halle, Stoa Basileios, sollte davon den
Namen erhalten haben (*Recovery*, I, 323). Dies war, wie Band I, S. 156/157 und Anm.
211 dargelegt wurde, ein Irrtum. Kenntnis vom Mauerwerk der frühen Königszeit
hatte WARREN so wenig wie SCHICK gehabt. WARREN's (und SCHICK's) „interpretation mixte" (VINCENT, *Jérusalem*, 1956, 580), d.h. die Auffassung, dass die
Ḥarāmmauer weder exklusiv salomonisch, noch exklusiv herodianisch sei, gründet
sich also nicht auf den Charakter des Mauerwerkes, sondern auf bestimmte Notizen
bei Josephus. Erst bei VINCENT wurde dies anders. Darüber unten mehr.

Wie FELIX DE SAULCY um die Mitte des vorigen Jahrhunderts, hatte CARL MOM-
MERT noch um die Jahrhundertwende die ganze Ḥarāmmauer für salomonisch ge-
halten. Während I. BENZINGER (*Hebr. Archäologie*, 1894, 237) aus verschiedenen
Stellen der Jüdischen Altertümer (XV, 11, 1-7 §§ 380-425) und des Jüdischen
Krieges (I, 21, 1 §§ 401 f.; V, 5, 2 §§ 190 f.) meinte schliessen zu dürfen, dass der
Ḥarām eine herodianische Schöpfung sei, behauptete Mommert, dass diese Stellen
„das nicht beweisen, was sie beweisen sollen, und nicht Herodes d.Gr., sondern

---

[225] Siehe Bd. I, 1970, 237 ff. — Später durch Israeli-Archäologen (Y. YADIN) u.a. in *Megiddo*.

Salomon als den Bauherrn der antiken Umfassungsmauer des Tempelberges darstellen" [226]. Da hatte ROSEN (1866) doch richtiger geurteilt. Von Josephus' Beschreibung des Tempels in „Altertümer" sagt ROSEN: „Der Hauptübelstand bei dieser Beschreibung des Herodianischen Tempelbaues ist der, dass gar nicht daraus klar wird, was denn eigentlich der mächtige König mit so vielem Aufwande in acht Jahren zu Stande gebracht, d.h. wo die Gränze ist zwischen seinen und den Salomonischen Arbeiten" (*o.c.*, 33). Josephus' Notiz über die Halle Salomos hielt ROSEN für wertlos. Ganz wertlos ist sie freilich nicht, denn sie besagt jedenfalls, dass man die Halle als vor-herodianisch betrachtet hatte.

Ein Jahrzehnt vor dem Erscheinen von MOMMERT's *Topographie des alten Jerusalem* (1903) hatte der Grossmeister der Palästinologie, Père LAGRANGE, einen Aufsatz über die Baugeschichte des Ḥarām veröffentlicht und sowohl die exklusiv salomonische als die exklusiv herodianische Theorie — wie vormals WARREN — abgelehnt (*Comment s'est formée l'enceinte du Temple de Jérusalem*, RB, 1893, 90-113). Er stützte seine Ansicht besonders auf WARREN's Untersuchungen und wie WARREN hielt er bestimmte Strecken der Ḥarāmmauer — u.a. die vom zweifachen Tor bis zu der Südostecke — für salomonisch, andere für herodianisch. Ähnlich ist in unserer Zeit die Meinung VINCENT's. Während aber weder WARREN noch LAGRANGE Mauerwerk der frühen Königszeit zu Gesicht bekommen hatten, war VINCENT durch die amerikanischen Ausgrabungen in Samaria damit gut bekannt. Aus einer Vergleichung des Mauerwerkes der unteren Schichten der Südostecke des Ḥarām mit dem Mauerwerk der frühen Eisenzeit kam VINCENT zu dem Schluss, dass die Südostecke und die Strecke der Südmauer bis zum zweifachen Tor salomonisch sei [227]. Wir haben darüber schon Band I, 1970, S. 154 gesprochen. VINCENT hatte aber der Fuge in der Ostmauer (im „Fundament" 32.72 m aus der Südostecke) keinen Wert beigemessen. Er spricht von „prétendu faux joint" und meinte, diese „pourrait n'être qu'un liaisonnement plus ou moins imparfait entre les deux styles à refends lisses et à bossage" (*o.c.*, 539). SIMONS hatte aus dieser Fuge erschlossen, dass die Ostmauer von Nord nach Süd verlängert worden ist und diese Vergrösserung aus Herodes' Verdoppelung des vor-herodianischen hieron erklärt (*Jerusalem*, 1952, 409 f., 417 f., 422 f.). Auch Miss KENYON ist überzeugt, dass die alte Ostmauer von Herodes nach Süden verlängert worden ist [228]. VINCENT stützte seine Ansicht,

---

[226] *Topographie des Alten Jerusalem*, II, 1903, 115 ff.

[227] *Jérusalem*, II-III, 1956, 582 s.

[228] *PEQ*, 100, 1968, 105; Dies., *Royal Cities of the Old Testament*, 1971, 39; Dies., *Digging up Jerusalem*, 1974, 111 und Pl. 35-36, Foto's. Das alte Mauerwerk stammt nach der Meinung KENYON's aus der Zeit Serubbabels. KENYON folgt hierin Maurice Dunand, der das alte Mauerwerk mit dem aus der persischen Periode datierenden Mauerwerk in Sidon und Byblos verglichen hat (DUNAND, *Byblos, Sidon, Jerusalem. Monuments apparentées des Temps achéménides*, *VTS*, XVII, *Congress Vol. Rome*,

wie schon mehrmals bemerkt, auf die Ähnlichkeit der unteren Steinschichten der Südostecke mit Mauerwerk aus Eisen II. DICKIE hatte aber schon 1898 betont, dass „arguments for age based on masonry must be used with great caution" [229].

R. GRAFMAN's Untersuchungen am Robinsonbogen haben gezeigt, dass unter Herodes der griechische Fuss (30.8 cm) als Masseinheit gebraucht worden ist (*Herod's Foot and Robinson's Arch*, IEJ, 20, 1970, 60-66, p. 63 : 31 cm) und da die Verlängerung der Ostmauer oben ca. 31 m beträgt nimmt Grafman an, dass Herodes die Ostmauer 100 Fuss länger gemacht habe. Im „Fundament" liegt die Fuge aber 32.72 m aus der Südostecke und die Verlängerung muss doch im Fundament ausgemessen worden sein. Es ist keinesfalls sicher, dass Herodes das alte hieron nach Süden nur 100 Fuss vergrössert habe. Das etwa 58 m lange Pfeilerfundament („Ställe Salomos") lässt eher vermuten, dass die Verbreiterung nach Süden etwa 60-62 m (200 Fuss?) betragen habe [230]. Die Südmauer des vor-herodianischen hieron könnte u.E. etwas nördlich des Pfeilerfundaments gelegen haben [231].

1968, 1969, 64-70 und Pl. I gegenüber p. 66, II, gegenüber p. 67). „I entirely agree with his identification" (*Digging up*, . . . p. 112; siehe aber *Royal Cities*, 1971, 39: „a detailed analysis suggests that there were up to three periods in this masonry"). Da es undenkbar ist „that Zerubbabel, with his very exiguous resources, should have increased the size of the Solomonic platform", hält KENYON die Südostecke bei der senkrechten Fuge für die Südostecke der salomonischen Plattform (siehe auch *Royal Cities*, 40). Dagegen spricht, dass die betreffende Fuge senkrecht ist (siehe weiter unten). Im ersten Bande (S. 156) hatten wir angenommen (gegen SIMONS) dass die Mauer von Süden nach Norden verbreitert worden sei. Diese Meinung ist aufzugeben: das Pfeilerfundament („Ställe Salomos") zeugt dafür, dass Herodes das vorherodianische *hieron* nach Süden vergrössert hat. — Während DUNAND und ihm folgend KENYON das alte Mauerwerk in die pers. Periode datieren, ist M. AVI-YONAH der Meinung, dass auch das Mauerwerk nördlich der Fuge von Herodes stammt: beide Teile „on either side of the „seam", are Herodian, but belong to two phases of Herod's building project . . ." (*Jerusalem Revealed*, 1975, Ed. Y. YADIN, 1975, 13). Dies hat u.E. schon auf Grund der sehr verschiedenen Steinbearbeitungen keine Wahrscheinlichkeit für sich. Dem widerspricht auch die salomonische Halle auf der Ostseite des Tempelplatzes: sie ist zweifellos vorherodianisch. — Wieder anders urteilt E. M. LAPERROUSAZ über das alte Mauerwerk der Ostmauer. LAPERROUSAZ hält es für vorexilisch, (*A-t-on dégagé l'angle sud-est du „Temple de Salomon"?*, Syria, L, 1973, 355-399, bes. 365. 378 und Fig. 2-8, Foto's der senkrechten Fuge; hier Abb. 229). Die Übereinstimmung mit dem Mauerwerk aus Sidon und Byblos „ne prouve pas, à elle seule, que celles ci ont toutes été construites sous les Achéménides" (p. 367/368; Siehe oben Kap. X, Anm. 120). Daraus lässt sich aber ebensowenig wahrscheinlich machen (was LAPERROUSAZ doch versucht), dass das alte Mauerwerk der Ostmauer vorexilisch sei. Mit Sicherheit dürfen wir nur annehmen, dass die bezügliche Strecke der Ostmauer vorherodianisch ist (Halle Salomos), mit grosser Wahrscheinlichkeit, dass das Mauerwerk zum Teil aus der Zeit Nehemias (pers. Periode) stammt. Dass schon Serubbabel diese, vermutlich ursprünglich aus der Zeit Salomos stammende Mauer, wiederaufgebaut hat, lässt sich u.E. nicht wahrscheinlich machen. Bei KENYON heisst es: „an ardous, and for the greater part of the depth unrewarding, excavation might reveal at the base Solomonic masonry" (*Royal Cities of the Old Testament*, 1971, 40). Hoffentlich werden die Israeli-Archaologen einmal diese „unrewarding" Grabung ausführen.

[229] FR. J. BLISS, *Excavations at Jerusalem 1894-1897*, p. 217 ff.

[230] Dafür könnte auch der etwa ebenso lange Tunnel des zweifachen (und dreifachen) Tores zeugen. Bei einer Verbreiterung von nur 100 Ellen (31 m) würde der Zugang zum Tempelplatz hier, wie beim Barclay-Tor, die Anlage einer Treppe erfordert haben.

Es ist auffällig, dass weder Simons noch Grafman sich die Frage gestellt haben, wie die senkrechte Abschliessung der alten, vermutlich aus der Zeit Serubbabels (oder Nehemias) stammenden Mauer zu erklären sei [232]. Es könnte u.E. in der vor-herodianischen Anlage ein Stadttor gelegen haben, denn Torgebäude wurden meistens nicht im Verband mit der Mauer aufgebaut. Ein Tor impliziert aber das Bestehen einer Südstrecke der Mauer neben dem Tor. Hat in dem Mauerzug in der Tat ein Tor gelegen (das Rosstor Nehemias? Neh. 3, 28) [233], ist das Tor und die südlich anliegende Mauerstrecke von Herodes niedergerissen und durch eine neue Mauer ersetzt worden.

Während wir nun mit Sicherheit annehmen dürfen, dass eine Strecke der Ost-mauer (von der senkrechten Fuge bis zum goldenen Tor) vor-herodianisch ist (dafür zeugt auch Josephus' Notiz über „die Halle Salomos"), lässt sich über die nördliche Strecke der Ostmauer nichts mit Sicherheit aussagen. Die ursprüngliche Anlage des goldenen Tores, darüber besteht, wie wir sahen, Einstimmigkeit, stammt aus der Zeit des dritten Tempels. Die nördliche Strecke der Ostmauer wird eben-falls aus dieser Zeit stammen, nur wissen wir nicht, bis zu welcher Höhe die Mauer beim Tode Herodes' aufgemauert worden war. Herodes' grossartige Tempelanlage ist erst 64 n. Chr., in der Zeit des Agrippa II., als Albinus Prokurator war, vollendet worden (*Antiq.*, XX, 9, 5 § 215; 7 § 219).

R. Grafman hat es, wie oben bemerkt, wahrscheinlich gemacht, dass beim Bau der Ḥarāmmauer unter Herodes der griechische Fuss (30.8 cm) als Masseinheit ge-braucht worden ist. Am nördlichen Teil der Westmauer ist nicht der griechische, sondern der römische Fuss (29.6 cm) die Masseinheit gewesen [234]. Daraus lässt sich u.E. mit Wahrscheinlichkeit schliessen, dass im Norden ein Teil der Westmauer

[231] Die Sache lässt sich nur durch eine Grabung in den „Ställen Salomos" mit Sicherkeit ent-scheiden. Laperrousaz erhielt 1972 keine Zustimmung dafür, Grabungen (sondages) auszuführen (*l.c.*, p. 365, n. 1).

[232] Dass es hier ein Problem gibt, hat auch Laperrousaz gesehen; er meint aber 1972 konstatiert zu haben, dass die Fuge „était bien légerement „oblique", du fait qu'un retrait d'une assise à l'autre du mur situe au Nord de cette ligne est encore nettement constatable en nombreux cas . . . " (*l.c.*, p. 364 und Fig. 7-8). Nach Laperrousaz handelt es sich um die Böschung der Südmauer des vor-herodianischen Tempelplatzes, die er an dieser Stelle lokalisiert. Die Zurücksetzung soll durch-schnittlich 3.5 cm betragen (p. 364). An der Ostseite beträgt die Zurücksetzung aber 8-10 cm (Schick, *Stiftshütte*, 316; nach Wilson 3-6 inches, *QuSt*, 1880, 41), eine etwa ebenso grosse Zurück-setzung wäre also auch an der Südmauer des vor-herodianischen *hieron* zu erwarten gewesen. An der Südmauer beträgt die Zurücksetzung 2.5 cm (Wilson, *ibid.*). Die Fuge liegt unten 32.72 m aus der Südostecke, oben ca. 31 m. Wäre die Fuge „bien légèrement „oblique", müsste der Abstand oben mindestens 32.72 m betragen; vgl. oben Anm. 171.

[233] Vgl. Simons, *Jerusalem in the Old Testament*, 1952, Fig. 56, p. 443. Simons lokalisiert die Mauer Nehemias etwas östlich der Ḥarāmmauer, (vgl. Vincent, *Jérusalem*, II-III, Pl. LXI) was kaum Wahrscheinlichkeit für sich hat.

[234] Vincent, u.a., *Hébron, Le Ḥaram el-Khalil*, 1923, 107 s.

erst nach Herodes' Tode — aber vor 70 n. Chr. — ausgeführt bzw. vollendet worden ist. Dass die Ummauerung damals — 4. v. Chr. — noch nicht ganz geschlossen war, geht u.E. auch aus Josephus' Bericht über den Aufstand unter Sabinius hervor (*Bell. Jud.* II, 3, 2-3 §§ 45-50; *Antiq.* XVII, 10, 2 §§ 260-264). Die Römer hatten sich damals, nicht ohne hartnäckigen Widerstand der Juden, aber offenbar ohne Benutzung von Belagerungstürmen bzw. Wällen, des Tempelberges bemächtigt. E. Schürer sagt: die Römer „steckten die Hallen in Brand und bemächtigten sich auf diese Weise endlich des Tempelberges" (*Geschichte*, I⁵, 1920, 420). Die Frage ist nun, wie die Römer den Tempelhof haben betreten können. Antiq. XVII § 264 heisst es: „Die Römer drangen durch das Feuer, wo dies möglich war, und bemächtigten sich jener Vorratskammer, in der die heiligen Gelder lagen". Die Römer können nur an einer Stelle der Westmauer hereingekommen sein, wo es noch keine Säulenhalle gab. Dies lässt sich u.E. nur so erklären, dass eine nördliche Strecke der Westmauer, wo der Fels auf Bodenhöhe und höher liegt, noch nicht vollendet war. Wir möchten übrigens noch weiter gehen: die Römer können die Säulenhalle erst in Brand gesteckt haben, nachdem sie den Tempelhof betreten hatten und vom Dach der Halle her durch die Juden beschossen wurden. Um welche Zeit die Westmauer ganz vollendet worden ist, lässt sich nicht mit Sicherheit sagen. Nach E. Schürer scheint die staatliche Aufsicht über den Tempel in den Jahren 6-41 n. Chr. durch die römischen Behörden geführt worden zu sein (*o.c.*, 482). Die Mauer könnte während diesem Zeitraum vollendet worden sein. Wahrscheinlicher ist vielleicht, dass der Ring unter Agrippa I. (41-44) geschlossen worden ist. J. Simons ist der Meinung, dass wir an der Westseite „just as on the south side" eine Mauer „of Herodian origin for its full length" haben (*Jerusalem*, 1952, 423; p. 413 heisst es, der nördliche Teil der Westmauer „may be of Herodian origin").

2. *Das herodianische hieron*. Die Frage über den Umfang des herodianischen hieron 70 n. Chr., als Titus Jerusalem belagerte und zerstörte, wird nicht einstimmig beantwortet (Band I, 1970, S. 71), obwohl die Mehrzahl der Gelehrten — zu Recht — annimmt, dass der Umfang dem Harām asch-scharīf entsprochen habe. Im 19. Jahrhundert hatte Titus Tobler die These verteidigt, dass das herodianische hieron „von der jetzigen Südmauer an etwa 900[1] über den heutigen Felsendom hinaus nordwärts sich erstreckte"[235]. Erst in der islamischen Periode sei der Harām nach Norden bis zum heutigen Umfang verlängert worden (*o.c.*, 467 und Anm. 1). Tobler stützte seine Meinung auf Josephus, auf Middot und auf einen Bericht des Pilgers Johannes von Würzburg. Dass Berichte von Pilgern nichts aussagen über den Umfang des herodianischen hieron 70 n. Chr., braucht kaum bemerkt zu werden; könnte doch

---

[235] *Zwei Bücher Topographie von Jerusalem*, I, 1853, 468.

Abb. 228. Südostecke der Ḥarāmmauer. (Foto J. Simons)

Abb. 229. Die senkrechte Fuge in der Ostmauer des Ḥarām.

Abb. 230. Der Davidsturm (Foto L. H. VINCENT)

der nördliche Streifen des Ḥarām damals teilweise wüst gelegen haben. TOBLER
stellte sich das hieron als ein „Viereck von gleicher Länge und Breite" vor (*o.c.*,
466). Diese Vorstellung stammt aber aus dem Traktat Middot, nach dem die Anlage
quadratisch sein sollte, und aus Josephus, der Antiq. XV, 11, 3 § 400 von einer
quadratischen Einfriedung spricht. Josephus' Notiz bezieht sich aber auf das salomonische hieron (über das er übrigens gar keine Kenntnis hatte); der Verfasser
des Traktates Middot gibt eine Beschreibung des zukünftigen Tempels und folgt
dabei der quadratischen Anlage des ezechielischen Tempelentwurfs.

CLAUDE R. CONDER (1878) war der Meinung, dass der nordöstliche Teil des
Ḥarām, östlich der Burg Antonia und nördlich des goldenen Tores „is not a part
of Herod's enclosure, as its walls and subterranean vaults are distinct in character"
(*Tent Work in Palestine*, I, 1878, 355). Die Gewölbe „are of masonry, with groined
roofs and pointed arches, not of rock, like the great passages under the platform"
(*o.c.*, 354). Sie stammen, meinte CONDER, aus der Zeit der Kreuzfahrer oder aus der
islamischen Periode (*ibid.*). Daraus lässt sich doch nicht unbedingt schliessen, dass
dieser Teil des Ḥarām nicht zum herodianischen hieron gehört haben könnte. Auch
die Gewölbe der „Ställe Salomos" stammen aus späterer Zeit. Nach CONDER sollte
auch der Charakter des Mauerwerkes der Nordostecke des Ḥarām darauf deuten,
dass diese Ecke keinen Teil des herodianischen hieron gebildet habe (*o.c.*, 354).
Mauerwerk, wir betonten es schon mehrmals, gibt kein sicheres Kriterium für die
Datierung einer Mauer. Der Turm an der Nordostecke ist der Südostecke ähnlich
und er wird wohl vom herodianischen Entwurf stammen [236], wenn er auch erst
nach Herodes' Tode (aber vor 70 n. Chr.) ausgeführt sein könnte. GEORGE ADAM
SMITH (1907), wohl CONDER folgend, hat ebenfalls angenommen, dass das herodianische hieron „did not extend much further north than the present ‚Golden Gate',
thus excluding the space east of Antonia" [237].

Während CONDER wenigstens eine regelrechte Relation zwischen dem hieron und
der Burg Antonia annahm (*o.c.*, Plan gegenüber p. 365) hat in unserer Zeit J. SIMONS
die These verteidigt, dass das hieron sich nicht zu der Burg Antonia erstreckt habe.
Ein breiter Streifen im Norden sollte später, möglicherweise unter Justinian, an
den alten Tempelplatz zugefügt worden sein (*Jerusalem*, 1952, 417). SIMONS stützt
seine Ansicht ausser auf die von CONDER vorgeführten Daten auf einige Stellen aus
Josephus' Bellum Judaicum (*o.c.*, 415 ff.). Eine der von SIMONS vorgeführten
Stellen (*Bell. Jud.* VI, 2, 7 §§ 149 ff.) brachten wir schon Band I, S. 71 f. zur Sprache
und wir glauben dargelegt zu haben, dass die Stelle nicht beweist, was sie nach
SIMONS beweisen sollte. SIMONS hatte auch hingewiesen auf *Bell. Jud.* VI, 1, 7 §§ 74 ff.,

[236] Vgl. VINCENT, *Jérusalem*, II-III, 1956, 555.
[237] *Jerusalem. The Topography*, I, 1907, 231.

wo von einem Kampf zwischen Römern und Juden nach der Eroberung der Antonia
die Rede ist. SIMONS' Kommentar lautet: „After the capture of Antonia by the
Romans a confused battle rages in „a confined area" between it and the temple-
boundary, leaving „no room for flight or pursuit""" (o.c., 416). Auch diese Stelle
sollte dafür sprechen, dass das hieron nicht an die Antonia grenzte. SIMONS irrte
sich. Dieser Kampf fand nicht statt an eine „confined area" zwischen dem hieron
und der Antonia, sondern in einem unterirdischen Gang, welcher von der Antonia
zum Tempelplatz führte. Auf diesen unterirdischen Gang werden wir Kap. XVII:
Untergang des Jerusalemer Tempels noch zu sprechen kommen. Für περὶ τὰς εἰσόδους
(§ 74) hat SIMONS „a confined area" (o.c., 416). Es sind damit aber Eingang und
Ausgang des Ganges gemeint. FELIX DE SAULCY hatte dies schon 1866 richtig
gesehen. „Un combat terrible s'engagea aux entrées (περὶ τὰς εἰσόδους), les uns cher-
chant à occuper de vive force le hieron (τὸ Ἱερὸν), les autres s'efforcant de rejeter
l'ennemi sur Antonia" (*Les derniers jours de Jérusalem*, 1866, 342). In dem Gang war
„weder Raum zur Flucht, noch zur Verfolgung". Eine makabre Parallele zu diesem
Kampf in einem unterirdischen Gang haben die Ausgrabungen in Dura Europos,
aus ca. 256 n. Chr., als die Stadt durch die Parther belagert wurde, ans Licht gebracht. In Dura handelt es sich um eine Unterminierung der Stadtmauer [238]; in
Jerusalem um einen unterirdischen Gang, welcher von der Antonia zum Tempelplatz führte. Dass nun das hieron unmittelbar an die Antonia grenzte, geht noch
klar daraus hervor, dass der Centurio Julianus aus der Antonia hervorsprang und
die schon siegreichen Juden zur Ecke des inneren Heiligtums zurücktrieb (*Bell.
Jud.* VI, 1, 8 § 82). MICHEL-BAUERNFEIND folgen Simons. „Der begrenzte Kampfraum, auf den Josephus ausdrücklich hinweist (§ 75-78), liegt zwischen der Antonia
und der äusseren Umgrenzung des Tempels" (*De Bello Judaico*, II, 2, 1969, 164,
Anm. 24). Es heisst dann: „Julian muss über diese Umgrenzung hinaus auf den
„Vorhof der Heiden" gekommen sein . . ." (*ibid*). Die Römer hatten aber die Antonia
schon erobert, da ist doch kaum anzunehmen, dass Titus (und Julian) „bei der
Antonia" (MICHEL-BAUERNFEIND, z.St.) gestanden haben. Julian wird den Kampf
von der Antonia aus gesehen haben und von der Antonia herabgesprungen sein:
vom Dach der Antonia-Halle oder von einer der zwei Treppen, welche von der
Antonia in die Hallen des Aussenhofes führten.

---

[238] COMTE DU MESNIL DU BUISSON, *Les ouvrages du siège à Doura-Europos. Extrait des Mémoirs de la
Soc. nat. des Antiquaires de France*, t. LXXXI, 1945, 7 ss. und Fig. 10, p. 24.: „Au moment où la
contre-mine rencontre la mine perse, un combat eut lieu. Les Romains furent refoulés en désordre
dans la contre-mine. Une panique paraît avoir eu lieu alors: les assiégés, voyant refluer les leurs et
craignant l'irruption des Perses, obstruèrent en toute hâte l'entrée de la galerie, y enfermant seize ou
dix-huit soldats, sans doute des auxiliaires romains, dont les squelettes ont été trouvés enchevêtrés"
(p. 16 und Fig. 5-7, p. 19).

SIMONS weist auch hin auf *Bell. Jud.* VI, 2, 9 § 165 f., wo berichtet wird, dass die Juden die nordwestliche Halle, die mit der Antonia verbunden war, anzündeten (*o.c.*, 416). In der Übersetzung durch MICHEL-BAUERNFEIND heisst es: „Sie legten Feuer an die Verbindung der nordwestlichen Säulenhalle mit der Antonia ...” (z.St.). Mit der Verbindung kann nur das Dach der Säulenhalle gemeint sein, denn durch das Dach war die Halle mit der Antonia verbunden. Diese Stelle spricht nicht für, sondern gegen SIMON's These, dass das hieron und die Antonia „were rather situated at some distance from each other” (*o.c.*, 416). Wir dürfen aus dieser Stelle wohl mit Sicherheit annehmen, dass das hieron unmittelbar an die Antonia grenzte.

Eine andere Frage ist es, ob *Bell. Jud.* VI, 2, 9 §§ 164-168 an der richtigen Stelle steht. Wie aus VI, 2, 7 §§ 149-156 hervorgeht (siehe Band I, 1970, S. 71-72) hatten die Römer den Aussenhof schon erobert. Da gab es kaum noch Grund, die bezügliche Halle in Brand zu stecken. *Bell. Jud.* VI, 2, 9 §§ 164-168 ist u.E. nach VI, 2, 6 §§ 136-148 zu lesen. Dass Josephus nicht immer die richtige Zeitfolge der Geschehnisse beachtet, betont auch VINCENT. „L'historien juif, soucieux d'insérer dans le trame des opérations tous les incidents qui l'ont frappé, ne tient pas toujours compte des exigences de temps" [239]. Dass die Juden schon früher, als sie fürchteten, der Prokurator Florus möchte versuchen, von der Antonia aus den Tempel einzunehmen, die Halle, welche den Tempel mit der Antonia verband, abgebrochen hatten (auf Geheiss des Agrippa II. haben sie die Halle dann wiederaufgebaut) (*Bell. Jud.* II, 16, 5 § 404 f.) ist bekannt und SIMONS vergass nicht darauf hinzuweisen (*o.c.*, 416). Diese Stelle (*Bell. Jud.* II, 15, 6 § 331) zeugt nun gerade wieder für eine enge Verbindung zwischen dem hieron und der Antonia. Keine der von Simon's vorgeführten Stellen aus Bellum Judaicum spricht also dafür, dass zwischen Tempel und Burg ein offener Raum war. Im Gegenteil: sie besagen, dass Tempelanlage und Antonia unmittelbar aneinander grenzten, wie dies immer von der Mehrzahl der Gelehrten, selbst von CONDER, angenommen wurde. Ganz konsequent war SIMONS bei der Auseinandersetzung seiner These übrigens nicht, denn er hatte die Westmauer des Ḥarām über ihre ganze Länge, d.h. bis zum Antoniafelsen, für herodianisch gehalten. Dabei zugleich an einen Raum zwischen Tempelanlage und Burg zu denken, scheint uns nicht konsequent.

Wir haben schon Band I, S. 8 betont, dass der von Josephus genannte Umfang des hieron (6 Stadien; *Bell. Jud.* V, 5, 2 § 192) sich sehr wohl mit dem Umfang des Ḥarām asch-scharīf vereinen lässt. Da der Umfang des Ḥarām (1550 m) beträchtlich grösser als 6 Stadien (1110 m) ist, hatte man wohl angenommen, dass Josephus hier

[239] *Jérusalem*, II-III. 1956, 744, n. 2.

ein grösseres Stadium als das griechische von 185 m gemeint habe (F. Spiess, *Das Jerusalem des Josephus*, 1881, 58: „Vielleicht nahm derselbe in diesem Falle ... das Stadium grösser an ...”). Simons meint, die Fläche des herodianischen hieron muss einen geringeren Umfang als Ḥarām asch-scharīf gehabt haben (*o.c.*, 408 ff.). Carl Pronobis schrieb aber 1927 richtig: „Man beachte aber sehr wohl: er [*sc.* Josephus] spricht vom Umfang der Säulenhallen, nicht vom Umfang des Tempelplatzes!” [240]. Pronobis meinte auch, zu Recht, dass die königliche Halle auf der Südseite nicht zu diesen Hallen gerechnet werden könne, „weil sie ja ein eigenes Riesengebäude war” (*l.c.*). Die bezügliche Stelle lautet: V § 190: „Denn alle Säulenhallen waren doppelreihig ... § 192: ... ihr ganzer Umfang betrug ingesamt sechs Stadien, wenn man auch die (der) Antonia einbezieht”. Da wir es mit nur drei Seiten des Tempelplatzes (West, Nord und Ost) zu tun haben, muss es befremden, dass Josephus sagt „alle Säulenhallen waren doppelreihig ...” (§ 190: διπλαῖ μὲν γὰρ αἱ στοαὶ πᾶσαι). Dies erklärt sich daraus, dass die Hallen sich nicht in einer Länge über die Seiten des Tempelplatzes erstreckten. Sie sind durch Einbauten (Torgebäude) in mehrere Strecken unterteilt gewesen. Dass nun Josephus die einzelnen Strecken gemessen habe und durch Addierung der Zahlen zum Mass sechs Stadien gekommen sei, dürfte kaum wahrscheinlich sein. Er wird die Gesamtlänge der Hallen, die Einbauten einbegriffen, gemessen haben. An der Westseite beträgt die Länge (in unserer Rekonstruktion, Abb. 253) ca. 422 m, an der Nordseite ca. 275 m, an der Ostseite ca. 411 m, was ingesamt eine Länge von ca. 1108 m ergibt, also ungefähr sechs Stadien.

Dass die Erwähnung der Antonia an dieser Stelle sich unmöglich auf den Umfang der Burg beziehen könne, liegt auf der Hand. Es ist vom Umfang der Säulenhallen die Rede, es kann sich also nur um den Umfang der hier gelegenen Hallen handeln. Ihre Säulen sind zweifellos beträchtlich kleiner als die der übrigen Hallen gewesen, was ihre besondere Erwähnung rechtfertigt. Im nächsten Kapitel, werden wir dies erörtern.

Das herodianische hieron, dafür zeugt also auch Josephus, hatte den Umfang des heutigen Ḥarām asch-scharīf.

[240] *Das Heilige Land*, 71, 1927, 17. Ähnlich Carl Mommert schon 1903: *Topographie des Alten Jerusalem*, II, 1903, 35 und 118/119.

XIII. KAPITEL

DER HERODIANISCHE TEMPEL

I. HERODES' BAUTÄTIGKEIT

ADOLF SCHULTEN, der Leiter der deutschen Expedition, welche 1932 die Ruinen von Masada untersuchte und damit den Grund legte „for the future study of the ruins" [1], schrieb in der Abhandlung über die Ergebnisse der Ausgrabungen: „Ich möchte wünschen, dass diese Schrift den Anstoss gäbe zu einer noch immer fehlenden Würdigung des Herodes als grossen Bauherrn" [2]. Dass diese Würdigung fehlte, lässt sich wohl nicht einfach daraus erklären, dass nur noch wenige der herodianischen Bauten aufrecht stehen. FLAVIUS JOSEPHUS, der jüdische Geschichtsschreiber, hatte doch den Herodes klar als grossen Bauherrn bezeichnet. *Bell. Jud.* I, 21, 4 § 407 heisst es z.B.: „er liess keinen irgendwie geeigneten Platz seines Reiches ohne ein Zeichen der Ehre Caesars. Nachdem er in seinem Stammland überall Tempel errichtet hatte, überschüttete er auch die ihm unterstellten Gebiete mit Beweisen der Ehrung für Caesar Augustus und errichtete in vielen Städten Caesareen" [3].

---

[1] Y. YADIN, *Masada. Herod's Fortress and the Zealots' Last Stand*², 1967, 253.

[2] *Masada, die Burg des Herodes und die römischen Lager mit einem Anhang: Beth-Ter*, *ZDPV*, 56, 1933, 1-184, S. 64.

[3] Übers. O. MICHEL-O. BAUERNFEIND, *Flavius Josephus, De Bello Judaico*, I, 1959, z.St. Die Gelehrten lieferten nicht nur eine neue deutsche Übers. des Bellum Judaicum (mit Index), sondern auch eine neue Textedition. — Nach HEINZ SCHRECKENBERG ist NIESE's grosse kritische Josephusausgabe hoffnungslos veraltet, was klar wurde aus THACKERAY-MARCUS, „*A Complete Concordance to Flavius Josephus*", 1968 ff. (*Die Flavius Josephus-Tradition in Antike und Mittelalter. Arbeiten zur Literatur und Gesch. des Hellenistischen Judentums*, Herausg. von K. H. RENGSTORF, V, 1972, XI). Im posthum erschienenen Artikel „*Josephus*" (*Enc. of Religion and Ethics*, VII, 1914, 579) schrieb NIESE auch selbst: „It need hardly be said that the work of textical criticism is still far from complete; it is only now, in fact, that it can really begin" (bei SCHRECKENBERG, S. 3/4). In dem Sektor der Neben- oder indirekten Überlieferung des Josephus, sagt SCHRECKENBERG, „hat sich seit Niese die Situation grundlegend geändert" (S. 124). „Die seit Niese erschienenen Editiones minores des Josephus von Thackeray-Marcus-Wikgren-Feldman (1926 ff.), Reinach (1930), Michel-Bauernfeind (1959 ff.) und Pelletier (1959) haben sich entsprechend ihrer begrenzten Aufgabenstellung auf die seit Niese völlig veränderte Situation in keiner Weise eingestellt" (*id.*, S. 124/125). — Wir gebrauchten bei unserer Arbeit MICHEL-BAUERNFEIND's Textausgabe mit Übersetzung des *Bellum Judaicum* und NIESES Text (kleine Ausgabe) von Antiquitates (Übers. von CLEMENTZ), freilich ohne bei der Übersetzung den Gelehrten stets getreu folgen zu können. — Von THACKERAY-MARCUS, *A Complete Concordance to Flavius Josephus* (1968) erschien 1975 Vol. II, bearbeitet von K. H. RENGSTORF mit Mitarbeit von B. JUSTUS, G. W. E. NICKELBURG, H. SCHRECKENBERG, J. SCHWARK, W. L. WEILER.

Herrscher, die eine ausserordentliche Bautätigkeit entfalten, sind im allgemeinen bei Zeitgenossen und Nachwelt nicht sehr beliebt. Kalif Yazid III. versprach bei seiner Thronbesteigung (744 n. Chr.) in seiner ersten Ansprache, er werde keinen Stein auf den anderen legen. „To such a degree had the building activities of his predecessor been hateful to his subjects" [4]. Über Herodes' Bautätigkeit urteilt in unserer Zeit SIMON DUBNOW wie folgt: „Ausserhalb des Landes wurde Herodes als ein freigebiger und aufgeklärter Hellenenfreund nunmehr rühmlichst bekannt; sein eigenes Volk jedoch hatte nichts als Verwünschungen für ihn übrig. Diese ganze Pracht, das ungestüme Gründungsfieber, die teuren Modeerneuerungen, sowie die königliche Freigebigkeit überhaupt bedrückten mit all ihrer Last die jüdische Bevölkerung. Damit all diese ungeheuren Ausgaben von dem kleinen Staat bestritten werden konnten, musste man aus dem Volke durch Steuerdruck das Letzte herauspressen" [5]. Ähnlich heisst es bei E. MADER: „Die Ruinen seiner Städte und Burgen, Tempel und Paläste, Theater, Hafenanlagen, Wasserleitungen und anderen Bauten künden heute noch seine fast krankhafte Baulust auf Kosten des Volkes" [6]. WALTER OTTO hatte aber schon 1913 ganz anders über Herodes geurteilt. „Das Volk wurde energisch zur Wirtschaftlichkeit angehalten. Landwirtschaft und Handel sind in gleicher Weise gefördert ... Auch seine Städtebauten haben zum grossen Teil dem Zweck der wirtschaftlichen Hebung des Landes gedient" [7]. Die Finanzen des Staates waren unter Herodes „stets in bester Verfassung. Ihre Organisation muss vortrefflich gewesen sein; nur so werden die vielen Werke verständlich, welche der kleine Staat des H. geschaffen hat, ohne das Volk durch den Steuerdruck aufzureiben" (ibid.). J. JEREMIAS stimmt OTTO bei, dass Herodes auch kulturpolitische Ziele verfolgte: „die Sicherung des Landes durch Anlage von Festungen und Kolonisationen, die Schaffung von Kulturland durch die Kolonisationen, die wirtschaftliche Hebung des Landes durch Städteanlagen und Hafenbauten, durch Förderung von Gewerbe und Handel vor allem beim Tempelbau. All dieses hat das Land gehoben, sonst hätte es die riesigen Ausgaben des Herodes nicht ertragen" [8]. Herodes' viel grössere Aufwendungen im Auslande kamen aber dem eigenen Volke, sagt Jeremias, nicht zu gute (ibid.). Das klingt wie eine leise Verurteilung. So könnte man auch modernen Staaten, die Millionen und Milliarden den unterentwickelten Völkern schenken, die dem eigenen Volk ebensowenig zugute kommen, verurteilen. Was immer auch den Herodes veranlasst haben mag, seine Bautätigkeit auch auf

---

[4] S. D. GOITEIN, *Studies in Islamic History*, 1966, 226.

[5] *Weltgesch. des jüd. Volkes*, II, 1925, 278.

[6] *Mambre. Die Ergebnisse der Ausgrabungen im heiligen Bezirk Ramat el-Ḫalîl in Südpalästina* 1926-1928, 1957, 209.

[7] Art. *Herodes*, *PWK*, Suppl. 2. Heft, 1913, Sp. 1-199, Sp. 151.

[8] *Jerusalem z. Zeit Jesu²*, 1958, II. Teil, 39.

das Ausland auszudehnen [9], es zeugt für einen weltweiten Blick und er folgte damit dem Beispiel der hellenistischen Herrscher. Antiochos IV. hatte auf seine Kosten am Zeustempel in Athen weiterbauen lassen [10]. Attalos II. von Pergamon stiftete in Athen die nach ihm benannte Stoa [11]. Es ist überdies anzumerken, dass Herodes über einen grossen Privatbesitz verfügte; es ist also mit der Möglichkeit zu rechnen, dass viele Werke aus seinem Privatbesitz finanziert worden sind (vgl. G. M. FITZ-GERALD, in *PEQ*, 88, 1956, 41). Durch Konfiskationen und Geldstrafen hatte Herodes den grossen, von seinen Vorfahren ererbten Privatbesitz noch vermehrt. Er hatte Plantagen in Jericho, von Kaiser Augustus bekam er die Hälfte des Ertrages der Kupferminen auf Zypern. „Die Bewunderung mit der Josephus offensichtlich von den ungeheuren Reichtümern des Herodes spricht, ist nur zu begründet" [12]. Dass nach Herodes' Tode die Juden, als sie ihn in Rom verklagten, seine Bau-arbeiten im Ausland verurteilten (*Antiq.* XVII, 11, 2 § 306), ist begreiflich; es beweist aber nicht, dass Herodes dafür, wie die Kläger behaupteten, die Steuern angewendet hatte. Interessant ist Josephus' Bericht aus dem 17. Jahr von Herodes' Regierung: „Damals liess Herodes auch seine Untertanen den dritten Teil der Abgaben nach, angeblich, um ihnen die Möglichkeit zu bieten, sich nach der langen Unfruchtbar-keit des Landes wieder zu erholen, in Wahrheit aber, um sich ihre Zuneigung zu sichern. Denn über seine Unternehmungen, durch welche Religion und Sitte unter-graben zu werden drohten, waren sie sehr unwillig und das ganze Volk sprach davon mit Erbitterung und Erregung. Einen Aufruhr aber suchte er dadurch zu vereiteln, dass er seinen Untertanen jede Gelegenheit dazu benahm und sie zu beständiger Arbeit anhielt" [13]. Nicht die Steuerlast, sondern die von Herodes ein-geführten fremden Sitten — Theater, Stadion usw. —, waren es, an denen die Juden

[9] Wir zitieren WILHELM BOUSSET: „Die ganze Politik des Herodes, seine ständigen Reisen an den römischen Hof, der glänzende Empfang des Agrippa in Jerusalem, der Besuch, den Herodes dem Agrippa in Kleinasien abstattete, seine zahlreichen Schenkungen an hellenistische Städte, die kost-baren Bauten, die er dort aufführte, — das alles wurde von Herodes, wie es scheint, mit dem bewussten Zweck betrieben, seinem Volke im römischen Reich eine günstige Position zu sichern, wenn dies freilich auch in der missgünstigen Darstellung des Josephus nicht heraustritt. Jedenfalls hatte die Politik des Herodes unstreitig diesen Erfolg. Wenn er durch seine Freigebigkeit dazu half, dass die olympische Spiele wieder in würdiger Weise gefeiert wurden, und wenn er selbst dafür zum Kampf-richter in Olympia ernannt wurde, so war das zwar für die jüdischen Frommen ein Aergernis, aber für das Judentum in der Diaspora bedeutete es viel" (*Die Religion des Judentums im späthellenistischen Zeitalter*[3], Neudruck, 1966, 66).

[10] Polyb. XXVI, 1. 10; Liv. XLI, 20, 8, bei M. WELLMANN, *Antiochos IV. Epiphanes*, PWK, I, 1894, Sp. 2470, womit er sich „als begeisterten Verehrer des Hellenentums dokumentierte" (*ibid.*).

[11] JOSEF DURM, *Die Baukunst der Griechen*, 1910, 503 und Abb. 446 a, Grundriss; in unserer Zeit von den Amerikanern wiederaufgebaut, heute Agora Mus.; siehe weiter unten II, Abschn. E: Die königliche Halle (des Herodes).

[12] ABRAHAM SCHALIT, *König Herodes*, 1969, 262; *Antiq.* XV, 5, 1 § 109, 6, 7 § 199 f., 9, 3 § 318, 11, 1 § 387; *Bell. Jud.* I, 20, 3 § 394. Siehe SCHALIT, S. 257 ff.: Der Privatbesitz des Königs.

[13] *Antiq.* XV, 10, 4 §§ 365-366.

sich ärgerten. Die Bemerkung, Herodes habe die Juden zu beständiger Arbeit angehalten, beweist, dass wir Herodes' Bautätigkeit auch im Lichte der Arbeitsvermittlung zu sehen haben.

Als wir im I. Bande über Salomos Bautätigkeit sprachen, konnten wir darauf weisen, dass es während Salomos vierzig Jahre dauernder Regierung nur einmal zu einer Revolte gekommen ist; die Lasten, welche dem Volke für die Ausführung der vielen Bauten aufgelegt wurden, haben das Ertragbare sicher nicht überstiegen (Bd. I, 1970, S. 114). Ähnlich urteilt OTTO über Herodes' Regierung. „Und selbst wenn wir nichts weiteres wüssten, als dass die Juden trotz ihres erbitterten Hasses fast ein Vierteljahrhundert lang keinen Aufstand gegen H. gewagt haben, während sie sich nach seinem Ableben sofort in hellen Scharen erhoben, so müssten wir schon hieraus die glänzende Regierungskunst des Königs erschliessen" (*l.c.*, Sp. 152). Statt „sie haben keinen Aufstand gewagt", möchten wir eher sagen, hatte es offenbar keinen Grund für einen Aufstand gegeben. Dass nach Herodes' Tode Aufstände ausbrachen, wird wohl auch damit zusammenhängen, dass es damals zahlreiche Arbeitslose gegeben haben muss (*Antiq.* XX, 9, 7 §§ 219 ff.), die vormals durch Herodes' Bautätigkeit Arbeit gefunden hatten. OTTO weist doch auch darauf hin, dass „selbst in der Zeit der kaiserlichen Ungnade, wo sich alle Gegner des Königs rührten, und sogar seine Absetzung in den Bereich der Möglichkeit gerückt erschien, ( ) das jüdische Volk keine Beschwerde gegen seinen Herrscher bei Augustus erhoben (hat), bei dem Hass gegen ihn doch wohl aus keinem anderen Grunde, als weil eben die königliche Verwaltung keinen Anhalt zu wirklichen Klagen geboten hat" (*l.c.*, Sp. 152). Wenn ABRAHAM SCHALIT, der wie WALTER OTTO Herodes' Bautätigkeit zu Recht günstig beurteilt, unter Hinweis auf *Antiq.* XVII, 11, 2 § 307-308, *Bell. Jud.* II, 6, 2 § 85 sagt, „dass Herodes bemüht war, möglichst grosse Summen aus dem Volke herauszupressen" (*o.c.*, 264), ist hier selbstverständlich doch nur an die wohlhabende Klasse zu denken. Wir dürfen ruhig annehmen, dass die wohlhabende Klasse sich — wie oft — auf Kosten des Volkes bereichert hatte. Die aus dieser Klasse herausgepressten Summen sind durch Herodes' Bautätigkeit dem Volke zugute gekommen. Dass der Hass der Juden gegen Herodes nicht aus einer überhöhten Steuerlast zu erklären sei, betont auch W. FOERSTER. „An Steuern hat er aus seinem Reiche nicht mehr herausgezogen, als es auch vor und nach ihm aufbrachte" (*Herodes und seine Nachfolger*, *RGG*, III, 1959, 266-269, Sp. 268).

1. *Bauten in Jerusalem* (ausser dem Tempel). Als Herodes 37 v. Chr. Jerusalem erobert hatte, bezog er aller Wahrscheinlichkeit nach den vermutlich von Alexander Jannäus gebauten, von Alexandra und ihren Söhnen Aristobul und Hyrkan bewohnten Palast der Hasmonäer. Reste des Palastes sind nicht erhalten, es unterliegt

aber nicht dem Zweifel, dass er westlich des Tempelplatzes gelegen haben muss [14]. Die älteren Hasmonäer hatten in der nördlich des Tempelplatzes gelegenen Burg Baris (siehe oben Kap. X), gewohnt und Herodes hatte dann, wahrscheinlich zwischen 37-35 v. Chr., die alte Burg zu einem Palast ausgebaut und nach seinem Gönner Antonius benannt [15]. Daraus folgt, dass Antonia vor 31 v. Chr. (Schlacht bei Actium) vollendet gewesen sein muss (siehe über die Antonia weiter unten Abteilung II., Abschnitt G).

Vermutlich vor 30 v. Chr. baute Herodes in Jerusalem ein Grab (29 v. Chr. liess er seine Frau Mariamne töten), eine vier unterirdische, aus dem Felsen gehaue Räume enthaltende Anlage, oben mit Säulenkranz. Bei der Entdeckung des Grabes 1891 gab es noch Reste des Oberbaues [16]. VINCENT hat die Grabkammer eingehend beschrieben (*Jérusalem*, I, 1954, 342 s., Pl. LXXXII, Plan). Die Deckel der Särge sind verziert mit Rankenwerk und Rosetten (VINCENT, *o.c.*, I, *Atlas*, Pl. LXXXIV-LXXXV), „conformes à l'art juif de la période romaine" (ABEL, *l.c.*, 64). Die Identifizierung des Grabes beruht auf zwei Notizen bei Josephus (*Bell. Jud.* V, 3, 2 § 108; 12, 2 § 506). VINCENT hatte den Plan, das Problem des Grabes in Chap. XXIV zu erörtern (*o.c.*, I, 342, n. 6), ist dazu freilich nicht gekommen.

Vor 28 v. Chr. baute Herodes in Jerusalem ein Theater, wovon Reste südwestlich von Bir Ayub, nördlich der Wadi Jassul, gefunden sind [17], und ein Amphitheater (*Antiq.* XV, 8, 1 § 268). „Beide Bauwerke zeichneten sich durch grosse Pracht aus, standen aber mit den jüdischen Sitten im Widerspruch, da die Juden die Einrichtung der Schau- und Kampfspiele von ihren Vorfahren nicht überkommen hatten" (*id.*). Dass Theater und Amphitheater auch von Juden besucht wurden, darf man wohl annehmen, denn es heisst bei Josephus: „wenn sie auch alles andere noch ertragen konnten, so durften sie doch die Bildsäulen von Menschen (womit sie die Trophäen meinten) in der Stadt nicht dulden" (*Antiq.* XIV, 8, 2 § 277) [18]. Unter allem anderen sind doch wohl auch der Kampf von wilden Tieren und der Kampf zwischen wilden Tieren und Menschen (§ 273-274) zu verstehen. SCHALIT meint, dass Herodes in

[14] Es folgt aus *Antiq.* XX, 8, 11 §§ 189-193, wo berichtet wird, dass Agrippa (II) von einem auf dem Palast erbauten Saal aus in den Tempelhof schaute und die Juden, um dies zu verhindern, eine hohe Mauer auf der Westmauer der Tempelanlage errichteten.

[15] VINCENT, *RB*, 61, 1954, 104; Soeur MARIE ALINE DE SION, *La Forteresse Antonia à Jérusalem*, 1955, 21.

[16] *PEF QuSt*, 1892, 115-120; *ZDPV*, 16, 1893, 202-205, bei F. M. ABEL, *Exils et Tombeaux des Herodes*, *RB*, 53, 1946, 56-74, p. 64 s.; Ders., *Histoire de la Palestine*, I, 1952, 367 s.

[17] CONRAD SCHICK, *PEF QuSt*, 1887, 161-166; SCHALIT, *König Herodes*, 1969, 371.

[18] Es handelt sich um „anthropomorphe" Trophäen, bei denen die Waffen der Überwundenen an einen Pfahl aufgehängt werden. Die Leute sahen darin Menschenbilder, weshalb Herodes, um sie vom Gegenteil zu überzeugen, die „Ornamente" einmal abnehmen liess; es folgte darauf ein Gelächter (§ 279).

Jerusalem „aktische Spiele" einführte: „Spiele von Actium", die in Nikopolis 28 v. Chr. „zu Ehren des Sieges des Augustus über Antonius" aufgeführt worden sind (SCHALIT, *o.c.*, 371). Josephus erwähnt auch eine Rennbahn in Jerusalem (*Antiq.* XVII, 10, 2 § 255; *Bell. Jud.* II, 3, 1 § 44).

Einige Jahren später (24, 23 v. Chr.) baute Herodes sich in der Oberstadt, also verhältnismässig weitab vom Tempel, einen neuen Palast. Die Antonia lag nahe dem Tempel. „La proximité très étroite de son palais [*sc.* Antonia] et du Temple l'exposait journellement à l'animadversion d'un personnel méticuleux dont la malveillance pour sa vie trop peu légaliste n'était pas toujours dissimulée"[19]. Josephus erwähnt den Palast *Bell. Jud.* I, 21, 1 § 402 und beschreibt ihn V, 4, 4 §§ 176-182 (vgl. *Antiq.* XV, 9, 3 § 318).

Auf der Nordseite standen drei in der Stadtmauer stehende Türme, benannt nach Herodes' Freund Hippikus, seinem Bruder Phasael und seiner 29 v. Chr. getöteten Gemahlin Mariamne (V, 4, 3 §§ 161-4 § 176). Die Türme hatten einen massiven Unterbau (Hippikus 25 × 25 Ellen, 30 Ellen hoch; Phasael 40 × 40 Ellen, 40 Ellen hoch) und einer von ihnen, wahrscheinlich Phasael, ist als der „Davidsturm" (Abb. 230) der Zitadelle von Jerusalem (Abb. 231) erhalten[20]. Die Steine haben zwar nicht die übertriebene Grösse, welche Josephus ihnen zuschreibt (20 Ellen lang, 10 Ellen breit und 5 Ellen hoch; *Bell. Jud.* V, 4, 4 § 175), sie sind aber „mit ungefähr 2½ Ellen Breite und Höhe und 5 Ellen Länge von stattlicher Grösse" (WATZINGER, *Denkmäler Palästinas*, II, 1935, 33). Über Bearbeitung der Quadern sagt WATZINGER: „Die in vorzüglichen Fugenschluss verlegten Quadern mit leicht erhöhtem Spiegel sind mit einem schmalen Randschlag an den Stossfugen, einem breiteren an den Lagerfugen versehen und auf der ganzen Oberfläche mit einem Zahneisen fein gepickt. Die Form der Spiegelquader, die schon in der späthellenistischen Zeit aufkommt, erreicht damit bei den Bauten des Herodes ihre höchste technische Verfeinerung" (*l.c.*). Die vorzügliche Qualität des herodianischen Mauerwerks war, wie wir Kap. XII. gesehen haben, auch an den herodianischen Schichten der Ḥarāmmauer festgestellt worden. Am Unterbau des Turmes Phasael war rundum eine 10 Ellen hohe Halle, geschützt durch Mauerschilde und Vormauern (στοὰ δεκάπηχυς τὸ ὕψος θωρακίοις τε καὶ προβόλοις σκεπομένη *Bell. Jud.* V, 4, 3 § 167-168). Aus der Mitte des Turmes erhob sich ein Stockwerk (bei Josephus heisst es „ein anderer Turm": πύργος ἕτερος, *ibid.*), das die königlichen Gemächern und ein Bad enthielt. Die Gesamthöhe war 90 Ellen (V § 169). WATZINGER betont, dass das Motiv des Umganges hier zum erstenmal in der Baugeschichte bei Türmen bezeugt ist (*o.c.*, 33; vgl. HERMANN THIERSCH, *Pharos*, 1909, 33). Einen Wehrgang, wenn auch nicht

---

[19] VINCENT, *L'Antonia, palais primitif d'Hérode*, RB, 61, 1954, 87-107, p. 106.
[20] Siehe SIMONS, *Jerusalem in the Old Testament*, 1952, 266 ff. und Fig. 36, p. 267.

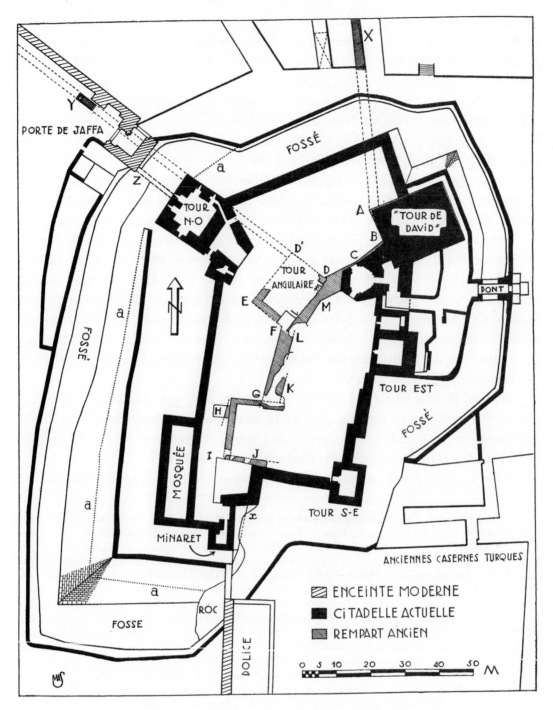

Abb. 231. Die Zitadelle in Jerusalem, Plan. (L. H. VINCENT)

überdeckt, meinten wir Bd. I, 1970, Abb. 96, S. 389 am Tempel von Sichem (MB) annehmen zu dürfen. Das Absetzen des Oberstockes am Turm Phasael wird den Josephus wohl, wie WATZINGER betont, zu dem Vergleich mit dem Pharos von Alexandrien veranlasst haben (*l.c.*; *Bell. Jud.* V, 4, 3 § 169). Der Umfang des Turmes war aber, sagt Josephus, viel grösser als der des Pharos (*ibid.*) [21].

Der eigentliche Palast war von einer 30 Ellen hohen, mit Türmen ausgestatten Ringmauer umgeben (V, 4, 4 §§ 177 ff.). Er enthielt grosse Speisesäle für hunderte von Gästen mit reich verzierten Decken. Die zwei grössten und schönsten, deren Pracht sagt Josephus die des Tempels noch übertraf, benannte Herodes nach seinen Freunden Caesareum und Agrippeum (*Bell. Jud.*, I, 21, 1 § 402; *Antiq.* XV, 9, 3 § 318). Der Palast hatte daneben zahlreiche Gemächer in grosser Verschiedenheit der Formen (οἴκων δὲ πλῆθος καὶ διαφοραὶ σχημάτων περὶ τούτους μυρίαι; § 179). Es gab auch viele Peristylhöfe, jeder mit eigener Säulenform (§ 180); der nicht bebaute Teil des Palastes war offenbar ein Garten (§ 180. 181). Dass Herodes sowohl ionische als korinthische Säulen anwendete, wissen wir aus Masada (siehe weiter unten Nr. 3: Masada). Mit περίστοα δὲ δι᾽ ἀλλήλων ἐν κύκλῳ πολλά (§ 180) werden u.E. Peristylhöfe gemeint sein [22]; da ist es interessant, dass in Masada, das mindestens zehn Jahre vor der Errichtung des Palastes in Jerusalem gebaut wurde, der Peristylhof fast ganz fehlt (siehe unten Nr. 3).

Josephus' Beschreibung des Palastes reicht nicht aus, sich eine klare Vorstellung von dem Prachtbau zu machen und Reste sind kaum erhalten. Bei neueren Ausgrabungen in der Zitadelle von Jerusalem (Abb. 231) wurde hier eine massive aus der Zeit des Herodes datierende Plattform festgestellt (Strata V-IV) und diese Plattform kann nach der Meinung der Ausgräber zum allgemeinen Plan des Palastes

---

[21] Nach HERMANN THIERSCH war der Pharos, der an der Stelle des Fortes Kait-bey gestanden hatte, rund 30 × 30 m (100 griech. Fuss) (*Pharos, Antike und Occident. Ein Beitrag zur Architekturgeschichte*, 1909, 81), also beträchtlich grösser als Phasael. Dieser hatte mit dem Pharos gemein „das wagerechte Absetzen einzelner, nach oben zurücktretender Stockwerke mit Terrassenumgängen" (*id.*, S. 33). Als Architekt des Pharos wird Sostratos aus Knidos genannt; der Bau wurde unter Ptolemaios I. Lagos begonnen, im Anfang der Regierung des Ptolemaios Philadelphos rund 280 v. Chr. vollendet (*id.*, S. 31-32). Der Turm soll 120 m hoch gewesen sein und er hat bis im 14. Jahrh. bestanden „où sa ruine fut achevée par un tremblement de terre" (P. LAVEDAN, *Dict. illustré de la Mythologie et des Antiquités grecques et romaines*, 1931, 749 s., Art. *Phare*). Arab. Schriftsteller haben den Pharos beschrieben (THIERSCH, *o.c.*, 31 f.: Schriftquellen). — Siehe auch CH. PICARD, *Sur quelques représentations nouvelles du Phare d'Alexandrie*, BCH, LXXVI, 1952, 61-95, bes. 68 ss.

[22] MICHEL-BAUERNFEIND übersetzen die betreffende Stelle wie folgt: „Ringsherum führten viele Säulenhallen, die in einander übergingen; in jeder waren die Säulen verschieden" (*De Bello Judaico*, II, 1, 1963, z.St.). Wir halten „Ringsherum" für verfehlt; ἐν κύκλῳ bezieht sich u.E. auf die rundherumgehenden Hallen eines Peristylhofes, also auf „die in einander übergingen". Dass es mehrere Peristylhöfe gab, folgt aus „in jeder waren die Säulen verschieden"; dass es in einem Peristylhof verschiedene Säulen gab, ist kaum denkbar. — Zweifellos verfehlt ist, was CLEMENTZ widergibt: „eine grosse Anzahl ineinander verschlungener kreisförmiger Galerien" (z.St.).

gehört haben: die hier gelegenen Räume könnten Kaserne, Dienerräume, Magazine und Arbeitsräume, zum Palast gehörig, gewesen sein [23].

2. *Herodeion*. Josephus berichtet, dass Herodes, als er 40 v. Chr. auf seiner Flucht vor den Parthern an einem Ort 60 Stadien von Jerusalem seine Verfolger bei einem Treffen geschlagen hatte, an diesem Ort später zum Andenken des Sieges eine Ortschaft gründete, die er mit den prächtigsten Palästen schmückte, sie durch eine sehr starke Burg befestigte und nach seinem Namen Herodeion benannte (*Bell. Jud.*, I, 13, 8 § 265). Die Gelehrten waren seit langem darüber einig, dass diese Burg identisch ist mit dem südlich von Bethlehem gelegenen Ort D s c h e b e l - e l - F u r e i d i s (bei den Europäer bekannt als „Frankenberg"). Josephus hat die Burg I § 420-421 beschrieben. Es heisst u.a.: „Er umgab die Spitze [des Hügels] mit runden Türmen und errichtete innerhalb den Mauern so kostbare königliche Paläste, dass nicht nur das Innere der Gebäude einen glänzenden Anblick bot, sondern auch die Aussenmauern, Zinnen und Dächer mit verschwenderischem Reichtum überschüttet waren" (§ 420; Übers. MICHEL-BAUERNFEIND, z.St.). Eine Treppe von 200 Stufen aus weissem Marmor führte aussen zum Palast empor (*ibid.*). Die von italienischen (1962), später von Israeli-Archäologen dort ausgeführten Ausgrabungen haben Josephus' Beschreibung in der Hauptsache bestätigt. Die kreisrunde Burg (Abb. 232) hat einen äusseren Durchmesser von 62 m (200 Fuss), mit aussen (Nord, Süd und West) drei halbrunden Türme [24]. Innerhalb des Ringes gibt es einen rundherumgehenden Korridor. Die innere Ringmauer ist als die eigentliche Stützmauer zu deuten. Nach den Ausgräbern könnte das Fundament der Aussenmauer wohl 25 m tief liegen, „car tout le pourtour de la forteresse est recouvert d'un terre-plein à escarpe d'origine hérodienne" (*l.c.*, 260). Von den ausgegrabenen Räumen (im

[23] RUTH AMIRAN- A. EITAN, *Excavations in the Courtyard of the Citadel, Jerusalem, 1968-1969, Prel. Rep.*, IEJ, 20, 1970, 9-17, p. 13. 17; Dies., *Excavations in the Jerusalem Citadel, Jerusalem Revealed*, 1975, 52-54; D. BAHAT and M. BROSHI, *Excavations in the Armenian Garden, id.*, 55-56. Die Plattform auf der der Palast stand, scheint 130 m breit und 300-350 m lang gewesen zu sein (p. 55, n*); die Plattform war aus einem Netzwerk von Mauern mit Füllung aufgebaut (p. 56). Reste vom Oberbau sind nicht erhalten (*id.*).

[24] *RB*, 71, 1964, 258-263: *Gebel Fureideis*, R. P. V. CORBO; Ders., *The Excavation at Herodium*, *Qadmoniot*, I, 4, 1968, 132-136, hebr., Fig. p. 135, Plan. Die Aussenmauern des Palastes ruhen auf unterirdischen überwölbten Kammern, die möglicherweise als Magazine (storage) gedient haben (G. FOERSTER, *IEJ*, 19, 1969, 123-124). Der Plan auch in *IEJ*, 20, 1970, Fig. 4, p. 64, R. GRAFMAN. Über die Ausgrabungen des unteren Palastes: E. NETZER, *Recent Investigations at Lower Herodium*, *Qadmoniot*, VI, 3-4 (23-24), 1973, 107-110, Fig. 1, p. 107, hebr.; Ders., in *RB*, 80, 1973, 419 s. — A. SEGAL, *Herodium and the Mausoleum of Augustus*, IEJ, 23, 1973, 27-29; Ders., *Qadmoniot*, VII, 1974, 46-49, hebr. — Nach Josephus baute Herodes zwei Herodeion genannten Burgen, eine im Gebirge nach Arabien zu und eine 60 Stadien von Jerusalem entfernt (*Bell. Jud.* I, 21, 10 § 419); das erste Herodeion ist unbekannt, das zweite, „Frankenberg", liegt beim Dorfe Teqoʿa, 5 km südöstlich von Bethlehem.

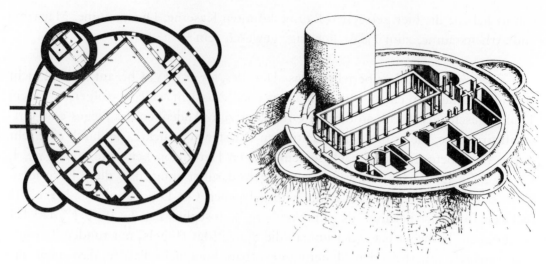

Abb. 232. Das Herodeion, Plan.

Inneren der Burg) ist besonders das nach römischer Art gebaute Bad zu nennen.
Es enthält apodyterium, frigidarium, tepidarium und caldarium. Die Wände haben
Stucko und eine Dekoration im letzten (? Verf.) pompejanischen Stil (p. 260). Auch
an diesem Bau gab es ionische und korinthische Kapitelle. Am Fuss der Burg errichtete Herodes, wie Josephus berichtet und nun auch durch Ausgrabungen bestätigt worden ist, noch weitere Paläste, für Hofhaltung und Gefolg [25]. Die ganze
Anlage glich einer verstärkten Stadt mit dem Umfang eines Palastes (§ 421). „Und
wirklich hat es den Anschein, dass Herodes dem Herodeion südlich Jerusalems
zugleich die Aufgabe eines militärischen Stutzpunktes, eines privaten Prunkschlosses
und eines Grabmales zugedacht hat" [26]. Im Herodeion ist Herodes (4. v. Chr.)
begraben worden (*Antiq.* XVII, 8, 3 § 199). Die kreisrunde Form dürfte aus dem
Zweck des Baues als Grabmal zu erklären sein und lasst sich wohl auf das Mausoleum des Augustus (28 v. Chr.) auf dem Märzfelde in Rom zurückführen. Das
Mausoleum „si componeva di un alto tamburo a corridoio annulare di m. 88 di
diametro ..." (G. T. RIVOIRA, *Architettura Romana*, 1921, 12). Den oberen Teil —
ein terrassierter Erdhügel mit Zypressen — krönte eine Kolossal-Statue des Augustus. A. SEGAL ist der Meinung, dass das Herodeion zwischen 24-22 und 15 v. Chr.
zustande gekommen ist [27]; das Mausoleum in Rom ist 28 v. Chr. vollendet worden.

---

[25] „Il semble donc que la colline supérieure de l'Hérodium — qui en soi réalise un projet de
grande envergure — n'est en fait qu'un élément dans un ensemble architectural plus vaste" (*RB*, 80,
1973, 419 s., 421, E. NETZER). Bei Plinius heisst es: „Herodium cum oppido illustri eiusdem nominis"
(*Hist. Nat.* 5, 14 [15], 70, bei MICHEL-BAUERNFEIND, I, 1959, 419, Anm. 200).
[26] SCHALIT, *König Herodes*, 1969, 357.
[27] *IEJ*, 23, 1973, 27-29, p. 27, Fig. 1, p. 28 und Pl. 4-5.

„The Mausoleum of Augustus is therefore the only building known to us today which is very similar to Herodium ..." (*l.c.*, p. 28). Herodes sah das Mausoleum „during his many visits to Rome and it is therefore quite possible that he was later influenced by it" (*id.*, p. 29; Fig. 1, p. 28: The Mausoleum of Augustus; Plan und Schnitte)[28]. SEGAL betont aber auch die Unterschiede zwischen beiden Grabmalen: das Mausoleum is auf flachem Boden errichtet, „in imitation of a tradional tumulus with sloping sides, unten mit einem Durchmesser von 87 m (*id.* p. 29); das Herodeion ist gebaut „on a fairly high mountain" (*id.*). Der Bau wird, wie auch SEGAL meint, von Anfang an als Grab bestimmt gewesen sein (*l.c.*, p. 29)[29].

3. *Masada*. Josephus berichtet, dass Herodes das Volk mit Festungen umgab, damit es nicht nach Belieben Unruhen erregen konnte (*Antiq.* XV, 8, 5 § 295). Herodes, Idumäer und Hellenenfreund, lebte mit dem grössten Teil seiner Untertanen in Feindschaft. „Diese Feindschaft machte es für Herodes zu einer Notwendigkeit, sich vor seinen inneren Gegner ebenso wie vor den äusseren zu schützen" (SCHALIT, *König Herodes*, 1969, 340). Die bedeutendsten von Herodes gebauten Festungen — Masada, Hyrkania, Alexandreia, Machärus — stammen aus der Periode der Hasmonäer und sind von Herodes neu aufgebaut bzw. ausgebaut worden. Wir beschränken uns auf eine kurze Beschreibung von Masada, dessen Ruinen schon seit mehr als einem Jahrhundert von verschiedenen Reisenden besucht (siehe Y. YADIN, *Masada. Herod's Fortress*, 1967, 239 ff.: The pioneers), dann durch die Schultensche Expedition besser bekannt geworden sind, jedoch erst seit 1955 in mehreren von Israeli-Archäologen ausgeführten Kampagnen genau aufgenommen bzw. ausgegraben worden sind[30]. Den Ruhm dankt Masada (*es-Sebbe*) bekanntlich

[28] Das Mausoleum von Augustus ist 1934 ff. restauriert worden, siehe BANISTER FLETCHER, *A History of Architecture*[10], 1938, 179 und Fig. B, p. 182: Rekonstruktion; vgl. ROBERTSON, *A Handbook of Greek and Roman Architecture*, 1929, 266. — MARIE-LOUISE BERNHARD ist der Meinung, dass das Grabmal des Alexander des Grossen den Augustus zum Bau des Mausoleums inspiriert habe. „Il semble incontestable que la magnifique nécropole des Ptolemées à Alexandrie ait inspiré à Auguste l'idée d'un mausolée comparable" (*Topographie d'Alexandrie*: *Le Tombeau d'Alexandre et le Mausolée d'Auguste*, Rev. Archéologique, XLVII, 1956, 129-156, p. 154). Augustus baute das Grabmal zu seinen Lebzeiten, was kein römische Sitte war (p. 153).
[29] E. J. VARDAMAN ist anderer Meinung. Herodes' „burial chamber seems to be one of its incidental features and has not yet been found... Basically, Herodium is closely related in architecture, function and design to Herod's other fortress-palaces" (*Herodium*: *A Brief Assessment of Recent Suggestions*, IEJ, 25, 1975, 45-46, p. 46). VARDAMAN betont, dass das Herodium auf einen neuen Bauplatz errichtet wurde, Herodes war also „free to utilise a modern circular plan" (*l.c.*). Die Rundform des Herodium könnte nichtsdestoweniger, wie SEGAL meint, durch das Mausoleum von Augustus inspiriert gewesen sein.
[30] Masada, von Josephus *Bell. Jud.* VII, 8, 3 §§ 280-294 eingehend beschrieben, ist nach F. M. ABEL 1842 von ELI SMITH lokalisiert (*Géographie de la Palestine*, II, 1938, 380), nach A. SCHULTEN 1838 von ROBINSON entdeckt worden (*ZDPV*, 56, 1933, 1). ELI SMITH war ein Reisegenosse ED.

dem Umstand, dass sich hier 73 n. Chr. das Schlussdrama des ersten jüdischen Krieges gegen Rom abgespielt hat, über das Josephus uns ausführlich berichtet [31] und das durch die neueren Ausgrabungen in ein helles Licht gestellt wurde. Über die Ausgrabungen liegen nur vorläufige Berichte und für den allgemeinen Leser bestimmte Bücher vor (Anm. 30).

Josephus hat die Burg *Bell. Jud.* VII, 8, 3 §§ 280-294 beschrieben. Der von ihm genannte Jonathas (§ 285), der auf dem nahe dem Toten Meer gelegenen hohen Felsen [32] eine Festung baute, dürfte Alexander Jannäus sein (vgl. SCHALIT, *o.c.*, 343 f.). Zu dieser Festung wandte sich Herodes 40 v. Chr. mit seiner Familie, als er sich aus Jerusalem flüchtete, um sich dann über Alexandrien nach Rom zu begeben und als vom Senat ernannter König von Judäa zurückzukehren (40 v. Chr.). Herodes baute Masada für sich selbst aus als Zufluchtsort, „da er eine doppelte Gefahr sah: die eine von seiten des jüdischen Volkes, von dem er befürchtete, es möchte ihn stürzen und das frühere Königshaus wieder auf den Thron bringen; die grössere und bedenklichere Gefahr aber von seiten der ägyptischen Königin Kleopatra. Diese drängte nämlich bei Antonius beständig darauf, er soll Herodes ermorden

---

ROBINSON's (SCHULTEN, 30 ff.). Über die neueren Ausgrabungen siehe: M. AVI-YONAH, N. AVIGAD, Y. AHARONI, I. DUNAYEVSKY, S. GUTMAN, *Masada. Survey and Excavations* 1955-1956, *IEJ*, 7, 1957, 1-60; *AfO*, XVII, 2, 1956, 458 f.; *Ariel*, 8, 1964, 44 ff.; BENO ROTHENBERG, *Masada. Based on the story told by Flavius Josephus*, 1964 (schöne Bilder und Rekonstruktionen); Y. YADIN, *The Excavation of Masada, Prel. Rep., IEJ*, 16, 1965, Nr. 1-2; *RB*, 72, 1965, 563-570, nach *ILN* 31 okt. 1964, YADIN; Ders., *Herodes Paleisburcht en het laatste bolwerk der Zeloten, Phoenix*, XI, 1965, 191-204 (*id.*); Ders., *Masada. Herod's Fortress and the Zealot's Last Stand²*, 1967 (p. 38-39 General plan of Masada); L. FINKELSTEIN, *Masada, The Jewish Mus.*, New York, 1967, 12-15; YADIN, *The Excavations at Masada, id.* p. 19-32.

[31] *Bell. Jud.* VII §§ 304-401. — SALOMON ZEITLIN hat über die Verteidiger von Masada, die sich, um nicht in die Hände der Römer zu fallen, selbst umbrachten (§§ 391 ff.), ein ungünstiges Urteil ausgesprochen. „The fortress Machaerus was heroically defended and the Romans suffered heavily. The Sicarii in Masada did not fight the Romans. Wenn Masada was besieged by the Romans the Sicarii committed suicide. By this act Masada was given to the Romans without a fight and without the loss of a single Roman soldier. The story of Masada is an inglorious chapter in the history of the Judaean war for independence" (*JQR*, LIX, 1969, 339). Beifall wird ZEITLIN nicht finden, weder bei Israelis, noch anderen. Richtig sagte ADOLF SCHULTEN: „Was sollte man tun? Mit dem Schwert in der Hand einen Ausfall machen? Aber ein Sieg war unmöglich und der Tod ungewiss, dagegen um so gewisser die Marter der Gefangenschaft: den Bestien vorgeworfen, ans Kreuz geschlagen, im besten Fall in die Bergwerke zu lebenslänger Fronarbeit verdammt zu werden. Da gab Eleasar die Hoffnung auf" (*ZDPV*, 56, 1933, 177). — Es ist übrigens auch nicht richtig, was ZEITLIN über Machärus (beim Dorf Merkawer) sagt. Nach Josephus (*Bell. Jud.* VII §§ 197 ff.) wurde die Festung noch vor Beendigung der Schanzarbeiten übergegeben. Die Juden flüchteten sich in den Wald Jardes (nicht lokalisiert), wo es zum Kampf zwischen Juden und Römern kam. Dabei sind nur 12 Römer getötet worden, während alle Juden, nicht weniger als 3000, das Leben verloren. Siehe auch A. STROBEL, *Das römische Belagerungswerk um Machärus. Topogr. Untersuchung, ZDPV*, 90, 1974, 128-184. — Über das röm. Belagerungswerk um Masada handelt I. A. RICHMOND, *The Roman Siege-works of Masada, Journal of Roman Studies*, 52, 1962, 142-155 (bei STROBEL, *l.c.*).

[32] Mehr als 300 m über der Umgebung, SCHULTEN, *l.c.*, 53 ff.: Topographie, S. 58.

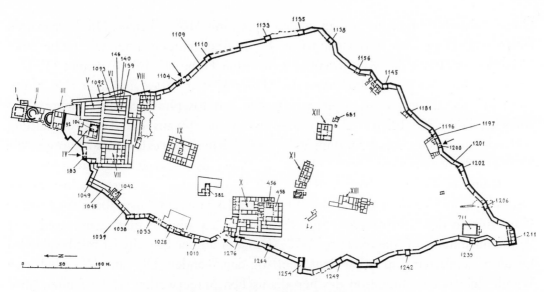

Abb. 233. Masada, Plan. (Y. Yadin)

lassen und ihr das Königreich Judäa schenken" (*Bell. Jud.* VII, 8, 4 §§ 300-302).
Herodes war der Kleopatra verhasst als König des Landes, das früher zum Herrschaftsbereich der Ptolemäer gehört hatte (Schalit, *o.c.*, 120). Daraus ergibt sich,
dass Herodes die Festung zwischen 37-31 v. Chr. (31 v. Chr. Seeschlacht bei Actium)
verstärkt hat, denn 30 v. Chr. töteten sich Antonius und bald darauf Kleopatra.
Nicht alle Bauten von Masada brauchen aber vor 31 v. Chr. zustande gekommen zu
sein und aus architekturgeschichtlichen Gründen lässt sich auch, wie wir unten
sehen werden, wahrscheinlich machen, dass der schöne, sozusagen am Felsen
hängende Nordpalast als die jüngste Schöpfung auf Masada aufzufassen ist. Für
Herodes galt es natürlich, als erstes die Festung zu ummauern.

Nach Josephus umzog Herodes den Gipfel des Felsens mit einer zwölf Ellen
hohen und acht Ellen breiten, aus Quadern erbauten Ringmauer. Im Herz der
Mauer gab es „Wohnungen". Wir wissen, dass damit eine Kasemattenmauer gemeint ist und durch die neueren Ausgrabungen ist sie gut bekannt geworden [33].
Y. Yadin hat sie eingehend beschrieben (*IEJ*, 15, 1965, 69-98; Plan der Festung
gegenüber Pl. 24; hier Abb. 233). Der Umfang der Umfassungsmauer, die Bie-
gungen eingerechnet, beträgt 1400 m oder in gerader Linie 1300 m, was genau dem
von Josephus genannten Umfang (7 Stadien; *Bell. Jud.* VII, 8, 3 § 286) entspricht
(Yadin, *l.c.*, 69 und n. 45; siehe Busink, Bd. I, 1970, 126, Anm. 144). Hauptmauer
und Sekundärmauer sind aus Dolomitblöcken, „typical of all Herodian structures"

---

[33] Über Kasemattenmauern siehe Bd. I, 1970, 121 ff. und 127, Anm. 147; Abb. 34, S. 126: Hazor.
— Nancy L. Lapp, *Casemate Walls in Palestine*, *BASOR*, 223, 1976, 25-42.

(d.h. in Masada) aufgebaut und an beiden Seiten mit Mörtel belegt. Die Kasematten haben eine Höhe von durchschnittlich 4-5 m was, eingerechnet die Höhe eines Geländers, wohl zu der von Josephus genannten Höhe (12 Ellen) stimmt (YADIN, *l.c.*, 69, n. 48). Nach Josephus hatte die Mauer 37 Türme, es sind aber nur 27 mit Sicherheit identifiziert worden (*id.*, p. 70). Die von Josephus genannte, sicher über-triebene, Höhe (50 Ellen = 23 m) lässt sich vielleicht aus der Terraingestaltung erklären: die Mauer stand rundum nicht auf gleichem Niveau und so konnten die Türme an höher gelegenen Stellen höher scheinen, als sie tatsächlich waren (YADIN, *l.c.*, 70 und n. 49). Vier Tore sind ermittelt worden: das Schlangenpfadtor an der Ostseite [34]; ein Tor in der Mitte der Westseite; das von den Ausgräbern sogenannte Wassertor an der Nordwestecke und das Südtor, „a kind of inner gate, used only by the inhabitants of Masada (*l.c.*, 71-72). Das Tor an der Ostseite ist mit behauenen Quadern gepflastert und es hat Bänke entlang den Wänden. Die mit Mörtel belegten Wände zeigen eine Imitation des herodianischen Mauerwerks. Bänke fehlten übri-gens nur am Südtor.

Herodes erbaute sich, sagt Josephus, einen Palast (βασίλειον) am westlichen Auf-gang (κατὰ τὴν ἀπὸ τῆς ἑσπέρας ἀνάβασιν), unterhalb der Mauern des Gipfels (ὑποκάτω μὲν τῶν τῆς ἄκρας τειχῶν), nach Norden zu (πρὸς δὲ τὴν ἄρκτον ἐκκλίνον, *Bell. Jud.* VII, 8, 3 § 289). Wohl im Hinblick auf Josephus' Bemerkung „am westlichen Aufgang" hielt ADOLF SCHULTEN den im Westen des Plateaus gelegenen grossen Bau (Abb. 233, Sigle X) für den von Josephus genannten Palast [35]. Dass dieser Bau in der Tat ein Palast war, haben die neueren Ausgrabungen klar gemacht; er war aber nicht der von Josephus erwähnte Palast und die Lage stimmt auch nicht zu Josephus' Lokalisierung „nach Norden zu". An der Nordspitze des Felsens, wie ein Vogel-nest an den Felsen geschmiegt (SCHALIT, *König Herodes*, 1969, 355), ist in unserer Zeit eine auf Terrassen gebaute Palastanlage bekannt geworden, in der wir den von Josephus erwähnten Palast zu sehen haben. Von diesem wie am Felsen hängenden Palastbau, der den älteren Untersuchern ganz unbekannt geblieben war, besitzen wir heute schöne Fliegeraufnahmen (*IEJ*, 15, 1965, Pl. 2; YADIN, *Masada. Herod's Fortress*, 1967, Abb. gegenüber p. 41) und eine schematische Rekonstruktion des Äusseren (BENO ROTHENBERG, *Masada*, 1964, Fig. p. 16-17; hier Abb. 234). Für eine eingehende Beschreibung der Masada-Bauten müssen wir auf die vorläufigen Berichte über die Ausgrabungen verweisen (Anm. 30); wir können nur das Wichtig-ste erwähnen und einige architekturgeschichtliche Bemerkungen hinzufügen.

---

[34] *Bell. Jud.* VII, 8, 3 § 282: man nannte den Weg „die Schlange", da er mit seiner äussersten Enge und den fortwährenden Windungen einer solchen verglichen werden kann" (Übers. MICHEL-BAUERNFEIND, z.St.); vgl. SCHULTEN, *l.c.*, 74.
[35] *ZDPV*, 56, 1933, 68 ff. und Plan XIII, 5. XVI.

Abb. 234. Der Nordpalast von Masada. (Rekonstr. B. ROTHENBERG)

Der auf der Westseite des Plateaus gelegene Palast (33 × 24 m; Abb. 235) bildet einen Teil eines 70 × 50 m grossen Baukomplexes[36]. Die Wohn- und anderen Räume, hierzu der Thronsaal (6 × 9 m), liegen um einen 10.50 × 12 m grossen Innenhof herum. Der im Nordosten angrenzende Bau (23 × 35 m) hat ebenfalls einen Innenhof (11 × 19 m) mit herumgelagerten Wohn- und anderen Räumen, bestimmt für Personal und Garnison. Westlich anliegend gibt es einen 70 × 20 m

[36] *IEJ*, 15, 1965, 50 f., Pl. 1, sigle X, zum Teil zweigeschossig, Y. YADIN; Ders., *Masada. Herod's Fortress*, 1967, 70: „the main Masada palace of Herod, the ceremonial, administrative and official palace of the king".

grossen Block mit vielen Vorratsräumen. Ausser diesem Palastkomplex sind auf
dem Plateau noch einige kleinere „Paläste" freigelegt, ebenfalls angelegt nach dem
Prinzip des Hofhauses (z.B. VII, VIII, IX). Es sind alles Innenhöfe ohne Peristyl.
Wenn wir absehen von der Palastvilla am Nordabhang (darüber unten mehr) fehlt
der Peristylhof in Masada ganz. Dies ist um so auffälliger, als der Architekt dieser
Wohnbauten die mit zwei Säulen ausgestattete Halle dieser Bauten auf Norden
orientierte, offenbar um die Sonnenhitze abzuwehren. YADIN weist darauf hin, dass

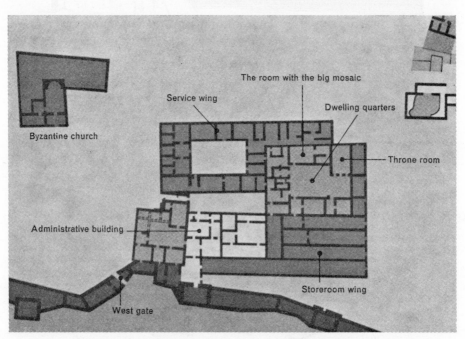

Abb. 235. Der Westpalast in Masada, Grundriss. (Y. YADIN)

in Priene ähnliche Hallen auf Süden orientiert sind: hier galt es, die Sonnenwärme
hineinkommen zu lassen [37]. Da der Peristylhof in diesen Masadabauten fehlt, müssen
wir annehmen, dass Herodes' Architekt bzw. Herodes selbst, damit damals noch
nicht vertraut gewesen ist. Peristylhäuser gab es auf Delos schon in der hellenistischen Periode [38] und in Pompeji war der Peristylhof schon im 3. Jahrhundert v.

[37] *IEJ*, 15, 1965, 47, n. 37. — H. SCHRADER, *Priene*, 1904, Abb. 298, S. 284, Haus Nr. XXXIII,
Abb. 299, S. 286, Rekonstr. Daraus lässt sich offenbar das Fehlen von gedeckten Säulenhallen in dem
Hof erklären: „der sonnige, offene, nicht von gedeckten Säulenhallen umgebene Hof..." (DURM,
Bauk. der Griechen, 1910, 522). In Masada wären im Hinblick auf die Hitze gedeckte Säulenhallen
wohl erwünscht gewesen.

[38] *Exploration archéologique de Délos. École française de Athènes*, Fasc. VIII, JOSEPH CHAMONARD,
Le Quartier du Théatre, 1922, 26 ss., Pl. III-IV, z.B. Pl. XIII, Maison du Trident, Pl. XIV-XVII,
XVIII „Maison de la Colline"; BUSINK, *Prothuron. Inleidende Studie over het woonhuis in Oud-Griekenland*,
1936, 96 f. und Pl. VII: Maison de la Colline.

Chr. verbreitet [39]. „Wir können vorläufig nicht wissen ob es in Alexandrien hellenistische Peristylhäuser gab ..." (VON GERKAN, *l.c.*). Aus dem Fehlen des Peristylhauses in den genannten Masadabauten, lässt sich vielleicht schliessen, dass in Alexandrien, wo Herodes 40 v. Chr. gewesen ist, als er sich von dort nach Rom begab, das Peristylhaus noch nicht verbreitet war. Wir haben dann anzunehmen, dass der hellenistische Einfluss, den diese Bauten zeigen, den Einfluss der Alexandrinischen Kunst verrät. Der Einfluss zeigt sich an Säulen und Kapitellen (es kommen sowohl ionische als korinthische vor) und dann besonders in der Dekoration der Wände und in den Mosaikfussböden. Die Wände fast aller Bauten in Masada zeigen eine farbige Paneeldekoration und auch Nachahmung von Quadermauerwerk und Marmor.

Der am Nordabhang des Felsens terrassenförmig aufgebaute Palast (Abb. 234) hatte auf der unteren Terrasse eine Art Peristylhof mit Halbsäulen (korinthisch) und Halbsäulen an den Wänden [40]. Diese Terrasse liegt auf einer 35 m unter dem Plateau stehenden Felsenklippe, die durch hohe, am Felsenrand errichteten Mauern zu einer 17.60 × 17.60 m grossen Plattform gebildet wurde. Ein 9.20 × 10.30 m grosser Mittelraum war offenbar nicht überdacht. Dieser Raum „was bordered on four sides by low walls, the inner sides of which served as pedestals for half-columns; on the outside they formed the walls of porticoes enclosing the inner space on all sides" (*IEJ*, 15, 1965, 11). Wir haben es hier offenbar mit einer Art Peristylhof zu tun, nur dass die Säulen nicht auf den Fussboden, sondern auf eine niedrige Mauer gestellt waren. Die Wahrscheinlichkeit spricht u.E. dafür, dass der Nordpalast der jüngste der herodianischen Bauten in Masada gewesen ist.

Eine in den Felsen gehauene Treppe führte von der unteren Terrasse zu der zweiten Terrasse, wo offenbar ein Rundbau gestanden hatte, von dem nur der Grundbau (zwei Ringmauern) erhalten ist. Nach Yadin's wahrscheinlicher Vermutung hatte auf der äusseren Ringmauer ein Säulenkranz gestanden (*IEJ*, 15, 1965, 20). Der Rundbau glich also den Rundbauten, dargestellt auf peträischen Felsgräbern (*ibid.*) [41]. Urtypus des Rundbaues in Masada könnte wohl das Philippeion in Olympia gewesen sein, denn der äussere Durchmesser der äusseren Ringmauer

---

[39] ARMIN VON GERKAN, *Griechische Städteanlagen*, 1924, 72; J. OVERBECK, *Pompeji*, 1875, 212 ff.: Die Wohnhäuser.

[40] *IEJ*, 15, 1965, 10 f., Pl. 3 A.B.C., YADIN; Ders., *Masada. Herod's Fortress*, 1967, 41 ff.: The northern palace-villa; *Ariel*, 7, 1964, Fig. p. 37, perspekt. Rekonstr. nach BENO ROTHENBERG, *Masada*, 1964, Fig. 16-17; hier Abb. 234. — Der Palast ist erst 1950 durch zwei junge Israeli, MICHA LIVNE und SHMRYAHU entdeckt worden (YADIN, *Masada*, 1967, 41: „as far as we know").

[41] R. E. BRÜNNOW-A. VON DOMASZEWSKI, *Die Provincia Arabia*, I, 1904, Frontispice und Taf. II, gegenüber S. 184; GUSTAF DALMAN, *Neue Petra-Forschungen*, 1912, Abb. 57, S. 60, Abb. 59, S. 64. — Siehe weiter unten Kap. XIV, 1 über die Baukunst der Nabatäer.

(15.30 m) kommt fast genau mit dem des Philippeion überein (15.25) [42]. Andere Beispiele sind der Tholos von Epidaurus (DURM, Abb. 374, S. 409 und Abb. 387, S. 424, rechts oben); aus der römischen Baukunst der Vesta-Tempel zu Tivoli, der Rundtempel am Tiber [43] und der Rundtempel auf dem Forum Boarium in Rom [44]. SCHALIT vermutet, dass der Rundbau von Masada als Grabbau zu deuten sei (*König Herodes*, 1969, 351 und Anm. 703: SCHALIT denkt an das Grab der Mariamne). Die Ausgräber lehnen diese Vermutung ab (*ibid.*). Eine Art Denkmal für Mariamne könnte der Bau u.E. doch wohl gewesen sein. Nebenbei: dies würde für den Nordpalast ein Datum post quem ergeben, denn 29 v. Chr. liess Herodes Mariamne töten [45].

Auf der oberen Terrasse, deren Nordseite durch eine halbkreisförmige Terrasse abgeschlossen war, lagen u.a. ein vier Räume enthaltender Bau (mit rechteckigem nicht-bedeckten Mittelraum) und ein nach römischer Art gebautes Badehaus mit caldarium, tepidarium, frigidarium und apodyterium. Es ist von allen Bauten in Masada am besten erhalten (*IEJ*, 15, 1965, 36); weiter zahlreiche 27 m lange und 4 m breite als Magazine benutzte Räume (*id.* 37 ff.).

Eine der aufsehenerregendsten Entdeckungen in Masada war die einer Synagoge. Es sind von diesem Bau zwei Bauphasen festgestellt worden und wahrscheinlich war schon die ursprüngliche Anlage, aus der Zeit des Herodes datierend, eine Synagoge (YADIN, *Masada, The Jewish Mus. New York*, 1967, 29; Ders., *Masada, Herod's Fortress*, 1967, 181 ff., Fig. p. 182-183. 185). JOSEPH GUTMANN meinte noch 1972, dass die Deutung des Gebäudes als Synagoge „rests on very conjectural and inconclusive evidence" (*The Origin of the Synagogue*, *AA*, 1972, Heft 1, 36-40, p. 40, n. 18). Dass wir es hier mit einer Synagoge zu tun haben, steht heute wohl ausser Zweifel, siehe G. FOERSTER, *The Synagogues at Masada and Herodium*, *ErIs*, XI, 1973 (*I. Dunayevsky Memorial Volume*), 48-53 (hebr.), p. 30* und Fig. p. 225, Plan). Über Synagogenbau handeln wir Kapitel XV, 2.

An keiner anderen Stätte gibt es so interessante Daten über Herodes' Bautätigkeit als in Masada und es ist zu hoffen, dass die Israeli-Archäologen und Architekten uns eine dem Ruhm von Masada ebenbürtige Endpublikation der dort ausgeführten Ausgrabungen liefern werden.

---

[42] DURM, *Die Bauk. der Griechen*, 1910, 409, Abb. 373, S. 408 und Abb. 387, S. 424; BAUMEISTER, *Denkmäler des klassischen Altertums*, II, 1887, 1104 A und I, Abb. 252, S. 260.

[43] ROBERTSON, *A Handbook of Greek and Roman Architecture*, 1929, 210; Durchmesser ca. 14 m: Vesta Tempel; *id.* p. 211 und Pl. X (a) gegenüber p. 210: am Tiber.

[44] *AA*, 1969, Heft 1, Abb. 1, S. 276, Plan; FR. RAKOB.

[45] DALMAN betont, dass die sepulkrale Verwendung des Motivs (Rundtempelchen) ausser Zweifel steht (*Neue Petra-Forschungen*, 1912, 63). Nach A. BAUMEISTER ist das Philippeion in Olympia von Alexander dem Grossen als Ehrendenkmal für Philippus von Makedonien errichtet worden (*o.c.*, II, 1104 A).

4. *Samaria-Sebaste*. Als Herodes 27 v. Chr. nach Samaria kam (das ihm 30 v. Chr. von Kaiser Augustus geschenkt worden war), um die Stadt neu zu ummauern und dort zu Ehren des Augustus einen Tempel zu bauen (*Antiq.* XV, 8, 5 § 297-298), war Samaria, das 107 (108) v. Chr. von Johannes Hyrkan (135-104) zerstört (*Antiq.* XIII, 10, 3 § 281) und durch Gabinius (57-55 v. Chr.) wiederaufgebaut worden war, eine starke „well-found city" [46]. War es doch auch in Samaria, wo Herodes 39 v. Chr. seine Mutter und die Kinder, als er sie von Masada herabgeholt hatte, unterbrachte [47] und wo er 37 v. Chr. die Mariamne heiratete [48]. Reste dieser vor-herodianischen Stadt sind bei den amerikanischen Ausgrabungen 1908-1910 und den englischen 1931-1935 ermittelt worden u.a. unter der Ummauerung des herodianischen Tempelhofes. „They are the remains of comparatively new houses and shops which were scrapped to make way for Herod's buildings" [49]. Die Amerikaner brachten fünf 2.50 — 3 m breite Strassen und Häuserblocks zutage und eins dieser Häuser zeigt eine primitive Form des Peristylhauses. Es ist Haus A in Insula IV (*Harvard Excav.*, I, 140 ff., und Fig. 59, p. 141; 61-62, p. 142-143; auch beschrieben in *Buildings at Samaria*, 32). Das Haus misst 28 × 12.50 m (13.20) m. Es hat einen Innenhof von 3.92 × 5 m, an dessen Süd-, West- und wahrscheinlich auch Nordseite eine Halle („portico", *Harvard*, I, 142) liegt mit einer Mittelsäule zwischen den Anten. Das regelrechte Peristylhaus war damals in Samaria offenbar noch nicht bekannt. Ähnliche, Halle mit zwei Säulen am Eingang zeigen einige Bauten in Masada [50]. Etwa zehn Jahre nach dem Bau von Masada, als Herodes Samaria-Sebaste neu ummauerte und dort den Tempel baute, errichtete er hier, wie wie wir bald sehen werden, ein regelrechtes Peristylhaus, wenn auch von einfachster Form.

Josephus' Bericht über Herodes' Bautätigkeit in Sebaste — zu Ehren des Augustus nannte er die Stadt Sebaste = Augustus — betrifft hauptsächlich den Bau der Stadtmauer und den Bau des Tempels (*Antiq.* XV, 8, 5 § 297-298). CROWFOOT meint, zu Recht so scheint uns, es gibt kaum Grund „in crediting him with more. The town had been recently rebuilt and more might have been superflous" (*Buildings at Samaria*, 33). Josephus' Notiz: ἔν τε τοῖς κατὰ μέρος διὰ πάντων ἐκόσμει τὴν πόλιν (§ 298) ist, wie CROWFOOT betont, unbestimmt und deutet wohl nicht darauf, dass Herodes ausser Stadtmauer und Tempel noch besondere Bauten in Samaria errichtet hat.

[46] J. W. CROWFOOT, in CROWFOOT, KATHLEEN M. KENYON, E. L. SUKENIK, *The Buildings at Samaria*, 1942, 31.

[47] *Bell. Jud.* I, 16, 1 § 303.

[48] *Bell. Jud.* I, 17, 8 § 344.

[49] CROWFOOT, *o.c.*, 32, siehe auch 121 f.: Latest prae-Herodian building, Plan (KENYON).

[50] *IEJ*, 15, 1965, Pl. 1, Nr. VIII, X-XII; YADIN bezeichnet diese Anordnung als „typical for the Herodian buildings at Masada" (*id.*, p. 23).

Herodes erweiterte die Stadt so sehr, sagt Josephus, dass sie den berühmtesten Städten an Grösse gleichkam; ihr Umfang betrug 20 Stadien (§ 297). Der Verlauf der Stadtmauer ist durch die amerikanischen und später englischen Ausgrabungen gut bekannt geworden[51]. Das Stadtareal umfasste etwa 80 ha, dagegen das der hellenistischen Gabinischen Stadt etwa 12 ha. Die Stadtmauer, deren Reste freilich zum grössten Teil aus der Zeit des Septimius Severus (193-211 n. Chr.) stammen (*Harvard Excav.*, I, 46, n. 1; KENYON bezeichnet den späteren Wiederaufbau als Third Roman Period; dass es Septimius Severus war, der die Stadt wiederaufbaute, steht nicht fest, *Buildings at Samaria*, 1942, 132), hatte eine Breite von 3.20 m (*Harvard Excav.*, I, 200; CROWFOOT nennt eine Breite von 3.50-4 m, *Buildings at Samaria*, 40). Das herodianische Mauerwerk in Samaria zeigt abwechselnd Binder- und Läufer-lagen; im späteren Mauerwerk gibt es in den Schichten abwechselnd Binder und Läufer (*Harvard Excav.*, I, Fig. 103, p. 186, spätes Mauerwerk). Die Mauer hatte mehrere rechteckige und einige kreisrunde Türme, die aber stets ohne Verband mit der Mauer aufgemauert sind. CROWFOOT hält es freilich für möglich, dass es im oberen Teil ein Verband gegeben habe (*Buildings at Samaria*, 40). Das westliche Stadttor liegt zwischen zwei kreisrunden Türmen (Durchmesser 12 m; Breite des Tordurchganges ca. 5.50 m; *Harvard Excav.*, I, 199 und II, Plan 10; wahrscheinlich war es ein Bogentor, *ibid.*). Diese Türme enthalten vier kleine Räume (1.50 × 1.50 m) die 2.48 m über dem Niveau des Tordurchganges liegen und nur von Räumen im oberen Teil der Türme aus zugänglich gewesen sein können. Die Ausgräber deuten diese Räume als Keller oder Zellen für Gefangene (*Harvard*, I, 203 f.); vielleicht sind sie als „Totenhöhle" zu betrachten. Die höher gelegenen Räume (die es sicher gegeben haben wird) sind wohl von dem Wall her mittels einer herunterführenden Treppe betreten worden. Ein dritter kreisrunder Turm der Stadtmauer (Durch-messer 11 m; nordwestlich gelegen), stammt nach FISHER ganz aus der Zeit des Herodes (*Harvard*, I, 199 f.) und auch CROWFOOT ist dieser Meinung (*Buildings*, 40). Er ist zu einer Höhe von 6.84 m erhalten (an der Südwestseite noch 1.32 m höher), und abwechselnd aus Binder und Läuferlagen (60-75 cm dick) aufgemauert. Die geränderten Steine (sie sind nach innen trapezförmig und die Schichten sind also ohne Flicksteine aufgemauert) haben einen rauen Buckel, offenbar ist es nicht zur Abarbeitung des Mauerwerkes gekommen.

Kreisrunde Türme sind nicht von Herodes erfunden worden: schon das hel-lenistische Fort zeigt diese Turmform (*Buildings at Samaria*, Pl. XXXVI, 1-2, Foto). Runde Türme sind der Beschädigung durch den Sturmbock selbstverständlich weniger ausgesetzt als rechteckige, deren Ecken leichte Angriffspunkte bieten. Die kreisrunden Türme am Tor des herodianischen Samaria-Sebaste werden sicher auch

---

[51] *Buildings at Samaria*, Pl. 1.

eine architektonische Funktion gehabt haben: das von mächtigen runden Türmen flankierte Tor sollte imponieren.

Von den Bauten innerhalb der Stadt erwähnt Josephus nur den Tempel[52]. „Ein Bezirk [im Umfang] von dreiundhalb Stadien nahe der Mitte der Stadt, auf jede Art verziert, weihte er und einen durch seine Grösse und Schönheit zu den berühmtesten zu rechnenden Tempel baute er". Meinungsverschiedenheiten bestehen darüber, ob anderthalb oder dreiundhalb Stadien zu lesen ist (§ 298: τριῶν ἡμισταδίων). Die amerikanischen Ausgrabungen brachten auf dem höchsten Punkt der Stadt das Fundament eines nach Norden orientierten Tempels zutage (Abb. 236), dem auf der Nordseite ein geräumiger Hof vorgelagert ist. Haben wir in diesen Vorhof den von Josephus genannten Bezirk zu sehen, so wäre anderthalb zu lesen, denn der Umfang des Hofes (70 × 70 m) lässt sich damit wohl vereinen. Es dürfte aber kaum wahrscheinlich sein, dass Josephus mit *temenos* nur den Vorhof des Heiligtums im Auge gehabt habe. Tempel und Nebenbauten lagen, wie die Ausgrabungen gezeigt haben, auf einer etwa 100 × 150 m grossen Plattform und es ist demnach anzunehmen, dass der Vorhof nur einen Teil des von Josephus genannten *temenos* bildete[53]. Es ist also u.E. dreiundhalb Stadien zu lesen[54].

Vor die Errichtung des dem Augustus geweihten Tempels gab es an dieser Stelle „a comparatively extensive level area" (KENYON, *Buildings at Samaria*, 123), deren Umfang für Herodes' Bauplan aber zu klein war. Das Areal musste nach Norden zu etwa 30 m verbreitert werden und die tiefe Senkung des Terrains erforderte hier starke Stützmauern zur Anlage der Plattform. Die Stützmauer (nur im Fundament erhalten) ist eine Doppelmauer. Die Aussenmauer (Nr. 2 in Fig. 53, p. 125, *Buildings at Samaria*) ist auf der Nordseite 3 m breit, auf der Ostseite 2.20 m (Nr. 4 in Fig. 53, *o.c.*). Die innere Mauer (Breite des Zwischenraums 3 m) ist nur 1.30 m dick (*o.c.* 124). Im Fundament ist die Aussenmauer noch mit einer Glacis von Erde verbreitert worden (*ibid.*). Zweck der nur 1.30 m dicken inneren Mauer war natürlich, den Druck auf der äusseren Mauer der Terrasse zu erleichtern. Sie ist ganz aus Binderlagen, ohne Rücksicht auf die Stossfugen, aufgemauert (*PEF QuSt*, 1933, 78 und Pl. XII, Foto); „as the walls were completely incased in earth, there was little chance of their shifting" (*ibid.*).

CLAUDE FISHER war der Meinung, dass der Zugang zum Tempelhof in der Mitte

---

[52] *Antiq.* XV, 8, 5 §§ 297-298. — Der Augustus-Tempel in Samaria war „die erste Stätte des Kaiserkults im Lande Jahves" (HUGO WILLRICH, *Das Haus des Herodes*, 1929, 79).

[53] Vgl. *Harvard Excav.*, 1, 50 und Plan 8.

[54] SCHALIT folgt dem Latinus: *unius et semis stadii*: „anderthalb Stadien" (*König Herodes*, 1969, 358 und Anm. 730). WATZINGER denkt offenbar an dreieinhalb: Die künstlich aufgeschüttete Plattform musste durch gewaltige Stützmauern zusammengehalten werden; „sie dienten wohl zugleich als Unterbauten für die Bezirksmauern" (*Denkmäler*, II, 1935, 48).

der Nordseite gelegen habe; eine lange Treppe sollte zum Eingang emporgeführt haben (*Harvard Excav.*, I, 171). Es heisst dann, auf beiden Seiten des Eingangs „started the colonnade which continued along both sides of the court" (*ibid.*). Es ist aber nicht wahrscheinlich, dass schon der herodianische temenos Säulenhallen hatte. KENYON meint annehmen zu dürfen, „that the original Herodian forecourt consisted merely of a platform supported by these retaining walls, with perhaps a plain boundary wall above ground. This last can only be conjecture, since we have only foundations remaining" (*PEF QuSt*, 1933, 80 f.). KENYON hält es sogar für möglich, dass die Plattform unter Herodes nicht vollendet worden ist, „for he built in a great hurry" (*l.c.*, 81). Wir wissen, dass der herodianische *temenos* in Mambre unvollendet[55] und die Jerusalemer Tempelanlage erst nach Herodes' Ableben vollendet worden ist. Samaria-Sebaste war aber dem Kaiser Augustus geweiht und Herodes wird dem wohl Rechnung getragen haben. Säulenhallen sind aber bei der ersten Anlage kaum anzunehmen. Die 1.30 m breite innere Stützmauer der Terrasse liegt etwa 3 m innerhalb der Plattform (*Buildings at Samaria*, Plan IX und Fig. 53, p. 125), sie kann demnach schwerlich Fundamentmauer einer Kolonnade gewesen sein. Zwar liegt ca. 5.40 m nach innen zu eine zweite Mauer, es steht aber nicht fest, dass sie herodianisch ist. Das Fundament ist „built in a style completely different from and much inferior to that of the retaining walls (*o.c.*, 129). Die Mauer bildet die Innenseite eines Korridors, dessen Fussboden am Südende (Westseite) 4.86 m unter dem Niveau der Terrasse liegt (*Harvard Excav.*, I, 171). In der Längsachse des Korridors war einmal eine Säulenreihe. FISHER meinte annehmen zu dürfen, dass der Korridor durch zwei ca. 3 m breite Tonnengewölbe bedeckt gewesen sei, die eine Kolonnade getragen hätten (*l.c.* und Fig. 83, p. 170). Miss KENYON lehnt diese Ansicht ab. Die Korridordecke war aller Wahrscheinlichkeit nach aus Holz (*Buildings at Samaria*, 130). KENYON hält es freilich für nicht unwahrscheinlich, dass der Korridor aus einer späteren Zeit der Regierung des Herodes stammt (*o.c.*, 127). Dann ergibt sich u.E. die Möglichkeit, dass auf der nach innen gelegenen Korridormauer später eine Kolonnade gestanden habe. Reste von korinthischen Kapitellen sind gefunden worden (*Buildings*, 33 f. und Pl. LXXXIV, 2-3), nur ist nicht bekannt, aus welcher Zeit sie datieren.

Fast genau in der Nordsüdachse des Hofes stand der nach Norden orientierte Tempel. Eine monumentale 4.40 m hohe Freitreppe (21.80 m breit) führte zum Heiligtum empor (*Harvard Excav.*, I, 174. 177 und Pl. 8; II, Pl. 17 a und 18 c, Foto). Die Reste der Treppe stammen vom Neubau unter Septimius Severus, die Treppe des herodianischen Tempels kan aber davon nach der Meinung der Ausgräber nicht sehr verschieden gewesen sein (*o.c.*, 174). Die Stufenhöhe ist 18.6 cm,

---

[55] MADER, *Mambre*, 1957, 34 f., 67 f.

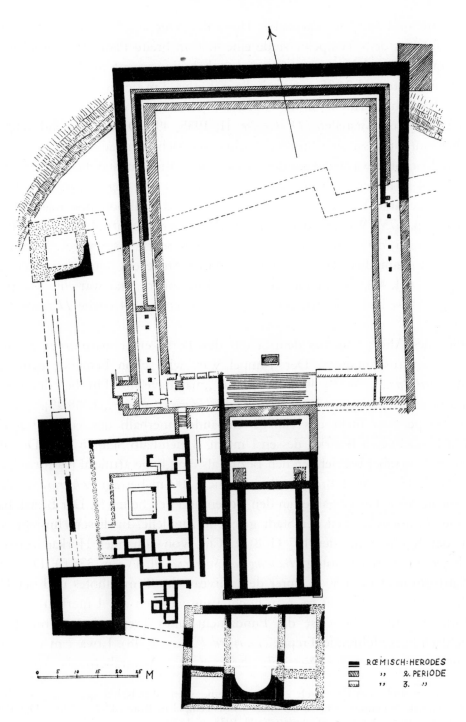

Abb. 236. Der Tempelbezirk von Samaria-Sebaste, Plan.

die Auftritte sind 38.5 cm. Zu halber Höhe der Treppe gibt es einen 1 m breiten
Absatz; oben ist dem Tempelgebäude eine 4.50 m breite Plattform vorgelegt. Der
etwa 24 m breite und 35 m lange Tempel enthält eine etwa 5 m tiefe Vorhalle, eine
ca. 12.45 m breite und 24.35 m tiefe Zella mit etwa 2 m tiefen Seitenschiffen [56]. Der
Oberbau ist nicht erhalten. CARL WATZINGER möchte sich den Bau als einen acht-
säuligen Prostylos vorstellen (*Denkmäler*, II, 1935, 49). Da der Säulendurchmesser
nicht bekannt ist, lässt sich hierüber nichts mit Sicherheit aussagen.

In dem Vorhof, etwa 60 cm aus der Achse (nach Osten zu) stand ein 1.81 $\times$ 3.60 m
grosser, 1.74 m hoher Altar (*Harvard Excav.*, I, 174 und Fig. 89, p. 174). Der aus
Bruchstein gebaute Kern ist mit „well-dressed and well-bounded masonry" verkleidet (*id.*, p. 175). Wie aus dem Mauerverband hervorgeht (abwechselnd Binder-
und Läuferlagen) datiert der Altar aus der Zeit des Septimius Severus. Auch in dem
Hof des herodianischen Tempels wird an dieser Stelle ein Altar gestanden haben
(siehe *Harvard*, I, 49). Zur Benutzung des 1.74 m hohen Altar war eine Rampe notwendig und diese hatte offenbar eine Neigung von etwa 1: 4 (siehe *Harvard Excav.*,
II, Plan 3).

Östlich des Altars kam aus dem Schutt der Torso einer marmornen Statue des
Kaisers Augustus zutage [57]. Der Tempel war, wie schon bemerkt, dem Kaiser
geweiht (*Bell. Jud.*, I, 21, 2 § 403). Die Statue „may have stood in the portico above,
or on a pedestal which has been destroyed" (*Harvard Excav.*, I, 48/49).

Der Tempel war nicht das einzige Gebäude innerhalb des von Josephus als
temenos bezeichneten Bezirks, dessen Umfang dreieinhalb Stadien war. Die amerikanischen Ausgräber bezeichnen den Bezirk als ein „huge artificial platform", deren
Länge N.-S. 150 m und Breite wahrscheinlich 100 m beträgt (*Harvard Excav.*, I,
167). Rechteckige Türme gab es an den Ecken und den Seiten [58]. Der Bezirk bildete
also eine am höchsten Teil der Stadt gelegene Zitadelle. In dieser Hinsicht ist der
Bezirk der Nachkomme der 107 (108) v. Chr. von Johannes Hyrkan zerstörten,
freilich viel grösseren Festung (*Buildings at Samaria*, Pl. IV; p. 328 f.). Das Niveau
der Plattform liegt ca. 1.50 m unter dem Niveau des Tempelhofes und der Unterbau des Tempels war somit ca. 6 m hoch. Eine westlich am Unterbau anliegende
Plattform war möglicherweise das Fundament eines Treppenhauses für die zum
Tempeldach hinaufführende Treppe (*Harvard Excav.*, I, 48). Etwa 7 m vom Unterbau entfernt liegt auf der Westseite das von den Ausgräbern als Atrium-Haus

---

[56] Die Seitenschiffe werden durch eine Säulenreihe vom Mittelschiff getrennt gewesen sein.
Ähnliche schmale Seitenschiffe hatte der Mars Ultor-Tempel in Rom (42-2 v. Chr.). Der Plan bei
BANISTER FLETCHER, *A History of Architecture*[10], 1938, p. 152 C.

[57] *Harvard Excav.*, I, 48. 176 und II, Pl. 79 e f.; *BHHwb*, III, 1966, Taf. a gegenüber Sp. 1649/50;
Höhe: 2.40 m.

[58] *Harvard Excav.*, II, Plan 8; *Buildings at Samaria*, Pl. IX.

bezeichnete Gebäude [59]. Dieser ca. 24 × 32 m grosse Bau war ein regelrechtes „Peristylhaus" wenn auch einfachster Form: an jeder Seite des Innenhofes gibt es zwischen den an die Ecken gestellten Herzsäulen nur eine Säule (Abb. 237). Die Schäfte haben in Stuck ausgeführten Kanneluren (*Harvard Excav.*, I, Fig. 101,

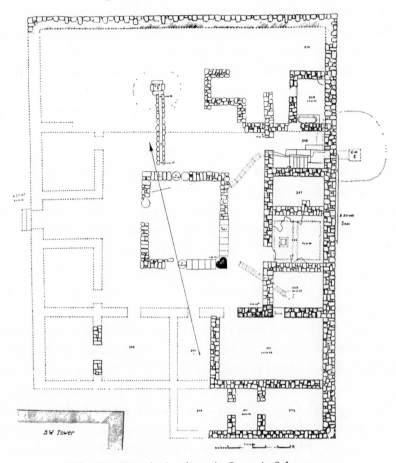

Abb. 237. Das Atriumhaus in Samaria-Sebaste.

p. 184). Der offene Raum misst 5.45 × 6.60 m, die Hallen sind 3.48 m bzw. 3.72 m tief (*id.* p. 182). In Masada fehlte das Peristylhaus, wie wir oben gesehen haben, ganz.

Nach unserer oben ausgesprochenen Vermutung hatten wir für die älteren Paläste von Masada alexandrinischen Einfluss anzunehmen. Das Peristylhaus von Samaria-Sebaste dürfte auf Einfluss der griechischen Inselwelt bzw. der griechischen Städte Kleinasiens, wenn nicht auf römischen Einfluss, zurückzuführen sein. Vermutlich war das Haus die zum Tempel gehörige Priesterwohnung (vgl. Watzinger,

[59] *Harvard Excav.*, I, 169. 180 f. und Fig. 97, p. 181, Plan; *Buildings at Samaria*, Pl. IX.

Denkmäler, II, 1935, 50). Ein südwärts vom Tempel gelegener 25 × 34 m grosser, fünf Räume enthaltender Bau mit einer halbkreisförmigen Apsis an der Südwand des mittleren Raums, hatte vermutlich eine kultische Bestimmung (vgl. SCHALIT, *König Herodes*, 1969, 361).

Wichtige bei den Ausgrabungen ans Licht gebrachte Bauten sind weiter: Theater, Stadion, Forum mit anliegender Basilica, Tempel der Kore und die Säulenstrasse. SCHALIT betont, dass Herodes sich bemühte, den Veteranenstädten, die er erbaute „ein volles hellenistisches Gepräge zu geben. Daher ist es unwahrscheinlich, dass er irgendeines der Hauptelemente des städtischen Lebens der späthellenistischen Zeit unberücksichtigt gelassen hätte" (*o.c.*, 365). Dazu gehört ein Theater. Das 1933 entdeckte Theater[60], etwa 75 m N.-O. vom Tempelvorhof gelegen, datiert aber aus dem ersten Viertel des 3. Jahrhunderts n. Chr. (*o.c.*, 61; CROWFOOT). Es ist 1933 nur provisorisch untersucht worden und so konnte die Frage, ob hier ein älteres Theater gelegen habe, nicht gelöst worden. Neuere Ausgrabungen unter der Leitung von FAWZI ZAYDINE (1965) führten ebensowenig zur Beantwortung der Frage und soweit wir sehen, sind die Ausgrabungen nicht fortgesetzt worden (*RB*, 73, 1966, 576 und Fig. 3, p. 578). Anders steht es um einen im Nordosten der Stadt nahe der herodianischen Stadtmauer gelegenen grossen Bau, der 1931 f. ausgegraben worden ist. Es ist ein etwa 67 m breiter und 205 m langer Bau, im Inneren rundherum mit Säulenhallen ausgestattet. Hier sind klar zwei Bauperioden ermittelt worden[61]. Der Bau liegt etwa 26 m innenhalb der Stadtummauerung, was freilich nicht impliziert, dass er erst nach der Stadtmauer errichtet worden ist. Dieser erste Bau, der noch im 1. Jahrhundert n. Chr. benutzt worden ist (*o.c.*, 34. 44), hatte dorische Hallen. Meinungsverschiedenheiten bestehen über die Bestimmung der Anlage. Während CARL WATZINGER sie als einen heiligen Bezirk der Kore deutet (*Denkmäler*, II, 1935, 52), hält CROWFOOT den Bau wohl richtig für ein Stadion (*Buildings at Samaria*, 1942, 46 ff.). CROWFOOT weist darauf hin, dass die Länge des Gebäudes zwischen den (späteren) korinthischen Hallen fast genau der Länge des Stadions in Milet (194.45 m) entspricht (*o.c.*, 48-49). Ein Tempel der Kore (es gibt einen Tempel der Kore im westlichen Stadtteil) ist im genannten Bezirk, der doch für die Errichtung eines Tempels Raum genug bot, nicht festgestellt worden (*o.c.*, 48). Die Anlage ist wohl mit CROWFOOT als Stadion zu deuten (vgl. SCHALIT, *König Herodes*, 364 f.). Dass der Bau herodianisch ist, dürfte aber u.E. kaum wahrscheinlich sein. Das Mauerwerk gleicht dem der Häuser aus der Zeit des Gabinius (*Buildings at Samaria*, 34), die Wahrscheinlichkeit spricht also dafür, dass das Stadion schon

---

[60] *The Buildings at Samaria*, 1942, 57 ff. und Fig. 24-28, p. 58. 60; Pl. I, Plan of Samaria Sebaste, Pl. LVI-LVIII, Fotos.

[61] *Buildings at Samaria*, 41 ff.: The Stadium Area; Pl. V, XLVI-L und Fig. 12-18, p. 43-48.

da war, als Herodes seine Bautätigkeit in Samaria-Sebaste anfing. Es scheint uns, dass der Lauf der Stadtmauer im Nordosten (*o.c.*, Pl. I) sich so erklären lässt, dass das Stadion ins Stadtareal aufgenommen werden sollte. Die Ausgräber denken darüber freilich anders. Die Stadtmauer „served as a retaining wall to hold up the level of the ground behind. On this ground a large rectangular structure was planned, with colonnade in the Doric order ...” (J. W. CROWFOOT, *PEF QuSt*, 1933, 63; vgl. Miss KENYON, *JRAS*, 1970, 187). Dass das Stadion vor-herodianisch ist, dafür könnte u.E. auch seine schlichte Form zeugen: es fehlt eine stufenförmige Tribüne. Einige Details des Baues seien hier erwähnt: die Breite der Hallen im Lichten beträgt 4.50 m. Der Durchmesser der aus Trommeln aufgebauten Säulen war 45 cm (*Buildings at Samaria*, 42); an den Ecken standen Herzsäulen (*o.c.*, Fig. 12, p. 43, Pl. XLVII, Foto). An den Schmalseiten konnten 25 Säulen gestanden haben, an den Langseiten das Dreifache (*o.c.*, 42). Die dorischen Kapitelle zeigen Spuren von Stuck; die Säulenschäfte sind nicht kanneliert. Die stuckierten Wände haben eine Dekoration aus Paneelen in roter und gelber Farbe — mit gelber Plinthe — in Nachahmung von Marmor (*o.c.*, Pl. XLIX und Fig. 13, p. 44).

Das Forum (72.50 × 128 m; *Harvard Excav.*, I, 211), das rundherum 6 m breite korinthische Hallen hatte (die Säulen waren monolith), wurde von FISHER dem Herodes zugeschrieben: „The Herodian colonnade had been carefully laid out” (*o.c.*, 212). Dies hat sich später als falsch erwiesen. Die korinthischen Säulen und die an der Westseite gelegene Basilica (*Harvard Excav.*, I, 213 ff.) datieren aus dem Ende des 2. Jahrhunderts n. Chr. (*The Buildings at Samaria*, 57; CROWFOOT). Über Herodes' Bautätigkeit in diesem Stadtteil lässt sich nichts mit Sicherheit aussagen. Im Westen hatte vor dem Wiederaufbau in der römischen Zeit ein grosser, O.-W. orientierter Bau gelegen, wahrscheinlich zum Teil unter der späteren Basilica (*Buildings at Samaria*, 56) und dieser Bau könnte, meint CROWFOOT, FISHER folgend, ein Tempel gewesen sein, möglicherweise aus der Zeit des Herodes (*ibid.*). Der freie Raum des Forum war vielleicht die Agora der Stadt (*o.c.*, 57).

Die schon von den amerikanischen Archäologen zum Teil ausgegrabene korinthische Säulenstrasse von Samaria (*Harvard Excav.*, I, 208 ff. und Plan 1) erstreckt sich vom Westtor zu einem noch nicht genau definierten Punkt im Osten der Stadt. FISHER hielt die Säulenstrasse für herodianisch (*o.c.*, 208), es unterliegt aber nicht dem Zweifel, dass sie aus derselben Periode stammt wie das spätere Stadion (*Buildings at Samaria*, 50 ff., Fig. 20, p. 51; CROWFOOT). Reste einer herodianischen Säulenstrasse sind in Samaria nicht gefunden worden, auch nicht bei den 1965 unter der Leitung von FAWZI ZAYADINE ausgeführten Ausgrabungen (*RB*, 73, 1966, 580) [62].

---

[62] Über die neuen engl. Ausgrabungen im NW der Unterstadt siehe J. B. HENNESY, *Excavations at Samaria-Sebaste* 1968, *Levant*, II, 1970, 1-21. Dieser Teil ist erst in pers.-hellenistischer Zeit besiedelt

ABRAHAM SCHALIT weist darauf hin, dass Herodes nach dem Bericht des Josephus (*Antiq.* XVI, 5, 3 § 148; *Bell. Jud.*, I, 21, 11 § 425) in Antiochien eine 20 Stadien lange Säulenstrasse anlegte und die Strasse mit geschliffenen Steinplatten belegen liess. SCHALIT meint, eine Säulenstrasse in Samaria-Sebaste darf man „mit aller Wahrscheinlichkeit als gegeben voraussetzen" (*König Herodes*, 1969, 361). Dass die Stadt schon vor Herodes' Bautätigkeit eine Säulenstrasse hatte, ist natürlich ausgeschlossen. Dass Herodes in Samaria-Sebaste eine Säulenstrasse angelegt habe, dagegen spricht das Schweigen des Josephus darüber. In Samaria-Sebaste wäre die Säulenstrasse, wie in Antiochien, in der Mitte der Stadt zu erwarten. Zur Anlage einer Säulenstrasse war das Terrain an dieser Stelle aber ungeeignet. Hinzu kommt, dass in der Mitte der Stadt der ausgedehnte Tempelkomplex, Josephus' temenos, lag. Wir halten es für wahrscheinlich, dass Samaria-Sebaste keine Säulenstrasse gehabt habe. Die korinthische Säulenstrasse Samaria's ist, wie CROWFOOT betont, „an interesting example of late town planning" (*Buildings at Samaria*, 52).

Die Säulenstrasse von Antiochien war noch im 4. Jahrhundert n. Chr. eine auffällige Besonderheit der Stadt; sie wurde beschrieben durch LIBANIUS (314-390), einem Einwohner der Stadt [63]. Nach der Meinung MARTIN's sind die Hallen zweigeschossig gewesen (vgl. die Rekonstruktion der korinthischen Strasse Samaria's durch CROWFOOT, *Buildings at Samaria*, Fig. 19-20, p. 51; die Halle der Nordseite ist zweigeschossig gedacht). In der Beschreibung durch LIBANIUS heisst es nach der Übersetzung von FESTUGIÈRE: 196) „des portiques à deux étages. Ces portiques sont séparés par une avenue à ciel ouvert pavée de pierres, de la largeur des portiques. 197) Si loin s'étendent avenue et portiques que, pour polir un si vaste espace il faudrait une main-d'œuvre énorme, et que les parcourir à la marche d'un bout à l'autre serait une fatique et exigerait le secours de chevaux, et d'autre part ils sont en terrain plat ..." (*o.c.*, 40).

Fest steht heute, dass die Hallen der Säulenstrasse von Antiochien nicht herodianisch sind; sie sind erst unter Kaiser Tiberius (14-37 n. Chr.) zustande gekommen, wie dies Malalas (6. Jahrh.) berichtet (*Chronographia*, 232). Die Texte deuten aber darauf „que les travaux d'aménagement de la rue principale d'Antioche, dallage et portiques, ont été mis en chantier par Hérode ..., achevés et inaugurés sous Tibère, c'est-à-dire après 14. Rien ne s'oppose à ce que les travaux aient duré vingt ans, et

---

worden. Kathleen KENYON hält es für möglich, dass in alter Zeit (Omri-Ahab) „the capital was administrative only, and that the inhabitants of Samaria carried away into exile by the Assyrians came from the surrounding countryside, taking refuge in the town in time of war" (*Royal Cities of the Old Testament*, 1971, 82).

[63] Antiochikos, Or. XI, 196 ff., siehe A. J. FESTUGIÈRE, *Antioche Païenne et chrétienne. Avec une commentaire archéologique sur l'Antiochikos par* ROLAND MARTIN, 1959, 23; 38 f. commentaire.

même davantage . . ." [64]. Die von Libanius (4. Jahrh.) beschriebenen Hallen waren nicht die, welche Tiberius errichtet hatte. Das Niveau der Strasse lag in der Zeit des Libanius 1.60 m über dem Niveau der Hallen (Lassus, *o.c.*, 144). Die Hallen, die schon mehrmals durch Erdbeben beschädigt worden waren, sind unter Trajan durch Erdbeben zerstört und von Trajan wiederaufgebaut worden (Malalas, *Chronographia*, 275, bei Lassus, *o.c.*, 133). Erst 138 n. Chr., unter Antoninus Pius (138-161) sind die Hallen vollendet worden (Lassus, *o.c.*, 145). Lassus lehnt die Meinung Martin's ab, nach der die von Libanius beschriebenen Hallen zweigeschossig gewesen seien (*Commentaire*, 40); ihre Höhe, über 9 m „parait d'ailleurs en exclure la possibilité" (*o.c.*, 127, n. 4).

Dass Josephus die Hallen dem Herodes zugeschrieben hat, erklärt sich entweder daraus, dass ihm darüber keine klaren Berichte vorgelegen haben, oder dass „the Jewish historian was anxious to claim as much credit for Herod as possible and so permitted himself a little mistake" (Glanville Downey, *A History of Antioch in Syria*, 1961, 173, n. 46).

5. *Caesarea Maritima*. Eine grossartige etwa zehn Jahre umfassende Bautätigkeit (19-10 v. Chr.) entfaltete Herodes in Caesarea Maritima, über die Josephus eingehend berichtet (*Antiq.* XV, 9, 6 §§ 331-341; *Bell. Jud.*, I, 21, 5-8 §§ 408-415). Es galt die Anlage eines neuen Hafens und der Hafenstadt am Ort einer kleinen phönikischen Stadt genannt Stratonsturm. Die Stadt war wahrscheinlich eine Schöpfung des Königs Straton I. von Sidon in der ersten Hälfte des 4. Jahrhunderts v. Chr. [65]. Zur Ehre des Kaisers wurde die neue Stadt Caesarea genannt; der vollständige Name war Caesarea Augusta [66]. Stratonsturm lag zwischen Dora und Joppe. „Diese Seestädtchen sind hafenlos und den heftigen von Afrika her wehenden Winden ausgesetzt, welche den Meeressand ans Ufer schleudern und keine ruhige Landung

---

[64] Jean Lassus, *Antioch on-the-Orontes. Publications of the Committee for the excavation of Antioch and its vicinity*, V: Les Portiques d'Antiochie, 1972, 132.

[65] Lee Levine, *A Propos de la tour de Straton*, *RB*, 80, 1973, 75-81, Straton I., 375/4-361 v. Chr. Viele meinen Straton II. (343/2-332; p. 75). Vgl. Kurt Galling, *Die syrisch-palästinische Küste nach der Beschreibung des Pseudo-Skylax*, jetzt in *Studien zur Gesch. Israels im pers. Zeitalter*, 1964, 200; Hans Peter Müller, *Phönizien und Juda in exilisch-nachexilischer Zeit*, *WO*, VI/2, 1971, 189-204, S. 198; Müller lässt die Möglichkeit offen, dass der Name der Stadt „unmittelbar auf das nomen divinum Astarte" zurückgeht (*ibid.*).

[66] Herodes errichtete hier auch einen dem Augustus geweihten Tempel, der sich durch Schönheit und Grösse auszeichnete; „darin befand sich eine gewaltige Bildsäule des Caesar, die ihrem Vorbild, dem Zeus in Olympia, nichts nachgab, und eine zweite der Roma, der Hera von Argos gleich" (*Bell. Jud.* I § 414, Übers. M.-B.). — P. Russel Diplock meinte 1971, dass die bei den Ausgrabungen zutagegekommenen Fragmente zweier Bildsäulen von diesen Bildern stammen könnten (*PEQ*, 103, 1971, 13-16 und Pl. VI B, VII A). Später (1973) hat er diese Ansicht zurückgenommen (*PEQ*, 105, 1973, 165-167).

gestatten, so dass die Kaufleute hier meist im offenen Meere vor Anker gehen müssen (*Antiq.* XV § 333; vgl. *Bell. Jud.*, I, 21, 5 § 408/09). Herodes schuf hier einen Hafen „der den Piraeus an Grösse übertraf" (*Bell. Jud.*, I § 410) [67]. Zum Bau des Hafendammes liess man mächtige Felsblöcke — nach Josephus sollen die meisten fünfzig Fuss lang, neun Fuss hoch und zehn Fuss breit gewesen sein [68] — zwanzig Ellen tief ins Meer versenken. Die Breite des Dammes über der Oberfläche des Wassers war 200 Fuss. „Hundert Fuss davon waren vorgebaut, um die Gewalt der Meeresfluten zu brechen, weshalb diese Hälfte den Namen Prokymia [„Wellenstrand"] erhielt. Der übrige Raum diente einer steinernen, rings um den Hafen laufenden Mauer als Unterlage und war mit sehr hohen Türmen versehen ... Zahlreiche Gewölbe dienten den Schiffern zur Herberge, und eine vor denselben befindliche, rund um den Hafen sich hinziehende Plattform bot den Ankömmlingen reichlichen Raum zu Spaziergängen. Die Hafeneinfahrt lag gegen Norden, weil der Nordwind dort der mildeste von allen Winden ist. Zu beiden Seiten der Einfahrt befanden sich drei auf Säulen ruhende kolossale Standbilder: die links standen auf einem massiven Turm, die rechts auf zwei miteinander verbundenen, aufrechtstehenden Steinen, grösser als der gegenüberstehende Turm" (*Bell-Jud.* 21, 6 §§ 412 ff.). Fragmente zweier grosser Standbilder können aus stilistischen Gründe von diesen Standbildern stammen (Miss KENYON, *JRAS*, 1970, 186). Herodes weihte den Hafen den Seefahrern (§ 414) und zwei der Standbilder könnten u.E. wohl die der Dioskuren, der Beschützer der Navigation, gewesen sein.

Herodes baute die alte Stadt [Stratonsturm] „ganz aus weissen Steinen wieder auf, schmückte sie mit prächtigen Palästen und zeigte hier in besonders hohem Masse seinen angeborenen Sinn für grossartige Unternehmungen" (*Bell. Jud.*, I, 21, 5 § 408). „Dem Hafeneingang gegenüber stand auf einem Hügel ein durch Grösse und Schönheit hervorragender Tempel des Caesar und darin stand seine Kolossalbildsäule, die ihrem Muster, dem Olympischen Zeus, nicht nachstand, und eine solche der Roma nach dem Vorbild der Hera zu Argos" (*id.* § 414). Herodes baute in Caesarea, dessen Strassen in gleichen Abständen parallel auf den Hafen zuliefen (§ 414), auch ein Amphitheater, ein Theater und Markplätze (§ 415). Auch ein Hippodrom, meinte SCHÜRER, muss die Stadt von Anfang an gehabt haben, „da schon bei der Einweihung durch Herodes ein ἵππων δρόμος gefeiert wurde" (*Gesch. des jüd. Volkes*, II², 1907, 50). Spuren des Theaters und des Hippodrom

---

[67] „Die Behauptung des Josephus, Herodes habe einen grösseren Hafen als den von Piräus erbaut, scheint reichlich übertrieben, es sei denn, dass letzterer zur Zeit des Herodes bedeutend zusammengeschrumpft war, was allerdings möglich ist, wenn wir uns den allgemeinen Verfall Griechenlands vergegenwärtigen" (SCHALIT, *König Herodes*, 1969, 339).

[68] Die grössten bis jetzt gefundenen Steine sind 4 m lang mit einer Breite und Dicke von 1 × 1 m (SCHALIT, 338); siehe aber weiter unten.

waren schon im 19. Jahrhundert von den Gelehrten der Survey of Western Palestine ermittelt worden *Memoirs*, II, 13 ff., Stadtplan p. 15); Josephus erwähnt das Hippodrom aber nicht [69]. Herodes hatte mit dem Bau von Caesarea nicht ausschliesslich den grossartigen Charakter der Stadt im Auge. Er machte mit dieser Hafenstadt, wie SCHALIT sagt, sein Land „zu einem internationalen Handelszentrum und mehrte dadurch seine Einnahmen um ein Vielfaches" (*König Herodes*, 1969, 340).

Caesarea wurde nach der Verbannung des Archelaos (6. n. Chr.), des Nachfolgers des Herodes, zum Sitz der Prokuratoren, wofür auch der in Caesarea gefundene Name des Pilatus, Praefectus von Judäa, zeugt [70]. Die Stadt, die schon um 200 n. Chr. Bischofssitz war (Euseb war 313-340 Bischof von Caesarea), ist im 7. Jahrhundert von den Muslumen erobert worden, kam dann um 1100 in Besitz der Kreuzfahrer (die freilich nur einen Teil der Stadt bewohnten, R. C. SMAIL, *The Crusaders in Syria and the Holy Land*, 1973, 68; Fig. 4, p. 69, Plan), denen die Stadt 1220 von dem ägyptischen Sultan entrissen wurde. Sie wurde 1251 durch Ludwig XI. von Frankreich wieder erobert, ist dann aber 1265 durch Sultan Baibar zerstört worden. Seitdem blieb die Stadt eine Ruine. Lokalisiert ist sie von A. NEGEV und M. AVI-YONAH (*Ariel*, 22, 1968, 22; A. NEGEV). Dass die Stätte niemals methodisch ausgegraben worden ist, hat man „one of the mysteries of archaeology" genannt (*BA*, XXIV/2, 1961, 54; CH. T. FRITSCH und I. BEN-DOR). Aus Josephus' Bemerkung über den Lauf der Strassen lässt sich schliessen, dass die Stadt nach dem hippodamischen System [71] angelegt war und diese Anlage ist offenbar in der Haupt-

---

[69] R. J. BULL datiert das Hippodrom aus Gründen der gefundenen Keramik zwischen 150-250 n. Chr. (*RB*, 82, 1975, 279/280). Siehe auch JOHN H. HUMPHREY, *Prolegomena to the Study of the Hippodrome at Caesarea Maritima, BASOR*, 213, 1974, 2-45.

[70] A. TROVA, *L'Iscrizione di Pontio Pilato a Cesarea*: Istituto Lombardo, Accad. di Scienze e Lettere, Rendiconti, Classe di Lettere, Vol. 95, 1961, 419-434; *PEQ*, 93, 1961, 87; *Oriens Antiquus*, I, 1962, 141; *JBL*, 81, 1962, 70-71; *Phoenix*, XI, 2, 1965, 258-260, Fig. 131, p. 259; *Antike Welt*, 1, 1970, Foto p. 50: Denkmalsockel mit der Inschrift, die Pontius Pilatus nennt, Isr. Mus. Jerusalem (HANNAH PETOR); *Phoenix*, 21 [1975], 1976, 76-78, Bespr. LEE LEVINE, *Roman Caesarea. An Archaeological Topographical Study*, 1975 (J. E. BOGAERS), bes. p. 78. Als jüngste Studie über die Inschrift dort genannt E. WEBER, *Zur Inschrift des Pontius Pilatus, Bonner Jahrbücher* 171, 1971, 194-200. Über Rekonstr. und Inhalt der Inschrift sind die Meinungen geteilt. „Het raadsel van de inscriptie van Pontius Pilatus lijkt onoplosbaar" (BOGAERS, p. 78).

[71] *Bell. Jud.* I, 21, 7 § 414: „und die Strassen der Stadt liefen auf den Hafen zu, im gleichen Abstand voneinander angelegt" (M.-B., zur Stelle). — Das System von rechtwinklig sich kreuzenden Strassen war weit verbreitet und wurde auf Hippodamos von Milet (5. Jahr. v. Chr.) zurückgeführt. Der Grundgedanke stammt aus dem Orient (Innenstadt von Babylon z.B., Herod. I, 180; siehe jetzt B. BRENTJES, *Die Stadtplaning im Alten Orient, Klio*, 59, 1977, 5-9). Hippodamos ist „nicht der Erfinder des geradlinigen Strassennetzes, wie das einzig und allein Aristoteles berichtet... Immerhin werden wir nicht zweifeln, dass Hippodamos das ihm bekannte System theoretisch weiter entwickelte, dem zufällig entstandenen Gebilde feste Regeln gab und diese jedenfalls auch schriftlich niederlegte..." (ARMIN VON GERKAN, *Griechische Städteanlagen*, 1924, 42 ff.: Hippodamos von Milet, S. 49 vgl. S. 61). Siehe auch FRANZ WEISSENGRUBER, *Eine Entwicklungsstufe im griechischen Städtebau, Jahreshefte des*

sache stets befolgt worden, wie aus Fliegeraufnahmen zu sehen ist [72]. Es sind etwa 300 Häuserblöcke (*insulae*) kenntlich, die nach der Foto zu urteilen ca. 90 × 50 m gross sind (*id.*, p. 23).

Die italienischen Ausgrabungen (1959-1963), unter der Leitung von A. Trova, haben nur wenig von den Prachtbauten, über die Josephus spricht, zutage gefördert. Das Theater ist dabei zum Teil ausgegraben und es sind drei Baustadien festgestellt worden. Ein Teil der herodianischen *cavea* mit den untersten Stufen und ein Teil der Skene, sind ans Licht gebracht (*RB*, 71, 1964, 408 f. und Pl. XXI b; A. Trova). „Avec ces dernières découvertes on a récuperé, pour ainsi dire, le théâtre d'Hérode, le plus ancien du Moyen Orient" (*id.*, p. 409). Durch die vom Amerikaner Prof. E. A. Link 1960 geleitete Tauchergruppe sind am Eingang des alten Hafens mächtige bearbeitete Steinblöcke festgestellt worden, „some weighing as much as twenty to thirty tons". Sie haben sicher zu den Colossi gehört „which flanked both sides of the entrance of the harbor. Large, flat blocks with square holes lined with lead, discovered among this mass of fallen stones, may well have been the bases to which the colossi were attached" [73]. Von Israeli-Archäologen unter der Leitung A. Negev's (1963 f.) sind gewölbte Räume ausgegraben worden, die „den Eindruck erwecken, Teile eines umfangreichen Podiums zu sein, auf dem der Augustustempel und die wichtigen öffentlichen Gebäude des Stadtinneren von Caesarea errichtet waren" (A. Negev, bei A. Schalit. *König Herodes*, 1969, 334 ff., S. 337). Die Israeli werden die cavea des Theaters restaurieren (*RB*, 71, 1964, 408 s.) [74]. Eine amerikanische Joint Expedition nach Caesarea unter der Leitung R. J. Bull's (1971 ff.) hat den Zweck, einen der am Hafen liegenden Hügel zu untersuchen [75]. In der 3. Kampagne (1973) sind mindestens sieben aneinanderliegende Gewölbe entdeckt und das

Österreichischen Archäol. Inst. in Wien, Bd. XLVIII Hauptblatt, 1966/67, S. 76-102, bes. 85 f. und S. 92/93. Hippodamos' bestbezeugte Hauptleistung ist der Entwurf und die Umbauung der Hafenstadt Piräus. Theodor Gomperz sagt: „Das System schnurgerader, einander rechtwinklig durchschneidender Strassen das dieser Neuerer empfahl, darf uns wie ein Symbol des mehr und mehr zur Herrschaft gelangenden Strebens nach rationeller Regelung aller Verhältnisse gelten" (*Griech. Denker*, I⁴, 1922, 321). Karl Julius Bloch nennt ihn den Grundleger der griechischen Staatswissenschaft und einen grossen Mathematiker (*Griech. Gesch.*, II, 1, 1914, 283; vgl. R. von Pöhlmann, *Gesch. der Sozialen Frage und des Sozialismus in der antiken Welt*, II³, 1925, 5, wo auf Aristot. Pol. II 5, 1. 1267 b hingewiesen wird).

[72] A. Reifenberg, *Caesarea. A Study in the Decline of a Town*, *IEJ*, I, 1950/51, 20-32, Pl. VIII-IX, Fig. 1.

[73] Ch. T. Fritsch-I. Ben-Dor, *The Link Expedition to Israel*, 1960. *BA*, XXIV, 2, 1961, 50-59, 50 f.

[74] „Jetzt nach seiner Freilegung finden hier die alljährlichen israelitischen Festspiele statt; hier hörte man das Spiel Pablo Casals, die „Elektra" des Sophokles und viele andere weltberühmte Werke" (*Antike Welt*, I/3, 1970, 50, Hannah Petor). Farbbild der von Zuschauern gefüllten Theaterruine bei R. St. John, *Israel*, 1969, p. 109.

[75] *RB*, 80, 1973, 582 s. (R. J. Bull-L. E. Toombs). — Über Exploration, Gesch. und Ausgrabungen von Caesarea siehe jetzt Art. Caesarea in: *Enc. AEHL*, I, 1975, 271 ff. (A. Trova-M. Avi-Yonah-A. Negev).

Hippodrom untersucht worden; es ist mindestens 415 m lang (*IEJ*, 23, 1973, 262;
R. J. BULL). Josephus erwähnt, wie wir gesehen haben, zahlreiche Gewölbe, die
den Schiffern zur Herberge dienten (*Bell. Jud.* I, 21, 7 § 413).

Nach Josephus lag das Amphitheater an der Südseite des Hafens und so günstig,
„dass es eine weite Aussicht aufs Meer gestattete" (*Antiq.* XV, 9, 6 § 341). Die
Lage des Amphitheaters kommt damit, wie REIFENBERG betont, nicht überein
(*IEJ*, 1950-1951, 25). Für Amphitheater ist bei Josephus Theater und für Theater
Amphitheater zu lesen: nur das Theater gestattete eine weite Aussicht aus Meer.

6. *Jericho*. In Jericho, das sich durch ein warmes Klima im Winter von anderen
Städten des Landes unterscheidet, hatte Herodes sich zwischen der Kyprosburg und
dem früheren Königspalast einen neuen Palast erbaut, den er nach dem Namen
seiner Freunde benannte (*Bell. Jud.* I, 21, 4 § 407). Es ist hier wie beim Palast in
Jerusalem an die Benennung einzelner Prunksäle nach Caesar und Agrippa, Και-
σάρειον und 'Αγρίππειον zu denken (vgl. SCHALIT, *König Herodes*, 1969, 398, Anm.
864). Mit dem früheren Palast wird ein Königspalast der Hasmonäer gemeint sein

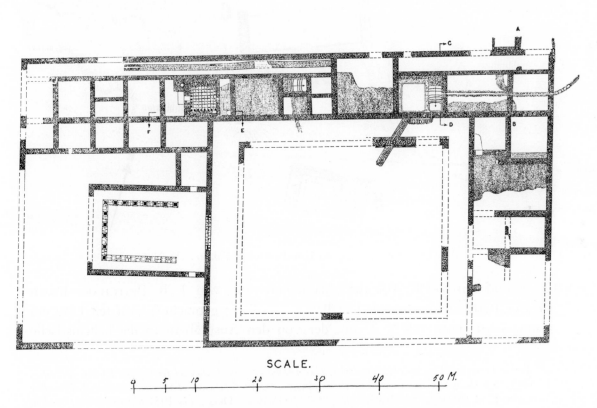

SCALE.

Abb. 238. Palästra in Jericho, Grundriss. (J. B. PRITCHARD)

(siehe weiter unten), wo Alexandra um 32 v. Chr. (Antonius war noch am Leben), den Herodes zum Mahle einlud (*Antiq.* XV, 3, 3 § 53).

Die von den Amerikanern 1950-1951 in *Tulûl Abû el-ʿAlâyik* (ca. 1½ km vom heutigen Jericho) ausgeführten Ausgrabungen, erst unter der Leitung von J. L.

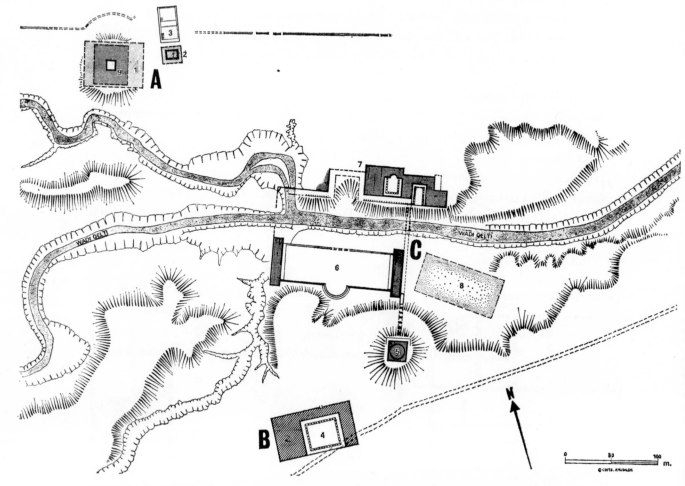

Abb. 239. Jericho. Lage der herodianischen Paläste. (E. NETZER)

KELSO und DIMITRI C. BARAMKI, dann unter der von J. B. PRITCHARD haben wichtige Reste von herodianischen Bauten ans Licht gebracht[76]. Auf tell 1 lag ein quadratischer Turm (20 × 20 m), der von den Ausgräbern in die hellenistische

[76] JAMES L. KELSO-DIMITRI C. BARAMKI, *Excavations at New Testament Jericho and Khirbet en-Nitla,* *AASOR,* XXIX-XXX [1949-1951], 1955; JAMES B. PRITCHARD, *The Excavations at Herodian Jericho,* 1951, *AASOR,* XXXII-XXXIII [1952-1954] 1958; Ders., *The* 1951 *Campaign at Herodian Jericho, BASOR,* 123, 1951, 8-17.

Zeit datiert wurde [77], der aber von Herodes (so die Ausgräber) neu aufgebaut wurde, „erecting an ashlar building upon it" (*AASOR*, XXIX-XXX [1949-1951], 1955, 6 ff.). Eine 50.10 m lange und 4.35 m breite, auf Bogen gemauerte Treppe an der Südseite führte zum Gebäude hinauf (*o.c.*, Pl. 37. 38, Plan) [78]. Der Anfang der Treppe liegt an der Ecke einer in *opus reticulatum* [79] gemauerten, ca. 114 m langen Fassade, an deren Mitte es eine halbkreisförmige Exedra gibt. Bänke an der Exedra liessen schon vermuten, dass es die Anlage eines Gartens gewesen ist (*ibid.*, 17; KELSO).

Ein ca. 46 × 86 m grosses an der Südseite liegendes Gebäude ist 1951 von PRITCHARD untersucht worden (Abb. 238). Es ist O.-W. orientiert und enthält einen geräumigen Hof und mehrere, an drei Seiten anliegende Räume [80]. Den Hofmauern parallel liegt nach innen zu eine Fundamentmauer, die wohl als Grundbau eines Peristyl zu deuten ist. An der Westseite des Hofes ist ein kleinerer Hof mit „rows of pedestals" (*o.c.*, 2) an drei Seiten. Zwei Baderäume und ein Hypokaust liegen an der Westseite des Gebäudes. Reste vom Oberbau (aus behauenen Steinen; Dicke der Mauern ca. 1 m) fehlen fast ganz. PRITCHARD meinte anfangs, Herodes' Winterpalast gefunden zu haben (*o.c.*, 57), hält aber den Bau doch eher für eine Palästra oder ein Gymnasium (*o.c.*, 58). KENYON hält den Bau für einen Palast (*JRAS*, 1970, 188/189). SCHALIT meint, es es sei noch nicht möglich, die Frage nach der Bestimmung zu entscheiden (*König Herodes*, 401). Die Ansicht PRITCHARD's dürfte u.E. die meiste Wahrscheinlichkeit für sich haben, denn die in der Nähe gefundenen *unguentaria* (122 an der Zahl) deuten doch eher auf eine Palästra oder ein Gymnasium als auf einen Palast (*o.c.*, 58 und 21: Piriform *unguentaria*, Pl. 19, 1, Foto) [81].

[77] Siehe aber Z. MESHEL, *A new interpretation of the finds at Herodian Jericho*, ErIs, XI, 1973, 194-196, hebr., p. 28* engl.: „No Hellenistic finds were discovered, and there seems to have been nothing on the site in that period..."; siehe weiter unten über die neuen Ausgrabungen 1972 f.

[78] „This stairway reminds one of a similar stairway at Herodium which likewise descended from the highest building on the site to a lower level" (p. 12).

[79] Bei dieser Mauertechnik werden 6-7 cm lange spitze Steine quadratischen Querschnittes diagonal (Netzförmig) in die Wand einer Gussmauer gesetzt (DURM, *Bauk. der Römer*, 1905, 209 f.; vgl. G. T. RIVOIRA, *Architettura Romana*, 1921, 24 f., 34). Vitruv II, 8 tadelt diese Mauerkonstruktion, nach DURM zu Unrecht; an der Villa Hadriani in Tivoli ist sie gut erhalten (S. 210). Die Technik ist besonders in Rom angewendet worden (*id.*). KELSO hatte eine „unique group of opus reticulatum constructions" entdeckt (*l.c.*, 10 f.). Diese Mauertechnik ist ganz verschieden von „typical drafted stone masonry", bekannt aus zweifellos von Herodes errichteten Bauten und man meinte ursprünglich in Jericho sei diese Arbeit dem Archelaos zuzuschreiben (*BASOR*, 120, 19-20). Heute unterliegt es nicht mehr dem Zweifel, dass der Palast ganz von Herodes erbaut worden ist (*RB*, 82, 1975, 274, NETZER).

[80] *AASOR*, XXXII-XXXIII, 1958, 1 ff. und Pl. 63. 66, hier Abb. 238.

[81] Münzen aus der Zeit des Herodes (wahrscheinlich aus den späteren Regierungsjahren, zwischen 18 und 9 bzw. 18 und 6 v. Chr.) lassen darüber keinen Zweifel, dass der Bau von Herodes stammt. Nach dem Bericht des Josephus liess Herodes in Jericho auch ein Theater (*Antiq.* XVII, 6, 3 § 161)

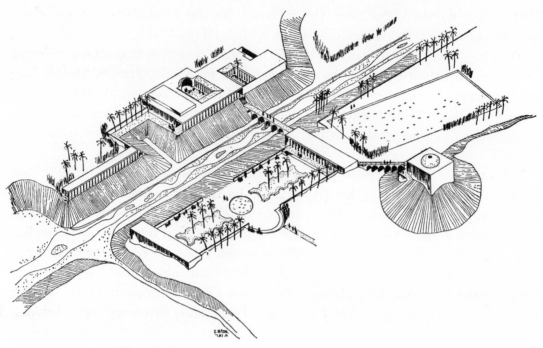

Abb. 240. Jericho. Die herodianischen Paläste. (E. NETZER)

Israeli-Archäologen unter der Leitung von E. NETZER haben 1972 ff. neue Ausgrabungen in Jericho veranstaltet [82]. Im Süden wurde ein Bau entdeckt, den NETZER
als einen schon von den letzten Hasmonäern, dann von Herodes benutzten Winterpalast meint deuten zu dürfen (*IEJ*, 25, 1975, 89 ff. und Fig. 2, Sigel A, p. 91; hier
Abb. 239). In der unmittelbaren Nähe liegt ein ca. 18 × 32 m grosses 4 m tiefes
Schwimmbassin. An beiden Seiten der Wadi Qelt hatte Herodes dann „a whole
complex" bauen lassen: von Süden nach Norden das von PRITCHARD untersuchte
Gebäude (B in Abb. 239; NETZER hält es für den ersten von Herodes errichteten
Winterpalast, p. 93); den „Turm" (nach NETZER möglich ein röm. Bad); einen ca.
120 × 25 m grossen Garten (6 in Abb. 239), dessen beide Schmalseiten durch eine
Doppelstoa abgeschlossen sind (*IEJ*, 25, 1975, Fig. 4, p. 98; hier Abb. 240). Etwas
nach Osten zu ist ein 42 × 90 m grosser Teich. Der Palast auf der Südseite der
Wadi Qelt (*RB*, 82, 1975, Fig. 3, p. 273; *IEJ*, 1975, Fig. 3, p. 94, hier Abb. 241)
enthält u.a. ein 19 × 29 m grosses Triclinium (70), einen 19 × 19 m grossen Hof,
der an drei Seiten mit einer ionischen Halle ausgestaltet ist (64), während an der

---

und eine Rennbahn bauen (*id.* § 175), es dürfte also mehr als wahrscheinlich sein, wiewohl Josephus
es nicht berichtet, dass es in Jerusalem unter Herodes auch eine Palästra gegeben hat. Es ist bei
Josephus auch nur von einem Palast des Herodes die Rede.

[82] E. NETZER, *The Hasmonean and Herodian Winter Palaces at Jericho*, Qadmoniot, 7, 1974, 27-30,
hebr.; Ders., *IEJ*, 25, 1975, 89-100; Ders., *RB*, 82, 1975, 270 ss.

vierten Seite eine 9 m breite halbkreisförmige Apside liegt. Ein östlich gelegener 15 × 20 m grosser Hof hatte korinthische Hallen, deren eine nach rhodischer Art erhöht gewesen zu sein scheint (*RB*, 82, 1975, p. 274). Fast alle Räume, eingerechnet die Höfe, „étaient revêtues de fresques (surtout imitant le marbre) et partiellement décorées de stuc" (p. 274). Der Fussboden des Triclinium „était entièrement décoré en *opus sectile*, en partie de pierre locale et pour le reste de marbre importé" (p. 273).

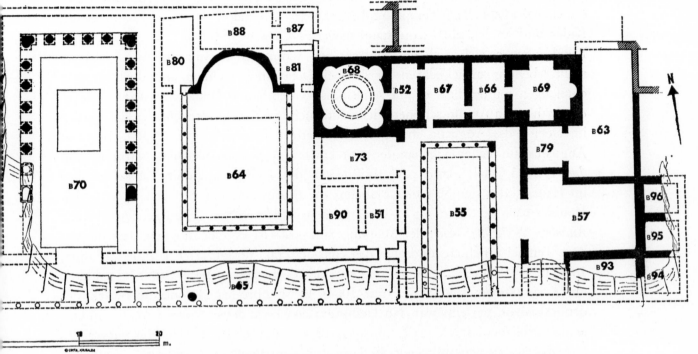

Abb. 241. Jericho. Nordflügel des herodianischen Palästes, Grundriss. (E. Netzer)

Die im Palast gelegene römische Badeanstalt enthält ein Frigidarium (Durchmesser 8 m), ein Caldarium und drei andere Räume. Diese Räume und auch andere Teile des Komplexes sind ausgeführt „en béton romain", während der Rest des Palastes aus Lehmziegeln auf Fundamenten aus unbehauenen Steinen aufgebaut ist.

7. *Herodes' Bauwut*. Im Obigen konnten nur einige der wichtigsten Beispiele von Herodes' Bautätigkeit etwas ausführlicher erwähnt werden [83]. Josephus berichtet von zahlreichen anderen Städten, wo Herodes eine Bautätigkeit entfaltete. In die Ebene Kapharsaba (Saron) gründete er eine Stadt, welche er nach seinem Vater Antipatris nannte (*Antiq.* XVI, 5, 2 § 142/43). Er baute die in den Kriegen zerstörte

---

[83] Über Herodes' Bautätigkeit handelt Abraham Schalit eingehend, *König Herodes*, 1969, 328-372; 372-396: Der Tempel [Jerusalem].

23

Seestadt Anthedon wieder auf und benannte sie nach Agrippa, Schwiegersohn des
Kaisers, Agrippium (*Bell. Jud.* I, 21, 8 § 416). Oberhalb von Jericho baute er eine
Stadt, welche er seiner Mutter zu Ehren Kypros nannte (*id.* § 417/18); auch eine
nach seinem Bruder Phasael genannte Stadt im nördlichen Teil des Tales von
Jericho (*id.* § 417) [84]. Vielen Städte ausserhalb des Landes beschenkte er mit Bauten.
In Tripolis und Ptolemais baute er ein Gymnasium (§ 422), in Damaskus ein Gymnasium und ein Theater (*id.*), ein Theater auch in Sidon (*id.*). Beyruth und Tyrus
erhielten Säulenhallen, Tempel und Märkte (*id.*). Askalon, Herodes' Geburtsstadt,
Bäder und Säulenhallen von staunenswerter Grösse und Bearbeitung (*id.*) [85]. In
Rhodos, wo er sich nach der Schlacht bei Actium (31 v. Chr.) in Angst, dass er
nicht lebendig zurückkehren werde, bei Octavianus meldete und doch günstig
empfangen wurde, liess er auf seine Kosten den durch Brand zerstörten Tempel
des Pythischen Apollo schöner wiederaufbauen (§ 425). An den Quellen des Jordan
im Gebiet, das Augustus ihm geschenkt hatte (*Antiq.* XV, 10, 3 § 360), baute er
Augustus am Paneion genannten Ort einen Tempel aus weissem Marmor (*Bell.
Jud.* I, 21, 3 § 404; *Antiq.* XV, 10, 2 § 363-364). Den Ba'al Šamîn-Tempel in Si 'a
im Hauran, den der Nabatäer Malichus im altorientalischen Stil gebaut hatte, hat
Herodes nach der Meinung MADER's im hellenistischen Stil neu aufgebaut (MADER,
Mambre, 1957, 79). Nach der Meinung SCHALIT's ist es aber möglich, dass die vor
dem Tempel errichtete Bildsäule des Herodes (DE VOGÜÉ, *Syrie Centrale*, I, 1865-
1877, p. 35) [86] nur als Schmuck und als eine Weihegabe an Ba'al Šamîn zu erklären
sei (*König Herodes*, 1969, 457, Anm. 1064). In Mambre hat Herodes im Bezirk, der
dem Abraham geweiht war, ein Heiligtum errichtet, dessen *temenos* freilich unvollendet geblieben ist (MADER, *Mambre*, 1957, 34 f., 67 f.). In Hebron hat er das
Patriarchengrab neu aufgebaut, in Jerusalem den schon weltberühmten Tempel in
grossartiger Form erneuert (darüber handelt Abschnitt II.).

Herodes' Bauwut und sein Hang zu grossartigen Bauschöpfungen sind eine
Frucht des hellenistischen Zeitalters [87]. Als Herodes an die Macht kam, gab es

[84] Siehe GÜNTHER HARDER, *Herodes-Burgen und Herodes-Städte im Jordangraben*, ZDPV, 78, 1962,
49-63. HARDER bespricht hier die Burgen und Städte, welche er 1959 auf einer archäol. Reise besucht
hat: 49 f. Kypros (Abb. 3, S. 52, Plan der Bauten auf Kypros); 54 ff. Phasaelis (jetzt chirbet faṣā'il);
60 Julias (*Antiq.* XVIII, 2, 1 § 27), jetzt tell er-rāme, bei Josephus Betharamphtha. Herodes ummauerte die Stadt und benannte sie nach Augustus' Gemahlin Julias.
[85] Über Ausgrabungen in Askalon (1920-1924 und später) siehe *PEQ*, 103, 1971, 13 ff.; *EncAEHL*,
I, 1975, 121 ff.; das ausgegrabene Bouleuterion (Plan auf p. 126) datiert aus der röm. Periode.
[86] Über den Ba'al Šamîn Tempel in Si'a und die zerstörte Statue des Herodes mehr im nächsten
Kapitel.
[87] Als typisch für den Geist des Hellenismus nennt WALTER OTTO „das Streben ins Unendliche,
nach riesigen Massstäben, nach dem Pomp an sich, den schliesslichen Sieg des Allgemeinen über
das Besondere..." (*Kulturgesch. des Altertums*, 1925, 126). Vgl. ROBERT VON PÖHLMANN, *Gesch. der
socialen Frage und des Sozialismus in der antiken Welt*, I, 1925, 130 f.; JULIUS KAERST, *Gesch. des Hellenis-*

im Ausland grossartige hellenistische Bauschöpfungen, womit er schon früh bekannt wurde. In Alexandrien, von Alexander dem Grossen gegründet, hatte man auf einer Insel den berühmten Pharos [88] gebaut, den Herodes, als er sich 40 v. Chr. über Alexandrien nach Rom begab, gesehen hatte. Alexander hatte den Plan gehabt, für seinen Vater Philippus ein Grabmal zu bauen von der Grösse der Pyramide von Cheops [89]; er beabsichtigte auch, den berühmten Turm von Babel — Etemenanki — wiederaufzubauen [90]. Grossartige Bauschöpfungen der hellenistischen Periode waren z.B. das Artemision zu Ephesos [91], der

---

mus, II²: Das Wesen des Hellenismus, 1926, 281. OTTO schreibt die Kennzeichen dem Einfluss des Orients zu (*l.c.*), KAERST sieht den Hellenismus als eine innere Fortbildung des Griechentums selbst, die sich aber grossenteils nicht auf dem ursprünglichen griech. Gebiet vollzog und sich dadurch für orientalische Einflüsse öffnete (*o.c.*, 271, Anm. 1). Das griech. Ideal des Masses, des harmonischen Gleichgewichts der Kräfte, das auch für Aristoteles gegolten hatte (TH. GOMPERZ, *Griech. Denker*, III³·⁴, 1931, 22) war tot. Ein allgemein gültiges Ideal war es doch auch nicht gewesen. Das Streben nach unermesslichem Gewinn, der Trieb zu erwerben, „starke wirtschaftliche Instinkte" waren auch dem griech. Leben eingeboren (JOHANNES HASEBROEK, *Staat und Handel im alten Griechenland*, 1928, 41). Meidias, ein Zeitgenosse des Demosthenes, gehörte zu den Reichsten von Athen. Er benutzte seine Reichtümer zur Entfaltung von Pracht und Luxus, welche die allgemeinen Verhältnisse weit übertrafen. Ausser einem Haus in Athen besass er in Eleusis ein palastartiges Gebäude (A. SCHAEFER, *Demosthenes und seine Zeit*, II, 1856, 80-81); vgl. K. J. BELOCH, *Griech. Gesch.*, IV², 1925, 408 f., 520 f.

[88] Siehe oben Anm. 21. — Wichtige neuere Daten, welche THIERSCH nicht hat benutzen können, findet man bei ROSTOVTZEFF, *The social and Econ. History of the Hellenistic World*, III, 1941, 1422, Anm. 214.

[89] ULR. WILCKEN, *Alexander the Great*, transl. by RICHARDS, 1932, 258. — Ptolemaios II. Philadelphos hatte sich in Alexandrien ein monumentales Festzelt (von Athenaeus beschrieben) bauen lassen (F. STUDNICZKA, *Das Symposion Ptolemaios II.* Abh. Sächs. Ges., Leipzig, 30, 2, 1914, bei KARL SCHEFOLD, *AMI*, Neue Folge, 1968, 1, 1968, 50, Fig. 24, 2, Rekonstr. nach STUDNICZKA. — Über die auf röm. Münzen dargestellten Architektur Alexandria's siehe SUSAN HANDLER, *Architecture on the Roman Coins of Alexandria*, AJA, 75, 1971, 57-74. — Die wichtigste Arbeit über Alexandria in der Periode der Ptolemäer ist P. M. FRASER, *Ptolemaic Alexandria*, I-III, 1972, siehe HEINZ HEINEN in *BiOr*, 31, 1974, 201-207.

[90] Strabo XVI, 1. 5; R. KOLDEWEY, *Das wieder erstehende Babylon*, ⁴1925, 191. 193. — Der Architekt Deinokrates aus Makedonien hatte den Plan, den Berg Athos zu einem Kolossalsitzbild des Alexander abzuhauen, in dessen Linken die Umwallung einer Stadt dargestellt war (Vitruv, II, Prol. 2; Strabo, XIV, 641; Plutarch, Alexander, 72).

[91] FRITSCH KRISCHEN, *Weltwunder der Baukunst in Babylonien und Jonien*, 1956, 62 f., 93 f., Abb. 27, S. 65, 28, S. 67 und Taf. 18. 19 (schöne Rekonstr.); OTTO BENNDORF, *Forschungen in Ephesos*. Veröffentlicht vom österreichischen archäol. Inst., I, 1906, 205-220; W. WILBERG, *Der alte Tempel* (id., S. 221-234); R. C. KUKULA, *Literarische Zeugnisse über den Artemistempel von Ephesos* (id., 237-277; Strabo XIV, 639 ff. gilt als lit. Hauptquelle; Plin. XXXVI, 95 enthält Masse; z.B. columnae CXXVII a singulis regibus factae LX pedum altitudine ex is XXXVI caelatae). Die Stätte des Tempels ist 1869 von J. T. WOOD entdeckt worden (J. T. WOOD, *Discoveries at Ephesus*, 1877; WOOD meinte, die Cella sei „hypaetral or partly open to the sky" gewesen, p. 268-269 und Plan hinter p. 268). Es war das einzige Heiligtum Ioniens, das von Xerxes verschont wurde (Strabo, XIV, 1, 5). Es ist 356 v. Chr. von Herostrates in Brand gesteckt, dann von den Architekten Päonios und Demetrios nach den Plänen des Architekten Deinokrates neu aufgebaut worden: jüngeres Artemision. Der Tempel ist 262 n. Chr. von den Goten zerstört worden. Der in der Tempelachse liegende Brandopferaltar ist erst in neuerer Zeit entdeckt worden: Länge 39.92 m, Breite 30.57 m (ANTON BAMMER,

Apollo-Tempel in Milet [92], das Mausoleum von Halikarnassos [93], der Zeus-Altar von Pergamon [94]. Als Herodes 40 v. Chr. nach Rom kam, war Rom zwar noch nicht aus einer Stadt von Backstein zu einem Rom aus Marmor geworden, es standen dort aber schon wichtige Bauten, wie z.B. der Tempel des Jupiter Capitolium [95], die Basilica Aemilia [96], und die Basilica Julia, das Theater von Pompeius [97] und Herodes lebte im Zeitalter des Augustus, selbst

Der Altar des jüngeren Artemisions von Ephesos, AA, 1968, 400-423, Abb. 34 gegenüber S. 420, Plan; Abb. 32 gegenüber S. 418, Rekonstruktionsversuch).

[92] Die Ruine des Tempels war schon 1765 durch den Architekten NICHOLAS REVETT besucht worden, sie ist aber erst 1905 ff. von deutschen Archäologen unter der Leitung von TH. WIEGAND ausgegraben worden (siehe ADOLF MICHAELIS, *Ein Jahrhundert kunstarchäologischer Entdeckungen*, S. 180 für ältere Untersuchungen). Herodot zählt den Tempel neben dem Artemistempel in Ephesos und dem Heraion auf Samos zu den grössten Tempeln seiner Zeit (S. 180). Er war 49.75 m breit und 108.50 m lang (S. 181); er hatte 20 m hohe Säulen. Es gibt verschiedene Vorläufige Berichte über die Ausgrabungen, die Endpublikation erschien 1924 f.: TH. WIEGAND, u.a., *Milet. Die Ergebnisse der Ausgrabungen und Untersuchungen.* — Siehe auch D. S. ROBERTSON, *A Handbook of Greek and Roman Architecture*, 1929, 152, Fig. 66: Didymaion, Miletus (restored) und Pl. VI.

[93] KRISCHEN, *Weltwunder der Baukunst*, 1956, 72 ff., Abb. 31-33, S. 74-76 (siehe auch *BiOr*, XV, 1958, 168 ff., TH. A. BUSINK). — König Maussolos, persischer Satrap im südwestlichen Kleinasien (377-353) liess sich und seiner Gemahlin Artemisia das Grabmal bauen. Im späteren Altertum rechnete man den etwa 45 m hohen Bau (mit Einschluss des auf der Spitze stehenden Viergespanns) unter die sieben Weltwunder. Plinius hat dieses Weltwunder beschrieben (*Nat. Hist.*, XXXVI, 30-31). „Die Baumeister Satyros und Pythios müssen zu den ersten ihres Faches gezählt haben" (ERNST BUSCHOR, *Maussolos und Alexander*, 1950, 7). Die Bildhauer Scopas, Thimotheos, Bryaxes und Leochares sind die Schöpfer des plastischen Schmucks der Ost-, Süd-, Nord- und Westseite (Rückseite). Als Urheber des mächtigen krönenden Viergespanns ist Pytheos beglaubigt (*id.*, S. 8/9). Der Bau wird noch im 12. Jahrh. als wohl erhalten erwähnt (BAUMEISTER, *Denkmäler*, II, 1887, 893). — Halikarnassos, von Maussolos umgebaut, ist der Vorläufer der hellenistischen Gross-Städte (ED. MEYER, *Blüte und Niedergang des Hellenismus in Asien*, 1925, 8).

[94] A. CONZE u.a., *Altertümer von Pergamon*, 1885 f., III, 1, 1906; BAUMEISTER, *Denkmäler*, II, 1887, 1214 ff.; DURM, *Bauk. der Griechen*, 1910, 438 ff., Abb. 398-400, S. 437-439. Erbauer des Altars war Eumenes II. (197-159 v. Chr.).

[95] Im Jahre 85 v. Chr. durch Brand zerstört, von Sulla (82-79) in Marmor wiederaufgebaut. Auf dem Abhang des Kapitols hatte Sulla das Tabularium erbaut (es wurde 78 v. Chr. eingeweiht). Das Forum Caesars war 51 v. Chr. begonnen, 46 v. Chr. sind Forum und Tempel eingeweiht (A. W. BYVANCK, *Le Problème de l'Art Romain, BVBA*, XXXIII, 1958, 1-32, p. 7 s.). — Kurz vor dem zweiten Weltkrieg wurde unter der Nordwestecke des Kapitols der von Vitruv, IV, 18, 4 und Plin. nat. hist. 16, 216 erwähnte Tempel des Veiovis entdeckt (ein altröm. Gottheit mit rächender Gewalt, mit dem Jupiter der Unterwelt und mit Apollo identifiziert). Der 196 v. Chr. erbaute und 192 v. Chr. eingeweihte Tempel war noch 510 n. Chr. in Gebrauch (A. M. COLINS, *Il tempio di Vejove*, 1943; *Rev. Archéol.* XXV, 1946, 70-75: Le temple et la statue de culte de Vejovis au Capitole romain, Fig. 1, p. 70, Plan; Fig. 2, p. 72 kopflose Statue aus Zypressenholz).

[96] BYVANCK, *l.c.*, 8; DURM, *Bauk. der Römer*, 1905, 623, dort mehrere Bauten der republ. Periode. — Ein Grossbau war die Basilica Julia (46 v. Chr.), ein fünfschiffiger Bau, 102 m lang und 49 m breit, *o.c.*, Fig. 704, S. 623, Rekonstr. nach HÜLSEN und TOGNETTI. Die Basilicae Aemilia und Julia gaben dem Forum Romanum „un aspect plus monumental" (BYVANCK, *l.c.*, 8). Julius Caesar began kurz vor seiner Ermordung (44 v. Chr.) den Bau der Curia Julia, die aber erst 29 v. Chr. von Augustus vollendet und eingeweiht wurde (*Mon. Anc.* IV, 1; VI, 13, bei EINAR GJERSTAD, *Über die Baugesch. des republicanischen Comitium, Festschrift Martino P. Nilsson*, 1909, 206-221, S. 220).

[97] Pompeius hatte 55 v. Chr. das Theater (das erste steinerne Theater in Rom) nach dem Muster

Bauherr grossen Stils, der, wie Sueton (28) sagt, eine Stadt aus Backstein vorfand, aber ein Rom aus Marmor hinterliess [98]. Aus der Umwelt kam also die äussere Anregung zu Herodes' Bautätigkeit; den tiefsten Grund seiner Bauwut haben wir aber in der innere Veranlagung des Bauherrns zu suchen. Herodes selbst war überzeugt, dass er durch seine Bauschöpfungen, besonders durch den Bau des Jerusalemer Tempels, den Ruhm der Nachwelt erwerben würde (*Antiq.* XV, 11, 1 § 380-381). Eine Bautätigkeit, wie Herodes sie entfaltete, lässt sich jedoch nicht ausschliesslich aus Ruhmbegierde erklären. Schöpfungen wie der Neubau des Jerusalemer Tempels oder der Bau der Hafenstadt Caesarea Maritima liessen sich noch als ein Streben nach Ruhm deuten, schwerlich der Bau eines Tempels an einen unbedeutenden Ort wie Paneion. Ebensowenig lassen solche Schöpfungen sich daraus erklären, dass Herodes, wie SIMON DUBNOW meint, bemüht war, bei den römischen Machthabern in Ansehen zu kommen (*Weltgesch. des jüd. Volkes*, II, 1925, 275). Dass die römischen Machthaber mit dem ganzen Umfang der herodianischen Bautätigkeit bekannt gewesen seien, ist kaum anzunehmen. Man könnte auch meinen, Herodes habe es gewürdigt, im Ausland als ein freigebiger und aufgeklärter Hellenenfreund berühmt zu werden, ein Motiv das DUBNOW ebenfalls hervorhebt (*o.c.*, 278) [99]. Solche Motive sind mit einer Herrschernatur, die sich wie immer

des Theaters in Mitylene erbauen lassen (HÜLSEN, *Topogr. der Stadt Rom im Altertum*, I, 3, S. 524 ff., bei E. R. FIECHTER, *Die Baugeschichtliche Entwicklung des antiken Theaters*, 1914, 79). Es wurde unter Augustus wiederhergestellt (*Mon. Ancyr.*, 49, id. 79, Anm. 1). Nach HÜLSEN's Schätzung hatte das Theater etwa 12000 Sitze (*Topogr.* I, 3, S. 516 ff., bei L. FRIEDLÄNDER, *Darstellungen aus der Sittengesch. Roms*, II⁹, 1920, 112). „In den fünfunddreissig Jahren vom Tode Sullas bis zum Tode Cäsars (78-44 v. Chr.) hatte sich Rom mit zahlreichen prachtvollen öffentlichen und Privatbauten geschmückt..." (FRIEDLÄNDER, *o.c.*, I⁹, 1919, 2).

[98] AXEL BOETHIUS bemerkt dazu: „wenn man Lehmziegel und Tuff statt Backstein sagt und nur an die zentralen Plätze denkt, trifft das ungefähr zu" (*Das Rom der Caesaren, Die Antike*, XI, 1935, 110-138, S. 116). — Augustus hatte einen Bericht über seine Taten vom Tage des Eintritts ins politische Leben bis zu seinem Todesjahr 14 n. Chr. verfasst. „Diese in der Ichform verfasste Schrift ist inschriftlich an drei verschiedenen Orten Kleinasiens überliefert. Am umfangreichsten in lateinischer und griechischer Sprache an dem Augustus geweihten Tempel in Ancyra" (CARL WEICKERT, *Augustus. Bild und Geschichte, Die Antike*, XVI, 1938, 202-230, S. 203). Die Inschrift in Ancyra (Ankara) in einem hellenistischen Tempel ist von TH. MOMMSEN entdeckt worden; die in Antiochien und Apollonien von GEORGE PERROT. — Über Augustus siehe auch ILONA OPELT, *Augustus Theologie und Augustus Typologie, Jahrb. für Antike und Christentum*, 4, 1961, 44-57. „Schon zu Lebzeiten hatte Augustus selbst rege an der Idealisierung der eigenen Person gearbeitet und sich um einen Ehrenplatz in der römischen Geschichte bemüht. Der eifrigen Selbstpropaganda war angesichts der tatsächlichen geschichtlichen Bedeutung bleibender Erfolg beschieden; Augustus ging als Idealfürst in die Geschichtsschreibung ein" (S. 44). Über Ausgutus' Politik siehe M. ROSTOVTZEFF, *Gesellschaft und Wirtschaft im römischen Kaiserreich*, übers. LOTHAR WICKERT, I, o.J., 34-64, S. 39 f. über die „Propaganda". Über die Bedeutung, welche dem Vergil dabei zuzuschreiben ist, siehe GASTON BOISSIER, *La religion romaine*, I, 1906, 221.

[99] Ähnlich heisst es bei M. STERN: „Much of the money extorted from the Jewish peasantry was squandered to enhance Herod's reputation in foreign countries" (*The Reign of Herod and the Herodian Dynasty*, in *The Jewish People in the First Century*, Ed. S. SAFRAI and M. STERN, I, 1974, 216-307, p. 261).

durch eine Geringschätzung der Meinung der Welt auszeichnet, kaum vereinbar. Eine Bautätigkeit, wie Herodes sie entfaltete, muss entweder aus einem „dionysischen" Schöpfungsdrang, oder aus politischen Motiven erklärt werden. An politische Motive denkt JACOB NEUSNER. NEUSNER meint, es gibt Gründe zu glauben, „that Herod aspired to a greater realm than Palestine" (*A History of the Jews in Babylonia*, I, 1965, 33). Den griechischen Städten „Herod gave munificent donations, paving streets here, building theaters and temples there" (*ibid.*). Er suchte die Freundschaft der Juden in Palästina und Babylonien durch Wiederaufbau des Tempels zu gewinnen. NEUSNER meint, es gäbe keine andere Erklärung für Herodes Bauwirksamkeit weit über die Pflichten des Königs der Juden hinaus als die von ihm vorgetragene. „Herod clearly hoped to establish not only a dynasty, but an empire, as others had succeeded in doing in the Near East even to his own time" (*o.c.*, 33/34). Es heisst dann p. 63: „His policy of loyality and support of Rome did not preclude activities aimed at winning the support of other dependencies, as well of groups outside of the empire". ABRAHAM SCHALIT urteilt über Herodes wohl richtiger: „Herodes fühlte in sich die Begabung, über ein grösseres Land als das seinige zu herrschen"; Herodes war sich aber „wohl bewusst, dass er ein „Spätgeborener" sei" und er hatte die feste Überzeugung „dass er auf keine Weise und unter keinen Umständen sich gegen die gewaltige Macht Roms auflehnen darf ..." (*König Herodes*, 1969, 420). Herodes' ausserordentliche Bautätigkeit lässt sich nur aus seinem ungestümen Schöpfungsdrang erklären und seine Natur war, wie SCHALIT betont, „eben die eines Menschen des hellenistischen Zeitalters, dessen Energien keine Schranken kannten ..." (*o.c.*, 419). Aus der Kenntnis, ein Spätgeborener zu sein, dem es untersagt war, ein eigenes Reich zu gründen, ist dann Herodes' Schöpfungsdrang erst recht ins „dionysische" gesteigert worden.

Unter Herodes' zahlreichen Bauschöpfungen lassen sich mindestens vier Schöpfungen nennen, welche uns berechtigen, Herodes als Bauschöpfer grossen Stils zu betrachten: die Hafenstadt Caesarea; Herodes' Palast in Jerusalem mit den berühmten Türmen Phasael, Hippikus und Mariamne; der Nordpalast von Masada und dann besonders der Neubau des Jerusalemer Tempels.

8. *Neubau des Tempels.* Die Frage, was Herodes veranlasst habe, den Jerusalemer Tempel neu aufzubauen, haben wir am Schluss des XI. Kapitels schon gestreift. Es ist nun näher darauf einzugehen. SIMON DUBNOW hatte die Frage einfach dadurch beantwortet, dass er auf die übrigen von Herodes in Jerusalem errichteten Prachtbauten hinwies. „Der alte, noch unter Serubbabel erbaute und unter den Hasmonäern restaurierte Tempel nahm sich neben der Pracht des neuen königlichen Palastes und der anderen die Hauptstadt jetzt schmückenden Bauten nur zu be-

scheiden aus; er sollte nun seiner glänzenden Umgebung angepasst werden" (*Welt-gesch. des jüd. Volkes*, II, 1925, 279). DUBNOW folgte hier vielleicht EMIL SCHÜRER, der ähnlich sagt: „Der alte von Serubabel erbaute Tempel entsprach nicht mehr dem Glanze der neuen Zeit. Die Paläste in seiner Nähe übertrafen ihm an Pracht. Aber er sollte nun ... dieser glänzenden Umgebung angepasst werden" (*Gesch. des jüd. Volkes*, I⁵, 1920, 392). Der alte Tempel war aber, wie wir Kap. X. gesehen haben, nicht so bescheidenen Charakters wie gemeinhin angenommen wird. Andererseits dürfen wir doch wohl mit Sicherheit annehmen, dass der herodianische Tempel alle Bauten Jerusalems an Glanz überstrahlte. Anpassung an seine „glänzende" Umgebung kann nicht der Grund des Neubaus gewesen sein. Die von SCHÜRER (und DUBNOW) vorgebrachte Auffassung gibt auch keine Erklärung dafür, wie Herodes dazu kam, die angeblich aus der Zeit Salomos stammende Halle auf der Ostseite des Tempelplatzes ¹⁰⁰ im neuen Entwurf aufzunehmen.

CONSTANTIN DANIEL erklärt den Neubau des Tempels aus einem ganz anderen Grunde. Er meint, die Initiative des Neubaus sei nicht von Herodes, sondern von den Essenern ausgegangen ¹⁰¹. Schon 1967 hatte Daniel die These verteidigt, dass wir in den aus dem Neuen Testament bekannten Herodianern die Essener (nach fast allgemeiner Meinung die Sekte von Qumran) zu sehen haben ¹⁰². Herodes' Entschluss den alten Tempel niederzureissen und neu wiederaufzubauen hätte zuerst eine lebendhafte Opposition der einflussreicheren Juden, „sans doute les Sadducéens et les Pharisiens", gefunden (p. 399). Es sei aber unbedingt notwendig gewesen, „que certains Juifs au moins aient approuvé cette reconstruction du Temple pour qu'Hérode le Grand ait pu l'entreprendre" (*ibid.*). Dies seien vor allem die Leute gewesen, „qui, dans leurs écrits, affirmaient que le Temple actuel était souillé et qui refusaient d'y faire des sacrifices, c'est-à-dire les Esséniens" (*RQ*, 27, 1970, 399). Daniel weist darauf hin, dass nach der von YADIN entdeckten Tempel-Rolle die Essener den Plan hatten, den Tempel wiederaufzubauen und DANIEL sagt dann: „il est donc vraisemblable que ce furent eux qui inspirèrent à Hérode, leur protecteur, la décision de reconstruire le Temple" (*ibid.*). Der auf der Tempel-Rolle beschriebene Tempel zeigt aber keine Ähnlichkeit mit dem herodianischen Tempel. „Since the plan of the temple, particularly its courts and ancillary buildings, does not tally in many details with that of Herod's temple as known to us, it is quite obvious that those who adhered to it could not regard Herod's temple as the one

¹⁰⁰ *Antiq.* XX, 9, 7 § 220 f.
¹⁰¹ *Nouveau arguments en faveur de l'identification des hérodiens et des esséniens*, RQ, 1970, 397-402, p. 399.
¹⁰² *Les Esséniens et „ceux qui sont dans les maisons des rois" Math*, 11, 7-8 et *Luc.* 7, 24-25, RQ, 1, Nr. 22, 1967, 261-277.

built truly according to God's injunctions"[103]. Hinzu kommt, dass die Qumran Sekte den Wiederaufbau des Tempels offenbar „à la fin des Temps" erwarteten (VALENTIN NIKIPROWETZKY, *Temple et Communauté*, *REJ*, CXXVI, 1967, 7-25, p. 12). Es ist übrigens auch nicht wahrscheinlich, dass die Initiative zum Neubau des Tempels nicht von Herodes selbst ausgegangen sein sollte. Dagegen spricht schon die Ausdehnung des Tempelplatzes bis an die Burg Antonia, zweifellos zum Zweck, den Tempelplatz besser überwachen zu können. Aber auch der grossartige Charakter der Anlage und die königliche Halle auf der Südseite sprechen dafür, dass der Plan, den Tempel neu aufzubauen, dem Herodes selbst zuzuschreiben sei. Dass bestimmte Kreise der Juden den Neubau des Tempels gutgeheissen haben, dürfen wir mit DANIEL wohl annehmen. Der Bauplan wird wohl auch, wie KURT GALLING betont, im Einvernehmen mit der Priesterschaft aufgestellt worden sein[104]. Zu den bestimmten Kreisen der Juden, welche den Neubau gutgeheissen haben, sind wohl besonders die Herodianer zu rechnen. Die Herodianer, Anhänger des Herodes, stammten nach der Meinung SCHALIT's aus allen Kreisen[105]. Zu den Herodianern werden wohl auch bestimmte Essener gehört haben.

Wir müssen uns nach einer anderen Erklärung umsehen, warum Herodes den alten Jerusalemer Tempel niedergerissen und in grossartiger Form wiederaufgebaut hat. Es ist nun auffällig, dass man stets nur über das Wiederaufbauen spricht und das Niederreissen des alten Tempels kaum beachtet. Zu Unrecht. Die „Zerstörung" des alten Tempels gehörte zweifellos zum tiefsten Verlangen des Herodes. Wir haben Kap. XI. schon darauf hingewiesen, dass Alexander Jannäus durch seinen Reichtum sehr wohl imstande gewesen wäre, den alten Tempel durch einen grossartigen Neubau zu ersetzen. Dass er es nicht tat, lässt sich daraus erklären, dass er durch religiöse und historische Bande mit dem Tempel verknüpft war. Ganz anders König Herodes. Der alte Tempel war ihm der Tempel der Hasmonäer, deren Geschlecht er ausgerottet hatte und an diesen Tempel haftete für die Juden, denen Herodes als Thronräuber galt, die Erinnerung an die Dynastie der Hasmonäer. Die „Zerstörung" des alten Tempels ist in eine Linie zu stellen mit der Ausrottung der Dynastie der Hasmonäer. Sollte der Bruch mit der Vergangenheit vollständig sein, musste der alte Tempel niedergerissen und durch einen Neubau ersetzt werden. Es ergab sich damit zugleich die Möglichkeit, durch einen grossartigen Neubau zu zeigen, wieviel mehr er, Herodes, für den Gott der Juden geleistet hatte als die vom Volk verehrte Dynastie der Hasmonäer. Es erhebt sich hier aber nochmals die

---

[103] Y. YADIN, *The Temple Scroll*, *BA*, XXX, 4, 1967, 135-139, p. 138. Siehe über diesen Tempel weiter unten Kap. XVI, 4: Die Qumran-Gemeinde.

[104] *Königliche und nichtkönigliche Stifter beim Tempel von Jerusalem*, *ZDPV*, 68, 1950, 134-142, S. 141.

[105] *König Herodes*, 1969, 479 f.; Ders., *Die frühchristliche Überlieferung über die Herkunft der Familie des Herodes*, *ASTI*, I, 1962, 109-160, p. 134 und Anm. 70, p. 158.

Frage, warum Herodes so verhältnismässig spät (im 15. bzw. 18. Regierungsjahr) den Neubau angefangen hat und worauf er das Recht zum Neubau des Tempels gründete. Die Antwort findet sich in Herodes' Ansprache an die Häupter des Volkes, in der er sein Vorhaben, den Tempel neu aufzubauen, bekannt machte. Herodes sagte u.a.: „Ich bin überzeugt, dass ich nach dem Willen Gottes das jüdische Volk zu einem Glück geführt habe, wie es dasselbe früher nie gekannt hat" (*Antiq.* XV, 11, 1 § 383). Dies impliziert, dass Herodes sich als der Bringer eines neuen Zeitalters betrachtet hat und auf diesen Gedanken, der offenbar erst verhältnismässig spät bei ihm aufgekommen ist, gründete er sicher das Recht, den alten Tempel durch einen Neubau zu ersetzen. Sicher ist das neue Zeitalter von Herodes als ein die Periode der Hasmonäer ablösendes Zeitalter verstanden und darin spricht sich wieder die Notwendigkeit aus, den alten Tempel vom Erdboden verschwinden zu lassen.

Der Neubau gab dem Herodes die Möglichkeit, sagten wir, zu zeigen, wieviel mehr er für den Gott der Juden geleistet hatte als die vom Volke geliebte Dynastie der Hasmonäer. Die Frage ist nun, ob das Grossartige der Anlage sich allein daraus schon erklären lässt. Abraham Schalit meint, „dass Herodes den göttlichen Segen auch durch ein eindrucksvolles Werk der Frömmigkeit gewinnen wollte" (*König Herodes*, 1969, 472). Schalit sagt dann: „Man kann die Vermutung nicht als haltlos von der Hand weisen, dass die geheime Absicht des Herodes bei dem gewaltigen Werk des Tempelbaus dahin ging, sich gewissermassen die göttliche Gunst zu sichern und der Meinung der extremen Pharisäer im Volke, das Ende des herodianischen Reiches werde dem des hasmonäischen gleichen, den Boden zu entziehen" (*ibid.*). Und weiter: „Mit diesem grossen frommen Werke gedachte Herodes die Gottheit zu besänftigen und ihre Gnade für sich und sein Haus für alle Zeiten zu gewinnen" (*o.c.*, 473). Es ist ein durch altorientalische Inschriften gut bezeugter Gedanke [106]. Wir halten es aber für kaum wahrscheinlich, dass Herodes diesen Gedanken gehegt habe. Es stimmt auch nicht zu dem u.E. richtigen Gedanken, welchen Schalit dem Herodes zuschreibt, nämlich, „dass er ein Liebling Gottes war, der von Geburt auf zum Königtum über Israel bestimmt war" (*o.c.*, 475). Herodes hatte auch nicht, wie W. Whiston die oben angeführte Stelle übersetzt, das jüdische Volk mit Gottes Hilfe zu einem Glück geführt, wie es das früher nicht gekannt hatte [107]; es heisst, nach dem Willen Gottes (σὺν τῇ τοῦ θεοῦ βουλήσει; vgl. § 387; vgl. Vincent, *Jérusalem*, II-III, 1956, 434). Das hat einen ganz anderen Inhalt. Es erhebt den Herodes über den kleinlichen, um Gottes Gnade flehenden Menschen zu einem in eigener, von Gott verliehener Machtvollkommenheit walten-

---

[106] Siehe Bd. I, 1970, 648 und Anm. 94.
[107] *Antiq.* XV, 11, 1 § 383; Whiston: „with God's assistance".

den Herrscher. Wenn SCHALIT sagt, die Bestimmung, dass er [Herodes] ein Liebling Gottes war „legt ihm eine besondere Pflicht auf: dem davidischen Reich seinen alten Glanz zurückzugeben" (*o.c.*, 475), kann dies nur besagen, dass Herodes sich in seiner Machtvollkommenheit dazu gerufen fühlte. Dies brachte den Herodes, wie SCHALIT betont, zu der Anschauung, „dass er eine Verkörperung des Messias sei", denn es war die Bestimmung des Messias, das Davidsreich wiederherzustellen (SCHALIT, *o.c.*, 475/476). Herodes hat auch, wie SCHALIT betont, seinen Stambaum auf das Davidshaus zurückgeführt [108]. Es scheint uns, dass wir das Grossartige der Anlage des herodianischen Tempels auch im Lichte des davidischen Reiches, das dem Herodes vorschwebte, zu sehen haben. Das davidische Reich war ein Grossreich gewesen; es wiederherzustellen war unter dem Druck Roms eine Unmöglichkeit. Beim Neubau des Tempels war aber die Möglichkeit gegeben, ein dem Grossreich Davids würdiges, ja sogar überragendes Werk zu schaffen. Die schlichte auf der Ostseite des Tempelplatzes stehende „Halle Salomos" wurde im Neubau aufgenommen: sie sollte die überragende Grösse und Schönheit der herodianischen Schöpfung ins Licht stellen.

II. DER JERUSALEMER TEMPEL

Das herodianische *hieron* hatte, wie wir Kap. XII dargelegt haben, den Umfang des heutigen Ḥarām asch-scharīf (Abb. 211). Die äussere Einfriedung (die „Ḥarāmmauer") wird von Josephus als ὁ πρῶτος περίβολος, „die erste Einfriedung" bezeichnet (*Antiq.* XV, 2, 5 § 417) [109]. Der von dieser Einfriedung umschlossene, auch den Nicht-Juden zugängliche Aussenhof war für Josephus offenbar „das erste *hieron*" (τὸ πρῶτον ἱερὸν), denn er bezeichnet den nur den Juden zugänglichen Teil der Anlage als „zweites *hieron*" (*Bell. Jud.* V, 5, 2 § 193: τὸ δεύτερον ἱερὸν). Innerhalb des zweiten heiligen Bezirkes stand auf einem hohen Podium das von Hofmauern umschlossene Tempelgebäude (Abb. 242). Dem Tempelhof war auf der Ostseite ein zweiter Hof (der „Frauenhof") vorgelagert. Wir bezeichnen diese ganze Anlage als

---

[108] *König Herodes*, 1969, 476; Ders., *Die „Herodianischen" Patriarchen und der „Davidische" Herodes*, *ASTI*, VI, 1968, 114-123, bes. 117 f. — Über Herodes' Messianismus siehe auch W. WIRGIN, *On king Herod's Messianism*, *IEJ*, 11, 1961, 153 und Fig. p. 153; Ders., *Bemerkungen zu dem Artikel über „Die Herkunft des Herodes"*, *ASTI*, I, 107 ff., *ASTI*, III, 1964, 151-154; ERNST HAMMERSCHMIDT, *Königsideologie im spätantiken Judentum*, *ZDMG*, 113 [1963], 1964, 493-511, bes. 505 f. — „Die Davidssohnschaft des Messias ist im Alten Testament ausserordentlich gut bezeugt" (EWALD LÖVESTAM, *Die Davidssohnfrage*, *Svensk Exegetisk Årsbok*, XXVII, 1962, 72-82). — Siehe auch GERHARD SCHNEIDER, *Die Davidssohnfrage Mk. 12, 35-37*, *Biblica*, 53, 1972, 65-90.

[109] In der Beschreibung der Belagerung und Einnahme des Tempels 70 n. Chr. gebraucht Josephus diese Bezeichnung (τῷ πρώτῳ περιβόλῳ) für die innere Befestigung des Heiligtums (*Bell. Jud.* VI, 2, 7 § 149), siehe hierüber Bd. I, 1970, 71 f. Die dritte Stadtmauer („Agrippa-Mauer") nennt er in der Beschreibung der Belagerung die erste Mauer (V, 7, 2 § 302: τοῦ πρώτου τείχους); diese wurde als erste angegriffen und eingenommen.

„Innenheiligtum", [110] werden aber dem Tempelgebäude einen eigenen Abschnitt widmen.

A — DAS INNENHEILIGTUM

1. *Josephus' „zweites hieron"*. *Bell. Jud.* V, 5, 2 §§ 193-195 heisst es: „Ging man über diesen [*sc.* den Aussenhof], so kam man an die den zweiten heiligen Bezirk umschliessende, drei Ellen hohe, schön gearbeitete steinerne Balustrade. An ihr waren in gleichen Abständen Steintafeln angebracht, welche das Gesetz der Reinheit teils in griechischer, teils in lateinischer Sprache verkündeten, dass nämlich kein Fremder die geweihte Stätte betreten dürfe [111]; denn dieser zweite heilige Bezirk wurde geweiht genannt". Wir wollen den von einer Balustrade umschlossenen „Hof" (A-D) den unteren Tempelhof nennen. Mehr über ihn hören wir in Josephus' *Altertümern*. Nachdem Josephus den ersten *peribolos* mit den Säulenhallen und die *stoa basileia* am Südende des Tempelplatzes beschrieben hat, sagt er: „So war der erste *peribolos*. In der Mitte, unweit des ersten, war ein zweiter, zu dem man über einige Stufen emporstieg. Eine steinerne Balustrade umgab ihn, auf der geschrieben stand, dass jedem Fremden der Eintritt bei Todesstrafe verboten war" (*Antiq.* XV, 11, 5 § 417). Unmittelbar darauf heisst es dann: „Der innere *peribolos* (ὁ μὲν ἐντὸς περίβολος) hatte auf der Süd- und Nordseite je drei Tore ..." (§ 418). Dass mit diesem *peribolos* nicht die Balustrade des zweiten *hieron* gemeint ist, liegt auf der Hand. Bei CLEMENTZ heisst es aber: „Diese innere Einfriedigung hatte auf der Süd- und Nordseite je drei Tore ..." (Josephus, *Jüdische Altertümer*, z.St.).

---

[110] Vgl. *Bell. Jud.* IV, 5, 1 § 305; V, 3, 1 § 104; VI, 1, 8 § 82: τὸ ἐνδοτέρω ἱερόν; VI, 2, 7 § 150: τὸ εἴσω ἱερῶν; § 220/21: τὸ ἔσοθεν ἱερόν; § 248: τὸ ἔνδον ἱερόν. Josephus hat damit das auf dem hohen Podium stehende Heiligtum im Auge; wir rechnen den von einer Balustrade umschlossenen Bezirk zum Innenheiligtum (siehe weiter unten).

[111] Über die Warnungstafeln an der Balustrade des herodianischen Tempels siehe Bd. I, 1970, 5, Anm. 18. Ähnliche Aufschriften sind auch aus anderen Orten bekannt. Inschr. Nr. 29 aus Hatra (el-Ḥaḍr) lautet nach D. R. HILLERS' Übers.: „The curse of Our Lord and Our Lady and the Son of Our Lord and Shaharu and Baalsham[en] and Atargatis (be) on [anyone] who enters past this point into the shr[ine]" (*MSKN' „Temple" Inscriptions from Hatra*, *BASOR*, 207, 1972, 54-56, p. 55). Mit dem Tode bedroht wird der Übertreter hier aber nicht, auch nicht in einer ähnlichen Inschrift aus Samothrake aus dem 2. Jahrh. v. Chr. (*Hesperia*, 22, 1953, 14, KARL LEHMANN). Nach H. LIETZMANN ist dieses Recht in Jerusalem „an sich natürlich altjüdisch. Aber in römischer Zeit bedeutet es ein Zugeständnis der neuen Herren an die Volksreligion..." (*Bemerkungen zum Prozess Jesu, ZNW*, 31, 1932, 78-84, S. 81). — Über ähnliche Inschriften in Ägypten aus der Zeit der Ptolemäer siehe M. ROSTOVTZEFF, *The Social and Economic History*, II, 1941, 901. — Eine „authoritative discussion of the inscription from Herod's temple, with references and citations of paralleles" veröffentlichte EMILIO GALBA, *Iscrizione greche e latine per lo studio della Bibbia, Sintesi dell'Oriente e della Bibbia*, 3 (Turin, 1958, p. 83-86), bei HILLERS, *l.c.*, 56, n. 14. Siehe auch FUSTEL DE COULANGES, *La Cité Antique*[28], 1924, p. 172: „La ville qui possédait en propre une divinité ne voulait pas qu'elle protégeât les étrangers, et ne permettait pas qu'elle fût adorée par eux. La plupart du temps un temple n'était accessible qu'aux citoyens".

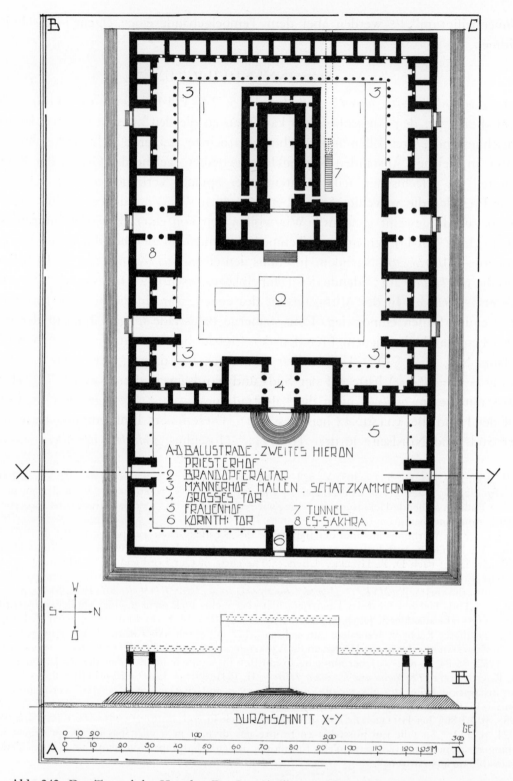

Abb. 242. Der Tempel des Herodes. Das Innenheiligtum, Plan. (Rekonstr. Th. A. Busink)

Schlimmer noch macht W. Whiston es: „Now, this inner enclosure had on its
southern and northern quarters three gates ...” (*Josephus Antiquities of the Jews*,
z.St.). Auch Vincent übersetzt die Stelle falsch: „Ce peribole intérieur avait, au
Sud et au Nord, trois portes ...”. Dass mit ὁ μὲν ἐντὸς περίβολος nicht der zweite
peribolos gemeint ist, ergibt sich daraus, dass die Tore des Heiligtums an der inneren
Einfriedung liegen. Josephus meinte mit ὁ ἐντὸς περίβολος die Ummauerung des auf
dem Podium stehenden Heiligtums [112]. Zu diesem Heiligtum führten vierzehn
Stufen empor (*Bell. Jud.* V, 5, 2 § 195). Dass mit „einige (n) Stufen” (*Antiq.* XV,
11, 5 § 417), welche zum zweiten *hieron* hinaufführten, nicht die vierzehn Stufen
gemeint sind, welche zur Podiumterrasse emporführten, ergibt sich aus den an der
Balustrade des zweiten *hieron* angebrachten Warnungstafeln. Conrad Schick
meinte, aus Josephus und dem Talmud schliessen zu dürfen, dass die Balustrade
mit den Warnungstafeln auf dem Podium gestanden habe [113]. Dass es Nicht-Juden
erlaubt gewesen sein sollte, die Stufen des Podiums zu besteigen, darf man für
ausgeschlossen halten und dagegen spricht auch *Bell. Jud.* V, 5, 2 §§ 193-195: das 14
Stufen hohe Podium lag innerhalb des den Fremden unzugänglichen zweiten
hieron, das wir oben als unteren Tempelhof bezeichneten.

Aus den diesbezüglichen Notizen bei Josephus schliessen wir, dass der untere
Tempelhof (Josephus' zweites *hieron*; nicht zu verwechseln mit dem den Fremden
zugänglichen Aussenhof) eine niedrige Terrasse gebildet habe, die über einige
Stufen betreten wurde. Wir haben dieses Problem schon im I. Bande (S. 70-71)
gestreift: die Ḥarām-Esplanade ist keine ebene Fläche; sie senkt sich von Nord
nach Süd um ungefähr drei Meter. F. Hollis hatte dies bei seiner Rekonstruktion
des herodianischen Tempels berücksichtigt und angenommen, dass das Podium auf
der Nordseite eine geringere Höhe als auf der Südseite gehabt habe [114]. Dies ist
keine architektonisch befriedigende Lösung des Problems. Sie lässt auch die Umzäunung des unteren Tempelhofes ausser acht: es war eine drei Ellen hohe steinerne
Balustrade (*Bell. Jud.* V, 5, 2 § 193-194). Es ist doch wahrscheinlich, dass sie ganz
auf eine ebene Fläche gestellt war. Eine befriedigende Lösung bekommen wir
durch die Annahme einer flachen Terrasse von geringer Höhe, welche auf der
Nordseite niedriger war als auf der Südseite. Josephus spricht von „einige(n)

---

[112] Bei Clementz, Whiston and Vincent muss es statt „Diese”, „this” und „Ce”, *Die, the* und
Le heissen.

[113] *Stiftshütte*, 154: „woüber sich ein mässig hohes zierliches Gitter... befand”; vgl. Fergusson,
The Temples of the Jews, 1878, 100: „at the head of the steep flights of steps...”.

[114] *The Archaeology of Herod's Temple*, 1934, 163 f. Vgl. Schick, *Stiftshütte*, 155; Carl Pronobis,
Der Tempel zu Jerusalem, Das Heilige Land, 71, 1927, 8-32, S. 19: „Falsch wäre die Vorstellung, dass
die von Josephus erwählten [Sic.; es ist wohl erwähnten zu lesen] 19 Stufen [14 + 5, siehe weiter
unten, Verf.] rings um das ganze Tempelquadrat gleichmässig verlaufen sind. Das war nicht der
Fall. Im Norden de Tempelhofes steht der Fels höher an und fällt nach Süden... hinab”.

Stufen" (*Antiq.* XV, 11, 5 § 417). G. B. WINER hatte schon 1848 auf diese Stufen hingewiesen: „Wenige Stufen höher [als das Niveau des Aussenhofes] lief ein steinernes Gitter (δρύφακτος λίθινος), 3 Ellen hoch, ringsum ..." (*Biblisches Real-wörterbuch*, II³, 1848, 50). Josephus hatte bei der Erwähnung der Stufen wahrschein-lich die Südseite im Auge. Die in der Südmauer des Tempelplatzes gelegenen Tore (heute das zugemauerte zweifache und dreifache Tor), wozu die nun durch Aus-grabungen gut bekannte „Herodes Strasse" führte, sind von Tempelbesuchern sicher am meisten benutzt geworden [115]. Auf der Nordseite des unteren Tempel-hofes würde eine Stufe zur Bildung der flachen Terrasse schon ausgereicht haben.

Über den Umfang des zweiten *hieron*, d.h. des unteren Tempelhofes, lässt sich nichts mit Sicherheit aussagen. Zwar heisst es bei Josephus, der zweite *peribolos* lag unweit des ersten (*Antiq.* XV, 11, 5 § 417: ἀπέχων οὐ πολύ; VINCENT: „à faible distance", *Jérusalem*, II-III, 1956, 435), es ist hier aber sicher nicht an alle vier Seiten zu denken. Auf der Westseite, wo der Raum zwischen äusserer Einfriedung und Heiligtum gering war [116], kann der zweite *peribolos* nur in geringem Abstand von der äusseren Einfriedung gelegen haben. Auch auf der Ostseite wird der Abstand gering gewesen sein. Hier wurde am Anfang des grossen Krieges gegen Rom das Volk zu einer Versammlung zusammengerufen, um ihm vorzuhalten, wie tollkühn es sei, an Abfall von Rom zu denken (*Bell. Jud.* II, 17, 3 § 411-412) und das Volk wird doch wohl innerhalb des zweiten *hieron* gestanden haben. Auf der Südseite muss der zweite *peribolos* weit entfernt von der ersten Einfriedung gelegen haben; dafür zeugt Josephus' Notiz, dass einige Stufen zum zweiten *hieron* (zweiter *peribolos* sagt Josephus) emporführten. Wenn damit die Zahl der Stufen auch nicht bestimmt wird, ist doch wohl an höchstens drei oder vier Stufen zu denken. Hätte das zweite *hieron* sich weit nach Süden ausgestreckt, würde es hier viele Stufen erfordert haben, denn die Esplanade senkt sich nach Süden, wie wir sahen um 3 m und der Tempel muss ziemlich weit nach Norden gelegen haben.

Über die Zahl der Durchgänge in der das zweite *hieron* umschliessenden Balustrade schweigt Josephus; da er aber berichtet, die Warnungstafeln seien auf gleichen Abständen angebracht gewesen [117] und diese doch wohl an den Durchgängen auf-gestellt gewesen sind, sind jedenfalls mehrere Durchgänge anzunehmen. Im Traktat Middot, wo die von Josephus δρύφακτος genannte Balustrade *sōreg* (סרג) heisst, wird gesagt, es waren an ihm dreizehn Breschen, „die die griechischen Könige brachen" (Midd. II 3 a; HOLTZMANN, *Middot*, 1913, 60/61). Wie diese Mischnastelle zu deuten

---

[115] Middot, I, 3; II, 4; siehe J. COHN, *Mischnajot*, V, 1925, 485, Anm. 4.
[116] Siehe Bd. I, 1970, 1 ff.: Die Lage des Tempels, bes. S. 16.
[117] *Bell. Jud.* V, 5, 2 § 194: ἴσου διαστήματος στῆλαι ...

sei, hat HANS LICHTENSTEIN klar gemacht [118]. In der Fastenrolle heisst es: „Am 23. Marschewan wurde das Gitter (*sōreg*) aus dem Vorhof beseitigt". Die richtige Erklärung, sagt LICHTENSTEIN, gibt das Scholion: „Die Griechen hatten einen „Platz" für die Dirnen „erbaut". „Die Hasmonäer zerstörten ihn und fanden dort Edelsteine" (LICHTENSTEIN, *l.c.*, 274). „Die Reinigung des Tempels von den Dirnen [*sc.* Tempelprostituierte] wird also an unserem Tage gefeiert" (*ibid.*). Dass die Zahl dreizehn im Traktat aus dreizehn Durchgängen in der Balustrade des zweiten *hieron* zu erklären sei, dürfte kaum wahrscheinlich sein. Nach Midd. II 7 e hatte das Innenheiligtum dreizehn Tore. Der Verfasser des Traktates könnte diese Zahl auf den *sōreg* übertragen haben. Wir dürfen aber wohl mit Wahrscheinlichkeit annehmen, dass die Balustrade auf mindestens drei Seiten des unteren Tempelhofes (Süd, Ost und West) Durchgänge gezeigt habe, denn dafür sprechen die auf diesen Seiten gelegenen Tore des Tempelplatzes. Das Tor auf der Nordseite ist wahrscheinlich nie von Tempelbesucher benutzt worden [119].

Es ist interessant, dass Josephus in seiner Streitschrift *Contra Apionem* das zweite *hieron*, d.h. den unteren Tempelhof, nicht erwähnt. „Der Tempel hatte vier Höfe. Im Aussenhof hatten alle, auch Fremde Zugang, nur Frauen in Monatstunden waren ausgeschlossen. Der zweite Hof wurde von allen reinen Juden und ihren Frauen betreten, der dritte nur von reinen Juden, der vierte nur von Priestern" (*c. Ap.* II, 8 § 103-104). Über die Warnungstafeln spricht Josephus in der Streitschrift nicht. Dem Antisemitismus, hervorgerufen oder gesteigert durch den Krieg gegen Rom (66-73 n. Chr.), sollte kein neuer Brennstoff geliefert werden. Dies schliesst natürlich die von S. G. F. BRANDON fragweise erwogene Möglichkeit nicht aus, „that one of these inscriptions had been brought to Rome and displayed in the triumphal procession as evidence of Jewish religious intolerance?" (*Jesus and the Zealots*, 1967, 237, n. 4). *Contra Apionem* ist aber viel später geschrieben und wie SAMUEL BELKIN betont, Josephus *Altertümer* und *Contra Apionem* sind geschrieben worden für „two different purposes" (*The Alexandrian Source for Contra Apionem II, JQR*, XXVII, 1936-1937, 1-32, p. 31).

CLAUDE R. CONDER hatte schon 1896 darauf hingewiesen, dass Münzen aus Zypern eine an den δρύφακτος des herodianischen Tempels erinnernde Umzäunung des Heiligtums zeigen (*Syrian Stone-Lore*, 1896, 98). „A railing, with doors and lattice-work — perhaps of metal — bounds the court" [120]. Den Hof dieses Heilig-

---

[118] *Die Fastenrolle. Eine Untersuchung zur jüdisch-hellenistischen Geschichte, HUCA*, VIII-IX, 1931-1932, 273 f.

[119] Über die Tore des Aussenhofes handelt weiter unten Abschn. D, 1.

[120] CONDER, *l.c.*; PERROT-CHIPIEZ, III, 1885, Fig. 58, p. 120; hier Bd. I, 1970, Abb. 123, S. 444. — Die Tempelbalustrade war aus Stein, 3 Ellen (ca. 1.40 m) hoch, πάνυ δὲ χαριέντως (*Bell. Jud.* V, 5, 2 §§ 193-194). Bei MICHEL-BAUERNFEIND heisst es: „und vortrefflich gearbeitet" (z.St.). Josephus

tums haben wir uns wohl nicht, wie CONDER zu meinen scheint, halbkreisförmig, sondern rechteckig vorzustellen; die Halbkreisform lässt sich aus der Münzform erklären. Die Umzäunung soll dem Eintritt von Fremden und der Entweihung des Heiligtums vorbeugen. Der δρύφακτος des Jerusalemer Tempels zeugt für den Einfluss der Vertreter des alten von Nehemia und Esra begründeten Partikularismus [121].

2. *Das Podium*. Aus dem zweiten *hieron* (d.h. unserem unteren Tempelhof) stieg man über vierzehn Stufen zum Heiligtum hinauf: καὶ τεσσαρεσκαίδεκα μὲν βαθμοῖς ἦν ἀναβατὸν ἀπὸ τοῦ πρώτου (*Bell. Jud.* V, 5, 2 § 195). Hier wird das zweite *hieron* als der erste Bezirk bezeichnet. Es war das erste *hieron* des Innenheiligtums. Wir haben es also mit einem vierzehn Stufen hohen, im zweiten *hieron* gelegenen Podium zu tun. Im Hinblick auf den von Herodes in Samaria-Sebaste gebauten Tempel könnte man an eine Freitreppe denken wollen; aus *Bell. Jud.* V, 5, 2 § 196 geht aber klar hervor, dass das Podium einen gestuften Aufbau hatte. Es wird dort nämlich gesagt, dass (der untere Teil) der 40 Ellen hohen Mauer des Heiligtums durch die Stufen verdeckt wurde: τούτου τὸ μὲν ἔξωθεν ὕψος καίπερ τεσσαράκοντα πηχῶν ὑπάρχον ὑπὸ τῶν βαθμῶν ἐκαλύπτετο. Bei Freitreppen wäre die Mauer über ihre ganze Höhe sichtbar gewesen.

Die Höhe des Podiums lässt sich aus Josephus' Angaben leider nicht mit Sicherheit bestimmen. Zwar heisst es, die Höhe der (auf dem Podium stehenden) Mauer habe innen 25 Ellen und aussen 40 Ellen betragen (§ 196), was für das Podium, könnte man meinen, eine Höhe von 40 — 25 = 15 Ellen (6.90 m; die griech. Elle zu 46 cm) ergäbe; die Sache ist aber nicht so einfach. Wenn Josephus sagt, die Mauer war innen 25 Ellen hoch (§ 196: τὸ δ' ἔνδον εἴκοσι καὶ πέντε πηχῶν ἦν), meinte er wie anzunehmen ist, den Innenhof, wo das Tempelgebäude stand. Der Fussboden des Innenhofes lag aber fünf Stufen über dem Niveau des Posiums (*Bell. Jud.* V, 5, 2 § 198; fünf Stufen an den N. und S. Toren des Innenhofes, Abb. 242); das Podium ist also keinesfalls 15 Ellen (6.90 m) hoch gewesen. Die Höhe der fünf Stufen lässt sich mit Wahrscheinlichkeit ungefähr bestimmen. Auf der Ostseite lag vor dem Innenhof der Frauenhof (Abb. 242, sigel 5), und vom Frauenhof aus wurde der Innenhof über fünfzehn Stufen betreten (*Bell. Jud.* V, 5, 3 § 206). Die Frauen durften den Innenhof nicht betreten, sie hatten aber durch das hier gelegene Tor

hatte doch wohl sagen wollen, dass die Balustrade zierlich gearbeitet war. Wir möchten sie aus Pfosten und Paneelen zusammengesetzt denken, die Paneele mit geometrischen Motiven. Über die Balustrade des Omaiyaden-Palastes in Khirbat al Majjar sagt R. W. HAMILTON: „The form of the balustrades was traditional, following the posts and panels of the chancel screens in innumerable Christian churches" (*QDAP*, 13, 1948, 55). Der δρυφάκτος des herodianischen Tempels könnte wohl das älteste Beispiel sein.

[121] Siehe weiter unten Kap. XVI, 1: Partikularismus, Universalismus und Nationalismus.

(Sigel 4) eine Aussicht auf die im Innenhof verübte Opferhandlung. Daraus lässt sich schliessen, dass die fünfzehn Stufen nur eine geringe Höhe hatten: die Frauen müssen über die Treppe in den Innenhof haben blicken können. Die Gesamthöhe der fünfzehn Stufen kann kaum mehr als 1.40 m und die Stufenhöhe kaum mehr als 10 cm gewesen sein[122]. Da sowohl die fünf Stufen als die fünfzehn Stufen zum Innenhof emporführten, muss die Gesamthöhe der fünf Stufen der Gesamthöhe der fünfzehn Stufen gleich gewesen sein. Die Stufen der fünfstufigen Treppen könnten also etwa 28 cm hoch gewesen sein (1.40 : 5).

Das Podium, sagten wir oben, ist also keinesfalls 15 Ellen hoch gewesen; die Höhe ist um die Höhe der fünf Stufen zu reduzieren: das Podium würde also 6.90 — 1.40 = 5.50 m hoch gewesen sein. Diese Höhe stimmt aber schlecht zu den von Josephus genannten vierzehn Stufen. Die Stufenhöhe würde 38 cm betragen haben und vierzehn Stufen solcher Höhe wären nicht zu besteigen gewesen. F. SPIESS meinte im vorigen Jahrhundert: „die Höhe der Stufen muss grosser gewesen sein, als dass man dieselben zum Aufsteigen benutzen konnte, und es haben wohl sonach noch besondere Treppenfluchten wo nothig die grosseren, monumentalen Stufen unterbrochen[123]. Dem widerspricht aber Josephus' Notiz *Bell. Jud.* V, 3, 2 § 195, wo klar gesagt wird, dass vierzehn Stufen zum Heiligtum emporführten. Wir müssen bei der Frage nach der Höhe des Podiums absehen von der von Josephus genannten äusseren Höhe der Mauer (40 Ellen). Josephus hatte mit dieser Zahl offenbar nur sagen wollen, dass die Mauer tief unter dem Podium fundiert war. OSCAR HOLTZMANN meinte, Josephus habe die 40 Ellen vom Felsboden an gerechnet", der mit dem Steinpflaster nicht gleichgesetzt werden darf, von dem aus sich die Treppe erhob (*Middot*, 1913, 23). Auf welcher Tiefe der Felsboden lag, davon hat Josephus selbstverständlich keine Kenntnis gehabt.

Die Stufenhöhe der fünfstufigen, zum Innenhof emporführenden Treppe meinten

---

[122] Beispiele von Stufen dieser geringen Höhe sind nicht unbekannt: Im Palast der Schicht VII in *tell açana* (Alalaḫ; 17. Jahrh. v. Chr.) sind die ersten sieben Stufen des Treppenhauses Nr. 10 10 cm hoch (L. WOOLLEY, *Alalakh*, 1955, 102). In Tell Halaf gibt es eine 1.60 m hohe Treppe von 12 Stufen (*Tell Halaf*, II, 1950, 41). Im Palast oder Tempel von ʿarāḳ el-emīr (2. Jahrh. v. Chr.) sind die Stufen der zum Dach hinaufführenden Treppe 10 cm hoch (H. C. BUTLER, *Syria. Publications of the Princeton Un. Archaeol. Exp. to Syria in 1904-5 and 1909*, Div. II A, p. 14). Am „korinthischen" Tempel (Nabo-Tempel) in Palmyra sind die Stufen der zum Podium hinaufführenden Treppe 12 cm hoch (TH. WIEGAND, u.a., *Palmyra*, 1932, 120/121). Am erst unlängst in Jerusalem entdeckten Omaiyaden-Palast (7.-8. Jahrh.) gibt es eine Treppe, deren Stufen 11 cm hoch sind (*ErIs*, XI, 1973, 24*; M. BEN-DOV).

[123] *Der Tempel zu Jerusalem während des letzten Jahrhunderts seines Bestandes nach Josephus*, 1880, S. 9. — Bei klassischen bzw. hellenistischen Tempeln war dies nicht ungewöhnlich (z.B. Apollo-Tempel in Milet, ROBERTSON, *A Handbook of Greek and Roman Architecture*, 1929, Fig. 66, p. 152), sie wurden aber nur von der Frontseite aus betreten. Das Innenheiligtum des Jerusalemer Tempels hatte auf der Nord- und Südseite je vier Tore.

wir auf 28 cm (1.40 : 5) stellen zu dürfen. Es dürfte möglich und wahrscheinlich sein, dass die oberen Stufen des Podiums ebenfalls diese Höhe gehabt haben, während die Stufen nach unten höher gewesen sein könnten. Interessant ist, dass die drei Stufen der Nordhalle in Priene eine nach oben abnehmende Höhe hatten [124]. Stellen wir die Höhe der Stufen des Podiums hypothetisch auf durchschnittlich 30 cm, so hätte die Höhe des Podiums etwa 4.20 m (9 Ellen = 4.16 m) betragen. Die Höhe des (freilich anders gearteten) Podiums im von Herodes in Samaria-Sebaste gebauten Tempel war, wie wir gesehen haben, 4.60 m. Dass das Podium des Jerusalemer Tempels etwas niedriger gewesen ist als das des dem Kaiser Augustus geweihten Tempels in Samaria-Sebaste, dürfte mindestens wahrscheinlich sein.

Wie über die Höhe schweigt Josephus auch über die Breite der Stufen. F. SPIESS meinte, die Breite könne „nicht ganz unbeträchtlich gewesen sein, sofern die Stufen während der Periode des Kampfes zwischen den strengsten Zeloten und der Partei der Johannes ... die Angriffsthürme des Johannes ausschliesslich auf die Westseite verwiesen" (*Der Tempel zu Jerusalem*, 1880, 19). *Bell. Jud.* V, 1, 5 § 38 heisst es: „Die Türme gedachte er [*sc.* Johannes] hinter der Mauer gegenüber der westlichen Halle zu errichten, wo dies auch allein möglich war, weil die anderen Teile des Tempels wegen der Stufen zu weit zurückstanden". Für die Breite der Stufen lässt sich daraus aber kaum etwas entnehmen. Mit einer Stufenbreite zu einer halben Elle (23 cm) hätte die Mauer schon etwa 3-3.50 zurückgestanden. Die Stufen der Freitreppe des Tempels in Samaria-Sebaste sind 38.5 cm breit [125]. Wir stellen die Stufenbreite am Podium des Jerusalemer Tempels hypothetisch auf ¾ Ellen (etwa 35 cm).

Über die Grundmasse des Podiums — Länge und Breite — werden wir erst im nächsten Abschnitt (3: Die Höfe) sprechen können. Josephus erwähnt sie nicht. Josephus schweigt auch über die innere Anlage des Podiums; in dem Podium muss ein Tunnel angebracht gewesen sein (Abb. 242, Sigel 7), durch welchen die Opfertiere zum Innenhof hinaufgeführt wurden. Dafür gibt es eine Parallele in Palmyra (Beltempel), wo eine Rampe „permettait d'introduire le bétail dans le temple en passant sous le *podium* et le portique du péribole" [126]. Der Zugang zum Tunnel wird in der Westmauer des Podiums und zwar im nördlichen Teil gelegen haben,

---

[124] WIEGAND-SCHRADER, *Priene*, 1904, 193: von unten nach oben 34, 29, 26 cm hoch.

[125] *Harvard Excavations at Samaria*, 1924, 174.

[126] J. SAUVAGET, in *Syria*, XXVI, 1949, 320. Vgl. J. STARCKY, *Palmyre. MUSJ*, XXIV, 1941, 21; *Studia Palmyrenskie*, V, 1974, Fig. 8, p. 53, Plan des Heiligtums. Der Tunneleingang liegt an der Frontseite des heiligen Bezirks, nahe der Nordwestecke. — Beim Jupiter-Tempel in Damaskus muss der Niveauunterschied zwischen Innenhof und Aussenhof im Altertum 5.40 m (32 Stufen) betragen haben. Es muss in dem Podium eine Rampe zum Hinaufführen der Opfertiere gegeben haben (SAUVAGET, *l.c.*).

die Rampe unter dem nördlichen Teil des Innenhofes (auf der Nordseite wurde geschlachtet) [127]. Bei Josephus heisst es zwar: die Westseite hatte kein Tor (*Bell. Jud.* V, 5, 2 § 200: τὸ δὲ πρὸς δύσιν μέρος οὐκ εἶχε πύλην) er spricht hier aber über die Tore des Heiligtums. Nach Middot II, 7 g gab es auf der Westseite zwei Tore (HOLTZMANN, *Middot*, 1913, 74/75) die keinen Namen hatten. Es könnte sich hierin der Eingang zum Tunnel verbergen, aus dem dann wohl aus Gründen der Symmetrie zwei Tore gemacht wurden. Unter dem Podium muss es auch mehrere Zisternen gegeben haben, denn das Reinigen der Opfer erforderte viel Wasser.

Es ist auffällig, dass Josephus, der gern von mächtigen, an Herodes' Bauten verwendeten Steinen spricht [128], nicht sagt, dass solche auch am Podium verwendet worden sind. Vielleicht haben wir anzunehmen, dass das Innere zum Teil wie eine Honigwabe aufgemauert und mit Schutt ausgefüllt gewesen ist [129].

3. *Die Höfe*. Die 14 Stufen des Podiums führten zu einer 10 Ellen (4.62 m) breiten, flachen, entlang der inneren Einfriedung des Heiligtums liegenden Terrasse (*Bell. Jud.* V, 5, 2 § 197/198). Die innere Mauer umschloss sowohl den Innenhof als den im Osten anliegenden Frauenhof. Fünfstufige Treppen führten von der Terrasse aus zu den Toren (§ 198). Über die Tore werden wir Abschnitt 4 sprechen; wir müssen erst versuchen, den Umfang der Höfe zu bestimmen. Josephus erwähnt ihn nicht; wir müssen von den im Traktat Middot genannten Masse ausgehen.

a) *Der Innenhof*. Nach Middot V, 1 (HOLTZMANN, 98/99) war der Innenhof 187 Ellen lang und 135 Ellen breit. Da die Mischna-Elle mit 52.5 cm anzusetzen ist (HOLTZMANN, 13 f.), erhalten wir für die Breite des Innenhofes ca. 71 m und für die Länge ca. 98 m. Es unterliegt aber nicht dem Zweifel, dass der Innenhof des herodianischen Tempels beträchtlich grösser gewesen sein muss. Nach Josephus hatten die Tore 30 Ellen (ca. 14 m) tiefe Nischen (Exedra; *Bell. Jud.* V, 5, 3 § 203) und da sowohl an der Nord- als an der Südseite ein Nischentor lag, würde die Breite des offenen Raums des Innenhofes nach dem Mass des Traktats nur 43 m (71 — 28 m; wir lassen die Mauerstärke vorläufig ausser Betracht) betragen. Die Frontbreite des Tempels war aber schon 100 Ellen = 46.20 m (*Bell. Jud.* V, 5, 4 § 207). Die Sache erklärt sich, wenn wir annehmen, dass der Verfasser des Traktates den zwischen den Toren gelegenen offenen Raum im Auge hatte, d.h. die Breite zwischen dem Nord- und Südtor ist mit einiger Wahrscheinlichkeit auf 71 m zu stellen. Diese Breite könnte auf 150 griechische Ellen bestimmt gewesen sein (69.30 m). Die

---

[127] Middot, III, 5.

[128] *Bell. Jud.* V, 4, 4 § 175: die Steine der Türme Hippikus, Phasael und Mariamne: die Länge der Blöcke 20 Ellen, die Breite 10 Ellen, die Höhe 5 Ellen. *Antiq.* XV, 11, 3 § 392: die Steine des Tempelgebäudes 25 Ellen lang, 8 Ellen dick und 12 Ellen breit; zweifellos übertriebene Masse.

[129] Über die Ableitung des Podiums siehe weiter unten Kap. XV, Anm. 5, Ende.

Breite zwischen den Hofmauern bekommen wir durch dieses Mass mit der Tiefe der Nord- und Südnische der Tore (je 30 Ellen; ca. 14 m) und der Dicke der Nischenmauer (etwa 6 Ellen; ca. 2.80 m) zu addieren. Wir erhalten damit eine Gesamtbreite des Innenhofes von 222 (gr.) Ellen (ca. 102 m). Dass dies genau die Breite des Innenhofes des herodianischen Tempels gewesen sei, soll natürlich nicht behauptet werden. Sie ermöglicht jedenfalls eine Rekonstruktion der Anlage. Hat die Breite des offenen Raums in der Tat 150 griechische Ellen betragen, so hat es zwischen dem 100 Ellen breiten Tempelgebäude (*Bell. Jud.* V, 5, 4 § 207) und dem Nord- bzw. Südtor einen 25 Ellen breiten Raum gegeben. Ein Teil davon war für die Laien, der andere Teil für die Priester bestimmt. Rings um den Tempel (und den Altar) lief nämlich ein etwa eine Elle hohes Gitter (γεῖσιον), das das draussen stehende Volk von den Priestern trennte (§§ 226-227; siehe Abb. 242, I-I). Im Traktat Middot liegt auf der Ostseite des Innenhofes ein 11 Ellen als Hof Israels bezeichneter Streifen (Midd. V 1). Der 25 Ellen breite Raum auf der Nord- und Südseite des Innenhofes des herodianischen Tempels könnte einen 11 Ellen breiten Streifen für das Volk enthalten haben. Der Raum, den das Volk betreten durfte, war in Wirklichkeit viel grösser, denn die am Innenhof liegenden Säulenhallen (siehe weiter unten) sind selbstverständlich vom Volk benutzt worden.

Die Länge (Tiefe) des Innenhofes beträgt im Traktat Middot (V 1) 187 Ellen. Von Ost nach West gab es: den Hof Israel (11 Ellen), der Priesterhof (11 Ellen), den Altar (32 Ellen), den Raum zwischen der Vorhalle des Tempels und dem Altar (22 Ellen), das Tempelgebäude (100 Ellen), den Raum hinter dem Tempelgebäude (11 Ellen), was 187 Ellen ergibt. Da die Mischna-Elle 52.5 cm gross ist, hat der Innenhof im Traktat eine Tiefe von 98 m (187 Ellen). Der Innenhof des herodianischen Tempels muss eine beträchtlich grössere Tiefe gehabt haben. Das Osttor war ein Nischentor (Tiefe der Nische 30 Ellen) und an der Westmauer war eine Säulenhalle (*Bell. Jud.* VI, 4, 1 §§ 220-221; für ἔξωθεν ist ἔσωθεν zu lesen; vgl. *Antiq.* XX, 8, 11 § 191). An der Westmauer sind überdies, wie später darzulegen sein wird, Schatzkammern anzunehmen. Wie für die Breite des Innenhofes ist auch für die Länge anzunehmen, dass der Verfasser des Traktates Middot den offenen Raum im Auge hatte. Die Tiefe des offenen Raums könnte 200 (gr.) Ellen (92.40 m) betragen haben, wenn wir damit auch unter dem im Traktat genannten Mass bleiben. Die Gesamttiefe des Innenhofes des herodianischen Tempels genau zu bestimmen ist nicht möglich. Säulenhalle und Schatzkammern an der Westseite könnten eine Gesamttiefe von etwa 28 Ellen gehabt haben; für die Nische des Osttores, einbegriffen eine etwa 6 Ellen dicke Mauer, ist 36 Ellen in Rechnung zu stellen. Daraus ergäbe sich eine Gesamttiefe des Innenhofes von 200 + 28 + 36 = 264 Ellen (etwa 120 m).

b) *Der Frauenhof* (Abb. 242, Sigel 5). Josephus und Middot zeugen beide dafür, dass Frauenhof und Innenhof die gleiche Breite hatten. Bei Josephus heisst es, den Mauern des Heiligtums entlang lief eine 10 Ellen breite flache Terrasse (*Bell. Jud.* V, 5, 2 §§ 197-198). Schon dies impliziert, dass Frauenhof und Innenhof einerlei Breite gewesen sind, was dann klar hervorgeht aus dem, was folgt: von der Terrasse führten fünfstufige Treppen zu den Toren, deren es im ganzen acht gab, im Norden und Süden auf jeder Seite vier (§ 198). Eins dieser Tore im Norden und Süden führte in den Vorhof der Frauen (§ 199; Stufen gab es hier aber, wie wir unten sehen werden, nicht). Im Traktat Middot ist der Frauenhof 135 × 135 Ellen gross und der Innenhof ist, wie wir sahen, in Middot 135 Ellen breit. Dass der Frauenhof 135 Ellen tief gewesen sein sollte, ist schon im Hinblick auf die quadratische Form, kaum wahrscheinlich. Wo der Verfasser des Traktates vier Zellen in den vier Ecken des Frauenhofes erwähnt (Midd. II 5 b; HOLTZMANN, 66/67), heisst es: „So werden sie sein ...", eine Stelle welche zeigt, bemerkt HOLTZMANN, „dass der Traktat Middot nicht in antiquarischen, sondern in eschatologischen Interesse geschrieben ist" (*o.c.*, 67). Die Quadratform des Frauenhofes stammt wohl nicht vom herodianischen Tempel. Vielleicht lässt sich die Tiefe des Frauenhofes des herodianischen Tempels doch mit einiger Wahrscheinlichkeit aus Middot bestimmen. Nach Middot war die Gesamtlänge der zwei Höfe 187 + 135 = 322 Ellen (169 m; die Elle zu 52.5 cm). Setzen wir die Stärke der Mauern (Ostmauer des Frauenhofes, Ost- und Westmauer des Innenhofes) hypothetisch mit 5 Ellen an (ca. 2.62 m), so hätte die Gesamtlänge des Heiligtums nach Middot 337 Ellen (ca. 177 m) betragen. Dies könnte die Länge des herodianischen Heiligtums gewesen sein und daraus liesse sich die Tiefe des Frauenhofes mit einiger Wahrscheinlichkeit feststellen, denn die Länge des Innenhofes meinten wir auf 264 (gr.) Ellen = 120 m bestimmen zu dürfen. Die Stärke der genannten Mauern stellten wir in unserer Rekonstruktion auf 6 (gr.) Ellen. Für das Aussenmass des Innenhofes bekommen wir also 264 + 12 = 276 (gr.) Ellen (ca. 127.50 m). In der Differenz 177 − 127.50 = 49.50 m hätten wir also das Mass des Frauenhofes zu sehen. Das Mass ist aber noch um etwa 2.80 m (eine 6 Ellen starke Ostmauer des Frauenhofes) zu reduzieren, was also für den Frauenhof eine Tiefe von ca. 47 m ergibt. Dies schliesst die Möglichkeit ein, dass die Tiefe 100 (gr.) Ellen (46.20 m) betragen habe.

Die Frage ist nun, wie der Verfasser des Traktates dazu kam, dem Frauenhof einen viel grösseren Umfang zu geben. Schwerlich ist anzunehmen, dass man den Frauen damals eine grössere Andacht bei dem Dienst im Heiligtum zuerkennt habe. Wir müssen u.E. annehmen, dass er die Gesamtlänge des Heiligtums nicht habe verkürzen wollen. Beim Innenhof schaltete er die an der Westmauer gelegene Säulenhalle wie die Schatzkammern und das auf der Ostseite gelegene Nischentor aus, rechnete die Tiefenmasse dieser Planelemente dem Frauenhof hinzu und wählte für den Grundriss die Quadratform [130].

Nun wir den Umfang der Höfe hypothetisch festgestellt haben, lässt sich, wieder hypothetisch, die Anlagebreite und Länge des Podiums bestimmen. Die Breite der Höfe stellten wir auf 102 m, was bei einer Mauerstärke von 6 (gr.) Ellen (ca. 2.80 m) für die Frontbreite des Heiligtums 107.60 m ergibt. Entlang den Mauern war eine 10 Ellen (4.62 m) breite Terrasse. Die 14 Stufen (13 Auftritte) sprangen etwa 4.55 m (13 × 35 cm) hervor. Die Anlagebreite des Podiums erhalten wir nun aus: 107.60 + (2 × 4.62) + (2 × 4.55) = ca. 126 m. Die Länge des Heiligtums stellten wir auf 177 m. Stufen hatte es auf der Westseite des Podiums nicht gegeben und wohl auch keine 10 Ellen breite Terrasse, wie sich aus Josephus' Notiz über die von Johannes errichteten Belagerungstürme schliessen lässt. Die Grundlinie des Podiums an den Langseiten könnte also 177 + 4.62 + 4.55 = ca. 186 m betragen haben [131]. Es sind dies die Masse, die wir in unserer Rekonstruktion angenommen haben, womit nicht gesagt sein soll, dass sie nicht grösser oder kleiner gewesen sein könnten.

Meinungsverschiedenheiten bestehen über die Höhelage des Frauenhofes. *Bell. Jud.* V, 5, 2 § 198/199 heisst es: „Von dort [*sc.* von der 10 Ellen breiten Terrasse ab] führten wieder andere Treppen mit fünf Stufen zu den Toren. Tore gab es nach Norden und Süden acht, auf jeder Seite vier. Zwei befanden sich notwendigerweise auf der Ostseite, denn da nach dieser Himmelsrichtung hin für die Frauen ein eigener Raum zum Gottesdienst durch eine Trennungswand abgeteilt war, brauchte man ein weiteres Tor, das dem ersten gegenüber in der Mauer angebracht war. Auch von den anderen Himmelsrichtungen, nämlich von Süden und Norden, führte je ein Tor in den Vorhof der Frauen" (Übers. MICHEL-BAUERNFEIND, *De Bello Judaico*, II, 1, 1963, z.St.) [132]. HOLTZMANN im Kommentar zu Middot II, 6 e wo von fünfzehn Stufen, welche von dem Frauenhof aus zum Hof Israels [*sc.* zum Innenhof] hinaufführten, die Rede ist, sagt: „Aber Josephus weiss nichts davon, dass der Frauenhof tiefer lag als der Vorhof Israels. Dieselbe Zahl von Stufen führt im Süden und Norden in alle acht Tore, in die zwei des Frauenhofes wie in die vier

---

[130] Der Verfasser des Traktates hat damit vermutlich dieses Planelement der Anlage mit der Quadratform des Tempelberges (500 × 500 Ellen) im Einklang bringen wollen. Die Quadratform des Tempelberges stammt aus Ez. 42, 16-19. Siehe über den Middot-Tempel weiter unten Kap. XVIII.

[131] Das wäre genau eine Stadie gewesen. Es wird dem Leser klar geworden sein, dass wir bei unseren Berechnungen nicht darauf abzielten. Ob die Länge des Podiums von Herodes in der Tat auf 1 Stadie bestimmt gewesen ist, lässt sich nicht mehr ausmachen.

[132] *Bell. Jud.* V §§ 198/199α: ἔνθεν ἄλλοι πάλιν πεντέβαθμοι κλίμακες ἀνῆγον ἐπὶ τὰς πύλας, αἳ ἀπὸ μὲν ἄρκτου καὶ μεσημβρίας ὀκτώ, καθ' ἑκάτερον τέσσαρες, δύο δ' ἦσαν ἐξ ἀνατολῆς κατ' ἀνάγκην· διατετειχισμένου γὰρ κατὰ τοῦτο τό κλίμα ταῖς γυναιξὶν ἰδίου πρὸς θρησκείαν χώρου ἔδει δευτέραν εἶναι πύλην· τέτμητο δ' αὕτη τῆς πρώτης ἄντικρυς. κἀκ τῶν ἄλλων δὲ κλιμάτων μία μεσημβρινὴ πύλη καὶ μία, βόρειος, δι' ἧς εἰς τὴν γυναικωνῖτιν εἰσῆγον.

[*sic*! es ist dafür sechs zu lesen] des den Frauen nicht zugänglichen Gebiets" (*Middot*, 1913, 27 und 72). *Bell. Jud.* V, 5, 3 § 206 lässt aber darüber keinen Zweifel, dass der Innenhof in der Tat höher lag als der Frauenhof: 15 Stufen führten von der Trennungsmauer des Frauenvorhofs zu dem grösseren Tor (das Osttor des Innenhofes); „sie waren nämlich niedriger als die fünf bei den anderen Toren" [111]. Der Schluss war, so scheint uns, für den kritischen Leser bestimmt, der sich fragen musste, wie denn auf der Nord- und Südseite 5 und auf der Ostseite 15 Stufen zum Innenhof emporgeführt haben könnten: die 15 Stufen waren niedriger als die Stufen der fünfstufigen Treppe. Wo Josephus über die acht Tore spricht, welche auf der Nord- und Südseite über fünfstufige Treppen betreten wurden, hat er sich ungenau ausgedrückt. HOLTZMANN hatte selbst richtig bemerkt, dass es der Art des Josephus entspricht, das Einzelne zu verallgemeinern (*Middot*, 1913, 31). Obwohl nur drei der vier Tore auf der Nord- und Südseite über fünf Stufen betreten wurden, nennt Josephus in einem Atem alle acht. Über das Niveau des Frauenhofes lässt er uns hier im Dunkeln und erst, wo er die zu dem grösseren Tor emporführenden fünfzehn Stufen erwähnt, wird es klar, dass der Frauenhof niedriger gelegen war als der Innenhof. Es ist aber auffällig, dass in der Passage, wo die acht Tore der Nord- und Südseite erwähnt werden, das Nord- und Südtor des Frauenhofes am Schluss nochmals erwähnt werden: „Auch von den anderen Himmelsrichtungen, nämlich von Süden und Norden, führte je ein Tor in der Vorhof der Frauen" (*Bell. Jud.* V, 5, 2 § 199). Es scheint fast, als habe Josephus damit sagen wollen: Stufen gab es hier nicht. Wie dem auch sei, mit Bestimmtheit ist anzunehmen, dass die drei Tore des Frauenhofes (Nord, Süd und Ost) unmittelbar von der flachen Terrasse aus betreten worden sind. Dies ist auch die Meinung VINCENT's: „Entre les solutions théoriques de cette difficulté, la plus simple est apparemment de supposer que les perrons supplémentaires de cinq degrés n'existaient pas devant les trois portes du parvis de Femmes, qui s'ouvraient au niveau général du soubassement, sur la terrasse intérieure du druphaktos" (*Jérusalem*, II-III, 1956, 454). Diese Lösung ist aber nicht nur die einfachste, sie ist die einzig mögliche. Bei der Annahme einer fünfstufigen Treppe an den Toren des Frauenhofes liegt der Innenhof 20 Stufen über dem Niveau der Terrasse, während doch klar gesagt wird, dass fünfstufige Treppen zu den im Norden und Süden gelegenen Tore emporführten (V, 5, 2 § 198).

Für die Tatsache, dass die Stufenhöhe der fünfzehnstufigen Treppe kleiner war als die der fünfstufigen Treppen gibt SCHALIT eine Erklärung, welche keine Wahrscheinlichkeit für sich hat. SCHALIT meint: „Offenbar stieg der Boden vor dem grossen Tor viel sanfter an als an den Seiten. Das bedingte in beiden Fallen natürlich einen Unterschied in der Höhe der Stufe ..." (*König Herodes*, 1969, 392). Das

---

[133] *Bell. Jud.* V § 206, Schluss: τῶν γὰρ κατὰ τὰς ἄλλας πέντε βαθμῶν ἦσαν βραχύτεροι.

Heiligtum stand auf einem Podium und dies schliesst die Möglichkeit aus, dass der Boden vor dem grossen Tor sanfter anstieg als an den Seiten. Wir dürfen annehmen, dass das Podium eine ebene Fläche gehabt habe. Schalit's Erklärung enthält übrigens auch einen inneren Widerspruch: stieg der Boden dort viel sanfter an, hätte man nicht zugleich die Stufenzahl vergrössert — 15 statt 5 — und die Stufenhöhe verkleinert. Wir haben diese Stufenfrage schon Abschnitt 2.: Das Podium, behandelt. Der Innenhof kann höchstens 1.40 m über dem Niveau des Frauenhofes gelegen haben. Dass die Stufen in der Tat sehr niedrig waren, geht wohl auch aus einer Stelle im Talmud hervor: Rabbi Jose ben Ḥalafta sagt, Abba Eleasar erzählte ihm, sie hatten einmal ein junges Kalb in den Tempel gebracht und es dann in den Frauenhof geführt (bei Büchler, *JQR*, 1898, 704; in einer Baraitha in *Ḥagiga*, 16 b (Sifra, 4 c). Aber, warum fünfzehn Stufen? Nach dem Verfasser des Traktates Middot ist die Zahl „gemass den fünfzehn Stufenpsalmen, die die Leviten auf ihnen im Liede sprachen" (Midd. II, 6 e). Dies dürfte eine Erfindung der Rabbiner sein. Keine Erfindung des Verfassers des Traktates wird es sein, dass die Stufen nicht „langgezogen, sondern gerundet (waren), wie die Hälfte einer kreisförmigen Tenne" (Middot II, 6 e; Holtzmann, *o.c.*, 70-71). „Die Mischna stellt diese Treppe als weitvorspringenden Halbkreis vor" (Holtzmann, 71). Mit Vincent sind wir der Meinung, dass diese Treppe beim herodianischen Tempel ähnlich ausgesehen haben könne (*Jérusalem*, II-III, 1956, Atlas, Taf. CII). Das betreffende Tor war das Haupttor des Heiligtums (Abb. 242, Sigel 4) und dies sollte nicht nur in der Form der Treppe, sondern auch in der Stufenzahl ausgedrückt werden: eine grosse Stufenzahl drückt die Würde der Entrée aus. An der Nord- und Südseite des Innenhofes lagen drei fünfstufige Treppen und die hier gelegenen Tore waren dem Haupttor untergeordnet. Wir halten es für wahrscheinlich, dass dies den Entwerfer veranlasst habe, die Stufenzahl der Haupttreppe auf 3 × 5 Stufen zu bestimmen.

Adolf Büchler war im vorigen Jahrhundert der Meinung, dass der Frauenhof, von dessen Umfang er übrigens eine falsche Vorstellung hatte, erst spät — zwischen 44-48 n. Chr. — entstanden sei. Seiner Meinung nach war der Frauenhof „on the outside of the encompassing wall. This is contrary to the opinion held hitherto" (*JQR*, X, 1898, 682 f.). Der Frauenhof war, meinte Büchler, „a fore court encompassing the whole temple building, and not a space, occupying but one side of the temple mount ..." (*id.*, p. 684). Darüber besteht Einstimmigkeit, dass der Frauenhof ein nur an der Ostseite des Heiligtums gelegener Vorhof war. Büchler's späte Datierung des Frauenhofes lässt sich im Grunde zurückführen auf den irreführenden Terminus Frauenhof. Büchler meinte, dass nach dem Beispiel der Helena von Adiabene unter den Nasiräern zahlreiche Frauen waren. „Her example had, undoubtedly, prompted many women of Jerusalem and Judaea to become

Nazirites, and it thus became necessary to designate and arrange a separate place both for the Queen Helena ... and for the women who were stimulated by her piety ..." (*l.c.*, 702). Auf p. 705 heisst es, der Frauenhof sei in den letzten drei Dezennien des Tempels entstanden, „for there was no need for it as long as there were no female visitors in the temple". E. Schürer hatte schon 1906 über Büchler's Auffassung kurz und bündig gesagt: „eine Hypothese, deren Stützen ebenso kunstvoll wie gebrechlich sind" (*ZNW*, 7, 1906, 61). Wir erwähnen Büchler's unhaltbare These nur um hervorzuheben, dass wir es hier gar nicht mit einem speziell für die Frauen bestimmten Hof zu tun haben. Der Hof wurde sowohl von Männern als auch von Frauen betreten. *Antiq.* XV, 11, 5 § 418/419 heisst es: durch das (Ost-) Tor durften sie, die rein waren, mit ihren Frauen eintreten (δι' οὗ παρῇειμεν ἁγνοὶ μετὰ γυναικῶν; über diese Stelle ist weiter unten noch ausführlich zu sprechen). Vielleicht haben wir anzunehmen, dass die Frauen dieses Tor nur benutzen durften, wenn sie von ihrem Mann begleitet waren; das Nord- und Südtor des Frauenhofes (*Bell. Jud.* V, 5, 2 § 199) könnte speziell für die Frauen bestimmt gewesen sein. Wie dem auch sei, der Frauenhof war jedenfalls kein exklusiv für Frauen bestimmter Raum. Er verdankt seinen Namen der Tatsache, dass die Frauen nur diesen Hof des auf dem Podium gelegenen Heiligtums betreten durften. E. Schürer hatte es anders gesagt: Der Frauenhof „hiess so, weil auch die Frauen dorthin kommen durften" (*ZNW*, 7, 1906, 67).

L. H. Vincent, der wie E. Schürer die von Büchler vertretene Ansicht über den späten Ursprung des Frauenhofes ablehnt, sagt dann „et il y aura lieu de rechercher par la suite à quelle époque s'introduit cet élément tout à fait étranger à l'ordonnance primitive" (*Jérusalem*, II-III, 1956, 450, n. 5). Mit „l'ordonnance primitive" wird Vincent wohl die ursprüngliche Anlage des salomonischen Tempels gemeint haben. Soweit wir sehen, hat Vincent das Problem nicht behandelt.

In alter Zeit war die Frau, wie aus Ex. 38, 8 hervorgeht, neben dem Mann in irgendeiner Weise an dem Jahwekult beteiligt gewesen [134], und Esra 2, 65 ist noch von Sängerinnen neben Sängern die Rede (siehe aber J. B. Segal, *Popular Religion in Ancient Israel*, *JJS*, XXVII, 1976, 1-22). Die Wahrscheinlichkeit spricht also dafür, dass in der israelitischen Periode und anfangs auch in der nachexilischen Zeit die Frauen den Innenhof des Tempels betreten durften. Die Stellung der Frau im Gemeindekult hat aber in nachexilischer Zeit eine Änderung erfahren. „Die schon im alten Israel geltende Unfähigkeit des Weibes, priesterliche Funktionen zu vollziehen, musste mit dem Erstarken des priesterlichen Elementes in der jüdischen Religion dem Weibe und seiner Stellung im Gemeindekult verhängnisvoll werden"

[134] Max Löhr, *Die Stellung des Weibes zu Jahwe-Religion und Kult*, *BWAT*, 4, 1908, 51. — Siehe auch J. B. Segal, *Popular Religion in Ancient Israel*, *JJS*, XXVII, 1976, 1-22, 5 f.

(MAX LÖHR, *l.c.*, 51). Hinzu kommt, dass die Beschneidung, das Zeichen des Bundes (Gen. 17, 11), das nur an Männer vollzogen wurde, seit dem Exil eine ganz besondere Bedeutung erhielt. Sie wurde Symbol des Judentums und verlieh den Männern einen besonderen kultischen Rang gegenüber den Frauen (MAX LÖHR, 52). „Dem entspricht es, wenn das Weib von nun an, also im jüdischen Kultus auf der ganzen Linie eine energische Zurückweisung erfährt" (*id.*). Wir wissen aber aus Josephus, dass es den Frauen erlaubt war, den Vorhof des Tempels zu betreten. Woher stammt dieser Vorhof? Wie wir Kap. X. gesehen haben, hatte noch der nachexilische Tempel den aus der Königszeit stammenden Vorhof. Die Wahrscheinlichkeit spricht dafür, dass Herodes bei der Anlage des Heiligtums auf die Anlage des nachexilischen Tempels zurückgegriffen hat. Heisst es doch in der Ansprache an das Volk: „Dieser Tempel ist von unseren Vorfahren, als sie aus Babylon zurückgekehrt waren, dem höchsten Gott erbaut worden" [135]. Die Trennungsmauer zwischen Vorhof und Innenhof muss aber, wie wir Kap. XI. sahen, im 4. Jahrhundert v. Chr. niedergerissen worden sein. Ob die Frauen damals ganz aus dem Tempel, dem nun ein Vorhof fehlte, vertrieben worden sind, lässt sich nicht sagen. Wir dürfen aber wohl annehmen, dass der alte Tempel, als Herodes diesen niederreissen liess, einen den Frauen zugänglichen Raum enthalten hatte, denn es ist kaum wahrscheinlich, dass erst Herodes den Frauen gestattet hätte, den Vorhof zu betreten. Einen regelrechten Vorhof hatte der alte Tempel aber nicht mehr. Haben wir recht mit unserer Vermutung, dass die doppelte Säulenhalle an der Ostmauer des Innenheiligtums, über die Josephus *Antiq.* XV, 11, 3 § 401 berichtet, von Alexander Jannäus erbaut worden ist, könnte diese Halle wohl mit für die Frauen bestimmt gewesen sein. Während vordem, wie zu vermuten ist, die Frauen aus dem Tempel „vertrieben" waren, hätte Jannäus sie in den „Vorhof" hereingeholt. Ist dies richtig, dann hätten wir wohl an Einfluss der Sadduzäer zu denken, die für das schwache Geschlecht, wie V. APTOWITZER in anderem Zusammenhang sagt, „bekanntlich eine starke Schwäche zeigten" [136]. Nach der Meinung M. H. SEGAL's haben wir in dem „Frevelpriester" der Qumran-Texte Alexander Jannäus, der „defiled the Sanctuary of God" zu sehen (*The Habakkuk „Commentary" and the Damascus Fragments, JBL*, 70, 1951, 131-147, Col. XII, 1. 7-9, p. 139). Haben wir recht mit unserer Vermutung, dass Jannäus den Frauen gestattet habe, den „Vorhof" des Tempels zu betreten, könnte auch dies ihm wohl als eine Sünde angerechnet worden sein [137]. Herodes hat den

---

[135] *Antiq.* XV, 11, 1 § 385α: τὸν γὰρ ναὸν τοῦτον ᾠκοδόμησαν μὲν τῷ μεγίστῳ θεῷ πατέρες ἡμέτεροι μετὰ τὴν ἐκ Βαβυλῶνος ἐπάνοδον,

[136] *Spuren des Matriarchats im juedischen Schrifttum, HUCA*, IV, 1927, 207-240; V, 1928, 261-297, p. 285.

[137] Die Mehrzahl der Gelehrten sieht aber nicht in Alexander Jannäus, sondern in Jonathan

Frauen das Recht, den Vorhof zu betreten, nicht nehmen wollen oder unter Einfluss der Sadduzäer nicht nehmen können.

4. *Die Tore.* Nach *Bell. Jud.* V, 5, 2 § 198 lagen auf der Nord- und Südseite des Heiligtums je vier Tore, von denen je drei in den Innenhof und je eins in den Frauenhof führten (siehe Abb. 242). Unvereinbar damit scheint, dass *Antiq.* XV, 11, 5 § 418 von drei Toren an der Nord- und Südseite die Rede ist. ABRAHAM SCHALIT ist der Meinung, dass an dieser Stelle die Zahl der Tore gar nicht erwähnt wird, denn es ist in dem Text (NIESE) von „dreifach gegliederte(n)" (τρίστοιχος) Toren die Rede (*König Herodes*, 1969, 385 f., Anm. 826). VINCENT folgt dem Latinus, wo es heisst „tres in pariete inanuas" (*Jérusalem*, II-III, 1956, 520). „Es liegt gar kein Grund vor", meint SCHALIT, „die Interpretation des Latinus der von Niese in den Text aufgenommenen überlieferten Leseart vorzuziehen" (*o.c.*, 386). Wir können SCHALIT nicht folgen. *Antiq.* XV, 11, 5 § 418 heisst es: „Der innere Peribolos hatte auf der Süd- und Nordseite je drei (Lat.) Tore, die gleich weit von einander abstanden (und) auf der Ostseite ein, das grosse Tor ..."[138]. Daraus geht u.E. klar hervor, dass Josephus hier nur den Innenhof meinte und dieser hatte in der Tat auf der Nord- und Südseite je drei Tore. Es ist also u.E. τρεῖς statt τρίστοιχος zu lesen. Dass der Text übrigens auch nicht in Ordnung ist, hatte im vorigen Jahrhundert F. SPIESS gezeigt. Nach dem Text heisst es: „Der innere Peribolos hatte auf der Süd- und Nordseite je drei (Lat.) Tore, die gleich weit voneinander abstanden (und) auf der Ostseite ein, das grosse Tor, durch welches die rituell Reinen mit ihren Frauen eintreten durften. Weiter über jenem Tor nach innen war das Heiligtum den Frauen unzugänglich" (§§ 418/419)[139]. F. SPIESS hatte scharfsinnig gesehen (und SCHALIT stimmt ihm bei, *o.c.*, 390, Anm. 842), dass hier einerseits gesagt wird, das grosse Tor habe als Eingang auch für die Frauen gedient, andererseits, es sei den Frauen verboten gewesen dieses Tor zu durchschreiten (*Das Jerusalem des Josephus*, 1881, 74 f.). Mit SPIESS ist anzunehmen, dass nach „grossem Tor" es noch einen kurzen Satz gegeben haben muss, etwa des Inhalts „diesem aber gegenüber ein anderes" (τούτου δὲ ἄντικρυ ἄλλον *l.c.*, 75; vgl. Schalit, *o.c.*, 390, Anm. 842). Das heisst also: gegenüber dem grossen Tor war ein anderes Tor, nämlich das Tor, durch welches die rituell reinen mit ihren Frauen hineingehen konnten. Dieses andere

---

(Bruder des Judas Makkabäus) den Frevelpriester der Qumran-Texte; siehe weiter unten Kap. XVI, 4: Die Qumrangemeinde.

[138] *Antiq.* XV, 11, 5 § 418: ... κατὰ δὲ ἡλίου βολὰς ἕνα τὸν μέγαν,, Die lateinischen Antiq. sind auf Veranlassung des Cassiodor (578) entstanden. „Dass dieser lateinische Josephus [*Bell. Jud.* und *Antiq.*] von Nutzen ist bei der Herstellung des griechischen Textes, unterliegt keinen Zweifel..." (SCHRECKENBERG, *Die Flavius-Josephus Tradition*, 1972, 58).

[139] *Antiq.* XV, 11, 5 § 419α: ἐσωτέρω δὲ κἀκείνου γυνσ γυναιξὶν ἄβατον ἦν τὸ ἱερόν.

Tor (das korinthische, wie wir unten sehen werden) führte von der Ostseite in den Frauenhof. Das grosse Tor führte aus dem Frauenhof in den Innenhof, den die Frauen nicht betreten durften. ἐσωτέρω δὲ κἀκείνου bezieht sich auf das grosse Tor, das zu durchschreiten den Frauen verboten war.

Meinungsverschiedenheiten bestehen über die Lokalisierung des korinthischen Tores [140]. F. SPIESS hatte schon 1880 richtig angenommen, dass es das am östlichsten gelegene Tor gewesen ist (*Der Tempel zu Jerusalem*, 36, Anm. 42) und dies ist auch die Meinung E. SCHÜRER's (*ZNW*, 7, 1906, 55). HOLTZMANN hatte dann 1908 Einspruch dagegen erhoben (*Tore und Terrassen des herodianischen Tempels*, *ZNW*, 9, 1908, 71-74). HOLTZMANN übersetzte die betreffende Stelle (*Bell. Jud.* V, 5, 3 § 204/05 wie folgt: „das über dem korinthischen draussen vom Frauenvorhof aus im Osten sich öffnende gegenüber dem Tor des Tempelhauses war viel grösser" (*l.c.*, 72). HOLTZMANN sagt dann, SCHÜRER habe hier ganz offenbar falsch übersetzt, wenn er S. 55 ὑπὲρ τὴν Κορινθίαν überträgt mit „oberhalb des korinthischen". Die Bedeutung von ὑπὲρ *c. Acc.* stehe durchaus fest: es heisse ü b e r h i n a u s. „Dass an unserer Stelle ἡ ὑπὲρ τὴν Κορινθίαν das Tor über dem korinthischen draussen bezeichnet, geht aber auch aus dem Zusatz deutlichst hervor: ἀπὸ τῆς γυναικωνίτιδος ἐξ ἀνατολῆς ἀνοιγομένη. Hier ist ja klar gesagt, dass das Tor sich vom Frauenvorhof aus im Osten befindet" (*l.c.*). HOLTZMANN kam dann zu dem Schluss, dass das korinthische Tor zwischen Frauenhof und Innenhof, das grosse Tor „zwischen Frauenhof und Tempelplatz" lag (*l.c.*). HOLTZMANN hat diese Meinung auch 1913 noch vertreten, die bezügliche Stelle aber etwas anders übersetzt: „Das jenseits des korinthischen vom Frauenhof aus gerade im Osten des Tempeltores sich öffnende ..." (*Middot*, 1913, 26). Das grosse Tor sei das östliche Ausgangstor „des Frauenhofes nach dem Vorhof der Heiden" (*ibid.*).

L. H. VINCENT, der meint die Lokalisierung des korinthischen, wie die des grossen Tores sei „inintelligible dans le texte reçu" folgt SCHÜRER, der *Bell. Jud.* V, 5, 3 § 201 μία δ' ἡ ἔξωθεν τοῦ νεῶ Κορινθίου χαλκοῦ, wie folgt emendierte: μία δ' ἔξωθεν τῶν ἐν ἔῳ, „das äussere der beiden östlichen" (*ZNW*, 7, 1906, 55). VINCENT sagt darüber: „La Corinthienne est par conséquent, des deux portes orientales du hiéron intérieur, celle qui ouvre à l'extérieur, sur le parvis des Gentils ..." (*Jérusalem*, II-III, 1956, 451 und n. 3). HOLTZMANN betonte aber 1908, dass ἡ ἔξωθεν τῶν ἐν ἔῳ nur übersetzt werden könnte „das ausserhalb der östlichen liegende Tor", was, sagt HOLTZMANN, „keinen Sinn gibt" (*ZNW*, 9, 1908, 71). „Was SCHÜRER meint,

---

[140] *Bell. Jud.* V, 5, 3 § 204/05α: καὶ τῶν μὲν ἄλλων ἴσον ἦν τὸ μέγεθος, ἡ δ' ὑπὲρ τὴν Κορινθίαν ἀπὸ τῆς γυναικωνίτιδος ἐξ ἀνατολῆς ἀνοιγομένη τῆς τοῦ ναοῦ πύλης ἀντικρὺ πολὺ μείζων·,, Die Tore hatten sonst alle die gleiche Grösse, nur das jenseits des korinthischen Tores gelegene war viel grösser; dieses Tor öffnete sich vom Frauenhof aus östlich gegenüber dem Eingangstor des Tempelgebäudes" (Übers. MICHEL-BAUERNFEIND, z.St.).

müsste notwendig heissen: ἡ ἐξωτέρα τῶν ἐν ἔῳ (*ibid.*). Eine Konjektur hielt freilich auch HOLTZMANN selbst für nötig. „Am meisten empfielt sich die leichteste; man liest statt ἡ ἔξωθεν τοῦ νεῶ unter Streichung des ξ ἔωθεν τοῦ νεῶ. Dieser Ausdruck bezeichnet das im Osten des Tempelgebäudes befindliche Tor, also das Tor zwischen Männer- und Frauenvorhof" (*l.c.*; vgl. *Middot*, 1913, 29).

In jüngster Zeit hat ABRAHAM SCHALIT betont, dass die Emendation (SCHÜRER, HOLTZMANN, VINCENT) „ebenso falsch wie ganz überflüssig" und der überlieferte Text absolut intakt ist: ἔξωθεν bedeutet „weit ab", zusammen mit dem folgenden τοῦ νεώ „weitab von dem Heiligtum; d.h. also, dass das „korinthische" Tor nach Josephus auf der äussersten Ostseite des inneren Tempelbezirkes errichtet war" (*König Herodes*, 1969, 390). Anders als VINCENT ist SCHALIT also der Meinung — und wir stimmen ihm bei —, dass das korinthische Tor wie das grosse Tor sich aus dem Text lokalisieren lässt. *Bell. Jud.* V, 5, 3 § 204/05 ist von dem östlich des Tores des Tempelgebäudes (τῆς τοῦ ναοῦ πύλης ἀντικρὺ) gelegenen Tor die Rede, was doch nur das Tor zwischen Frauenhof und Innenhof sein kann. Nur dieses Tor lag gegenüber dem Tor des Tempelgebäudes. Von diesem Tor heisst es, „es war viel grösser (πολὺ μείζων; § 205). Dies besagt doch klar, dass das grosse Tor zwischen Frauenhof und Innenhof, das korintische Tor demnach am Eingang des Frauenhofes zu lokalisieren ist. Dass mit τοῦ ναοῦ das Tempelgebäude gemeint ist, unterliegt nicht dem Zweifel; Josephus gebraucht νεώς (= ναός) auch zur Andeutung des ganzen Innenheiligtums. Dies ist *Bell. Jud.* V, 5, 3 § 201 der Fall. ἔξωθεν bedeutet hier nicht wie SCHALIT meint „weitab von dem Heiligtum"[141], sondern „an der Aussenseite des Heiligtums"[142]. Das korinthische Tor war ein Tor an der Aussenseite des Heiligtums. Es wird auch *Bell. Jud.* VI, 5, 3 § 293 erwähnt. Dort heisst es: „Das Osttor des Innenheiligtums, das von Erz und ausserordentlich schwer war ..." (ἡ δ' ἀνατολικὴ πύλη τοῦ ἐνδοτέρω ναοῦ χαλκῆ μὲν οὖσα καὶ στιβαρωτάτη). Auch hier bedeutet ναός nicht das Tempelgebäude, sondern das ganze (Innen-) Heiligtum. Das korinthische Tor war das Osttor des Innenheiligtums, das Tor also, das von Osten in den Frauenhof führte.

SCHALIT überträgt die diesbezügliche Stelle aus *Bell. Jud.* V, 5, 3 § 204 wie folgt: „... nur das jenseits des korinthischen Tores gelegene war viel grösser; dieses Tor öffnete sich vom Frauenhof aus östlich gegenüber dem Eingangstor des Tempelgebäudes" (*König Herodes*, 390). Für diese Übersetzung ist es aber nicht nötig, wie SCHALIT meint (*l.c.*), dass HOLTZMANN gegen SCHÜRER (*ZNW*, 1906, 55 f.) mit seiner Deutung der Präposition ὑπερ in § 204 recht hätte. Statt *jenseits* könnte man

---

[141] *König Herodes*, 1969, 390.
[142] Vgl. MICHEL-BAUERNFEIND: „an der Aussenseite des Tempels" (z.St.). „Tempel" lässt an das Tempelgebäude denken und hier handelt es sich um das ganze Innenheiligtum.

mit SCHÜRER sehr wohl *oberhalb* sagen, zumal das grosse Tor höher als das korinthische lag.

Aus Josephus lässt sich also mit Bestimmtheit schliessen, dass das grosse Tor den
Eingang zum Innenhof bildete. Liesse sich dieses Tor aus Josephus nicht klar lokalisieren, würde man es doch aus sakral-architektonischen Gründen dort ansetzen
wollen. Innenhof mit Altar und *naos* war der eigentliche sakrale Teil des Heiligtums;
dies müsste durch das grosse Tor zum Ausdruck gebracht werden. Auch sollte
das grosse Tor die Besucher des Vorhofes in Erstaunen setzen. Dem Verfasser des
Traktates Middot ist es offenbar auch klar gewesen, dass das Tor zwischen Frauenhof und Innenhof einer besonderen Auszeichnung bedurfte. Wir haben das Nikanor-
Tor im Auge. Einstimmigkeit besteht darüber, dass das von Josephus genannte
korinthische Tor (an der Ostseite des Frauenhofes) mit dem Nikanor-Tor
(Josephus nennt diesen Namen nicht) identisch ist (siehe E. SCHÜRER, *ZNW*, 7
1906, 59 f.; O. HOLTZMANN, *Middot*, 1913, 32. 34; L. H. VINCENT, *Jérusalem*, II-III,
1956, 452 s.; A. SCHALIT, *König Herodes*, 1969, 390, Anm. 842). Das korinthische
Tor war aus „korinthischem" Erz und übertraf die versilberten und vergoldeten
ganz bedeutend an Wert [143]. Der Verfasser des Traktates Middot, der allen Toren
des Innenheiligtums die gleiche Höhe gibt (20 Ellen; Midd. II 3 d), ist doch offenbar
auch der Meinung gewesen, dass der Hauptteil der Tempelanlage, Innenhof mit
Altar und *naos*, an der Vorderseite als solcher charakterisiert werden sollte. Obwohl
das eherne Tor am östlichen Eingang des Frauenhofes gestanden hatte, versetzte
der Verfasser des Traktates es an den Eingang des Innenhofes (Midd. II 3 g), d. h. an
die Stelle des herodianischen grossen Tores.

a) *Die Tore des Innenhofes* (siehe Abb. 242). Bei der Beschreibung der Tore sagt
Josephus nirgends, dass er speziell die Tore des Innenhofes im Auge hätte; wir
dürfen aber mit grosser Wahrscheinlichkeit annehmen, dass die Tore des Frauenhofes anders gestaltet gewesen sind als die des Innenhofes, die übrigens, wie unten
darzulegen sein wird, nicht alle den gleichen Grundriss und Aufbau gezeigt haben
können, wenn Josephus auch nur das grosse Tor von den übrigen Toren unterscheidet. „Jedes Tor hatte zwei 30 Ellen hohe und 15 Ellen breite Türflügel. An
beiden Seiten erweiterte sich der Raum hinter dem Eingang durch 30 Ellen breite
und 30 Ellen tiefe turmähnliche Nischen [Exedra], die mehr als 40 Ellen hoch

---

[143] *Bell. Jud.* V, 5, 3 § 201: ... πολὺ τῇ τιμῇ τὰς καταργύρους καὶ περιχρύσους ὑπεράγουσα.
Das korinthische Erz wurde von den Römern dem Silber und Golde vorgezogen. Es gab drei
Arten: eine weisse, in der bei der Mischung Silber vorherrschte; eine gelbe, bei der Gold vorherrschte und eine Art, bei welcher ebensoviel Silber wie Gold gemischt war. „Nach dem Zufall
gemischtes hatte die Farbe der Leber, stand weniger im Werte und wurde Lebererz genannt"
(DURM, *Bauk. der Römer*, 1905, 197). Über das korinthische Erz berichtet Plin. hist. nat. XXXIV,
2, 6.

waren. Jede Nische wurde durch zwei Säulen von 12 Ellen Umfang gestützt [144]."
Von dem grossen Tor sagt Josephus, dass es 50 Ellen hoch war und 40 Ellen hohe
Türen hatte [145]. Die Beschreibung ist klar genug, um den Grundriss des Torgebäudes zu rekonstruieren [146]; eine Schwierigkeit bietet aber die Breite der Türflügel, denn diese bestimmt die Breite des Tordurchganges. Die Türflügel sollen
nach Josephus 15 Ellen (6.93 m) breit gewesen sein. Türflügel solcher Breite hatte
es im Altertum sicher nicht gegeben. Zurückgeschlagen würden die Türflügel überdies die neben dem Tordurchgang gelegenen 30 Ellen breiten Nischen über die
Hälfte verdeckt haben [147]. Die von Josephus genannte Breite (15 Ellen) ist entweder
auf die Gesamtbreite der Türen zu beziehen, oder es ist Fuss statt Ellen zu lesen.
Wir wollen das erstere annehmen und die Breite der Flügeltüren auf 15 Ellen stellen.
Die Breite jedes Flügels beträgt also 7½ Ellen (ca. 3.50 m). Da die Türen 30 Ellen
hoch sind, erhalten wir für die Türöffnung das Verhältnis 1 : 2. Daraus lässt sich
mit Wahrscheinlichkeit die Breite der Türflügel des grossen Tores (Josephus erwähnt diese Breite nicht) ableiten. Diese Tür hatte eine Höhe von 40 Ellen, die
Gesamtbreite der zwei Flügel könnte also 20 Ellen betragen haben; Breite der
Flügel 10 Ellen (4.62 m). Türflügel solcher Breite hatte es in Ägypten gegeben:
die Türflügel des ersten Pylon des Amon-Tempels in Karnak waren ebenfalls
4.60 m breit [148].

Das Torgebäude enthält also einen 15 Ellen (6.93 m) bzw. 20 Ellen (9.24 m;
grosses Tor) breiten Tordurchgang, von dem aus an beiden Seiten ein etwa 30 × 30
Ellen (ca. 14 × 14 m) grosser Raum betreten wird. Josephus bezeichnet den Raum
als Exedra (er gebraucht diesen Terminus auch für „Säulenhalle") [149]; wir bezeichnen
den Raum als Nische. Die Nischen wurden, wie Josephus sagt, durch zwei Säulen
gestützt (ἀνέχω); sie sind wohl am Eingang der Nischen anzuordnen (Abb. 242,
Sigel 4). Ähnliche Nischen, ebenfalls mit am Eingang angeordneten Säulen be-

[144] *Bell. Jud.* V, 5, 3 §§ 202-204: καὶ δύο μὲν ἑκάστου πυλῶνος θύραι, τριάκοντα δὲ πηχῶν τὸ
ὕψος ἑκάστης καὶ τὸ πλάτος ἦν πεντεκαίδεκα. μετὰ μέντοι τὰς εἰσόδους ἐνδοτέρω πλατυνόμενοι
παρ' ἑκάτερον τριακονταπήχεις ἐξέδρας εἶχον εὖρός τε καὶ μῆκος πυργοειδεῖς, ὑψηλὰς δ' ὑπὲρ
τεσσαράκοντα πήχεις· δύο δ' ἀνεῖχον ἑκάστην κίονες δώδεκα πηχῶν τὴν περιοχὴν ἔχοντες.

[145] *Bell. Jud.* V § 205: πεντήκοντα γὰρ πηχῶν οὖσα τὴν ἀνάστασιν τεσσαρακονταπήχεις τὰς
θύρας εἶχε ....

[146] Bei der Rekonst. des Grundrisses (Abb. 242) zeigte sich, dass die Exedrai der Nord- und
Südseite schwerlich 30 Ellen tief gewesen sein können. Wir glauben annehmen zu dürfen, dass
Josephus die Sache vereinfacht hatte, indem er für die Tiefe das Mass der Breite angab. Wir haben
dass Mass etwas herabgesetzt und erhalten nun einen ungefähr quadratischen Raum. Wir haben
übrigens auch das Mass 30 Ellen (Ostseite) vom Tordurchgang aus gemessen.

[147] An Klapptüren ist nicht zu denken; dem widerspricht der klare Wortlaut § 202: καὶ δύο μὲν
ἑκάστου πυλῶνος θύραι,

[148] GEORGE LEGRAIN, *Les Temples de Karnak*. Fragments du dernier ouvrage, 1929, 32.

[149] *Bell. Jud.* VI, 2, 7 § 150; 4, 1 § 220/21.

gegneten uns in Masada (zwei Säulen) und in Samaria-Sebaste (eine Säule), Nischen mit zwei Säulen flankieren den Portikus des Jupiter-Tempels in Baalbek (2. Jahrh. n. Chr.) [150]. Die Länge des Tordurchganges beträgt mehr als 30 Ellen (Breite der Nischen), denn es ist noch die Stärke der Front- und Rückmauer in Rechnung zu stellen. Wir setzen die Stärke hypothetisch mit 6 Ellen an; die Länge des Tordurchganges beträgt also 30 + 12 = 42 Ellen (ca. 19 m).

Die am Eingang der Nischen aufgestellten zwei Säulen hatten einen Umfang von 12 Ellen (*Bell. Jud.* V, 5, 3 § 203), also 5.55 m. Daraus lässt sich ein Durchmesser von 1.76 m berechnen. Auch die Säulen der königlichen Halle auf der Südseite des Tempelplatzes waren 1.76 m dick [151], aber nicht jeder Forscher ist geneigt anzunehmen, dass diese Säulen in der Tat 1.76 m dick gewesen sind. In Abschnitt E über die königliche Halle wird klar werden, dass im Zeitalter des Herodes Säulen solcher Dicke nicht ungewöhnlich gewesen sind. Wir finden keinen Grund, Josephus' Notiz über den Umfang der Säulen der Nischen zu misstrauen. Wir meinten, sie mindestens am grossen Tor annehmen zu dürfen; es wäre aber möglich, dass Säulen solcher Dicke *nur* am grossen Tor Anwendung gefunden hätten. Die Breite der Nischenöffnung kann nicht 30 Ellen — die von Josephus genannte Breite der Exedra — betragen haben, denn es muss eine Mauerfläche für die zurückgeschlagenen 4.62 m breiten Türflügel gegeben haben. Setzen wir die Breite der Türpfosten (Josephus' παραστάδες; *Bell. Jud.* V, 5, 3 § 201) hypothetisch mit drei Ellen und die Stärke der Frontmauer des Torgebäudes mit 6 Ellen an, so könnte die Nischenöffnung am grossen Tor 30 — 14 = 16 Ellen (ca. 7.40 m) betragen haben. Zwei 1.76 m dicke Säulen lassen sich in eine 8 m breite Öffnung anordnen (Abb. 243). Da die anderen Tore nur 7½ Ellen (3.50 m) breite Türflügel hatten, könnte die Nischenöffnung hier eine grössere Breite gehabt haben. Josephus schweigt über die Kapitellform der Säulen. Die königliche Halle auf der Südseite des Tempelplatzes hatte korinthische Kapitelle [152]; es dürfte möglich sein, dass auch die Säulen des grossen Tores, des Haupttores des Innenheiligtums, korinthische Kapitelle hatten. Für korinthische Säulen von 1.76 m Dicke lässt sich, wie VINCENT bei der Behandlung der königliche Halle gezeigt hat, eine Gesamthöhe (Basis und Kapitell eingerechnet) von 15.54 m berechnen (*Jérusalem*, II-III, 1956, 443). Säulen dieser Höhe kann es aber nur am grossen Tor (Höhe der Nischen 50 Ellen = ca. 23 m) gegeben haben. Die Exedrai der übrigen Tore waren 40 Ellen (ca. 18.50 m) hoch; der Tordurchgang würde mit 15.54 m hohen Säulen fast oder genau die Höhe der

---

[150] TH. WIEGAND, *Baalbek*, I, 1921, Taf. 14; OTTO EISSFELDT, *Tempel und Kulte Syrischer Städte*, AO, 40, 1941, Abb. 7, S. 41; hier Abb. 306.

[151] Die Säulen waren so dick, dass drei Männer mit ausgestreckten Armen sie umspannen konnten (*Antiq.* XV, 11, 5 § 413), woraus sich ein Durchmesser von 1.76 m berechnen lässt.

[152] *Antiq.* XV, 11, 5 § 414.

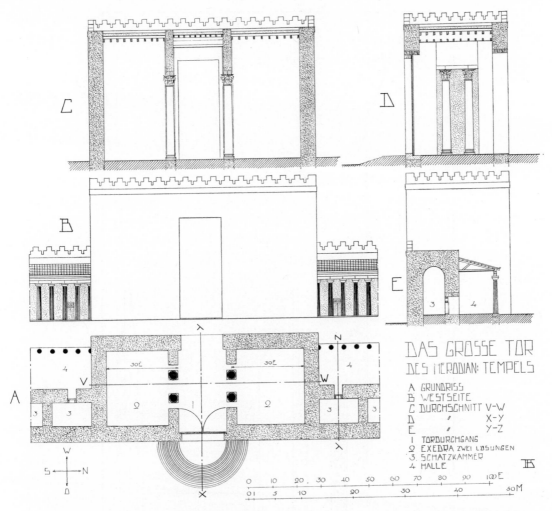

Abb. 243. Das grosse Tor des herodianischen Tempels, Plan. (Rekonstr. Th. A. Busink)

Nischen gehabt haben und dies hat keine Wahrscheinlichkeit für sich. Sind auch hier 1.76 m dicke Säulen anzunehmen, so haben wir an dorische Säulen (Gesamthöhe 12.32 m) [153] zu denken. Herodes hat an seinem Palast in Jerusalem, wie wir gesehen haben, Säulen verschiedener Ordnung angewendet, es spricht also nichts dagegen, dies auch für die Tore des Heiligtums anzunehmen.

Während nun der Grundriss der Tore sich mit Wahrscheinlichkeit rekonstruieren lässt, stossen wir bei der Rekonstruktion des Oberbaus auf Schwierigkeiten. *Bell. Jud.* V, 5, 3 § 203 heisst es, dass die Exedrai turmähnlich waren. MICHEL-BAUERNFEIND übertragen die betreffende Stelle wie folgt: „sie [*sc.* die Torbauten] besassen

[153] Vitruv, IV, 1, 8, wo die Höhe der dorischen Säule auf 7 × den unteren Durchmesser gestellt wird.

25

Abb. 244. Das grosse Tor. (Rekonstr. Th. A. Busink)

auf jeder Seite turmähnliche Hallen von je 30 Ellen Breite und Länge und über 40 Ellen Höhe" (*Flavius Josephus De Bello Judaico*, II, 1, 1963, 139, z.St.). Bei der Höhenangabe des grossen Tores (50 Ellen; § 205) sagt Josephus nicht „über [ὑπὲρ] 50 Ellen"; wir dürfen wohl annehmen, dass auch die Zahl 40 die richtige Höhe angibt; das ὑπὲρ ist vielleicht auf die Zinnen zu beziehen. Die Frage ist nun wie wir „turmähnlich" zu verstehen haben. Man könnte meinen, Josephus könne damit doch nur den äusseren Aufbau der Exedrai gemeint haben und der obere Teil des Torgebäudes könnte zwei Ecktürme geringer Höhe („turmähnlich") gezeigt haben. Das Torgebäude lässt sich aber mit der von Josephus genannten Höhe der Türen nicht mit Ecktürme rekonstruieren. Sie könnten nur eine Höhe von ein, höchstens zwei Metern gehabt haben denn die Differenz zwischen der Höhe des Torgebäudes (40 bzw. 50 Ellen) und der Höhe der Türen (30 bzw. 40 Ellen) beträgt nur 10 Ellen (ca. 4.60) und über dem Türsturz ist doch eine Mauerfläche von mindestens 2 m Höhe anzunehmen. Ecktürme könnte das grosse Tor gehabt haben, wenn wir annehmen, dass auch die Tür des grossen Tores 30 Ellen hoch gewesen ist. Wie Josephus dann dazu kommen könnte, ihr eine Höhe von 40 Ellen zuzuschreiben, liesse sich wohl erklären: die Differenz zwischen der Höhe des Torgebäudes und der Höhe der Tür betrug bei den anderen Toren zehn Ellen. Josephus könnte für das grosse Tor die gleiche Differenz angenommen und die Höhe der Tür auf 50 — 10 = 40 Ellen bestimmt haben. Damit wird unsere oben aufgestellte Berechnung der Türbreite des grossen Tores hinfällig: war die Tür des grossen Tores nur 30 Ellen hoch, könnte sie nach dem Verhältnis 1 : 2 nur 15 Ellen breit gewesen sein. Wir dürfen aber wohl mit Sicherheit annehmen, dass die Tür des grossen Tores, des Haupttores des Heiligtums, breiter gewesen ist als die Tür der anderen Tore. Zwar sagt Josephus in *Contra Appionem*, die Türen des Heiligtums seien 60 Ellen hoch und 20 Ellen breit gewesen [154], dem widerspricht aber seine Notiz *Bell. Jud.* V, 5, 3 § 202. Es dürfte nun doch auch kaum wahrscheinlich sein, dass die Türe des Haupttores des Heiligtums wie die Türe der anderen Tore 30 Ellen hoch war; mehr noch als die Breite drückt die Höhe des Tores die Würdigkeit des Gebäudes aus. Wir müssen Josephus folgen und annehmen, dass die Tür des grossen Tores 40 Ellen hoch gewesen ist und dies macht es unmöglich, die Front des Torgebäudes mit Ecktürmen zu rekonstruieren. Mit πυργοειδεῖς kann Josephus demnach nicht haben sagen wollen, dass die Exedrai die Front des Torgebäudes überragten. Wie am Stadttor Türme den Eingang flankieren, so flankieren im Inneren Exedrai den Tordurchgang.

Wie wir oben sahen, lässt sich für die sehr breiten Türflügel des grossen Tores

---

[154] *C. Ap.* II, 10 § 119: τοῦ ναοῦ δ' αἱ θύραι τὸ μὲν ὕψος ἦσαν ἑξήκοντα πηχῶν, εἴκοσι δὲ τὸ πλάτος, mit *naos* ist hier wohl das Tempelgebäude gemeint.

(Breite der Flügel 4.62 m) eine Parallele aus Ägypten anführen: die Türen der grossen Pylone des Amon-Tempels zu Karnak. Diese Türen bilden aber auch eine Parallele für die ausserordentlich grosse Höhe (40 Ellen = 18.48 m). Die Türen in Karnak sind 18.65 m hoch gewesen (G. LEGRAIN, *o.c.*). LEGRAIN berechnet das Gewicht der Türflügel (er setzt die Dicke mit 20 cm an), eingerechnet das Gewicht des ehernen Hängewerkes, auf 10 000 kg (*l.c.*). LEGRAIN sagt dann zu Recht: „La manœuvre de tels battants devait être assez malaisée" (*l.c.*).

Nach Josephus war die Einfriedung des Innenhofes innen 25 Ellen hoch (*Bell. Jud.* V, 5, 2 § 196). Das 50 Ellen hohe Torgebäude des grossen Tores überragte die Mauer des Innenhofes innen also um 25 Ellen; das 40 Ellen hohe Torgebäude der anderen Toren überragte der Mauer um 15 Ellen. Als Dachform ist das flache Dach anzunehmen [155]. Die Überdachung der 30 × 30 Ellen (ca. 14 × 14 m) grossen Exedrai mittels eines Flachdachs ist technisch nicht unmöglich (am Bel-Tempel von Palmyra, 2. Jahrh. n. Chr., hatte das flache Dach des rhodischen Peristyles eine Spannweite von 13.01 m; TH. WIEGAND, *Palmyra*, 1932, 144, B. SCHULZ), doch halten wir es für wahrscheinlich, dass nur die Tiefe der Exedrai des grossen Tores 30 Ellen betragen habe. Für das Nord- und Südtor haben wir die Tiefe der Exedrai etwas herabgesetzt. Exedrai und Tordurchgang werden unter einem Dach gelegen haben, was nicht impliziert, dass der Tordurchgang die Höhe der Exedrai hätte. Die Decke des Tordurchgangs könnte niedriger gelegen haben. Wir stellten die Höhe des Tordurchgangs hypothetisch auf 45 bzw. 35 Ellen und die Decke liegt nun etwa 5 Ellen über dem Türsturz. Der Türsturz wird von Josephus erwähnt (*Bell. Jud.* V, 5, 3 § 201: ὑπέρθυρον Plur. ὑπέρθυρα). Ob er aus Stein (Länge etwa 10 m) oder aus Holz war, lässt sich aus Josephus nicht ausmachen. Er könnte wohl aus Holz mit einem flachen steinernen Bogen über ihm gewesen sein.

Aus *Bell. Jud.* V, 3, 1 § 102 wissen wir, dass die Mauern des Innenheiligtums Zinnen hatten: Als Johannes in den Parteikämpfen zur Zeit des grossen Krieges gegen Rom (66-73 n. Chr.) seine Anhänger insgeheim das Heiligtum hatte betreten lassen, sprangen die Zeloten von den Mauerzinnen herab und flüchteten sich in die unterirdischen Gänge des Heiligtums (ἔπαλξις = Zinnen). Auch die Torgebäude werden Mauerzinnen gehabt haben.

Nach Josephus hatte, wie wir gesehen haben, jedes Tor — mit Ausnahme des grossen Tores — zwei Türflügel von je 30 Ellen Höhe und 15 Ellen Breite (*Bell. Jud.* V, 5, 3 § 202). Die Breite — 15 Ellen — ist aber, wie wir sahen, auf die Gesamtbreite zweier Flügel zu beziehen. Aus § 201 geht hervor, dass Josephus alle neun äusseren Tore des Innenheiligtums im Auge hatte, an der Nord- und Südseite je

---

[155] Dafür zeugt *Bell. Jud.* VI, 3, 1 § 223, wo bei der Belagerung des Tempels 70 n. Chr. von einem Kampf zwischen Juden und Römern am Nordtor die Rede ist.

vier, an der Ostseite eins (Eingang des Frauenhofes). Nachdem Josephus das Tor beschrieben hat — wie wir sahen, ein Exedra-Tor — heisst es: „alle anderen Tore hatten dieselbe Grösse" (§ 204: καὶ τῶν μὲν ἄλλων ἴσον ἦν τὸ μέγεθος). MICHEL-BAUERN-FEIND übertragen dies mit „Die Tore hatten sonst alle die gleiche Grösse ..." (*De Bello Judaico*, II, 1, 1963, 139, z.St.). Nach der Beschreibung eines der Tore kann es u.E. doch nur heissen: „alle anderen ...". So hat auch VINCENT „Toutes les autres portes étaient de mêmes dimensions ..." (*Jérusalem*, II-III, 1956, 433). Nach Josephus sollten also alle neun Tore — wie das grosse Tor — Exedra-Tore, wie er eins beschrieben hat, gewesen sein. Wir halten dies für unmöglich. Die Räume des Torgebäudes (Tordurchgang und zwei Exedrai) waren im Lichten 15 bzw. 30 Ellen breit, die Breite des Torgebäudes hat also etwa 90 Ellen betragen (75 Ellen und die Stärke von vier Mauern). An der Nord- und Südseite des Innenhofes lagen drei Tore (Abb. 242), die also eine Länge von 270 Ellen (ca. 125 m) erfordert hätten. Nach Middot war der Innenhof 187 Ellen (ca. 98 m; die Elle zu 52.5 cm) lang. Im herodianischen Tempel könnte die Länge des offenen Raums, wie wir oben an-nahmen, 220 (gr.) Ellen betragen haben (ca. 102 m). Drei 90 Ellen breite Torgebäude (270 Ellen) sind darin nicht unterzubringen [156]. Man könnte meinen, daraus liesse sich schliessen, dass der Innenhof des herodianischen Tempels beträchtlich grösser gewesen sein muss, als von uns angenommen wurde. Drei 90 Ellen (bew. 70 Ellen) breite Torgebäude würden nichtsdestoweniger dem Innenhof eine Länge geben, welche er nie gehabt haben kann. Zwischen den Toren lagen Säulenhallen die auf besonders schönen und grossen Säulen ruhten (*Bell. Jud.* V, 5, 2 § 200). Josephus' Notiz, dass sie den Säulenhallen des Aussenhofes an Grösse nachstanden (*ibid.*), deutet trotz dieser negativen Bemerkung darauf, dass sie nicht geringen Umfangs gewesen sein können, denn der Umfang des Aussenhofes war, wie Ḥarām asch-scharīf lehrt, ca. 280 × 470 m. Auch wenn die Gesamtlänge der Hallen auf einer der Langseiten des Innenhofes nur ein Zwölftel vom Aussenhof betragen hätte, würde dies eine Länge von etwa 40 m ergeben. Addieren wir 125 m mit dieser Zahl bekommen wir eine Länge von 165 m. An der Ost- und Westmauer des Innen-hofes lagen Hallen und Schatzkammern, wofür wir oben hypothetisch 28 Ellen (ca. 13 m) meinten annehmen zu dürfen. Die Länge des Innenhofes würde also 165 + (2 × 13) = 191 m betragen haben. Nach Josephus wären alle Tore, also auch die Tore des Frauenhofes, Nischen-Tore gewesen. Auch an der Nord- und Südseite des Frauenhofes sollte demnach ein 90 Ellen (bzw. 70 Ellen) breites Tor-gebäude gelegen haben. Die Tiefe des Frauenhofes wäre dann doch auf mindestens 150 Ellen (ca. 70 m) zu stellen. Das auf dem Podium stehende Heiligtum würde

---

[156] Auch dann nicht, wenn wir die Tiefe der Exedrai etwas herabsetzen und die Breite des Tor-gebäudes auf etwa 70 Ellen stellen: 3 × 70 = 210 Ellen.

nach diesen Zahlen $191 + 70 = 261$ m lang gewesen sein und die Länge des Podiums würde dann etwa 270-280 m betragen haben, denn die Zahl 261 ist noch mit 4.62 m (Breite der entlang den Tempelmauern laufenden Terrasse) und 4.55 m (die vorspringenden Stufen) und etwa 8 m für drei Mauer zu addieren. Die Breite des Ḥarām asch-scharīf auf die Linie des goldenen Tores ist etwa 300 m, vor und hinter dem Podium hätte es keinen Raum für Josephus „zweites hieron" und für die Säulenhallen des Aussenhofes gegeben. Josephus Bemerkung, dass alle Tore die gleiche Grösse hatten (*Bell. Jud.* V, 5, 3 § 204) halten wir für unglaubwürdig. Am Innenhof kann es nur drei Nischen-Tore gegeben haben: auf der Ost-, Nord- und Südseite je eins (Abb. 242). Am Frauenhof fehlten solche Tore, wie unten darzulegen sein wird, sicher ganz.

Eine interessante Notiz über die Tore — sie kam schon im I. Bande S. 69, Anm. 266 zur Sprache — findet sich *Bell. Jud.* VI, 5, 2 § 281: Bei der Belagerung und Einnahme des Innenheiligtums (70 n. Chr.) steckten die Römer die Tore in Brand, „ausser zweien, einem von den Osttoren und dem Südtor". Mit dem Osttor kann nur das grosse Tor gemeint sein, das Osttor des Innenhofes, denn nach dem Kriege wurden hunderte von Juden in den Frauenhof getrieben, von denen nach Josephus elftausend — sicher eine übertriebene Zahl — vor Hunger umkamen (*Bell. Jud.* VI, 9, 2 §§ 415-419). Die Tore des Frauenhofes müssen damals noch aufrecht gestanden haben (trotz § 281, wo es heisst, dass sie alle Tore ausser zwei in Flammen setzten!). Wichtig ist nun besonders die Erwähnung des Südtores: es lagen an der Südseite — wie an der Nordseite — der Innenhofes drei Tore; da es nun heisst, „das Südtor" sei nicht in Flammen gesetzt worden, ist wohl mit Sicherheit anzunehmen, dass wir es hier mit einem Haupttor der Südseite zu tun haben — dem Nischen-Tor. Dass das Tor auf der Nordseite hier nicht erwähnt wird, erklärt sich daraus, dass die Römer die Fundamente dieses Tores schon untergraben hatten (*Bell. Jud.* VI, 4, 1 § 222). Wir werden nicht fehlgehen, wenn wir annehmen, dass Titus ursprünglich den Plan hatte, das Osttor wie das Südtor, mächtige hochaufragende Torgebäude, in Stand zu halten, um Umwelt und Nachwelt zu überzeugen, wie mächtiges „Festungswerk" er, Titus, erobert hatte. Auch die Türme Hippikus, Phasael und Mariamne des herodianischen Palastes hat er bekanntlich nicht zerstören lassen. Dass Titus dann später die Tempeltore doch zerstören liess, hatte seinen guten Grund: es sollte den Juden jede Hoffnung auf Wiederaufbau des Heiligtums genommen werden [157].

Auf der Nord- und Südseite des Innenhofes hatte es also, wie wir meinen annehmen zu dürfen, nur ein Exedra-Tor gegeben, wie auf der Ostseite. Es lagen aber an der Nord- und Südseite des Innenhofes je drei Tore, zwei davon auf jeder Seite (Nord

---

[157] Siehe weiter unten Kap. XVII: Untergang des Jerusalemer Tempels (Abschn. D).

und Süd) müssen demnach anders gestaltet gewesen sein. Es können nur Tor-durchgänge ohne Nischen gewesen sein und wir bezeichnen sie als Pforten. Die Türen könnten wohl die Grösse der Türen des nördlichen und südlichen Exedra-Tores (15 Ellen die Breite; 30 Ellen die Höhe) gehabt haben und dies könnte wohl eine Erklärung abgeben für Josephus' Bemerkung, dass alle anderen Tore dieselbe Grösse hatten (*Bell. Jud.* V, 5, 3, § 204).

Eine Notiz in Josephus' Beschreibung der Belagerung und Zerstörung des Tempels durch Titus (70 n. Chr.) lässt mit Wahrscheinlichkeit darauf schliessen, dass eine der Pforten der Nordseite — und demnach auch der Südseite — unmittel-bar in die Säulenhalle des Innenhofes geführt habe. Einer der Dämme zur Eroberung des Innenheiligtums wurde nach der nördlichen Halle zu errichtet und zwar nach der Halle, die zwischen den zwei Toren lag (*Bell. Jud.* VI, 2, 7 § 150/151: μεταξὺ τῶν δύο πυλῶν). Wir schliessen daraus, dass es auf der Nordseite — und auf der Süd-seite — Hallen gegeben hatte, die nicht zwischen zwei Toren lagen. In der Tempel-beschreibung heisst es zwar, dass die Säulenhallen zwischen den Toren lagen (*Bell. Jud.* V, 5, 2 § 200: μεταξὺ τῶν πυλῶν), auf der Westseite des Innenhofes waren aber keine Tore, während hier doch mit Sicherheit eine Säulenhalle anzunehmen ist (*Bell. Jud.* VI, 4, 1 § 220/221; für ἔξωθεν [Niese] ist ἔσωθεν zu lesen)[158]. Wenn nun feststeht, dass nicht alle Säulenhallen zwischen Toren lagen, lässt sich aus μεταξὺ τῶν πυλῶν (*Bell. Jud.* V, 5, 2 § 200) nicht mit Sicherheit schliessen, dass auf der Nordseite — und Südseite — alle Hallen zwischen Toren lagen; und aus *Bell. Jud.* VI, 2, 7 § 150/151 schliessen wir, dass dies in der Tat nicht der Fall war, denn es ist hier von einer Halle die Rede, die durch ihre Lage zwischen zwei Toren bestimmt wird. *Bell. Jud.* VI, 4, 2 § 232/233 heisst es, als die Soldaten Feuer an die Tore gelegt hatten, erfassten die Flammen rasch auch die Säulenhallen. Dies lässt sich wohl daraus erklären, dass eine der Pforten unmittelbar in die Säulenhalle führte. Wir lokali-sieren diese Pforte westlich des Nischen-Tores (Abb. 242). Die Flammen erfassten sicher nicht nur die vor dieser Pforte gelegene Halle, sondern auch die Halle auf der Westseite des Innenhofes. Die Frage, wie der Architekt dazu gekommen sei, die Halle an dieser Stelle v o r die Pforte, statt zwischen die Tore zu legen, lässt sich aus der Halle der Westseite des Innenhofes erklären. Sollte die westliche Halle harmonisch in die Gesamtanlage des Heiligtums eingeordnet werden, müsste sie die Fortsetzung bilden einer auf der Nord- und Südseite des Innenhofes gelegenen Halle verhältnismässig grossen Umfangs.

Die Mauer des Innenhofes war, wie wir gesehen haben, innen 25 Ellen hoch. Sind die Türen der Pforten, wie Josephus dies für die Tore berichtet, 30 Ellen hoch

---

[158] Vgl. F. SPIESS, *Das Jerusalem des Josephus*, 1881, S. 78; MICHEL-BAUERNFEIND, z.St.; *Antiq.* XX, 8, 11 § 191.

gewesen, könnte der Aufbau innen mindestens 35 Ellen hoch gewesen sein und
die Mauer also um 10 Ellen (4.62 m) überragt haben, denn über dem Türsturz muss
es selbstverständlich eine verhältnismässig breite Mauerfläche gegeben haben. An
der Aussenseite war die Mauer der Nord- und Südseite 5 Stufen (ca. 1.40 m) höher
als an der Innenseite.

b) *Die Tore des Frauenhofes*. Wir glauben, es oben wahrscheinlich gemacht zu
haben, dass Josephus' Notiz „die andere Tore hatten dieselbe Grösse" (*Bell. Jud.* V,
5, 3 § 204) nur auf die Türen zu beziehen ist. Wir müssen aber, so scheint uns, noch
weiter gehen. Wie Josephus *Antiq.* XV, 11, 5 § 418, wo er von drei Toren auf der
Nord- und Südseite spricht, nur die Tore des Innenhofes im Auge hatte, so ist die
Aussage, „die anderen Tore hatten dieselbe Grösse" u.E. nur auf die Tore des
Innenhofes zu beziehen; wo er von neun Toren spricht [159], geht es um die Gold-
und Silberverkleidung, wobei zugleich das eherne Tor erwähnt wird. Dass die Tore
des Vorhofes, d.h. des Frauenhofes, die Grösse der Tore des Innenhofes gehabt
hätten, ist schon aus sakralen Gründen kaum wahrscheinlich. Dass der Frauenhof
einen geringeren Heiligkeitsgrad hatte, dafür spricht seine Lage auf dem Niveau
der Terrasse; der Innenhof lag, wie wir gesehen haben, fünfzehn Stufen (ca. 1.40 m)
höher. Dies wird wohl auch in der Höhe und Breite der Tore zum Ausdruck gebracht worden sein. Dass nun die Tore des Frauenhofes in der Tat niedriger und
schmaler als die Tore des Innenhofes gewesen sein müssen, dafür spricht besonders
das korinthische Tor, das Osttor des Frauenhofes. Es ist nicht anzunehmen, dass die
Bronzetüren 30 Ellen (ca. 14 m) hoch gewesen sind. Bronzetüren solcher Höhe hat
es im Altertum sicher nicht gegeben. Die eherne Türen des Pantheon in Rom sind
7.25 m hoch und jeder Flügel ist 2.15 m breit [160]. Es ist aber ebensowenig anzu-

---

[159] *Bell. Jud.* V, 5, 3 § 201.

[160] CONSTANTIN UHDE, *Die Konstruktionen und die Kunstformen der Architektur*, IV/2, 1911: CARL
ZETSCHE, *Eisen und Bronze*, 26 f. und Abb. 7, S. 26. Die Vorhalle des Pantheon datiert aus der Zeit
zwischen Hadrian und Sept. Severus, resp. Caracalla, 117-212 (DURM, *Bauk. der Römer*, 1905, 560/61;
siehe jetzt WOLF-DIETER HEILMEYER, *Apollodorus von Damaskus, der Architekt des Pantheon*, *JDAI*,
90, 1975, 316-347, bes. 326). Die heutigen ehernen Türen sind nicht antik; die alten sind von Pius IV.
umgeschmolzen worden (DURM, *l.c.*). — Die Propyläen des Beltempels in Palmyra haben drei
Türen, eine Haupttür und zwei kleinere Nebentüren. Die Haupttür ist 4.14 m breit und 9.068 m
hoch. Eine Inschrift aus den Propyläen aus dem Jahre 175 n. Chr. sagt, dass in diesem Jahre 6
bronzene Türflügel geweiht worden sind (WIEGAND, *Palmyra*, 152; S. 138 über die Inschrift). Der
grösste Türflügel war also 2.07 m breit und 9.068 m hoch! — In Ägypten hatte man schon im Neuen
Reich Türen aus Kupfer gegossen. Thutmosis I. lässt den Torflügel eines Tores in Karnak aus
asiatischem Kupfer anfertigen (Urk. IV, 56, bei WOLFGANG HELCK, *Die Beziehungen Ägyptens zu
Vorderasien im 3. und 2. Jahrtausend v. Chr.*, 1962, 404 f.). Ob in der 18. Dyn. in Ägypten selbst schon
Bronze verfertigt wurde, ist nicht klar (*id.*). Die Nikanor-Türen sind sicher in Ägypten angefertigt
worden. Darfür zeugt auch die Legende und Nikanor hatte (vermutlich) in Alexandien gewohnt,
wenn er auch in Jerusalem begraben wurde. — In Rom sind eherne Türflügel und Pfosten im Privat-
bau angewendet worden. „Plinius (34, 4, 7) meint dass ihr Gebrauch vom Tempel in die luxuriösen
Privathäuser übertragen sei, *Prisci limina ac valvas ex aere in templis factivavere... Quin etiam privata*

nehmen, dass jeder Flügel der Bronzetüren 7½ Ellen (ca. 3.50 m) breit gewesen ist
und an Klapptüren (Breite der Flügel 1.75 m) ist natürlich nicht zu denken. Zweiflüglig waren die Nikanor-Türen auch nach der Legende, welche erzählte, man habe,
als die Türen aus Ägypten über das Meer gebracht wurden, einen der Türflügeln,
veranlasst durch den Sturm, ins Meer geworfen (Yoma, Fol. 37 a-38 a). In Akko sei
er unter dem Schiff herausgekommen (*ibid.*). Es scheint uns, dass die im Traktat
Middot genannten Masse der Tore uns weiter helfen. Nach Middot waren alle Tore
10 Ellen breit und 20 Ellen hoch (Midd. II 3 d). Dies könnten die Masse des ehernen
Tores (Nikanor-Tor) gewesen sein. Der Verfasser des Traktates versetzte die
ehernen Türen ans Haupttor des Innenhofes und vielleicht lässt sich daraus erklären, dass er allen Toren diese Höhe und Breite (10 × 20 Ellen) zuschrieb: die
anderen Tore sollten das Haupttor nicht an Grösse überragen. Wenn nun, wie wir
glauben annehmen zu müssen, das korinthische Tor 10 × 20 Ellen (4.62 × 9.24 m)
gross gewesen ist, dürfte es wahrscheinlich sein, dass auch das Nord- und Südtor
des Frauenhofes diese Grösse gehabt haben [161]. Nach Josephus sind die Bronzetüren so schwer gewesen, dass zwanzig Mann sie mit Mühe schliessen konnten [162].
Das Gewicht der Türen genau zu bestimmen, ist kaum möglich, denn wir wissen
nicht, wie sie ausgesehen haben und ob die Umrandung massiv oder in Hohlguss
ausgeführt war. Bronzetüren sind wohl aus Gussstücken als Hohlkörper hergestellt
worden. Dafür zeugt die Tür des sogenannten Remustempels (jetzt S. Cosma e
Damiano) in Rom. Die Türflügel sind 1.50 m breit und 5 m hoch. Sie haben zwei
rechteckige Füllungen mit doppeltem Rahmen (UHDE, *o.c.*, 26/27 und Abb. 6, S. 26,
nach DURM, *Handb. der Architektur*, II, 2). Die korinthischen Türen möchten wir
uns im Hinblick auf Josephus' Notiz (§ 293) aus Vollguss verfertigt denken [163].
Setzen wir die Dicke der Türen hypothetisch mit 6 cm an, würde das Gewicht der

opulentia eo modo usurpata est" (KARL BOETTICHER, *Die Tektonik der Hellenen*, II, 1881, 506). Vergil
(Aen. 1, 451) nennt Türen, Pfosten und Balken aus Erz im Junotempel zu Karthago (*ibid.*); die
ehernen Türen des Zeustempels zu Olympia werden von Pausanias (5, 10, 3) erwähnt (*ibid.*).

[161] Daraus lässt sich wohl auch erklären, dass Josephus *Antiq.* XV, 11, 5 § 418 nur die drei Tore
der Nord- und Südseite des Innenhofes erwähnt. Das „Frauentor" ist offenbar anders gestaltet
gewesen.

[162] *Bell. Jud.* VI, 5, 3 § 293. — Über die Befestigung von Türen im Alten Orient, siehe Bd. I,
1970, 191. 232 f. und Abb. 57, S. 189: Bronzetor Salmanassars III., Balawat (Eine Kopie „en galvano-
plastic" vom Balawattor gibt es heute im Br. Mus., siehe *Syria*, 50, 1973, 473 mit Foto). — Im
klassischen Altertum sind die Türen nach dem gleichen Prinzip befestigt worden: die Türen hatten
unten und oben Zapfen, die sich in Löchern in der Schwelle und im Türsturz drehten (A. BAU-
MEISTER, *Denkmäler des klassischen Altertums*, III, 1888, 1805 f. und Abb. 1894, s. 1806; vgl. J. OVER-
BECK, *Pompeji*, 1875, 220 f.). Über das Knarren, das natürlich weit hörbar war, sagt BAUMEISTER
„daher kommt es, dass dies Knarren... im alten Lustspiel so oft als Kennzeichen dafür, dass eine
neue Person aus ihrem Hause heraus die Bühne betritt, vorkommt" (*o.c.*, 1806). — Nach Rabbi b.
Bar-Hana wurde in Jerusalem das Geräusch der Tempeltürangeln in einer Entfernung von acht
Sabatgrenzen (8 × 2000 Ellen) gehört (*Yoma*, IV, 1; siehe auch Bd. I, 1970, 234, Anm. 243).

2.31 × 9.24 m grossen Türflügel etwa 10 t betragen haben. Was Josephus über das Verriegeln der ehernen Türen sagt, gilt wohl für alle Türen: sie sind verriegelt worden durch einen schweren, mit Eisen beschlagenen Querbalken und senkrecht in die Schwelle eingelassene Riegel (*Bell. Jud*. VI, 5, 3 § 293).

Während die Tore des Innenhofes (Tore und Pforten) die Mauern des Innenhofes überragten, sind die unserer Meinung nach nur 20 Ellen hohen Tore des Frauenhofes (die sich als Pforten bezeichnen lassen) niedriger als die etwa 27 Ellen hohe Mauer des Frauenhofes gewesen (Abb. 245). Über dem Türsturz hätte es eine etwa 3 m hohe Mauerfläche gegeben.

c) *Dekoration*. Von neun Toren waren die Türen, Türpfosten und Türsturze mit Gold und Silber verkleidet [164], das zehnte Tor hatte bronzene Türen. Die Bronzetüren und die Gold- und Silberverkleidung waren aber Schenkungen und diese fallen, wie KURT GALLING betont, schwerlich in die Lebenszeit des Herodes, „dessen fürstliche Munifizenz an Privatstiftungen kein Interesse hatte, weil sie seinen Ruhm schmälern konnten" (*Königliche und nichtkönigliche Stifter beim Tempel von Jerusalem*, *ZDPV*, 68, 1950, 134-142, S. 142; die Nikanor-Türen hier falsch als golden bezeichnet. E. BAMMEL spricht zu Unrecht von „iron doors", *Nicanor and his Gate*, *JJS*, VII, 1956, 77-78, p. 77). Dass Herodes die Türen ganz unverziert gelassen hätte, ist nicht wahrscheinlich; sie könnten mit in Schnitzwerk ausgeführten Motiven dekoriert gewesen sein. Es ist aber auch kaum anzunehmen, dass alle Tore mit Gold- bzw. Silberplatten verkleidet gewesen sind; es wird sich auch um Blattgold handeln. Nur beim grossen Tor spricht Josephus von einer Verkleidung mit Gold- und Silberplatten [165]. Die Gold- und Silberverkleidung waren ein Geschenk von Alexander, Vater des Tiberius [166]; die Bronzetüren sind von Nikanor (Josephus nennt ihn, wie schon gesagt, nicht) gestiftet worden. Er ist in Jerusalem beerdigt worden [167] und scheint dort auch gewohnt zu haben (E. SCHÜRER, *ZNW*, 7, 1906,

---

[163] Vgl. ROLAND JAEGER, *Die Bronzetüren von Bethlehem*, *JDAI*, 45, 1930, 19-115, S. 115: die Nikanor-Türen sind sicher massiv und nicht durchbrochen gewesen.

[164] *Bell. Jud*. V, 5, 3 § 201: αἵ τε παράσταδες καὶ τὰ ὑπέρθυρα. „In der römischen Zeit waren die Seitenpfosten und der Thürsturz, auch wenn sie aus Stein oder Mauerwerk hergestellt waren, meist durch Holzeinfassungen (*antepagmenta*, Vitr. IV, 6, 1) verkleidet" (BAUMEISTER, III, 1888, 1805).

[165] *Bell. Jud*. V, 5, 3 § 205: καὶ τὸν κόσμον πολυτελέστερον ἐπὶ δαψιλὲς πάχος ἀργύρου τε καὶ χρυσοῦ.

[166] Alexander, Bruder des Philo von Alexandria, war Alabarch von Alexandria (*Antiq*. XVIII, 6, 3 § 159 f.); Tiberius Alexander war mit Titus bei der Belagerung und Einnahme Jerusalems 70 n. Chr. (*Bell. Jud*. V, 1, 6 §§ 45-46). — Die Mehrzahl der Gelehrten meint, dass statt „alabarch" ἀραβάρχης zu lesen ist, „inspector-in-chief of the customs duties collected on the eastern (i.e. Arab.) side of the Nile" (V. A. TCHERIKOVER, *Corpus Papyrorum Judaicarum*, I, 1957, 49, n. 4); vgl. MICHEL-BAUERNFEIND, II, 1. 1963, 252, Anm. 72; J. JUSTER, *Les Juifs dans l'empire roman*, II, 1914, 25 b, n. 7).

[167] Vgl. Bd. I, 1970, 13, Anm. 50. Siehe N. AVIGAD, *Jewish Rock-Cut Tombs in Jerusalem and in the Judean Hill-Country*, *ErIs*, VIII, 1967, 119-142 (hebr.) und Pl. 20. 21, 1-2; p. 72* engl.; „the first full

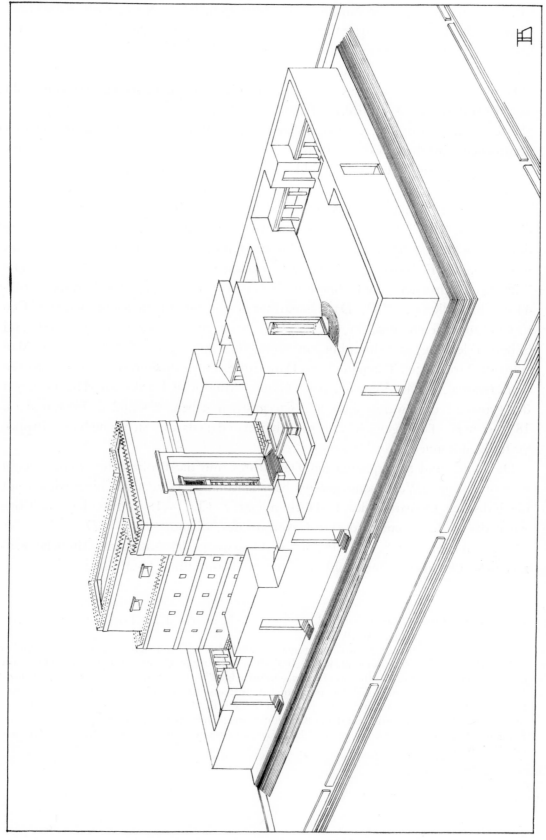

Abb. 245. Das Innenheiligtum des herodianischen Tempels. Schema. (Rekonstr. Th. A. Busink)

64). Dass mit ποιήσαντος in Nikanor's Inschrift er nicht als der Künstler bezeichnet wird, der die Türen angefertigt hat, „sondern als der Reiche Geber, der sie geschenkt hat", bedarf, sagt SCHÜRER, nicht des Beweises (*l.c.*, 63) [168]. SCHÜRER hält es für wahrscheinlich, dass die Schenkung Alexander's später sei als die des Nikanor. „Denn die Mischna sagt, dass alle Tore „verändert wurden, so dass sie von Gold waren (Middoth II, 3) ausgenommen das des Nikanor, weil ... dessen Erz glänzend war" (SCHÜRER, *l.c.*, 64). Yoma Fol. 37 a-38 a, wo über die Nikanor-Türen gesprochen wird, heisst es: „R. E. b. Jâqob sagt, sie waren aus geläutertem Kupfer und leuchteten, als wären sie aus Gold". Die ehernen Türen haben, meint SCHÜRER, schon bestanden, als Alexander für die übrigen Tore die Gold- und Silberverkleidung stiftete. „The fame and gratitude which Nicanor received for his donation may have disconcested Tib. Julius Alexander and may have caused him to make a similar donation with which the expense of his decoration of the remaining temple-gates was covered" (E. BAMMEL, *Nicanor and his Gate*, *JJS*, VII, 1956, 77-78, p. 78). Die Stiftung der ehernen Türen könnte nach GALLING in die Zeit des Agrippa I. (41-44 n. Chr.) fallen (*l.c.*, 142). Das Ossuarium des Stifters ist vielleicht zwischen 1-66 n. Chr. zu datieren (BAMMEL, *l.c.*, 77). Die Bronzetüren übertrafen die Gold- und Silberverkleidung, sagt Josephus, an Wert (*Bell. Jud.* V, 5, 3 § 201: τῇ τιμῇ. Man sollte die kostbarsten Türen doch am Haupttor des Innenheiligtums, d.h. am grossen Tor erwarten, wo der Verfasser des Traktates Middot sie lokalisierte. Die Türflügel des grossen Tores waren aber, wie wir gesehen haben, ca. 4.62 m breit und ca. 18.50 m hoch. Türflügel solcher Grösse hat man damals aber sicher nicht aus Bronze verfertigen können.

Die Gold- und Silberplatten des Haupttores und die Bronzetüren werden wohl eine ornamentale Verzierung gezeigt haben. ROLAND JAEGER hat hingewiesen auf die jüdischen Ossuarien des 1. Jahrhunderts v. Chr. — 1. Jahrhunderts n. Chr., wozu das in Jerusalem entdeckte Ossurium des Nikanor gehört (*JDAI*, 45, 1930, 114 f. und Abb. 29, S. 115: Front des Ossuarium des Nikanor). Ähnliche geometrische Ornamente sind wohl auch für die Bronzetüren (*l.c.*), für die Gold- und

---

account of the tomb [Nikanor's] with detailed plans to be published". — ROBERT HOUSTON SMITH, *The Tomb of Nicanor*, *PEQ*, 106, 1974, 57 f.

[168] Ähnliche Inschriften sind aus Synagogen bekannt. Sie beziehen sich meistens auf den Geber (SUKENIK). RUTH HESTRIN bemerkt dazu: „But when we examine the inscriptions, we find that the contribution of the donor is often specifically acknowledged" (*A New aramaic inscription from ʿAlma*, *BLRF*, III, 1960, 65-67, p. 66-67). Die treffende Inschrift aus ʿAlma (auf einem Türsturz) lautet nach HESTRIN's Übers.: „... Amen Selah I Jose, son of Levi the Levite the craftsman who made..." (p. 65). — Nikanor's Inschrift (auf dem Ossuarium lautet: Ὀστᾶ τῶν τοῦ Νεικάνορος Ἀλέξανδρεως ποιήσαντος τὰς θύρας. DITTENBERGER erklärt τῶν τοῦ: ossa quae sunt ex ossilus Nicanoris (JUSTER, *o.c.*, II, 316, n. 3).

Silberplatten des Haupttores und für die mit Blattgold bzw. Blattsilber überzogenen
übrigen Türen anzunehmen.

5. *Die Schatzkammern.* Die Säulenhallen des Innenheiligtums, die oben schon zu
Sprache kamen und über die unten noch ausführlich zu sprechen sein wird, lagen
vor den Schatzkammern (*Bell. Jud.* V, 5, 2 § 200: πρὸ τῶν γαζοφυλακίων). Über Zahl
und Grösse lässt Josephus uns im Dunkeln. A. Schwartz veröffentlichte 1919
einen Aufsatz über die Schatzkammern [169], der freilich für die Rekonstruktion dieser
Tempelräume keine Hilfe bietet. Schwartz ist überzeugt, dass die Schekelsteuer die
Hauptquelle der Schatzkammer gewesen sei. „Diese von Nehemia für mozaisch
erklärte Steuerpflicht beschränkt sich nicht auf die Bewohner Judäas, sondern
erstreckte sich auf alle Juden der Diaspora” (S. 234/235). Als Pompeius 63 v. Chr.
den (zweiten) Tempel betrat, sah er nebst den Kultgeräten, der Menge des auf-
gespeicherten Räucherwerkes auch den gegen zweitausend Talente betragenden
Tempelschatz (*Bell. Jud.* I, 7, 6 §§ 152/153). Hier wird es sich wohl um den eigentlichen Tempelschatz handeln. Wir wissen aus Josephus, dass bei der Zerstörung des
Tempels durch Titus (70 n. Chr.) nicht nur ungeheure Summen bares Geld, sondern
auch grosse Mengen Kleiderstoffe und andere Kostbarkeiten in den Schatzkammern
lagen, dass hier „mit einem Wort die gesamten Schätze der Juden aufgehäuft waren,
da die Reichen dort ihr Vermögen untergebracht hatten” (*Bell. Jud.* VI, 5, 2 § 282).
Dies wird damals wohl im Hinblick auf den Krieg geschehen sein. Aus II. Makk.
III, 10. 11 wissen wir aber, dass der Tempel schon im 2. Jahrhundert v. Chr. als
Bank fungierte. Dass wir den Terminus Schatzkammer breit aufzufassen haben,
geht aber aus der grossen Menge an Kleiderstoffen, welche im Tempel aufgehäuft
lagen, hervor. In den Parteikämpfen zur Zeit des ersten Krieges gegen Rom (66-73
n. Chr.) raubte Johannes Gischala eine Menge der im Tempel (d.h. wohl zum Teil
in den Schatzkammern) befindlichen Weihgeschenke und er nahm das heilige Öl
und den heiligen Wein aus dem Tempel und verteilte es an den Haufen seiner Leute
(*Bell. Jud.* V, 13, 6 §§ 562-565). Das Öl und der Wein kamen wohl aus den Schatzkammern, wenn auch Josephus nur sagt, es befand sich im Innenheiligtum (§ 565:
ἦν δ'ἐν τῷ ἔνδον [ἔνδε τέρῳ] ἱερῷ). Unter den Schatzkammern sind sicher viele Räume
gewesen, welche sich eher als Magazine bezeichnen liessen. Nach der Meinung
Schwartz's hatte es sieben Schatzkammern gegeben: 1) für die einlaufenden
Schekalim; 2) für die drei Kufen der Hebe; 3) für den Rest der Jahressteuern; 4) für
den Überschuss der Hebe; 5) für den Dispositionsfonds der Verwaltung von Mehl,
Wein und Öl; 6) für den Bau- oder Tempelfonds; 7) für den eigentlichen Tempel-

---

[169] *Die Schatzkammer des Tempels zu Jerusalem. Monatsschrift für Gesch. und Wissenschaft des Judentums*,
63, 1919, 227-252.

schatz (*l.c.*, 236). Auch Josephus erwähnt den Korban genannten Tempelschatz
(*Bell. Jud.* II, 9, 4 § 175); es wird aber kein bestimmter Raum angewiesen, wo der
Tempelschatz aufbewahrt wurde. Was den Raum für die einlaufenden Schekalim
betrifft: SAUL LIEBERMANN ist der Meinung, dass der Beweis für einen speziell
dafür bestimmten Raum fehlt (*Hellenism in Jewish Palestine*, 1950, 170). Bei Josephus
ist, wie wir sahen, nur allgemein von Schatzkammern die Rede und aus ihrer Beschreibung geht nicht einmal klar hervor, ob sie sowohl im Frauenhof als auch
im Innenhof gelegen haben. Zwar heisst es, die Säulenhallen lagen vor den Schatzkammern und da selbstverständlich auch der Frauenhof von Säulenhallen umzogen
gewesen sein muss, könnte man meinen, auch im Frauenhof habe es Schatzkammern
gegeben. F. SPIESS hatte diese Räume in der Tat auch für den Frauenhof angenommen (*Das Jerusalem des Josephus*, 1881, 78) und auch L. H. VINCENT rekonstruiert den
Frauenhof in diesem Sinn (*Jérusalem*, II-III, 1956, Atlas Planche CII). Vincent hat
hingewiesen auf Luk. 21, 1 f. (vgl. Mark. 12, 41 f.; nicht Mt. 12, 41 f. wie es bei
VINCENT irrtümlich heisst), wo die arme Witwe erwähnt wird, die zwei „Scherflein”
(Luther) in den Gotteskasten (τὸ γαζοφυλακεῖον) legte. VINCENT meint, dies „implique
la présence d'un tel γαζοφυλακεῖον dans le parvis des Femmes” (*o.c.*, 454, n. 1). Mit
den Schatzkammern hatte dieser Gotteskasten, der wie aus Mark. 12, 41 hervorgeht
frei im Raum stand wohl nichts zu tun. Im Frauenhof hatte es unserer Meinung
nach keine Schatzkammer gegeben. Wo Josephus erzählt, dass die Römer die
Schatzkammern verbrannten, ist offenbar vom Innenhof die Rede (*Bell. Jud.* VI,
5, 2 § 282). Wo er berichtet, nach dem Kriege seien viele Juden in den Frauenhof
getrieben worden (VI, 9, 2 § 415), ist nie von Schatzkammer die Rede, in denen
man sich doch leicht hätte verstecken können. Es war doch auch sicherer, die
Möglichkeit von Diebstahl in Anschlag gebracht, die Schatzkammern nur im
Innenhof unterzubringen. Tempelräuber hatte es zu allen Zeiten gegeben (vgl. Ac.
19, 37, wo von Paulus und seinen Reisegefährten in Ephesos bezeugt wird, sie seien
keine Tempelräuber) und die Tempelpolizei in Jerusalem — sie war in Händen der
Priester und Leviten — war wohl nicht ausschliesslich da, um der Entweihung des
Heiligtums vorzubeugen; machten sie doch selbst nächtliche Runden (*Calwer Bibel-
lex.*, 1912, 748). Griechische Tempel hatten zwischen den Säulen der Vorhalle wohl
ein verschliessbares Gitterwerk gegen Tempelräuber (siehe GORHAM PHILLIPS
STEVENS, *Grilles of the Hephaisteion*, *Hesperia*, XIX, 1950, 165-173, Fig. 1-5, pp. 166-
169 und Pl. 81). Im Talmud heisst es, dass es dem Mann, der die Schatzkammern
betrat, verboten war, „to wear a tunic with folds or to wear shoes or sandals. He
was compelled to talk all during his stay in the Chamber, in order not to be suspected
of putting money in his mouth” (SAUL LIEBERMAN, *Hellenism in Jewish Palestine*,
1950, 170 f., mit Belegstellen).

Schatzkammern hatte es also unserer Meinung nach nur am Innenhof gegeben. Über ihren Umfang könnte man freilich noch streiten. Nach Josephus lagen die Säulenhallen vor den Schatzkammern (*Bell. Jud.* V, 5, 2 § 200); dort heisst es auch, dass die Säulenhallen zwischen den Toren lagen. MICHEL-BAUERNFEIND haben auffällig genug μεταξὺ τῶν πυλῶν „zwischen den Toren" nicht übertragen (*De Bell. Judaico*, II, 1, 1963, 136/137, z.St.). Man könnte meinen, Schatzkammern habe es nur zwischen den Toren gegeben und so hat auch Vincent an der Westmauer, wo kein Tor lag, keine Schatzkammern angenommen. VINCENT hat aber zu Unrecht keine Säulenhalle an die Westseite des Innenhofes gestellt, während hier doch zweifellos eine Säulenhalle anzunehmen ist [170]. Da die Säulenhallen vor den Schatzkammern lagen, dürfen wir wohl mit Sicherheit auch auf der Westseite Schatzkammern annehmen. Auf der Nord-, Süd- und Ostseite des Innenhofes gab es nur verhältnismässig wenig Raum für Schatzkammern, da es doch undenkbar, dass man der torfreien Westmauer nicht eine Kammerreihe vorgelegt hätte [171]. Josephus' Bemerkung, an der Westseite war die Mauer ohne Unterbrechung durchgebaut (*Bell. Jud.* V, 5, 2 § 200: ἀλλὰ διηνεκὲς ἐδεδόμητο ταύτῃ τὸ τεῖχος) hat hier kein Gewicht, denn es heisst nur, es habe hier kein Tor in der Mauer gelegen.

Wie schon bemerkt, sind mehrere „Schatzkammern" sicher als Magazine zu deuten. Es werden auch einige Räume für die Priester bestimmt gewesen sein. Und wo haben wir die Tempelküche bzw. die Schaubrotbäckerei [172] zu lokalisieren? A. LODS, der einen Aufsatz über Küchen in antiken Tempeln veröffentliche und dabei besonders den Jerusalemer Tempel im Auge hatte [173], lokalisiert die Küche wohl mit Recht am Innenhof: die Nebenräume des herodianischen Tempels enthielten einen Saal „située dans le parvis intérieur, referment un four de boulanger" (*l.c.*, 38). Geschäftsräume, Diensträume sind wohl an der Westseite des Innenhofes zu suchen. Sifre I, 116 heisst es nach der Übersetzung durch SAUL LIEBERMANN: „There was a place behind the Holy of Holies where the priestly genealogy was investigated" (*Hellenism in Jewish Palestine*, 1950, 172). Offenbar sind auf die Westseite auch Archiv-Räume anzunehmen.

FRIEDRICH SPIESS war der Meinung, dass Schatzkammern und Säulenhallen unter einem Dach gelegen hätten, „da wir lesen, dass die an der Zerstörung der Mauer verzweifelnden Römer mit Leitern „die Hallen" ersteigen, und nun auf deren

---

[170] *Bell. Jud.* VI, 4, 1 § 220/221; für ἔξωθεν [Niese] ist ἔσωθεν zu lesen (oben Anm. 158).

[171] Die Quermauern der Schatzkammer bildeten übrigens auch eine Verstärkung der Westmauer; es ist Titus 70 n. Chr. nicht gelungen, eine Bresche in die Mauer zu schlagen (siehe Kap. XVII: Untergang...).

[172] J. JEREMIAS, *Jerusalem zur Zeit Jesu*², 1958, 27; dort auch das tägliche Pfannenbrotopfer des Hohenpriesters erwähnt.

[173] *Les cuisines du temple de Jérusalem*, RHR, 127, 1944, 30-54.

Oberfläche ein hartnäckiger Kampf entsteht" (*Das Jerusalem des Josephus*, 1881, 78). SPIESS meinte *Bell. Jud.* VI, 4, 1 §§ 223-225. Gewiss heisst es dort, dass die Römer Leitern an die Hallen legten (§ 223: κλίμακας ταῖς στοαῖς προσεφέρον); dies ist natürlich nicht buchstäblich zu nehmen. Die Hallen lagen innen, die Römer standen noch ausserhalb vom Innenhof. Josephus sagt auch nicht, dass die Römer die Hallen erstiegen, er sagt: als sie oben angelangt waren, wurden sie von den Juden im Zusammentreffen bekämpft (ἀναβᾶσι δὲ συμπέσοντες ἐμάχοντο; *ibid.*). Dass κλίμακας ταῖς στοαῖς προσεφέρον nicht buchstäblich zu nehmen ist, geht übrigens aus mehreren Stellen des Jüdischen Krieges hervor; VI, 4, 1 §§ 220/221 heisst es z.B.: Titus befahl die Sturmböcke gegen die westliche Halle anzubringen: προσάγειν ἐκέλευσε τοὺς κριοὺς κατὰ τὴν ἑσπέριον ἐξέδραν ἔσωθεν [statt ἔξωθεν ἱεροῦ]. Das heisst natürlich: gegen die Westmauer. Dass Josephus an mehreren Stellen von Hallen spricht, während doch die Römer noch ausserhalb des Heiligtums standen, zeugt u.E. dafür, dass der jüdische Geschichtsschreiber, der vormals Priester des Jerusalemer Heiligtums gewesen war, zeitlebens einen tiefen Eindruck von der Schönheit und Herrlichkeit des Innenhofes des Tempels behalten hatte (PETER HÖFFKEN hält dies freilich für unwahrscheinlich.).

Um die von SPIESS angeführte Stelle (*Bell. Jud.* VI, 4, 1 §§ 223/225) zu verstehen, brauchen wir gar nicht anzunehmen, dass Hallen und Schatzkammern unter einem Dach lagen. Wir dürfen unbedingt annehmen — dies war selbstverständlich auch SPIESS' Meinung —, dass die Dachfläche der Schatzkammern in einer Fläche mit der Krone der Ummauerung gelegen habe. Für die Mauer ist hypothetisch eine Dicke von 6 Ellen (ca. 2.80 m) anzunehmen, für die Schatzkammern, die Stärke der Frontmauer einbegriffen, 15 Ellen (ca. 7 m; Tiefe der Kammern 10; Stärke der Frontmauer 5 Ellen). Auf den Schatzkammern und der Mauer gab es also eine etwa 10 m tiefe Fläche und dies erklärt, dass hier, nachdem es einigen römischen Soldaten gelungen war, nach oben zu kommen, ein hartnäckiger Kampf entstehen konnte.

Mit Recht hatte SPIESS darauf hingewiesen, dass die Schatzkammern aus starkem Mauerwerk bestanden haben werden und gegen das Eindringen des Feuers gesichert gewesen sein müssen, denn sie sind erst nach den Hallen und den Toren verbrannt worden (*Bell. Jud.* VI, 5, 2 § 281/282). Dass die Schatzkammern steinerne Türen gehabt hatten, wäre möglich, ist aber doch nicht wahrscheinlich. Josephus würde diese Besonderheit nicht unerwähnt gelassen haben. Wir müssen annehmen, dass die Frontmauer der Schatzkammern eine grosse Dicke hatte (wir stellen sie hypothetisch auf 5 Ellen (ca. 2.30 m) und die Türen nach innen gestellt gewesen sind, wodurch ein tiefer nischenartiger Raum entstand, der das sofortige Aufflammen der hölzernen Türen verhinderte. Die grosse Dicke der Frontmauer macht es wahrscheinlich, dass die Schatzkammern mit einem Tonnengewölbe überdeckt gewesen sind (Abb. 243: E). Das ganze lässt sich *mutatis mutandis* mit einer Kasemattenmauer vergleichen, nur dass die Mauer nicht die Schwäche einer Kasemattenmauer hatte: die überwölbten Schatzkammern und die zahlreichen Quermauern bildeten eine wesentliche Verstärkung der Mauer des Heiligtums. Es ist Titus 70 n. Chr. nicht gelungen, eine Bresche in die Mauer zu schlagen[174]. Die Tiefe der Schatzkammern meinten wir, hypothetisch auf 10 Ellen (ca. 4.60 m) stellen zu dürfen. Ihre Länge wird nicht stets einerlei Mass gewesen sein, denn einige der Kammern müssen, wie wir sahen, eine besondere Bestimmung gehabt haben. Da die Mauer des Heiligtums innen 25 Ellen hoch war (*Bell. Jud.* V, 5, 2 § 196: τὸ δ'ἔνδον εἴκοσι καὶ πέντε πηχῶ ἦν) könnte über dem Scheitel des Gewölbes eine mindestens 6 Ellen (ca. 2.80 m) dicke Abgleichung gelegen haben. Die Höhe der Schatzkammern vom Fussboden bis zum Scheitel des Gewölbes würde dann etwa 9 m betragen haben. Dass die von Josephus genannte Höhe der Tempelmauern (25 Ellen) nicht übertrieben ist, dürfen wir annehmen. Die Mauer war aussen noch um 1.40 m höher (so in unserer Rekonstruktion), was eine Höhe von ca. 13 m ergibt. Für altmesopotamische Tempel hielt WALTER ANDRAE 1938 eine Höhe von 12 m für gut verteidigungsfähig (*Das wiedererstandene Assur*, 1938, 111); vorher (1935) hatte er eine Höhe von 11 m als sturmfrei betrachtet (*Die jüngeren Ischtar-Tempel in Assur*, 58. *WVDOG*, 1935, 54/55). Die Römer werden es sicher verstanden haben, grössere Leiter zu benutzen als im Alten Orient üblich gewesen war. Sturmfrei war die etwa 13 m hohe Mauer des Heiligtums, wie wir aus Josephus wissen, nicht, denn es gelang einigen römischen Soldaten, nach oben zu kommen, die dann freilich wieder herabgeworfen worden sind (*Bell. Jud.* VI, 4, 1 § 224/225).

6) *Die Hallen*. Von den Säulenhallen des Innenheiligtums heisst es: „Die Hallen, die zwischen den Toren an der Innenseite der Mauer vor den Schatzkammern (standen), erhoben sich auf besonders schönen und grossen Säulen; sie waren einreihig, gaben aber, von der Grösse abgesehen, denen des unteren (Vorhofes) nichts nach"[175]. MICHEL-BAUERNFEIND übertragen den ersten Teil des Satzes wie folgt: „Die Dächer der Säulenhallen, die an der Innenseite der Mauer vor den Schatzkammern standen, ruhten auf besonders schönen und grossen Säulen" (*De Bello Judaico*, II, 1, 1963, 137 z.St.). Es ist aber in dem Text nicht vom Dach der Hallen die Rede und übrigens hatten die Hallen auch nur *ein* Dach! Obwohl Josephus nicht klar sagt, dass er die Säulenhallen des Innenhofes meinte — Hallen hatte

---

[174] *Bell. Jud.* VI, 4, 1 §§ 222-223.
[175] *Bell. Jud.* V, 5, 2 § 200: αἱ στοαὶ δὲ μεταξὺ τῶν πυλῶν ἀπὸ τοῦ τείχους ἔνδον ἐστραμμέναι πρὸ τῶν γαζοφυλακίων σφόδρα μὲν καλοῖς καὶ μεγάλοις ἀνείχοντο κίοσιν, ἦσαν δ' ἁπλαῖ, καὶ πλὴν τοῦ μεγέθους τῶν κάτω κατ' οὐδὲν ἀπελείποντο.

zweifellos auch der Frauenhof — dürfen wir dies aus der Erwähnung der Schatzkammern wohl mit Sicherheit annehmen.

L. H. VINCENT hat natürlich recht, wenn er sagt, dass Josephus' Notiz über die
Säulen, in der über ihre wirkliche Grösse und ihre Ordnung nichts ausgesagt wird,
für eine objektive Rekonstruktion der Hallen nicht ausreicht (*Jérusalem*, II-III,
1956, 454). Die Breite der Hallen und die Säulenhöhe lassen sich nichtsdestoweniger
mit Wahrscheinlichkeit ungefähr bestimmen. Die Hallen waren einschiffig, sie
können also kaum breiter als etwa 7 m (15 Ellen) gewesen sein. Die zweischiffigen
Hallen des Aussenhofes waren 30 Ellen breit (*Bell. Jud.* V, 5, 2 § 192), etwa 14 m.
Die Exedra-Tore sprangen, wie wir gesehen haben, etwa 36 Ellen (ca. 16 m) in den
Innenhof hervor (Breite der Exedrai 30 Ellen, Dicke der Frontmauer hypothetisch
6 Ellen). Die Gesamttiefe von Schatzkammern und Säulenhalle kann somit höch-
stens ca. 16 m betragen haben, denn es ist nicht anzunehmen, dass die Front der
Hallen weiter nach innen lag als die Front der Nischen-Tore. Im Gegenteil, die
Front der Hallen wird zurückgelegen haben, denn, wie wir unten sehen werden,
ist für die Hallen des Innenhofes ein Pultdach anzunehmen und die Trauflinie des
Daches wird nicht über die Front der Tore herausgeragt haben. Für die Schatzkammern, die Stärke der Frontmauer eingerechnet, meinten wir hypothetisch 15
Ellen in Rechnung stellen zu dürfen. Die 15 Ellen tiefen Hallen lassen sich demnach
so anordnen, dass ihre Front etwa 2 m hinter der Front der Exedra-Tore zurück-
liegt: die Tiefe der Halle (7 m) ist mit einem halben Säulendurchmesser zu addieren
und das Dachgesims ragte über dem Gebälk hervor. Selbstverständlich ist mit der
Möglichkeit zu rechnen, dass die Schatzkammern tiefer als 10 Ellen gewesen sein
könnten. Die Hallentiefe kann kaum viel mehr als 7 m betragen haben.

Dass die Hallen des Innenhofes ein ziegelgedecktes Pultdach hatten, schliessen
wir aus Josephus' Notiz, nach der die Römer nach der Einnahme des Tempels
(70 n. Chr.) die Hallen in Brand steckten (*Bell. Jud.* VI, 4, 2 § 235). Nach Abtragung
einiger Dachziegel werden sie leicht entflammbares Material (trockenes Holz, Erd-
harz und Pech) in den Dachraum geworfen haben, wonach Decke und Dach in
Flammen gerieten (vgl. *Bell. Jud.* VI, 3, 1 § 178, wo erzählt wird, wie die Juden die
westliche Halle des Aussenhofes in Brand steckten). Die Mauer, an die das Pultdach
anschloss, war 25 Ellen (etwa 11.55 m) hoch, der Anschluss des Daches an die
Mauer könnte auf einer Höhe von etwa 10.50 m gelegen haben. Über dem Anschluss
muss es doch Mauerwerk zur Verankerung der Dachbinder gegeben haben. Bei
einer Dachneigung von 15° könnten die Säulen — Kapitell einbegriffen — etwa
7 m gross gewesen sein. (Abb. 243: B und E). Josephus' Bezeichnung der Säulen als
„gross" (§ 200) lässt sich dagegen nicht anführen. Aus dem Schluss des Satzes geht
klar hervor, dass die Säulen des Innenhofes beträchtlich kleiner gewesen sein müssen

als die 25 Ellen hohen Säulen des Aussenhofes [176], die also etwa 11.55 m gross waren. Säulen, die 7 m gross sind, lassen sich übrigens sehr wohl als „gross" bezeichnen, massen doch die Säulen der Attalos-Halle in Athen nur ca. 5.20 m [177]. Die Säulenhöhe der West- und Nordhalle der Agora von Priene war nur 4.24 m (TH. WIEGAND - H. SCHRADER, *Priene. Ergebnisse der Ausgrabungen und Untersuchungen in den Jahren* 1895-1898, 1904, 190). Die Säulen der Nordhalle (ἱερὰ στοά) waren 5.20 m hoch (*id.*, S. 193); die des dorischen Untergeschosses der Halle im Athenaheiligtum zu Pergamon 5 m (*id.*, S. 190). Es ist weiter mit der Möglichkeit zu rechnen, dass die Säulen der Hallen des Frauenhofes — wie unten darzulegen sein wird — kleiner gewesen sind als die Säulen des Innenhofes.

Josephus erwähnt die Ordnung der Säulen nicht. Seine Bemerkung, dass sie ausser der Grösse den Säulen des Aussenhofes nichts nachgaben (*Bell. Jud.* V, 5, 2 § 200) macht es wahrscheinlich, dass sie die selbe Ordnung gezeigt haben. Zwar erwähnt Josephus auch die Ordnung dieser Säulen nicht, wir wissen aber, dass die Säulen der königlichen Halle am Südende des Tempelplatzes korinthische Kapitelle hatten (*Antiq.* XV, 11, 5 § 414). Die dreischiffige Halle, Herodes Meisterschöpfung auf dem Tempelplatz [178], sollte die zweischiffigen Hallen des Aussenhofes auch durch die Pracht ihrer Kapitelle überragen. Dies macht es wahrscheinlich, dass die zweischiffigen Hallen aussen dorische Säulen hatten. Die schlichte Form des dorischen Kapitells erhöhte durch den Kontrast die Pracht der korinthischen Kapitelle der königlichen Halle, mehr als dieser mit dem ionischen Kapitell zu erzielen gewesen wäre. MELCHIOR DE VOGÜÉ hatte im vorigen Jahrhundert die zweischiffigen Hallen schon für dorisch gehalten und zwar im Hinblick auf das in der Gegend des dreifachen Tores ans Licht geförderte Fragment einer Metope (*Le Temple de Jérusalem*, 1864, 52 s., vgl. p. 13; VINCENT, *Jérusalem*, II-III, 1956, 442). Aus der Metope liesse sich freilich noch nicht mit Sicherheit schliessen, dass die Säulen der zweischiffigen Hallen des Aussenhofes — und der einschiffigen Hallen des Innenhofes — dorische Kapitelle hatten, denn schon in vorhellenistischer Zeit hatte es eine Vermischung zwischen dem dorischen und dem ionischen Stil gegeben. Auf einer Tafel aus Lokri hat der Tempel ionische Kapitelle mit dorischem Triglyphenfries [179]. „Cette intervention du triglyphe dans une architecture ionique se présente sur d'autres fragments de Locres, étudiés par P. ORSI et Q. QUAGLIATI ..." (p. 217/218). Das Parthenon (Athen) ist dorisch; im *sekos* gibt es aber einen ionischen Fries (*id.*, 219).

---

[176] *Bell. Jud.* V, 5, 2 § 190.
[177] DURM, *Die Bauk. der Griechen*, 1910, Abb. 447, S. 504. Sie ist, wie oben schon bemerkt, von den Amerikanern wiederaufgebaut; siehe *Hesperia*, XIX, 1950, 313-337 (HOMER A. THOMPSON); XXV, 1956, 46-68, Pl. 25-27, Fotos (*id.*); *AA*, 1956, 122-127 (*id.*).
[178] Siehe weiter unten Abschn. E: Die königliche Halle.
[179] *Rev. Archéol.*, XXV, 1946, 217-220 und Fig. 1, p. 218, O. FRANCHISSE.

Die Säulen des Peristylhofes des hellenistischen Palastes in Ptolemais (Kyrenaika) haben ionische Kapitelle und ein Triglyphenfries; die Säulen auf der Nordseite des Hofes haben dorische Kapitelle und einen ionischen Fries [180]. Die zweischiffigen Hallen des Aussenhofes und die einschiffigen des Innenhofes könnten dorische Kapitelle und einen ionischen Fries gehabt haben. Der dorische Triglyphenfries mit seiner Aufteilung in Bauformen geringer Grösse — Triglyphen und Metopen — scheint uns mit dem ungeheuren Umfang des Jerusalemer Tempelplatzes kaum vereinbar. Dass die betreffende Metope vom Tempelplatz stammt, steht auch keinesfalls fest.

Sind die Säulen des Innenhofes dorischer Ordnung und etwa 7 m gross gewesen, könnte der untere Durchmesser etwa 90 cm (2 Ellen = 92.4 cm) gewesen sein. Nach Vitruv (IV, 3, 4) muss die Dicke dorischer Säulen zwei, ihre Höhe (das Kapitell einbegriffen) vierzehn Massteile gross sein. Die Säulen werden sicher Gruben (Kannelüren) — in Stuck — gehabt haben, denn dafür zeugen die Bauten in Masada. Die Axenweite der Säulen könnte nach der von Vitruv (III, 3, 2) *systylos* genannten Regel angeordnet gewesen sein. Sie hätte bei 90 cm dicken Säulen 2.70 m betragen.

Josephus hatte mit seiner Notiz über die Hallen des Innenheiligtums, wie wir oben meinten annehmen zu können, die Hallen des Innenhofes im Auge. Es lässt sich aus Josephus' Beschreibung nicht ausmachen, ob die Hallen des Frauenhofes — die er überhaupt nicht erwähnt — einen ähnlichen Aufbau gezeigt haben, oder anders gestaltet gewesen sind. Für die Hallen des Innenhofes meinten wir, ein ziegelgedecktes Pultdach annehmen zu dürfen. Im allgemeinen war für einschiffige Hallen das Pultdach die übliche Dachform [181]. Sicher hatte es aber auch flach überdachte einschiffige Hallen gegeben. Die 5.67 m tiefe einschiffige Nordhalle des Bezirkes des Asklepeion in Priene (2. Jahrh. v. Chr.) hatte nach der Vermutung der Ausgräber ein flaches Dach (WIEGAND-SCHRADER, *o.c.*, 137 f.). Wir halten es für möglich und wahrscheinlich, dass die Hallen des Frauenhofes ein flaches Dach hatten. Middot II 6 d heisst es, der Frauenhof sei anfangs glatt gewesen, „doch umgab man ihn mit einer Empore, dass die Frauen von oben schauten und die Männer von unten, damit sie nicht vermengt seien" (HOLTZMANN, *Middot*, 1913, 68/69). Josephus weiss nichts davon, dass Männer und Frauen im Frauenhof getrennt gewesen seien und Emporen erwähnt er nicht. Nach Middot sollten sie später eingebaut worden sein; sie müssten dann bei der Zerstörung des Tempels 70 n. Chr. noch bestanden haben. Josephus berichtet, dass nach der Einnahme der Stadt die noch im blühenden Alter stehenden Juden innerhalb der Mauern des

---

[180] A. W. BYVANCK, *Le palais hellénistique de Ptolemais*, *BVBA*, XXVII, 1952, 17, Fig. 2, p. 18, Plan.

[181] Vgl. C. WEICKERT, *Typen der archaischen Architektur in Griechenland und Kleinasien*, 1929, 170.

Frauenhofes eingeschlossen wurden (*Bell. Jud.* VI, 9, 2 § 415); hätte es im Frauenhof Emporen gegeben, Josephus würde sie hier wohl erwähnt haben. Die angeblichen Emporen des Frauenhofes sind eine Erfindung des Verfassers des Traktates
Middot. Er hatte die aus den Synagogen bekannten Emporen auch für den Frauenhof des Tempels angenommen. „Trotz des Schweigens des Talmud wird man die
Emporen nach Analogie der mittelalterlichen und heutigen Synagogen als Auf-
enthaltsort der Frauen ansprechen müssen" (HEINRICH KOHL und CARL WATZINGER,
Antike Synagogen in Galilaea, 29. *WVDOG*, 1916, 140). Hallen mit flachem Dach
lassen sich theoretisch als offene Emporen bezeichnen. Für die Hallen des Frauenhofes ist u.E. das flache Dach anzunehmen und die so gebildeten Hallen werden den
Verfasser des Traktates dazu geführt haben, den Frauenhof mit Emporen auszustatten. Die Hallen des Frauenhofes brauchen nicht die Höhe der Innenhofhallen
gehabt zu haben. Im Innenhof war die Säulenhöhe der Hallen durch den Aufbau
mit Pultdach bestimmt; bei den Hallen des Frauenhofes konnte die Säulenhöhe
frei gewählt werden und es ist möglich und wahrscheinlich, dass die Säulen der
Frauenhofhallen niedriger gewesen sind als die des Innenhofes. Wir möchten die
Säulenhöhe hypothetisch auf 5 m und die Tiefe der Hallen auf 6 m stellen. Oberhalb
der Hallen muss es eine grosse Mauerfläche gegeben haben, denn die Mauern sind
etwa 13 m hoch gewesen. Diese Mauerfläche gibt vielleicht eine Erklärung für die
Bemerkung des Verfassers des Traktates, dass der Frauenhof anfangs glatt gewesen
sei.

Der Frauenhof hatte eine geringere sakrale Bedeutung als der den Frauen un-
zugängliche Innenhof. Die geringere sakrale Bedeutung wird Herodes veranlasst
haben, die Hallen des Frauenhofes einfacher zu gestalten als die des Innenhofes.
Vielleicht ist hier auch an Kostenersparung zu denken. Das Pultdach erforderte
grosse Säulen und eine Ziegeldecke; für das flache Dach genügten kleinere Säulen
und eine Decke aus Lehm und Kalk.

B — DAS TEMPELGEBÄUDE
(Abb. 242, 245 und 246)

1. *Grundriss und Aufbau.* a) *Josephus.* Aus Josephus' Beschreibung des Tempelgebäudes (*Bell. Jud.* V, 5, 4-6 §§ 207-224; *Antiq.* XV, 11, 3 §§ 391-395) geben wir
hier nur die für die Rekonstruktion des Grundrisses und Aufbaus wichtigen Stellen;
Dekoration und Kultgeräte werden erst später zur Sprache kommen. Bei der Übersetzung der Stellen aus De Bello Judaico benutzen wir u.a. MICHEL-BAUERNFEIND
(*De Bello Judaico*, II, 1, 1963, 148 f.); bei der Übersetzung der Stellen aus Antiquitatum Iudaicarum u.a. H. CLEMENTZ (*Des Flavius Josephus Jüdische Altertümer*, II.
o.J. 358 f.), ohne den Gelehrten stets zu folgen.

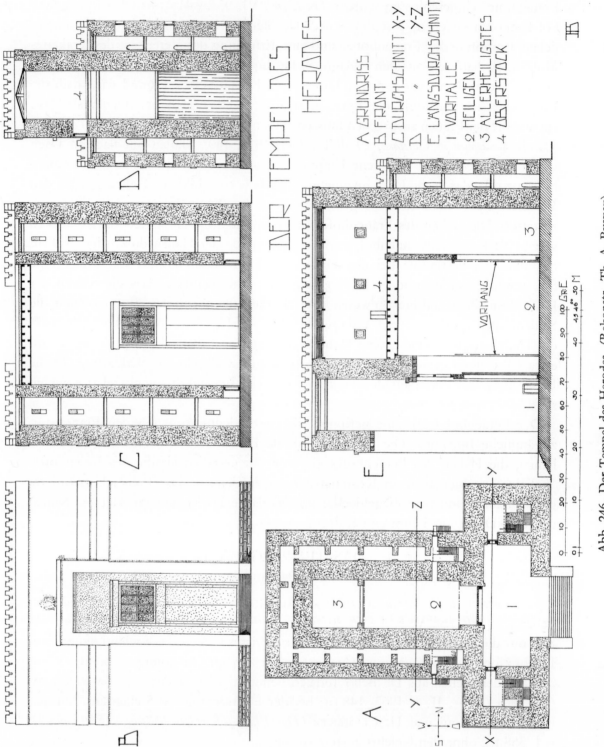

Abb. 246. Der Tempel des Herodes. (Rekonstr. Th. A. Busink)

Bell. Jud. V, 5, 4 § 207: „Zum Tempelgebäude selbst, das sich inmitten des heiligen Bezirkes befand, stieg man auf zwölf Stufen hinauf. Die Vorderfront hatte gleiche Höhe und Breite, nämlich hundert Ellen; dahinter war es aber um vierzig Ellen schmaler, denn vorn ragte es auf beiden Seiten zwanzig Ellen schulterähnlich hervor. § 208: Das erste 70 Ellen hohe und 25 Ellen breite Tor des Gebäudes hatte keine Türen ... und durch dieses Tor blickte man in den ersten Raum, der ganz der grösste war und dazu fiel die ganze in Gold schimmernde Umgebung des inneren Tores den Beschauern ins Auge [M.-B.]. § 209: Während das Tempelgebäude innen zweistöckig war [182], erhob der vordere Raum sich ununterbrochen bis zu einer Höhe von 90 Ellen mit einer Breite von 50 Ellen und einer Tiefe von 20 Ellen. § 211: Da das Tempelgebäude zweistöckig war, war es innen niedriger anzusehen als von aussen. Es hatte vergoldete 55 Ellen hohe und 16 Ellen breite Türen. § 212: Vor diesen hing ein ebenso langer Vorhang ... § 215/216: Schritt man in das Innere, so war man im Erdgeschoss des Tempels. Dies war 60 Ellen hoch und ebenso lang und 20 Ellen war die Breite. Die Länge von 60 Ellen war aber unterteilt; der vordere abgetrennte Teil bemass 40 Ellen und darin waren drei bewunderungswürdige bei allen Menschen weit berühmte Kunstwerke: Leuchter, Tisch und Räucherpfanne. § 219: Die innerste Abteilung (des Erdgeschosses) bemass 20 Ellen; getrennt vom anderen Teil war er ebenfalls durch einen Vorhang. Dort befand sich überhaupt nichts, von Niemandem durfte dieser Raum betreten, berührt oder gesehen werden, er hiess Allerheiligstes. § 220: Um den unteren Teil des Tempelgebäudes herum waren viele unter einander verbundene Räume in drei Stockwerken und zu denen auf jeder Seite vom Tor aus Zugänge führten. § 221: Der obere Teil hatte diese Räume nicht und war daher schmaler und seine Höhe betrug 40 Ellen; auch war er schlichter als jener. Rechnet man diese 40 Ellen zu den 60 Ellen des Erdgeschosses, so ergibt sich eine Gesamthöhe von 100 Ellen. § 224: Auf dem Dachfirst waren scharfe goldene Spiesse, damit das Tempelgebäude durch keinen Vogel, der sich dort niederlassen wollte, beschmutzt wurde. Von den am Bau verwendeten Steinen waren einige 45 Ellen lang, 5 Ellen hoch und 6 Ellen breit".

Antiq. XV, 11, 3 § 391: „Nachdem das alte Fundament herausgehoben und ein anderes gegründet war, errichtete er auf diesem das Tempelgebäude, 100 Ellen lang und in der Höhe 20 Ellen mehr, die das Tempelgebäude, als das Fundament sich nach Verlauf von Zeit gesetzt hatte, an Höhe wieder verlor; doch hatten wir diese

---

[182] Vgl. MICHEL-BAUERNFEIND, II, 1, 1963, z.St. und S. 253, Anm. 76; SCHALIT, *König Herodes*, 1969, 394 und Anm. 852. — Es heisst V § 209 klar: τοῦ δὲ ναοῦ ὄντος εἴσω διστέγου... „(nicht: hinter einander liegende Räume, wie CLEMENTZ, 498; THACK, 264; RIC, Bd. 3, 152 annehmen)", (MICHEL-BAUERNFEIND, *l.c.*).

zu Neros Zeiten wieder hinzufügen gewollt. § 392: Der Tempel wurde aus festen weissen Steinen erbaut, jeder Stein etwa 25 Ellen lang, 8 Ellen hoch und etwa 12 Ellen breit. § 393: Wie die königliche Halle war der Tempel auf beiden Seiten niedriger, in der Mitte am höchsten ... § 394: Die Türen am Eingang mit den Sturzbalken [183] waren wie das Allerheiligste [184] mit bunten Vorhängen geschmückt, in die purpurne Blumen und Säulen eingewebt waren. § 395: Oberhalb dieser und unterhalb der Gitterfenster [185] (?) breitete sich ein goldener Weinstock mit herabhängenden Trauben aus, ein Wunderwerk durch Grösse und kunstvolle Bearbeitung für wie es anschaute, mit solch reichem Aufwand an kostbarem Material war es gemacht".

b) *Neues Fundament. Antiq.* XV, 11, 3 § 391 heisst es, wie wir sahen, dass das alte Fundament (τοὺς ἀρχαίους θεμελίους; der Plur. ist mit Singl. „Fundament" zu übertragen) ausgehoben und ein anderes gegründet wurde. Damit ist klar gesagt, dass wir es mit einem Neubau des Tempels (3. Tempel!) [186] zu tun haben. Dass der alte Grundbau vollständig ausgehoben worden ist, dürfte unwahrscheinlich sein. Wo alte Grundmauern im neuen Fundament aufgenommen werden konnten, wird man dies nicht unterlassen haben [187]. Im Hinblick auf die grosse Höhe des Neubaus, welche eine grössere Breite der Mauern erforderte, müssen aber die Fundamentmauern schon eine grössere Breite gehabt haben. Dass wir es mit einem Neubau zu tun haben, dafür zeugt nicht nur das neue Fundament. Wir wissen aus GRAFMAN's Untersuchungen am Robinsonbogen, dass Herodes bei seinen Bauten als Fussmass den griechischen Fuss (30.8 cm) benutzt hat [188] und wir dürfen wohl mit Sicherheit annehmen, dass die von Josephus erwähnten Masse des Tempelgebäudes nach der griechischen Elle (46.2 cm) gerechnet sind [189]; beim alten Tempel war vermutlich eine etwa 50 cm grosse Elle als Masseinheit gebraucht worden. Die Grundlinien des neuen Tempels können demnach denen des alten Tempels nicht genau entsprochen haben, wenn der Grundriss auch dem des alten Tempels in der Hauptsache ähnlich war. Das Allerheiligste des Tempels z.B. (das Debir des salomonischen Tempels) war 20 × 20 Ellen gross, beim alten Tempel also etwa 10 × 10 m, beim

---

[183] Der Plur. τοῖς ὑπερθυρίοις lässt sich wohl daraus erklären, dass der Türsturz aus mehreren übereinanderliegenden Balken gebildet war; wir werden darauf unten noch zurückkommen.

[184] Hier als *naos* bezeichnet.

[185] Diese von uns vorgeschlagene Übers. von τριγχώμασιν wird weiter unten wahrscheinlich gemacht werden.

[186] Siehe Bd. I, 1970, S. 41, Anm. 152.

[187] Beim Wiederaufbau des Tempels unter Darius hatte Serubbabel sicher ebenfalls das alte Fundament beibehalten. Auch im Kyros-Edikt heisst es, wie wir Kap. X gesehen haben: „Und die Fundamente sollen beibehalten werden" (Esra 6, 3; KURT GALLING, *Studien zur Gesch. Israels im persischen Zeitalter*, 1964, 130).

[188] R. GRAFMAN, *Herod's Foot and Robinson's Arch, IEJ*, 20, 1970, 60-66, p. 60, n. 3.

[189] Vgl. VINCENT, *Jérusalem*, II-III, 1965, 449.

neuen Tempel 9.24 × 9.24 m. Man könnte meinen, der herodianische Tempel sei also kleiner als der alte Tempel gewesen. Dem ist nicht so. Das herodianische Tempelgebäude war, wie wir unten sehen werden, noch abgesehen von der 100 Ellen breiten Front, breiter und länger als der alte Tempel.

Aus Josephus' Notiz über das Fundament des Tempels geht klar hervor, dass die Tempelmauern nicht auf dem etwa 4 m hohen Podium ruhten. Alle Mauern des Innenheiligtums, auch die des Tempelgebäudes, sind sicher auf dem Felsen, der hier übrigens verhältnismässig nahe der Oberfläche lag, fundiert gewesen. Der grösste Teil des Fundaments lag vermutlich im Podium eingeschlossen. Dass es nichtsdestoweniger aus grossen Steinen aufgebaut gewesen sein wird, dürfte im Hinblick auf die grosse Höhe des Tempels (100 Ellen = 46.20 m) wohl wahrscheinlich sein, wenn die von Josephus genannten Masse der am Tempel verwendeten Steine (*Bell. Jud.* V, § 224; *Antiq.* XV § 392) auch sicher übertrieben sind.

c) *Hauptmasse des Tempelgebäudes.* Nach *Antiq.* XV, 11, 3 § 391 soll die Gesamtlänge des Tempelgebäudes 100 Ellen betragen haben. L. H. VINCENT ist bei seiner Rekonstruktion des herodianischen Tempels davon ausgegangen, dass die Länge in der Tat 100 Ellen gewesen sei (*Jérusalem*, II-III, 1956, 456 und Fig. 141, 2. 2 bis). Dass die Vorhalle, wie Josephus berichtet (*Bell. Jud.* V § 209), 20 Ellen tief gewesen sei, hält Vincent offenbar für ausgeschlossen [190]. Mit einer 10 Ellen tiefen Vorhalle und einer Mauerdicke von 5 Ellen bringt VINCENT die Gesamtlänge des Gebäudes auf 100 Ellen. Wir haben aber keinen Grund, die von Josephus genannte Tiefe der Vorhalle (20 Ellen) für unmöglich oder unwahrscheinlich zu halten. Die Vorhalle, wir betonten es schon im X. Kapitel, war von geringerer sakraler Bedeutung und sie eignete sich demnach recht gut für eine von der Tradition abweichende Gestaltung [191]. Die grosse Höhe der Vorhalle (90 Ellen = 41.58 m) erforderte aus architektonischen Gründen eine grössere Tiefe als 10 Ellen (4.62 m). Wir halten diese 50 Ellen breite, 20 Ellen tiefe und 90 Ellen hohe Vorhalle für Herodes' meist interessante Raumschöpfung am Tempelgebäude. Auch Josephus scheint es so gesehen zu haben, wenn er sagt, dass die Vorhalle der grösste Raum des Tempels war (*Bell. Jud.* V § 208: ὅ τε πρῶτος οἶκος ... πᾶς μέγιστος ὤν). Das Heilige war 20 × 40 Ellen mit einer Höhe von 60 Ellen; die Vorhalle war 20 × 50 Ellen mit einer Höhe von 90 Ellen. Was die Mauerstärke betrifft, hat VINCENT für die Mauern des Innenbaus mit Recht eine Stärke von 8 Ellen angenommen (*o.c.*, Fig. 141, 2. 2 bis und

---

[190] Vgl. MICHEL-BAUERNFEIND, II, 1. 1963, 253, Anm. 76: „Hier ist die Mischna genauer als Josephus, der schematisch für die Vorhalle 20, für das Heilige 40 (5, 215 f.) und für das Allerheiligste 20 Ellen (5, 219) nennt". Der Verfasser des Traktates hatte aber die Tiefe der Vorhalle (11 Ellen; Midd. IV, 7) dem Ez. Tempelentwurf (Ez. 40, 49; MT) entnommen!

[191] Schon Ezechiel hatte der Vorhalle eine von der salomonischen abweichende Tiefe gegeben: 12 Ellen (Ez. 40, 49, LXX); 1. Kön. 6, 3:10 Ellen.

Atlas Planche CII; es ist dies die von Josephus *Bell. Jud.* VI, 5, 1 § 279 genannte Mauerstärke), für die Mauern der Vorhalle aber nur eine Stärke von 5 Ellen. Vincent folgte damit offenbar dem ezechielischen Tempelentwurf (Ez. 40, 48; vgl. Middot, IV 7 a). Die grosse Höhe der Vorhalle des herodianischen Tempels (46.20 m) erforderte aber ebenfalls eine Mauerstärke von 8 Ellen (ca. 3.70 m). Die Länge des herodianischen Tempels muss mehr als 100 Ellen betragen haben. Es ist auffällig, dass Josephus die Länge des Tempels in *De Bello Judaico*, wo er doch den Tempel am eingehendsten beschreibt, nicht erwähnt. Erst in den später geschriebenen *Antiquitates* (XV, 11, 3 § 391) hören wir, dass der Tempel 100 Ellen lang war. Hatte er vielleicht das Mass dem ezechielischen Tempelentwurf (Ez. 41, 13) entnommen? In unserer Rekonstruktion beträgt die Gesamtlänge des Gebäudes 120 Ellen [192]. Es ist dies das Mass, welches Josephus an dieser Stelle für die Höhe des Tempels angibt (*ibid.*), während er doch *Bell. Jud.* V § 207 sagt, dass der Tempel 100 Ellen hoch war. Dass das Gebäude sich um 20 Ellen (ca. 9 m!) sollte gesetzt haben, wie es *Antiq.* XV, 11, 3 § 391 heisst, ist eine Unmöglichkeit; die Mauern sind sicher auf dem Felsen fundiert gewesen. Wir möchten vermuten, dass sich in dieser „dunklen" Stelle die Länge des Tempels (120 Ellen) verbirgt. Im Grundriss könnte übrigens das aus dem ezechielischen Tempelentwurf bekannte Mass von 100 Ellen wohl versteckt gelegen haben. Wie schon Kap. IX. erörtert wurde, muss es zwischen dem Heiligen und Allerheiligsten eine Mauer gegeben haben, wenn diese sich auf dem Niveau des Heiligen auch nur als kurze Zungenmauer zeigte, denn das Allerheiligste war durch einen Vorhang verschlossen. Für diese Mauer, die auch oberhalb dem Vorhang bis zur Decke des Heiligen aufgebaut gewesen sein wird, ist eine Dicke von mindestens 2 Ellen anzunehmen. Stellt man die Dicke auf 2 Ellen (sie war nicht-Balkentragend!) und ist die Frontmauer des Tempels 8 Ellen, die Mauer zwischen Vorhalle und Heiligen 10 Ellen breit gewesen, so gibt es von der Front des Tempels bis zur Rückmauer des Allerheiligsten 100 Ellen. Dass Josephus das innere Mass von hundert Ellen nicht erwähnt, lässt sich dagegen nicht anführen; er erwähnt nur die Tiefe der Vorhalle (20 Ellen), des Heiligen (40 Ellen) und des Allerheiligsten (20 Ellen).

Über die Front des Tempels sagt Josephus, sie sei gleich hoch wie breit gewesen, 100 Ellen (*Bell. Jud.* V § 207). Betreffs der Breite ist dies eindeutig: die Breite der Tempelfront hat 100 Ellen betragen. Anders steht es um die Höhe der Front. Nach

---

[192] Stärke der Frontmauer 8 Ellen; Tiefe der Vorhalle 20; Mauer des Heiligen 10; das Heilige 40; Trennungsmauer von Heiligem und Allerheiligstem 2; Allerheiligstes 20; Rückmauer des Allerheiligsten 8; Kammern des Umbaus 6; Rückmauer des Umbaus 6 Ellen, was eine Gesamtlange von 120 Ellen ergibt. Für die Frontmauer des Heiligen ist 10 Ellen anzunehmen, denn die 8 Ellen breiten Türflügel müssen zurückgeschlagen an der Leibung gestanden haben (siehe weiter unten), und es sind selbstverständlich Türpfosten anzunehmen (Abb. 247).

Middot IV, 6 war in den 100 Ellen die Höhe eines 3 Ellen hohen Dachgitters und eine 1 Ellen hohe Vogelscheue eingerechnet. Die Wahrscheinlichkeit spricht dafür, dass Josephus die Zinnen in die Höhe von 100 Ellen eingerechnet hat [193]. Auch § 221 wird eine Höhe von 100 Ellen genannt: die Höhe des Erdgeschosses sei 60 Ellen, die des oberen Teils 40 Ellen gewesen, was, sagt Josephus, eine Gesamthöhe von 100 Ellen ergibt. Man stieg aber über zwölf Stufen zum Eingang des Tempels hinauf (§ 207) und wir haben keinen Grund anzunehmen, dass diese Stufen die geringe Höhe der Stufen, welche vom Frauenhof zum Innenhof führten, gehabt hätten. Stellt man die Stufenhöhe auf 18 cm (vgl. Samaria-Sebaste), so ergibt dies eine Treppenhöhe von etwa 2.20 m (5 Ellen = 2.31 m). Die fünf Ellen werden die Höhe eines aus grossen Steinen ausgeführten Sockels des Gebäudes gebildet haben und aus § 221 schliessen wir, dass die Höhe des Sockels nicht in die Fronthöhe (100 Ellen) eingerechnet ist. Wir stellen die Höhe der Front, die Höhe des Sockels und die der Zinnen eingerechnet, auf 105 Ellen. Während über die Höhe des Erdgeschosses (60 Ellen) kein Zweifel besteht, lässt Josephus uns über die Höhe des Obergeschosses im Dunkeln. Mit dem oberen Teil (*Bell. Jud.* V § 221) hatte er vielleicht die Höhe von der Decke des Untergeschosses bis zum Dachfirst im Auge, sicher nicht die Geschosshöhe des zweiten Stockwerkes. Darüber wird unten (g) zu sprechen sein.

d) *Die Vorhalle* (Abb. 246: A und E, Sigel 1). Wie wir oben betonten, gibt es keinen Grund, die Tiefe der Vorhalle (20 Ellen) nach dem Beispiel Vincent's auf 10 Ellen herabzusetzen. Wir können auch Spiess nicht folgen, der im vorigen Jahrhundert meinte, die Stärke der Frontmauer sei in den 20 Ellen mit eingerechnet und die Tiefe der Vorhalle habe nur 6.24 m betragen [194]. Die den Massen des Heiligen und des Allerheiligsten, wie auch der Breite der Vorhalle, zugrunde liegende Zahl ist 10 (20 × 20 Ellen; 20 × 40 Ellen; 50 Ellen) und diese Grundzahl ist wohl auch für die Tiefe der Vorhalle anzunehmen. Wir haben das Wahl zwischen 10 und 20 Ellen. Josephus nennt eine Tiefe von 20 Ellen und diese Tiefe lässt sich, wie wir betonten, gut mit der grossen Höhe der Vorhalle vereinen. Wir halten es übrigens für möglich, dass die Tiefe der Vorhalle durch die Breite des Heiligen (20 Ellen) bestimmt gewesen ist. Die Vorhalle sollte als Raumschöpfung das Heilige, Kultraum des Tempels, übertreffen und dies erforderte eine Tiefe der Vorhalle von

---

[193] Sonst hätte er sie wohl besonders erwähnt; dass sie anzunehmen sind, unterliegt wohl nicht dem Zweifel, vgl. Vincent, *Jérusalem*, II-III, 1956, Fig. 143, p. 460, hier Bd. I, 1970, Abb. 24, S. 74; Abb. 23, S. 73 (M. Avi-Yonah).

[194] *Der Tempel zu Jerusalem während des letzten Jahrhunderts seines Bestandes nach Josephus*, 1880, 24. — Paul Berto meinte, die Stärke der Frontmauer habe nach Middot 5 Ellen betragen, die Tiefe der Vorhalle 11 Ellen (Middot) und die Mauer des Heiligen 4 Ellen: 5 + 11 + 4 = 20 Ellen (*Le Temple de Jérusalem*, REJ, 59, 1910, 172/173).

mindestens 20 Ellen, denn nur so konnte sie durch ihre Breite (50 Ellen) und Höhe (90 Ellen) den Hauptraum des Tempels (20 × 40 Ellen und 60 Ellen hoch) im architektonischen Sinne übertreffen.

Zwölf Stufen führten zum Eingang der Vorhalle, d.h. zum Eingang des Tempels, empor (*Bell. Jud.* V, 5, 4 § 207). Ob die zwölf Stufen durch Absätze unterbrochen gewesen sind, lässt sich aus Josephus nicht ausmachen. Nach Middot (III, 6) sind die zwölf eine Elle breiten und eine halbe Elle hohen Stufen an drei Stellen durch einen drei Ellen breiten Absatz unterbrochen gewesen [195] und führte die Treppe zu einem vier [bzw. fünf] Ellen breiten Absatz am Eingang der Vorhalle. Die Länge der Treppe beträgt also nach Middot 17 Ellen. Da der Raum zwischen Altar und Vorhalle nach Middot nur 22 Ellen beträgt (*ibid.*) meinte CONRAD SCHICK, die Treppe könne nicht recht nach vorn gelegen haben; die Treppe sei zweiflüglig gewesen (*Stiftshütte*, 91/92). Die Treppe führte aber zu einem 4 bzw. 5 Ellen breiten Absatz, sie hat also nach dem Verfasser des Traktates recht nach vorn gelegen (vgl. HOLTZMANN, *Middot*, 1913, 84 f.). Auch am herodianischen Tempel ist eine Freitreppe anzunehmen und da Josephus nur von Stufen redet (§ 207: δώδεκα βαθμοῖς ἦν ἀναβατός), werden die Stufen wahrscheinlich nicht durch Absatze unterbrochen gewesen sein. Die Treppe am von Herodes errichteten Tempel in Samaria-Sebaste hatte zwar auf halber Höhe einen Absatz [196], sie war aber 4.40 m hoch und muss 24 Stufen enthalten haben. Die Höhe und Breite der Stufen erwähnt Josephus nicht. Wir stellten die Stufenhöhe nach Analogie der Treppe in Samaria-Sebaste hypothetisch auf 18 cm; danach ist die Breite der Stufen wohl auch auf 28 cm zu stellen. Die Treppe sprang dann etwa 4 m hervor (11 × 38 cm; bei zwölf Stufen gibt es elf Auftritte).

Die Zahl 12 lässt natürlich sofort an die zwölf Stämme Israels denken. Dass Herodes diese im Gedanken gehabt habe, darf man aber für ausgeschlossen halten. Er hatte, wie wir gesehen haben, das Grossreich Davids und Salomos' im Auge, da dürfte es möglich sein, dass die zwölf Stufen im Lichte der salomonischen Provinzeinteilung (1. Kön. 4, 7-19; Y. AHARONI, († 1976), *The Solomonic Districts*, *TA*, 3, 1976, 5-15) zu sehen sind.

Die Türöffnung der Vorhalle war nach Josephus 25 Ellen breit und 70 Ellen hoch (*Bell. Jud.* V § 208). ABRAHAM SCHALIT sagt darüber: „Die Masse, die Josephus für die Türöffnung des Heiligtums gibt (siebzig Ellen hoch und fünfundsiebzig Ellen lang), [sic.; für „funfundsiebzig" ist natürlich „fünfundzwanzig" zu lesen]

---

[195] An drei Stellen: aus der Beschreibung geht dies allerdings nicht klar hervor und HOLTZMANN hatte denn auch nur zwei 3 Ellen breite Absätze angenommen (*Middot*, 1913, 84 f.). Mehr hierüber in Kap. XVIII: Der Tempel nach dem Traktat Middot.

[196] Siehe oben S. 000.

gehören der Phantasie an und können unmöglich ernst genommen werden" (*König Herodes*, 1969, 396). SCHALIT meint, die Middot IV, 1 genannten Masse, 20 Ellen die Höhe und 10 Ellen die Breite, verdienen den Vorzug vor den Übertreibungen des Josephus; sie sollten zweifellos auf echter Überlieferung beruhen (*ibid.*). Der Eingang der Vorhalle war nach Middot nicht 20 Ellen hoch und 10 Ellen breit, sondern 40 Ellen hoch und 20 Ellen breit (Middot, III, 7). Richtiger scheint uns, was SCHALIT vorher gesagt hatte, als er CARL WATZINGER's Ansicht, nach der der herodianische Tempel nach Middot zu rekonstruieren sei, zurückwies. „Die acht im Traktat Middôth namentlich erwähnten Schriftgelehrten sind teils erst nach dem Barkochbakrieg tätig gewesen, teils ist ihre Zeit schwer bestimmbar ... Dieser Stand der Dinge allein schon sollte uns davon abhalten, das Zeugnis des Josephus zugunsten desjenigen der Mischnah Middôth zu verwerfen oder als weniger vertrauenserweckend zu bezeichnen. Bei all seinem unzweifelhaften Mangel als Berichterstatter war Josephus gerade das, was von den Gewährsmännern der Mischnah Middôth entweder entschieden nicht oder nur mit grossem Vorbehalt behauptet werden kann, nämlich: *ein Zeitgenosse des Tempels, der ihn aus eigener Wahrnehmung durch aktive Teilnahme an seinem Dienst kannte*" (*o.c.*, 392, Anm. 845).

Dass die von Josephus gegebenen Masse der Türöffnung der Phantasie angehören, lässt sich durch einen Hinweis auf Middot nicht wahrscheinlich machen. Besonders die grosse Höhe (70 Ellen; ca. 32 m; nach Middot, was SCHALIT nicht beachtet hat, 40 Ellen zu 52.5 cm = 21 m!) möge befremden, sie lässt sich mit dadurch erklären, dass das Heilige, wie unten darzulegen sein wird, durch ein über die Tür des Heiligen angebrachtes Fenster beleuchtet wurde. Auch spricht die Zahl 70 eher dafür, dass sie der Wirklichkeit entnommen ist, als dass sie der Phantasie angehört. Verdächtig wäre höchstens die Zahl 75 (3 × 25; die Breite der Türöffnung) gewesen. Wir brauchen übrigens auch nicht anzunehmen, dass die grosse Höhe des Eingangs nur der Beleuchtung des Tempels gedient habe. Der ausserordentlich hohe Eingang sollte den Betrachter in Erstaunen setzen und die Höhe des Tempels ins Licht stellen. Da die Anwendung von Säulen bzw. Halbsäulen an der Tempelfront verpönt war, gab es kaum eine andere Möglichkeit, der Tempelfront ein grossartiges Ansehen zu geben als die Bildung einer ausserordentlich hohen Türöffnung. Diese hatte auch, könnte man sagen, eine sichtschaffende Funktion: die hohe und breite Türöffnung ermöglichte es, den mächtigen 20 × 50 Ellen grossen und 90 Ellen hohen Vorraum schon von ausserhalb dem Gebäude zu schauen und zu bewundern. Es ist hier zu beachten, dass nur Priester den Tempel betreten durften. Bei Josephus heisst es, wie wir sahen: durch dieses Tor blickte man in den vorderen Raum der ganz der grösste war (*Bell. Jud.* V § 208).

Anders als SCHALIT halten wir die von Josephus gegebenen Masse des Tempeleingangs für glaubwürdig und wir freuen uns, dass VINCENT darüber nicht anders urteilt [197]. Mit Recht weist VINCENT darauf hin, dass die Eingänge altmesopotamischer Tempel und Paläste grandiose Abmessungen hatten, so wie im Gilgamesch-Epos VII, Kol. I, 43 f. von einem 72 Ellen hohen und 24 Ellen breiten Eingang die Rede ist (VINCENT, *o.c.*, 461). Man lese auch, was wir Band I., S. 189-190 sagten über die Gründe, welche im Altertum zu ausserordentlich hohen Türen geführt haben können. Dort handelte es sich um Türen, welche mit Türflügeln verschlossen werden konnten. Dass Türflügel nicht beliebig hoch gemacht werden können, liegt auf der Hand; 70 Ellen hohe Türflügel hatte es im Altertum wohl nur im Epos gegeben. Josephus sagt aber ausdrücklich, das erste 70 Ellen hohe und 25 Ellen breite Tor hatte keine Türflügel (*Bell. Jud.* V § 208). Die Überdeckung der 11.55 m breiten Türöffnung mittels einigen übereinander gelagerten Sturzbalken (Holz) bildete kein Konstruktionsproblem, zumal auf den Sturzbalken nur einige Meter hohes Mauerwerk ruhte; über dem Sturzbalken könnte es überdies noch einen flachen Bogen gegeben haben.

Die Breite der Türöffnung (25 Ellen) ist genau ein Viertel der Frontbreite (100 Ellen). Es fragt sich, nach welchem Verhältnis die Höhe bestimmt gewesen sein könnte. Die Mauerflächen an den Seiten der Türöffnung sind 37.5 Ellen breit und 100 Ellen hoch, was ein Verhältnis von 1 : 2.67 ergibt. Nach diesem Verhältnis würde die Höhe einer 25 Ellen breiten Tür etwa 67 Ellen betragen haben. Die Wahrscheinlichkeit spricht wohl dafür, dass man die Masse der Türöffnung nach den Proportionen der Seitenflächen bestimmt habe.

Auf beiden Schmalseiten der Vorhalle muss es einen etwa 12 Ellen breiten und 20 Ellen tiefen Raum gegeben haben, die von Josephus nicht erwähnt werden. Das Bestehen dieser Räume lässt sich aus der Breite des Tempels (100 Ellen) und die Breite der Vorhalle (50 Ellen) ableiten. Mindestens in einem dieser Räume — es ist wohl anzunehmen in beiden — muss es eine zum Dach der Vorhalle hinaufführende Treppe gegeben haben. Das Bestehen einer zum Dach hinaufführende Treppe lässt sich aus *Bell. Jud.* VI, 6, 1 §§ 318-320 schliessen. Es heisst dort, ein vom Durst gequälter Knabe sei von der Tempelmauer herabgekommen, dann mit dem wassergefüllten Gefäss wieder zu den Priestern, welche sich oben befanden hinaufgeflüchtet. Der Tempel mit Nebengebäuden stand damals schon in Flammen (*Bell. Jud.* VI, 6, 1 § 316) und doch kamen die Priester erst am fünften Tage vom Dach des Tempels herab (§ 321) [198]. Das Treppenhaus wird aus mehreren Geschossen ge-

---

[197] *Jérusalem*, II-III, 1956, 457 und 461; vgl. PAUL BERTO, *REJ*, 59, 1910, 168: Das Mass 25 × 70 Ellen „semble donc être plus en harmonie avec les proportions de l'édifice".

[198] MICHEL-BAUERNFEIND übertragen πέμπτῃ δ᾽ ἡμέρᾳ (§ 321) mit „In der fünften Stunde" (z.St.); CLEMENTZ hat richtig „Am Fünften Tage" (S. 598).

bildet gewesen sein (wir möchten fünf Geschosse annehmen) und mindestens im unteren Geschoss wird die Treppe aus Stein gewesen sein. Eine Tür an den Schmalseiten der Vorhalle muss Zugang zu den Treppenhäusern gegeben haben (siehe Abb. 246: A), während die für Beleuchtung nötigen Fenster an der Rückseite des Vorbaus gelegen haben könnten [199]. Josephus erwähnt weder die Tür noch die Fenster der Treppenhäuser, er spricht aber von Türen auf beiden Seiten der Vorhalle, welche zu den Kammern des Umbaus geführt haben sollten (*Bell. Jud.* V, 5, 5 § 220). Wir möchten hierin die Türen der Treppenhäuser sehen. Um die Tür des Heiligen strahlte alles von Gold (§ 208), was doch wohl so zu deuten ist, dass die Wand vom Fussboden bis etwa zur Türhöhe vergoldet war. Untergeordnete Türen sind an dieser Wand kaum zu denken. Hinzu kommt, dass Josephus *Bell. Jud.* VI, 4, 5 § 252 die vergoldete Tür erwähnt, durch welche man von Norden her die Gemächer des Umbaus betrat [200]. Wir werden auf die Türen des Umbaus unten (h) noch zu sprechen kommen.

Die zum Dach hinaufführenden Treppen deuten selbstverständlich nicht darauf, dass damals auf dem Dach des Tempels noch geopfert wurde. Für Reparaturarbeiten am Dach des etwa 46 m hohen Tempels war eine eingebaute Treppe notwendig. Von Tempeln mit zwei Treppenhäusern gibt es verschiedene Beispiele. R. AMY hat über Tempel mit Treppen einen Aufsatz veröffentlicht (*Temples à escaliers, Syria*, XXVII, 1950, 82-136). AMY betont, dass Tempel mit zwei Treppen sich über ein weites Gebiet nachweisen lassen. Nicht selten werden sie zum Dachopfer gedient haben, wobei, nach der Vermutung AMY's eine zum Hinaufsteigen und eine zum Herabgehen benutzt wurde (*l.c.*, 122). Die von AMY besprochenen Tempel (Demeir, Slem, Palmyra, Taxila, Baalbek) datieren aus den ersten drei Jahrhunderten n. Chr., sind also lange nach dem herodianischen Tempel erbaut worden. Zwei Treppen hatte aber auch, wie AMY betont (p. 125), der Tempel des Apollo Didymaeus in Milet (335-320 v. Chr.). Wie beim Jerusalemer Tempel liegen sie auf beiden Seiten der Vorhalle [201]. Zwei Treppen hatte auch Tempel A in Selinus (ca. 490 v. Chr.; W. B. DINSMOOR, *The Architecture of Ancient Greece*, Plan p. 81) und der Hera Tempel in Paestum (Plan bei *Dinsmoor*, Fig. 24, p. 83; dieser Tempel war nicht, wie man

---

[199] An der Frontseite lassen die Fenster sich nicht architektonisch befriedigend ansetzen, sie Bd. I, 1970, Abb. 23, S. 73 (AVI-YONAH) und Abb. 24, S. 74 (VINCENT).

[200] *Bell. Jud.* VI, 4, 5 § 252. Da Josephus sagt, dass man durch das Türchen (θυρίς. Diminutiv von θύρα: Tür) von der Nordseite her in die Räume des Umbaus gelangen konnte (καθ' ἣν εἰς τοὺς περὶ τὸν ναὸν οἴκους εἰσιτὸν ἦν ἐκ τοῦ βορείου κλίματος (VI § 252/253), muss es sich um eine Tür, nicht um ein Fenster (MICHEL-BAUENFEIND, z.St.) handeln.

[201] J. DURM, *Die Bauk. der Griechen*, 1910, Abb. 381, S. 417; TH. WIEGAND, *Abh. preuss. Ak. d. Wiss.*, I, 1923-1924, Pl. VIII; D. S. ROBERTSON, *A Handbook of Greek and Roman Architecture*, 1929, Fig. 66, p. 152; B. FLETCHER, *A History of Architecture*, 1929, p. 82, rechts unten.

früher meinte, dem Poseidon geweiht, sondern der Hera, siehe BERNHARD NEUTSCH, *Paestum-Poseidonia (Salerno)*, *AA*, 1956, III-IV, 374-450, S. 375). Auf Tempel in Sicilien und Süditalien weist übrigens auch AMY hin (*l.c.*, 125; vgl. F. FEYE, *Il tempio G di Selinunte e l'architettura dei templi siciliani*, *BVBA*, XLVI, 1971, 88-99; Fig. 3 e, Fig. 5 a-b-c-f, Tempel mit Treppen, Plan). Eine oder wohl zwei Treppen hatte auch, wie wir Band I. gesehen haben, der Tempel Salomos und sie sind auch beim Tempel Serubbabels anzunehmen. Daraus lassen sich aber die Treppenhäuser des herodianischen Tempels nicht ableiten. Sie gehören zum Umbau des Tempels und sie hatten für die architektonische Gestaltung des Tempels gar keine Bedeutung. Ähnliche Treppen muss es auch im Umbau des herodianischen Tempels gegeben haben (siehe weiter unten: Umbau). Die Treppenhäuser neben der Vorhalle des herodianischen Tempels sind für die Frontgestaltung des Tempels von Bedeutung gewesen: sie ermöglichten es, den Tempel mit sehr breiter Front (100 Ellen) zu gestalten, ohne die Anlage des Tempels eingreifend zu ändern. Ein aus der Umwelt bekannter Brauch, den Tempel mit zwei zum Dach hinaufführenden Treppen aus-zustatten, wurde von Herodes oder von seinem Architekten aufgenommen, um der Front des Tempels ein grossartiges Aussehen zu geben [202].

Die Höhe der Vorhalle betrug, wie wir sahen, 90 Ellen, die des Tempels 100 Ellen. Es fragt sich nun, welche Form das Dach der Vorhalle gehabt haben könne. Man könnte meinen, die Differenz zwischen beiden Höhen (10 Ellen, 4.62 m) deute darauf, dass die Vorhalle mit einem Satteldach überdacht gewesen sei [203]. Stellen wir die Höhe der Zinnen auf 4 Ellen (ca. 1.80 m), so beträgt die betreffende Differenz nur 6 Ellen (ca. 2.80 m). Der 2.80 m hohe Raum gestattet es, zwischen der Decke der Vorhalle und dem flachen Dach ein Tropfraum anzunehmen. Die Decke der Vor-halle wird als eine selbständige Konstruktion frei vom Dach gebildet gewesen sein. Von einem Tropfraum ist Middot IV, 6 die Rede, wenn es sich hier auch nicht um die Vorhalle, sondern um das Heilige und das Obergeschoss handelt (Middot erwähnt die Höhe der Vorhalle überhaupt nicht). Im Kommentar des Maimonides zu Middot IV, 6 heisst es nach der Übersetzung *PEF QuSt*, 1885, 53, n. 9: „דלף dropping is the dripping of water from the roof, and it was the custom to make for buildings two roofs, one above the other, and to leave a small place between the two …". Der Übersetzer sagt dann weiter: „A modern gloss on this passage of the Beth Habbech says' it is a custom in Turkey in building princes' houses to

---

[202] Es ist aber zu beachten, dass schon der Tempel Serubbabels, wie wir Kap. XI gesehen haben, ein breite Front gehabt haben muss, wenn diese auch nur 60 Ellen breit war. — Auf Tempeltreppen werden wir Kap. XIV: Tempel in Nabatäa und Syrien noch zu sprechen kommen.

[203] F. SPIESS dachte in der Tat an ein „starkes, flach geneigtes Dach" (*Das Jerusalem des Josephus*, 1881, 89; vgl. VINCENT, *Jérusalem*, II-III, 1956, 459).

make a roof of planks painted with beautiful pictures. It is called *tavan*, and above it the principal roof which is exposed to the sky, and a space between the *tavan* and that principal roof, and if at any time the principal roof should leak, the dropping would descend in that space upon the top of the *tavan* ...". Middot IV, 6 redet von einem 2 Ellen hohen Tropfraum. Sind die Decken- und Dachbalken der Vorhalle etwa 50 cm hoch gewesen, könnte es hier einen etwa 2 Ellen hohen Tropfraum gegeben haben.

Das flache Dach wird als Decke einen mit Lehm gemischten Kalkestrich über einer Bretterlage gehabt haben. Der Dachausgang wird mit einem Dachhäuschen oder einer Luke, überdeckt bzw. geschlossen gewesen sein. Für die Abführung des Dachwassers muss es in der Mauer entweder senkrechte Schlitze, oder Tonröhren gegeben haben [204]. Tonröhren rechteckigen Querschnittes hatte Herodes in Masada am Tepidarium der Badeanstalt benutzt [205]. Ähnliche Tonröhren könnten zum Abfuhr des Dachwassers angewendet worden sein.

e) *Das Heilige* (Abb. 246: A sigel 2). Der zweite Raum des Tempelgebäudes, das Heilige (20 Ellen breit, 40 Ellen tief und 60 Ellen hoch) wurde durch eine 16 Ellen breite und 55 Ellen hohe Tür, die vergoldete Türflügel hatte, betreten [206]. Aus § 208-209, wo es heisst, um dieses Tor strahlte alles von Gold [207], schliessen wir, dass die Flügel nach innen auf gingen. Die 8 Ellen breiten Flügel — mit 16 Ellen kann selbstverständlich nur die Breite einer Flügeltür gemeint sein, denn das Heilige war nur 20 Ellen breit — standen zurückgeschlagen an den Mauerleibungen. Hier zeigt sich, dass die Mauer zwischen der Vorhalle und dem Heiligen mindestens 10 Ellen dick gewesen sein muss, denn es sind Türpfosten anzunehmen. Wenn Josephus nun sagt, vor den Türflügeln war ein gleich langer Vorhang (§ 212: πρὸ

---

[204] Über die Ableitung des Regenwassers an altorient. Bauten, siehe Bd. I, 1970, 244 f. — Vom Dach des Hauptbaus (und der Vorhalle) muss das Regenwasser aufs Dach des Umbaus abgeleitet worden sein und von dort zum Tempelhof.

[205] Y. YADIN, *Masada. Herod's Fortress*, 1967, 75. — Tonröhren kreisrunden Querschnittes zur Ableitung des Dachwassers hatte es schon am Palast von Mari (18. Jahrh. v. Chr.) gegeben (ANDRÉ PARROT, *Mission archéologique de Mari*, II, *Le Palais. Architecture*, 1958, 173, Fig. 198, p. 173). In Rom ist diese Art der Wasserableitung offenbar nicht angewendet worden. „Zur Ableitung des Wassers aus den durchgehenden und durch die Ziegelbahnen abgeteilten Kastenrinnen waren deren Vorderwände durchbohrt und mit sog. Wasserspeier besetzt. Diese primitive Art der Ableitung konnte sich in der Technik Jahrtausendelang bis beinahe auf die allerneueste Zeit erhalten, ehe endlich das Abfallrohr eine bessere Vermittlung zwischen Dachrinne und Erdboden herstellte!" (DURM, *Baukunst der Römer*, 1905, 331).

[206] *Bell. Jud.* V, 5, 4 § 211: καὶ θύρας εἶχε χρυσᾶς πεντηκονταπέντε πήχεων τὸ ὕψος, εὖρος δ᾽ ἑκκαίδεκα. Nach MICHEL-BAUERNFEIND (II, 1963, 138, Anm. 53) gibt es einen Text der πεντήκοντα hat; es gibt aber keinen Grund, diese runde Zahl (50) für die am meisten wahrscheinliche zu halten.

[207] *Bell. Jud.* V, 5, 4 § 208/09: καὶ τὰ περὶ τὴν εἴσω πύλην πάντα λαμπόμενα χρυσῷ τοῖς ὁρῶσιν ὑπέπιπτεν. „dazu fiel die ganze in Gold schimmernde Umgebung des inneren Tores den Beschauern ins Auge" (MICHEL-BAUERNFEIND, z.St.).

δὲ τούτων ἰσόμηκες καταπέτασμα πέπλος ἦν) kann dies nicht bedeuten, dass der Vorhang in der Vorhalle hing; die vergoldeten Türen wären unsichtbar gewesen [208]. Josephus hatte sich hier offenbar im zweiten Raum, im Heiligen, aufgestellt und so konnte es heissen, der Vorhang habe vor den Türen gehangen.

Die Frage ist nun, ob die Türflügel 55 Ellen (ca. 25 m), hoch gewesen sein können. Dies ist schon in Anbetracht der Breite der Tür (16 Ellen) nicht wahrscheinlich. Wie bei den Toren des Innenheiligtums ist hier wohl eher an das Verhältnis 1 : 2 zu denken, was eine Türhöhe von 32 Ellen (ca. 15 m) ergibt. Man wird natürlich geneigt sein, Josephus der Übertreibung zu beschuldigen, wie SCHALIT dies hinsichtlich die Höhe des Tempeleingangs meinte tun zu mögen. Die Sache lässt sich aber anders erklären. L. H. VINCENT war der Meinung, dass das Heilige, wie das Hēkal des salomonischen Tempels, durch Fenster oberhalb dem Umbau beleuchtet wurde (*Jérusalem*, II-III, 1956, 459). Daran ist nicht zu denken, denn der Umbau hatte beim herodianischen Tempel die Höhe des Heiligen [209]. Das Obergemach des Tempels konnte selbstverständlich nur vom Dach des Umbaus aus betreten werden (vgl. Middot IV 5 b) und hier wären höchstens einige Stufen anzunehmen, keinesfalls Raum für Fenster [210]. Da vor der Tür ein Vorhang hing, der wohl ständig geschlossen gewesen sein wird, kommt die Türöffnung für die Beleuchtung des Heiligen kaum in Betracht [211]. Es gibt nur eine Möglichkeit und diese erklärt auch die von Josephus genannte abnorme Höhe der Tür: oberhalb der Tür haben wir wie nach unserer Rekonstruktion beim Tempel Serubbabels, ein Oberlichtfenster, anzunehmen (Abb. 246: B und C, und Abb. 247) das in die Höhe von 55 Ellen eingerechnet ist. Als Parallele sei hier die grosse Tür des Pantheons in Rom genannt (Abb. 248), deren Höhe einschliesslich des Oberlichtfensters 12 m beträgt, während die (ehernen) Türflügel 7.25 m hoch sind. Tür und Fenster liegen innerhalb einer Umrahmung; über der Umrahmung gibt es eine Krönung [212]. Josephus erwähnt das Fenster nicht, Middot III, 8 b ist aber von Fenstern die Rede: goldene Ketten hingen am Gebälk der Vorhalle, „an ihnen stiegen die jungen Priester empor und sahen die Kränze in den Fenstern" (*id.*; HOLTZMANN, *Middot*, 1913, 86/87). Das

---

[208] A. PELLETIER ist offenbar der Meinung, dass der Vorhang zu der Vorhalle hin hing: „la portière est tendue juste devant les vantaux dorés de la porte du *Hekal...*" (*Syria*, XXXV, 1958, 226).

[209] *Bell. Jud.* V, 5, 5 § 220: περὶ δὲ τὰ πλευρὰ τοῦ κάτω ναοῦ δι' ἀλλήλων ἦσαν οἶκοι τρίστεγοι πολλοί,

[210] Vgl. F. SPIESS, *Das Jerusalem des Josephus*, 1881, 89, Anm. ***: „Es können höchstens schräg-aufsteigende Luftöffnungen für den Abzug des Weihrauchdampfes vorhanden gewesen sein, die aber jedenfalls das Heilige dunkel liessen".

[211] Griechische und römische Tempel wurden durch die Tür beleuchtet; DURM, *Die Bauk. der Griechen*, 1910, 435 f.; Ders., *Die Bauk. der Römer*, 1905, 593 f.

[212] Siehe H. D'ESPOUY, *Fragments d'architecture antique*, I, 1905, Pl. 72: Porte restaurée d'après M. Paulin; BANISTER FLETCHER, *A History of Architecture*[10], 1938, Fig. A, p. 121; hier Abb. 248.

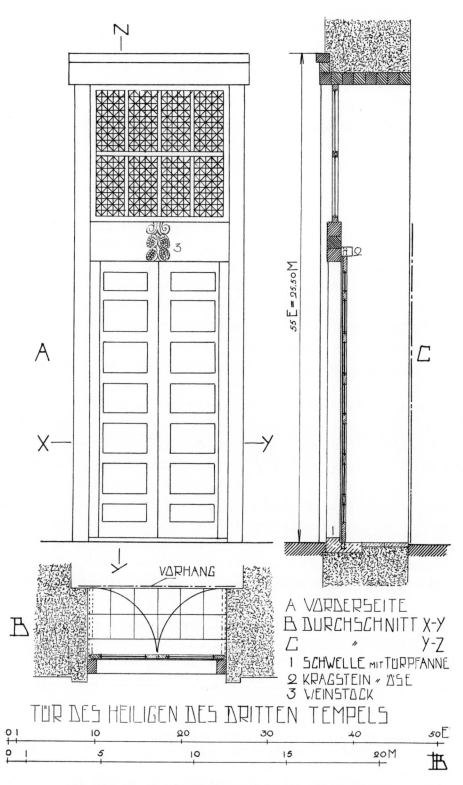

Abb. 247. Die Tür des Heiligen. (Rekonstr. Th. A. Busink)

Bestehen eines Fensters über der Tür des Heiligen lässt sich, so scheint uns, auch aus Josephus wahrscheinlich machen.

Bell. Jud. V § 211 werden die Masse der Tür erwähnt, § 212 heisst es, vor dieser war ein gleich langer Vorhang [213]. *Antiq.* XV, 11, 3 § 394, wo Tür und Vorhang ebenfalls erwähnt werden, heisst es: „Die Türen (θύρας) des Eingangs σὺν τοῖς ὑπερθυρίοις waren gleich dem Allerheiligsten (τῷ ναῷ) mit bunten Vorhängen geschmückt ...". Darüber besteht kein Zweifel, dass ὑπερθύριον der Türsturz ist (PAPE, *Gr. Deutsches Hwb*, 1888, s.v.); offenbar haben einige übereinander gelegen, denn das Wort steht im Plural. *Antiq.* XV, 11, 3 § 395 heisst es weiter: „Über die Türen (καθύπερθε δ' αὐτῶν) und ὑπὸ τοῖς τριγχώμασιν war ein goldener Weinstock mit heranhängenden Trauben ...". Dass ὑπὸ τοῖς τριγχώμασιν mit „unterhalb der Mauerkrönung" (CLEMENTZ, z.St.; vgl. W. WHISTON: „under the crown-work", z.St.; VINCENT, „sous les corniches", *Jérusalem*, II-III, 1956, p. 435) zu übersetzen sei, halten wir für ausgeschlossen. Die Vorhalle (der Weinstock hing in der Vorhalle) war 90 Ellen (ca. 42 m) hoch, bei dieser grossen Höhe kann der Weinstock nicht unter der Decke gesessen haben. Die Trauben wären kaum sichtbar gewesen. Zwar spricht Josephus von „mannesgrossen" Trauben (*Bell. Jud.* V, 5, 4 § 211: βότρυες ἀνδρομήκεις), Niemand wird dies für glaubwürdig halten. Eher haben wir anzunehmen, dass der ganze Weinstock so hoch war. *Antiq.* XV, 11, 3 § 395 heisst es: „durch Grösse und Bearbeitung ein Wunder zu anschauen" (θαῦμα καὶ τοῦ μεγέθους καὶ τῆς τέχνης τοῖς ἰδοῦσιν). Dies impliziert übrigens, dass der Weinstock für jedermann gut sichtbar war, also keinesfalls unter der Decke der Vorhalle gesessen habe. Middot III, 8 c heisst es einfach: „Und ein goldener Weinstock stand über dem Eingang des Heiligtums ..." (HOLTZMANN, *Middot*, 1913, 86/87). Wenn ὑπὸ τοῖς τριγχώμασιν unmöglich „unterhalb der Mauerkrönung" bedeuten kann, müssen wir uns nach einer anderen Deutung des Terminus umsehen. Gewiss gibt es den Terminus θριγκός, der auch Mauerkrönung bedeuten kann; dass dieses Wort in τοῖς τριγχώμασιν steckt, dürfte doch kaum wahrscheinlich sein. Der Plural von θριγκός ist θριγκοί, Dat. θριγκοῖσι. Der Weinstock sass über der Tür und unterhalb den τριγχώμασιν. Es gibt u.E. nur eine mögliche Erklärung: der Weinstock sass unter einem über den Türen angebrachten Oberlichtfenster [214]. Der Terminus könnte von τρίχωμα = Behaarung, Haarwuchs stammen und die Ähnlichkeit des Gitterwerkes mit Kraushaar (vgl. die Füllung der Fenster oberhalb den Türen des Pantheons in Rom; ähnliche Füllungen in Türen gibt es in den Wandmalereien Pompeji's) könnte

---

[213] *Bell. Jud.* V § 212: πρὸ δὲ τούτων ἰσόμηκες καταπέτασμα πέπλος ἦν Βαβυλώνιος ...

[214] Der gr. Terminus für Oberlichtfenster ist ὑπερθυρίς (BOETICHER, *Die Tektonik der Hellenen*, II, 1881, 511, Anm. 1). Das Josephus dieses Wort nicht gebraucht, lässt sich vielleicht daraus erklären, dass es auch Oberschwelle bedeuten kann (vgl. BOETICHER, *l.c.*; PAPE, *Gr. d. Hwb*, 1888, *s.v.*, mit Fragezeichen).

zu dem Terminus geführt haben. Interessant ist, dass gitterartig auf deutsch auch Frauenhaar bedeuten konnte [215].

Die Höhe des Oberlichtfensters lässt sich natürlich nur hypothetisch bestimmen. Wir dürfen annehmen, dass in der von Josephus genannten Höhe der Türen (155 Ellen) nicht nur Oberlichtfenster, sondern auch die Höhe der Krönung des Ganzen mit einbegriffen ist. Sie ist in Anbetracht der grossen Höhe auf mindenstens 1 m zu stellen. Stellen wir die Höhe der Fläche, auf der der Weinstock prangte, hypothetisch auf 2 m, so könnte die Höhe des Fensters, wenn wir die Türhöhe auf 32 Ellen (ca. 15 m) stellen, etwa 7 m betragen haben. Diese grosse Höhe könnte befremden. Es galt aber, einen 40 Ellen (ca. 18 m) tiefen, 60 Ellen (ca. 28 m) hohen Raum zu beleuchten, und das Licht kam nur durch der Eingang der 20 Ellen (9.24 m) tiefen Vorhalle. Der Lichtzufluss ist überdies durch das Rahmenwerk und das „krausartige" (?) (wohl vergoldete) Gitterwerk beträchtlich abgeschwächt worden. Es kann im Heiligen, trotz des hohen Fensters, nur ein Halbdunkel gegeben haben. Die grosse Höhe des Fensters hatte aber zur Folge, dass auch der Bereich vor dem Allerheiligsten, wo der Schaubrottisch und das Rauchfass standen, wenigstens ein schwaches Licht erhielt.

Die Frage ist nun, wie hoch der Vorhang gewesen sein könnte. Dass er 55 Ellen (ca. 25 m) hoch gewesen sein sollte, ist schon aus sachlichen Gründen unwahrscheinlich und er würde überdies das Fenster verdeckt haben. *Antiq.* XV, 11, 3 § 394 heisst es, wie wir sahen, die Türen mit den Oberschwellen (σὺν τοῖς ὑπερθυρίοις) waren mit bunten Vorhängen geschmückt. Josephus hat damit sicher sagen wollen, dass der Vorhang an der Wand, aber vor der Tür hing (wie wir oben gesehen haben im Heiligen, nicht in der Vorhalle). *Antiq.* XV § 394 lässt sich nur so deuten, dass auch die „Oberschwellen" der Tür durch den Vorhang verdeckt wurden und der Vorhang bis zu der Schwelle des Fensters gereicht habe. Er könnte demnach bei den von uns oben genannten Massen 16-17 m lang gewesen sein. Im Talmud ist die Erinnerung an den langen Vorhang bewahrt geblieben, wo es nach der Übersetzung durch SAUL LIEBERMANN heisst: „The veil of the Temple was made by eighty-two young girls" (*Hellenism in Jewish Palestine*, 1950, 167, mit Belegstelle). Weiter heisst es „Two veils were prepared every year" (*o.c.*, 168, n. 35). Dass es im Heiligtum mehrere Vorhänge gegeben hat, wissen wir aus Josephus [216]. Mittels Ringen muss der Vorhang an einer Stange aufgehängt gewesen sein und über eine Stange berichtet auch Josephus *Antiq.* XIV, 7, 1 § 106 f.: Crassus eignete sich eine

---

[215] Nach senkrechten Stäben eines Gitterwerkes.

[216] *Bell. Jud.* VI, 8, 3 § 389; es kann sich hier doch nur um Vorhänge handeln, welche in der „Schatzkammer" gelegen hatten. — Nach A. PELLETIER zeugt auch das rabbinische Schrifttum dafür, dass es im Tempel mehrere Vorhänge gegeben hatte (*Le Grand Rideau du vestibule du Temple de Jérusalem, Syria*, XXXV, 1958, 218-226, p. 220).

für den Vorhang bestimmte, 300 Minen (ca. 130 kg) schwere Stange aus reinem
Gold an. Der Gewicht einer 8 m langen Stange (die Maueröffnung erforderte eine
mindestens 8 m lange Stange) mit einem Durchmesser von 34 mm beträgt ca.
136 kg. Die von Crassus geraubte Stange war, sagt Josephus (§ 108), in einer hohlen
hölzernen Stange eingeschlossen. Wenn es sich hier auch, wie F. M. ABEL betont,
um eine haggadische Legende handelt (*Histoire de la Palestine*, I, 1952, 299, n. 1), so
lehrt sie uns jedenfalls, dass es auch hohle Stangen gegeben hatte. Diese werden
aus Kupfer gewesen sein und wohl einen grösseren Durchmesser als 34 mm gehabt
haben. Die goldene Stange wird eine Weihegabe gewesen sein. Für etwa 17 m lange
Vorhänge wäre eine 8 m lange Stange mit einem Durchmesser von 34 mm wohl
zu schwach gewesen. Über mittels Ringen aufgehängte Vorhänge im persischen
Palast berichtet der Roman Esther [217], nur hingen sie nicht an einer Stange, sondern
an leinernen und purpernen Schnüren. Die Ringen waren aus Silber (Esther, I, 6).
Die Stange des Tempels muss auf in der Mauer verankerten Kragsteinen geruht
haben [218].

Im Baubericht der Bücher Könige heisst es, dass der Fussboden des salomonischen
Tempels aus Zypressenholz war (1. Kön. 6, 15). Josephus schweigt über den Fussboden des herodianischen Tempels. Er wird steinern gewesen sein [219]. Die Decke
des Heiligen muss, wie die der Vorhalle, flach gewesen sein, denn über Heiligem und
Allerheiligstem war ein Obergeschoss. Middot IV, 6 erwähnt einen „Tropfraum"
zwischen der Decke des Heiligen und dem Fussboden des Obergeschosses. Als
Tropfraum ist dieser Raum nicht zu deuten, denn das Heilige lag nicht unmittelbar
unter dem Dach. Das Obergeschoss diente vermutlich als Versammlungsraum der
Priester und der „Tropfraum" könnte dazu gedient haben, den Söllerboden schall-
dicht zu machen.

f) *Das Allerheiligste* (Abb. 246, A und E, 3). Von dem Allerheiligsten sagt
Josephus, dass es 20 Ellen tief, 20 Ellen breit und durch einen Vorhang vom Heiligen
getrennt war (*Bell. Jud.* V § 219 und 216; vgl. *Antiq.* XV § 394). Nach Josephus
sollte das 20 Ellen tiefe Allerheiligste der hintere Teil eines 60 Ellen grossen Raum
gewesen sein. Dies war aber nur beim salomonischen Tempel der Fall. Schon beim

[217] Esther, I, 6. — Im Fussbodenmosaik der Synagoge von Beth Alpha (5. Jahrh.) gibt es u.a.
eine Darstellung des Toraschreins mit Vorhang; der Vorhang ist zweibahnig (ganz offen geschoben)
und hängt an Ringen (E. SUKENIK, *The ancient Synagogue of Beth Alpha*, 1932, 22 f. und Pl. VIII).
[218] Über den *Bell. Jud.* V, 5, 4 §§ 212-213 und *Antiq.* XV, 11, 3 § 394 beschriebenen Vorhang
siehe weiter unten Nr. 3, b: „Dekoration".
[219] Röm. Tempel hatten einen Fussboden aus Steinplatten „aus mehr oder weniger geschätztem
material oder mit Mosaiken ausgelegt" (DURM, *Bauk. der Römer*, 1905, 592). Dies allein macht es
schon wahrscheinlich, dass der Fussboden des herodianischen Tempels aus Stein war. Aber auch
im serubbabelschen Tempel wird es wohl keinen Holzfussboden mehr gegeben haben, denn Holz
war damals ein kostspieliges Material.

ezechielischen Tempel war der Raum 62 Ellen gross; beim herodianischen Tempel
stellten wir die Tiefe ebenfalls auf 62 Ellen. Josephus hatte die Zahlen 40 (Tiefe
des Heiligen) und 20 (Tiefe des Allerheiligsten) addiert und daraus erschlossen,
dass der Raum 60 Ellen tief war. Wie hoch das Allerheiligste gewesen sei, darüber
lässt Josephus uns im Dunkeln. Er betont aber klar und dies wohl an die Adresse
von Leuten wie Apion, dass sich im Allerheiligsten nichts befand. Weiter, dass
dieser Raum von niemand betreten, berührt oder gesehen werden durfte (*Bell.*
Jud. V § 219). Josephus hatte das Allerheiligste sicher auch selbst niemals betreten;
es zu betreten, war nur dem Hohenpriester erlaubt, der es einmal jährlich, am
grossen Versöhnungstag, betrat [220]. Den Vorhang des Allerheiligsten hatte Josephus
natürlich oft genug, als er im Heiligtum Dienst tat, gesehen; berührt hatte er ihn
wohl nicht. Auffällig genug berichtet er über diesen Vorhang nur um Zusammenhang mit der Beschreibung des Vorhanges des Heiligen (*Antiq.* XV § 394). Eine
religiöse Scheu hatte ihn vermutlich gehindert, den Vorhang des Allerheiligsten
besonders zu beschreiben.

Aus der Notiz, dass das Heilige durch einen Vorhang vom Allerheiligsten getrennt war (*Bell. Jud.* V § 219) darf man schliessen, dass der Vorhang die Breite
des Heiligen (20 Ellen) hatte. Wir haben aber schon mehrfach betont, dass es
zwischen dem Heiligen und dem Allerheiligsten kurze Mauerzungen gegeben haben
muss; eine gute Abschliessung des Allerheiligsten durch den Vorhang wäre anders
nicht möglich gewesen. Eine aufgehende Mauer als Abschliessung des Allerheiligsten, wie VINCENT sie annimmt (*Jérusalem*, II-III, 1956, 458, n. 2, Fig. 141 2 bis,
p. 456; Atlas, Pl. CII), kann es, wenn wir Josephus folgen, nur oberhalb des Vorhanges gegeben haben (dass der Vorhang die Höhe des Heiligen, 60 Ellen = 27.72 m,
gehabt hätte, ist natürlich ausgeschlossen). Die von VINCENT angenommene Mauer
war auch nicht, wie er meint, aus konstruktiven Gründen nötig. VINCENT dachte
an das Obergeschoss, wo es seiner Meinung nach an derselben Stelle eine Mauer gegeben haben müsse (*l.c.*). Das Obergeschoss wird sich aber als ein Raum über Heiligem
und Allerheiligstem erstreckt haben. Dafür zeugt auch, wie wir unten sehen werden,
Middot. Halten wir Josephus' Notiz, dass Heiliges, und Allerheiligstes durch einen
Vorhang getrennt waren, für richtig, müssen wir annehmen, dass der Vorhang die
Breite des Heiligen (20 Ellen) hatte. Dies hat auch die meiste Wahrscheinlichkeit
für sich, denn die Mauerflächen liegen nun ganz hinter dem Vorhang und waren
vom Heiligen aus nicht sichtbar. Dies erklärt, dass Josephus, der wie wir oben
betonten, den Vorhang wohl nie berührt hat, sie nicht erwähnt.

Schwieriger ist es, die Höhe des Vorhanges, d.h. die Höhe des Allerheiligsten zu
bestimmen. Dass das Allerheiligste des herodianischen Tempels noch kubenförmig

[220] Lev. 16, 2.

gewesen sei, wie im 19. Jahrhundert F. Spiess (*Das Jerusalem des Josephus*, 1881, 88) und in unserer Zeit L. H. Vincent (*Jérusalem*, II-III, 1956, 459) angenommen haben, dürfte kaum wahrscheinlich sein. Die Kubenform des Debir des salomonischen Tempels (Bd. I, 1970, Abb. 49, S. 167) gehörte zum hölzernen *naiskos*, der beim Brand 587 v. Chr. untergegangen war. Ezechiel (41, 4) und später der Chronist (II. Chron. 3, 8) erwähnen die Kubenform nicht mehr. Oscar Holtzmann (*Middot*, 1911, 41) schliesst aus *Bell. Jud.* V, 5, 5 § 210 fin., τὸ δ' ἐνδοτάτω μέρος εἴκοσι μὲν πηχῶν ἦν: „Die innerste Abteilung (des Erdgeschosses) bemass 20 Ellen", dass das Allerheiligste 60 Ellen hoch gewesen sei. Holtzmann gründete seine Meinung natürlich darauf, dass das Erdgeschoss 60 Ellen hoch, 60 Ellen lang und 20 Ellen breit war. Der innerste, 20 Ellen tiefe Raum sollte demnach auch 60 Ellen hoch gewesen sein. Aus Josephus' Angaben lässt sich dies aber nicht mit Sicherheit schliessen. Im Baubericht der Bücher Könige wird von Salomos' Tempel gesagt, dieser sei 60 Ellen lang, 20 Ellen breit und 30 Ellen hoch gewesen (1. Kön. 6, 2). Der innerste Abteilung, das Debir, war aber nur 20 Ellen hoch (1. Kön. 6, 20). Der Verfasser des Traktates Middot war offenbar ebenfalls der Meinung, dass das Allerheiligste die Höhe des Heiligen (40 Ellen nach Middot) gehabt hatte. Middot IV, 5 c heisst es: „Und gleichsam Schachte waren offen im Obergemach nach dem Raum des Allerheiligsten; durch sie liess man die Arbeiter hinab in Kasten, damit sie nicht ihre Augen am Raum des Allerheiligsten weideten" (Holtzmann, *Middot*, 94/95).

Die Höhe des Vorhanges des Allerheiligsten und die Höhe des Allerheiligsten selbst lassen sich mit Wahrscheinlichkeit aus der geschichtlichen Entwicklung dieses Raums bestimmen. Die Entwicklung ging dahin, dem Allerheiligsten seine Selbständigkeit zu nehmen. Dies macht es wahrscheinlich, dass der Vorhang des Allerheiligsten dieselbe Höhe wie der Vorhang des Heiligen gehabt habe, wofür auch die Erwähnung dieses Vorhanges in einem Atem mit dem des Heiligen (*Antiq.* XV, 11, 3 § 394) zeugen könnte. Sogar über die grössere Breite des Vorhanges schweigt Josephus. Wir stellten die Höhe hypothetisch auf 17 m. Hätten wir nun Josephus' Notiz, dass das Allerheiligste durch einen Vorhang vom Heiligen getrennt war, buchstäblich zu nehmen, müssten wir annehmen, dass das Allerheiligste ebenfalls etwa 17 m hoch gewesen sei. Josephus kann aber von der Höhe des Allerheiligsten keine Kenntnis gehabt haben; er hatte es niemals betreten. Soll dem Allerheiligsten seine Selbständigkeit genommen werden, muss es die Höhe des Heiligen gehabt haben (Abb. 246, E 3), wie Holtzmann aus anderem Grunde annahm. Diese Höhe erforderte oberhalb des Vorhanges eine bis zur Decke des Heiligen aufgezogene Mauer. Diese Mauer hatte nicht, wie man meinen könnte, eine trennende Funktion, sondern gerade eine zusammenbindende: ohne diese Mauer wäre das Allerheiligste des herodianischen Tempels wieder ein selbständiger

Abb. 248. Die Tür des Pantheon in Rom.

naiskos im Heiligtum gewesen, wie der, wenn auch hölzerne, *naiskos* des salomonischen Tempels. Diese Mauer, deren Dicke wir hypothetisch auf 2 Ellen (ca. 1 m) stellten, muss auf Balken geruht haben, die auf den Mauerzungen aufgelagert waren. Im Hinblick auf die verhältnismässig grosse Höhe der Mauer (in unsererer Rekonstruktion etwa 10 m) sind wohl mehrere Balken übereinander anzunehmen.

Durch die Änderungen, welche die Anlage des Allerheiligsten in seiner Entwick'ung erfahren hatte, ist die sakrale Bedeutung des Heiligen, wie wir schon mehrmals betonten, erhöht worden. Daraus lässt sich nun vielleicht erklären, dass die Meinungen darüber geteilt sind, ob mit dem Math. 27, 51, Mark. 15, 38, Luk. 23, 45 erwähnten Vorhang der Vorhang des Allerheiligsten oder des Heiligen gemeint sei [221].

L. H. VINCENT, der, wie wir sahen, das Allerheiligste für kubenförmig hält, möchte über diesem Raum ein oder mehrere selbständige Räume annehmen (*o.c.*, 459). VINCENT sagt dann: „C'est affaire aux architects de discuter la meilleure solution technique de ce problème . . ." (*ibid.*). Unserer Meinung nach gab es hier kein Problem: Stockwerke hatte es im Allerheiligsten nicht gegeben. Solche Räume wären nur durch Fenster an der Frontmauer, also von dem Heiligen aus, zu be-

---

[221] Siehe hierüber M. DE JONGE, *De Berichten over het scheuren van het voorhangsel bij Jesus' Dood in de synoptische Evangelien*, *NeThT*, 21, 1966-1967, 90-114). Nach DE JONGE hat die Frage, ob in den synoptischen Evangelien der Vorhang des Allerheiligsten oder der des Heiligen gemeint sei, eine viel grössere Rolle gespielt, als auf Grund der Berichte zu erwarten wäre (*l.c.*, 107). Wir erwähnen nur die Meinung einiger Gelehrten unserer Zeit. G. DALMAN meint, es sei der Vorhang des Heiligen (*Orte und Wege Jesu*[3], 1924, 323; vgl. A. PELLETIER, *Syria*, XXXII, 1955, 303; W. RUDOLPH, *Die Chronikbücher*, 1955, 205, Anm. 1). CLEMENS KOPP denkt an den Vorhang des Allerheiligsten (*Die heiligen Stätten der Evangelien*, 1959, 355 f.). PAUL LAMARCHE denkt offenbar ebenfalls an den innersten Vorhang (*La mort du Christ et le voile du temple. Selon Marc*, *Nouvelle rev. théologique* 106, T. 96, Nr. 6, 1974, 583-599). Wenn er sagt „un voile qui se déchire de haut en bas, c'est en même temps une destruction irrémédiable et une ouverture décisive" (p. 587), ist erstens zu bemerken, dass der Tempel noch etwa 40 Jahre aufrecht gestanden habe. Zweitens: es ist u.E. fraglich, ob man richtig von „Zerreissen" des Vorhangs spricht. Es heisst: τὸ καταπέτασμα τοῦ ναοῦ ἐσχίσθη [ἀπ'] ἄνωθεν ἕως κάτω εἰς δύο (Math. 27, 51); σχίζω = scheiden, zerspalten, zersplittern (PAPE, *Gr. d. Hwb. s.v.*). Es unterliegt wohl nicht dem Zweifel, dass der Vorhang (des Heiligen wie des Allerheiligsten) zweibahnig gewesen sein muss. Die bezügliche Stelle des Evangelium besagt unserer Meinung nach nicht anderes, als dass der Vorhang sich von selbst öffnete. Mit CLEMENS KOPP u.a. denken wir an den Vorhang des Allerheiligsten. Hebr. 9, 3 kennt zwei Vorhänge, schreibt aber nur dem Vorhang des Allerheiligsten Bedeutung zu. „En dat is begrijpelijk, omdat dit tweede gordijn een veel duidelijker afscheiding vormde dan het eerste en het ritueel van de grote verzoendag deze afscheiding zo duidelijk markeert" (DE JONGE, *l. c.*, p. 99). Mit V. TAYLOR halten wir die Sache für eine Legende (*St. Mark*, 596, bei S. G. F. BRANDON, *Jesus and the Zealots*, 1967, 227). BRANDON selbst meint, das Zerreissen des Vorhangs „may actually have been suggested by rents that were seen in those exhibited in the triumphal procession, for it is possible that these curtains had been damaged during their violent removal" (*o.c.*, 230, n. 1). Dies hat keine Wahrscheinlichkeit für sich. Für die Legende lässt sich eine Parallele anführen aus Josephus. Kurz vor der Zerstörung des Tempels durch Titus (70 n. Chr.) sollte das Osttor des Innenheiligtums „das von Erz und ausserordentlich schwer war" sich von selbst geöffnet haben (*Bell. Jud.* VI, 5, 3 § 293/294; vgl. TACITUS, *Hist.* V, 13).

leuchten gewesen und diese Fenster würden das Heilige zu einem profanen Raum herabgesetzt haben [222].

Es fragt sich nun schliesslich noch, ob das Allerheiligste durch den Vorhang dunkel zu machen war. Jahwe wollte, so heisst es im Alten Testament, im Dunkel wohnen (1. Kön. 8, 12). VINCENT hält den Vorhang dazu für unzureichend; der Raum muss, meint VINCENT, noch auf andere Weise verschliessbar gewesen sein (*Jérusalem*, II-III, 1956, 459). Dass Josephus keine Türen erwähnt, besagt für die Frage gewiss nicht viel, denn die Türen wären, durch den Vorhang verdeckt, nicht sichtbar gewesen und Josephus hatte das Allerheiligste niemals betreten. Im Traktat Middot werden Türen erwähnt, es fehlt hier aber ein Vorhang (siehe hier Kap. XVIII). Dass der Raum durch Vorhänge dunkel zu machen war, darf man wohl annehmen. Im Heiligen gab es nur ein Halbdunkel. Der Vorhang hing weit über die Mauerzungen, die zwischen dem Heiligen und dem Allerheiligsten anzunehmen sind. Eine Schwelle wird das Eindringen des Lichts von unten her, eine vorspringende Leiste am Architravbalken von oben her verhindert haben. Damit ist das Problem aber nicht ganz gelöst, denn einmal jährlich betrat der Hohepriester das Allerheiligste und beim Öffnen des Vorhanges strömte Licht herein. Yoma V, 1 spricht von zwei Vorhängen: „Er [*sc.* der Hohepriester] ging durch den Tempel bis er zwischen die zwei Vorhänge, die zwischen dem Heiligen und dem Allerheiligsten trennten, gelangte ...". Mit zwei Vorhängen gibt es kein Problem, denn beim Öffnen des zweiten war der erste selbstverständlich wieder geschlossen. R. Josa sagte aber, es habe nur einen Vorhang gegeben (Yoma, *ibid.*). Eine andere interessante Notiz betreffs des Vorhangs gibt über die Frage: ein oder zwei Vorhänge, keine klare Antwort. „Au jour du Grand Pardon, le pontife sadducéen allumait l'encense avant d'entrer dans le Saint des Saints; s'il était Pharisien, il n'y mettait le feu que derrière le rideau" (DERENBOURG, *Essai*, 136, der sich auf GEIGER, *Jüdische Zeitschrift*, II, 1863, 29 bericht). Es könnte sich hier sowohl um einen als um zwei Vorhänge handeln.

Josephus ist sicher der Meinung gewesen, dass das Allerheiligste nur einen Vorhang hatte, sonst hätte er nicht sagen können, der vordere Teil des 60 Ellen tiefen Raums sei 40 Ellen, der hintere Teil 20 Ellen tief gewesen. Der Raum muss aber, wie wir oben gesehen haben, grösser als 60 Ellen gewesen sein (wir stellten ihn auf 62 Ellen). Damit ergibt sich die Möglichkeit, dass das Allerheiligste, wie es in Yoma V, 1 heisst, zwei Vorhänge gehabt habe [223].

[222] Beispiele von Tempeln mit einem Gemach oberhalb des Allerheiligsten sind übrigens aus dem antiken Tempelbau wohl bekannt: Bel-Tempel in Palmyra (TH. WIEGAND, *Palmyra*, 1932, 134, B. SCHULZ); Tempel in Hibbariye (KRENCKER und ZSCHIETZSCHMANN, *Römische Tempel in Syrien*, 1938, 220 f.; vgl. R. AMY in *Syria*, XXVII, 1950, 113. 220).

[223] Die Legende über das „Zerreissen" des Vorhangs rechnet mit nur einem Vorhang.

g) *Das Obergeschoss* (Abb. 246: D 4 und E 4). Der Tempel war innen (d.h. hinter der Vorhalle) zweistöckig (*Bell. Jud.* V, 5, 4 § 209: τοῦ ναοῦ δὲ ὄντος εἴσω διστέγου . . .), was so zu verstehen ist, dass ein Obergeschoss sich über dem Heiligen und dem Allerheiligsten erstreckte [224]. Josephus' Notiz, dass der obere Teil (τὸ δ' ὑπερῷον μέρος) 40 Ellen hoch war (§ 221) besagt nicht, dass das Obergeschoss 40 Ellen (18.48 m) hoch gewesen sei. Wenn Josephus sagt: „Rechnet man diese 40 Ellen zu den 60 Ellen des Erdgeschosses, so ergibt sich eine Gesamthöhe von 100 Ellen" (§ 221), geht er, wie auch HOLTZMANN betont (*Middot*, 1913, 43) über die Konstruktionshöhe des Fussbodens und des Daches hinweg. Die Zahl 40 hatte er offenbar aus der Fronthöhe des Tempels (100 Ellen) und der Höhe des Heiligen (60 Ellen) abgeleitet: 100 — 60 = 40. Da es § 224 heisst: „Auf dem Dachfirst (κατὰ κορυφὴν) waren scharfe goldene Spiesse . . .", muss der Teil des Tempels hinter der Vorhalle mit einem Satteldach (Abb. 246: D) überdacht gewesen sein [225]. Dass die goldenen Spiesse nicht auf die Mauer gestellt gewesen sind, geht auch aus *Bell. Jud.* VI, 5, 1 §§ 278-279 hervor: „Einige Priester rissen zunächst die spitzen Stangen vom Tempeldach [τοῦ ναοῦ] samt dem Blei, in das sie eingesetzt waren, herunter und warfen sie auf die Römer; später aber, als sie damit nichts ausrichteten und das Feuer bis zu ihnen emporschlug, zogen sie sich auf die 8 Ellen breite Mauer zurück und verharrten dort" (Übers. MICHEL-BAUERNFEIND, *De Bello Judaico*, II, 2, 1969, 49). Dies lässt sich doch nur so erklären, dass sie auf dem Dachfirst standen und sich dann auf die Mauer der Vorhalle zurückzogen. FRIEDRICH SPIESS, der ebenfalls ein Satteldach annahm, erklärte den Rückzug auf die Mauer anders. „Doch scheint das Dach nur auf der inneren Kante der Mauer geruht zu haben, da anderfalls ein erfolgreiches Zurückziehen vor den aus dem Tempelraume auflodernden Flammen auf die Mauer . . . kaum denkbar erscheint" (*Das Jerusalem des Josephus*, 1881, 89). Dass es oberhalb der Traufrinne noch eine 8 Ellen dicke Mauer gegeben haben sollte, ist nicht wahrscheinlich; es kann sich nur um die 8 Ellen breite Mauer der Vorhalle handeln [226]. Für die Frage nach der Geschosshöhe des Oberstocks ist dies

---

[224] Dies folgt aus εἴσω, womit der nach Josephus 60 Ellen lange Innenraum gemeint ist. Auch nach Middot (IV, 5) lag das Obergeschoss über Heiligem und Allerheiligstem.

[225] Vgl. PAUL BERTO, *REJ*, 59, 1910, 164, wo BERTO R. CHEMAIA zitiert (nach L'EMPEREUR): „Le toit s'élevait en pente au-dessus du revêtement, de façon à atteindre la hauteur du parapet dans son faîte". BERTO war offenbar der Meinung, dass auch die Vorhalle mit einem Satteldach bedeckt war. Wir halten dies für ausgeschlossen; das Regenwasser hätte an die Frontseite des Tempels abgeleitet werden müssen. Dass es am Tempel auch ein flaches Dach gegeben hatte (das Dach der Vorhalle), dafür zeugt auch Middot: nach dem Verfasser des Traktates hatte der Tempel ein flaches Dach (siehe unten Kap. XVIII: Der Tempel nach dem Traktat Middot).

[226] Nur vom flachen Dach der Vorhalle her gab es eine Möglichkeit, vom Tempel herabzukommen: hier gab es die zum Dach hinaufführenden Treppen neben der Vorhalle.

aber nebensächlich; es ist nur für den äusseren Aufbau des Tempels von Bedeutung und darüber werden wir erst weiter unten sprechen.

Die Geschosshöhe des Oberstocks lässt sich nicht mit Sicherheit bestimmen. Nach Middot IV, 6 erforderte die Deckenkonstruktion des Heiligen wie die Dachkonstruktion des Tempels eine Höhe von 5 Ellen (2.625 m; die Elle zu 52.5 cm). Der Verfasser des Traktates hatte aber ein flaches Dach angenommen. Die Konstruktionshöhe des Satteldaches (Spannweite 20 Ellen), von der Decke des Obergeschosses bis zum Dachfirst, könnte etwa 5 Ellen betragen haben [227]. Stellen wir die Höhe der Zinnen auf 4 Ellen und die Konstruktionshöhe der Decke des Heiligen mit Fussboden des Obergeschosses (einbegriffen ein Raum für die Schallsicherheit des Heiligen) auf etwa 5 Ellen, so könnte das Obergeschoss 26 Ellen (ca. 12 m) hoch gewesen sein [228].

FRIEDRICH SPIESS, der an die Höhe des oberen Teils (40 Ellen = 18.48 m) denkt, meinte, das Obergeschoss könnte wohl aus zwei oder drei Stockwerken gebildet gewesen sein (*Das Jerusalem des Josephus*, 1881, 89). Zwei Stockwerke wären gewiss bei einer Höhe von 26 Ellen möglich, es heisst aber *Bell. Jud.* V, 5, 4 § 209 klar, dass das Heiligtum hinter der Vorhalle zweigeschossig war. Darüber, ob das Obergeschoss mehrere Gemächer enthalten habe, lässt Josephus uns im Dunkeln. Nach Middot IV, 5 b trennten Steinvorsprünge im Obergeschoss das Allerheiligste von dem über dem Heiligen gelegenen Teil (HOLTZMANN, *Middot*, 1913, 92/93). Dies stimmt gut zu unserer Annahme, dass die Mauer zwischen dem Heiligen und dem Allerheiligsten auf Balken ruhte und im Hinblick darauf nur wenig über den Fussboden des Obergeschosses hinausgeragt haben könne. Gemächer im obern Geschoss, wenn es solche gegeben hat, können nur mit Holzwänden getrennt gewesen sein.

Das Obergemach ist vom Dach des Umbaus aus (siehe unten h) betreten worden [229]. Nach Middot IV, 5 hat die Tür auf der Südseite (nach Osten zu) gelegen. Einige Stufen könnten zum Eingang emporgeführt haben. Über die Zahl der Fenster, die es selbstverständlich gegeben haben muss, sind wir auf Vermutungen angewiesen. Auch über die Bestimmung des Obergeschosses schweigt Josephus. Seine Bemerkung, der obere Teil des Tempels sei einfacher als der untere Teil gewesen (*Bell. Jud.* V, 5, 5 § 221: καὶ λιτότερον τοῦ κάτω) ist sicher auf das Innere zu beziehen. Die Bemerkung lässt darüber kaum Zweifel, dass Josephus den Raum selbst betreten

---

[227] Für den Dreiecksgiebel des grossen Tempels in Hössn Niha haben KRENCKER-ZSCHIETZSCH-MANN die Spitze auf ein Siebentel der Spannweite gestellt (*Römische Tempel*, 1938, 124); in unserer Rekonstr. (Abb. 24 b: D) liegt der First auf einer Höhe von etwa einem Fünftel der Spannweite.

[228] Die Decke des Obergeschosses könnte aber beträchtlich niedriger als die Binder gelegen haben und die Höhe des Obergeschosses etwa 20 Ellen (9.24 m) gewesen sein.

[229] Josephus erwähnt die Tür des Obergeschosses nicht; Middot hilft uns hier weiter.

hatte. Der Raum wird als Versammlungsraum gedient haben. Die Priester, welche im Tempel Dienst taten, wohnten im allgemeinen nicht in Jerusalem; sie könnten im Obergeschoss zusammengekommen sein. Gemeinsam nahmen sie ihre Mahlzeit (DERENBOURG, *Essai*, 1867, 141). Daraus lässt sich die Zahl der Fenster natürlich nicht bestimmen. Wir haben hypothetisch an der Nord- und Südmauer je drei Fenster angenommen (Abb. 246: E 4 und Abb. 249).

Das Satteldach erforderte durch die verhältnismässig grosse Spannweite (9.24 m) die Anwendung von Bindern [230]. Als Deckung sind Ziegel anzunehmen, deren Anwendung auch aus Samaria-Sebaste bekannt ist [231]. Das Ziegeldach des Jerusalemer Tempels verrät den Einfluss der hellenistischen Baukunst. Die Übernahme geschah aber nicht aus dem Wunsch, den Jerusalemer Tempel dem heidnischen Tempel anzugleichen, sondern aus der praktischen Überlegung eine regendichte Decke für das Heiligtum zu bekommen. Man könnte fragen, warum die Priester, welche sich auf das Dach geflüchtet hatten und dann goldene Spiesse auf die Römer warfen (*Bell. Jud.* VI, 5, 1 §§ 278-280), nicht auch nach Dachziegeln gegriffen haben. Durch die Öffnungen im Dach wäre aber das Feuer angefacht worden und die Priester hätten selbst die Zerstörung des Tempels durch die Römer beschleunigt.

Die Frage ist nun, wie hoch die Tempelmauern über der Traufrinne des Daches hinaufgeragt haben könnten. Aus Josephus' Notiz, die Höhe des oberen Teils habe 40 Ellen betragen, was mit dem 60 Ellen hohen Erdgeschoss eine Gesamthöhe von 100 Ellen ergibt, lässt sich die Höhe der Tempelmauern nicht mit Sicherheit schliessen, denn er könnte mit den 40 Ellen die Höhe bis zum Dachfirst gemeint haben. FRIEDRICH SPIESS war der Meinung, dass die Tempelmauern bis zur Firsthöhe 8 Ellen breit aufgemauert gewesen sind (*l.c.*). Das Dach wäre also unsichtbar gewesen. L. H. VINCENT, der ebenfalls ein Satteldach annehmen möchte, war anderer Meinung. „Plutôt qu'une terrasse, on envisagera, comme dans la basilique royale, un toit à double pente modérée, que le couronnement décoratif des murs dissimulait en partie" (*Jérusalem*, II-III, 1956, 459). Nach dieser Auffassung wäre das Dach also nicht ganz unsichtbar gewesen. Mit Josephus' Notiz über die Höhe liesse sich die Ansicht VINCENT's, wie wir sahen, wohl vereinen. Es gibt aber eine sachliche Schwierigkeit, welche VINCENT nicht beachtet hatte. Das Satteldach stösst an die Rückmauer des Tempels und hier müsste es also bei der Auffassung VINCENT's einen Giebel gegeben haben von dem ein Teil über VINCENT's „couronnement décoratif" hinausragte. Zwar wäre die Schwierigkeit durch die Anwendung eines

---

[230] Vgl. die von KRENCKER-ZSCHIETZSCHMANN vorgeschlagene Dachkonstruktion des grossen Tempels (A) in Hössn Niha (*o.c.*, Taf. 59 C).

[231] *Harvard Excavations*, I, 1908-1910, 218: „fragments of terra-cotta roofing tiles"; offenbar auch solche aus der Zeit des Herodes. — Vgl. DURM, *Bauk. der Römer*, 1905, 189: Dachziegel.

Walmdaches zu umgehen; daran ist aber über der Stätte des Allerheiligsten nicht
zu denken. Es gibt nur eine befriedigende Lösung des Problems: die Tempelmauern
müssen, wie SPIESS annahm, bis zur Firsthöhe aufgemauert gewesen sein, nur
braucht dieser höhere Teil der Tempelmauern nicht 8 Ellen breit gewesen zu sein,
denn auf diesen Teil ruhten keine Balken. Die Wahrscheinlichkeit spricht also dafür,
dass das Dach ganz unsichtbar war.

Eine interessante, wenn auch nicht genaue Parallele für diese Lösung gibt es an
einem Tempel in Petra. Der aus dem 1. Jahrhundert n. Chr. datierende Kasr Firaun
hatte ein flaches Dach und an der Front (und Rückseite) einen das flache Dach weit
überragenden klassischen Dreiecksgiebel. Die Tempelmauern sind bis zur Höhe
der Spitze des Giebels aufgemauert und überragen das flache Dach um 6 m (*PEQ*,
1961, Fig. 3 gegenüber p. 11; G. R. WRIGHT).

h) *Der Umbau* (Abb. 246: A, D und E). Die Kammern des Umbaus lagen περὶ δὲ
τὰ πλευρὰ τοῦ κάτω ναοῦ (*Bell. Jud.* V, 5, 5 § 220). Wie dies genau zu verstehen sei,
darüber sind die Meinungen geteilt. HOLTZMANN meinte, mit τὰ πλευρὰ seien nur
die Langseiten des Hauptbaus gemeint (*Middot*, 1913, 42). Es sollte also zwei Reihen
von Kammern gegeben haben (*l.c.*). Damit stimmt überein, meinte HOLTZMANN,
dass Josephus von zwei zum Umbau führenden Eingängen spricht (*l.c.*). Wir glauben
es oben wahrscheinlich gemacht zu haben, dass die zwei von Josephus in der Vorhalle lokalisierten sekundären Türen zu den Seitengemächern der Vorhalle geführt
haben müssen. Für die Frage nach dem Umfang des Umbaus haben sie also für uns
kein Gewicht. Der Tempel nach Middot hat den Umbau auf drei Seiten, Nord, Süd
und West (IV, 3 a), was freilich für die Frage nicht entscheidend ist, denn der Verfasser des Traktates hat für den Entwurf des Tempels auch die Beschreibung des
salomonischen Tempels und den ezechielischen Tempelentwurf benutzt. Entscheidend ist, dass Josephus klar sagt: rundherum (περὶ) um die Seiten des unteren
naos [232]. Hätte Josephus nur die Langseiten gemeint, er würde ἀμφὶ δ᾽ ἑκάτερα τὰ
πλευρὰ gesagt haben [233]. Man könnte meinen, wenn Josephus mit τὰ πλευρὰ nicht
die Langseiten, sondern drei Seiten des *naos* gemeint hätte, wäre dieses Wort doch
überflüssig gewesen. Dem ist nicht so. Mit περὶ τὰ πλευρὰ ist klar gesagt, dass die
Kammern nicht frei standen, sondern angebaut waren. Bei der Beschreibung der
Zerstörung des Tempels durch Titus (70 n. Chr.), als das Feuer zuerst die Kammern
des Umbaus verzehrte, sagt Josephus einfach τοὺς δὲ περὶ τὸν ναὸν οἴκους (*Bell. Jud.*
VI, 4, 7 § 261; vgl. § 253). Das Wort πλευρά war hier nicht nötig, denn aus dem

---

[232] Siehe auch Bd. I, 1970, 208, Anm. 137 (auf S. 137-138).
[233] Vgl. Euseb., *Vita Constantini*, III, 32 f.: ἀμφὶ δ᾽ ἑκάτερα τὰ πλευρὰ διττῶν στοῶν; „an
beiden Seiten zweigeschossige Seitenschiffe" (H. KOHL und C. WATZINGER, *Antike Synagogen in
Galilaea*, 29. *WVDOG*, 1916, 181).

Kontext geht klar hervor, dass die Kammern sich am Hauptgebäude anlehnten.
Josephus lässt also keinen Zweifel darüber, dass auch die Westseite einen Umbau
hatte [234]. Ohne Umbau hätte das Allerheiligste auf dieser Seite sozusagen frei im
Innenhof gelegen, eine für das Adyton des Jerusalemer Tempels undenkbare Lage [235].

Der Umbau umgab den unteren Teil des Hauptgebäudes (*Bell. Jud.* V, 5, 4 § 220);
er war also etwa 60 Ellen (27.72 m) hoch. Seine Breite lässt sich mit Wahrscheinlichkeit aus *Bell. Jud.* V, 5, 4 § 207 bestimmen, denn es heisst dort, dass das Hinter-
gebäude um 40 Ellen schmaler war als die Front des Tempels, was für das Hinter-
gebäude eine Breite von 60 Ellen ergibt. Die Mauern des Heiligen (und des Allerheiligsten) sind, wie wir sahen, 8 Ellen breit und da die innere Breite des Heiligen
20 Ellen beträgt, war die äussere Breite des Heiligen $20 + 16 = 36$ Ellen. Die
Breite des Umbaus lässt sich nun auf die Hälfte von $60 - 36 = 24$ Ellen, also auf
12 Ellen stellen. Die Stärke der Aussenmauer des Umbaus ist hypothetisch auf $1/10$
der 60 Ellen hohen Mauer, somit auf 6 Ellen (2.72 m) zu setzen, was für die Kammern eine Breite von ebenfalls 6 Ellen ergibt. Josephus erwähnt die Zahl der Kammern nicht, es heisst nur, der Umbau enthielt viele untereinander verbundene
Räume in drei Stockwerken (§ 220: δι' ἀλλήλων ἦσαν οἶκοι τρίστεγοι πολλοί). „Untereinander verbunden" deutet wohl darauf, dass die Türöffnungen nicht durch Türflügel verschlossen gewesen sind [236]. Nach Middot IV, 3 gab es im ganzen 38 Kammern: auf der Nord- und Südseite je 15, auf der Westseite 8 verteilt über drei Stockwerke (Westseite: 3, 3, 2). Ob der Umbau des herodianischen Tempels ebenfalls
38 Kammern enthalten hat, lässt sich nicht mit Sicherheit ausmachen. Eine Zahl
von 5 Kammern auf den Langseiten (auf jedem Stockwerk), 3 auf der Schmalseite
(*id.*) könnte es sehr wohl gegeben haben. Setzt man die Stärke der Quermauern
hypothetisch mit 2 Ellen an, so hätte die Länge der Kammern etwa 12 Ellen (5.54 m)
betragen (siehe weiter unten). Ein so gestalteter Umbau bildete zweifellos eine gute

---

[234] MICHEL-BAUERNFEIND übertragen die bezügliche Stelle (§ 220) mit: „An der Seiten des unteren
Teils des Tempels waren viele, in 3 Stockwerken angeordnete und unter einander verbundene
Räume..." (*De Bello Judaico*, II, 1, 1963, 141 z.St.) und meinen damit, wie aus S. 256, Anm. 86,
wo auf den Middot-Tempel hingewiesen wird, hervorgeht, die drei Seiten.; Holländ.: „Aan de
zijden van het lagere gedeelte des tempels..." (W. A. TERWOGT, *Al de werken van Flavius Josephus*,
1873, 680 z.St.) deutet aber auf die rechte und linke Seite. — Die Mehrzahl der Forscher hat immer,
zu recht, angenommen, dass der Umbau an drei Seiten lag: M. DE VOGÜÉ, *Le Temple de Jérusalem*,
1864, Pl. XV; SPIESS, *Das Jerusalem des Josephus*, 1881, 89 f.; VINCENT, *Jérusalem*, II-III, 1956, Fig.
141, p. 456 und Pl. CII. — F. J. HOLLIS irrt, wenn er sagt, dass Josephus die Kammern der Westseite
nicht erwähnt; „probably they were forgotten by the historian" (*The Archaeology of Herod's Temple*,
1934, 205).

[235] Undenkbar wegen dem geheimnisvollen Charakter dieses Raums, der nur einmal jährlich von
dem Hohenpriester betreten wurde.

[236] Auch am Salomonischen Tempel hatten die Kammern des Umbaus keine Türflügel; siehe
Bd. I, 1970, 210 ff. und Abb. 48, S. 165.

Versteifung des Hauptbaus. Die Quermauern sind sicher in gutem Verband mit den Hauptmauern aufgemauert worden. Wir haben in unserer Rekonstruktion im ganzen 39 Kammern angenommen. In der von VINCENT vorgeschlagenen Rekonstruktion gibt es auf jedem Stockwerk 25 Kammern (*Jérusalem*, II-III, *Atlas*, Pl. CII); für diese grosse Zahl lassen sich keine Gründe anführen.

Der Umbau hatte hauptsächlich einen konstruktiven Zweck. Josephus weist auch selbst darauf, wo er vom Umbau des salomonischen Tempels sagt, die zahlreichen Kammern dienten dazu, den ganzen Tempel zusammenzuhalten (*Antiq.* VIII, 2, 3 § 65: οἳ συνοχή τε τοῦ τοῦ παντὸς ἔμελλον ἔσεσθαι). Selbstverständlich hatte Josephus diesen Zweck vom herodianischen Tempels abgeleitet. Der Zweck des Umbaus macht es wahrscheinlich, dass die Türen der Kammern nur eine geringe Breite hatten — wir stellten sie auf 2 Ellen, 92.4 cm — und mit einem Bogen überdeckt gewesen sind. Man könnte meinen, auch die Höhe der Türen wird aus gleichem Grunde verhältnismässig gering gewesen sein. Die Sache liegt aber anders. Um den Druck des auf dem Bogen ruhenden Mauerwerkes zu verkleinern, wird man den Türen eher eine grössere Höhe als gebräuchlich gegeben haben. Vielleicht lassen sich daraus sogar die Türen im 2. und 3. Stockwerk erklären. Wir dürfen wohl mit grosser Wahrscheinlichkeit annehmen, dass die Kammern des Umbaus nie zur Aufbewahrung von Schätzen oder als Magazine gedient haben. Wo Josephus erzählt, dass die römischen Soldaten die Schatzkammern verbrannten, sagt er, darin haben ungeheure Summen bares Geld, grosse Mengen Kleiderstoffe und andere Kostbarkeiten gelegen (*Bell. Jud.* VI, 5, 2 § 282). Wo er von der Zerstörung des Umbaus spricht (*id.* § 252 § 261), ist nie von Schätzen usw. die Rede. Die Wahrscheinlichkeit spricht dafür, dass die Kammern des 2. und 3. Stockwerks nicht oder höchstens bei etwaigen Herstellarbeiten betreten wurden. Dies macht es wahrscheinlich, dass die Türen der Kammern im 2. und 3. Stockwerk weniger als Verbindungstüren, sondern mehr als Entlastungsöffnungen oberhalb den im ersten Geschoss angebrachten Bogen zu erklären sind. Ohne Kammertüren im 2. und 3. Stockwerk hätte auf den Bogen im Erdgeschoss eine etwa 20 m hohe Mauer geruht und dies würde Einsturz des Bogens zur Folge gehabt haben.

Wie schon mehrmals betont, ist das Obergeschoss des Tempels vom Dach des Umbaus aus betreten worden. Der Umbau muss somit ein flaches Dach gehabt haben. Einige Stufen vor der Tür des Obergeschosses könnte es gegeben haben. Dass es hier auch schräge Luftöffnungen für den Abzug des Weihrauchdampfes gegeben habe, was FRIEDRICH SPIESS für möglich hielt (*Das Jerusalem des Josephus*, 1881, 89, Anm. ***), dürfte kaum wahrscheinlich sein. SPIESS hatte nicht gesehen, dass es oberhalb der Tür des Heiligen ein Fenster gegeben haben muss [237].

---

[237] Das hat übrigens bis heute kein Forscher bemerkt, auch VINCENT nicht. HOLLIS betont, dass

Die Frage ist nun, wie man auf das Dach des Umbaus kam. Dass die zum Umbau führenden Türen nicht in der Vorhalle des Tempels gelegen haben, dafür zeugt auch der Bericht über den Tempelbrand im Jahre 70 n. Chr. *Bell. Jud.* VI, 4, 7 § 261 heisst es, dass das Feuer nicht bis in die Innenräume vorgedrungen war, sondern erst die an dem *naos* anliegenden Kammern verzehrte. Der Hauptbau ist erst durch Brand zerstört worden, nachdem einer der römischen Soldaten Feuer unter die Türangeln gelegt hatte (*id.* § 265). Wäre der Umbau von der Vorhalle aus zu betreten gewesen, das Feuer würde sich sofort über Vorhalle und Inneres des Tempels ausgebreitet haben. Eine Tür, welche zweifellos zu den Kammern des Umbaus führte, lag auf der Nordseite des Umbaus. Es ist das *Bell. Jud.* VI, 4, 5 § 252 genannte goldene Türchen, durch welches — sicher durch ein Oberlichtfenster (vgl. SPIESS, *o.c.*, 90) — einer der Soldaten Feuer geschleudert haben soll, das die Kammern des Umbaus in Brand setzte. Dass Josephus' Bericht unglaubwürdig ist (siehe Kap. XVII: Untergang des Jerusalemer Tempels) ist hier nebensächlich; wäre der Umbau von der Vorhalle aus zu betreten gewesen, Josephus hätte über den Brand nicht auf diese Weise erzählen können. Dass die Kammern des Umbaus von der Nordseite her durch diese Tür betreten wurden sagt Josephus klar (§ 252: καθ' ἥν εἰς τοὺς περὶ τὸν ναὸν οἴκους εἰσιτὸν ἦν ἐκ τοῦ βορείου κλίματος); es geht demnach nicht an, hier θυρίς mit (goldenem) *Fenster* zu übertragen (so bei MICHEL-BAUERNFEIND, *De Bello Judaico*, II, 2, 1969, 45; richtig heisst es: „durch welches man von der Nordseite her in die Räume rings um das Tempelhaus gelangen konnte"). Der Raum des Umbaus, zu welchem das goldene Türchen führte, muss ein Treppenhaus gewesen sein (Abb. 246: A), von dem aus sowohl die Kammern des Erdgeschosses, als — über Treppen — die Kammern des 1. und 2. Stockwerkes und das Dach betreten wurden. Das Treppenhaus lässt sich neben der Rückseite der Vorhalle lokalisieren, denn dies war dafür der geeignete Platz. Die Treppen werden aus Holz gewesen sein, sonst hätte Josephus nicht sagen können, dass nach dem Hineinwerfen von Feuer die Kammern sofort lichterloh brannten. In einem ca. 2.80 × 5.60 m grossen Treppenhaus liessen sich für etwa 9 m hohe Räume hölzerne Podesttreppen mit Rücklauf wohl anordnen, nur würden die Treppen sehr steil gewesen sein.

Wie die Andeutung „goldenes Türlein" zu erklären sei, lässt sich nicht mit Sicherheit ausmachen. Das Diminutiv deutet wohl auf die geringe Grösse im Ver-

---

Josephus kein Fenster erwähnt und sagt dann: „the very fact that nothing is said may surely mean that there were none" (*o.c.*, 205). Über die von Josephus erwähnte Türhöhe (55 Ellen) sagt HOLLIS, „these would have been prodigious doors" (p. 202) und er meint (zu recht), es sei undenkbar, dass solche Türen hätten verfertigt werden können oder zu öffnen und zu schliessen gewesen wären (*id.*). Er meint, es seien die Türmasse aus Middot IV, 1 (20 Ellen die Höhe, 10 Ellen die Breite) anzunehmen (*ibid.*). Middot zeugt aber, wie wir gesehen haben, selbst dafür, dass ein Oberlichtfenster anzunehmen ist; auch das hat noch kein Forscher bemerkt.

28

gleich mit den Tempeltüren. Es muss aber ein Oberlichtfenster gehabt haben. So konnte Josephus auch sagen, dass das Feuer durch das goldene Türchen geschleudert wurde (VI § 252). Wenn FRIEDRICH SPIESS sagt „durch eine Öffnung über ihr" [238], ist das sicher richtig; für Josephus war das Oberlichtfenster aber ein Teil des goldenen Türleins. Dass das Türchen als goldenes bezeichnet wird, lässt sich u.E. schwerlich daraus erklären, dass es mit Blattgold überzogen gewesen sein könnte. Es könnte etwas mit einer besonderen Bestimmung zu tun haben. Die Jerusalemer Priester-schaft war hierarchisch stark gegliedert. Neben der Priesteraristokratie gab es ge-wöhnliche Priester und Leviten (siehe ANTON STEINER, in *Bibl. Zeitschr.*, NF, 15, 1971, 17). Vielleicht haben wir anzunehmen, dass nur höhere Priester den Umbau durch das goldene Türchen betreten durften und es davon den Namen erhielt [239]. Es muss dann selbstverständlich noch ein zweites Treppenhaus im Umbau gegeben haben, was übrigens schon an sich wahrscheinlich ist, denn in Anbetracht des Um-fangs des Umbaus wird er wohl auch von der Südseite her zu betreten gewesen sein. Vielleicht lässt sich daraus auch erklären, dass Josephus sagt, durch das goldene Türchen konnte man von der Nordseite her (ἐκ τοῦ βορείου κλίματος) die Kammern des Umbaus betreten (VI § 252).

Am goldenen Türchen muss es, wie wir sahen, ein Oberlichtfenster gegeben haben und ein Fenster am Treppenhaus ist auch für das 2. und 3. Geschoss anzu-nehmen. Für die Zahl der Fenster der übrigen Kammern des Umbaus sind wir auf Vermutungen angewiesen. Nicht jede Kammer braucht durch ein eigenes Fenster erleuchtet worden zu sein, wie wir aus architektonischen Gründe annahmen (Abb. 249) denn die Kammern waren durch Türöffnungen untereinander verbunden. Auf den Langseiten könnten es auf jedem Stockwerk drei, auf der Westseite ein Fenster gegeben haben. Die anliegenden Kammern erhielten von den gefensterten Kammern aus Licht.

OTTO MICHEL und OTTO BAUERNFEIND halten es für wahrscheinlich, dass die Kammern des Umbaus zur Aufbewahrung von Vorräten bzw. Kleidern dienten (*De Bello Judaico*, II, 2, 1969, 175, Anm. 110). Aus Josephus lässt sich dies, wie wir sahen, nicht wahrscheinlich machen. Die Kammern waren am Heiligen und Aller-heiligsten anliegend, da dürfte es wahrscheinlicher sein, dass sie nicht als „Magazine" benutzt worden sind. Der Umbau hatte eine konstruktive Funktion; er bildete daneben eine Art Schirm für die Heiligkeit des Tempels [240]. Ob das Erdgeschoss

---

[238] *Das Jerusalem des Josephus*, 1881, 90.

[239] Es gibt auch eine andere Möglichkeit: von dieser Tür aus konnte durch eine Seitentür des Heiligen der Tempel betreten werden (siehe Abb. 242-246 A: Grundriss); dies könnte zu dem Namen „Goldenes Türlein" geführt haben.

[240] So diente der schmale Gang im inneren Teil der babylonischen Tempel nach der Meinung

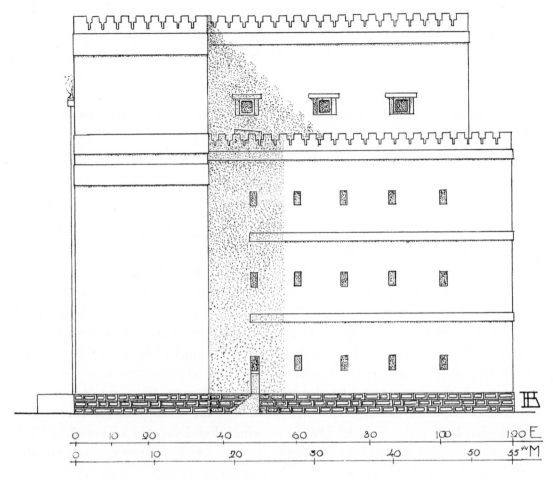

Abb. 249. Nordseite des Tempelhauses. (Rekonstr. Th. A. BUSINK)

des Umbaus noch eine andere Funktion gehabt haben könnte, ist schwer zu sagen.

2. *Mauerkonstruktion*. Nach Josephus wurde der Tempel aus festen weissen Steinen erbaut (*Antiq.* XV, 11, 3 § 392: ἐκ λίθων λευκῶν τε καὶ κραταιῶν). Steine von der abnormen Grösse, welche Josephus dort und *Bell. Jud.* V, 5, 4 § 224 erwähnt, sind am Tempel wohl nicht verwendet worden. Es ist auch fraglich, ob alle Mauern ganz aus Quadern aufgemauert gewesen sind. Das Tempelgebäude ist von den Priestern in einem Jahr und fünf Monaten errichtet worden [241], ein ganz aus Quadern errichteter etwa 46 m hoher Bau liesse sich in siebzehn Monaten nicht vollenden.

R. KOLDEWEY's und O. REUTHER's dazu, Cella und Nebenräume zu isolieren (REUTHER, *Die Innen-stadt von Babylon*, 47. *WVDOG*, 1926, 125-126).

[241] *Antiq.* XV, 11, 6 § 421 (NIESE; nach der Textausgabe DINDORF ein Jahr und *sechs* Monate).

Hinzu kommt, dass die Priester erst kürzlich in der Steinmetzkunst unterrichtet
worden waren (§ 390). Was Josephus an gleicher Stelle berichtet, Herodes habe
tausend Wagen zum Anfahren der Steine beschafft, zehntausend erfahrene Werk-
meister ausgewählt, tausend Priestern teils in der Steinmetzkunst, teils im Zimmer-
handwerk unterrichten lassen, darf man ruhig als Übertreibung bezeichnen. Die
verhältnismässig schnelle Ausführung des Baues macht es wahrscheinlich, dass nicht
alle Mauern als massive Quadermauern aufgemauert worden sind. Die Aussenmauer des Umbaus könnte als Gussmauer mit Quaderblendung ausgeführt worden
sein: Mauern, die im Kern mit Bruchstein und Mörtel hergestellt sind. Es wurde
von den Römern als Emplectos (ἔμπλεκτος) bezeichnet (*Vitruv.* II, 8, 7). Auch die
Rückmauer des Allerheiligsten, die nicht balkentragend war und die Mauer zwischen
dem Heiligen und Allerheiligsten könnten in dieser Mauertechnik ausgeführt
worden sein. Die Anwendung dieser Mauertechnik im Nahen Orient ist bezeugt
durch den Kasr Firaun in Petra (*PEQ*, 1961, 21; G. R. H. WRIGHT) [242]. Zwar sind
die Meinungen über die Datierung des Kasr geteilt, die Datierung im 1. Jahrhundert n. Chr. hat aber die meiste Wahrscheinlichkeit für sich. Am Kasr Firaun
sind Holzbalken in den Mauern verwendet worden [243] und es dürfte möglich und
wahrscheinlich sein, dass auch am herodianischen Tempel Holzroste in den Mauern
angebracht worden sind, Dafür könnte Josephus Bericht sprechen über das für das
Heiligtum bestimmte Holz, das Johannes Gischala zum Bau von Belagerungsmaschinen benutzte. „Da nämlich das Volk und die Oberpriester früher einmal
beschlossen hatten, das Tempelgebäude in seinen Fundamenten zu verstärken und
es 20 Ellen höher aufzuführen, liess der König Agrippa damals unter grössten
Aufwendungen und Anstrengungen dazu geeignetes Holz aus dem Libanon her-
anschaffen, und zwar Stämme, die wegen ihres geraden Wuchses und ihrer Länge
sehenswert waren. Als nun der Krieg dies Vorhaben unterbrochen hatte, liess
Johannes die Stämme zersägen und mit ihnen Belagerungstürme errichten ..."
(*Bell. Jud.* V, 1, 5 §§ 36-37; Übers. MICHEL-BAUERNFEIND, *o.c.*, z.St.). Agrippa hatte
offenbar den Plan gehabt, die Vorhalle um 20 Ellen zu erhöhen (nach 2. Chron. 3, 4
sollte das Ulam des salomonischen Tempels 120 Ellen hoch gewesen sein), vermutlich um die Arbeitslosigkeit, die nach der Vollendung des herodianischen
Tempels unter den Handwerkern entstanden war, zu bekämpfen. Zu diesem Zweck
hatte er doch auch die Stadt mit weissen Steinen bepflastern lassen (*Antiq.* XX, 9, 7
§ 222). Dass das Holz dazu bestimmt gewesen sei, die Vorhalle mit einem ganz
aus Holz errichteten Stockwerk zu erhöhen, ist nicht anzunehmen. Es ist an eine
in Holzsteintechnik ausgeführte Erhöhung zu denken, die aber niemals zur Aus-

---

[242] Herodes hat diese Mauertechnik an seinen Palast in Jericho angewendet (*RB*, 82, 1975, 273).
[243] H. KOHL, *Kasr Firaun*, 1910, 3; G. R. H. WRIGHT, *PEQ*, 1961, 22-23.

führung gekommen ist. Dass diese Mauertechnik erst unter Agrippa II. in Jerusalem bekannt gewesen sei, ist nicht wahrscheinlich; wahrscheinlicher dürfte sein, dass sie schon unter Herodes am Jerusalemer Tempel angewendet worden war [244].

3. *Bauformen und Dekoration.* a) *Bauformen.* Grundriss und Aufbau des Tempelgebäudes lassen sich, wie wir oben gezeigt zu haben hoffen, aus Josephus Beschreibung mit Wahrscheinlichkeit rekonstruieren. Für die Frage nach den Bauformen sind wir zum Teil auf Vermutungen angewiesen. Handelt es sich um Bauformen allgemeiner Natur — Mauergliederung; Zinnen —, welche schon am zweiten Tempel Anwendung gefunden haben könnten, lässt sich aus Josephus Schweigen darüber selbstverständlich nicht schliessen, dass der herodianische Tempel diese Bauformen nicht gezeigt habe. Anders steht es um Bauformen auffallenden architektonischen Charakters, von denen mit Sicherheit anzunehmen ist, dass sie am zweiten Tempel nicht vorgekommen sind. Josephus' Beschreibung des Jerusalemer Tempels zeigt klar, dass er bestrebt war, die Pracht des Äusseren hervorzuheben; da ist es doch ausgeschlossen, dass er architektonisch wichtige Bauformen, wenn der Tempel damit ausgestattet gewesen wäre, unerwähnt gelassen hätte. Wir haben die von einigen Forschern mit Halbsäulen rekonstruierte Tempelfassade im Auge, über die wir schon im ersten Bande gesprochen haben [245]. Josephus erwähnt sie nicht und die grosse Höhe des Tempeleingangs schliesst die Möglichkeit aus, sie architektonisch befriedigend anzuordnen. Die Gelehrten, welche die Front in diesem Sinne rekonstruierten, in neuerer Zeit CARL WATZINGER und M. AVI-YONAH († 1974) [246], haben denn auch die von Josephus genannte Höhe des Eingangs ohne Begründung beiseite geschoben. Was Josephus vom Äusseren des Tempels hervorhebt, ist die Verkleidung, auf allen Seiten, mit schweren Goldplatten (*Bell. Jud.* V, 5, 6 § 222: πλαξὶ γὰρ χρυσοῦ στιβαραῖς κεκαλυμμένος πάνθοθεν), und das hellglänzende Aussehen des Gebäudes, wo es nicht mit Goldplatten verkleidet war (§ 224: καὶ γὰρ καθὰ μὴ κεχρύσωτο λευκότατος ἦν). Man darf aus dem Letzteren nicht schliessen, dass die Quadern wie die des Ḥarām glatt bzw. mit Spiegel abgearbeitet gewesen sind. *Antiq.* XV, 11, 3 § 392 ist zwar von mächtigen weissen Steinen (λίθων λευκῶν τε καὶ κραταιῶν) die Rede, Josephus sagt aber nicht, dass sie schön abgearbeitet waren. Einen glatt abgearbeiteten oder mit Spiegel abgearbeiteten Quaderbau hätte man nicht in siebzehn Monaten errichten können. Wir dürfen mit Sicherheit annehmen, dass das Äussere des Tempels mit einem Gips- bzw. Kalkstucko überzogen gewesen

---

[244] Auch am Tempel Serubbabels, der von Herodes zum Neubau niedergerissen worden war, sind Holzbalken im Mauerwerk verwendet worden (Esra 6, 4).

[245] Bd. I, 1970, 71 f.; siehe auch *BiOr*, XIII, 1956, 162/63.

[246] Bd. I, 1970, Abb. 22. 23., S. 70, 73.

ist. Dafür zeugt nicht nur die teilweise Verkleidung mit Goldplatten, sondern auch die Notiz Middot (III, 4 b), dass der Tempel einmal jährlich getüncht wurde. Anders steht es um den etwa 5 Ellen (?) hohen Sockel des Tempels. Er trennt das Gotteshaus vom Erdboden [247] und gehört streng genommen nicht zum Aufbau des Heiligtums, wie denn auch Josephus ihn nicht in die Höhe von 100 Ellen eingerechnet hatte. Dass der Sockel stuckiert gewesen sei, dürfte kaum wahrscheinlich sein. Die wohl geränderten Quader werden einen Buckel gezeigt haben und die von Josephus genannten, gewiss übertriebenen Masse der Steine könnte er dem Sockel entnommen haben.

An der Aussenseite der Umfriedung des Tempelplatzes ist, wie wir Kap. XII gesehen haben, eine senkrechte Mauergliederung festgestellt worden und eine ähnliche Gliederung hat auch der Ḥarām von Hebron (VINCENT, *Jérusalem*, II-III, Fig. 142, p. 458, Foto). Dass die Mauern des Tempelgebäudes eine senkrechte Gliederung gezeigt haben, ist nicht wahrscheinlich. An der Fassade ist sie durch ihre grosse Höhe (etwa 46 m) schlechterdings unmöglich und Josephus' Notiz über die Verkleidung des Tempels mit Goldplatten macht es u.E. eher wahrscheinlich, dass eine horizontale Gliederung der Wandflächen anzunehmen sei. Zu der horizontalen Gliederung gehörten auch die Zinnen, welche die Mauern krönten, wenn Josephus sie am Tempelgebäude auch nicht erwähnt.

Der siebzig Ellen hohe Tempeleingang wird eine horizontale Krönung gezeigt haben (Abb. 245 und 246: B). An einen Giebel ist u.E. nicht zu denken. Die Juden würden die Anwendung dieser aus der hellenistischen und römischen Baukunst bekannten Bauform die dem Tempel einen heidnischen Charakter aufgeprägt hätte, sicher nicht gestattet haben. Im allgemeinen war sie damals über Türen übrigens auch nicht gebräuchlich; Vitruv, der Kap. IV, 6, 1-6 über Türen spricht, erwähnt sie nicht. Nur die zur Belebung der Wandflächen angebrachten Nischen erhielten einen geradlinigen oder gerundeten Giebel (PAUL WOLTERS, *Die Kunst des Altertums*, 1921, 459). Neuere Ausgrabungen in Tel Anafa (Shamir, in Ober-Galiläa) haben ein aus dem Anfang des 1. Jahrhunderts v. Chr. datierendes, reich geschmücktes Gebäude ans Licht gebracht, dessen Türöffnungen mit Giebeln gekrönt waren [248]. Josephus' Notiz, dass die ganze Stirnseite des Tempeleingangs vergoldet war (*Bell. Jud.* V, 5, 4 § 208: κεχρύσωτο δὲ τὰ μέτωπα πάντα) ist wohl so aufzufassen, dass der Eingang eine in Stucko ausgeführte Umrahmung gezeigt habe, die vergoldet war. Eine hervorspringende Leiste wird die obere Abschliessung der Umrahmung gebildet haben.

---

[247] Vgl. DURM, *Die Bauk. der Griechen*, 1910, 136 über das Stylobat der griech. Tempel.

[248] *IEJ*, 18, 1968, 195/196, S. WEINBERG. Auch jüdische Felsgräber zeigen wohl den Giebel über dem Eingang, siehe *Short Guide to the Rockcut tombs of Sanhedriyya*, 1956, Fig. 1, p. 6.

Die ca. 3.70 m breiten und etwa 15 m (?) hohen Türflügel sind sicher nicht einfach aus Brettern hergestellt gewesen. Aus Rahmen und Paneelen konstruierte
Türen waren im klassischen Altertum seit langem üblich und sind aus Pompeji
bekannt [249]. Die Zahl der Paneele haben wir hypothetisch auf sieben gestellt (Abb.
247); aus konstruktiven Gründen sind mindestens fünf Querriegel, also sechs
Paneele, anzunehmen. Die ca. 7.25 m hohen Pantheontüren (Abb. 248), die doch
wohl nach dem Beispiel hölzernen Türen gebildet sind, zeigen vier Querriegel.
Josephus spricht von goldenen Türen (*Bell. Jud.* V, 5, 4 § 211: θύρας χρυσᾶς), was
selbstverständlich so zu deuten ist, dass sie entweder vergoldet, oder mit Goldplatten verkleidet gewesen sind. Im klassischen Altertum sind bei Palästen und
Tempeln die Türen wohl ganz mit Metallblech verkleidet gewesen (A. BAUMEISTER,
Denkmäler des klassischen Altertums, III, 1888, 1804). Das Rahmenwerk der Jerusalemer Tempeltüren, dessen Dicke hypothetisch auf etwa 15 cm zu stellen ist, könnte
zur Sicherung der konstruktion wohl mit Goldplatten verkleidet gewesen sein,
während die Paneele einen Überzug aus Blattgold gehabt haben könnten.

Bell. Jud. V, 5, 3 § 201, wo Josephus über die neun Tore des Heiligtums spricht,
erwähnt er auch die Türpfosten (παραστάδες). Sie könnten hier aus Mauerwerk
gewesen und gleich mit der Mauer aufgemauert worden sein. Am Tempelgebäude
werden sie aus Holz gewesen sein.

Wir stellten die Höhe der Flügeltüren auf 15 m. Vitruv (IV, 6, 1) hat für solche
Türen Breite und Höhe aus der Geschosshöhe des Raums bestimmt. Um die Höhe
zu bekommen, soll man die Höhe des Raums vom Fussboden bis zur Decke durch
3½ aufteilen und zwei dieser Teile für die Höhe der Türen bestimmen. Für die
Türen des Heiligen gibt dies merkwürdig genug eine Höhe von 16 m: Höhe des
Heiligen 60 Ellen = ca. 28 m, aufgeteilt auf 3½ ergibt dies 8, Höhe der Türen
also 16 m. Die Breite der Flügeltüren bekommt man nach Vitruv, wenn man die
Höhe der Türöffnung durch 12 teilt und 5½ dieser Teile für die Breite bestimmt.
Bei der Höhe von 16 m ergibt dies eine Breite der Flügeltüren von 7.31 m (16:12 =
1.33; 5½ × 1.33 = 7.31 m). Nach Josephus waren die Flügeltüren des Heiligen
16 Ellen (7.39 m) breit! Dass sieht fast aus, als seien die Masse der Flügeltüren des
Heiligen nach Vitruv bestimmt worden; die Türhöhe könnte in der Tat, wie wir
gesehen haben, sehr wohl 16 m gewesen sein, denn für ein Oberlichtfenster gab es
oberhalb von 16 m hohen Türen noch Raum genug. Nach AXEL BOETHIUS ist die
Schrift des Vitruv zwischen 25-23 v. Chr. zu datieren [250]; zur Zeit des Tempelbaus
ist sie also wohl bekannt gewesen. Dass das ganze, wie VINCENT angenommen

---

[249] J. OVERBECK, *Pompeji*, 1875, Fig. 135, S. 222.
[250] *Vitruvius and the Roman Archhitecture of his Age, Festschrift Martino P. Nilsson, Acta Instituti
Romani Regni Sueclae*, Series Altera, I, Lund, 1939, 114-143, p. 142.

hat [251], mit einem Giebel gekrönt gewesen sei, dürfte u.E. unwahrscheinlich sein. Vitruv redet nur von waagerechten Krönungen (vgl. das oben über den Tempeleingang Gesagte).

Während Josephus berichtet, wie die Tempeltüren verriegelt wurden (*Bell. Jud.* VI, 5, 3 § 293), schweigt er über die Art der Befestigung der Türflügel. Wir haben im ersten Bande (S. 232 f. und 233 Anm. 238 f.) über Türangelsteine und Drehpfostenschule eingehend geredet; dass die Türflügel am herodianischen Tempel noch nach alter Art befestigt worden sind, dürfte wahrscheinlich sein [252]. Türangelsteine hatte es aber an den Türen des Heiligen wohl nicht gegeben. Die an den Drehpfosten angebrachten Zapfen drehten sicher unten in einem in der Schwelle, oben in einem im Türsturz angebrachten Loch. Die Zapfen werden mit Kupfer oder Bronze beschlagen gewesen sein und in den Löchern wird eine kupferne oder bronzene Kapsel gesessen haben. In Pompeji war dies die übliche Weise der Befestigung der Türen und die bronzenen Kapseln sind hier fast regelmässig erhalten (J. OVERBECK, *Pompeji*³, 1875, 220; A. BAUMEISTER, *Denkmäler des klassischen Altertums*, III, 1888, 1805 f.).

b) *Dekoration.* α) *Das Äussere. Bell. Jud.* V, 5, 6 §§ 222-224 beschreibt Josephus den äusseren Anblick des Tempels: „Der äussere Anblick [253] bot alles, was sowohl die Seele als auch das Auge des Beschauers in grosses Erstaunen versetzen konnte. Auf allen Seiten mit schweren Goldplatten belegt strahlte er mit Beginn des Sonnenaufgangs einen ganz feurigen Glanz von sich aus, so dass die Beschauer, sogar wenn sie durchaus hinsehen wollten, ihre Augen wie von den Sonnenstrahlen abwenden mussten. In der Tat erschien er den nach Jerusalem kommenden Fremden wie eine schneebedeckte Bergkuppe, denn wo man ihn nicht vergoldet hatte, war er blendend weiss". MICHEL-BAUERNFEIND betonen, dass der vom Tempelgebäude ausgehende Lichtglanz dessen Heiligkeit sichtbar in Erscheinung treten lässt. Anschliessend heisst es: „Josephus mag bei seiner Schilderung auch an den Glanz denken, der bei der Theophanie Jahwes bezeugt wird (Ps. 50, 2: Gott strahlt auf aus Zion, der Krone der Schönheit" (*De Bello Judaico*, II, 1, 1963, 256, Anm. 88). Wir halten es für möglich, dass Josephus' Notizen über die dekorative Ausstattung des Tempels mit Goldplatten den Einfluss des damals in Rom herrschenden Bauluxus verrät. Verkleidung der Wände mit vergoldeten Platten in römischen Palästen

---

[251] *Jérusalem de l'Anc. Testament*, II-III, 1956, Fig. 143, p. 460; hier Bd. I, 1970, Abb. 24, S. 74.
[252] Siehe oben XIII, Anm. 162.
[253] MICHEL-BAUERNFEIND übersetzen den Anfang (§ 222: Τὸ δ' ἔξωθεν αὐτοῦ πρόσωπον) mit „Die äussere Gestalt des Tempels". CLEMENTZ hat u.E. richtiger „Der äussere Anblick" (z.St.) Interessant ist der Schluss (καί γὰρ καθὰ μὴ κεχρύσωτο λευκότατος ἦν. § 224). Daraus lässt sich mit Sicherheit Schliessen, dass die Mauerflächen stuckiert gewesen sind.

erwähnt Plinius [254]. Säle und Zimmer von Nero's „Goldenem Haus" waren mit Gold überzogen [255]. Nach Plutarch hatte die Vergoldung des von Domitian erbauten (vierten) Jupitertempel auf dem Kapitol mehr als 12 000 Talente gekostet [256]. An Luxusbauten der römischen Kaiserzeit waren Vergoldung „und reiche anderweitige Anwendung edler Metalle" nicht unerhört (A. BAUMEISTER, *Denkmäler des klassischen Altertums*, III, 1888, 1804). Damit soll natürlich nicht gesagt sein, dass der Tempel keine Golddekoration gezeigt habe. Spuren von Blattgold auf Bauteilen, welche vermutlich von der königlichen Halle stammen, sind bei neueren Ausgrabungen auf der Südseite des Ḥarām asch-scharīf festgestellt worden [257]. Vergoldung ist auch an einem aus dem 1. Jahrhundert v. Chr. datierenden Gebäude in Tell Anafa (Ober-Galiläa) ermittelt worden. „Pediments over the doorways, and possibly also panels on the walls and ceilings, had beautifully modelled egg-and-dart mouldings which were usually gilded" (*IEJ*, 18, 1968, 196; SAUL S. WEINBERG). Auch Anwendung von Blattgold ist hier festgestellt worden (*IEJ*, 21, 1971, 98) und Spuren von Vergoldung auf Mauerresten (*RB*, 76, 1969, 408; *id.*). „Beaucoup de morceaux dorés peuvent avoir appartenu aux soffites d'un plafond richement décoré" (*ibid.*). Eine Golddekoration wird es zweifellos auch am Jerusalemer Tempel gegeben haben. Wenn Josephus aber sagt, der Tempel sei auf allen Seiten mit schweren Goldplatten belegt gewesen (V § 22) oder, bei der Einnahme des Tempels seien die römischen Soldaten durch die Raubsucht angefeuert worden, weil sie den Tempel rings herum mit Gold verkleidet sahen (*Bell. Jud.* VI, 4, 7 § 264: καὶ τὰ πέριξ ὁρῶντας χρυσοῦ πεποιημένα), schildert er den Tempel zweifellos reicher, als er gewesen war. Wir hören auch nicht, dass bei der Einnahme des Tempels (70 n. Chr.), als die Soldaten sahen, dass der Tempel rings herum mit Gold verkleidet war (§ 264), dass sie die Goldplatten geraubt hätten, noch, dass Titus die Goldplatten habe wegführen lassen. Es heisst nur: „Während der Tempel brannte, raubten die Soldaten, was ihnen zufällig in die Hände fiel (VI § 271: τῶν μὲν προσπιπτόντων ἦν ἁρπαγή).

Mit Sicherheit darf man annehmen, dass die Fassade des Tempels eine Golddekoration gezeigt habe. Vom Tempeleingang sagt Josephus, dass die ganze Stirnseite mit Gold überzogen war (*Bell. Jud.* V, 5, 4 § 208: κεχρύσωτο δὲ τὰ μέτωπα πάντα). Es ist dies die einzige Stelle wo er eine Vergoldung des Äusseren genau lokalisiert. Der Terminus μέτωπον bedeutet Stirn, aber auch Front (eines Gebäudes, einer

---

[254] *Nat. Hist.* XXXVI, 189, bei LUDWIG FRIEDLÄNDER, *Darstellungen aus der Sittengesch. Roms*, II⁹, 1920, 334.

[255] FRIEDLÄNDER, S. 335. — Die Domus Aurea ist von Sueton (Nero, 31) beschrieben.

[256] Bei FRIEDLÄNDER, *o.c.*, 336.

[257] B. MAZAR, *The Excavations in the Old City of Jerusalem*, Prel. Rep. Second and Third Seasons, 1971, p. 4.

Mauer usw.). Dass Josephus hier den Tempeleingang meint, geht nicht nur aus dem Kontext, sondern auch aus dem Plural τὰ μέτωπα hervor. Es sind damit die beiden Seiten des Eingangs gemeint, die offenbar mit einem vergoldeten Rahmen ausgestattet gewesen sind. Sicher wird auch die Krönung vergoldet gewesen sein, wofür τὰ μέτωπα πάντα zeugt. Für die weitere Ausstattung der Fassade mit goldenen Platten sind wir auf Vermutungen angewiesen. Josephus' Bemerkung, dass mit Beginn des Sonnenaufgangs der Tempel einen ganz feurigen Glanz von sich ausstrahlte (V § 222), macht es aber wahrscheinlich, dass die Goldplatten hoch an der Fassade angebracht gewesen sind; nur der obere Teil der Fassade ist beim Sonnenaufgang beleuchtet worden. Daraus liesse sich auch erklären, dass die Goldplatten 70 n. Chr. nicht geraubt worden sind. Es ist übrigens fraglich, ob wir an massiv goldene Platten und nicht eher (trotz Josephus) an mit Blattgold belegte bronzene Platten zu denken haben. Phidias' berühmtes Bild der Athena, dessen Kern aus Holz war, war mit bronzenen Platten verkleidet und diese waren belegt mit „removable sheets of gold" (GORHAM P. STEVENS, *Concerning the Parthenos, Hesperia*, XXX, 1961, 1-7). Das Gold soll ¾ mm dick gewesen sein (W. B. DINSMOOR, *AJA*, 38, 1934, 96 und n. 3; bei STEVENS, *l.c.*, p. 1). Die Golddekoration am Äusseren des Jerusalemer Tempels könnte ähnlich hergestellt gewesen sein. Die Goldverkleidung am oberen Teil der Fassade könnte aus einem breiten Streifen gebildet gewesen sein, welcher die Mauerflächen neben dem Eingang „architektonisch" zusammenband (Abb. 245). Über dem Eingang prangte der goldene Adler [258]. Das breite

---

[258] *Antiq.* XVII, 6, 2 § 151: ἀετὸν χρύσεον μέγαν·; *Bell. Jud.* I, 33, 2 § 650: ὑπὲρ τὴν μεγάλην πύλην ἀετὸν χρυσοῦν. Die Notiz in *Antiq.* könnte dafür zeugen, dass der Adler mit ausgebreiteten Flügeln dargestellt war (wie z.B. im Relief auf dem Sturz des Baʾal Šamîn-Tempel in Palmyra, *Studia Palmyrenskie*, V, 1974, Fig. 3, p. 99); *Bell. Jud.* lässt eher auf eine geschlossene Darstellung schliessen (wie die Adlerbilder, bekannt aus Siʾa (BUTLER, *Syria*, Div. II, A, Fig. 329, p. 381) und den Grabfassaden in Petra (BRÜNNOW-VON DOMASZEWSKI, *Arabia*, I, Fig. 194, S. 170). — Über den Sinn des Adlers am herod. Tempel (er ist auch auf Münzen des Herodes dargestellt, *PEQ*, 9, 1959, Pl. VI, Fig. 13, gegenüber p. 109, JOZEF MEYSHAN) gibt es Meinungsverschiedenheiten. WALTER OTTO (*PWK*, Suppl. 2. Heft, 1913, 113) vermutet, dass Herodes auf diese Weise seiner Hoffnung Ausdruck gab, auf den Schwingen des Sonnenvogels zum Himmel emporzusteigen und göttlicher Ehre teilhaftig zu werden (bei SCHALIT). SCHALIT lehnt diese Vermutung ab (*König Herodes*, 1969, 458). SCHALIT meint, „der Adler des Herodes hatte den Sinn, nach aussenhin die Oberherrschaft des Herodes über den Tempelberg zu dokumentieren..." (S. 734). Wir können Schalit nur beistimmen und möchten in dem Tempeladler ein Substitut für Herodes' Namen sehen. Wie in Rom der Name des Stifters an der Tempelfront zu lesen war, so prangte am Jerusalemer Tempel der Adler als Emblem für Herodes' Namen. — SCHALIT sagt weiter: „Der Adler war das geheiligte Symbol des *imperium Romanum*, der römischen Legionen und ihres Imperators. Könnte es da eine devotere Loyalitätsbezeugung von seiten des Vasallen Herodes geben als die Anbringung des stolzesten reichsrömischen Symbols über dem Eingang des allerheiligsten Stätte des jüdischen Volkes?" (*o.c.*, p. 734). Die Römer werden es so gesehen haben — nicht aber Herodes selbst. M. J. LAGRANGE stellt die Sache einfach hin: „Hérode a pu penser, au Temple et sur ses monnaies, à l'aigle romaine symbole de l'empire" (*Le Judaïsme avant Jésus-Christ*[3], 1931, 187). — Über die allgemeine Bedeutung des Adlers, siehe ANNE ROES († 1974), *L'aigle psychopompe de l'époque impériale, Mélanges d'archéologie et*

goldene Band — wenn wir damit recht haben — wird seine Fortsetzung auf der Nord- und Südseite des Vorbaus und wohl auch auf der Rückseite gefunden haben und so konnte Josephus sagen, dass der Tempel auf allen Seiten mit Goldplatten verkleidet war.

Am alten, von Herodes niedergerissenen Tempel hatte es — an der Front — goldene Kränze und Schilde gegeben [259]. Josephus erwähnt sie nicht und es dürfte auch kaum wahrscheinlich sein, dass Herodes dem neuen Tempel damit geziert habe. Jede Erinnerung an den Tempel der Hasmonäer sollte ausgeschlossen werden. Die vom alten Tempel stammenden, von fremden Völkern erbeuteten Waffen, samt denen, welche er selbst von den Arabern erobert hatte, weihte Herodes dem neuen Tempel und stellte sie rundherum um das Heiligtum (*Antiq.* XV, 11, 3 § 402). Dies ist wohl so zu verstehen, dass sie in die Hallen des Aussenhofes untergebracht worden sind. Was weiter noch vom alten hasmonäischen Tempel stammte, wird wohl in die Schatzkammern deponiert worden sein.

β) *Dekoration der Vorhalle.* Über die Dekoration der Vorhalle berichtet Josephus, dass die ganze Wand um die goldenen Türen her (καὶ ὅλος ὁ περὶ αὐτὴν τοῖχος) vergoldet (κεχρύσωτο) war (*Bell. Jud.* V, 5, 4 § 210; MICHEL-BAUERNFEIND übersetzen: „die Wandfläche um es her", *o.c.,* z.St.). Dies ist offenbar so zu verstehen, dass nach Josephus nur die Türwand vom Fussboden bis zu der Höhe der Türen (des Heiligen) vergoldet war. Über die Dekoration der übrigen Wände der Vorhalle schweigt Josephus. Wo er über die Dekoration der Bauten in Masada spricht, heisst es: „die Wände und die Fussböden" (τοίχων δὲ καὶ τῶν ἐν τοῖς οἰκήμασιν ἐδάφων, *Bell. Jud.* VII, 8, 3 § 290). Das Schweigen des Josephus über die Dekoration der übrigen Wände der Vorhalle, macht es schon wahrscheinlich, dass die Türwand nicht nur eine Vergoldung gezeigt habe. Eine ganz vergoldete Türwand lässt sich auch mit den goldenen Türen kaum vereinen: sie würde den Türen ihre Würde als Zugang zum Heiligen genommen haben. Über die wirkliche Dekoration der Vorhalle schweigt Josephus vielleicht darum, weil sie im Vergleich mit dem damaligen Bauluxus in Rom einfacher Natur gewesen ist. Er verschönert die Wanddekoration der Bauten in Masada, wo er sagt, dass Wände und Fussböden mit Mosaik ausgestattet gewesen sind (§ 290: λίθου στρώσει πεποικιλμένων). Die Ausgrabungen haben zwar schöne Mosaikfussböden ans Licht gebracht, aber keine mit Mosaik verzierten Wände. Über die wirkliche Dekoration der Masadabauten, die dem zweiten

d'histoire offerts à Charles Picard, II, 1949, 881-891; Dies., *L'aigle du culte solaire syrien,* Rev. Archéol., XXXVI, 1950, 129-146. — Siehe auch B. M. GOLDMAN, *Die Religion der Nabatäer,* in *Die Nabatäer,* herausg. von HANS-JÖRG KELLNER, 23-27, S. 26: „der Adler brachte auch die Seelen der Verstorbenen in den Himmel und wahrscheinlich kommt er aus diesem Grund vor allem in der nabatäischen Grabkunst vor".

[259] I. Makk. IV, 57.

pompejanischen Stil [260] ähnlich ist, redet Josephus mit keinem Wort. Im Vergleich mit dem damals in Rom gebräuchlichen vierten pompejanischen Stil, den H. G. BEYEN, der Kenner der pompejanischen Wanddekoration, als „fantastic Style" bezeichnet [261], war die Dekoration der Masadabauten altmodisch. Im Nordpalast (untere Terrasse) gibt es über einem 1.30 hohen, in Paneele verschiedener Farben (u.a. rot, grün, gelb, auch Marmorimitation) geteilten Sockel eine monochrome gelbe Wand (Y. YADIN, *Masada. Herod's Fortress*, 1967, Farbenbild p. 44. 46. 48-49; M. AVI-YONAH u.a., *The Archaeological Survey of Masada*, 1955-1956, *IEJ*, 7, 1957, p. 42 und Fig. I-III, p. 43; siehe auch YADIN, *o.c.*, Farbenbild p. 136-137: Wanddekoration des kleinen Palastes südöstlich der im Norden gelegenen Magazine).

In Masada handelt es sich um Profanbauten. Ein interessantes Beispiel der Dekoration eines aus dem 1. Jahrhundert v. Chr. datierenden Tempels gibt es in Ramm (Jordanien). DIANA KIRKBRIDE (Mrs HELBACK) datiert den Tempel zwar zwischen 70 und 106 n. Chr. (*RB*, 67, 1960, 86), aus der Dekoration lässt sich aber mit Wahrscheinlichkeit schliessen, dass er aus dem 1. Jahrhundert v. Chr. stammt (vgl. AVRAHAM NEGEV, in *RB*, 80, 1973, 364-383, 377; ob auch NEGEV die Datierung auf den Stil der Dekoration gründet, ist nicht klar). Die etwa quadratische Zella liegt in einem ebenfalls etwa quadratischen Hof, dessen Mauern „eingebaute" Säulen haben (siehe aber unten Kap. XIV, S. 1270 f.). Die Wandflächen zwischen den „eingebauten" Säulen haben eine vielfarbige Dekoration, die in jeder Wandfläche zwischen den Säulen verschieden gewesen zu sein scheint (M. R. SAVIGNAC - G. HORSFIELD, *Le Temple de Ramm*, *RB*, XLIV, 1935, 245-278, p. 251 ss.). An einer Stelle ist die Dekoration aus zwei übereinanderliegenden Streifen gebildet (Fig. 6-7, p. 253-254, Aquarelle durch BARROIS). Der obere Streifen zeigt eine Nachahmung von Quadermauerwerk in Stucko, ähnlich dem 1. pompejanischen Stil (Inkrustationsstil). Rot gemalte Gruben mit schwarzem Rand trennen die Quadern, auf deren weisse Front durch schwarz umrandete blaue Bänder eine Raute gemalt ist; in der Mitte der Raute ist eine rote Blume „accostée par deux branches et des feuilles vertes stylisée" (*l.c.*, 253 und Fig. 7, p. 254). Das „Quadermauerwerk" wird unten abgeschlossen durch „une sorte de guirlande de grandes oves séparées par des barres verticales en pointillé rouge". Der ca. 1.75 m hohe untere Teil der Wandfläche zeigt unter der Girlande über einem etwa 1 m hohen gelb gefärbten Paneel ein rotes Band. Vom Fussboden bis zum gelben Paneel gibt es noch drei Bänder: ein rotes, ein gelbes und wieder ein rotes.

Aus der Wanddekoration der Masadabauten oder der des Tempels zu Ramm lässt sich nicht mit Sicherheit schliessen, dass die Vorhalle des herodianischen

---

[260] „Architekturstil", AUGUST MAU, *Gesch. der decorativen Wandmalerei in Pompeji*, 1882, 124 ff.
[261] *BVBA*, XXX, 1956, 54.

Tempels etwa eine ähnliche Wanddekoration gezeigt habe. Sie machen es aber u.E. wohl wahrscheinlich, dass die Wanddekoration der Vorhalle aus mindestens zwei horizontalen Flächen gebildet gewesen ist. Dafür zeugt doch auch Josephus, denn er spricht von der vergoldeten Wandfläche neben den goldenen Türen. Dies impliziert, dass es über der vergoldeten Wandfläche eine Fläche anderer Farbe gegeben hatte. Durch den 70 Ellen hohen offenen Tempeleingang war nicht nur der untere Teil der Türwand, sondern auch der obere Teil sichtbar. Vielleicht darf man annehmen, dass der obere Teil der Vorhallenwände himmelsblau gefärbt gewesen ist. Dafür könnte eine Notiz des Josephus zeugen: der offene Tempeleingang sollte zur Darstellung bringen, dass der Himmel zwar verborgen, aber doch nicht verschlossen ist (*Bell. Jud.* V, 5, 4 § 208: τοῦ γὰρ οὐρανοῦ τὸ ἀφανὲς [MICHEL-BAUERNFEIND, z.St.; NIESE: ἀχανὲς, z.St.] καὶ ἀδιάκλειστον ἐνέφαινε). Das Himmelsblau symbolisiert das Firmament, „hinter" dem der Himmel verborgen liegt. Dass die Wandflächen neben den goldenen Türen bis zur Höhe der Tür vergoldet gewesen seien, dürfte, wie wir oben betonten, kaum wahrscheinlich sein. Wir möchten hypothetisch annehmen, dass die Wände der Vorhalle bis zu der Höhe der goldenen Türen eine gelbe Farbe und die Türwand eine hohe vergoldete „lambris" gezeigt haben. Nach Josephus schien der im Vorhang verarbeitete Byssus die Erde zu symbolisieren (§ 213). MICHEL-BAUERNFEIND übersetzen Byssus durch weisses Linnen (*De Bello Judaico*, II, 1, 1963, 139). Byssus war aber nicht weiss, sondern „brun doré, prèsque jaune, avec des relicts verdàtres"[262]. Die gelben Wandflächen der Vorhalle — wenn wir damit recht haben — könnten die Erde symbolisieren. Über dem Fussboden könnte es eine Plinthe gleicher Farbe, nur dunkler, gegeben haben. Ist der obere Teil der Wände in der Tat himmelsblau gewesen, wird wohl auch die Decke, über die Josephus schweigt, diese Farbe gezeigt haben.

Wie über die Decke schweigt Josephus auch über den Fussboden. Die Ausgrabungen in Masada haben schöne Mosaikfussböden in den Palästen des Herodes und im Badehaus ans Licht gebracht (Y. YADIN, *Masada*, 1967, Farbenbild p. 120-121. 124-125. 129, Fig. p. 127) und Josephus hatte sie, wie wir sahen, selbst gesehen (*Bell. Jud.* VII, 8, 3 § 290)[263]. Dass er über den Fussboden des Tempels schweigt,

---

[262] M. N. BOUILLET, *Dict. universell des Sciences, des Lettres et des Arts*, 1896, 217, s.v.

[263] Ausgrabungen im jüdischen Qartier der Altstadt von Jerusalem (1969-1971; unter der Leitung von N. AVIGAD) haben in Wohnhäusern der herodianischen Zeit sowohl Mosaikfussböden als „stone-tile pavements" ans Licht gebracht. „It would seem ( ) that mosaic floors were in fairly wide use in this well-to-do residential quarter soon after their introduction in Jerusalem" (N. AVIGAD, *Archaeological Discoveries in the Jewish Quarter of Jerusalem Second Temple Period. The Israel Mus. Jerusalem*, Cat. Nr. 144, 1976, p. 15 f.). Auch Wandmalereien sind ermittelt worden. „The most common scheme in the wall-paintings was a division into square and rectangular panels" (*id.*, p. 17). ;Ders., in *Jerusalem Revealed*, 1975, 41-51, Fig. gegenüber p. 41, Mosaikfussboden (Farbbild) in schwarz und

läst sich doch nur so erklären, dass hier keine Mosaikfussböden angewendet worden sind. An „heidnischen" Tempeln waren sie nicht unbekannt. Die Vorhalle des Zeustempels in Olympia hatte einen Fussboden aus Kieselmosaik (MARTIN ROBERTSON, *Greek Mosaics*, *JHS*, LXXXV, 1965, 72-89, p. 85; W. DÖRPFELD, *Olympia* II, 10, Taf. CV, bei ROBERTSON, *l.c.*; A. BAUMEISTER, *Denkmäler des klassischen Altertums*, II, 1887, 927 und Abb. 998-999). Zellamosaik hatte der Tempel von Lykosura (*Ephemeris*, 1899, Taf. 3, bei KOHL-WATZINGER, *Antike Synagogen in Galilaea*, 146, Anm. 3). Auch am Tempel von Assos ist Mosaik angewendet worden (*Papers of the American Archaeol. Inst.*, 1882, Taf. 7; *id.*). In Masada haben nur Profanbauten einen Mosaikfussboden; er fehlt in der dort entdeckten Synagoge, deren älteste Anlage nach der Meinung der Ausgräber aus der Zeit des Herodes stammt (YADIN, *Masada*, 1967, 181 ff.). Die ältesten Synagogen Palästinas hatten durchweg einen Fussboden aus Steinplatten; erst die jüngeren haben Mosaikfussböden [264]. Trotz des Bilderverbotes gibt es dann figürliches Mosaik, während Herodes in Masada das Bilderverbot genau beachtet hat. Auch ohne figürliche Darstellungen war aber die Anwendung von Mosaikfussböden ein heidnischer Brauch und dies erklärt, dass es solche weder am Jerusalemer Tempel, noch in den ältesten Synagogen gibt. Josephus' Notiz, dass der nicht überdachte Teil des Aussenhofes mit vielerlei bunten Steinen gepflastert war (*Bell. Jud.* V, 5, 2 § 192/193: τὸ δ' ὕπαιθρον ἅπαν πεποίκιλτο παντοδαπῷ λίθῳ κατεστρωμένον) hat hier kein Gewicht, denn es handelt sich erstens um den auch den Heiden zugänglichen Aussenhof und zweites ist an Mosaik im echten Sinne des Wortes nicht zu denken. Den Fussboden der Vorhalle des Tempels möchten wir uns aus weissen Steinplatten vorstellen, sogar ohne eine Umrandung entlang den Wände: es sollte der Blick unmittelbar auf den mächtigen Raum und den über der Tür prangenden goldenen Weinstock gerichtet werden.

Im 19. Jahrhundert hatte G. B. WINER angenommen, dass der Weinstock über den Tempeleingang gestellt gewesen ist (*Bibl. Realwörterb.*, II, 1848, 585/586) und L. H. VINCENT setzte ihn 1909 ebenfalls an dieser Stelle an (*RB*, VI, 1909, 556). FRIEDRICH SPIESS betonte aber 1881, dass der Weinstock nicht an der Front des Tempels hing (*Das Jerusalem des Josephus*, 1881, 86 Anm. ***). Aus *Bell. Jud.* V, 5, 4 § 210 (vgl. *Antiq.* XV, 11, 3 § 395) geht klar hervor, dass er über der Tür des Heiligen, also in der Vorhalle, hing. Die genaue Stelle, oberhalb der Tür und unterhalb des Oberlichtfensters, glauben wir oben klar gemacht zu haben (Abb. 247). Wenn die Trauben auch nicht mannshoch (*Bell. Jud.* V, 5, 4 § 211) gewesen sein können, müssen sie beträchtlich grösser gewesen sein als sie heute vorkommen (in Palästina

---

rot; ausschiesslich geom. Motive. — Über einen Fussboden „en opus sectile" im Palast des Herodes in Jericho, siehe *RB*, 82, 1975, 272 s., E. NETZER.

[264] Siehe Kap. XV, Abschn. II: Synagogenbau.

zeichnet sich übrigens die Traube durch ihre Grösse sehr aus, vgl. Num. 13, 23).
Bis zu welcher Höhe die Ranken herabreichten (*Antiq.* XV § 395: τοὺς βότρυας
ἀπαιωρουμένους) lässt sich übrigens nicht ausmachen [265].

Der goldene Weinstock (er wird auch von Tacitus, *Hist.* V, 5 erwähnt: „vitisque
aurea ⟨in⟩ templo reperta") brachte anschaulich das prophetische Wort Jer. 2, 21
vor Augen, wo Jahwe spricht: „Ich aber hatte dich eingepflanzt als Edelrebe,
lauter echtes Gewächs ..." (vgl. Ez. 19, 10; Joel, 1, 7). „Dieses Bild war ein Symbol
für das von Gott behütete Israel, ein Paradiessymbol, das auf die Zukunft der un-
eingeschränkten Gottesherrschaft hinwies" [266].

MELCHIOR DE VOGÜÉ, der „an evident connection" zwischen dem Tempel in Sîʿa
und dem Jerusalemer Tempel meinte annehmen zu können (zu Unrecht), sah am
Tempel in Sîʿa „a well-sculptured vine branche, which adorns the gate of the
Sanctuary, just as the golden vine did that of the Temple of Jerusalem" [267]. Die
Weinrebe hatte in Sîʿa als Symbol der Fruchtbarkeit gegolten [268]. Schon im zweiten
Tempel wird es einen goldenen Weinstock gegeben haben. Josephus berichtet, dass
Aristobul (65 v. Chr.) dem Pompeius in Damaskus einen goldenen Weinstock im
Wert von 500 Talenten schenkte (*Antiq.* XIV, 3, 1 § 34). Es ist aber fraglich, ob
wir es hier mit einem Weinstock zu tun haben. Josephus zitiert Strabo, der sagt,
er habe das Geschenk „das sowohl einen Weinstock als einen Garten (εἴτε ἄμπελος
εἴτε κῆπος) darstellte, zu Rom im Tempel des Jupiter Capitolinus gesehen. Es trug
die Aufschrift: „Geschenk Alexanders, des Königs der Juden". Man nannte es
Terpole und man schätzte seinen Wert auf 500 Talente (§§ 35-36). KURT GALLING
stellt die Terpole in die Reihe der Adonisgärten und er meint Τερπωλ könnte Um-
schrift eines semitischen Wortes trpl (terpol, tarpol) sein, das auf eine „frische
Planzung" hinweist [269].

Antiq. XV, 11, 3 § 395 heisst es, dass der goldene Weinstock oberhalb der Vorhänge (καθύπερθε δ' αὐτῶν) war (der Plur. erklärt sich natürlich daraus, dass der Vorhang zweibahnig war). Sachlich ist dies sicher falsch, denn der Weinstock war in der
Vorhalle, der Vorhang im Heiligen. Optisch ist es jedoch richtig, denn von der

[265] „Die ganze Figur soll nach der Mischna nach und nach durch von Zeit zu Zeit dem Tempel
geschenktes Gold verfertigt worden sein" (G. B. WINER, *Bibl. Realwörterb.*, II³, 1848, 586, Anm. 2).
[266] H. BURGMANN, in *ThZ*, 27, 1971, S. 395. — Das Symbol kommt auch an Felsgräbern vor,
siehe *Short Guide to the Rock-cut tombs of Sanhedriyya*, 1956, Fig. 1, p. 6; sie datieren aus dem 1. Jahrh. v.-
1. Jahrh. n. Chr. (p. 3). — An Synagogen (2.-7. Jahrh.) ist es eins der am meisten vorkommenden
Symbole.
[267] In WILSON-WARREN, *Recovery of Jerusalem*, II, 1871, 420; H. C. BUTLER, *Syria*, Div. II A, Fig.
325, p. 375 und Fig. 371, p. 429.
[268] Vgl. E. L. EHRLICH, *Die Kultsymbolik im alten Testament und im nachbibl. Judentum*, 1959, 91. —
Siehe auch *Syria*, X, 1929, 318, H. SEIRIG.
[269] *Die* Τερπωλη *des Alexander Jannäus* (*Festschrift für Otto Eissfeldt*, 1958, 49-62, S. 57 ff.).

Vorhalle aus gesehen war der Weinstock (bei geöffneten Türen) oberhalb des Vorhanges. Die Stelle zeugt dafür, dass der Vorhang auch für die Vorhalle dekorative Bedeutung hatte. Er gehörte aber zum Heiligen und wird erst unten beschrieben werden.

γ) *Dekoration des Heiligen.* Über die Dekoration des Heiligen schweigt Josephus ganz. Vielleicht erklärt sich dies daraus, dass er die Sicht nicht vom Vorhang (des Heiligen und des Allerheiligsten) und von den drei weltberühmten Kunstwerken im Heiligen: dem goldenen Leuchter, dem goldenen Tisch und dem goldenen Rauchfass (*Bell. Jud.* V, 5, 5 §§ 216-218; darüber im nächsten Abschnitt: Die Kultgeräte) hat ablenken wollen. Josephus hatte damals aber den Plan, über Jerusalem, den Tempel, die Gesetze und Gebräuche der Juden ein Werk zu schreiben (§ 237); vielleicht würde er darin auch etwas über die Dekoration des Heiligen gesagt haben. Das Werk ist aber verloren gegangen, oder nie geschrieben worden.

Dass das Heilige kein kahler, nur einige Kultgeräte enthaltender Raum gewesen ist, geht aus der Notiz *Bell. Jud.* VI, 4, 7 § 260 hervor. Als Titus zusammen mit seinen Offizieren das Heilige beschaute [270], war alles „noch viel erhabener als sein Ruf bei den Fremden, und doch stand es dem nicht nach, was ihm die Einheimischen an Ruhm und Glanz zusprachen" (Übers. MICHEL-BAUERNFEIND, *De Bello Judaico*, II, 2, 1969, z.St.). Die Wände des Hēkal des salomonischen Tempels waren mit Zedernholz verkleidet (I. Kön. 6, 15). Dass auch das Heilige des herodianischen Tempels eine Täfelung gezeigt hat, darf man annehmen. Der etwa 27 m hohe Raum hätte, als ein römischer Soldat Feuer an die Türangeln (des Heiligen) legte (*Bell. Jud.* VI, 4, 7 §§ 265-266), nicht sofort lichterloh brennen können, wären die Wände nicht bis zu einer verhältnismässig grossen Höhe getäfelt gewesen (vgl. L. H. VINCENT, *Jérusalem*, II-III, 1956, 462). Die Täfelung könnte die Höhe der Tür gehabt haben (Abb. 250). Vielleicht lässt sich dies auch aus der rätselhaften Notiz Middot IV, 1 b wahrscheinlich machen. Es heisst: „das ganze Haus war übergoldet ausser dem Raum hinter den Türen" (OSCAR HOLTZMANN, *Middot*, 1913, 88-89). Dass man die Flächen hinter den zurückgeschlagenen Türen kahl gelassen hätte, ist natürlich ausgeschlossen. Der Verfasser des Traktates denkt, wie aus der Erwähnung der Türen hervorgeht, an das Heilige. Es soll ganz übergoldet gewesen sein. Offenbar hatte es aber eine Tradition gegeben, dass die Wände bis zu der Höhe der Türen nicht vergoldet gewesen sind, sondern eine Täfelung gezeigt hatten. Der Verfasser des Traktates hätte dies nun so geändert, dass der Raum hinter den Türen — was

---

[270] Dass Titus das Allerheiligste betreten habe (so bei CLEMENTZ, z.St.), sagt Josephus nicht; τὸ ἅγιον ist das Heilige; wir dürfen es aber wohl mit Sicherheit annehmen. Vgl. MICHEL-BAUERNFEIND, II, 2, 1969, 175, Anm. 114.

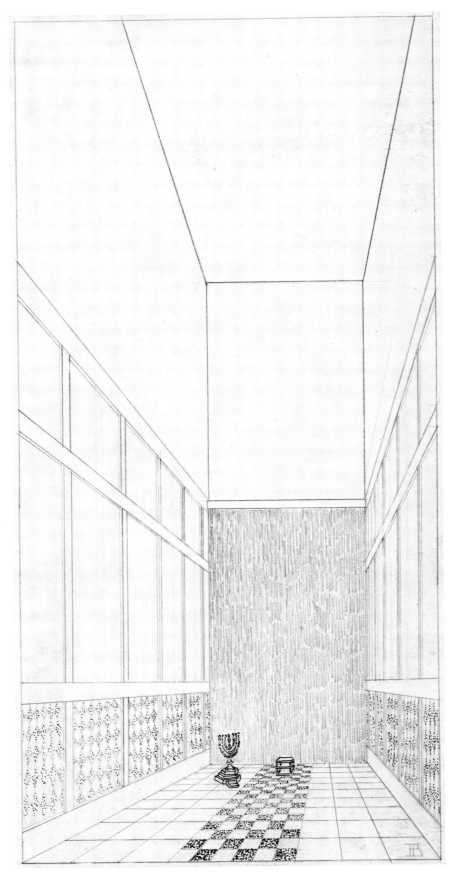

Abb. 250. Das Heilige des herodianischen Tempels. (Rekonstr. Th. A. Busink)

ursprünglich neben den Türen geheissen haben könnte — nicht vergoldet war. Die rätselhafte Stelle lässt sich freilich, wie wir Kap. XVIII. (Der Tempel nach dem Traktat Middot) sehen werden, auch anders erklären. Wir möchten annehmen, dass die Wände oberhalb der Täfelung vergoldet gewesen sind. Dass nun die Täfelung ganz unverziert gewesen sei, dürfte kaum wahrscheinlich sein. Sie könnte aus stiliertem Ornament zusammengestellte Friese — in Schnitzarbeit — gezeigt haben [271]. Doch sind wir hier auf Vermutungen angewiesen.

Von den Hallen des Aussenhofes sagt Josephus, dass sie eine Zedern kassetten-decke hatten (*Bell. Jud.* V, 5, 2 § 190: κεδρίνοις δὲ φατνώμασιν ὠρόφωντο). Die *Phatnomata* stammen aus dem griechischen Tempelbau. Sie dienten ursprünglich „um das Gewicht der monolithen Tafeln welche die Abstandsweiten der Balken überdecken unbeschadet der Tragfähigkeit zu erleichtern" (KARL BOETICHER, *Die Tektonik der Hellenen*, I, 1874, 104). Die aus dem Tempelbau stammende Kunstform wurde aber auf Decken der privaten Gemächer übertragen (*ibid.*). Dafür zeugen auch Wand-malereien der Spätzeit in Pompeji (u.a. Casa der Bell' Impluvio, *AA*, 1956, Abb. S. 11). Aus der Anwendung der Kassettendecke an den Hallen des Aussenhofes lässt sich natürlich noch nicht schliessen, dass auch das Heilige des Tempels eine Kassettendecke gezeigt habe. Dass Josephus die Decke der Hallen erwähnt und über die des Heiligen schweigt, zeugt wohl eher dafür, dass diese aus der heidnischen Architektur stammende Kunstform am Heiligen des Jerusalemer Tempels nicht angewendet worden ist. Wir möchten uns die Decke glatt und vergoldet vorstellen.

Josephus schweigt auch über den Fussboden. Dass er aus Steinplatten gebildet gewesen ist, dürfen wir annehmen, sonst hätte Josephus nicht erzählen können, dass Titus, als der Tempel schon brannte, das Heiligtum betreten habe (*Bell. Jud.* VI, 6, 4 § 260). Der wichtigste liturgische Akt, welche im Heiligen vollzogen wurde, war, so scheint uns, einmal im Jahre das Hineinschreiten des Hohenpriesters zum Allerheiligsten, um dies zu betreten. Dieser Gang des Hohenpriesters zum Aller-heiligsten könnte in dem Fussboden durch Fliessen auffälliger Farbe angedeutet gewesen sein (Abb. 250). Durch diesen „sakralen Weg" im Heiligen wäre der Blick der Priester unmittelbar auf den Vorhang des Allerheiligsten gerichtet gewesen. Dieser Vorhang hatte den Zweck, „auf Gottes Anwesenheit in verschleierter Weise aufmerksam zu machen" (ANDRIESSEN, in *BZ*, NF 15, 1971, 80). Er scheint in der Hauptsache ähnlich dem Vorhang des Heiligen gewesen sein.

---

[271] „In Palestine a vigorous native art developed under the Herods, with its own characteristic blend of Hellenism with Canaanite decorative traditions" (AVI-YONAH, *Oriental Elements in the Art of Palestine in the Roman and Byzantine Periods*, *QDAP*, X, 1944, 105-151, p. 106). Die sechsstrahlige Rosette „is an almost universal ornament" und wurde beinahe ausschliesslich für jüdisches Ornament im 1. Jahrh. v. und n. Chr. gewählt (p. 112). Siehe auch Ders., *id.*, XIII, 1948, 128-165; XIV, 1950, 49-80 (reiches Bildmaterial).

Bell. Jud. V, 5, 4 § 212-214 wird der Vorhang des Heiligen beschrieben: „Vor diesen [*sc.* den Türen] hing ein ebenso langer Vorhang, ein babylonisches Gewebe, buntgewirkt aus blauen, gelben, scharlachroten und purpurnen Stoffen, eine wunderbare Arbeit bei der man die Zusammenstellung des Materials nicht ohne Überlegung gewählt hatte, denn es sollte gleichsam ein Abbild des Alls sein. Mit dem Scharlachrot schien auf versteckte Weise das Feuer angezeigt, mit dem Gelb die Erde, mit dem Blau die Luft, mit dem Purpur das Meer. In zwei Fällen war der Vergleich auf Grund der Farbe, beim Gelb und beim Purpur aber auf Grund der Herkunft, denn jenes liefert die Erde, dieses stammt aus dem Meer. Das Gewebe bildete das ganze sichtbare Himmelsgewölbe ab, mit Ausnahme der Bilder des Tierkreises".

Die Bezeichnung „ein babylonisches Gewebe" [272] ist nicht so zu deuten, dass der Vorhang durch Babylonier verfertigt worden ist. „Nach Plinius hist. nat. 8 § 196 wurde die Kunst, Bilder in die Kleider zu weben, besonders rühmlich in Babylon betrieben, woher sie auch ihren Namen erhielt" (MICHEL-BAUERNFEIND, *De Bello Judaico*, II, 1, 1963, 254, Anm. 79). Herodes hatte aber schon im Anfang seiner Regierung einen aus Babylon berufenen Priester, Ananel, zum Hohenpriester ernannt (*Antiq.* XV, 2, 4 § 22; 3, 1 § 39); er hatte also gute Verbindungen zu den babylonischen Juden und der Vorhang könnte in Babylon durch babylonische Juden verfertigt worden sein. Siehe aber J. JUSTER, *Les Juifs dans l'empire romain* II, 1914, 306, n. 3: Jérusalem comme centre d'industrie textile.

Herodes hat, wie wir gesehen haben, selbst in Masada das Bilderverbot genau beachtet [273] und auch auf dem Vorhang, dies besagt die Bemerkung: „mit Ausnahme der Bilder des Tierkreises", gab es keine Darstellungen lebender Wesen. Josephus hatte damit, wie MICHEL-BAUERNFEIND betonen, dem Vorwurf begegnen wollen, die Juden hätten Tiere verehrt (*o.c.*, 254, Anm. 80). Die Bemerkung ist aber wohl auch im Lichte der Bezeichnung „ein babylonisches Gewebe" zu sehen. Aus Babylon stammende Gewebe zeigten sicher oft die Bilder des Tierkreises, der ja babylonischen Ursprungs ist (A. JEREMIAS, *Hb. der altorient. Geisteskultur*², 1929,

---

[272] V § 212: πέπλος Βαβυλώνιος. *Bell. Jud.* V, 5, 5 § 217 heisst es, die zwölf Brote auf dem Tisch des Heiligtums bedeuten den Tierkreis und das Jahr; *Antiq.* III, 7, 7 § 186: die 12 Edelsteine auf dem Brustschild des Hohenpriesters entsprechen den 12 Monaten oder der Zahl 12 des Tierkreises.

[273] In Privathäusern, ausgegraben im jüdischen Quartier der Altstadt von Jerusalem (Zeit des Herodes), gibt es in Fussbodenmosaiken auch keine „faunal motifs" (AVIGAD, *Archaeol. Discoveries...*, The Israel Mus. Jerusalem, Cat. Nr. 144, 1976, p. 16). Wohl in Häusern der Oberstadt. Hier gibt es in Wandmalereien „birds on a stylised architectural-floral background of trees, wreaths, buildings and the like" (M. BROSHI, *Excavations in the House of Caiaphas, Mount Zion, Jerusalem Revealed*, 1975, 57-60, p. 58 und Pl. III). „It would appear that in the splendid private houses at the summit of the Upper City, the wealthy allowed themselves to be lax in the prohibition against graven images" (*ibid.*).

202). Es sollte also besonders betont werden, dass der Vorhang des Jerusalemer Tempels, wiewohl ein babylonisches Gewebe, die Bilder des Tierkreises nicht gezeigt habe.

Nach Josephus symbolisierte der farbenreiche Vorhang das Weltall. Feuer, Luft, Wasser und Erde sind die vier „Elemente" der Stoiker, die im Anschluss an Empedokles und Aristoteles nicht, wie Heraklit, drei sondern durch Einschiebung der Luft, vier Elemente zählen (PAUL DEUSSEN, *Die Philosophie der Griechen*[3], 1931, 416). Josephus gibt mit dem philosophischen Gedanken seine eigene Ansicht über die Symbolik des Vorhanges wieder. MICHEL-BAUERNFEIND betonen, dass das farbige Material zunächst einfach durch die biblische Tradition bestimmt gewesen ist (*o.c.*, II, 1, 1963, 254, Anm. 79). Die Symbolik des Vorhanges lässt sich wohl nicht aus den angewendeten Farben, sondern aus dem auf dem Vorhang dargestellten Himmelsgewölbe bestimmen. An vielen Stellen des Alten Testaments wird der Sternenhimmel erwähnt, zur Verherrlichung Jahwes. Ps. 148, 3: „Rühmet ihn, Sonne und Mond, rühmet ihn; alle leuchtenden Sterne!". Der Vorhang wird den Eingang zum Himmel symbolisieren. *Antiq.* XV, 11, 3 § 394 heisst es, dass im Vorhang Säulen (doch wohl zwei) eingewoben waren. Von den Säulen des Himmels redet Hiob 26, 11: „Des Himmels Säulen (עמודי שמים) werden ins Wanken gebracht und entsetzen sich vor seinem Dräuen". Die im Vorhang eingewobenen Säulen könnten die Himmelssäulen versinnbildlichen. Die Säulen Jachin und Boas des salomonischen Tempels werden im Talmud mit Sonne und Mond in Beziehung gebracht [274]. Vielleicht haben wir anzunehmen, dass Sonne und Mond über den im Vorhang eingewobenen Säulen prangten [275]. Ähnlich hatte später der Mönch Kosmas (der sog. Indikopleustes) Sonne und Mond über die beiden Himmelssäulen gestellt (ROBERT EISLER, *Weltenmantel und Himmelszelt*, II, 1910, 628 f., 629, Anm. 1 und Fig. 79, S. 624). Nach der Meinung EISLERS hatte freilich Kosmas „weder aus dem Talmud, noch aus den Bibelkommentaren der Syrer, sondern aus der gemeinsamen Urquelle all dieser Traditionen geschöpft" (*o.c.*, 625). Ist der Vorhang des Heiligen als Versinnbildlichung des Eingangs des Himmels aufzufassen, wobei selbstverständlich nicht an ein Tor, sondern an das Himmelsgewölbe zu denken ist, so versinnbildlichte das Heilige den Himmel. So kann auch PAUL ANDRIESSEN sagen: „Wenn die Priester und die Leviten durch den ersten Vorhang ..., das Heilige betraten, war das wie ein Schreiten durch das Firmament und ein Hineingehen in den Himmel der Engel" [276].

---

[274] S. FUNK, *Monumenta Talmudica*, 1913, 239.

[275] „Gegen die Sonnenverehrung polemisiert der Talmud. Als Kompromiss einigte man sich schliesslich darauf, Bilder von Planeten zu erlauben, jedoch solche von Sonne und Mond zu verbieten..." (EHRLICH, *Die Kultsymbolik*, 1959, 94). Daraus lässt sich doch wohl schliessen, dass sie vordem abgebildet worden sind.

[276] *Das grössere und vollkommenere Zelt* (Hebr. 9, 11), *BZ*, 1971, 76-92, S. 84/85.

δ) *Dekoration des Allerheiligsten.* Weder aus Josephus' Notiz, dass sich im Allerheiligsten nichts befand (*Bell. Jud.* V, 5, 5 § 219), noch aus der Tatsache, dass dieser
Raum ganz dunkel war, lässt sich schliessen, dass das Allerheiligste ganz unverziert
gewesen sei. Aus Middot IV, 5 c, wo es heisst, dass man die Arbeiter (wohl bei
Reparaturarbeiten) vom Obergeschoss aus in Kasten herablies, „damit sie nicht
ihre Augen am Raum des Allerheiligsten weideten" (HOLTZMANN, *Middot*, 1913,
94/95), geht mit Wahrscheinlichkeit hervor, dass die Wände des Allerheiligsten
eine Dekoration gezeigt haben und dabei ist wohl an Vergoldung zu denken.
JOACHIM JEREMIAS weist hin auf Tos. Scheq. III, 6 und Scheq. IV als Stellen, welche
für Vergoldung des Allerheiligsten zeugen (*Jerusalem zur Zeit Jesu*², 1958, 1. Teil,
S. 26). SAUL LIEBERMANN schliesst aus der rabbinischen Literatur, dass es in dem
Tempel einen Kasten gegeben habe für Gaben an Gold, das dargebracht wurde
„to make golden plates for the Holy of Holies only" (*Hellenism in Jewish Palestine*,
1950, 170). Dass das Allerheiligste mit Goldplatten verkleidet gewesen sei, dürfte
kaum wahrscheinlich sein, denn Titus würde sie geraubt und später in dem Triumph
in Rom mitgeführt haben, was Josephus nicht unerwähnt gelassen hätte.

Spätjüdische Texte könnten dafür zeugen, dass man das Allerheiligste symbolisch
als Gottes Thron betrachtet hat. Es ist in diesen Texten „wiederholt davon die
Rede, dass sich vor dem Thron Gottes ein Vorhang befinde" [278]. Im äthiopischen
Henoch-Buch stehen in dem Thronsaal Gottes die zahllosen diensttuenden Engel.
„Aber sie sehen den thronenden Gott nicht; denn der Thron ist einerseits durch die
Rückwand des Saales, andererseits durch einen Vorhang abgeschirmt" (KLAUSER,
1960, S. 142). KLAUSER meint, die himmlische Vorhangvorstellung sei „aus der
Palasteinrichtung und dem Hofzeremoniell der orientalischen Höfe herzuleiten"
(*ibid.*). Am sassanidischen Königshof und wohl schon am achaemenidischen verlangte die Etikette, „dass der König sich für gewöhnlich verborgen hielt und selbst
für die höchsten Höflinge unzugänglich und unsichtbar blieb" (*ibid.*). Die Wahrscheinlichkeit spricht dafür, dass die Henoch-Literatur und die Qumran-Texte
iranische Ideen enthalten (u.a. Widerstreit der gegefallenen Engel mit den guten
Geistern; ausgeprägter Dualismus in der sog. Sektenregel III, 13-IV, 26; siehe
RUDOLF MAYER, *Monotheismus in Israel und in der Religion Zarathustras*, *BZ*, NF, I,
1957, 23-58, S. 57). Es gibt aber keinen Grund anzunehmen, dass die himmlische
Vorhangvorstellung in spätjüdischen Texten aus der sassanidischen Palasteinrichtung
und dem sassanidischen Hofzeremoniell herzuleiten sei. Die Anlage des Jerusalemer
Tempels mit dem durch einen Vorhang verschlossenen Allerheiligsten, hinter dem
der Gott unsichtbar thront, bildete u.E. das Vorbild für die himmlische Vorstellung.

---

[277] THEODOR KLAUSER, *Der Vorhang vor dem Thron Gottes. Jhrb. für Antike und Christentum*, 3,
1960, 141-142, S. 141.

C — DIE KULTGERÄTE DES TEMPELS

1. *Der Brandopferaltar*. Der vor dem Tempelgebäude stehende, aus unbehauenen Steine errichtete Brandopferaltar war nach Josephus 50 × 50 Ellen (23.10 × 23.10 m) gross und 15 Ellen (6.93 m) hoch[278]. Nach Middot (III, 1-4 b) war der Altar 32 × 32 Ellen (16.80 m; die Elle zu 52.5 cm) mit einer Höhe von 8 Ellen (4.20 m; *id.*) (HOLTZMANN, *Middot*, 1913, 74 ff.). Middot beschreibt den Altar als gestuft; Josephus schweigt über einen stufenförmigen Aufbau. Aus Middot lässt sich nicht unbedingt schliessen, dass der Altar des herodianischen Tempels in der Tat gestuft gewesen ist, denn der Verfasser des Traktates könnte den Altar des ezechielischen Tempelentwurfs als Vorlage benutzt haben, wenn die Masse auch verschieden sind. Da Josephus wohl die Hörner des Altares erwähnt und zwar unmittelbar, nachdem er auf die viereckige Gestalt des Altars gewiesen hat (τετράγωνος ἵδρυτο[279], κερατοειδεῖς προανέχων γωνίας), ist vielleicht anzunehmen, dass die Stufen für den Anblick kaum Bedeutung hatten. Dass der Altar nach dem Altargesetz (Ex. 20, 25) aus unbehauenen Steinen gebaut war, folgt aus Josephus' Bemerkung, dass der Altar ohne Anwendung eines eisernen Werkzeuges ausgeführt war (§ 225: κατεσκευάσθη δ' ἄνευ σιδήρου). Schwerlich hatte er davon aus Autopsie Kenntnis gehabt, denn wir dürfen annehmen, dass der Altar verputzt war. Nach Middot III, 4 b wurde der Altar jährlich zweimal getüncht, was freilich nicht impliziert, dass er auch verputzt war. Der Aufgang des Altars, nach Josephus ein sanft ansteigender Weg, lag auf der Südseite (§ 225). Nach Middot war der Weg 32 Ellen lang (genau die Seite des Altars) und 16 Ellen (32 : 2!) breit (III, 3 b).

Die Frage ist nun, ob der Altar nach den von Josephus gegebenen Massen, oder nach den Massen des Traktates Middot zu rekonstruieren sei. FRIEDRICH SPIESS hatte im vorigen Jahrhundert aus räumlichen Gründe die im Traktat genannten Masse für die wahrscheinlichsten gehalten (*Das Jerusalem des Josephus*, 1881, 92). L. H. VINCENT folgt Josephus: 50 × 50 Ellen (*Jérusalem*, II-III, 1956, 455). VINCENT meint: „le fait dûment établi que sa description s'applique à un édifice concret qu'il a eu longtemps l'opportunité de scruter en détail suggère de préférer son autel à celui de la Mishnah" (*RB*, 61, 1954, 417). Es scheint uns, dass die Frage durch eine Betrachtung der zum Altar hinaufführender Rampe zu lösen ist. Auch SPIESS ist diesen Weg gegangen; er meinte, mit den von Josephus genannten Massen des Altars gäbe es für eine sanft ansteigende Rampe im Innenhof keinen ausreichender Raum. Dies ist kein stichhaltender Grund, denn für den Umfang des Innenhofes sind wir auf Middot angewiesen; der Innenhof des herodianischen Tempels könnte

---

[278] *Bell. Jud.* V § 225.
[279] MICHEL-BAUERNFEIND übertragen τετράγωνος ἵδρυτο mit „stand er als ein Block mit quadratischer Deckfläche da" (*o.c.*, z.St.). CLEMENTZ hat u.E. besser „viereckig von Gestalt".

grösser gewesen sein als der, welcher sich aus dem Traktat ableiten lässt. Die Frage ist nicht, ob genug Raum für die Rampe da war, sondern wie die Rampe sich zu der Front des Tempels verhalten habe. *Naos* und Altar bildeten eine sakrale Einheit, da ist anzunehmen, dass der Anfang der Rampe nicht ausserhalb der Flucht des Tempelgebäudes gelegen habe. Mit den im Traktat genannten Massen liegt der Anfang der Rampe zwei Ellen nach innen (16 [halbe Seite des Altars] + 32 [Länge der Rampe] = 48 Ellen; 50 [halbe Breite der Tempelfront] — 48 = 2 Ellen). Da der Altar nach dem Traktat 8 Ellen hoch ist, hat die Rampe eine Neigung von 1 : 4. Diese Neigung liess sich auch am Altar von Samaria-Sebaste feststellen [280]. Diese Neigung darf man wohl auch für die Rampe des Altars des herodianischen Tempels annehmen.

Nach Josephus war der Altar 15 Ellen hoch, was für die Rampe eine Länge von 60 Ellen ergibt. Da nach Josephus der Altar 50 × 50 Ellen gross war, würde der Anfang der Rampe 35 Ellen aus der Flucht des Tempelgebäudes gelegen haben. Es ist aber, wie wir oben betonten, anzunehmen, dass der Anfang der Rampe nicht über die Flucht des Tempelgebäudes hinaus gelegen habe. Wir schliessen daraus, dass der Altar des herodianischen Tempels nicht 50 × 50 Ellen gross und 15 Ellen hoch gewesen sein könne.

Es fragt sich, wie die von Josephus genannten Masse des Altares vielleicht zu erklären seien. Das Mass 50 Ellen liesse sich möglicherweise aus Übertreibung erklären. Josephus könnte an den Riesenaltar von Pergamon gedacht haben [281]. Er könnte von diesem Altar gehört haben, gesehen hatte er ihn wohl nicht [282]. Ähnliche Riesenaltären gab es auch in Ephesus, Priene, Magnesia. Die Kolossalmasse sind aber nicht die des Altares selbst, sondern die des Unterbaues. „Der eigentliche Brandaltar, [Pergamon] nach Pausanias V, 13, 8 ebenso wie der Zeusaltar in Olympia aus der Asche verbrannter Schenkel der Opfertiere aufgehäuft, erhob sich in der Mitte der Plattform eines etwa 30 m langen und breiten, 5-6 m hohen Unterbaues" (A. BAUMEISTER, *Denkmäler des klassischen Altertums*, II, 1887, 1216). Solche Altäre sind Vertreter der aus Kleinasien bekannten Hofheiligtümer (siehe ANTON BAMMER,

---

[280] *Harvard Excav.*, II, Pl. 3; in der Zeichnung hat die Rampe eine Neigung von etwa 1.4.

[281] Ampelius (4. oder 5. Jahrh.) hat den Gigantenaltar von Pergamon als eins der Weltwunder gepriesen (*de miraculis mundi* § 14), bei EDUARD SCHULTE, *Der Pergamon Altar. Entdeckt, beschrieben und gezeichnet von Carl Humann*, 1871, 24. — A. CONZE, u.a., *Altertümer von Pergamon*, III, 1, 1906: *Der grosse Altar.*

[282] In Rom hatte Josephus sicher den berühmten Ara Pacis Augustae gesehen. „Der eigentliche Opferaltar, ein rechteckiger erhöhter Tisch mit einer vorgelagerten, von zwei Wangen eingefassten Treppe, befindet sich im Inneren eines nahezu quadratischen, 11.63 m breiten und 10.62 m langen Bezirks, der ringsum von etwa 5 m hohen Mauern umgrenzt, oben jedoch offen ist. Der Bau ingesamt ruht auf einem etwa 1.30 m hohen profilierten Podium und hat zwei Zugänge" (ADOLF H. BORNBEIN, *Die Ara Pacis Augustae. Geschichtliche Wirklichkeit und Programm*, *JDAI*, 90, 1975, 242-266, S. 243, und Abb. 1, S. 247, schöne perspekt. Rekonstr.).

Der Altar des jüngeren Artemisions von Ephesus, *AA*, 1968, 400-423 und Abb. 34 gegenüber S. 420, Plan, Abb. 32 gegenüber S. 418 Rekonstruktionsversuch). Ein Beispiel aus dem 4. Jahrhundert v. Chr. ist in Samothrace ans Licht gekommen (*Hesperia* 22, 1953, 18 und Pl. 9, Gebäude G). KARL LEHMANN bezeichnet ihn als den Vorgänger des grossen Altares von Pergamon (*ibid.*). Apokal. 2, 13 meinte der Verfasser den Riesenaltar von Pergamon (JOH. DE GROOT, *Die Altäre des salomonischen Tempelhofes*, *BWAT*, NF 6, 1924, 71). Während das Mass 50 Ellen sich möglicherweise aus Übertreibung erklären liesse, befriedigt dies für das Höhenmass (15 Ellen) kaum. Es würde dann eher 20 Ellen geheissen haben. Wir halten es für möglich und wahrscheinlich, dass die von Josephus genannten Massen des Altares nicht als Ellen-, sondern als Fussmasse aufzufassen sind. In Josephus Notizen wird Fuss gestanden haben, er schrieb irrtümlich Ellen, was sich daraus erklären lässt, dass auch die Masse des Tempelgebäudes in Ellen ausgedrückt sind. Wir erhalten nun für den Altar Masse, welche denen des Altares des Traktates Middot nahe kommen: 50 Fuss = 15.50 m (Middot 32 Ellen = 16.80 m) Das Mass 32 Ellen (Middot) stimmt aber nicht zu der von Herodes am Tempel benutzten Masseinheit von 5 Ellen. Wir dürfen aber wohl mit grosser Wahrscheinlichkeit annehmen, dass das Mass 32 Ellen sekundär entstanden ist. Dafür zeugt Middot III, 1 b, wo es heisst, der Altar sei ursprünglich 28 × 28 Ellen gross gewesen. Später habe man auf der Nord- und Westseite den Altar mit je 4 Ellen vergrössert (32 × 32 Ellen). Die Wahrscheinlichkeit spricht dafür, dass der Altar „ursprünglich" 30 × 30 Ellen gross war. Dass der Verfasser des Traktates dies nicht sagt, lässt sich u.E. wohl erklären. Ein Altar dieser Grösse wäre nur zu einem 32 × 32 Ellen grossen Altar zu bilden, wenn man ihn auf allen vier Seiten um eine Elle vergrössert, und dies würde eine Verkürzung der 32 Ellen langen Rampe bedeutet haben. Die Einheit von Altar und Rampe sollte in den Massen zum Ausdruck gebracht werden. So ist auch die Breite der Rampe nach dem Mass des Altars (die Hälfte der Seite) bestimmt worden. Nun sind 30 Ellen (15.75; die Elle zu 52.5 cm) ziemlich gleich 50 Fuss (15.50 m). Wir halten es für wahrscheinlich, dass der Altar des herodianischen Tempels 15.50 × 15.50 m gross und 15 Fuss (4.65 m) hoch gewesen ist. Die Höhe der (offenen) Ummauerung der Feuerstelle (die es sicher gegeben haben wird) muss in der Höhe von 15 Fuss einbegiffen sein. Stellt man deren Höhe auf 1 Fuss, so ergibt dies für den Unterbau eine Höhe von 4.03 m (nach Middot 8 Ellen = 4.20 m; die Elle wie oben). Der Anfang der Rampe könnte in der Flucht des Tempelgebäudes gelegen und deren Neigung etwa 1 : 4 betragen haben (siehe Abb. 242, Sigel 2).

Für den Aufbau des Altars sind wir auf Middot angewiesen, wenn wir auch nicht wissen, ob der Altar des herodianischen Tempels ganz ähnlich ausgesehen habe. Nach der Beschreibung im Traktat (III,1) war der Altar vierstufig, von unten nach

oben 1, 5, 1, 1 Ellen hoch und jedesmal eine Elle zurückspringend. Die Hörner
stehen an den Ecken der vierten Stufe (Abb. 346). Die Ummauerung der Feuerstelle wird in der Beschreibung implizit erwähnt, denn es heisst, oben blieb ein
Quadrat von 24 Ellen als Platz für das Altarfeuer. Aus Josephus' Notiz über die
Hörnern des Altares (*Bell. Jud.* V, 5, 6 § 225: κερατοειδεῖς προανέχων γωνίας: „Seine
Ecken ragten hörnerartig in die Höhe") lässt sich schliessen, dass auch die Hörner
am Altar des herodianischen Tempels ganz oben standen [283].

Den Altar müssen wir uns, wie HOLTZMANN (*Middot*, 1913, 78) bemerkt, „blut-
überstromt" vorstellen. Das Blut der Opfertiere — geschlachtet wurde auf der
Nordseite — wurde rundum an dem Altar gesprengt (Lev. 1, 5. 11). Der unterste
Absatz des Altares diente als Blutablauf; er war ausgekehlt und neigte sich vom
Norden nach Westen und vom Westen nach Süden (HOLTZMANN, *l.c.*). Das Feuer
auf dem Brandopferaltar durfte nie ausgehen, auch nicht nachts (*Bell. Jud.* II, 17, 6
§ 425), was auch von Philo berichtet wird (*De vict. offerentibus* § 5, bei E. SCHÜRER,
Gesch. des jüd. Volkes, II⁴, 1907, 345) [284].

2. *Kultgeräte des Heiligen.* a) *Der Leuchter.* α) *Gestalt.* Josephus, der den Leuchter,
wie wir gesehen haben, schon bei der Beschreibung des Tempels erwähnt (*Bell.
Jud.* V, 5, 5 § 217), gibt davon erst im siebenten Buch von *De Bello Judaico* eine Beschreibung (VII, 5, 5 §§ 148-149). Selbst dass der Leuchter aus Gold war, erwähnt
er erst hier. Es ist die in dem Triumph — von Vespasian und Titus gemeinsam
begangen — vorgeführte Kriegsbeute, über die Josephus hier berichtet. Da heisst
es, dass sich unter allen Beutestücken diejenige besonders auszeichneten, welche
man aus dem Tempel von Jerusalem genommen hatte (§ 148: διέπρεπε δὲ πάντων τὰ
ἐγκαταληφθέντα τῷ ἐν Ἱεροσολύμοις ἱερῷ). Dies erklärt wohl, warum Josephus den
Leuchter (wie den Tisch und das Rauchfass) erst an dieser Stelle (VII §§ 148-149)

---

[283] Ursprung und Bedeutung der Altarhörner sind nicht bekannt, siehe Bd. I, 1970, 324, Anm.
607. JOHAN DE GROOT, der zu Unrecht beim salomonischen Tempel zwei Altäre angenommen hat
(siehe Bd. I, 1970, 322 f.) meint: „Die Hörner des kleineren Altars hatten wohl die spezielle Bedeutung, dass sie den Eingang des Tempels gegen alle Übel aus den vier Himmelsgegenden schützen,
die in einer Vision Sacharjas (I, 18 ff.) auch als „vier Hörner" symbolisiert sind" (*Die Altäre des
salomonischen Tempelhofes*, BWAT, NF, 6, 1924, 86). Dies könnte wohl auch die Bedeutung der
Hörner des Brandopferaltars gewesen sein. — Altarhörner sind möglicherweise von Stierhörner
abzuleiten, siehe *Anat. Stud.* XIII, 1963, 61, „bull-pillars", Fig. 8-10, p. 62-64.

[284] Es war Lev. 6, 12-13 vorgeschrieben; „ein Sinnbild der fortwährenden Anbetung Gottes
(*Calwer Bibellexikon*, 1912, 181). Das Feuer ist auch Sinnbild und Darstellung des Gottes Heiligkeit
(*ibid.*). J. C. H. LAUGHLIN, *A Study of the Motif of Holy Fire in the Old Testament*, wird *ZAW*, 88,
1976, 119 bespr. „The motif of holy fire, extending throughout Israelite religion includes the perpetual flame on the altar (with possible Zoroastrian influence) and fire as a weapon of God" (*l.c.*). Das
Feuer selbst galt aber nicht, wie bei den Persern, als heilig, siehe CHANTEPIE DE LA SAUSSAYE, *Lehrb.
der Religionsgesch.*, II, 1925, 199 ff.: Die Perser, p. 234 ff.: Der Kultus, ED. V. LEHMANN; siehe auch
GERD GROPP, *Die Funktion des Feuertempels der Zoroastrier*, *AMI*, NF, 2, 1969, 147-175.

beschreibt: „ein ebenfalls aus Gold verfertigter Leuchter, in der Ausführung ganz verschieden von dem, wie er bei uns gewöhnt ist. Aus einem schweren Fussgestell ragte in der Mitte ein Schaft empor [285], von dem sich, ähnlich der Form eines Dreizacks, dünne Äste ausdehnten [206]. Am oberen Ende war je eine eherne Lampe. Sieben waren da, um die Hochschätzung der Juden für diese Zahl zu veranschaulichen".

Der Stand der Äste lässt sich aus der Beschreibung nicht mit Sicherheit bestimmen. „Ähnlich der Form eines Dreizacks" ist mehrdeutig und wir müssen demnach das, was wir Band I, S. 296, Anm. 497 darüber sagten, zurücknehmen. Die Spitzen eines Dreizacks können parallel laufen, sie können auch divergierend oder konvergierend gerichtet sein [287]. So gibt es in der jüdischen Katakombe am Monte Verde in Rom eine Darstellung des Leuchters mit rechtwincklingen Ästen (NICOLAUS MÜLLER, *Die jüdische Katakombe am Monte Verde in Rom*, Abb. 5, bei KURT GALLING, *Die Beleuchtungsgeräte im israelisch-jüdischen Kulturgebiet*, ZDPV, 46, 1923, 27). Auch wenn die Seitenäste einen „Viertelkreis" bilden, wie im Bild des Leuchters auf dem Titusbogen, lässt sich von dreizackähnlich sprechen.

Wie haben wir uns den sonst bei den Juden gebräuchlichen Leuchter vorzustellen? Im I. Bande (S. 294) meinten wir, dies sei der aus zahlreichen Darstellungen (auf Lampen, Gräbern, in Synagogen und auf dem Titusbogen) bekannte Leuchter mit viertelkreisförmigen Ästen gewesen. Dies war ein Irrtum. Der Leuchter des Tempels, sagt Josephus, war in der Ausführung vom allgemein gebräuchlichen ganz verschieden. Da der Tempelleuchter sich durch die Äste auszeichnete, dürfte es wahrscheinlich sein, dass der gewöhnliche Leuchter keine Äste hatte. Hätte der Tempelleuchter sich nur durch den Stand der Äste vom gewöhnlichen Leuchter unterschieden, Josephus würde die Äste wohl nicht so unbestimmt als „ähnlich der Form eines Dreizacks" beschrieben haben. Den gewöhnlichen Leuchter haben wir uns wohl als ein Halter vorzustellen, auf dem eine Lampe ruht (λύχνος, Lampe λυχνία, Leuchter) [288].

Da Josephus' Beschreibung des Leuchters, was den Stand der Äste betrifft mehrdeutig ist, lässt sich die Frage nach der Form des Leuchters nur aus der Archäologie beantworten. Der niederländische Historiker JACOB ZWARTS, meinte, der Tempelleuchter sei ähnlich dem Leuchter mit schräg nach aussen aufsteigenden Ästen,

---

[285] *Bell. Jud.* VII § 149: ὁ μεν γὰρ μέσος ἦν κίων ἐκ τῆς βάσεως πεπηγώς,

[286] § 149: λεπτοὶ δ' ἀπ' αὐτοῦ μεμήκυντο καυλίσκοι τριαίνης σχήματι παραπλησίαν τὴν θέσιν ἔχοντες,

[287] P. LAVEDAN, *Dict. de la Mythologie et des Antiquités grecques et romains*, 1931, 976, *s.v. Trident*.

[288] „Oft wird die Lampe auch auf einen Untersatz gestellt. Lampe und Ständer zusammen ergeben den einfachen Leuchter" (KURT GALLING, *Die Beleuchtungsgeräte im israelitisch-jüdischen Kulturgebiet, ZDPV*, 46, 1923, 1-50, S. 4, 23 ff.: Die Lichterhöhung.

bekannt aus den Wandmalereien der Synagoge von Dura Europos (Bd. I, 1970, Abb. 71), gewesen [289]. Diese Meinung vertraten auch wir [290]. Ausgrabungen im jüdischen Quartier der Altstadt von Jerusalem haben nun auf die Frage nach dem Stand der Äste des Leuchters Licht geworfen. Es wurden hier die Reste eines aus der Zeit des Herodes datierenden Gebäudes entdeckt und auf einem unbemalten Stuckfragment gibt es eine eingekratzte, etwa 20 cm hohe (nur zum Teil erhaltene) Darstellung des siebenarmigen Leuchters (Abb. 251). Die Äste sind gebogen, zwar nicht viertelkreisförmig, sondern mehr ovalförmig [291]. Diese Darstellung des Leuchters datiert aus der Zeit des Herodes und „may therefore be regarded as the earliest detailed representation of the Temple candelabrum so far known" (N. Avigad, *l.c.*, p. 4). Avigad vermutet, dass der Künstler den Leuchter selbst gekannt habe, „and it is apparent that he attempted to reproduce it in detail" (*l.c.*, p. 4). Es ist anzunehmen, dass diese Darstellung „is closest to its prototype ..." (*ibid.*). Der Umschlag der Zeitschrift *Israel Exploration Journal* zeigt heute den Leuchter in dieser vor kurzem entdeckten Form.

Das Bild des Leuchters auf dem Titusbogen (Abb. 252) muss nun selbstverständlich anders beurteilt werden als vormals. Jacob Zwarts meinte, diese Darstellung des Leuchters sei für die Frage nach dem Gestalt des Tempelleuchters von keinerlei Wert. Sie sollte uns höchstens zeigen, wie ein römischer Bildhauer des 1. Jahrhunderts n. Chr. sich den Leuchter vorgestellt habe (*o.c.*, 6). Als das betreffende Relief verfertigt wurde, sei der Leuchter schon umgeschmolzen gewesen (*ibid.*). Wir selbst sahen in dem Leuchter des Titusbogens die Darstellung eines gewöhnlichen Leuchters. S. A. Cook meinte, der Leuchter des Titusbogens könnte eher frei nach der Beschreibung durch Kriegsgefangene als nach dem Original gebildet gewesen sein [292]. Durch die kürzlich entdeckte Darstellung des Leuchters steht nun wohl fest, dass der Tempelleuchter gebogene, dem Bild des Titusbogens ähnliche Äste hatte [293]. Das Fussgestell des Leuchters auf dem Titusbogen sieht aber ganz anders aus als das der in Jerusalem entdeckten Darstellung. Die Basis ist hier pyramidenförmig und auf der Spitze der Pyramide „ruht" die Mittelsäule

---

[289] *De zevenarmige Kandelaar in de Romeinse Diaspora* (Diss.), 1935, 7 und Fig. gegenüber p. 34. — Hier Bd. I, 1970, Abb. 71, S. 295.

[290] Bd. I, 1970, 294 f.

[291] N. Avigad, *Excavations in the Jewish Quarter of the Old City of Jerusalem 1969-70* (Prel. Rep.), *IEJ*, 20, 1970, 1-8, p. 3 ff. und Titelbild; Ders., *Excavations in the Jewish Quarter of the Old City*, 1969-1971, in *Jerusalem Revealed*, Ed. Y. Yadin, 1975, 49 und Fig. p. 47. „All the elements of the menorah (including the base!) are ornamented with a motif of knops separated by two parallel lines—a schematic astragal pattern" (*l.c.*); hier Abb. 251.

[292] *Encycl. Biblica*, I, 644-647, bei E. R. Goodenough, in *HUCA*, XXIII, 2, 1950-1951, p. 451.

[293] „Dieser Bogen ist dem Titus nach seinem Tode vom Reichssenat gesetzt" (Th. Mommsen, *Das Weltreich der Caesaren*, 390, Anm. *). Das war unter Kaiser Domitian (81-96). Wir dürfen wohl annehmen, dass der Leuchter damals noch bestand, aufgestellt im Tempel des Jupiter Capitolinus.

des Leuchters. Es scheint uns, dass das Fussgestell des Bildes auf dem Titusbogen sich eher mit Josephus' Beschreibung vereinen lässt als diese pyramidenförmige Basis. Auch ist nicht einzusehen, wie der römische Künstler das Fussgestell so eingreifend verändert haben sollte. Nun stammt aber die Jerusalemer Darstellung zweifellos aus der Zeit des Herodes und es fragt sich demnach, wie diese Darstellung zu erklären sei. Einen Leuchter mit gebogenen Ästen hatte es schon, wie wir unten sehen werden, im zweiten Tempel gegeben und dieser ist erst im 15. (18.) Jahr der Regierung des Herodes niedergerissen worden. Wir halten es für wahrscheinlich, dass die Jerusalemer Darstellung ein Bild des Leuchters des zweiten Tempels gibt. DANIEL SPERBER hält das Bild des Leuchters auf dem Titusbogen vielleicht zu Recht für eine „accurate copy" des Tempelleuchters [294].

Im Bild des Titusbogens ist die Basis zweistufig (Abb. 252); nach Josephus ragte die Säule des Leuchters aus der Mitte eines schweren Fussgestells empor (VII § 149: ὁ μὲν γὰρ μέσος ἦν κίων ἐκ τῆς βάσεως πεπηγώς) W. WIRGIN sieht in der Basis „not its actual base, but a box-like screen made to cover it" (*On the shape of the foot of the Menorah, IEJ*, 11, 1961, 151-155, p. 151). Das Fussgestell könnte aus einem mächtigen Holzblock gebildet und mit Goldplatten bekleidet gewesen sein; die Goldbekleidung bildete dann in der Tat ein „screen".

Der Leuchter hatte nur eine durch die Äste bestimmte Richtung. Es dürfte kaum wahrscheinlich sein, dass das Fussgestell quadratisch war, denn die Richtung des Leuchters wäre im Fussgestell nur diagonalartig zum Ausdruck zu bringen gewesen. Es könnte sechseckig gewesen sein, der Leuchter konnte nun in die Linie zweier einander gegenüberliegender Ecken gestellt werden. Auch das Fussgestell im Bild des Titusbogens lässt sich wohl als sechseckig deuten. Eine gestufte Form ähnlich dem Bild des Titusbogens dürfte durchaus möglich sein.

KURT GALLING hielt es 1923 (und wohl heute noch) für wenig wahrscheinlich, dass der Bildhauer die Ornamentik des Fussgestells erfunden habe (*ZDPV*, 46, 1923, 40). Im oberen Teil sind Seelöwen dargestellt, das Paneel in der Mitte zeigt einen von einem Adler aufgehaltenen offenen Kranz oder eine Girlande; unten links gibt es zwei Figuren, möglicherweise Greifen. E. R. GOODENOUGH meint, die „hellenistic sea monsters" seien zuzuschreiben „to no one but the pagan sculptor of the arch" (*HUCA*, XXIII, 2, 1950-1951, p. 451). GOODENOUGH hielt es aber für nicht unmöglich, dass die Greifen auf der Basis des herodianischen Leuchters vorkamen (*Jewish Symbols in the Greco-Roman Period*, IV, 1954, 72). Interessant ist nun, dass bei neueren Ausgrabungen an der Südmauer des Ḥarām das Fragment eines steinernen Gefässes gefunden wurde mit der Inschrift *Qorban* (Opfer) und

---

[294] *The History of the Menorah, JJS*, XVI, 1965, 135-159, p. 145; vgl. SCHÜRER, *Gesch. des jüd. Volkes*, II⁴, 1907, 343, Anm. 18.

eingekerbt das Bild zweier Vögel (*BA*, XXXIII/2, 1970, 55 und Fig. 13; B. MAZAR). Das Bilderverbot ist also in der Zeit des Herodes nicht allgemein befolgt worden. An der Tempelfront hatte Herodes später, wie wir gesehen haben, den goldenen Adler anbringen lassen (*Antiq.* XVII, 6, 2 § 151). Der Adler ist dann von recht-gläubigen Juden abgehauen worden. JOSEPH GUTMAN hat darauf gewiesen, dass Josephus (§ 155) die Tat der Zerstörer billigt, die jüdischen Behörden dagegen hinter Herodes standen, als er den „Frevler" bestrafte [295]. Offenbar hatte Herodes für das Anbringen des goldenen Adlers die Einwilligung der Behörden erhalten. Dies ist erst recht verständlich, wenn auch das Fussgestell des Leuchters Dar-stellungen von Tieren gezeigt hat. Vielleicht haben wir doch mit GALLING anzu-nehmen, dass die Ornamentik des Fussgestells im Bilde des Titusbogens vom herodianischen Tempelleuchter stammt [296].

Über die Höhe des Leuchters lässt sich mit Sicherheit nichts aussagen; nur dass er beträchtlich gross gewesen sein wird, darf man aus dem Bild des Titusbogens schliessen. Nach den Rabbinen war er drei Ellen hoch (ca. 1.60 m; *Calwer Bibel-lexikon*, 1912, 438). Nach MAIMONIDES war er 18 Handbreiten hoch (ca. 1.40 m; *Beth Habbechereh*, III, 10; *PEF QuSt*, 1885, 46). Das Fussgestell ist bei dieser Höhe sicher eingerechnet. Dass aber das Fussgestell unmittelbar auf den Fussboden des Heiligen gestellt gewesen ist dürfte kaum wahrscheinlich sein. Die Ornamentik des Fussgestells wäre kaum sichtbar gewesen. Bei MAIMONDIES liegt vor der Front des Leuchters ein Stein „upon which the priest stood and trimmed the lamps ..." (III, 11; Übers. *PEF QuSt*, 1885, 46). Tamid III, 9 heisst es: „Ein Stein befand sich vor dem Leuchter, an dem drei Stufen waren, auf ihm stand der Priester, wenn er die Lampen herrichtete. Dann liess er den Krug auf der zweiten Stufe stehen und ging hinaus" (Übers. Rabb. Dr. J. COHN, *Mischnajot*, V, 1925, 459-460). Wir möchten an einen steinernen Unterbau mit drei auf einer Seite hervorspringenden Stufen denken (Abb. 250).

Josephus schweigt über den Standort des Leuchters; über die Stiftshütte sagt er, der Leuchter habe dem Schaubrottisch gegenüber nahe der südlichen Wand und schräg gestanden; die Lampen sahen gegen Osten und Süden (*Antiq.* III, 6, 7 § 144 f.). Die Rabbinen waren über den Stand des Leuchters verschiedener Ansicht. Sie haben darüber ausführlich diskutiert in Menachoth 98 b. Einige meinten, er habe in der Richtung O.-W., andere, in der Richtung S.-N. gestanden (PAUL ROMA-NOFF, *JQR*, XXIV, 1943, 169). ROMANOFF schliesst aus Josephus, dass der Leuchter „stood in a direction running south-west, and the lamps upon it in the same direction

[295] The „*Second Commandment*" and the image in Judaism, *HUCA*, XXII, 1961, 159-174, p. 170.
[296] Nach DANIEL SPERBER findet sich der direkte Prototypus des Fussgestells im grossen Tempel von Didyma bei Milet (*JJS*, XVI, 1965, 147).

but somewhat more to the south ..." (*l.c.*, 170). Nach dem Übersetzer des Maimonides' Beth Habbecherah stützt die Stelle Tamid III, 9 die Ansicht einiger Rabbinen, dass der Leuchter O.-W. gestanden habe (*l.c.*, 47, n. 16).

Nach Josephus, der hier wie bemerkt über die Stiftshütte spricht, brannten bei Tage drei Lampen, nachs alle sieben (*Antiq.* III, 8, 3 § 199 fin). Nach Philo wurde der Leuchter abends angezündet um nachts zu brennen (*De victimas offerantibus* § 7, bei E. SCHÜRER, *Gesch. des jüd. Volkes*, II⁴, 1907, 343, Anm. 18).

β) *Herkunft.* Übereinstimmung besteht darüber, dass es mindestens seit dem 4. Jahrhundert v. Chr. im Tempel Serubbabels einen siebenarmigen Leuchter gegeben hatte. Ex. 25, 31 ff. lässt darüber keinen Zweifel. Die Frage, ob dieser von Antiochos IV. Epiphanes 168 v. Chr. geraubte Leuchter gebogene Äste hatte, oder ob die Äste gerade waren, lässt sich nicht mit Sicherheit beantworten. Der Terminus קנים (Röhre), womit die Äste bezeichnet werden, macht es wahrscheinlich, dass es ein Leuchter mit geraden Ästen gewesen ist; auch der Schaft, der selbstverständlich gerade war, wird mit diesem Terminus bezeichnet (Ex. 25, 31). Der Leuchter dürfte demnach dem ähnlich gewesen sein, der über der Thora-Nische der Synagoge von Dura Europos dargestellt ist [297]. Selbstverständlich besagt die Abbildung für unsere Frage doch nur, dass man sich damals den Ex. 25, 31 ff. beschriebenen Leuchter mit geraden Ästen vorgestellt habe. Dass die Rabbinen ihn so vorgestellt haben, dafür könnte auch eine Stelle im Talmud zeugen, wo erzählt wird, dass die Hasmonäer (Makkabäer) im Anfang ihrer Regierung nicht reich genug gewesen seien, den von Antiochos IV. Epiphanes geraubten Leuchter zu ersetzen und darum einen aus Eisen, mit Holz verkleidet, verfertigten [298]. Die Holzverkleidung deutet wohl darauf, dass man sich den Leuchter mit geraden Ästen vorgestellt hat. An anderer Stelle heisst es freilich, man habe Notleuchter aus Eisen und Zinn verfertigt (so auch nach dem Tannaiten Jose ben Jehuda um 200 n. Chr., bei HANS LICHTENSTEIN, *Die Fastenrolle, HUCA*, VIII-IX, 1931-1932, 259-317, p. 275). Nach Jose ben Jehuda „wurden die Notleuchter, als mehr Mittel zur Verfügung standen, durch silberne, und diese, als man noch reicher wurde, durch goldene Leuchter ersetzt" (LICHTENSTEIN, *l.c.*). Der historische Wert dieser Notizen ist natürlich gering. Nach dem hebr. Kommentar zur Fastenrolle zündet man beim Chanukkafest (man feiert am 25. Kislev Judas' Tempelweihe) Leuchter an zur Erinnerung an die Notleuchter der Hasmonäer und LICHTENSTEIN meint, der Kern des Scholions wird durchaus historisch sein (*l.c.*, 275/276).

Während nun im obigen von mehreren Leuchtern die Rede ist, spricht I. Makk. IV, 49-50 von einem Leuchter (v. 49: καὶ εἰσήνεγκαν τὴν λυχνίαν). Dass er vielarmig

---

[297] Vgl. MARTIN NOTH, *Dura Europos und seine Synagoge, ZDPV*, 75, 1959, 164-181, S. 181.
[298] Rosch-haschana 24 b und Menahot 28 b, bei DERENBOURG, *Essai*, 52, n. 2 auf p. 54.

war, geht aus v. 50 hervor, wo es heisst, „er (Judas) zündete die Lampen des Leuchters an" (καὶ ἐξῆψαν τοὺς λύχνους τοὺς ἐπὶ τῆς λυχνίας). Wir halten es für wahrscheinlich, dass sowohl der von Antiochos IV. geraubte, als der von Judas verfertigte Leuchter schräg gerichtete, gerade Äste hatte.

Da der siebenarmige Leuchter im Tempel Serubbabels in der persischen Periode erscheint, könnte man meinen, er sei auf persischen Einfluss zurückzuführen. Einfluss der iranischen religiösen Vorstellungen auf die jüdischen in nachexilischer Zeit wird von vielen Gelehrten angenommen, doch lässt er sich erst spät mit Sicherheit oder grösserer Wahrscheinlichkeit und zwar besonders aus den Qumrantexten, nachweisen [299]. Dass die Perser einen siebenarmigen Leuchter gekannt hätten, lässt sich aber nicht wahrscheinlich machen; auch im babylonischen und assyrischen Kult hatte es keinen siebenarmigen Leuchter gegeben. Es handelt sich offenbar um eine Schöpfung der Juden, die wohl auf die Vorstellung des heiligen Baumes zurückzuführen ist. Dass der siebenarmige Leuchter Ex. 25, 31 ff. als heiliger Baum zu deuten ist, unterliegt kaum den Zweifel [300]. Die Paradieserzählung kennt den Baum des Lebens und den Baum der Kenntnis des Guten und des Bösen (Gen. 2, 9; 3, 22). E. O. JAMES hält es für möglich „that originally it was the Tree of Life that played the central role as it was the more important of the two trees and had to be treated with the utmost caution as in so many parallel myths" [301]. Vielleicht erklärt das Vorkommen von zwei Bäumen in der Paradieserzählung, dass der heilige Baum so verhältnismässig spät in dem Tempel eine symbolische Rolle gespielt hat. Es kann sich selbstverständlich nur um den Baum des Lebens handeln (vgl. E. R. GOODENOUGH, *Jewish Symbols*, IV, 1954, 73; GEO WIDENGREN, *Aspetti simbolici dei Templi e luoghi di culto del Viene Oriente Antico*, Numen, VII, 1960, 1-25, 19 f.). Dass die Idee bei den Juden selbständig aufgekommen sei, dürfte möglich sein. Im Heiligtum von Eridu (Babylonien) stand aber der dem Ea geweihte kiškanû-Baum,

---

[299] „Neuerdings haben die Höhlentexte von Qumran den Einfluss iranischen Geistesgutes auf Kreise des Spätjudentums sichtbar werden lassen, da in der sog. Sektenregel III, 13-IV, 26 ein solch ausgeprägter Dualismus vorhanden ist, dass er aus alttestamentlichen Voraussetzungen allein kaum mehr erklärt werden kann" (RUDOLF MAYER, *Monotheismus in Israel und in der Religion Zarathustras*, BZ, 1957, 23-58, S. 57). Siehe aber auch B. REICKE, *Iranische Religion, Judentum und Urchristentum*, RGG, III³, 1959, 881-884. „Zu beachten ist ( ), dass die Qumran-Texte bisher nur unbedeutende Beispiele für iran. Lehnwörter aufweisen; das oft vorkommende „raz" („Geheimnis") wurde vom Danielbuch übernommen" (Sp. 883).

[300] Vgl. LEON YARDEN, *Aaron, Bethel, and the Priestly Menorah*, JJS, XXVI, 1975, 39-47. YARDEN denkt an den Mandelbaum. — YARDEN's „almond tree of Bethel" und „that Bethel lampstand" (p. 46) halten wir für spekulativ. — YARDEN veröffentlichte 1971 *The Tree of Light. A Study of the Menorah, the seven-branched lampstand*.

[301] *The Tree of Life. An Archaeological Study. Studies in the History of Religion. Suppl. Numen*, XI, 1966, 75.

der als die Wohnung des Gottes auf Erden betrachtet wurde [302]. Israel brachte jedenfalls etwas ganz neues: die Verknüpfung des Lebensbaums mit dem Leuchter. Sie lässt sich wohl daraus erklären, dass der Leuchter schon in vorexilischer Zeit Symbol für Jahwe war. Die Lampe im Tempel von Silo wird 1. Sam. 3, 3 „Lampe Gottes" (נר אלהים) genannt. 2. Sam. 22, 29 heisst es: „Denn du bist meine Lampe, Jahwe, und Jahwe erhellt meine Finsternis". Ps. 119, 105: „Dein Wort ist meines Fusses Lampe und ein Licht für meinen Pfad". Auch der Lebensbaum muss Symbol für Jahwe gewesen sein, denn er ist Symbol des ewigen Lebens (vgl. Gen. 3, 22) und es ist Jahwe, der in Ewigkeit lebt (vgl. Deut. 32, 40). Dass der als Leuchter abgebildete Lebensbaum sieben Äste hat, erklärt sich natürlich aus der Heiligkeit dieser Zahl bei den Juden (vgl. Josephus, *Bell. Jud.*, VII, 5, 5 § 149), wie bei anderen semitischen Völkern. Altmesopotamische Siegel bilden den Sakralbaum in der Funktion eines Zepters mit sieben Ästen ab (GEO WIDENGREN, in *Numen*, VII, 1960, 20) [303]. Lampen mit sieben Schnauzen gab es in Palästina schon in der Periode MB II [304]. Die Ameša Špentas (Unsterbliche Heilige) der iranischen Religion sind erst spät, wohl unter babylonischem Einfluss, auf die Siebenzahl gebracht worden: Ahura Mazda ist von sechs göttlichen Wesen umgeben [305]. In den Inschriften des Darius kommen sie nicht vor (RUDOLF MAYER, *Monotheismus in Israel und in der Religion Zarathustras*, BZ, NF, 1, 1957, 23-58, S. 56); die sieben Äste des Leuchters haben also mit den sieben Ameša Špentas nichts zu tun.

Während nun der von Judas Makkabäus verfertigte Leuchter unserer Meinung nach gerade Äste gezeigt hat, wissen wir, dass im zweiten Tempel später ein Leuchter mit gebogenen Ästen stand: er ist dargestellt auf Münzen des Antigonos Mathatias

---

[302] NEL PERROT, *Les représentations de l'arbre sacré sur les monuments de Mésopotamie et d'Élam*, Babyloniaca, XVIII, 1937, 5-143, p. 11. — Siehe H. GENGE, *Zum „Lebensbaum" in den Keilschrifturkunden*, Acta Orientalia (Copenhagen), XXXIII, 1971, 321-334: „Lebensbaum als Begriff ist biblisch. Das Bemerkenswerte am „Lebensbaum" in den Keilschrift-Kulturen ist die Tatsache, dass es ihn nicht gibt" (S. 321). „Auch die *kiškanû*-Baum in Eridu ist kein Beweis für die Existenz eines Lebensbaumes in Mesopotamien" (S. 332). — Siehe auch HARTMUT GESE, *Der bewachte Lebensbaum und die Heroen. Wort und Geschichte. Festschrift für Karl Elliger*, 1973, 77-85; „der jetzige Abschluss der Paradiesgeschichte in 3, 22-24 kann in dieser Form nicht ursprünglich sein, wie man schon lange erkannt und wie es K. BUDDE [*Die biblische Urgesch.*, 1883, Kap. II: Der Baum des Lebens, S. 50] besonders ausführlich dargelegt hat, denn der Lebensbaum spielt im Erzählungsgefüge der Paradiesgeschichte keine Rolle" (S. 77/78). — Eine umfangreiche Arbeit über den Lebensbaum veröffentlichte H. BERGEMA: *De Boom des Levens in Schrift en Historie*, Diss., 1938; 118 ff.: De Boom des Levens in de H. Schrift.

[303] Bei WIDENGREN „Lebensbaum".

[304] Siehe Bd. I, 1970, 297, Anm. 499.

[305] Die Zahl der Ameša Špentas „kann man auf sieben angeben, wenn man nämlich den Ahura Mazda zu ihnen rechnet" (FR. SPIEGEL, *Erânische Alterthumskunde*, II, 1873, 28); siehe auch L. VON SCHROEDER, *Arische Religion*, I, 1914, 424 ff.: Die Siebenzahl der Âdityas und Amesha Çpeñtas. — Neuere Lit. über die Religion Zarathustras bei RUDOLF MAYER, BZ, 1957, S. 35.

(40-37 v. Chr.), des Gegners des Herodes.[306]. Unter welchem Hasmonäer der neue Leuchter verfertigt worden ist, lässt sich nicht mit Sicherheit sagen. Nach Josephus hätte Judas Makkabäus den goldenen Leuchter verfertigen lassen (*Antiq.* XII, 7, 6 § 318). Er folgt hier I. Makk. IV, 49, wo freilich nicht gesagt wird, dass der Leuchter aus Gold war. Nach dem Talmud war es einer der späteren Hasmonäer (vgl. H. STRAUSS, *The Fate and Form of the Menorah of the Maccabees*, *ErIs*, VI, 1960, 35*). Die Wahrscheinlichkeit spricht u.E. dafür, dass der neue Leuchter an einem wichtigen Zeitpunkt der Hasmonäischen Geschichte verfertigt worden ist. Man könnte an Jonathans Ernennung zum Hohenpriester durch Alexander Ballas (152 v. Chr.) denken. Von seinem Nachfolger Simon wissen wir aber, dass er 142 v. Chr. von Demetrius II. als selbständiger Fürst anerkannt worden ist (I. Makk. XIII, 41); dass er 141 v. Chr. die Akra eroberte (am 23. Ijar; es ist als Fest in die Kalender aufgenommen worden, I. Makk. XIII, 51); dass ihm und seinen Nachkommen 141 v. Chr. vom Volke die höchste geistliche und weltliche Macht zugesagt worden ist. Wir möchten vermuten, dass der goldene Leuchter in seiner neuen Form von Simon zum Dank dafür, dass er zum geistlichen und weltlichen Leiter des Volkes ernannt worden war, dem Heiligtum geschenkt worden ist.

Die Frage, warum man damals die Form des Leuchters geändert habe, lässt sich nicht mit Sicherheit beantworten. Der Leuchter mit geraden, schräg gerichteten Ästen zeigt zweifellos grösserer Ähnlichkeit mit einem Baum als der Leuchter mit gebogenen Ästen. Vielleicht haben wir anzunehmen, dass man damals diese Ähnlichkeit abgelehnt habe; nur der Leuchter sollte Symbol Jahwe's sein. Vielleicht auch verrät sich in der neuen Form der Einfluss der hellenistischen Kunst. Dieser Einfluss verrät sich auch in dem von Simon für seinen Bruder Jonathan 143 v. Chr. in Modein errichteten Grabbau. In diesem von Josephus *Antiq.* XIII, 6, 3 § 211 beschriebenen Grabbau sind damals bodenständige Vorstellungen mit hellenistischen Formen vereint (CARL WATZINGER, *Denkmäler*, II, 22).

Wie wir schon Band I (S. 296) bemerkten, berichtet Josephus nicht, dass Herodes einen neuen Leuchter habe anfertigen lassen, es ist somit anzunehmen, so meinten wir, dass der von Josephus beschriebene Leuchter der des zweiten Tempels gewesen sei. Dies halten wir heute nicht mehr für selbstverständlich. Josephus berichtet auch nicht, Herodes habe neue Vorhänge verfertigen lassen, während doch kaum anzunehmen ist, dass die alten Vorhänge für den neuen Tempel geeignet gewesen seien. Die Türen sind sicher nicht gleicher Höhe gewesen. Josephus berichtet, dass nach der Zerstörung des Tempels durch Titus (70 n. Chr.) ein Priester mit Namen

---

[306] A. REIFENBERG, *Ancient Jewish Coins*², 1947, Nr. 23. 24.; ähnliche Darstellungen des Leuchters zeigen Graffiti in einem wahrscheinlich aus der Zeit des Alexander Jannäus datierenden Grab (Jason' Tomb), *IEJ*, 17, 1967, Fig. p. 74, L. I. RACHMANI.

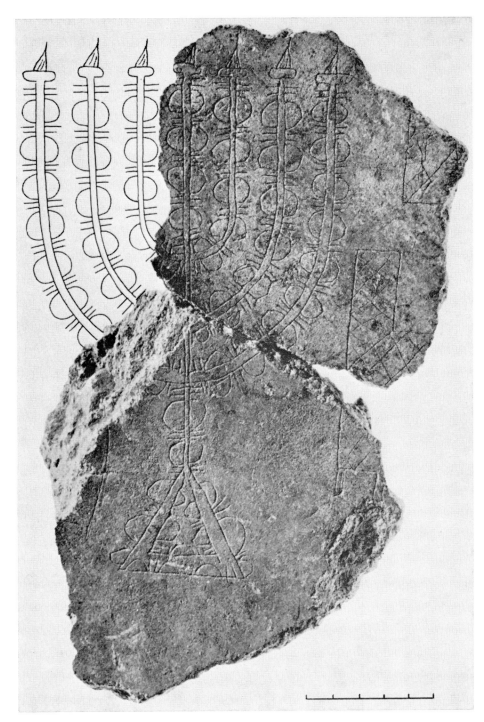

Abb. 251. Der Leuchter. Abbildung aus Jerusalem.

Abb. 252. Der Leuchter. Abbildung auf dem Titusbogen. (L. H. Vincent).

Jesus zwei Leuchter ähnlich denen im Tempel aus der Tempelmauer hervorholte [307].
Es ist hier wohl mit F. M. ABEL (*Topographie du siège de Jérusalem en 70*, *RB*, 56, 1949,
238-258, p. 256) an die geheime Schatzkammer zu denken, aus der sie hervorgeholt
wurden. Wir brauchen nicht unbedingt anzunehmen, dass diese zwei Leuchter in
jeder Hinsicht dem Tempelleuchter ähnlich gewesen sind. Wir halten es heute für
wahrscheinlich, dass unter Herodes ein neuer Leuchter angefertigt worden ist. Das
Heilige des herodianischen Tempels war etwa 27 m hoch, das Heilige des alten
Tempels wird schwerlich höher als 15 m gewesen sein (das Hēkal des salomonischen
Tempels hatte eine Höhe von 30 Ellen). Es ist doch kaum wahrscheinlich, dass
Herodes den aus dem alten Tempel stammenden Leuchter, welcher in einem höchstens 15 m hohen Raum gestanden hatte, für das etwa 27 m hohe Heilige des neuen
Tempels geeignet befunden hat. Hinzu kommt, dass der alte Leuchter eine Schöpfung
der Hasmonäer, des von Herodes gehassten Geschlechtes, war. Wir halten es für
möglich, dass die zwei Leuchter, welche durch den Priester Jesus hervorgeholt
wurden, einmal im zweiten Tempel gestanden hatten: der Leuchter des Judas
Makkabäus und der des Simon. Dies würde auch erklären, dass sie an einem geheimen Ort aufbewahrt worden sind. Vom Leuchter des Simon dürfte die in jüngster
Zeit in Jerusalem gefundene Darstellung des Leuchters ein Bild geben. Sie zeigt,
wie wir gesehen haben, eine pyramidenförmige Basis. Da ist es interessant, dass
Simon in Modein für seine Eltern und Brüder sieben Pyramiden bauen liess (*Antiq.*
XIII, 6, 6 § 211).

Aus Josephus' Notiz (§ 388) scheint hervorzugehen, dass es noch andere Leuchter im Tempel gegeben habe, die nicht an einem geheimen Ort aufbewahrt wurden.
Es könnte sich um Weihegeschenke handeln. Im Talmud (Yoma III, 8. 10) heisst
es, Helena von Adiabene [308] habe einen goldenen Leuchter geschenkt, welchen man
an das Tor des Heiligtums stellte (DERENBOURG, *Essai*, 224). Meinungsverschiedenheiten bestehen aber darüber, ob es sich hier in der Tat um einen Leuchter handelt.
Über die Bedeutung des Wortes *nebrasteš* bestand keine Einigkeit; einige meinten,
es bedeute „candelabrum", andere „a vessel shaped like a conch-shell" [309].

γ) *Darstellungen.* In Talmudischen Schriften wird Nachbildung des Leuchters
verboten und dieses Verbot war, so meinte E. R. GOODENOUGH, schon vor der
Tempelzerstörung 70 n. Chr. in Kraft (*The Menorah among the Jews of the Roman
World*, *HUCA*, XXIII, 2, 1950-1951, p. 458). GOODENOUGH sagt dann: das Verbot
„was disregarded only after that event had crushed not only the Temple but the

---

[307] *Bell. Jud.* VI, 8, 3 § 388: καὶ παραδίδωσιν ἀπὸ τοῦ τοίχου τοῦ ναοῦ λυχνίας δύο τῶν κατὰ
τὸν ναὸν κειμένων παραπλησίας.

[308] Über den Übergang von Adiabene zum Judentum siehe JACOB NEUSNER, *The Conversion of
Adiabene to Judaism, JBL*, LXXXIII, 1964, 60-66.

[309] J. MORGENSTERN, *The Gate of Righteousness, HUCA*, VI, 1921, 1-37, p. 24, n. 44.

recognized center of Jewish authority" (*l.c.*). Goodenough meinte nicht, nach der Zerstörung Jerusalems habe man angefangen, Leuchter in der Gestalt des Tempelleuchters zu verfertigen, sondern man habe erst damals angefangen, den Leuchter abzubilden. GOODENOUGH war also der Meinung, vor der Tempelzerstörung sei der Leuchter noch nicht abgebildet worden (*l.c.*, p. 457). Wir wissen heute, dass man schon vor der Tempelzerstörung den Leuchter abgebildet hat. K. H. RENGSTORF hatte übrigens schon 1932 betont, dass es verboten war, den Leuchter nachzubilden, nicht ihn darzustellen (*ZNW*, 31, 1932, 41). So sagt auch ARNOLD M. GOLDBERG: „Das Verbot gilt ausschliesslich für das Gerät, nicht aber für dessen Darstellung ..." (*Der siebenarmige Leuchter* ..., *ZDMG*, 117, 1967, 236). GOLDBERG sagt dann: „Dieses Verbot, Geräte des Heiligtums zu kopieren, ist bis heute gültig und wird bis heute von gesetzestreuen Juden befolgt" (*l.c.*, 236). Maimonides (12. Jahrh.) dachte darüber freilich anders: „But he might make a candlestick of five branches, or of eight branches, or a candlestick of seven branches, provided it was not of metal" [310]. Nach GOLDBERG liesse das „Verbot eventuell noch die Möglichkeit zu, siebenarmige Leuchter aus Stein herzustellen" (*l.c.*). Weiter heisst es: „Die gerade in jüngerer Zeit sehr häufige Verwendung von siebenarmigen Leuchtern — zu unterscheiden von den neunarmigen Chanukkaleuchtern — ist ein offenbares Zeichen von Gleichgültigkeit gegenüber den rabbinischen Vorschriften" (*l.c.*, 236, Anm. 22) [311].

Vom 1. Jahrhundert n. Chr. bis etwa das 9. ist der Tempelleuchter vielfach dargestellt worden (W. WIRGIN, *The Menorah as Symbol of After Life*, *IEJ*, 14, 1964, 104). Wo Synagogen, jüdische Gräber und Objekte der jüdischen Kunst bzw. Gebrauchsgegenstände aus diesen Jahrhunderten zutage gekommen sind, sei es in Palästina, Rom (Katakomben), Carthago (*id.*), Malta (*id.*), in Dura Europos (Synagoge) usw., überall findet man die Darstellung des Leuchters, eingeschnitten, gemalt oder in Mosaik. MARCEL SIMON vermutet, dass wohl auch Christen bisweilen Lampen, auf denen der Leuchter dargestellt ist, benutzt haben (*Le chandelier à sept branches symbole chrétien? Mélanges d'archéologie et d'histoire offerts à Charles Picard*, II, 1949, 971-980) [312].

A. NEGEV hat in einer Studie, in der er hunderte von Beispielen vorführt, gezeigt, dass das Bild mehrmals Änderungen erfahren hatte (*The Chronology of the Seven-Branched Menorah*, *Eretz-Israel*, VIII, 1967, 193 ff., hebr., 74*, engl). Vom 1. Jahr-

---

[310] *Beth Habbechereh, or the chosen House*, VII, 10, Übers. in *PEF QuSt*, 1885, 29-56, 140-147, 184-196, p. 191.

[311] E. BICKERMAN spricht von einem achtarmigen Leuchter, *The Maccabees*, 1947, 44.

[312] Eine aus Karthago stammende Lampe zeigt unter der Figur Christi einen Leuchter, „image ... de la Nouvelle Alliance s'appuyant sur l'Ancienne" (S. REINACH, *Rev. Archéol.*, 1889, 412-413, bei MARCEL SIMON). SIMON sagt dazu: „Image de la victoire chrétienne sur le judaïsme? A coup sur". Vielleicht aber auch „protestation contre les practiques judaïsantes" (*l.c.*, 980; Fig. 4).

hundert v. Chr. — 1. Jahrhundert n. Chr. sind die Äste gebogen oder gerade, die
Basis für gewöhnlich dreifüssig oder kastenähnlich (box-like). Vom Ende des 2.
Jahrhunderts bis zur Mitte des 4. Jahrhunderts zeigt das Bild noch die klassische
Form, es sind nun aber Symbole an die Seiten gestellt, in Palästina Šofar mit Weih-
rauchlöffel, Ethrog und Lulab [313]. In der Diaspora kommt statt des Weihrauch-
löffels eine Amphora vor. Später, in der 1. Hälfte des 4. Jahrhunderts bis in die
1. Hälfte des 5. Jahrhunderts wird der klassische Typ seltener und erscheint ein
neuer Typus: auf den Spitzen der Äste liegen eine oder mehrere Platten, worauf
die Lampen stehen. Sehr oft kommen auch die oben genannten Symbole vor. Dieser
Typus ist vom 5.-7. Jahrhundert der vorherrschende gewesen, für gewöhnlich mit
den Symbolen, bisweilen vier, aber auch wohl weniger. Der klassische Typus
kommt in dieser Zeit selten vor. Mit oder ohne horizontale Platten, mit gebogenen
Ästen oder mit senkrechten bzw. schräg gerichteten, stets sind die aus diesen Jahrhunderten datierenden Darstellungen des Leuchters als solche erkennbar [314]. Die
Mosaikfussböden der Synagogen aus den 4.-6. Jahrhundert zeigen die schönsten
Beispiele. Bisweilen gibt es im Mosaikfussboden eine, bisweilen zwei Darstellungen
des Leuchters, was nach E. L. SUKENIK nicht besagt, dass es in den Synagogen
zwei Leuchter gegeben hätte (*Ancient Synagogues in Palestine and Greece*, 1934, 55-56).

Zwei Darstellungen gibt es u.a. in der Synagoge von Beth Alpha (in der Esdraelon-
Ebene) unweit von Beisan (SUKENIK, *o.c.*, 32 f., Fig. 8, p. 33) und in der Synagoge
von 'Ain Dûk (bibl. Na'aran) in der Nähe von Jericho (*id.* 28 f., Fig. 6, p. 31).
Hier ist die Darstellung 2.40 m gross (ZWARTS, *o.c.*, 31). Dass der Leuchter nicht
nur dargestellt, sondern auch (in Stein) nachgebildet wurde, dafür zeugt der 1921
von NAHOUM SCHLOUSZ in Hamath (nahe Tiberias) entdeckte kalksteinerne Leuchter.
Er ist 36 cm hoch, 80 cm breit und 13 cm dick. Auf der Oberseite gibt es sieben
Gruben zur Aufstellung von sieben irdenen Lampen. Auf der Vorderseite sind
abwechselnd Granatäpfel und Blumen eingeschnitten [315]. Spätere Ausgrabungen

---

[313] „In nachexilischer Zeit wurden für das Herbstfest neue Formen entwickelt... Jeder Teilnehmer trug einen Feststrauss (lūlāb) ... bestehend aus einem Palmen-, Myrthen- und Bachweiden-
zweig, ferner gehörte der Ethrog (Paradiesapfel) zur Festausrüstung" (EHRLICH, *Die Kultsymbolik*,
1959, 53 ff.: Das Laubhüttenfest). — Ethrog ist ein pers. Wort: citrus medica cedra (*id.* S. 55, Anm.
144). — Šofar ist die Trompete, mit der Anfang und Ende des Sabbats bekannt gemacht wurde.
[314] EHRLICH betont, dass das Symbol des siebenarmigen Leuchters älter ist als die Menora im
Jerusalemer Tempel; bei den in spätantiken Synagogen und auf Gräbern abgebildeten Leuchtern
braucht es sich, meint EHRLICH, nicht immer um die Nachbildung des Tempelleuchters zu handeln
(*o.c.*, 95 f.). Dafür könnte in der Tat die Darstellung des Leuchters mit senkrechten Ästen zeugen.
[315] SUKENIK, *o.c.*, Pl. XII a; GOODENOUGH, *Symbols*, III, Fig. 562; ZWARTS, *o.c.*, Fig. gegenüber
p. 35. — Die Ergebnisse der unter N. SLOUSCH's Leitung 1920/21 ausgeführten Ausgrabungen sind
veröffentlicht in *Qobets, publication de l'association Juive des Recherches Archéologiques de la Palestine*, I,
1921, 5-39; II, 1922-1924, 49-52 (hebr.).

(1961) unter der Leitung von M. Dothan haben drei Bauphasen der Synagoge in Hamath festgestellt (die älteste aus dem 3. Jahrh. n. Chr.) und einen Mosaikfussboden freigelegt, in dem der Leuchter zweimal dargestellt ist [316].

Über Leuchter aus Gold besitzen wir eine Notiz im Talmud. Nach einer glaubwürdigen Überlieferung schenkte Kaiser Antoninus (Caracala 211-217) dem Patriarchen Juda I., dem glänzendsten Vertreter des Patriarchats, einen goldenen siebenarmigen Leuchter (Michael Avi-Yonah, † 1974, *Gesch. der Juden im Zeitalter des Talmud, Studia Judaica*, II, 1962, 39 f. und S. 57).

δ) *Symbolik.* Der Tempelleuchter dürfte als Symbol Jahwe's zu deuten sein, wie Goodenough sagt, „a symbol of God himself" (*HUCA*, XVII, 2, 1950-1951, p. 463; Ders., *Symbols*, IV, 77 ff.). Die Frage ist aber welche Vorstellung mit der Darstellung des Leuchters auf Lampen, Gräbern, in Synagogen usw. verbunden gewesen sein könnte. Symbole sind mehrdeutig und die damit verbundenen Vorstellungen sind im allgemeinen nicht mit Sicherheit zu ergründen. Was der Verfasser der ältesten, erst unlängst entdeckten Darstellung damit beabsichtigt habe, lässt sich nicht mit Sicherheit sagen. Er könnte einfach das Symbol Jahwe's haben abbilden wollen; es ist aber auch möglich, dass er damit das Gebäude apothropäisch habe schützen wollen, z.B. gegen Erdbeben. Auf Lampen könnte das Bild des Leuchters sicher oft einen apothropäischen Sinn gehabt haben, denn schon die Lampe selbst hatte apothropäische Wirkung [317] und das Bild des Leuchters könnte diese Wirkung nach der Ansicht des Besitzers noch gesteigert haben.

Anders urteilt Shimon Applebaum über das Fragment einer Lampe aus der Kyrenaika, auf dem das Bild des Leuchters vorkommt. In der Kyrenaika war 115-117 unter Kaiser Trajan eine jüdische Revolte ausgebrochen, die nach der Meinung V. Tcherikover's vor allem gegen die heidnische Religion gerichtet war (*Corpus Papyr. Judaicarum*, I, 1957, 85-93). Applebaum nun meint, die Lampe aus Kyrenaika „reflects the religious „cold war" that preceded the revolt of 115" [318]. Dass der Brauch, den Leuchter auf Lampen darzustellen, aus Kyrenaika stammen sollte, wie Applebaum (*JJS*, XIII, 1962, 38) meint, dürfte doch kaum wahrscheinlich sein. Dagegen spricht nicht nur die allgemeine Verbreitung des Symbols, sondern auch das Fortbestehen über einige Jahrhunderte.

---

[316] *RB*, 70, 1963, 588 s.; M. Dothan, *The Synagogue at Hammath-Tiberias, Qadmoniot*, I, 1968, 116-123 (hebr.); V, 2, 1972, Fig. p. 41, Plan der Synagoge (G. Foerster); B. Lifshitz, *L'ancienne synagogue de Tibériade, sa mosaïque et ses inscriptions, JSJ*, IV, 1973, 43-55.

[317] Vgl. Galling, *BR*, 1937, 347-350, Art. Lampe, S. 349.

[318] *Cyrenensia Judaica, JJS*, XIII, 1962, 31-43, p. 38-39; Ders., *Clay Lamps and religious propaganda in the early Roman Empire, ErIs*, VI, 1960, 73-76 (hebr.) p. 29* engl. Über die Revolte siehe auch, Ders., *Notes on the Jewish Revolt under Trajan, JJS*, II, 26-30; Ders., *The Jewish Revolt in Cyrene in 115-117, id.*, p. 177-186; Ders., in *IEJ*, VII, 1957, 154-162.

Nach der Zerstörung Jerusalems und dem Untergang des Heiligtums der jüdischen Nation musste bei den gesetzestreuen Juden der Wunsch aufkommen, ihre Treue gegenüber der Religion der Väter zum Ausdruck zu bringen. Dass der Leuchter als Symbol der Treue gewählt wurde, lässt sich aus alttestamentlichen Stellen wie 2. Sam. 22, 29: „Denn du bist meine Leuchter, Jahwe, und Jahwe erhellt meine Finsternis" erklären, eine Stelle, die doch auch von Jahwe's Treue zeugen soll. Das Alte Testament verbindet aber schon, wie K. H. RENGSTORF betont, das Wort Gottes (d.h. das Gesetz) mit dem Gedanken des Lichtes (Ps. 119, 105) [319]. Es gibt auch Darstellungen, wobei Leuchter und Tora-Rolle zusammen vorkommen. Ein interessantes Beispiel davon ist aus der Synagoge von Sardis (2. oder 3. Jahrh. n. Chr.; im 5. Jahrh. restauriert und 615 n. Chr. zerstört) bekannt. Es fand sich in dem Fussboden eine 57 × 64 cm grosse und 3 cm dicke marmorne Platte mit Darstellung des Leuchters (viertelkreisförmigen Äste). An den Seiten des Schaftes und gerade unter den Ästen gibt es Spiralen, die nach der wohl wahrscheinlichen Vermutung Y. SHILOH's die Schriftrolle darstellen [320]. Eine ähnliche Darstellung ist aus Priene bekannt (*id.*, p. 54, Fig. 1, 2, p. 55 und Pl. 4 B) [321]; auch aus Naveh gibt es ein Beispiel (*id.*, p. 57). Wenn, wie wir oben betonten, der Leuchter die Treue der Juden gegenüber der Religion der Väter symbolisiert, symbolisiert er auch das Gesetz, das nach der Bemerkung RENGSTORF's „das Wesen des Judentums konstituiert" (*ZNW*, 31, 1932, 54). RENGSTORF meint: „Von hier aus lag es nur nahe, dass der Leuchter, wenn er neben dem Schrein oder der Rolle die Tora als das Licht bezeugte, ohne Schwierigkeit auch allein zum Symbol des Judentums wurde ..." (*l.c.*, 54). Es scheint uns, dass das Bild des Leuchters von Anfang an das Gesetz verkörpert haben muss, sonst hätte es wohl nicht so zahlreiche Darstellungen des Leuchters ohne Darstellung der Schriftrolle gegeben. Den Leuchter einfach als Symbol des hellenistischen Judentums zu bezeichnen (JACOB ZWARTS, *De zevenarmige Kandelaar*, 1935, 12), sagt über die Symbolik des Leuchters nichts aus und damit ist auch die Frage, wie das Symbol später habe verschwinden können — um erst in unserer Zeit zum Teil mit neuen Inhalt zurückzukehren; das Wiederaufkommen des Symbols in der Renaissance hat hier kaum Bedeutung —, nicht erklärt. ARNOLD M. GOLDBERG nennt das Schweigen der Rabbinen über die Verwendung des Leuchters als Symbol merkwürdig (*ZDMG*, 117, 1967, 236-237).

---

[319] *Zu den Fresken in der jüdischen Katakombe der Villa Torlonia in Rom*, ZNW, 31, 1932, 33-60, S. 53.

[320] Y. SHILOH, *Torah Scroll and the Menorah-Plaque from Sardis*, IEJ, 18, 1968, 54-57, Fig. 1, 1, p. 55 und Pl. 4 A; G. M. A. HANFMANN, in *BASOR*, 170, 1963, Fig. 33, p. 48; Ders., *Letters from Sardis*, 1972, Fig. 85, links, p. 119.

[321] TH. WIEGAND-H. SCHRADER, *Priene*, 1904, Abb. 582, S. 475: „Siebenarmige Leuchter aus der grossen Kirche".

Daraus lässt sich doch schliessen, dass die Rabbinen der Verwendung dieses Symbols abgelehnt haben. Dies lässt sich u.E. daraus erklären, dass der Leuchter das Gesetz symbolisierte und sie, die Rabbinen, waren die Erklärer des Gesetzes [322]. Wäre aber der Leuchter nur Symbol des Gesetzes geblieben, dieses Symbol hätte später wohl nicht verschwinden können. Zwar könnte man meinen, man sei damals ängstlich besorgt gewesen, sich nicht als Jude kennbar zu machen — man denke z.B. an den von Heraclius 634 ausgegangenen Befehl einer allgemeinen Zwangstaufe der Juden im byzantinischen Reich — [323], daraus liesse sich aber das Verschwinden des Symbols auch in den jüdischen Gräbern nicht erklären. Die symbolische Bedeutung des Leuchters muss in der Spätzeit eine Änderung erfahren haben.

Bekannt ist, dass die jüdischen Symbole, unter denen der Leuchter hervorragt, nicht auf allen jüdischen Gräbern vorkommen. HARRY J. LEON, der einen Aufsatz über jüdische Darstellungen in den jüdischen Katakomben zu Rom veröffentlichte, meint „the more conservative members tended to adhere more steadfastly to this practice than did those who had largely adopted the customs of their Roman environment" [324]. Dies wird richtig sein; es erklärt aber das Verschwinden des Symbols natürlich nicht. Neben gesetzestreuen Juden hatte es zu allen Zeiten laxe gegeben.

W. WIRGIN meint, das Fehlen des Leuchtersymbols auf Gräbern sei aus dem Auferstehungsglauben zu erklären [325]. Vom Leben nach dem Tode gab es zwei Vorstellungen: der Glaube der Auferstehung und der Glaube der Unsterblichkeit der Seele (p. 102-103) [326]. Das Leuchtersymbol soll besagen, dass der Tote für ewig im Jenseits bleiben werde. Nur Juden, welche dem Unsterblichkeitsglauben anhingen, sollten auf ihrem Grab das Leuchtersymbol (nebst anderen jüdischen Symbole) gehabt haben (p. 103). Der Leuchter sei möglicherweise Unsterblichkeitssymbol gewesen (p. 104). WIRGIN weist hin auf Darstellungen aus der „heidnischen" Kunst, wo der Unsterblichkeitsglaube durch die aus dem Meer aufsteigende Aphrodite symbolisiert wird. Ein heidnischer Sarkophag in der Villa Borghese (Rom) zeigt Aphrodite stehend in einer Muschel (*i.c.*, p. 104, Pl. 24 B). Ein jüdischer

---

[322] Siehe JACOB NEUSNER, *The Phenomenon of the Rabbi in late Antiquity*, Numen, XVI, 1969, 1-20.

[323] M. AVI-YONAH, *Gesch. der Juden im Zeitalter des Talmud*, 1962, 275 f.; J. JUSTER, *Les Juifs dans l'empire romain*, II, 1914, 175.

[324] *Symbolic Representations in the Jewish Catacombs of Rome*, *JAOS*, 69, 1949, 87-90, p. 90.

[325] *The Menorah as Symbol of After-Life*, *IEJ*, 14, 1964, 102-104, p. 103.

[326] Die Griechen haben wohl den Glauben an die Unsterblichkeit, nicht aber den Glauben an die Auferstehung gekannt. Siehe hierüber ERWIN ROHDE, *Psyche. Seelenkult und Unsterblichkeitsglaube der Griechen*. In Eleusis wird das bewusste Fortleben der Seele nach ihrer Trennung vom Leibe „nicht gelehrt, sondern vorausgesetzt" (S. 293/94). „Eleusis weiht, mit einziger Ausnahme der Mordbefleckten, Griechen aller Arten, ohne ihre Thaten, ihr Leben oder gar ihren Charakter zu prüfen... Die Scheidung wurde nicht nach Gut und Böse gemacht" (S. 312).

Sarkophag im Museo nazionale (Rom) zeigt den Leuchter in einem Kreis (*id.*, Pl. 24 A). Daraus zu schliessen, dass der Leuchter Symbol des Unsterblichkeits-glauben gewesen sei, scheint uns voreilig. Der Kreis könnte sehr wohl vom Un-sterblichkeitsglauben auch auf den Auferstehungsglauben übertragen worden sein. So gibt es auf vielen christlichen Gräbern sowohl Kreuz (Auferstehungsglaube) als auch Kranz (Unsterblichkeitsglaube). GOODENOUGH hält offenbar Rosette und Kranz für Symbole des Unsterblichkeitsgedankens (*Symbols*, I, 119 und Vol. III, Fig. 154).

Über das Alter des Auferstehungsglaubens bei den Juden und über die Frage, ob sie selbständig zu diesem Glauben gekommen seien, oder ob hier Einfluss der iranischen Religion anzunehmen sei, gehen die Meinungen auseinander. Während nach der iranischen, freilich erst aus einem späten Buch (Bundahesch; 12. Jahrh. n. Chr.) bekannten Vorstellung Fromme und Böse auferstehen werden (wie nach dem christlichen und muslimischen Glauben), gilt dies nach dem jüdischen Glauben nur den Frommen (Dan. XII, 2, 3; Henoch, XXII, 3 ff.; Josephus, *Antiq.* XVIII, 1, 3 § 14). Nach jüdischer Auffassung wird die Auferstehung stattfinden am Anfang des messianischen Reiches. Da die Auferstehung nur den Frommen gilt, nur diese, d.h. die gesetzestreuen Juden Teil am messianischen Reich haben werden, dürfte es u.E. eher wahrscheinlich sein, dass der Leuchter (Symbol des Gesetzes) den Auferstehungsglauben als den Unsterblichkeitsglauben symbolisiert. Das Ver-schwinden dieses Symbols ist dann u.E. daraus zu erklären, dass der Glaube an die Auferstehung damals untergraben worden ist, was damit zusammenhängen könnte, dass zufolge der Eroberung Palästinas durch die Araber (638) die Hoff-nungen der Juden auf Wiederherstellung des davidischen Reiches auf viele Jahr-hunderte zunichte gemacht wurde.

F. CUMONT meint, die Lampen des Leuchters bedeuten die sieben Planeten (vgl. Josephus, *Bell. Jud.* V, 5, 5 § 217); die Seelen der Toten, auf deren Grab der Leuchter dargestellt ist, werden für immer wie die Sterne leuchten (bei GOODENOUGH, *HUCA*, XVIII, 2, 1950-1951, p. 459). CUMONT sah also das Bild des Leuchters als Symbol des Unsterblichkeitsglauben. Für die Meinung anderer Gelehrten über die Symbolik des Leuchters sei auf GOODENOUGH (*l.c.*, 458) hingewiesen. (Über den Glauben an eine Auferstehung des Leibes und den Glauben an die Unsterblichkeit, siehe auch H. KOSMALA, *Hebräer-Essener-Christen*, 1959, 36 f.).

In unserer Zeit wurde der Leuchter so, wie er auf dem Titusbogen dargestellt ist, „zum Symbol des nationalen Judentums und zum offiziellen Symbol des jüdischen Staates" [327]. Daraus lässt sich u.E. nicht schliessen, dass der Leuchter des religiösen

---

[327] ARNOLD M. GOLDBERG, *Die Siebenarmige Leuchter. Zur Entstehung eines jüdischen Bekenntnis-symbols*, *ZDMG*, 117, 1967, 232-246, S. 246.

Inhalts entkleidet ist. Das von Laien, besonders Mädchen, am Halse getragene Kreuz ähnelt einem Vereins-Abzeichen; niemand wird behaupten wollen, dass es nur als solches zu deuten sei.

b) *Der Schaubrottisch.* Josephus' Bemerkung, dass der Tisch aus Gold war (*Bell. Jud.* VII, 5, 5 § 148: χρυσῆ τε τράπεζα τὴν ὁλκὴν πολυτάλαντος) ist kaum buchstäblich zu nehmen. Er wird aus Holz und mit Gold überzogen gewesen sein. Die Abbildung des Tisches auf dem Titusbogen zeigt einen vierbeinigen Tisch (vgl. Ex. 25, 26), mit Fuss-, Kopf- und Zwischenleisten; letztere ist wohl an allen vier Seiten zu denken, wenn sich dies auch aus der Darstellung nicht mit Sicherheit ausmachen lässt. Zusammenstellung und Details deuten auf Schreinerarbeit, nicht auf Goldschmiedearbeit. Der Zweck des Tisches: Aufstellung der Schaubrote, macht es aber wohl wahrscheinlich, dass das Tischblatt mit Goldblech belegt gewesen ist. Dass der Tisch viele Talente schwer war, dazu könnte Josephus wohl aus Autopsie gekommen sein: in dem Triumph in Rom wurde der Tisch, wenigstens nach der Darstellung auf dem Titusbogen, von acht Soldaten getragen.

Im salomonischen Tempel hatte der Schaubrottisch vielleicht in der Tempelachse und nahe der Tür des Debir gestanden (siehe Band I, 1970, 293). Im herodianischen Tempel wird er an der Nordseite des Heiligen (Ex. 40, 22) gestanden haben (Abb. 250), wofür wohl auch Philo (vita Mosis 2, 104) zeugt, wenn er hier auch über die Stiftshütte spricht. Die Stellung des Tisches aus der Tempelachse besagt klar, dass der Schaubrottisch seit langem nicht mehr die Bedeutung eines Speisetisches der Gottheit hatte (siehe hierüber Band I, 1970, 288, Anm. 466). Nach Josephus symbolisierten die zwölf Brote den Tierkreis und das Jahr (*Bell. Jud.* V, 5, 5 § 217). Nach Philo stellte der Schaubrottisch, auf dem die Schaubrote in zwei Reihen aufgelegt waren, die Erde vor (vita Mosis 2. 104, bei MICHEL-BAUERNFEIND, *De Bello Judaico*, II, 1, 1963, 255, Anm. 82). Eine „ins einzelne gehende symbolische Deutung" des Schaubrottisches gibt Philo in *quaestiones in Exodum* 2, 71 ff. (MICHEL-BAUERNFEIND, *l.c.*).

Die schlichte Form des Tisches macht es wahrscheinlich, dass er aus dem zweiten Tempel stammt. Nach I. Makk. I, 23 raubte Antiochus IV. Epiphanes (168 v. Chr.) den Tisch. Dies impliziert nicht, dass er aus Gold war, was auch nicht berichtet wird. Wir wissen, dass Antiochus IV. beabsichtigte, dem jüdischen Kultus ein Ende zu bereiten; er raubte alle Kultgeräte und sogar die Vorhänge des Tempels. Nach I. Makk. IV, 49 hatte Judas Makkabäus den Tisch durch einen neuen ersetzt; auch von diesem wird nicht berichtet, dass er aus Gold war. Erst ein späterer Hasmonäer (Simon?) wird einen Schaubrottisch haben verfertigen lassen, an dem Gold verwendet war. Dass Herodes diesen Tisch nicht durch einen neuen ersetzt habe, lässt sich vielleicht aus Ex. 25, 23, wo die Masse des Tisches und dessen Form vorgeschrieben sind, erklären.

c) *Das Rauchfass.* Zu den weltberühmten Kunstwerken, welche im Heiligen des herodianischen Tempels standen, rechnet Josephus auch das Rauchfass (*Bell. Jud.* V, 5, 5 § 216) wiewohl er es unter den Beutestücken, welche im Triumph von Titus-Vespasian vorbeigetragen wurden (*Bell. Jud.* VII, 5, 5 § 148) nicht nennt. Dies wird wohl seinen Grund in der geringeren Kostbarkeit des Gerätes haben (vgl. E. SCHÜRER, *Gesch. des jüd. Volkes*, II⁴, 1907, 342, Anm. 17). Dass Josephus es nichtsdestoweniger *Bell. Jud.* V, 5, 5 § 216 nennt, lässt sich wohl erklären. Er hatte über die Symbolik des Leuchters und der zwölf Schaubrote gesprochen und wollte nun auch die des Räucherwerkes mitteilen. Überdies hatte er es wohl für etwas Besonderes und demnach der Erwähnung wert gehalten, dass das Gefäss mit dreizehn verschiedenen Sorten Räucherwerk gefüllt wurde. Ex. 30, 34 werden nur vier Spezereien für die Bereitung des Räucherwerkes vorgeschrieben. Es ist aber auch möglich, dass er durch diese Mitteilung die sachliche Unbedeutendheit des Rauchfasses habe verschleiern wollen. Dies könnte vielleicht auch erklären, warum er hier nicht berichtet, Leuchter und Tisch seien aus Gold gewesen; er hätte dann auch über die Art des Rauchfasses berichten müssen. Ob das Gefass aus Stein oder Metall (Bronze) war, bleibt eine Frage. Das auf dem Schaubrottisch im Relief des Titusbogen dargestellte Gefäss wird wohl aus Gold gewesen sein; es könnte dazu gedient haben, die Bestandteile des Räucherwerkes zu mischen. In Masada zutagegekommene Münzen aus dem 1.-4. Jahre der Revolte gegen Rom (66-73) zeigen die Darstellung eines schönen Gefässes; (Y. YADIN, *Masada. Herod's Fortress*², 1967, Fig. p. 108. 109, p. 171)³²⁸; es könnte ebenfalls ein Mischfass sein, in dem das Räucherwerk gemischt wurde. Es ist kelchförmig, mit schlankem Stiel und breitem Fuss. Über die Form des Rauchfasses lässt sich nichts mit Sicherheit sagen; wir wissen nicht einmal, ob es wie griechische und römische Rauchfässer einen Deckel hatte, mit Löchern durch die der Rauch emporstieg³²⁹.

Die Frage, ob es im herodianischen Tempel einen Räucheraltar gegeben hatte, haben wir schon im ersten Bande (1970, S. 290, Anm. 478) erörtert. Josephus erwähnt ihn nicht und wir halten dafür, dass der Räucheraltar im herodianischen Tempel nicht im Gebrauch gewesen ist, wiewohl im zweiten Tempel ein goldener, von Antiochus IV. Epiphanes 168 geraubter Räucheraltar gestanden hatte (I. Makk. I, 23). Der neue, von Judas Makkabäus in den Tempel gebrachte (I. Makk. IV, 49-50) wird wohl aus Holz gewesen sein. Im herodianischen Tempel, wie im salomonischen (Band I, *l.c.*) wird das Räucherfass auf dem Schaubrottische gestanden haben. Die vier Münzen des Herodes (3. Jahr.; wohl 37 v. Chr.), worauf (Obverse)

³²⁸ Auch *IEJ*, 15, 1965, Pl. 19, F-G.
³²⁹ Vgl. P. LAVEDAN, *Dict. illustré de la mythologie et des antiquités grecques et romains*, 1931, 374, *s.v. Encensoir.*

nach der Meinung J. MEYSHAN's „an incense altar" vorkommt [330] lassen sich nicht dagegen anführen, denn damals stand der zweite Tempel noch aufrecht. MEYSHAN hält das Gefass auf der Revers-Seite für „a vessel for incense" (*l.c.*, 31). „Two palm-branches over the Thymiaterion and the incense altar are the symbol of reverence and gratitude to God for the victory over Mattathias Antigonus and the succes of the siege of Jerusalem" (MEYSHAN, *l.c.*, 32*). Lässt sich vielleicht daraus, dass Herodes (der König, aber nicht Hohenpriester war) den Räucheraltar auf seinen Münzen dargestellt hatte, das Fortlassen des Räucheraltars im dritten Tempel erklären?

3. *Das leere Allerheiligste.* Nach dem Bericht des Josephus befand sich im Aller-heiligsten, wie wir sahen, überhaupt nichts (*Bell. Jud.* V, 5, 5 § 219). Nach rabbi-nischen Autoren lag dort ein Stein — eben *šetija* —, auf welchen der Hohepriester am Versöhnungstag das Räucherwerk stellte (Yoma V, 2; siehe weiter unten). Die ausdrückliche Betonung des Josephus, es sei im Allerheiligsten nichts vorhanden gewesen, war wohl, wie oben schon bemerkt, an die Adresse von Leuten wie Apion gerichtet. Apion war „the representative of literary antisemitism" [331]. In anti-semitischen Kreisen erzählte man, die Juden hätten im Jerusalemer Tempel einen goldenen Eselskopf verehrt. Mnasias aus Patras (2. Jahrh. v. Chr.) hatte behauptet, die Juden hätten in dem Tempel den Kopf eines goldenen Esels angebetet und Apion hatte darauf hingewiesen (*c. Ap.* II, 9 § 112-115). Damocritus (Zeit un-bestimmt) hatte dies in seinem Buch „Über die Juden" ebenfalls behauptet. Posi-donios aus Apameia (geb. ca. 135 v. Chr.) berichtet (nach Diodor), Antiochus IV. Epiphanes habe in dem Tempel das steinerne Bild eines Mannes sitzend auf einem Esel (καθήμενον ἔπ ὄνου) gefunden (TH. REINACH, *Textes d'auteurs Grecs et Romains relatifs au Judaïsme*, 1895, 56 ss.). Die Anschuldigung der Eselsverehrung lässt sich aus dem Gleichklang des Namens Sabaoth und Sabazios (unter diesen Namen wurde Dionysos-Bacchus von den Phrygiern verehrt) und aus dem goldenen Weinstock erklären. Der Esel war heiliges Tier des oft auf einem Esel reitend abgebildeten Bacchus; auch der Weinstock war ihm heilig. Aus dem Namen Sabaoth und der Bedeutung des Weinstocks für die Juden erschloss man einen Dionysos-Kult im Jerusalemer Tempel (*JE*, II, 1916, 222-224, Art. *Ass-Worship*; S. Kr. (auss)). Auch die Christen sind der Eselsverehrung beschuldigt worden. Das dionysische Symbol des Weinstocks spielt auch in der altchristlichen Kunst eine Rolle [332]. Dass Josephus

---

[330] *Chronology of the Coins of the Herodian Dynasty*, ErIs, VI, 1960, 31*-34*; REIFENBERG, *Coins*, p. 42, Pl. III, Nr. 26.

[331] VICTOR A. TCHERIKOVER, *The Decline of the Jewish Diaspora in Egypt in the Roman Period, JJS*, XIV, 1963, 1-32, p. 16.

[332] EHRLICH, *Die Kultsymbolik*, 1959, 92, Anm. 246, mit Beispielen; vgl. Joh. 15, 5; auch bei EHRLICH.

über einen Stein im Allerheiligsten schweigt, braucht also nicht zu verwundern: anti-semitische Kreise würden darin sicher das Postament eines im Tempel vermuteten Kultbildes gesehen haben.

Verschiedene Gelehrten haben in *es-sakhra* den Stein *šetija* sehen wollen (siehe Band I, 1970, S. 12 f. und Anm. 41-44) und daraus erschlossen, dass das Allerheiligste des Tempels auf *es-sakhra* gestanden habe. CONRAD SCHICK hatte dann daraufhingewiesen, dass die Rabbinen von einem Stein, nicht von einem Felsen reden (*Stiftshütte*, 115). Im Alten Testament können freilich צור und אבן, wie E. LIPINSKI betont, synonym sein (*Recherches sur le Livre de Zacharie*, *VT*, 20, 1970, 25-55, p. 29); es wäre demnach möglich, dass die Rabbinen einen Felsen meinten. Dafür könnte zeugen, dass nur die Höhe des Steines, nicht dessen Grundmasse erwähnt werden. Andererseits scheint die Notiz über die Herkunft des Steines „aus den Tagen der ersten Propheten" (Yoma V, 2) für einen Stein zu sprechen. Um *es-sakhra* kann es sich aber nicht handeln, denn er kann, wie wir Band I, *l.c.* betonten, nicht über den Fussboden des Allerheiligsten des herodianischen Tempels hinausgeragt haben. Dass die rabbinische Tradition über *eben šetija* verhältnismässig jung gewesen sein könnte (Band I, 1970, Anm. 43), war ein Irrtum. „Bereits in frühester Zeit erscheint in der rabbinischen Literatur die Vorstellung von einem Stein, von welchem aus die Welt erschaffen wurde, und der Shetija-Stein (אבן שתיה) genannt wird" [333]. Yoma V, 2 heisst es: „Nach dem die Lade entfernt worden war, befand sich dort ein Stein aus den Tagen der ersten Propheten. Und er wurde Shetija genannt und war drei Daumenbreiten höher als die Erde. Auf diesen legte er sie" (FELIX BÖHL, *l.c.*, 257). ‚Zu ergänzen ist': „die Schaufel (מהתה), um das Rauchopfer darzubringen" (BÖHL, *l.c.*, Anm. 22). Nach E. L. EHRLICH soll *eben šetija* wörtlich „Stein der Unterlage" bedeuten (*Die Kultsymbolik im Alten Testament und im nachbiblischen Judentum*, 1959, 28); FELIX BÖHL betont aber, dass das Wort *šetija* im biblischen Bereich nirgends vorkommt. Alle Versuche, „diesen „Grundstein" — oder wie immer man das Wort übersetzen will — in biblischen Vorbildern zu erkennen, erscheinen sehr problematisch" (FELIX BÖHL, *l.c.*). Wir halten es für unwahrscheinlich, dass in dem ganz dunklen Allerheiligsten des herodianischen Tempels ein Stein gelegen habe. Nach der rabbinischen Vorstellung soll von diesem Stein aus die Welt erschaffen worden sein, der Stein gehört also in den Bereich der Tempelsymbolik. Der Hohepriester hätte den Stein im ganz dunklen Allerheiligsten nicht einmal wahrnehmen können. FELIX BÖHL meint, unter dem *eben šetija* haben wir einen Weberpflock zu verstehen. „Es kann kein Zweifel bestehen, dass in allen Texten vorausgesetzt wird, dass der Pflock (= Shetija-Stein) nicht nur der Aus-

---

[333] FELIX BÖHL, *Über das Verhältnis von Shetiya-Stein und Nabel der Welt in der Kosmogonie der Rabbinen*, *ZDMG*, 124/2, 1974, 252-270, S. 257.

gangspunkt des Gewebes (= Welt) ist, sondern dass er vielmehr weiterhin den Mittelpunkt dieses Gewebes bildet. Und diesem Bild entspricht ein hängender „Webstuhl", den es im Orient gegeben hat und der zum Teil heute noch Verwendung findet" (FELIX BÖHL, *l.c.*, 259). Wir dürfen annehmen, dass die Rabbinen verschiedene Vorstellungen mit dem *šetija*-Stein verbunden haben — vielleicht auch die von FELIX BÖHL vorgeführte —; die Frage ist aber, wie man dazu kam, von einem Stein zu reden. Es ist hier wohl an den Omphalos-Mythus zu denken.

SAMUEL TERRIEN betont, dass die Historiker, welche sich mit der Religion Israels befassen, den Omphalos-Mythus kaum erwähnen oder höchstens einen geringen Wert schenken (*The Omphalos myth and Hebrew Religion*, *VT*, 20, 1970, 315-338, p. 316). Sind doch schon von W. H. ROSCHER (1913 und 1918) und A. J. WENSINCK (1916) wichtige Studien über den Omphalosgedanken bei verschiedenen Völkern veröffentlicht worden [334]. Die Sache ist aber, dass der Omphalos-Mythus sich aus dem Alten Testament nicht mit Sicherheit belegen lässt. Dass Richt. 9, 39 טבור הארץ „alludes to the cosmic significance which was attached to a mountain, possibly Mt Gerizim", was TERRIEN für wahrscheinlich hält (*l.c.*, 316, n. 4; TERRIEN folgt hier H. W. HERTZBERG), lässt sich aus der Erzählung nicht herauslesen. „Gewiss könnte in einem kosmogonischen Mythus ein hochgelegener hl. Platz als der Nabel einer unteren Welt betrachtet werden, die durch eine unsichtbare Nabelschnur kultischer oder meteorologischer Art ihr Leben aus der oberen Welt beziehe. Man muss feststellen, dass keine Garizim-Überlieferung dieser Art, aber auch von keinem anderen im Alten Testament gefeierten palästinischen Ortsheiligtum eine solche Überlieferung besteht" (W. CASPARI, *ṭabur* (*Nabel*), *ZDMG* 86 (NF 11), 1933, 49-65, S. 53). Eine verhältnismässige Höhenlage des „Nabel" inmitten seiner Umgebung setzt der Wortlaut aber voraus (CASPARI, *l.c.*, S. 53). „Kosmologische oder andere mythologische, überhaupt spekulative vorwissenschaftliche Funktionen haften also weder an dem einen noch an dem anderen Bestandteile der Formel „Landesnabel" mit Notwendigkeit" (CASPARI, *l.c.*, S. 57). Die Sichemiten könnten aber den Berg Garizim wohl als die Mitte des Landes betrachtet haben (vgl. WALTHER ZIMMERLI, *Ezechiel*, 2. Teilb., 1969, 956; B. W. ANDERSON, *BA*, 20, 1957, 10 f.). G. R. H. WRIGHT hält es für wahrscheinlich, dass „some feature (stone object) was exhibited as the symbol of the cosmic omphalos" (*The Mythology of pre-israelite Shechem*, *VT*, 20, 1970, 75-82, p. 79). Mit Landesnabel ist aber zweifellos der Berg selbst gemeint. Ez. 38, 12 wohnt das Volk Israel auf dem „Nabel der Erde". „Der

---

[334] W. H. ROSCHER, *Omphalos: eine philologisch-archäologisch-volkskundige Abhandlung über die Vorstellungen der Griechen und anderer Völker vom „Nabel der Erde"*, 1913; Ders., *Der Omphalosgedanke bei verschiedenen Völkern*, 1918; A. J. WENSINCK, *The ideas of the western Semites concerning the Navel of the Earth*, Verh. Kon. Akad. Amsterdam. Afd. Letterk. Nieuwe Reeks, Deel XVII, Nr. 1, 1916.

Name „Nabel" beansprucht ... für den so bezeichneten Ort die Lage in der Mitte der Welt" (ZIMMERLI, *l.c.*). Ez. 5, 5 heisst es: „Das ist Jerusalem. Mitten (בתוך) unter die Völker habe ich es gesetzt und rings um es her die Länder". CASPARI bemerkt dazu: „Als Propheten kümmert ihn das wegen der erfahrungsmässigen Anreize, die von andersgläubigen Gemeinwesen ausgingen. Jerusalem übertrat die Gesetze Gottes infolge nachbarlicher Einflüsse ..." (*ZDMG*, 86 (NF 11), 1933, 57). Kosmische Bedeutung hat die Lage Jerusalems für Ezechiel nicht. Auch nicht für den viele Jahrhunderte später lebenden Flavius Josephus. *Bell. Jud.* III, 3, 5 § 52 heisst es: „Genau in der Mitte Judäas liegt Jerusalem, daher denn auch manche diese Stadt nicht unpassend Nabel des Landes (ὀμφαλὸν τῆς χώρας) genannt haben" (CLEMENTZ). W. CASPARI nennt es „desto beachtlicher, dass Josephus ( ) nicht zu einer universalistisch-kosmischen Deutung der Genetiv-Verbindung angeregt wird, obgleich ihm eine solche in Hez. 38, 12 γῆς wahrscheinlich schon angeboten war" (*ZDMG*, 86 (NF 11) 1933, 49). Es dürfte möglich und wahrscheinlich sein, dass Jerusalem schon von manchem für den Nabel der Erde erklärt worden war, was Josephus wohl aus Vorsicht nicht berichtet. Mittelpunkt der Welt war Rom. Rabbinische Autoren halten Jerusalem für den Mittelpunkt der Welt. Das Land Israel liegt in der Mitte der Welt, Jerusalem in der Mitte des Landes Israel, der Tempel in der Mitte Jerusalems [335]. Im Allerheiligsten liegt der *šetija*-Stein (Yoma V, 2). Nach J. A. SEELIGMAN ist „der Ursprung des Begriffs ‚Nabel des Landes' im späteren Judentum die griechische Mythographie, welche den Terminus Γὀμφαλός als den Mittelpunkt der Welt erklärt" (*Judah and Jerusalem. The Twelfth Archaeological Convention*, Jerusalem, 1957, 192-208, p. 206, bei FELIX BÖHL, *ZDMG*. 124/2, 1974, S. 270). Es dürfte wahrscheinlich sein, dass die rabbinische Vorstellung, im Allerheiligsten des herodianischen Tempels habe ein Stein (אבן שתיה) gelegen, im Lichte des griechischen Omphalos-Steins zu sehen ist. Zwar ist, soweit wir sehen, nur in Delphi der u.a. von Pindar erwähnte Omphalos-Stein wiedergefunden (er hatte wahrscheinlich im Adyton des Apollo-Tempels gelegen) [336], wir wissen aber, dass verschiedene griechische Städte den Anspruch erhoben, Stätte des Omphalos zu sein und es dürfte wahrscheinlich sein, dass man den mythischen Mittelpunkt der Welt durchgängig mit einem Stein kenntlich gemacht habe. Der Begriff „Nabel der Welt" ist in der griechischen Mythographie wohl von Anfang an mit einem Stein — dem Omphalos — verknüpft gewesen; gleich mit dem Begriff „Nabel der Welt" werden die Rabbinen die Idee des Omphalos-Steins übernommen haben. War Jerusalem der Nabel der Welt, so musste im Allerheiligsten des Jerusalemer

---

[335] S. FUNK, *Monumenta Talmudica*, 1913, 237, Nr. 792: Midrasch Tanchuma zum Abschnitt Kedoschim.
[336] LAVEDAN, *Dict. illustré*, 1931, 168 und Fig. 183.

Tempels auch ein Stein gelegen haben. Die Rabbinen nannten den Stein *šetija*, ein Wort, dessen Bedeutung leider noch unklar ist. Wenn sich aus Josephus, wie wir gesehen haben, auch nicht mit Sicherheit schliessen lässt, dass sich im Allerheiligsten des herodianischen Tempels überhaupt nichts befand — was er kategorisch versichert —, so hat dies doch in der Tat die meiste Wahrscheinlichkeit für sich: das Allerheiligste des herodianischen Tempels ist ein ganz leerer Raum gewesen.

D — DER AUSSENHOF
(Abb. 253)

1. *Die Tore.* a) *Josephus.* Das herodianische *hieron* hatte, wie wir Kap. XII. dargelegt haben, den Umfang des Ḥarām asch-scharīf. Über die Tore des Aussenhofes berichtet Josephus *Antiq.* XV, 11, 5 § 410: „In der Westmauer der Einfriedigung waren vier Tore, von denen eins über einem Tal zum Palast des Königs führte; zwei führten in die Vorstadt, das vierte (ἡ λοιπή) in die andere Stadt (τὴν ἄλλην πόλιν). Viele Stufen führten hier zum Tal hinab und aus dem Tal zum Eingang empor [337]. Die Stadt lag nämlich gerade dem Tempel gegenüber". Josephus erwähnt auch Tore auf der Südseite, bezeichnet aber diese Seite auffällig genug als die Vierte (§ 411: τὸ δὲ τέταρτον αὐτοῦ μέτωπον τὸ πρὸς μεσημβρίαν εἶχε μὲν καὶ αὐτὸ πύλας κατὰ μέσον.). In der Südmauer des Ḥarām gibt es, wie wir Kap. XII. segehen haben, zwei seit langem verschlossene Tore: das zweifache Tor und das dreifache Tor (Abb. 253, sigel 1, 2). Ihre Lage stimmt wohl zu Josephus' Lokalisierung κατὰ μέσον (nahe der Mitte). Die Tore lagen (bzw. liegen) beträchtlich unter dem Niveau des Aussenhofes (ca. 12 m; *Jerusalem Revealed*, 1975, 16, N. Avigad), eine in der Esplanade gelegene Rampe muss zum Aussenhof emporgeführt haben. Über die Nord- und Ostseite schweigt Josephus, da er aber die Südseite als vierte bezeichnet ist vielleicht anzunehmen, dass in dem Text etwas mehr gestanden hatte. Aus *Bell. Jud.* II, 19, 5 §§ 536-537, wo Josephus berichtet, dass die Mannschaften des Cestius die Nordseite des Tempels angriffen und sich dann anschickten das Tempeltor in Brand zu stecken (καὶ τοῦ ἱεροῦ τὴν πύλην ὑποπιμπράναι παρεσκευάζοντο) geht hervor, dass der Aussenhof auch durch ein Tor auf der Nordseite zu betreten war (*id.* sigel 9). Es ist dies das Middot I, 3 genannte Tor Todi (Holtzmann, *Middot*, 1913, 48/49). An gleicher Stelle wird im Traktat auch ein Tor auf der Ostseite erwähnt. Auf der Ostseite liegt, wie wir Kap. XII. gesehen haben, das goldene Tor (*id.* 10), dessen Anlage zweifellos alt ist. Dass auf der Ostseite ein Tor war, geht auch aus Josephus' Bericht über die Belagerung des Tempels durch Titus (70 n. Chr.) hervor: als die 10. Legion auf dem Ölberg gelagert war, stürmten die Belagerten in einem plötz-

---

[337] *Antiq.* XV, 11, 5 § 410: βαθμίσιν πολλαῖς κάτω τε εἰς τὴν φάραγγα διειλημμένη καὶ ἀπὸ ταύτης ἄνω πάλιν ἐπὶ τὴν πρόσβασιν·

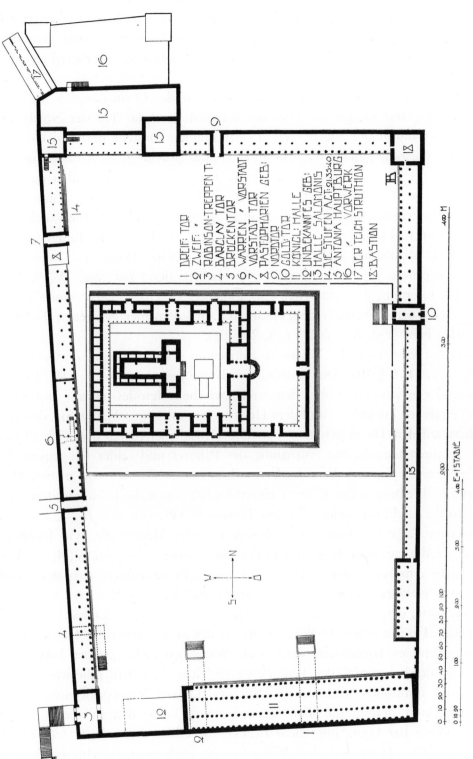

1 DREIF. TOR
2 ZWEIF.
3 ROBINSON-TREPPEN T.
4 BARCLAY TOR
5 BRÜCKENTOR
6 WARREN / VORSTADT
7 VORSTADT TOR
8 PASTOPHORIEN GEB:
9 NORDTOR
10 GOLD. TOR
11 KÖNIGL. HALLE
12 UNBEKANNTES GEB:
13 HALLE SALOMONIS
14 DIE STUFEN ABT: 91.35.40
15 ANTONIA HAUPTBURG
16 VORWERK
17 DER TEICH STRUTHION

IX BASTION

Abb. 253. Das herodianische hieron, Plan. (Rekonstr. Th. A. BUSINK)

lichen Ausfall in die Richtung auf die 10. Legion (*Bell. Jud.* V, 2, 3 §§ 70 ff., 4 § 75).
Auf der Ostseite muss es also ein Tor gegeben haben. Ob wir in dem goldenen Tor
das Act. 3, 2. 10 genannte „Schöne Tor" zu sehen haben, darüber wird weiter unten
zu sprechen sein.

Während die Tore der Südmauer und das Tor der Ostmauer sich leicht lokalisieren lassen, sind wir für die Tore der Westseite und das Tor der Nordseite zum
Teil auf Vermutungen angewiesen. Einstimmigkeit besteht darüber, dass an der
Stelle des Wilsonbogens (Abb. 253 Sigel 5) eine Brücke gelegen hatte und hier ist
jedenfalls eins der vier Tore der Westseite anzusetzen; es führte über eine Brücke
zum Palast des Königs (*Antiq.* XV, 11, 5 § 410: εἰς τὰ βασίλεια), womit der über
dem Xystus gelegene Palast der Hasmonäer gemeint ist. Hier wohnte auch Agrippa
II., als er 66 n. Chr. vor seinem Palast eine Rede hielt, um die Juden vom Krieg
gegen Rom abzuhalten (*Bell. Jud.* II, 16, 3-4 §§ 344 ff.). Dieses Tor muss ein nach
innen vorspringendes Torgebäude gehabt haben, denn *Bell. Jud.* IV, 9, 12 § 581
berichtet Josephus, dass einer der von Johannes Gischala gegen Simon bar Giora
errichteten Türme oberhalb des Xystus, d.h. auf dem hier gelegenen Torgebäude,
gestanden habe (vgl. *Bell. Jud.* VI, 3, 2 § 191).

Zwei der vier Tore der Westseite führten in die Vorstadt (κατὰ τὸ προάστειον;
Antiq. XV, 11, 5 § 410). Die Vorstadt wird von Josephus *Antiq.* XIV, 13, 4 § 339
erwähnt. Er berichtet hier über den Streit zwischen Herodes- er war von Antonius
zum Tetrarchen ernannt — und dem Hasmonäer Antigonus Mattathias, der von den
Parthern auf den Thron gebracht war. Die Jerusalemer hatten den Tempel und die
Stadt in ihren Gewalt, mit Ausnahme des Palastes und seiner Umgegend (§ 338:
πλὴν τῶν περὶ τὰ βασίλεια). Von der Vorstadt aus (κατὰ τὸ προάστειον) machte Herodes
mit einer Abteilung seiner Krieger einen Ausfall gegen die Feinde und er trieb die
einen in die Stadt, die anderen in den Tempel (§ 339; vgl. *Bell. Jud.* I, 13, 3 § 253)
Die genaue Lage der Stadtmauer (Josephus' erste Mauer) die, wie Josephus berichtet, an die westliche Halle des Heiligtums anstiess (*Bell. Jud.* V, 4, 2 § 144), ist
noch nicht ermittelt worden, wir dürfen aber u.E. annehmen, dass der Anschluss
am Tempelplatz zwischen dem Wilsonbogen und dem von Warren entdeckten Tor
gelegen hatte, denn im Warrentor (6) haben wir wohl eins der zwei zur Vorstadt
führenden Tore zu sehen. Es liegt 235 m aus der Südwestecke des Ḥarām. Ein nach
innen gerichtetes Torgebäude wird es am Warrentor nicht gegeben haben. Als die
Juden bei der Belagerung des Tempels durch Titus (70 n. Chr.) die westliche Halle,
auf die die römischen Soldaten mit Hilfe von Leitern heraufgeklommen waren, in
Brand steckten, brannte die Halle nieder bis zum Turm, den Johannes im Kampfe
gegen Simon bar Giora über dem Brückentor erbaut hatte (*Bell. Jud.* VI, 3, 1-2
§§ 178 ff. § 191). Hätte über dem Warrentor ein nach innen gerichtetes Torgebäude

gestanden (wie VINCENT es für das in dieser Gegend gelegene Tor angenommen hat, *Jérusalem*, II-III, 1956, *Atlas* Taf. CII; VINCENT lokalisiert das Tor am Tor *bâb el-qaṭṭânîm*, nördlich vom Warrentor, *o.c.*, 446/447), das Feuer hätte nicht bis zum Brückentor umsichgreifen können. Unter der Westhalle muss eine Treppe gelegen haben, welche in die Halle oder den Aussenhof emporführte — ähnlich wie beim Barclay-Tor.

Die Lage des zweiten zur Vorstadt führenden Tores lässt sich nicht mit Sicherheit genau bestimmen. Dass es weit nach Norden lag (VINCENT lokalisiert es an der Stelle des heutigen bab Naṣer; *l.c.*), lässt sich aus Josephus wohl wahrscheinlich machen. Josephus berichtet, dass die Juden bei der Belagerung des Tempels durch Titus die nordwestliche Halle, die an der Antonia lag, anzündeten [338]. Zwei Täge später liessen die Römer die danebenbefindliche Halle in Flammen aufgehen (§ 166). Dies kann nur die nördliche Strecke der Westhalle gewesen sein (14), denn die Römer haben erst später die Nordhalle eingeäschert (§ 192). Die nördliche Strecke der Westhalle hatte für die Belagerten, wie Kap. XVII. (Untergang des Jerusalemer Tempels) darzulegen sein wird, strategischen Wert und ist daher von den Römern niedergebrannt worden. Dass damals nicht die ganze Westhalle in Flammen aufging (sie ist erst später von den Juden in Brand gesteckt worden, § 178), lässt sich nur daraus erklären, dass sich im Norden ein Gebäude befunden haben muss, das das Umsichgreifen des Feuers verhinderte. Josephus berichtet, dass Johannes, als er den Tempel und Simon bar Giora die Stadt beherrschte, vier Verteidigungstürme errichtete, von denen einer auf den höchsten Punkt der Pastophorien gestellt wurde [339]. FRIEDRICH SPIESS hatte schon 1881 betont, dass die Pastophorien jedenfalls an der Westseite des Tempelraumes anzusetzen sei (*Das Jerusalem des Josephus*, 1881, 37). Dies geht aus dem, was Josephus folgen lässt hervor: am Abend vor dem Sabbath stellte sich hier einer der Priester auf, um durch Trompetensignal den Anbruch des Ruhetages und am folgenden Abend dessen Schluss zu verkündigen, „um so dem Volk den Beginn der Arbeitsruhe bzw. die Wiederaufnahme der Arbeit kundzutun" (Übers. MICHEL-BAUERNFEIND, z.St.). Da einer der von Johannes errichteten Türme an die Nordwestecke (vgl. MICHEL-BAUERNFEIND, z.St.; bei Josephus heisst es zweifellos falsch Nordostecke § 581: τὴν ἀνατολικὴν καὶ βόρειον γωνίαν), einer an die Südwestecke gestellt wurde (an die Ecke, welche der unteren Stadt gegenüber lag, heisst es, *ibid.*) ein dritter auf das Torgebäude des Brückentores, wird das Pastophoriengebäude etwa neben der von den Römern niedergebrannten Halle gelegen haben. Ein Tor neben dem Pastophoriengebäude wird

---

[338] *Bell. Jud.* VI, 2, 9 § 165: τῆς γὰρ βορείου καὶ κατὰ δύσιν στοᾶς τὸ συνεχὲς πρὸς τὴν Ἀντωνίαν ἐμπρήσαντες...

[339] *Bell. Jud.* IV, 9, 12 § 582.

hier zum Aussenhof geführt haben. Das Tor könnte etwa an der Stelle des heutigen *bāb Naṣer*, wo VINCENT es lokalisiert, gelegen haben. Es könnte, wenn es in der Tat am Pastophoriengebäude gelegen hat, auch ein einfaches Tor, ohne Torgebäude gewesen sein. Das Pastophoriengebäude könnte wohl teilweise turmartig aufgebaut gewesen sein, wofür *Bell. Jud.* IV, 9, 12 § 582: ὑπὲρ τὴν κορυφὴν sprechen könnte. Wir haben ein Torgebäude angenommen (7).

Eins der vier Tore der Westseite führte zu „der anderen Stadt" (*Antiq.* XV, 11, 5 § 410). Es ist dies das sogenannte Treppentor. Wie wir im vorigen Kapitel gesehen haben, müssen am Barclay-Tor viele Stufen zum Tempelplatz emporgeführt haben und so hatte man wohl im Barclay-Tor das Treppentor sehen wollen. Diese Treppen lagen im Inneren der Esplanade (4) und dies stimmt nicht zu der Beschreibung des Josephus, denn er sagt nicht nur, dass die Stufen zum Tal hinabführten, sondern auch, dass sie vom Tal aus zum Eingang emporführten [340]. Die Stufen am Barclay-Tor führten unmittelbar zum Aussenhof. Josephus' Beschreibung besagt also, dass wir es mit einer Treppe zu tun haben, welche ausserhalb des Tempelplatzes liegt. Die neueren, unter der Leitung B. MAZAR's ausgeführten Ausgrabungen an der Süd- und Westseite des Ḥarām haben es nun ausser Zweifel gestellt, dass wir im Robinson-Tor das Treppentor zu sehen haben [341]. Die Ausgrabungen haben also Josephus' Beschreibung des Treppentores bestätigt (Abb. 221 und 254). Wir müssen nun aber weiter annehmen, dass das am Barclay-Tor gelegene alte Tor von Josephus überhaupt nicht erwähnt wird. Dieses Tor ist wahrscheinlich damals nicht mehr benutzt worden. Dass Kalif 'Omar, als er 638 durch Kapitulation Jerusalem eingenommen hatte, noch mit dem Patriarchen Sophronius durch dieses Tor hinaufsteigen konnte, wie CONRAD SCHICK sagt (*Stiftshütte*, 297), besagt für unsere Frage kaum etwas. Auch ein nicht zugemauertes Tor kann ausser Gebrauch geraten, wie wir es beim goldenen Tor in der islamischen Zeit gesehen haben: noch vor der Zumauerung haben die Muslime das Tor unbenutzt gelassen. Nach Mudschir ed-din betrat 'Omar übrigens den Tempelplatz durch das im Norden gelegene Tor *bāb el-'Atm* (WILSON, *PEF QuSt*, 1880, 30, n. †). Das Barclay-Tor könnte, durch vom Tempelplatz herabgeworfenen, aufgehauften Schmutz unbrauchbar geworden sein [342].

Es fragt sich nun noch, wo das Tor der Nordseite (*Bell. Jud.* II, 19, 5 § 537) zu

---

[340] Siehe oben Anm. 337.

[341] B. MAZAR, *Excavations near the Temple Mount*, *Qadmoniot*, V, 3-4, 1972, 74-90 (hebr.), Fig. p. 78-79; Ders., in *Jerusalem Revealed*, 1975, 25-40, p. 25 f. — Die Rekonstr. auch in *Phoenix*, 20 [1974], 1975, Fig. 101, p. 348 (J. L. BLOK-v. D. BOOGERT); hier Abb. 221.

[342] Zwei der vier Tore der Westseite führten, wie wir sahen, in die Vorstadt (*Antiq.* XV, 11, 5 § 410). Das *Barclay-Tor* liegt etwa 80 m aus der Südwestecke des Ḥarām. Da über die Lage des Brückentors und des Treppentors kein Zweifel besteht, ist das Barclay-Tor nicht zu den von Josephus erwähnten vier Toren der Westseite zu rechnen.

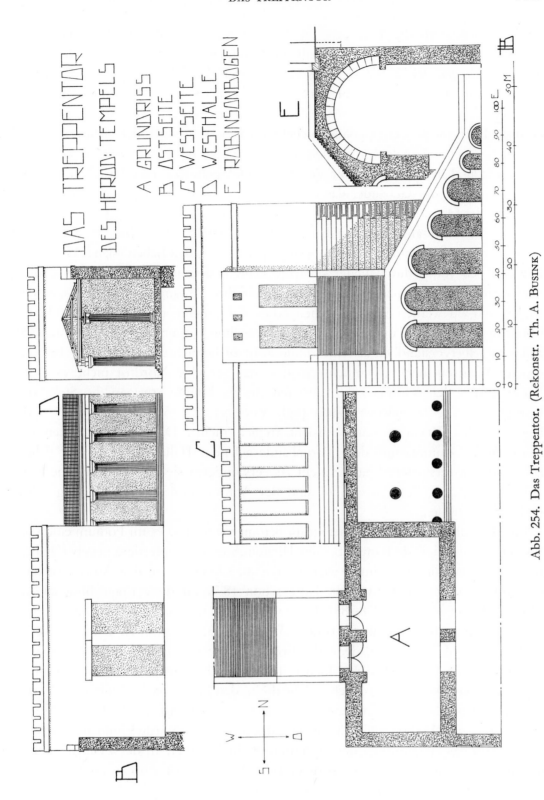

DAS TREPPENTOR
DES HERODI TEMPELS

A GRUNDRISS
B OSTSEITE
C WESTSEITE
D WESTHALLE
E ROBINSONBOGEN

Abb. 254. Das Treppentor. (Rekonstr. Th. A. BUSINK)

lokalisieren sei. Als die Juden die an der Antonia anliegende Halle in Flammen aufgehen liessen, zerstörten sie die Halle noch auf eine weitere, zwanzig Ellen lange Strecke (*Bell. Jud.* VI, 2, 9 § 165). Es liegt auf der Hand, dass diese Strecke — die auf der Nordseite gelegen haben muss — keinen Teil der in Flammen gesetzten Halle gebildet haben kann. Zwischen der brennenden Halle und den dann zerstörten zwanzig Ellen muss es ein Gebäude gegeben haben. Man wird hier vielleicht an das von uns gesuchte Tor denken wollen. Dies liesse aber die Frage, warum man noch eine zwanzig Ellen lange Strecke der Nordhalle zerstörte, unerklärt. Wir müssen annehmen, dass das Gebäude, das das Umsichgreifen des Feuers nach Osten verhinderte, der Ostturm der Antonia gewesen ist. Dieser Turm muss grösser gewesen sein, als VINCENT angenommen hat (*Jérusalem*, II-III, 1956, *Atlas* Pl. CII). Der Südostturm muss zum Teil auf dem Tempelplatz gestanden haben (siehe Abb. 253). Die von den Juden durch Feuer zerstörte Halle endete im Osten am Südostturm der Antonia. Die zwanzig Ellen fanden somit ihre Anfang an der Ostwand des Turms und wir werden nicht fehlgehen, wenn wir annehmen, dass diese Strecke im Osten begrenzt wurde durch das von uns gesuchte Torgebäude (9). Das Mass 20 Ellen ist selbstverständlich als eine runde Zahl zu betrachten, wir dürfen aber mit grosser Wahrscheinlichkeit annehmen, dass das gesuchte Nordtor nicht weit des Südostturmes der Antonia zu lokalisieren ist. Es könnte etwa an die Stelle des heutigen *bāb el-ʿAtm* gelegen haben (vgl. VINCENT, *o.c.*, 529 und *Atlas* Pl. CII; begründet hat VINCENT seine Ansicht freilich nicht). Dass die Belagerten die zwischen der Antonia und dem Torgebäude gelegene Halle (die „zwanzig" Ellen lange Strecke zerstörten, braucht nicht zu verwundern: sie bildete noch eine Verbindung zwischen dem Aussenhof und der Antonia und jede Verbindung sollte verbrochen werden.

Im Abschnitt über das Innenheiligtum betonten wir, dass es im Podium eine von Westen aus ansteigende Rampe für das Hinaufführen der Opfertiere gegeben haben muss. Die Frage ist nun, durch welches Tor die Opfertiere in den Aussenhof hineingeführt wurden. J. FERGUSSON hatte schon 1878 auf diese Frage hingewiesen (*The Temples of the Jews*, 1878, 88). CONRAD SCHICK meinte, die Tiere seien durch das Brückentor hineingeführt worden (*Stiftshütte*, 327, Anm. 1). Dies hat keine Wahrscheinlichkeit für sich, denn die Brücke führte in die Richtung des Palastes der Hasmonäer. CARL MOMMERT hielt es für ausgeschlossen, „dass man das Opfervieh durch dieselben Thore, durch welche die an den Festen nach Millionen [! Verf.] zählenden Festgäste sich ein- und ausdrängten, geführt hat ..." (*Topographie des Alten Jerusalem*, II, 1903, 292). MOMMERT dachte an das Nordtor und der Terrain war hier für das Heranführen der Opfertiere wohl geeignet. In der Zeit Nehemia's lag auf der Nordostseite das Schaftor und durch dieses Tor wurden die Opfertiere hineingebracht (A. van Selms, *Ezra en Nehemia*, 1935, 104). Dies macht es wohl wahrscheinlich, dass die Opfertiere, wie Mommert annahm, durch das Nordtor hineingeführt wurden. Dafür könnte auch Middot I, 3 zeugen, wo es heisst, dass das Nordtor (Todi oder Tadi) gar nicht zum Gebrauch bestimmt war, was natürlich nur besagen kann, dass es von den Tempelbesuchern nicht benutzt wurde. Opfertiere sind wohl täglich herangeführt worden.

b) *Das „Schöne Tor"* Act. 3, 2. 10. Über die Lokalisierung des „Schönen Tores" gingen im 19. Jahrhundert die Meinungen auseinander. G. Williams meinte, das goldene Tor „was probably the place of the Beautiful Gate . . ." (*The Holy City*[2], 1849, 357). Dies war auch die Meinung von Felix de Saulcy. Er betonte, dass das Schöne Tor ein Tor des Aussenhofes gewesen sein muss, „parce qu'il n'était pas permis à un homme infirme ou difforme d'entrer dans l'enceinte sacrée du temple" (*Voyage en Terre Sainte*, II[2], 1872, 104). G. Rosen hingegen meinte: „Das *innere* Thor der Ostseite, dem Eingange des Tempels gegenüber . . . heist in der Apostelgeschichte das Schöne Thor" (*Das Haram von Jerusalem*, 1866, 44). Dies war auch die Meinung von F. Spiess: das grosse Tor, zwischen Frauenhof und Innenhof, sei als das Schöne Tor zu betrachten, „und auf seinen Stufen sass der lahme Bettler, der den Apostel Petrus ansprach" (*Der Tempel zu Jerusalem*, 1880, 21).

Im ersten Dezennium unseres Jahrhunderts hatte E. Schürer die Frage nach der Lokalisierung des Schönen Tores eingehend behandelt und das Tor auf der Ostseite des Frauenhofes, das Korinthische Tor des Josephus, für höchstwahrscheinlich identisch mit dem Schönen Tore erklärt [343]. Wohl nach dem Vorgang Schürer's lokalisieren in unserer Zeit G. Dalman (*Orte und Wege Jesu*[3], 1924, 315). L. H. Vincent (*Jérusalem*, II-III, 1956, 469), Joachim Jeremias (*Jerusalem zu Zeit Jesu*[2], 1958, 33: „wahrscheinlich") und Clemens Kopp (*Die heiligen Stätten der Evangelien*, 1959, 345) ebenfalls das Schöne Tor am Korinthischen Tor. Wir halten die von E. Schürer u.A. vertretene Ansicht für verfehlt.

Für die Lokalisierung des Schönen Tores auf der Ostseite des Frauenhofes spricht, meint Schürer, das hier zu lokalisierende korinthische Tor, von dem der jüdische Geschichtsschreiber sagt, es habe die übrigen versilberten und vergoldeten Tore ganz bedeutend an Wert übertroffen (*Bell. Jud.* V, 5, 3 § 201). Vom goldenen Tor sagt Schürer: „es ist aber auch aus dem, was die Mischna bemerkt, kein Anlass ersichtlich, weshalb gerade dieses Tor „das schöne" sollte genannt worden sein. Ganz von selbst ergab sich aber diese Bezeichnung für das eherne . . . Dessen überragende Schönheit war besonders gross zu der Zeit, als die anderen ihre Gold- und Silberbekleidung noch nicht erhalten hatten. Da diese erst von dem Alabarchen

[343] *Die* θυρα *oder* πυλη ωραια *Act. 3, 3 u. 10, ZNW, 7, 1906, 51-68, 65 ff. und 65, Anm. 4; Ders., Gesch. des jüd. Volkes*, II[4], 1907, 64, Anm. 165 und S. 342.

Alexander (um 20-40 n. Chr.) gestiftet ist, ist es fraglich, ob sie zur Zeit von Act. 3, 2 schon vorhanden war" (*ZNW*, 7, 1906, 67).

Gegen die von Schürer vorgeschlagene Lokalisierung spricht erstens der schon von FELIX DE SAULCY genannte Grund: das eherne Tor lag im Innenheiligtum das Gebrechliche sicher nicht betreten durften. Math. 21, 14 ist selbstverständlich an den Aussenhof zu denken. Interessant ist, was die Qumran-Texte über Gebrechlichen lehren. „In Qumran war der Zutritt zu den Sitzungen der Gemeinde, jedem Mann, der an seinem Fleisch geschlagen ist, gelähmt an Füssen oder Händen, hinkend oder blind oder taub oder stumm oder mit einem Makel an seinem Fleisch geschlagen ist, das den Augen sichtbar ist' untersagt" [344]. Gegen die von SCHÜRER vorgeschlagene Lokalisierung spricht zweitens die Lage des ehernen Tores auf einem hohen Podium. SCHÜRER hatte das Podium gar nicht beachtet. Das man den Lahmen täglich die 14 Stufen des etwa 4.20 m (?) hohen Podium hinaufgetragen habe, ist doch eine ganz unwahrscheinliche Annahme. Es heisst übrigens auch nur, man legte ihn täglich an die Tür des Heiligtums ... [311].

SCHÜRER meinte doch auch, der Zusammenhang der Apostelgeschichte scheint für die Lokalisierung des Schönen Tores am goldenen Tore zu sprechen (*ZNW*, 7, 1906, 65, Anm. 4, S. 66). „Nachdem nämlich der Lahme durch Petrus geheilt ist, geht er mit den Aposteln in das Heiligtum hinein (Act. 3, 8), also doch in das Heiligtum, an dessen Türe er gelegen und gebettelt hatte" (*ibid.*). Andererseits meint SCHÜRER aber, dass der Zusammenhang der Apostelgeschichte kein wirkliches Hindernis ist für seine Ansicht, nach der das Schöne Tor am ehernen Tor zu lokalisieren sei. Er meint: „Es hindert nicht anzunehmen, dass das Zusammenlaufen der Volksmenge in der Halle Salomonis erst stattgefunden hat, nachdem der Geheilte und die Apostel aus dem inneren Vorhof, in welchen sie eingetreten waren, sich wieder herausbegeben hatten" (*l.c.*, S. 67). Nichts in der Erzählung deutet darauf hin, dass Petrus und Johannes — und der Bettler — den Innenhof des Tempels betreten haben und wir haben keinen Grund es hineinzulesen.

SCHÜRER hielt es für kaum möglich, dass das goldene Tor das Schöne Tor gewesen sei, „weil es an der äussersten Ostgrenze der Stadt lag und darum sicher kein Hauptverkehrstor für die von der Stadt kommenden war, was doch das vom Bettler

---

[344] 1 QSª II, 5-7, ANDRÉ DUPONT-SOMMER, *Die Essenischen Schriften vom Toten Meer*, Übers. WALTER W. MÜLLER, 1960, S. 407, siehe auch S. 119. — Wo Josephus von gebrechlichen Tempelbesuchern redet (*Bell. Jud.* V, 5, 7 § 228 f.), handelt es sich um Priester; sie wurden mit den leiblich ganz untadeligen im Priesterhof eingelassen. „Zum Brandopferaltar und zum Tempelgebäude schritten nur die makellosen Priester hinauf..." (§ 229; vgl. *Antiq.* III, 3, 2 §§ 278 f.). — II. Sam. 5, 8 (LXX) heisst es: Blinde und Lahme dürfen das Haus Gottes nicht betreten (Τυφλοὶ καὶ χωλοὶ οὐκ εἰσελεύσονται εἰς οἶκον Κυρίου).

[345] Act. 3, 2: καθ' ἡμέραν πρὸς τὴν θύραν τοῦ ἱεροῦ τὴν λεγομένην ὡραίαν.

aufgesuchte gewesen sein muss" (*l.c.*, 66/67). Aus der Lage des goldenen Tores an der Ostseite der Stadt lässt sich nicht schliessen, dass es nur von wenigen benutzt wurde. Kein Tor lag so nahe dem Frauenhof — der auch von Männer betreten wurde — als das goldene Tor und es dürfte wahrscheinlich sein, dass es gerade von frommen Juden, die sich unmittelbar zum Innenheiligtum begeben wollten, benutzt wurde und fromme Juden waren am meisten bereit ein Almosen zu geben. Nichts deutet übrigens darauf, dass das eherne Tor das meist benutzte Tor des Innenheiligtums gewesen sei. Auf der Nord- und Südseite gab es je vier Tore und es dürfte wahrscheinlich sein, dass zum Betreten des Vorhofes (des Frauenhofes) das Südtor am meisten benutzt wurde, denn es lag rechts und Rechts galt auch den Juden als günstig. Middot II, 2 heisst es: „Jeder, der den Tempelberg betrat, wandte sich beim Eintritt nach rechts, ging ... dann zur Linken wieder hinaus ...". Auch beim Betreten des Innenheiligtums wird man der günstige Bedeutung von Rechts Rechnung getragen haben.

Wenn SCHÜRER sagt, es sei aus dem, was die Mischna bemerkt „kein Anlass ersichtlich, weshalb gerade dieses Tor „das schöne" sollte genannt worden sein" (*l.c.*, 67), muss betont werden, dass über die sachliche Bedeutung von שושן הבירה (Middot I, 3) keine Sicherheit besteht. Man übersetzt die Worte mit „die Burg Susa" (HOLTZMANN, *Middot*, 1913, 48/49); dass die Burg Susa auf dem Tore abgebildet war, darf man für ausgeschlossen halten. Es dürfte aber wahrscheinlich sein, dass das Tor sich durch etwas auffälliges auszeichnete und dies könnte wohl zu der Benennung „Schönes Tor" geleitet haben [346].

Fremd ist, was JOACHIM JEREMIAS über die Lokalisierung des Schönen Tores sagt: „wahrscheinlich (an) dem die Verbindung zwischen Frauen- und Heidenhof im Osten bildenden Nikanor-Tore, aber (Act. 3, 8) noch im Heidenvorhof" [347]. Offenbar ist auch Jeremias der Meinung, dass es einem Lahmen nicht erlaubt war, das Innenheiligtum zu betreten. Das Nikanor-Tor (ehernes Tor) lag aber im Innenheiligtum! Wir halten es für ausgeschlossen, dass das Schöne Tor am ehernen Tor zu lokalisieren sei. Wir lokalisieren es am goldenen Tor. [348]

2. *Die zweischiffigen Hallen* (Abb. 253). Wie wir Kap. X. gesehen haben, war schon der Aussenhof des zweiten Tempels mindestens vom Anfang des 2. Jahr-

---

[346] Siehe MORGENSTERN, *The Gate of Righteousness*, HUCA, VI, 1929, 1-37, p. 23. — In der von uns vorgeschlagenen Rekonstr. (Abb. 253) führt das Goldene Tor unmittelbar in den nur den Juden zugänglichen Teil des Heiligtums. Es dürfte doch wahrscheinlich sein, dass es ein Tor gegeben hat, durch welches man unmittelbar in das Innenheiligtum kommen konnte; nur das Goldene Tor kommt dafür in Anmerkung. Ob der Name „Goldenes Tor" damit etwas zu tun hat, ist eine andere Frage.

[347] *Jerusalem zur Zeit Jesu*[2], 1958, 33.

[348] FELIX DE SAULCY hatte es dort, wie oben bemerkt, schon vor einem Jahrhundert lokalisiert (*Voyage en Terre Sainte*, II[2], 1872, 104).

hunderts an von Säulenhallen umgeben. Eine dieser — auf der Ostseite — wurde von Herodes in der neuen Anlage des Heiligtums aufgenommen. Etwas ganz Neues schuf Herodes auf der Südseite des nun doppelt so grossen Tempelplatzes: die *stoa basileia*, die königliche Halle, eine dreischiffige Halle, über deren genaue Anlage die Meinungen auseinander gehen. Wir wollen der königlichen Halle einen besonderen Abschnitt (E) widmen und beschränken uns hier auf die Halle der West-, Nord- und Ostseite. Es sind diese Hallen, über die Josephus *Bell. Jud.* V, 5, 2 §§ 190-192 berichtet.

„Alle Hallen waren zweischiffig. Ihre fünfundzwanzig hohen monolithen Säulen waren aus dem weissesten Marmor und überdacht waren sie mit Kassetten aus Zedernholz. Die Kostbarkeit des Materials, seine schöne Bearbeitung und harmonische Zusammenfügung gewährten einen sehenswerten Anblick und doch waren sie aussen weder durch Malereien, noch durch Schnitzarbeit verziert. Ihre Breite betrug dreissig Ellen, ihr ganzer Umfang war sechs Stadien, einbegriffen die [Hallen an der] Antonia" [349].

Aus Josephus Bemerkung, dass die Hallen doppelt waren (διπλαῖ στοαὶ) liesse sich, hätte er über ihre Lage nichts berichtet, nicht schliessen, dass die Hallen zweischiffig waren, denn in der klassischen Baukunst hatte es zwei Arten von διπλαῖ στοαὶ gegeben: zweischiffige Hallen und Hallen, bei denen an beiden Seiten einer längsgerichteten Mauer eine einschiffige Halle lag. HERMANN THIERSCH nannte sie „zweiseitige, doppelstirnige" Hallen [350]. THIERSCH meinte, „das muss διπλη στοα heissen, nicht nur einfach eine zweischiffige oder zweistöckige Halle" (*ibid.*). CARL WATZINGER meinte, διπλῆ στοά sei nach griechischem Sprachgebrauch stets eine zweistöckige Halle (KOHL-WATZINGER, *Antike Synagogen in Galilaea*, 29. *WVDOG*, 1916, 181). Die Gelehrten irrten sich. J. J. COULTON, der dem Terminus einen Aufsatz widmete, betont mit recht, dass διπλῆ στοά nicht eindeutig ist, für gewöhnlich aber eine „two-aisled stoa oder portico" bedeutet [351]. Auffällig genug weist er dabei wohl hin auf die von Josephus beschriebene dreischiffige königliche Halle, nicht aber auf die von Josephus erwähnten doppelten Hallen (*l.c.*, 183). Dass drei Säulenreihen und eine Reihe Halbsäulen den Raum der königlichen Halle in Säulengänge aufteilten (*Antiq.* XV, 11, 5 § 415), impliziert nicht, dass die διπλαῖ στοαὶ des Tempelplatzes zweischiffig waren. Dies folgt aber aus der Notiz, dass die Hallen an der Einfriedungsmauer des Tempelplatzes lagen (*Bell. Jud.* V, 5, 2 §§ 190 f.), denn hier kann es sich selbstverständlich nur um den normalen Typus der διπλῆ στοά, d.h.

---

[349] *Bell. Jud.* V, 5, 2 § 192: ὁ δὲ πᾶς κύκλος αὐτῶν εἰς ἓξ σταδίους συνεμετρεῖτο περιλαμβανομένης καὶ τῆς Ἀντωνίας· MICHEL-BAUERNFEIND haben: „Wenn man auch die Antonia mit einbezieht" (z.St.). Es handelt sich aber um den Umfang der Hallen.

[350] PHAROS, *Antike, Islam und Occident*, 1909, 248.

[351] Διπλῆ Στοά, *AJA*, 75, 1971, 183-184, p. 184.

um zweischiffigen Hallen handeln. Davon gibt es aus der klassischen Baukunst zahlreiche Beispiele, während der Typ „zweiseitige Halle" weniger bezeugt ist. Die Oststoa und die von den Amerikanern sogenannte Middle Stoa auf der Agora von Athene gehören zu diesem Typus [352]. Eine aus der Zeit des Augustus datierende zweiseitige Halle wurde von den Amerikanern 1970 ebenfalls auf der Agora frei-gelegt (*Hesperia*, 40, 1971, 260 f.; sie wird als „Street Stoa" bezeichnet; T. LESLIE SHEAR).

Die Ordnung der Hallen kam schon Abschnitt A (Nr. 6) zur Sprache: die Säulen der äusseren Reihe werden dorisch gewesen sein. Obwohl die hervorragendsten Architekten der hellenistischen Periode, Hermogenes, Pytheos und Tarchesios die Anwendung der dorischen Ordnung scharf kritisiert hatten (Vitruv IV, 3, 1), hatte dies nicht verhindert, dass die vom Festlande stammende dorische Ordnung in allen hellenistischen Städten Anwendung fand und zwar besonders an Stoen. „In the reconstruction of the Asiatic cities, lavish use was made of the stoa as an archi-tectural unit, for utilitarian and aestetic purposes. Invariably these stoas, externally, were constructed in the Doric order" [353]. Es unterliegt nicht dem Zweifel, sagt TOMLINSON, dass die grossen ionischen Städte der hellenistischen Periode „were predominally Doric in appearance ..." (*ibid.*). Nun sind zwar die Hallen des Jeru-salemer Tempels keine Stoen im gewöhnlichen Sinne des Wortes — nur die könig-liche Halle war ein einheitlicher Bau —, die dorische Ordnung wurde aber auch an strukturellen Hallen von Marktplätzen, heiligen Bezirken usw. angewendet. In Priene z.B. sind nicht nur die Frontsäulen der auf der Nordseite des Marktplatzes gelegenen Halle des Orophernes (ἱερα στοὰ) dorisch, sondern auch die der struk-turellen Verkehrshallen des Marktplatzes und die der Hallen des Asklepios-Bezirkes (TH. WIEGAND und H. SCHRADER, *Priene*, 185 ff., Abb. 184. 187; S. 137 f., Abb. 107; Taf. XIII, Plan). Dorisch war auch die Halle des Stadions und die vier Säulen-reihen des unteren Gymnasiums (*id.* 259 ff., Abb. 261, S. 258, Abb. 270, S. 264; J. DURM, *Die Baukunst der Griechen*, 1910, 493 und Abb. 436, S. 492). In Samaria brachten die amerikanischen Ausgrabungen (1908-1910) aus dem Südwestturm zahlreiche dorische Kapitelle von Bauten der hellenistischen Periode ans Licht (*Harvard Excav.*, I, 170, Fig. 75 ff., p. 161 f.). Das Stadion, das zur Zeit des Herodes aufrecht stand, hatte einen dorischen Peristyl (J. W. CROWFOOT u.a., *The Buildings at Samaria*, 1942, 34). Aus Masada sind, wenn wir recht sehen, keine dorischen Kapitelle bekannt; es fehlte hier aber auch das Peristylhaus, an dem sie am ersten

---

[352] H. A. THOMPSON, *Excavations in Athenian Agora* 1952, *Hesperia*, 22, 1953, 36 und Pl. 11; Datierung: 2. Hälfte des 2. Jahrhs. v. Chr.

[353] R. A. TOMLINSON, *The Doric order: Hellenistic critics and criticism*, *JHS*, LXXXIII, 1963, 133-145, p. 139.

zu erwarten wären. Dass die zweischiffigen Halle des Tempelplatzes aussen dorische
Säulen hatten, dafür könnte auch Josephus selbst zeugen. Es heisst, die Hallen waren
aussen weder durch Malereien noch durch Schnitzarbeit (γλυφίδος ἔργῳ) verziert
(*Bell. Jud.* V, 5, 2 § 192). Dies deutet wohl eher auf dorische als auf ionischen
Kapitelle. Es deutet aber wohl auch darauf, dass das Gebälk einen glatten Fries, d.h.
keinen Triglyphenfries hatte. Wie bei zweischiffigen Hallen üblich, könnten aber
Säulen und Kapitelle der inneren Reihe ionisch gewesen sein. Ionische Kapitelle
bzw. Fragmente sind in Masada aus herodianischen Bauten ans Licht gekommen
(M. AVI-YONAH u.a., *Survey and Excavations*, *IEJ*, 7, 1957, 28 (d); Y. YADIN, *Masada²*,
1967, Fig. p. 70, Farbenbild).

Nach Josephus sollen die Säulen 25 Ellen hoch und aus einem Stück gewesen
sein (*Bell. Jud.* V, 5, 2 § 190). Wo Josephus Herodes' Palast von Masada beschreibt,
spricht er ebenfalls von Monolithsäulen [354]. Die Ausgrabungen haben aber gezeigt,
dass die stuckierten Säulen aus Trommeln gebildet gewesen sind (*IEJ*, 7, 1957, 53;
YADIN, *Masada²*, 1967, 46 und Fig. p. 44). Josephus hatte die stuckierten Säulen
für Monolithsäulen gehalten. Fragmente stuckierter Säulen (kanneluren in Stucco)
sind auch aus dem Peristylhaus in Samaria bekannt geworden (*Harvard Excav.*, I,
184 und Fig. 101, p. 184). Die Säulen der Hallen des Tempels könnten ebenfalls aus
Trommeln gebildet und stuckiert gewesen sein.

Die Frage ist nun, ob die Säulen 25 Ellen (11.55 m) gross gewesen sein können.
Wir dürfen annehmen, dass Josephus die Gesamthöhe, d.h. das Kapitell einbegriffen,
meinte. Vergleicht man diese Säulenhöhe mit denen der etwa gleich breiten Nordhalle in Priene (Breite 11.81 m; WIEGAND-SCHRADER, *o.c.*, Abb. 192, S. 197; Breite
unserer Hallen 30 Ellen = 13.86 m) so könnte man 11.55 m grosse Säulen für un-
wahrscheinlich halten, denn die Säulen in Priene waren nur 5.20 m gross (WIEGAND-
SCHRADER, *o.c.*, Abb. 187, S. 194). Da für die Hallen, wie wir unten sehen werden,
ein Satteldach anzunehmen ist, könnte man meinen, die von Josephus genannte
Säulenhöhe (25 Ellen) sei auf Säulen zu beziehen, welche den Firstbalken trugen.
Bei Stoen (Wandelhallen und Verkehrshallen) war dies nicht ungewöhnlich (siehe
DURM, *Die Baukunst der Griechen*, 1910, 429 und Abb. 394, S. 432: Westhalle der
Agora zu Magnesia/M., Querschnitt mit hochgeführter Mittelsäule; vgl. das Ober-
geschoss der von den Amerikanern wiederaufgebauten Attalos-Halle in Athen) [355].
Daran ist nun in Jerusalem nicht zu denken, denn Josephus spricht über das Äussere
der Hallen und aus *Bell. Jud.* VI, 3, 1 § 178 lässt sich mit Sicherheit schliessen, dass
die Decke der Hallen flach war. Die von Josephus genannte Säulenhöhe befremdet
weniger wenn man bedenkt, dass die Hallen der Rahmen eines ausserordentlich

---

[354] *Bell. Jud.* VII, 8, 3 § 290.
[355] *Hesperia*, 26, 1957, Pl. 32 a.

grossen Tempelplatzes waren, auf dem sich ein etwa 46 m hohes Tempelgebäude erhob. Es ist aber unbedingt anzunehmen, — Josephus schweigt darüber —, dass nicht alle Säulen der zweischiffigen Hallen die von Josephus genannte Grösse gehabt haben. Die Ḥarām-Esplanade senkt sich von Nord nach Süd um 3 m. Im Norden müssen die Säulen kleiner als im Süden gewesen sein [356]. Wir werden dem unten nachgehen, wie der Architekt unserer Meinung nach das Hallen-Problem gelöst haben könnte.

L. H. VINCENT hat für die innere Säulenreihe eben so viele Joche angenommen wie für die Säulenreihe der Front (*Jérusalem*, II-III, 1956, *Atlas* Pl. CII). Dafür lassen sich gewiss Beispiele anführen. An der ca. 200 m langen im Nordwesten der Altis gelegenen Stoa von Olympia ist der Säulenabstand der inneren Reihe eben so gross wie der der äusseren Säulenstellung (siehe *AA*, 1971, Heft 2, *Ein neuer Übersichtsplan von Olympia*, Plan gegenüber S. 154; Malwitz). Ähnlich ist die Anordnung der Säulen der Südstoa der Agora von Assos (ARMIN VON GERKAN, *Griechische Städteanlagen*, 1924, Abb. 13). Auch aus Alba Fucentia (Italien) ist davon ein Beispiel bekannt. HANS LAUTER bemerkt hier: „Normalerweise erwartet man ein inneres Joch auf zwei äussere Joche" (*Heiligtum oder Markt? AA*, 1971, Heft 1, 55-62, Abb. 2, S. 57). Diese Anordnung zeigen u.a. die Stoa des Attalos in Athen (*Hesperia*, 29, 1960, Fig. p. 340, Plan der Agora; DURM, *Baukunst der Griechen*, Abb. 446 a, S. 502), die ἱερὰ στόα zu Priene (WIEGAND-SCHRADER, *Priene*, Taf. XIII) und die Nordstoa der Agora von Assos (VON GERKAN, *o.c.*, Abb. 13, Die Agora von Assos). Der Typ lässt sich schwerlich aus Ersparnis an Material und Arbeit erklären, sondern eher aus dem Bestreben, den benutzbaren Raum nicht durch ein Zuviel an Innenstützen zu schmälern. Er wird demnach vor allem dort Anwendung gefunden haben, wo die Stoa fortwährend oder doch oft von einer grossen Menschenmasse betreten wurde. Dies war zweifellos in Jerusalem der Fall und es dürfte mehr als wahrscheinlich sein, dass die zweischiffigen Hallen des Tempels zu diesem Typus gehört haben. VINCENT hatte die Säulen vermutlich nach Analogie der königlichen Halle angeordnet: hier ist der Säulenabstand der inneren Reihen dieselbe wie der der Frontreihe. Der benutzbare Raum war hier aber beträchtlich grösser als bei den zweischiffigen Hallen, denn es gab hier ein 45 Fuss (ca. 13.50 m) breites Mittelschiff und zwei 30 Fuss (ca. 9 m) breite Seitenschiffe [357]. Die Breite der zweischiffigen Hallen betrug 30 Ellen (13.86 m).

Vermutlich ebenfalls nach Analogie der königlichen Halle, deren Rückmauer mit

---

[356] Das hatte schon vor mehr als einem Jahrhundert der deutsche Konsul in Jerusalem, G. ROSEN, richtig bemerkt (*Das Haram von Jerusalem*, 1866, 4; er hatte aber nur die Nordwestecke des Tempelplatzes im Auge.

[357] Siehe weiter unten Abschn. E: Die Königliche Halle.

Halbsäulen ausgestaltet war, hat VINCENT an der Rückmauer der zweischiffigen Hallen Pilaster angenommen (*o.c.*, *Atlas*, Pl. CII). An der Aussenseite der Einfriedung sind Pilaster archäologisch bezeugt und sie sind hier architektonisch erklärbar: sie akzentuieren das hohe Aufragen der Mauer (Abb. 220). Für die Anwendung von Pilastern an der Rückmauer der zweischiffigen Hallen liesse sich kein Grund anführen; sie hätten den benutzbaren Raum nur geschmälert. Die Dachbalken werden in der Ummauerung gelagert gewesen sein (Abb. 254: D). Die Halbsäulen der königlichen Halle hatten einen architektonischen Zweck: das rückwärts gelegene Schiff sollte einheitlich in die Gesamtanlage des Baues aufgenommen werden (Abb. 261 und 263).

Die Decke der Hallen war aus Zedernholz-Kassetten gebildet (*Bell. Jud.* V, 5, 2 § 190). Dass die Decke aus Holz war — sie hätte auch aus Stein sein können — erklärt, dass die Hallen nach der Einnahme des Aussenhofes durch Titus (70 n. Chr.) leicht in Brand zu stecken waren. Die Bretter der Decke sind natürlich an die Deckenbalken bzw. Dachbalken angenagelt worden und die Kassetten, die wir uns wohl quadratisch vorzustellen haben, sind dann durch längsgerichtete und quergerichtete, auf der Unterseite der Decke genagelte, wohl profilierte Riegel gebildet worden (vgl. J. DURM, *Die Baukunst der Griechen*, Abb. 150, S. 178, Artemision in Magnesia). Aus der Notiz, dass die Decke aus Zedern war, lässt sich nicht schliessen, dass sie unbemalt gewesen ist. Josephus hatte hier wohl die Kostbarkeit des Materials betonen wollen. Dass eine steinerne Decke wie die des Pteron klassischer Tempel noch kostbarer gewesen wäre, darüber geht Josephus hinweg.

Über die Dachform der zweischiffigen Hallen haben wir schon Abschnitt A (6) gehandelt. Aus *Bell. Jud.* VI, 3, 1 § 178, wo berichtet wird, wie die Belagerten 70 n. Chr. die westliche Halle in Brand steckten, lässt sich mit grosser Wahrscheinlichkeit auf ein Satteldach schliessen. Ein Pultdach können die zweischiffigen Hallen in Anbetracht ihrer grossen Tiefe (30 Ellen) nicht gehabt haben. Auch VINCENT hat aus § 178 erschlossen, dass die zweischiffigen Hallen mit einem Satteldach überdacht gewesen sein müssen (*Jérusalem*, II-III, 1956, 442). Die Neigung der Dachflächen könnte etwa 15° betragen haben. Es sind wohl Dachziegel anzunehmen [358]; marmorne Deckung wäre von Josephus wohl besonders erwähnt worden.

Wir wollen nun erörtern, wie der Architekt vermutlich das Hallenproblem, das

---

[358] Über Dachziegel (κέραμοι, κεραμίδες) siehe OVERBECK, *Pompeji*, 1875, 224 f. und Fig. 137-140, S. 224-226; DURM, *Bauk. der Römer*, 1905, 189 f.; WIEGAND-SCHRADER, *Priene*, 1904, 306 f. und Abb. 327-332, S. 306-307. „Das System des Dachbelages ist das in hellenistischen Städten von altersher übliche der sehr breiten Flachziegel, die mit dachförmigen Hohlziegeln an den seitlichen Rändern bedeckt sind, jedoch mit einigen feinen technischen Verbesserungen (Abb. 327-329). Auf den unteren Teil der Oberfläche jedes Flachziegel sind Kanälchen eingetieft, die den Abfluss des Wassers beschleunigen sollten" (PRIENE, S. 306).

sich aus der Neigung des Terrains ergab, gelöst haben wird und wir müssen dafür die Strecken der Hallen einzeln betrachten.

a) *Die Westhalle*. Die Westhalle ist in unserer Rekonstruktion an zwei Stellen durch einen Bau unterbrochen und sie hatte demnach aus drei Strecken bestanden: α) *vom Robinsontor bis zum Brückentor*; β) *vom Brückentor bis zum Pastophoriengebäude*; γ) *vom Tor am Pastophoriengebäude bis zum Turm der Antonia*.

α) Für diese Strecke ist hypothetisch eine Länge von etwa 140 m anzunehmen. Wenn wir davon ausgehen, dass der Tempelplatz sich von Nord nach Süd um 6 mm pro Meter senkt, ergibt dies für diese Strecke einen Niveauunterschied von 84 cm. Am Nordende könnte der Fussboden der Halle eine Stufe über dem Niveau des Tempelplatzes gelegen haben, am Südende also etwa 1 m höher. Vier Stufen könnten am Südende zu der Halle emporgeführt haben und nach Norden zu müssen sie der Neigung des Terrains angepasst worden sein. An der Attalos Stoa in Athen gibt es davon ein Beispiel: das Terrain neigt sich hier von Südost nach Nordwest und die Stufen sind daran angepasst. Wir dürfen mit Sicherheit annehmen, dass die Säulen dieser Strecke die grössten der zweischiffigen Hallen gewesen sind; auf diese Halle ist demnach die von Josephus genannte Säulenhöhe (25 Ellen = 11.55 m) zu beziehen. Stellen wir die Höhe des Gebälks hypothetisch auf 1.50 m, so ergibt dies eine Gesamthöhe von $1 + 11.50 + 1.50 = 14$ m. Die Mauer des Tempelplatzes muss die äussere Dachlinie etwas überragt haben, sie könnte am Südende dieser Halle innen also etwa 15 m hoch gewesen sein. Wir halten dies für möglich, denn im Norden des Tempelplatzes hätte die Höhe innen etwa 12 m betragen; das Terrain neigt sich ja etwa 3 m. Der Dachfirst der Hallen muss die Mauer des Tempelplatzes etwas überragt haben, doch ist dies sicher gering gewesen, denn die Mauer war sicher mit Zinnen gekrönt, wofür eine Höhe von etwa 2 m anzunehmen ist. Die von Josephus genannte Säulenhöhe (25 Ellen), halten wir für durchaus möglich. Den Durchmesser der Säulen erwähnt Josephus nicht. Nach Vitruv (IV, 3, 4) soll für dorische Säulen der untere Durchmesser zwei, die Höhe (Kapitell einbegriffen) 14 Massteile betragen. Der untere Durchmesser soll also $^1/_7$ der Säulenhöhe sein, was für unsere Säulen einen Durchmesser $11.55 : 7 = 1.65$ m ergibt. An der Nordhalle des Marktplatzes von Priene betrug die Säulenhöhe etwa das 7⅓-fache des unteren Durchmessers (WIEGAND-SCHRADER, *Priene*, 193/194); die von Vitruv genannte Regel ist demnach nicht von ihm erfunden worden. Der Durchmesser der Säulen der königlichen Halle lässt sich aus Josephus' Angabe auf 1.76 m berechnen. Aus architektonischen Gründen ist anzunehmen, dass auch die Säulen der Südstrecke der Westhalle (und Osthalle!) eine grosse Dicke hatten, denn ein auffälliger Unterschied würde die Harmonie zerstört haben. Die Säulen könnten also u.E. wohl 1.65 m dick gewesen sein. Für die Achsenweite unterscheidet Vitruv

bei ionischen Säulen u.a. *Systylos* (Säulenabstand 2 D; III, 3, 2) und *diastylos* (Säulenabstand 3 D; III, 3, 4). Dass die Säulen 4.95 m (3 D) auseinander gestanden haben,
ist nicht wahrscheinlich, denn dies hätte 6.60 m lange Architrave erfordert (Achsenweite 6.60 m). Es ist wohl eher einen Säulenabstand von 2 D (= 3.30 m) anzunehmen, was 4.95 m lange Architrave erforderte (Achsenweite = 4.95 m). Der
Architrave der königlichen Halle ist wahrscheinlich, wie Abschnitt E darzulegen
sein wird, 4.44 m lang gewesen. Bei Anwendung der Systylen-Form könnten in
unserer Strecke etwa 27 Säulen gestanden haben. Sind die Säulen der inneren Reihe
angeordnet, wie wir es oben meinten annehmen zu dürfen: ein inneres Joch auf
zwei äussere Joche, so wird die Zahl der Frontsäulen jedenfalls ungerade gewesen
sein; nur so hätten die erste und die letzte Säule (der inneren Reihe) gleichen Abstand aus der Wand gehabt. Die Säulen der inneren Reihe müssen einen längsgerichteten Balken getragen haben, auf dem die Deckenbalken ruhten. Sind die
Säulen ionischer Ordnung gewesen, so könnte der untere Durchmesser etwa 1.15
gewesen sein. Nach Vitruv (III, 3, 11) soll der untere Durchmesser von ionischen
Säulen $^1/_{10}$ der Säulenhöhe sein.

β) *Die Strecke zwischen dem Brückentor und dem Pastophoriengebäude.* Da Umfang und
genaue Lage des Pastophoriengebäudes nicht bekannt sind, sind wir für die Länge
dieser Strecke auf Vermutungen angewiesen. Wir stellten sie hypothetisch auf
185 m, was bei der Neigung des Terrains von Süd nach Nord um 6 mm pro Meter
ein Niveaudifferenz von ca. 1.10 ergibt. Da der Fussboden dieser Strecke im Norden
wieder mindestens eine Stufe über dem Tempelplatz gelegen haben wird, könnte
der Fussboden dieser Halle am Südende etwa 1.35 m höher gelegen haben. Hier
wären also fünf Stufen anzunehmen. Die Säulenhöhe würde bei dieser Halle etwa
10.20 m (22 Ellen = 10.16 m) gewesen sein (11.55 — 1.35 m), denn es ist anzunehmen, dass der Architrav der Halle stets auf demselben Niveau (738 + 12.55 =
750.55 m) [359] gestellt gewesen ist. Dass der Architekt das Hallenproblem auf diese
Weise gelöst habe, dürfte aber kaum wahrscheinlich sein. Wahrscheinlicher ist,
dass er den Fussboden dieser Strecke im südlichen Teil niedriger als im nördlichen
Teil angelegt hat, um auf diese Weise den Unterschied zwischen der Höhe der
Säulen der ersten und der zweiten Strecke etwas anzugleichen. Drei Stufen könnte
es am Südende gegeben haben, zwei könnten im Inneren der Halle zum höher
gelegenen Fussboden hinaufgeführt haben. Die Säulen des ersten Teils könnten
23 Ellen, die des zweiten Teils 22 Ellen gross gewesen sein. Die vor der Halle
gelegenen Stufen müssen auch hier wieder der Neigung des Terrains angepasst
gewesen sein. Nach der von Vitruv genannten Regel wäre für diese Säulen auch

---

[359] Das Niveau der Esplanade ist im Süden 738; die Säulen sind 11.55 m hoch, der Fussboden
der Halle liegt hier aber nach unserer Annahme 1 m über dem Niveau der Esplanade.

ein kleinerer Durchmesser anzunehmen, doch halten wir dies für kaum wahr scheinlich.

γ) *Die westliche Antonia-Halle* (Abb. 253, Sigel 14 und Abb. 255: B). Die Länge dieser Halle stellen wir hypothetisch auf 60 m. Im Norden muss sie an den Turm der Antonia gestossen sein, südlich an das von uns dort lokalisierte Tor. Da der Fels im Nordwesten des Plateaus hoch anliegt (am Fuss des Antonia-Felsens 746.40), muss der Fussboden der Antonia-Hallen beträchtlich über dem Niveau der Halle zwischen dem Brückentor und dem Pastophoriengebäude gelegen haben. Das Niveau ist durch die nördliche Antonia-Halle bestimmt gewesen; es ist nämlich anzunehmen, dass der Fussboden beider Antonia-Hallen auf demselben Niveau gelegen habe. G. ROSEN hatte schon vor einem Jahrhundert richtig bemerkt, dass in dieser Gegend mit kürzeren Säulen zu rechnen ist (*Das Haram von Josephus*, 1866, 4) und VINCENT hat in der Nordwestecke Treppen angenommen, woraus klar hervorgeht, dass auch seiner Meinung nach der Fussboden der Antonia-Hallen beträchtlich über dem Niveau der Esplanade gelegen haben muss (*Jérusalem*, II-III, 1956, *Atlas* Pl. CII).

Auf welchem Niveau der Fussboden der Antonia-Hallen gelegen habe, lässt sich nicht mit Sicherheit ausmachen. Er braucht natürlich nicht auf Niveau 746.40 gelegen zu haben, denn es ist möglich, dass der Fels etwas über den Fussboden der nördlichen Antonia-Halle hinausragte. Wir stellen das Niveau hypothetisch auf 743. Da das Niveau des Architravs 750.55 m beträgt (so nach unserer Rekonstruktion), bekommen wir für die Antonia-Hallen eine Säulenhöhe von 750.55 — 743 = 7.55 m. Diese Säulen könnten 15 Ellen (ca. 7 m) gross gewesen sein. Die Antonia-Hallen unterschieden sich somit durch ihren Aufbau sehr von den gewöhnlichen Hallen und dies erklärt, dass Josephus, wo er über den Umfang der Hallen spricht, die Antonia-Hallen besonders erwähnt. Nach der von Vitruv (IV, 3, 2) genannten Regel könnte der untere Durchmesser dieser Säulen 1 m betragen haben. Für das Interkolumnium ist wohl 3 D anzunehmen und es könnte nun etwa 13 Frontsäulen gegeben haben.

Der Fussboden der westlichen Antonia-Halle muss beträchtlich über dem Niveau des Tempelplatzes gelegen haben, denn das Niveau des Felsens liegt hier niedriger an als ganz im Norden. Vor der westlichen Antonia-Halle muss es viele Stufen gegeben haben, wenn deren Zahl sich auch nicht bestimmen lässt. Es ist wohl an mindestens vier oder fünf Stufen zu denken. Es sind u.E. diese Stufen, welche Act. 21, 35. 40 erwähnt werden. Dass es die Treppe gewesen ist, welche von der Antonia aus in die Halle herabführte — VINCENT, *o.c.*, *Atlas* Pl. CII —, ist nicht anzunehmen. Der Apostel hätte von dieser Treppe aus nicht zum Volk reden können [360].

---

[360] GUSTAF DALMAN meint, die Stufen, von wo aus Paulus dem Volke zusprach (Act. 21, 35. 40), seien „vielleicht die den inneren Tempelhof einschliessenden Stufen" und nicht der Aufgang zu der

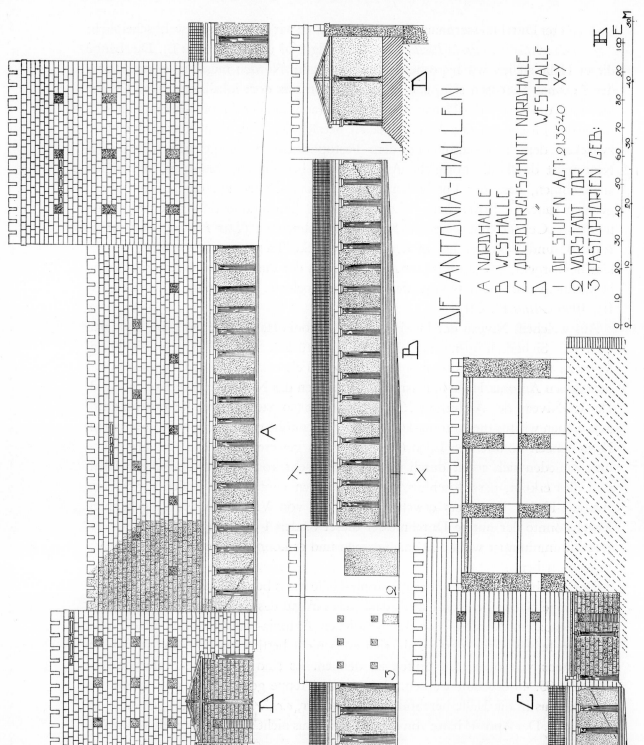

DIE ANTONIA-HALLEN

A NORDHALLE
B WESTHALLE
C QUERDURCHSCHNITT NORDHALLE
D   "   WESTHALLE
1 DIE STUFEN ACT: 21,3540 X-Y
2 VORSTADT TOR
3 PASTOPHORIEN GEB:

Abb. 255. Die Antonia-Hallen. (Rekonstr. Th. A. BUSINK)

b) *Die Nordhalle*. Wir glauben es oben wahrscheinlich gemacht zu haben, dass die Nordhalle des Tempelplatzes aus drei Strecken gebildet war: α) *die nördliche Antonia-Halle*; β) *die Halle zwischen dem Südostturm der Antonia und dem Nordtor des Tempelplatzes*; γ) *die Halle zwischen dem Nordtor und der Bastion an der Nordostecke des Tempelplatzes*.

α) *Die Antonia-Halle*. Diese Halle lag am Antonia-Felsen, der die Rückwand der Halle bildete; die Höhe des Felsens beträgt heute noch 7-9 m. Auf dem Felsen stand die Burg Antonia, genauer, wie wir Abschnitt F sehen werden, der wichtigste Teil der Burg. Die Situation war also verschieden von der der übrigen Hallen. Das Dachwasser der hinteren Dachfläche konnte bei den übrigen Hallen durch Abläufe in der Umfassungsmauer abgeführt werden; bei der nördlichen Antonia-Halle war dies nicht möglich. Für diese zweischiffige Halle ist mit grosser Wahrscheinlichkeit ein flaches Dach anzunehmen. Der Südostturm der Antonia muss um etwa 17 m auf dem Tempelplatz gestanden haben. Der Fussboden dieser Halle könnte eine Stufe über dem Tempelplatz gelegen haben und wie bei der westlichen Antonia-Halle sind hier wohl 15 Ellen (ca. 7 m) grosse Säulen anzunehmen, mit einem unteren Durchmesser von 1 m. Es könnte an dieser Halle, deren Länge hypothetisch auf 60 m zu stellen ist, 13-16 Säulen gegeben haben.

Für die Konstruktion des Daches und der Decke sind an die Rückwand dieser Halle gemauerte Pilaster anzunehmen, denn zur Auflage der Dach- und Deckenbalken müssen an der Rückwand längsgerichtete Balken angebracht gewesen sein, die auf den Pilastern ruhten.

β) *Die Halle zwischen dem Südostturm der Antonia und dem Nordtor des Tempelplatzes*. Es ist dies, wie wir meinten annehmen zu dürfen, die Halle, über die Josephus *Bell. Jud.* VI, 2, 9 § 165 berichtet. Sie hat in unserer Rekonstruktion eine Länge von 50 Ellen (ca. 23 m). Da es keine genauen Daten über das Niveau des Tempelplatzes an dieser Stelle gibt, sind wir für die Säulenhöhe auf Vermutungen angewiesen. Hypothetisch stellen wir das Niveau des Fussbodens der ganzen Nordhalle (mit Ausnahme der Antonia-Halle) auf 742 und da das Niveau des Architraven nach

---

Burg Antonia gewesen (*Arbeit und Sitte in Palästina*, VII, 1942, 87). Offenbar war auch Dalman der Meinung, dass die Antoniatreppen hier nicht in Betracht kommen. Die Podiumstufen können es aber nicht gewesen sein. Aus dem Kontext geht hervor, dass Paulus, der aus dem Innenheiligtum geworfen war (Act. 21, 30: καὶ ἐπιλαβόμενοι τοῦ Παύλου εἷλκον αὐτὸν ἔξω τοῦ ἱεροῦ,) sich in dem Aussenhof befand, dann, als er bei den Stufen angekommen war (21, 35: ὅτε δὲ ἐγένετο ἐπὶ τοὺς ἀναβαθμούς) fragte, ob er zu dem Volke sprechen könne. Auf den Stufen stehend (21, 40: ἑστὼς ἐπὶ τῶν ἀναβαθμῶν) sprach er dann zu den Juden. — Über den Wert der Apostelgeschichte (sie stammt von Lukas) und ihre Zuverlässigkeit gehen die Ansichten „auf das stärkste auseinander" (ED. MEYER, *Ursprung und Anfänge de Christentums*, III, 1923, 4). „Warum es unwahrscheinlich sein soll, dass der Tribun dann dem Paulus gestattet, zu dem Volk zu reden... vermag ich nicht zu sagen" (*id.*, S. 68).

unserer Rekonstruktion 750.55 beträgt, könnte diese Halle etwa 20 Ellen (ca. 9 m) hohe Säulen (unterer Durchmesser ca. 1.20 m) gezeigt haben.

γ) *Die Halle zwischen dem Nordtor und der Bastion.* Am Nordende der Ostmauer des Ḥarām gibt es, wie wir im vorigen Kapitel gesehen haben, aussen einen 26.80 m breiten und 1.80 m starken Vorsprung. VINCENT hat hier mit Recht eine Bastion angenommen (*Jérusalem*, II-III, 1956, *Atlas.* Pl. CII). Josephus erwähnt das Bastion nicht, er berichtet aber, dass die Römer nach der Einnahme des Aussenhofes durch Titus (70 n. Chr.) die Nordhalle bis zur Osthalle hin (μέχρι τῆς ἀνατολικῆς) ganz in Flammen aufgehen liessen (*Bell. Jud.* VI, 3, 2 § 192). Ein in der Ecke gelegenes Gebäude muss das Ausgreifen des Feuers auf die Osthalle verhindert haben. Die Bastion könnte, wie *Vincent* angenommen hat, quadratisch und etwa 27 × 27 m gross gewesen sein; der Umfang der sicher zweischiffigen Halle ist hypothetisch auf 135 m zu stellen. Der Fussboden könnte eine Stufe über dem Tempelplatz gelegen haben und es könnte an dieser Halle etwa 25 Frontsäulen gegeben haben (Säulenhöhe: 20 Ellen = 9 ca. m; unterer Durchmesser 1.20 m).

c) *Die Osthalle.* α) *Die Halle zwischen der Nordostbastion und dem goldenen Tor.* Der Fussboden dieser etwa 110 m langen Halle dürfte auf dem Niveau der Nordhalle gelegen haben (nach unserer Annahme 742) und es sind hier demnach ebenfalls 20 Ellen hohe Säulen anzunehmen. Es sind hier 21 Frontsäulen anzuordnen. Zwei Stufen könnten im südlichen Teil gelegen haben, die nach Norden zu dem Terrain angepasst gewesen sein müssen.

β) *Die Halle Salomonis.* Die Osthalle nördlich des goldenen Tores stammt zweifellos aus der Zeit des Herodes; dahingestellt sei, ob sie schon zu seinen Lebzeiten fertiggestellt worden ist. Die aus dem Neuen Testament bekannte Halle Salomos (Joh. 10, 23; Act. 3, 11; 5, 12), die nach Josephus auf der Ostseite des Tempelplatzes lag (*Antiq.* XX, 9, 7 § 220), muss also südlich des goldenen Tores gelegen haben. Act. 3, 11 könnte dafür zeugen, dass sie an das goldene Tor anstiess, doch ist dies keinesfalls sicher. Aus Josephus lässt sich mit Wahrscheinlichkeit schliessen, dass die Halle einen beträchtlichen Umfang hatte. Als die Bauarbeiter, die nach der Vollendung des Tempelbaus arbeitslos geworden waren, dem Agrippa II. vorgeschlagen hatten, diese Halle abzutragen und neu wieder aufzubauen, hatte der König dies verweigert; die Erneuerung würde viel Zeit und Geld erfordern (*Antiq.* XX, 9, 7 §§ 219 ff.). Vielleicht lässt sich der Umfang aus *Antiq.* XX, 9, 7 § 221 bestimmen. Es heisst, die Halle habe auf einer 400 Ellen hohen Mauer geruht (vgl. VIII, 3, 9 § 97). Als Übertreibung lässt sich diese Zahl (400 Ellen) wohl nicht erklären; eher ist (gegen Bd. I, 1970, 152, Anm. 199) anzunehmen, dass die Zahl auf den Umfang der Halle zu beziehen ist (vgl. WHISTON, z.St. [in length]). Nun sind 400 Ellen genau 1 Stadie (185 m); die wohl aus der Zeit der Hasmonäer stammende Halle könnte ursprünglich länger gewesen und von Herodes auf dem Umfang von 1 Stadie gekürzt worden sein. Wir stellen den Umfang der Halle Salomonis hypothetisch auf 1 Stadie (185 m). Aus *Antiq.* VIII, 3, 9 § 98 lässt sich nicht schliessen, dass die Halle zweischiffig war. Zwar heisst es dort, Salomo habe den Tempelplatz mit zweischiffigen Hallen umgeben, die Wahrscheinlichkeit spricht aber dafür, dass die vor-herodianische, von Josephus dem Salomo zugeschriebene Halle (*Antiq.* XX, 9, 7 § 221), einschiffig war. Im Süden könnten einige Stufen zu der Halle emporgeführt haben, die nach Norden der Neigung des Terrains angepasst gewesen sein müssen.

G. B. WINER meinte, die Halle Salomonis sei unter Sabinius (4. v. Chr.) zerstört worden und sie habe unter Agrippa II. noch zerstört gelegen (*Bibl. Realwb.* III³, 1848, 587). Dies sollte die Anfrage der Bauarbeiter erklären, die Halle wieder aufbauen zu durfen. Aus Josephus Bericht über die Halle dürfen wir aber wohl mit Sicherheit schliessen, dass die Halle noch aufrecht stand. ADOLF BÜCHLER hatte 1898 aus der Anfrage der Bauarbeiter wohl richtig erschlossen, dass die Halle „in all probability did not correspond with the splendour of those built by Herod" [361]. Über die Tiefe der Halle lässt sich mit Sicherheit sagen, dass sie nicht die Tiefe der herodianischen zweischiffigen Hallen (30 Ellen) gehabt habe. Mit grosser Wahrscheinlichkeit, wenn nicht mit Sicherheit dürfen wir annehmen, dass die Säulen der Halle kleiner gewesen sind als die der herodianischen zweischiffigen Hallen. Wie durch die grossartige Anlage des Tempelplatzes und das hundert Ellen hohe Tempelgebäude wollte Herodes auch durch die Säulenhallen seine Vorgänger, selbst Salomo, übertreffen. Anstossend an die Halle Salomos muss südlich noch eine etwa 60 m lange Strecke einer herodianischen Halle gelegen haben, die 25 Ellen hohe Säulen gehabt haben wird. Die Säulenhöhe der Halle Salomonis lässt sich natürlich nicht mit Sicherheit bestimmen; der Unterschied zwischen dieser und den herodianischen Säulen muss aber gross gewesen sein, sonst hätten die Bauarbeiter wohl nicht vorgeschlagen, die Halle niederzureissen und, natürlich nach herodianischer Art, wieder aufzubauen. Die Säulen werden selbstverständlich auch einen viel geringeren unteren Durchmesser als die herodianischen gehabt haben.

γ) *Die Südstrecke.* Für diese etwa 60 m lange Strecke sind wie gesagt 25 Ellen hohe Säulen (unterer Durhcmesser 1.65 m) anzunehmen und der Architrav wird auf dem normalen Niveau (750.55 nach unserer Rekonstruktion) gelegen haben. Der Fussboden könnte also (wie an der Südstrecke der Westhalle) das Niveau 750.55 — 11.55 = 739 gezeigt haben. Ist für das Niveau der Esplanade auch hier 738 anzunehmen, so könnte der Fussboden am Südende wieder etwa 1 m über dem Aussenhof gelegen haben; auch hier sind etwa 4 Stufen anzunehmen. Sie müssen

---

[361] *The Fore-court of women, JQR*, X, 1898, 678-718, p. 717.

der Neigung des Terrains angepasst gewesen sein. Die Halle könnte etwa 11 Frontsäulen gezeigt haben. Zwischen dieser Mauer und der Halle Salomonis muss es eine Trennungsmauer gegeben haben, in der der Firstbalke der Halle ruhte. Auf diese Mauer ist wohl Josephus' Notiz *Antiq.* XX, 9, 7 § 221 zu beziehen: die Halle Salomonis habe aus viereckigen, blendend weissen Steinen von je zwanzig Ellen Länge und sechs Ellen Höhe bestanden [362]. Die Mauer ist sicher von Herodes errichtet worden,

E — DIE KÖNIGLICHE HALLE

(στοὰ βασίλεια)

1. *Josephus.* Einstimmigkeit besteht darüber, dass die *stoa basileia* von Josephus *Antiq.* XV, 11, 5 §§ 411-416 beschrieben, auf der Südseite des Tempelplatzes stand (Abb. 253 sigel 11). Nur CONRAD SCHICK hatte die Halle 40-50 m nach Norden gestellt [363], was VINCENT mit recht „en contradiction flagrante avec les données de Josephus" genannt hat [364]. Auf der Südseite (τὸ δὲ τέταρτον αὐτοῦ μέτωπον τὸ πρὸς μεσημβρίαν § 411) „war die dreischiffige königliche Halle, welche sich der Länge nach vom östlichen Tal in die Richtung des Westtals erstreckte" [365]. Meinungsverschiedenheiten bestehen aber darüber, wie dieser Satz zu verstehen sei. F. SPIESS nimmt an, dass die Halle sich vom Kidrontal zum Westtal, also etwa über die ganze Breite der Südseite des Ḥarām asch-scharīf (280 m) erstreckt habe [366]. Zwar wird die Länge der Halle *Antiq.* XV, 11, 5 § 415 klar mit ein Stadie (185 m) angegeben (μῆκος δὲ στάδιον), dies sollte aber auf einer Schätzung beruhen [367]. Der hervorragende

---

[362] *Antiq.* XX, 9, 7 § 221: ... ἐκ λίθου τετραγώνου κατεσκεύαστο καὶ λευκοῦ πάνυ, τὸ μὲν μῆκος ἑκάστου λίθου πήχεις εἴκοσι, τὸ δὲ ὕψος ἕξ,

[363] *Die Stiftshütte*, 1896, 174 f.: „Dass die Halle zurückstehen musste, verlangte schon der Zweck einer effektvollen Verteidigung des Tempels, da derselbe zugleich als Festung diente".
Zweck einer effektvollen Verteidigung des Tempels, da derselbe zugleich als Festung diente".

[364] *Jérusalem de l'Anc. Testament*, II-III, 1956, 445, n. 3; vgl. FR. SPIESS, in *ZDPV*, XV, 1892, 242: „Die Angabe des Josephus ist völlig klar".

[365] *Antiq.* XV, 11, 5 § 411: κατὰ μῆκος διιοῦσαν ἀπὸ τῆς ἑῴας φάραγγος ἐπὶ τὴν ἑσπέριον·

[366] *Die königliche Halle des Herodes im Tempel von Jerusalem*, *ZDPV*, XV, 1892, 234-256, 241 ff., 244. Ähnlich urteilen: M. DE VOGÜÉ (*Le Temple de Jérusalem*, 1864, 37 ss.), CH. WARREN (*Underground Jerusalem*, 1876, 70), F. J. HOLLIS (*The Archaeology of Herod's Temple*, 1934, 33 f.), L. H. VINCENT (*Jérusalem*, II-III, 1956, 443), R. GRAFMAN (*Herod's Foot and Robinson's Arch*, *IEJ*, 20, 1970, 60-66, Fig. 2, p. 62). J. FERGUSSON stellte die Länge der königliche Halle, zu recht, auf 1 Stadie (*The Temples of the Jews*, 1878, 80 f. und Pl. II). CARL MOMMERT urteilt richtig, „dass Josephus, wenn er sagt, dass die königliche Halle ein Stadium lang gewesen, nur das Hallengebäude im Auge hat, das ja kürzer als die 283 m lange Südseite der Haram-Area sein konnte" (*Topographie des Alten Jerusalem*, II, 1903, 35). CARL WATZINGER meint, ein Stadie kann als runde Zahl gefasst werden. „Sie steht ausserdem in Widerspruch zu seiner eigenen Angabe, dass die Königshalle von einem Tal zum anderen sich erstreckt habe, also die ganze Länge der Südseite des Bezirks, d.h. 281 m einnahm" (*Denkmäler Palästinas*, II, 1935, 40). — Siehe auch ABRAHAM SCHALIT, *König Herodes*, 1969, 382.

[367] SPIESS hielt es fragweise für möglich, dass Josephus ein grösseres Stadium zu Grunde gelegt hatte (*Die königliche Halle, ZDPV*, XV, 1892, 234-256, S. 244). Auch ein Schreibfehler „ein Stadium

holländische Gelehrte J. Simons († 1969) betonte aber mit Recht, dass Josephus nicht sagt, die königliche Halle habe sich vom Osttal bis zum Westtal erstreckt, sondern vom Osttal in die Richtung des Westtals (*Jerusalem in the Old Testament*, 1952, 410 und n. 1). Was Josephus weiter folgen lässt „denn sie konnte sich nicht weiter ausstrecken" (οὐ γὰρ ἦν ἐκτεῖναι προσωτέρῳ δυνατόν, § 411 fin) hat, wie Simons mit Recht sagt, keinen Sinn, wenn die Halle sich bis zum Westtal erstreckt hätte. Dass sie über dem Westtal fortgeführt werden könnte, kann Josephus nicht gemeint haben. Der Satz kann nur bedeuten, dass die Halle nicht weiter fortgeführt werden konnte, weil dort ein Gebäude stand. „The most obvious cause is the existence of some building in the south-western corner of the hieron" (Simons, *l.c.*, n. 1). Wir werden unten erörtern, dass die *stoa basileia* auch aus konstruktiven Gründe nicht die Länge der Südseite des Ḥarām gehabt haben könne.

2. *Grundriss und Aufbau* [368]. a) *Grundriss*. Während Josephus klar sagt dass die königliche Halle ein Stadie lang war (§ 415), erwähnt er die Gesamttiefe der Halle nicht. Sie lässt sich aber aus der Breite der Schiffe berechnen. Das vordere und das hintere Schiff der (dreischiffigen) Halle hatte eine Breite von 30 Fuss, das Mittelschiff war anderthalbmal so breit, also 45 Fuss (§ 415). Die Säulen waren in der Länge (ἐπὶ μῆκος) in vier Reihen einander gegenüber gestellt, die vierte Reihe war in eine steinerne Mauer (die Rückmauer der Halle) eingefügt (§ 413: συνεδέδετο γὰρ ὁ τέταρτος στοῖχος λιθοδομήτῳ τείχει). Die Säulen waren so dick, dass drei Mann mit ausgestreckten Arme sie umspannen konnten (§ 413), was einen Durchmesser von 1.76 m ergibt (vgl. Vincent, *Jérusalem*, II-III, 1956, 443). Die von Josephus genannten Masse der Schiffe sind Achsenmasse, sonst hätten die Seitenschiffe nicht

---

für das richtigere anderthalb" hielt er für möglich (*ibid.*). Carl Mommert hatte diese Möglichkeit schon zurückgewiesen (*Topographie*, II, 1903, 34).

[368] *Antiq.* XV, 11, 5 §§ 413-416: „Vier Reihen Säulen hatte man von einem Ende der Halle bis zum anderen einander gerade gegenüber aufgestellt; die vierte dieser Säulenreihen war in eine steinerne Mauer eingefügt. Die Dicke einer jeden Säule war so gross, dass drei sich gegenseitig bei den Händen fassende Menschen sie mit den Armen eben umspannen konnten. Die Säulen waren 27 Fuss hoch; die Basis der Säulen hatte einen doppelten torus; (414) Im Ganzen gab es 162 Säulen. Ihre Kapitelle waren korinthischen Stils von wundervoller Schnitz Arbeit sodass die Pracht des Ganzen zur Bestürzung führte. (415) Da nun die Säulenreihen vier waren, teilten drei davon den Raum in Säulengänge. Zwei von diesen, die einander gegenüber lagen, waren ganz gleich ausgestaltet; jeder von ihnen war dreissig Fuss breit, ein Stadium lang und mehr als 50 Fuss hoch. Der mittlere Säulengang war anderthalb mal so breit und zweimal so hoch; an beiden Seiten reichte er weit über die anderen hinaus. (416) Die Decken waren mit tief in das Holz geschnittenen Figuren verziert, die mancherlei Formen aufwiesen. Das mittlere (Dach) war höher als die beiden anderen und vorn, auf Architraven ruhend, war eine Mauer, die mit eingesetzten Säulchen verziert war, sehr schön geglättet, sodass, wer sie nicht gesehen, sich keine Vorstellung davon machen konnte und dass der, welcher sie sah, in staunendes Entzücken geriet" (Wir benutzten die Übers. durch Clementz, ohne ihm getreu zu folgen).

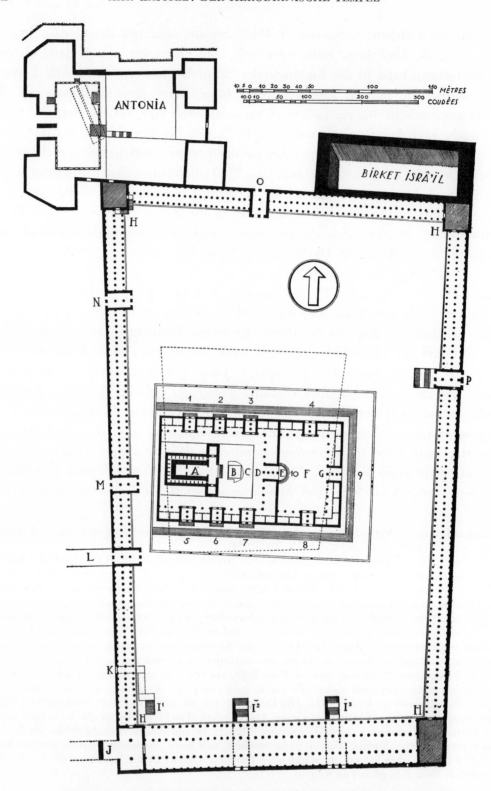

Abb. 256. Das herodianische hieron. (Rekonstr. L. H. VINCENT)

die gleiche Breite (30 Fuss) gezeigt. Die Gesamttiefe der *stoa basileia* hat also etwa
33 m betragen.

Im Ganzen gab es 162 Säulen (§ 414) und da diese Zahl nicht durch 4 teilbar ist
(es gab, wie wir sahen, vier Säulenreihen) hat man diese Zahl entweder für falsch
gehalten [369], oder man hat versucht zwei übrig bleibende Säulen irgendwo unterzubringen. L. H. VINCENT ordnet sie offenbar im vom ihm postulierten Torgebäude
auf der Südwestecke des Tempelplatzes an (*o.c.*, 443/444, *Atlas* Pl. CII; hier Abb.
256). Sie stehen hier aber ausserhalb der königlichen Halle, sind somit nicht zu den
162 Säulen zu rechnen. R. GRAFMAN hat die Frage auf andere Weise zu lösen versucht (*Herod's Foot and Robinson's Arch, IEJ*, 20, 1970, 60-66). Er erinnert daran,

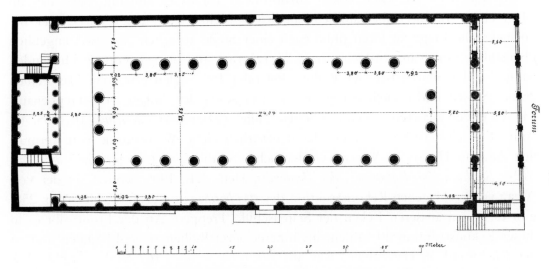

Abb. 257. Die Basilika von Pompeji, Grundriss. (H. WURZ)

„that in early basilicas the width of the aisles extended equally around all four sides
of the building. Thus, at either end of Herod's portico, the aisles must also have
been 30 podes wide" (p. 64 und Fig. 2, p. 62; hier Abb. 257). An beiden Schmalseiten sollte es also wie an den Langseiten 30 Fuss breite Schiffe gegeben haben.
Der obere Teil der Halle habe nicht die Länge der Halle zu ebener Erde gehabt,
sondern sei an beiden Seiten um 30 Fuss kürzer gewesen. Hier sollte es im oberen

[369] M. DE VOGÜÉ, *Le Temple de Jérusalem*, 1864, 53: „il y a erreur au moins de deux, puisque 162
n'est pas divisible par 4: soit 164: chaque rangée avait donc 41 colonnes et 42 entrecolonnements";
F. DE SAULCY, *Les derniers jours de Jérusalem*, 1866, 239: „et ce nombre n'est pas divisible par 4. Première erreur"; F. SPIESS, *Das Jerusalem des Josephus*, 1881, 61, Anm. 61: „Die Vertheilung von 162
Säulen auf 4 Reihen macht allerdings einige Schwierigkeit"; H. CLEMENTZ, *Des Flavius Josephus
Jüdische Altertümer* (o.J.): „Wie bei dieser Zahl die Säulen in vier Reihen gerade einander gegenüber
aufgestellt sein konnten, ist unerklärlich" (S. 362, Anm. 1).

Teil eine auf einem Architrav ruhende Mauer gegeben haben und der 45 Fuss lange Architrav sei in der Mitte durch eine Säule unterstützt gewesen. Da solch eine Säule auf beiden Schmalseiten der Halle anzunehmen sei, ergäbe dies 160 + 2 = 162 Säulen. (*l.c.*, 64). Diese Lösung lässt sich mit Josephus, der klar von vier Reihen Säulen spricht (§ 413), nicht vereinen. Richtig ist natürlich Grafman's Bemerkung, dass frühe Basiliken, z.B. die von Pompeji (Abb. 257) auch an den Schmalseiten einen Umlauf hatten. Die Säulen sind hier aber architektonisch richtig angeordnet [370]; bei Grafman sind es sozusagen erratische Stützen ohne Verband mit den vier Säulenreihen. Die königliche Halle hat übrigens, wie unten darzulegen sein wird, mit der Basilica nichts zu tun. Sie war keine Basilica, sondern eine Stoa.

Wo sind dann die zwei Säulen anzuordnen? Da ist es auffällig, dass man im allgemeinen von zwei überzähligen Säulen gesprochen hat [371]; nur WATZINGER hat versucht, die Frage zu lösen ohne nach einer Stelle zu sehen, wo zwei angeblich überzählige Säulen anzuordnen wären. WATZINGER sprach sogar von zwei fehlenden Säulen! „Man würde bei vier Reihen 164 oder 160 Säulen erwarten. Das Fehlen zweier Säulen findet vielleicht seine Erklärung aus der Anlage von Treppenaufgängen in den äusseren Ecken der Seitenschiffe" (*Denkmäler Palästinas*, II, 1935, 40, Anm. 1). Gelöst ist das Problem damit natürlich nicht. WATZINGER hatte vermutlich die von HERMANN WURZ veröffentlichte Studie, *Zur Charakteristik der klassischen Basilika. Zur Kunstgesch. des Auslandes*, Heft. XL, 1906 benutzt. In der von WURZ vorgeschlagenen Rekonstruktion der *stoa basileia* (*o.c.*, Taf. V; hier Abb. 258) gibt es in den äusseren Ecken der Seitenschiffe Treppen. An der Front gibt es in dieser Rekonstruktion 40 Säulen, im Inneren zwei Reihen zu je 42 Säulen und an der Rückwand 38 Halbsäulen, was also 40 + 84 + 38 = 162 Säulen ergibt. Aus sachlichen und architektonischen Gründen ist aber unbedingt anzunehmen, dass die drei Reihen im Inneren die gleiche Zahl Säulen gezeigt haben. F. J. HOLLIS nimmt vier Reihen zu je 41 Säulen an, er meint aber vermuten zu dürfen, dass an der Westseite nahe dem Robinsonbogen zwei Säulen weniger nötig gewesen sind und erhält nun 164 — 2 = 162 Säulen (*The Archaeology of Herod's Temple*, 1934, 106 f.).

Es ist interessant, dass HERMANN WURZ auf dem richtigen Wege der Lösung des Problems gewesen ist, sich aber durch die Anlage von Treppen hatte irreführen lassen. Er setzt an beide Frontenden richtig eine Stirnmauer in der Breite eines Interkolumniums (Abb. 258). Zwischen diesen Mauerflächen sind aber nicht 40

---

[370] J. OVERBECK, *Pompeji*, 1875, Fig. 79, Plan; H. WURZ, *Zur Charakteristik der Klassischen Basilika. Zur Kunstgesch. des Auslandes*, Heft XL, 1906, Taf. I; hier Abb. 257. Auf jeder Schmalseite gibt es vier Säulen.

[371] FERGUSSON setzte sie an den Eingang des Mittelschiffes, im Westen (*The Temples of the Jews*, 1878, 81 und Pl. II). — SCHICK an den südlichen und nördlichen Eingang, „wodurch diese Doppelthore werden" (*Stiftshütte*, 172 f.).

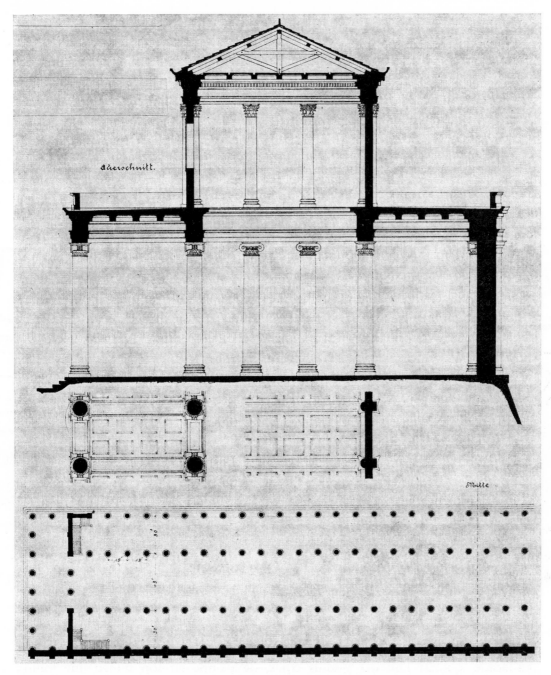

Abb. 258. Die königliche Halle. (Rekonstr. H. Wurz)

(Wurz) sondern 39 Säulen anzuordnen und im Inneren hatte es sicher drei Reihen zu je 41 Säulen gegeben (123 + 39 = 162 Säulen; Abb. 253, Sigel 11). Diese Rekonstruktion lässt sich aus zahlreichen Beispielen der klassischen Baukunst wahrscheinlich machen.

Schon eine aus dem 6. Jahrhundert v. Chr. datierende, auf Samothrake ans Licht
gekommene kleine Stoa (Aussenmasse 10.70 × 22.60 m) zeigt die kurzen Frontflächen [372]. Kurze Frontflächen hatte auch die zweischiffige Halle (Länge ca. 200 m)
des Gymnasiums in Olympia [373]. Die in neuerer Zeit freigelegte Halle im Asklepieion
von Pergamon zeigt die Frontflächen ebenfalls (*Türk Arkeoloji Dergisi* XVIII/2,

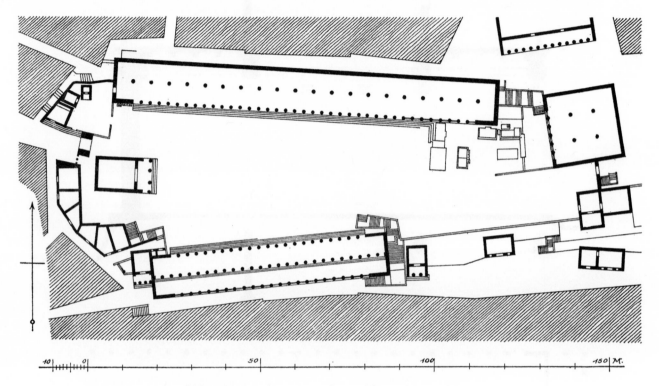

Abb. 259. Die Agora von Assos, Plan. (A. VON GERKAN)

1969, 181 und Taf. 1, Abb. 1; OSKAR ZIEGENAUS). Seit langem bekannt sind die
Nord- und Südstoa der Agora von Assos, die beide die Frontflächen zeigen (ARMIN
VON GERKAN, *Griechische Städteanlagen*, 1924, 101 und Abb. 13; hier Abb. 259 und
260). Auch der Hypostylsaal von Delos (3. Jahrh. v. Chr.) hatte kurze Stirnmauern.
„La façade, qui est l'un des grands côtés, developpe en son milieu une longue

---

[372] KARL LEHMANN, *Samothrace: Sixth Prel. Rep.*, *Hesperia*, XXII, 1953, 1 ff., Pl. 9, p. 6; „Hall of
Votive Gifts".
[373] ALFRED MALLWITZ, *Ein neuer Übersichtsplan von Olympia*, *AA*, 1971, Heft 2, 151-157, Plan
gegenüber S. 154; BAUMEISTER, *Denkmäler des klassischen Altertums*, II, 1887, Taf. XXVI hinter
S. 1064.

colonnade, mais se termine à droite et à gauche par un mur plein" (G. Leroux, *Les origines de l'édifice hypostyle*, 1913, 253, Fig. 66, p. 254, Plan; *AJA*, 41, 1937, Fig. 1, IV, gegenüber p. 250; V. Müller). Die Anwendung dieser Mauern dürfte ursprünglich den Zweck gehabt haben, den Bau zu versteifen; später werden sie wohl auch einen architektonischen Sinn gehabt haben. Dass die Säulenhalle noch mächtiger war, als die Front ahnen liess, wird den Hineintretenden in Erstaunen gesetzt haben.

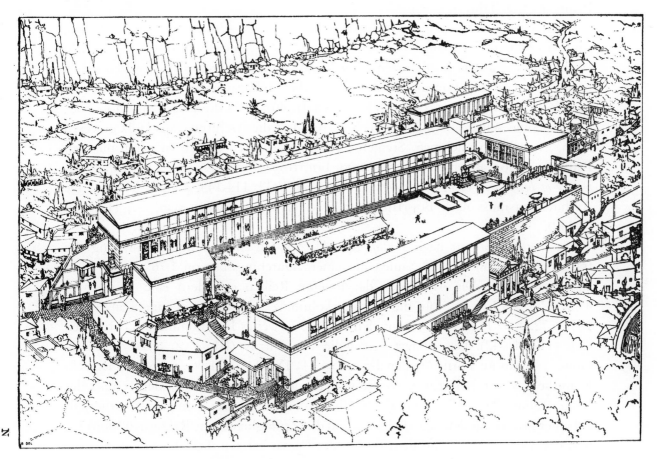

Abb. 260. Die Agora von Assos. (Rekonstr. Bacon)

Die Mehrzahl der Forscher nimmt an dass die königliche Halle sich über die ganze Südseite des Ḥarām erstreckt habe. Dies führt uns auf die Frage nach der Achsenweite der Säulen. F. J. Hollis stellt die Achsenweite auf 22½ (eng.) Fuss (6.75 m). Er bekommt das Mass aus der Länge der Südseite des Ḥarām (*o.c.*, 106 f.). Teilt man die Länge (im Lichten 899 eng. Fuss) auf 22½ so bekommt man nach Hollis 40 Säulenabstände und, sagt Hollis, 41 Säulen (*o.c.*, 107) (Achsenweite

6.75 m). Vincent hat in seiner Rekonstruktion der königlichen Halle die Achsenweite 3¼-fach des Säulendurchmessers genommen. M. de Vogüé hatte darauf hingewiesen, dass am grossen Porticus von Baalbek und in Palmyra dieses Verhältnis nachgewiesen sei (Vincent, o.c., 445). Das Interkolumnium beträgt bei dieser Achsenweite 3.71 m und die Länge der Halle 234.52 (40 Säulen), bzw. 240.24 m (41 Säulen; Vincent, l.c.). Die genannten Beispiele besagen für unsere Frage nicht viel, denn die königliche Halle zu Jerusalem ist älter als die Tempel von Baalbek und Palmyra (1.-3. Jahr. n. Chr.).

R. Grafman kommt zu einem Interkolumnium von 5.36 m (*IEJ*, 20, 1970, 66), was bei 1.55 m dicken Säulen (Grafman, l.c., 60, n. 3) eine Achsenweite von 6.91 m ergibt. Dass es an der königlichen Halle keine 7 m lange Architrave gegeben haben könne, begreift auch Grafman und er meint, die Architrave seien aus Holz gewesen (*l.c.*, 66, n. 11; vgl. Watzinger, *Denkmäler*, II, 40). Dass die Decke aus Holz war, sagt Josephus selbst (*Antiq.* XV, 11, 5 § 416), dass die Architrave aus Holz gewesen seien, ist nicht anzunehmen. Steinerne Architrave waren damals in der römischen Baukunst schon allgemein üblich (Axel Boethius, *Vitruvius and the Roman Architecture of his Age. Festschrift Martino P. Nilsson*, 1939, 114-143, p. 122; Vitruv's De Architectura muss nach Boethius vor 23 v. Chr. geschrieben sein, *l.c.*, 114, vgl. p. 142).

Die *stoa basileia* war nach *Antiq.* XV, 11, 5 § 415 eine Stadie (185 m) lang. Es fragt sich nun, ob die 162 Säulen mit einem Durchmesser von 1.76 m sich darin anordnen lassen. Die 41 Säulen der inneren Reihen erfordern eine Länge von 41 × 1.76 = 72.16 m. Für die 42 Interkolumnia gibt es somit eine Länge von 185 — 72.16 = 112.84 m, woraus sich ein 2.68 m weites Interkolumnium berechnen lässt (112.84 : 42). Das ist fast genau die von Vitruv (III, 3, 2) *pyknostyl* („engsäulig") genannte Form (Säulenabstand = 1½ D); 1½ × 1.76 = 2.64 m. Dass in Rom die pyknostyle Form Anwendung gefunden hat, sagt Vitruv: der Tempel des Divus Julius (29 v. Chr.; nur das Podium ist erhalten; der Tempel ist dargestellt auf einer Münze aus der Zeit Hadrian's und dies ermöglichte eine Rekonstruktion) [374], und der Venus-Tempel auf dem Forum des Caesar zeigten diese Form (*Vitruv.* III, 3, 2). Hans Riemann betont, dass die von Vitruv (III, 3, 6) gepriesene *eustyle* Form (Säulenabstand = 2¼ D) sich in Rom nicht durchgesetzt hat, dass dort „vielmehr bald wieder an die pyknostylen und systylen klassisch-griechischen Formen angeknüpft worden ist, die allein geeignet sind, ernste feierliche Würde zum Ausdruck zu bringen ..." (*Vitruv und der griechische Tempel, AA*, 1952, 1-38, S. 13). Der unter Augustus 33 v. Chr. von Konsul C. Sosius restaurierte Tempel des Apollo (er liegt zwischen dem Marcellus-Theater und dem Porticus Octaviae) zeigt ebenfalls

---

[374] A. W. Byvanck, *De Kunst der Oudheid*, IV, 1960, 237/38, Fig. 86, p. 238.

die pyknostyle Form (*Revue Archéol.*, XXV, 1946, 75-78, Fig. 1, p. 76, Plan; Säulen-durchmesser 1.50, Achsenweite 3.65 m; p. 76/77) [375].

Ein 2.68 m weites Interkolumnium und 1.76 m dicke Säulen erfordern einen 4.44 m langen Architrav (2.68 + 1.76 = 4.44 m). Das ist für einen Architrav, auf dem eine etwa 15 m hohe Mauer ruhte (siehe weiter unten: Aufbau), eine konstruktiv verantwortete Länge. Nun bekommen wir aber mit 1.55 m dicken Säulen (GRAF-MAN) in einer 185 m langen Halle ebenfalls 4.44 m lange Architrave, denn es gibt dabei dieselbe Achsenweite. Verschieden ist nur die Weite des Interkolumniums. Die 41 Säulen erfordern nun nämlich 41 × 1.55 = 63.55 m, was für die 42 Inter-kolumnia eine Länge von 185-63.55 = 121.45 m ergibt, woraus sich ein Inter-kolumnium von 2.90 m berechnen lässt (121.45 : 42 = 2.90 m). Man könnte meinen, die Säulen können also sehr wohl 1.55 m dick (GRAFMAN) gewesen sein. Es heisst bei Josephus aber, drei Mann konnten sie mit ausgestreckten Armen umfassen (*Antiq.* XV, 11, 5 § 413), sie hatten also einen Umfang von drei Klafter (3 × 1.85 m), was, wie gesagt, einen Durchmesser von 1.76 m ergibt. Es ist überdies an die pyknostyle Form zu denken. Der untere Durchmesser der 25 Ellen hohen Säulen der zweischiffigen Hallen (Südstrecke) lässt sich aus Vitruv, wie wir gesehen haben, auf 1.65 m berechnen und es ist unbedingt anzunehmen, dass die Säulen der könig-lichen Halle dicker als die Säulen der zweischiffigen Hallen gewesen sind. Es sind also für die königliche Halle 1.76 m dicke Säulen anzunehmen (Abb. 261). Dass solche dicken Säulen aus Gründen der Konstruktion erfordert waren, wird niemand behaupten wollen. F. SPIESS, der 1.45 m dicke Säulen annahm (*Die königliche Halle, ZDPV*, 1892, 245) bemerkt, dass die Säulen des Mars Ultor-Tempels in Rom 1.76 m dick sind (*ibid.*). Auch hier gab es selbstverständlich für solche dicken Säulen keinen konstruktiven Grund. Interessant ist, was H. KRENCKER über Baalbek schreibt: wenn man ohne Rücksicht auf die heutigen Säulen den Massstab des Riesenpodiums zugrunde legt und Säulen- und Gebälkdimensionen des ausgeführten Tempels ent-sprechend im Masstab vergrössert, würde dies Säulen von etwa 2.90 m unteren Durchmesser ergeben! (*AA*, 1929, 177 und Skizzen Abb. 1. nr. 6) [376]. In diesem Masstab ist der Tempel (vermutlich in der augusteischen Periode) offenbar ent-worfen worden. „Dieses erste riesige Vorhaben muss bald nach dem Beginn ge-scheitert sein" (KRENCKER, *l.c.*, 178). Der grosse Stein von Baalbek (21.72 × 4.30 × 5.30 m, KRENCKER, *AA*, 1929, 178), ist für das grosse Podium bestimmt

---

[375] Die neueren Ausgrabungen in Jericho haben nun gezeigt, dass Herodes mit der pyknostylen Form bekannt war: die Säulen der Reception Hall des herodianischen Palastes stehen engsäulig (*IEJ*, 25, 1975, Fig. 3, p. 94: Detailed plan of the northern wing; B 70, Reception hall; hier Abb. 241).

[376] Siehe auch KRENCKER-ZSCHIETZSCHMANN, *Römische Tempel in Syrien*, 1938, 274: „Wir bleiben bei der Auffassung, dass das Podium mit seinen Riesensteinen beim Beginn für Säulen geplant gewesen sein muss".

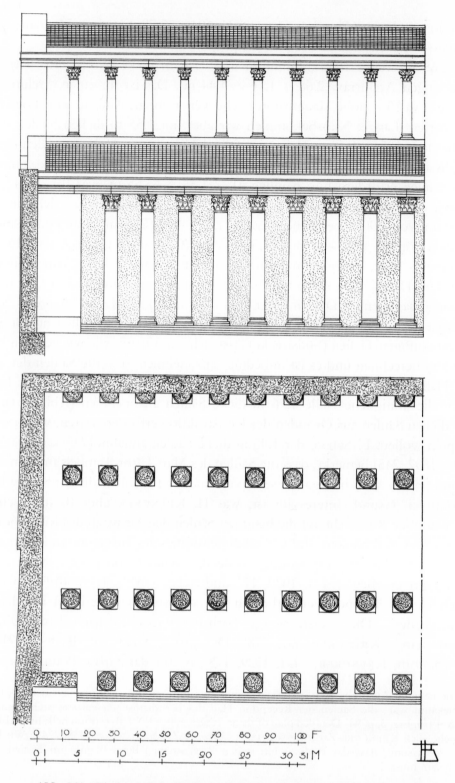

Abb. 261. Die königliche Halle, Teilansicht. (Rekonstr. Th. A. Busink)

gewesen, aber nie benutzt worden. Vorliebe für das Kolossale zeichnete auch den Herodes aus. In der Südmauer des Ḥarām gibt es, wie wir im vorigen Kapitel gesehen haben, eine 1.80 m hohe Steinschicht. L. H. VINCENT weist darauf hin, dass es im Steinbruch nördlich von Jerusalem eine 1.75 m dicke Monolithsäule gibt, die 12.15 m lang ist (*Jérusalem*, II-III, 1956, 444; *Jérusalem Antique*, Pl. I, C 6, A) [377]. Sie könnte wohl für die Königliche Halle bestimmt gewesen sein.

J. SIMONS hatte es klar gemacht, dass man die Stelle *Antiq.* XV, 11, 5 § 411, wo es heisst, die *stoa basileia* habe sich vom Osttal in die Richtung des Westtales erstreckt (sie hätte sich auch nach Nord erstrecken können!) falsch verstanden hatte, was zu der Meinung führte, die Halle hätte die Länge der Südseite des Ḥarām gehabt. Wir glauben es oben klar gemacht zu haben, dass die *stoa basileia* sehr wohl, wie Josephus § 415 berichtet, 1 Stadie (185 m) lang gewesen sein könne. Wir dürfen noch weiter gehen: die Halle kann aus konstruktiven Gründen nicht 280 m lang gewesen sein, denn solch eine Länge würde eine unmögliche Achsenweite der Säulen erfordert haben. Holzarchitrave, wie GRAFMAN sie meinte annehmen zu dürfen, sind, wie wir sahen, aus architekturgeschichtlichen Gründen, aber auch aus Gründen der Konstruktion ausgeschlossen. Sie wären unter der Last einer etwa 15 m hohen Mauer zusammengebrochen. Dass man zu der Ansicht kam, die königliche Halle habe sich fast ganz über die Südseite des Tempelplatzes erstreckt (vgl. Bd. I, 1970, 41), daran hatte doch auch der jüdische Geschichtsschreiber selbst Schuld. Er hätte die Notiz über die Länge der Halle (1 Stadie; 185 m) an eine andere Stelle setzen sollen. Hätte er § 411 gesagt: „eine dreischiffige königliche Halle, die sich der Länge nach vom östlichen Tal in die Richtung des westlichen erstreckte, μῆκος δὲ στάδιον, denn sie konnte nicht weiter fortgeführt werden", hätte man nie an eine 280 m lange Halle denken können.

Die Frage ist nun noch, wo der Anfang der *stoa basileia* anzusetzen sei, d.h. wie wir ἀπὸ τῆς ἑῴας φάραγγος (*Antiq.* XV, 11, 5 § 411) zu verstehen haben. Im allgemeinen nimmt man im Hinblick auf ἀπὸ an, dass der Anfang an der Ostmauer des Tempelplatzes lag. VINCENT ist anderer Meinung. In die Südostecke des Tempelplatzes nimmt er eine Bastion an wo, sowohl die königliche Halle als die zweischiffige Osthalle anstösst (*Jérusalem*, II-III, 1956, Atlas, Pl. CII; hier Abb. 256). Es scheint uns, dass der Anfang der *stoa basileia* etwas aus der Ostmauer mit dem

---

[377] S. KRAUSS gibt als Durchmesser 1.60 m (*Talm. Archäologie*, I, 1910, 10). — Bei den von Israeli-Archäologen im jüdischen Quartier von Jerusalems Altstadt 1969-1971 ausgeführten Ausgrabungen wurde „an huge column base" (Durchmesser der Säule 1.80 m) ans Licht gebracht, die aus der Zeit des Herodes datiert (*Jerusalem Revealed*, Ed. Y. YADIN, 1975, 51 f. und Fig. p. 50, N. AVIGAD). Die Basis (Doppel-Torus und Scotie) bildet mit der untersten Tambour eine Einheit. Die Technik, Basis und unterste Tambour aus einem Stein zu hauen, ist auch aus Nabatäa bekannt, siehe PH. C. HAMMOND, *The Nabataeans*, 1973, p. 63: „common device in the Roman East".

Text wohl vereinbar wäre, denn ἀπὸ τῆς ἑῴας φάραγγος könnte u.E. auch „etwas aus dem Osttal" bedeuten. *Antiq.* XV, 11, 5 § 412 zeugt aber eher für den Anfang an der Ostmauer (Abb. 253, sigel 11). Es heisst dort, wer von der Dachspitze herab die Gesamthöhe von Tal und Halle anschauen wollte „wurde schon vom Schwindel erfasst ehe noch sein Blick die ungeheure Tiefe gesehen hatte". Man wird hier vielleicht an eine Josephische Übertreibung denken. Sie muss aber auf einer Erfahrung beruhen, womit nicht gesagt sein soll, dass Josephus das Dach des Mittelschiffes erstiegen habe. Er kann die gewaltige Höhe nur vom Tal Kidron aus gesehen haben und dies zeugt wohl dafür, dass die Ostmauer der königlichen Halle an der Umfassungsmauer des Tempelplatzes stand. Das Mittelschiff muss der Einfriedung turmartig überragt haben und die Spitze des Giebels wird etwa 80-85 m über dem Talgrund gelegen haben (Abb. 262). Dieser Giebel könnte u.E. wohl das Math. 4, 5. Luk. 4, 9 genannte πτερύγιον τοῦ ἱεροῦ sein [378].

Die Lage der Ostmauer der königlichen Halle an der Ostmauer des Tempelplatzes bedingte eine Verkürzung der zweischiffigen Osthalle, denn die Front der *stoa basileia* muss selbstverständlich über ihre ganze Länge frei gelegen haben. Zwischen dem Anfang der zweischiffigen Halle und der *stoa basileia* ist ein freier Raum anzunehmen, dessen Tiefe hypothetisch auf etwa 25 m zu stellen ist (Abb. 253).

Aus welchem Grund Herodes die königliche Halle nach Osten zu verschoben hat, statt sie in die Mitte der Südseite zu stellen, lässt sich, so scheint uns, wohl sagen: königliche Halle und Tempelplatz sollten eine Gesamtschöpfung bilden.

b) *Der Aufbau.* Dieser lässt sich aus Josephus' Beschreibung, die nur einen freilich leicht zu emendierenden Fehler enthält, mit grosser Wahrscheinlichkeit rekonstruieren. Die 30 Fuss breiten Seitenschiffe hatten eine Höhe von mehr als 50 Fuss

---

[378] Siehe über die Bedeutung des Wortes JOACHIM JEREMIAS, *Die „Zinne" des Tempels* (Mt. 4, 5; Luk. 4, 9), *ZDPV*, 59, 1936, 195-208. Das Wort ist als „baulicher Terminus noch nicht sicher gedeutet" (S. 195). Zinne haben NESTLE, KLOSTERMANN, W. BAUER (*ibid.*); Ecke des Heiligtums DALMAN (*ibid.*; *Orte und Wege Jesu*, 1924, 312); πτερύγιον = Zinne ist nicht gesichert (S. 208 Nr. 1). „Sicher ist, dass das Test. Sal. mit πτερύγιον die Stelle des Türsturzes bezeichnet" (S. 208, Nr. 3). — W. WILKENS, *Die Versuchungsgesch. Luk. 4, 1-13 und die Komposition des Evangeliums*, *ThZ*, 30, 1974, 262-272, 265 Nr. 3: „Darauf führte er ihn nach Jerusalem, stellte ihn auf die Zinne des Tempels...". CLEMENS KOPP, *Die heiligen Stätten der Evangelien*, 1959, 358: πτερύγιον = „Flügelchen". „Es lässt wegen der Ähnlichkeit mit zwei schwingenden Flügeln am ehesten an einen Giebel denken" (*ibid.*). Wenn KOPP fragt: „Sollte der Giebel an den 50 m hohen Vorhalle gemeint sein, die in das Heiligste führte?" (S. 359), können wir dies nur für ausgeschlossen halten. Die Vorhalle hatte sicher keinen Giebel. Der Giebel, welchen es an die der Rückseite des Gebäudes gegeben haben könnte (nach unserer Rekonst. war er unsichtbar), kommt nicht in Betracht, denn es gab auch an dieser Seite einen Umbau. KOPP sagt übrigens auch selbst, dass der Text allgemein Tempel (ἱερόν) und nicht ναός schreibt (*ibid.*). Darüber lässt sich nicht streiten, dass die königliche Halle an der Ost- und Westseite einen Giebel gehabt haben muss. Hat der Ostgiebel, was aus Josephus, wie wir sahen, doch wohl wahrscheinlich zu machen ist, in der Flucht der Ostmauer des Tempelplatzes gelegen, kommt dieser Giebel doch am ehesten in Betracht, das πτερύγιον zu sein.

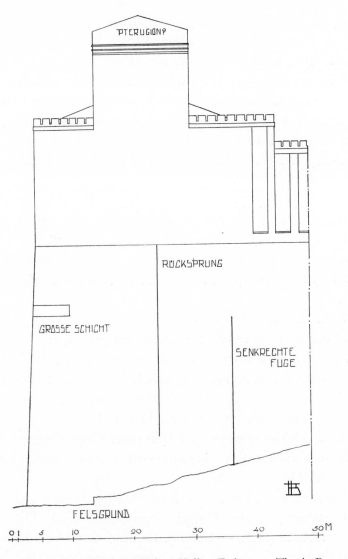

Abb. 262. Ostseite der königlichen Halle. (Rekonstr. Th. A. Busink)

(ὑπὲρ πεντήκοντα; also mehr als 15.50 m); das 45 Fuss breite Mittelschiff war zweimal so hoch (sagen wir 100 Fuss; 31 m) (*Antiq.* XV, 11, 5 § 415). „Mehr als 50 Fuss" muss bei dieser runden Zahl befremden. Man könnte meinen, Josephus habe hier an die Stufen, welche zu der Halle emporgeführt haben (es ist an 4 Stufen zu denken), gedacht: die Höhe der Seitenschiffe von Fussboden bis zur Decke könnte 50 Fuss (15.50 m) betragen haben; vom Niveau des Tempelplatzes aus gerechnet war sie mehr als 50 Fuss hoch. Die Sache lässt sich aber anders, einfacher, erklären. Nach Josephus waren die Säulen 27 Fuss hoch (*Antiq.* XV, 11, 5 § 413) wofür aber 27

33

Ellen (12.47 m) zu lesen ist [379]. Die Säulen hatten korinthische Kapitelle, für die eine Höhe von 1.76 m anzunehmen ist (vgl. Vitruv. IV, 1, 1) und Basen mit doppeltem torus (§§ 413-414), wofür eine Höhe von 88 cm zu rechnen ist (vgl. Vitruv. III, 5, 1), was eine Gesamthöhe von 15.11 m ergibt. VINCENT berechnet eine Höhe von 15.54 m, „dont la coincidence avec celle de 50 pieds = 15.40 m indiquée par l'historien est tout au moins fort remarquable" (*Jérusalem*, II-III, 1956, 445). VINCENT setzt sich aber über das „mehr als 50 Fuss" hinweg (nicht bei der Übersetzung des Textes, *o.c.*, p. 435). Die Höhe der Seitenschiffe von Fussboden bis zur Decke muss etwas grösser als 50 Fuss (15.50 m) gewesen sein, denn auf den Säulen muss ein etwa 1 m hoher Architrav (vgl. Vitruv. III, 5, 8) geruht haben, auf dem die Deckenbalken aufgelagert waren, was für die Seitenschiffe eine Höhe von mindenstens 15.11 + 1 = 16.11 m ergibt, also über 50 Fuss. Die Deckenbalken könnten übrigens auch auf dem Fries gelegen haben. In der von VINCENT vorgeschlagenen Rekonstruktion (*o.c.*, Fig. 137, p. 444) fehlt der Architrav, der doch unbedingt anzunehmen ist (Abb. 263).

Die Höhe des Mittelschiffes von Fussboden bis zur Decke ist auf 100 Fuss (31 m) zu stellen. Auf den 15.11 m hohen Säulen ist, wie gesagt, ein 1 m dicker Architrav anzunehmen, auf dem eine etwa 15 m hohe Mauer ruhte, die in Hinblick auf die grosse Höhe eine beträchtliche Breite gehabt haben muss. Ihre Breite und demnach auch die des Architraven ist auf 5 Fuss (1.55 m) zustellen, was dem oberen Durchmesser der Säulen entsprochen haben wird. Der Architrav wird aus zwei aneinander gestellten Steinen gebildet gewesen sein, mit einer Gesamtbreite von 1.55 m. Über die Dachform des Mittelschiffes besteht kein Zweifel, denn Josephus erwähnt § 412 den First des Daches (ἀπ' ἄκρου τοῦ ταύτης τέγως), es kann sich demnach nur um ein Satteldach handeln, für dessen Konstruktion Binder und für dessen architektonische Gestaltung aussen Giebel anzunehmen sind. Die Spannweite des Raumes beträgt 12.40 m (13.95 — 1.55 m). Die über dem Dach des vorderen Schiffes hinaufragende Frontmauer war mit Halbsäulen ausgestattet (Abb. 261 und 263) und sehr schön geglättet (*Antiq.* XV, 11, 5 § 416). HERMANN WURZ (1906) hatte Fenster an der Front angenommen (*Zur Charakteristik der klassischen Basilika*, 60 und Taf. V; hier Abb. 258; vgl. VINCENT, *o.c.*, Fig. 137, p. 444) und die grosse Höhe des Mittelschiffes (31 m) macht es in der Tat wahrscheinlich, dass es nicht nur durch die offene Front der Halle mit Licht versorgt worden ist. Josephus erwähnt aber die Fenster

---

[379] Vgl. J. FERGUSSON, *The Temples of the Jews*, 1878, 81; F. SPIESS, *Die königliche Halle, ZDPV*, XV, 1892, 245: „Wir nehmen demnach unbedenklich einen Irrthum des Josephus an..."; C. SCHICK, *Die Stiftshütte*, 1896, 171 f.; L. H. VINCENT, *Jérusalem*, II-III, 1956, Fig. 137, p. 444. — C. WATZINGER sagt nur, dass die Angabe über die Schafthöhe der Säulen (27 Fuss) in unvereinbarem Widerspruch zu der Angabe über den Umfang der Säulen steht (*Denkmäler*, II, 1935, 40). — ABRAHAM SCHALIT lehnt die Emendation ohne triftige Gründe ab (*König Herodes*, 1969, 382).

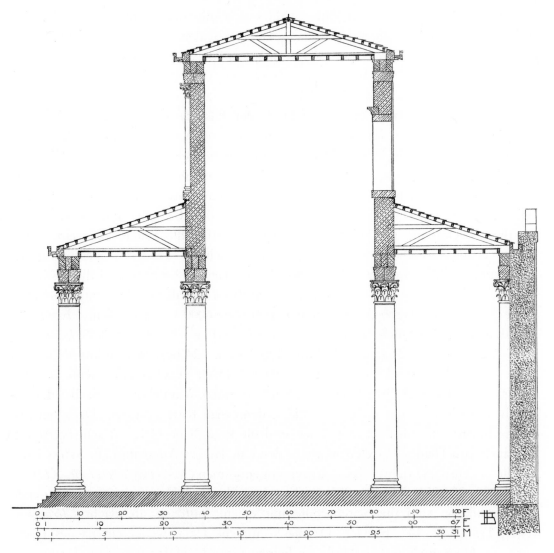

Abb. 263. Die königliche Halle. Querschnitt. (Rekonstr. Th. A. Busink)

nicht und seine Beschreibung der oberen Front macht es eher wahrscheinlich, dass diese nicht durch Fenster durchbrochen gewesen ist. Fenster sind u.E. an der Rückwand des Mittelschiffes anzunehmen (Abb. 263). Ein Fenster könnte es auch hoch an den Schmalwänden des Mittelschiffes gegeben haben. Ohne Fenster wäre die Decke des Mittelschiffes fast in Dunkel gehüllt gewesen [380].

[380] *Antiq.* XV § 416: „Die Decken waren mit tief in das Holz geschnittenen Figuren verziert..." (oben Anm. 368: αἱ δ' ὀροφαὶ ξύλοις ἐξήσκηντο γλυφαῖς πολυτρόποις σχημάτων ἰδέαις,). Mit ἡ ὀροφή ist hier natürlich die Decke gemeint (Im folgenden: καὶ τὸ τῆς μέσης βάθος ἐπὶ μεῖζον, handelt es sich u.E. nicht um die Höhe der Decke, sondern um die des mittleren Daches). Aus dem

Während die Dachform des Mittelschiffes sich mit Sicherheit aus Josephus bestimmen lässt, enthält die Beschreibung keine Angaben aus denen die Dachform der Seitenschiffe abzuleiten wäre. WURZ hatte für die Seitenschiffe das flache Dach angenommen (Abb. 258). WURZ ging davon aus, dass das Dach der Seitenschiffe der römischen Basiliken als Wandelgang gedient hätte (o.c., 59 und Taf. V). Nach Sueton (Calig. 37) warf Caius vom Dach der Basilica Julia (e fastigio basilicae Juliae) Geldstücke zum auf dem Forum versammelten Volk; mindestens die Seitenschiffe müssen also ein flaches Dach gehabt haben (siehe LEROUX, *Les Origines de l'Édifice Hypostyle*, 1913, 282). An der königlichen Halle zu Jerusalem wird es, meinte WURZ, ähnlich gewesen sein. Dies hat keine Wahrscheinlichkeit für sich. Bei der Belagerung und Einnahme des Tempels (70 n. Chr.) hatte die stoa basileia für die Verteidigung gar keine Rolle gespielt; hätten die Seitenschiffe ein flaches Dach gehabt, das Dach des vorderen Schiffes würde bei der Verteidigung des Heiligtums wohl benutzt worden sein. Als der Tempel brannte und die restlichen Hallen in Flammen gesetzt waren, kamen die Römer zu der noch übriggebliebenen Halle des äusseren Tempelbezirks wohin sich etwa 6000 Leute geflüchtet hatten [381]. Es ist dies die königliche Halle (vgl. MICHEL-BAUERNFEIND, *De Bello Judaico*, II, 2, 1969, 177 Anm. 124 und 178, Anm. 130; Anm. 124 bezieht sich auf VI § 277). Hätte es an der königlichen Halle ein flaches Dach gegeben, die Leute würden sich sicher auf das Dach geflüchtet haben. An einen Wandelgang, wie bei der römischen Basilica, ist gar nicht zu denken, denn man hätte von dem Dach her fast in das Innenheiligtum blicken können und die königliche Halle ist selbstverständlich auch von Heiden betreten worden, denn sie lag im Aussenhof. F. SPIESS hatte für die Seitenschiffe richtig das Pultdach angenommen (*Die königliche Halle*, *ZDPV*, XV, 1892, 234-256, Abb. S. 253) und auch in der von VINCENT vorgeschlagenen Rekonstruktion sind die Seitenschiffe mit einem Pultdach überdacht (*Jérusalem*, II-III, 1956, Fig. 137, p. 444). Da die königliche Halle weder ein flaches Dach, noch ein Obergeschoss hatte, gibt es keinen Grund, im Inneren eine Treppe anzunehmen, was WATZINGER doch noch für möglich hielt [382].

3. *Bauformen*. Während Josephus über die Ordnung der zweischiffigen Hallen schweigt und sie vornehmlich nach Analogie der dorischen Hallen der hellenistisch-römischen Zeit zu bestimmen war, sagt er klar, dass die Säulen der *stoa basileia*

Plur. lässt sich nicht mit Sicherheit schliessen, dass auch das Mittelschiff eine Decke hatte. WATZINGER meint, das Mittelschiff hat man sich mit offenem Dachstuhl zu denken (*Denkmäler*, II, 1935, 40). Wir haben auch für das Mittelschiff eine Decke angenommen.

[381] *Bell. Jud.* VI, 5, 2 § 283.

[382] WATZINGER hat freilich (WURZ folgend?) für die Seitenschiffe das flache Dach angenommen (*Denkmäler*, II, 1935, 41, Anm. 1).

korinthische Kapitelle hatten und die Pracht des Ganzen zur „Bestürzung" führte [383].
Die Basen hatten doppelten Torus (§ 413: διπλῆς σπείρας). Solche (attische) Basen
(und korinthische Kapitelle) sind in Masada aus herodianischen Bauten ans Licht
gekommen. Die gefundenen Basen haben eine Plinthe (Y. YADIN, *Masada. Herod's
Fortress*, 1967, Fig. p. 66; M. AVI-YONAH u.a., *Masada Survey*, *IEJ*, 7, 1957, Fig. 14, p.
40), die, wenn Josephus dies auch nicht erwähnt, auch an den Basen der *stoa basileia*
anzunehmen ist (vgl. VINCENT, *o.c.*, Fig. 137, p. 444). Die korinthischen Kapitelle
aus Masada (YADIN, *o.c.*, Fig. 44. 45; AVI-YONAH u.a., *IEJ*, 7, 1957, Fig. 14, p. 40)
zeigen „all the caracteristic features of this type" (*IEJ*, 7, 1957, 39). Sie haben zwei
Reihen Akanthus-Blätter, nicht die dornige Akanthus, sondern den stilisierten.
Aus der oberen Reihe kommen, wie üblich, die gerillten *cauliculi*, welche in den
calyses, aus denen die Voluten aufsteigen, enden. Dass die Kapitelle der königlichen
Halle ganz ähnlich ausgesehen haben, dürfte kaum wahrscheinlich sein. Die Kapitelle
aus Masada verraten den Einfluss der alexandrinischen Kunst, wie die Kapitelle des
Grabmals der Herodessen in Jerusalem (siehe VINCENT, *Jérusalem*, I, 1954, Pl.
LXXXVI, 3-4). Die Kapitelle der königlichen Halle werden den Einfluss des
korinthischen Kapitells in Rom gezeigt haben [384]. Es stammt formal vom Kapitell
des Zeus-Tempels in Athen (von Antiochus IV. bis zum Architrav weiter aufgebaut, dann von Augustus, später von Hadrian, vollendet) [385], es zeigt aber nicht
den dornigen Akanthus, sondern lanzettförmige Blätter. Diese Kapitellform ist
in Rom zuerst an den Thermen von Agrippa (27. v. Chr.) angewendet worden.
Nach FRIEDRICH RAKOB haben die korinthischen Kapitelle des Rundtempels auf
dem Forum Boarium in Rom in der Entwicklung der unter Augustus einsetzenden
Marmorarchitektur „ihre vorbildprägende Rolle gespielt" (*Zum Rundtempel auf dem
Forum Boarium in Rom*, *AA*, 1969/1, 275-284, Abb. 3-6, Sp. 278/79). Dass Herodes
das „römische" korinthische Kapitell gekannt hat, liegt auf der Hand und es dürfte
wahrscheinlich sein, dass die Kapitelle der königlichen Halle etwa nach diesem
Kapitell gebildet gewesen sind [386]. Über die Fragmente von Kapitellen, welche bei
den Ausgrabungen an der Südmauer des Ḥarām gefunden wurden und die mög-

---

[383] *Antiq.* XV, 11, 5 § 414: πλῆθος δὲ συμπάντων δύο καὶ ἑξήκοντα καὶ ἑκατὸν κιονοκράνων
αὐτοῖς κατὰ τὸν Κορίνθιον τρόπον ἐπεξειργασμένων γλυφαῖς ἔκπληξιν ἐμποιούσαις διὰ τὴν τοῦ
παντὸς μεγαλουργίαν, Die Ausgrabungen im jüdischen Quartier der Altstadt von Jerusalem brachten
ein korinthisches Kapitell aus dem 1. Jahrh. n. Chr. zutage (*Jerusalem Revealed*, 1975, 49, Fig. p. 50;
„a masterpiece of architectural stone-carving", p. 50, N. AVIGAD).

[384] Über orthodoxe und heterodoxe Formen des korinthischen Kapitells siehe DANIEL SCHLUM-
BERGER, *Les Formes anciennes du chapiteau corinthien en Syrie, en Palestine et an Arabie* (*Syria*, XIV, 1933,
283-317, mit reichem Bildmaterial).

[385] Sulla hatte 83 v. Chr. einige Säulen des Zeustempels in Athen nach Rom bringen lassen (A. W.
BYVANCK, *De Kunst der Oudheid*, IV, 1960, p. 31).

[386] Das von Vitruv IV, I, 11 beschriebene korinthische Kapitell gilt als kanonisch. Viele späteren
Kapitelle, besonders im Orient, haben damit kaum noch etwas zu tun; siehe oben Anm. 384.

licherweise von Kapitellen der *stoa basileia* stammen (B. MAZAR, *The Excavations in the Old City of Jerusalem near the Temple Mount*, *Prel. Report of the Second and Third Seasons* 1969-1970, 1971, p. 3) ist uns weiter noch nichts bekannt.

Die korinthischen Kapitelle aus Masada sind bemalt (rote und gelbe Farbe) und es dürfte wahrscheinlich sein, dass auch Details der Kapitelle der *stoa basileia* durch Farben akzentuiert worden sind. Bestimmte Details könnten selbstverständlich auch vergoldet gewesen sein. Dass das Blattwerk aus Bronze und vergoldet gewesen sei, wie dies für die Kapitelle des Bel-Tempels in Palmyra anzunehmen ist [387], darf man für ausgeschlossen halten; Josephus würde es sicher erwähnen und die Römer würden 70 n. Chr. das Metall nach Rom verschleppt haben.

Die Frage, ob die Säulen glatt oder kanneliert gewesen sind, lässt sich aus Josephus' Notiz über den Umfang der Säulen (*Antiq.* XV, 11, 5 § 413) nicht mit Sicherheit beantworten. In Masada hatten die Säulen die attisch-ionische Kannelierung (YADIN, *Masada²*, 1967, Fig. p. 44. 45; AVI-YONAH, *Survey*, *IEJ*, 7, 1957, Fig. 14, p. 40). Wo ionische und korinthische Säulen der römischen und syrischen Baukunst kanneliert sind, zeigen sie oft eine Füllung mit Rundstäben [388]. Auch gibt es Beispiele von kannelierten (ionischen) Säulen, deren unteres Drittel durch Fazetten ersetzt sind (*AA*, 1971/1, 38. 48; CHRISTOPH BÖRKER). Zweck war offenbar, der Beschädigung der Kannelüren vorzubeugen. Glatte Säulen hatte es schon in der hellenistischen Periode gegeben (z.B. Antentempel von Mamurt Kale; zwischen 383-263; BÖRKER, *l.c.*, 41) und zahlreiche Beispiele von glatten Säulen gibt es aus der römischen Zeit [389]. Für die *stoa basileia* sind wir auf Vermutungen angewiesen. Zwar sollte es nach Sœur ALINE DE SION glatte Säulen in der Antonia gegeben haben (*La Forteresse Antonia*, 1955, 163), sie datieren aber vermutlich aus der Zeit Hadrian's (siehe Abschn. F: Die Burg Antonia). Dass Josephus nicht über Kannelüren spricht, besagt für unsere Frage nicht viel, denn die Säulen der Masadabauten waren kanneliert, was Josephus nicht berichtet (*Bell. Jud.* VII, 8, 3 § 290). Er bezeichnet sie als Monolithsäulen, während sie aus Trommeln aufgebaut und mit Stucko überzogen sind. Die Säulen der zweischiffigen Hallen sollen nach Josephus, wie wir gesehen haben, ebenfalls monolith gewesen sein (*Bell. Jud.* V, 5, 2 § 190). Es ist auffällig, dass Josephus nicht sagt, die Säulen der *stoa basileia* seien monolith gewesen. Dies deutet vielleicht darauf, dass sie aus zwei oder drei (?) Stücken aufgebaut und nicht stuckiert gewesen sind. Es sind dann für die *stoa basileia* glatte Säulen anzunehmen. (Das im jüdischen Quartier der Altstadt ans Licht gekommene

---

[387] TH. WIEGAND, *Palmyra*, 1932, 155: DURM, *Bauk. der Römer²*, 1905, 197.
[388] So z.B. am Bel-Tempel in Palmyra (WIEGAND, *o.c.*, 129).
[389] Vgl. BANISTER FLETCHER, *A History of Architecture¹⁰*, 1938, 205.

Fragment einer 1.80 m dicken Säule hat ebenfalls einen glatten Schaft) *Qadmoniot*, V, 3-4 (19-20), 1972, Fig. p. 101.

Der Architrav wird wie üblich ein vorspringendes Kopfband gezeigt haben und die Vorderfläche ist wohl zwei oder dreimal abgeplattet zu denken. Das Kranzgesims könnte ein Zahnschnittgesims gewesen sein, doch sind wir hier auf Vermutungen angewiesen, denn Josephus erwähnt das Hauptgesims überhaupt nicht. Es lässt sich auch nicht ausmachen, ob es im Mittelschiff über dem Architrav einen Fries und Kranzgesims gegeben habe. Josephus rühmt nur die Decke der Schiffe. Sie war mit in Holz geschnittenen Figuren mancherlei Form verziert (*Antiq.* XV, 11, 6, § 416). Es ist hier wie bei den zweischiffigen Hallen an eine Kassettendecke zu denken. Dass die Wände der Schiffe gar keine Dekoration gezeigt hätten, dürfte kaum wahrscheinlich sein. Die von B. Mazar an der Südmauer des Ḥarām ausgeführten Ausgrabungen brachten Fragmente einer Dekoration zutage, die wohl von der *stoa basileia* stammen könnten (*Prel. Report*, 1971, 2 f. und Fig. 4, p. 3: Restoration of ornamental architecture from the Royal Stoa).

4. *Ableitung der stoa basileia.* „Es legt sich nahe", schrieb Friedrich Spiess 1892, „die Frage aufzuwerfen, ob der Bau des Herodes verwandte und ähnliche Bauwerke unter denen seiner Zeit habe. Es ist uns nicht in gewünschtem Masse gelungen, bei allerdings beschränkteren Hülfsmitteln solche aufzufinden ..." (*Die königliche Halle*, *ZDPV*, XV, 1892, 234-256, S. 255). Spiess wies hin auf den Porticus Octaviae auf dem Marsfelde in Rom und die Marktanlagen von Pompeji (*ibid.*). Hermann Wurz hatte 1906, wie wir gesehen haben, die königliche Halle mit der römischen Basilica verglichen und R. Grafman hat noch vor kurzem bei der Frage, wo die zwei „restierenden" Säulen der königlichen Halle anzuordnen sind, auf die Basilica von Pompeji hinweisen wollen. Mit der Basilica hat die *stoa basileia* des Herodes aber nichts zu tun, wenn G. Leroux in ihr auch sowohl eine Stoa als eine Basilica sah: „Il tenait à la fois de la stoa et de la basilique" (*Les Origines de l'Édifice Hypostyle*, 1913, 276, n. 5) und sie ein „type hybride" nannte (*ibid.*). Richtig hatte Leroux aber vorher gesagt, dass die Basilica „s'oppose très nettement à la longue stoa, qui est chez les Grecs l'édifice publique par excellence" (*o.c.*, 271). Die Basilica ist ein Gebäude „non pas étroite et grande ouverte comme une simple galerie, mais assez profonde, et close comme une salle" (*ibid.*). Leroux hat zwei Typen unterschieden, welche er als den griechischen und den orientalischen Typus (resp. B und A) bezeichnete (*o.c.*, 280 s. und Fig. 69 A-B, p. 281). Wir wollen sie vorführen um klar zu machen, dass die *stoa basileia* des Herodes sicher nicht aus der Basilica abzuleiten ist.

Der griechische Typus zeigt sich in vollendeter Form als ein dreischiffiger Langbau mit einer Art Vorhalle und an der Rückwand des Raums mit einer Apside (*o.c.*, 288). Zur besseren Beleuchtung ist das Mittelschiff wohl erhöht mit hochgesetzten Fenstern (basilikale Beleuchtung). VALENTIN MÜLLER betonte, dass LEROUX diesen Typus mit Recht als den griechischen Typus bezeichnete, „because such a room is nothing else than the Greek Megaron" (*The Roman Basilica, AJA,* 41, 1937, 250-261, p. 250). MÜLLER hatte hier nur den Grundriss, nicht die basilikale Erhöhung im Auge. Zu diesem Typ gehört wahrscheinlich, wenn nicht sicher, die Basilica Aemilia (54-34 v. Chr.) auf dem Forum in Rom (LEROUX, *o.c.*, 290). Ein Beispiel aus der Spätzeit (2. Jahrh. n. Chr.) ist die 26 × 105 m grosse Basilica in Aspendos, Anatolien (LEROUX, *o.c.*, 293 und Fig. 72 VI, p. 316). Bei diesen Beispielen handelt es sich um öffentliche Gebäude; als Privat-Basilica (Vitruv VI, 5, 2) kommt sie vor in vornehmen Häusern oder Palästen, z.B. im Palast des Domitian auf dem Palatin (MÜLLER, *l.c.*, Fig. 1 VIII, p. 251). Die Apsis der römischen Basilica hat eine geringere Breite als das Gebäude selbst und unterscheidet sich darin von griechischen Beispielen. V. MÜLLER möchte hierin eine von römischen Architekten eingeführte Neuerung sehen. „Our conclusion then, is that this type of Roman Basilica was taken over from Greece and barely changed by adding a subordinate Roman feature" (*l.c.*, 250).

LEROUX's orientalischer Typus der Basilica ist ein „Breitbau", wie z.B. die Basilica Julia auf dem Forum Romanum (LEROUX, Fig. 70 A, p. 283) und die Basilica Ulpia (Abb. 264) auf dem Forum Trajanum (*id.*, Fig. 70 c, p. 283). Ein breitgelagerter Raum hat innen an den vier Seiten eine oder zwei Säulenreihen. Eine Säulenreihe hatte die Basilica des Praetorium in Vetera (MÜLLER, *l.c.*, Fig. 1 IX, p. 251); zwei Säulenreihen haben die genannten Basiliken in Rom. An den Schmalseiten gibt es später rechteckige oder halbkreisförmige Apsiden (Vetera; Basilica Ulpia; Trajan's

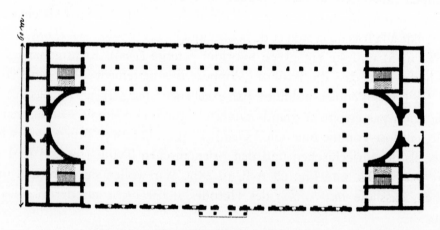

Abb. 264. Die Basilika Ulpia in Rom. (H. ISSEL)

Basilica). Die Aussenmasse der fünfschiffigen Basilica Julia sind ca. 112 × 49 m, das Mittelschiff misst 82 × 18 m (LEROUX, *o.c.*, 282; nach DURM 49 × 102 m, Mittelschiff 16 m breit, *Die Bauk. der Römer*², 1905, 623). Die Säulenumgänge müssen ein flaches Dach (Terrassendach) gehabt haben; dafür zeugt die schon erwähnte Notiz bei Sueton (*Calig.* 37); das sicher höhere Mittelschiff muss mit einem Satteldach bedeckt gewesen sein. Die wahrscheinlich von Apollodorus von Damaskus gebaute fünfschiffige Basilica Ulpia ist ca. 115 m breit (ohne die Apsiden) und 55 m tief. Die Tiefe des Mittelschiffes beträgt 25 m und doch ist der Raum aller Wahrscheinlichkeit nach, wie auch LEROUX (*o.c.*, 286) annimmt, überdeckt gewesen. DURM referiert GUADET, der betonte, dass das überdeckte Mittelschiff der S. Paulo fuore le mure in Rom genau so breit war wie das der Basilica Ulpia (*o.c.*, 621 f.). Die Basilika S. Paulo zeigt, „dass das römische Altertum noch in der nachconstantinischen Zeit im stande war, 25 m weite Räume mit einer Holzkonstruktion zu überspannen; und was damals möglich war, dürfte der vorangegangenen Zeit eines besseren Könnens wohl noch geläufiger gewesen sein" (DURM, *o.c.*, 622).

Als orientalischen Typus der Basilica betrachtet LEROUX auch den Hypostylsaal von Delos [390]. „La Salle hypostyle de Délos repond très exactement à la définition de la basilique" (LEROUX, *o.c.*, 271). Dies widerspricht Leroux's eigener Charakterisierung der Basilica: ein Basilica ist „close comme une salle" (*o.c.*, 271). Der Hypostylsaal ist ein 54 × 33 m grosser Breitbau mit Säulenfront zwischen kurzen Wandflächen. Im Inneren stehen fünf Säulenreihen parallele den Langwänden aber ohne Säule im Zentrum: hier, im Zentrum, gibt es einen 2 × 2 Interkolumnien grossen Raum. Der Bau datiert aus ca. 210 v. Chr., „a quarter of a century earlier than the earliest recorded basilica, the Basilica Porcia at Rome, and a hundred years earlier than the oldest which survives, that of Pompeii" (ROBERTSON, *o.c.*, 180/181). Der Bau wird in den Inschriften als *stoa* und als *porticus* bezeichnet (ROBERTSON, *o.c.*, 182), nicht als Basilica. Der Ursprung des Hypostylsaales von Delos lässt sich letzten Grundes wohl auf die ägyptischen Säulensäle zurückführen [391], es gibt davon aber, wie wir Band I (1970, 129 ff. und Abb. 36 f.) gesehen haben, jüngere Beispiele in Jerusalem (Libanonwaldhaus), Altintepe (Anatolien), Boğazköi (*id.*), Um el-Amed (Phönikien) und die Säulensäle der persischen Baukunst. Es gibt zwei Typen: geschlossene Säulensäle (Libanonwaldhaus) und Säulensäle mit Säulenfront (Um el-Amed). Der Hypostylsaal von Delos dürfte auf phönikische Einwirkung zurückzuführen sein [392]. VALENTIN MÜLLER meinte, die Breitraum-Basilica aus dem Hypo-

[390] *Les Origines de l'Édifice Hypostyle*, 253 ss., Fig. 66, p. 254, Plan; D. S. ROBERTSON, *A Handbook of Greek and Roman Architecture*, 1929, Fig. 81, p. 181.
[391] Vgl. A. W. BYVANCK, *Quelques observations sur l'architecture helénistiques*, BVBA, XXIV, XXV, XXVI, 1949-1951, p. 37.
[392] CH. PICARD hält es für möglich, dass das „Thesmophorion" auf Delos den Einfluss der per-

stylsaal von Delos ableiten zu können. Dieser orientalische Bautypus sei von den Griechen in der Art entwickelt worden, dass im Zentrum ein grösserer Raum gebildet wurde: der 2 × 2 Interkolumnien grosse Raum (*The Roman Basilica, AJA*, 41, 1937, 250-261, p. 255, vgl. p. 254: „the derivation is obvious"). Da die Griechen nur ein beschränktes Raumgefühl hatten, sei die Entwicklung nicht weiter geführt worden, „but the Romans were able to continue the evolution, since their native Italic style had known from early times a greater spaciousness than the Greeks had ever used" (*l.c.*, 255). Der Breitraum der „orientalischen" Basilica soll also aus dem kleinen Raum im Zentrum des Hypostylsaals von Delos, die Umlaufenden Säulengänge aus solchen des Hypostylsaals abzuleiten sein. Dies hat kaum Wahrscheinlichkeit für sich, denn die Basilica war ein geschlossener Bau, der Hypostylsaal von Delos hatte eine offene Säulenfront. Auch gibt es hier keine „Umgänge". MÜLLER hielt übrigens die Ableitung offenbar doch auch selbst für nicht gesichert, denn er sagt: „It is possible that the type with one ambulatory is already a Hellenistic creation" (*l.c.*, 255, n. 2).

Einen Umgang hatte die aus dem Ende des 2. Jahrhunderts oder dem Anfang des 1. Jahrhunderts datierende Basilica von Pompeji (Abb. 257), welche LEROUX als eine Kombination der zwei Typen bezeichnete (*Les Origines*, 298). Es ist ein ca. 24 × 64 m grosser Langbau mit Vorhalle und Haupteingang (fünf Türen an der Stirn und fünf an der Rückwand der Vorhalle) auf der Ostseite. Auch an den Langseiten gibt es je eine Tür. Die Seiteneingänge veranlassten LEROUX offenbar, diese Basilica als eine Kombination der zwei Typen zu betrachten. Der südliche Eingang ist aber nachträglich angebracht worden (AUGUST MAU, *Gesch. der decorativen Wandmalerei in Pompeji*, 1882, 11). Meinungsverschiedenheiten bestehen darüber, ob der 12 × 44 m grosse Mittelraum überdeckt oder offen war. Eine Wasserrinne in dem Fussboden könnte für die zweite Alternative sprechen (vgl. ARMIN VON GERKAN, *Griechische Städte anlagen*, 1924, 139), doch könnte die Wasserrinne auch zum Zweck der Reinigung gedient haben (vgl. J. OVERBECK, *Pompeji*³, 1875, 125; DURM, *Die Bauk. der Römer*², 1905, 622). SOGLIANO meinte, der Mittelraum sei unbedeckt gewesen (*Memorie d. Acc. di Napoli* II, 1911, 119 ff., bei KOHL-WATZINGER, *Antike Synagogen in Galilaea*, 29. *WVDOG*, 1916, 178, Anm. 2)[393]. Dem widerspricht, meinten KOHL-WATZINGER, der Name Basilica „und die bei einem offenen Hof ganz unverständliche Gestaltung der Seitenschiffe mit grossen Fensteröffnungen" (*l.c.*). Der Name Basilica steht durch in die Wände eingekratzte Inschriften fest

---

sischen Baukunst verrät (*Du „Tatchare" de Persepolis au „Thesmophorion" de Délos, Rev. Archéol.*, XXXIX, 1952, 105-108 und Fig. 4-5, p. 106-107). „Délos a servi de camp de rassemblement aux Perses..." (p. 106, n. 2; Herod. VI, 97 ff.).

[393] Dies ist auch die Meinung J. SAUVAGET's (bei P. LEMERLE, *Aux origines de l'architecture chrétienne, Rev. Archéol.*, XXXIII, 1949, 167-194, p. 192).

(J. Overbeck, *Pompeji*³, 1875, 122) [394]; Fenster sind aber nicht erhalten. Sie lassen sich wohl wahrscheinlich machen und zwar aus den Halbsäulen der Wände, „welche bedeutend dünner sind, als die Säulen, welche die Schiffe trennen, und welche kaum mehr als die halbe Höhe jener gehabt haben können ...'' (Overbeck, *o.c.*, 124). Dies lässt sich doch nur daraus erklären, dass es auch eine obere Reihe Halbsäulen gegeben habe und hier ist vielleicht an Fenster mit einer Mittelsäule zu denken, wie Wurz es in seiner Rekonstruktion vorgeschlagen hatte (*Zur Charakteristik der klassischen Basilika*, 1906, Taf. II-IV). Mittelschiff und Seitenschiffe müssen dann unter einem gemeinsamen Satteldach gelegen haben. Durm dachte an einen offenen Dachstuhl (*Die Bauk. der Römer*², 1905, 628); Wurz rekonstruierte die Schiffe mit Satteldach und flacher Decke (*l.c.*; ähnlich im 19. Jahrh. Mazois, bei Overbeck, *Pompeji*³, 1875, Fig. 82, S. 126).

D. S. Robertson hält es für möglich, dass wir die Vorgänger dieser Basilica in den verlorengegangenen Basiliken des 2. Jahrhundert v. Chr. in Rom zu suchen haben (*A Handbook of Greek and Roman Architecture*, 1929, 269). Axel Boethius, der diese Basilica als „cortile type'' bezeichnet, meint, der Typ sei abzuleiten aus einem „covered central court surrounded by colonnades'' (*Festschrift Nilsson*, 1939, 124, n. 14). Vielleicht auch ist anzunehmen, dass die römische Langbau-Basilica aus dem Oecus des pompejanischen Haus abzuleiten ist. In Pompeji gibt es zwar nur an drei Seiten des vorn offenen Oecus eine Säulenreihe (z.B. Casa di Meleagro, Overbeck, *o.c.*, Fig. 167, S. 270), der hellenistische Palast in Ptolemais (Kyrenaika), der ein „rapport frappant'' mit den grossen pompeianischen Häusern zeigt [395], enthält aber einen 9 × 12.60 m grossen Oecus mit vierseitiger Anordnung der Säulen (Abb. 265). Leroux hatte, wie wir gesehen haben, die Breitbau-Basilica

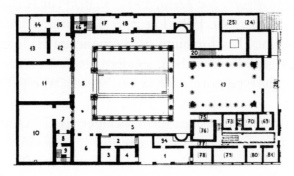

Abb. 265. Der Palast in Ptolemais. (A. W. Byvanck)

---

[394] Sauvaget hält freilich die baulichen Termen *stoa* und *basilica* für „interchangeable'' (bei Lemerle, *l.c.*). Siehe weiter unten.

[395] Byvanck, *Le Palais hellénistique de Ptolemais*, *BVBA*, XXVII, 1952, 17-19, p. 18 und Fig. 2, Plan; hier Abb. 265.

als den orientalischen Typus bezeichnet (*o.c.*, 280 ss.). Dafür gibt es aber keinen Grund. Richtig sagten KOHL-WATZINGER: „Ob der Eingang an der Langseite oder an der Schmalseite liegt, hängt von der Lage der Basilika zum Forum ab ...” (*Antike Synagogen in Galilaea*, 29. *WVDOG*, 1916, 179, Anm. 1).

Dass die *stoa basileia* des Herodes nicht aus der römischen Basilica abzuleiten sei, wird aus dem oben Dargelegten wohl schon klar geworden sein: die Basilica war ein geschlossener Bau mit im Inneren umlaufenden Säulengängen; die *stoa basileia* war eine offene Säulenhalle. VALENTIN MÜLLER, der unsere *stoa basileia* falsch als Basilica bezeichnet (vgl. DURM, *Die Bauk. der Römer*[2], 1905, 630) hatte doch richtig betont, dass die Anordnung der Säulen in Jerusalem verschieden ist von der Anordnung in der Basilica: die Breite der Säulengänge ist in der römischen Basilica etwa die Hälfte oder noch weniger von der des Hauptschiffes; in der *stoa basileia* beträgt die Breite der Seitenschiffe zwei Drittel der Breite des Mittelschiffes (*AJA*, 41, 1937, 255, n. 2). Dass es bei der Anordnung der Säulen in Jerusalem kein „ambulatory” (MÜLLER, *l.c.*) gibt, hatte Müller nicht beachtet. Er hatte sich freilich auch niemals speziell mit der *stoa basileia* beschäftigt und sich durch den Namen *stoa basileia* irreführen lassen. Unsere *stoa* war keine Basilica, sondern eine *stoa*. Aus diesem Namen (*Antiq.* XV, 11, 5 § 411. 412) geht dies freilich nicht unbedingt hervor, denn wenigstens von späteren römischen Schriftstellern wird dieser Terminus wohl auch für Basilica gebraucht, z.B. Dio Cass. LVI, 27: στοὰ ἡ Ἰουλια, die Basilica Julia in Rom[396]. Strabo V, 236 spricht von βασιλικαὶ στοαί, Basiliken am Forum in Rom (MICHAELIS, *l.c.*, 241, Anm. 3). Die βασιλικὴ στοά der Agora von Thera (2. Jahrh. n. Chr.) war ein ca. 10 × 41 m, allseitig geschlossener Breitbau mit Säulenreihe in der Langachse und Halbsäulen an den Wänden (F. FRHR. HILLER VON GAERTRINGEN, *Stadtgesch. von Thera*, 1904, 55 ff., Plan II B 7; WURZ, *Zur Charakteristik der klassischen Basilika*, 1906, Fig. 5, S. 32; irrtümlich heisst es hier „Thera in Kleinasien”). Josephus' Beschreibung der königlichen Halle lässt darüber keinen Zweifel, dass es kein geschlossener Bau, sondern eine offene Säulenhalle war. Dass sie die Anwendung „du type normal de la basilique décrite par Vitruv” zeigt, wie ABEL meint (*Histoire de la Palestine*, I, 1952, 378), ist ein Irrtum. Nach Vitruv (V, 1, 4 f.) soll die Breite der Basilica nicht weniger als ein Drittel und nicht mehr als die Hälfte der Länge betragen (Länge der *stoa basileia* 185 m, Tiefe 33 m!). Im Inneren gibt es einen vierseitigen Umgang und Emporen. Das Mittelschiff ist mit erhöhtem Seitenlicht ausgestattet. Mit der vitruvianischen Basilica hatte die *stoa basileia* nichts zu tun.

Ob die grossen offenen Säulenhallen der hellenistischen Periode (siehe weiter unten) Basiliken genannt worden sind, darüber gehen die Meinungen auseinander.

---

[396] AD. MICHAELIS, *Hallenförmige Basiliken. Mélanges Perrot*, 1903, 239-246, p. 242, Anm. 4.

MICHAELIS meinte, sie seien in der Tat so genannt worden. Er wies darauf hin, dass auf einem Dachziegel der zweischiffigen Halle des Eumenes II. in Pergamon das Wort βασιλική vorkommt (*Hallenförmige Basiliken, Mélanges Perrot*, 1903, 239-246, p. 242; *Altertümer von Pergamon*, II, 28 ff., Taf. 16. 21. 23. 25). Das Wort Basilica habe also zwei verschiedene Arten von Gebäuden bezeichnet[397]. G. LEROUX hatte diese Auffassung zurückgewiesen: das Wort βασιλική auf dem Dachziegel sei nicht auf die Halle, sondern auf die königliche Fabrik, wo die Dachziegel verfertigt worden sind, zu beziehen (*L'Origine de l'Édifice Hypostyle*, 1913, 273/274; vgl. GLANVILLE DOWNEY, *The Architectural significance of the use of the words STOA and BASILIKE in classical Literature*, AJA, 41, 1937, 194-211, p. 197 in n. 3, p. 196: „the evidence for this [*sc.* für Michaelis' Ansicht] is tenuous and cannot be accepted unconditionally").

In Athen war die στοὰ βασίλειος die Säulenhalle, wo der Archon βασιλεύς sein Amtslokal hatte. Vor das Forum des Archon βασιλεύς „gehörten die Prozesse wegen Verletzung der den Göttern schuldigen Ehrfurcht und alle unter den Blutbann fallenden Sachen" (G. BUSOLT, *Die griechischen Staats- und Rechtsaltertümer*, 1892, 268 und S. 230). Diese von klassischen Schriftstellern (u.a. Pausanias I, 3, 1) erwähnte *stoa* ist Juni 1970 von den amerikanischen Archäologen an der Agora von Athen entdeckt und ausgegraben worden (*Hesperia*, XL, 1971, 243 ff., Fig. 1, p. 245 Grabungsbefund; Fig. 2, p. 246 Rekonstruktion, Plan; Fig. 3, p. 247, Rekonstruktion Oberbau; T. LESLIE SHEAR, JR; XLIV, 1975, 365 ff., id.). Sie datiert aus dem 5. Jahrhundert v. Chr. Es ist eine der kleinsten „and simplest examples of this ubiquitous type of Greek civic architecture" (*id.*, p. 243). Sie war ursprünglich 17.72 m lang und 7.18 m tief und sie hatte acht dorische Frontsäulen. Innen standen ursprünglich zwei, später vier Säulen (Abb. 266, n. 267).

ARMIN VON GERKAN hatte die Ansicht A. MAU's dass das Wort Basilika von στοὰ βασίλειος in Athen abzuleiten sei (*PW*, III, 1, 83), „recht verfehlt" genannt (*Griechische Städteanlagen*, 1924, 139). Diese Stoa wird aber von Plato (Charm. 153 a) ἡ βασιλική (subst.) genannt (PAPE, *Gr.-Deutsches Handwb.*³, 1880, s.v. βασιλικός). G. LEROUX, der meinte, die στοὰ βασίλειος wurde niemals βασιλική genannt, hatte dies nicht beachtet. Er meinte, die griechische Form „n'a été substantivée et n'a pris sa signification précise qu' une fois transcrite en latin" (*o.c.*, 274). Da nun schon Plato die στοὰ βασίλειος als ἡ βασιλική bezeichnet, dürfte es durchaus möglich sein, dass auch die grossen hellenistischen Stoen bisweilen Basilika genannt worden sind (wie MICHAELIS meinte). Der Name Basilika (gr. βασιλική) der römischen Basiliken liesse sich u.E. aus der mit den hellenistischen Hallenbauten übereinkommenden Lage erklären: hier an der Agora, dort am Forum. Als Bauform sind Basilica und Stoa

[397] Vgl. oben Anm. 394.

aber grundverschieden und es sind die griechischen und hellenistischen Säulenhallen, die als Vorläufer der königlichen Halle zu Jerusalem zu betrachten sind.

Die von Attalos II. von Pergamon (2. Jahrh. v. Chr.) auf der Agora von Athen
errichtete und in unserer Zeit von den amerikanischen Archäologen wieder aufgebaute zweischiffige und zweistöckige Halle (heute Agora-Museum), ist ca. 112 m
lang und ca. 20 m tief. Der Fussboden liegt einige Stufen über dem nach Süden
ansteigenden Terrain. Die Front des Erdgeschosses und des Obergeschosses zeigt
45 Säulen (unten dorisch, 5.225 m hoch; oben ionisch, 3.37 m hoch; ARIF MÜFID,

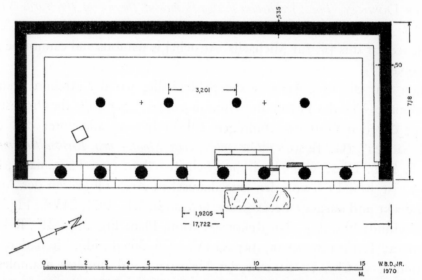

Abb. 266. Die Stoa Basileios in Athen, Grundriss. (T. Leslie SHEAR, Jr.)

Stockwerkbau der Griechen und Römer. Istanb. Forschungen, I, 1932, 71). Die innere
Säulenreihe (Erdgeschoss) enthält 22 ionische Säulen. Man hatte früher angenommen, dass das Obergeschoss einschiffig gewesen sei (u.a. DURM, *Die Baukunst der
Griechen*[3], 1910, 503); die neueren Untersuchungen lehrten aber, dass auch das
Obergeschoss zweischiffig war. Hier haben die „Pergamon"-Kapitelle, die man
früher im Erdgeschoss untergebracht hatte (BAUMEISTER, *Denkmäler*, II, Abb. 955),
Anwendung gefunden (*Hesperia*, XIX, 1950, 317; H. A. THOMPSON). Auf diesen
kelchförmigen Kapitellen (*Hesperia*, XXV, 1956, Pl. 27) ruht der Firstbalken, der
die Dachsparren trägt; das Satteldach ist also ohne Binder oder Dachstühle konstruiert (*Hesperia*, XXVI, 1957, Pl. 33-33). Die alte Rekonstruktion der Front
(DURM, *o.c.*, Abb. 447, S. 504) zeigt über dem Architrav der ionischen Säulen (Obergeschoss) einen dorischen Triglyphenfries; gefundene ionische Friesblöcke führten
nun zum Wiederaufbau mit ionischem Fries (*Hesperia*, XIX, 1950, 317; H. A.
THOMPSON). Die Mischung dorischer und ionischer Elemente findet sich freilich

auch an der zweistöckigen Halle im Athenaheiligtum zu Pergamon (BAUMEISTER, *Denkmäler des klassischen Altertums*, II, 1887, Abb. 1406, S. 1221). Die zum Obergeschoss der Attalos-Stoa hinaufführende Treppe, von der nur der obere Teil bedeckt ist, liegt aussen an der Schmalwand der Halle (*Hesperia*, XX, 1951, 49. 50); ein Fenster nahe dem Giebel diente vermutlich zur Beleuchtung der Treppe (*id.*, XIX, 1950, 317; H. A. THOMPSON). An der Rückwand des Erdgeschosses liegt eine Reihe kleiner Gemächer, die von der Halle aus betreten wurden. Die Anlage ist also dreiteilig. An der Front der Halle, auf dem unteren Architrav, stand in

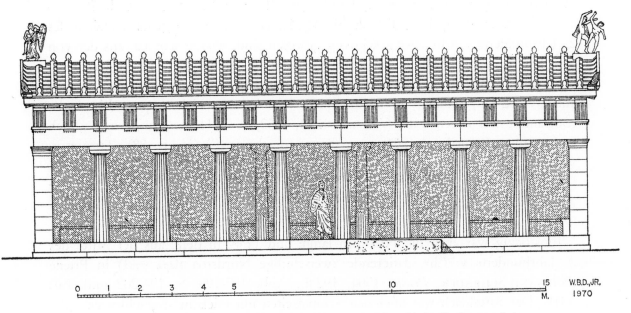

Abb. 267. Die Stoa Basileia in Athen, Frontansicht. (T. Leslie SHEAR, Jr.)

hohen Buchstaben die Widmung: ΒΑΣΙΛΕΥΣ ΑΤΤΑΛΟΣ, „König Attalos" (DURM, *Bauk. der Grieken³*, Abb. 447, S. 504).

Während zweischiffige Hallen schon im 7. Jahrhundert v. Chr. gebaut worden sind (Samos, Heraion; Länge 69.70 m, Tiefe 5.90 m; ROLAND MARTIN, *Recherches sur l'Agora greque*, 1951, Tableau II, hinten im Buch) und zweigeschössige Hallen auch schon früh vorkamen (MARTIN, *o.c.*, Tableau V), treten grosse Hallen mit zwei ausgebildeten Säulengeschossen erst im 2. Jahrhundert v. Chr. auf (ARMIN VON GERKAN, *Griechische Städteanlagen*, 1924, 102). An der Agora errichtet sind sie von da an sehr beliebt gewesen. Eine Zusammenstellung dieser hellenistischen doppelgeschossigen Hallen gibt ARIF MÜFID (*Stockwerkbau der Griechen und Römer*, 1932, 71), leider ohne Länge und Tiefe der Hallen zu erwähnen.

Die etwa 70 m lange Nordseite der Stoa des Attalos II. im Athenaheiligtum von

Pergamon war über 11 m tief, zweischiffig und zweigeschossig (BAUMEISTER, *Denkmäler des klassischen Altertums* II., 1220). Zweigeschossig war auch die einschiffige Ostseite. Die Säulen des Erdgeschosses (dorisch) waren 4.995 m hoch, die des Obergeschosses (ionisch) 3.325 m (ARIF MÜFID, *o.c.*, 71; *Altertümer von Pergamon*, II, 23 ff., Taf. 21/23. 31. 41). Die zweischiffige und zweigeschossige Stoa des Eumenes II. am Südabhang der Akropolis von Athen war 163 m lang und 16 m tief (DURM, *Die Bauk. der Griechen*³, 1910, 505 und Abb. 407, S. 448). Eine 111.52 m lange und 12.42 m tiefe zweischiffige und zweigeschossige Halle gab es in Assos (Nordstoa); Höhe der unteren Säulen 5.706 m, der oberen 3.19 (ARIF MÜFID, *o.c.*, 70; R. KOLDE-WEY, *Invest. at Assos*, 33/4, Taf. 29-31, 34/51). Dass nicht alle grossen Hallen des 2. Jahrhunderts v. Chr. zweigeschossig gewesen sind, wissen wir u.a. aus der von den Amerikanern als Middle Stoa bezeichneten, 150 m langen Halle an der Agora von Athen: „a huge shed-like structure surrounded on all four sides by a collonnade and divided longitudinally by an inner row of columns which supported both the roof and a thin screen wall" (*Hesperia* XXI, 1952, 86 f.; H. A. THOMPSON). „Such a monument immediately suggest a donor for the stoa" (*id.*, p. 88). THOMPSON vermutet, dass es ein Geschenk des Königs Ariarathes V. von Kappadokien (162-130 v. Chr.) war (*id.*, p. 89). Ariarathes hatte in Athen gelebt und dort, wie Attalos von Pergamon, am Unterricht des Philosophen Karneades teilgenommen (*ibid.*).

Einstöckig war auch die 116.46 m lange und 12.49 m tiefe, aus der Mitte des 2. Jahrhunderts v. Chr. datierende zweischiffige Nordstoa (ἱερὰ στοά) in Priene (WIEGAND-SCHRADER, *Priene*, 1904, 192 ff., Abb. 187-198, S. 194-202 und Taf. XIII). Das Satteldach war über den Schmalseiten mit Giebeln abgeschlossen. „An die Rückwand sind in den westlichen beiden Dritteln der Gesamtlänge fünfzehn Kammern angebaut, welche, etwas niedriger als die Halle, ein besonderes Pultdach trugen" (WIEGAND-SCHRADER, *o.c.*, 192 und Abb. 192, S. 197). Auch diese Anlage war also dreiteilig. Die Halle diente als Schauplatz „grosser Bankette im Anschluss an städtische Feste …" (s. 214), was die Bezeichnung ἱερὰ στοά rechtfertigt (*ibid.*). In den kleinen Gemächern werden wir „die Amtsräume der städtischen Behörden zu erkennen haben" (*ibid.*). Die auf einem Architravblock vorkommende Weihinschrift ist nicht vollständig erhalten, aber vermutlich als Βασιλεὺς Ὀροφέρνης βασιλέως Ἀριαράθου zu ergänzen, „König Orophernes, des Königs Ariarathes Sohn". Orophernes war der Stifter des grossen Athenabildes im Haupttempel der Stadt und es darf als sicher gelten, „dass die Stadt ihm nicht nur das Bild ihrer Göttin, sondern auch den prächtigsten Bau ihres Marktes verdankte" (S. 215).

Im obigen war von zweischiffigen Hallen — mit oder ohne Obergeschoss — die Rede. Eine dreischiffige Halle hatte die von Epaminondas — der Feldherr der

Thebaner, der der Macht Sparta's ein Ende machte (ca. 369 v. Chr.) — an der Grenze Spartas gegründete Stadt Megalopolis in Akkadien. „The city never attained that pre-eminence or power which its founders contemplated, and which had caused the city to be laid out on a scale too large for the population actually inhabiting it"[398]. Nach Polybius hatte die Stadtmauer einen Umfang von viereinhalb Meilen[399]. Die am Ende des 4. Jahrhunderts offenbar von Philipp von Makedonien geweihte dreischiffige Halle — Megalopolis hatte von Phillipp und Alexander die Protektion gegen Sparta gehabt — gehörte zu den längsten der damaligen Welt. Ihre Länge betrug 155.55 m (in Korinth gab es an der Agora eine ca. 160 m lange, zweischiffige Stoa, *Hesperia*, XL, 1971, Fig. 9, p. 21; 1. Viertel 3. Jahrh. v. Chr.; CH. K. WILLIAMS - JOAN E. FISHER), mit einer Tiefe von 19.825 m (MARTIN, *Recherches sur l'Agora*, Tableau II). Sie war aussen dorisch (Säulendurchmesser 81 cm), innen ionisch (Säulendurchmesser 76.4 cm). Bei der Zerstörung der Stadt durch die Spartaner unter Kleomenes III. (240-220) ist die Stoa verwüstet, im 2. Jahrhundert aber wieder aufgebaut worden. Soweit wir sehen, ist es die einzige bekannte dreischiffige Halle ausser der königlichen Halle zu Jerusalem. Keine der erwähnten Hallen erreichte die Länge unserer *stoa basileia* (1 Stadie = 185 m). Die zweischiffige Halle dorischer Ordnung am Gymnasium in Olympia war aber 210 m lang! (ALFRED MALLWITZ, *Ein neuer Übersichtsplan von Olympia*, *AA*, 1971, Heft 2, 151-157, Plan gegenüber Sp. 154; BAUMEISTER, *Denkmäler*, II, 1104 P und Taf. XXVI hinter S. 1064).

Dass die königliche Halle zu Jerusalem zum Typus der grossen hellenistischen Säulenhallen gehört und daraus abzuleiten ist, dafür zeugt der Grundriss: eine langgestreckte, offene Halle mit Säulenstellung an der Front und Säulenreihen im Inneren, ohne die die römischen Basiliken kennzeichnenden Umgänge. LEROUX nannte die königliche Halle, wie wir sahen, einen hybriden Typus von Basilica und Stoa. Er hatte natürlich das hochaufragende Mittelschiff im Auge. Eine dreischiffige Halle mit Säulenstellung an der Front erforderte zur Beleuchtung des Mittelschiffes sicher keine Überhöhung des Mittelschiffes. Es ist auch fraglich, ob die dreischiffige Halle von Megalopolis ein erhöhtes Mittelschiff hatte. Man könnte also meinen, die Überhöhung des Mittelschiffes der *stoa basileia* sei auf Einfluss der römischen Basilica zurückzuführen. Wahrscheinlicher dürfte sein dass die Überhöhung sich aus dem

---

[398] GEORGE GROTE, *A History of Greece*, IX, 1869, 450. — MAURO MOGGI meint aber, „al momento del sinecismo Megalopoli dovette avere une populazione adeguata alla sua grandezza" (*Il Sinecismo di Megalopoli* (*Diod.* 15, 72, 4; *Paus.* 8, 27, 1-8), *Annali della Scuola Normale Superiore di Pisa*, Serie III, Vol. IV, 1, 1974, 71-107, p. 106/07).

[399] Das Theater von Megalopolis gehörte mit dem von Milet zu den grössten der griechischen Welt; es fasste 44000 Menschen (DURM, *Die Bauk. der Griechen*, 1910, 471; Pausanias). — Über das Theater: E. R. FIECHTER, *Die baugeschichtliche Entwicklung des antiken Theaters*, 1914, 17 ff.; ALDO NEPPI MODONA, *Gli edifici teatrali greci e romani*, 1961, Fig. 39, p. 48.

zweiten Stockwerk der grossen hellenistischen Hallen erklären lässt. Die von Josephus erwähnten eingebauten Säulen (Halbsäulen) an der Frontmauer des Mittelschiffes sind die oberen Säulen der grossen zweigeschossigen Hallen (Athen, Pergamon. Assos, usw.). Zweigeschossig war die königliche Halle nicht und dies lässt sich aus ihrer Lage auf dem Tempelplatz erklären. Besuchern der hellenistischen Hallen war es selbstverständlich gestattet, vom Obergeschoss aus herabzusehen. In Jerusalem war es den Heiden, die den Aussenhof und demnach auch die königliche Halle betreten durften, untersagt, die im Innenhof vollzogenen Kulthandlungen auch nur von aussen zu folgen. Erinnert sei hier an die Schirmmauer, welche gegen König Agrippa II. (ein Halbjude) auf der Westmauer errichtet worden ist [400]. Eine zweigeschossige Halle konnte in Jerusalem, sollte die Möglichkeit, vom Obergeschoss aus ins Innenheiligtum zu blicken, verhindert werden, nur eine geringe Höhe (ähnlich den hellenistischen Hallen) haben. Herodes hat das Problem, eine monumentale Halle auf dem Tempelplatz zu errichten, welche die zweistöckigen hellenistischen Hallen in architektonischer Hinsicht weit überragte und den Priestern nicht zum Anstoss werden konnte, auf grossartige Weise gelöst. Eine dreischiffige Halle hatte es aber, wie wir sahen, schon in Megalopolis gegeben. Römisch an der *stoa basileia* ist die Anwendung der korintischen Ordnung; als Reihenarchitektur ist die Anwendung der korinthischen Ordnung in hellenistischer Zeit nicht nachzuweisen (ARMIN VON GERKAN, *Griechische Städteanlagen*, 1924, 138).

Zu welchem Zweck Herodes die königliche Halle erbaute, lässt sich nicht mit Sicherheit ausmachen. Dass sie später von Händlern und Geldwechslern benutzt worden ist, darf man annehmen; dass dies ihre Zweck gewesen sei, ist kaum wahrscheinlich. Vielleicht haben wir die königliche Halle nur als eine grossartige Ausstattung des Tempelplatzes zu betrachten. Vielleicht auch ist die königliche Halle historisch aus der Säulenhalle der salomonischen Burg — dem Libanonwaldhaus — zu erklären.

5. *Der Name.* Es fragt sich schliesslich, wie Josephus dazu kam, den Bau als königliche Halle (*Antiq.* XV, 11, 5 § 411: τὴν βασίλειον στοὰν) zu bezeichnen. Dass der Name etwas mit dem salomonischen Palast zu tun hat, wie CH. WARREN im 19. Jahrhundert und J. SIMONS in unserer Zeit meinten (*Jerusalem in the Old Testament*, 1954, 401, n. 1; bei SIMONS nur fragweise), ist ausgeschlossen. Dieser Streifen des Tempelplatzes stammt erst aus der Zeit des Herodes. ABRAHAM SCHALIT meint, vielleicht reiche der Name bis zur Zeit des Seleukiden Antiochus III. „Damals liess der Seleukidenkönig auf eigene Kosten die Säulenhallen des Tempels neu erbauen … Sollte man damals die Südhalle des Tempelberges, die vielleicht früher schon be-

[400] *Antiq.* XX, 8, 11 § 189 ff.

standen hatte, nun aber im Kriege beschädigt worden war, zu Ehren des seleukidischen Eroberers der heiligen Stadt und grosszügigen Gönners des Tempels und
der Priesterschaft, „königliche Halle", στοὰ βασιλική, genannt haben, weil sie mit
Geldmitteln des Königs neuerbaut worden war?" (*König Herodes*, 1969, 382, Anm.
810). Wäre dies richtig, στοὰ βασιλική würde jedenfalls bezeichnen, dass sie damals
von Antiochus III. erbaut war. Auffällig genug sagt nun Schalit, der Name bezeichne
die Bauform „und deutet in keiner Weise an, dass der König [*sc.* Herodes, Verf.]
sie gebaut hatte oder dass sie ihm zu Ehren als „königlich" bezeichnet worden
wäre . . ." (*id.*, 382). Darüber lässt sich selbstverständlich nicht streiten, dass unsere
Halle von Herodes errichtet worden ist. Zur Zeit des Antiochus III. war dieser
Streifen des Tempelplatzes, so wenig wie zur Zeit Salomos, noch nicht in die Anlage
des Tempelplatzes aufgenommen. FRIEDRICH SPIESS hatte im vorigen Jahrhundert
angenommen, dass der Name hinweist auf Herodes als der Bauer der königlichen
Halle (*Die königliche Halle*, *ZDPV*, XV, 1892, 234-256, S. 242). SPIESS hatte offenbar
noch keine Kenntnis davon, dass die grossen hellenistischen Hallen den Namen des
Stifters an der Stirn trugen, wiewohl die Epistylinschrift des Attalos II. schon im
Anfang der sechziger Jahre des 19. Jahrhunderts in Athen gefunden worden war
(A. BAUMEISTER, *Denkmäler des klassischen Altertums*, II, 1885, 167). Wir halten es
für möglich, dass auf dem Architrav oder dem Fries der königlichen Halle zu
Jerusalem die Aufschrift ΒΑΣΙΛΕΥΣ ΗΡΩΔΗΣ gestanden habe. J. SIMONS meint,
SPIESS' „explanation is hardly convincing, since Herod built all four porticoes" (*o.c.*,
401, n. 1). Das ist natürlich richtig, es schliesst aber die Möglichkeit nicht aus, dass
auf der königlichen Halle der Name des Herodes prangte. Die Aufschrift wird
für Herodes eine breite Bedeutung gehabt haben, d.h. sie ist auf die ganze Anlage
des Heiligtums zu beziehen. Den Namen seines Freundes Agrippa liess Herodes
„in das Tor am Tempel einmeisseln, das er selbst hatte erbauen lassen" [401]. „Wo
sich dieses Tor am Tempel in Jerusalem befand, ist nicht bekannt" (MICHEL-
BAUERNFEIND, *De Bello Judaico*, I, 1959, 419, Anm. 195). Es wird doch ein wichtiges
Tor gewesen sein und vielleicht ist an das Robinsontor zu denken [402]. Da dürfte
es doch durchaus möglich und wohl auch wahrscheinlich sein, dass Herodes auch
seinen eigenen Namen irgendwo am Heiligtum habe einmeisseln lassen. „Heidnische" Tempel zeigten oft auf dem Architrav oder dem Fries den Namen des
Gründers bzw. desjenigen, der den Tempel geweiht hatte [403]. Herodes hat es selbst-

---

[401] *Bell. Jud.* I, 21, 8 § 416: καὶ ἐπὶ τῆς πύλης ἐχάραξεν τὸ ὄνομα, ἣν αὐτὸς ἐν τῷ ναῷ κατεσ-
κεύασεν. Mit ναός wird hier selbstverständlich das ganze Heiligtum bezeichnet.

[402] Keinesfalls ist an ein Tor des Innenheiligtums zu denken; die Juden würden es nicht genehmigt haben.

[403] Das Torgebäude des Kabiren-Heiligtums auf Samothrake, „Ptolemaion", gestiftet von
Ptolemaios II. Philadelphos (284-246), trug den Namen des Stifters auf dem Architrav (BYVANCK,

verständlich nicht gewagt, seinen Namen am Tempelgebäude anzubringen [404]. Etwas anderes war aber sein Name an der *stoa basileia*. Dass Josephus dies nicht berichtet, lässt sich nicht dagegen anführen, denn die Aufschrift könnte nach Herodes' Tode abgehauen worden sein. Dass die *stoa basileia* nie Herodes' Stoa genannt wurde, braucht bei dem Hass der Juden gegen den Idumäer nicht zu verwundern; man nannte sie die königliche Halle.

F — DAS UNBEKANNTE GEBÄUDE

Über das Gebäude, das an der Südseite des Tempelplatzes neben der königlichen Halle gelegen haben muss, ist nichts bekannt. Nach S. Krauss hatte es auf dem Tempelplatz eine Synagoge gegeben (*Synagogale Altertümer*, 1922, 66-72). Dies ist auch die Meinung K. H. Rengstorf's (*ZNW*, 31, 1932, 39). Die Meinung gründet sich auf eine Tosefta Sukkah, wo Rabbi Joshua b. Hananiah in der Beschreibung des Festes Bet ha-Shoebah sagt, dass das Volk am frühen morgen, nach dem Tamid-Opfer, sich zum Bet ha-Keneseth (Synagoge) begab (bei S. Zeitlin, *There was no synagogue in the Temple*, *JQR*, LIII, 1962, 168-169, p. 168). Nach Zeitlin ist der Text der Tosefta „a later addition, altered and ( ) corrupt" (p. 169). Middot und Josephus erwähnen die Synagoge nicht. „So it is evident, therefore, that there was no synagogue in the Temple" (*l.c.*, 168; vgl. Sidney B. Hoenig, *The Supposititious Temple-Synagogue*, *JQR*, LIV, 1963, 115-131). Wenn Zeitlin nun sagt, Josephus gibt *Bell. Jud.* V, 1-5 §§ 184-220 „a precise description of the Temple and all its chambers..." (*ibid.*), sagt er doch zu viel. Josephus schweigt über das Gebäude, das, wie aus der Beschreibung der königlichen Halle (*Antiq.* XV, 11, 5 §§ 411-415) hervorgeht, neben der königlichen Halle anzunehmen ist. Wie die Mehrzahl der Forscher ist Zeitlin offenbar der Meinung, dass die königliche Halle sich über die ganze Südseite des Tempelplatzes erstreckt hätte. Diese Meinung ist, wie wir Simons folgend, klar gemacht zu haben hoffen, falsch. Wir können also Zeitlin nicht beistimmen, wenn er sagt: „Again, in studying the architectural plan of the Temple we cannot find a place where a synagogue was located" (*l.c.*, 168). Dass weder Josephus noch der Verfasser des Traktates Middot eine Tempel-Synagoge erwähnen, besagt u.E. für die Frage nicht viel. Josephus hat nur das Grossartige der herodianischen Schöpfung

---

De Kunst der Oudheid, IV, 1960, 35 und Fig. 13, p. 36). — „An die beneidenswerte Ehre einen Tempel zu weihen, knüpfte sich noch die Verherrlichung des Namens vom Dedicirenden durch Aufnahme in die Dedicationsurkunde, wo er dann als beständiges Ruhmesmal seiner Person über dem Eingang des Heiligtums prangte. An Catulus erinnernd der den zweiten Capitolinischen Tempel geweiht hatte, ruft Cicero aus „Deines Namens ewiges Gedächtniss ist zugleich mit jenem Tempel consecrirt" (Cic. Verr. 2, 4, 31), Karl Boetticher, *Die Tektonik der Hellenen*, II, 1881, 513 und 514 Anm. 1, mit lat. Text.

[404] Siehe was wir oben (XIII, Anm. 258) über den goldenen Adler an der Front des Tempelgebäudes gesagt haben.

beschreiben wollen und im Traktat Middot ist der Aussenhof ein leerer Platz, der das Heiligtum von der profanen Welt trennt. Ob das Gebäude neben der königlichen Halle eine Synagoge war, lässt sich natürlich nicht ausmachen. Es gab hier übrigens Raum genug für ein zweites Gebäude und im Aussenhof muss es doch auch ein Gebäude für die Tempelwache gegeben haben (siehe über die Tempelwache J. JEREMIAS, *Jerusalem zur Zeit Jesu*², II. Teil, 72 f.). Im Aussenhof hatte ein Saal oder Zimmer gelegen (Yoma, 1, I, 1. 5), „wo der Hohepriester während der letzten sieben Tagen vor dem Versöhnungstage sich aufhalten sollte" (E. SCHÜRER, *Gesch. des jüd. Volkes*, II², 1907, 253). Es war das Amtszimmer des Hohenpriesters, Vorsitzender des Synedrium (id. 257). CLEMENS KOPP schliesst aus Luk. 22, 66-71, dass das Synedrium auf dem Tempelberge gelegen habe (*Die heiligen Stätten der Evangelien*, 1959, 351 f.). „Dass seine Sitzungen ursprünglich in der sogenannten Quaderhalle im südwestlichen Teil des Priestervorhofes waren, ist unbestritten. Wanderte es später von dort aus?" (S. 351). Die Quaderhalle wird Middot V, 4 erwähnt. SSCHÜRER hält es für unwahrscheinlich, dass das Synedrium einmal im Innenhof gelegen habe. Er lokalisiert es im Aussenhof und er meint, dass die *Bell. Jud.* V, 4, 2 § 144 genannte βουλή das Synedrium sei (*o.c.*, 263). MICHEL-BAUERNFEIND urteilen darüber freilich anders: „Mit der βουλή ist nicht etwa die in Midd. 5, 4 erwähnte innerhalb des Tempelbezirks befindliche Halle gemeint, in der das Synedrium tagte; das hier erwähnte Rathaus muss vielmehr unterhalb des Tempelplatzes ... gelegen haben" (*De Bello Judaico*, II, 1, 1963, 246, Anm. 40). Für die Frage nach der Lage des Synedrium hat Josephus' βουλή kein Gewicht. Ist das Synedrium in der Tat, wie Clemens Kopp meint, auf dem Tempelplatz zu lokalisieren, könnte es wohl neben der *stoa basileia* gelegen haben. Gab es hier denn Raum für zwei Bauten: Synedrium und Synagoge [405].

G — DIE BURG ANTONIA

1. *Josephus* [406]. „Die Antonia lag an der Ecke, die von zwei Säulenhallen des Aussenhofes (τοῦ πρώτου ἱεροῦ), der westlichen und der nördlichen, gebildet wurde; sie war auf einem 50 Ellen hohen Felsen erbaut, der überall steil abfiel. Es war ein

[405] Josephus Bemerkung: „denn sie konnte sich nicht weiter ausstrecken" (*Antiq.* XV, 11, 5 § 411 Ende) ist natürlich nicht so zu deuten, dass das Gebäude schon bestand, als die königliche Halle errichtet wurde. Aus der Bemerkung lässt sich nur schliessen, dass es zur Zeit des Josephus noch da war. — Für das Synedrium als Institutim hat man in unserer Zeit besonderes Interesse gezeigt. Die Frage war und ist, ob Jesus durch das Synedrium, oder ob er durch die Römer zum Tode verurteilt worden ist. — Nach S. ZEITLIN gab es zur Zeit Jesu zwei Sanhedrins: „a state court and the other a religious Sanhedrin" (*The political Synedrion and the Religious Sanhedrin*, *JQR*, 36, 1945-1946, 109-140, p. 109). — Siehe jetzt ELLIS RIVKIN, *Beth Din, Boulé, Sanhedrin: A Tragedy of Errors*, *HUCA*, XLVI, 1975, 181-199. RIVKIN lokalisiert die βουλή (*Bell. Jud.* V § 144; VI § 354) auf dem Tempelplatz (p. 195. 199).

Werk des Königs Herodes, in dem er seine scharfe Einsicht deutlich zum Ausdruck brachte. Zunächst nämlich war der Fels von unten an mit geglätteten Steinplatten bedeckt, einmal des schönen Aussehens wegen und dann auch damit jeder, der daran hinauf- oder hinabzusteigen versuchte, herunterglitte. Dann befand sich vor dem Bauwerk der Festung eine drei Ellen (dicke) [407] Mauer. Weiter nach innen war die ganze Antonia 40 Ellen hoch aufgeführt. Das Innere hatte das Aussehen und die Einrichtung eines Palastes, denn es war in Gemächer jeder Art und Bestimmung aufgeteilt, hatte Säulengänge, Bäder und geräumige Kasernenhöfe, so dass die Antonia durch das Vorhandensein aller lebensnotwendigen Einrichtungen einer Stadt, durch ihre prächtige Ausstattung ein Palast schien. Sie hatte ein turmartiges Ansehen und auf den Ecken hatte man vier andere Türme verteilt von denen die anderen 50 Ellen, der auf der Südostecke 70 Ellen hoch war, so dass man von ihm herab das ganze Heiligtum überschauen konnte. Wo die Antonia an die Säulenhallen stiess, waren nach beiden Seiten Treppen, über die die Wachtmannschaften hinabstiegen. Denn in der Burg lag stets eine römische Kohorte, die an den Festtagen in voller Bewaffnung auf die Hallen verteilt wurde, um das Volk, damit es kein Aufruhr errege, zu überwachen. Denn der Tempel lag als eine Festung über der Stadt, die Antonia als eine Festung über dem Tempel und die dort gelagerten Truppen überwachten alle drei. Die Oberstadt hatte ihre eigene Festung, nämlich den Palast des Herodes. Man hatte den Hügel Bezetha wie ich schon sagte von der Antonia abgetrennt. Er war von allen Hügeln der höchste und als ein Teil der Neustadt besiedelt: er allein stellte von Norden her den Tempel in den Schatten''.

Aus Josephus' Beschreibung erhält man den Eindruck, dass die Burg Antonia geräumigen Umfangs gewesen sein muss und da der Antonia-Fels (Abb. 268) nur 120 m lang (O.-W.) und 40 m breit (N.-S.) ist (4800 m²; RB, 42, 1933, 89, L. H. VINCENT) und Josephus, *Bell. Jud.* V, 5, 2 § 192, die Antonia in einem Atem mit dem Umfang der zweischiffigen Säulenhallen nennt, haben verschiedene Gelehrte angenommen, dass die Burg zum Teil in der Nordwestecke des Ḥarām asch-scharîf zu lokalisieren sei. M. DE VOGÜÉ (*Le Temple de Jérusalem*, 1864, 52 und Pl. XV-XVI), CH. WARREN (*Recovery*, 1871, 311 f. und Plan gegenüber p. 303), FRIEDRICH SPIESS (*Das Jerusalem des Josephus*, 1881, 65 ff. mit Taf.), CONRAD SCHICK (*Die Stiftshütte*, 1896, 204-207, Taf. VII) meinten, der südliche Teil der Burg sei auf der Esplanade erbaut gewesen [408]. GUSTAV DALMAN (*Jerusalem und sein Gelände*, 1930, 114 f., 120),

---

[406] *Bell. Jud. V* 5,8 §§ 238 ff.

[407] Es heisst τριῶν πηχῶν τεῖχος (§ 240), wofür MICHEL-BAUERNFEIND „eine drei Ellen hohe Mauer" haben (z.St.). Eine Mauer dieser geringen Höhe hatte es an der Festung Antonia sicher nicht gegeben; es kann sich nur um die Dicke handeln.

[408] Vgl. *Les Guides Bleus, Syrie, Palestine*, 1932, Pl. p. 565; GUISEPPE RICCIOTTI, *La Bible et les decouvertes récentes*, Trad. ANNI MESRITZ, 1959, Fig. 74. 75, p. 119. 121.

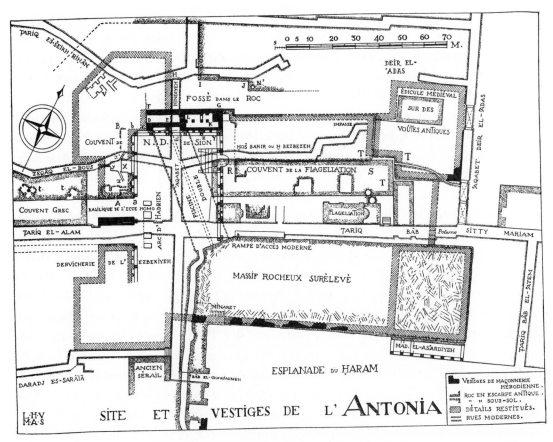

Abb. 268. Die Antonia, Plan. (L. H. Vincent)

der ebenfalls eine Ausdehnung der Burg nach Süden annimmt meint, der Antonia-
fels habe sich damals viel weiter nach Süden ausgestreckt und sei erst von den
Römern zum Teil abgehauen worden. Ähnlich ist die Meinung B. Bagatti's, nur
meint er, der Fels sei in der Islamischen Periode abgehauen worden (*Biblica*, 43,
1962, 1-21, p. 19; *id.*, 46, 1965, 428 ss., 441-42)[409].

2. *Ausgrabungen.* Durch die 1931 ff. von französischen Archäologen unter der
Leitung von Mère M. Godeleine verrichteten Untersuchungen unter den nördlich
der bāb sitty Mirjam gelegenen Bauten schien die Antonia-Frage endgültig gelöst zu
sein (über ältere Untersuchungen siehe Marie Aline, *La Forteresse*, 39 f.). Felsen-
einschnitte und andere Gegebenheiten machten es nach der Meinung der Ausgräber klar, dass hier ein umfangreiches Gebäude gestanden hatte, das von Mère

---

[409] Wir kamen bei der Beschreibung der Antonia-Hallen des Tempelplatzes zum Schluss, dass
der Südostturm der Antonia auf der Esplanade gestanden haben muss (Abb. 253, bigel 15); dieser
Teil des Felsens muss später abgehauen worden sein.

GODELEINE, L. H. VINCENT — VINCENT hatte die Aufsicht über die Untersuchungen — und VINCENT's Schülerin Sœur MARIE ALINE DE SION als der Antonia zugehörig betrachtet wurde. Die Antonia hätte sich also nicht, wie man früher meinte, nach Süden, sondern nach Norden über den Antonia-Felsen ausgedehnt (Abb. 268). J. SIMONS hatte sich 1952 der Meinung, dass die neu entdeckte Anlage einen Teil der Antonia gebildet habe, angeschlossen (*Jerusalem in the Old Testament*, 1952, 433 f.; freilich nicht kritiklos) und so auch HENRI SENÈS in der Besprechung von MARIE ALINE's, *La Forteresse Antonia*, 1955 (*Biblica*, 38, 1957, 358-363). B. BAGATTI hat 1958, veranlasst durch eigene, zur Stelle ausgeführte Untersuchungen Kritik an den Ergebnissen der Ausgrabungen bekannt gemacht [410], und CHRISTIAN MAURER hat 1964 betont, dass die von den Archäologen entdeckte Anlage nicht einen Teil der Antonia gebildet hatte (*Der Struthionteich und die Burg Antonia*, *ZDPV*, 80, 1964, 137-149). Die alte [? Verf.] Anschauung von der „kleinen Antonia" muss, meint MAURER, wieder als ernsthafte Möglichkeit angesehen werden (S. 149). A. VANEL kommt in einem ausführlichen Artikel *Prétoire* (*Dict. de la Bible. Suppl.* 44, 1969, 514-554) zu dem Schluss, dass die Antonia sich nicht über den Antonia-Felsen nach Norden ausgedehnt haben könne. P. BENOIT, der 1952 die von VINCENT *c.s.* vorgeschlagene Rekonstruktion der Antonia der Hauptsache nach für richtig hielt [411] und dem wir die jüngste Abhandlung über die Antonia-Frage verdanken (*L'Antonia d'Hérode le Grand et le Forum Oriental. The Harvard Theological Review*, 64, 1971, 135-167), ist nun ebenfalls der Meinung, dass die Antonia sich vielleicht nicht über den Antonia-Felsen nach Norden ausgedehnt habe (*l.c.*, 158 ss.). Die Frage, ob die Antonia sich nach Süden auf den Tempelplatz ausgedehnt habe, lässt sich nach der Meinung BENOIT's nicht beantworten. BAGATTI, MAURER, VANEL und BENOIT haben es wohl wahrscheinlich gemacht, dass die von den französischen Archäologen entdeckte Anlage (darüber unten mehr) nicht zu der Antonia gehört haben könne. Dass aber die Burg im Norden ein Vorwerk gehabt haben muss, hoffen wir weiter unten (Nr. 5) aus Josephus' Beschreibung der Belagerung und Einnahme der Antonia durch die Römer 70 n. Chr. wahrscheinlich zu machen [412].

---

[410] *Resti nell'area della Flagellazione in Gerusalemme, Liber Annus. Studii Biblici Franciscani*, VIII, 1958, 309-352.

[411] *Prétoire, Lithostroton et Gabbatha*, *RB*, 59, 1952, 531-550, p. 531.

[412] Darauf deutet übrigens schon Josephus' Beschreibung der Antonia. *Bell. Jud.* V, 5, 8 § 240 heisst es, wie wir sahen: „Dann befand sich vor dem Bauwerk der Festung eine drei Ellen (dicke) Mauer. Weiter nach innen war die ganze Antonia 40 Ellen hoch aufgeführt". Dass πρὸ τῆς τοῦ πύργου δομήσεως mit „unmittelbar vor..." zu übertragen sei (MICHEL-BAUERNFEIND, z.St.), dem widerspricht ἐνδοτέρῳ δὲ τούτου „Weiter nach innen...". Dies impliziert, dass die Mauer verhältnismässig weit nach vorn gerückt war. Die Mauer ist natürlich im Norden zu lokalisieren: die Antonia ist vom Norden aus belagert und eingenommen worden. Josephus stellt sich bei der Beschreibung ebenfalls im Norden auf.

3. *Die Antonia nach L. H. Vincent c.s.* Über den Umfang der Antonia gibt es bei VINCENT und Sœur ALINE auseinandergehende Masse, was sich zum Teil daraus erklären lässt, dass die Untersuchungen sich über mehrere Jahre erstreckt haben, was zu neuen Ergebnissen führte, zum Teil auch daraus, dass der Umfang sich aus den Felseinschnitten und anderen Gegebenheiten nicht genau bestimmen lässt. VINCENT hatte 1933 die Länge O.-W. auf 150 m, die Breite N.-S. auf 80 m gestellt (*RB*, 42, 1933, 106). Später (1952) stellte er den Umfang auf 90 × 170 m (*RB*, 59, 1952, 518) und im Hauptwerk, *Jérusalem*, II-III, 1954 stellt er die Länge O.-W. auf 150 m, die Breite N.-S. auf 85-90 m (p. 200; p. 214: N.-S. 85 m). Nach Sœur ALINE lassen die Gegebenheiten auf eine „vaste rectangle" von ca. 160 × 135 m schliessen, „flanqué de quatre tours angulaires, et repondant exactement à la description de Josèphe" (*La Forteresse*, 1955, 54). Josephus erwähnt den Umfang der Antonia nicht, wohl vier an die Ecken gestellte Türme (§ 242). Den Graben, welcher die Antonia von Bezetha trennte (§§ 149-151), glauben die Ausgräber ermittelt zu haben (siehe Abb. 268). Seine Breite wird von VINCENT und Sœur ALINE auf 12 m gestellt, die Tiefe von VINCENT auf 11 m (*La Forteresse*, 52 und Pl. 13). Nach Sœur ALINE ist die Südwand (escarp) bekannt (*o.c.*, Pl. 13: MNOPQRST), verläuft hier aber etwas anders als bei VINCENT (*Jérusalem*, I, Pl. XLII).

Das auf der Westseite gelegene Haupttor (Abb. 269 und 270) ist in der von VINCENT *c.s.* vorgeschlagenen Rekonstruktion ein Doppeltor mit 7.10 m breiten Tordurchgängen; die Stärke des Zwischenpfeilers ist ca. 2 m. Die Tiefe der Tor-

Abb. 269. Die Antonia. Makette. (Rekonstr. AVI-YONAH)

durchgänge beträgt ca. 16 m (VINCENT, *Jérusalem*, I, 1954, 208 s. und 209, n. 1; Sœur ALINE, *La Forteresse*, 1955, 95 ss.). Die Nordwand des nördlichen Tordurchgangs ist zu einer Höhe von reichlich 3 m aus dem Felsen gehauen (Abb. 268) und 1864 auf Vorschlag FÉLIX DE SAULCY's in der Nordwand der Basilika Ecce Homo eingemauert und dort zu sehen (Sœur ALINE, *o.c.*, 40 und Pl. 12, 2 Foto). Die Südwand des südlichen Tordurchgangs, auch zum Teil aus dem Felsen gehauen, ist ebenfalls ermittelt worden und zwar in einem der Harem-Räume der Derwischerie Ezbekiyeh (VINCENT, *Jérusalem*, I, 1954, 209; Abb. 268). Der Zwischenpfeiler des Tores ist nur über eine Länge von 4.50 m bekannt (*La Forteresse*, 96), seine Länge wird aber im Hinblick auf ein der Nordwand entlang laufendes Trottoir (3.20 m

Abb. 270. Die Antonia. Makette. (Rekonstr. Marie ALINE DE SION)

breit und ca. 35 cm hoch) auf 16 m gestellt. Hinter dieser Nordwand finden sich zwei kleine Räume — ein Grab aus der hasmonäischen Periode —, die nach der Meinung VINCENT's und Sœur ALINE's durch Herodes' Architekt zum Wachtraum umgebildet worden sind (*RB*, 46, 1937, 568, Pl. XI-XII Plan und Schnitt, VINCENT; Ders., *Jérusalem*, I, 1954, 209 ss. und Pl. L; Sœur ALINE, *La Forteresse*, 97 ss. und Pl. 16). Interessant ist, was Sœur ALINE weiter über die Nordwand sagt: 16 m aus der Nordostecke gibt es in der Wand eine 4.80 m hohe „entaille rocheuse", die nach Sœur ALINE für ein Fallgatter bestimmt gewesen sein muss (*La forteresse*, 95, 96 n. 6 und Pl. 37, 1, Foto). Der Hauptverschluss römischer Torburgen der frühen Kaiserzeit, starke Holztüren, befand sich an dem der Stadt zugewandten Trakt. „Die Durchlasse an der Feldseite, in denen ein regelrechter Verschluss anfangs fehlte, konnten bei den meisten Anlagen mit Fallgattern versperrt werden, die durch Schlitze aus dem Wehrgang über ihnen herabgelassen wurden"[413]. Die

---

[413] HEINZ KAHLER, *Die römischen Torburgen der frühen Kaiserzeit*, *JDAI*, 57, 1942, 1-104, S. 4. Siehe auch Soeur MARIE ALINE DE SION, *La Forteresse Antonia*, 1955, 96, n. 6: Das Fallgatter ist von

„entaille rocheuse", von der Sœur ALINE spricht, findet sich am westlichen Ende des Tores, die Westseite wäre demnach die Feldseite. Dies würde bedeuten, dass das Tor zu der Antonia gehörte. Da aber nach den Ausgräbern die Tiefe des Tores 16 m betrug, kann es an dieser Stelle (16 m aus der Nordostecke) schwerlich ein Fallgatter gegeben haben.

Das Doppeltor führt in einen geräumigen, mit mächtigen Quadern gepflasterten Hof, der von VINCENT u.a. für das aus dem Neuen Testament (Joh. 19, 13) bekannte Lithostroton gehalten wird [414]. Über den Umfang des Hofes, dessen Langachse N.-S. gerichtet ist, gibt es bei den Ausgräbern verschiedene Masse. VINCENT hatte 1933 das Mass mit 50×50 m $= 2500$ m² angegeben (*L'Antonia et le Prétoire, RB*, XLII, 1933, 83-113, p. 102 und n. 1); später hatte er das Mass auf 52×37 m $=$ ca. 1900 m² herabgesetzt (*RB*, 63, 1956, 443; schon seit 1953, bei VANEL, *l.c.*, 522). Sœur ALINE setzt das Mass mit 48×32 m $=$ ca. 1500 m² an (*La Forteresse*, 107 und Pl. 34). Nach BAGATTI ist der Hof ca. 40 m breit (bei VANEL, *l.c.*, 526), was bei einer Länge von 48 m (Sœur ALINE) eine Fläche von 1900 m² ergibt (VANEL, *ibid.*). Der unter dem Hof liegende Doppelteich (unten Nr. 4) war schon 1859 entdeckt worden (VINCENT, *Jérusalem*, I, 1954, 203, n. 1).

Von der Einrichtung des Gebäudes ist nur wenig mit Sicherheit bekannt geworden. Anlehnend an die Nordostecke des Hofes ist ein 5.20×13.80 m grosser Raum, dessen Felsboden etwa 1 m unter dem Niveau des Hofes liegt (*La Forteresse*, 88 und Pl. 14, sigle L'; er wird als „galerie septentrionale" bezeichnet). Drei quadratische Pfeiler in der Langachse (Abb. 268) stützten offenbar die Decke. Nach Sœur ALINE war dieser Raum ein wichtiges Glied im Wassersystem der Antonia (*o.c.*, 77 ss., 84, 88; VINCENT, *Jérusalem*, I, 202). Das aus dem Felsen sickernde Wasser, das sich in diesen Raum sammelte, wurde mittels einem unter dem Pflasterhof liegenden Abflussrohr in den Doppelteich geführt (*La Forteresse*, 89 und Pl. 29, sigle g). Ein

---

den Griechen erfunden worden „qui la perfectionnèrent à l'époque hellénistique. Les Romains en generalisèrent l'emploi (Liv. VIII 28 Veget., Res mil. IV, 4) et en munirent la plupart de leurs portes fortifiées".

[414] L. H. VINCENT, *L'Antonia et le Prétoire, RB*, 42, 1933, 83-113; Ders., *Le Lithostrotos Evangélique, RB*, 59, 1952, 513-530; Ders., *Jérusalem de l'Anc. Testament*, I, 1954, 216 ss.; vgl. Soeur MARIE ITA OF SION, *The Antonia Fortress, PEQ*, 100, 1968, 139-143, bes. p. 142-143; M. AVI-YONAH, bei MARIE ITA OF SION, *l.c.*, p. 143; MARIE ALINE DE SION, *La forteresse*, 1955, 193 ss.: L'Antonia et la Question du Prétoir, bes. p. 271: der Beweis, dass das Prätorium in der Antonia gelegen habe, ist nicht zu liefern aber ebensowenig der Beweis, dass es im Palast des Herodes in der Oberstadt zu lokalisieren sei; die Argumente, meint ALINE, zeugen aber für die Antonia. — P. BENOIT hat es wohl klar gemacht, dass es im Palast des Herodes lag (*Prétoire, Lithostroton et Gabbatha, RB*, 59, 1952, 531-550). Der Palast des Herodes war die gewöhnliche Residenz des Prokurators, wenn dieser in Jerusalem war; es war sein Pretorium, auch an Festtagen, „la il rendait la justice" (p. 542). — Nach S. KRAUSS ist λιθόστρωτον ein ganz allgemeines Wort für gepflastert überhaupt (*Talm. Archäol.*, I, 1910, 36).

westwärts der „galerie" 8 m über dem Niveau des Hofes liegender 18 × 7.50 m grosser Raum, zum Teil aus dem Fels gehauen, war nach Sœur ALINE ebenfalls ein Glied des Wassersystems der Antonia (*o.c.*, 60 s. und Pl. 14). Hier gibt es in der östlichen Felsenwand eine Bresche, in der S. ALINE die von Johannes von Gischala bei der Belagerung der Antonia durch Titus (70 n. Chr.) angebrachte Mine gegen den von den Römern aufgeworfenen Damm sehen möchte (*La Forteresse*, 60 und Pl. 14, sigle e; Pl. 18, 2 Foto der Bresche). Mère GODELEINE hatte 1934 einen Teil dieses Raums freigelegt (*La Forteresse*, 41; auf dem von VINCENT 1954 ver-öffentlichten Plan, *Jérusalem*, I, *Atlas* Pl. XLII und XLIV kommt dieser Raum nicht vor).

Nach Sœur ALINE und VINCENT führten Treppen auf der West-, Ost- und Nord-seite des Hofes zu den Kasernen, Türmen usw.; eine Treppe in der Südostecke führte zum auf dem Antonia-Felsen gelegenen Wohnpalast des Herodes (*La Forteresse*, Pl. XXXIV; VINCENT, *Jérusalem*, I, 212 s. und Atlas Pl. XLIV). Die moderne Treppe in *bāb sitty Mirjam*, welche zu der Madrash el-As'ardiyeh auf dem Antonia-Felsen führt, wird als ein Nachkomme der letztgenannten Treppe betrachtet (*La Forteresse*, 93 und Pl. 30, 4, Foto; VINCENT, *Jérusalem*, I, 213). Auf der Ostseite, gerade gegenüber dem südlichen Tordurchgang, meinen die Ausgräber einen etwa 8 m breiten Durchgang annehmen zu dürfen, welcher über einen Gang, bzw. Weg, möglicherweise zu einer Poterne in der Ostmauer der Burg führte (VINCENT, *Jérusalem*, I, 213; ALINE, *La Forteresse*, 93 und Pl. 35, 2: Rekonstruktion der Ost-wand des Hofes durch Mère M. GODELEINE de Sion).

Der Hof ist wie schon gesagt mit mächtigen Quadern gepflastert. Die Quadern sind im allgemeinen ca. 1 × 1 m gross (es gibt auch solche, welche 2 m lang sind) und 20-50 cm dick. Sie liegen auf einer Zementlage, ohne Mörtel zwischen den Fugen (*La Forteresse*, 107 ss.; VINCENT, *Jérusalem*, I, 207). Im südlichen Teil des Hofes zeigen die Quadern von West nach Ost ca. 1 cm breite und nur einige mm tiefe N.-S. gerichtete Rillen, auf gegenseitigen Abständen von 4-6 cm; sie dienten als Halt für die Pferdehufe (*La Forteresse*, 109 s. und 109, n. 12; VINCENT, *Jérusalem*, I, 207 und Atlas Pl. XLIV). Im nördlichen Teil liegen quer über dem Pflaster ca. 30 cm breite und ca. 6 cm tiefe Rinnen für das Regenwasser, das durch Löcher in den unter dem Hofe liegenden überwölbten Doppelteich geführt wurde (*La For-teresse*, 114 s., Pl. 29. 34. 41, 1, Foto; VINCENT, *Jérusalem* I, Atlas, Pl. XLIV) Den Wänden des Hofes entlang gibt es auf dem Pflaster eine 40 cm hohe und 85 cm breite Bank aus geböschten und geränderten Quadern; zum Teil auch aus dem Felsen gehauen. Gerade in der Nordostecke des Hofes steht auf der Bank ein 1.15 m hoher profilierter Sockel (VINCENT, *Jérusalem*, I, 201 s., *Atlas*, Pl. XLIV, sigle y; Fig. 68, p. 201, Foto; Fig. 69, p. 202, Plan; Sœur ALINE, *La Forteresse*, 90, Pl. 14, sigle A, Pl. 32 Foto, Pl. 55-56 Sockel I-V, Foto's). Ein ähnlicher, auf drei Seiten profilierter Sockel (also kein Ecksockel) findet sich in dem Narthex der Basilika Ecce Homo und ca. 8 m aus der Ecke ist nach Sœur ALINE die Lage eines Sockels auf der Bank festgestellt worden (*La Forteresse*, 90, Pl. 14, sigle B). Ein drittes Exemplar fand sich im Doppelteich, gerade 8 m von Sockel B entfernt (*id.*, 91, Pl. 14, sigle C). Aus Stand und Form des Ecksockels schliesst VINCENT, dass die Wände des Hofes eine Säulenstellung gezeigt haben und in diesem Sinne haben VINCENT, Mère GODELEINE und Sœur MARIE ALINE den Hof rekonstruiert; die Durchgänge bzw. die Wandflächen zwischen den Säulen sind mit Bogen über- spannt (VINCENT, *Jérusalem*, I, 201 s. und Atlas Pl. LIII; Sœur ALINE, *La Forteresse*, 89 ss., Pl. 33. 35. 36: Rekonstruktion nach Mère GODELEINE; wie Sœur ALINE selbst sagt, eine Rekonstruktion „toute conjecturale ...", *o.c.*, 91). Fragmente von Säulen und Kapitellen sind gefunden worden (*La Forteresse*, 91, Pl. 51, 3; 52. 53, 2; 54). In VINCENT's Rekonstruktion des Grundrisses gibt es an der Nordseite sechs Säulen (*Jérusalem*, I, Atlas, Pl. XLIV), in der Sœur ALINE's nur fünf (*La Forteresse*, Pl. XXXIV), was offenbar besagt, dass nur die Ecksäule (eine Herzsäule, siehe VINCENT, *Jérusalem*, I, Fig. 69, p. 202; Sœur ALINE, *La Forteresse*, Pl. 59) gesichert ist. Nach B. BAGATTI zeigt die Bank der Ostseite keine Spur davon, dass darauf Säulen oder andere Bauformen gestanden hätten (*Liber Annuus*, VIII, 318, bei VANEL, *l.c.*, 541 c). Dass im Entwurf der Anlage nur Ecksäulen vorgesehen waren, ist natürlich ausgeschlossen; vielleicht haben wir dann anzunehmen, dass der Bau nie vollendet worden ist. Reste von Säulen und Kapitellen sind, wie gesagt, gefunden worden. Dass das Kapitell, abgebildet *La Forteresse*, Pl. 51, 3 (Foto; Pl. 52, Rekonstruktion), aus der Antonia des Herodes, die zwischen 35-31 v. Chr. errichtet worden ist, stammt, wie Sœur ALINE meint („Chapiteaux de l'Antonia"), dürfte u.E. kaum wahrscheinlich sein. Es zeigt keine Ähnlichkeit mit den Kapitellen der Tombe der Herodessen (VINCENT, *Jérusalem*, I, Atlas, Pl. LXXXVI, 3-4) und auch nicht mit den korinthischen Kapitellen aus Masada (siehe YADIN, *Massada. Herod's Fortress*, 1967, Fig. p. 45; Fig. p. 48-49; p. 71). Irreführend ist es, wenn Sœur ALINE von „Ordinance du péristyle de la cour" spricht (*o.c.*, 89 ss.). Mit Hallen umgeben war der Hof nicht, denn die Säulen haben, wie die Ausgräbern selbst betonen, vor den Wänden gestanden.

Ein interessantes Detail des Hofpflasters darf nicht unerwähnt bleiben: im Doppel- tor und im nördlichen Teil des Pflasters, vor und auf den Stufen der Treppe an der Ostmauer sind verschiedene Figuren eingekratzt, die als Spiele (*lusuriae tabulae*) zu deuten sind (Sœur ALINE, *La Forteresse*, 119-142, Chap. XIV: Les Lusuruae Tabulae, Pl. 44-47; VINCENT, *Jérusalem*, I, *Atlas*, Pl. LIV). Vincent, der den gepflasterten Hof, wie schon bemerkt, für das Lithostroton (Joh. 19, 13) hält, hat eines dieser

Spiele (das „Königsspiel") sogar im Lichte der Verurteilung Christi durch Pilatus
sehen wollen (*Le Lithostrotos Évangélique*, *RB*, 1952, 513-530, besonders p. 528 s.).

Etwa 4.50 m östlich des Doppeltores stand der Hadrianbogen (Abb. 268), worüber
unten noch zu sprechen sein wird.

4. *Der Doppelteich*. Der Boden des in den Felsen gehauenen, schräg unter dem
Hofe liegenden, ca. 14 × 52 m grossen Teiches (Abb. 268) liegt im Nordwesten
ca. 9 m und im Südosten 13-14 m unter dem Pflasterhof (*La Forteresse*, Pl. 22). Er
senkt sich also um 4-5 m nach Südosten. Die Wände sind senkrecht. Im Südosten,
wo der Teich an den Antonia-Felsen grenzt, beträgt die Höhe der Felsenwand ca.
18 m (VINCENT, *Jérusalem*, I, 196). Überdeckt ist der Teich durch zwei langgestreckte
Tonnengewölbe, die auf den Felswänden und auf einer langgestreckten, 1.75 m
dicken, auf dem Felsboden fundierten Mauer in der Mitte des Teiches ruhen (*La
Forteresse*, 67 und Pl. 25, Foto). Um das Wasser in beide Abteilungen fliessen zu
lassen, gibt es in der längsgerichteten Mauer eine Sechszahl von ca. 3 m breiten
und ca. 3 m hohen Öffnungen mit Rundbogen. Im Nordwesten ruht das Pflaster
unmittelbar auf dem Gewölbe; im Südosten liegt das Gewölbe beträchtlich niedriger. Der Architekt hatte die Gewölbe aus drei Strecken gebildet. Über eine
Länge von ca. 13 m (14) im Nordwesten und über eine Länge von ca. 16 m im Südosten ist der Gewölbeanfänger horizontal gestellt; zwischen beiden Teile liegt ein
von Nordwest nach Südost abfallendes Gewölbe (*La Forteresse*, Pl. 22; VINCENT,
Jérusalem, I, Atlas Pl. XLVII und LIII). Der Druck des abfallenden Gewölbes wird
durch die horizontale Strecke im Südosten, die selbst an die 18 m hohe Felswand
stösst, aufgenommen. Die ganze Anlage des Teiches ist noch heute in bester Ordnung. Vom Anfang des abfallendes Gewölbes im Nordwesten an ruht das Pflaster
nicht mehr auf dem Gewölbe, sondern auf einer Füllung aus Steinblöcken und
Mörtel (*La Forteresse*, 74 und Pl. 22). Gewölbe und Pflaster sind gleichzeitig zustande
gekommen. Der Teich dient heute noch als Wasserreservoir für Kloster, Pensionat
und Waisenhaus der N.D. de Sion (*id.*, 86, n. 49). Zugänglich ist der Teich von der
Küche des Schwesternklosters Notre Dame de Sion aus.

Nach der Meinung VINCENT's und Sœur ALINE's sollen Teich und Überwölbung
aus der Zeit des Herodes datieren. Der Architekt der Antonia soll die ausgehauenen
Steine (ca. 7-8000 m³) für den Bau der Antonia benutzt haben (*Jérusalem*, I, 1954,
214 ss.; *La Forteresse*, 75). Die Stufen, welche es an den Langseiten des Teiches
gibt, sollen für die Arbeit in diesem einstigen „Steinbruch" zeugen. Die Tatsache,
dass der Teich im Nordwesten etwas über den Hof hinausreicht, lässt eher vermuten,
dass er nicht zu der ursprünglichen Anlage des Gebäudes gehört; „that this excavation was in existence before Antonia was built, and that it was roofed over on that

occasion" (J. Simons, *Jerusalem in the Old Testament*, 1952, 434). Wie wir bald sehen werden, sind auch Gewölbe und Pflasterhof sehr wahrscheinlich vom Bau der Antonia zu trennen. Die Stufen am Rande des Teiches sind von B. Bagatti unter der Flagellationskapelle untersucht worden und er vermutet, dass sie — es gibt fünf Stufen — älter sind als das Gewölbe (*Resti nell' area della Flagellazione in Gerusalemme. Liber Annuus*, VIII, 1958, 309-352, p. 320-323, bei Maurer, *l.c.*, 144 und Anm. 24). Die Stufen könnten, meint Bagatti, zum Wasserschöpfen gedient haben, wofür in der Nähe vorkommende Felslöcher zur Aufnahme von Amphoren (?) zeugen könnten. Die ältesten an dieser Stelle gefundenen Münzen (Antiochus IV.; Periode der Makkabäer/Hasmonäer; darunter eine Münze des Hyrkan I., 135-106 v. Chr.) sind in dem Doppelteich gefunden worden (*La Forteresse*, 273, n. 2 und p. 282 s., Pl. 72, Nr. 6), was beweist, „dass der Teich schon lange vor der herodianischen Zeit bestand" (Maurer, *ZDPV*, 80, 1964, 149). Josephus schreibt den Bau der Burg Baris (der Vorgänger der Antonia) dem Joh. Hyrkan I. zu (*Antiq.* XVIII, 4, 3 § 91), was Vincent mit Recht für einen Irrtum hält (*RB*, 61, 1954, 89). Die Burg war schon von Simon, Hyrkan's Vater, bewohnt (I. Makk. XIII, 52). Die in dem Teich gefundene Münze des Hyrkan I. macht es nun im Lichte von Josephus' Notiz über Hyrkan's Bautätigkeit an der Burg wohl wahrscheinlich, dass der Teich in der Zeit des Hyrkan I. angelegt worden ist [415]. An den unter Antiochos III. lebenden Hohenpriester Simon (220-195), in dessen „Geschlecht ein Teich gegraben wurde, ein Reservoir wie das Meer an [Wasser-] Menge" (Jesus Sirach, 50, 3; V. Rijssel, in Kautzsch, *Die Apokryphen*, I, 1900, 467/8, z.St.) ist nicht zu denken, denn damals war die Burg im Besitz der Syrer. Der in Simons' Tagen gegrabene Teich ist vielleicht der etwa 50 × 65 m grosse Teich Bethesda [416]. J. Simons, darin Vincent folgend, meinte, dass die Überwölbung des Doppelteiches in der Zeit des Herodes stattgefunden hätte. Dies hat, wie wir bald sehen werden, keine Wahrscheinlichkeit für sich.

5. *Umfang der Antonia nach Maurer, Vanel und Benoit*. Bei der Frage nach dem Umfang der Antonia geht Maurer aus von *Bell. Jud.* V, 11, 4 § 467, wo der jüdische

---

[415] Vgl. John Wilkinson, *Ancient Jerusalem. Its Water Supply and Population*, *PEQ*, 1974, 33-51, p. 39. „The Strouthion („The Swallow") seems to have been designed to serve the needs of the garrison in the Baris, the fortress later re-named Antonia" (p. 45). Wilkinson hält es für unwahrscheinlich, dass der Teich für mehr als etwa 1000 Mann gedient habe. — Dass die in dem Teich gefundenen Hyrkan-Münzen dem Hyrkan I zuzuschreiben sind, steht wie es scheint nicht fest. Nach der Meinung Ya'akov Meshorer's sind alle Yehoḥanan-Münzen dem Hyrkan II (63-40 v. Chr. Hoherpriester) zuzuschreiben (*Jewish Coins of the Second Temple Period*, 1967, Übers. I. H. Levine, bespr. in *BASOR*, 216, 1974, 21-23, R. S. Hanson).

[416] Siehe A. Duprez, *Dict. de la Bible.*, Suppl. 44, 1969, 606-621: *Probatique (Piscine)*, Col. 608 und Fig. 857, Col. 607/08; wohl der grösste der zwei hier gelegenen Teiche.

Geschichtsschreiber berichtet, dass einer der Angriffsdämme gegen die Antonia bei ihrer Einnahme 70 n. Chr. mitten im Struthion genannten Teich errichtet wurde (*ZDPV*, 80, 1964, 139 ff.). MAURER betont, dass κατὰ μέσον, das von VINCENT mit „vers le milieu de la piscine appelée Strouthion" übertragen wird (*Jérusalem*, I, 1954, 300) und wofür Sœur ALINE „contre le milieu . . ." hat (*La Forteresse*, 31, n. 10 und 76; p. 53: „en face du milieu . . .") bei Josephus fünfmal vorkommt und Antwort gibt auf der Frage „wo" (*l.c.*, 140 f.; vgl. VANEL, *Dict. de la Bible*, Suppl. 44, 1969, 534 s.; BENOIT, *HThR*, 64, 1971, 144 s. und n. 42). J. SIMONS hatte schon 1952 κατὰ μέσον in diesem Sinn übertragen: „at the middle of the pool called Struthion" (*Jerusalem in the Old Testament*, 1952, 434). SIMONS meinte, Struthion könne nicht der Doppelteich unter dem Pflasterhof sein, denn der Teich war damals nicht sichtbar; der Teich Struthion, meinte SIMONS, sei anderswo zu suchen (*l.c.*). MAURER hält es für sehr unwahrscheinlich, dass Josephus einen anderen Teich als den Doppelteich (damals noch ein einfacher Teich) mit dem Namen Struthion bezeichnet habe (*l.c.*, 143). Es lässt sich in der Umgegend auch kein Teich aufweisen, welcher sich mit Josephus' Notiz über die Anlage des Dammes vereinen liesse. So sagt auch BENOIT: „on chercherait en vain dans la région de l'Antonia une autre piscine que celle qui se trouve sous le couvent de N.D. de Sion" (*HThR*, 64, 1971, 143, siehe auch n. 37). In Struthion haben wir nach MAURER — und wir folgen ihm — den unter dem Pflasterhof liegenden Teich zu sehen und da einer der Dämme mitten im Struthionteich aufgeworfen wurde, kann der Teich damals noch nicht überwölbt gewesen sein. Dafür führt BENOIT übrigens noch einen wichtigen Grund an: erst in den letzten Jahren des 1. Jahrhunderts v. Chr. ist Gewölbebau in der römischen Baukunst zur Entwicklung gekommen; „la voûte savante" des Doppelteiches kann nicht aus der Zeit der Errichtung der Antonia (vor 31 v. Chr.) datieren (*l.c.*, 140). BENOIT verweist auf CHOISY. Vitruv (ca. 22 v. Chr.) „ne parle des voûtes qu'incidemment, avec des expressions vagues et une concision qui ne semble point en rapport avec l'importance du sujet" (AUGUSTE CHOISY, *L'Art de Bâtir chez les Romains*, 1873, 4 s.). Der Teich lag ausserhalb der anzugreifenden Antonia (MAURER, *l.c.*, 148). MAURER weist dann darauf hin, dass Sœur ALINE den Graben, der die Antonia vom nördlich ansteigenden Bezethahügel trennte, etwa 15-20 m weiter nach Norden versetzt als VINCENT in dem von ihm veröffentlichten Grundriss (*l.c.*, 148). Ganz richtig ist dies freilich nicht, denn der mittlere Teil des Grabens liegt bei Sœur ALINE (*La Forteresse*, Pl. XIII) an derselben Stelle wie bei VINCENT (*Jérusalem*, I, 1954, *Atlas*, Pl. XLII); nur beim offenbar später entdeckten Gebäude „Silo" ist er nach Norden versetzt. MAURER bezweifelt, ob es hier in der Tat einen Graben gegeben hatte. „Sollte man sich nicht über den Verlauf, sondern auch über die Existenz dieses Grabens getäuscht haben?" (*l.c.*, 148). MAURER hält es für möglich, dass mit jenem die Antonia vom Bezethahügel trennenden Graben (*Bell. Jud.* V, 4, 2 §§ 149 ff.) der Sattel gemeint sei, der den Doppelteich birgt (*ibid.*). Dies dürfte kaum wahrscheinlich sein, denn aus dem Kontext lässt sich doch schliessen, dass dieser Graben im Norden zu suchen ist.

Während MAURER die Möglichkeit offen lässt, dass die Antonia sich zum Teil über den Antonia-Felsen nach Norden ausgedehnt habe (*l.c.*, 149: „auf welchem mindestens ein Teil, wahrscheinlich aber der volle Umfang, der Festung gelegen hat ...''), hält VANEL (der in der Hauptsache MAURER folgt) mit Bestimmtheit dafür, dass die Antonia nur auf diesem Fels gelegen hat (*Dict. de la Bible*, Suppl. 44, 1969, 514-554, *Prétoire*; besonders Sp. 522 ss.). Die Identifizierung des Struthion mit dem Doppelteich „est tout à fait vraisemblable'' (Sp. 534). Der Teich lag zur Zeit der Antonia nicht nur offen, „mais encore extérieure à la forteresse Antonia'' (Sp. 538). Wie MAURER zweifelt VANEL an der Existenz des von VINCENT *c.s.* an der Nordseite angenommenen Grabens und zwar aus dem gleichen Grunde: VINCENT und Sœur ALINE stimmen im Bezug auf die Lage des Grabens nicht überein; „on est donc en droit de s'interroger non seulement sur le tracé, mais même sur l'existence du nouveau fossé attribué à Hérode'' (*l.c.*, 540). Der Antonia-Fels wird auf der Nordseite begrenzt „par un fosse également bien connu, un peu plus large que la rue actuelle (rue de Bâb Sitty Mariam)'' (*l.c.*, 539). Hier haben wir nach VANEL den von Josephus erwähnten tiefen Graben. Die Antonia habe nur auf dem Antonia-Felsen gelegen (*l.c.*, 540). Interessant ist, dass VANEL auf diesem Fels den Südwest- und Südostturm meint lokalisieren zu können, über den Nordwest- und Nordostturm aber schweigt (*l.c.*, 539 a). Wie wir gesehen haben, hatte die Antonia vier Türme (*Bell. Jud.* V, 5, 8 § 242), die sich schwerlich alle vier auf dem Antonia-Felsen lokalisieren lassen. Wieviel Türme die Burg Baris hatte, ist nicht bekannt. Josephus erwähnt nur einen und zwar mit Namen: Strathonsturm, woraus wir schliessen zu dürfen meinten, dass die Burg Baris mehrere Türme hatte. VANEL meint aus Josephus schliessen zu dürfen, dass die Burg Antonia nichts anderes gewesen sei als die Burg Baris (*l.c.*, 541 s.). Wo es sich zweifellos um die Burg Baris handelt, wie *Bell. Jud.* I, 5, 4 § 121, bezeichnet Josephus sie als Antonia: Hyrkan flüchtet sich in die Antonia. „Ces identifications réiterées de la Baris et de l'Antonia rendent bien difficile à admettre que l'une ait pu être trois ou quatre fois plus importante que l'autre'' (VANEL, *l.c.*, 542 b). Über den Umfang der Burg Baris ist aber ebensowenig etwas bekannt wie über den Umfang der Antonia.

P. BENOIT weist darauf hin, dass Josephus die Antonia nicht mit den Namen αὐλή oder τὸ βασιλείον/τὰ βασίλεια (Palast) bezeichnet, sondern sie πύργος (Turm) und besonders φρούριον (Festung) nennt. „Il ne faut donc pas gonfler outre mesure l'importance et le grandeur de ce monument. Ramenée aux dimensions convenables

35

à son rôle, l'Antonia trouvait peut-être une assiette suffisante sur le rocher qu'occupe aujourd'hui l'école musulmane" (*HThR*, 64, 1971, 160) [417]. Es heisst aber *Bell. Jud.* V, 5, 8 § 241: „Das Innere hatte das Aussehen und die Einrichtung eines Palastes" (τὸ δ' ἔνδον βασιλείων εἶχε χώραν καὶ διάθεσιν) und andererseits wird § 245 Herodes' Palast in der Oberstadt doch auch als Festung (φρούριον) bezeichnet.

6. *Das Vorwerk der Antonia.* Aus Josephus' Beschreibung der Belagerung und Einnahme der Antonia (*Bell. Jud.* V, 11, 4 §§ 466 ff.; VI, 1, 3 §§ 15 ff.) lässt sich mit grosser Wahrscheinlichkeit — fast könnte man sagen mit Sicherheit — schliessen, dass die Antonia auf der Nordseite des Antonia-Felsens ein Vorwerk gehabt haben muss. MAURER, der wie wir sahen κατὰ μέσον τῆς Στρουθίου καλουμένης κολυμβήθρας (V § 467) mit „mitten im sogenannten Struthionteiche ..." übersetzt (*ZDPV*, 80, 1964, 141), ist offenbar der Meinung, dass der Damm in der Langachse des Teiches gelegen habe. VANEL und BENOIT sind sicher ebenfalls dieser Meinung, denn wie MAURER lokalisieren sie die Antonia nur auf dem Antonia-Felsen (BENOIT: peut-être). Dies hat aber kaum Wahrscheinlichkeit für sich, denn die Felswand der Antonia hat hier eine Höhe von 18 m (VINCENT, *Jérusalem*, I, 1954, 196) und die Mauerhöhe der Antonia ist doch mindestens auf 10 m zu stellen, was eine Gesamthöhe von etwa 28 m ergibt. Es kommt hinzu, dass an dieser Stelle, hätte die Antonia nur auf dem Antonia-Felsen gelegen, einer der vier von Josephus genannten Türme anzunehmen wäre. Die Römer würden in diesem Fall den Damm sicher gegen die Nordwand des Felsens, nicht an dessen Ecke errichtet haben. Der „Struthion-Damm" muss quer über dem Teich und zwar in dessen Mitte gelegen haben und in diesem Sinn ist u.E. κατὰ μέσον zu deuten. Die Querlage des Dammes impliziert, dass hinter dem Struthionteich, d.h. nach Osten zu, eine Mauer des Vorwerkes der Antonia gestanden haben muss. Das Vorwerk wird auch V § 469 erwächnt: „Johannes hatte inzwischen schon von innen her das Gebiet vor der Antonia (τὸ κατὰ τὴν Ἀντωνίαν) bis zu den Dämmen (μέχρι τῶν χωμάτων) unterhöhlt ...". *Bell. Jud.* VI, 1, 3 § 27 heisst es, die Römer suchten mit Händen und Hebeln die Fundamente (χερσὶ καὶ μοχλοῖς ὑπώρυττον τοὺς θεμελίους) zu untergraben, was impliziert, dass sie sozusagen am Fuss der Mauer standen. Weiter heisst es: „Der Einbruch der Nacht liess beide Seiten zur Ruhe kommen. Und gerade in dieser Nacht stürzte plötzlich

---

[417] Siehe jetzt P. BENOIT, *The Archaeological Reconstruction of the Antonia Fortress*, in *Jerusalem Revealed*, Ed. Y. YADIN, 1975, 87-89 (Übers. aus *Qadmoniot*, V, 3-4, 1972, 127-129, hebr.). „Actually, in this writer's opinion, the fortress of Antonia stood on the mass of rock where the Omariyya school stands today; that is south of the spot generally assigned to it in the reconstructions" (p. 98). Fig. p. 88 oben: Model of „Antonia Fortress" at Holyland Hotel (hier Abb. 269); unten: Model of „Antonia Fortress" at Convent of Notre Dame de Sion (hier Abb. 270); „none of the reconstructions of this building are correct" (p. 87).

die von den Widdern schon erschütterte Mauer ein, genau an der Stelle, an der Johannes sie bei seinem Anschlag auf die früheren Wälle [418] untergraben hatte, in dem Augenblick als der unterirdische Gang zusammensank" (VI § 28; Übers. MICHEL-BAUERNFEIND, z.St.). Der unterirdische Gang deutet ebenfalls darauf hin, dass es sich um eine zu ebener Erde stehende Mauer handelt. Als dann später — die Leute des Johannes hatten inzwischen eine zweite Mauer hinter der eingestürzten errichtet — der römische Soldat Sabinus (ein Syrer!) oben auf der Mauer angelangt war, wandten die Juden sich zur Flucht (VI, 1, 6 § 62). Als Sabinus von der Mauer herabgefallen war, machten die Juden wieder kehrt (§ 64). Aus dieser Episode der Belagerung der Antonia geht u.E. klar hervor, dass es ausserhalb des Antonia-Felsens im Norden ein Vorwerk gegeben haben muss, das die Römer erst einzunehmen hatten, bevor sie die auf dem Antonia-Felsen gelegene Hauptburg angreifen konnten. Über den Umfang des Vorwerkes (Abb. 253, sigel 16), d.h. über den Gesamtumfang der Antonia, lässt sich nichts mit Sicherheit aussagen. An der Nordwest- und Nordostecke des Vorwerkes wird ein Turm gestanden haben, der Nordwestturm möglicherweise an der Stelle der „Salle du silo" (?). Er liegt 8 m über dem Niveau des Pflasterhofes (*La Forteresse*, 60; Pl. 13. 14). Wo Josephus von einer drei Ellen „dicken" Mauer spricht (*Bell. Jud*. V, 5, 8 § 240), kann es sich nur um die Mauer des Vorwerkes handeln. Die Nordmauer könnte vielleicht an der Stelle der Nordmauer von VINCENT's und Sœur ALINE's Antonia gelegen haben. Wo das Tor anzusetzen sei, lässt sich aus Josephus Beschreibung [419] nicht ausmachen. Nur dass die Antonia sich im Norden über den Antonia-Felsen ausgedehnt haben muss, lässt sich aufgrund von Josephus' Beschreibung der Belagerung und Einnahme der Antonia mit Sicherheit sagen [420]. Andererseits zeugt nicht nur Josephus (Struthionteich!), sondern auch archäologische Daten dafür, dass der grosse gepflasterte Hof keinen Teil der Antonia gebildet haben könne.

7. *Datierung des Pflasterhofes*. Der ehemals in dem Hof stehende Hadrianbogen, dessen nördliche Seitenbogen und ein Teil des Mittelbogens in der Ostwand der

[418] Erst beim zweiten Angriff ist die Antonia von den Römern eingenommen worden, sie Kap. XVII: Untergang des Jerusalemer Tempels, D, 7: Einnahme der Antonia.

[419] Für die Lage des Haupttores der Burg kommt nur die Nordseite des „Vorwerks" in Betracht; auf der Westseite war der Struthionteich, auf der Ostseite das St. Anne Tal. — Auf der Westseite muss es eine Pforte gegeben haben, ein Zugang zum Wasserbassin.

[420] „To the argument that the Antonia was only over what is now the Rowdah school, we again have Professor AVI-YONAH's opinion that the Antonia could not have fitted into such a small area. We have to abide by the description of Josephus" (Soeur MARIE ITA OF SION, *The Antonia Fortress*, *PEQ*, 100, 1968, 139-143, p. 143). Die Kasernenhöfe (*Bell. Jud*. V § 241) sind wohl im Vorwerk zu lokalisieren. Da in Massada der Peristylhof fehlt, sind sie wohl auch der ursprünglichen Anlage der Antonia abzusprechen, womit nicht gesagt sein soll, dass die Säulengänge (§ 241) nicht schon unter Herodes hinzugekommen sein könnten.

Basilika Ecce Homo eingebaut sind (Sœur ALINE, *La Forteresse*, Pl. 7, Foto; VINCENT, *Jérusalem Nouvelle*, Fig. 8, p. 27, Zeichnung, auch *La Forteresse* Pl. 8) und von dem ein Teil des Mittelbogens die bāb sitty Mirjam überspannt (SIMONS, *Jerusalem in the Old Testament*, Pl. XXVIII, 2, gegenüber p. 369; Sœur ALINE, *La Forteresse*, Pl. 6) — der südliche Seitenbogen ist in der Dervischerie Ezbekyeh eingebaut —, macht es mehr als wahrscheinlich, dass der Bau des Pflasterhofes dem Kaiser Hadrian (117-138), der nach der Niederwerfung des Barkochba-Aufstandes an der Stelle des zerstörten Jerusalem Aelia Capitolina gründete [421], zuzuschreiben ist. E. PIEROTTI hatte schon 1857 wahrgenommen, dass die Pfeiler des Bogens auf dem Felsboden ruhten: „I found the rock supporting the piers, 18 feet below the surface" (*Jerusalem Explored*, 1864, I, 60; II, Pl. XII, Fig. 5, bei BENOIT, *HThR*, 64, 1971, 146, n. 49) und B. MEISTERMANN (Barnabé d'Alsace) hatte 1902 auf diese von PIEROTTI fest-gestellte Tatsache hingewiesen (*Le Prétoire de Pilate et la Forteresse Antonia*, 1902, 10. 29. 33. 46; *idem*). H. M. COÜASNON, der in neuerer Zeit den Nordpfeiler des Bogens untersuchte, kam zum gleichen Schluss: der Pfeiler ist auf dem Felsen fundiert (*Jérusalem: Ecce Homo, RB*, 78, 1966, 573-574: „La pile est bien fondée sur le rocher, et non sur le pavement dit du „Lithostrotos", p. 573). Man könnte meinen, das Pflaster hätte doch schon vorhanden gewesen sein können, wie auch SIMONS (der VINCENT folgend den Pflasterhof für herodianisch hielt) meinte, dass man zur Errichtung des Bogens „broke through the pavement in order to erect it on the solid rock" (*Jerusalem*, 1952, 379) [422]. Aus COÜASNON's Untersuchung hat sich ergeben, dass der Fels unter dem Pfeiler bis zum unteren Niveau des Pflasters abgearbeitet worden ist, „pour recevoir l'assise de base de l'arc" (*l.c.*, 573). An der Ostseite des Pfeilers gibt es in dem Felsboden eine etwa 25-30 cm tiefe Ausarbeitung zur Anlage des Pflasters. Daraus lässt sich mit Sicherheit schliessen, dass das Pflaster aus der Zeit Hadrian's stammt (vgl. VANEL, *Dict. de la la Bible. Suppl.* 44, 1969, 532 s.). VINCENT hatte übrigens selbst darauf hingewiesen, dass die gerillten Stein-platten des cardo maximus der Aelia Capitolina die engste Analogie zu den Steinplatten des Pflasterhofes bilden (*Jérusalem*, I, 1954, 207, n. 1).

Welchem Zweck der Pflasterhof diente, lässt sich nicht mit Sicherheit sagen. Vielleicht ist er, was MAURER für wahrscheinlich hält, als Markt- oder Verkehrs-platz zu deuten (*ZDPV*, 80, 1964, 146; vgl. VANEL, *Dict. de la Bible. Suppl.* 44, 1969, 541; BENOIT, *HThR*, 64, 1971, 166). BENOIT meint: „Le petit forum ainsi

---

[421] Siehe H. VINCENT-F. M. ABEL, *Jérusalem. Recherches de Topographie, d'Archéologie et d'Histoire*, II, 1914, 1 ss.: Aelia Capitolina; CARL WATZINGER, *Denkmäler Palästinas*, II, 1935, 79 ff. — Siehe auch Bd. I, 1970, 3 f. und hier Kap. XVIII.

[422] Bei MARIE ALINE heisst es: „Établie sur le dallage de la cour..." (*La Forteresse*, 36; p. 36, n. 20: „Ici, le dallage pose à peu près exactement sur le roc nivelé"); Pl. 9, 2.

établi à l'orient de l'Aelia Capitolina s'entourait peut-être de galeries ou de portiques, sur l'un ou l'autre côté" (*l.c.*). Galerien sind bei den Untersuchungen nicht ermittelt worden, wenn Sœur ALINE auch — zu Unrecht — von Galerien spricht; ein Peristylhof war der Pflasterhof nach den Ergebnissen der Untersuchungen nicht. Der in der Nordostecke des Hofes gefundene Sockel, auf dem, wie wir gesehen haben, eine Herzsäule gestanden haben muss, macht es aber wahrscheinlich, dass an den Wänden, wie VINCENT und Sœur ALINE meinen, eine Säulenstellung anzunehmen ist, nur ohne die von ihnen angenommenen Bogen. Auf der Ostseite der Pfeiler des Hadrianbogens steht je eine Säule. Nach H. KÄHLER sind Triumphbogen (Ehrenbogen) erst im 2. Jahrhundert n. Chr. mit freistehenden Säulen ausgestattet worden (*PWK*, VII, A 1, Kol. 373-493, Kol. 483, 20, bei G. R. H. WRIGHT, *Structure et Date de l'Arc monumental de Petra*, RB, 73, 1966, 404-419, p. 412). Solche Säulen hatte, wie gesagt, auch der Hadrianbogen (VINCENT, *Jérusalem Nouvelle*, 1914, 28, Fig. 11, p. 29). Eine an den Wänden stehende Säulenstellung mit korinthischen Kapitellen zeigte auch Hadrian's Portikus in Athen (V. DURUY, *Histoire des Romains*, V, 1885, Fig. p. 65); es dürfte möglich und wahrscheinlich sein, dass der Pflasterhof in diesem Sinne zu rekonstruieren ist. Interessant ist, was Hadrian's Biograph (Spartian) über den Kaiser berichtet. Bei DURUY heisst es: „Il fit détruire ... les grottes artificielles et les portiques construits pour abriter contre la pluie ou la chaleur du jour..." (*o.c.*, 18). Es handelt sich um die in *castra stativa* errichteten Galerien, die niedergerissen wurden, um den früher an hartes Leben gewöhnten Soldatengeist wieder aufleben zu lassen [423]. Das Fehlen von Hallen in unserem Forum könnte wohl daraus zu erklären sein. Vielleicht ist aber auch an ein architektonisches Motiv zu denken. Hallen hätten den Hadrianbogen in architektonischem Sinne zu einem sekundären Element der Anlage herabgesetzt. Die an den Wänden stehende Säulenstellung machte Hof und Bogen zu einer einheitlichen architektonischen Schöpfung. Ob sie ganz zustande gekommen ist, lässt sich nicht ausmachen. Bekannt ist, dass Tempel aus römischer Zeit in Syrien oft nicht völlig zustande gebracht worden sind (D. KRENCKER - W. ZSCHIETZSCHMANN, *Römische Tempel in Syrien*, 1938, 274). Nach BAGATTI zeigt das Stylobat des Pflasterhofes auf der Ostseite keinen Spur davon, dass darauf Säulen oder andere Bauformen gestanden hätten. Handelt es sich in der Tat um einen unvollendeten Bau, ist das wohl daraus zu erklären, dass Hadrian schon einige Jahre nach der Gründung Aelia Capitolina's gestorben ist (138 n. Chr.).

---

[423] „Ainsi ce pacifique, qui, durant un règne de vingt et un ans, ne fit pas une seule guerre, est de tous les empereurs celui qui maintint dans les légions la plus rigoureuse discipline, et dans l'État la paix la plus profonde" (DURUY, V, 143; SPARTIAN, *Hadr.*, 22: *Disciplinam civilem non aliter tenuet quam militarem*).

H — ZUSAMMENFASSUNG: DER JERUSALEMER TEMPEL

Das herodianische *hieron*, dessen Umfang dem Umfang des Ḥarām asch-scharīf entsprach, hatte eine äussere und innere Einfriedung (Abb. 253). Die äussere lag an der Stelle der heutigen Ḥarāmmauer; die Innere stand auf einem etwa 4 m hohen gestuften Podium (14 Stufen), das unten von einer steinernen Balustrade umschlossen war (Abb. 245). Warnungstafeln an der Balustrade (in griech. und latein. Sprache) untersagten den Heiden bei Todesstrafe, das Innenheiligtum zu betreten. Das ganze Innenheiligtum stand auf einer niedrigen Terrasse, die im Süden über einige Stufen, im Norden, infolge der Neigung der Ḥarāmesplanade, wahrscheinlich über nur eine Stufe betreten wurde.

Die 14 Stufen des etwa 185 m langen und etwa 126 m breiten Podiums führten auf drei Seiten (Ost, Süd und Nord) zu einer 10 Ellen (4.62 m) breiten, entlang der inneren Einfriedung laufenden Terrasse. Im Innenheiligtum gab es zwei Höfe: ein Innenhof, von dem ein rundherum laufender Streifen auch den Laien (Männern) zugänglich war, und ein im Osten anliegender Vorhof, der sowohl für Frauen als für Männer zugänglich war. Der „Frauenhof" wurde durch drei Tore (je eins im Osten, Norden und Süden) unmittelbar von der 4.62 m breiten Terrasse aus betreten. Der Innenhof hatte sechs Tore, je drei auf der Nord- und Südseite, denen aber eine fünfstufige Treppe vorgelegt war (Abb. 245). Der Innenhof lag also um fünf Stufen (etwa 1.40 m) höher als der Frauenhof. Vom Frauenhof aus wurde der Innenhof aber über fünfzehn Stufen betreten, die demnach nur eine Höhe von etwa 10 cm gehabt haben können. Das hier gelegene Tor, das vom Frauenhof aus zum Innenhof führte, wird von Josephus als das grosse Tor bezeichnet. Der Tordurchgang wurde auf der Nord- und Südseite von einem etwa 30 × 30 Ellen grossen und etwa 50 Ellen hohen Raum flankiert, in dessen Türöffnung je zwei mächtige Säulen standen (Abb. 243 und 244). Ein ähnlich gebildetes Tor muss es an der Nord- und Südseite des Innenhofes gegeben haben: das mittlere der drei hier auf jeder Seite gelegenen Tore. Die Türen dieser Tore werden aber gleiche Höhe und Breite gehabt haben. Anders steht es um die Tore des Frauenhofes; sie werden schmaler und niedriger als die Tore des Innenhofes gewesen sein. Eins dieser Tore, das Osttor, war das von Josephus genannte eherne Tor, dessen eherne Türflügel kaum breiter als 5 Ellen (2.31 m) gewesen sein können (die Türflügel der Tore des Innenheiligtums waren 10 bzw. 7½ Ellen = 4.62 bzw. 3.46 m breit). Nach Josephus waren alle Türen, Türpfosten und Türstürze (ausser den ehernen Türen) mit Gold bzw. Silber verkleidet. Es handelt sich hier aber um Schenkungen, die zweifellos nach Herodes' Tode zu datieren sind. Innenhof und Frauenhof waren rundherum mit Säulenhallen ausgestaltet. Hinter den Säulenhallen des Innenhofes lagen überdies Schatzkammern.

Im Innenhof stand das nach Osten orientierte 100 Ellen (etwa 46 m) hohe und an der Front 100 Ellen breite Tempelgebäude (Abb. 242 und 245). Es enthielt eine 20 Ellen tiefe, 50 Ellen breite, 90 Ellen hohe Vorhalle; ein 20 Ellen breites, 40 Ellen tiefes, 60 Ellen hohes Heiliges und ein 20 × 20 Ellen, 60 Ellen hohes Allerheiligstes. Das Heilige und das Allerheiligste waren von einem 60 Ellen hohen dreigeschossigen Umbau umschlossen. Oberhalb des Heiligen und des Allerheiligsten war ein Obergeschoss (Abb. 246: D. E), das vom Dach des Umbaus aus betreten wurde. Treppenhäuser in den Umbau führten zu den Geschossen und zum Dach des Umbaus.

Die grosse Höhe des Umbaus machte es unmöglich das Heilige, wie beim salomonischen Tempel, durch oberhalb des Umbaus gesetzten Fester zu beleuchten (basilikale Beleuchtung). Beleuchtet wurde das Heilige des herodianischen Tempels durch ein über die Tür des Heiligen gestelltes Oberlichtfenster (Abb. 247). Hinter der Tür des Heiligen war ein Vorhang, während das Allerheiligste nur durch einen Vorhang verschlossen war. Vor dem Tempelgebäude stand der etwa 15 × 15 m grosse Brandopferaltar, der über eine an der Südseite gelegene Rampe bestiegen wurde.

Der kolossale, auch den Heiden zugängliche Aussenhof (Umfang etwa 1350 m) war auf drei Seiten (Ost, West und Nord) von doppelten Säulenhallen umschlossen (auf der Ostseite lag die vermutlich einschiffige, auch aus dem Neuen Testament bekannte, Halle Salomos, Joh. 10, 23; Act. 3, 11; 5, 12; Abb. 353). In der Nordwestecke des Aussenhofes, wo die Hallen (die Antonia-Hallen) nur eine geringe Höhe hatten, sind die Act. 21, 35. 40 erwähnten Stufen zu lokalisieren, auf denen der Apostel Paulus stand, als er zu dem Volk redete. Auf der Südseite des Tempelplatzes stand die dreischiffige, eine Stadie (185 m) lange königliche Halle (*stoa basileia*), deren Mittelschiff etwa 32 m hoch war (Abb. 261 und 263).

Acht Tore führten zu den Tempelplatz hinauf: auf der Südseite zwei, auf der Westseite vier, auf der Ost- und Nordseite je eins. Die zwei Tore der Südseite sind die aus dem Traktat Middot bekannten Hulda-Tore. Schräg ansteigende Tunnel unter der königlichen Halle führten hier zum Tempelplatz hinauf. Das Tor an der Südwestecke ist das durch neueren Ausgrabungen gut bekannt gewordene von Josephus erwähnte Treppentor (Abb. 221 und 254). Das Tor auf der Ostseite ist das Act. 3, 2. 10 erwähnte „Schöne Tor".

Das Tempelhaus (Abb. 245 und 246) war selbstverständlich das sakrale Hauptelement der ganzen Anlage. Im Gegensatz zu der hellenistisch-römischen Architektur der Höfe und der königlichen Halle, hatte das Tempelhaus seinen eigenen Charakter. Darüber wird Kap. XV: Tempelhaus und Synagoge, zu sprechen sein. Ein Kapitel über Tempel der Umwelt Palästinas: Tempel in Nabatäa und römische Tempel in Syrien muss aber vorangehen.

XIV. KAPITEL

TEMPEL IN NABATÄA UND SYRIEN

I. TEMPEL IN NABATÄA

A — GESCHICHTE [1]

Das Bestehen eines nabatäischen Baustils ist erst um die Mitte des 19. Jahrhunderts bekannt geworden, wiewohl der schweizer Forscher und Reisende JOHANN LUDWIG BURCKHARDT schon im Anfang des 19. Jahrhunderts Petra, die Hauptstadt Nabatäa's, besucht hatte [2] und u.a. das Felsengrab Ḥazne und den Tempel Kasr Firaun beschrieben hatte. Im Jahre 1860 entdeckte der französische Gelehrte MELCHIOR DE VOGÜÉ in Sî'a (Hauran) einen Tempel „d'un stile étrange, dans lequel sont confondus les einseignements de l'art grec et le reflets des traditions orientales" [3]. DE VOGÜÉ hielt den Tempel, dessen Grundriss „ne repond à aucune des données de l'architecture religieuse des Grecs ..." (*o.c.*, 38) für ein authentisches Monument der Dynastie der Idumäer (*id.*). Aus Inschriften ging hervor, dass das Heiligtum unter Malichus I. (bei DE VOGÜÉ: Maleikath) gegründet war, welche Gründung DE VOGÜÉ um 23 v. Chr. ansetzte (*o.c.*, 37; Ders. *Syrie Centrale. Inscriptions*, 92 ss.), also um die Zeit, als Herodes der Grosse anfing, den Jerusalemer Tempel neu aufzubauen. Seit langem ist bekannt, dass der Tempel von Sî'a 33/32 v. Chr., also vor

---

[1] Lit.: RUDOLF ERNST BRÜNNOW - ALFRED VON DOMASZEWSKI, *Die Provincia Arabia*, I, 1904, 188 f., V: *Die Geschichte Petras*; HOWARD CROSBY BUTLER, *Syria. Publ. of the Princeton Un. Archaeological Expeditions to Syria in 1904-5 and 1909*, Div. II, Architecture, Sect. A, 1919, 371 ff., *Historical Sketch*; A. KAMMERER, *Petra et la Nabatène*, 1929; NELSON GLUECK, *Exploration in Eastern Palestine*, III, *AASOR*, XVIII-XIX, 1939, 138 ff.; Ders., *Deities and Dolphins. The Story of the Nabataeans*, 1966; J. STARCKY, *The Nabataeans: A Historical Sketch*, *BA*, XVIII, 4, 1955, 84-106; Ders., *Pétra et la Nabatène*, *Dict. de la Bibl.* Suppl. 39, 1964, 886-1017; Ders., *La Civilisation nabatéenne. État des questions*, *AAAS*, XXI, 1971, 79-86; PHILIP C. HAMMOND, *The Nabataeans-Their History, Culture, and Archaeology. Studies in Mediterranean Archaeology*, Vol. XXXVII, 1973; IAIN BROWNING, *Petra²*, 1974; HANS-JÖRG KELLNER, Ed. *Die Nabatäer. Ein vergessenes Volk am Toten Meer*, 1970, enthält Aufsätze von A. NEGEV, J. STARCKY, u.a.

[2] JOHANN LUDWIG BURCKHARDT, *Travels in Syria and the Holy Land*, 1822, 424 (Ḥazne), 428 (Kasr Firaun), bei BRÜNNOW-v. D., *Die Provincia Arabia*, I, 223 und 307; auch CHARLES LEONARD IRBY und JAMES MANGLES hatten schon 1817-1818 Petra besucht (*Travels in Egypt and Nubia, Syria and Asia minor*, 1823, p. 129, Ḥazne, bei B.-v. D., S. 225). Siehe J. BROWNING, *Petra²*, 1974, 61 ff.: JOHN L. BURCKHARDT and others.

[3] *Syrie Centrale. Architecture Civile et religieuse du Iᵉʳ au VIIᵉ siecle*, I, 1865-1877, p. 33.

dem Neubau des Jerusalemer Tempels, gegründet ist [4]. Ein durch den Charakter des Ornaments dem Tempel in Sî'a verwandtes Heiligtum entdeckte DE VOGÜÉ in Suweida (*o.c.*, 39, Planche 4). DE VOGÜÉ's Veröffentlichungen über den Tempel von Sî'a und Suweida „were the first published illustrations of a style of architecture which was, until that time, wholly unknown ..." (BUTLER, *o.c.*, 366). Es sind aber nicht, wie DE VOGÜÉ meinte, Tempel der Dynastie der Idumäer, sondern Tempel der aus Flavius Josephus und klassischen Schriftstellern bekannten Nabatäer (siehe aber weiter unten Anm. 24).

Das erste Auftreten dieses Volkes fällt vermutlich in der Zeit Alexanders des Grossen, als dieser Gaza belagerte (332 v. Chr.). Die Ἄραβες μεσθωταί, die nach Arian (2, 25, 4; 27, 1) die Stadt gegen die Makedonier verteidigten, sind vielleicht Nabatäer gewesen (vgl. BRÜNNOW-VON DOMASZEWSKI, *Die Provincia Arabia*, I, 1904, 190). Das erste sichere Datum der Geschichte der Nabatäer ist aber 312 v. Chr., in welchem Jahr Antigonos, der nach Alexander's Tode versuchte, das ganze von Alexander eroberte Reich unter seine Botmässigkeit zu bringen, nacheinander zwei Expeditionen zur Unterwerfung der Nabatäer und Eroberung des Felsens (ἡ πέτρα) sandte; ohne Erfolg (*Diod.* XIX, 94-100) [5]. Ethnarch der Nabatäer und Sieger über das Heer der ersten Expedition soll ein gewisser RABILOS gewesen sein (J. STARCKY, *Pétra et la Nabatène*, *Dict. de la Bible*. Suppl. 39, 1964, 886-1017, *Col.* 904). Hätten diese Expeditionen gegen die Nabatäer Erfolg gehabt, „there would have been little of their subsequent story to tell" (NELSON GLUECK, *Deities and Dolphins. The Story of the Nabataeans*, 1966, 263). Nach Diodor, der 60-57 v. Chr. Ägypten besuchte, zählten die Nabatäer um 312 v. Chr. kaum mehr als zehntausend (XIX, 94, 4). Er schildert sie als Nomaden und Karavanentreiber, welche die aus Arabien angeführten Produkte Weihrauch, Myrrhe und kostbare Aromata bis an das Meer (das Mittelmeer) transportierten (XIX, 94, 5) [6]. Gaza war „der Endpunkt der

---

[4] BUTLER, *Syria*, Div. II, sect. A, 372. — Die Inschrift ist aber erst 13/12. v. Chr. aufgestellt worden (*id.*).

[5] J. N. SCHOFIELD (*The Historical Background of the Bible*, 1948, 24) betont, dass die Nabatäer sich im 6. und 5. Jahrh. v. Chr. „in some parts of Edom" ansiedelten; um 400 v. Chr. „the Nabataeans occupied most of Edom and Moab and they also took over the copper mines and the smelting business of the Edomites" (bei G. W. AHLSTRÖM, *Joel and the Temple Cult of Jerusalem*, *VT Suppl.* XXI, 1971, 121); Siehe P. C. HAMMOND, *The Nabataeans*, 1973, 9 ff.: The People; A. NEGEV, *The early beginnings of the Nabataean realm*, *PEQ*, 108, 1976, 125/133.

[6] Diodor hatte ein Werk des griech. Generals und Geschichtschreibers Hieronymus von Cardia benutzt; dieser beschrieb 312 v. Chr. den Fels als „extremely strong but without walls" (G. and H. HORSFIELD, *Sela-Petra, the Rock, of Edom and Nabatena*, *QDAP*, VII, 1938, 1-42, p. 3). Es war eine natürliche Akropolis. „But owing to the narrow limits of the flat summit, it was unsuitable as more than temporary refuge in times of stress" (*ibid.*). — Nach Hieronymus hatten die Nabatäer ein Gesetz, das ihnen vorschrieb „neither to sow corn nor to plant fruit bearing plants, nor to use wine, nor to build a house" (Diod. XIX, 94-7; HORSFIELD, *l.c.*). „It was in this nomad stage of their evolution

nabatäischen Handelsstrasse am Mittelmeer, die Empore, wo sie die Güter des fernen Ostens zum Verkauf brachten" (BRÜNNOW-VON DOMASZEWSKI, *o.c.*, I, 190) [7].

Von einem Ethnarchen der Nabatäer hören wir erst wieder um 168 v. Chr. und zwar im zweiten Buch der Makkabäer (II, 5, 8), wo es heisst, dass der vertriebene Hohepriester Jason sich aus Jerusalem geflüchtet hatte, von dem Araberfürsten Aretas verhaftet wurde und aus der Stadt floh (Vetus Latina, L und X; STARCKY, *Dict. de la Bible*, Suppl. 39, 1966, 904; der gr. Text hat πόλιν ἐκ πόλεως: „von Stadt zur Stadt"). Die Araber sind die Nabatäer und die Stadt kann nur Petra sein (STARCKY, *l.c.*). STARCKY bezeichnet diesen Aretas als Aretas I. (*id.*).

Die Nabatäer waren arabischen Ursprungs, die Sprache ihrer Inschriften ist aber aramäisch (STARCKY, *l.c.*, 924). Dass sie im zweiten Jahrhundert v. Chr. nicht wie die Juden von den Seleukiden unterworfen worden sind, danken sie dem Bestehen des unter Arsaces (ca. 250-248) aufgekommenen parthischen Reiches, womit die Nabatäer, wie auch aus ihrer Architektur und Kunst hervorgeht, enge Beziehungen unterhalten haben. Die parthische Expansion „engaged the strength of the Seleucids to an exhausting degree. It definitely saved the Nabataean Kingdom from being taken over by them as completely and early as Palestine was at the very beginning of the second century B.C." (NELSON GLUECK, *Deities and Dolphins*, 1966, 262). Es ist nicht bekannt, wann die nabatäischen Herrscher zuerst den Königstitel annahmen, wir wissen aber, dass erst am Ende des 2. Jahrhunderts v. Chr., als die Macht der Ptolemäer in Ägypten und der Seleukiden in Syrien gesunken war, die Nabatäer eine politische Macht im Nahen Orient wurden, womit auch die Hasmonäer (später Herodes) zu schaffen hatten. Aretas II. (120-96 v. Chr.) war wahrscheinlich der erste nabatäische König, der Münzen — gefunden in Gaza — geschlagen hat [8]. Sein Nachfolger Obodas I. hatte um 93 v. Chr. den Alexander Jannäus bei Gadara geschlagen. Der Hasmonäer wurde „von der Menge der Kamele in eine tiefe Schlucht gedrängt und entkam nur mit genauer Not" (Josephus, *Antiq.* XIII, 13, 5 § 375; CLEMENTZ). Aretas III. (87-62 v. Chr.), der sich auf bronzenen Münzen aus Damaskus Philhellene nennt, ('Αρέτου Φιλέλληνος), regierte dort von 84-72 v. Chr. Er rückte 82 v. Chr. nach Judäa vor und besiegte den Alexander Jannäus bei Addida, „schloss

---

that they occupied el Biyara, the Edomite Sela-Petra, the Rock" (*id.*, 3-4). Die sichere Lage und die hier gelegenen Brunnen führten die Nabatäer dazu, sich hier anzusiedeln (p. 4).

[7] Siehe ZEʾEV MESHEL und YORAM TSAFRIR, *The Nabataean road from ʿAvdat to Shaʿar-Ramon*, *PEQ*, 1974, 103-118, Fig. 1, gegenüber p. 105: The Petra Gaza section of the trade route leading from south Arabia. „The perfume-trade was the basic element in the Nabataean economy and the source of this nation's wealth" (p. 105). — Die Nabatäer hatten Handelsbeziehungen mit Gerrha, ein „well-organized Arab State" am persischen Golf, dessen Kaufleute selbst Handelsbeziehungen mit Süd-Arabien und Indien hatten, siehe M. ROSTOFTZEFF, *The Social and Economic History of the Hellenistic World*, I, 1941, 457.

[8] J. STARCKY, *Dict. de la Bible*, Suppl. 39, 1964, 906; S. G. ROBINSON, *The Numismatic Chronicle*, Suppl. 1936, 290 f. und Pl. XVII, bei STARCKY.

aber dann Frieden mit ihm und zog sich wieder aus Judäa zurück" (*Antiq.* XIII, 15, 2 § 392; CLEMENTZ hat irrtümlich „nach Judäa zurück"; es heisst ἐκ τῆς Ἰου-δαίας). In dem Streit zwischen Aristobul und Hyrkan um das Hohepriesteramt in Jerusalem zog Aretas, zu welchem sich Hyrkan auf Ratschlag Antipater's (Antipater, der Vater des Herodes hatte eine Nabatäerin geheiratet) geflüchtet hatte, mit einem 50 000 Mann starken Heer nach Jerusalem und siegte über Aristobul (64 v. Chr.), musste dann aber auf Scaurus' Befehl abziehen, wollte er nicht zum Feind der Römer erklärt werden (*Antiq.* XIV, 2, 1 § 19 f.; 2, 3 § 32). Als Pompeius 64 v. Chr. die Provinz Syria kreiiert hatte, zwang er die Nabatäer sich aus Damaskus zurückzuziehen und entschloss er sich, gegen die Nabatäer, d.h. gegen Petra, zu ziehen (*Antiq.* XIV, 3, 3 §§ 46. 48), „sans doute pour les incorporer à la nouvelle province" (STARCKY, *Dict. de la Bible.* Suppl. 39, 1964, 909). Dass es dazu nicht gekommen ist, geschah durch Aristobul, dessen Haltung Pompeius veranlasste, Jerusalem zu belagern und einzunehmen (63 v. Chr.). Auch die Furcht, eine Expedition gegen die Nabatäer möchte misslingen, was seinem Ruhm geschadet hätte, wird den Pompeius wohl von einer Unternehmung gegen Petra abgehalten haben. Scaurus, der 62 v. Chr. gegen Petra zog, ist es nicht gelungen, die Stadt einzunehmen. Er verheerte ringsum das Ackerland und machte dem Krieg ein Ende, nachdem Aretas III. ihm eine Summe von 300 Talenten zugesagt hatte, „weniger, weil Aretas dies wünschte, als weil er selbst [Scaurus] danach verlangte" (*Antiq.* XIV, 5, 1 §§ 80-81). Später, 58 v. Chr., liess Pompeius in Rom Münzen schlagen, auf denen Aretas abgebildet war vor seinem Kamel auf den Knieen liegend (STARCKY, *Dict. de la Bible.* Suppl. 39, 1964, Fig. 695, 2, Col. 907-08; SCHÜRER, *Geschichte*, I⁵, 1920, 734, Anm. 15). Unter Malichus I., Nachfolger des Aretas III., rückte 55 v. Chr. Gabinius mit einem Heer gegen die Nabatäer vor und besiegte sie in einer Schlacht [9]. König der Nabatäer kann damals, wie STARCKY betont (*l.c.*, 910), nur Malichus I. gewesen sein. Weder die politische Selbständigkeit der Nabatäer, noch ihr durch Handel gewonnener Reichtum ist dadurch gefährdet worden. Erst als es 25 v. Chr. Kaiser Augustus gelang, einen grossen Teil des Handels aus Indien und Arabia Felix nach Alexandrien umzuleiten (von Leukè Kômè an der Ostküste des Roten Meeres wurden die Waren nun nach Myos Hormos an der Westküste abgeführt, von dort nach Koptos am Nil und dann nach Alexandrien), war dies der Anfang von dem Verfall Petra's (STARCKY, *l.c.*, 911-912). König der Nabatäer war Obodas II. (30-9 v. Chr.; STARCKY, *l.c.*, 911; nach anderen Obodas III; NELSON GLUECK) [10]. Teile seines Reiches sind damals von Kaiser Augustus dem Herodes dem Grossen geschenkt worden (*Antiq.* XV, 10, 1 § 343). Weiter schenkte Augustus dem Herodes

---

[9] *Antiq.* XIV, 6, 4 § 103: ἐπὶ τὴν Ναβαταίων ἔρχεται, καὶ κρατεῖ μὲν τούτων τῇ μάχῃ.

[10] Vgl. KAMMERER, *Petra et la Nabatene*, 1929, 190 ss.: Obodas III.

das Gebiet zwischen Trachonitis und Galiläa, einschliesslich Ulathas, Panias (hier hat Herodes später einen dem Augustus geweihten Tempel gestiftet) und das daran grenzende Gebiet (*id.* § 360). „Obodas était trop dépourvu d'énergie pour s'opposer à l'expansion juive" (STARCKY, *l.c.*, 912/13). Es soll aber nicht vergessen werden, dass Herodes das mächtige Rom hinter sich hatte. Obodas' übermächtiger Minister Syllaios hatte in Rom nichts erreichen können [11]. Auf seiner Reise nach Rom hat er für den Hauptgott der Nabatäer, Duschara, zwei Weihinschriften anbringen lassen, eine in Milet und eine auf Delos [12]. Vielleicht hatte es an diesen Stätten auch nabatäische Heiligtümer gegeben. Selbst in Puteoli (Campanien) war unter der Regierung des Malichus I. ein nabatäisches Heiligtum errichtet worden [13].

Aretas IV. (8 v. Chr.-40 n. Chr.), Obodas' Nachfolger, war offenbar bestrebt, sich die Freundschaft Roms zu erwerben [14]. Als nach Herodes' Tode (4. v. Chr.) in Jerusalem eine Revolte ausgebrochen war, sandte Aretas dem Legaten Varus Hilfstruppen zur Unterdrückung des Aufstandes (*Antiq.* XVII, 10, 9 § 287; *Bell. Jud.* II, 5, 1 § 68). Mehr als die Römer hatte Herodes der Grosse sich bei den Nabatäern verhasst gemacht. Derselbe Aretas gab aber dem Herodes Antipas (Enkel des Herodes des Grossen) eine seiner Töchter (Šaʿûdat) zur Frau, welche dann später von Herodes Antipas verstossen wurde, um seine Schwägerin Herodias heiraten zu können (*Antiq.* XVIII, 5, 1 §§ 109 ff.; vgl. Mark. 6, 18 f.). Aus dieser Veranlassung gerieten Aretas und Herodes Antipas in Streit (*id.*) und in diesem Streit wurde das Heer des Herodes Antipas beim Kampf geschlagen (§ 114). „Manche Juden waren übrigens der Ansicht, der Untergang der Streitmacht des Herodes sei nur dem Zorne Gottes zuzuschreiben, der für die Tötung Johannes' des Täufers die gerechte Strafe gefordert habe" (*id.* 5, 2 §§ 116 f.). Die Juden hatten offenbar einen anderen Ausgang des Kampfes erwartet und vielleicht haben wir hier den Vorboten des Irrtums, der die Juden später dazu führte, es auf einen Krieg mit Rom ankommen

[11] Syllaios hatte den Titel „Bruder des Königs". Mit Herodes kam er in Konflikt, als er davon absah, Jude zu werden, um Salome, Herodes' Schwester, heiraten zu können. Von Aretas IV. wurde er beschuldigt, den Malichus, des Obodas' Vorgänger, ermordet zu haben. Als Syllaios nach Rom kam, ist Herodes erst in Ungnade gefallen, dann, nach der Verteidigung durch Nikolaus von Damaskus, wieder begnadigt und Syllaios zum Tode verurteilt worden. Aretas IV. erhielt das kaiserliche Gutachten, den Thron zu behalten (siehe KAMMERER, *o.c.*, 190 ss., 212 ss.; vgl. STARCKY, *Une inscription de l'an 18 d'Aretas IV*, in *Hommages à André Dupont-Sommer*, 1971, 151-159). Siehe aber auch, HAMMOND, *The Nabataeans*, 1973, 108 f.

[12] Inschrift im Delphinium von Apollo in Milet, KAMMERER, *o.c.*, Fig. 12, p. 10. Siehe auch NELSON GLUECK, *Natabaean Dolphins, ErIs*, VII, 1964, 43* (mit Lit.).

[13] STARCKY, *Dict. de la Bible*, Suppl. 39, 1964, 916; NELSON GLUECK, *ErIs*, VII, 1964, 43*: „in all probability". — Eine der hier gefundenen nabat. Inschriften erwähnt „an offering of two symbolic camels to the Nabataean god, Dusares" (p. 42*).

[14] Er hatte nicht die Investitur des röm. Kaisers erfragt und er hatte also Grund, Rom zu besänftigen, wenn Rom ihm doch auch die kaiserliche Zustimmung gegeben hatte. Siehe über die „Investitur" aber HAMMOND, *The Nabataeans*, 1973, 108 f.

zu lassen. Nelson Glueck ist der Meinung, dass Aretas IV., wie vormals Aretas III., eine Zeit die Kontrolle über Damaskus ausgeübt habe (*Deities and Dolphins*, 1966, 542; vgl. Schürer, *o.c.*, 737). Die Ansicht gründet sich auf 2. Kor. 11, 32, wo der Apostel Paulus den Ethnarchen des Königs Aretas in Damaskus erwähnt. J. Starcky hält es für unwahrscheinlich. Der Ethnarch von Damaskus sei „le responsable de la colonie nabatéenne résidant à Damas" [15]. Eine Schwierigkeit sieht Starcky nur darin, dass die Erzählung, sowohl Act. 9, 24 f. als 2. Kor. 11, 32-33, den Eindruck erregt, dass der Ethnarch die ganze Stadtmauer bewacht, „alors que sa juridiction ne pouvait être que strictement limitée au quartier nabatéen" (*l.c.*, 916). Eine Schwierigkeit liegt u.E. auch darin, dass vom Ethnarchen des Königs Aretas die Rede ist (2. Kor. 11, 32). Es wäre anders doch Ethnarch der Nabatäer zu erwarten, wie *Antiq.* XIV, 7, 2 § 117 vom Ethnarchen der Juden gesprochen wird. Dass Aretas IV. „n'était guère en faveur à la cour de Rome" (Starcky, *l.c.*, 915) dürfte für die ersten Jahre seiner Regierung kaum wahrscheinlich sein. Hatte er doch beim Aufstand nach Herodes' Tode dem Legaten Varus Hilfstruppen gesandt.

Eine in Ḥebrân (ca. 30 km O.-N.-O. von Bosra) gefundene nabatäische Weihinschrift (*C.I.S.* II, 170; es handelt sich um eine durch den Priester der Göttin Allât dem Heiligtum geschenkte Tür) ist nach dem 7. Jahre des Kaisers Claudius (47 n. Chr.) datiert. Zur Zeit des Malichus II. (40-70 n. Chr.), Nachfolger des Aretas IV., lag Ḥebrân also ausserhalb des nabatäischen Reiches. Für die Frage, ob Aretas IV. einmal Herr über Damaskus gewesen sei, besagt dies u.E. nicht viel: die Cession könnte kurz nach dem Anfang von Aretas' Regierung statt gefunden haben. Damaskus könnte dem Aretas zum Dank dafür, dass er dem Varus Hilfstruppen gesandt hatte, geschenkt worden sein. Dagegen spricht aber, dass in Damaskus keine Münzen des Aretas IV. zutagegekommen sind. Eine andere Möglichkeit ist, dass Aretas IV. in dem Streit gegen Herodes Antipas, in dem Antipas geschlagen worden war, Besitz von Damaskus genommen hätte. „A temporary occupancy may well have taken place in Aretas' war against Herod Antipas or afterwards …" (A. J. Maclean, *Hastings Dict.*, 1929, 48/49, *s.v.* Aretas). Dies würde erklären, dass Tiberius (14-37) dem Vitellius, Statthalter von Syrien, befahl, „den Araber mit Krieg zu überziehen und ihn entweder lebendig in Fesseln ihm vorzuführen, oder ihm seinen Kopf zu senden" (*Antiq.* XVIII, 5, 1 § 115; Clementz). Starcky ist der Meinung, dass Josephus den Streit zwischen Aretas und Herodes Antipas (nach Josephus soll er kurz vor Tiberius' Tode 37 n. Chr. stattgefunden haben; *Antiq.* XVIII, 5, 1 §§ 113 ff.) um zehn Jahre zu spät ansetzt (*l.c.*). Aretas IV. könnte dann um 25 n. Chr. Damaskus

---

[15] *Dict. de la Bible*, 915; Ders. in *AAAS*, XXI, 1971, p. 79, n. 7 (auf p. 85). „ Les gouverneurs nabatéens avaient le titre de stratège, et non d'ethnarque" (*id.*).

okkupiert haben. Es lässt sich aber nicht ausmachen, wie lange er über Damaskus geherrscht habe und so bleibt auch die Frage nach der Datierung von Paulus' Aufenthalt in Damaskus offen [16].

Josephus berichtet, dass der Araber Malchus dem Titus, als dieser am Vorabend des jüdischen Krieges 66 n. Chr. seine Truppen in Ptolemaios zusammenzog, 1000 Reiter und 5000 Fussoldaten gesandt hat (*Bell. Jud.* III, 2 § 68). J. STARCKY meint, dass wir in diesen Malchus einen verhältnismässig unabhängigen Scheich, „peut-être celui de Palmyre", zu sehen haben (*Palmyre*, 1952, 36). Dies hat keine Wahrscheinlichkeit für sich, denn Josephus rechnet Malchus klar zu den Königen, welche Hilfstruppen sandten (§ 68). Es kann sich nur um Malichus II. (40-70 n. Chr.) handeln [17]. Malichus, der sehr wohl Rom's Macht und Begierde nach völliger Beherrschung des Handels mit Indien und Arabia Felix kannte, wird nicht nachgelassen haben, Titus Hilfstruppen zu senden [18] und da Josephus keinen anderen Malchus als den Araber Malchus nennt, kann damit auch aus diesem Grunde nur Malichus II. gemeint sein. Die Römer beherrschten den Hafen Leukè Kômè, wo eine Garnison gelagert war und Rom hätte leicht den indisch-arabischen Handel mit Petra, der schon zum Teil nach Alexandrien abgeleitet worden war, lahm legen können. Erst unter der Regierung des Rabbel II. (71-106), des Nachfolgers Malichus' II., scheint es so weit gekommen zu sein. In Ḥegra, wo die aus Leukè Kômè angeführten Güter nach Petra transportiert wurden, gibt es drei Grabinschriften datiert nach dem 2., 4 und 5. Jahre der Regierung Rabbels. Man hat daraus erschlossen, dass am Ende der Regentschaft der Königsmutter Šuqailat Petra die Hegemonie über Ḥegra verloren hatte und STARCKY hält dies für wahrscheinlich (*Dict. de la Bible*. Suppl. 39, 1964, 919; Siehe über Ḥegra, A. NEGEV, *The Nabatean Necropolis at Egra*, RB, 83, 1976, 203-236). Der indisch-arabische Handel Petra's über Leukè Kômè wird dadurch beinahe unmöglich geworden sein. Unter Rabbel II. scheinen die nabatäischen Aktivitäten besonders um das weiter nördlich gelegene Bosra konzentriert gewesen zu sein und Rabbel scheint Bosra, meint STARCKY, zu seiner zweiten Hauptstadt gemacht zu haben (*l.c.*, 920). Das weitab von Petra gelegene Tadmor (Palmyra) war schon im 1. Jahrhundert n. Chr. zu einem wichtigen

---

[16] Eine andere Hypothese (SCHÜRER; VINCENT) ist, dass Caligula (37-41 n. Chr.) Damaskus dem Aretas geschenkt hatte (KAMMERER, *o.c.*, 253). Seltsam ist dann, sagt KAMMERER, dass Aretas Damaskus nicht als Residenz erwählte, eine Grossstadt, mit der verglichen „Pétra n'était qu'une bourgade perdue" (*ibid.*). „Plus probablement, Damas était alors une ville libre associée à la Décapole" (*ibid.*). Dabei bleibt aber 2. Kor. 11, 32: ὁ ἐθνάρχης Ἀρέτα τοῦ βασιλέως ... unerklärt. — „The question remains open" (STARCKY, *BA*, XVIII, 4, 1955, 98).

[17] Vgl. MICHEL-BAUERNFEIND, *De Bello Judaico*, I, 1957, 456, Anm. 29; KAMMERER, *o.c.*, 254; HAMMOND, *The Nabataeans*, 1973, 28, wo richtig Vespasian gesagt wird.

[18] KAMMERER (*l.c.*) wird recht haben, dass Malichus zur Lieferung von Hilfstruppen aufgefordert gewesen ist.

Zentrum des indischen und zentral-asiatischen Handels geworden [19]. Dies könnte Rabbel II. wohl veranlasst haben, die nabatäischen Aktivitäten nach Norden zu verlegen. Andererseits könnte dies wohl mit der Grund der Annexion von Nabatäa durch die Römer gewesen sein. Kaiser Trajan befahl dem Legaten von Syrien, A. Cornelius Palma 106 n. Chr., das Reich der Nabatäer zu annektieren und es wurden Münzen geschlagen mit der Aufschrift Arabia adquisita [20]. Bosra wurde Hauptstadt der Provinz Arabia — nicht Petra. Sowohl die Annexion als die Verlegung der Hauptstadt macht es wahrscheinlich, dass Trajan sich schon damals auf den Krieg gegen die Parther (114-116) vorbereitete.

B — ARCHITEKTUR

Der durch seine erfolgreichen topographischen und archäologischen Untersuchungen im Ostjordanland hoch verdiente amerikanische Gelehrte NELSON GLUECK († 1971), der Leiter der Ausgrabungen des nabatäischen Heiligtums von Khirbet Tannur, hat die Nabatäer „one of the most gifted peoples of history" genannt (*Deities and Dolphins. The Story of the Nabataeans*, 1966, 3). Wenn NELSON GLUECK dabei wohl nicht ausschliesslich die nabatäische Architektur und Kunst im Auge hatte (heisst es doch weiter: „The growth of their kingdom was limited only by mighty Rome", *ibid.*; was übrigens, wie wir gesehen haben, kaum ganz richtig ist; Obodas II. hatte die jüdische Expansion nicht eindämmen können), so sind diese doch für sein Urteil von Gewicht gewesen. HOWARD CROSBY BUTLER betont, dass die nabatäischen Tempel von Sî 'a, Umm idj-Djimal, Sûr und Sahr einen Stil verraten, „that borrows little or nothing from the contemporary or early Hellenistic architecture of Syria" [21]. Als Steinhauer und Maurer waren die Bauleute „unmatched for skill" (*ibid.*). Sie setzten den Bogen unmittelbar auf die Säulen und vielleicht waren sie die ersten Architekten, die dazu gekommen sind (*id.*). In Rahmen benutzten sie mancherlei Profile und verzierten diese mit naturalistischem oder geometrischem Ornament, „but few of the profiles or of the carved designs are to be found in the Classical architecture of Greece or Rome" (*id.*). Säulenbasen zeigen

[19] STARCKY, *Palmyre, MUSJ*, XXIV, 1941, 5 ss.: Aperçu historique; Ders., *Palmyre*, 1952, 37.
[20] KAMMERER, *o.c.*, 260 und Fig. 19.
[21] *Syria*, Div. II A, 369, vgl. p. VI. — Petra, die Hauptstadt Nabatäa's, war nichtsdestoweniger „transformed by the kings of the Nabataean dynasty into a typical Hellenistic city with a beautiful main street and several religious and public buildings" (ROSTOVTZEFF, *The Social and Economic History of the Hellenistic world*, II, 1941, 853). Nach der Meinung ROSTOVTZEFF's hat die Stadtanlage schon im 1. Jahrh. v. Chr. ihren hellenistischen Charakter erhalten (*o.c.*, III, 1941, 1536, Anm. 135, gegen CARL WATZINGER, *Denkmäler*, II, 77, der die hellenistische Anlage in der Zeit des Aretas IV. (9 v. Chr.-40 n. Chr.) datiert). „I do not think that the hellenization of the city started so late" (ROSTOVTZEFF, *l.c.*). — Siehe IAIN BROWNING, *Petra*, 1974 p. 138/139: „We know little or nothing of the pre-Roman layout of the city . . . . "

oft die umgekehrte Kelchform mit einem den persischen Basen ähnlichen Blattor-
nament [22]. Die Kapitelle haben verschiedene Formen; einige sind dem korinthischen
Kapitell entnommen, wiewohl mit sehr verschiedenen Details [23], andere haben
einen mächtigen Abacus (Petra, Ḥegra, Bosra) [24], wieder andere haben kleine
Blätter unter den Ecken des Abacus „resembling only in the faintest degree the
capitals of the Classical orders" (id.). Es gibt groteske und naturalistische Tier-
formen in Schnitzwerk; Vögel und Heuschrecken in den Blättern des Weinstocks [25],
Kapitelle mit grotesken Menschenfiguren [26]. „The grape-vine was the favorite
subject for the broader bands of architectural ornament" (id.) [27]. Es handelt sich
im Obigen um Dekoration der Aussenarchitektur. Über die Raumbildung der
genannten Tempel, die oft einen quadratischen oder ungefähr quadratischen Grundriss zeigen, spricht BUTLER nicht. Der Raum hatte hier auch kaum architektonische
Bedeutung. Der Tempel in Khirbet Tannur [28] enthält im eigentlichen Heiligtum
gar keinen überdachten Raum. Die Frontmauer des Aussenhofes, die des Innenhofes und die des Altarunterbaus zeigen eine durchgearbeitete architektonische
Gestaltung mit Pilastern, Halb- und Viertelsäulen und eine in Schnitzarbeit ausgeführte Dekoration. Es ist Fassadenarchitektur. Die verhältnismässig kleinen
Zellen der oben genannten Tempel (die Zella des Baʿal Šamîn-Tempels in Sîʿa
misst 8 × 7.50 m) enthalten vier in einem Quadrat gestellte Säulen, die jede Raum-

---

[22] M. DE VOGÜÉ, *Syrie Centrale*, I, Pl. 3-4 (Sîʾa; Souweida).

[23] M. DE VOGÜÉ, *o.c.*, Pl. 4.

[24] BUTLER, *Syria*, Div. II A, Fig. 212, p. 237, hier Abb. 272. (Bosra, Nabataean Capital, Fig. 341,
p. 394 Sîʾa: South Temple). Siehe über das nabat. Kapitell, P. PARZ, *PEQ*, 1957, 10-11, Nabataean
Capital „A" (Pl. IX A), Nabat. Capital „B" (Pl. IX B), variant vom „usual Nabt. type"; STARCKY,
Dict. de la Bible. Suppl. 39, 1964, 941 s. und Fig. 701, 2, p. 953/954; Ders., in *AAAS*, XXI, 1971,
84: „C'est la simplification d'une forme hétérodoxe du capiteau corinthien . . ."; A. NEGEV, *Nabataean Capitals in the Towns of the Negev*, *IEJ*, 24, 1974, 153-159. Es gibt zwei Typen: der „classic"
Typus hat zwei „horns and a boss in the centre of the concave face of the abacus"; der zweite Typus
hat die Form des „classic" Typus „but its shape is obscured by the addition of floral decorations on
its face, and sometimes of human figures, though this is rare" (p. 153). — STARCKY sagt: „C'est la
poterie seule qui mérite la qualification de nabatéenne . . ." (*AAAS*, XXI, 1971, 83; Siehe J.
BROWNING, *Petra*[2], 1974, 37 f. and Fig. 6-8, p. 37-39). Es heisst dann: Die eigentliche Nabat. Kunst
„ne paraît guère avoir dépassé l'antique pays d'Édom, si l'on exepte le district de Bostra, à la fin de
la royauté nabatéenne" (p. 84). Die Tempel in Sîʾa (Baʾal Šamîn Tempel; Duschara-Tempel) gehören
nach STARCKY nicht zum Gebiet der nabat. Kunst (*ibid.*). Töpfergut nabat. Stils ist im Hauran nicht
gefunden worden (NELSON GLUECK, *AASOR*, XVIII-XIX, 1939, 144). Die betreffenden Tempel
lassen sich doch kaum anders als nabat. bezeichnen. Siehe auch HAMMOND, *The Nabataeans*, 1973,
34 f., 78 f.; A. NEGEV, *Die Architektur der Nabatäer*, in *Die Nabatäer*, 1970, 27 f.

[25] M. DE VOGÜÉ, *o.c.*, Pl. 3 (Sîʾa).

[26] M. DE VOGÜÉ, *o.c.*, Pl. 3-4 (Sîʾa; Suweida); BUTLER, *o.c.*, Fig. 326, Nr. 1, p. 376 (Sîʾa); N.
GLUECK, *Deities and Dolphins*, 1966, Pl. 133 a und 134 a-b. „This type of ornamentation seems to
have occured fairly frequently on late Corinthianized Nabataean capitals" (p. 224).

[27] BUTLER, *o.c.*, Fig. 326, Nr. 4-7, p. 376 (Sîʾa); DE VOGÜÉ, *o.c.*, Pl. 3 (id.).

[28] Siehe weiter unten.

wirkung zerstören. Der Vorbau des Ba'al Šamîn-Tempels in Sî'a hat trotz der Bildung als Vorhalle (übrigens sehr geringer Tiefe) den Charakter einer Fassade. Eine ähnliche Fassadenbildung zeigt der Tempel von Sahr. Am klarsten spricht die nabatäische Fassadenarchitektur aus den Felsgräbern (Petra; Ḥegra) von denen *el-Ḥazne* in Petra am berühmtesten ist [29]. Bei GUSTAF DALMAN heisst es: „The architect intended to give a grand and beautiful decoration to some tomb-chamber entered by a common open vestibule" (*The Khazne at Petra, PEF Annual*, 1911, 95-107, 98 und Pl. XV-XVII, Grundriss, Fassade und Schnitt, nach NEWTON). Die Architektur des Ḥazne besteht ausschliesslich aus der Fassade (*ibid.*). DALMAN datiert el-Ḥazne in der Zeit des Aretas IV. [30] oder des Rabbel II. (p. 107). G. R. H. WRIGHT ist der Meinung, dass die meisten Bauten in Baalbek (die er in der Zeit des Antoninus Pius, 138-161 n. Chr., datiert), die Bibliothek von Ephesus (115 n. Chr.) und das Theater von Aspendos (Mitte oder zweite Hälfte des 2. Jahrhunderts n. Chr.) „the most rational dating for the Khazne" bilden [31]. G. DALMAN meint: „The pomp of late Roman architecture is completely wanting, the style being more Hellenistic than Roman" (*l.c.*, 107) und TH. WIEGAND urteilt ähnlich: „Die zahllosen Feinheiten in der Wirkung der einzelnen Zierglieder des Ḥasne bestimmen mich, für den hellenistischen Charakter dieses Grabbaues unbedingt einzutreten" [32]. Über die Datierung des Ḥazne wird das letzte Wort wohl nicht gesprochen sein [33]; dass wir es mit einer Fassadenarchitektur zu tun haben, wird

---

[29] BRÜNNOW, *o.c.*, 179 ff., Taf. II, gegenüber S. 184 (nach Zeichnung von PAUL HUGUENEN) und Frontispice (Foto); *PEF Ann.*, 1911, Pl. XV-XVII (G. DALMAN); DALMAN, *Neue Petra-Forschungen*, 1912, Abb. 57-66. S. 60-74; AHMED DJEMAL, *Alte Denkmäler aus Syrien und Westarabien*, 1917, Taf. 4; I. BROWNING, *Petra²*, 1974, Frontispice und Fig. 64, p. 117; die zerstörte Säule (Fig. 65, p. 119) wiederhergestellt (durch G. R. H. WRIGHT).

[30] Vgl. CARL WATZINGER, *Denkmäler*, II, 1935, 77. — In *Petra und seine Felsheiligtümer*, 1908, S. 152 dachte Dalman an Aretas III Philhellen (83-60 v. Chr.); vgl. Ders., *Neue Petra-Forschungen*, 1912, 78.

[31] *The Khazne at Petra*: A review, *ADAJ*, VI-VII, 1962, 24-54, p. 44; Ders., *The date of the Khaznet Fir'aun at Petra* . . . , *PEQ*, 105, 1973, 83-90.

[32] TH. WIEGAND, u.a., *Petra*, 1921, 10; vgl. I. BROWNING, *Petra²*, 1974, p. 91. 122 f.

[33] ARMIN VON GERKAN hielt es für ausgeschlossen, dass Ḥazne ein hellenistisches Werk sei. „Das Ganze ist doch eine Prachtfassade, wie sie in hellenistischer Zeit bisher nicht gefunden ist . . . erklären wir diesen Bau für hellenistisch, so müssen wir notgedrungen damals auch schon den gesamten römischen Barock für zulässig halten. Das würde ferner bedeuten, dass der Künstler in dem abgelegenen Petra, seiner Zeit vorauseilend, einen Bau geschaffen hätte, der in Griechenland und Italien erst nach Ablauf von mindestens weiteren 100 Jahren möglich wurde, oder aber, dass der Anstoss zu neuen Formen aus Arabien gekommen wäre . . . . . " (*Griechische Städteanlagen*, 1924, 148). — Damals (1924) war nicht bekannt, dass Kasr Firaum, der Haupttempel Petra's (siehe weiter unten), aus der Zeit des Aretas IV. (8 v. Chr.-40 n. Chr.) datiert. Wir zitieren J. STARCKY: „Die Kapitelle der Qasr weisen den gleichen Stil auf wie die des Khazne, den K. Ronczewski 1932 in einer vergleichenden Untersuchung [*AA*, 1932, 38-89] in die augusteische Zeit datiert hat. Somit bestätigt sich seine Datierung . . . . " (*Die Kultur der Nabatäer*, in *Die Nabatäer*, herausgeg. von HANS-JÖRG KELLNER, 1970, 81-84, S. 82). Die Wahrscheinlichkeit spricht also dafür, dass die Vertreter der frühen Datierung

nicht bezweifelt. Nicht der Raum, sondern die Fassade ist. Hauptzweck dieser Architektur. Interessant ist, was H. J. Lenzen über die parthische Architektur sagt: „Das orientalische Prinzip, Wände zu gestalten (im Gegensatz zu dem griechischen, einen Raumkörper zu schaffen), erreicht in der sogenannten parthischen Periode in Hatra ihren Höhepunkt, indem nicht mehr Wände, sondern die Schauwand geschaffen wurde, die ihren Wert in sich hat, Eigenwert und darum vom Zweck unabhängig ist" (*Gedanken über den grossen Tempel in Hatra*, *Sumer*, XI, 2, 1955, 93-106, S. 105). Schauwände, sind auch die Fassaden der peträischen Felsgräber [34]. Dass die nabatäische Kunst und Architektur parthischen Einfluss zeigen, ist bekannt. Ein Relief aus dem Duschara-Tempel in Sî'a lässt über parthischen Einfluss keinen Zweifel: es zeigt den Sonnengott Mithra, der einen Stier tötet (Butler, *o.c.*, II A, 385-390, 398-399, Fig. 335-337, 334, bei Nelson Glueck, *Deities and Dolphins*, 472. 492). Iranischer Einfluss verrät sich auch, wie wir unten sehen werden, in nabatäischen Tempeln quadratischen Grundrisses.

C — TEMPEL

Die Zahl der Tempel im nabatäischen Königreich, sagt Nelson Glueck, „was literally legion" (*Deities and Dolphins*, 1966, 62). Durch Exploration sind verschiedene bekannt geworden, nur wenige sind gründlich ausgegraben. Einige, von denen im Anfang unseres Jahrhunderts die Ruinen noch bestanden, sind heute verschwunden, d.h. den Steinräubern zum Opfer gefallen. Nur wenige sind inschriftlich datiert, u.a. der Tempel des Ba'al Šamîn in Sî'a; für andere lässt sich durch architekturgeschichtliche Überlegungen mit Wahrscheinlichkeit eine relative Datierung bestimmen, wie wir es unten für einige Tempel versuchen werden. Nach der Grundform der Zella lassen sich bei den Tempeln in Nabatäa drei Typen unterscheiden: 1. quadratische Tempel; 2. Breitraum-Tempel; 3. Langraum-Tempel. Keiner dieser Typen ist aber von den Nabatäern „erfunden" worden.

1. *Quadratische Tempel*. Die Tempel sind nicht stets genau quadratisch, können sogar in einigen Fallen dem Langraum sich nähern. Ein regelrechtes Quadrat findet sich im Felsengrab Ḥazne, dessen Hauptraum 12 × 12 m misst mit einer Höhe von ebenfalls 12 m (G. R. H. Wright, *ADAJ*, VI-VII, 1962, 32). Dass die Nabatäer den quadratischen Grundplan bevorzugt haben, geht auch daraus hervor, dass der Kasr Firaun in Petra, dessen Zella breiträumig ist, einen quadratischen Plan hat [35].

---

des Ḥazne recht haben. Siehe auch Christa Vogelpohl, *Die griechisch-römischen Wurzeln*, in *Die Nabatäer*, 1970, 11-15, bes. S. 15. — Vgl. Dalman, *Neue Petra-Forschungen*, 1912, S. 77.

[34] Siehe über die Felsgräber Brünnow-von Domaszewski, *o.c.*, 137 ff. und Fig. 117-198, S. 138-172; I. Browning, *Petra²*, 1974, 79-99, Fig. 30 ff., 183 ff., Fig. 116-182. — Siehe auch H. Kohl, *Kasr Firaun in Petra*, 1910, 36 ff.; K. Wulzinger, *Zur Erklärung der Peträischen Felsfassaden*, in T. Wiegand, u.a., *Petra*, 1921, 12-28.

[35] Siehe unten 2 b: Kasr Firaun in Petra.

a) *Der Tempel von Khirbet Tannur* [36]. Dieser Tempel (Abb. 271) unterscheidet sich von allen bekannten nabatäischen Heiligtümern dadurch, dass er, wie schon angedeutet wurde keine überdachte Zella enthält. Das eigentliche Heiligtum ist ein 10.38 × 9.72 m grosser offener Raum, in dessen Zentrum auf einem hohen Unterbau der Altar steht. NELSON GLUECK bezeichnet das Innenheiligtum als Altar-Hof und als „inner temple-court" (*Deities and Dolphins*, 1966, 89). Es liegt innerhalb eines ca. 20 × 32 m grossen, O.-W. orientierten Bezirkes, nach Westen zu verschoben. Drei Stufen führten vom Aussenhof zum Innenhof empor (NELSON GLUECK, *o.c.*, Pl. 91, 99 a, 100 a). Die Türbreite (II. und III. Bauphase) betrug 1.75 m, die Türhöhe (in FISHER's Rekonstruktion) ist ca. 4.50 m (*o.c.*, 146). Die Türflügel gingen nach innen auf.

Am Altar und an den Mauern des Altarhofes sind drei Bauphasen festgestellt worden. Auf der westlichen Hälfte der Hügelspitze wurde ursprünglich eine quadratische Plattform aus Schutt errichtet, in der das Fundament des Altars angelegt wurde (*o.c.*, 89 ff.). Eine niedrige rubble-wall umgab diese 10.38 × 9.72 m grosse Plattform. Der Altar war 1.45 × 1.38 m gross und hohl. Wahrscheinlich war aber diese „box-like structure" der Sockel eines kleineren Altars. Stufen müssen zu dem Altar emporgeführt haben. Der Altar, errichtet im späteren Teil des 2. Jahrhunderts v. Chr., blieb bis etwa ins dritte Viertel des 1. Jahrhunderts v. Chr. in Gebrauch und ist wahrscheinlich durch Erdbeben zerstört worden (*o.c.*, 101 f.). In älterer Zeit hatte es hier wahrscheinlich einen einfacheren Altar gegeben, von den Nabatäern errichtet, als sie zum ersten Male nach dem Dschebel Tannur kamen. In Periode II hatte man den Altarhof gepflastert und etwas später hatte man den Altarunterbau vergrössert (2.10 × 2 m und 2.61 hoch). Schön behauene Quaderwände umschliessen den Altarunterbau mit Ausnahme der Ostseite. Auf der Westseite sind Reste einer Treppe ermittelt worden. An den vier Ecken gibt es mit einem Kapitell gekrönte Pilaster, die an der Ostfront durch einen Segmentbogen verbunden waren (*o.c.*, 103 ff. und Plan C).

Der Altarunterbau der dritten Periode war 3.65 × 3.40 m gross und 3.20 m hoch. Er hatte wieder die Form eines „open end box placed over the pedestal of Altar II" (*o.c.*, 120). Die Ostseite ist also auch diesmal nicht umbaut worden. Hier gab es an den Ecken flache Pilaster mit daneben viertelkreisförmigen Pilastern (*o.c.*, Pl. C).

[36] Der Tempel ist 1936 f. von den Amerikanern unter der Leitung NELSON GLUECK's und unter Mitarbeit des hoch verdienten Bauforschers CL. S. FISHER (†) ausgegraben worden. — NELSON GLUECK, *A newly discovered Temple of Atargatis and Hadad at Khirbet et-Tannur*, *AJA*, 41, 1937, 361-376; R. SAVIGNAC, *Le dieu Nabatéen de La 'Aban et son Temple*, *RB*, 46, 1937, 401-416 (p. 405 Les inscriptions nabatéennes d'et-Tannour); NELSON GLUECK, *Deities and Dolphins*, 1966, 73 ff., Plan A und C hinten im Buch; J. STARCKY, *Le Temple Nabatéen de Khirbet Tannur*, *RB*, 75, 1968, 206-235; der Plan auch in *Studia Palmyreńskie*, V, 1974, Fig. 17, p. 67; hier Abb. 271).

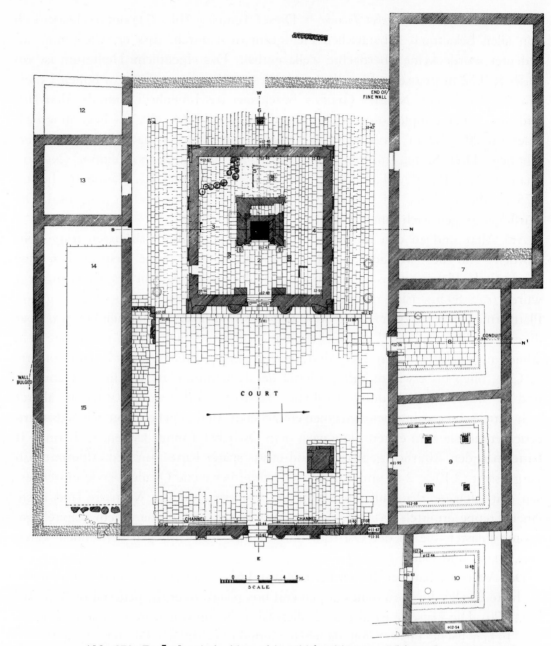

Abb. 271. Der nabatäische Tempel in Khirbet Tannur. (Nelson GLUECK)

Auf dem Unterbau stand der eigentliche Altar „with an ornate east face of its own ..."
(*o.c.*, 120 f. und Plan C). Nach der Vermutung des Ausgräbers hatte aber die Westseite des Unterbaues ähnliche Pilaster. Der eigentliche Altar könnte nach der Meinung
NELSON GLUECK's 1.50 m hoch gewesen sein. Die zum Altar hinaufführende Treppe
hatte offenbar im Inneren des Unterbaues gelegen.

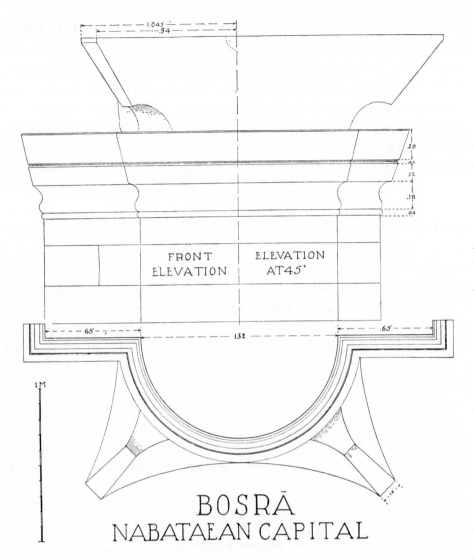

Abb. 272. Nabatäisch Kapitell. (H. C. Butler)

Die Mauer des Altarhofes war in der II. und III. Periode aus behauenen Quadern (Schalenmauer mit Füllung aus Steinstücken) und 72 cm bzw. 85 cm (Frontseite) dick. In der dritten Periode scheint die Mauer stuckiert gewesen zu sein (*o.c.*, 140). Architektonisch reich ausgestattet war nur die Frontseite (Ostseite); die Nord-, Süd- und Westseite hatten nur flache Pilaster. In Periode II (durch eine Inschrift des Stifters Netir'el, des Sohnes des Zayd'el, im 2. Jahre des Aretas IV. 7 v. Chr. datiert) [37] hatten die Pilaster aller Wahrscheinlichkeit nach das typische nabatäische

[37] Savignac, *RB*, 46, 1937, 405: *Les inscriptions nabatéennes d'et-Tannour*, Nr. 1; nach Savignac ist der Bau wahrscheinlich 8-7 v. Chr. errichtet worden (p. 408); vgl. Starcky, *RB*, 75, 1968, 225; et-Tannur datiert aus der Zeit des Augustus.

Kapitell (Abb. 272): es zeigt über einigen Wülsten einen an den Ecken hornartig gestalteten Abacus [38]. Diese Kapitellform kommt nämlich an der Ostseite des Aussenhofes vor, „which retained in Period III much the same appearance it had in Period II, and indicated thus, for instance, what the capitals of the east facade of the inner temple enclosure of Period II must have looked like" (*Deities and Dolphins*, 147). Am besten bekannt ist die Architektur und die Dekoration der III. Periode, die NELSON GLUECK aus Gründen der Architektur und Plastik im ersten Viertel des 2. Jahrhunderts n. Chr. (also in der Zeit, als Nabatäa römische Provinz war) meint datieren zu dürfen [39]. Hoch über dem mit einem Segmentbogen überspannten Eingang gibt es einen auf Wandpfeilern ruhenden Architrav mit Giebelkrönung. Die flachen Eckpilaster (mit den viertelkreisförmigen Pilastern daneben) und die halbkreisförmigen Pilaster, welche den Eingang flankieren, haben orthodoxe korinthische Kapitelle mit zwei Blätterreihen (*o.c.*, 142 f. und Pl. 176 und Plan B). Die Basen bilden eine Variante der attischen Basis. Zwischen den Pilastern gibt es an der Wand eine Aedicula mit Säulchen, Triglyphenfries und Dreiecksgiebel. In der dritten Periode hatte hoch an der Fassade ein grosses halbkreisförmiges Paneel gesessen, in das die Büste der Atargatis gearbeitet war (*o.c.*, 143 f., Pl. 31 gegenüber p. 64; 32-33, hinter p. 31). Wahrscheinlich prangte auf dem Kopf der Atargatis ein Adler mit ausgebreiteten Flügeln (*o.c.*, 144; Pl. 32. 34 a, gegenüber p. 69). NELSON GLUECK hält es für möglich, dass dieses Relief „was only part of an elaborate attic addition ..." und er weist hin auf die Grabfassade des Sextius Florentinus in Petra (*o.c.*, 144 f., Pl. 200 b), die eine „striking similarity" mit der Fassade in Khirbet Tannur zeigt [40]. Dass unsere Fassade, wie die des Grabes mit einem Giebel gekrönt gewesen sei (Abb. 273), wird aber auch NELSON GLUECK wohl nicht für wahrscheinlich gehalten haben. Eher ist an eine horizontale Abschliessung, möglicherweise mit Hohlkehle zu denken.

Das Heiligtum stand, wie oben bemerkt, innerhalb einem ca. 20 × 32 m grossen, O.-W. orientierten Bezirk. Der von Pilastern segmentförmigen Querschnittes flankierte Eingang (Ost) liegt in der Achse des Innenheiligtums. Dass dies auch beabsichtet war, geht daraus hervor, dass der im Aussenhof stehende zweite Altar (2 × 2 m bzw. 2.45 × 2.45 m in der III. Periode; *o.c.*, 157) nach Norden zu ver-

---

[38] Siehe über das Kapitell oben Anm. 25; BUTLER, *o.c.*, 241 f.: „*Nabataean order*".

[39] STARCKY meint aber, Phase II und III seien zwischen — 30 und + 40 (Regierungen des Obodas II. und Aretas IV.) zu datieren, *RB*, 75, 1968, 216.

[40] Aus dem in einer Grotte in Nahal Ḥever entdeckten Archiv der Babatha (einer in Maḥoza in Babatäa, bzw. Arabia, wohnenden Jüdin) ist bekannt, dass das Grab des Sextius Florentinus (Abb. 273) um 130 n. Chr. zu datieren sei, Y. YADIN, *The Nabataean Kingdom, Provincia Arabia, Petra and en-Geddi in the Documents from Nahal Ḥever, JEOL*, 17 [1963], 1964, 227-241, bes. 238 f. — Das Grab datiert also, wie man immer angenommen hatte, aus der Zeit Hadrian's.

Abb. 273. Die Grabfassade des Sextius Florentinus. (R. E. Brünnow-A. von Domaszewski)

schoben ist [41]. Der vor dem Innenhof liegende Teil des Aussenhofes ist durch das Niveau des Pflasters klar als Vorhof (15.68 × 15.47 m) gekennzeichnet: dieser Teil liegt um zwei Stufen niedriger. Der Nord- und Südseite des Vorhofes entlang liegt eine ebenfalls zwei Stufen höher gelegene Plattform (*o.c.*, 156; Pl. 91 und Plan A). NELSON GLUECK hält es für möglich, dass auf diesen Plattformen Säulenhallen gestanden haben, wie möglicherweise auf dem westlichen Teil des Bezirkes (*ibid.*, vgl. p. 140). Säulentrommeln sind gefunden worden (*o.c.*, 139 f. und Pl. 98 a. b; Durchmesser 39-45.5 cm und 50-51 cm).

Ausser dem Hauptaltar (im Innenheiligtum) und dem Altar im Vorhof gab es noch einen dritten Altar, der hinter dem Innenheiligtum stand, nun in dessen Achse gestellt (*o.c.*, 147 f.; Pl. 114 b und Plan A). Die Frontseite dieses Altars war nach Westen gerichtet, an der Westmauer des Bezirkes hatte also vermutlich vor diesem Altar ein sekundäres Tor gelegen. Die drei Altäre sind sicher nicht derselbe Gottheit geweiht gewesen. Im Heiligtum von Khirbet Tannur ist, wie NELSON GLUECK sagt, eine ganze Familie nabatäischer Götter entdeckt worden (*Deities and Dolphins*, 73). Atargatis wird die Hauptgottheit des Heiligtums gewesen sein [42]. Auf der Nord- und Südseite des Aussenhofes liegen mehrere rechteckige Räume, welche zum Kultmahl bestimmt gewesen sein werden, denn an drei Seiten gibt es den Wänden entlang Bänke (*Deities and Dolphins*, 163 ff.: Dining with Divinity) [43].

Das Heiligtum von Khirbet Tannur gehörte nach der Meinung NELSON GLUECK's nicht einer bestimmten Stadt an (es gab hier keine feste Siedlung); es gehörte nach dem Ausgräber zum Gesamtreich der Nabatäer (*o.c.*, 77 f.). Vielleicht lässt sich daraus das Fehlen eines Tempelgebäudes im eigentlichen Sinne des Wortes erklären. Wo die Gottheit in einem *naos*-Tempel wohnend gedacht wird, ist sie auf irgendeine Weise mit der Stadt verknüpft [44]. Das Heiligtum von Khirbet Tannur gehört

---

[41] Über diesen Altar sagt STARCKY: „Il repond à l'autel des holocaustes du temple de Jérusalem, tandis que le pyrée du petit édicule a son pendant dans l'autel à encens à l'intérieur du même temple" (*RB*, 75, 1968, 224). Wir können Starcky nicht folgen. Der Brandopferaltar stand in Jerusalem gerade vor dem Tempelhaus, er bildete mit diesem eine sakrale Einheit. In Khirbet Tannur steht der Altar abseits des Heiligtums; es könnten auf diesem Altar wohl Laien Opfer dargebracht haben. Vgl. B. M. GOLDMAN, *Die Religion der Nabatäer*, in *Die Nabatäer*, 1970, 23-27, S. 24.

[42] Nach STARCKY ist der edomitische Gott Qôs der einzige, welcher in den Inschriften von Khirbet Tannur genannt wird (*RB*, 75, 1968, 209).

[43] Über die für das Kultmahl bestimmten Räume in antiken Tempeln siehe STARCKY, *Autour d'une dédicace palmyrénenne à Šadrafa et à Du ʿanat, Syria*, XXVI, 1948, 43-85, 62 ss.: Salles de banquets rituels dans les sanctuaires orientaux. „En Orient, les repas sacrés sont attestés par les textes bien avant l'époque hellénistique ..." (p. 65). Rituelle Symposia hatte es in Griechenland schon in der klassischen Periode gegeben (p. 66, mit Belegstellen).

[44] Für Jerusalem siehe Bd. I, 1970, 680 f.; für Altgriechenland, FUSTEL DE COULANGES, *La Cité antique*[28], 1924, 168: „Chaque cité avait des dieux qui n'appartenaient qu'à elle". „Encore au temps de Thucydide, lorsqu'on assiégeait une ville, on ne manquait pas d'adresser une invocation à ses

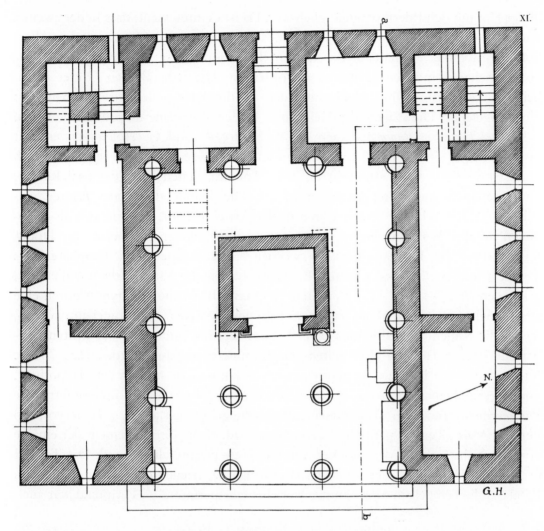

Abb. 274. Nabatäische Tempel in Ramm.

nicht zum Typus *naoi*-Tempel, sondern zum Typus Altar-Heiligtum. Es dürfte wahrscheinlich sein, dass an die ursprüngliche Sitte der Nabatäer, ihre Götter im Freien — auf Bergspitzen — zu verehren, zu denken ist [45]. Die Umzäunung des Altarhofes gehört integral zum Heiligtum, denn es ist unbedingt anzunehmen, dass

dieux pour qu'ils permissent qu'elle fût prise. Souvent, au lieu d'employer une formule pour attirer le dieu, les Grecs préféraient enlever adroitement sa statue" (p. 167-177).

[45] Strabo (XVI, 4, 26; 23 n. Chr.) berichtet, dass die Nabatäer Sonnenanbeter waren; sie setzten aufs Dach ihrer Häuser einen Altar, „pouring libations on it daily, and burning frankincense" (G. and A. HORSFIELD, in *QDAP*, VII, 1938, 33). — Die „Conway High Place" in Petra war nach Parr's Untersuchungen keine Kultstätte, sondern „un ouvrage purement militaire, une tour d'angle ronde des remparts de Petra" (*RB*, 69, 1962, 64-79). Über die von G. ROBINSON entdeckte „Great High Place" siehe HAMMOND, *The Nabataeans*, 1973, 98 f.; BROWNING, *Petra*, 1974, 208 ff., Fig. 147, p. 210.

dieser Hof nur den Priestern zugänglich war. Da ist es interessant, dass in der zweiten Bauperiode das eigentümliche nabatäische Kapitell an der Ostmauer des Altarhofes vorkommt, während in der dritten Bauperiode diese Mauer mit orthodox-korinthischen Kapitellen ausgestattet worden ist. Die nabatäischen Götter haben bei der Ausstattung ihres Heiligtums den Einfluss der hellenistischen Baukunst nicht abgelehnt! Die Anlage des Heiligtums behielt aber seine ursprüngliche Form.

b) *Der Tempel in Ramm* [46]. Nach M. R. Savignac und G. Horsfield enthielt dieser Tempel einen 11 × 13 m grossen Saal, in dessen Zentrum sich eine nach Südost orientierte Cella erhob (Abb. 274). Auf drei Seiten hatte der Saal Räume, unter denen es zwei Treppenhäuser gibt [47]. Die Wände des Saales zeigten eingebaute Säulen, d.h. die Säulen waren in der Art eingebaut, dass sie sich als Halbsäulen an den Wänden zeigten. Diese eingebauten Säulen sind erst von Diana Kirkbride (Mrs Helback) erklärt worden [48]. Es wurden drei Bauphasen des Tempels festgestellt. In der ersten Bauphase hatten die Säulen frei um die Cella gestanden (*l.c.*, 74). Erst in der zweiten Bauphase (B) ist die Peristyle [49] durch eine an drei Seiten errichtete Mauer zu einem halb geschlossenen Hof umgebaut worden, wobei die Säulen als Halbsäulen eine Wandgliederung bilden. In der dritten Bauperiode ist der Hof auf drei Seiten mit Kammern umbaut worden (*l.c.*, 76 ss.). Kirkbride selbst hält ihre Ansicht einer ersten Bauperiode nur für eine Hypothese, „qui n'est nullement prouvée" (*l.c.*, 85/86). Dass sie aber die von ihr vorgetragene Baugeschichte für mehr als wahrscheinlich hält, geht doch aus *l.c.*, 92 hervor, wo Periode A als „Temple périptère" bezeichnet wird. Es ist übrigens nicht der einzige von den Nabatäern in vorrömischer Zeit errichtete periptrale Tempel. Der Tempel in Suweida (Abb. 275), der nach den Bauformen zu urteilen etwa aus der Zeit des Ba'al Šamîn-Tempels in Sî'a stammt, war ebenfalls periptral [50]. Peripteral war auch

---

[46] Alter Name: Iram; in Jordanien. — M. R. Savignac-G. Horsfield, *Le Temple de Ramm*, RB, 44, 1935, 245-278; Diana Kirkbride (Mrs Helback), *Le Temple Nabatéen de Ramm. Son Évolution architecturale*, RB, 67, 1960, 65-92; J. Starcky, in *Dict. de la Bible*, Suppl. 39, 1964, 978 s.

[47] RB, 44, 1935, Pl. VIII, hinter p. 274, Plan.

[48] RB, 67, 1960, Pl. III, hinter p. 88, Plan, rekonstr.

[49] Starcky bemerkt dazu: „Un point fait difficulté dans la reconstitution d'une *cella* périptère: les deux colonnes qu'on s'attendrait à trouver devant la *cella*, à une distance analogue à celle des six colonnes situées sur le prolongement des cotés (2 m 50), sont difficiles à restituer, car le dallage hexagonal mis au jour par Diana Kirkbride n'en porte pas trace . . . ." (*Dict. de la Bible*, 1964, 979). Coüasnon hält es für möglich, dass es unter dem Pflaster ein Stylobat gibt und das Pflaster aus der zweiten Bauphase datiert, was die Lösung des Problems bedeuten würde (bei Starcky, *l.c.*). Da bei den Ausgrabungen keine Kapitelle ermittelt worden sind, dürfte es wahrscheinlich sein, dass der Umgang unbedeckt gewesen ist (vgl. Starcky, *l.c.*). — Über das schöne aus sechseckigen Sandsteinblöcken gebildete Pflaster siehe Diana Kirkbride, RB, 67, 1960, 81 f., Pl. III, Schitt C-D und Pl. IX a, Foto.

[50] M. de Vogüé, *Syrie Centrale*, I, 1865-1877, Pl. 4. Basen, Kapitelle und Architrave, welche gefunden wurden (*l.c.*, Pl. 4; hier Abb. 275), lassen darüber keinen Zweifel, dass der Umgang (Pteron;

Abb. 275. Nabatäische Tempel in Sueida. (M. DE VOGÜÉ)

der wohl aus vor-röm. Zeit datierende „grosse Tempel" in Petra (BROWNING, *Petra*, 140 f.).

Die Cella des Tempels in Ramm ist ungefähr quadratisch: sie ist im Lichten 3.69 m breit und 2.94 m (3.02 m) tief. Die Aussenmasse betragen 4.94 × 4.10 m (*RB*, 44, 1935, Pl. VII, hinter p. 274). Auffällig ist die sehr breite Türöffnung. Es

Pteroma) bedeckt war. Über Souweida siehe auch BUTLER, *o.c.*, 370; MAURICE DUNAND, *Le Musée de Soueida. Inscriptions et Monuments figurées*, 1934, 11 ss.: Les Monuments religieux.

scheint, als wirkte hier die alte Sitte der Nabatäer noch nach, ihre Götter im Freien zu verehren: die Cella liegt sozusagen offen im offenen Hof. Die Sitzfigur eines Gottes (nur zum Teil erhalten; *RB*, 44, 1935, 261-263, Pl. IX; N. GLUECK, *Deities and Dolphins*, Pl. 52 c) wird doch wohl in der Cella aufgestellt gewesen sein. Kein Raum ist der Cella, wie z.B. in Si'a, vorgelagert. Die vorn fast offene Cella erinnert an den vorn offenen Altar im Tempel von Khirbet Tannur und vielleicht ist sie aus einem ähnlichen Altar abzuleiten. Wenn wir uns aber nach einer anderen Analogie umsehen, führt uns dies nach Phönikien: hier gibt es kleine (freilich auf einem hohen Unterbau stehende) Breitraum-Zellen mit ganz offener Front [51]. Der Fussboden der Cella liegt in Ramm 68 cm über dem Niveau des offenen Hofes; Stufen sind nicht ermittelt worden. Vielleicht ist an eine hölzerne Treppe zu denken. Im Hauran liegt im Profanbau die erste Stufe der steinernen Treppe bisweilen 2 m über dem Boden und es muss hier eine hölzerne Treppe gegeben haben, welche zu beseitigen war (BUTLER, *Syria*, II A, 1919, 69 und Fig. 48, gegenüber p. 67, Foto).

DIANA KIRKBRIDE meint, Periode A („Peripteral-Tempel") sei nicht später als das zweite Dezennium der Regierung Rabbel's II. (70-106 n. Chr.) zu datieren [52]. Es scheint uns, dass die plumpe Form der pseudo-attischen Basen (*RB*, 44, 1935, Pl. XIII, D. E.) für eine Datierung spät im ersten Jahrhundert v. Chr. zeugt [53]. Sie dürften älter sein als der Altarunterbau II in Khirbet Tannur (*Deities and Dolphins*, Plan. C), welcher aus dem zweiten Jahre der Regierung Aretas' IV. (9. v. Chr.-40 n. Chr.) stammt. Das Anten-Kapitell der Cella zeigt eine ganz schlichte Form (*RB*, 44, 1935, Pl. XIII, F). Der auf drei Seiten errichtete Kammerbau (die Kammern könnten wie in Khirbet Tannur zum Kultmahl gedient haben) mag aus der ersten Hälfte des 1. Jahrhundert n. Chr. stammen. Die Wandfläche zwischen den Halbsäulen (die alten, nun zum Teil eingebauten Säulen) sind verschiedenartig dekoriert. Es gibt Nachahmung (in Stucko) von Quadermauerwerk (*RB*, 44, 1935, 252 s., Fig. 6-7, p. 253-254, Aquarelle nach P. BARROIS), aber auch Dekorationen, welche einen Teppich nachahmen (*id.* 257, Fig. 11, p. 258, *id.*). Alle Wandflächen zeigen eine reiche Farbenwirkung (u.a. rot, gelb, blau, weiss).

Es liegen im Kammerbau, wie schon gesagt, zwei Treppenhäuser, eins in der Südwest- und eins in der Nordwestecke des Gebäudes (Abb. 274). Das nordwestliche misst 3.70 × 3.78 m, das südwestliche ist etwas kleiner. Die Treppenläufe (drei sind erhalten; Breite der Treppen 1.10-1.22 m) liegen um einen steinernen

---

[51] Auch STARCKY weist hin auf das Heiligtum von Marathus (*'amrit*), *l.c.*, 980. — Siehe über Marathus Bd. I, 1970, 463 und Abb. 128, S. 464.

[52] *RB*, 67, 1960, 86; vgl. STARCKY, *Dict. de la Bible*, Suppl. 39, 1964, 979.

[53] Vgl. AVRAHAM NEGEV, in *RB*, 80, 1973, 377.

Abb. 276. Tür und Fenster aus Stein aus Hauran. (M. DE VOGÜÉ)

Pfeiler (*RB*, 44, 1935, 256, Pl. VIII) [54]. Es sind Podesttreppen, die durch ein Fenster beleuchtet wurden (*id.*, Pl. VIII, VIII b, IX). Fenster an nabatäischen Bauten (Abb. 276) hatten für gewöhnlich „une grille, un treillis de bois ou quelque cloison plus élaborié comme le moderne moušarabieh" (*id.*, 278; HORSFIELD). Auch dünne durchbrochene steinerne Platten sind wohl zur Beleuchtung der Räume benutzt worden (*ibid.*).

Die Treppen werden, wie HORSFIELD annimmt, zu einem zweiten Geschoss hinaufgeführt haben (*RB*, 44, 1935, Pl. XII, Querschnitt). Weiter hinauf könnten sie auch zum Terrassendach geführt haben. Hat man auf dem Dach der Kammern geopfert, was sicher möglich ist, liesse sich die Anlage zweier Treppen daraus erklären, dass eine zum Hinaufgehen und eine zum Herabsteigen gedient hat. Es ist aber u.E. auch möglich, dass der 1.57 m breite Tordurchgang der Nordwestseite unbedeckt gewesen ist, d.h., dass der Kammerbau aus zwei selbständigen Flügeln bestanden habe, die je ein Treppenhaus brauchten. Die Nordwestseite des Baues wäre dann als eine Zwei-Türme-Front zu rekonstruieren (vgl. NEGEV, in: *Die Nabatäer*, 1970, S. 28). Der Hof hätte denn auch an dieser Seite — wie an der Südostseite, die nicht durch einen Raumtrakt abgeschlossen war — etwas vom ursprünglichen, offenen Charakter behalten. Sowohl der Tempel in Ramm als das Heiligtum von Khirbet Tannur verrät also u.E. etwas von der ursprünglichen Sitte der Nabatäer, ihre Götter im Freien zu verehren, womit übrigens nicht gesagt sein soll, dass wir damit ein Kriterium zur Datierung der Bauten erhalten haben.

c) *Der Tempel in Sûr.* Das im Ledscha (das grosse Lava-Gebiet im Norden und Nordwesten von Dschebel Hauran) gelegene Heiligtum von Sûr liegt innerhalb eines ca. 40 × 50 m grossen umzäunten Bezirks [55]. Das Heiligtum enthält einen ca. 20 m breiten und 32 m tiefen, auf drei Seiten mit Säulenhallen ausgestalteten Vorhof und ein ca. 10 m breites und 12 m langes Tempelgebäude, dessen Frontseite die Rückseite des Vorhofes bildet (Abb. 277). Links und rechts liegt neben dem Tempelgebäude, davon durch einen Gang getrennt, ein kleiner Raum; sie sind wahrscheinlich als Wachräume zu deuten. Der grosse offene Raum im hinteren Teil des Bezirkes ist sicher nur den Priestern zugänglich gewesen. Der Tempel enthält nur einen Raum: eine ca. 7.70 m breite und ca. 8.77 m tiefe Zella. Es ist aber nicht ausgeschlossen, sagt BUTLER, dass der Tempel einen *pronaos* hatte (es ist nicht untersucht worden; BUTLER, *o.c.*, II A, 430); für die Lage des Tempels als hintere Abschliessung des Vorhofes ist es für uns nebensächlich. Die grosse Tiefe des Vorhofes (32 m) deutet auf eine Trennung der Laien vom Heiligtum. Anderer-

---

[54] Siehe über diesen Treppentypus NEGEV, *The Staircase-Tower in Nabataean Architecture*, *RB*, 80, 1973, 364-383.

[55] BUTLER, *Syria*, Div. II A, 428 f. und Fig. 371, p. 429, Plan und Details.

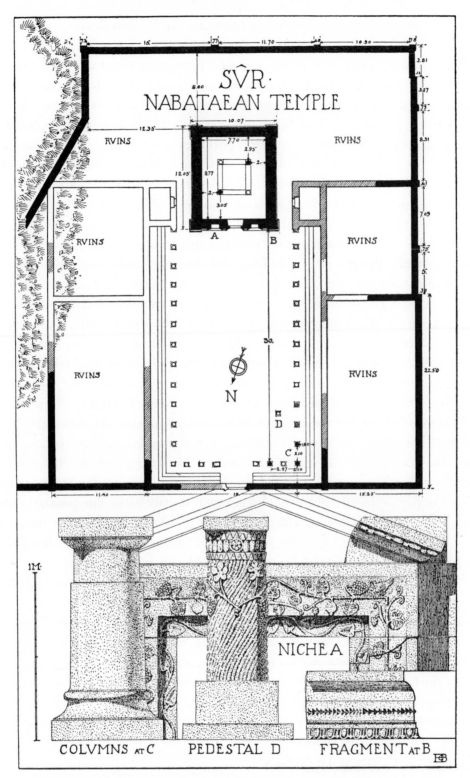

Abb. 277. Nabatäische Tempel in Sür. (H. C. Butler)

seits deutet aber die offene Lage der Tempelfront am Vorhof doch auch darauf, dass man bestrebt war, den Laien mit der Wohnstätte des Gottes bekannt zu machen. Es gibt hier aber nicht, wie in Ramm, eine breit geöffnete Cella; die Cellatür ist von normaler Grösse. Zwei an der Frontmauer vorkommende Nischen mit Dreiecksgiebel und Weinreben-Ornament flankieren den Eingang [56]. Die Säulen der Hallen haben pseudo-dorische Kapitelle, die Basen eine lesbische Kyma mit abschliessenden torus. Die drei Seiten des Vorhofes entlang liegenden Bänke dürften nur zum Sitzen, nicht zum Kultmahl, bestimmt gewesen sein; zum Kultmahl könnten die an den Seiten des Vorhofes gelegenen Räume (die nicht ausgegraben worden sind) gedient haben (vgl. Khirbet Tannur). Auf der oberen Stufe der Bänke werden wohl auch Weihegaben abgestellt gewesen sein.

Im Inneren des Tempelgebäudes standen ursprünglich vier in einem Quadrat gestellte Säulen. Bei dieser Aufstellung der Säulen würde man auch eine exakt quadratische Zella erwarten. Die Zella ist aber wie gesagt im Lichten 7.70 m breit und 8.77 m tief. Es dürfte möglich sein, dass der Architekt die Rechteckform des Grundrisses nach der Rechteckform des Vorhofes bestimmt hatte, um die Einheit der Gesamtkomposition zum Ausdruck zu bringen; anders gesagt, um die sakrale Einheit von Vorhof und Tempelgebäude im Entwurf zu betonen. Architektonischen Wert hatte diese Übereinstimmung natürlich nicht, denn der *naos* ist ganz nach hinten versetzt. Wie der Aufbau des Tempels zu rekonstruieren sei, lässt sich nicht mit Sicherheit sagen; wir dürfen aber wohl annehmen, dass das Dach des Tempels flach war. Die Dreiecksgiebel der Nischen könnten u.E. dafür sprechen, dass die Front des Gebäudes einen nicht-funktionellen Dreiecksgiebel gezeigt habe, doch ist dies nur eine Vermutung. Die Stützen im Inneren werden den Hauptbalken des flachen Daches getragen haben, doch lässt sich daraus nicht die quadratische Aufstellung der Säulen erklären. Leider fehlen genaue Angaben über das Innere; nach dem Plan zu urteilen ist vielleicht anzunehmen, dass das innere Quadrat eine oder zwei Stufen über dem Fussboden der Cella gelegen habe. Wir hätten dann in der Cella eine Art offenes Tabernakel, in dessen Zentrum das Götterbild aufgestellt gewesen sein wird. Dass die Cella nur durch die Tür beleuchtet wurde, dürfte in Anbetracht der verhältnismässig geringen Breite der Tür (etwa 2 m) kaum wahrscheinlich sein. Es könnte je ein Fenster in den Seitenmauern gegeben haben.

Wenn der Tempel auch zum Typus der quadratischen Tempel zu rechnen ist, so hatte die Cella doch die Form eines Langraums. Die in einem Quadrat gestellten Säulen lassen aber darüber kaum Zweifel, dass der Tempel von Sûr von einem regelrechten quadratischen Tempel stammt. Der Architekt hat die Grundform des Gebäudes wie gesagt im Einklang mit der Form des Vorhofes rechteckig gemacht.

---

[56] BUTLER, *o.c.*, Fig. 371, p. 429, Niche A.

Darüber besteht heute wohl Einstimmigkeit, dass die mit vier Säulen ausgestattete quadratische Cella nicht, wie man früher meinte, eine nabatäische Schöpfung gewesen ist. CLARK HOPKINS betont, dass dieser Cella-Typ aus dem Iran stammt [57]. Ein aus der Zeit kurz nach Alexander dem Grossen datierender Tempel in Persepolis enthält einen beinahe genau quadratischen Raum, dessen Decke durch vier im Quadrat gestellte Säulen gestützt wird (*l.c.*, 13, nach einer Skizze von GODARD). Ein aus der Zeit der Achämeniden datierender Tempel in Susa (Abb. 278) enthält einen quadratischen 10 × 10 m grossen Raum, ebenfalls mit vier ähnlich angeordneten Säulen im Inneren (HOPKINS, 11 f. und Fig. 8, p. 12). OTTO REUTHER hatte den quadratischen Plan mit vier im Quadrat gestellten Säulen schon charakteristisch iranisch genannt [58]. Ein seit 1952 bekannter Tempel in Surk Kotal (Baktrien; 1. Hälfte 2. Jahrh. n. Chr.) ist ebenfalls quadratisch mit vier ähnlich gestellten Säulen im Inneren (D. SCHLUMBERGER, *Déscendants non-méditerranéens de l'art grec, Syria*, XXXVII, 1960, 131-166, p. 143 ss. und Fig. 1, p. 143). SCHLUMBERGER sagt dazu: „il me paraît clair que par sa disposition cette cella dérive de l'architecture hypostyle de l'empire perse" (*l.c.*, 145). Die Architektur ist „pseudo-hellenistisch": es gibt

---

[57] CLARK HOPKINS, *The Parthian Tempel, Berytus*, VII, 1942, 1. 18, Fig. 4, p. 6 Tempel in Hatra; „the original Parthian form was probably square" (p. 8); SAMI SAID AHMED, *Hatra, Archaeology*, 25, 1972, Fig. p. 105. Der quadratische Grundriss der parthischen Cella dürfte aus dem urartäischen Tempel abzuleiten sein. Bis etwa 1955 war nur ein urartäischer Tempel bekannt (Toprakkale; unvollständig); seit 1965 „a series of well preserved temples is now available for study" (*AJA*, 69, 1965, 133, MACHTELD MELLINK). Der Grundriss ist stets quadratisch. MACHTELD MELLINK spricht vom „now familiar type" (*l.c.*, 141; mit Lit.). Am besten bekannt ist der Tempel in Altin Tepe, siehe TAHSIN ÖZGÜÇ, *Excavations at Altintepe, Belleten*, XXV, 1961, 278 f.; Ders., in *Anat. Stud.*, XIII, 1963, 22 f.; Ders., *Ancient Ararat*, in *Qadmoniot*, II, Nr. 4 (8), 1969, 137-141 (hebr.) und Fig. 1, p. 138. Die Cella misst im Lichten 5.20 × 5.20 m. „Around the temple twenty column bases in stone stand around the cella, between it and the courtyard wall. They show the existence of a roofed, open gallery around the cella" (*Anat. Stud.*, XIII, 1963, 22). Der Tempel datiert aus dem Ende des 8. oder der 1. Hälfte des 7. Jahrhunderts v. Chr. (*Belleten*, XXV, 1961, 279). Es ist, soweit wir sehen, der älteste bekannte Peripteral-Tempel. — „The very plan of the Tomb of Cyrus, a small box-like building with a gabled roof, below which is a Greek Kyma ( ), reproduces the original appearance of an Urartian temple . . . ." (R. D. BARNETT, *Persepolis, Iraq*, XIX, 1957, 55-77, p. 74). Nach DIEULAFOY umgab eine Säulenhalle den Bau auf drei Seiten (*l'Art antique de la Perse*, I, Pl. XVIII, XX und p. 38 ss., 48 n. 1). Auch bei PERROT-CHIPIEZ, *Histoire de l'Art dans l'Antiquité*, V, 1890, Fig. 376, p. 598); nach HERZFELD soll die Halle aber aus dem Mittelalter datieren (siehe R. PARIBENI, *Architettura dell' Oriente Antico*, 1937, p. 322). Es ist nun doch wohl mit der Möglichkeit zu rechnen, dass diese Halle auf eine alte Anlage zurückzuführen ist. — Der urartäische Tempel war nicht der älteste bekannte quadratische Tempel, denn quadratisch war schon der aus Spätbronze datierende Tempel in Amman (siehe Bd. I, 1970, 403 in Anm. 163, S. 402; S. 417 und Abb. 111). Quadratisch war auch, wie wir gesehen haben, das Debir des salomonischen Tempels (wie das Allerheiligste des ez. und des herod. Tempels). Ob die Form hier selbständig erfunden oder ob sie aus der Umwelt entlehnt ist, lässt sich noch nicht ausmachen. — Die vier Säulen der nabatäischen Cella kommen in Urartu nicht vor; sie stammen letzten Endes wohl aus der Baukunst der Achaemeniden; siehe weiter unten.

[58] In *A Survey of Persian Art*, Ed. POPE, I, 411, bei G. R. H. WRIGHT, *PEQ*, 93, 1961, 35.

orthodoxe korinthische Kapitelle, aber auch solche, wie im Hauran, mit Büste (*l.c.*, 146 und Pl. VI, 5. 6. 7, gegenüber p. 145). Wenn J. STARCKY sagt, die quadratischen Zellen sind iranischen Ursprungs „et leur double parvis s'explique par la nécessité de soustraire le feu sacré à la lumière du soleil" (*Dict. de la Bible*. Suppl. 39, 1964, 941), ist damit über die Funktion des Vorhofes des nabatäischen Tempels natürlich nichts ausgesagt und der Tempel von Sûr hatte keinen doppelten Vorhof. Der Architekt hatte hier vom iranischen Beispiel nur die Form der Cella (übrigens etwas modifiziert) und die vier in einem Quadrat gestellten Säulen übergenommen. Eine andere Frage ist es, ob er mit diesem „Einbau" nicht auch einen neuen Ge-

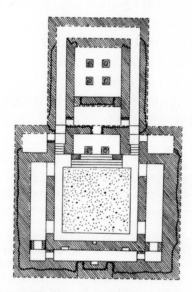

Abb. 278. Apadana in Susa.

danken verbunden haben könnte. Wir meinten in Sûr von einer Art Tabernakel sprechen zu dürfen. Vielleicht darf man noch weiter gehen: die vier in einem Quadrat gestellten Säulen bildeten sozusagen einen offenen Raum und das Götterbild ist damit der Idee nach im Freien aufgestellt, wenn die Cella auch bedeckt war. Dieser Gedanke kommt, so scheint uns, am klarsten zum Ausdruck in Suweida (Abb. 275). Der Tempel (heute verschwunden, siehe *Syria*, XXXI, 1954, 279; E. WILL) hatte im Inneren der Cella an den Schmalseiten drei, an den Langseiten fünf Säulen [59]. Vielleicht haben wir anzunehmen, dass nur der innere Umgang bedeckt, der innere Raum offen war. Die Anordnung der Säulen gibt jedenfalls den Eindruck eines Peristylhofes.

Der Tempel in Sûr ist leider nicht inschriftlich datiert. Da der Tempel von Sahr

[59] M. DE VOGÜÉ, *Syrie Centrale*, Pl. 4; hier Abb. 275.

(siehe unten) den Einfluss des Tempels von Sûr verrät und der Tempel von Ba'al Šamîn in Sî'a (der inschriftlich datiert ist) den Einfluss des Tempels von Sahr, dürfte der Tempel von Sûr aus der ersten Hälfte des 1. Jahrhunderts v. Chr. stammen.

d) *Der Tempel in Sahr* (BUTLER, *o.c.*, II A, 1909, 441 ff., Fig. 387, p. 442, Plan; hier Abb. 279). Der Tempel hat einen etwa quadratischen Vorhof (Breite 17.80 m;

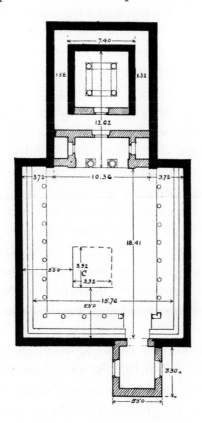

Abb. 279. Nabatäische Tempel in Sahr. (H. C. BUTLER)

Tiefe 18.41 m), an dessen Rückseite nicht, wie in Sûr die Front der Cella, sondern eine von zwei kleinen Gemächern flankierte Säulenvorhalle gestellt ist. Hinter der Vorhalle liegt die von einem Korridor umschlossene, mit vier im Quadrat gestellten Säulen ausgestattete Cella (Aussenmasse 7.40 × 7.40 m; Cella im Lichten ca. 6 × 6 m). Die Cella ist also ganz dem Vorhof entrückt und dies erklärt wohl, dass der Vorhof im Vergleich mit den Tempel in Sûr nur eine verhältnismässig geringe Tiefe hat (in Sûr ca. 32 m; in Sahr 18.41 m). Wie in Sûr hatte der Vorhof auf drei Seiten eine Säulenhalle und Bänke. Da Vorhof und Cella in sakraler Hinsicht eine Einheit bilden, hat der Architekt auch hier dem Vorhof eine mit dem Gebäude

übereinstimmende Form (quadratisch) gegeben. Das im Vorhof eingezeichnete
Quadrat wird ein Altar sein, dessen Grösse (3.32 × 3.52 m) bemerkenswert ist. Es
scheint fast, als habe man die hohe sakrale Bedeutung des den Besuchern kaum
sichtbaren Heiligtums durch den Umfang des Altars klar machen wollen. Vielleicht
haben wir das vor den exzentrisch gelegenen Eingang gestellte Torgebäude im
gleichen Sinne zu deuten: der Vorhof sollte wegen der Heiligheit der Gesamtanlage nicht unmittelbar betreten werden. Eine andere Frage ist es, ob wir dieses
Torgebäude dem Architekten des Tempels zuzuschreiben haben. Die harmonische
Planbildung der Gesamtanlage zeugt eher für das Gegenteil; es sind für die Errichtung dieses Torgebäudes vielleicht die Priester verantwortlich zu machen.

Es ist kaum zu bezweifeln, dass die Nebengemächer der Säulenvorhalle aus den
neben dem Tempel von Sûr gelegenen Gemächern, welche wir als Wachräume
meinten deuten zu dürfen, abzuleiten sind. Beim Tempel in Sahr sind sie nach vorn
gerückt und zu Nebenräumen der Säulenhalle gebildet. Diese hat dieselbe Breite
wie die Cella, was dafür zeugt, dass der Architekt eine harmonische Planbildung
beabsichtigte und auch, dass er *naos* und Vorhalle als eine sakrale Einheit betrachtete.
Dass er eine Vorhalle mit Säuleneingang schuf, lässt sich daraus erklären, dass der
Vorhof auf drei Seiten mit Hallen ausgestattet war: auch die vierte Seite sollte der
Harmonie wegen Säulen haben. Es gibt aber keinen Grund, diese Säulenvorhalle
mit Nebenräumen für eine Schöpfung eines nabatäischen Architekten zu halten,
denn es gibt davon ältere Beispiele [60]. Vorhalle und Nebenräume werden unter
einem flachen Dach gelegen haben und auch für die Cella ist sicher das flache Dach
anzunehmen.

Auch keine nabatäische Erfindung ist der Korridor, welcher die Cella umschliesst.
Der Tempel in Sûr hatte diesen nicht, wie wir sahen. Zum Wesen des „quadratischen" nabatäischen Tempels gehört er demnach nicht. Wie die quadratische Cella
ist der Korridor iranischen Ursprungs. Das älteste bekannte Beispiel bildet der
Tempel in Susa aus der Periode der Achämeniden (M. DIEULAFOY, *L'Acropole de
Suse*, IV, Fig. 264, p. 413, bei HOPKINS, *Berytus*, VII, 1942, Fig. 8, p. 12; Korridor
auf drei Seiten). Einen Korridor auf drei Seiten hatte auch der Tempel in Surkh
Kotal (*Syria*, XXXVII, 1960, Fig. 1, p. 143, SCHLUMBERGER). Einen Korridor auf
vier Seiten hatte der Sonnentempel beim Palast von Hatra [61].

---

[60] Eine Zweistützenvorhalle mit anliegenden Nebenräumen hatte schon der Palast des Niqmepa-
Ililimma in Alalaḫ, 14. Jahrh. v. Chr. (Bd. I, 1970, Abb. 140, S. 503). Eine Zweistützenvorhalle ohne
Nebenräume hatte der achaemenidische Tempel in Susa *Berytus*, VII, 1942, Fig. 8, p. 12; *Studia Palmy-
renskie*, V, 1974, Fig. 19, p. 69; hier Abb. 278).

[61] JOVAN KRUNIČ, *Hatra: L'Architecture des Temples au centre de la ville: questions relatives à leur
reconstruction*, *Rev. Archéol.*, 1964, I, 7-32, Fig. 11, p. 20; *Syria*, XXVII, 1950, Fig. 31, p. 119, AMY;
Berytus, VII, 1942, Fig. 4, p. 6, HOPKINS; hier Abb. 280.

Die Frage ist nun, was den nabatäischen Architekten veranlasst haben könnte, den aus dem iranischen Tempelbau stammenden Korridor am nabatäischen Tempel anzuwenden. Ugo Monneret de Villard hat den Korridor eine iranische Idee genannt, die Idee „of isolating the cella by a corridor that separates it definitely from the outer world" (*The Iranian Temple of Taxila*, in *A Survey of Persian Art*, ed. Pope, I, 445, bei Herwin Shaefer, *Two Gandharan Temples and their Near Eastern sources, JAOS*, 62, 1942, 61-67, p. 61). Man könnte meinen, dass der nabatäische Architekt bei der Übernahme des Korridors ebenfalls durch diese Idee geleitet

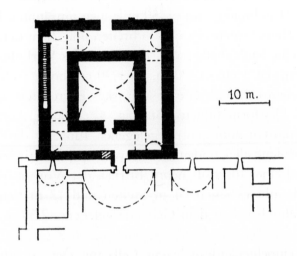

Abb. 280. Quadrattempel in Hatra. (R. Amy)

worden ist. Der Tempel in Sûr zeichnete sich, wie wir sahen, schon durch die rückwärtige Lage im Vorhof aus. Die geringe Breite des Korridors im Tempel von Sahr (1.32 m bzw. 1.56 m) könnte ebenfalls für diese Idee zeugen. Dass aber in Nabatäa der Korridor aus der Idee der Absonderung des Heiligtums zu erklären sei, dürfte kaum wahrscheinlich sein. Beim Duschara Tempel von Sî'a liegt die Cella unmittelbar hinter der Säulenfront und der Eingang hat fast die Breite der Cella! Dass der Korridor unbedeckt war, unterliegt nicht dem Zweifel. Die grosse Breite des Umgangs in Sî'a (Duschara-Tempel 2.40 m; Ba'al Šamîn-Tempel 3.98 m bzw. 4.12 m) macht es mehr als wahrscheinlich, dass der nabatäische Architekt bei der Übernahme des iranischen Korridors die Front seines Gebäudes im Auge hatte. Durch den Korridor erhielt die Front des Heiligtums eine grössere Breite und daraus ergab sich die Möglichkeit, die Fassade monumental zu gestalten. Es ist ein schönes Beispiel dafür, wie Übernahme eines „toten Körpers" (des eines architektonischen Wertes entbehrenden Korridors am iranischen Tempel) zu einer reicheren Ausbildung der Fassade führen konnte [62]. Dies trifft schon zu für den Tempel von Sahr, aber ganz besonders fûr die Tempel in Sî'a.

e) *Sî'a.* α) *Der Ba'al Šamîn-Tempel* [63]. Der 1860 von M. DE VOGÜÉ im Hauran entdeckte Tempel ist erst 1904 und 1909 durch BUTLER genauer untersucht und beschrieben worden. Ausgrabungen sind kaum ausgeführt worden und nach D. SCHLUMBERGER sind heute in Sî'a zwei der drei Tempel, welche es hier gegeben hatte [64], verschwunden; wenn wir recht sehen, gehört dazu der Tempel des Ba'al Šamîn (*Syria*, XXXVII, 1960, 274, n. 2).

Das nach Süden orientierte Tempelgebäude (19.60 m breit und 18.60 m lang) lag innerhalb einen ca. 24 m breiten und ca. 50 m langen umzäunten Bezirk (Abb. 281), dessen südöstliche Hälfte einen etwa 24 m breiten und 21 m tiefen Vorhof bildete, der auf drei Seiten eine Säulenhalle hatte. Die Breite des Vorhofes beträgt zwischen den Säulen ca. 18 m, die Tiefe ca. 20 m. Vier 30 cm hohe Stufen, die sich wahrscheinlich über die ganze Frontbreite des Bezirkes erstreckten und von denen die oberste eine breite Plattform bildete (BUTLER, *o.c.*, 380 f.; Auftritte der übrigen Stufen 46-47 cm), führten zum zentral gelegenen Eingang des Bezirkes. An den Rückwänden der Säulenhallen finden sich „two steps, like the seats of a theatre" (*o.c.*, 368). Aufgrund einer Inschrift nennt BUTLER den Vorhof Theatron [65]. Hinter dem Tempelgebäude gibt es einen 24 m breiten und 12 m tiefen, offenbar ganz offenen Raum, der durch neben dem Gebäude gelegene, 2.50 m breite Gänge betreten wurde.

Die zentral im Tempelgebäude gelegene Cella mit vier „quadratisch" gestellten Säulen (nur eine der Basen *in situ*) ist im Lichten 8.28 m breit und 7.62 m tief; die Mauern sind 76 cm dick. Auf drei Seiten ist die Cella durch einen Umgang umschlossen: auf der Nord- und Südseite ist er 3.98 m breit, auf der Westseite 4.12 m. Ein etwa 10 m breiter und 1.60 m tiefer Raum („Korridor") und eine gleich breite

---

[62] Ähnlich hatte Herodes durch Übernahme der aus der Umwelt bekannten seitlichen Treppenhäuser, der Front des Jerusalemer Tempels den Ansehen eines Grossbaus gegeben.

[63] M. DE VOGÜÉ, *Syrie Centrale*, I, 1865-1877, 31 ss., Fig. 3. 4, p. 32. 33 und Pl. 2. 3. 4; Ders., in *The Recovery of Jerusalem* (WILSON-WARREN), 1871, 419 f.; CL. R. CONDER, *Syrian Stone Lore*, 1896, 211 f.; BUTLER, *Syria* II A, 1919, 365 ff., Fig. 324, 325, 329; p. 373, 375, 381; WATZINGER, *Denkmäler*, II, 1935, 45. — Hier Abb. 282.

[64] Der Ba'al Šamîn-Tempel; der Dušara-Tempel (beide quadratisch) und der südlich gelegene Langraum-Tempel (Gottheit unbekannt).

[65] Die Inschrift (*CIS*, II, 163) bezeichnet den Vorhof als *tytr'* (Theater) „sans doute à cause des cérémonies et spectacles religieux qui s'y déroulaient" (J. STARCKY, *RB*, 73, 1966, 243). — Über diese mit einem „Theater" ausgestatteten Heiligtümer sagt EDMOND FRÉZOULS: „L'unité du sanctuaire à cour rectangulaire est respectée, et c'est à l'intérieur de cette unité que s'organisent les rapports du théâtre et du temple quelle que soit la fonction exacte, difficile à préciser, du premier sur le plan cultuel. L'originalité de cette disposition est d'autant plus assurée que la tradition des salles à gradins est ancienne en Syrie, et probablement antérieur à l'introduction du théâtre proprement dit . . . " (*Recherches sur les théatres de l'Orient Syrien*, Syria, XXXVIII, 1961, 82/83).

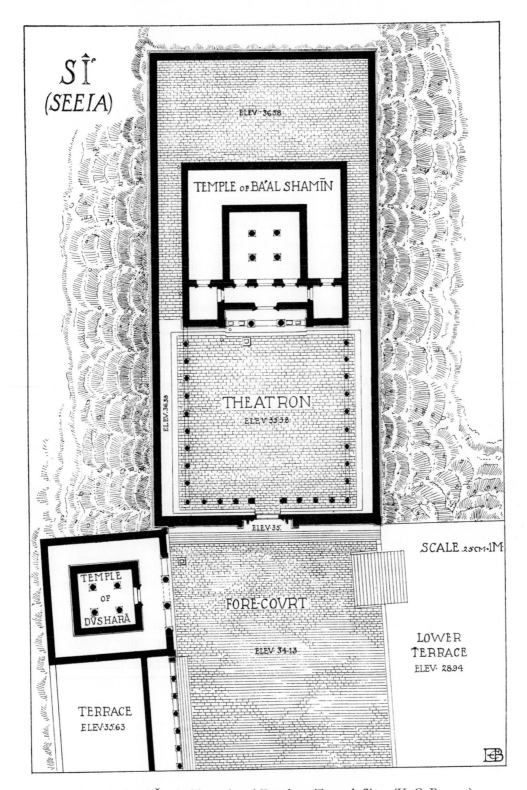

SÎ
(SEEIA)

ELEV· 36.58

TEMPLE OF BAʿAL SHAMÎN

ELEV·36.38

THEATRON
ELEV·35.38

ELEV·35·

SCALE .25CM·1M·

TEMPLE
OF
DVSHARA

FORE-COVRT

ELEV· 34·13

LOWER
TERRACE
ELEV· 28.94

TERRACE
ELEV·35.63

Abb. 281. Baʿal Šamîn-Tempel und Duschara-Tempel. Siʿa. (H. C. Butler)

und gleich tiefe Zweisäulenvorhalle sind der Cella vorgelagert, eingefasst zwischen ca. 3.20 m breiten und ca. 4 m tiefen Eckräumen. Die Säulenvorhalle lag zwei Stufen über dem Pflaster des Vorhofes, der Korridor wieder zwei Stufen über dem Fussboden der Vorhalle. Die Form der Basen ist die eines umgekehrten Kelchs mit Blätterdekoration[66], wie sie auch aus der persischen Architektur bekannt sind. Die Kapitelle haben Akanthusblätter, worüber es zwei Flechten und eine Büste gibt (DE VOGÜÉ, o.c., I, Pl. 3; hier Abb. 282). Die in die Achse gestellte Tür, welche von der Vorhalle aus zum Korridor führte, ist von DE VOGÜÉ mit Sicherheit festgestellt worden. Türen müssen selbstverständlich aus dem Korridor zu den Eckräumen geführt haben. Im von BUTLER veröffentlichten Plan führen drei Türen vom Korridor aus in die Cella, und da eine der Türen durch den Grabungsbefund gesichert ist, sind sicher drei Türen anzunehmen: eine Tür in der Achse ist unbedingt anzunehmen und der Symmetrie wegen ist eine zweite Seitentür notwendig. Es scheint übrigens, dass zur Zeit M. DE VOGÜÉ's die Haupttür noch kenntlich war, denn es heisst: „La branche de vigne en relief qui décore le chambranle de la porte du sanctuaire ne diffère que par la matière de celle qui entourait l'entrée du „Saint" ..." (o.c., 38). Da BUTLER die Seitentür entdeckte, kann DE VOGÜÉ nur die Haupttür im Auge gehabt haben.

Über den Aufbau des Tempels sind DE VOGÜÉ und BUTLER verschiedener Ansicht gewesen. DE VOGÜÉ hatte sich den Vorbau (den vor der Cella gelegenen Teil) zweigeschossig gedacht (o.c., 33 s., 38 und Fig. 4, p. 33: Vue restaurée du temple de Siah): „il formait, je crois, une sorte de pylone contre lequel s'appuyaient une nef centrale et deux bas-côtés" (p. 38). DE VOGÜÉ hatte den Aufbau des Jerusalemer Tempels im Auge (ibid.). BUTLER war der Meinung, dass die Cella zum Teil hypethral gewesen war: der Raum zwischen den vier Säulen sollte unbedeckt gewesen sein, „like the impluvium of a Pompeian house" (o.c., 374). Die drei Türöffnungen, die sicher auch zur Beleuchtung der Cella dienten, machen es aber wahrscheinlich, dass die Cella bedeckt war. BUTLER hatte sich den Umgang bedeckt vorgestellt: „the passage around the inner chamber would be roofed with flat slabs of basalt" (o.c., 378). Der Tempel von Kirbeth Tannur, dessen Innenheiligtum unbedeckt war, war damals noch nicht bekannt. Wir dürfen u.E. annehmen, dass auch der Umgang des Ba'al Šamîn-Tempels in Sî'a unbedeckt war. Der hinter der Vorhalle liegende Korridor wird, wie BUTLER annahm, flach bedeckt gewesen sein und der Dreiecksgiebel, der die Fassade krönte, wird „merely a screen' gewesen sein (BUTLER, 378), d.h. der Giebel wird nur oberhalb der Vorhalle gestanden haben. Wir werden darauf unten noch zurückkommen.

Während DE VOGÜÉ, wie wir sahen, den ganzen Vorbau zweigeschossig rekon-

---

[66] DE VOGÜÉ, *Syrie Centrale*, I, Pl. 3; BUTLER, *Syria*, Div. II A, Fig. 325, p. 375.

Abb. 282. Ba'al Šamîn-Tempel in Si'a. Details der Fassade. (M. DE VOGÜÉ)

struieren wollte, zeigt die von BUTLER vorgeschlagene Rekonstruktion nur zweigeschossige Eckräume (*o.c.*, Fig. 325, p. 375; hier Abb. 283). Da BUTLER die damals
noch vorhandenen Reste der Ruine eingehender als vormals DE VOGÜÉ untersuchen
konnte, dürfte die von ihm vorgeschlagene Rekonstruktion die meiste Wahrscheinlichkeit für sich haben. Eine andere Frage ist es, ob die Eckräume von Anfang an
zweigeschossig gewesen sind. In der Säulenvorhalle, hart an der Front, fanden sich
vier Sockel, worauf Statuen gestanden hatten: eine des Malichus I, des Gründers
des Tempels, eine des Herodes des Grossen und eine des Malichus II. „qui avait
bâti l'étage supérieure du temple" (DE VOGÜÉ, *Syrie Centrale*, I, 35). Wir halten es
für möglich, dass an das zweite Geschoss der Eckpavillons zu denken sei. Weder
DE VOGÜÉ, noch BUTLER erwähnt eine Treppe, welche man doch, wären die „Türme"
von Anfang an zweigeschossig gewesen, erwarten sollte. Ohne das zweite Geschoss
der „Ecktürme" war der Tempel aber ein recht niedriger Bau. Nach DE VOGÜÉ
waren die Säulen der Vorhalle nur 3.15 m hoch (*o.c.*, 34; Durchmesser der Säulen
ca. 52.5 cm). In der Zeit des Malichus II. (40-71 n. Chr.) stand in der Hauptstadt
Petra schon seit langem der mehr als 30 m hohe Tempel Kasr Firaun. Dies könnte
Malichus veranlasst haben, die „Ecktürme" des Ba'al Šamîn-Tempels in Sî'a mit
einem zweiten Geschoss zu erhöhen.

Die Fassade und die Türpfosten der Vorhalle sind reich mit Skulptur und Ornament verziert gewesen, alles im harten Basalt gehauen. Ein Relief, zwei Reiter zu
Pferde darstellend, wird nach der Vermutung BUTLER's im Tympanon des Giebels
gestellt gewesen sein. Es gibt weiter verschiedene Adlerfiguren, die nach BUTLER's
Vermutung u.a. die Spitze des Giebels und die Ecken der Türme zierten. Wir
erinnern daran, dass Herodes später an der Front des Jerusalemer Tempels einen
goldenen Adler anbringen liess. Wichtige Motive der Dekoration bildeten Weinrebe
und Weintraube (Abb. 284). Auch hier sei an den Weinstock in der Vorhalle des
Jerusalemer Tempels erinnert. Pilasterkapitelle zeigen Akanthusblätter (eine Reihe),
Büste und Volute mit herabhängende Weintraube (DE VOGÜÉ, *Syrie Centrale*, I,
Pl. 4).

Auch das Tor des heiligen Bezirks (ca. 2.80 m breit und 3.80 m hoch), war mit
Skulpturen ausgestattet (Abb. 285). Es war mit einem Rundbogen überdeckt und
der Schlusstein zeigte eine Büste mit Strahlenkranz in Hochrelief. Ba'al Šamîn,
„the Lord of Heaven, with the sunrays about his head" [67]. Adler in Rundskulptur,
von BUTLER in der Ruine ans Licht gebracht, krönten wahrscheinlich die Pilaster
neben dem Eingang. Ein im Rundbogen angebrachtes Relief zeigt Reiter zu Pferde
neben einer geflügelten Figur. Auf der Unterseite des Türsturzes ist das Relief

---

[67] BUTLER, *o.c.*, 384, Fig. 330 G, p. 383, Fig. 331 gegenüber p. 384, Foto, Fig. 332, hinter p. 384:
Entrance to Theatron, from a cast now in the Princeton Collection.

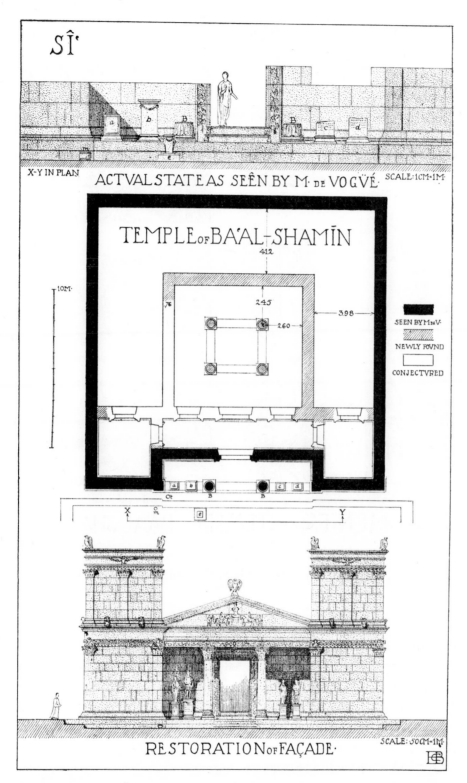

Abb. 283. Baʿal Šamîn-Tempel in Siʿa. Fassade. (Rekonstr. H. C. Butler)

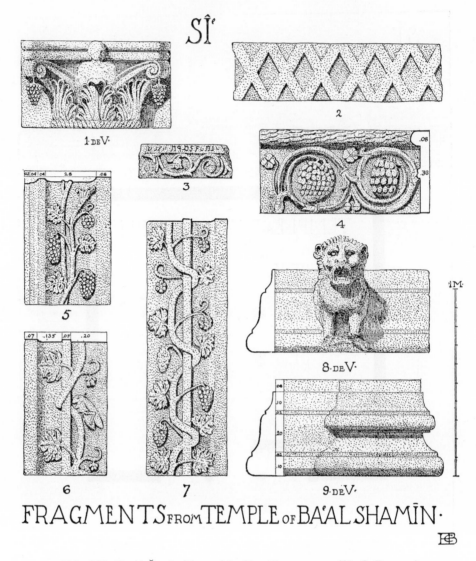

Abb. 284. Baʿal Šamîn-Tempel in Siʿa. Fragmente. (H. C. BUTLER)

eines Adlers mit ausgebreiteten Flügeln; es ist das heilige Tier des Baʿal Šamîn, des Himmelsgottes. Einen mit Sturz und Rundbogen überdeckten Eingang gibt es später vielfach an Synagogen, wo das halbkreisförmige Feld, in dem ein Gitterwerk angebracht war, zur Beleuchtung des Raums diente [68].

Es ist nun die Ableitung des Tempels zu erörtern. Der Tempel enthält die Planelemente des Tempels von Sahr: Säulenvorhalle mit Korridor und Nebenräume,

[68] Siehe Kap. XV, Abschn. II: Synagoge.

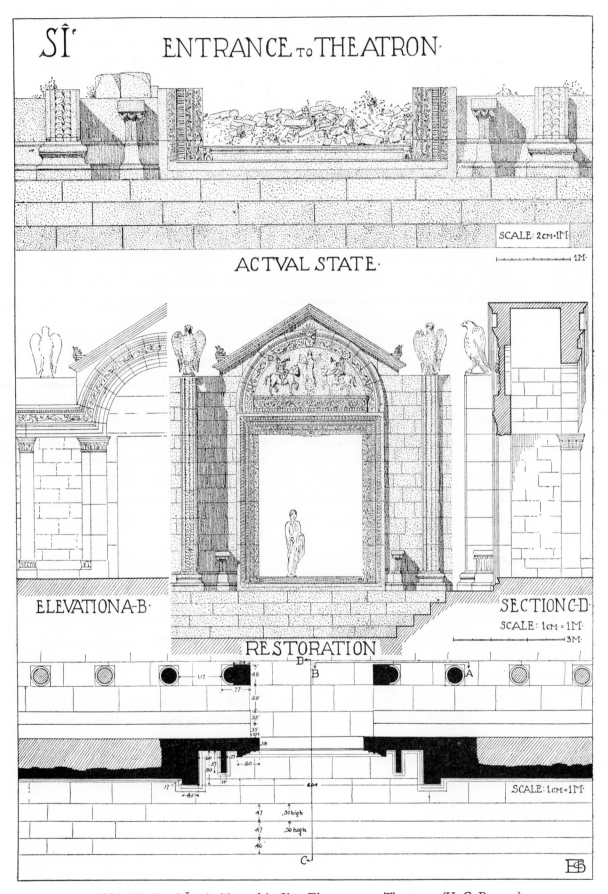

Abb. 285. Ba‘al Šamîn-Tempel in Si‘a. Eingang zum Theatron. (H. C. BUTLER)

Umgang und eine „quadratische", mit vier Säulen ausgestattete Cella. Während aber in Sahr Cella und Vorbau zwei durch den Korridor getrennte selbständige Planelemente bilden, hat der Architekt des Baʿal Šamîn-Tempels die Planelemente zu einer geschlossenen Komposition zusammengefügt. Was er damit beabsichtigte, ist klar genug: die Cella sollte unmittelbar vom Vorbau aus betreten werden. Es wird sich hierin den Einfluss der Tempel in Syrien (siehe Abschnitt II) verraten, wo die Cella stets unmittelbar von der Vorhalle aus betreten wurde. Damit ist aber der Vorraum selber nicht ganz erklärt. Als der Architekt den Grundriss entwarf, hatte er sich selbstverständlich zugleich ein Bild des Aufbaues und der Tempelfront gemacht. Ein klassischer Giebel (Einfluss Syriens) sollte die Front krönen. Ein sich bis an die Cella erstreckendes Satteldach hätte aber die Einheit der Anlage zerstört. Der Vorbau hätte zwar an die Cella angelehnt gelegen, er wäre aber nichtsdestoweniger ein selbständiges Planelement geblieben. Sollte die Einheit der Anlage nicht zerstört werden, mussten Cella und Vorraum unter einem flachen Dach liegen und der Giebel nur über die Säulenvorhalle gestellt werden. Der Giebel war nicht funktionell, er war ein Schmuckstück der Fassade.

Auffällig am Baʿal Šamîn-Tempel, dessen Frontbreite doch etwa 20 m beträgt, ist die geringe Höhe der Säulen (Schafthöhe wie oben schon bemerkt etwa 3.15 m). Die Erklärung könnte in einer Vermutung BUTLER's liegen. „It seems to me not improbable that the inner chamber was an original cella which was surrounded by the greater building at some date considerably later than the original foundation" (*Syria*, II A, 378). BUTLER meinte, dies daraus ableiten zu können, dass die Zellamauern weniger solide ausgeführt worden sind, als die Aussenmauern des Tempelgebäudes (*ibid.*). War die Cella ein schon bestehendes Heiligtum, das aus sakralen Gründen seine ursprüngliche Gestalt behalten sollte, ist der Architekt selbstverständlich gezwungen gewesen, die Höhe der Front danach zu bestimmen.

Aus einer nabatäischen Inschrift ergibt sich, dass der Tempel 33 v. Chr. gegründet ist; die Inschrift ist aber erst 13/12 v. Chr. verfasst worden, also als Sîʿa (seit 23 v. Chr.) unter der Herrschaft des Herodes stand (BUTLER, II A, 1919, 370. 372: die Inschrift bei E. LITTMANN, *Syria. Publications*, usw., Div. IV A, Nr. 100, pp. 76-78). Wie oben schon gesagt, stand in der Vorhalle des Tempels auch eine Statue des Herodes [69]. Am Sockel gibt es nur noch einen Fuss. Der Rumpf, sehr zerstört, fand sich weit davon entfernt; „tout indiquait que cette statue avait été l'objet de violences intentionnelles, sans doute de la part des premiers chrétiens" (DE VOGÜÉ, *l.c.*). Dass die Statue noch zu seinen Lebzeiten aufgestellt worden ist, dürfte sicher

[69] DE VOGÜÉ, *Syrie Centrale*, I, 35.

sein (vgl. BUTLER, *o.c.*, 372) [70]. J. STARCKY meint, der Tempel ist ohne Zweifel mit finanzieller Hilfe des Herodes erbaut worden [71].

β) *Der Duschara-Tempel* [72]. Der Grundriss dieses an der Südwestecke des Ba'al Šamîn-Bezirkes gelegenen Heiligtums ist nicht vollständig erhalten, lässt sich aber mit grosser Wahrscheinlichkeit als eine mit vier Säulen ausgestattete und von einem Korridor umschlossene Cella rekonstruieren (Abb. 286). Die Breite der Cella beträgt im Lichten 7.18 m, die Tiefe war vermutlich ca. 6.50 m (die Rückmauer ist nicht erhalten). Der Korridor, der sicher unbedeckt war, hat eine Breite von 2.40 m - 2.80 m (Frontseite). Dass er nicht dazu diente, die Cella von der Aussenwelt zu trennen, geht klar aus den offenen Charakter der Front hervor: sie zeigt eine ca. 8 m breite Entrée, in der zwei Säulen angeordnet sind. Beim Tempel des Ba'al Šamîn war die architektonische Wirkung der Säulenfront durch die schweren „Türme" herabgesetzt. Beim Duschara-Tempel wird die architektonische Wirkung der Säulenentrée durch die seitlichen Mauerflächen nicht nachteilig beeinflusst. Akzentuiert wird die architektonische Wirkung des Säuleneingangs durch den Rundbogen (unmittelbar auf den Säulen ruhend), der das mittlere Interkolumnium überspannt. Bogensteine sind in der Ruine gefunden worden [73]. Die Basen der Säulen und Pilaster haben eine Plinthe und zwei durch eine scoty getrennte Wülste. Die Kapitelle der Säulen haben eine Reihe Akanthusblätter, Büsten und zwei Voluten (BUTLER, *o.c.*, Fig. 336, p. 388; hier Abb. 287); Halbsäulen und Pilaster haben anstatt einer Büste eine Rosette (*id.*). Die Säulen sind 60 cm dick und, Basis und Kapitell einbegriffen, ca. 5 m gross. Einige in Rundskulptur gearbeitete Adlerfiguren zierten auch diesen Tempel. BUTLER setzt eine davon auf die Giebelspitze; die Cella wird aber ein flaches Dach gehabt haben [74]. In der von BUTLER gezeichneten Rekonstruktion steht das Heiligtum auf einem etwa 1.40 m hohen „Podium" (Abb. 286); es muss also eine Treppe gegeben haben, welche hinaufführte. BUTLER

[70] Die hier gefundene Inschrift (gr. und nab.) lautet: βα]σιλεῖ Ἡρώδει κυρίῳ Ὀβαίσατος Σαόδου ἔθηκα τὸν ἀνδιάντα ταῖς ἐμεῖς δαπάναι[ς:
„I, Obaesatus, son of Saodus, have set up this statue of King Herod, our ruler, at my own expense" (SELAH MERRIL, *East of the Jordan*, 1881, 45). Aus κυρίῳ lässt sich mit Wahrscheinlichkeit schliessen, dass Herodes noch am Leben war (*ibid*; nach WADDINGTON); mit BUTLER ist dies wohl als sicher anzunehmen.

[71] *The Nabataeans: A Historical Sketch*, *BA*, XVIII, 4, 1955, 84-106, p. 99/100. Dass Herodes den Tempel auch selbst gesehen hat, dürfte wohl wahrscheinlich sein. Wie der Architekt des Ba'al Šamîn-Tempels hatte er später (18. bzw. 15. Jahr seiner Regierung, 22. bzw. 25 v. Chr.) durch eine Art architektonischen „Kunstgriff" der Front des Jerusalemer Tempels ein mächtiges Ansehen gegeben. Ist et vielleicht durch das Verfahren in Sî'a angeregt worden?

[72] BUTLER, *o.c.*, 383 ff., Fig. 335, p. 386, Plan und Rekonstr. (hier Abb. 286); Fig. 33 b, p. 388, Details; Fig. 324, p. 373 Lage des Heiligtums.

[73] BUTLER, Fig. 336, p. 388.

[74] Einen nicht-funktionellen Dreiecksgiebel wird, wie wir gesehen haben, der Ba'al Šamîn-Tempel in Sî'a gehabt haben.

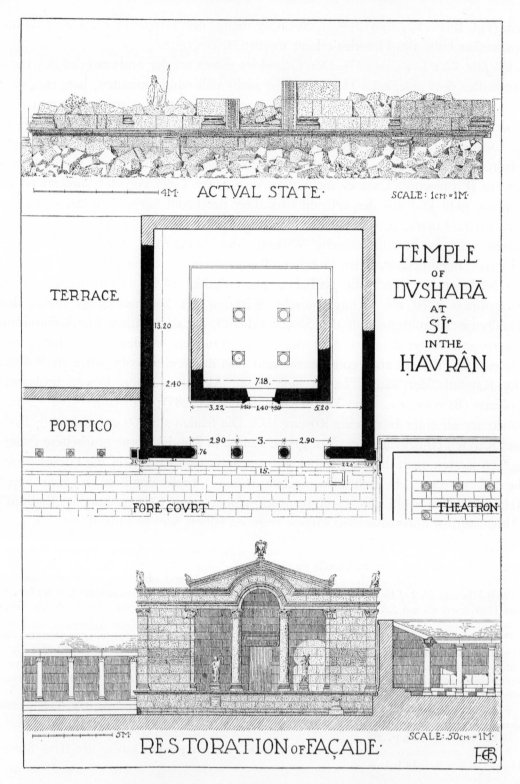

ACTVAL STATE·   SCALE: 1CM·=1M·

TERRACE

TEMPLE
OF
DVSHARĀ
AT
SÎ
IN THE
ḤAVRÂN

PORTICO

THEATRON

FORE COVRT

RESTORATION of FAÇADE·   SCALE: .50CM·=1M·

Abb. 286. Duschara-Tempel in Siʿa. (H. C. BUTLER)

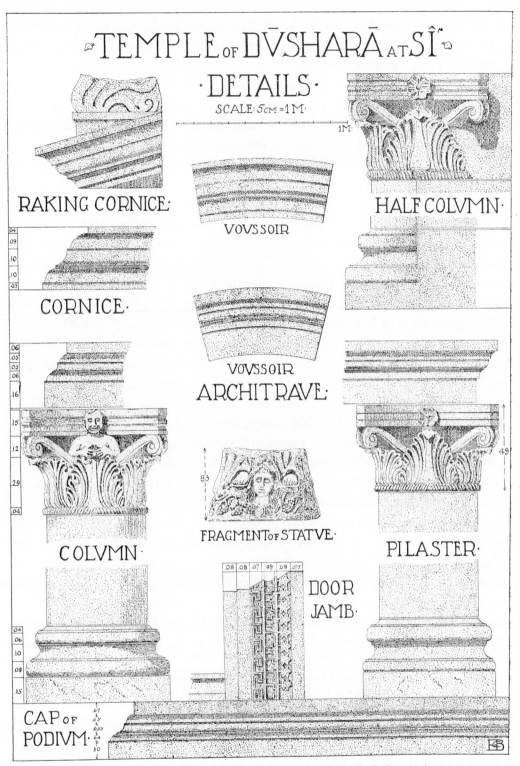

Abb. 287. Duschara-Tempel in Siʿa. Details. (H. C. BUTLER)

schweigt darüber, offenbar hat sie keine Spuren nachgelassen. Eine sechsstufige Treppe könnte wohl vor dem mittleren Interkolumnium gelegen haben [75]. Rechts vor der Front des Tempels stand ein Altar.

Der Duschara-Tempel ist nicht, wie der Ba'al Šamîn-Tempel, inschriftlich datiert. BUTLER wird recht haben, dass er eher am Ende der Periode 33-13 v. Chr. (Periode des Ba'al Šamîn-Tempels) als in der Bauzeit dieses Tempels anzusetzen ist. Die harmonische Bildung der Front und die offenbar etwas jüngeren Formen der Kapitelle (siehe BUTLER, *o.c.*, Fig. 336, p. 388: Duschara-Tempel; Fig. 336, p. 376: Ba'al Šamîn-Tempel) machen dies wahrscheinlich.

f) *Zwei nabatäische Tempel „quadratischen" Grundrisses* seien hier noch erwähnt. In Qasr Gheit in der Wüste des Isthmus östlich von el-Kantara gibt es einen ca. 19 × 19 m grossen Peribolos, in dem eine 7 × 7 m grosse Cella stand [76]. In Umm el-Dschemal, in der Wuste südlich des Dschebel Hauran, südlich von Bosra und östlich von Amman (Philadelphia), entdeckte BUTLER einen Tempel mit Zweisäulenvorhalle, dessen Cella 8 m breit und 6.80 m tief ist [77]. Die Tiefe der Vorhalle beträgt 3.16 m. BUTLER hält es für möglich, dass innerhalb dieses 8 × 6.80 m grossen Raumes „a small inner sanctuary" mit umlaufendem Korridor gelegen habe (*o.c.*, 155). Die verhältnismässig geringe Grösse des Raums macht dies u.E. kaum wahrscheinlich. Nicht jeder nabatäische „quadratische" Tempel zeigte den Typ „a box within a box" (vgl. Tempel in Sûr). Der Tempel könnte die in quadratischen Tempeln üblichen vier Säulen gehabt haben, worüber BUTLER aber nichts berichtet. Dass wir es in Umm el-Dschemal mit einem nabatäischen Heiligtum zu tun haben, unterliegt nicht dem Zweifel: Säulenbasen und Krönung sind denen des Tempels von Sî'a ähnlich. Eine bilingue Altarinschrift (griech. und nabat.) deutet darauf, dass der Tempel dem Gott Duschara geweiht war.

2. *Tempel mit Breitraum-Cella.* a) *Kasr Rabba.* Der Plan dieses im Wâdi-I-Moğîb gelegenen, zuerst von F. DE SAULCY (*Voyage autour de la Mèr Morte et dans les Terres Bibliques*, I, 1853, 343 ss.), dann von BRÜNNOW-DOMASZEWSKI (*Die Provincia Arabia*, I, 1904, 46 f.) und in unserer Zeit von NELSON GLUECK (*The Nabataean Temple of Quasr Rabbah*, *AJA*, 43, 1939, 381-387) beschriebenen Tempels bildet ein 31.85 × 27.10 m grosses breitgelagertes Rechteck (Grundriss bei BRÜNNOW-DOMASZEWSKI, I, Fig. 35, p. 48; danach H. KOHL, *Kasr Firaun in Petra*, 1910, Abb. 21, S. 25; hier

---

[75] Das Podium verrät den Einfluss des römischen Tempelbaus („Podium-Tempel"). Vielleicht haben wir doch auch in den über den Säulen gespannten Bogen eine römische Bauform zu sehen; BUTLER hielt die Form, wie wir sahen, für nabatäisch.

[76] STARCKY, *Dict. de la Bible*, Suppl. 39, 1964, 980. — J. CLÉDAT, *Fouilles à Qasr Gheit*, *Ann. du Service des Antiquités de l'Égypt*, XII, 2, 1913, 145-168. CLÉDAT scheint den Bau nicht für einen Tempel gehalten zu haben, siehe Syria, XXXII, 1955, 153.

[77] BUTLER, 149 ff., Fig. 131, p. 155, Plan.

Abb. 288). Die Orientierung ist nach Osten. An der Frontseite gibt es eine ca. 19 m breite und ca. 3.70 m tiefe Vorhalle mit vier Frontsäulen. Der untere Durchmesser der Säulen ist 1.30 m und die Tiefe der Vorhalle hinter den Säulen beträgt also nur ca. 2.25 m. Zwei ca. 6.50 m breite „Türme" flankieren die Vorhalle. Der in der Mitte der Rückwand der Vorhalle stehende 3.40 m breite Eingang (rechts und links gibt es eine 1.35 m breite Wandnische) führt in die ca. 28 m breite Cella, deren Tiefe nicht genau festgestellt werden konnte. Ausser dem Haupteingang gibt es in der Nordecke der Vorhalle einen 1.40 m breiten zweiten Eingang. Die Gesamttiefe des Raums beträgt ca. 18 m; der hintere Teil wird aber durch zwei 1.40 m

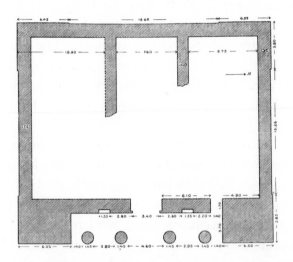

Abb. 288. Nabatäische Tempel in Kasr Rabba. (Brünnow)

dicke Quermauern in drei Räume aufgeteilt, von denen der mittlere 7.60 m, die Seitenräume je 8.75 m breit sind. Der Tempel war aus grossen, gut behauenen Kalksteinblöcken aufgebaut (*AJA*, 43, 1939, 381) und er war offenbar reich mit dekorativen Skulpturen ausgestattet (Beispiele: *AJA*, 43, 1939, Fig. 3 ff., p. 282 ff.; Fig. 13, p. 386: Helios mit Strahlenkranz). Neun Schichten der Mauern sind erhalten.

Wie das Innere des Tempels zu rekonstruieren sei, lässt sich nicht mit Sicherheit ausmachen. H. Kohl hält den dreigeteilten hinteren Teil nach Analogie des Kasr Firaun in Petra für ein dreiteiliges Adyton (*Kasr Firaun in Petra*, 1919, 24 f.). „Die Übereinstimmung des Grundrisses mit dem von Kasr Firaun ist überraschend" (*o.c.*, 25). Die Cella hat fast genau die Breite der Cella in Petra (ca. 28 m). Nach Felix de Saulcy bildeten die Quermauern im hinteren Teil „une *cella* de sept mètres carrés, dont l'aire est prolongée en avant, en arc de circle de trois mètres cinquante centimètres de rayon" [78]. Hier ist vielleicht an halbkreisförmigen Stufen zu

[78] *Voyage autour de la Mer Morte et dans les Terres Bibliques*, I, 1853, 344.

denken, welche zum Adyton hinaufführten. Dafür gibt es mutatis mutandis eine
Parallele in Jerusalem: halbkreisförmige Stufen führten auf der Ostseite zum Eingang des Innenhofes (Middot II, 5). Weiter heisst es bei DE SAULCY: „Tout l'intérieur de l'édifice est encombré de blocs de pierre, de tambours de colonne et de
chapiteaux; c'est un véritable chaos au milieu duquel on a toutes les peines du
monde à marcher et à se reconnaître" (*ibid.*). Die Anwendung von Säulen im Inneren
steht demnach wohl ausser Zweifel, was aber nicht besagt, dass sie in die der Cella
Anwendung gefunden haben. Die hervorspringenden halbkreisförmigen Stufen und
die geringe Breite der Cellatür (3.40 m; am Kasr Firaun ist die Türöffnung 6 m
breit) machen es eher wahrscheinlich, dass die Cella unbedeckt gewesen ist; die
Säulenfragmente könnten aus dem hinteren Teil der Anlage, wo sie an der Front
der drei Räume gestanden haben können, stammen. Die Säulenvorhalle und die
Frontgestaltung des Tempels verrät den Einfluss der Tempel in Sî'a und wie dort
die Cella ganz (Duschara-Tempel) oder zum Teil (Ba'al Šamîn-Tempel) im Freien
liegt, so könnte auch das Adyton des Tempels in Qasr Rabba an einem offenen
Raum gelegen haben.

Interessant ist die Anordnung der Frontsäulen: das mittlere interkolumnium ist
4.60 m, die Seiteninterkolumnia sind 2.80 m breit und die letzten Säulen stehen nur
1.40 m aus der Trumwand. Vielleicht haben wir hierin die Halbsäulen des Duschara-
Tempels in Sî'a (BUTLER, Div. II A, Fig. 335, p. 386) zu sehen. Das mittlere Interkolumnium (4.60 m; Achsenweite ca. 6 m) wird mit einem unmittelbar auf den
Säulen ruhenden Rundbogen überspannt gewesen sein — wie am Duschara-Tempel
in Sî'a. In der Tat heisst es bei DE SAULCY, er habe „un beau claveau portant un buste
d'Apollon à tête nimbée et ornée de rayons" gefunden (*Voyage*, I, 1953, 345). Es kann
sich hier nur um den Schlussstein des Rundbogens und die Büste des Duschara
handeln. Die Vorhalle wird mit einem über dem Rundbogen liegenden Satteldach
bedeckt gewesen sein und die Ecktürme könnten sich etwa bis zu der Höhe des
Dachfirsts erhoben haben [79]. Nach BRÜNNOW-VON DOMASZEWSKI haben in den
Türmen Treppen gelegen (*Die Provincia Arabia*, I, 46). Sie werden u.E. zu einem
zweiten Geschoss und zum Dach der Türme hinaufgeführt haben. Die Front des
Tempels verrät den Einfluss der Tempel in Sî'a: Vorhalle, Ecktürme und Giebel
(nun freilich anders gestaltet) stammen vom Ba'al Šamîn-Tempel, nur gibt es hier
an der Front vier Säulen, am Ba'al Šamîn-Tempel zwei. Der Rundbogen stammt
vom Duschara-Tempel. Die Tempel in Sî'a lassen sich letzten Grundes aus dem
iranischen Tempel ableiten (quadratische Cella mit vier Säulen). Die Breitraum-
Cella von Qasr Rabba findet ihre Parallele in Tempeln Alt-Syriens. Ein nabatäischer

[79] Vgl. ROBERT AMY, *Temples à Escalier*, Syria, XXVII, 1950, 82-136, p. 97, Fig. 14, p. 97, Plan,
nach BRÜNNOW-VON DOMASZEWSKI.

Breitraum-Tempel ist in neuerer Zeit auch in Dhiban (Jordanien) entdeckt worden (*BASOR*, 133, 1954, 6-26, Fig. 1, p. 8; hier Abb. 289).

NELSON GLUECK datiert die Endarbeit am Tempel von Qasr Rabba in die dritte Bauphase des Heiligtums von Khirbet Tannur (*AJA*, 42, 1939, 387) und die dritte Bauphase setzt er in das erste Viertel des 2. Jahrhunderts n. Chr. (*ibid.* und *Deities and Dolphins*, 1966, 138). Skulptur und dekorative Motive am Tempel von Qasr Rabba sind denen des Tempels in Khirbet Tannur ähnlich (*ibid.*). Wie wir unten

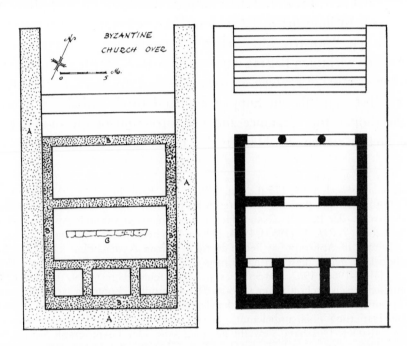

Abb. 289. Nabat. röm. Tempel in Diban. Rekonstr. (G. R. H. WRIGHT)

sehen werden, unterliegt es heute nicht mehr dem Zweifel, dass Kasr Firaun in Petra aus dem Anfang des 1. Jahrhunderts n. Chr. stammt. Die Vorhallengestaltung des Tempels von Qasr Rabba macht es wohl sehr wahrscheinlich, dass dieser Tempel älter ist als Kasr Firaun in Petra, dessen Säulenvorhalle eine entwickeltere Form zeigt. Wichtig für die Datierung des Tempels in Qasr Rabba ist auch, dass NELSON GLUECK dort eine Münze von Aretas IV.-Šaqilath gekauft hat (*AJA*, 42, 1939, 387), die doch wohl an diesem Ort gefunden sein wird.

b) *Kasr Firaun in Petra*. Dieser Bau, der im 19. Jahrhundert von den Reisenden für einen Palast gehalten worden war (Kasr Firaun = Pharaoburg; Kasr Bint Firaun = Burg der Tochter Pharaos), ist schon im Anfang unseres Jahrhunderts durch BRÜNNOW-VON DOMASZEWSKI genauer erkannt und richtig als Tempel gedeutet worden [80]. Der deutsche Architekt und Bauforscher H. Kohl hatte dann 1910 eine wichtige Arbeit über den Tempel veröffentlicht (*Kasr Firaun in Petra*), in der er besonders die Stuckdekoration des Tempels behandelt. Wieder von deutschen Bauforschern erschien 1921 eine Arbeit über Petra, womit besonders der Namen Theodor Wiegand's verbunden ist, denn die meisten Abschnitte, auch der über Kasr Firaun, sind von seiner Hand (W. Bachmann, C. Watzinger, Th. Wiegand, *Petra. Wiss. Veröffentlichungen des deutsch-türkischen Denkmalschutz-Kommandos*, Berlin-Leipzig, 1921, 56 ff., Nr. 15: Zum Kasr Fira'un; Abb. 50, S. 58, Plan, Rekonstruktion von Bachmann). In jüngster Zeit hat der bekannte englische Architekt und Bauforscher G. R. H. Wright, Mitarbeiter der englischen Ausgrabungen in Petra (1959-1960), einen wichtigen Beitrag zur Kenntnis des Kasr Firaun geliefert (*Structure of the Qasr Bint Far'un. A Preliminary review*, *PEQ*, 1961, 8-37, Fig. 1-11, pp. 9-27), der, wie er selbst sagt, als ein Supplement zu Kohl's Arbeit zu betrachten ist, „pending the (hoped for) clearance and reconstruction of the monument" (p. 9). An einigen Stellen stehen die Mauern des Baues noch 23 m hoch an (Wright, *l.c.*, 8).

[80] *Die Provincia Arabia*, I, 1904, 175 ff.; Fig. 199, p. 176, Plan, Fig. 199-203, Rekonstr., Fig. 338-342, p. 307 ff., Foto's; S. 307: Berichte von älteren Reisenden. — Y. Yadin hält es für möglich, dass wir in dem im Archiv der Babatha (Naḥal Ḥever Document) erwähnten Aphrodite-Tempel Kasr Firaun zu sehen haben (*JEOL*, 17 [1963], 1964, 234 ff.). Das betreffende Document (124 n. Chr.) „was issued in the Temple of Aphrodite at Petra: ἐν τῷ ἐν Πέτρα Αφροδεισίῳ ... " (p. 235). Peter J. Parr hatte schon 1967 gegen diese Ansicht Einspruch erhoben (*The Date of the Qasr Bint Far'un at Petra*, *JEOL*, 19 [1965-1966], 1967, 550-557, bes. p. 557). Heute, da feststeht, dass Kasr Firaun unter Aretas IV. (möglicherweise schon unter Obodas II.) zustande gekommen ist (siehe weiter unten), darf man es für ausgeschlossen halten, dass der Tempel der Aphrodite geweiht gewesen ist (1964 war die genaue Datierung noch unbekannt). Kasr Firaun wird, wie J. Starcky annimmt, dem Hauptgott der Nabatäer, Duschara, geweiht gewesen sein, Der Lexikograph Suidas erwähnt ihn unter dem Wort Theusares: „c'est le dieu Arès à Pétra d'Arabie. Le dieu Arès est très honoré chez eux, et surtout celui-là. L'idole est une pierre noire, quadrangulaire, aniconique. Sa hauteur est de 4 pieds (120 cm) et sa largeur de 2 pieds (60 cm). Il repose sur une base recouverte d'or. Ils lui offrent des sacrifices et lui versent le sang des victimes. Telle est leur libation. L'or brille dans tout le temple (οικος) et les offrandes y sont nombreuses" (Übers. Starcky, *Dict. de la Bible*, Suppl. 39, 1964, 988/989). Die Opfertiere wurden geschlachtet bei dem grossen Altar im Vorhof des Tempels (Abb. 294 und 295), „et on apportait le sang jusqu'à l'adyton pour en asperger le bétyle... " Starcky, 989). Der Altar ist 1965 durch Parr untersucht worden; es steht 22 m vor und in der Achse des Tempelgebäudes und musst 13.50 × 12 m (noch etwa 3 m hoch). „The body of the altar was constructed in one unit and the steps set against it" (G. R. H. Wright, in *ADAJ*, XII-XIII, 1967-68, p. 26 f. und Pl. XX, Fig. 5). — Über den schwarzen Stein (betyle) im Tempel von Emesa besitzen wir den Bericht des Herodian (V, 3-4; 3. Jahrh. n. Chr.): Als Varius Avitus Bassianus, Hoherpriester des Sonnengottes Elagabal von Emesa römischer Kaiser wurde und ca. 219 nach Rom kam, brachte er das Symbol des Gottes, einen grossen konischen schwarzen Stein mit. Dieser Stein hatte in einem mit Gold, Silber und Edelsteine dekorierten Tempel in Emesa gestanden (John W. Mckay, *PEQ*, 105, 1973, p. 167). — Peter Parr hält es für möglich, dass Duschara später bildlich dargestellt worden ist. In 1959 wurde das Fragment einer ca. 4 × lebensgrossen marmornen Hand gefunden. „A cult statue some 6-7 m tall would fit comfortably in the space available in the Holy of Holies" (*ADAJ*, XII-XIII, 1967/68, p. 18, n. 25 und Fig. 14, Pl. VIII).

α) *Grundriss und Aufbau.* Der Grundriss (Abb. 290) des auf einem gestuften, mit Marmorplatten verkleideten Podium stehenden und nach Nordwesten orientierten Tempels bildet ein 34 × 34 m grosses Quadrat[81]. An der Frontseite ist ein ca. 28 m breiter und ca. 11 m tiefer viersäuliger Pronaos in antis (KOHL, *o.c.*, Abb. 2, S. 2; unterer Durchmesser der Säulen ca. 2 m; WRIGHT, *l.c.*, 10); durch eine in der Mitte der Rückwand gelegene ca. 6 m breite Tür wird die Cella betreten (Breite der Cella ca. 28 m, Tiefe 8.62 m; KOHL, *l.c.*). An der Rückwand der Cella, gerade in der Achse, liegt das ca. 7 m breite und 9 m tiefe, nach der Cella offene Adyton, dessen rückwärtiger ca. 4 m tiefer höher gelegener Teil aber nur 5.50 breit ist.

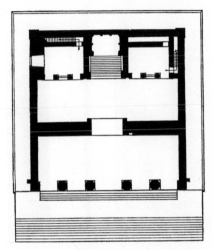 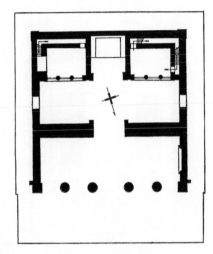

Abb. 290. Kasr Firaun in Petra, Plan. (G. R. H. WRIGHT)

Stufen werden zu diesem hinteren Teil, wo das Kultbild aufgestellt gewesen sein muss, emporgeführt haben (Abb. 291). Links und rechts des Adyton ist eine Exedra, deren Front zweisäulig zu rekonstruieren ist. Treppen in der Rückmauer und Aussenmauer der Exedrai zeugen dafür, dass sie eine Empore hatten. Die Treppen haben eine Breite von etwa 1 m und eine Neigung von 45° (WRIGHT, *l.c.*, 11). Sie führten zu den Emporen und von dort zum flachen Dach. Die Treppe der östlichen Exedra ist nicht, wie WIEGAND angenommen hatte, von der Cella aus betreten worden (*Petra*, Abb. 50, S. 58), sondern von der Exedra aus[82]. Die Treppentür der westlichen Exedra liegt an der Rückmauer des Raums. Interessant ist, dass der Raum unter dem zweiten Lauf der Treppe der Ostexedra (Erdgeschoss) als „Trapkast"

---

[81] KOHL war der Meinung, dass der Tempel kein Podium hatte (*Kasr Firaun*, 5; hier Abb. 293). Neuere Ausgrabungen (1958/59) haben ergeben, dass der Tempel auf einem 2 m hohen Podium stand mit rundherum „a paved court" (*PEQ*, 1960, 133; PARR); vgl. *PEQ*, 1961, 10; WRIGHT.

[82] WRIGHT, *l.c.*, Fig. 2 gegenüber p. 10; nach KOHL (Abb. 2, S. 2) sowohl von der Cella als von der Exedra aus, was kaum wahrscheinlich ist.

Abb. 291. Kasr Firaun in Petra, Cella. (Rekonstr. Ian BROWNING)

(holl.) benutzt worden ist. Die Stärke der Spaltmauern (Treppenmauern) ist 3.15 m, die der Rückmauer des Adyton nur 80 cm. Die Seitenmauern des Pronaos und der Cella sind 1 m dick; die Frontmauer der Cella hat die grösste Breite: 2.70 m.

TH. WIEGAND war der Meinung, dass der Tempel auf drei Seiten von einstöckigen Hallen umgeben war (*o.c.*, 59 und Abb. 50, S. 58). An der Ostwand des Kasr gibt es noch 26 Löcher, in denen die Balken der Hallendecke gelegen haben (*o.c.*, 60 und Abb. 51 b). „Auf der Rückseite und auf der Ostseite [*sic.*; ist Westseite zu lesen, Verf.] sind sie dagegen nicht zu bemerken, vielmehr müssen die Deckenhölzer hier, ohne Einfügung in die Wand, einfach auf dem Gesims gelegen haben" (*ibid.*; siehe weiter unten). KOHL hatte 1910 eine drei Seiten des Gebäudes umschliessende Peristasis unter Reserve für möglich gehalten (*o.c.*, 9). Damals war noch nicht bekannt, dass auf der Ostseite mit Sicherheit eine Halle anzunehmen ist; dies ist erst 1921 festgestellt worden. R. AMY scheint dies nicht beachtet zu haben, denn er schrieb 1950: „le péristyle restitué sur les faces latérales et la face arrière me paraît douteux" (*Syria*, XXVII, 1950, 108, n. 1). AMY hat aber gezeigt, dass WIEGAND's Ansicht, nach der Stuckdekorationen nur von Innenräumen bekannt sind, nicht ganz zutrifft: die Stuckdekoration an der Fassade des Ommaiyaden-Kastells in Kasr el-Heir „restaient sans protection" (*l.c.*). G. R. H. WRIGHT betont, „that all the evidence shows a collonade to exist on the east flank of the Temple (a fact subsequently verified by excavation), yet the lack of beam holes points to its absence on the other sides" (*l.c.*, 10; vgl. p. 30 f. und Fig. gegenüber p. 11: Cross Section E-W; hier Abb. 292). WRIGHT weist darauf hin (er folgt BEYER), dass syrische

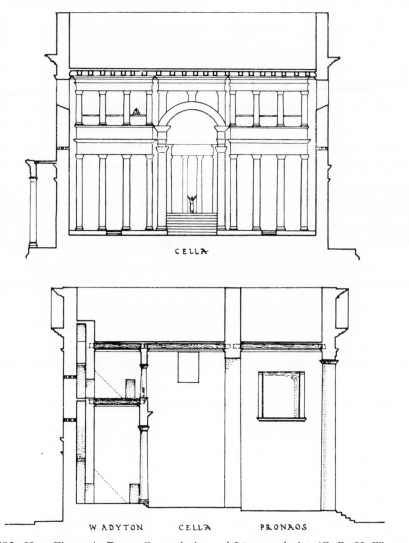

Abb. 292. Kasr Firaun in Petra. Querschnitt und Längenschnitt. (G. R. H. WRIGHT)

Kirchen bisweilen einen Seitenportikus haben, der vom syrischen Wohnhaus abzuleiten ist (*l.c.*, 31). Für unsere Frage hätte dies nur Bedeutung, wenn solche Häuser
sich auch in Petra nachweisen liessen. Es scheint uns, dass für die Lösung des Problems nur nabatäische Tempel heranzuziehen sind. Die Hauptform des Grundrisses,
ein 34 × 34 m grosses Quadrat, berechtigt uns (wenn der Grundriss auch anders
gestaltet ist), an nabatäische Tempel quadratischen Grundrisses zu denken. Es sind,
wie wir sahen Korridor-Tempel, wenn der Korridor auch, wie in Suweida, durch
eine Peristasis gebildet sein kann. Eine Peristasis, welche drei Seiten des Kasr umschliesst, ist mit unserer Kenntnis des nabatäischen Tempelbaus gut vereinbar;
eine nur auf der Ostseite gelegene Halle liesse sich aus dem nabatäischen Tempelbau
kaum erklären. Nun steht aber, wie wir sahen, fest, dass es auf der West- und Rückseite des Gebäudes keine Löcher für die Deckenhölzer gibt. Dass die Deckenhölzer
einfach auf dem Gesims gelegen hätten (WIEGAND), dürfte kaum wahrscheinlich
sein. Jedenfalls ist anzunehmen, dass im Bauanschlag eine Verbindung zwischen
Hallen und Tempelgebäude vorgesehen war. Das Gesims ist etwa 25-30 cm aus-
gemauert (KOHL, *o.c.*, Abb. 16, S. 18). Es könnte ein Langholz mittels Dübel fest
auf dem Gesims gelegen haben und die Deckenhölzer könnten an den Langhölzern
befestigt gewesen sein. Auf der Oberseite des Gesimses muss es dann einige Dübellöcher geben; soweit wir sehen, ist dies nicht untersucht worden. Aber selbst wenn
Dübellöcher fehlen, liesse sich daraus noch nicht mit Sicherheit schliessen, dass nur
die Ostseite eine Säulenhalle gehabt habe. Auch im Altertum haben Bauunternehmer
sicher des öfteren aus Gewinnsucht den Bau nicht ganz gemäss dem Bauanschlag
ausgeführt. Interessant in dieser Hinsicht ist eine Bemerkung WRIGHT's: „Further,
it may be noted that in all sections open to comparison it is apparent that the lower
portions of the wall are more solidly built than the upper, a sophisticated feature"
(*PEQ*, 1961, 22). Aus architekturgeschichtlichen Gründe glauben wir vorläufig,
TH. WIEGAND folgen zu müssen: es ist auf drei Seiten des Kasr Firaun eine Säulenhalle anzunehmen.

Für eine Rekonstruktion des Aufbaus des Tempels gibt es verschiedene Daten.
Reste eines Triglyphenfrieses mit Gesims und krönender Sima hoch an der Ostwand, wo über noch vier Steinschichten erhalten sind (woraus sich schliessen lässt,
dass es über dem Hauptgebälk eine Attika gegeben haben muss), ermöglichten es,
die Front des Tempels mit Triglyphenfries und nicht-funktionellem Dreiecksgiebel
zu rekonstruieren (KOHL, *o.c.*, Abb. 7, S. 8; hier Abb. 293). Reste von Kapitellen
waren damals noch nicht gefunden worden. Kohl nahm korinthische Kapitelle an
(*o.c.*, 5 und Abb. 7, S. 8); WRIGHT denkt offenbar an das typische nabatäische Kapitell (*PEQ*, 1961, Fig. 3, gegenüber p. 11; vgl. hier Abb. 294). Im Jahre 1917 sind
im Trümmerfeld der abgestürzten Südostecke des Kasr Reste eines korinthischen

Eckpilasterkapitells gefunden worden (nach den Resten zu urteilen 1.56 m hoch; Wiegand, *Petra*, 61); es sind also auch für die Säulen wohl korinthische Kapitelle anzunehmen. Das Hauptgebälk zierte die vier Seiten des Tempels. Es bildete ein Glied einer horizontalen Wandgliederung, denn am unteren Teil gibt es noch zwei horizontale, freilich einfachere Gesimse. Über die Dachform des Tempels besteht kein Zweifel: Wright stellte fest, dass die Treppen von den Emporen aus zum

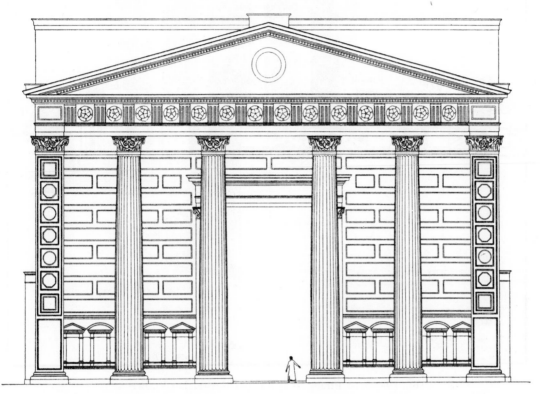

Abb. 293. Kasr Firaun in Petra. (Rekonstr. H. Kohl)

flachen Dach geführt haben müssen; es gibt an der Rückseite der Cellamauer „square emplacements for beams" (Wright, *l.c.*, 27). Die Geschosshöhe der Cella betrug ca. 18 m. Etwa 14 m über dem Fussboden der Cella gibt es etwa in der Mitte der Ostwand (Abb. 295) ein ca. 2 × 3 m grosses Fenster[83]. Wie der Architekt dazu kam, das Fenster so hoch zu setzen, lässt sich wohl erklären: die sehr breite Cella (28 m) erforderte einen hohen Lichteinfall und überdies sollte das Fenster zugleich zur Beleuchtung der Emporen dienen, denn ein eigenes Fenster hatten diese nicht. Nur im Erdgeschoss der westlichen Exedra war ein Fenster angebracht und dies

[83] Kohl. *o.c.*, 12; Kohl meinte, an der Westwand hat es kein Fenster gegeben (*ibid.*) Wright nimmt wohl zu Recht Fenster auf beiden Seiten an (*PEQ*, 1961, 11).

Abb. 294. Kasr Firaun in Petra. (Rekonstr. Ian BROWNING)

liegt ebenfalls gerade unter der Decke (*PEQ*, 1961, Fig. 3 unten, gegenüber p. 11; G. R. H. WRIGHT). Dieses Fenster war mit Metallgitter geschlossen. Wenn KOHL dazu bemerkt: „obwohl hoch genug über dem Fussboden" (*o.c.*, 14; vgl. WRIGHT: „notwithstanding that it was set high up", *PEQ*, 1961, 17) haben die Gelehrten nicht beachtet, dass dieses Fenster auf dem Niveau des Hallendaches gelegen haben muss und ein Gitterverschluss demnach notwendig war (siehe *PEQ*, 1961, Fig. 3 oben, gegenüber p. 11, wo freilich das Fenster irrtümlich im Erdgeschoss der Ostexedra angesetzt ist).

An der Westwand der Vorhalle, ca. 10 m über dem Fussboden, ist eine breite flache Nische (Abb. 295), auf deren Rückwand eine architektonische Stuckdekoration angebracht war (KOHL, *o.c.*, 11). Eine kleine flache Nische findet sich

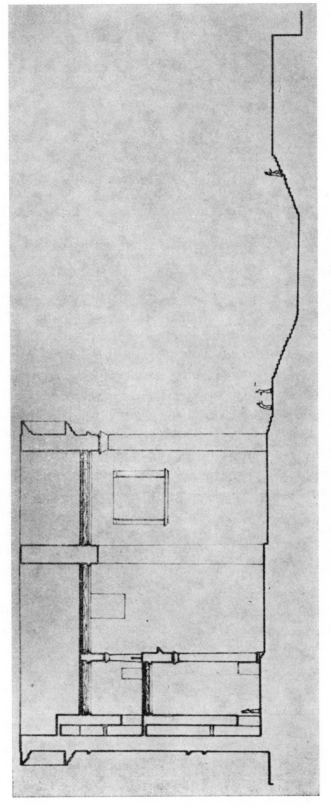

Abb. 295. Kasr Firaun in Petra mit Altar. (G. R. H. Wright)

neben dem Eingang der Cella. Die Cellatür war, wie schon gesagt, ca. 6 m breit und mit einem horizontalen Sturz überdeckt; der Entlastungsbogen, hoch an der Wand, ist erhalten [84]. Nur Kohl spricht über Türflügel. Neben der nördlichen Leibung liegt ein ungefähr quadratischer Stein „auf dem wahrscheinlich ein Torflügel stand" (*o.c.*, 11). Es wäre dann auch auf der anderen Seite, sagt Kohl, ein solcher anzunehmen (*ibid.*). Wir dürfen u.E. wohl mit Sicherheit annehmen, dass die Tür der Cella verschliessbar war. Wo aber Kohl von einem quadratischen Stein spricht, hat Wright Pilaster angesetzt (*l.c.*, Fig. 2, gegenüber p. 10). Wieder anders sieht es bei Wiegand aus. Hier stehen die Pilaster nicht wie bei Wright nach innen, sondern nach aussen (*Petra*, Abb. 50, S. 58). Der mittlere Durchgang des Palastes von Petra hatte eine Tür etwa gleicher Breite (5.80 m; Wiegand, *Petra*, 70 und Abb. 60, S. 69). „Es wäre interessant festzustellen, ob auch die mittlere Tür, wie die seitlichen, verschliessbar ist. Türflügel von 3 m Breite sind ja für antike Bauten nicht unerhört, wie die Nachrichten des Josephus über die Tempeltore von Jerusalem bezeugen" (Wiegand, *o.c.*, 70). Wie wir Kapitel XIII gesehen haben, hatte es am Innenheiligtum des Jerusalemer Tempels 15 Fuss (4.62 m) breite Türflügel gegeben. Die Türleibungen am Kasr Firaun sind offenbar zum Teil zerstört (Kohl, *o.c.*, Abb. 2, p. 2; Wiegand, *Petra*, Abb. 50, S. 58); nur bei der von Wiegand vorgeschlagenen Rekonstruktion liessen sich 3 m breite Türflügel bequem anbringen. Die Frontmauer der Cella war 2.70 m breit, die Türflügel hätten zurückgeschlagen an den Leibungen gestanden und nur wenig über sie hervorgeragt.

In der Mitte der Rückwand der Cella liegt, wie schon bemerkt, zwischen zwei zweigeschossigen Exedrai das Adyton. Die Löcher, in denen die Deckenbalken der Emporen gelegen haben, sind gut erhalten [85]. Der Balkenabstand beträgt 40-50 cm (Kohl, *o.c.*, 13; Wright, *l.c.*, 15). Der rückwärtige Teil des Adyton, wo wie schon gesagt das Kultbild aufgestellt gewesen sein muss, ist offenbar überwölbt gewesen, denn nur so lässt sich die Stärke der Seitenwände (ca. 2 m; Stärke der Rückmauer nur 80 cm) erklären. In der von Kohl vorgeschlagenen Rekonstruktion liegt der Fussboden des Kultraums ca. 2.50 m über dem Fussboden der Cella (*o.c.*, Abb. 12, S. 13). Oberhalb des Tonnengewölbes des Kultraums wird es einen leeren Raum gegeben haben, denn die Cella war 18 m hoch und die an die Wände des Kultraums gefugten Halbsäulen und Viertelsäulen lassen auf eine verhältnismässig geringe Höhe des Kultraums schliessen. Einen leeren Raum oberhalb des Adyton hatte, wie wir Band I gesehen haben, auch der Tempel Salomos und wird uns auch bei syrischen Tempeln römischer Zeit begegnen. Ob der vor dem Kultraum gelegene

---

[84] Brünnow-von Domaszewski, I, Fig. 339, S. 308, Foto; Kohl, Taf. VII; Wright, *l.c.*, Fig. 11, p. 27, Skizze.

[85] Brünnow-von Domaszewski, I, Fig. 340, S. 309; Kohl, Taf. X; Wright, *l.c.*, Fig. 6, p. 16, Skizze.

Treppenraum eine eigene Decke hatte oder ob dieser Raum so hoch wie die Cella war, lässt sich, soweit wir sehen, nicht mit Sicherheit ausmachen. Bei KOHL heisst es zwar, „die Trennung zwischen einem Vorraum und dem erhöhten Tempelchen ist nur im unteren Teile durchgeführt, oben war der Raum durch eine in Stuck gebildete Wanddekoration und ein rings umlaufendes Gesims wieder zusammen-gefasst" (*Kasr Firaun*, 15); daraus lässt sich die Frage, wo die Decke des Treppen-raum gelegen habe, nicht beantworten. Da der Treppenraum keinen Teil des eigent-lichen Kultraums bildet, dürfte es wahrscheinlich sein, dass er so hoch wie die Cella gewesen ist. Interessant ist, dass am Tempel von Kasr Rabba offenbar eine (halbkreisförmige) Treppe vor dem Adyton, also in der Cella, gelegen hatte. Die Frontmauer des Treppenraums des Kasr Firaun könnte wie in der von KOHL vorge-schlagenen Rekonstruktion einen flachen Bogen gezeigt haben (*Kasr Firaun*, Abb. 12, S. 13; WRIGHT, *PEQ*, 1961, Fig. 3: Cross Section E-W, gegenüber p. 11; hier Abb. 292).

Der Tempel hatte, wie schon gesagt, ein flaches Dach. Wir halten es für wahr-scheinlich, dass es gestuft gewesen ist. Ein interessantes Detail lässt sich so am besten erklären. Die Frontmauer der Cella zeigt im oberen Teil zahlreiche kleine Entlastungsbogen, die mit leichterem Material gefüllt sind [86]. KOHL meinte, wahr-scheinlich haben in diesen Bogen dichtgereiht die Deckenbalken gelegen (*l.c.*). Dies hat keine Wahrscheinlichkeit für sich, denn sie sind mit leichterem Material gefüllt gewesen. BRÜNNOW-VON DOMASZEWSKI hatten die Bogen schon richtig als Entlast-ungsbogen gedeutet (*o.c.*, 175; vgl. WRIGHT, *l.c.*, 27). Die Ansicht BRÜNNOW's, nach der die Bogen „die Wand des Giebels trugen" (*l.c.*) war aber, wie WRIGHT betont, verfehlt. Die heutige einem Giebel etwa ähnliche Form der Mauer (*o.c.*, Fig. 339, S. 308; KOHL, *o.c.*, Taf. VII; WRIGHT, *PEQ*, 1961, Fig. 11, p. 27, Sketch) ist bei der Zerstörung, bzw. beim Einsturz des Tempels entstanden. An der Rück-seite der Mauer „it is possible to distinguish square emplacements for beams, arches of the size similar to those on the front and portions of much larger arches com-prehending them" (WRIGHT, *l.c.*). Nach KOHL lagen die Deckenbalken der Cella in rechteckigen Aussparungen (WRIGHT's square emplacements!) auf Abständen von ca. 1.20 m. In der Nordmauer waren noch einige dieser Löcher erhalten (*o.c.*, 11). An der Frontseite der Mauer sind keine Löcher für Deckenbalken ermittelt worden und dies macht es wohl wahrscheinlich, dass die Decke der Vorhalle höher gestellt gewesen ist als die Decke der Cella. Wenn WRIGHT im Hinblick auf die Bogen-reihe sagt: „Thus it seems that in order to construct this portion of the wall (which may have been non-load-bearing) as strongly and lightly as possible, extensive use

---

[86] BRÜNNOW-VON DOMASZEWSKI, I, 175 und Fig. 339, S. 308, Foto; KOHL, 10 und Taf. VII, Foto; WRIGHT, *l.c.*, Fig. 11, p. 27, Skizze.

was made of relieving arches which could be filled with light material" (*PEQ*, 93, 1961, 27), halten wir dies in der Hauptsache für richtig. WRIGHT's Ansicht, dass die Mauer „may have been non-load-bearing", halten wir für verfehlt. Auf dieser Mauer ruhten nicht nur Deckenbalken der Cella, sondern auch die der Vorhalle und sie haben aller Wahrscheinlichkeit nach einige meter höher als die Decke der Cella gelegen. Die Tempelmauern sind bis etwa 6 m über dem flachen Dach (der Cella) aufgemauert gewesen (WRIGHT, *l.c.*, Fig. 3, gegenüber p. 11; vgl. hier Abb. 295), die Vorhalle könnte also sogar 4 m höher als die Cella gewesen sein. Eine Parallele bildet der Jerusalemer Tempel, wo die Vorhalle 90 Ellen hoch, die Zella (das Heilige) nur 60 Ellen hoch war. Die Bogenreihe liegt etwa auf der Höhe des Extrados des über dem Türsturz angebrachten Entlastungsbogens. Oberhalb des Bogens hatte es also unserer Meinung nach noch eine etwa 4 m hohe Mauer gegeben und dies erklärt, dass der Architekt diese Mauer so leicht wie möglich konstruiert hatte: die Bogen sind wie gesagt mit leichtem Material gefüllt gewesen. Es ist aber mehr. Die Bogenreihe bewirkte, dass die oberhalb des Entlastungsbogens der Tür ruhende Last auf die ganze Frontmauer übertragen wurde. An der Rückmauer des Adyton wird uns ein ähnliches konstruktives Verfahren begegnen. Ist das flache Dach, wie wir glauben annehmen zu dürfen, gestuft gewesen, muss es auf dem Dach der Cella eine Treppe gegeben haben, welche zum höher gelegenen Dach der Vorhalle hinaufführte. Die Frontmauer der Cella könnte wohl, wie WRIGHT es angenommen hat, die Höhe der Tempelmauern gehabt haben (*PEQ*, 1961, Fig. 3, p. 11), im oberen Teil ist dann aber eine Türöffnung (im Zentrum, gerade in der Achse der Cellatür!) anzunehmen. Der Teil der Mauer oberhalb des Daches der Vorhalle wird aber eine geringere Stärke gehabt haben, denn es ruhten auf dem oberen Teil keine Balken. In der von WRIGHT vorgeschlagenen Rekonstruktion hat die Mauer oberhalb des Daches (Cella und Vorhalle liegen bei Wright unter einem Dach) die Anlagebreite (2.70 m; *l.c.*, Fig. 3; vgl. hier Abb. 295). Dies hat keine Wahrscheinlichkeit für sich. WRIGHT sagt selbst richtig, dass der Architekt die Mauer so leicht wie möglich konstruierte (*l.c.*, 27), da wird er sicher den oberen Teil der Mauer (oberhalb des Daches der Vorhalle) um die auf dem Entlastungsbogen der Tür ruhende Last zu reduzieren, eine geringere Breite gegeben haben.

β) *Bautechnisches* [87]. Das Baumaterial des Kasr Firaun ist rötlicher Sandstein der felsigen Umgebung (KOHL, *o.c.*, 3). Nach WIEGAND sind alle Bauten Petras in dieser Steinart ausgeführt mit Anwendung von Mörtel (*Petra*, 1921, 7-8: Die Bau-

---

[87] Über die technische Ausführung der nabat. Tempelarchitektur im allgemeinen, siehe A. NEGEV, *Die Architektur der Nabatäer*, in *Die Nabatäer*, herausg. von HANS-JÖRG KELLNER, 1970, 27-31, S. 28. — Über Kasr Firaun sagt I. BROWNING, es ist „a masterly exercise in construction on a monumental scale" (*Petra²*, 1974, 50/51).

technik in Petra). Das Mauerwerk des Kasr besteht aus behauenen 40-60 cm dicken Steinen, „in part solid, in part, when the thickness permits, ashlar faced with a core of rubble and mortar" (WRIGHT, *PEQ*, 1961, 21). WRIGHT weist darauf hin, dass die Mauerkonstruktion „strongly recalls the manner of Roman concrete construction, and is of course, the emplecton of Vitruvius" (*l.c.*; Vitruv II, 8, 7; J. DURM, *Die Baukunst der Römer*, 1905, 207). Wie wir Kap. XIII gesehen haben, ist diese Mauerkonstruktion auch für den Tempel des Herodes in Jerusalem anzunehmen. Die Wände sind innen und aussen stuckiert. Die das nabatäische Mauerwerk kennzeichnende Bearbeitung der Mauerflächen mit schräg laufenden Gruben, zur besseren Anhaftung des Stucks [88] wird für Kasr Firaun, soweit wir sehen, nicht erwähnt, wohl Dübel zur Befestigung der Stuckdekoration. Vielleicht kommt Grubenbearbeitung der Mauerflächen nur am harten Gestein (Basalt; Kalkstein), an dem der Stuck weniger leicht haftet, vor. Das Bemerkenswerteste an der Mauertechnik des Kasr Firaun, sagt KOHL, ist die Verwendung von Holz (*o.c.*, 3; vgl. WRIGHT, *PEQ*, 1961, 22-23: Use of timber). BRÜNNOW-VON DOMASZEWSKI hielten die horizontalen Holzbalken zwischen den Steinschichten für Gerüststützen, „da ein freistehendes Gerüst in dem holzarmen Lande gar nicht zu beschaffen war" (*Die Provincia Arabia*, I, 1904, 176). Es gibt in den Mauern des Kasr Langhölzer und quer gelagerte Hölzer: drei Langhölzer quadratischen Querschnittes, eins an der Innenseite, eins an der Aussenseite und eins in der Mitte der Mauerstärke, die Zwischenräume gefüllt mit Bruchstein und Mörtel (WRIGHT, *l.c.*, 22). Über den Zweck von Holzrosten im Mauerwerk haben wir Band I. (1970, 240 ff.) eingehend gehandelt: es war eine Verstärkung des Mauerwerkes und eine Sicherung gegen Erdbeben. „Die Anwendung von Holzankern in den Mauern war gewiss ganz allgemein" (WIEGAND, *Petra*, 1921, 8; es handelt sich hier nur um Petra). Interessant ist eine Bemerkung WRIGHT's: „several specific instances can be seen of fissures which would have led to collapse, still held together by wood insets" (*l.c.*, 22). Die Holzart ist, wenn wir recht sehen, noch nicht definiert worden. Wir können WRIGHT nicht ganz folgen, wenn er sagt, man habe den Balkenlöchern eine grössere Breite als die Balkenbreite gegeben „to allow for ease of lodging and to permit lateral play in the event of earthquake" (*l.c.*, 15). Das erstere wird richtig sein, das zweite halten wir für kaum wahrscheinlich: die Bodenbretter werden wohl auf den Balken angenagelt gewesen sein.

Ein interessantes bautechnisches Detail gibt es an der Rückmauer des Kultraums:

---

[88] *RB*, 41, 1932, 595-597, Pl. XIX, 2, DE SAVIGNAC; *QDAP*, VII, 1938, 5: „typical Nabataean tooling", Pl. XVII, 3, G. and A. HORSFIELD; *BASOR*, 125, 1952, 16, F. V. WINNETT; *id.*, 133, 1954, 7, DOUGLAS TUSHINGHAM; NELSON GLUECK, *Deities and Dolphins*, 1966, 57. 90, Pl. 205 a; P. C. HAMMOND, *The Nabataeans*, 1973, 77 f.: auch dekorativ angewendet.

diese nur 80 cm dicke Mauer, die balkentragend war, hatte man für zu schwach gehalten und man hatte darum „einen in den antiken Bauten sonst ungewöhnlichen Entlastungsbogen eingefügt der die Auflast den anstossenden stärkeren Mauern zuschiebt" (KOHL, *Kasr Firaun*, 1919, 4 und Taf. IV. XI; vgl. das oben Gesagte über die Bogenreihe an der Frontmauer der Cella). Die Frage ist nun aber, wie der Architekt dazu kam, dieser Mauer eine so geringe Stärke zu geben. KOHL meint, der Architekt habe dadurch eine genügende Tiefe für das Adyton gewährleisten wollen (*o.c.*, 4). Es gibt aber u.E. auch eine andere mögliche Erklärung: der Architekt könnte in der Rückmauer ein Fenster vorgesehen haben; in einer Mauer geringer Dicke gewährt schon ein Fenster kleinster Grösse eine genügende Beleuchtung des Kultraums. Aus Altmesopotamien gibt es ein Beispiel eines Lichtschlitzes in der Rückmauer des Kultraums des Gareus-Tempel in Uruk (parthische Periode), *UWVB*, **VI**, 1935, S. 33 E. HEINRICH).

Nach KOHL lagen die Dachbalken, wie schon gesagt, in Abständen von ca. 1.20 m (*o.c.*, 11). Da die Deckenbalken der Emporen in Abständen von nur 40-50 cm lagen (KOHL, *o.c.*, 13), dürfte es u.E. wahrscheinlich sein, dass die von KOHL genannten Dachbalken Hauptbalken gewesen sind, auf denen quer gelagerte leichtere Balken in geringeren Abständen gelegen haben. Eine über einem Bretterbelag angebrachte mit Kalk gemischte Lehmlage wird die Dachdecke gebildet haben.

Über die in Spaltmauern gelegenen 1 m breiten Treppen, welche zu den Emporen und zum Dach hinaufführten, hat WRIGHT eingehend gehandelt (*PEQ*, 1961, 11 ff. und Fig. 4. 5, S. 12. 13. 25). Einige Läufe sind untermauert, bei anderen ruhen die Enden der steinern Tritte auf der Doppelmauer. Stets bilden die Treppen eine solide Verbindung zwischen den Wangen der Doppelmauer. Wo diese Verbindung fehlt — im oberen Teil des Aufgangs — sind die Wangen durch Steinplatten und vielleicht durch Stangen (aus Holz oder Metall) verbunden gewesen (WRIGHT, *l.c.*, 25). Die Neigung der Treppen war, wie schon gesagt, 45°; die Stufen sind ca. 25 cm hoch mit einem Auftritt von ebenfalls ca. 25 cm.

Die Säulen der Vorhalle standen nicht wie bei griechischen Tempeln auf dem Stylobat, denn der Basenblock reicht tief unter den Fussboden (KOHL, *o.c.*, 5). Stümpfe von Säulen, aus Trommeln gebildet, sind erhalten. Die Trommeln hatten offenbar eine nur geringe Höhe. „Auffällig ist die ausserordentliche flache Schichtung der Säulentrommeln grosser Bauten . . ." (WIEGAND, *Petra*, 1921, 8, wobei WIEGAND auch Kasr Firaun nennt). Nach WIEGAND ist die Verwendung von Klammern beim Quaderbau in Petra zu keiner Zeit üblich gewesen (*o.c.*, 7) und die Säulentrommeln haben sicher nur mit Mörtel aufeinander gelegen. Verankerung der Trommeln wäre eine gute Sicherung gegen Erdbeben gewesen. Darüber heisst es bei DURM (*Die Baukunst der Römer*², 1905, 224/25): „Wie fest ( ) aus aufeinander gedollten Trommeln construierten Säulen zusammenhalten, beweist eine solche in Baalbek, welche gegen die Cellamauer des Tempels geworfen wurde. Statt an den Fügungen auseinanderzugehen, drückte sie im Fallen die Quader der ( ) Mauer ein und blieb ... schräg gegen diese gelehnt stehen, wie wenn sie ursprünglich aus einem Stücke ausgeführt gewesen wäre" [89]. Die grosse Bedeutung von Klammern für den Bestand antiker Bauwerke ist vor kurzen auch von RUDOLF NAUMANN am Zeus-Tempel in Aezani (Anatolien) festgestellt worden. Beim Erdbeben an 30. März 1970 hatte der Tempel schwer gelitten „wobei deutlich zu erkennen ist, wo Bleiräuber die Klammern herausgerissen haben, denn an diesen Stellen haben sich die Fugen geöffnet, an den unverletzten Stellen sind die Fugen geschlossen geblieben. Dies demonstriert in anschaulicher Weise, welche bedeutende Rolle die Klammern für den Bestand antiker Bauwerke spielen" [90].

Wie wir gesehen haben, ist der Architekt des Kasr Firaun mit dem Prinzip des Entlastungsbogens bekannt gewesen (Entlastungsbogen oberhalb des Türsturzes der Cellatür; Bogenreihe am oberen Teil der Cellamauer; Bogen an der Rückmauer des Adyton). Die Cellatür war im Lichten 6.05 m breit (KOHL, *Kasr Firaun*, Abb. 2, S. 2). Die Säulen des mittleren Interkolumnium der Vorhalle haben eine Achsenweite von 7.65 m (KOHL, *o.c.*, 5) und ein Interkolumnium von 5.65 m. Da dürfte es doch wahrscheinlich sein, dass über dem Architrav des mittleren Interkolumniums ein Entlastungsbogen eingemauert gewesen ist, welcher von dem Triglyphenfries und dem nicht-funktionellen Giebel verdeckt wurde. Da die Wände stuckiert gewesen sind, war übrigens der Entlastungsbogen überhaupt nicht sichtbar. Wir meinten oben aus anderen Gründen annehmen zu dürfen, dass die Decke der Vorhalle höher gelegen habe als die Decke der Cella. Vielleicht lässt sich dies nun aus diesem Entlastungsbogen erklären: die Deckenbalken der Vorhalle müssen oberhalb des Extrados des Bogens gelegen haben.

γ) *Die Stuckdekoration.* Die Mauern des Tempels hatten innen und aussen eine Stuckbekleidung und an den meisten Wänden war eine aus architektonischen Motiven zusammengestellte Dekoration angebracht (Abb. 296). KOHL hat sie eingehend beschrieben (*Kasr Firaun*, 1910, 15 ff.). Für KOHL war die Stuckdekoration das Wertvollste des ganzen Bauwerkes (*o.c.*, 26). Eine Beschreibung liegt ausser-

---

[89] Die Säule besteht aus zwei Stücken, sie macht aber den Eindruck, monolith zu sein. Gutes Foto bei AHMED DJEMAL, *Alte Denkmäler aus Syrien, Palästina und Westarabien*, 1917, Taf. 71. „Nicht Menschenhand, sondern Erdbeben haben diese Säulen aus ihrer alten Lage gebracht. Dabei ist eine der stürzenden Säulen gegen die Tempelwand gefallen und hat sich an diese angelehnt" (Taf. 71).

[90] *Wirkungen eines Erdbebens an den antiken Bauten in Aezani*, *AA*, 1971/2, 214-221, S. 216. — Auch die Fuge der Säule in Baalbek ist geschlossen geblieben. In der römischen Baukunst finden sich Dübel und Klammern an Säulen und Pfeilern von der frühesten Zeit an bis zur spätesten (DURM, *Baukunst der Römer*, 183). Warum die Nabatäer diese Technik nicht angewendet haben, bleibt eine Frage.

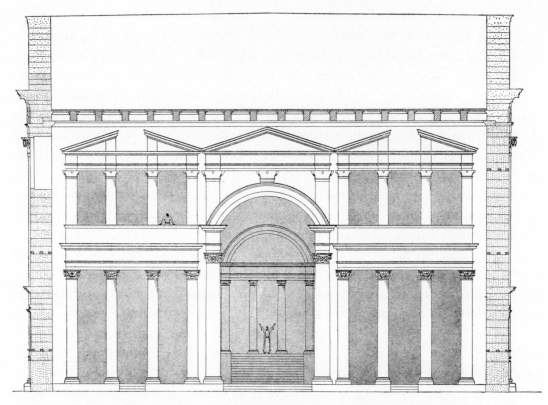

Abb. 296. Kasr Firaun in Petra. Adytonwand. (Rekonstr. H. Kohl)

halb unserer Aufgabe. Nur das in der Dekoration eine grosse Rolle spielende Aedi-kula-Motiv sei hier erwähnt (Kohl, *o.c.*, Abb. 7, S. 8; 8, S. 9; 16, S. 18). Die Archi-tektur von Baalbek zeigt, „in welch vielseitiger Weise im zweiten Jahrhundert n. Chr. mit dem Aedikulamotiv bei der Dekoration der Wände operiert wurde" (Kohl, *o.c.*, 32). Am Kasr Firaun ist das Motiv in Stuckmaterial ausgeführt, in Baalbek ist es in Stein übertragen (*ibid.*) [91].

δ) *Datierung*. Über die Datierung des Kasr Firaun gingen die Meinungen bis vor kurzem auseinander. G. R. H. Wright hatte einige aus dem zweiten Jahrhundert

[91] Das Motiv wird aus der Wandnische an der Front des Tempels in Sûr (Butler, Fig. 371, p. 429) abzuleiten sein; sie könnten als „Opferbecken" gedient haben. — Kohl meint, die peträischen Fels-architekturen seien weniger vom architektonischen Standpunkt aus sondern vielmehr als Wand-dekorationen aufzufassen (*o.c.*, 36). So betrachtet Kohl auch Ḥazne in Petra als eine Wanddekoration im Sinne der pompejanischen Dekorationen (S. 40). K. Wulzinger hatte diese Ansicht abgelehnt (in Wiegand, *Petra*, 1921, 12-28, bes. 19 ff.). Starcky vermutet, dass in Alexandria oder in An-tiochien „il existait effectivement des bâtiments à terrasse comprenant portiques et tholos centrale" (*Dict. de la Bible*, Suppl. 39, 1964, 970). Vgl. G. R. H. Wright, *The Khazne at Petra*, *ADAJ*, VI-VII, 1962, 24-54, der hinweist auf den in Ptolemais (Cyrenaika) ausgegrabenen von G. Pesce veröffent-lichten Palazzo delle Colonne (hier Abb. 265). Pesce sieht in dem Obergeschoss eine „scenic architec-ture" und er weist hin auf Ḥazne in Petra (Wright, p. 45).

n. Chr. datierenden Bauten in Südsyrien vorgeführt, mit denen seiner Meinung nach Kasr Firaun „appears to be related most closely" (*PEQ*, 1961, 32/33). Es sind dies u.a. der Tempel von eṣ-Ṣanamen (191 n. Chr.) [92], der Zeus-Tempel von Kanawat (150-200 n. Chr.) [93], der Tempel von Dmeir (149 n. Chr.) [94], der Artemis-Tempel (150 n. Chr.) und der Zeus-Tempel (163 n. Chr.) von Gerasa [95]. WRIGHT bezog sich auf W. F. ALBRIGHT (*The Archaeology of Palestine*, 165) der betonte, dass erst nach Trajan's Kreierung der Provinz Arabia (106 n. Chr.) die hellenistischen Städte der Dekapolis und zwar besonders unter Antoninus Pius (138-161 n. Chr.) zur Blüte gekommen sind. WRIGHT (1961) meinte, „we may say unhesitatingly that this was the period of the construction of the Qars Bint Far'un" (*l.c.*, 33). Dass Kasr Firaun sich nicht ohne weiteres aufgrund von monumentalen Bauten an anderen Orten datieren lässt, hatte WRIGHT nicht beachtet. Die vorgeführten Bauten zeigen alle eine von Kasr Firaun verschiedene Anlage; es wäre also mindestens wahrscheinlich zu machen gewesen, wie im zweiten Jahrhundert ein so abweichender Grundriss noch vorkommen konnte. Die Cella des Kasr Firaun ist ein Breitraum, die Tempel des zweiten Jahrhunderts sind im allgemeinen Langbauten, auch wenn bisweilen die Cella stark verkürzt ist. Eine dem Kasr Firaun verwandte Anlage zeigt, wie wir gesehen haben, der Tempel in Kasr Rabba, den auch WRIGHT wohl nicht im zweiten Jahrhundert datieren wird. R. AMY wird recht haben, dass dieser Tempel, wie der Tempel in Mahvy (ebenfalls einen Breitbau) [96], vor der Zeitwende zu datieren ist (*Syria*, XXVII, 1950, 125, l. 1: „en tous cas antérieurs à notre ère"). Der Grundriss des Kasr Firaun zeugt also eher für eine Datierung im ersten als im zweiten Jahrhundert n. Chr. Hinzu kommt, dass die Dekoration der Wände ganz in Stuck ausgeführt ist, im zweiten Jahrhundert ist sie (Baalbek z.B.) in Stein übertragen (vgl. KOHL, *o.c.*, 32). Die Dekoration lässt sich, wie KOHL betonte, in der historischen Entwicklung an das durch Priene und Pompeji bezeugte System des ersten pompejanischen Stil anknüpfen (*o.c.*, 29). Die Aedikuladekoration der Langwände und erst recht die Mittelkomposition der Südwand gehen aber über den ersten Stil hinaus (KOHL, *o.c.*, 33). Während KOHL sich über eine genaue Datierung des Kasr Firaun noch nicht aussprach (*o.c.*, 43), war CARL WATZINGER 1935 der Meinung, dass der Bau unter der Regierung des Aretas IV. (9 v. Chr.-40 n. Chr.) zustande gekommen sein muss (*Denkmäler Palästinas*, II, 1935, 77 und Anm. 1). Ähnlich urteilt J. STARCKY (*Dict. de la Bible*. Suppl. 39, 1964, 977/78). Heute unterliegt es nicht mehr dem Zwei-

---

[92] BUTLER, *Syria*, Div. II A, Fig. 289, p. 317, Plan; hier Abb. 311.
[93] BUTLER, Fig. 315, p. 349, Plan; hier Abb. 313.
[94] *Syria*, XXVII, 1950, Fig. 1, p. 84, Plan, Fig. 2, p. 85, Foto; R. AMY.
[95] KRAELING, *Gerasa. City of the Decapolis*, 1938, Pl. XXI und Pl. XXVI, Plan; *Syria*, XXVII, 1950, Fig. 21 (Zeus-Tempel), 22 (Artemis-Tempel), p. 108, R. AMY; hier Abb. 300.
[96] BRÜNNOW-VON DOMASZEWSKI, I, Fig. 67, S. 73, Plan; KOHL, *Kasr Firaun*, Abb. 20, p. 24.

fel, dass Kasr Firaun aus dem Anfang des ersten Jahrhunderts n. Chr., oder dem Ende des 1. ersten Jahrhunderts v. Chr. datiert. Bei Ausgrabungen, ausgeführt durch das Department of Antiquities of Jordan, wurde 1964 auf der Südseite des *temenos* in einer Bank ein Sandsteinblock mit einer dem Aretas IV. geweihten Inschrift entdeckt und auf dem Block hatte offenbar eine Statue des Aretas IV. gestanden. Die Statue ist nicht gefunden worden. Die Inschrift ist aus paläographischen Gründen nicht später als Beginn des 1. Jahrhunderts n. Chr. zu datieren (*Recent discoveries in the Sanctuary of the Qasr Bint Far 'un at Petra, ADAJ*, XII-XIII, 1967-1968, 2-10, pp. 5-6; P. J. PARR). Die Inschrift ist von J. STARCKY und J. STRUGNELL veröffentlicht und übersetzt worden (*RB*, 73, 1966, 236 ss.). Sie datiert aus den ersten Dezennien der Regierung des Aretas IV. (*l.c.*, 240). PARR hatte ursprünglich, wie WRIGHT, Kasr Firaun im zweiten Jahrhundert n. Chr. datiert (*PEQ*, 1960, 133; *ADAJ*, VI-VII, 1962, 13). „This opinion can obviously no longer be sustained" (*ADAJ*, XII-XIII, 1967-p. 17). Wenn PARR nun sagt: „Arguments based on analogy are notoriously weak . . ." (*ibid.*), übersieht er, dass für die alte Datierung gar keine richtigen Analogien vorgeführt worden sind. Dabei wird PARR wohl recht haben, dass Kasr Firaun nicht notwendig aus der Zeit des Aretas IV. zu stammen braucht; der Bau könnte auch unter Obodas II. (28-9 v. Chr.) zustande gekommen sein.

ε) *Ableitung*. Die Übereinstimmung des Grundrisses des Kasr Firaun mit dem Tempel in Kasr Rabba ist schon im Anfang des 19. Jahrhunderts von CHARLES LEONARD IRBY betont worden (H. KOHL, *Kasr Firaun*, 1910, 24/25). Beide Tempel enthalten eine ca. 28 m breite Cella, deren Tiefe in Kasr Firaun 8.62 m beträgt und wahrscheinlich auch für die Cella des Tempels in Kasr Rabba anzunehmen ist. An der Rückwand der Cella gibt es in beiden Tempeln drei in einer Flucht liegende Räume; beide Tempel haben eine von vier Säulen gestützte Vorhalle. Die Vorhallengestaltung des Tempels in Kasr Rabba lässt darüber kaum Zweifel, dass der Tempel eher als Kasr Firaun gebaut worden ist, was übrigens nicht besagt, dass er nicht etwa aus derselben Zeit stammen könne. Jedenfalls ist der Tempel von Kasr Rabba als der Vorgänger des Kasr Firaun zu betrachten. Der wichtigste Unterschied liegt in der Gestaltung der Vorhalle: die Vorhalle in Kasr Rabba hat eine geringere Tiefe (ca. 3.70 m) und sie wird von zwei „Ecktürmen" eingeschlossen. Die Vorhalle des Kasr Firaun ist 10.92 m tief und sie erstreckt sich über die ganze Breite des Tempels. Die Cella des Tempels von Kasr Rabba war wahrscheinlich unbedeckt, die des Kasr Firaun hatte ein flaches Dach. Die grosse Tiefe der Vorhalle des Kasr Firaun lässt sich daraus erklären, dass der Architekt die Hauptform des Grundrisses quadratisch (ca. 34 × 34 m) gemacht hat. Wie die „Ecktürme" des Tempels von Kasr Rabba und die geringe Tiefe der Vorhalle den Einfluss der Tempel in Sí'a verraten, so verrät der quadratische Grundriss des Kasr Firaun den

Einfluss der nabatäischen Quadrattempel (vgl. J. Starcky, *Dict. de la Bible*. Suppl. 39, 1964, 977) [97]. Die grosse Seitenbreite des Tempels (34 m) erforderte eine neue Gestaltung, d.h. eine grössere Tiefe der Vorhalle, sonst wäre die Cella nicht zu bedecken gewesen. Dass die „Ecktürme" preisgegeben wurden, erklärt sich daraus, dass zwischen ihnen nicht vier Säulen architektonisch befriedigend anzuordnen waren, was aus der Vorhalle des Tempels in Kasr Rabba klar hervorgeht.

Für die Ableitung des Adyton mit Seitenräumen (tripartite Anlage) hat Wright hingewiesen auf Tempel der frühhaltsyrischen Periode, besonders auf Tempel in *tell açana* (*PEQ*, 93, 1961, 29 f.; siehe Busink, Band I, 1970, Abb. 144-145, S. 492). Im Hinblick auf den grossen geschichtlichen Abstand hält J. Starcky diese Ableitung für nicht überzeugend. Starcky meint, die dreiteilige Anlage des Adyton sei „le résultat de l'introduction de la chapelle des Sémites dans un temple grec ... Cette chapelle, étant de dimensions réduites, laisse en effet à sa droite et à sa gauche un espace libre diversement aménage" (*Dict. de la Bible*. Suppl. 39, 1964, 977). Wir halten dies für kaum wahrscheinlich. Weder der Tempel von Kasr Rabba, noch der Kasr Firaun hat etwas mit dem griechischen Tempel zu tun. Die drei Räume: Adyton mit Seitenräumen, müssen von Anfang an eine Einheit gebildet haben. Architekturgeschichtlich ist es kaum denkbar, dass ein Raum irgendwo herausgenommen und in den Tempel von Kasr Rabba, bzw. im Kasr Firaun, hineinprojeziert worden sei, woraus denn die zwei Nebenräume entstanden sein sollten. Die tripartite Anlage ist, wie Wright richtig gesehen hat, alt. Das älteste bekannte Beispiel, wenn auch in anderer Form, findet sich in Byblos [98]. Es muss im ersten Jahrhundert v. Chr. in Syrien Breitraum-Tempel mit tripartiter Anlage des Adyton gegeben haben. Der aus römischer Zeit datierende Tempel in Dhiban (*BASOR*, 125 1952, 7-20; *id*. 133, 1954, 6-26; hier Abb. 289), der Tempel von Kasr Rabba und der Kasr Firaun sind davon späte Beispiele. Wright hat den Tempel von Dhiban wohl richtig in diesem Sinne rekonstruiert [99]. Einfluss der syrischen Tempel römischer Zeit verrät sich am Kasr Firaun in der offenen Front und hohen Lage des Adyton. „Der erste Wesenszug, der allen uns bekannten Adytonformen gemeinsam ist, liegt in der Heraushebung des Adytons über den Fussboden der Cella" (D. Krencker und W. Zschietzschmann, *Römische Tempel in Syrien*, 1938, 286). Indem der Architekt zwei Säulen in die Seitenräume anordnete, wollte es vielleicht den

---

[97] Er verrät auch den Einfluss des Korridor-Tempels, denn er hatte, wie wir sahen, auf drei Seiten eine Halle. Es unterliegt nach P. J. Parr überdies nicht dem Zweifel, dass der Tempel auf drei Seiten (Ost, West und Süd) durch die temenos-Mauer umschlossen war (*ADAJ*, XII-XIII, 1967-1968, p. 10).

[98] Siehe Bd. I, 1970, 442 ff. und Abb. 122, S. 442.

[99] *The Nabataean-roman temple at Dhiban: A suggested reinterpretation*, *BASOR*, 163, 1961, 26-30 und Fig. 1, p. 27, rechts. Vgl. A. D. Tushingham, *Dibon*, in *EncAEHL*, I, 1975, 330 f.; hier Abb. 289.

offenen Charakter und die erhöhte Lage des Adyton betonen. Die Seitenräume waren aber zwischen den Anten nur etwa 7.50 m breit; sollte die Sicht in die Seitenräume nicht behindert werden, konnten die Säulen nur eine verhältnismässig geringe Dicke haben. Wir dürfen annehmen, dass dies den Architekten veranlasst habe, die Seitenräume zweigeschossig zu bilden, denn etwa 17-18 m hohe Seitenräume hätten etwa 1.70-1.80 m dicke Säulen erfordert. Die Emporen ermöglichten es, oben und unten kleinere Säulen anzuwenden. Aus einem ähnlichen Grund hat man die Cella griechischer Tempel bisweilen mit Emporen ausgestattet [100]. Die Emporen erforderten die Anlage einer Treppe in der Rückmauer des Tempels und in den Seitenmauern der Emporen. Das Obergeschoss der Seitenräume könnte als Sakristeien gedient haben, im Erdgeschoss links und rechts sind sicher zwei Untergottheiten verehrt worden.

ALBRECHT ALT hat in seinem Aufsatz „Verbreitung und Herkunft des syrischen Tempeltypus" (*PJ*, 35, 1939, 83-99; auch *Kl. Schr.*, II, 100 ff.) drei Adyton-Typen unterschieden: den heliopolitanischen, palmyrenischen und den auranitischen Typus (*l.c.*, 85 ff., 94). Im heliopolitanischen Typus, am besten bekannt aus dem kleinen Tempel von Baalbek (sogen. Tempel des Bacchus) gibt es im offenen Adyton einen baldachinartigen Aufbau [101]. Der palmyrenische Typus ist am besten bekannt aus dem Bel-Tempel von Palmyra: die an beiden Schmalseiten der breitgelagerten Cella gelegenen Adyta haben keinen baldachinartigen Aufbau und sie dehnen sich auch nicht über die ganze Breite der Cella aus. Das südliche Adyton liegt zwischen zwei als Treppenhäuser gebildeten Seitenräumen; das nördliche Adyton hat auf der Westseite ein Treppenhaus und auf der Ostseite einen breiten Nebenraum. Diese Adyta lassen sich als Kammer-Adyton bezeichnen (STARCKY, *Dict. de la Bible.* Suppl. 39, 1964, 977: l'adyton-chambre). ALT's hauranitischer Adyton-Typus ist eine an der Rückwand gelegene Nische halbkreisförmigen Grundrisses, deren oberer Abschluss eine grosse Muschel bildet (ALT, *l.c.*, 92). Auf beiden Seiten der Nische liegt ein mit Türöffnung versehener Raum rechteckigen Grundrisses (Tempel in eṣ-Ṣanamên, BUTLER, *Syria. Princ. Exp.*, 1919, II A, Fig. 289, S. 317; Tempel in Slem, *id.*, Fig. 320, S. 357). Wir können E. WILL nicht folgen, wenn er das Adyton des Kasr Firaun „une sorte de fusion entre l'adytonchambre et l'adyton-abside" nennt [102]. Die Apsis ruht auf dem Niveau der Cella und das Kultbild steht dadurch in unmittelbarer Relation mit der Cella. Es verrät sich hierin die Einwirkung der griechischen und römischen Aufstellung des Götter-

---

[100] E. FIECHTER, in A. FURTWÄNGLER u.a., *Aegina*, I, 1906, 38, bei H. KOHL und CARL WATZINGER, *Antike Synagogen in Galilaea*, 29, *WVDOG*, 1916, S. 179 und Anm. 4.

[101] Siehe weiter unten Abschn II: Tempel in Syrien in römischer Zeit.

[102] *L'adyton dans le temple syrien de l'époque impériale*, *Annales de l'est. Mémoire* Nr. 22, Nancy, 1959, 139, bei STARCKY, *l.c.*, Col. 977.

bildes unmittelbar in der Cella, d.h. ohne Bildung eines Adyton. Das erhöhte Adyton des Kasr Firaun ist ganz nach hinten gerückt, was durch die geringere Breite des Kultraums im Vergleich mit der Breite des Treppenraums optisch noch verstärkt wird. Es verrät sich hierin der ur-semitische Gedanke der Heiligkeit des Kult-objekts, das durch unmittelbare Schau Unheil erregen könnte.

3. *Tempel mit Langraum-Cella.* a) *Der Süd-Tempel in Sîʿa.* „This is a temple of classical plan, executed in almost purely Nabataean detail" (BUTLER, *Syria.*, Div. II A, 393 f., Fig. 341, p. 394, Plan, Rekonstr. der Front, und Details; hier Abb. 297). Es ist ein viersäuliger, auf 2.50 m hohem Podium stehender Prostylos-Tempel. Breite des Podiums 8.30 m, Länge 16.10 m. Die dem Podium vorgelegte Treppe (zwischen Mauerzungen) springt ca. 3.20 m hervor. Die Säulen haben das bekannte nabatäische Kapitell. Der Architekt hatte damit sicher den nabatäischen Charakter des Heiligtums betonen wollen. Die verhältnismässig geringe Tiefe der Cella (12.80 m) im Vergleich mit der Breite (8.30 m) verrät vielleicht noch den Einfluss des nabatäischen Quadrattempels. Welcher Gottheit der Tempel geweiht war, ist nicht bekannt. BUTLER datiert den Bau zwischen 33 v. Chr. und 50 n. Chr. (o.c., 395).

b) *Der peripterale Podium-Tempel in Petra.* Diese grossartige im Herzen der Stadt gelegene Tempelanlage, die von BRÜNNOW-VON DOMASZEWSKI nicht erwähnt wird, ist erst von den deutschen Bauforschern unter der Leitung WIEGANDS untersucht worden (BACHMANN, WATZINGER, WIEGAND, *Petra*, 1921, 41 ff. und Beilage II, Plan). Das etwa 12 m breite und 28 m lange nach Norden orientierte Tempelgebäude mit Peristasis (vier Säulen an der Front, sechs an der Rückseite), steht in einem ca. 31 m breiten und 55 m tiefen auf drei Seiten mit Säulenhallen ausgestalteten Innenhof. Auf der Ost- und Westseite gibt es überdies je eine Reihe von 13 kleine Kammern. Sie sind wohl, wie am Jerusalemer Tempel, als Schatzkammern bzw. Magazine zu deuten. Eine zum Teil in das Podium eingeschnittene Treppe führt zu der Cella empor. Das Tempelgebäude enthält ausser der ca. 22 m tiefe Cella eine Opisthodomkammer. „Ob ein Allerheiligstes im Inneren der Cella abgeteilt war, wie oft in Syrien üblich lässt sich nicht erkennen (WIEGAND, *o.c.*, 44). Der Tempel ist sicher, wie der Süd-Tempel in Sîʿa, mit Satteldach und funktionellen Dreiecksgiebel zu rekonstruieren (vgl. BROWNING, *Petra*, 1974, Fig. 83, p. 142; hier Abb. 298).

Im Norden, tiefer gelegen als der Innenhof, ist ein geräumiger Vorhof, zugänglich über eine im Norden gelegene 5.60 m breite etwa 30 Stufen enthaltende Treppe (Stufenhöhe 17-18 cm, Breite der Auftritte 38-40 cm, WIEGAND, *o.c.*, 41). An der Ost- und Westseite gibt es je eine zweischiffige Säulenhalle. Eine Art Fore Court hatte auch der Baʿal Šamîn Tempel in Sîʿa; in Petra ist er aber klar als Planelement der Anlage gebildet. Eine hohe, sich über der ganzen Breite des Vorhofes (31 m)

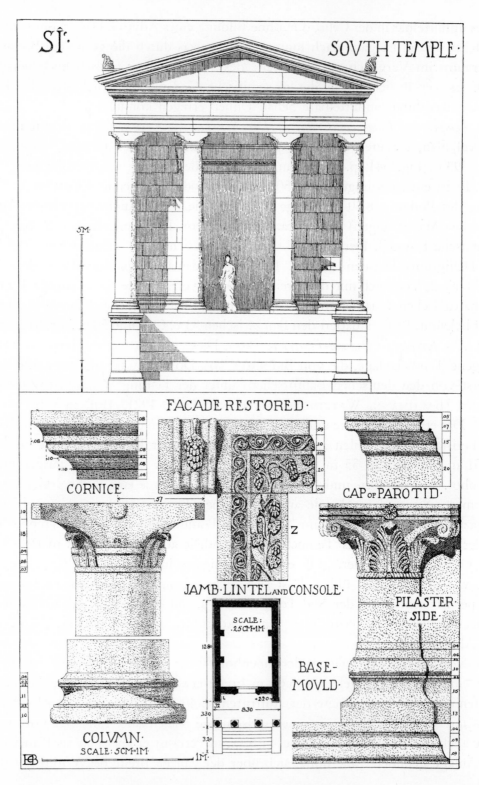

Abb. 297. Südtempel in Si'a. (H. C. Butler)

Abb. 298. Allat-Manātu-Tempel in Petra. (Rekonstr. Ian BROWNING)

erstreckende Treppe, führt vom Vorhof zum Innenhof hinauf. Einen ähnlichen Vorhof mit breiter zum Innenhof hinaufführenden Treppe hatte im römischen Syrien der grosse Tempel in Kalat Fakra, Libanon (KRENCKER-ZSCHIETSCHMANN, *Römische Tempel*, Taf. 20).

Welcher Gottheit der Tempel geweiht war lässt sich nicht mit Sicherheit sagen (WIEGAND, *o.c.*, 44). Die Lage in der Mitte der Stadt macht es aber wahrscheinlich, dass er das Heiligtum des Stadtgottes gewesen ist. Nach DALMAN war *Allat-Manātu* die Patronin der Stadt (*Petra und seine Felsheiligtümer*, 1908, 52). Es ist also an den Tempel der Manātu zu denken (vgl. BROWNING, *Petra*, 1974, 142). Anlage und Aufbau des Tempels besagen klar, dass die Nabatäer dabei ganz den Einfluss des hellenistisch-römischen Tempelbaus Syriens erlegen sind. Nur in Details und Technik verrätet sich der Eigenwille der Nabatäer. Die korinthischen Kapitelle sind vom Ḥazne-Typus (WIEGAND, *o.c.*, 43).

Über die Datierung besteht keine Sicherheit. Das Grossartige der Anlage liesse an die römische Zeit (nach der Annexion 106 n. Chr.) denken. Doch hat dies keine Wahrscheinlichkeit für sich. Die vier Frontsäulen der Peristasis lassen eher vermuten, dass der Tempel kurz nach Kasr Firaun (ebenfalls vier Frontsäulen) zu datieren ist. Er könnte aus der Zeit des Malichus II. (40-70 n. Chr.) datieren. Mit BROWNING ist aber zu vermuten „that the site has been occupied by a temple, however large or small, from the time of the earliest urban occupation of the city area" (*o.c.*, 140). Nur Ausgrabungen können uns über die Baugeschichte des Manātu-Tempels belehren.

II. TEMPEL IN SYRIEN IN RÖMISCHER ZEIT

1. *Umschau.* DANIEL KRENCKER und WILLY ZSCHIETZSCHMANN, die die Ruinen römischer Bauten im Libanon, im nördlichen Teil der Beka, im Gebiet des Antilibanon und des Hermon untersucht haben, beschreiben nicht weniger als 42 Tempel[103]. Nordsyrien, die Mitte des Landes und Ostsyrien mit Baalbek und Palmyra haben sie ausser Betracht gelassen[104]. Auch fehlen alle Tempelreste in den östlichen Teilen des Antilibanon und viele im Hermongebiet, über die alte Reisende berichten (ALT, *ibid.*). Syrien ist mit Tempeln übersät gewesen. Über Tempel in Nordsyrien berichtet H. C. BUTLER[105], über einige Tempel der Provinz Arabia R. E. BRÜNNOW - A. VON DOMASZEWSKI[106]. Die Tempel von Baalbek und Palmyra sind von deutschen Bauforschern unter der Leitung THEODOR WIEGAND's untersucht und beschrieben worden[107]; französische, Syrische, polnische und schweizer

---

[103] *Römische Tempel in Syrien. Archäologisches Inst. des deutschen Reiches. Denkmäler antiker Architektur*, Bd. 5, 1938.

[104] A. ALT, *Verbreitung und Herkunft des syrischen Tempeltypus*, PJ, 35, 1939, 83-99, 84, Anm. 1.

[105] *Syria*, Div. II A, 1919, 297 ff. (nabat. und röm. Bauten).

[106] *Die Provincia Arabia*, I, 1904, 175 ff. (nabat. Bauten).

[107] Baalbek: WIEGAND u.a., *Baalbek, Ergebnisse der Ausgrabungen und Untersuchungen in den Jahren 1898 bis 1905*, I, 1921, II, 1923; Palmyra: WIEGAND u.a. *Ergebnisse der Expeditionen von 1902 und 1917. Archäol. Inst. des deutschen Reiches Abt. Istanbul*, 1932. — Eine vorzügliche Abhandlung über Tempel und Kulte Syriens veröffentlichte der grosse OTTO EISSFELD († 1974): *Tempel und Kulte syrischer Städte in hellenistisch-römischer Zeit*, AO, 40, 1941.

Bauforscher haben die Tempel von Palmyra genauer untersucht[109], englische die Bauten in Petra[109].

Die betreffenden Tempel datieren aus dem 1-3. Jahrhundert n. Chr., nur wenige sind freilich inschriftlich datiert. Mit Ausnahme des Bel-Tempels in Palmyra (ein „altorientalischer" Breitbau mit Knickachs-Cella Abb. 299) gehören sie fast alle zum Langraum-Typus, auch dann, wenn die Zella breiträumig ist[110]. Das Tempelgebäude enthält fast ohne Ausnahme einen Pronaos, eine Cella und ein Adyton (Abb. 300). Keinen regelrechten Pronaos hatte z.B. der Zeus-Tempel (Abb. 300 links) in Dscheras (Gerasa)[111]. Es gibt Anten-Tempel, Prostylos-Tempel und Peripteral-Tempel[112] ionischer oder korinthischer Ordnung. Bauten dorischer Ordnung scheinen nur in der Frühzeit vorzukommen. Die Säulen der Hallen im heiligen Bezirk des Nabo-Tempels in Palmyra (1. Jahrh. n. Chr.) hatten dorische Kapitelle[113]. Die Tempel im Hermongebiet sind ionisch (KRENCKER-Z., *o.c.*, 281), im übrigen

[108] ALBERT GABRIEL hatte 1925 Untersuchungen in Palmyra durchgeführt: *Recherches archéologiques à Palmyre*, Syria, VII, 1926, 71-92, Pl. XI gegenüber p. 74, Plan (WOOD und DAWKINS hatten schon 1753 einen Plan der Ruinen bekannt gemacht: *Les Ruines de Palmyre*, London 1753, Plan p. 38, bei GABRIEL, p. 72). — HENRI SEYRIG, *Antiquités Syriennes 17: Bas-reliefs monumentaux du temple de Bel à Palmyre* (Syria XV, 1934, 155-186); PAUL COLLART, *Le sanctuaire de Baalshamin à Palmyre. Fouilles Suisses*, 1954. 1955. 1956 (*AAS*, VII, 1957, 67-90); Ders., *Reconstruction du Thalamos du Temple de Baalshamin à Palmyre* (*AAAS*, XIX, 1969, 21-24); P. COLLART et J. VICARI, *Le sanctuaire de Baalshamin à Palmyre. Topographie et architecture*, I-II, Inst. Suisse de Rome, 1969; ADNAN BOUNNI-NASSIB SALIBY, *Six nouveaux emplacements fouillés à palmyre* (*AAS*, XV, 2, 1965, 121-138); KAZIMIER MICHALOWSKI, *Palmyre. Fouilles Polonaises*, I, 1960, II, 1962, III, 1963, IV, 1964, V, 1966; Ders., *Rapport prélimenaire de la septième Campagne des fouilles polonaises à Palmyre* (*AAAS*, XVII, 1967, 9-15); ANNA SADURSKA, *Rapp. prel. de la huitième camp. des Fouilles Polonaises à Palmyre en 1966* (*AAAS*, XXII, 1972, 117-123, p. 129-150 [1968-1969], 157-159: H. KALAYAN, *The Geometry of Proportioning in Plan and Elevation of the temple of Baalschamen in Palmyra*, Pl. I-VI, p. 160-165); MICHAL GAWLIKOWSKI, *Le Temple palmyrenien, Palmyra* VI, 1973; Ders., *Les Défenses de Palmyre*, Syria, LI, 3-4, 1974, 231-242, Pl. IX-XIV; M. J. VERSTEEGH, *Pools-nederlandse opgravingen in het westelijk stadsdeel van Palmyra, 1974-1975*, Phoenix 21 [1975], 1976, 6-14; H. J. W. DRIJVERS, *Het Heiligdom van de godin Allat, id.* p. 15-34; Schöne Luftbilder von Palmyra: DORA POLK CROUCH, *Use of aerial photography at Palmyra: A Photoessay, Berytus*, XXIII, 1974, 71-80.

[109] Hier arbeiteten für die British School of Archaeology in Jerusalem, P. PARR, C. M. BENNETT und G. R. H. WRIGHT (1958 ff.). Es sei noch erwähnt, dass der Triumphbogen von Petra, wie bei den Untersuchungen festgestellt wurde, ein regelrechtes Tor war, an der Ostseite mit freistehenden Säulen, was eine Datierung im 2. Jahrh. n. Chr. ausser Zweifel stellt. „It is now certain that the arch forms a functional gateway to the Sanctuary area to the west, for the fittings to hang the doors are now abundantly clear" (*PEQ*, 1961, 126 und Fig. 2, p. 125, WRIGHT).

[110] Tempel in Slem, BUTLER, *o.c.*, Fig. 320, p. 357; hier Abb. 307. — Den Rundtempel in Baalbek (WIEGAND, *Baalbek*, II, 1923, S. 91, Abb. 130) und den Exedra-Tempel halbkreisförmigen Grundrisses (KRENCKER-ZSCHIETZSCHMANN, Taf. 117, Nr. 20) lassen wir ausser Betracht.

[111] C. H. KRAELING, *Gerasa. City of the Decapolis*, 1938, Pl. XXVI; das Pteron ist hier zugleich Vorhalle.

[112] Unter den 42 von KRENCKER-ZSCHIETZSCHMANN untersuchten Tempeln gibt es nur 7 regelrechte Peripteral-Bauten (*o.c.*, 279).

[113] *AAS*, XV, 2, 1965, 130, ADNAN BOUNNI-NASSIB SALIBY.

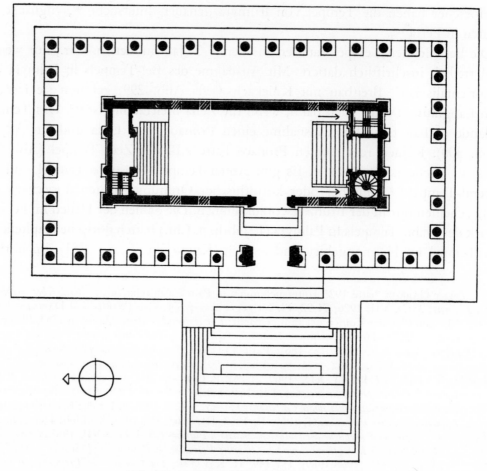

Abb. 299. Bel-Tempel in Palmyra (R. AMY)

Syrien herrscht die korinthische Ordnung vor, wenn auch das Kapitell oft eine heterodoxe Form zeigt.

Der Tempel hatte wohl stets in einem umzäunten heiligen Bezirk gestanden (Abb. 301), wenn im von KRENCKER-ZSCHIETZSCHMANN untersuchten Gebiet Reste von Bezirksmauern auch nur selten festgestellt werden konnten (*o.c.*, 275). Reste sind erhalten in Hösnn Soleiman (*o.c.*, Taf. 31. 37/38), Kalat Fakra (*id.*, Taf. 20) und Kasr Naus (*id.*, Taf. 5/6). Palmyra und Dscheras (Gerasa) sind gute Beispiele für die Lage des Tempels innerhalb einem umzäunten heiligen Bezirk [114]. Wo es in einer Stadt mehrere Tempel gibt, stehen diese im allgemeinen in einem eigenen heiligen Bezirk. In Palmyra steht der im Osten der Stadt gelegene Tempel des Bel

---

[114] Palmyra: *MUSJ*, XXIV, 1941, Plan hinter p. 68, J. STARCKY; hier Abb. 302; *Studia Palmyrenskie*, V, 1974, Fig. 8, p. 53. — Gerasa: KRAELING, *o.c.*, Plan I; EISSFELDT, *AO* 40, 1941, Abb. 2, S. 11.

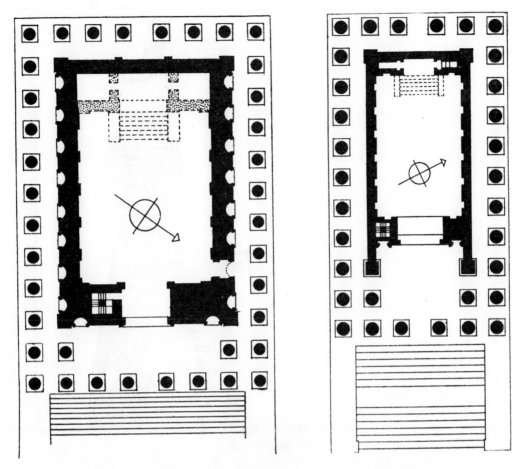

Abb. 300. Zeus-Tempel und Artemis-Tempel in Gerasa. (H. KRAELING)

in einem ca. 200 × 200 m grossen mit Säulenhallen umgebenen quadratischen Bezirk (Abb. 302). Weiter nach Westen findet sich in einem eigenen Bezirk (trapez-artigen Grundrisses) der Tempel des Nabo (Abb. 303). „Le temple de Nabo a le plan classique d'un sanctuaire syrien: un *propylée* occupant le milieu d'un mur du *péribole* et une *cour intérieure* à portiques avec une *cella* au centre" (ADNAN BOUNNI-NASSIB SALIBY, *AAS*, XV/2, 1965, 128 und Plan 3 im arab. Teil). In Baalbek steht der sogenannte Bacchus-Tempel hart neben aber ohne Verbindung mit dem Haupt-heiligtum des Jupiter[115]. In Hössn Sfiri liegen innerhalb des heiligen Bezirks drei

---

[115] HENRI SEYRIG, *La Triade héliopolitaine et les temples de Baalbek*, Syria, X, 1929, 314-356, p. 316. — Die Anfänge des Jupiter-Tempels (Abb. 306) reichen in die seleukidische Zeit; er war damals als Peripteros mit 10 zu 20 Säulen geplant. Unter Nero (54-68) wurde der Bau als Peripteros von 10 zu 19 Säulen weitergeführt. Unter Antoninus Pius (138-161) wurde der Hof mit den barocken Hallen ausgestattet. Die Propyläen sind unter Septimius Severus (193-211) und Caracalla (211-217) zustande gekommen und erst im 3. Jahrh., unter Philippus Arabs (244-249) ist der sechseckige Vorhof hin-zugekommen (A. VON GERKAN, *Die Entwicklung des grossen Tempels von Baalbek*, in *Corolla Ludwig*

Abb. 301. Hössn Soleiman. Zeusbezirk. (Rekonst. KRENCKER-ZSCHIETZSCHMANN)

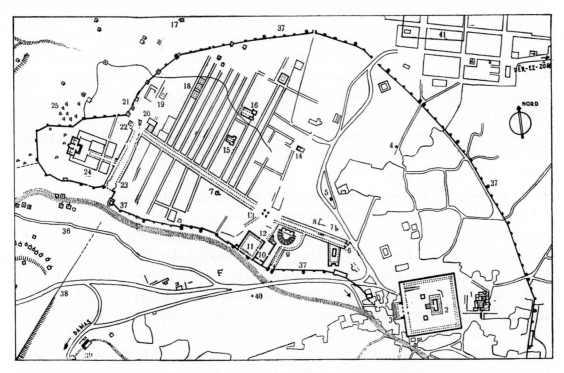

Abb. 302. Stadtplan von Palmyra. (J. Starcky)

Kultgebäude dicht beieinander[116]. Das notwendige Komplement zum Tempel bildet der im heiligen Bezirk vor oder neben dem Tempel stehende Altar. Vor dem Tempel des Jupiter in Baalbek stand ausser dem für tägliche Opfer bestimmten Altar ein turmartiger Altar, der möglicherweise nur an Feiertagen benutzt wurde[117].

Curtius, 1937, 55-59, bei O. Eissfeldt, *Tempel und Kulte, AO*, 40, 1941, 42). — Donald F. Brown betont, dass das Hexagon-Motiv in Syrien mit der Belverehrung verbunden war. Das Nordadyton des Bel-Tempels in Palmyra zeigt in der Decke sieben „planetary divinities arranged around and within a hexagon". „I now postulate that the hexagonal court at Baalbek is simply a monumentalisation of what was used as an astrological ceiling-ornament at Palmyra" (*The Hexagonal Court at Baalbek, AJA*, 43, 1939, 285-288, p. 287). Die dreissig Säulen des sechseckigen Säulenumgangs könnten, meint Brown, die 30 Tagen des Sonnenmonats symbolisieren (*ibid.*). Es ist eine mögliche Erklärung für diese ungewöhnliche Bauform „which was in opposition . . . . to the dominant axial architectural theories of the period" (*ibid.*). — Daniel Schlumberger hält es für möglich, dass im Zentrum des sechseckigen Hofes ein heiliger Baum gestanden habe (*La cour hexagonale du sanctuaire de Jupiter à Baalbek, BMB*, XXIV, 1971, 3-9). Die Form des Hofes ist damit natürlich nicht erklärt. Die Darstellung des Tempels auf einer röm. Münze zeigt in der Tat einen Baum (Cypresse), siehe A. Champdor, *L'acropole de Baalbek*, 1959, Fig. hinter p. 72.

[116] Krencker-Zschietzschmann, 276 und Abb. 38; vgl. Durm, *Die Baukunst der Römer*², 1905, 580 und Abb. 668, S. 590, Plan: Tempel auf dem Kapitol von Sbeitla (Sefetula); 139 n. Chr.

[117] Paul Collart et Pierre Coupel, *L'autel monumental de Baalbek. Inst. français d'archéologie de Beyrouth, Bibliothèque archéologique et historique*, t. LII, 1951. Nach den Autoren (Coupel ist Architect) soll der Altar aussen ganz mit Bronze verkleidet gewesen sein (p. 87 s.). Der kleine Altar soll nur von den Priestern benutzt gewesen sein. „Au contraire, par les larges corridors et les quatre escaliers

In Palmyra stand der Altar nach Norden zu verschoben vor dem Bel-Tempel; nach Süden zu stand ein für sakrale Waschungen bestimmtes Wasserbecken [118]. Die Anlage des heiligen Bezirkes römischer Tempel in Syrien unterscheidet sich von der Anlage in Jerusalem dadurch, dass eine zweite (innere) Umzäunung des Heiligtums fehlt; eine Ausnahme bildet die aus der Spätzeit datierende Anlage des Jupiter-Tempels in Damaskus [119].

Der oft nach Osten orientierte Tempel steht fast stets nach römischer Bauweise auf einem Podium (Podientempel zu unterscheiden vom griechischen Stufentempeln). In der römischen Baukunst haben übrigens, wie DURM (*Die Baukunst der Romer*², 1905, 574) betont, Stufen- und Podientempel wohl miteinander abgewechselt. Das Podium römischer Tempel ist etwas ganz anders als der Sockel des Jerusalemer Tempelgebäudes; es ist eine selbständige Bauform mit eigener, nach oben abschliessender Profilirung (Abb. 304). Der Sockel des Jerusalemer Tempels bildet einen Teil der aufgehenden Mauern. Am Anten-Tempel (B) von Hössn Sfiri, wahrscheinlich aus der frühen Kaiserzeit, fehlt ein Podium; eine sechs Stufen hohe Freitreppe führte nichtsdestoweniger zum Tempel empor: das Terrain senkt sich nämlich nach Osten zu (KRENCKER-ZSCHIETZSCHMANN, *o.c.*, 24 ff.; Abb. 38-45, Taf. 15). Auch am Bel-Tempel in Palmyra fehlte ursprünglich ein Podium, was erst durch spätere Untersuchungen bekannt wurde. B. SCHULZ hatte angenommen, dass der Tempel auf einem ringsum vorspringenden Podium gestanden hätte (in WIEGAND, *Palmyra*, 1932, 127 ff.: Das Grosse Hauptheiligtum des Bel, S. 128). Das Podium ist aber erst entstanden, als das Niveau des *temenos* erniedrigt worden war; damals ist hier eine Mauer errichtet worden und entstand, was J. STARCKY ein „faux podium" nennt (*MUSJ*, XXIV, 1941, 16). Die von R. AMY vorgeschlagene Rekonstruktion des Bel Tempels zeigt einen sechsstufigen Unterbau = Stufentempel (*Syria*, XXVII, 1950, Fig. 17, p. 102; hier Abb. 305). Der Tempel des Ba'al

qui le parcouraient, notre monument [sc. der grosse Altar] était acessible à des multitudes, qui pouvaient aisément en gravir les degrés, tout usés par elles, jusqu'à la terrasse supérieure .... " (p. 44; Pl. LXIV Perspective des deux autels; Pl. I-II Les temples de Baalbek, avec les deux autels; Pl. IV-XCVI Plan, Schnitte und Details). — Dass der grosse Altar (ca. 20 × 21 m und ca. 18 m hoch (*o.c.*, 13 und 66) ganz mit Bronze verkleidet gewesen ist, wird von R. AMY, vielleicht zu recht, bezweifelt (*Rev. Archéol.*, XLI. 1953, 51). C. BRADFORD meint, dass die Frage, ob auf den Turm geopfert wurde, noch offen bleiben muss (*AJA*, 57, 1953, 156).

[118] *MUSJ*, XXIV, 1941, 21 und Plan Palmyra hinter p. 68, J. STARCKY; *Studia Palmyrenskie*, V, 1974, Fig. 8, p. 53.

[119] J. SAUVAGET, *Le Plan Antique de Damas*, Syria, XXVI, 1949, 314-358, Fig. 1, p. 316: Le Temple de Jupiter. — Aussenmasse des Innenhofes 100 × 155 m. „Tout autour de ce péribole se develloppait une vaste esplanade que fermait, sur ses quatre faces, une robuste muraille que nous appellerons „l'enceinte extérieure" (p. 315). Das Tempelgebäude (A in Fig. 1, p. 316) ist verschwunden. Der Niveauunterschied zwischen Innenhof und Aussenhof war im Altertum vermutlich 5.40 m (32 Stufen, p. 320). Für die Opfertiere wird es eine im „Podium" eingeschnittene Rampe gegeben haben (*ibid.*).

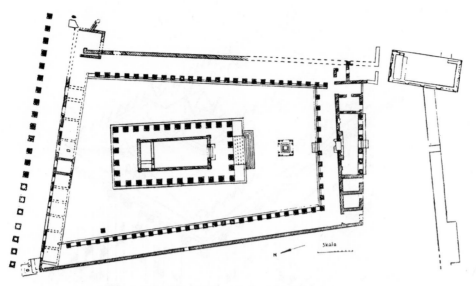

Abb. 303. Nabo-Tempel in Palmyra.

Abb. 304. "Bacchus"-Tempel in Baalbek. (Th. WIEGAND)

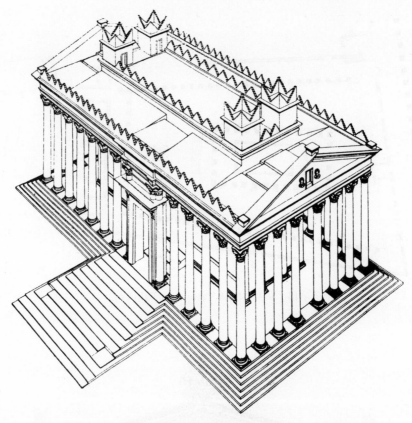

Abb. 305. Bel-Tempel in Palmyra. (Rekonstr. R. Amy)

Šamîn (130 n. Chr.) in Palmyra hatte ebensowenig ein Podium (WIEGAND, *Palmyra*, 1932, 122-126 und Abb. 154-156, S. 122-124, B. SCHULZ). Der Tempel ist 1954-1956 durch Schweizer Bauforscher neu ausgegraben und untersucht worden [120], mit grossem Erfolg für die Kenntnis der Adytongestaltung. Wir werden darauf unten noch zurückkommen. Das Fehlen eines Podiums, sagt STARCKY, „est conforme à la tradition sémitique, où c'est le péribole tout entier qui est exhaussé" (*MUSJ*, XXIV, 1941, 57). Der dem Gott Nabo geweihte, östlich des Theaters in Palmyra liegende Tempel (Abb. 303; von den deutschen Bauforschern damals als „korinthischer" Tempel bezeichnet) hatte aber ein 2.15 m hohes Podium, „das an zwei Zungen an der Südmauer vorspringt" (WIEGAND, *Palmyra*, 1932, 108 ff. und Abb. 152, S. 115: Aufbau des Sockels (Podium) und S. 115). Der Tempel ist 1963-1964 von ADNAN BOUNNI und NASSIB SALIBY neu ausgegraben und untersucht worden [121]. Aus einer 1963 gefundenen Inschrift ging hervor, dass der Tempel dem

---

[120] PAUL COLLART, *Le Sanctuaire de Baalshamin à Petra*, *AAS*, 1957, 67-90, und Pl. 1, gegenüber p. 90.

[121] *AAS*, XV, 2, 1965, 126 ss. und Plan 3 im arab. Text.

Gott Nabo geweiht war (*l.c.*, 127). Durch seine Riesensteine berühmt ist das Podium des grossen Tempels von Baalbek. Das Podium hatte hier freilich die Gestalt einer Plattform, auf der der Tempel als Stufentempel errichtet war (Abb. 306). Ein ca. 5 m hohes Podium hat der sogenannte Bacchus-Tempel in Baalbek (Abb. 304 und 306). Von den zahlreichen Podiumtempeln seien hier nur noch erwähnt: der Zeus-Tempel und der Artemis-Tempel in Dscheras (Gerasa; C. H. KRAELING, *Gerasa*, 1938, Pl. XXVI und XXI; *Syria*, 27, 1950, Fig. 21-22, p. 108, R. AMY; hier Abb. 300); der Tempel in Slem (BUTLER, *Syria*, Div. II A, Fig. 320, p. 357; hier Abb. 307); und der Zeus-Tempel in Kanawat (*id.*, Fig. 315, p. 349 und Pl. XXII, gegenüber p. 348).

KRENCKER-ZSCHIETZSCHMANN haben im Tempelbau Syriens eine ältere und eine jüngere Bauperiode festgestellt (*Römische Tempel*, 271). Tempel der älteren Periode (diese herrschte noch um die Mitte des 1. Jahrhunderts n. Chr.; *o.c.*, 273) sind nicht nur in der Ausgestaltung des Adyton (es fehlt ihnen noch der Baldachin-Aufbau), sondern auch in der Grundrissgestaltung und in den Einzelformen einfacher als die der späteren Periode. Sie zeigen oft noch einheimische Bauformen, wie die ägyptische Hohlkehle und das proto-äolische Kapitell (z.B. Grosser Tempel von Kalat Fakra aus der Mitte des 1. Jahrhunderts n. Chr.; *Römische Tempel*, 40 ff., Abb. 59 ff., Taf. 20-26; das proto-äolische Kapitell am *temenos*-Tor, S. 273). Die älteren Tempel haben glatte und schmucklose Aussen- und Innenwände; das Vorhandensein einer inneren Wandgliederung (Halbsäulen oder Pilaster) ist ein sicheres Merkmal der späteren Zeit. Eine Gliederung aus Halbsäulen zeigen u.a. die Cellawände des Tempels in Medjdel Andjar (*o.c.*, Tafel 118, Nr. 23 und Abb. 277, S. 185; hier Abb. 308); des grossen Tempels in Hössn Niha (*o.c.*, Tafel 117, Nr. 3; *Syria* XXVII, 1950, Pl. I c, gegenüber p. 110, R. AMY) und des „Bacchus"-Tempels in Baalbek; hier Abb. 309). Das Fehlen einer Wandgliederung zeugt aber nicht unbedingt für die ältere Periode (*o.c.*, 284 f.). Die Seitenmauern des Zeus-Tempels in Dscheras (Gerasa) haben aussen segmentförmige Nischen (KRAELING, *Gerasa*, 1938, Pl. XXVI, C. S. FISHER; *Syria*, XXVII, 1950, Fig. 21, p. 108, R. AMY; hier Abb. 300 links; vielleicht haben wir hierin, meint AMY, eine Erinnerung an Fenster zu sehen, *l.c.*). Der kleine Tempel in Hössn Soleiman hatte aussen eine Gliederung aus Halbsäulen (KRENCKER-ZSCHIETZSCHMANN, *o.c.*, Tafel 117, Nr. 17 und Tafel 37). Es ist ein pseudoperipteraler Podiumtempel. Mehrere Tempel Syriens sind peripterale Podiumtempel (z.B. Tempel in Hössn Sfiri, KRENCKER-ZSCHIETZSCHMANN, *o.c.*, Taf. 118, Nr. 36; *Syria*, XXVII, 1950, Pl. I d, gegenüber p. 110, R. AMY; Zeus-Tempel und Artemis-Tempel in Gerasa, hier Abb. 300; Nabo-Tempel in Palmyra, hier Abb. 303; Jupiter-Tempel und „Bacchus"-Tempel in Baalbek, hier Abb. 306. Peripteral (pseudodipteros) war auch der Bel-Tempel in Palmyra (WIEGAND, *Palmyra*, Atlas

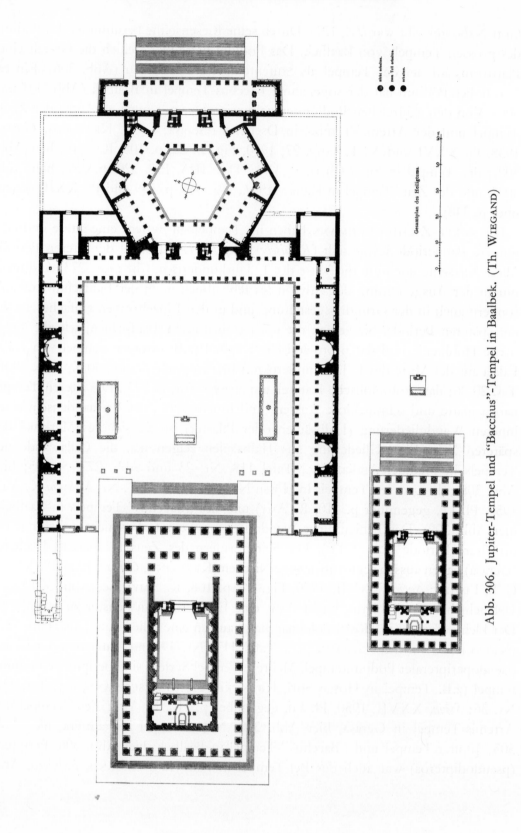

Abb. 306. Jupiter-Tempel und "Bacchus"-Tempel in Baalbek. (Th. WIEGAND)

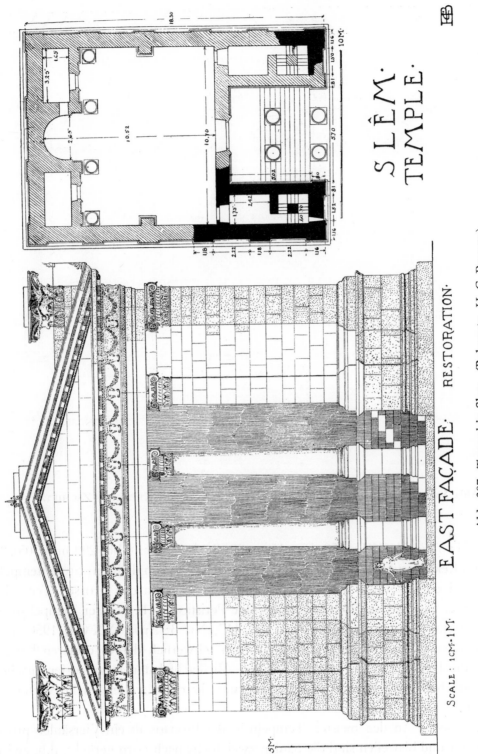

Abb. 307. Tempel in Slem. (Rekonstr. H. C. Butler)

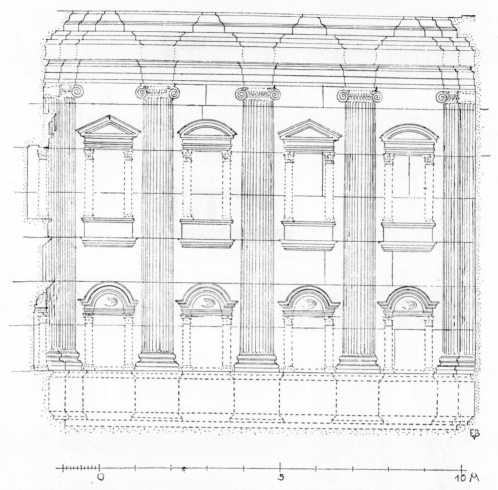

Abb. 308. Cella des Tempels in Medjdel Andjar. (Rekonstr. KRENCKER-ZSCHIETZSCHMAN)

Taf. 71; *Syria*, XXVII, 1950, Fig. 15, p. 99, R. AMY; hier Abb. 299 und 305). Nach AMY's Rekonstruktion war dies, wie wir sahen, ursprünglich ein Stufentempel. Im allgemeinen gehören die peripteralen Podiumtempel zu den grossen Tempeln; es gibt aber auch grosse Podiumtempel ohne Peristasis (z.B. grosser Tempel in Niha, KRENCKER-ZSCHIETZSCHMANN, *o.c.*, Taf. 117, Nr. 3; *Syria*, XXVII, 1950, Pl. I c, gegenüber p. 110, R. AMY), was sich doch schwerlich daraus erklären lässt, dass man die Baukosten habe drücken wollen. Vielleicht hat man auf orientalische Art den geschlossenen Charakter des Heiligtums betonen wollen (siehe weiter unten Nr. 9).

2. *Pronaos*. An den meisten Tempeln ist der Pronaos als ein Viersäulen-prostylos gestaltet und bisweilen sind die Säulen zwei Joche nach vorn gerückt, d.h. zwischen

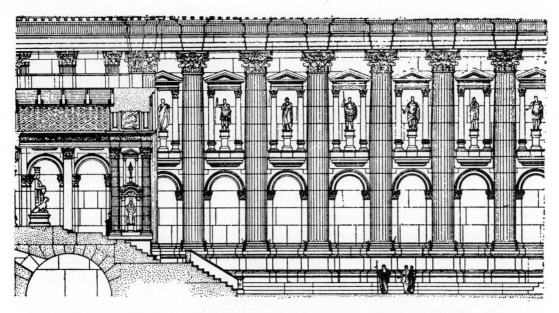

Abb. 309. Cellawand des "Bacchus"-Tempel in Baalbek. (Rekonstr. Th. WIEGAND)

die Ecksäulen und die nach vorn gezogenen Cellamauern ist noch eine Säule gestellt (Abb. 300, rechts). In einigen Fällen sind die Cellamauern nicht nach vorn
verlängert worden (Hössn Soleiman, KRENCKER-ZSCHIETZSCHMANN, *o.c.*, Taf. 31
und 117, Nr. 17; Zeus-Tempel in Dscheras, Abb. 300, links); bisweilen auch nur
sehr wenig (z.B. Tempel in Bziza, *id.*, Nr. 9 und der Antentempel in Januh, *id.*
Nr. 11). Die nach vorn verlängerten Cellamauern sind am Kopf immer mit Pilastern
(Anten) ausgestattet. Einige grosse Tempel haben am Pronaos sechs statt vier
Säulen (Jupiter-Tempel und „Bacchus"-Tempel in Baalbek; Abb. 306 und 309;
Tempel in Kalat Fakra, KRENCKER-ZSCHIETZSCHMANN, Taf. 20 und 117, Nr. 2).
Die nach vorn gezogenen Cellamauern des Zeus-Tempels in Kanawat (Podium-
tempel, Prostylos mit vier Säulen) sind zur Anlage der zum Dach hinaufführenden
Treppe benutzt (BUTLER, II A, Fig. 315, p. 349 und Pl. XXII, gegenüber p. 348).
Im Pronaos sind Zwei Säulen zwischen den Anten angeordnet. Ganz anders ist
der Pronaos des Podiumtempels in Slem gestaltet. Neben dem Pronaos liegen
regelrechte Treppenhäuser, die sich an der Front als breite Mauerflächen zeigen. In
dem etwa 5.70 m breiten Entrée sind zwei auf hohe Sockel gestellte Säulen angeordnet. Die Podiumtreppe liegt hier nicht wie üblich vor dem Gebäude, sondern in
dem Pronaos. Der etwa 5.80 m tiefe Pronaos erforderte die Aufstellung von zwei
weiteren Säulen auf Sockeln geringer Höhe (BUTLER, *o.c.*, Fig. 320, p. 357; hier
Abb. 307). Die Frontgestaltung zeigt trotz der verschiedenen Anlage Übereinstimmung mit der Front des Ba'al Šamîn-Tempels in Sî'a: die Front beider Tempel

zeigt eine von „Eckpavillions" flankierte Zweisäulenentrée. Wie der Architekt des Ba'al Šamîn-Tempels die verschiedenen Planelemente zu einem geschlossenen Grundriss vereinigte, so hat auch der Architekt des Tempels in Slem durch die Lage der Treppe in dem Pronaos einen ganz geschlossenen Grundriss erhalten. Die übliche Lage der Treppe vor dem Podium (Kanawat usw.) akzentuierte die Höhenlage des Heiligtums; die nach innen verlegte Lage der Treppe in Slem macht den Tempel sozusagen zu einem Niveau-Heiligtum. Es verrät sich hierin die Verbindung römischer und semitischer Auffassungen über die Lage des Heiligtums [122].

Eine aussergewöhnliche Anlage zeigt der Pronaos des Bel-Tempels in Palmyra (Abb. 299 und 305), dessen Eingang an einer der Langseiten liegt (Westseite). Vor dem Eingang gibt es in der Ringhalle (pseudodipteros) ein verschliessbares Portal, von dem aus die Cella durch eine nicht verschliessbare Tür betreten wurde (WIEGAND, *Palmyra*, 1932, 127, und Taf. 71, B. SCHULZ). Das Portal war mit einem Riesenstein (6 × 6 m) flach gedeckt, während das Pteron-Dach selbst eine geringe Neigung hatte (*Syria*, XV, 1934, 155, H. SEYRIG).

3. *Cella*. Die Cella der Langraum-Tempel wurde durch eine Tür in der Rückwand des Pronaos betreten. Sie ist stets axial gestellt und nur selten gibt es in der Rückwand eine Nebentür (Tempel Hössn Sfiri, KRENCKER-ZSCHIETZSCHMANN, *o.c.*, Taf. 14 und Taf. 118, Nr. 36; Kasr Nimrud, *id.* Taf. 117, Nr. 22: zwei Nebentüren; Bziza, *id.*, Nr. 9: eine Nebentür; Tychaion Eṣ-ṣenamen: zwei Nebentüren, BUTLER, Fig. 289, p. 317). Im allgemeinen diente sie zugleich zur Beleuchtung der Cella; es gibt aber, wie wir sehen werden auch Tempel, in denen die Cella durch Fenster beleuchtet wurde. Der Fussboden war stets aus Stein; Mosaikfussböden sind nirgends festgestellt worden (KRENCKER-ZSCHIETZSCHMANN, *o.c.*, 295-296). Der Fussboden der Cella des grossen Tempels (A) in Hössn Niha war aus geglätteten, 24 cm dicken Steinplatten (*o.c.*, 127). In der Cella einiger grosser Tempel laufen entlang den Langwänden Bänke, wie sie uns im Theatron des Ba'al Šamîn-Tempels in Sî'a und im Vorhof der Tempel in Sûr und Sahr begegneten (sie sind bei neueren Ausgrabungen auch im *temenos* des Kasr Firaun in Petra festgestellt worden) [123]. Dass Cellabänke zum Sitzen gedient hätten, dürfte kaum wahrscheinlich sein, eher ist anzunehmen, dass sie zur Aufstellung von Weihegaben gedient haben [124]. An den

---

[122] Das semitische Heiligtum ist im allgemeinen ein in einem erhöhten Temenos gelegener Niveau-Tempel (STARCKY). Der regelrechte Podium-Tempel (römisch) wird über eine aussen vorgelegte Treppe betreten. Vielleicht lässt sich das Podium der römischen Tempel daraus erklären, dass der Tempel auf die Frontansicht berechnet war — anders als der griechische Stufentempel —; die Frontansicht erforderte die Anlage einer monumentalen Treppe und somit die Errichtung eines Podiums.

[123] *ADAJ*, XII-XIII, 1967-1968, p. 9 und Fig. 3. 5, Pl. III (P. J. PARR).

[124] Vgl. H. J. W. DRIJVERS über die Cellabänke des unlängst ausgegrabenen Tempels, der Allat in Palmyra, *Phoenix*, 21 [1975], 1976, 24.

Seitenwänden des Adyton des Atargatis-Tempels in Kalat Fakra gibt es eine 1.60 m hohe und 60 cm tiefe Bank (KRENCKER-ZSCHIETZSCHMANN, *o.c.*, 47; der Tempel ist durch eine Inschrift, in der Agrippa II. und seine Schwester Berenike genannt werden, zwischen 49-100 n. Chr. zu datieren), die doch nur zur Aufstellung von Weihegaben bestimmt gewesen sein wird. Die Cellabänke des grossen Tempels in Niha (vgl. Tempel in Hössn Niha und „Bacchus"-Tempel in Baalbek) sind wohl

Abb. 310. Südadyton des Bel-Tempels in Palmyra. (Foto J. STARCKY)

als eine gestufte Plinthe unter den Halbsäulen der Wandgliederung aufzufassen. Im allgemeinen hatte die Cella glatte Wände; die des Zeustempels und des Artemis-Tempels in Gerasa hatten eine Gliederung aus flachen Pilastern (KRAELING, *Gerasa*, Taf. XXVI und XXI; hier Abb. 300). Die Langwände der Cella des Bel-Tempels in Palmyra waren glatt, aber von Fenstern durchbrochen (siehe weiter unten); die Schmalwände (Adyton-Wände) sind mit Halbsäulen (südliche Schmalwand; hier Abb. 310) oder mit Halbsäulen und Aediculae ausgestattet (nördliche Schmal-wand). Die Cella des Jupiter-Tempels und des „Bacchus"-Tempels in Baalbek

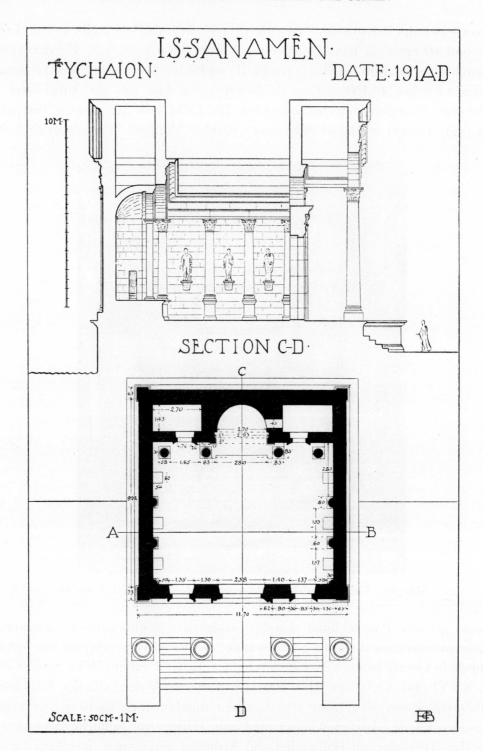

Abb. 311. Tychaion in Eṣ-ṣanemen. (H. C. BUTLER)

hatten eine Wandgliederung aus Halbsäulen (hier Abb. 300); so auch die des Tempels in Medjdel Andjar (Abb. 308) [125].

4. *Adyton.* Die römischen Tempel Syriens unterscheiden sich vom klassischen römischen und griechischen Tempel dadurch, dass das Kultbild im hinteren Teil der Cella in einem als Adyton bezeichneten Teil aufgestellt war. In der einfachsten Form steht das Kultbild in den Langbautempeln in einer mit Säulenvorbau ausgestalteten Rückwandnische. So im kleinen Brunnenheiligtum in Hössn Niha (KRENCKER-ZSCHIETZSCHMANN, *o.c.*, 287 und Taf. 61, Taf. 117, Nr. 13). Der Vorbau steht auf einem kleinen podiumartigen Sockel; dieser ruht ausserdem auf einer niedrigen Plinthe (*ibid.*). KRENCKER betrachtet sie als die Keimzelle für die reicheren Formen des Adyton, „ohne dass damit eine Meinung über das zeitliche Verhältnis der einfacheren und der reicheren Form zum Ausdruck gebracht werden soll" (*o.c.*, 287). Dass die reicheren Formen sich ganz daraus entwickelt haben dürfte kaum wahscheinlich sein und was das zeitliche Verhältnis betrifft: noch der aus 191 n. Chr. datierende Tempel in Eṣ-ṣanamên zeigt die mit Nebensäulen ausgestaltete Rückwandnische [126]. Dass sie nichtsdestoweniger für die Geschichte des Adyton von Bedeutung gewesen ist, haben die von schweizer Bauforschern am Baʿal Šamîn-Tempel in Palmyra verrichteten Ausgrabungen gezeigt. Es gibt hier an der Rückseite der Cella eine über dem Fussboden gelegene Nische, „dont l'encadrement est orné de motifs symboliques; elle perpétue une tradition locale, peut-être d'origine mésopotamienne, dont on ne connaissait pas d'autre exemple" [127]. Die Nische ist das Herz einer „structure baroque qui l'entoure" und die Struktur ist apsidenförmig „de plain-pied avec la cella, et flanquée de deux ailes …" (*ibid.*). An diesem Einbau, der „sans lien organique" mit der Cella (hier Abb. 312) sind korinthische Kapitelle angewendet worden [128]. Das Adyton lässt sich als nischenförmiges Niveau-Adyton bezeichnen, wenn die Kultnische auch etwa über dem Fussboden der Cella liegt. Ein Niveau-Adyton hatte auch der Zeus-Tempel in Kanawat, wo das Kultbild nicht in einer Nische, sondern in einer an der Rückmauer der Cella gelegenen Kammer (mit zwei Seitenräumen) aufgestellt gewesen ist (BUTLER, II, A, Fig. 315, p. 349; hier Abb. 313). Es lässt sich als kammerförmiges Niveau-Adyton bezeichnen

[125] *MUSJ*, XXIV, 1941, Fig. 11, p. 18, südliche Schmalwand, Foto (STARCKY); Ders., *Palmyra*, 1952, Pl. V gegenüber p. 34, id.; *Syria*, XXVII, 1950, Fig. 19, p. 105, nördliche Schmalwand.

[126] BUTLER, *Syria*, II A, Fig. 289, p. 317; vgl. Fig. 320, p. 357, Tempel in Slem (hier Abb. 311).

[127] PAUL COLLART, *Reconstruction du Thalamos du Temple de Baalshamin à Palmyre*, *AAAS*, XIX, 1969, p. 23.

[128] COLLART, p. 22-23 und Pl. I, 1. 2, gegenüber p. 24, Fotos; *Studia Palmyrenskie*, V, 1974, Fig. 24, p. 76, Plan. — Der von einer polnisch-niederländischen Expedition 1974-1975 im Westen der Stadt ausgegrabene Tempel der Allât hatte kein Adyton. Es standen hier in der Cella vier in einem Rechteck gestellte Säulen (*Phoenix*, 21, Fig. 5-12, p. 22-31). „Waarschijnlijk droegen deze zuilen een soort baldakijn, waaronder het cultusbeeld was geplaatst", p. 25 (DRIJVERS).

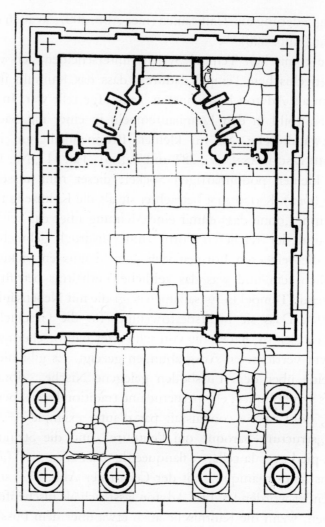

Abb. 312. Ba'al Šamîn-Tempel in Palmyra.

und wir werden nicht fehl gehen mit der Annahme, dass die Kammer sich hier aus der dreischiffigen Anlage der Cella erklären lässt: die Kammer hat die Breite des Mittelschiffes. Der Tempel in Slem, wo es keine Aufteilung in Schiffe gibt, zeigt wieder das nischenförmige Niveau-Adyton (hier Abb. 307). Die Nische halbkreis-förmigen Grundrisses könnte wohl aus der griechischen Basilika stammen. Sie bildet später ein wichtiges Planelement der jüngeren Synagogen. Ein kammer-förmiges Niveau-Adyton hatte auch der Nabo-Tempel in Palmyra (WIEGAND, *Palmyra*, 1932, 108 ff., Taf. 56, Plan und Taf. 57-61). Der Fussboden des durch eine Mauer von der Cella getrennten Adyton liegt auf dem Niveau der Cella und an der Rückwand des Adyton gibt es ein Postament (von WIEGAND als „Podium'' bezeichnet, *o.c.*, 109 f.). Im Bericht über die neueren Ausgrabungen (1963-1964) heisst es: „dans le fond, perpendiculairement à l'axe de la cella, court un soubasement de mur qui indiquerait l'emplacement d'un thalamos destiné à l'idole de Nabo et l'indication d'une cage d'escalier" (*AAS*, XV, 2, 1965, 132, ADNAN BOUNNI-NASSIB SALIBY). Die Treppe führte offenbar zu einem Raum oberhalb des Adyton. Dass wir es mit einem Kammeradyton zu tun haben, unterliegt nicht dem Zweifel (Abb. 303), nur unterscheidet es sich vom offenen Kammeradyton des Zeus-Tempels in Kanawat und von den offenen Kammeradyta des Bel-Tempels in Palmyra durch

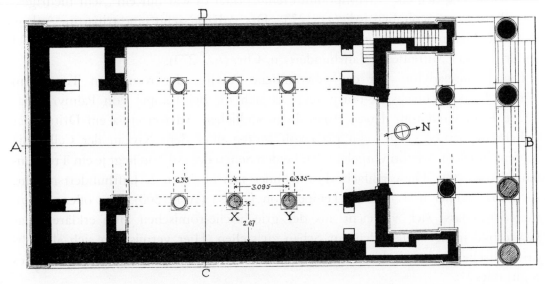

Abb. 313. Zeustempel in Kanawat. (H. C. BUTLER)

die geschlossene Front; das Adyton muss durch eine Tür betreten worden sein. Es lässt sich als geschlossenes Kammeradyton bezeichnen. E. WEIGAND datiert den Tempel ins 1. Jahrhundert n. Chr. (TH. WIEGAND, *Petra*, 1932, 157; vgl. ADNAN BOUNNI-NASSIB SALIBY, in *AAS*, XV, 2, 1965, 126 ss.). Vordem hatte hier ein dem Nabo geweihter Tempel aus der hellenistischen Zeit gelegen (*id.*, 132/133). Es dürfte wahrscheinlich sein, dass das geschlossene Kammeradyton aus der Cella babylonischer Tempel abzuleiten sei [129]. In Babylonien hatte es eine Palmyrenische Faktorei gegeben: die Statue des Hašhas des Sohnes Neša's ist 24 n. Chr. von Handelsleuten aus Babylonien in Palmyra gestiftet worden (J. STARCKY, *Palmyre*, 1952, 72; Inv. IX, 11). Wenn wir noch 29 v. Chr. „hear of priests attached to one of Babylon's old shrines" (L. W. KING, *A. History of Babylon*, 1919, 287/288),

[129] Siehe über babyl. Tempel TH. A. BUSINK, *Sumerische en babylonische Tempelbouw*, 1940, p. 104 ff.: Nieuw-Babyl. Periode; 199 ff.: Persen en Seleuciden; Pl. X/XII.

dürfen wir annehmen, dass auch im 1. Jahrhundert n. Chr. noch Tempel aufrecht gestanden haben. Vom geschlossenen Kammeradyton-Typus gibt es aber auch im von KRENCKER-ZSCHIETZSCHMANN untersuchten Gebiet Beispiele. Die Front des Adyton des Tempels in Nebi Safa (Hermon) ist wie eine regelrechte Türwand geschlossen, in der es eine breite Mitteltür und schmale Nebentüren gibt (*o.c.*, 291 f., 203 ff., Taf. 83-88, 118 Nr. 35 und Abb. 302-328). Das Adyton steht auf einem ca. 1.50 m hohen Podium (*o.c.*, 208) das aus einem vorderen und hinteren Streifen besteht. Ein geschlossenes Kammeradyton hatte auch der grosse Tempel in Kalat Fakra, den ein Adytonpodium fehlte; oder es war nur ein „sehr niedriges-was ebenso ungewöhnlich ist" (*o.c.*, 273). Das Adyton zeigt eine tripartite Anlage (Kammeradyton mit Nebenräumen; *o.c.*, Taf. 20 und 117, Nr. 3). Der Tempel datiert aus der Mitte des 1. Jahrhunderts n. Chr. (*o.c.*, 273).

Das Podiumadyton war das gewöhnliche Adyton der römischen Tempel in Syrien. In der einfachsten Form zeigt es sich im Bel-Tempel von Palmyra: das offene Kammeradyton, dessen Breite beim südlichen Adyton etwa ein Drittel der Cellabreite beträgt, liegt zehn bis zwölf Stufen über dem Niveau der Cella; die Stufen sind dem Adyton vorgelegt. Zu beiden Seiten des Adyton liegt je ein Treppenhaus (Abb. 299). Diese einfache Form findet sich noch im 2. Jahrhundert n. Chr. im Zeus-Tempel und Artemis-Tempel von Gerasa (Abb. 300). Das offene Kammeradyton lasst sich vielleicht aus der griechische-römischen Sitte erklären, das Götterbild in der Cella offen zur Schau zu stellen. Hier vermischen sich also altorientalische und griechisch-römische Auffassungen über die Aufstellung des Kultbildes [130].

---

[130] Vom Adyton gibt es, wie wir gesehen haben, zwei Haupttypen: 1) Niveau-Adyton; 2) Podium-Adyton. Von beiden gibt es mehrere Formen: Das Niveau-Adyton kann absidenförmig, oder kammerförmig sein und die Abside kann eingebaut oder freistehend sein. Das kammerförmige Niveau-Adyton kann eine offene oder eine geschlossene Front haben. Das Podium-Adyton ist kammerförmig, es kann aber eine offene, oder eine geschlossene Front haben. Vom inneren Aufbau gibt es zwei Formen: Adyton mit Baldachin-Aufbau und Adyton ohne Einbau (z.B. Bel-Tempel in Palmyra). — Nach E. WILL lässt sich in der Hauptsache die folgende Entwicklung des Adyton feststellen: „du mur transversal percée d'une simple porte et précédé d'un escalier, on passe à la niche centrale, toujours rectangulaire d'abord, puis demi-circulaire, flanquée de deux pièces, ouvertes elles aussi sur la cella, tandis que l'escalier se trouve supprimé" (*Annales de l'Est*, 22, 1959, 144, bei COLLART, *AAAS*, XIX, 1969, 24). Nach COLLART liefert das Adyton des Ba'al-Šamîn Tempel in Palmyra dafür „une preuve essentielle" (*l.c.*, 24). Dieses Adyton „constitue le jalon intermédiaire, absent jusqu' ici, entre les termes d'une telle évolution, en nous montrant réuni dans une même structure la chambre mediane de plan rectangulaire ouverte sur la cella par une large baie à un niveau élevé, telle qu'elle existait dans le temple de Bêl, et le dispositif comportant au niveau du sol de la cella une abside de plan semi-circulaire, flanquée de deux pièces, dans un décor architectural de colonnes, tel qu'on le voit à l'état pur dans les quatre temples du Hauran" (*l.c.*). Es liegt hier also (nach WILL; COLLART) das Podium-Adyton am Anfang, das Niveau-Adyton am Ende der Entwicklung. Da ist es interessant, dass in Westsyrien, das doch dem römischen Einfluss stärker ausgesetzt war, das Podium-Adyton herrschend geblieben ist.

Bei vielen Tempeln erstreckt sich das Podiumadyton über die ganze Breite der Cella und oft nimmt es einen grossen Teil der Cellatiefe ein. Im Tempel von Hössn Sfiri (wahrscheinlich aus der frühen Kaiserzeit) beträgt die Tiefe des Adyton etwa ein Drittel der Cellatiefe (Tiefe der Cella ca. 13 m, Tiefe des Adyton ca. 4 m; KREN-CKER-ZSCHIETZSCHMANN, o.c., Taf. 15 und 117, Nr. 6). Im kleinen Tempel von Niha gibt es ein Verhältnis von ca. 1 : 2 (Tiefe der Cella ca. 16 m, des Adyton ca. 7.50 m (id. 116, und Taf. 53, Taf. 117, Nr. 5). Der grosse Tempel von Niha zeigt das Verhältnis 1 : 2: Tiefe der Zella ca. 18 m, Tiefe der Gesamtanlage des Adyton ca. 9 m (id., 123 ff.,Taf. 56-59, Taf. 117, Nr. 8). Beim grossen Tempel von Niha übertrifft die Gesamtanlage des Adyton die vor dem Adyton gelegenen Fläche der Cella: Tiefe der Adytonanlage ca. 14 m, des vor dem Adyton gelegenen Raums ca. 10.50 m (id., 106 ff., Taf. 54-56, Taf. 117, Nr. 3; hier Abb. 314). Bei der Tiefe des Adyton

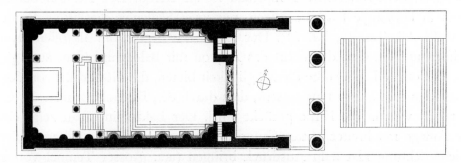

Abb. 314. Grosser Tempel in Niha. (KRENCKER-ZSCHIETZSCHMANN)

ist oben stets die Anlage der zum Podium hinaufführenden Treppen eingerechnet. Die Treppen sind dem Podium vorgelegt (z.B. „Bacchus"-Tempel in Baalbek; Abb. 309), eingeschnitten oder halb vorgelegt, halb eingeschnitten. Bisweilen gibt es Seitentreppen neben der Mitteltreppe. Bei grossen Tempeln führen die Treppen hinauf zu einem Podest und über hier gelegene Treppen zum Raum des Kultbildes (z.B. „Bacchus"-Tempel in Baalbek; grosser Tempel in Niha). Das Adyton zeigt also eine gewisse Tiefenwirkung. Deutlicher noch spricht diese Tiefenwirkung im von KRENCKER-ZSCHIETZSCHMANN sogenannten Libanon-Typus des Adyton: der Typus kennzeichnet sich durch drei Durchbrechungen der Adytonfront: Mittel-treppe, Seitentreppen und Tür der Krypta (o.c., 288). „Wir erkennen also eine ge-wisse Vermeidung eines frontalen Eindruckes im Podium zugunsten einer Tiefen-richtung, die auch durch die Gestaltung des Aufbaues erreicht wird" (l.c.). Das Adyton des von KRENCKER-ZSCHIETZSCHMANN so genannten Hermon-Typus betont mehr die Front als die Tiefe (z.B. Tempel in Hibariye, o.c., Taf. 90. 91. 93, Taf. 18, Nr. 31, Abb. 326). Die in der Achse gelegene Treppe springt nur wenig hervor.

41

Die weit vorspringenden Treppen des Libanon-Adyton und die offene Podium-stirn machen Cella und Adyton zu einer gewissen architektonischen Einheit. Das schon rückwärts gelegene Adyton ist aber durch die Anlage der Treppen sozusagen nach hinten gerückt. Das Hermon-Adyton ist durch die geschlossene Front klar von der Cella abgetrennt; es verrät sich hierin wohl der semitische Gedanke über die geschlossene Anlage des Kultraums.

Auf dem Podium steht der Adytonaufbau von dem es zwei Formen gibt: der Kammeraufbau und der Baldachinaufbau. Ersterer kam oben schon zur Sprache. Beim Tempel von Nebi Safa ist der Oberbau eine geschlossene Kammer mit Mitteltür und schmalen Nebentüren. Eine im Inneren gelegene Treppe deutet auf ein Ober-geschoss, das als Empore aufzufassen ist (KRENCKER-ZSCHIETZSCHMANN, *o.c.*, 292 und Taf. 86). Die geschlossene Kammer verrät den Einfluss des einheimischen Tempelbaus; dem römischen Tempelbau ist sie fremd. Der Adytonoberbau des Tempels in Hibbariye hat eine offene, mit zwei Säulen ausgestattete Front (*o.c.*, Taf. 90. 91. 93, Taf. 18, Nr. 31). Der Raum lässt sich wohl als offene Kammer bezeichnen und im Grunde gehört das Adyton mit Baldachinaufbau zum gleichen Typus. Die offene Front sollte die Möglichkeit bieten, das Götterbild von der Cella aus anzuschauen. Da ist es interessant, dass durch den Baldachinaufbau das Götter-bild optisch weit in die Ferne gerückt wird. Der Baldachinaufbau zeigt eine tri-partite Anlage mit breiter Mittelöffnung und hintereinander gestellten Säulen, die die Tiefenrichtung klar zum Ausdruck bringen (u.a. grosser Tempel von Hössn Niha; KRENCKER-ZSCHIETZSCHMAN, *o.c.*, Abb. 180, S. 129; hier Abb. 315). Es zeigt sich hier wieder die semitische Auffassung über den Platz des Kultbildes. Beim „Bacchus"-Tempel von Baalbek gibt der monumentale Aufbau des Adyton nur einen verhältnismässig schmalen Durchblick auf das Kultbild (*Baalbek*, II, Taf. 17, Rekonstruktion; hier Abb. 316).

Das Hermonadyton verrät, wie wir oben betonten, durch seine geschlossene Front den orientalischen Gedanken über die Aufstellung des Kultbildes in einem geschlossenen Raum. Auch die architektonische Ausstattung des Adyton lässt sich daraus erklären. Sie unterscheidet sich von der Ausstattung des Libanonadyton dadurch, dass sie das Adyton als einen selbständigen Raum betont. Die Cellawände der Tempel der jüngeren Periode beider Typen zeigen eine Gliederung aus Halb-säulen oder Pilastern. Beim Libanonadyton verschluckt der Adytoneinbau „förm-lich den unteren Teil der Wandarchitektur" (KRENCKER-ZSCHIETZSCHMANN, *o.c.*, 290). In Kasr Naus sind zwar die Pilaster des Adyton verkürzt (ihre Basen liegen auf der Höhe des Adytonbodens), sie haben aber dieselbe Breite wie die der Cella-wände (*ibid.*). „Es besteht also ein gewisser K o n f l i k t zwischen der C e l l a architektur einerseits und der A d y t o n architektur andrerseits" (*ibid.*; Abb. 316). Dieser

Abb. 315. Grosser Tempel in Niha. Ansicht des Adyton. (Rekonstr. KRENCKER-ZSCHIETZSCHMANN)

Konflikt „ist vielleicht der Ausdruck dafür, dass das Adyton mit seinen Treppen und seinem Aufbau ein der altrömischen Formung widersprechendes, rein syrisches, altorientalisches Gut im römischen Tempel eigentlich ein Fremdkörper ist" (*o.c.*, 291). Nur das Libanonadyton zeigt diesen Konflikt. „Das Hermonadyton ist wie ein in sich geschlossenes Gebilde gestaltet, als eine Raumeinheit; es hat seine Sonderformen, und seinen besonderen Massstab" (*o.c.*, 290). Die Cellaarchitektur endet beim Adyton. Es ist der semitische Gedanke von der Selbständigkeit der Gotteswohnung, welcher hier zum Ausdruck kommt.

KRENCKER-ZSCHIETZSCHMANN betonen wie gesagt, dass das Podiumadyton mit seinem Aufbau ein Fremdkörper im römischen Tempel ist; es ist syrisches, altorientalisches Gut (*o.c.*, 291). ALBRECHT ALT hatte dann 1939 die Frage nach der Herkunft und Verbreitung des syrischen Tempeltypus behandelt (*PJ*, 35, 1939,

83-99) und Tempel, welche sich durch ein Podiumadyton auszeichnen aus der Spätbronze-Zeit vorgeführt (*l.c.*, 94 ff., 95, Anm. 2; 98). Es sind dies der „Fosse-Temple" III in Lachiš und die Tempel der Schicht VII und VI in Beth-Šan (siehe Busink, Band I, 1970, Abb. 105-113, S. 408-420). Tempel mit einem Niveau-Adyton hatte Alt kaum beachtet. Der aus dem 8.-9. Jahrhundert v. Chr. datierende Tempel in Tainat hatte ein Niveauadyton (*id.*, Band I, Abb. 166-167, S. 559 und 562). Ein Niveau-Adyton hatte auch der Jerusalemer Tempel. Alt meinte zwar, darin Mohlen-brink, Galling und Watzinger folgend, dass das Allerheiligste des Jerusalemer Tempels erhöht gelegen hätte (*l.c.*, 97 und Anm. 2), daran ist aber, wie wir schon Band I (S. 197 ff.) klar gemacht haben, nicht zu denken. Das Debir des salomonischen Tempels, das Allerheiligste im ezechielischen Tempelentwurf und das Allerheiligste des herodianischen Tempels haben auf dem Niveau des Heiligen gelegen. Es war ein geschlossenes Niveau-Adyton ohne Kultbild. Die Frage nach der Herkunft des syrischen Tempeltypus lässt sich also aus dem Jerusalemer Tempel nicht beantworten. Nur Tempel mit offener Adytonfront sind für unsere Frage von Bedeutung, denn kennzeichnend für das Adyton der syrischen Tempel waren nicht nur seine Treppen, es war dies auch seine offene Front. Solch ein Adyton gibt es sowohl in Tempeln mit Niveauadyton als in Tempeln mit Podiumadyton.

Der Tempel der Schicht VI in Beth-Šan (Spätbronze-Zeit) hatte ein Podium-adyton mit fast ganz offener Front (Band I, 1970, Abb. 112, S. 419). Eine fast ganz offene Front hatte auch das Niveau-Adyton des Tempels in *tell tainat* (*id.*, Abb. 166, S. 559). Ein Niveau-Adyton mit offener Front gibt es in einigen Tempeln Syriens (Zeus-Tempel in Kanawat; Tempel in Eş-şanamên). Über den von Lukian beschriebenen Tempel in Hierapolis (*De Dea Syria*) ist nur mit Sicherheit bekannt, dass er einen nur den Priestern zugänglichen *thalamos* hatte (§ 31). Aus der Beschreibung lässt sich nicht mit Sicherheit ausmachen, ob es sich um ein Niveau-Adyton oder ein Podiumadyton handelt. G. Goossens meint, das Adyton war „légèrement surélevée par rapport à la nef" (*Hierapolis de Syrie*, 1943, 114; vgl. Alt, *l.c.*, 88; Seirig, *Syria*, X, 1929, 316). Seirig denkt offenbar an ein Adyton mit offener Front „où les idoles étaient exposées à la vue des fidèles, mais accessibles seulement aux prêtres du rang le plus distingué" (*l.c.*). Gut sichtbar von der Cella aus war das Kultbild nur in einem offenen Niveau-Adyton (Zeus-Tempel in Kanawat; Tempel in Eş-şanamên; Baʿal Šamîn-Tempel in Palmyra) oder in einem nur wenige Stufen über der Cella gelegenen Adyton. Es verrät sich hierin wie gesagt vielleicht der Einfluss der griechisch-römischen Sitte, das Kultbild in der Cella aufzustellen. Die syrischen Architekten werden hierin im allgemeinen eine Profanierung des Kult-bildes gesehen haben. Die Heiligkeit des Kultbildes erforderte seine Entfernung aus der unmittelbaren Sicht der Gläubigen und beim offenen Adyton gab es dazu keine andere Möglichkeit als die Anlage eines hohen Podiums. Sie erforderte aber auch die Anlage weit hervorspringender Treppen, wodurch die Gotteswohung ideell nach hinten gerückt wurde. Derselbe Gedankengang dürfte bei der Errichtung des Baldachinaufbaus zugrunde gelegen haben. Durch die Tiefenwirkung wurde das Götterbild optisch in die Ferne gerückt.

Wie der Baldachinaufbau entwicklungsgeschichtlich zu erklären sei, lässt sich nicht mit Sicherheit ausmachen. J. STARCKY meint, vielleicht ist es „un souvenir du tabernacle primitif qui abutait l'idole, alors que la *temenos* ne comportait pas encore de cella" (*Palmyre*, 1952, 113; *cella* hat hier die Bedeutung Tempelgebäude). Die damaligen Architekten haben davon jedenfalls keine Kenntnis gehabt. STARCKY weist aber auch hin auf das tragbare Pavillon „attesté à Palmyre pour le dieu Borroaônos" (*l.c.*). Es ist u.E. auch mit der Möglichkeit zu rechnen, dass der Baldachinaufbau aus den vier Säulen der nabatäischen Cella abzuleiten sei. Auf dem Podium des Tempels in Medjdel Andjar steht ein aus vier Säulen gebildeter Tabelnakel (KRENCKER-ZSCHIETZSCHMANN, *o.c.*, Taf. 74-78, Taf. 118, Nr. 23) [131]. Der Tempel zeigt eine auffällige Ähnlichkeit mit dem „Bacchus"-Tempel in Baalbek (*o.c.*, 182), dürfte demnach etwa aus derselben Zeit stammen. Und der Tempel in Baalbek hatte einen reich gebildeten Baldachinaufbau [132]. In Medjdel Andjar könnte es sich also um eine Rückkehr zur ursprünglichen Form handeln.

5. *Das Dach*. Im von KRENCKER-ZSCHIETZSCHMANN untersuchten Gebiet sind drei Tempel, welche ein giebelloses Dach hatten, festgestellt und diese müssen ein flaches Dach, oder ein Walmdach gehabt haben: der Tempel in Kasr Nimrud (*o.c.*, 178, Taf. 71-73, Taf. 117, Nr. 22, Abb. 265-271, S. 178-181), der kleine Tempel in Hösnn Soleiman (*o.c.*, 99, Taf. 38-40, 49-51, Taf. 117, Nr. 19, Abb. 131, S. 98) und der Anten-Tempel in El-Knese (*o.c.*, 295, Abb. 257, S. 114). Wo das Satteldach nicht in Betracht kommt, ist u.E. wohl stets an das flache Dach zu denken, Lehmdächer, „wie sie heute noch in Syrien üblich sind" (*o.c.*, 295). Über die Konstruktion des Erddaches haben wir Band I (1970, 184 f., 244 f.) gehandelt. Anders konstruiert war das flache Dach im Hauran. Hier gibt es aus Steinplatten gebildete, mit Mörtel und Lehmlagen abgedichtete Dächer (BUTLER, *Syria*, II A, 68 und Fig. 50, p. 68). Auch der noch aufrechtstehende Tempel in Dmeir (ca. 40 km NO von Damaskus), wohl aus der Zeit des Caracalla (211-217 v. Chr.) datierend, hatte ein flaches Dach

---

[131] Der Kyriatempel C von Hössn Sfiri (Westseite des nördlichen Libanon), der Zusammenhänge verrät mit Bauten im Hauran (z.B. Ba ʿal Šamîn-Tempel in Siʾa) enthält im Zentrum eines quadratischen Hofes ein Postament, auf dem zierliche Stützen gestanden haben werden (KRENCKER-ZSCHIETZSCHMANN, S. 28 und Abb. 48. 49, S. 31, 32; vgl. ebend. S. 272); siehe auch oben Anm. 128 über die vier Säulen in der Cella des Allât-Tempels in Palmyra.

[132] *Baalbek*, II, Taf. 17; EISSFELDT, *Tempel und Kulte syrischer Städte*, AO, 40, 1941, Taf. IV, 1; hier Abb. 316.

(*Syria*, XXVII, 1950, 83 ss., Fig. 1, p. 84 Plan, Fig. 2, p. 85 Foto des Äusseren; R. Amy). Der Tempel ist von französischen Bauforschern wiederhergestellt worden. Amy hat es wahrscheinlich gemacht, dass auch der Tempel in Slem (Dschebel Hauran), den Butler mit einem Satteldach und Giebel rekonstruierte (*o.c.*, Fig. 120, p. 357; hier Abb. 307), ein flaches Dach — mit nichtfunktionellem Giebel — hatte (*Syria*, XXVII, 1950, 87 ss., Fig. 6, p. 90).

Interessant ist die Dachkonstruktion des Bel-Tempels in Palmyra. B. Schulz hatte schon das flache Dach angenommen (Wiegand, *Palmyra*, 1932, 131), dabei aber Cella und Pteron unter ein Dach gelegt (*id.*, Tafelband, Taf. 72. 76). „Die Überdeckung und Überdachung der Cella ist dabei so angenommen worden, dass quergelegte trabes compactiles längsgerichtete Balken getragen hätten und diese einen Bohlenbelag, der oben vielleicht mit mesopotamischem Asphalt abgedichtet war" (*o.c.*, 131). Die Pterondecke war ganz aus Steinplatten hergestellt (Wiegand, *Palmyra*, 129 f., Schulz). Die normalen Deckenfelder hatten bei einer leichten Spannweite der Decke von ca. 6 m eine Breite von 3.77 m. Die beiden Felder vor der Mitte der Schmalseiten hatten, bei gleicher Spannweite, eine Breite von ca. 5 m. Diese mächtigen Steinplatten ruhten auf 70 cm breiten und 1.92 m hohen Querbalken. Die ganz aus Stein hergestellte Pterondecke „(gehört) zum Bemerkenswertesten ( ), was uns von antiken Werksteinkonstruktionen bekannt ist" (Schulz, *o.c.*, 129). Erhalten ist die Decke nicht, sie lässt sich aber aus Auflagerspuren und Bruckstücken eines Querbalkens rekonstruieren. Aus dem Bruckstück des Querbalkens (*o.c.*, Abb. 161) erschloss Schulz, dass die Pterondecke flach war und mit der Cella unter einem Dach gelegen hätte (*o.c.*, Taf. 72. 75. 76). Bei französischen Ausgrabungen ist aber später das Fragment eines Querbalkens gefunden worden, dessen Oberseite nicht waagerecht, sondern geneigt ist[133]. Die Steinplatten waren „posées obliquement sur de puissantes poutres de pierre ..." (Seyrig, *l.c.*, 155). „Cette couverture en pente était cependant interrompue à l'endroit du péristyle où s'ouvrait la porte de la cella" (Seyrig, *l.c.*). Das eher gefundene Fragment eines Querbalkens gehörte zur Überdachung des vor der Cellatür gelegenen Portals, was übrigens Schulz schon für höchst wahrscheinlich gehalten hatte (Wiegand, *Palmyra*, 130). Die Decke des Portals, eine mächtige, 6 × 6 m grosse Steinplatte, war flach. Wenn wir recht sehen, lässt sich nicht mit Sicherheit ausmachen, ob die Pterondecke der Schmalseiten flach oder geneigt war. War sie geneigt, dann muss die Eckplatte an der Oberseite eine diagonalweise laufende Rippe und an der Unterseite eine Kehle gezeigt haben. Dies wäre dann die merkwürdigste Steinplatte der Pterondecke gewesen. In der von Amy vorgeschlagenen Rekonstruktion ist das

---

[133] *Syria*, XV, 1934, Pl. XIX, gegenüber p. 158, Henri Seyrig; J. Starcky, *Palmyre*, 1952. Pl. XVIII, gegenüber p. 70; O. Eissfeldt, *Tempel und Kulte*, *AO*, 40, 1941, Abb. 14, S. 76.

Pteron der Schmalseiten mit flach liegenden Steinplatten bedeckt (*Syria*, XXVII, 1950, Fig. 17, p. 102; hier Abb. 305). Wie der Architekt des Tempels dazu kam, die Pterondecke zum Teil geneigt zu gestalten (es handelt sich übrigens um eine nur sehr geringe Neigung), lässt sich nicht mit Sicherheit sagen. An Abfuhr des Regenwassers ist hier nicht zu denken, denn dagegen spricht die flache Deckung des Portals, die der Schmalseiten des Pteron (AMY's Rekonstruktion) und die flache bedeckung der Cella. Vielleicht lässt sich die geneigte Pterondecke als eine schwache Nachahmung eines Satteldaches deuten. Die meisten römischen Tempel Syriens hatten ein Satteldach.

R. AMY hat wohl richtig angenommen, dass die Cella das Pteron überragte; „le péristyle n'est qu'une simple parure qui ne doit pas masquer toute la cella, mais laisser apparent un couronnement traditionnel approprié à son rituel" (*Syria*, XXVII, 1950, 104). Der nicht-funktionelle Dreiecksgiebel in AMY's Rekonstruktion, *l.c.*, Fig. 17, p. 102; hier Abb. 305) ist, wenn wir recht sehen, archäologisch nicht gesichert. Wir möchten B. SCHULZ folgen, der eine waagerechte Abschliessung angenommen hat (WIEGAND, *Palmyra*, 1932, Taf. 72. 76). Für die Ummauerung des Tempelbezirkes ist eine Zinnenkrönung archäologisch gesichert (WIEGAND, *Palmyra*, 141) und sie ist wohl auch am Tempelgebäude anzunehmen (vgl. AMY, *l.c.*).

Das Satteldach mit Dreiecksgiebel ist die normale Dachform der römischen Tempel in Syrien gewesen. In Palmyra hatte der Tempel des Ba'al Šamîn ein Satteldach (WIEGAND, *Palmyra*, 1932, 122 ff., Abb. 154-156, S. 122-124, B. SCHULZ); ebenso der Tempel des Nabo (*id.*, 108 ff., Abb. 153, S. 117, Taf. 56-61; „korinthischer" Tempel); in Baalbek die beiden Akropolistempel (*Baalbek* I, Taf. 16). Für die Konstruktion des Satteldaches lieferte u.a. der grosse Tempel von Hössn Niha Daten: die Giebelgeisonblöcke zeigen in der Oberfläche die eingearbeiteten Auflager für Dachpfetten. Sie sind 18 cm breit und wohl ebenso hoch gewesen (KRENCKER-ZSCHIETZSCHMANN, *o.c.*, 130). Die Abstände untereinander (45 cm) sind durch die Grösse der Dachziegel bestimmt gewesen und sie hatten demnach die Funktion von Dachlatten. Sie müssen selbstverständlich auf Dachstühlen gelegen haben und diese werden in die Achse der Halbsäulen der Wandgliederung gestellt gewesen sein (Achsenweite ca. 3.50 m; *o.c.*, Taf. 56). Dachstühle sind auch für den grossen Tempel von Niha angenommen worden (*o.c.*, Abb. 155, S. 114). Beim grossen Tempel von Niha haben KRENCKER-ZSCHIETZSCHMANN offene Dachstühle angenommen (*ibid.*), beim grossen Tempel von Hössn Niha eine Celladecke (*o.c.*, Abb. 180, S. 129; hier Abb. 315). Im Entwurf des Tempels wird wohl stets eine Celladecke vorgesehen gewesen sein, wohl oft ist der Tempel nicht ganz vollendet worden. Eine Celladecke hatte auch der „Bacchus"-Tempel in Baalbek (Abb. 316).

6. *Cellatür und Fenster*. Die Tempel der Römer sind mit wenigen Ausnahmen nur

durch die Tür beleuchtet worden wie auch die griechischen Tempel. Im Hinblick
darauf hatte die Cellatür stets eine verhältnismässig grosse Breite und Höhe. „Bei
geöffneten Türflügeln sollte wohl auch den in Andacht sich Nahenden die Möglichkeit gegeben werden, das Colossalbild der Gottheit schon aus der Ferne oder doch
gleich beim Eintritt in das Heiligtum in seiner vollen Majestät auf sich einwirken
lassen zu können" (JOSEF DURM, *Die Baukunst der Römer*², 1905, 594). In den Syrischen Tempeln (röm. Zeit) war aber das Kultbild nicht etwa in der Mitte, sondern
ganz am Ende der Cella, immer unmittelbar vor der Rückwand, aufgestellt (KREN-
CKER-ZSCHIETZSCHMANN, *o.c.*, 287). Das Kultbild stand überdies hinter einem
architektonisch gestalteten Baldachin. Beim „Bacchus"-Tempel in Baalbek ist die
Front des Adytons durch eine Mittelöffnung und zwei schmale Seitenöffnungen,
die insgesamt nur etwa die Hälfte der Adytonbreite einnehmen, durchbrochen.
Wäre der Tempel nur durch die Cellatür beleuchtet worden, hätte das Adyton trotz
der grossen Höhe der Tür (ca. 14 m) fast im Dunkel gelegen. Das Adyton hatte
aber kleine seitliche Fenster (*Baalbek* II, Abb. 70, Taf. 13 und 17). Beim Bel-Tempel
in Palmyra, ein Breitbau mit an den Schmalseiten je einem Kammeradyton, ist es
ohne weiteres klar, dass die an der Langseite (West) gelegene Tür nicht zur Beleuchtung der Cella und der Adyta ausgereicht hätte. Die Cella ist durch acht Fenster,
die in jeder Langwand zu zwei Paaren angeordnet waren, beleuchtet worden
(WIEGAND, *Palmyra*, 1932, 128, Taf. 83; Taf. 80, links: Fenster des Bel Tempels,
Foto). Der Ba'al Šamîn-Tempel in Palmyra hatte je ein seitliches Fenster (WIEGAND,
o.c., 126 und Abb. 156-158, S. 124-125; Taf. 64. 65; hier Abb. 317). Zwei voll-
kommen erhaltene Fenster, je eines in den Seitenwänden, hatte der Antentempel
in Januh (KRENCKER-ZSCHIETZSCHMANN, *o.c.*, 35/36, Abb. 55-57 a, S. 35-36; Taf.
19 und 117, Nr. 11). „Die Fensterbank ruht unmittelbar auf der Podiumkopfschicht. Da das innere Cellaniveau in der Höhe der Podiumkopfschicht liegt, besteht
zwischen Cellafussboden und Fensterbank also nur ein Unterschied von wenigen
Zentimetern" (*l.c.*). Ähnliche bis zum Fussboden herabreichende Fenster hatte das
Adyton der hethitischen Tempel in Boğhazköi [134] — selbstverständlich eine Zufalls-
parallele. Der Atargatis-Tempel in Kalat Fakra hatte ein Fenster in der Adytonwand; das Adyton wurde also durch die Cella beleuchtet (KRENCKER-ZSCHIETZSCH-
MANN, 47 und Abb. 68 a; Taf. 21; das Fenster ist 64 cm breit und 1.47 m hoch). Die
Cellatür des Tempels in Medjdel Andjar ist 4.30 m breit und, wenn das Verhältnis
1 : 2 angenommen wird, 8.60 m hoch gewesen. Die Gesamttiefe des Raums (Breite
10.40 m) betrug etwa 18 m, das Verhältnis der Lichtöffnung zu der Grösse des
Raums war etwa 1 : 5, also ein günstiges Verhältnis. Beim „Bacchus"-Tempel in

---

[134] OTTO PUCHSTEIN, *Boghasköi. Die Bauwerke*, 1912, 106; RUDOLF NAUMANN, *Architektur Kleinasiens*, 1955, 167.

Abb. 316. Adyton des "Bacchus"-Tempels in Baalbek. (Rekonstr. Th. WIEGAND)

Baalbek wird es etwa 1 : 8 gewesen sein. Auf dem Adytonpodium des Tempels in Medjdel Andjar hatte offenbar nur ein einfacher Baldachin gestanden; es ist also anzunehmen, dass auch das Adyton nur durch die Cellatür beleuchtet worden ist. Auch bei der Aufstellung der Türflügel hatte der Architekt der Beleuchtung Rechnung getragen: die zurückgeschlagenen Türflügel standen nicht an den Leibungen, was die Lichtöffnung schmaler gemacht hätte, sondern hinter der Türöffnung und

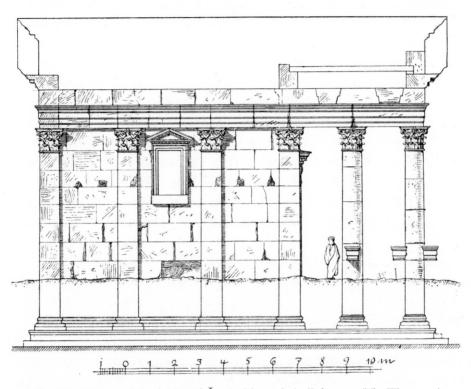

Abb. 317. Seitenansicht des Baʿal Šamîn-Tempels in Palmyra. (Th. WIEGAND)

die nach der Tür zu liegenden Wände der Treppenhäuser dienten den Türflügeln als Anschlag (KRENCKER-ZSCHIETZSCHMANN, *o.c.*, 185). Beim „Bacchus"-Tempel in Baalbek hatte man ähnlich verfahren (*ibid.*).

Im allgemeinen werden Cella und Adyton nur schwach beleuchtet gewesen sein. Für heidnische Tempel, sagt DURM, wird wohl im höchsten Masse gegolten haben, was ALBERTI für den christlichen Kirchenbau wünschte: „Um die Würde des Kirchenbaues zu erhöhen, wähle man mässige Innenbeleuchtung, weil der Schauer des Halbdunkels die Andacht vermehre" [135].

Wo Fenster fehlen oder nicht festgestellt werden können, ist noch damit zu

[135] J. DURM, *Die Baukunst der Römer*[2], 1905, 594/595.

rechnen, dass es oberhalb der Cellatür ein halbkreisförmiges Fenster (Oberlichtfenster) gegeben haben könnte. Beispiele davon gibt es an den Synagogen Galiläas
und die Architekten der Synagogen müssen diese Bauform aus heidnischen Tempeln
gekannt haben. Ein Oberlicht muss wie wir Kap. XIII gesehen haben, auch der
Eingang des Heiligen des herodianischen Tempels gehabt haben, das aber wohl
nicht halbkreisförmig sondern rechteckig gewesen ist.

7. *Treppenhaus.* Über die Anlage einer steinernen Treppe in antiken Tempeln
haben wir Kap. XIII schon etwas gesagt und zwar, um es wahrscheinlich zu machen,
dass die beiden Räume links und rechts neben der Vorhalle des herodianischen
Tempels als Treppenräume zu deuten sind. An verschiedenen syrischen Tempel aus
römischer Zeit sind ein oder mehr Treppenhäuser ermittelt worden. Für Tempel
mit Terrassendach lässt sich die Treppe leicht aus Reparaturarbeiten am Dach und
wohl auch aus der Sitte, auf dem Dach zu opfern, erklären. Das älteste Beispiel
dafür bildet der aus Spätbronze datierende Baʿal Tempel in Ugarit (siehe Band I,
1970, 473 ff. und Abb. 133-134, S. 478-479). Der aus der Zeit des Tiberius (14-37
n. Chr.) datierende Bel-Tempel in Palmyra (Abb. 299) enthält, wie oben schon
gesagt, drei Treppenhäuser: links und rechts neben dem südlichen Adyton je eins
und eins links neben dem nördlichen Adyton [136]. Die Treppe rechts neben dem
Südadyton ist eine regelrechte runde Spindeltreppe. Auf der Treppenwand neben
dem nördlichen Adyton sind über einer Aedicula zwei Altäre dargestellt und diese
„figuraient sans doute l'autel de la terrasse" [137]. Es ist also anzunehmen, dass auf
dem Dach geopfert wurde, wenn vielleicht auch nur Weihrauchopfer (STARCKY, *l.c.*).
B. SCHULZ vermutet, dass die runde Treppe als Zugang zum flachen Dach gedient
habe, die zwei rechteckigen Treppenhäuser könnten für den Zugang zu den Räumen
über dem Adyton bestimmt gewesen sein (WIEGAND, *Palmyra*, 1932, 131). Wahrscheinlicher dürfte doch wohl sein, dass mindestens zwei Treppen zum Dach hinaufgeführt haben, eine zum Hinaufgehen und eine zum Herabsteigen.

Treppenhäuser fanden sich auch in den Säulenhallen des Tempelbezirkes. Wo die
zweischiffige Nordhalle an die grosse und hohe einschiffige Westhalle stösst (Rho-
dische Anlage des Peristylhofes; Vitr. VI, 7, 3), gibt es einen viereckigen Pfeiler
mit einer eingebauten runden Treppe (WIEGAND, *Palmyra*, 1932, Abb. 171, S. 146,
SCHULZ). „Die Treppe muss auf das flache Dach der Nordstoa geführt haben"
(*o.c.*, 145). Auch am Westende der Südhalle war eine Treppe. Sie sind „als Zugänge
für die Wacht- und Verteidigungsmannschaft zu verstehen" (SCHULZ, *l.c.*), und da
sie nur 70 cm lichte Treppenbreite haben, hält SCHULZ es für nicht ausgeschlossen,

---

[136] TH. WIEGAND, u.a., *Palmyra*, 1932, Tafelband, Taf. 68. 71; *Syria*, XXVII, 1950, Fig. 15, p. 99,
R. AMY; hier Abb. 299.
[137] STARCKY, *Palmyra*, 1952, 115; R. AMY, in *Syria*, XXVII, 1950, 104 und Fig. 19, p. 105.

„dass auch in den Ecken, an denen die Nord- und Südstoa mit der Oststoa zu-
sammentrifft je ein solches Treppenhaus angeordnet war" (*ibid.*). Zwei Treppenhäuser gab es weiter noch in den Propyläen des Tempelbezirkes (*o.c.*, 148).

Ein flaches Dach und eine zum Dach hinaufführende Treppe hatte auch der aus
der Zeit des Caracalla (211-217 n. Chr.) datierende Tempel in Dmeir (*Syria*, XXVII,
1950, 85 s. und Fig. 1, p. 84, Grundriss). Unterhalb des Daches gab es aber eine
Celladecke. „Entre ces deux planchers se situe un comble ..." (Amy, *l.c.*). Es kann
sich u.E., wie wir schon bei der Rekonstruktion des herodianischen Tempels (Kap.
XIII) betonten, nur um einen Traufraum handeln und es dürfte wahrscheinlich
sein, dass die Treppe sowohl zu diesem Raum als zum Dach hinaufgeführt habe.
Dass Tempel mit flachem Dach nicht stets eine zum Dach hinaufführende Treppe
hatten, zeigt der Tempel in Kasr Nimrud: er hatte ein flaches Dach, aber kein
Treppenhaus (Krencker-Zschietzschmann, *o.c.*, 178 f.; Taf. 71-73, Taf. 117,
Nr.22). Das Fehlen einer Treppe ist ein echtes Kennzeichen älterer Bauten in
Syrien (*id.*, S. 283).

Für Tempel mit flachem Dach lässt sich die Anlage eines Treppenhauses, wie wir
sahen, leicht erklären. Anders steht es um Tempel mit einem Satteldach, wenn
wenigstens sie nicht mit Emporen ausgestattet sind. Emporen erforderten selbstverständlich immer die Anlage eines Treppenhauses, sei es im Inneren oder aussen.
Von mindestens zwei griechischen Tempeln — diese hatten bekanntlich stets ein
Satteldach — wissen wir, dass sie innen eine Galerie hatten: der Zeustempel in
Olympia (hier ist sie durch eine Nachricht des Pausanias bezeugt) und der Aphaia-
Tempel in Aegina, wo sie durch die erhaltenen Balkenlager bezeugt ist (H. Kohl
und C. Watzinger, *Antike Synagogen in Galilaea*. 29. WVDOG, 1916, 179). Wenn
in Tempeln mit Satteldach Emporen fehlen — und nur wenige Tempel sind mit
Emporen ausgestattet gewesen —, lässt sich nicht mit Sicherheit sagen, wofür die
Treppenhäuser gedient haben. Ein Treppenhaus hatten z.B. der Zeus-Tempel und
der Artemis-Tempel in Gerasa (Abb. 300), beide aus den 2. Jahrhundert n. Chr.
Zwei Treppenhäuser hatten z.B. der „Bacchus"-Tempel in Baalbek (Abb. 309) und
der grosse Tempel in Niha (Abb. 314), beide ebenfalls aus dem 2. Jahrhundert
n. Chr.

Nach Krencker-Zschietzschmann haben die Treppen dazu gedient, Baumaterial hinaufzuführen (*o.c.*, 284). „Die Verdoppelung der Treppen in den Tür-
wänden der grösseren Tempel hat einen wesentlich technischen Grund: die Auf-
gänge sind schmal; bei Bauarbeiten müsste, um Stockungen zu vermeiden, die
eine den Auf- und die andere den Abtransport des Baumaterials übernehmen ...
Bei kleineren Tempeln genügte eine Treppe oder es war überhaupt keine nötig"
(*l.c.*). Die Gelehrten weisen darauf hin, dass die Treppen in der Türwand des „Bac-

chus"-Tempels in Baalbek nur zum Dachboden hinaufführen (*o.c.*, 292). Dass die Treppen dazu benutzt worden sind, Baumaterial für die Dachkonstruktion hinaufzuführen, dürfte durchaus möglich sein; dass sie nur diesem Zweck gedient hätten, ist kaum anzunehmen. Sie werden auch dazu gedient haben, den Dachraum zu betreten.

R. AMY hat auf Pausanias hingewiesen, der erzählt, man habe zu seiner Zeit im Dachraum des Hera-Tempels in Olympia den Leichnam eines Soldaten, welcher sich zur Zeit des peloponnesischen Krieges (etwa 500 Jahre vorher) im Dachraum versteckt hatte, gefunden und AMY schliesst daraus, dass man niemals den Dachraum betreten hätte (*Syria*, XXVII, 1950, 134, n. 1). Wer den Dachraum sicher betreten hat, war der Soldat, der sich dort versteckt hatte, und er muss genau gewusst haben, wie man nach oben kommen konnte! Dass der Dachraum griechischer und römischer Tempel wohl betreten wurde unterliegt nicht dem Zweifel. „Eine Beleuchtung der Dachräume war im Altertum so notwendig wie in unserem Jahrhundert, und eine Menge von Ziegelfunden bei römischen und griechischen Bauten bestätigen die Anordnung von Vorrichtungen für Lichtzufuhr nach denselben" (DURM, *Die Baukunst der Römer*², 1905, 600, vgl. S. 334 f. und Abb. 363, S. 333: Haubenziegel; die Haube gab Schutz gegen dem Eindringen des Regens). Ein Raum, der niemals betreten wird, braucht keine Lichtzufuhr. Wenn das Ziegeldach im allgemeinen auch regendicht ist, so sind doch auch im Altertum Lecks nicht unbekannt gewesen. Nur im Dachraum lässt sich sofort genau feststellen, welche Dachziegel gebrochen oder verschoben ist. Jeder Dachraum muss auf irgendeine Weise vom Inneren des Gebäude aus zu betreten sein. Die Anlage einer gemauerten Treppe bietet die beste Lösung und die Anlage zweier Treppen in grossen Tempeln (die Cella des „Bacchus"-Tempels in Baalbek ist im Lichten 20 m breit; die des grossen Tempels in Niha 15 m) lässt sich u.E. aus dem grossen Umfang der zwei Dachflächen erklären. Wo es bei kleinen Tempeln zwei Treppen gibt, wird es sich um Nachahmung handeln.

R. AMY, der bei der Treppenfrage, wie schon bemerkt, auch die griechischen Tempel Siziliens und Süditaliens vorführt, weist darauf hin, dass man bei einer Dachneigung von 15° erst bei Tempeln, die ca. 22 m breit sind, unter dem Dachfirst laufen kann (*Syria*, XXVII, 1950, 134), und er sagt dann: „Je ne distingue, en définitive, aucun usage rationnel de ces escaliers dans l'économie intérieure de ces temples" (p. 135). Über die Höhe des Dachraums sind wir aber im allgemeinen nicht genau unterrichtet; es sind hier ja die Höhe der Dachbalken und die Lage der Celladecke in Rechnung zu stellen. Auch in unserer Zeit lassen sich übrigens Untersuchungen an der Dachdeckung im Dachraum oft nur gebückt ausführen. Dass vielen griechischen Tempeln eine Treppe fehlt (*l.c.*, 134), sagt über die Funktion der Treppe natürlich nichts aus. Unbedingt notwendig war die Tempeltreppe nicht.

Wo sie fehlte, hatte man, wie AMY bemerkt, eine Leiter und eine Öffnung in der Decke benutzt (*ibid.*) [138]. AMY hält es übrigens doch auch selbst für möglich, dass die Treppe nach dem Dachraum geführt haben könnte (*l.c.*, 133, n° 3).

Die meisten Tempeltreppen waren Spindeltreppen: die Treppenläufe liegen um einen steinernen Pfeiler quadratischen oder rechteckigen Grundrisses (die südwestliche Treppe im Bel-Tempel von Palmyra war, wie wir gesehen haben, kreisrund). AVRAHAM NAVEH, der diesen Treppentypus als „staircase-tower" bezeichnet, vermutet, dass diese Treppenform im nabatäischen Kulturbereich „was invented, developed and employed" (*The Staircase-Tower in Nabataean Architecture*, *RB*, 80, 1973, 364-383, 373 ss., p. 382; *Eretz-Israel*, XI, 1973, 197-207, *hebr.*). Das letztere, „employed", unterliegt nicht dem Zweifel, denn dafür zeugt der Tempel in Ramm (Abb. 274). Erfunden haben die Nabatäer die Spindeltreppe nicht. Der aus dem 2. Jahrhundert v. Chr. datierende, von Hyrkan in Tyrus (ʿarāḳ el-emīr) errichtete Bau, Palast oder Tempel enthielt, was auch NAVEH selbst erwähnt (*l.c.*, p. 376), eine Spindeltreppe [139]. Der Typus lässt sich aber noch viel weiter zurück belegen. Im Palast des Jarim-Lim in Alalaḫ (*tell açana*) aus dem 17. Jahrhundert v. Chr. gibt es eine voll entwickelte Spindeltreppe (L. WOOLLEY, *Alalakh*, 1955, Fig. 25; BUSINK, *Der Tempel von Jerusalem*, I, 1970, Abb. 138, S. 497). Auch im Palast des Niqmepa-Ililimma (15. Jahrh. v. Chr.) liegt eine regelrechte Spindeltreppe (WOOLLEY, *o.c.*, Fig. 45; BUSINK, *o.c.*, Abb. 140, S. 503). Dem Gurgurri-Tore in Assur (Zeit: Salmanassars III., 859-824) war ein Treppenhaus mit Spindeltreppe angebaut (W. ANDRAE, *Die Festungwerke von Assur*, 23. *WVDOG*, 1913, 20 ff. und Taf. XXXI-XXXIII, Tafelband; Ders., *Das wiedererstandene Assur*, 1938, Abb. 60, S. 142). Die Treppe nach der Mauerkrone lag entweder in der Mauer oder man baute einen Treppenraum neben dem Torraum an, „der die um eine Spindel geführte Rampe oder Treppe aufnahm" (*Festungwerke*, S. 17). Es handelt sich im obigen um rechteckige Spindeltreppen und man könnte meinen, die kreisrunde Treppe im Bel-Tempel von Palmyra sei eine Erfindung der Nabatäer gewesen. Dem ist nicht so, denn schon der aus dem 5. Jahrhundert v. Chr. datierende Tempel A bei Selinus (Sizilien) enthält eine kreisrunde Treppe (DURM, *Die Baukunst der Griechen*, 1910, 431 und Abb. 397, S. 435; nach KOLDEWEY-PUCHSTEIN, *Die griechischen Tempel in Unteritalien und Sicilien*, 1899).

8. *Megalith-Blöcke*. Der Stein der römischen Tempel Syriens ist meist Kalkstein.

---

[138] Im griechischen Mutterland begnügte man sich „mit Leitertreppen, um von diesen aus etwaige Innendekorationen oder Bauausbesserungen und Unterhaltungsarbeiten in Dach und Fach besorgen zu können" (DURM, *Baukunst der Griechen*, 1910, 431). Auch am Jerusalemer Tempel wird es wohl eine verschliessbare Öffnung in der Decke des Oberstocks gegeben haben.

[139] BUTLER, *Syria*, Div. II A, 2 ff., Fig. 2 ff., p. 6 ff.; LAPP, in *ADAJ*, X, 1965, Pl. XVIII: Restored plan and sections of Qasr el-ʿAbd, M. J. B. BRETT.

In der älteren Periode ist die Schichtenhöhe gemässigt (KRENCKER-ZSCHIETZSCH-
MANN, *o.c.*, 295 f.). „Erst mit der Neronisch-Flavischen Zeit beginnt die Vorliebe
für grosse und kolossale Quadern in Syrien" (*id.*, S. 271). In der Umfassungsmauer
des grossen, dem Zeus von Baitikaike geweihten Bezirkes von Hössn Soleiman (das
alte Baitokaike in Nordsyrien) gibt es nach Ahmed Djemal bis zu 6 m lange und
2-3 m hohe Blöcke (*Alte Denkmäler aus Syrien, Palästina und Westarabien*, 1918,
Taf. 90). KRENCKER-ZSCHIETZSCHMANN stellten Blöcke bis zu fast 10 m Länge und
2.60 m Höhe fest (*o.c.*, 68 und Taf. 32). Am Heliosbezirk von Kasr Naus (nördlich
von Beiruth) kommen Quadern von über 5 m Länge vor (*id.*, S. 10). Die monolithen Türpfosten sind für den Anschluss der Mauer an den Aussenflächen abge-
treppt, d.h. aus einem Block megalithischer Grösse verfertigt worden (*o.c.*, 10 und
Abb. 17, S. 9; 25, S. 15; AHMED DJEMAL, *o.c.*, Taf. 92 rechts: Eingangstor in die
Umfassungsmauer des Heliostempels, Aufnahme der Expedition PUCHSTEIN). Am
grossen Tempel von Hössn Niha findet sich an der Aussenseite der Westwand ein
8.30 m langer Stein (KR.-Z., *o.c.*, 130). Die Schichtenhöhe wechselt zwischen 88 cm
und 2.40 m (*id.*, S. 131). In der Plattform des grossen Tempels von Baalbek gibt es
ca. 9 m lange Steine und eine Schicht, in der Steine liegen, die ca. 19 m lang, 4.34 m
hoch und 3.65 m dick sind (AHMED DJEMAL, *o.c.*, Taf. 69; hier Abb. 318. Der
grosse Stein im Steinbruch bei Baalbek ist 21.72 m lang, mit einer Breite und Höhe
von 4.30 × 5.30 m (*AA*, 1929, 178; KRENCKER). OTTO PUCHSTEIN der 1900-1904
die deutschen Ausgrabungen in Baalbek leitete, sagt über die Anwendung solcher
grossen Steine: „So kolossale Steine aus dem Steinbruch hierher zu transportieren,
auf die Höhe zu heben und so sicher zu versetzten, und das alles nur mit Hilfe von
Rollen, Hebeln, Winden, Flaschenzügen, schiefen Ebenen und — unendlicher
Geduld, ist eine erstaunliche Leistung der römischen Ingenieure in Baalbek" (bei
AHMED DJEMAL, *l.c.*). Es ist hier auch an die Errichtung der 19 m hohen Säulen
(Durchmesser 2.20 m) des grossen Tempels zu denken.

Dass die Verwendung von Megalith-Blöcken nicht nur einen technischen Sinn
hatte, betonen KRENCKER-ZSCHIETZSCHMANN, wo sie die riesigen Blöcke der Umfassungsmauer des grossen Bezirkes in Hössn Soleiman erwähnen: „der stärkste
Eindruck von Wucht und Grösse soll an der Hauptfront erweckt werden, an der
Seite, von welcher die Gläubigen einzeln oder in Prozessionen sich dem Heiligtume
nahen" (*o.c.*, 68). L. H. VINCENT, der am Ḥarām von Hebron (eine Schöpfung des
Herodes des Grossen) einen 7.51 m langen und 1.45 m hohen Stein sah, meint:
„On se demande pourtant si l'effet obtenu correspond à l'effort exigé par la mise
en œuvre de telles masses" (Hébron. Le Ḥaram el-Khalîl. Sépulture des Patriarches,
1923, 44). E. MADER, der am bêt el-Ḥalîl („Haus Abrahams" in Mambre; eine
hadrianische Anlage, auf einem älteren, wohl herodianischen Bau) feststellte, dass

an der Umfassungsmauer das Volumen der Steine von unten nach oben zunimmt, meint wohl zu Recht, dass dies auf der Absicht beruhte, dem Beschauer zu imponieren (*Mambre. Die Ergebnisse der Ausgrabungen im heiligen Bezirk Râmet el-Ḫalîl in Südpalästina* 1926-1928, 1957, S. 58/59.) Dass die Höhe der Blöcke von unten nach oben zunimmt, haben KRENCKER-ZSCHIETZSCHMANN auch am grossen und kleinen Bezirk von Hössn Soleiman festgestellt (*o.c.*, 93). Aus der Absicht, dem Beschauer zu imponieren, hatte schon der hethitische Architekt an gut sichtbaren Stellen grosse Steine verwendet. „Die Blöcke werden um so sorgfältiger und regelmässiger gestaltet und sind um so grösser, wenn es sich um Mauern an Fassaden, an vorüberführenden Wegen oder gar an Haupteingängen handelt" (R. NAUMANN, *Architektur Kleinasiens*, 1955, 72). Aus der gleichen Absicht hatte Herodes an die Südmauer des Tempelplatzes eine 1.80 m hohe Steinschicht anbringen lassen, gerade auf der Höhe der Eingänge und auch übrigens an den Mauern gigantische Blöcke verwendet. Die aus Riesenquadern erbaute West- und Südmauer des alten Tempelplatzes „erweckte das Staunen aller Reisenden, welche je den Ort besucht haben" (MADER, *Mambre*, 1957, 22). Das älteste Zeugnis dafür ist nicht das eines Reisenden, sondern eines Jüngers Jesu (Mark. 13, 1).

D. S. ROBERTSON meint, die Anwendung von Riesenquadern („megalithic construction") muss eine syrische Tradition gewesen sein [140]. Die Vorliebe für grosse Steine in Syrien beginnt aber, wie wir sahen, erst mit der Neronisch-Flavischen Zeit (KRENCKER-ZSCHIETZSCHMANN, *o.c.*, 271), also 54-96 n. Chr. Der Jerusalemer Tempel war ein in der ganzen Welt berühmtes Heiligtum und auch nach der Zerstörung des Tempels 70 n. Chr. stand die Ummauerung des Tempelberges aufrecht. Es dürfte möglich sein, dass die römischen Architekten in Syrien aus Bekanntschaft mit den aus mächtigen Quadern aufgebauten Mauern des Jerusalemer Tempelberges dazu gekommen sind, Riesenquadern, welche die in Jerusalem noch übertrafen, an gut sichtbaren Stellen der syrischen Bauten anzuwenden (siehe auch weiter unten).

Riesenquadern sind nicht erst von Herodes dem Grossen angewendet worden; 12 m lange Steine (es gibt solche wie wir gesehen haben an der Ḥarāmmauer) hatte es aber an älteren Bauten Palästina/Syriens wohl nicht gegeben. Die alte Ansicht, dass die Phönikier eine Vorliebe für gigantische Steinblöcke gezeigt hätten [141], hat sich durch neuere Untersuchungen als unhaltbar erwiesen. „L'axiome archéologique du „mégalithisme phénicien", qui reposait presque uniquement sur la date des monuments d'Amrit, ne tient plus, depuis que cette date a été abaissée" [142]. Die

---

[140] *A Handbook of Greek and Roman Architecture*, 1929, 222.
[141] G. CONTENAU, *La Civilisation Phénicienne*, 1949, 142: „le goût du gigantesque . . .", vgl. p. 153.
[142] A. POIDEBARD-J. LAUFFRAY, *Sidon. Aménagements antique du Port de Saida*, 1951, 80.

Phönikier sind erst am Ende der hellenistischen oder am Beginn der römischen Periode dazu gekommen, abnorm grosse Steine anzuwenden (p. 89). Im 2. Jahrhundert v. Chr. hatte aber schon der Tobiade Hyrkan an dem in Tyros ('arāḳ el-emīr) errichteten Gebäude (Tempel oder Palast) riesige Quadern angewendet. Hier gibt es 5.36 m lange und 2.10-3 m hohe Blöcke (Butler, Syria. II A, p. 5 und 8; Watzinger, Denkmäler Palästinas, II, 1935, 13 f.; P. W. Lapp, 'Iraq el-Emir, AncAEHL, II, 1976, 527-531). Dass Josephus, der den Bau selbst gesehen hatte (Antiq. XII, 4, 11 § 230; er bezeichnet ihn als βᾶρις = Burg), über die riesigen Quadern schweigt, braucht nicht zu verwundern: für Josephus, der die herodianischen Megalith-Blöcke der Umfassungsmauer des Tempelberges in Jerusalem kannte, war die Fries mit riesigen Löwenfiguren [143] etwas auffälliges, nicht die abnorme Grösse der Steinblöcke.

Nach I. Kön. 7, 10 soll Salomo beim Bau des Tempels 10 Ellen (5 m) und 8 Ellen (4 m) grosse Steine im Fundament verwendet haben. Ist der von Hyrkan errichtete Bau als Tempel zu deuten und ist der Tempel dem Ba'al Šamîn als Entsprechung Jahwe's geweiht gewesen, könnte man meinen, die Megalith-Blöcke im Mauerwerk des Tempels in Tyros seien auf den Baubericht der Bücher Könige zurückzuführen. Dies hätte nur Wahrscheinlichkeit für sich, wenn der Grundriss des Kasr el-'Abd nach der Beschreibung des salomonischen Tempels im Baubericht der Bücher Könige gebildet gewesen wäre. Er zeigt damit aber kaum Übereinstimmung. Die hellenistischen Stilformen der Bauglieder verraten alexandrinischen Einfluss [144]; auch die Verwendung von Megalith-Blöcke könnte auf alexandrinischen Einfluss zurückzuführen sein. Aus Josephus' märchenhafter Erzählung über Hyrkan's Besuch bei Ptolemaios Epiphanes (Antiq. XII, 4, 7 §§ 197 ff.) lässt sich schliessen, dass der seleukidenfeindliche Hyrkan Ägypten besucht hatte. In Ägypten sind schon im Alten Reich Riesenquadern angewendet worden. An der Ostfront des Torbaus des Grabdenkmals des Königs Chephren „liegen Quader die 50 bis 60 cbm gross sind, also gegen 150 000 kg wiegen" (Uvo Hölscher, Das Grabdenkmal des Königs Chephren, 1912, 40). In der Grabkammer der Ne-user-re- Pyramide gibt es ein 9 m langer, 2.50 m starker und 1.75 m breiter Dachsparren (Ludwig Borchardt, Das Grandenkmal des Königs Ne-User-Re, bei L. Croon, Lastentransport beim Bau der Pyramiden, 1925, 34). Borchardt schätzt das Gewicht auf 90 000 kg (id.). Über die Verwendung von Riesenquadern im Neuen Reich spricht G. Legrain, Les Temples de Karnak, Fragment du dernier ouvrage, 1929, 42. Zu den Riesensteinen müssen auch die u.a. aus dem Neuen Reich, der Periode der Ptolemäer (Ptolemaios IX.) und

---

[143] Butler, Syria, II A, Pl. I Frontispice; Watzinger, Denkmäler, II, 1935, Abb. 53, Taf. 22 (nach Butler).

[144] Watzinger, o.c., 15 f.; Butler, o.c., Fig. 5, p. 9.

Abb. 318. Megalith-Blöcke am Podium des Jupiter-Tempels in Baalbek.

Abb. 319. Peristasis des "Bacchus"-Tempels in Baalbek.

der römischen Zeit (Domitian; Hadrian) datierenden Obelisken gerechnet werden. Der grösste ist der Obelisk von Âswan der, wie der grosse Stein von Baalbek, ın dem Steinbruch liegt (ca. 41 m lang). ENGELBACH schätzt das Gewicht auf 1168 t (*Problems of the Obelisks*, 24, bei E. A. WALLIS BUDGE, *Cleopatra's needles and other egyptian obelisks*, 1926, 271 f.; 272 f.; List of the most important inscribed obelisks now in existence). Die Verwendung von Megalith-Blöcke in den römischen Tempeln Syriens dürfte letzten Grundes auf Einwirkung der ägyptischen Baukunst zurückgehen [145].

9. *Das Pteron.* Unter den römischen Tempeln Syriens gibt es, wie schon bemerkt (Anm. 110), nur eine geringe Zahl von Tempeln, welche mit einem Peristasis ausgestaltet sind. Man könnte meinen, dies erkläre sich einfach daraus, dass die meisten von KRENCKER-ZSCHIETZSCHMANN untersuchten Tempel nur geringer Grösse sind (siehe dort Taf. 117. 118). Grossbauten, wie z.B. die Akropolis-Tempel in Baalbek (Abb. 306. 319), und der Bel-Tempel in Palmyra (Abb. 299), haben einen Peristasis, einen Säulenkranz. Aber auch der verhältnismässig kleine Nabo-Tempel in Palmyra (Abb. 303) ist ein peripteraler Bau. Wenn wir nun sehen, dass es auch Grossbauten ohne Peristasis gibt (z.B. der grosse Tempel in Niha (Abb. 314), lässt sich dies doch wohl nicht (wir betonten es schon oben) einfach daraus erklären, dass man die Baukosten haben drücken wollen. Eher lässt es sich daraus erklären, dass das Pteron keinen abschliessenden Charakter hat. Die Interkolumnia des Peristasis öffnen das Heiligtum sozusagen nach aussen hin, nach dem Hof, der, im Gegensatz zu dem naos, sicher als unheilig betrachtet wurde. Der Peristasis zerstört die klare Trennung zwischen dem Heiligen und Unheiligen. Wir müssen

[145] E. WILL hält es für möglich, dass die Anwendung von Megalith-Blöcken sich aus „des conceptions magico-religieuses" erklären lässt, dabei wenigstens eine Rolle gespielt haben; „la solitdié de l'édifice devait paraître mieux assurée par ce recours à un nombre limité de blocs gigantesques plutôt que par la multiplicité des blocs de grandeur normale . . . " (*Du Trilithon de Baalbek et d'autres appareils colossaux, Mélanges offert à Kazimierz Michalowski*, Warszawa, 1966, 725-729, p. 728). Dies dürfte durchaus möglich sein und das Motiv, dem Beschauer zu imponieren, könnte wohl sekundär entstanden sein, übrigens wohl ohne dass dabei die ursprüngliche Auffassung verschwand. Das Gewicht der monolithen Decke des Süd-Adyton des Bel-Tempels in Palmyra beträgt 11900 t, das des Nord-Adyton 27720 t (WILL, *l.c.*, 726). Kein Laie hatte diese mächtigen Blöcke jemals an der Stelle bewundern können. — WILL erwähnt das Trilithon am Podium des grossen Tempels von Baalbek: die Blöcke sind 10.10, 19.30, 19.55 m lang, 4.34 m hoch und 3.65 m breit (*l.c.*, 725). Für die Ausführung dieser und anderer mächtigen Bauten denkt WILL an Kriegsgefangene. „De quelle sinistre victoire donc les trois énormes pierres et leurs soeurs nous ont-elles conservé le souvenir?" (p. 728). WILL hält es für möglich, dass nach dem ersten jüdischen Krieg gegen Rom (70-73 n. Chr.) jüdische Kriegsgefangene hier Zwangsarbeit verrichtet haben. Er meint, das Podium könnte später als der Tempel (60 n. Chr.) errichtet worden sein (*l.c.*, 728, n. 15). Dies dürfte doch kaum wahrscheinlich sein; das Podium dürfte älter sein als der unter Nero errichtete 10 zu 19 Säulen grosse Peripteros. Josephus berichtet auch nicht, dass jüdische Kriegsgefangene Zwangsarbeit an Bauten ausgeführt hätten, wohl, dass sie nach Ägypten in die Bergwerke geschickt worden sind (*Bell. Jud.* VI, 9, 2 § 418).

u.E. annehmen, dass bei Tempeln ohne Peristasis, auch an den ursemitischen Gedanken der Trennung zwischen dem Heiligen und dem Unheiligen zu denken sei. Interessant in dieser Hinsicht ist der Bel-Tempel in Palmyra: der Eingang zu dem Pteron war, wie wir oben gesehen haben, mit Türen verschlossen. Hier ist wohl auch an den Tempel in Hössn Soleiman (Abb. 301) zu denken: er ist ohne Peristasis; die Mauern des naos sind aber aussen mit Halbsäulen ausgestaltet; sozusagen ein Kompromiss zwischen dem altsemitischen Gedanken der Trennung des Heiligen vom Unheiligen und den hellenistisch-römischen Baugedanken [146]. Am Jerusalemer Tempelgebäude gibt es, wie wir Kap. XIII gesehen haben, weder Peristasis, noch Halbsäulen.

[146] Der Peristasis ist bekanntlich keine römische „Findung". Er kommt von dem griechischen Tempelbau. — PAUL SARASIN hatte das Pfahlhaus als der Urform des dorischen Peripteros sehen wollen (*Über die Entwicklung des griechischen Tempels aus dem Pfahlhaus, Ztschr. für Ethnologie*, 1907, 59 ff.; *id.*, 1910, 434 ff.). KARL BOETTICHER dachte an das heilige Zelt (*Die Tektonik der Hellenen*, I, 1874, 254 ff.). Heute dürfte es wahrscheinlich sein, dass der Peristasis aus dem urartäischen Tempelbau stammt (siehe oben, Anm. 57).

XV. KAPITEL

TEMPELHAUS UND SYNAGOGE

1. *Tempelhaus.* Im 19. Jahrhundert hatte MELCHIOR DE VOGÜÉ die Meinung vertreten, dass der Tempel des Ba'al Šamîn in Sî'a „donne une idée assez exacte du style du dernier temple de Jérusalem . . ." [1] und am Ende des 19. Jahrhunderts hatte CLAUDE CONDER den herodianischen Tempel als „an Oriental attempt at the imitation of classic architecture, such as is noticeable also at Petra, and in the interior even of Arabia" bezeichnet [2]. Ähnlich sagt in unserer Zeit J. STARCKY, Herodes habe den Tempel wiederaufgebaut „sans doute dans le même style gréco-romain que celui de Palmyre . . ." (*MUSJ*, XXIV, 1941, 21). Wie wir Band I (Taf. IV und Abb. 22-23) gesehen haben, hatte DE VOGÜÉ die Front des Tempels mit Halbsäulen ausgestattet und CARL WATZINGER rekonstruierte die Front mit vier Halbsäulen und nicht-funktionellem Dreiecksgiebel, M. AVI-YONAH mit vier Halbsäulen und waagerechter Krönung [3], wiewohl aus Josephus' Beschreibung des Tempels, wie wir schon mehrmals betonten, klar hervorgeht, dass die Front nicht mit Säulen bzw. Halbsäulen ausgestattet gewesen sein könne. Die Nabatäer haben bei der Errichtung ihrer Tempel, wie wir Kap. XIV. gesehen haben, den einheimischen, bzw. aus Iran stammenden Grundriss (Quadrattempel) im allgemeinen eingehalten, den Tempel dann aber (neben der Anwendung eigener Bauformen) in hellenistischem bzw. pseudo- hellenistischem Stil, der sich durch die Anwendung von Säulen (bzw. Halbsäulen), korinthischen bzw. pseudo-korinthischen Kapitellen und Dreiecksgiebeln auszeichnet, ausgestalltet. Dass Nabatäer und Syrer bei der Ausstattung ihrer Tempel den Einfluss der hellenistischen bzw. römischen Architectur aufgenommen haben, braucht nicht zu verwundern. Wie Griechen und Römer verehrten sie viele Götter und manche sind mit griechischen bzw. römischen Göttern gleichgestellt worden [4]. Auch in der Tempelarchitektur ist dies zum Ausdruck

[1] *Syrie Centrale. Architecture Civile et Religieuse*, 1865- 1877,38.

[2] *Syrian Stone-Lore*, 1896, 211.

[3] Bd. I, 1970, Taf. IV, gegenüber S. 62 (DE VOGÜÉ); Abb. 22, S. 70 (WATZINGER); Abb. 23, S. 73 (AVI-YONAH).

[4] In griechischen Inschriften aus Palmyra wird sowohl Bêl als Ba'al Šamîn Zeus genannt (HENRY SEYRIG, *La culte de Bêl et de Baalshamin, Syria*, XIV, 1933, 238 s.). Über die Religion der Nabatäer siehe J. STARCKY, *Dict. de la Bible*, Suppl. 39, 1964, 986 ss.; PH. C. HAMMOND, *The Nabataeans*, 1973, 93 ff.; G. DALMAN, *Petra und seine Felsheiligtumer*, 1908, 49 f.

gekommen [5]. Es lässt sich nicht mit Sicherheit sagen, ob Herodes, hätte er beim Wiederaufbau des Jerusalemer Tempelhauses ganz frei schalten können, der Front ein hellenistisches Gepräge gegeben haben würde. Wir wissen aber, dass „he had professed the Jewish faith ..." (S. G. F. BRANDON, *Jesus and the Zealots*, 1967, 27) und der Eckstein des jüdischen Glaubens war der Monotheismus. Beim Wiederaufbau des Tempels hatte Herodes nicht nur der Tradition, welche ihn zwang den alten Grundriss des Tempels einzuhalten, sondern auch dem monotheistischen Glauben der Juden Rechnung zu tragen. Eine Säulenfront und wäre sie nur mit vier Halbsäulen ausgestattet gewesen, hätte dem Jerusalemer Tempelhaus das Gepräge eines heidnischen Tempels gegeben; es wäre der architektonische Ausdruck davon gewesen, dass zwischen dem Inhaber des Jerusalemer Tempelhauses und denen der heidnischen Tempel kein wesentlicher Unterschied bestände [6]. Es sei daran erinnert, dass die Gläubigen, anders als in der „heidnischen" Welt, nur das Äussere des Tempelhauses sahen. Der heidnische Tempel war jedem Besucher zugänglich, „so dass die Idole und die vor ihnen im Sacrarum vorzunehmenden priesterlichen Handlungen den Augen aller schaubar blieben" (E. BICKERMANN, *Der Gott der Makkabäer*, 1937, 97). Das Jerusalemer Tempelhaus wurde nur von

[5] Im Grundriss des Heiligtums verrät sich aber das Eigenständige, und so auch im Ritus. „The religions of Syria were often greatly influenced by Hellenism, but on the whole they persistently retained their Semitic rites and characteristics" (JOHN W. MACKAY, *PEQ*, 105, 1973, 169, n. 13). So sagt auch OTTO EISSFELDT, „dass trotz ihrer Beeinflussung durch die hellenistisch- römische Kultur, zu der in Palmyra und Dura noch iranisch-parthische Einflüsse hinzukommen, ihre Religion im Kern doch heimisch-syrisch geblieben ist. Das gilt selbst von den Tempeln, die doch, mit Ausnahme derer in Dura, auf den ersten Blick ganz griechisch-römisch erscheinen wollen. Denn hier hat gerade das Herzstück, der Teil des Tempels, der die Kultbilder barg und im besonderen Sinne als Sitz der Gottheit betrachtet wurde, das Adyton, seine angestammte Art auch in der sonst so gar nicht dazu passenden griechisch-römischen Umgebung zäh bewahrt" (*Tempel und Kulte syrischre Städte*, *AO*, 40, 1941, 152 f.). EISSFELDT betont, dass in Ostsyrien weit mehr von der heimischen Art als in Westsyrien erhalten geblieben ist. „Der Bel-Tempel von Palmyra ist ohne Zweifel viel bodenständiger als die grossen Tempel von Baᶜalbek, und Palmyra gegenüber ist wiederum Dura weit orientalischer, wie seine Tempel überhaupt nur in wenigen Bauteilen und Bauformen — Säulen, Ädikulen, Portale und dergleichen — griechisch-römischen Einflüssen nachgeben, in der Grundrissgestaltung aber die angestammte, der des babylonischen Tempels verwandte, Art festgehalten haben" (S. 153 f.). — Ganz bodenständig war in „Westsyrien" das Jerusalemer Tempelhaus. Wie das ganze Innenheiligtum (ausgenommen der von uns sogenannte „Untere" Vorhof) stand das Tempelhaus aber auf einem etwa 4 m hohen gestuften Podium (14 Stufen) und hierin verrät sich zweifellos der Einfluss des griechischen, bzw. hellenistischen Stufentempels; der Apollo-Tempel in Didyma (bei Milet) steht auf einem 7 Stufen hohen Podium (ROBERTSON, *o.c.*, Fig. 66).

[6] Richtig sagt E. SCHÜRER: „beim eigentlichen Tempelhaus (dem ναός) durfte Herodes es nicht wagen, die althergebrachten Formen zu verlassen" (*Gesch.* II⁴, 1907, 64). S. 89 heisst es: „Je stärker und beharrlicher das Heidentum fortwährend nach Palästina hereindrang, um so energischer fühlte sich das gesetzliche Judentum zur Abwehr desselben aufgefordert". Vgl. CH. WARREN: Die Priester bauten den naos, „we may thus arrive at the supposition, that the inner and outer courts were of Judeo-Roman architecture, while the Temple itself was strictly Jewish or Phoenician, so far as the Rabbins could make it" (*Underground Jerusalem*, 1876, 62).

Priestern betreten, das Allerheiligste nur einmal jährlich durch den Hohenpriester. Aus seinem Charakter wurde den Gläubigen schon klar, wem dieses Gotteshaus zugehörte. Herodes hatte doch auch das Tempelhaus durch Priester bauen lassen (*Antiq.* XV, § 421). Dass dies von Herodes selbst ausgegangen sei, dürfte kaum wahrscheinlich sein. Die „Ältesten" werden dies gefordert haben und sie hatten nun die Sicherheit, dass am Tempelhaus keine das religiöse Gefühl störenden heidnischen Bauformen angewendet wurden. Hellenistischen Charakters waren zwar die Hallen des Innenhofes, sie gehörten aber nicht wesentlich (so wenig wie die Hallen des Frauenhofes und die des Hofes der Heiden) zum Haus Jahwes, was auch daraus hervorgeht, dass Laien sie betreten durften. Es ergab sich also ein klar hervortretender Unterschied zwischen dem altorientalischen Charakter des Tempelhauses und der hellenistischen Architektur der Hallen, wodurch nun nicht nur der eigene Charakter des Jerusalemer Tempelhauses, sondern auch der seines Inhabers zum Ausdruck kam.

Der Architekt des Tempelhauses war aller Wahrscheinlichkeit nach ein Jude. In Giviat Hamivtar (nördlich von Jerusalem) wurde in einem jüdischen Grabe ein Ossuarium mit der aramäischen Inschrift: Simon *bane ḥekla* gefunden[7]. Tsaferis meint, wir haben in Simon einen Mann zu sehen, der am Bau des Tempels mitgearbeitet hatte, der „prit part à la construction du Temple d'Hérode" (*RB, l.c.*). Da der Architekt des Tempelhauses aller Wahrscheinlichkeit nach von dem der Gesamtanlage des herodianischen Tempels zu unterscheiden ist, möchten wir in Simon den Architekten des Tempelhauses sehen[8]. Eine Stelle der Talmudischen Literatur lehrt uns wie man damals bei der Vorarbeit zur Errichtung von monumentalen Bauten verfahren hatte und in der Zeit des Herodes wird es nicht anders gewesen sein. „In human practice, when a mortal king builds a palace, he built it not with his own skill but with the skill of an architect. The architect moreover does not build it out of his head, but employed plans and diagrams to know how to arrange the chambers and the wicket doors"[9]. Der Grundriss des Tempelhauses war in der Hauptsache durch die Tradition bestimmt, die Breite der Front und die Höhe des Tempelhauses werden durch Herodes im Bauprogramm vorgeschrieben gewesen sein. Damit soll nicht gesagt sein, dass der Architekt gar keinen Einfluss

---

[7] *Qadmoniot*, I, 4, 1968, 137-138, V. Tzaferis (hebr.); Fig. 137. 138 Fotos des Ossuarium, aram. Inschr. an der Front und einer der Schmalwände; *RB*, 76, 1969, 568; Ders., *Jewish Tombs at and near Giv ʿat ha-Mivtar, IEJ*, 20, 1970, 18-32, p. 31.

[8] Vgl. *Qadmoniot*, I, 4, 1968: Inhalt: *The Burial of Simeon the Temple Builder.* — Interessant ist eine aus Palmyra bekannte auf einer viereckigen Basis vorkommende Inschrift: Ἀλέξανδρος ἀρχιτέκτων θεοῦ Βήλου ἔποιε: „Alexandre, architecte du dieu Bêl, a fait" (J. Cantineau, *Syria*, XIV, 1933, 174). Cantineau bemerkt dazu: „L'immense édifice qu'est le temple de Bêl devait réclamer constamment soit des aménagements, soit des réparations. Un architecte y était donc attaché en permanence" (*ibid.*).

[9] Genesis Rabbah I, 1; Übers. Ruth Hestrin, *BLRF*, III, 1960, 67, mit Text.

auf den Entwurf des Tempelhauses gehabt haben könnte. Es ist möglich, dass z.B. die Höhe des Heiligen (60 Ellen), welche genau der Länge des salomonischen Tempelhauses entspricht auf seinen Vorschlag so bestimmt gewesen ist. Dass Herodes eine genaue Kenntnis des Bauberichtes der Bücher Könige gehabt habe, dürfte doch kaum wahrscheinlich sein. Über den Anteil des Architekten am Entwurf des herodianischen Tempelhauses lässt sich übrigens mit Sicherheit nichts aussagen. Betreffs dem Baustil, darf man u.E. wohl mit Sicherheit sagen: das herodianische Tempelhaus hatte einen altorientalischen Charakter und Einfluss der hellenistischen Architektur ist kaum anzunehmen [10].

2. *Die Synagoge* [11]. Der Synagogenbau besonders in der ersten Periode (siehe

[10] I. Renow meint aus einem Paneel der Wandschilderungen der Synagoge von Dura-Europos schliessen zu dürfen, dass Herodes' Tempel einen Peristasis korinthischer Ordnung hatte (*A View of Herod's Temple from Nicanor's Gate in a Mural Panel of the Dura-Europos Synagogue*, IEJ, 20, 1970, 67-72). M. Avi-Yonah (†) hat diese Ansicht mit recht zurückgewiesen. „The style of the basilica, a mercantile and utilitarian building, should not be confused with that of the Sanctuary which was determined by religious tradition" (ebend. p. 73). Auffällig genug hatte Avi-Yonah dies selbst bei seiner Rekonstruktion der Front (siehe Bd. I, Abb. 23, S. 73) nicht beachtet. — Im Vergleich mit dem Salomonischen Tempel, sagt Miss Kenyon, gibt der herod. Tempel, so wie Josephus ihn beschreibt, „a suggestion of monotony" (*Digging up Jerusalem*, 1974, 208). Dies erklärt sich wohl vor allem daraus, dass es ein Grossbau war, von dessen Äusserem Josephus kaum mehr als die Goldverkleidung (übrigens sicher übertrieben) erwähnt. Fenster, ein auffälliges Detail am salom. Tempel, erwähnt Josephus nicht, obwohl sie doch sicher am Obergeschoss und am Umbau anzunehmen sind.

[11] Eine monumentale Arbeit über antike Synagogen veröffentlichen 1916 Heinrich Kohl und Carl Watzinger: *Antike Synagogen in Galilaea*, 29. WVDOG, 1916, „a book which may be considered to have laid the scholarly foundation of ancient synagogue research" (E. L. Sukenik, *The present state of ancient Synagogues Studies*, BLRF, I, 1949, 9). Sukenik veröffentliche 1932 die schöne Arbeit über die 1928 entdeckte, 1929 unter seiner Leitung ausgegrabene Synagoge von Beth Alpha (*The Ancient Synagogue of Beth Alpha*) und 1934 *Ancient Synagogues in Palestine and Greece* (The Schweich Lect.); dann 1935 *The ancient Synagogue of El-Hammeh* (*by Gadara*) (*JPOS*, XV, 1935, 101-180; auch als Buch erschienen (From the Hebrew) Jerusalem 1935). M. Avi-Yonah hat 1933 die Mosaikfussböden der Synagogen von Beth Alpha, ʿEin Dūk und El Hammeh beschrieben (*QDAP*, II, 1933, 144 f., 155 f., 160 f.); N. Makhouly, *A Sixth-Century Synagogue at ʿIsfiya* (*QDAP*, III, 1934, 118-120; Avi-Yonah beschrieb die Mosaiken, *id.* 120 ff.); D. C. Baramki die Synagoge von Jericho, *An Early Byzantine Synagogue near Tell es Sultan, Jericho* (*QDAP*, VI, 1938, 73-77); B. Maisler, die unter seiner Leitung ausgegrabene Synagoge von esh Sheikh Ibreiq (*QDAP*, IX, 1942, 212, 3. Kamp.); L. A. Mayer und A. Reifenberg, *The Synagogue of ʿEshtemoʿa* (*JPOS*, XIX, 1939-1940, 314-326); H. G. Gordon May, *Synagogues in Palestine*, BA, VII, 1, 1944, 1-20; Floyd V. Filson, *Temple, Synagogue, und Church*, BA, VII, 4, 1944, 77-88, 78 f. — Nach dem 2. Weltkrieg haben viele Israeli-Archäologen sich um das Studium der Synagogen bemüht. E. R. Goodenough (Amerikaner), der Autor des monumentalen Werkes *Jewish Symbols in the Greco-Roman Period*, Vol. I-XIII, 1953-1968, hat 1953 die damals bekannten Synagogen Palästinas (I, 1953, 178-267, mit Plänen und Details in Vol. III) und der Diaspora (II, 1953, 70 ff.) beschrieben, später (1965) die Synagoge von Dura-Europos (XII, 1965, 158 ff., Plan in Vol. XI, Fig. 311 ff.) und Sardis (XII, 1965, 191 f. und Fig. 3, p. 192, Plan). Carl H. Kraeling hatte 1956 die Endpublikation der Ausgrabung der Synagoge von Dura-Europos veröffentlicht (*The Excavations at Dura-Europos*. Final Rep. VIII, Part I, The Synagogue). Von M. Avi-Yonah erschien ein ausgezeichneter Aufsatz über die Synagogen in: *Antiquity and Survival*, II, 2-3, 1957, 262-272: *Places of Worship in the Roman and Byzantine Periods*. Aufsätze über Synagogen erschienen u.a. in *BLRF*, *IEJ*, *ErIs* (hebr. mit eng. Resumé) und *Qadmoniot* (hebr.),

weiter unten), hat ganz unter dem Einfluss der hellenistisch-römischen Architektur gestanden, wiewohl wir es doch auch hier mit einem jüdischen Heiligtum zu tun haben [12].

a) *Heiligtum*. Dass die Synagoge ein Heiligtum war (und ist), lässt sich aus dem Namen Synagoge (συναγωγή) nicht erschliessen, denn das Wort hat die Bedeutung *Ort-* oder *Haus der Versammlung*; es enthält „keinerlei Hinweis auf die Heiligkeit oder Wertschätzung jener Stätte" [13]. Für die Heiligkeit der Synagoge zeugen aber schon PHILO und FLAVIUS JOSEPHUS. Der jüdische Geschichtsschreiber nannt die Synagoge von Antiochien ἱερὸν (Heiligtum) (*Bell. Jud.* VII, 3, 3 § 45), „ein Name, der sonst nur dem Tempel zu Jerusalem zukommt" (KRAUSS, *o.c.*, 86). Philo, der für die Synagoge den Terminus προσευχή (Gebetshaus) gebraucht, sagt zwar, die Synagoge sei nicht so heilig wie der Jerusalemer Tempel [14], er protestiert aber

hier oft mit schönen Abb., auch Farbbilder. Erwähnt seien z.B.: S. LEVY, *The Ancient Synagogue at Maʿon (Nirim)*, *A Prel. Rep.* (*ErIs*, VI, 1960, 77-82, hebr., 29* engl.); M. AVI-YONAH, *The Mosaic pavement of the Maon (Nirim) Synagogue*, *id.* 86-93, hebr., 29* engl, Pl. XVII-XXII; N. ZORI, *The ancient Synagogue at Beth-Shean* (*ErIs*, VIII, 1967, 149-167 (hebr.), 73* engl., Plan p. 150. 153. 155 (*E. L. Sukenik Memorial Vol.*); G. FOERSTER, *The Synagogues at Masada and Herodium*, *ErIs*, XI, 1973, 224-228 (hebr.), 30* engl., Fig. p. 225 Synagoge Masada, Plan, Fig. p. 226, Syn. Herodium; Z. YEIVIN, *Excavations at Khorazim*, *id.*, 144-157 (hebr.), 27* engl., Fig. p. 146-147, Synagoge; M. DOTHAN, *The Synagogues at Hammath-Tiberias* (*Qadmoniot*, I, 4, 1968, 116-123 (hebr.), Fig. p. 120. 121, Plan; G. FOERSTER, *Ancient Synagogues in Eretz-Israel* (*Qadmoniot*, V, 2, 1972, 38-42 (hebr.), Fig. p. 39-42). — Viele Aufsätze sind 1975 in einem Band wiederabgedruckt: *The Synagogue: Studies in Origins, Archaeology and Architecture*. Selected with a Prolegomenon by J. GUTMANN, New York 1975.

[12] In Diaspora-Ländern (und sicher auch in Palästina) war die Synagoge aber auch für Nicht-Juden zugänglich, siehe J. GUTMANN, *EJ*, V, 1930, 1088-1098, *s.v. Diaspora*, 1097. Vgl. ADOLF SCHLATTER, *Das Verhältnis Israels zu den Völkern* (Die Theologie des Judentums nach dem Bericht des Josephus, 1932) in A. SCHALIT, *Zur Josephus-Forschung*, 1973, 195: „Die Einheit Gottes, der der Schöpfer und Herr der Menschheit ist, wird dadurch festgehalten, dass sowohl der äussere Hof des Tempels wie die Synagogen für alle offen sind, die sie besuchen wollen". — Das Jerusalemer Tempelhaus war architektonisch der Ausdruck des jüdischen Partikularismus. Bei Ezechiel und dem Verfasser des Traktes Middot (darüber handelt Kap. XVIII) war es sogar die ganze Anlage des Heiligtums, denn hier wie dort war es den „Heiden" verboten, den Aussenhof zu betreten. Die Synagoge als Bauwerk, so scheint uns, lässt sich als Ausdruck des jüdischen Universalismus betrachten. Daraus lässt sich vielleicht erklären, dass es nicht zu einem eigenen Synagogenstil gekommen ist. „The synagogue was unquestionably fashioned, up to quite recent times, in the style of architecture that prevailed in the country in which it was built" (A. W. BRUNNER, amerik. Architekt, in *JE*, XI, 1916, 631-640: *Synagogue Architecture*. 631). Auch im 20. Jahrhundert wird es wohl nicht zu einem bestimmten Synagogenstil kommen, denn jedes Land hat „seine Atmosphäre und Eigentümlichkeiten, ganz zu schweigen von der langen Überlieferung, die bewusst oder unbewusst den Entwerfenden beeinflusst und seinem Werk einen Stempel aufdrückt, der es dem Aussenstehenden ohne weiteres als ein Werk des betreffenden Landes kenntlich macht" (F. R. YESBURY, *Moderne Bauten in Europa*, Vorwort).

[13] S. KRAUSS, *Synagog. Altertümer*, 1922, 2. „Der in der Mišna und von da an in der ganzen rabbinischen Literatur gebräuchliche Ausdruck für Synagoge ist בית הכנסת .... womit aber nicht mehr die Tatsache der Versammlung, sondern das Gebäude .... bezeichnet wird" (*id.*, S. 7). In unserer Zeit bedeutet das Wort bekanntlich wieder die Versammlung, d.h. das Parlament.

[14] *Legatio ad Caium*, 191. Die Stelle lautet nach der Übersetzung durch FRIEDRICH WILHELM KOHNKE: „Soll und kann man in Zukunft vor den Schänder des allerheiligsten Tempels treten und

wiederholt dagegen „that the buildings were defamed, and as Colson pointed out, one cannot rob of sanctity a place which does not have it. So it is to be assumed that for Philo the synagogue was a „place" in the sense in which we have come to understand it, a „Place of God", of the Shekina, though, he would hastily add, in a sense quite secondary to the Shekinah [15] in the Temple" (E. R. GOODENOUGH, *Jewish Symbols* II, 1953, 87). Für Philo waren die Synagogen so heilig „that their desecration was a real profanation" (*id.*, p. 88). GOODENOUGH errinnert daran, dass Juden, wenn sie an einer Synagoge vorbei gingen, dieser dieselbe Achtung bewiesen wie Heiden ihren Tempeln, „so much so that a Jew was not held guilty, even by the rabbis, if he did reverence to a pagan temple in the honestly mistaken supposition that he was doing reverence to a synagogue" (*id.*, p. 73; vgl. I, 1953, 265). Tacitus, der Judenhasser, sagt, die Juden dulden keinerlei Bilder in ihren Städten „viel weniger in den Tempeln" (*Hist.* V, 5: nedum templis sistunt), womit selbstverständlich nur die Synagogen gemeint sein können und er hielt also die Synagogen für Heiligtümer. „Für die Heiligkeit der Synagoge war der Umstand bestimmend, dass das jüdische Bethaus im ganzen römischen Reiche mit Rechten ausgestattet wurde, die nach römischem Rechte nur den *aedes sacrae* zuerkannt wurden. Hierin wurde für die Juden geradezu eine Ausnahmestellung geschaffen" (KRAUSS, *Synag. Altert.*, 1922, 413 f., 417). Im bab. Talmud wird Ez. XI, 16: „Heiligtum im Kleinen" (מקדש מעט) auf die Synagogen in Babylonien angewendet (*id.*, 17 f.). „Das kleine Heiligtum" meint die Synagogen und Lehrhäuser" (bab. Mĕg 29ᵃ; KRAUSS, *id.*, 428). Ps. XC, 1: „Herr, Wohnung bist du uns von Geschlecht zu Geschlecht," das sind die Synagogen und Lehrhäuser" (bab., *id.*; KRAUSS, 428). „Die Anwesenheit Gottes in allen Synagogen zu gleicher Zeit stellt man sich so vor, dass Gott hüpfe (דלג) von einer Synagoge zur anderen, von einem Lehrhaus zum anderen, um Israel zu segnen" (KRAUSS, 429) [16]. Das Wort „Gotteshaus" findet sich in der rabbinischen Literatur zur Bezeichnung der Synagoge aber niemals (KRAUSS, 23). Aus Dokumenten der Kairo-Geniza (es handelt sich um eine spätere Zeit) ist bekannt, dass man es liebte, in der Nähe der Synagoge zu wohnen. „One derived blessing from living in the immediate vicinity of God's sanctuary, from being His neighbour" [17].

seine Stimme um der Synagogen willen erheben? Denn bestimmt werden die unscheinbareren und weniger verehrten Kulstätten dem gleichgültig sein, der den berühmtesten und bedeutendsten Tempel schändet, ihn, der nach allen Seiten sonnengleich ist und die Blicke von Ost und West auf sich zieht" (*Philo von Alexandria*, Herausgeg. von LEOPOLD COHN u.a., Bd. VII, 1964, 224).

[15] „Glorie, Anwesenheit Gottes" (KRAUSS, *Syn. Altert.*, 1922, 321). „[Gottes] *Gegenwart, Immanenz*" (RAFEL EDELMAN, *Das Judentum*, Hb. der Religionsgesch. Herausg. von JES PETER ASMUSSEN und JØRGEN LAESSØE in Verbindung mit CARSTEN COLPE, Bd 2, 1968, 1972, 191-264, S. 198.

[16] Rabbi Abbatu in Caesarea sagte aber, die Šekhina sei im Westen (KRAUSS, *o.c.*, 322).

[17] S. D. GOITEIN, *The Synagogue building and its furnishings according to the records of the Cairo Geniza*, *ErIs*, VII, 1974, 81-87, hebr., p. 170*.

Geopfert wie im Jerusalemer Tempel wurde (und wird) in der Synagoge nicht; für die sakrale Bedeutung eines Gebäudes ist dies auch nicht bestimmend; auch in den Moscheen wird nicht geopfert. Die Synagoge war ein Bethaus, aber auch ein Heiligtum für die Vollziehung des Synagogendienstes. „Die stellvertretende Kraft des Gebetes für den Ausfall der Opfer ist ein Grundgedanke des rabbinischen Judentums . . ." (KRAUSS, *Synag. Altert.*, 1922, 96). Wichtiger noch als das Gebet war die Rezitation bestimmter Toraabschnitte. „Die Handlungen, die nicht mehr ausgeübt werden können, sollen durch entsprechende Worte ersetzt werden. An die Stelle der Opfer tritt die Opferthora, die Rezitation der Opfervorschriften"[18]. Im Bibelunterricht wurde von alters her mit dem Buch Leviticus (Opfervorschriften!) begonnen (KRAUSS, *Talmudische Archäologie*, III, 1912, 235).

Die Synagogen waren aber im Zeitalter des Talmud und später nicht nur für den Gottesdienst bestimmte Gebäude. „Ihre Räume wurden nicht nur zum gemeinsamen Gottesdienste, sondern auch zu Gerichtsverhandlungen[19], zum Jugendunterrichte, ja sogar zum Absteigequartier für einkehrende Reisende benützt" (L. Löw, *Lebensalter*, S. 205, bei KRAUSS, *Synag. Altert.*, 1922, 55). In der Zeit der grossen Revolution gegen Rom (66-73 n. Chr.) wurde in der Synagoge (τὴν προσευχήν) von Tiberias eine Volksversammlung abgehalten (Josephus, *Vita*, 5 § 280). Die älteste aus Palästina bekannte Synagogeninschrift (von R. WEILL bei Ausgrabungen in Jerusalem gefunden, *La Cité de David*, I, 1920, 186 ss., II, Pl. XXV a; sie datiert aus dem 1. Jahrh. n. Chr.) lautet nach der Übersetzung durch E. L. SUKENIK wie folgt: „Theodotos, son of Vettenos, Priest and Archisynagogos, son of an Archisynagogos, grandson of an Archisynagogos, built the synagogue for the reading of the Law and for the teaching of the Commandments; furthermore, the Hospice and the Chambers and the water installation for lodging of needy strangers. The foundation stone thereof had been laid by his fathers, and the Elders, and Simonides" (*Ancient Synagogues in Palestine and Greece.* The Schweich Lect. [1930], London, 1934, 70, griech. Text und Übers., p. 70, n. 1, Literatur; die Übersetzung nach S. auch bei GOODENOUGH, *Jewish Symbols*, I, 1953, 179). Der Archisynagogos war das Haupt der Synagoge, hebr. ראש הכנוסת (KRAUSS, *Synag. Altert.*, 112 ff., 114).

JOSEPH GUTMANN ist der Meinung, dass die Synagogen anfangs „simply a house

---

[18] A. MENES, *Tempel und Synagoge*, *ZAW*, 50, 1932, 268-276, S. 274; vgl. E. L. EHRLICH, *Die Kultsymbole im Alten Testament und im nachbiblischen Judentum*, 1959, 86 ff.: Die Synagoge, bes. 97 ff. — Das Achtzehnbittengebet (*Schemōnê ʿesrê*) „ist bis heute das Hauptgebet der Synagoge und hat seine wesentliche Formung gegen Ende des 1. Jahrhunderts nach Christus bekommen" (W. FOERSTER, *Die Erlösungshoffnung des Spätjudentums*, in FRANZ TAESCHNER, *Orientalische Stimmen zum Erlösungsgedanken*, 25-37, S. 27).

[19] In zwei griech. Inschriften aus der von B. MAISLER (MAZAR) ausgegrabenen Synagoge in *esh Sheikh Ibreiq* werden „functionaries connected with law courts" erwähnt; „this shows that the Synagogue was also used as a Court house" (*QDAP*, IX, 1942, 213, MAISLER).

of assembly, not a house of prayer" gewesen sind (*The Origin of the Synagogue, AA*, 1972, Heft. 1, 36-40, S. 38; er folgt SIDNEY B. HOENIG, *The Supposititious Temple-Synagogue, JQR*, LIV, 1963, 115-131, p. 130, n. 72). Die Funktion Gebetshaus soll die Synagoge erst nach der Zerstörung des Tempels 70 n. Chr. erhalten haben (*ibid.*). Damals erhielt die Synagoge den Namen *beth ha-tefillah* (Haus des Gebetes) und den Namen *beth ha-knesseth* (Synagoge) (GUTMANN, *l.c.*, 40). Über die Entstehung (Zeit und Funktion) der Synagoge bestehen aber Meinungsverschiedenheiten.

b) *Entstehung.* Nach der rabbinischen Tradition hätte schon die früheste Zeit von Israels Auftreten in der Geschichte die Institution der Synagoge gekannt. „Im Geiste einer späteren Zeit war eine synagogenlose Epoche Israels einfach undenkbar ..." (KRAUSS, *Synag. Altert.*, 1922, 34). Auch für christliche Gelehrten der älteren Schule stand es fest, „dass die Synagoge eine biblische, mosaische, ja vormosaische Institution sei ... Die Widerlegung ihrer Ansichten hat VITRINGA gründlich besorgt ..." (*id.*, 52). Von CAMPEGIUS VITRINGA war 1696 in Franeker *De Synagoga vetere libri tres* erschienen. Seit langem streitet man nur noch darüber, ob die Institution der Synagoge aus der vorexilischen, exilischen oder nachexilischen Zeit stammt.

Nach der Meinung L. FINKELSTEIN's geht die Synagoge zurück auf die vorexilischen ‚prophetic gatherings' an Festtagen, was aus 2. Kön. 4, 23 hervorgehen soll (*The Origin of the Synagogue, Proc. Acad. for Jewish Research*, I, 1928-1930, 49 ff.). J. MORGENSTERN meint, die Synagoge ist in Palästina in der Zeit der Reform durch Josia (621 v. Chr.) entstanden [20]. E. L. SUKENIK nennt die Meinung derer, welche die Entstehung der Synagoge in die früheste Zeit des Exil datieren, „more plausibly" (*Ancient Synagogues*, 1934, p. 1; vgl. E. SCHÜRER, *Gesch. des jüdischen Volkes*, II[4], 1907, 499). GUTMANN hält es für unwahrscheinlich, dass Ezechiel „would have helped establish in Babylonia an institution like the synagogue to rival the Temple which he advocated building in place of the recently destroyed. To have condoned a synagogal-type institution would in effect have deprived Ezekiel and his priestly supporters of a future livelihood" (*AA*, 1972, Heft 1, 38). Im Hinblick auf Ez. 33, 31 wo es heisst, „Und sie werden zu dir kommen in die Versammlung und vor dir sitzen als mein Volk und werden deine Worte hören ...", meint KRAUSS: „es ist unleugbar, dass in diesen von einem Propheten geleiteten Zusammenkünften entschieden Ansätze zu der nachmaligen Synagoge enthalten sind" (*Synag. Altert.*, 1922, 47). Die Entstehung der Synagoge in Palästina wird aber von KRAUSS in die Zeit der persischen Herrschaft gesetzt. „Namentlich die Tätigkeit 'Ezra's und seiner Nachfolger, der Schriftgelehrten, leitete die Entwicklung des religiösen

---

[20] *The Origin of the Synagogue. Studi Orientalistici in onore di Giorgio Levi della Vida*, Publicazione dell' Istituto per l'Oriente, Nr. 52, Vol. II, 1956, 192-201, p. 193 ff.

Lebens in eine Richtung, welche zur Entstehung von Synagogen im ganzen Lande führen musste. Wir dürfen daher getrost die Entstehung der Synagoge in Palästina in die Zeit der persischen Herrschaft setzen" (*Synag. Altert.*, 1922, 65). Die Entstehung der Synagoge lässt sich dann u.E. sehr wohl in die Zeit Esra's setzen [21]. Das Gesetz hatte bekanntlich erst durch Esra die Heiligkeit und den Einfluss erhalten, die es vordem nicht gehabt hatte. Wir möchten Esra für den Gründer der Institution der Synagoge halten und annehmen, dass die Synagoge als Lehrhaus entstanden ist. „Als erster, der dem Schulwesen einen mächtigen Impuls gegeben, muss im Geiste der Tradition Ezra gelten ..." (KRAUSS, *Talm. Archäol.*, III, 1912, 200). Die Synagoge dürfte als Lehrhaus älter sein als die Schule, die dann in der Synagoge untergebracht wurde, später aber wohl als selbständiges Gebäude gebildet worden ist. Die älteste bekannte Synagogeninschrift datiert freilich nicht aus der Zeit Esra's, sondern aus dem 3. Jahrhundert v. Chr., aus der Zeit des Ptolemaios III. Euergetes (247-221 v. Chr.). Die griechische Inschrift (sie stammt aus dem Schedia-Quartier von Alexandrien) lautet wie folgt: „Für König Ptolemaios und Königin Berenike, seine Schwester und Frau und für ihre Kinder [widmeten] diese Proseuche die Juden" (KRAUSS, *Synag. Altert.*, 1922, 263; gr. Text, Übers. und Lit.; auch SUKENIK, *Ancient Synagogues*, 1934, 1, n. 2; E. SCHÜRER, *Gesch. des jüdischen Volkes*[4], III, 41).

c) *Synagogen der älteren Periode* (2.-4. Jhrh.) [22]. Durch Exploration und Ausgrabungen sind verschiedene Synagogen in Palästina und der Welt der Diaspora bekannt geworden [23]. Als die älteste bekannte hatte die Synagoge von Delos gegolten, welche 1934 von E. L. SUKENIK am Ende des 2. Jahrhunderts v. Chr. datiert wurde [24]. Durch spätere Untersuchungen kam SUKENIK aber zur Einsicht, dass dieser Bau keine Synagoge gewesen ist [25]. Das Wort προσευχή in einer der Inschriften hatte hier nicht die Bedeutung „Synagoge", sondern „Gebet". Der Allerhöchste, der hier angerufen wird, war nicht der Gott Israels, sondern der griechische Gott Zeus (*id.*, p. 22). Die älteste, durch Ausgrabungen bekannte Synagoge ist heute die welche bei neueren Ausgrabungen in Masada entdeckt wurde und deren ursprüngliche

---

[21] Vgl. CH. GUIGNEBERT, *Le Monde Juif vers le Temps de Jésu*, 1935, 98 s.; 2. Aufl. 1955 = 1.

[22] Vgl. M. AVI-YONAH, *Antiquity and Survival*. II, 2-3, 1957, 264: die älteren Synagogen datieren aus 2.-4. Jahrh., die jüngeren 5.-7. Jahrh.

[23] Das Mosaik der Synagoge von Aegina (*BLRF*, I, 1949, Fig. 6, p. 20 (war schon 1829 entdeckt worden, es ist erst 1901-1902 ausgegraben und 1928 von SUKENIK gezeichnet worden; erst 1932 wurde die Synagoge ausgegraben (*id.*, p. 21, SUKENIK). Die Synagoge von Tiberias ist 1920 entdeckt, die van ʿAin Duk (alt Naʿaran, nahe Jericho) ist 1921 ausgegraben (*id.*, p. 9), die von Beth Alpha wurde 1928 entdeckt; für Synagogen an anderen Stätten siehe oben Anm. 11.

[24] *Ancient Synagogues in Palestine and Greece*, 1934, 37 ff., p. 40 und Fig. 10, p. 39; GOODENOUGH, *Jewish Symbols*, II, 1953, 71 ff. und III Fig. 875.

[25] *BLRF*, I, 1949, 21 f.

Anlage, aus der Zeit des Herodes, wahrscheinlich schon eine Synagoge war (Y. YADIN, *Masada. Herod's Fortress and the Zealot's Last Stand*, 1967, 181 ff., fig. 182-183. 185; G. FOERSTER, *The Synagogues at Masada and Herodium, ErIs*, XI, 1973, 224-228, hebr., p. 30* und Fig. p. 225; hier Abb. 320). Es ist ein im Lichten etwa 10 m breiter und 12 m tiefer Bau mit Säulen in der Langsrichtung, Sitzbänken entlang den Wänden und in der Nordecke einen ca. 3.50 × 6 m grossen Raum. Der Eingang war nach Osten gerichtet, „probably following the orientation of the Temple

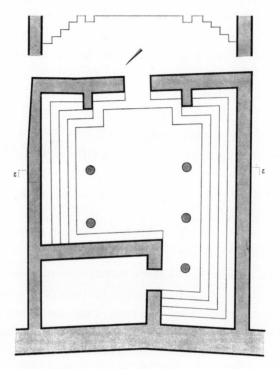

Abb. 320. Synagoge in Masada. (G. FOERSTER)

in Jerusalem" (FOERSTER, *l.c.*). Wie der Aufbau zu rekonstruieren sei, lässt sich, soweit wir sehen, nicht mit Sicherheit ausmachen. Ist auch das Mittelschiff überdeckt gewesen (mit flachem Dach; es hätte auch unbedeckt gewesen sein können; siehe KRAUSS, *Synag. Altert.*, 1922, 330 über Freilichtsynagogen) sind wohl Fenster in den Seitenwänden anzunehmen, denn zur Beleuchtung des ca. 10 × 12 m grossen Raums hätte die etwa 1.50 m breite Türöffnung kaum genügt.

Im Synagogenbau Palästinas der 1-6. Jahrhunderts gibt es zwei Periden, die sich durch Grundriss, Aufbau un Dekoration der Synagogen unterscheiden. Die Synagogen der älteren Periode (vor dem 5. Jahrh.) haben an drei Seiten des Hauptraums — den zwei Langseiten und der hinteren Schmalseite — eine Säulenreihe: ein Mittel-

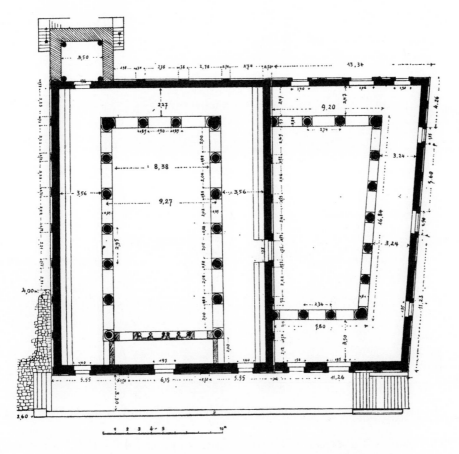

Abb. 321. Synagoge in Kapernaum. (KOHL und ORFALI)

schiff also mit Umgang an drei Seiten (H. KOHL und C. WATZINGER, *Antike Synagogen in Galilaea*. 29. *WVDOG*, 1919, 176; hier Abb. 321). Den Wänden entlang liegen gemauerte Sitzbänke [26]. Über den Seitenschiffen und dem Querschiff gibt es eine für die Frauen bestimmte Empore [27], die aus einem Anbau mit Treppe betreten wurde

[26] KRAUSS bemerkt dazu: „die Mauerbank .... scheint nicht der kurzen Zeit des Betens, sondern dem länger dauernden Verwaltungs- und Geschäftsleben gedient zu haben. Vielleicht können wir in jener Mauerbank sogar eine Art Mastaba oder Dukân erkennen, d.i. eine Stellage, auf welcher die Waren ausgekramt wurden" (*Synag. Alt.* 1922, 343). Die in rabb. Schriften beschriebene Basilica in Alexandria war nach KRAUSS' Meinung keine eigentliche Synagoge, „sondern eine mächtige K a u f - h a l l e , die aber den Juden .... sowohl zu Gerichts- als zu Gebetszwecken diente" (*o.c.*, 261 mit hebr. Text und Übers.). KOHL-WATZINGER halten diese Basilika für eine Synagoge (*Antike Synagogen*, 1916, 108 f., babyl. Talm. Succa 51 b; jer. Succa 55 a). Vgl. GOODENOUGH, *Jewish Symbols*, II, 1953, 85 ff.

[27] Abb. 322. — Nach JOACHIM JEREMIAS war von den zwei Räumen der Synagoge, welche im Gesetz des Augustus genannt werden, σαββατεῖον und ἀνδρῶν, der erste, der gottesdienstliche Raum, auch den Frauen zugänglich, der zweite, bestimmt für Lehrvorträge der Schriftgelehrten, nur den Männern und Knaben (*Jerusalem zur Zeit Jesu*[2], 1958, II. Teil, 247). Im gottesdienstlichen Raum war aber „der Raum der Frauen durch Schranken und Gitterwerk abgetrennt; später ging

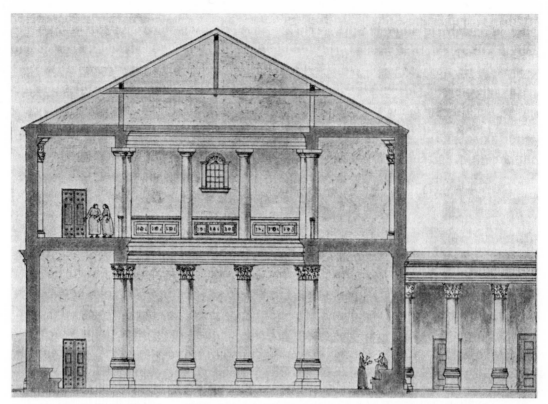

Abb. 322. Synagoge in Kapernaum. Querschnitt. (Rekonstr. KOHL-WATZINGER)

(z.B.: Tell Ḥûm = Capernaum, KOHL-WATZINGER, *o.c.*, 4 ff., Frontispice und Taf. I-VI; SUKENIK, *Ancient Synagogues*, 1934, 7 ff. und Fig. 1, p. 9 [28]; Chorazin: SUKENIK,

man dazu über, eine Empore mit eigenem Eingang für die Frauen einzubauen. Die Frau ist lediglich Zuhörerin im Gottesdienst" (*id.*, S. 248).— Dass die Trennung von Frauen und Männern im Gottesdienst auf den entsprechenden islam. Brauch zurückgeht (EHRLICH, *Kultsymbolik*, 1959, 107), ist sicher falsch. Schon Philo kennt die Trennung von Männern und Frauen in den Synagogen (bei Euseb., *Praep. Evang.* VIII, 12; KRAUSS, *Synag. Alt.*, 1922, 357). Auch RAFAEL EDELMANN meint, dass erst im Mittelalter Räume für die Frauen bereitgestellt worden sind (*Das Judentum, Hb. d. Religionsgesch.* 2, (1968), 1972, S. 227). Jüngere Synagogen (Tiberias; Dschobar: Damaskus) haben in der Tat einen angebauten, durch Gitterwand vom Hauptraum getrennten Raum für die Frauen (KOHL-WATZINGER, Taf. XVIII). GOODENOUGH hält es freilich für möglich, dass der SO gelegene Raum der Synagoge von El-Hammeh (Hammath) bei Gadara für die Frauen bestimmt gewesen ist (*Jewish Symbols*, I, 1953, 239 und Fig. 626 in Vol. III, Plan, nach SUKENIK, *The Ancient Synagogue of El-Hammeh*, 1935, Pl. VII; hier Abb. 338). — Nach SUKENIK (*JPOS*, XV, 1935, 162) ist die Trennung von Männern und Frauen nicht von den Rabbinen vorgeschrieben.

[28] Nach S. LOFFREDA ist diese Synagoge von den Ausgräbern (KOHL-WATZINGER) und von SUKENIK zu früh (2. Jahrh. n. Chr.) datiert worden. Der Bau soll in der 2. Hälfte des 4. Jahrh. angefangen und Anfang 5. Jahrh. vollendet worden sein (*IEJ*, 23, 1973, 37-42). M. AVI-YONAH lehnt diese späte Datierung vorläufig ab, *id.* 43-45. Sie gehört nichtsdestoweniger zum älteren Typus der Synagogen (hier Abb. 321). — Über die neueren italienischen Ausgrabungen: V. CORBO, S. LOFFREDDA, A. SPYKERMAN, *La Sinagoga di Cafarnao dopo gli scavi del 1996*, 1970; V. CORBO, *La Sinagoga*

Fig. 2, p. 23; Z. YEIVIN, *Excavations at Khorazin, ErIs*, XI, 1973, 144-157, hebr., 27* und Fig. 145. 146. 147) [29]. Die Aussenmasse der Synagoge von Capernaum sind 20.40 × 18.65 m [30]. An der Ostseite liegt ein Hof trapezartigen Grundrisses mit Säulenhallen an drei Seiten (Abb. 321 und 322).

KOHL-WATZINGER haben für die Ableitung dieses Synagogen-Typus hingewiesen auf die *curia quadrata* bzw. *curia oblonga* (Vitruv, V, 2, 1) und auf das Versammlungshaus der phönikischen Abgeordneten (das Phokion) bei Daulis, beschrieben von Pausanias V, 5, 2 [31]. Beim Entwerfen der Synagoge soll der Architekt von einem Gebäude ausgegangen sein, das an vier Seiten des Inneren eine Kolonnade gezeigt hatte; an der Eingangsseite (Schmalseite) soll der Architekt die Kolonnade preisgegeben und durch die Schmuckwand des Toraschreins ersetzt haben (*o.c.*, 178). Die Ableitung lässt sich heute, da wir die Synagoge in Masada kennen, vielleicht anders erklären. Es fehlt hier in der zweiten Bauperiode ein Umgang an der Rückwand. Der Architekt der galiläischen Synagogen hätte also wahrscheinlich nicht die Kolonnade einer der Schmalseiten eines bestehenden Gebäudetypus preisgegeben, sondern die rückwärtige Kolonnade hinzugefügt. Die Synagoge der älteren Periode lässt sich also vielleicht aus einer Synagoge wie die in Masada ableiten. Die Synagoge in Ed-Dikke (Transjordanien) zeigt noch diesen ursprünglichen Typus (KOHLWATZINGER, Taf. XVI; GOODENOUGH, *Jewish Symbols*, III, Fig. 520; hier Abb. 323 und 324). Die Grundmasse (10.50 × 14 m) stimmen zufällig etwa zu denen der

---

di Cafarnao dopo gli scavi del 1972. Studii Biblici Franciscani, Liber Annuus 22, 1972, 204-235; S. LOFFREDA, *The Synagogue of Capharnaum*, Liber Annuus, 22, 1972, 5-29 (*ZAW*, 85, 1973, 376); V. C. CORBO, *Cafernao I: Gli edifici della città*, Jerusalem 1975.

[29] GOODENOUGH, *Jewish Symbols*, III, Fig. 484; dort Grundrisse der Synagogen des älteren Typus: Fig. 503 (Irbid), 504 (En Nabraten), 505 (Kefr Birim), 506 (Meron), 507 (Umm el-Amed), 519 (el-Jish), 520 (ed-Dikkeh), 529 (Khirbet Semmaka), 532 (Um el-Kanatir). — KOHL-WATZINGER, *Antike Synagogen*, Taf. VII (Kerâze), VIII (Irbid), X (Umm el-ʿAmed), XI (Mêrôn), XII (Kefr Birʿim), XIV (En-Nabraten), XV (Ed-Dschisch), XVI (Ed-Dikke). — Ob sie alle eine Empore gehabt haben, ist u.E. fraglich. In Ed-Dschisch (K.-W., Taf. XVI; GOODENOUGH, III, Fig. 519: el-Jish) haben die Seitenschiffe etwa die Breite des Mittelschiffs (4.65 m und 4.67 m). Eine Empore hatte es hier wohl nicht gegeben, d.h. Männer und Frauen werden zusammen gewesen sein. In Irbid (K.-W. Taf. VIII; GOODENOUGH, Fig. 503) könnte die entlang den Langwänden laufende Plattform wohl für die Frauen bestimmt gewesen sein. Ein Treppenraum ist nicht ermittelt worden; es heisst nur „Kammer darüber wahrsch. Emporezugang" (*l.c.*).

[30] SUKENIK, *Anc. Syn.*, 8; die Breite des Mittelschiffs beträgt 8.38 m, die der Seitenschiffe ca. 3.50 m. In der Südostecke des Mittelschiffs liegt ein steinernes Bema, das erst von SUKENIK festgestellt wurde. — Über das Bema siehe S. D. GOITEIN, *Ambol-The Raised Platform in the Synagogue, ErIs*, VI, 1960, 162-167, hebr., P. 37*-38* engl. Das im Talmud erwähnte *bimah* (gr. *bema*) „was a wooden article of furniture, brought into the house of worship on special occasions". Das steinerne Bema von Beth Sheʿarim was „most probably" „nothing but a place to accommodate the notables of the community . . . ". Ob auch in Kapernaum, bleibt eine Frage.

[31] Der Toraschrein war beweglich und tragbar. „Wohin wurde die h. Lade getragen? Der Fastenritus sagt es uns: auf den freien Platz vor der Synagoge d.i. in Tell Hûm der Hof! Der Hof ist eben der freie Platz" (KRAUSS, *Synag. Alt.*, 1922, 329).

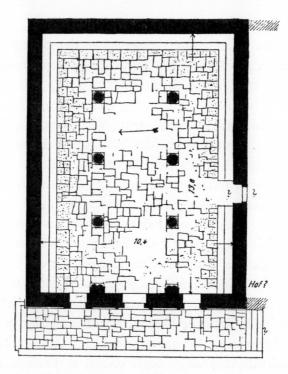

Abb. 323. Synagoge in Ed-Dikke. (KOHL-WATZINGER)

Abb. 324. Front der Synagoge in Ed-Dikke. (Rekonstr. KOHL-WATZINGER)

Synagoge in Masada. Hier wie dort gibt es zwei Reihen zu je drei Säulen. Was den Architekt veranlasst habe, eine Kolonnade an die hintere Schmalseite hinzuzufügen, liesse sich wohl erklären: die Anlage einer Empore erforderte einen Umgang an drei Seiten. Die Empore selbst könnte, wie KOHL-WATZINGER meinen (*o.c.*, 179), auf Einwirkung der zweistöckigen hellenistischen Säulenhallen zuruckzuführen sein.

Die nach Jerusalem orientierte Fassade zeigt meist drei Eingänge: eine Haupttür mit links und rechts einer Nebentür (Abb. 324. 325. 326). H. G. MAY hält es für möglich, dass die Zahl der Türen nach den Tempeltoren bestimmt gewesen sei, „although they are characteristic of pagan Hellenistic-Roman architecture" (*BA*,

Abb. 325. Front der Synagoge in Kefr Bir'im. (Rekonstr. KOHL-WATZINGER)

43

VII, 1, 1944, 13). Mit den Tempeltoren haben die drei Eingänge wohl nichts zu tun.
Einwirkung der hellenistisch-römischen Architektur ist möglich; das Tychaion in
Eṣ-Ṣenamen z.B. hat drei Eingänge (Abb. 311) [32]. Vielleicht auch lassen sich die
Nebentüren daraus erklären, dass der Toraschrein im Mittelschiff aufgestellt ge-
wesen ist. GOODENOUGH will die drei Türen aus der Tradition erklären, „which we
have found so persistent in Jewish symbolism" (*Jewish Symbols*, I, 1953, 181).

Abb. 326. Synagoge in Kefr Bir'im. (Rekonstr. KOHL-WATZINGER)

GOODENOUGH meint, die Fronttüren „were not the usual entrance at all". Die
Fassade „had become in Judaism not a functional product ... but a device to be
used in many places for consecrating what was put under and behind it" (*id.*, 191-192
und 226). Die Synagoge wurde, meint GOODENOUGH, durch eine Tür an den Seitenwänden betreten (p. 181). Wahrscheinlicher dürfte wohl sein sein, dass die Synagoge
sowohl durch die Nebentüren an der Front als durch die Tür an der Seitenwand
(z.B. Tell Ḥûm) betreten wurde [33].

KOHL-WATZINGER betonen, dass der Toraschrein als eine Kleinarchitektur an

[32] Vgl. KRAUSS, *Synag. Alt.*, 1922, 360; „Die dreitorigen Synagogen können .... ein altes Bau-
motiv aufweisen, und die Sache braucht weder als Symbol noch als Hǎlǎkha erklärt zu werden ...."
[33] Nicht alle Synagogen hatten eine Seitentür; sie fehlt z.B. an den Synagogen von Chorazin
(SUKENIK, *Anc. Syn.*, Fig. 2, p. 23), Meron (KOHL-WATZINGER, Taf. XI; GOODENOUGH, III, Fig. 506),
En Nabraten (K.-W., Taf. XIV; GOODENOUGH, III, Fig. 504).

der Eingangswand hinter dem Haupteingang gestanden habe (Abb. 327); „der Besucher musste, nachdem er den Bau betreten hatte, sich nach der Eingangswand, durch die er gekommen war, umwenden, wenn er die vorgeschriebene Gebetsrichtung einnehmen wollte" (o.c., 139). Die aus gefundenen Resten zu rekonstruierende Kleinarchitektur des Toraschreins sei meist dreiteilig gewesen und diese Kleinarchitektur hatte auf einem Podium mit Stufenaufgang gestanden.

Abb. 327. Synagoge in Kapernaum. Querschnitt. (Rekonstr. KOHL-WATZINGER)

„Dieser ganze Aufbau ist ... nur zu verstehen als eine Ableitung aus antiken, heidnischen Vorbildern. Der Vergleich mit der Front des Allerheiligsten, des Adyton oder des Thalamos, in syrischen Tempeln drängt sich ohne weiteres auf und zeigt uns, wo der Baumeister der galiläischen Synagogen die Anregung für den Aufbau der Kleinarchitektur des Toraschreins gefunden haben wird" (o.c., 224 und Abb. 73, S. 37: Wiederherstellung der Kleinarchitektur des Toraschreins Tell Ḥûm; GOODENOUGH, *Jewish Symbols*, III, 1953, Fig. 479, nach ORFALI, *Capharnaum et ses ruines*, Paris 1922).

E. L. SUKENIK, der 1944 die Synagoge von Tell Ḥûm neu untersuchte, lehnt die von Kohl-Watzinger vorgetragene Ansicht ab. Die diesbezüglichen Architektur-

fragmente bildeten nach SUKENIK nicht Teile eines Toraschreins (darin hatte
SUKENIK, wie wir unten sehen werden, recht); sie „had formed part of an elaborate
central window in the façade of the synagogue. This new evidence finally disposed
of the theory that a built Torah-shrine ever existed in the synagogue at that time,
and it agrees completely with the Talmudic statements that the Torah scrolls had no
fixed place within the prayer-hall" (*BLRF*, I, 1949, 18 f., 19). SUKENIK hatte 1934
schon betont, dass in der älteren Periode der Toraschrein kein „stationary object"
gewesen sei, sondern „a portable chest", in der die Gesetzesrollen lagen und die für
den Dienst in den Hauptraum gebracht wurde (*Ancient Synagogues*, 1934, 52; Mišna,
Ta 'anith 2:1; Tosephta, Megilla 4:21; b. Sotah 36 b). Die aus Tell Ḥûm, Chorazin,
Kefr Bir'im bekannten Löwenbilder, welche wie SUKENIK vormals meinte, den
Toraschrein flankierten, seien „in fact acroteria placed on either side of the building's
façade" gewesen (*Bull*. I, 1949, 20-21). Wir halten die Aufstellung der Löwenbilder
in der von SUKENIK vorgeschlagene Rekonstruktion (*Bull*. I, Fig. 5, p. 19) für
unwahrscheinlich. Für die Aufstellung der Bilder an diesen Stellen hatte SUKENIK
die bekannte Darstellung des Toraschreins aus Beth She'arim angeführt (*Bull*. I,
Pl. XII, p. 32: Beth-She'arim-Relief from catacombs, showing entrance to synagogue with two lions as acroteria). Viel wahrscheinlicher ist es, dass wir es hier, wie
N. AVIGAD meint, mit der Darstellung des Toraschreins zu tun haben [34]. E. R.
GOODENOUGH hat SUKENIK's Ansicht, nach der die Fragmente der Kleinarchitektur
von einem Frontfenster stammen sollte und die Löwenbilder auf dem Dach gestanden hätten, mit Recht „forced and arbitrary, and the evidence on which he rejects
the „screen" quite inadequate" genannt (*Jewish Symbols*, I, 1953, 181, n. 17 a). Das
Löwenbild aus Chorazin (SUKENIK, *The Ancient Synagogue of Beth Alpha*, 1932, Fig.
36, p. 32; GOODENOUGH, *Jewish Symbols*, III, 1953, Fig. 501) kann auch unmöglich
auf der Dachecke gestanden haben (GOODENOUGH, *l.c.*); der Löwe ist liegend dargestellt. Ein Doppelfenster oberhalb des Rundbogenfensters hat aus architektonischen Gründen keine Wahrscheinlichkeit für sich. Wir folgen also KOHL-WATZINGER,
hinter dem Haupteingang der Synagoge in Tell Ḥûm (und wohl auch an anderen
Stätten) hatte an der Eingangswand eine Kleinarchitektur gestanden (Abb. 327), die
von den Ausgräbern als Schmuckwand des Toraschreins betrachtet wurde (*o.c.*,
178). KRAUSS bemerkt dazu: „Unsere Gewährsmänner [sc. K.-W.] lassen nicht
erkennen, ob sie diese *aedicula* als die Stätte des „Sanctuariums" betrachten; wahrscheinlich ist das nicht, denn die *aedicula* allein würde die h. Lade nicht haben aufnehmen können, und eine entsprechende Vertiefung in der Wand fand sich nicht
vor" (*Synag. Altert.*, 1922, 329, Anm. 1). GOODENOUGH urteilt darüber anders:

---

[34] *Antiquity and Survival*, II, 2-3, 1957, Fig. 3 gegenüber p. 248; BARUCH KANAEL, *Die Kunst der
antiken Synagogen*, 1961, Fig. 22, gegenüber p. 36.

„Behind this screen [sc. die Schmuckwand] would be the most holy object of all, the supreme symbol of the Shekina, the Torah scrolls" (*Jewish Symbols*, I, 1953, 191). Wahrscheinlicher dürfte u.E. sein, dass der Toraschrein vor die Schmuckwand gestellt wurde. Der Toraschrein ist kein „stationary object" gewesen; er wurde, wie SUKENIK 1934 betonte, vor dem Synagogendienst in den Hauptraum gebracht (*Ancient Synagogues*, 52). Ein Relief aus der Synagoge von Capernaum zeigt einen auf Rädern stehenden Toraschrein (SUKENIK, Pl. V c; GOODENOUGH, III, Fig. 472). Dass die Torarollen „had no fixed place within the prayer-hall" wie Sukenik 1949 sagte (*BLRF*, I, 19), scheint uns unwahrscheinlich (vgl. GOODENOUGH, I, 190, n. 93). Es war doch schliesslich der Toraschrein, welcher die Gebetsrichtung (nach Jerusalem) bestimmte, er wird demnach stets an dieselbe Seite gestellt worden sein. Er stand aber nicht stets im Gebetsraum [35]; es muss demnach ein Substitut gegeben haben, wodurch die Gebetsrichtung bestimmt wurde, wenn der Toraschrein ausserhalb des Gebetraums stand. Es scheint uns, dass die Schmuckwand als solche zu betrachten ist: sie war die qibla-Wand der Synagoge, wenn der Toraschrein nicht da war. Der Leuchter wird an der Schmuckwand gestanden, die Löwenbilder vor der Schmuckwand gelegen haben. Dass diese Synagogen ein Adyton enthalten haben (nach GOODENOUGH der Raum hinter der Schmuckwand, I, 191) halten wir für unwahrscheinlich [36]. Die Schmuckwand kann auch nicht, wie KOHL-WATZINGER (*o.c.*, Taf. II) und ORFALI (*Capernaum et ses ruines*, Pl. III) annahmen, zwischen den zwei südlichen Säulen gestanden haben, sondern nahe an der Südwand (SUKENIK, *The Ancient Synagogue of Beth Alpha*, 1932, 50, n. 2). Ein Allerheiligstes wird uns erst in die Synagogen der zweiten Periode begegnen.

Der Baustil der Synagogen der ersten Periode ist im ganzen gleichartig „mit dem der heidnisch-römischen Bauwerke seit der Wende des II. und III. Jahrh. n. Chr." (KOHL-WATZINGER, *o.c.*, 172). Die Säulen, auf hohe Sockel gestellt, haben korinthische Kapitelle (Abb. 328), auf denen ein korinthisches Gebälk ruht (Abb. 327).

---

[35] KRAUSS, *Synag. Alt.*, 1922, 329. 375; vgl. SUKENIK, *The Ancient Synagogue of Beth Alpha*, 1932, 50: der Toraschrein „was not at first kept in the synagogue itself but in one of the adjoining chambers; and it was brought out only at the time of prayer and taken back again when the prayer was over". Vgl. oben Anm. 31.

[36] L. A. MAYER und A. REIFENBERG denken darüber freilich anders. Die 1935/36 ausgegrabene Synagoge von Eshtemoʿa (im Hebron-Distrikt; heute As-Samūʿ) ist ein 21.30 × 13.33 m grosser Breitbau, in dessen Nordwand (Langseite), 2.08 m über dem Fussboden, es drei halbkreisförmig endende Nischen gibt. An der Ostseite (Schmalseite) gibt es drei Türen (*The Synagogue of Eshtemoʿa*, *JPOS*, XIX, 1939-1940, 314-326, Plan gegenüber p. 318). Die Gelehrten sind der Meinung, dass „the oldest Galilean Synagogues without Thora-shrines (as at Capernaum, Khorasin, etc.) should be reconstructed on the model of Eshtemoʿa" (p. 322). Diese Synagoge gehört aber sicher zu der zweiten Periode des Synagogenbaus: das Fussbodenmosaik zeigt fast ausschliesslich geometrische Motive (Siehe Z. YEIVIN, *The Synagogue of Eshtemona*, *Qadmoniot*, V, 2 (18), 1972, 43-45 (hebr.), Fig. p. 45. 46; Fig. p. 43, Plan, p. 44 Fotos).

Abb. 328. Kapitell der Synagoge in Kapernaum. (E. L. SUKENIK)

Die Front des mit einem Satteldach bedeckten Hauptgebäudes zeigt den klassischen Dreiecksgiebel. Die grosse Synagoge in Kefr Bir'im (es gibt hier Ruinen zweier Synagogen) hatte eine Sechssäulenvorhalle (Abb. 329), die von dem Hauptbau überragt wird (KOHL-WATZINGER, *o.c.*, 89 ff., Abb. 186. 191, Taf. XII; hier Abb.

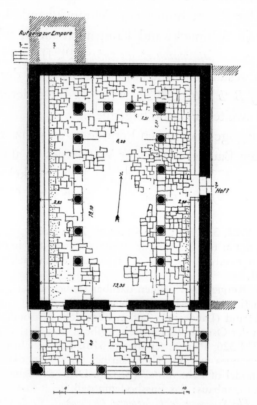

Abb. 329. Synagoge in Kefr Bir'im. (KOHL-WATZINGER)

326). Sie stammt aus dem Pronaos der heidnischen Tempel [37]. Die Synagoge von Capernaum (Tell Ḥûm) hatte statt der Vorhalle eine vor der Front liegende, 3.30 m breite, erhöhte Terrasse, die sich östlich vor dem anliegenden Hof ausdehnt (KOHL-WATZINGER, Taf. I-II; SUKENIK, Fig. 1, p. 9). Es sollte damit vielleicht die Höhenlage der Synagoge betont werden. Nach talmudischer Vorschrift muss die Synagoge am höchsten Punkt der Stadt erbaut werden, „und in der Tat liegen die uns bekannten Synagogenruinen in Galiläa zumeist auf hohen Bergrücken" (KRAUSS, *Synag. Altert.*, 1922, 284). „Es wurden sogar eigens hohe Terrassen gebaut" (*id.*, S. 289) [38]. Die Terrasse der Synagoge in Tell Ḥûm wurde an der Ostseite über vierzehn, an der Westseite aber nur über vier Stufen betreten, es ist hier also auch an das Terrainverhältnis zu denken.

Die Synagogen sind offenbar gut beleuchtet gewesen. „In der Tat wird ohne weiteres behauptet, dass Synagogen und Lehrhäuser durch Fülle des Lichts gekennzeichnet sind (j Pěsaḥ I, 1, 27^b 10), im Gegensatz zu den Privatwohnungen, die recht oft ganz finster waren" (KRAUSS, *Synag. Altert.*, 1922, 357/58; *Talm. Archäol.*, I, 1910, 42). An der Front der Synagoge von Capernaum (Tell Ḥûm) gibt es in der von KOHL-WATZINGER und in der von SUKENIK vorgeschlagenen Rekonstruktion vier Fenster (K.-W., Taf. III; SUKENIK, *BLRF*, I, Fig. 5, p. 19). Das grosse Bogenfenster, das durch seine Form den Einfluss der nabatäischen Baukunst verrät (was besonders klar ist am Rundbogenfenster über dem Eingang der grossen Synagoge in Kefr Bir'im, Abb. bei SUKENIK, *Anc. Syn.*, Frontispice; hier Abb. 330), hatte ein Gitter aus Eisenstäben. MAY hält es für möglich, dass die vielen Fenster sich auch aus der Orientierung der Synagoge nach Jerusalem erklären lassen: man schaute so nach Jerusalem und dem Tempel (*BA*, VII, 1, 1944, 13, wobei MAY auf Daniel 6, 11 hinweist). Selbstverständlich wird es zur Beleuchtung der Emporen auch Fenster an den Seitenwänden gegeben haben.

Die in Stein gearbeitete Dekoration der Synagogen der ersten Periode zeigt ornamentale Motive (Pentagramm, „Siegel Salomos"; Hexagramm, „Schild Davids"); aus Pflanzen und Früchten entnommene Motive (u.a. Trauben, Granatäpfel, Palmbaum, Kränze), Darstellungen von Tieren (Adler, Löwe usw.) und Menschen (KOHL-WATZINGER, *o.c.*, 184 ff.: Die ornamentalen und figürlichen Embleme). Auch der Leuchter ist abgebildet: auf dem Türsturz der Synagoge in en-Nabraten ist er innerhalb eines Kranzes dargestellt (KOHL-WATZINGER, *o.c.*, 191; GOODENOUGH, III, Fig. 518), in Tell Ḥûm auf einem Kapitell des Vorhofes (Abb.

---

[37] Vgl. z.B. die viersäulige Vorhalle des Zeus-Tempels in Kanawat, BUTLER, *o.c.*, Pl. XXII, gegenüber p. 348. Wie dort tragen auch die Mittelsäulen der Synagoge einen Rundbogen.

[38] Die Synagoge von Isfiyā (Dorf im Haifa-Sub-District) lag auf der Spitze des Karmel, *QDAP*, III, 1934, 118-120 (N. MAKHOULY), 120-131 (AVI-YONAH), p. 131.

328), der Toraschrein auf dem Türsturz (KOHL-WATZINGER, 39 f., Abb. 76; SUKENIK, *Beth Alpha*, 1932, Fig. 25, p. 24; GOODENOUGH, III, 1953, Fig. 471).

Die Darstellung von Menschen- und Tierfiguren in der Synagogendekoration, gegen das Bilderverbot Exod. 20, 4 und Dt. 5, 8, hat man auf verschiedene Weise erklären wollen (SUKENIK, *Ancient Synagogues*, 61 ff.). Man meinte, die Synagogen Galiläas seien von Sektierern, die über die Sache liberaler als die orthodoxen Autoritäten urteilten, errichtet worden. Im 19. Jahrhundert hatte H. H. KITCHENER die Meinung ausgesprochen, dass Kaiser Septimius Severus (193-211) die Juden zu der Errichtung dieser Synagogen inspiriert und zu der Errichtung beigetragen habe; er habe den Juden eine Kunst aufgedrungen, welche sie im Grunde ablehnten [39]. CARL WATZINGER hatte diese Meinung aufgenommen „and supported with much erudition" (SUKENIK, *l.c.*). „Nicht die Juden selber, ... haben aus eigener Initiative die Synagogen erbaut; sie sind ihnen vielmehr aus fremden Mitteln gestiftet worden, von einer Seite, die ihnen wohlwollend, aber ohne tiefere Kenntniss ihrer Religion und Sitten gegenüberstand" (KOHL-WATZINGER, *o.c.*, 203). WATZINGER betrachtete die Neubauten der galiläischen Synagogen als „ein monumentales Zeugnis der Huld des Hauses des Septimius Severus gegen die Juden Galiläas ..." (*o.c.*, 218). Diese Auffassung ist schon 1926 von LUDWIG BLAU zurückgewiesen worden [40] und SUKENIK hat die Hypothese als unhaltbar erwiesen (*o.c.*, 62 f.). Zwar heisst es im Talmud (Megilla 3, 1, 74 a) der Nichtjude Antoninus (nach WATZINGER Kaiser Caracalla, *o.c.*, 212 ff.; vgl. M. AVI-YONAH, *Gesch. der Juden im Zeitalter des Talmud*, 1962, 39 f.) habe dem Patriarchen Juda I. einen goldenen siebenarmigen Leuchter geschenkt; der Talmud enthält aber nirgends Hinweise „to endowments on such a large scale as that assumed by this [sc. WATZINGER's] theory" (SUKENIK, *o.c.*, 63). Auch die zahlreichen Synagogeninschriften sprechen gegen WATZINGER's Hypothese (*o.c.*, 62).

E. R. GOODENOUGH meint, die Darstellungen von Tieren und Menschen in den Synagogen Galiläas, in den Wandmalereien der Synagoge von Dura-Europos und in den Gräbern von Beth-She'arim beweisen, dass nach der Katastrophe von 70 n. Chr. die Rabbinen die Kontrolle über das Volk verloren hatten. „So long as the rabbis were in control no such ornamentation was allowed, because the rabbis knew very well that these representations were more than decorations" (*o.c.*, IV, 1954, 3 ff., p. 24; vgl. I, 1953, 235. 264 f.). Die Masse des Volkes habe in dieser Kunstrichtung einen eigenen religiösen Glauben, verschieden von dem der Rabbinen, ausdrücken wollen. Anklang hat diese Ansicht nicht gefunden. B. LIFSHITZ betont, dass GOODENOUGH „n'a cité aucune preuve du conflit entre les patriarches et les

---

[39] *Synagogues of Galilee, PEF QuSt*, 1878, 123 ff., bei SUKENIK, *Anc. Syn.*, 62.
[40] *Early Christian Archaeology from Jewish point of view, HUCA*, III, 1926, 157-214, p. 185.

Abb. 330. Eingang der Synagoge in Kefr Bir ‘im. (Foto E. L. Sukenik)

rabbins d'une part, et le judaïsme dit populaire, d'autre" [41]. LIFSHITZ spricht von
„ce conflit inventé par Goodenough" (p. 47). Ähnlich urteilt E. URBACH: Dass in
der Periode von Jabne und Osha der Patriarch und die Rabbinen keine Autorität
mehr gehabt hätten, wie GOODENOUGH meint, „flies in the face of all that we know
about the social status and spiritual authority of the Sages in both these periods" [42].
Die Synagoge von Dura-Europos und ihre Wandmalereien beweisen, dass die
Künstler, die sie ausgeführt haben „did not live in an entirely different spiritual
world form the Sages ..." Im Gegenteil, neben heidnischen Themen „they introduced a whole series of pictures on biblical subjects, and, what is more, their
representations of the stories and characters from the Bible have clearly been influenced by the allegories and legends of the Sages" (*l.c.*). URBACH weist hin auf
I. SONNE, der vermutet, dass die Wandmalereien von Dura-Europos ausgeführt
worden sind unter der Aufsicht des Amoräers R. Johanan (*l.c.*, 151, n. 6; ISAIAH
SONNE, *The Paintings of the Dura Synagogue*, HUCA, XX, 1947, 255-362, p. 287-88).
Die Rabbinen, sagt URBACH, waren überzeugt „that there was no longer any danger
in the making of idols ...". Die „idolatrous impulse" im jüdischen Lager war de
facto tot (URBACH, *l.c.*, 236). [vgl. die heutige islam. Auffassung über Photographie,
The Islamic Reviews, 58, 1970, 16]. Damit lässt sich aber das Bilderverbot Ex. 20, 4
und Dt. 5, 8 nicht wegreden. SUKENIK weist nun darauf hin, dass Exod. 20, 4 und 5
zusammengehören. Es ist nur von Abbildungen zum Zweck der Anbetung (Vs. 5)
die Rede, „and there has always been a less austere school in Jewry that has so
understand it" (*Ancient Synagogues*, 63). R. Eleazar b. R. Zadok, der Jerusalem vor
der Katastrophe von 70 n. Chr. gut gekannt hatte, sagt nach SUKENIK's Übersetzung: „In Jerusalem there were faces of all creatures except men" (*o.c.*, 64;
Tosephta, ʿAboda Zara 5 (6): 2). Die Tatsache, dass in der jüdischen Geschichte die
Bildkunst „its ups and downs" hatte, ist die einzige rationale Erklärung für das
Verhältnis, bekannt aus den alten Synagogen: „a period of greater laxity being
followed by a reaction ..." (SUKENIK, *o.c.*, 64; vgl. H. G. MAY, *Synagogues in Palestine*,
BA, VII/1, 1944, 1-20, p. 19). Die erste ikonoklastische Reaktion fand wahrscheinlich einige Zeit nach 300 n. Chr. statt: Tier- und Menschenfiguren der Synagoge
von Capernaum (Tell Ḥûm) sind damals zerstört worden (*id*). WATZINGER hatte die
Auffassung, dass das figürliche Bildwerk der Synagogen aus einer damals herrschenden Laxität zu erkären sei, abgelehnt (KOHL-WATZINGER, *Antike Synagogen*,
202). Darin wird WATZINGER sicher recht haben, dass „den Frommen der Anblick
mit Bildwerk verzierten Synagogen ein Greuel gewesen sein (muss)" (*ibid.*). Und

---

[41] *L'ancienne Synagogue de Tibériade, sa mosaïque et ses inscriptions*, JSJ, IV, 1973, 43-55, p. 47-48.
[42] *The Rabbinical Laws of Idolatry in the Second and Third Centuries in the Light of Archaeological and Historical Facts*, IEJ, 9, 1959, 149-165, 229-245, p. 151.

wohl nicht nur den Frommen des Volkes. „The rabbis, second and third century alike, were not the source of inspiration for this art" (JACOB NEUSNER, *A History of the Jews in Babylonia*, II, 1966, 79). Wir dürfen annehmen, dass es Rabbinen gegeben hatte, welche die neue Kunstrichtung missbilligten. Als Rabbi Rav (ca. 200 n. Chr.) in einer Synagoge war (in Babylonien; nach OBERMEYER in Sura), wollte er sich nicht niederwerfen „because there was a stone pavement (clearly, a mosaic) on the floor, which contradicted his understanding of Leviticus 26, 1" (NEUSNER, *l.c.*; wohl richtiger heisst es bei KRAUSS: „obwohl jene Synagoge kein eigentliches Mosaik, sondern nur ein steinernes Pflaster hatte", *Synag. Altert.*, 1922, 348). R. Nahum b. Simaj heisst „Nahum der Heilige", da er zeitlebens keine Münze mit dem Bild des Kaisers auch nur angeschaut hatte" [43]. Das 4. Jahrhundert n. Chr. ist nach SUKENIK als *terminus a quo* der Reaktion gegen die Anwendung skulpturaler figürlicher Darstellungen zu betrachten (*Ancient Synagogues*, 1934, 65).

d) *Synagogen der zweiten Periode* (4.-6. Jahrh.). Diese Synagogen unterscheiden sich von den älteren durch die Anlage einer für den Toraschrein bestimmten Apsis, die Anwendung von Mosaikfussböden und das Fehlen skulpturaler figürlicher Darstellungen. Die Apsis liegt an der nach Jerusalem gekehrten Schmalwand, die Eingänge (meist drei) an der gegenüberliegenden Wand. Die Synagogen sind auch jetzt „langachsige" und dreischiffige Bauten [44]. Sie sind erst nach dem ersten Weltkrieg entdeckt worden (*BLRF*, I, 1949, 8 ff.; SUKENIK). Im Jahre 1917 (also noch während des Krieges) kam der Mosaikfussboden der Synagoge in ʿAin Duk (Na ʿaran; nahe Jericho) durch Zufall ans Licht und die Synagoge ist 1921 durch französische Archäologen unter der Leitung von L. H. VINCENT ausgegraben worden [45]. Die Synagoge von Beth Alpha [46] (ein schönes Beispiel der jüngeren Synagogen) ist 1928 entdeckt und 1929 f. von SUKENIK (unter Mitarbeit des Architekten J. PINKERFELD) ausgegraben worden. Eine englische Ausgabe über die Resultate der Ausgrabungen erschien schon 1932 (E. L. SUKENIK, *The Ancient Syna-*

---

[43] M. AVI-YONAH, *Gesch. der Juden im Zeitalter des Talmud*, 1962, 64; URBACH, *IEJ*, 9, 1959, 152 f.; GOODENOUGH, *Jewish Symbols*, IV, 1954, 17.

[44] Eine regelrechte Breitraum-Synagoge ist, soweit wir sehen, nur aus Dura-Europos bekannt (M. ROSTOVTZEFF, *Dura-Europos and its Art*, 1938, Fig. 11, p. 105; hier Abb. 336 und 337). Die Synagoge von Eschtemoʿa (oben Anm. 36), wie die von Khirbet Susiya (S. GUTMAN, Z. YEIVIN, E. NETZER, *Excavations in the Synagogue at Khirbet Susiya*, *Qadmoniot*, V, 2 (18), 1972, 47-52 (hebr.), p. 47, Plan) hat zwar die Kultnische an einer Langwand, die drei Türen liegen aber an einer Schmalwand. Die Breitraum-Synagoge von Dura-Europos hat ihre Vorgänger in der babylonischen Breitraum-Cella; die Anlage in Eschtemoʿa und Khirbet Susiya ist offenbar eine jüdische Erfindung. Hatte man die Ähnlichkeit mit dem Langbau der christlichen Kirchen vermeiden wollen? Beide Synagogen gehören zu der jüngeren Periode des Synagogenbaus.

[45] *BLRF*, I, 1949, 9, n. 2, Fig. 1, p. 10, Plan of Synagogue *after* R. P. L. H. VINCENT (*revised*) und Pl. I-III, Mosaik. Vgl. SUKENIK, *Anc. Syn.*, Fig. 4, p. 29, Plan.

[46] Im Esdraelon-Tal, unweit des Dorfes Beisan.

gogue of Beth Alpha, Jerusalem 1932; siehe auch SUKENIK, *Ancient Synagogues*, 1934, 31 ff. und Fig. 7, p. 32, Plan).

Die Synagoge von Beth Alpha (Abb. 331) enthält einen ca. 12.50 m breiten und ca. 10 m tiefen Vorhof; eine ca. 12.50 m breite und 2.75 m tiefe vorhalle und einen ca. 13 m breiten und ca. 10 m tiefen Hauptraum. Zwei Eingänge führten in die Vorhalle (2. Bauphase), drei in den Hauptraum. Der in der Achse gelegene Haupt-

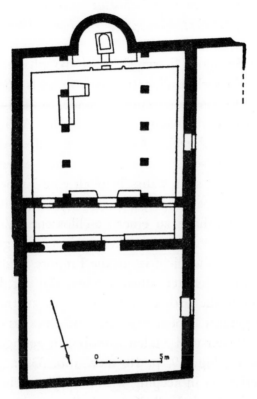

Abb. 331. Synagoge in Beth Alpha. (E. L. SUKENIK)

eingang war 1.30 m breit und mit einer Flügeltür verschlossen; die Nebentüren waren 96 cm (West) bzw. 98 cm (Ost) breit (*Beth Alpha*, 15 und Pl. VI u. XXVII). In der Westwand lag eine Tür, die ebenfalls mit einer Flügeltür verschlossen war (*ibid.*). Der Fussboden des hier gelegenen Nebenraums lag über dem Niveau des Hauptraums.

Zwei Reihen zu je drei Basaltpfeilern (52 × 52 cm) teilten den Hauptraum in drei Schiffe: Breite des Mittelschiffs 5.40 m, der Seitenschiffe 2.75 m (West) bzw. 3,10 m (Ost) (*Beth Alpha*, 12). Den Wänden entlang läuft eine steinerne Sitzbank (breit 55-70 cm, hoch 35-46 cm, *Beth Alpha*, 12 und Fig. 5-6; Pl. IV, Foto der Ausgrabung).

An der nach Süden gekehrten Rückmauer des Hauptraums ist eine ca. 3.80 m
breite und ca. 2.40 m tiefe angebaute Apsis, in der der Toraschrein gestanden hatte.
Der zweifach gestufte Fussboden der Apsis liegt 75 cm über dem Fussboden des
Hauptraums und in der Achse gelegene Stufen führten zu der Apsis empor (*Beth
Alpha*, 13, Pl. III und V; *Ancient Synagogues*, 56 f.). Zwei 2 m auseinander liegende
Löcher an der Plattform dienten wahrscheinlich zur Aufstellung von Pfosten, an
denen eine Stange oder eine Schnur befestigt gewesen ist „from which the veil
hung down" (SUKENIK, *Ancient Synagogues*, 57; *Beth Alpha*, 13, Pl. XXVII und
Fig. 47, p. 52).

An der Vorhalle der Synagoge liessen sich zwei Bauphasen feststellen. Ursprünglich war die Vorhalle ein sechssäuliger pronaos in antis (*Beth Alpha*, 16 und Pl.
VI, Plan, Fig. 19, p. 18 Rekonstruktion der Fassade, SUKENIK-PINKERFELD), anders
als die Sechssäulenvorhalle der Synagoge in Kefr Bir'im (Abb. 329), die als prostylos
gebildet war. Der Unterschied erklärt sich aus dem Aufbau der Synagoge: in Kefr
Bir'im ist die Vorhalle ein selbständiger Vorbau mit eigenem Dach [47]; in Beth
Alpha lag über der Vorhalle sehr wahrscheinlich eine Empore. Die Vorhalle war
somit einheitlich in den Aufbau der Synagoge aufgenommen. In der zweiten Bauphase ist die Sechssäulenvorhalle zu einer geschlossenen Vorhalle mit zwei Eingängen umgebildet worden [48]. Was zu dieser Neuerung geführt haben könnte,
darüber schweigt SUKENIK. Vielleicht ist an die Empore zu denken, deren Decken-
Balken auf der Frontmauer gelastet haben müssen. Hat auf den Säulen ein Epistyl
aus Holz gelegen, könnte die grosse Last, welche es zu tragen hatte, wohl zum
Einsturz der Empore geführt haben. SUKENIK und PINKERFELD halten es aber für
wahrscheinlicher, dass Pfeiler und Säulen Rundbogen getragen haben (*Beth Alpha*,
18 und Fig. 17-18, p. 17, Fig. 19, p. 18, hier Abb. 332): „arches of untrimmed
stones, a cheaper material, yet in keeping with the style of the synagogue building"
(p. 18). Die Synagoge ist durch Erdbeben endgültig zerstört worden (*Beth Alpha*,
58), ein erstes Erdbeben könnte also wohl zum Einsturz der Vorhalle geführt haben
und beim Wiederaufbau hatte man aus Gründen der Sicherheit die Säulenvorhalle
preisgegeben. Es ist aber auch möglich — und wir halten dies für das Wahrscheinlichste —, dass man die Säulenvorhalle später als eine heidnische Bauform abgelehnt
habe. Wie die Vorhalle des Jerusalemer Tempels sollte die der Synagoge eine geschlossene Anlage zeigen. Wir werden darauf unten noch zurückkommen.

Dass die Beth Alpha-Synagoge Emporen hatte (Abb. 333), ist wohl wahrschein-

---

[47] KOHL-WATZINGER, *Antike Synagogen*, Abb. 191: Wiederherstellung des äusseren Aufbaus;
SUKENIK, *Anc. Syn.*, Fig. 3, p. 25, nach K.-W. — Hier Abb. 326.
[48] *Beth Alpha*, Pl. XXVII, Plan; *Anc. Syn.*, Fig. 7, p. 32; GOODENOUGH, *Jewish Symbols*, III, Fig.
631; hier Abb. 331.

Abb. 332. Synagoge in Beth Alpha. 1. Bauphase. (Rekonstr. E. L. SUKENIK)

lich. Säulenfragmente „which have no place at all in the arrangements of the lower story, indicate the presence of a gallery which must have served as the „Women's Vestibule" (SUKENIK, *Beth Alpha*, 16). Die Treppe, welche zu den Emporen hinaufführte, muss im westlich anliegenden Raum gelegen haben (p. 17). Die nördliche Empore kann nicht im Hauptraum gelegen haben, denn der Abstand zwischen den Pfeilern beträgt 5.40 m (Breite des Mittelschiffs); „it can be accepted as certain that the northern part of the gallery was built above the portico of the synagogue's façade" (*id.*, p. 17; Fig. 17-18, p. 17: Querschnitt und Längsschnitt der Synagoge). Das Dach der Synagoge war ein Satteldach mit Ziegeldeckung; Reste von Dachziegeln, flache und convexe, sind im Mittelschiff zutage gekommen. Die Dachziegel ruhten nicht auf Dachlatten, sondern auf einer Mörtelschicht, die auf einer Bretterlage angebracht war (*Beth Alpha*, 14 und Fig. 8-10, Rekonstruktion, PINKERFELD).

Hinweise auf Fenster fanden sich an der Ruine nicht vor; Hauptraum und Emporen werden durch über den Emporen und der Apsis hoch gestellte Fenster beleuchtet worden sein (*Beth Alpha*, 19, Fig. 17-18, p. 17, Fig. 19, p. 18 und Pl. VII). In der Nähe der Apsisplattform stand eine aus Stein gemauerte Estrade (*Bema*), auf die der Toravorleser gestanden hatte (Pl. V, 2). Sie und eine anliegende Bank bedeckten einen Teil des Mosaiks, sie müssen somit erst später aufgestellt worden sein. Ursprünglich wird es in der Synagoge ein hölzernes Bema gegeben haben (siehe hierüber KRAUSS, *Synag. Altert.*, 1922, 385 f.).

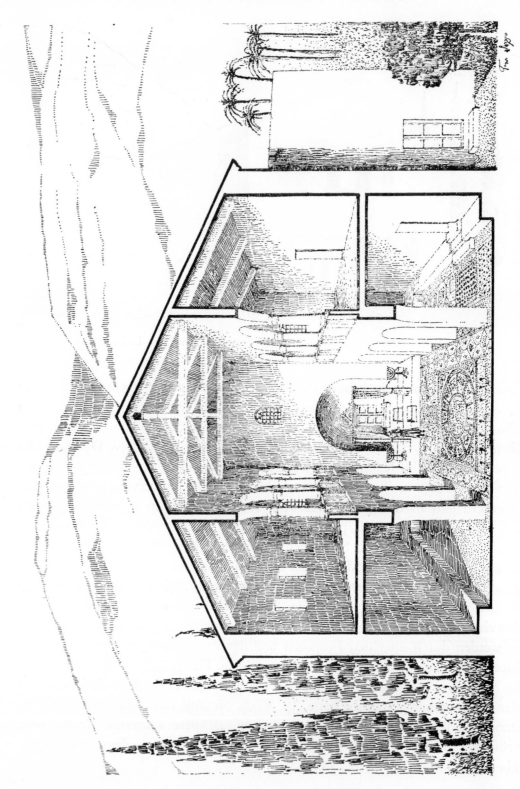

Abb. 333. Synagoge in Beth Alpha. Rekonstr. des Inneren. (E. L. Sukenik)

Die Front der älteren Synagogen war, wie wir gesehen haben, nach Jerusalem gekehrt und einen bestimmten Raum für den Toraschrein gab es nicht. Die jüngeren (langräumigen) Synagogen haben an der nach Jerusalem gekehrten Seite oft eine ausgebaute Apsis halbkreisförmigen oder rechteckigen Grundrisses in der der Toraschrein aufgestellt war. Halbkreisförmig war die Apsis z.B. in Beth Alpha (SUKENIK, *Beth Alpha*), Ma'on (*Bull. LRF*, III, 1960, Fig. 12, p. 23) und Jericho (*QDAP*, VI, Fig. 1, p. 74; GOODENOUGH, *Jewish Symbols*, III, Fig. 655; hier Abb.

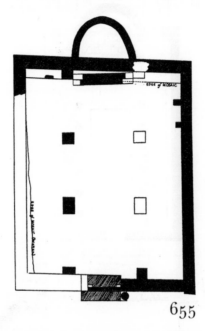

Abb. 334. Synagoge in Jericho. (E. R. GOODENOUGH)

334). Eine rechteckig ausgebaute Apsis hatte die Synagoge in Gerasa (CARL H. KRAELING, *Gerasa. City of the Decapolis*, 1938, Pl. XXXVI; SUKENIK, *Anc. Syn.*, Fig. 9, p. 36; hier Abb. 335) und die Synagoge in Priene [49].

Die Frage ist nun, wie die Entstehung dieser neuen Synagogenform zu erklären sei. SUKENIK sagt einfach: „The probable answer is — the alteration of the position of the Ark and the giving to it a permanent position within the room on which prayer was conducted" (*Beth Alpha*, 50). Die Frage ist aber, wie man zu der ausgebauten Apsis gekommen sei.

[49] TH. WIEGAND und H. SCHRADER, *Priene*, 1904, Abb. 585, S. 480: Grundriss der Hauskirche. SUKENIK hält den Bau sicher zu recht für eine Synagoge, *Beth Alpha*, 29; *Anc. Syn.*, 42 f. und Fig. 12, p. 43; GOODENOUGH, III, Fig. 879. Eine rechteckige (quadratische) eingebaute Nische hatte die Synagoge von Hammath Tiberias (*Qadmoniot*, I, 4, 1968, Fig. p. 120. 121, Plan, M. DOTHAN). — Die halbkreisförmig ausgebaute Apsis kommt auch ausserhalb Palästinas vor, z.B. Synagoge auf Aegina (SUKENIK, *Anc. Syn.*, 1934, 44, Pl. XI; *BLRF*, I, 1949, Fig. 6, p. 21).

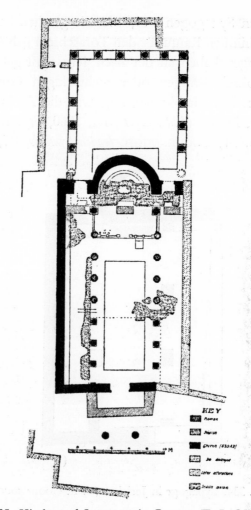

Abb. 335. Kirche und Synagoge in Gerasa. (E. L. Sukenik)

Die Synagoge in Dura-Europos (3. Jahrh. n. Chr.) hat in der Rückwand eine
Toranische (Kraeling, *The Excavations at Dura-Europos*. Final Report VIII, Part I:
The Synagoge, 1956, 14 ff., Pl. V-VI. XXV; Rostovtzeff, *Dura-Europos and its
Art*, 1938, 100 ff., Fig. 11-12, p. 105. 107) [50]. Die Nische ist 83 cm breit, 1.51 m

[50] Es gibt von dieser Synagoge zwei Bauphasen. Die alte Synagoge (1. Bauphase) war „nothing
more or less than an adapted private dwelling", von Kraeling als House-Synagogue bezeichnet
(*o.c.*, 32 ff. und Plan VIII: Earlier Building; hier Abb. 336). Die Frauen kamen hier nicht in den
Hauptraum, sondern in den Seitenraum Nr. 7 (*l.c.*). In der jüngeren Synagoge (2. Bauphase) gibt es
diesen Seitenraum nicht mehr: der Bau enthält nur einen 13.65 × 7.68 m grossen regelrechten
Breitraum (die Synagoge) und einen 13.30 × 10.25-10.40 m grossen Vorhof, der auf drei Seiten eine
Halle hatte (Abb. 337). Durch an der Front, über der Halle, gestellte Fenster wurde die Synagoge
beleuchtet. Auf speziellen Bänken in dieser Synagoge nahmen die Frauen an dem Synagogendienst
teil. Sie betraten die Synagoge durch eine an der Front gelegene Seitentür (Kraeling, p. 23). —
Über die berühmten Wandmalereien der Synagoge siehe Kraeling, *o.c.*, 39 ff.; Rostovtzeff, *o.c.*,

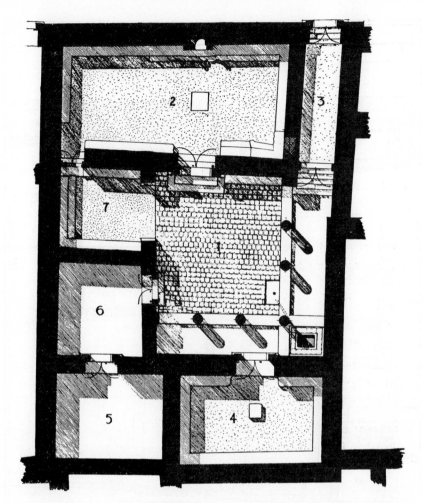

Abb. 336. Synagoge in Dura Europos. 1. Bauphase. (M. Rostovtzeff)

hoch und 91 cm tief [51]. Sie ist, wie Kurt Galling betont, aus heidnischen Tempeln abzuleiten (*Erwägungen zur antiken Synagoge*, *ZDPV*, 72, 1956, 163-178, S. 173; vgl. Comte de Mesnil du Buisson, *Les Peintures de la Synagogue de Doura-Europos*, 1939, 11). Eine halbkreisförmige eingebaute Kultnische hatten das Tychaion in Eṣ-Ṣenamên (Abb. 311) und der Tempel in Slem (Abb. 307). Ein wesentliches Kennzeichen der Toranische ist die ebenfalls aus heidnischen Tempeln stammende Muschel (Galling, *l.c.*, 173). Auch der Toraschrin selbst ist mit der Muschel aus-

108 ff.; Comte du Mesnil du Buisson, *Les Peintures de la Synagogue de Doura Europos*, 1939; Sukenik, *The Synagogue of Dura Europos and its Frescoes*, 1947 (hebr.). — Das von Architekt H. Pearson rekonstruierte Innere der jüngeren Synagoge steht im Museum von Damaskus (Kraeling, *o.c.*, Plate XXV, 1; Rostovtzeff, *o.c.*, Pl. XXI).

[51] Kraeling, *o.c.*, 14. — Die Nische ist zwar in der Rückmauer eingebaut, sie hatte aber einen „Vorbau": „a separate structural element, an aedicula" (p. 22).

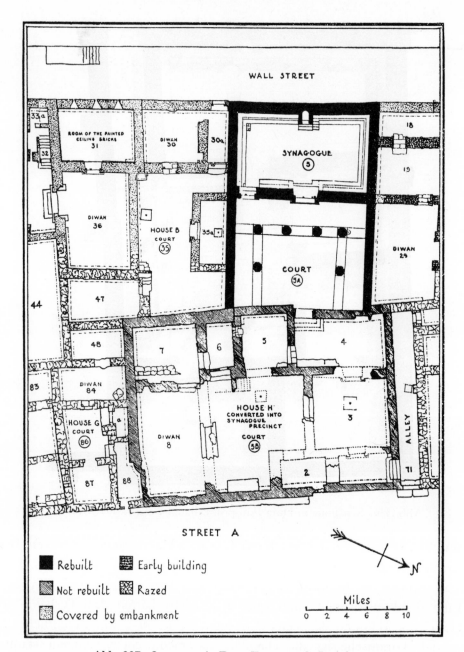

Abb. 337. Synagoge in Dura Europos. 2. Bauphase.

gestattet [52]. Kurt Galling meint, die Apsis der Synagogen sei nichts anderes als eine vergrösserte Nische (*l.c.*, 175; vgl. Rachel Hachlili, *The Niche and the Ark in Ancient Synagogues*, *BASOR*, 223, 1976, 43-53, p. 50). Es ist aber auch möglich,

[52] Sukenik, *Beth Alpha*, Fig. 26, p. 25; *Anc. Syn.*, Fig. 13, p. 54; Goodenough, *Jewish Symbols*, III, Fig. 462. 463; Avigad, *Antiquity and Survival*, II, 2-3, 1957, Fig. 3 gegenüber p. 248.

dass die Apsis aus der griechischen Basilika abzuleiten sei. „Sous sa forme la plus complète, la basilique du type grec est une salle profonde, à trois vaisseau … précédée d'une sorte de prostyle (le *chalcidicum*), et prolongée par une abside" [53]. Die in neuerer Zeit in Sardis entdeckte Synagoge ist aus einer dreischiffigen Basilika mit eingebauter Apsis entstanden (*BASOR*, 203, 1971, 12 ff., Fig. 10, p. 16, G. M. A. Hanfmann und Ruth S. Thomas; A. R. Seager, *The Building History of the Sardis Synagogue*, *AJA*, 76, 1972, 425-435, Fig. 1, p. 426, Fig. 2, p. 429; Hanfmann, *Letters from Sardis*, Harvard Un. Press, 1972, Fig. 96 und 201, p. 270: Bauphasen 1-4; Goodenough, *Jewish Symbols*, XII, 1965, Fig. 3, p. 192) [54]. Die erste Bauphase der Synagoge datiert aus 170-250 n. Chr. (?), Inschriften erwähnen eine Erneuerung 350-400 n. Chr. (Hanfmann, *Letters*, 1972, 271). Die Apsis der Synagoge behielt die eingebaute Lage der alten Basilika. Sie unterscheidet sich von der ausgebauten Apsis (Beth Alpha usw.) weiter dadurch, dass sie mit drei Reihen halbkreisförmiger Bänke ausgestattet ist, vielleicht Ehrensitze für die Ältesten der Gemeinde; es gibt Platz für 70 Mann (*AJA*, 76, 1972, 426, Seager). Der Toraschrein war hier also noch nicht in der Apsis aufgestellt; er stand wahrscheinlich an der Eingangswand neben dem Haupteingang (*ibid.*; auf beiden Seiten des Haupteingangs gibt es eine Nebentür). Nichts deutet darauf, dass die Synagoge eine Empore hatte (*id.*, 426); das Mittelschiff wird basilikal erhöht gewesen sein. Der mit Säulenhallen ausgestattete Vorhof wird zugleich für die Frauen bestimmt gewesen sein [55].

Die Apsis der Synagogen Palästinas unterscheidet sich von der Apsis der griechischen Basilika (und der Synagoge in Sardis), wie wir sahen, dadurch, dass sie ausgebaut war. Eine Ausnahme bildet u.a. die Apsis der Synagoge in Hammath bei Gedara [36]: hier liegt hinter der Rückmauer links und rechts der „ausgebauten"

---

[53] G. Leroux, *Les Origines de 'Éldifice Hypostyle*, 1913, 288.

[54] Krauss weist hin auf Josephus, *Antiq.* XIV, 10, 24 § 60 und meint: „In Sardis scheint die Stadt selbst den zum Synagogenbau nötigen Grund den Juden geschenkt zu haben" (*Synag. Alt.*, 1922, 315). Die Ausgrabungen lassen nun eher vermuten, dass die Juden die griech. Basilika gekauft und als Synagoge umgebaut haben.

[55] Die Gesamtlänge der Synagoge ist etwa 90 m, die Breite ca. 18 m. Es ist die grösste bis heute entdeckte Synagoge. Goodenough hält den Bau für „a sort of *souk* where men of various crafts worked and sold their goods" (*Jewish Symbols*, XII, 1965, 191). Griechische Inschriften zeugen aber dafür, dass der Bau eine Synagoge war (*id.*, p. 193). Einen reich illustrierten Aufsatz über diese Synagoge veröffentlichte A. Seeger, *The Synagogue of Sardis*, *Qadmoniot*, 7, 1974, 123-128 (hebr.).

[56] E. L. Sukenik. *The ancient Synagogue of El-Ḥammeh*, *JPOS*, XV, 1935, 101-180, Pl. VII, Plan; Goodenough, *Jewish Symbols*, III, Fig. 626; hier Abb. 338. — Breite des Mittelschiffs 7.80 m, der Seitenschiffe 3 m (Ost), 2.40 m (West). Säulen gibt es auch an der Seite gegenüber der Apsis. „Thus the nave is surrounded by narrow passageways on three sides, as in the synagogues of Capernaum, Chorasin and other places" (Sukenik, p. 122). Breite der Apsis 4.50 m, Tiefe 2.10 m. „The area containing the Ark was originally partitioned off by a screen" (*ibid.*, Fig. 17 18, p. 148-149, Pl. VIII a). Der Umgang (drei Seiten) macht die Annahme einer Empore (für die Frauen, p. 162) wohl wahrscheinlich. Siehe aber Goodenough, I, 1953, 239.

Apsis noch ein Raum, der offenbar von der Synagoge aus zu betreten gewesen ist (Abb. 338). Solche Räume finden sich auch links und rechts neben der Kultnische der genannten heidnischen Tempel, wo sie von der Cella aus zugänglich sind (BUTLER, l.c.). Einfluss der heidnischen Tempel könnte sich auch darin verraten, dass der Toraschrein in die Apsis gestellt wurde: dort prangte in der apsidenförmigen Kultnische das Götterbild. Wahrscheinlicher dürfte aber sein, dass sich hierin den

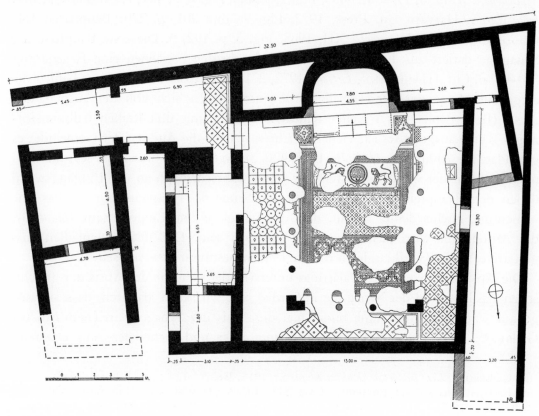

Abb. 338. Synagoge in Hammath bei Gedara.

Einfluss der altchristlichen Basilika verrät; der Toraschrein steht etwa an der Stelle des Altars. Dass die Synagoge vorangegangen sein sollte, dürfte doch aus chronologischen Gründe unwahrscheinlich sein. Die Bildung der Apsis als ein Ausbau lässt sich bei der Basilika gut erklären; ursprünglich war die Apsis (wie bei der griechischen Basilika) eingebaut und die Nebenräume (Prothesis und Diakonikon) dienten dazu, die Gaben der Gemeindeglieder zu deponieren und zum Aufenthalt der Diakonen sowie zur Aufbewahrung der Geräte und Gewänder (OSKAR WULFF, Altchr. und Byz. Kunst, I, 1918, 204). Als die Seitenschiffe bis an die Apsis verlängert wurden, verschwanden die Nebenräume und erhielt die Apsis die Form eines Ausbaus. Die nur aus Euseb's Beschreibung bekannte, von Kaiser Konstantin (323-337) in Jerusalem erbaute Basilika (östlich neben der Grabeskirche, Abb. 204) zeigte die ausgebaute Apsis [57].

Kurt Galling bezeichnet die Toranische (bzw. Apsis) als Allerheiligstes: die Nische (bzw. Apsis) markiert das Allerheiligste des unsichtbaren, in seinem Wort, in seiner Tora, gegenwärtigen Gottes (*ZDPV*, 72, 1956, 176/177). Der Toraschrein (nach den Abbildungen „a sort of double-doored chest with a gabled or rounded roof")[58] ist nach der Idee die Lade des Wüstenheiligtums und des salomonischen Tempels. Er wird in der talmudischen Literatur auch als ארון (Lade) bezeichnet und sowohl Sukenik als Krauss bezeichnen den Toraschrein stets als *Aron ha-Qodesch* (Heilige Lade). Der Vorhang in den jüngeren Synagogen [59] symbolisiert den Vorhang des Allerheiligsten des Jerusalemer Tempel.. Die Synagogen der älteren Periode zeigten in ihrem Grundriss keine Übereinstimmung mit der Anlage des Jerusalemer Tempels. Die der jüngeren Periode haben Vorhalle, Hauptraum und Allerheiligstes (Beth Alpha; Na'aran) — wie der Tempel zu Jerusalem.

Die Synagogen der jüngeren Periode unterscheiden sich auch durch ihren Archi-

---

[57] Das sogen. Martyrium. — L. H. Vincent-D. Balbi, *Il Santo Sepolchro di Gerusalemme*, 1949, Fig. 7, p. 29 (nach Vincent-Abel, *Jerusalem Nouvelle*, 1914; hier Abb. 204). Über die vor den Toraschrein gestellte Schranke sagt Avi-Yonah: „the synagogue took over from the Church the use of the Chancel screen, which has been found at Hamath Gader and in other places" (*Antiq. and Survival*, II, 2-3, 1957, 270; vgl. oben Anm. 56). Auch dies macht es u.E. wahrscheinlich, dass die Aufstellung des Toraschreins in der Apsis aus der christlichen Kirche abzuleiten sei. Unter dem Fussboden der Apsis in Beth Alpha findet sich „a small cavity" (100 × 80 cm und 80 cm tief), bedeckt mit flachen Steinen, in der 36 byzantin. Bronzemünzen gefunden sind (*Beth Alpha*, 13 und Fig. 15, p. 12). Sukenik hält es für wahrscheinlich, dass „this cavity served as the treasury of the synagoge" (*ibid.*). Es könnte sich u.E. auch hier um eine Entlehnung aus der christlichen Kirche handeln. In der 1929 entdeckten, aus dem 5. oder 6. Jahrh. datierenden Kirche in 'Ein Hanniye (SW. von Jerusalem) ist unter dem Altar eine rechteckige Höhle gehauen, in der ein marmorner Behälter gefunden wurde, in dem Knochen („presumably relics") lagen (*QDAP*, III, 1934, 116, D. C. Baramki). Die Kirchenbauten Konstantins und seiner Mutter in Jerusalem und Bethlehem (Grabeskirche, Geburtskirche und Himmelfahrtskirche) sind über „drei mystischen Grotten" errichtet worden (siehe George Kretzschmar, *ZDPV*, 87, 1971, 179 ff.). Epiphanius Monachus Hagiopolita erwähnt die Doppelhöhle unter dem Altartisch der Geburtskirche in Bethlehem (Herbert Donner, *ZDPV*, 87, 1971, 66 ff. gr. Text, 82 ff. Übers.). — Sowohl die Kirche in 'Ein Hanniya als die 1950 in Evron (5. Jahrh.) ausgegrabene (*Antiq. and Survival*, II, 2. 3, 1957, 269, Avi-Yonah) hatten eine eingebaute Apsis. Hatte man die Ähnlichkeit mit einer Synagoge vermeiden wollen? — Es ist freilich auch mit der Möglichkeit zu rechnen, dass die ausgebaute halbkreisförmige Apsis von Synagoge und Kirche selbständig der römischen Baukunst entlehnt ist. Das aus röm. Zeit datierende Bouleuterion in Askalon zeigt diese Bauform (*EncAEHL*, I, 1975, 121 ff. und Fig. p. 126, Plan).

[58] Sukenik, *Anc. Syn.*, 1934, 53; vgl. Goodenough, *Jewish Symbols*, IV, 1954, 99 ff.: The Torah Shrine. A: The Shrine in Antiquity.

[59] Bekannt aus Darstellungen des Schreins in Mosaikfussböden: Sukenik, *Beth Alpha*, 1932, 34 und Pl. VIII; *Anc. Syn.*, 1934, Fig. 8, p. 33; Goodenough, III, Fig. 631. Der Vorhang hat hier zwei Bahnen; im Mosaikfussboden von Hammath-Tiberias nur eine (*Qadmoniot*, I, 4, 1968, Farbbild gegenüber p. 121, M. Dothan).

tektur von denen der älteren Periode. Es fehlt ihnen die „almost baroque style of ornamentation" (MAY, *BA*, VII, 1, 1944, 5), welche den älteren Synagogen kennzeichnete und die so verschieden war vom „altorientalischen" Jerusalemer Tempelhaus. Die Ornamentierung der jüngeren Synagogen ist hauptsächlich oder ausschliesslich auf das Innere beschränkt (vgl. RUTH HESTRIN, in *BLRF*, III, 1960, 66). Wir halten es für möglich, dass die jüngeren Synagogen den Einfluss des Traktates Middot verraten: die Beschreibung des Jerusalemer Tempelhauses in Middot (hier Kap. XVIII) deutet auf einen schmucklosen Oberbau. Oder haben wir Einfluss des damaligen Kirchenbaus anzunehmen [60]?

Die Hauptzierde der jüngeren Synagogen war der Mosaikfussboden [61]. Ein Fragment des palästinischen Talmud (in Leningrad; veröffentlicht von J. N. EPSTEIN; im üblichen Text kommt der Satz nicht vor) lautet nach SUKENIK's Übersetzung: „In the days of R. Abun they began to depict designs on mosaics, and he did not hinder them" (*Ancient Synagogues*, 1934, 27-28; 1932 übersetzte SUKENIK den Schluss „and none protested", *Beth Alpha*, 53). R. ABUN, der in der 1. Hälfte des 4. Jahrhunderts n. Chr. lebte, meinte figürliche Darstellungen (*Anc. Syn.*, 28). SUKENIK hielt es für möglich, dass figürliches Mosaik erst in Wohnhäusern Anwendung gefunden hätte (*ibid.*). Er hielt es für „inconceivable that the synagogues should have been adorned with pictures before the contemporary religious leaders acquiesced in" (*Beth Alpha*, 1932, 53). GOODENOUGH hingegen meint, wenn R. ABUN der erste gewesen ist, der figürliches Mosaik in den Synagogen bewilligt hat, „such representations were made for at least a century without contemporary leaders having acquiescent" (*Jewish Symbols*, I, 1953, 239). Die Wahrscheinlichkeit spricht u.E.

---

[60] Über die altchr. Basilika sagt HEINRICH OTTO: „Die mächtige Wirkung der äusserlich meist ganz schmucklos gehaltenen altchristlichen Basiliken beruht lediglich in der Grossartigkeit der Gesamtanlage" (*Handb. der kirchlichen Kunst-Archäologie*, II, 1885, 13). — „Von der berühmten Zionkirche, dem sog. Hause des Kaiphas und der Basilika am Teiche Siloah zum Teil noch des 4. Jahrhunderts scheinen uns auf den Nebenseiten eines Sarkophags .... Idealansichten erhalten zu sein ..." (OSKAR WULF, *Altchristliche und Byzantinische Kunst*, I, 1918, 208 und Abb. 97. 98, S. 115). Die Bauten zeigen eine ganz einfache, nur durch Quadermauerwerk sprechende Aussenarchitektur. — M. AVI-YONAH denkt offenbar an Einfuss des Wohnbaus: „from the outside they could hardly be distinguished from the private dwellings surrounding them" (*IEJ*, 23, 1973, 45).

[61] M. AVI-YONAH († 1976), hervorragender Israeli-Gelehrter und Kenner der in Palästina entdeckten Mosaiken, hat viele Mosaikfussböden beschrieben. Wir können nur einige davon erwähnen: Mosaic Pavements in Palestine, *QDAP*, II, 1933, 144 f. Beth Alpha; 155 f. Ein Duk; 160 f. El Hammeh; *QDAP*, III, 1934, 73 Nr. 24: *The artists*; *QDAP*, X, 1944, 138 f.: Beth Alpha und Isfiya (stilkritisch); *BLRF*, III, 1960, 25-25: The Mosaic Pavement (Maon), Frontispice Farbbild, Fig. 13, p. 27 Zeichnung, Pl. III-VIII Fotos; *ErIs*, VI, 1960, 86-93 (hebr., 29* engl.): The Mosaic pavement of the Maon (Nirim) Synagogue Pl. XVII-XXII. — Viele Abb. gibt GOODENOUGH, *Jewish Symbols*, Vol. III, XI und XII. — Über griech. Mosaiken: MARTIN ROBERTSON, *JHS*, LXXXV, 1965, 72-89 und Pl. XVIII-XXII. — Über Mosaikfussböden in Antiochia: DORO LEVI, *Antioch Mosaic Pavements* (1947; Bespr. *Rev. Archéol.*, XXXIII, 1949, 145-150, G. CH. PICARD).

doch dafür, dass R. Abun, wie Goodenough meint, figürliches Mosaik in Synagogen im Auge hatte und dass dies demnach schon in der 1. Hälfte des 4. Jahrhunderts n. Chr. gebräuchlich war. Nach M. Avi-Yonah sind die ältesten Fussböden in Kirchen „practically aniconic, possibly as a reaction against the exuberant figure painting on Greco-Roman pavements" (*BLRF*, III, 1960, 34). Es könnte sich u.E. doch auch um eine Reaktion gegen das figürliche Mosaik in Synagogen handeln. Zu den ältesten Mosaiken mit Pflanz- und Tierfiguren in Kirchen gehören nach Avi-Yonah die in eṭ-Ṭabgha (Mitte 5. Jahrh.) und Bethlehem (*ibid.*). „From then onwards genre subjects, including representations of human beings, were regarded as permissable" (*ibid.*).

Die älteren Synagogen hatten, wie wir gesehen haben, in Stein gearbeitete Menschen- und Tierfiguren gezeigt. „Later, with the growth of the iconoclastic movement in Judaism, and the defacing in synagogues of all pictures of animals in relief, they would no longer put up such images; yet they continued to depict them on the mosaics with which they decorated their pavements" (Sukenik, *Beth Alpha*, 1932, 34). Die Mosaikfussböden der Synagogen in Naʿaran, Beth Alpha, Gerasa usw. zeigen zahlreiche Menschen- und Tierfiguren „including whole scenes from the Bible" (Avi-Yonah, *l.c.*, 35). Das Bilderverbot hatte man also auch damals noch nicht beachtet.

Sukenik hat das Mosaik der Synagoge in Beth Alpha eingehend beschrieben und in vorzüglichen Bilder veröffentlicht (*Beth Alpha*, 1932, 21 ff., Pl. VIII-XXV und Frontispice, viele Farbbilder; siehe auch *Anc. Syn.*, 1934, Fig. 8, Diagram of Main Mosaic-floor; Goodenough, *Jewish Symbols*, I, 242 ff. und III, Fig. 631-635. 638-641; hier Abb. 339 und 340). Wir können nur die Hauptmotive erwähnen. Im Paneel nahe der Plattform ist der von zwei Löwen flankierte Toraschrein mit Giebeldach dargestellt; die Türen (Flügeltüren) sind, wie meistens in den Darstellungen des Toraschreins, geschlossen. In dem Giebel ist eine Muschel, über der eine Lampe hängt. Links und rechts des Toraschreins steht ein siebenarmiger Leuchter. Von den rituellen Geräten sind weiter u.a. *šofar*, *lulab* und *ethrog* abgebildet, u.Z. zweifach dargestellt, was zu erklären ist „by the craftman's desire to secure symmetry and to fill in the blank surface" (*Beth Alpha*, 27). Der zweibahnige Vorhang — er hängt an Ringen — ist nach links und rechts verschoben (*Beth Alpha*, 22 f. und Pl. VIII-IX). Das Paneel in der Mitte des Feldes zeigt den Tierkreis im Zentrum mit einem bartlosen Mann mit Strahlenkranz, reitend in dem Sonnenwagen (Pl. X und Frontispice). Auf dem dritten Paneel (Nord) ist die Opferung Isaak's abgebildet (Pl. XIX).

Der ganz nach den Seiten des Paneels verschobene Vorhang könnte darauf deuten, dass in der Synagoge sowohl der Leuchter als der Toraschrein hinter dem Vorhang standen, wie Goodenough vermutet: „they too were ordinarily concealed"

Abb. 339. Synagoge in Beth Alpha. Fussbodenmosaik eingezeichnet. (E. L. Sukenik)

Abb. 340. Synagoge in Beth Alpha. Fussbodenmosaik des Hauptraums. (E. L. Sukenik)

(*Jewish Symbols*, I, 1953, 251). Im Hinblick auf die zwei „Löcher" an der Front der Plattform, gibt Sukenik dem Vorhang eine Breite von etwa 2 m; nur der Toraschrein steht hinter dem Vorhang (*Beth Alpha*, Fig. 47, p. 52). Es gibt aber eine technische Schwierigkeit: die „Löcher" sind an der Frontseite offen (gut zu sehen

Pl. XXVII). Nur Pfosten mit einem hervorspringenden breiten Fuss liessen sich in diesen „Löchern" solid aufstellen. Fig. 47, p. 52 wäre jedenfalls in diesem Sinne zu modifizieren. Ist das Allerheiligste in der Tat, wie SUKENIK annimmt, nur zum Teil verdeckt gewesen, könnte dies auf einer rabbinischen Vorschrift beruhen. Ganz verschlossen wäre das Allerheiligste der Synagoge wie eine Nachbildung des Allerheiligsten bzw. des Vorhangs des Jerusalemer Tempels gewesen und Nachbildung von Kultgeräten des Tempels war (und ist) bekanntlich verboten.

Das Bild des Tierkreises im Fussboden der Synagogen [62] war schon 1921 in der Synagoge von ʿAin Duk (Naʿaran) bekannt geworden [63]. 1929 wurde es in Beth Alpha entdeckt und 1933 kam es in der Synagoge beim Dorfe ʿEsfia ans Licht (*BLRF*, I, 1949, 14, SUKENIK). Die schon 1920 in Hammath-Tiberias entdeckte und von N. SCHLOUSCHZ untersuchte Synagoge [64] ist 1961-62 neu ausgegraben worden und hier ist die älteste bekannte Abbildung des Tierkreises in einer Synagoge Palästinas gefunden worden [65]. Meinungsverschiedenheiten bestehen über die Symbolik des Hauptmotivs, des bartlosen Mannes in dem Sonnenwagen [66]. SUKENIK sieht hierin „a symbolic picture of the Sun riding a chariot drawn by four galloping horses" (p. 35). Das Motiv „is based on the traditional pictures of Helios in Greek art" (*ibid.*) [67]. GOODENOUGH, der wie wir gesehen haben, einen Konflikt zwischen dem rabbinischen und dem „populären" jüdischen Glauben annimmt, meint, es ist hier der Götterwagen des hellenisierten Judentums symbolisch dargestellt [68]. LIFSHITZ nennt diese Ansicht absurd und er meint, wie SUKENIK, es ist „tout simplement le soleil ... c'est donc l'astre central du monde ..." (*JSJ*, IV, 1973, p. 48). „C'est absolument inadmissible d'imaginer la représentation du dieu du soleil sur le pavement d'une synagogue ..." (*ibid.*). Die spätere Reaktion gegen figürliches Mosaik macht es u.E. doch wohl möglich, dass es auch Gläubige gegeben hatte, welche die zentrale Figur für den Sonnengott gehalten haben [69].

[62] In der Zeit des dritten Tempels hatte es nie eine Darstellung des Tierkreises gegeben, wie aus Josephus' Beschreibung des Vorhanges hervorgeht (*Bell. Jud.* V, 5, 4 § 214 πλὴν ζῳδίω).
[63] SUKENIK, *Beth Alpha*, 1932, Fig. 49, p. 54, „after a sketch by Père Vincent"; *BLRF*, I, 1949, Pl. I-II; GOODENOUGH, III, Fig. 644.
[64] *Qobets. Publ. de l'Association Juive des Recherches Archèologiques de la Palestine*, 1921, 5-39; II, 1922-1924, 49-52 (hebr.).
[65] M. DOTHAN, *The Synagogue at Hammath-Tiberias. Qadmoniot*, I, 1968, 116-123 (hebr.); B. LIFSHITZ, *L'ancienne Synagogue de Tiberiade, sa mosaïque et ses inscriptions, JSJ*, IV, 1973, 43-55.
[66] SUKENIK, *Beth Alpha*, 1932, 35 ff. und Frontispice; *BLRF*, I, 1949, Pl. II, Foto, R. P. SAVIGNAC.
[67] Siehe A. BAUMEISTER, *Denkmäler des klassischen Altertums*, I, 1885, 639-641, Art. *Helios*, und Abb. 710. 711, S. 639. 640.
[68] *Jewish Symbols*, I, 249 f., VIII, 215.
[69] In der Synagoge von Hammath-Tiberias gibt es nur griechische Inschriften, mit Ausnahme „des légendes des signes du zodiaque, des mois et des saisons et de la formule *shalom* ... " (LIFSHITZ, *JSJ*, IV, 1973, 54). Siehe z.B. *BLRF*, III, 1960, Pl. IX, 4: Dedicatory inscription by Theodoros, on column. Die gr. Sprache war auch „au moins partiellement la langue des prières et du culte" (LIF-

M. AVI-YONAH betont, dass der jüdische Mosaikstil eine Entwicklung gezeigt hat, welche der Gegensatz war zu der des christlichen Mosaikstils. In der christlichen Kunst werden die figürlichen Motive und die Genrebilder aus der Bibel in den folgenden Jahrhunderten reicher und zahlreicher. In den Synagogen verschwinden später die figürlichen Motive ganz (*BLRF*, III, 1960, 34-35). Das 6. Jahrhundert „may be taken as the terminus a quo for the reaction against this genre of art" (SUKENIK, *Ancient Synagogues*, 1934, 65). Die figürlichen Motive im Fussbodenmosaik der Synagoge in ʿAin Duk (Naʿaran) sind von jüdischen Ikonoklasten (am Ende der byzantinischen Periode) beschädigt worden (*BLRF*, I, 1949, 9 f., SUKENIK; *Beth Alpha*, 1932, 54/55; in Naʿaran war u.a. Daniel in der Löwengrube abgebildet). Das Mosaik der Synagoge in Maʿon zeigt keine Menschenfiguren, wohl solche verschiedener Tiere [70]. Die späteren Mosaiken, u.a. Jericho, zeigen ausschliesslich geometrische Motive, „only the symbolic Ark of the Law and candlestick remaining as recognizable objects" (AVI-YONAH, *l.c.*, 34-35; GOODENOUGH, III, Fig. 657. 659, Jericho; 655, Plan der Synagoge). Das Mosaik der Synagoge von Aegina zeigt ebenfalls ausschliesslich geometrische Motive (SUKENIK, *Ancient Synagogues*, 1934, 44 f. und Pl. XI; *BLRF*, I, 1949, Fig. 6, p. 20; GOODENOUGH, III, Fig. 881) [71]. Geometrische Motive „jüdischen" Stils wären auch in der Dekoration des Jerusalemer Tempelhauses wohl nicht verpönt gewesen.

SHITZ, *ibid.*). Siehe hierüber J. JUSTER, *Les Juifs dans l'empire romain*, I, 1914, 369 ss.: Novelle 146 de Justinien, aus 553.

[70] Schönes Farbbild *BLRF*, III, 1960, Frontispice, Schwarzweissbilder Pl. III-VIII, Zeichnung Fig. 13, p. 27. — Die Synagoge ist 1957 nahe der des alten Maon (Nirim) entdeckt worden (S. LEVY, *The Ancient Synagogue at Maon* (Nirim). A Prel. Rep., *ErIs*, VI, 1960, 77-82 (hebr., 29* engl.). Es sind zwei sehr verschiedene Rekonstr. des Grundrisses vorgeschlagen worden, siehe *BLRF*, III, 1960, 19 f., Fig. 10. 11, p. 20-21 (einschiffig), A. S. HIRAM; p. 22-24, Fig. p. 23 (dreischiffig), I. DUNAYEVSKY; Fig. 2, p. 8, Grabungsbefund. Eine dreischiffige Anlage dürfte wohl die meiste Wahrscheinlichkeit für sich haben.

[71] Im Fussbodenmosaik der um 1950 entdeckten Synagoge bei Gaza sind aber verschiedene Tiere (Elefanten, Tiger, Giraffen) dargestellt, „exactly in the manner of a church pavement found forty years ago in the same vicinity" (AVI-YONAH, in *Art and Surv.*, II, 2-3, 1957, 271). Siehe A. OVADIA, *The Synagogue at Gaza*, *Qadmoniot*, I, 4, 1968, 124-127 (hebr.) und Fig. p. 125-126. Die Kontakte zwischen Juden und Christen auf dem Gebiet der Kunst sind grösser gewesen als gemeinhin angenommen wird (AVI-YONAH, *ibid.*). Vgl. GEORG KRETSCHMAR, *Ein Beitrag zur Frage nach dem Verhältnis zwischen jüdischer und christlicher Kunst in der Antike*, in: *Abraham unser Vater, Festschrift für Otto Michel zum 60. Geburtstag*, 295-319: „Stärker als früher geschehen ist, wird man wohl damit rechnen müssen, dass auch im frühen Kirchenbau synagogales Erbe fortleben konnte" (S. 297). KOHL-WATZINGER hatten es schon wahrscheinlich gemacht, dass die Emporen der christlichen Basilika aus der Synagoge abzuleiten sind (*Antike Synagogen in Galilaea*, 1916, 220 f., 221 Anm. 5). „Erst von Palästina aus oder auf dem Wege über Byzanz scheinen dann die Emporen sich weiter nach Kleinasien und bis in den Westen verbreitet zu haben (S. 221). — Dass die Synagoge auch den Einfluss der christlichen Basilika erfahren hatte, unterliegt wohl nicht dem Zweifel (ausgebaute halbkreisförmige Apsis, Aufstellung des Toraschreins in der Apsis, Übernahme der Chorschranken und dann auch das Mosaik der Synagoge bei Gaza).

Es dürfte u.E. mehr als wahrscheinlich sein, dass die Dreiteilung des Grundrisses der jüngeren Synagogen: Vorhalle, Heiliges und Allerheiligstes (bekannt u.a. aus Beth Alpha und Na'aran) auf die Dreiteilung des Jerusalemer Tempelhauses zurückzuführen ist [72]. Aussen hatten die jüngeren Synagogen den hellenistisch-römischen Stil abgelegt [73]. Wie im Exil durch den Anblick der zahlreichen babylonischen Tempel, so wird später durch den Anblick der von Konstantin und Helena errichteten Kirchen (Grabeskirche mit Martyrium; Geburtskirche in Bethlehem; Himmelfahrtskirche auf dem Ölberg, EUSEB. *Vita Constantini*, III, 25-47, 51-53) [74] das Verlangen der Juden nach Wiederaufbau des zerstörten Jerusalemer Tempels, des Heiligtums der jüdischen Nation, vertieft worden sein.

[72] Die 1974 in Rehov ausgegrabene, NS. orientierte Synagoge (5.-7. Jahrh.) erhielt erst in der dritten Bauphase eine Vorhalle (narthex) (*'Atiqot, Hebr. Series* 7, 1974, 100-104 (hebr.), 17*-18* engl.; Fig. 2; Pl. XXXIII, FANNY VITTO). Es könnte sich auch hier um Einfluss der Christlichen Basilika handeln.

[73] In Palästina begann im 3. Jahrh. der hellenistische Einfluss „at last to recide"; im 4. und 5. Jahrh. „its gradual retreat became a rout" (AVI-YONAH, *Oriental Elements in the Art of Palestine in the Roman and Byzantine Periods*, *QDAP*, X, 1944, 105-151, p. 107; siehe auch XIII, 1948, 128-165; XIV, 1950, 49-80; viele Bilder.

[74] Siehe SUZANNE SPAIN ALEXANDER, *Studies in Constantinian Church Architecture*, *Rivista di Archeologia Christiana*, XLVII, 1971, 281-330, 281, 305, 307, 310 f.).

XVI. KAPITEL

HEILIGTUM DER JÜDISCHEN NATION

1. *Partikularismus*, *Universalismus* und *Nationalismus*. Im ersten Bande unseres Werkes war es nötig die Frage zu erörtern, ob der Tempel Salomos als Palastkapelle zu betrachten sei, wie von der Mehrzahl der Forscher angenommen wird, oder ob ihm die Funktion eines Reichstempels zuzuerkennen sei [1]. Wir glauben es wahrscheinlich gemacht zu haben, dass schon der erste Tempel mehr als eine Palastkapelle gewesen ist, wie dies auch von L. H. VINCENT angenommen worden war. Die Funktion des von Serubbabel wiederaufgebauten, dann später von Herodes in grossartiger Form erneuerten Jerusalemer Tempels ist weit über die Funktion eines Reichsheiligtums hinausgegangen: er wurde das Heiligtum eines über die damalige Welt verbreiteten jüdischen Volkes. Darüber wird Abschnitt 2: *Weltjudentum* und Abschnitt 3: *Heiligtum der Nation* zu sprechen sein.

Grundlage des jüdischen Partikularismus ist die Religion. „C'est la religion qui donne à la nation son existence et qui la conserve" [2]. Grundsatz der jüdischen Religion ist bekanntlich der Monotheismus, wodurch sie sich von den Religionen der Heidenvölker unterscheidet. Jahwe, der Gott Israels, hat mit seinem Volk ein Bündniss geschlossen und es gibt ein auf den Gott selbst zurückgeführtes, durch den angeblichen Stifter der jüdischen Religion, Mose, bekannt gemachtes Gesetz (Tora). Wohnstätte des jüdischen Gottes und einzige Stätte, wo ihm Opfer dargebracht werden dürfen, ist der Tempel zu Jerusalem. Zum Wesen der jüdischen Religion als ein Bündniss zwischen dem Gott und seinem Volk [3] gehört im Grunde die nationale und religiöse Isolierung, die Abschliessung von der Welt der Heiden. Davon ist in der ersten Hälfte des 5. Jahrhunderts v. Chr. der Prophet Maleachi ein Hauptzeuge. „Treubruch hat Juda begangen, und Greuel sind in Israel und zu Jerusalem verübt worden; denn Juda hat, was Jahwe heilig war, entweiht, indem

---

[1] Bd. I, 1970, 642 ff.: C-Reichstempel.

[2] J. BONSIRVEN, *Judaïsme Palestinienne au temps de Jésus-Christ, Dict. de la Bible*. Suppl. XXII-XXIII, 1948-1949, 1143-1285, Col. 1181.

[3] Siehe aber WALTHER EICHRODT, *Darf man heute noch von einem Gottesbund mit Israel reden?* (ThZ, 30, 1974, 193-206). Die Übers. des Wortes *bĕrît* durch Bund ist ein Irrtum „hinter dem ursprünglich eine ganz andere Grösse verborgen war". Die Übers. „Bund" sei Notbehelf, was aus Untersuchungen von E. KUTSCH, so EICHRODT, folgt.

es Töchter eines fremden Gottes liebgewonnen und gefreit hat" (Mal. 2, 11) [4].
Nicht anders ist es bei Nehemia (10, 31; 13, 1. 25) und Esra (10, 3). Bei Esra und
Nehemia geht es um die Reinheit des Blutes um der Religion willen [5]. Weder Nehemia noch Esra hatten die politische Selbständigkeit Judäa's im Auge; keiner hatte
das persische Joch abschütteln wollen. Esra „did point the way to the only safe
policy for the salvation of Judaism—abandonment of nationalistic hopes, reconcilia-
tion to the political rule of foreigners, loyalty to the powers that be, and full acceptance of the unique position of the Jews as the guardian of God's moral law"
(A. T. OLMSTEAD, *History of the Persian Empire*, 1948, 307). Betreffs der Reinheit des
Blutes meint KITTEL, dass man Blutmischung längst gutgeheissen hätte; „man
lebte in der Fiktion, durch Beschneidung und Ritus werde fremdes Geblüt jüdisch"
(*l.c.*). So sagt auch ED. MEYER: „Das Judenthum ist von Anfang an auf die Propaganda angelegt: seine Thore sind dem Heiden weit geöffnet. Haben doch schon die
Propheten es ausgesprochen, dass alle Völker an dem Heil Antheil haben sollen, das
Jahve der einst dem neuen Israel gewähren wird" (*Die Entstehung des Judenthums*,
1896, 120). Dass Esra 10, 3 nur von fremden Frauen und ihren Kinder redet, welche
ausgestossen werden sollen, und nicht von fremden Männer, erklärt sich nach
A. APTOWITZER daraus, dass Kinder von fremden Männern und jüdischen Frauen
Juden waren [6]. Auch Nehemia, sagt APTOWITZER, sieht das Hauptübel in den
fremden Frauen (*l.c.*, 270; vgl. Neh., 13, 28). Nehemia 10, 31 heisst es aber, dass
man weder die jüdischen Töchter den heidnischen Bewohnern des Landes, noch
ihre Töchter an „unsere Söhne" verheiraten wollte. Kinder von jüdischen Frauen
und heidnischen Männern sind von Nehemia wohl nicht für jüdisch gehalten worden. Von Propaganda für die jüdische Religion findet sich bei Nehemia keine Spur;
es geht ihm um die Reinhaltung des Gottesvolkes [7]. Daraus folgt, dass es damals

---

[4] Maleachi lebte vermutlich in der Periode vor Neh.-Esra (G. W. AHLSTRÖM, *Joel and the Temple
Cult of Jerusalem*, VT, *Suppl.* XXI, 1971, 27).

[5] R. KITTEL, *Gesch. des jüd. Volkes*, III, 2, 1929, 599. — K. KOCH betont aber, dass Esra die
Heiraten zwischen Juden und samaritanischen Frauen nicht zerbrochen hat, „because in his time
they are not yet Samaritans but in his view only members of the northern tribes of Israel" (*Ezra and
the Origins of Judaism*, JSS, XIX, 1974, 173-197, p. 194). Vgl. oben Kap. X, Anm. 103.

[6] *Spuren des Matriarchats im juedischen Schrifttum*, HUCA, IV, 1927, 207-240; V, 1928, 261-297,
p. 269.

[7] Siehe aber oben Kap. XI, Anm. 40 die Meinung PAVLOUSKY's: Nehemia sei erst unter Esra's
Einfluss zu Massnahmen gegen die Mischehen gekommen. — Über Nehemia's Arbeit als Reformator
der Gemeinde, siehe AAGE BENTZEN, *Priesterschaft und Laien in der jüdischen Gemeinde des fünften Jahrhunderts*, AfO, VI, 1930-1931, 280-286. Nehemia's Bemühungen scheinen keinen dauernden Erfolg
gehabt zu haben (S. 284); vgl. WILHELM TH. IN DER SMITTEN, *Nehemias Parteigänger*, BiOr, XXIX,
1972, 155-157. — Über die Ursachen des Makkabäer-Aufstandes sagt HEINZ KREISSIG, dass die
soziale Lage der Bevölkerung schon lange vor dem Beginn der Religionsverfolgung zu einem Aufstand geführt hatte. „Nehemia erkannte offenbar die Gefahr, die dem Land durch diesen Aufruhr

auch eine Strömung gegeben haben muss, welche den von Nehemia und Esra vertretenen Partikularismus (wofür nach SNAITH Deut.-Jesaja „is actually responsible", bei P. A. H. DE BOER, *Second-Isaiah's Message*, OTS, XI, 1956, 100) ablehnte. ABRAHAM SCHALIT nennt die Auffassung vom Wesen der jüdischen Religion dieser Gruppe „weitherzig und der Vermischung mit den eingesessenen Völkerschaften günstig" (*König Herodes*, 1969, 490). Bei Esra und Nehemia geht es um Israel, nicht um die Völker, sagt SCHALIT (*o.c.*, 503). Gerade aber dadurch haben Esra und Nehemia das Judentum vor dem Untergang behütet [8]. Ohne die Arbeit Nehemia's und Esra's hätte das Judentum dem Ansturm des Hellenismus auf die jüdische Religion nicht wiederstehen können. SCHALIT rühmt den Verfasser des Buches Jona: „das Herz des Dichters der gemütvollen Geschichte schlug für die Menschheit" (*o.c.*, 503). Der Dichter gibt sich also weltweit, Nehemia und Esra partikularistisch. Es ist aber nicht so, dass das Herz des partikularistisch eingestellten nicht ebenfalls für die Menschheit schlagen könnte. Wir brauchen nur an Jesus Sirach zu erinnern. Seine jüdisch-partikularistische Einstellung scheint „von einer anderen, weltweiten und grossherzigen Gesinnung begleitet gewesen zu sein ..." (SCHALIT, *o.c.*, 505). Er verherrlichte unter den Grossen Israels Nehemia, „der unsere Ruinen [wieder] aufrichtete und unsere Trümmerstätten wiederherstellte und Tore samt Riegeln einsetzte" (49, 13; RIJSSEL, in KAUTZSCH, *Die Apokryphen*, I, 467) [9]. Er stand also auf der Seite der partikularistischen Einstellung Nehemia's. Diese Einstellung, aus der der jüdische Nationalismus hervorgegangen ist, ist im Altertum und Mittelalter lebendig geblieben. GUSTAV HÖLSCHER meint: „Nach Nehemia hat das Judentum den rigorosen Standpunkt bald verlassen und eine Weitherzigkeit greift Platz, wie sie in den Schriften von Rut und Jona vertreten wird" (*Palästina in der persischen und hellenistischen Zeit*, 1902, 37). Im Buch Tobit, vermutlich von einem ägyptischen Juden kurz vor dem Auftreten der Makkabäer geschrieben [10], heisst es aber: „und vor allem: nimm ein Weib aus dem Geschlechte deines Vaters. Nimm kein fremdes Weib, welches nicht aus dem Stamme deines Vaters ist; denn wir sind Nachkommen

---

drohte, und setzte mit Hilfe seiner Schutztruppen eine Schuldenstreichung und die Rückgabe der erpressten Ländereien durch" (*Klio*, 58, 1976, 249 f., 251).

[8] OLMSTEAD hat die Heirat mit Nicht-Juden wohl zu Recht „through all centuries the most dangerous threat to Judaism" genannt (*History of the Persian Empire*, 1948, 307). — Wenn J. BONSIRVEN sagt: „Die Religion Israels behauptet sich als die R e l i g i o n e i n e r R a s s e" (*Das Judentum Palästinas zur Zeit Christi*, in *Christus und die Religionen der Erde*, III, 1951, 525-546, S. 532), können wir ihm nicht folgen. Dem widerspricht der jüdische Universalismus. Wenn BONSIRVEN sagt: „Hat nicht dieser N a t i o n a l s t o l z Israel gehindert, sein letztes und höchstes Ziel zu verwirklichen, nämlich die Religion aller Völker zu werden?" (S. 531) scheint uns dies eine Ehrerbietung an die jüdische Religion.

[9] In der Übers. durch HELMUT LAMPARTER heisst es: „und Nehemia—sein Gedächtnis ist viel Ruhmes wert — der uns die gefallenen Mauern wieder aufrichtete und Tore und Riegel daran befestigte und unsre Wohngebäude wiederherstellte" (*Die Apokryphen*, I, 1972, 207).

von Propheten: Noah, Abraham, Isaak und Jakob" (4, 12). Ähnlich heisst es in der apokryphen Schrift *Die Testamente der 12 Patriarchen*, Levi, 9: nimm „nicht [ein Weib] von einem Geschlecht von Ausländern oder von Heiden" (KAUTZSCH, II, 468; F. SCHNAPP). Nach W. O. E. OESTERLEY wird XXII, 16 (offenbar ein anderes MS) befohlen sich von den Völkern zu trennen, nicht mit ihnen zu essen usw. OESTERLEY sagt dann: „The prohibition even to associate with Gentiles is evidence of a bitter spirit of exclusiveness" [11]. Ähnliches ist übrigens auch bei Christen noch im 20. Jahrhundert nicht unbekannt gewesen. Im Judentum hat es neben dem Partikularismus immer eine universalistische Strömung gegeben. „Particularisme et universalisme: le judaïsme n'a cessé d'osciller entre ces deux pôles tout au long de son histoire" (MARCEL SIMON, *Verus Israel*, 1964, 85).

Der von Esra/Nehemia auf die Religion gegründete rassische Nationalismus ist etwa zwei Jahrhunderte später, als Antiochus IV. Epiphanes beabsichtigte, die auf das Gesetz (Tora) gegründete jüdische Religion auszurotten und den Jerusalemer Tempel entweiht hatte, zum politischen Nationalismus der Makkabäer/Hasmonäer umgeformt worden. Es ging anfangs nur um die Religionsfreiheit. „To abandon the Torah was for post-exilic Judaism to break the covenant" (W. R. FARMER, *Maccabees, Zealots and Josephus*, 1956, 49). Streit um die Macht im Königshaus der Seleukiden und die moralische Hilfe Roms (die Schwächung des Seleukidenreiches konnte Rom nur willkommen sein) erleichterte dann, wie wir Kap. XI gesehen haben, die Gründung des unabhängigen Hasmonäerstaates. Der Staat der Hasmonäer war aber „far from being a restoration of the ancient Jewish State. In the hand of the later Hasmonaeans it became an adaptation of the Seleucid State to the life and religion of the Jews" [12]. Für Hohepriester wie Hyrkan und Alexander Jannäus (dieser hatte den Königstitel angenommen) [13] standen nicht die religiösen Interessen, sondern die politischen im Vordergrund. Die Hasmonäer haben ihren Staat nach dem Herzen einer nationalistischen Partei bis über den Umfang des salomonischen Reiches ausgebreitet. Galiläa ist erst in der Periode der Hasmonäer ein jüdisches Land geworden (SCHÜRER, *Gesch. des jüd. Volkes*, II⁴, 1907, 158). Anhänger bzw. Vertreter der nationalistischen Partei waren die Sadduzäer; sie beherrschten den Tempel. Die Sadduzäer sahen ihr Ideal in Alexander Jannäus „who, by his military

---

[10] M. LÖHR, in KAUTZSCH, *Die Apokryphen*, I, 136.

[11] *The Jews and Judaism during the Greek Period. The Background of Christianity*, 1941, 117.

[12] M. ROSTOVTZEFF, *The Social and Economic History of the Hellenistic World*, II, 1941, 852.

[13] Nach Josephus (*Antiq.* XIII, 11, 1 § 301) hätte schon Aristobul I. den Königstitel angenommen. TH. REINACH sagt dazu: „Il faut cependant noter qu'il n'y a pas trace de titre royal sur les monnaies d'Aristobul" (*Textes d'auteurs Grecs et Romains relatifs au Judaïsme*, 1895, 103, c. 1). Nach Strabo hatte Alexander Jannäus als erster den Königstitel angenommen (XVI, 40; *id.*, p. 103). Vgl. oben Kap. XI, Anm. 135. — Von Alexander Jannäus gibt es zahlreiche Münzen mit dem Königstitel; siehe aber WOLF WIRGIN, *On the Nature of some hasmonaean coin finds*, *PEQ*, 105, 1973, 141-149.

genius, had placed the Judaean state on a firm foundation. They approved his policy of conquest to add more territory to Judaea for they were strongly nationalistic" (S. ZEITLIN, *The Pharisees*, *JQR*, 52, 1961, 97-129, p. 125).

Ganz anders über die staatliche Freiheit und die Eroberungspolitik der Hasmonäer urteilten die Ḥasidäer und die wahrscheinlich aus ihnen hervorgegangenen Pharisäer[14]. In dem Streit um die Religionsfreiheit hatten die Ḥasidäer auf der Seite der Makkabäer gestanden. Als der Streit zu einem Krieg um die staatliche Selbständigkeit wurde, hatten sie sich den Makkabäern entfremdet[18]. E. L. DIETRICH meint: „Dadurch, scheint es, wurden die Sadduzäer zum Anschluss an die Dynastie getrieben". (*Hb. d. Orientalistik*, I. Abt., VIII. Bd., 2. Abschnitt, 1961, 331). Auch den Pharisäern war staatliche Freiheit nicht das Wichtigste. Ihre Weltanschauung war die alte national-theokratische, nicht die aus dem Makkabäerkriege entstandene national-politische. „They were interested in personal conduct more than in the government of the state" (CECIL ROTH, *The Pharisees in the Jewish revolution of 66-73*, *JJS*, VII, 1962, 63-80, p. 63). Man hat die Pharisäer „the exponent par excellence of Particularism ..." genannt (OESTERLEY, *The Jews and Judaism during the Greek period*, 1941, 119). Von einem rassischen Nationalismus wie in der Zeit Esra-Nehemia's kann aber nicht die Rede sein, denn die Pharisäer machten so gut wie die Sadduzäer Proselyten (siehe weiter unten). Erst im Zeitalter des Talmud sind die Pharisäer die Exponenten des Partikularismus geworden[16]. Wie wir gesehen haben, war staatliche Freiheit auch für Esra nicht das Wichtigste. Die Pharisäer hielten die Zeit der Seleukidenherrschaft für viel weniger gefahrvoll als die der staatlichen Freiheit

[14] Siehe W. CASPARI, *Die Pharisäer bis an die Schwelle des Neuen Testaments*, 1909, 6, 1. Die Asidäer als Vorstufe der Pharisäer unter den ersten Makkabäern; L. FINKELSTEIN, *The Pharisees*, I, 1962, 73 ff.: The Origin of the Pharisees; A. MICHEL-J. LE MOYNE, *Dict. de la Bible*. Suppl. 40, 1965, 1022 ss., Art. *Pharisiens*, sie erscheinen zuerst unter Jannäus (Col. 1027). Nach SCHALIT sind die Ḥasidäer im Grunde pharisäische Extremisten (*König Herodes*, 1969, 552). W. TH. IN DER SMITTEN meint, die Pharisäer haben schon unter Hyrkan I. eine Opposition betrieben (*Zur Königsideologie während des Hellenismus*, BiOr, XXX, 1973, 10-13, S. 12). — HUGO (Haim Dov) MANTEL führt die Kontroverse zwischen Sadd. und Pharisäern zurück auf die Kontroverse „between the Zadokite high priests and the Sons of the Golah, both strongly coherent groups, in the first part of the Persian era" (*The Dichotomy of Judaism during the second Temple*, HUCA, XLIV, 1973, 55-87, p. 57). „The dispute of the community of the Golah and the high priest did not end with the Persian era. The names of the disputants changed, but the dispute continued in the Hellenistic, the Hasmonean and the Roman periods, till the destruction of the Second Temple" (p. 84).

[15] „Der durch die Hasmonäer und ihren Anhang herbeigeführte materialistische Umschwung im Leben des jüdischen Volkes entfremdete ihnen ihre assidäischen Bundgenossen und drängte sie zum Widerstand. Sie fanden sich in einer Front mit den Pharisäern, die ebenso wie sie über die Hasmonäer dachten und gleich ihnen zum Kampf entschlossen waren" (SCHALIT, *o.c.*, 531).

[16] Damals entstand der Partikularismus aus Abwehr gegen das sich verbreitende Christentum. — Im 4. Jahrh. enstand das Mönchstum, „das sich völlig der Erfüllung der religiösen Aufgaben widmete"; es galt der Verbreitung des Christentums unter den Nicht-Christen (M. AVI-YONAH, *Gesch. der Juden im Zeitalter des Talmud*, 1962, 211).

unter den Hasmonäern (SCHALIT, *König Herodes*, 1969, 539). Als Pompeius in Damaskus war, erschien dort neben den Thronkandidaten Aristobul und Hyrkan auch eine Gesandtschaft des Volkes, die um Abschaffung der Königswürde bat und um eine Regierung durch Priester nach dem väterlichen Gesetz (*Antiq.*, XIV, 3, 2 § 41). Als nach Herodes' Tode Archelaos und Antipas in Rom vor Augustus ihre Ansprüche auf den Thron verteidigten, kam auch eine Gesandtschaft von 50 Juden, welche für die Abschaffung der Königsherrschaft eintraten (*Antiq.*, XVII, 11, 2 §§ 304-314). J. WELLHAUSEN meinte daraus schliessen zu dürfen, dass die Abgesandten damit die Fremdherrschaft herbei wünschten [17]. Da dies von Diod. 40:2 nicht berichtet wird, darf man, sagt BAMMEL, wohl eher an den Versuch der Übernahme der politischen Herrschaft durch den ἔθνος denken. (*l.c.*; vgl. GEDALYAH ALLON, *The Attitude of the Pharisees to Roman Government and the House of Herod, SH*, VII, 1961, 53-78, p. 63). Nach der Ansicht der Pharisäer hatte Israels Erlösung „nur eine Quelle: Gott, der durch seinen Beauftragten, den Messias aus dem Hause Davids, das Heil zu bringen bestimmt ist" [18]. Die den Kreisen der pharisäischen Partei entstammenden Psalmen Salomos begrüssen „den Untergang der hasmonäischen Herrschaft als ein gerechtes Gottesgerichtes" [19].

Zu Esra's Partikularismus gehörte die hohe Bedeutung des Gesetzes [20], zum Partikularismus Nehemia's überdies die hohe Bedeutung des Jerusalemer Tempels und des Tempelkultus (vgl. Neh. 10, 32: Tempelsteuer). Schon für den Verfasser des Buches Henoch (2. Jahrh. v. Chr.) hatte der Gott Israels offenbar keine irdische Wohnstätte. „Il paraît par conséquent bien avéré qu'au IIe et au Ier siècle av. J.-C., il y avait une tendence à perdre ce contact avec Dieu dans son temple, si cher aux anciens Israélites" [21]. Für die Pharisäer war der Tempel später von sekundärer Bedeutung. Der Gottesdienst der Pharisäer war schon der des Buches (MARCEL SIMON, *Verus Israel*, 1964, 29). Sie sind nichtsdestoweniger dem Tempeldienst treu geblieben [22] und bei der Belagerung des Tempels 70 n. Chr. durch Titus haben sie

---

[17] *Pharisäer und Sadduzäer*, 1874, 100, bei E. BAMMEL, *Die Neuordnung des Pompeius und das römisch-jüdische Bündnis, ZDPV*, 75, 1959, 76-82, S. 78, Anm. 12.

[18] SCHALIT, *König Herodes*, 1969, 553.

[19] R. KITTEL, in KAUTZSCH, *Die Apokryphen*, II, 128. E. RENAN hatte es vorsichtiger gesagt: Der Verfasser dieser Psalmen „n'aime pas les Asmonéens et semble regarder le sacerdoce asmonéen comme indigne et illégitime" (*Histoire du peuple d'Israel*, V, 218).

[20] Nach rabb. Tradition war Esra der Erhalter der Tora, wie Moses der Gründer; siehe aber oben Kap. XI, Anm. 39 über K. Koch's Ansicht betreffs Esra's Absicht. — Siehe auch HUGO MANTEL in *HUCA*, XLIV, 1973, 58 ff. „His function was confined to teaching and guiding the people" (p. 63). Die Frage, welches Gesetz Esra vorgelesen habe (Neh. 8, 2 ff.) „ist noch nicht entschieden; wahrscheinlich war es der Pentateuch, bis auf eine Reihe späterer Ergänzungen" (*BhHwb*, I, 1962, 440, A. JEPSEN).

[21] M. J. LAGRANGE, *Le Judaïsme avant Jésus-Christ*[3], 1931, 448.

[22] Vgl. A. MICHEL-J. LE MOYNE, *Pharisiens, Dict. de la Bible, Suppl.* 40, 1965, 1058.

sicher auf der Seite der Aufständischen gestanden[23]. Dies hätte aber dem Jerusalemer Tempel noch nicht das hohe Ansehen geben können, welches die Juden dem Tempel immer zuerkannt haben. Das hohe Ansehen lässt sich auch darauf zurückführen, dass der Tempel, sowohl in der Periode der Makkabäer als in der Zeit des grossen Krieges gegen Rom, von zentraler Bedeutung für die nationale Erhebung gewesen ist (vgl. W. R. FARMER, *Maccabees, Zealots and Josephus*, 1956, 86). Das Ḥanukkah-Fest zur Erinnerung an die Neuweihe des Tempels 164 v. Chr. hat man „a man-made innovation with no justification in the Bible" genannt (F. E. PETERS, *The Harvest of Hellenism*, 1970, 270; JULIAN MORGENSTERN meint freilich „it must have had antecedents as a Jewish folk-festival …", *The Chanukka Festival and the Calender of ancient Israel*, *HUCA*, XX, 1947, 1-136, p. 8 f.). Dass Judas Makkabäus im Religionskrieg gegen die Seleukiden schon die staatliche Selbständigkeit Judäa's im Auge hatte, unterliegt nicht dem Zweifel; dafür zeugt seine Verbindung mit Rom. Symbol der staatlichen Selbständigkeit war der Tempel und das Ḥanukka-Fest soll die Erinnerung daran lebendig halten[24]. Der jüdische Nationalismus ist zweifellos auch durch die Erinnerung an den 70 n. Chr. zerstörten Jerusalemer Tempel niemals verschwunden. Nach der Zerstörung im Jahre 70 hatte der Tempel im Bewusstsein des Volkes eine weit grössere Bedeutung gewonnen, als er in den letzten paar Jahrhunderten vor diesem Ereignis gehabt zu haben scheint (vgl. R. EDELMANN, *Das Judentum, Handb. der Religionsgesch.*, Hrsgg. von JENS PETER ASMUSSEN usw., Bd. 2, 1972, 191-264, S. 212).

Im Talmud wird erzählt, dass Bar Kochba sich vor dem Anfang der Revolte mit folgenden Worten an Gott wendete: „Deine Hilfe haben wir nicht nötig. Hilf nur nicht unseren Feinde". „This clearly indicates that the Bar Kokba revolt was not a religious but a national-secular revolt to restore the Jewish national state" (S. ZEITLIN, *The Assumption of Moses and the Revolt of Bar Kokba*, *JQR*, 38, 1947-1948, 1-45, p. 19; der Talmud-Text in n. 86). Hauptziel des Aufstandes war zweifellos die staatliche Selbständigkeit. Dass auch religiöse Motive eine Rolle gespielt haben, ist schon a priori anzunehmen. Münzen aus dem ersten Jahre der Revolte tragen

---

[23] Siehe aber ELLIS RIVKIN, *Defining the Pharisees: The Tannaitic Sources*, *HUCA*, XL-XLI, 1969-1970, 205-249: „I am also aware that on the eve of the revolt against Rome, during the revolt, and following the revolt, the *ame ha-arets* [das Volk] and the *ḥakanim* [die Pharisäer] for a time, mutually despised each other. This followed from the pro-Roman and neutralist policies advocated by such outstanding Pharisaic leaders as Johanan ben Zakkai" (p. 247, n. 6). Über Johanan b. Sakkai siehe weiter unten Kap. XVIII.

[24] „Der Talmud überliefert nur eine kurze Festlegende, in welcher auf den politischen und militärischen Aspekt des Makkabäersieges nicht näher eingegangen wird. Hier zeigt sich deutlich die anti-hasmonäische Tendenz des pharisäischen Judentums, das die doppelte Illegitimität der Hasmonäer ablehnte: Sie waren weder Zadokiden noch Davididen, vereinigten jedoch in Personalunion Königtum und Hohepriesterwürde" (E. L. EHRLICH, *Die Kultsymbolik*, 1959, 73).

überdies den Namen „Eleazar der Priester". Nach der Vermutung B. KANAEL's ist Eleazar im Anfang offiziell der Leiter der Revolte gewesen; er sollte Hoherpriester des wiederaufzubauenden Tempels werden [25].

2. *Weltjudentum*. Im dritten Buch der Sibyllinen, von einem ägyptischen Juden um 140 v. Chr. verfasst, heisst es: „Jechliches Land [wird] voll von dir [sein] und jechliches Meer ..." (III, 271; KAUTZSCH, *Die Apokryphen*, II, 1900, 190; vgl. 180, F. BLASS). Damals waren die Juden schon über viele Länder des Orients verbreitet. Aus 1. Kön. 20, 34 lässt sich schliessen, dass in der Zeit Ahabs eine jüdische Kolonie in Damaskus war. Von Deportationen — diese haben in der Zeit vor der Zerstörung des Tempels 70 n. Chr. viel zu der Verbreitung des jüdischen Volkes beigetragen — hören wir erst unter Tiglatpilesar III. (8. Jahrh. v. Chr.), der viele Israeliten als Gefangenen nach Assyrien abführte (E. VOGT, *Die Texte Tiglat-Pilesers III. über die Eroberung Palästinas*, *Biblica*, 45, 1964, 348-354, S. 352: Stück einer Prunkinschrift III R 10 No. 2, Z. 15 f. „Das Land Bît-Ḫumria ... die Gesamtheit seiner Leute [mit ihrem Besitz] führte ich nach Assur fort"; vgl. 2. Kön. 15, 29). Nach der Eroberung Samaria's (722 v. Chr.) deportierte Sargon 27 290 Israeliten nach Mesopotamien und Medien (D. D. LUCKENBILL, *Ancient Records of Assyria and Babylonia*, II § 55, p. 26). Die Zahl ist sicher auf Männer, Frauen und Kinder zu beziehen. SIGMUND FEIST meint, die Juden Kurdistans könnten am ehesten mit den verschollenen zehn Stämmen zusammenhängen, „da ihre Wohnsitze denen der Exilierten benachbart sind oder mit ihnen zusammenfallen. Die Sprache der kurdischen Juden ist zum Teil noch aramäisch ..." (*Stammeskunde der Juden*, 1925, 42). Erklärt ist die Sache der Zehn Stämme bekanntlich nicht [26].

Nach der Notiz Jeremia 52, 28-30 sind durch Nebukadnezar in drei Deportationen vor und nach der Zerstörung Jerusalems (597, 587 und 582 v. Chr.) im ganzen 4600 Juden aus Judäa deportiert worden. In dieser Notiz haben wir nach W. F. ALBRIGHT einen Auszug aus einem offiziellen Dokument der babylonischen *golah* zu sehen, „giving exact figures for the three deportations" (*A Brief History of Judah from the Days of Josiah to Alexander the Great*, *BA*, IX, 1, 1946, 1-16, p. 5). 2. Kön. 24, 14-16 wird bekanntlich eine viel grössere Zahl Deportierter genannt. Zehn-

---

[25] *Notes on the Dates used during the Bar Kokhba Revolt*, *IEJ*, 21, 1971, 39-46, p. 42 f.

[26] Noch zur Zeit Akibas stritt man darüber, ob die zehn Stämme je zurückkehren würden (SCHÜRER, *Gesch.*, III⁴, 1909, 6). SCHÜRER handelt eingehend über die Diaspora: III, 1-67 f., Das Judentum in der Zerstreuung. Die Proselyten; 71 ff. Gemeinde verfassung. — Siehe auch JUSTER, *o.c.*, I, 179 ss. — Ein breit angelegtes Werk über die verlorenen Stämme schrieb A. H. GODBEI (1930), *The Lost Tribes: A Myth. Suggestions towards Rewriting Hebrew History*³, 1974. Prolegomenon durch M. EPSTEIN. GODBEI meint, „no ten tribes ever really existed in the Diaspora" (EPSTEIN; Bücherschau *ZAW*, 87, 1975, 116). „In more than 800 pages he [GODBEI] assembles everything known about the dispersion of the Jewish people and examinies his fil-cards with the ready-glass of a conservative Christian theologian" (*id.*).

tausend Gefangene und siebentausend kräftige Männer und Zimmerleute und
eintausend Schmieden sollen mit Jojachin (597) abgeführt worden sein. W. ZIM-
MERLI bemerkt dazu: „Daneben steht aber in Jer. 52 28 in einer ganz unverdächtigen
Berechnung die ungleich geringere Zahl von 3023 Judäern. Müssen die Jerusalemer,
die in 2 Kö. 24 allein genannt sind, noch dazugerechnet werden? Oder ist darin die
Gesamtzahl der Deportierten zu finden?" (*Ezechiel*, I. Teilband, 1969, 19*). Jeremia
52, 28-30 ist wohl nur auf weggeführten Männer zu beziehen. Dass Frauen und
Kinder mit abgeführt worden sind, darf man wohl mit Sicherheit annehmen; es
könnte sich im Ganzen wohl um 18000 Weggeführte handeln. JOEL P. WEINBERG
meint, MOWINCKEL folgend, dass Jer. 52 nur die Zahl der aus Juda ohne Jerusalem
Exilierten angegeben sind, „während aus der Hauptstadt noch 8000-10 000 Leute
(2 R 24, 14. 16) weggeführt wurden, so dass es ingesamt auf 12 600-14 600 Ex-
ilierte kommt" (*Klio*, 54, 1972, 45-59, S. 46; MOWINCKEL, *Studien zu dem Buch Ezra-
Nehemia*, 1964, 93-98). Merkwürdig genug denkt WEINBERG so wenig wie AL-
BRIGHT und ZIMMERLI nicht an die Frauen und Kinder die zweifellos mit abgeführt
worden sind. Etwa ein Jahrhundert später waren die Juden in Babylonien schon so
zahlreich „and so important in the economic life of Babylonia that they figured
largely in the business transactions for such houses as that of Murashu and Sons in
Nippur" (ALBRIGHT, *King Joiachin in Exile*, *BA*, V, 1942, 49-55, p. 52). Das älteste
Dokument aus dem Archive der Murašû datiert aus 455 v. Chr., das jüngste aus 403
v. Chr. (GUILLAUME CARDASCIA, *Les Archives des Murašû*, 1951, p. I). Es kommen in
den Archiven mehr als hundert jüdische Namen von Klienten vor. SIEGFRIED H.
HORN möchte hypothetisch die Wohlfahrt, zu der die Juden in Babylonien gekommen sind, aus der Stellung, welche Mordechai, bekannt aus dem Buch Esther,
erreicht hatte, erklären [27]. HORN wird recht haben, wenn er sagt „that events must
have taken place in the time of Xerxes by which the Jews obtained that extremely
favorable status which is reflected in the tablets of Murashu Sons" (p. 24). Es ist
hier aber wahrscheinlich an die Aufstände der Babylonier unter Xerxes zu denken.
Die Juden werden auf der Seite der Regierung gestanden haben, vielleicht sogar
Hilfe geleistet haben, die Aufstände zu unterdrücken [28]. Damit haben sie sicher das
Wohlwollen der persischen Herrscher erhalten. Zu welchen hohen Stellen Juden
in Persien kommen konnten, wissen wir aus Nehemia: er war Mundschenk des
Artaxerxes (Neh. 2, 1). Unter dem letzten legitimen babylonischen König, Nabonid,
scheint eine Penetration von Juden in Arabien stattgefunden zu haben. Aus in
Ḥaran gefundenen Inschriften Nabonid's meint C. J. GADD „with some confidence"

---

[27] *Mordecai: A Historical Problem, Biblical Research*, IX, 1964, 14-25.
[28] Als Zerstörer des Jerusalemer Tempels sind die Babylonier von den Exilierten natürlich gehasst
worden und Kyros hatte „befohlen", den Tempel wiederaufzubauen.

schliessen zu dürfen, dass unter den von Nabonid nach Arabien (Teima) geführten „soldiers and settlers" viele der nach Babylonien weggeführten oder aus Palästina stammenden Juden waren. GADD denkt an „a Jewish penetration into Arabia under the leadership of Nabonidus" [29]. Der jüdisch-arabische Dichter Samuel ibn Adaya regierte später „independently at Temā" (L. BEN-ZVI, *The Origins of the settlement of Jewish Tribes in Arabia, ErIs*, VI, 1960, 130-148, hebr., p. 35*). Lange vor der christlichen Ära waren Juden in Arabien verbreitet von Hedjaz bis Sabena-Yemen und Hadhramaut (*ibid.*). Könige und Gouverneure von Hamiar (Südarabien) sind später (3.-6. Jahrh. n. Chr.) zum Judentum übergegangen. Gräber in Beth-She'arim, welche den „Nagidim" von Hamiar geweiht sind, datieren aus dem 2. oder Beginn des 3. Jahrhundert n. Chr. Sie zeugen dafür, dass damals in Südarabien schon unabhängige jüdische Herrscher bestanden haben (BEN-ZVI, *l.c.*).

Wann zum ersten Male Juden nach Ägypten gekommen sind, darüber besteht keine Sicherheit. Jes. 19, 19 f. ist von einem Altar des Herrns im Ägyptenland die Rede, welcher aber erst in der Zukunft erwartet wird. Als Joahas, Sohn und Nachfolger Josia's, im Jahre 608 von Necho nach der Schlacht bei Megiddo nach Ägypten verschleppt wurde, sind wohl auch mehrere Juden nach Ägypten abgeführt worden. Nach dem Fall von Jerusalem 587 v. Chr. haben sich viele Juden nach Ägypten geflüchtet und den Propheten Jeremia mitgeführt (Jer. 43-44). Daraus sind jüdische Kolonien in Memphis und andere Städten in Ägypten entstanden (Jer. 44, 1) über deren Bestand aber nichts bekannt ist. Die Militärkolonie auf Elephantine ist nach der Meinung ALBRIGHT's wahrscheinlich 587 v. Chr, zu datieren (*Archaeology and Religion on Israel*[2], 1946, 168; A. folgt hier W. STUFE). E. C. B. MACLAURIN meint, die Kolonie sei viel früher entstanden. Die Götter des dort von den Juden verehrten Pantheons „belongs to the Patriarchal rather than a later age, and it is quite impossible for it to have been from the religious systems of the time of the Kings" [30]. Nach PIERRE GRELOT ist es wahrscheinlich, dass im Lauf des 7. Jahrhundert v. Chr. „le noyau d'un contingent militaire originaire de Syrie prit pied à Elephantine et à Syène ..." (*Documents araméens d'Égypte*, 1972, 37). Um die Mitte des 7. Jahrhunderts sind nach der Meinung B. PORTEN's die jüdischen Soldaten nach Ägypten gekommen, als

---

[29] *The Harran Inscriptions of Nabonidus, Anat. Stud.*, VIII, 1958, 35-92, p. 86-87.

[30] *Date of the foundation of the Jewish Colony at Elephantine, JNES*, 27, 1968, 89-96. p. 92. Yahu, Bethel und Anath sind die Hauptgötter in Jeb und theophore Namen deuten auf noch andere Götter; „the evidence of these names points to the separation of the Yeb community from the rest of the Hebrews and from Canaan at a very early date" (p. 91). BEZALEL PORTEN: MACLAURIN's Ansicht „is to be rejected" (*The Life of an ancient Jewish military colony*, 1968, 18, n. 66). — Über Anath-Bethel siehe R. BORGER, *VT*, VII, 1957, 102-104. Die Meinung J. SCHEFTELOWITZ's, nach der in Jeb der reine Monotheismus bestand (*Scripta Universitatis atque Bibliothecae Hierosolymitanarum*, 1923, I, 6) ist aufzugeben, siehe BORGER, *l.c.* (gegen ALBRIGHT); vgl. BEZALEL PORTEN, *The Religion of the Jews of Elephantine in light of the Hermopolis papyri, JNES*, 28, 1969, 116-121.

Manasse, der die assyrische Oberherrschaft abgeworfen hatte, Mietstruppen nach Ägypten sandte, um dadurch die Hilfe Ägyptens zu erlangen (*Archives from Elephantine*; 1968, 8-12). A. VINCENT meint, die Juden sind entweder aus Opposition gegen Josia's Reform (621), oder aus Furcht vor „l'invasion des Scythes" nach Ägypten gegangen (*La Religion des Judéo-Araméens d'Éléphantine*, 1937, 8). GRELOT denkt an die Zeit zwischen 610-580 v. Chr., während VINCENT die Ankunft zwischen 630-621 v. Chr. ansetzt. Wir halten die Ansicht PORTEN's für die meist befriedigende Erklärung.

Erst nach der Eroberung von Ägypten durch Alexander den Grossen sind Juden *en masse*, freiwillig oder gezwungen, nach Ägypten gekommen, wo sie u.a. in Alexandrien besondere Vorrechte erhielten (Josephus, *c. Ap.* II, 4 § 44 f.; *Antiq.* XIV, 7, 2 §118). Als nach Alexander's Tode 320 v. Chr. Jerusalem von Ptolemaios Lagos von den Seleukiden erobert war, sind viele Juden nach Ägypten abgeführt worden (Diod. XIX, 85; Josephus, *Antiq.* XII, 1 § 7 f.). In al-Ibramiyeh, an der Grenze Alexandriens, sind jüdische Gräber aus den ersten Dezennien des 3. Jahrhunderts v. Chr. gefunden. Diese Juden schrieben hebräisch, sie stammten demnach aus Judäa und es gibt also keinen Grund zu bezweifeln, dass Ptolemaios Lagos „enrolled Jewish servicemen" [31]. Nach der Schlacht bei Gaza (301) sind sicher viele Juden freiwillig nach Ägypten gezogen, wo die meisten sich wohl in Alexandrien angesiedelt haben (Josephus, *c. Ap.*, I, 22 § 186). Das ganze dritte Jahrhundert v. Chr. hindurch sind zahllose Juden nach Ägypten ausgewandert (W. TARN, *Hellenistic Civilisation*[3], 1953, 217). In Kyrenaika gab es schon eine von Ptolemaios Lagos gegründete jüdische Kolonie (*c. Ap.* II, 4 § 44-45). Auch im 2. Jahrhundert v. Chr. sind sicher viele Juden nach Ägypten gekommen. Nach Philo (1. Jahrh. v.-n. Chr.) haben damals in Ägypten eine Million Juden gelebt [32] und diese Angabe wird „sicher zutreffen, da dort die Steuerlisten sehr genau geführt wurden" (J. GUTMANN, *EJ*, V, 1930, 1091). Der legitime Hohepriester Onias III. (2. Jahrh. v. Chr.) hatte sich bekanntlich nach Ägypten geflüchtet und dort in Leontopolis einen Tempel gegründet.

Als Palästina in den Besitz der Seleukiden gekommen war, liess Antiochos III. zweitausend jüdische Familien aus Mesopotamien und Babylonien nach Lydien und Phrygien verpflanzen, wo Unruhen ausgebrochen waren (*Antiq.* XII, 3, 4 §§ 147 f.).

[31] S. APPLEBAUM, *The Legal Status of the Jewish Communities in the Diaspora*, in *The Jewish People in the First Century*, Ed. S. SAFRAI, I, 1974, 420-463, p. 422.

[32] *Gegen Flaccus* [in Flaccum] § 6: „dass nicht weniger als eine Million Juden in der Stadt und im Lande von der Senke nach Libyen hin bis an die Ränder Äthiopiens lebten" (Übers. KARL-HEINZ GERSCHMANN, *Philo von Alexandria*, herausgeg. von LEOPOLD COHN, ISAAK HEINEMANN, MAXIMILIAN ADLER und WILLY THEILER, Bd. VII, 1964, S. 138 § 43). „Zur Zeit Philos lebten in Alexandria etwa 200 000 Juden (A. N. MODONA, *Aegyptus*, II-1921, 255 f.)", S. 138, Anm. 1.

Es handelt sich um den Brief, den Antiochos III. an Zeuxis, Stratege von Phrygien und Lydien schrieb, dessen Echtheit aber von einigen Gelehrten bezweifelt worden war. A. SCHALIT hält ihn für echt (so schon ED. MEYER, *Ursprung und Anfänge des Christentums*, II, 1921, 25, Anm. 2)¹¹. Die Frage, warum gerade Juden aus Mesopotamien und Babylonien verpflanzt wurden, lässt sich nach SCHALIT so beantworten: „Die naheliegende Antwort ist, dass der König sich derzeit im Osten befand und (natürlich) die dortigen Juden auserwählte, weil sie in der Nähe waren. Nichtsdestoweniger waren zweifellos der entscheidende Faktor die militärischen Eigenschaften, für die die mesopotamischen Juden bekannt waren" (SCHALIT, *Der Brief des Antiochus III. an Zeuxis über die Errichtung jüdischer Militärkolonien in Phrygien und Lydien*, Zur Josephus-Forschung, Herausgegeb. von ABRAHAM SCHALIT, 1973, 337-366; Übers. durch JAKOB MITTELMANN aus *JQR*, L, 1959-1960. 289-318), Von Antiochos IV. Epiphanes sind Juden bis in die äussersten Teile seines Reiches verpflanzt worden. Juden gab es in Armenien und Cappadokien, in den Städten Kleinasiens (Ephesus, Milet, Pergamon, Halikarnassos, Sardis, *Antiq.* XIV, 10, 13 § 228; 21 § 245; 22 § 247; 23 § 256; 24 § 259). Auf den Inseln des ägäischen Meeres, Cos, Delos (*Antiq.*, XIV, 10, 8 § 213)³⁴.

Nach der Einnahme Jerusalem's durch Pompeius (63 v. Chr.) sind Juden als Gefangene nach Rom abgeführt worden, um Pompeius' Triumph ein grösseres Ansehen zu geben (*Antiq.*, XIV, 5, 5 § 79: Pompeius nahm Aristobul und dessen Kinder als Kriegsgefangene mit nach Rom). Die Treue der Juden zum altväterlichen Glauben machten sie zur Sklavenarbeit kaum brauchbar³⁵. Die Freigelassenen bildeten eine am rechten Ufer des Tiber nahe dem Hafen wohnende Gruppe³⁶. Die Juden hatten in Rom mehrere Synagogen. Sechs jüdische Inschriften aus den jüdischen Katakomben in Rom erwähnen die Synagoge der Augustäer. Die Kongregation ist sehr wahrscheinlich nach Kaiser Augustus, Freund der Juden, benannt geworden³⁷.

³³ Für die Echtheit ist auch BICKERMAN eingetreten, *Mél. Isidore Levy*, 1955, 11 ff., bei HATTO H. SCHMITT, *Untersuchungen zur Gesch. Antiochos' des Grossen und seiner Zeit, Historia. Ztschr. für alte Geschichte*, Einzelschriften 6, 1964, 104, Anm. 3. SCHMITT selbst meint, „die Echtheit des Königsbriefes ist jedenfalls fragwürdig" (S. 104). — FRANÇOIS BLANCHETIÉRE betont den Einfluss des Judentums auf Moral, Theologie und Eschatologie der anderen Religionen Kleinasiens (*Juifs et non Juifs. Essai sur la diaspora en Asie-Mineure*, RHPhR, 54, 1974, 367-382).
³⁴ E. SCHÜRER hat für die weite Verbreitung der Juden auch inschriftliche und archäol. Daten angeführt (*o.c.*); so auch J. JUSTER, *Les Juifs dans l'empire romaine*, I, 1914, 179-212: *Diaspora*.
³⁵ Philo, *ad Caium* § 23: „Denn als Kriegsgefangene waren sie nach Italien gebracht und von ihren Besitzern freigelassen, ohne sie zu zwingen ihre überlieferten Gewohnheiten aufzugeben" (FR. W. KOHNKE, *Gesandtschaft an Caligula, Philo von Alexandria*, Bd. VII, 1964, 166-266, S. 215.
³⁶ Philo, *ad Caium* § 23. — Die Freigelassenen wurden römische Bürger (Philo, *l.c.*). — „Als Cicero im J. 59 v. Chr. seine Verteidigungsrede für Flaccus hielt, finden wir auch zahlreiche Juden unter den Zuhörern anwesend" (SCHÜRER, *Gesch.*, III⁴, 1909, 60; Cicero, *pro Flacco*, 28).
³⁷ HARRY J. LEON, *The Jews of Ancient Rome*, 1960, 135 ff.: The Synagogues of ancient Rome, p. 142. — Freund der Juden, siehe Philo, *ad Caium* § 25.

Die Diaspora führte noch vor der Zerstörung des Tempels 70 n. Chr. und den später nach dem zweiten jüdischen Kriege erfolgten Exilierungen (135 n. Chr.) zu einem Weltjudentum (vgl. Josephus, *Bell. Jud.*, II, 16, 4 § 398). Nach Strabo (XIV, 115 ff.) war es schwierig, einen Ort in der Welt zu finden, wo keine Juden wohnten [38]. Philo behauptet, die Juden machten damals etwa die Hälfte des Menschengeschlechtes aus [39]. GUTMANN hält die Behauptung im Hinblick auf die weite Verbreitung der Diaspora für „nichts Verwunderliches" (*EJ*, V, 1930, 1090). Die Gesamtzahl der Juden in der Diaspora der römischen Zeit kann, meint GUTMANN, auf fünf Millionen geschätzt werden, d.i. „8% der Gesamtbevölkerung des römischen (vielleicht auch des parthischen) Reiches" (*l.c.*, 1091) [40]. Der ausserordentliche Umfang der Diaspora bleibt aber „wie einerseits eine Tatsache, so andererseits ein Problem. Man wird dabei nicht übersehen dürfen, dass die palästinischen Juden für die des Auslandes nicht mehr als den Kern geliefert haben" [41]. Es ist, sagt Mommsen, an den missionarischen Eifer des Judentums zu denken (*ibid.*). Nach pharisäischer Auffassung ist jeder, der den jüdischen Glauben annimmt, Nachkomme von Abraham, Isaak und Jakob und von denen, welche Gott aus Ägypten befreit hatte: Proselyten waren „on a par with racial Jews" (S. ZEITLIN, *Herod. A Malevolent Maniac*, *JQR*, LIV, 1963, 1-27, p. 6). Später bildete sich „die legendarische Vorstellung heraus, das Abraham am Eingang der Hölle sässe und jeden, der das Bundeszeichen trüge, davor bewahre, in die Hölle zu kommen ( ). Abraham, der erste Beschnittene, wird so als Schutzpatron aller Beschnittenen aufgefasst ..." (*EJ*, IV, 346-360: *Beschneidung*, p. 353, KRAUSS; vgl. S. B. HOENIG, *Circumcision: The Covenant of Abraham*, *JQR*, LIII, 1963, 322-334). Der Apostel Paulus dachte darüber bekanntlich anders;

---

[38] Der Umfang der jüdischen Diaspora wird am ausführlichsten beschrieben in dem Brief Agrippas an Caligula, welchen Philo mitteilt (SCHÜRER, *Gesch.*, III⁴, 1909, 5 f.). Wir geben ihn nach KOHNKE's Übers.: „Über die Heilige Stadt muss ich das Nötige erklären. Sie ist, wie gesagt, meine Heimatstadt, aber auch die Metropolis nicht nur des einen Landes Judäa, sondern auch der meisten anderen Länder dank der Kolonien, die sie im Laufe der Zeit in den Nachbarländern gründete, in Ägypten, Phönizien, Syrien — dem eigentlichen oberen Syrien und dem sogenannten Koilesyrien —, ferner in den weiter gelegenen Ländern Pamphylien, Cilicien, dem grössten Teil Asiens bis Bithynien und im Inneren von Pontus, ebenso auch in Europa, Thessalien, Böotien, Macedonien, Ätolien, Attika, Argos, Korinth und den meisten und bedeutendsten Gegenden der Peloponnes. Und nicht nur die Kontinente sind voll von jüdischen Siedlungen, sondern auch die bekanntesten Inseln Euböa, Cypern und Kreta. Die Länder jenseits des Euphrat will ich nicht erwähnen, denn alle bis auf einen geringen Teil, Babylon und die anderen Satrapien, die ringsum fruchtbares Land besitzen, haben Juden als Siedler" (Philo, *ad Caium*, § 36, KOHNKE, *o.c.*. S. 244-245, §§ 281-283).

[39] Vita Mos. II, 27 (GUTMANN); *ad Caium* § 31: „Denn es ist über die Kontinente und alle Inseln verstreut, so dass es nicht viel schwächer als die Landesbewohner zu sein scheint" (KOHNKE, z.St.).

[40] Über die Zahl der Einwohner Palästinas in jener Zeit fehlen Daten; ANTHONY BYATT meint, 2 265 000 „does seem to be reasonable" (*Josephus and Population Numbers in first century Palestine*, *PEQ*, 1973, 51-60, p. 60). — Siehe auch JUSTER, *o.c.*, 209 ss.: Importance numérique des Juifs.

[41] TH. MOMMSEN, *Das Weltreich der Caesaren*, 348; vgl. SCHÜRER, *Gesch.*, III⁴, 1909, 3 f.

das Bündniss mit Abraham war nicht durch, sondern vor der Beschneidung ge-schlossen (Röm. 4, 1 ff.).

Die Beschneidung wird vermutlich viele davon abgehalten haben, zum Judentum überzutreten. Als Syllaeus, der mächtige Minister des nabatäischen Königs Obodas III. (30-9 v. Chr.), Herodes' Schwester Salome heiraten wollte, sollte er erst Jude werden, was er wegen der Verpflichtung der Beschneidung verweigerte (*Antiq.*, XVI, 7, 6 § 225). Syllaeus Bemerkung: die Araber würden ihn steinigen, wenn er sich beschneiden liesse (*ibid.*), dürfte eine Ausflucht gewesen sein. Sicher sind immer die Frauen am meisten zum Judentum übergegangen; für sie gab es keine Beschnei-dung. Das bekannteste Beispiel ist Königin Helena von Adiabene; erst später folgte ihr Sohn Izates (*Antiq.*, XX, 2, 1 § 17 f.; 2, 4 §§ 38 ff.; siehe JACOB NEUSNER, *The Conversion of Adiabene to Judaism*, *JBL*, LXXXIII, 1964, 60-66; JAVIER TEIXIDOR, *The Kingdom of Adiabene and Hatra*, *Berytus*, XVII, 1967-68, 1-11). Dass besonders Frauen sich zum Judentum bekehrten, geht auch aus Josephus' Bericht über den Mord an den Juden in Damaskus hervor, als die Juden dem Statthalter in Syrien, Cestius, vor Jerusalem eine Niederlage bereitet hatten (66 n. Chr.). In Damaskus waren damals die Frauen mit wenigen Ausnahmen zur jüdischen Religion über-getreten (*Bell. Jud.* II, 20, 2 § 560). Der Proselytismus erklärt die Zunahme der Juden am Vorabend des Christentums [42]. Die Römer hielten jeden, der beschnitten war, für einen Juden (BONSIRVEN, *id.*). Aus dem Proselytismus lässt sich vielleicht auch das Verschwinden der Phönikier aus der Weltgeschichte erklären: sie sind vermut-lich im Judentum aufgegangen (GEORG ROSEN, *Juden und Phönizier. Das antike Judentum als Missionsreligion und die Entstehung der jüdischen Diaspora*. Neu bearbeitet und erweitert von FRIEDRICH ROSEN und D. GEORG BERTRAM, Tübingen, 1929).

---

[42] Vgl. J. BONSIRVEN, *Judaïsme Palestienne au temps de Jésus-Christ*, *Dict. de la Bible*, Suppl. 32-33, 1948-1949, 1143-1285, Col. 1181. — Es entstand innerhalb des Diaspora-Judentums „eine Bewegung, die die Heiden zum wahren Gott zu bekehren suchte" (J. GUTMANN, *EJ*, V, 1930, 1096 f.). Dem Ananias aus Adiabene wird die Bekehrung der Herrscher von Adiabene zum Judentum zugeschrie-ben (*id.*, S. 1097); ein Apollos aus Alexandrien trieb der Propaganda in Kleinasien (*id.*). „Das Pro-gramm für die Bekehrung von Heiden zum Judentum (erhalten bei Philo, *De hum* II, 405 f.; vgl. auch den griech. Assenat-Roman) enthielt u.a. den Satz, dass die Heiden bevor sie sich bekehrten, verpflichtet seien, die Sitten ihres Volkes, ihre Mythologie und sämtliche Überlieferungen ihrer Väter zu verwerfen; dies wurde von verschiedenen Schriftstellern als Herausforderung empfunden und scharf verurteilt (Plin. n.h. XIII, 446; Tac. hist. V, 5)" (GUTMANN, in *EJ*, V, 1930, 1097). — Der praktische und gesetzliche Charakter der jüdischen Gottesdienst gab eine „rule of life for every occasion". Der Sabbat und die Privilegien, welche die Juden erhielten (u.a. Freiheit von Kriegs-dienst; siehe aber JUSTER, *o.c.*, I, 358, „parfois") „recomended the Jewish faith to those more ma-terialistically inclined" (*JE*, IV, 1916, 569, T. REINACH). Leichtgemacht wurde und wird die Auf-nahme in das Judentum nicht. „In einer langen Probezeit erhält der Proselyt gelegenheit zu beweisen, dass sein Wunsch, zum Judentum zu konvertieren, nicht auf materiellen Vorteilen oder einer ge-planten Ehe mit einem jüdischen Partner beruht . . ." (RAFAEL EDELMANN, in *Hb. Rel. Gesch.* 2. Bd., 247).

Durch die Dekrete von Hadrian (117-138), später von Antoninus (138-161), welche die Beschneidung verboten, ist dem Proselytismus eine Schranke gesetzt. Später, als das Christentum vom Staate anerkannt worden war (313 n. Chr.), wurde auf dem Konzil von Nicäa (325) der Übertritt eines Christen zum Judentum als strafbar erklärt. Die spätere Verbreitung des Judentums lässt sich also kaum aus dem Proselytismus erklären. „Der Proselitismus, der lange Zeit eine wunderbare Eroberungskraft hatte, geht zurück und verschwindet bei den Juden als dem Wesen ihrer Religion widersprechend— wie das manche Zeitgenössische Rabbiner erklären" (J. BONSIRVEN, *Das Judentum Palästinas zur Zeit Christi*, in *Christus und die Religionen der Erde*, III, 1951, 525-546, S. 545).

Für die freiwillige Emigration der Juden aus Judäa im Altertum hat E. RENAN mit Recht darauf hingewiesen, dass das jüdische Volk „a toujours été très prolifique. La Judée n'est pas un pays comportant une population très dense. L'émigration était la conséquence de ces deux faits" (*Histoire du peuple d'Israel*, V, 222). Hinzu kommt, dass Kindesaussetzung, so häufig bei den Heiden, verboten war. „Eine Kindesaussetzung konnte bei den Anschauungen des jüdischen Volkes nicht eintreten" [43]. Die wirtschaftlichen Verhältnisse Palästina's im Altertum sind mit denen des modernen Staates Israel natürlich nicht zu vergleichen. Handel und Industrie, im alten Judäa kaum entwickelt, stehen heute auf hohem Niveau. Im Altertum gab es ein Zuviel an Einwohnern, heute ein Zuwenig. Für das Zuviel „l'émigration servait de déversoir" (RENAN, *l.c.*).

Die Juden der Diaspora sind im allgemeinen dem väterlichen Glauben treu geblieben. „De diaspora beschermde tegen een totale nationale vernietiging; de vervolging op een bepaald gebiedsdeel der wereld sloot niet uit, dat het Jodendom elders tot bloei kwam. Deze positieve waarde van de diaspora is in de tijd van de Talmud reeds erkend" (M. A. BEEK, *Het Judaisme*, in *De Godsdiensten der Wereld*[3], 1956, 343-380, p. 356). A. KUENEN hatte schon vor einem Jahrhundert darauf gewiesen, dass die Judäer, welche mit Jeremia nach Ägypten gezogen waren, als Juden spurlos untergegangen sind (*De Godsdienst van Israel*, II, 1870, 385, vgl. p. 6 und I, p. 469). Der Glaube an Jahwe als der einzige Gott war damals noch nicht Gemeingut der ganzen Nation geworden (KUENEN, II, *l.c.*). Wie die mit Jeremia nach Ägypten ausgewanderten Juden sind auch die von Elephantine aus der Geschichte verschwunden.

3. *Heiligtum der Nation.* Die universelle Bedeutung des Jerusalemer Tempels für das Judentum zeigt sich am frühesten im Brief des Aristeas. In Leontopolis hatte der nach Ägypten geflüchtete Hohepriester Onias III. ein Konkurrenzheiligtum gebaut.

---

[43] S. KRAUSS, *Talm. Archäologie*, II, 1911, 9; vgl. BONSIRVEN, in *Christus und die Religionen der Erde*, III, 1951, 536; TH. REINACH, in *JE*, IV, 1916, 561.

Die ägyptischen Juden, die sich besonders in Alexandrien angesiedelt hatten, sollten davon abgehalten werden, nach Jerusalem zu pilgern. Aristeas, ein ägyptischer Jude, schweigt über den Onias-Tempel, er rühmt den Tempel von Jerusalem [44]. Über den Jerusalemer Tempel als Heiligtum der jüdischen Nation belehren uns im 1. Jahrhundert n. Chr. Philo von Alexandrien und Josephus. Philo wiederholt es oft, dass Jerusalem die Metropole für alle Juden sei, Herd der Nation und der Religion [45]. In Philo *De Monarchia*, II, 1 heisst es: „Zehntausende nämlich aus Zehntausenden Städten kommen, teils zu Lande, teils zu Wasser, von Osten und Westen, Norden und Süden an jedem Fest zum Heiligtum" (Übers. J. Jeremias, *Jerusalem zur Zeit Jesu*[2], 1958, I. Teil, S. 88) [46]. Jacob Neusner weist für die Popularität der Wallfahrt nach Jerusalem auf Philo's *De Spec. Leg.*, I, 69 (*A History of the Jews in Babylonia*, I, 1965, 41). Dafür zeugt übrigens auch Act. 2, 5. 9-11. Aus einem Fragment der Philonischen Schrift *De Providentia* (2. 64) ist bekannt, dass Philo auch selbst an Wallfahrten nach Jerusalem teilnahm [47]. In *Leg. ad Caium* steht der Jerusalemer Tempel zentral „et c'est la profanation du Temple que Philon s'efforce d'empêcher au péril de sa vie" (*ibid.*) [48]. Caligula hatte befohlen, seine Statue im Gestalt des Jupiter im Allerheiligsten des Jerusalemer Tempels aufzustellen. In Alexandrien war 38 n. Chr. ein Aufruhr gegen die Juden ausgebrochen und die Juden sandten eine Deputation unter der Leitung Philo's nach Rom [49].

Clemens Kopp meint, die Vorschrift an Passah, Pfingsten und zum Laubhüttenfest nach Jerusalem zu pilgern, sie eine Idealvorschrift gewesen, „die schon aus Mangel an Zeit und Geld nur wenige erfüllen konnten" (*Die heiligen Stätten der Evangelien*, 1959, 348). Diese Meinung lässt sich mit den Nachrichten bei Philo und Flavius Josephus kaum vereinen. Richtiger sagt J. Jeremias: „zum Tempel strömte dreimal im Jahre das Judentum der Welt" (*Jerusalem zur Zeit Jesu*[2], 1958, I. Teil,

---

[44] Der Brief des Aristeas § 84 ff., Kautzsch, *Die Apokryphen*, II, 12 f., P. Wendland. — Über den Onias-Tempel siehe M. Delcor, *Le Temple d'Onias en Égypte, RB*, 75, 1968, 188-205.

[45] Bei Bonsirven, *l.c.* 1176; Zeitlin, *The Rise and Fall of the Judaean State*, II, 1967, 315.

[46] Über Wallfahrten zur Zeit des dritten Tempels handelt S. Safrai, *Pilgrimage at the Time of the Second Temple*, 1965 (hebr.).

[47] Valentin Nikiprowetzky, *La spiritualisation des sacrifices et le culte sacrificial au temple de Jérusalem chez Philon d'Alexandrie, Semitica*, XVII, 1967, 97-116, p. 112.

[48] Siehe *ad Caium* § 29; Kohnke, *o.c.*, 224 § 192 f.

[49] Josephus, *Antiq.* XVIII, 8, 1 § 257. — „Die Frage, ob die Gesandtschaft im Jahre 39 oder 40 in Rom war, dürfte nach den Erörterungen von F. H. Colson, *Philo. The Embassy to Caius* (Loeb X) 1962, XXVII ff. und E. M. Smallwood, *Philonis Alexandrini Legatio ad Gaium*, 1961, 24, 47 f., 254 zugunsten des Jahres 40 zu beantworten sein" (Kohnke, *o.c.*, 166, Anm. 1). Caius' Befehl, im Jerusalemer Tempel eine Statue aufzustellen, ist der Gesandtschaft erst in Rom bekannt geworden (*ad Caium* 29). — Nach Tcherikover war die Propaganda in Alexandrien, wo damals viele Juden ermordet worden sind, nicht ausschliesslich gegen die Juden gerichtet, „but no doubt against Rome as well" (*The Decline of the Jewish Diaspora in Egypt in the Roman Period, JJS*, XIV, 1963, 1-32, p. 18).

S. 87). Josephus sagt, der Tempel ist in der ganzen Welt verehrt worden und er stand sogar bei Fremden, die an der Grenze der Erde wohnen und ihn nur von Hörensagen (d.h. doch von zurückgekehrten Pilger) kennen, in hohem Ansehen (*Bell. Jud.* IV, 4, 3 § 262). *Bell. Jud.* VI, 9, 3 § 421 heisst es, dass aus dem ganzen Lande das Volk zum Fest der ungesäuerten Brote in Jerusalem zusammengeströmt war. Die Teilnehmer am Passahfest zur Zeit der Volkszählung unter Nero berechnet Josephus auf 27 000 000 und er sagt dann, die Hauptmasse der Festteilnehmer war demnach von auswärts zusammengeströmt (*Bell. Jud.* VI, 9, 3 § 425/6; § 428). Es ist hier auch an einen Zustrom aus der Diaspora zu denken [50]. *Bell. Jud.* V, 1, 3 § 17 sagt Josephus, dass „viele, die von den Enden der Erde zu dem hochberühmten, allen Menschen heiligen Ort gepilgert waren" als Opfer des Bürgerkrieges gefallen sind. *Antiq.*, XX, 2, 5 § 49 spricht er von Helena von Adiabene, die nach Jerusalem pilgern wollte, „um den von aller Welt gerühmten Tempel Gottes zu verehren und Dankopfer darzubringen". Man könnte meinen, nur der von Herodes in grossartiger Form erneuerte Tempel sei als jüdisches Heiligtum hochberühmt gewesen. Dem ist nicht so. Als Aristeas schrieb, stand der Tempel Serubbabels noch aufrecht. In der Geschichte des Pompeius, die Poseidonius abfasste (erhalten bei Strabo 16, 2, 34 ff.), „wird dem eroberten Heiligtum (damals ebenfalls noch der Tempel Serubbabels, Verf.) eine *dignitas indelebilis* zugeschrieben ..." [51], und Polybius hatte schon im zweiten Jahrhundert v. Chr. den Jerusalemer Tempel ein glänzendes Heiligtum genannt (*apud* Josephus, *Antiq.*, XII, 3, 3 § 136). ROBERT WILDE bemerkt dazu: es ist „significant to note that the sacred splendor and fame of the Jewish Temple was known to such a representative of Hellenistic culture as Polybius" (*The Treatment of the Jews in Greek Christian Writers of the first three centuries*, 1949, 44). WILDE sagt dann *epiphaneia* bedeutet ausser *splendor* auch „manifestation of divine power" (*ibid.*). Wenn CLEMENS THOMA sagt, dass „der Tempel oder die Tempelfunktionen universale Auswirkungen auf Kosmos ... und Menschenwelt (Wohlfahrt hängt vom Tempelopfer ab) haben" [52], ist, wie er auch selbst meint, an den Tempeldienst zu denken. Lehrreich ist eine rabbinische Aussage: „Während der ganzen Zeit, als der Tempeldienst vollzogen wurde, war die Erde um ihrer Bewohner willen gesegnet, und es fiel Regen zur rechten Zeit ... Zur Zeit jedoch, als es keinen Tempeldienst gab, war die Erde nicht um ihrer Bewohner willen gesegnet, und es fiel nicht

---

[50] Bei der von BYATT hypothetisch angenommenen Zahl der Einwohner Palästinas (2 265 000; oben Anm. 40) wären also etwa 24 735 000 Juden aus der Diaspora nach Jerusalem gekommen! JUSTER schätzt die Zahl der Juden im röm. Reich vor dem Krieg von 70 n. Chr. auf 6-7 Millionen (*o.c.*, I, 210).

[51] ERNST BAMMEL, *Die Neuordnung des Pompeius*, ZDPV, 75, 1959, 76-82, S. 79.

[52] *Auswirkungen des jüdischen Krieges gegen Rom (66-70/73 n. Chr.) auf das rabbinische Judentum*, BZ, NF 12, 1968, 30-54, 186-210, S. 36.

rechtzeitig Regen" (Abot d'Rabbi Natan 4; Übers. CLEMENS THOMA, *l.c.*, 37). Erst der Tempeldienst gibt dem Tempel seine kosmische Bedeutung. Es ist wohl kein Zufall, dass Ezechiel erst von der Tempelquelle spricht (Ez. 47, 1), nachdem er über die Opfer (46, 11 f.) und die Tempelküchen (46, 20 f.) gesprochen hat. Dass Rabbi Natan mit den Bewohnern der Erde die ganze Menschheit im Auge hatte, ist sicher (PETER HÖFFKEN). Für Philo war der Opferkult nicht nur der jüdischen Nation, sondern der ganzen Menschheit zum Segen (NIKIPROWETZKI, in *Semitica*, XVII, 1967, 112/113).

Der Opferkult hatte auch als Sühnewirkung grosse Bedeutung. „Die Sühne-wirkung des täglichen Opferdienstes stand zu allen Zeiten fest . . ." (H. J. SCHOEPS, *Die Tempelzerstörung des Jahres 70 in der jüdischen Religionsgeschichte*, 1942, 28/29). SCHOEPS zitiert R. Jehuda b. Simon: „Nie hat einer in Jerusalem mit unvergebenen Sünden gewohnt, weil die täglichen Morgen- und Abendopfer für ihn sühnten" (*l.c.*, S. 29; R. Jehuda b. Simon, Am 4. Gen. nach Pes. 2, 61 bis Parall.). Nach R. Jehuda ging die Sühnewirkung offenbar nicht über Jerusalem hinaus. Daraus liesse sich dann wohl auch das Wallfahrten nach Jerusalem dreimal jährlich erklären. BONSIRVEN, der auf Johanan ben Sakkai hinweist, meint, dass die Heiligkeit des Tempels „expie les péchés d'Israel", weshalb der Tempel „Liban" genannt wird, „celui qui blanchit" (*Dict. de la Bible*, Suppl. XXII, 1948, 1207). Auch dadurch werden die Juden der Diaspora angeregt worden sein, nach Jerusalem zu pilgern. RAFAEL GYLLENBERG stimmt J. PEDERSEN bei, der überzeugend gezeigt hat, „dass nach israelitischer Lebens- und Weltanschauung eine Einzelexistenz des Individuum unvorstellbar ist. Die Seele, und damit also auch der Mensch, ist was er ist, nur in der Gemeinschaft mit anderen" (*Kultus und Offenbarung. Interpretationes ad Vetus Testamentum pertinentes Sigmundo Mowinckel Septuagenario missae*, Oslo, 1955, 72-84, p. 74/75). Die Diaspora-Juden fanden diese Gemeinschaft in den Synagogen und in den Wallfahrten nach Jerusalem. Auch nach der Zerstörung des Tempels 70 n. Chr. wallfahrtete man noch nach Jerusalem.

Der Tempel war nicht nur nationales Heiligtum, sondern auch Staatssymbol ge-wesen. Da muss es befremden, dass im grossen Krieg gegen Rom (66-73), welcher zu der Zerstörung des Tempels führte, die Juden der Diaspora ihren „Mother City" nicht zu Hilfe gekommen sind. Josephus berichtet es wenigstens nicht. Nach Dio Cassius sind Truppen nicht nur aus dem römischen Reich, sondern auch von über dem Euphrat herangezogen worden (TH. REINACH, *Textes d'auteurs Grecs et Romains relatifs au Judaïsme*, 1895, 190). ZEITLIN betont, dass die Juden der Diaspora „not politically united" mit den Juden in Judäa waren (*The Rise and Fall of the Judaean State*, II, 1967, 317). JACOB NEUSNER erklärt die Sache daraus, dass die Juden der Diaspora nicht vermuten konnten, dass die Römer das Jerusalemer Heiligtum zerstören würden. „In any events, Babylonian Jewry, like the rest of the diaspora, was deeply grieved by the destruction, and when an appropriate moment came, fought vigorously against Rome, partly at least to avenge the sanctuary and make possible its restoration" [53]. Die Diaspora-Juden werden, wie die Zeloten in Jerusalem, darauf vertraut haben, dass das Jerusalemer Heiligtum unter Gottes Schutz stand. Im Altertum hatte überdies allgemein die Meinung geherrscht, dass Tempelzerstörung die Rache des Inhabers des Heiligtums herausforderte; man konnte auch darum nicht glauben, dass die Römer den Tempel zerstören würden. Es ist kein Wunder, dass Josephus, Freund der Römer, die Schuld der Zerstörung nicht den Römern, sondern den Juden selbst zusprach.

Der Untergang des Tempels 70 n. Chr. (darüber im nächsten Kapitel) hatte nicht den Untergang der jüdischen Religion zur Folge gehabt. Den Juden in der Diaspora war der gesamte Opferkult völlig fremd. Er war für sie durch die Synagoge und die darin ausgebildeten Formen des Gottesdienstes ersetzt (Ed. MEYER, *Ursprung und Anfänge des Christentums*, III, 1923, 272). Das kultische Leben in Israel war überdies seit Esra unverbrüchlich mit der Tora verbunden (vgl. FARMER, *Maccabees, Zealots and Josephus*, 1956, 52) und nach der Zerstörung des Tempels ist Torafrömmigkeit das zentrale pharisäisch-rabbinische Spezifikum geworden (CLEMENS THOMA, *l.c.*, 41). Ein Leben konform der Tora führt dazu, dass der Mensch „participated in God's holiness and also in his power" [54]. Die Tora ist Ebenbild (image) Gottes (*id.*, p. 9). Die Christen, sagt J. BONSIRVEN, werden den Eindruck erhalten, dass die Rabbinen der Tora die Bedeutung geben, welche die Christen dem Christus zuerkennen (*Dict. de la Bible*. Suppl. XXII, 1948, Col. 1185). Es gibt Stellen im rabbinischen Schrifttum, in denen die Torafrömmigkeit der Kultfrömmigkeit idealtypisch gegenüber gestellt wird (CLEMENS THOMA, *l.c.*, 42). Jehoschua ben Levi (ca. 250 n. Chr.) wird der Ausspruch zugeschrieben: „Bedeutender ist die Tora als das Priestertum und das Königtum" (*ibid.*). „Das Lernen der Tora und ihre Anwendung für den Alltag wurden also von den Rabbinen als wichtigste Tätigkeit proklamiert" (*ibid.*) [55]. Torafrömmigkeit, Erwählungsbewusstsein und messianische

---

[53] *A History of the Jews in Babylonia*, I, 1965, 67.

[54] NEUSNER, *The Phenomen of the Rabbi in Late Antiquity*, Numen, XVI, 1969, 1-20, p. 8 f.

[55] RENAN bezeichnete die Tora als „l'instrument de torture le plus terrible . . ." (*Histoire du Peuple d'Israel*, IV, 184). — MARCEL SIMON gibt Antwort auf die Frage (von HARNACK), warum „le judaisme c'est-il raidi précisément dans la Loi?" „Par un sûr instinct de conservation, parce que c'est sur le Loi que porte l'effort principal des attaques chrétiennes" (*Verus Israel*, 1964, 437). Die Kirche hatte die Tora für nichtig erklärt und dachte dadurch „empêcher le judaïsme de se survivre: ruiner l'une c'était détruire l'autre. La solidarité fondamentale entre Israel et la Thora s'est ainsi renforcée . . ." (*ibid.*). — Im rabbinischen Judentum gibt es 613 Gebote; sie lassen sich „auf das eine Prinzip des Glaubens zurückführen: „Der Gerechte lebt in seinem Glauben" (NAHUM N. GLATZER, *Anfänge des Judentums*, 1966, 34).

Hoffnung haben dem Judentum sein Existenz in der Geschichte gesichert. Dabei ist aber die Hoffnung auf Wiederaufbau des Tempels nie aufgegeben worden. Im Zeitalter des Talmud „blieb die Hoffnung auf die Wiederherstellung des „Grossen und Heiligen Hauses" in Jerusalem tief im Bewusstsein des jüdischen Volkes verankert; jeder Gläubige Jude sprach davon dreimal täglich in seinem Gebet. Es konnte in diesem Punkt keinen Kompromiss geben" (MICHAEL AVI-YONAH, *Gesch. der Juden im Zeitalter des Talmud*, 1962, 50). Das betreffende Gebet ist die 14. Benediktion des Achtzehnbittengebets, das gegen Ende des 1. Jahrhunderts n. Chr. in Palästina endgültig geformt worden ist [56]. Die Hoffnung ist sicher bei den Juden in Palästina am stärksten lebendig geblieben. Nach ADOLF HARNACK ist aus Resten der jüdisch-alexandrinischen Literatur und aus der grossen Propaganda des Judentums in der griechisch-römischen Welt zu schliessen, „dass es in der Diaspora ein Judentum gab, für dessen Bewustsein der Kultus und das Zeremonialgesetz hinter die bildlose monotheistische Gottesverehrung, die Tugendlehre und den Glauben an eine künftige jenseittige Vergeltung ganz zurücktraten. Selbst die Beschneidung wurde von den bekehrten Juden nicht durchgängig mehr verlangt; man begnügte sich auch mit dem Reinigungsbade" (*Dogmengeschichte*[5], 1914, 27). Die Rabbinen urteilten darüber später wie wir gesehen haben anders: sie haben den Proselytismus eher abgelehnt als gefördert.

4. *Die Qumran-Gemeinde.* Dass es in Judäa im 1.-2. Jahrhundert v. Chr. Fromme gegeben hatte, welche sich bewusst von dem Tempel und dem Tempelkult abkehrten, war schon 1896 aus einem in der Rumpelkammer (Geniza) der Synagoge von Alt-Kairo gefundenen Fragment einer Schrift der „Gemeinde des Neuen Bundes" bekannt geworden [57]. Über die Datierung der Schrift gingen die Meinungen auseinander. ED. MEYER meinte, sie sei um 170 v. Chr. entstanden „als die Gläubigen sich von dem abtrünnig gewordenen Volk trennten und als „Gemeinde des neuen Bundes" oder „der vollkommenen Heiligkeit" nach Damaskus auswanderten" (*Ursprung und Anfänge des Christentums*, II, 1921, 47 f.). M. J. LAGRANGE meinte, die Schrift stamme aus der Zeit Bar Kochba's (*Le Judaïsme avant Jésus-Christ*[3], 1931, 331 s.). Seit 1947 besitzen wir die Rollen vom Toten Meer, über deren Datierung die Gelehrten im allgemeinen einstimmig urteilen: sie stammen aus dem 2. Jahrh. v. Chr.-1. Jahrh. n. Chr. [58]. Die von S. ZEITLIN vorgeschlagene Datierung der hebräischen Schriften im Mittelalter (*JQR*, XLIX, 1958, 33 und an vielen an-

---

[56] JOSEPH VOGT, *Kaiser Julian und das Judentum*, Morgenland Hft. 30, 1939, 2, mit Übers. des Gebetes nach STRACK-BILLERBECK IV, 213.

[57] Heute gibt es davon 12 verschiedene Manuskripte (*ZDPV*, 91, 1975, 102).

[58] Die neuere Lit. (1958-1969) bei B. JONGELING, *A Classified Bibliography of the Finds in the Desert of Judah*. Studies on the Texts of the Desert of Judah, Ed. J. VAN DER PLOEG, Vol. VII, 1971; 68 ff.: Archaeology and History; 78 ff.: Religion. Cult. Theology.

deren, früheren Stellen) hatte niemals Beifall gefunden, und durch in Masada ge-
fundene „Qumran"-Dokumente, die sicher älter sind als 73 n. Chr., steht die frühe
Datierung ausser Zweifel [59]. Darüber besteht auch kein Zweifel, dass die Schriften
vom Toten Meer von einer Sekte stammen, welche sich von Jerusalem und dem
Tempelkult abgekehrt hatte. Die Sekte vom Toten Meer ist identisch mit der der
Damaskus-Schrift (M. H. SEGAL, *The Habakkuk „Commentary" and the Damaskus
Fragments*, *JBL*, 70, 1951, 131-147, p. 131 ff.). Die Mehrzahl der Gelehrten hält die
Qumrangemeinde für die der Essener [60]; andere denken an die Ebioniten, die
Sadduzäer, die Pharisäer oder die Zeloten (siehe DE VAUX, *Les Manuscrits de Qumran
et l'Archéologie*, *RB*, 66, 1959, 87-110, p. 103). Die Berichte des Josephus, Philo und
Plinius über die Essener machen es sehr wahrscheinlich, dass wir in der Sekte die
Essener zu sehen haben [61]. Meinungsverschiedenheiten bestehen darüber, ob die
Sekte nur im „Kloster" von Khirbet Qumran — von DE VAUX 1951-1956, 1958 aus-
gegraben [62] — lebten, oder ob die Bewegung sich auch ausserhalb des „Klosters"

[59] Y. YADIN, *Masada. Herod's Fortress and the Zealot's Last Stand*, 1967, 173 f.; CECIL ROTH, *Qumran
and Massadah*, *RQ*, 17, V/1, 1964, 81-87; GEZA VERMES, *The Impact of the Dead Sea Scrolls on Jewish
Studies during the last Twenty-Five years*, *JJS*, XXVI, 1975, 1-14. Über ZEITLIN (p. 3): „that peculiar
genius Solomon Zeitlin". ZEITLIN „has flooded JQR . . . with ink, if not vitriol" zur Verteidigung
seiner Ansicht; er verfolgt seine „anti-Qumran crusade".

[60] ANDRÉ DUPONT-SOMMER, *Les Manuscripts de la Mer Morte*; *leur importance pour l'histoire des
religions*, *Numen*, II, 1955, 168-189, p. 169; Ders., *Die Essenischen Schriften vom Toten Meer*, Übers.
W. W. MÜLLER, 1960; R. DE VAUX, *Les Manuscrits de Qumran et l'Archéologie*, RB, 66, 1959, 87-110,
p, 103; H. H. ROWLEY, *Qumran, the Essenes and the Zealots*, *Festschrift Otto Eissfeldt*, 1958, 184-192;
Y. YADIN, *Massada*, 1967, 173 f.; S. H. STECKOLL, *RQ*, 21, T. 6, 1967, 62. — Nach CONSTANTIN
DANIEL sind die im N.T. genannten Herodianer (Math. 22, 16; Marc. 3, 6. 12. 13) Essener (RQ, 21,
VI, 1967, 31-53; 22, VI, 1967, 261-277; ders., *Esséniens, Zélotes et Sicaires et leur mention par paronymie
dans le N.T.*, *Numen*, XIII, 1966, 88-115). Wir halten es für kaum wahrscheinlich, dass die von
Herodes ins Leben gerufene, ihm freundlich gesinnte Volksgruppe, die Herodianer (SCHALIT, *ASTI*,
I, 1962, 132 f.), die Qumran-Essener gewesen seien. — Siehe über die Essener auch ATHANASE
NEGOÏTSA, *Did the Essenes survive the 66-71 War?* (*RQ*, 24, VI, 1969, 517-530). Nach NEGOÏTSA
siedelten die Essener sich nach dem Krieg jenseits des Jordan an (p. 529 f.).

[61] Philo's Berichte über die Essener bei DUPONT-SOMMER, *Die Essenischen Schriften*, 24 ff., die des
Josephus *Antiq*. XIII, 5, 9 § 171; *Bell. Jud*. II, 8, 2-13 §§ 119-160, S. 29 ff., des Plinius des Älteren,
S. 41 ff. — Über Josephus' Quelle betreffs der Essener siehe KAUFMANN KOHLER, *Essenes*, in *JE*, V,
1916, 224-232, bes. 228 ff.; MORTON SMITH, *The Description of the Essenes in Josephus and the Philosophumena*, *HUCA*, XXIX, 1958, 273-313; S. ZEITLIN, *The Account of the Essenes in Josephus and the
Philosophumena*, *JQR*, XLI, 1958-1959, 292-299. — Die Philosophumena genannte Schrift ist Hippo-
lytus', *Refutatio Omnium Haeresium* (3. Jahr. n. Chr.). Siehe jetzt CHRISTOPH BURCHARD, *Die Essener
bei Hippolyt . . . . und Josephus, Bell. Jud.*, 2, 119-161, *JSJ*, VIII, 1977, 1-41.

[62] R. DE VAUX, *Les Manuscrits de Qumran et l'Archéologie*, *RB*, 66, 1959, 87-110; 225-255; Ders.,
L'archéologie et les Manuscrits de la Mer Morte. The Schweich Lect. [1959], 1961; Pl. XLI Plan des 1958
ausgegrabenen Gebäudes. — Über die 1952 in einer der Grotten gefundene Kupferrolle (3 Q 15),
ein Verzeichnis von Schätzen enthaltend, siehe J. T. MILIK, *Le rouleau de cuivre de Qumran* (3 Q 15),
RB, 66, 1959, 321-357; *Discoveries in the Judaean Desert of Jordan*, III, 1962, 199 ff., 211 ff.; J. VAN DER
PLOEG, *RB*, 70, 1963, 594 ss., Bespr. J. M. ALLEGRO, *The Treasure of the Copper Scroll*, 1960; MILIK
datiert die Rolle (es war ursprünglich eine Rolle) zwischen 30-130 n. Chr. Er hält es für eine fiktive

ausgedehnt habe. Wir folgen P. WERNBERG-MØLLER: „No collective life in isolation was needed ..." [63]. Es war eine Bewegung „with groups of members within the larger setting of ordinary Jewish life in the towns and villages of Palestine" (id., p. 70). Dass in jeder Stadt viele Essener wohnten, sagt Josephus (Bell. Jud., II, 8, 4 § 124). Es war eine Reformbewegung im Judentum „with the emphasis on the observance of the Law, and repentance ..." (id., p. 71).

Die Entstehung der Sekte fällt sehr wahrscheinlich in die Zeit der Makkabäer/ Hasmonäer. ANDRÉ DUPONT-SOMMER hält es für wahrscheinlich, dass der Lehrer der Gerechtigkeit um 104-103 seine Mission begann und ein Zeitgenosse des Alexander Jannäus gewesen ist (Die Essenischen Schriften vom Toten Meer. Übers. WALTER W. MÜLLER, 1960, 382, Anm. 2). Als „entschiedener Gegner der offiziellen Priesterschaft, an der er seine Missachtung des Gesetzes und seine Gottlosigkeit tadelte, brach er mit dem Tempelgottesdienst, den er als entweiht betrachtete ..." (DUPONT-SOMMER, S. 389) [64]. Hier handelt es sich um die Legitimität: nur ein Zadokide konnte

---

Liste von Schätzen, um reale Schätze handelt es sich nach der Meinung MILIK's also nicht (vgl. VAN DER PLOEG, l.c., 599). CH. RABIN (1956) meint, es ist eine Verzeichnis von Jerusalemer Tempelschätzen (Jewish Chronicle, June 1956, bei A. DUPONT-SOMMER, in RHR, CLI, 1, 1957, 31). DUPONT-SOMMER selbst meint es sind hier die Güter der Gemeinde von Qumran verzeichnet (l.c., 36, siehe auch Die essenischen Schriften, 408 ff. 420). H. H. ROWLEY hält es wie RABIN für eine Verzeichnis der Jerusalemer Tempelschätze (in Festschrift Otto Eissfeldt, 1958, 192). Neu ist die Ansicht MANFRED R. LEHMANN's: „We find, therefore conclusively that the Copper Scroll does not refer to the Temple treasures nor to any hoards which were accumulated while the Temple was functioning, but lists of accumulations from a period following the year 70 of the Christian era. It is entirely possible that the constant hopes for the speedy rebuilding of the Temple were kept alive throughout the years leading up to the Bar Kokhba revolt .... and that, therefore, accumulated redemption funds were systematically hidden and stored away for the day when they again could .... be delivered to Jerusalem and/or the Temple, as intended by the respective donors" (Identification of the Copper Scroll based on its technical term, RQ, 17, T. 5, Fasc. 1, 1964, 97-105, p. 105). Man sollte dann doch die Namen der Schenker erwarten können. Wie RABIN, ROWLEY, ALLEGRO denken wir an Schätze des Jerusalemer Tempels. Dies erklärt auch, dass Josephus nicht berichtet, Titus habe bei der Zerstörung des Tempels (70 n. Chr.) den Tempelschatz geraubt; es ist nur von Plünderung des Heiligtums und der Schatzkammern durch die Soldaten die Rede (Bell. Jud. VI § 317).

[63] The nature of the YAḤAD according to the Manual of Discipline and related Documents, AnLUOS, VI, 1969, 56-81, p. 69, mit reicher Bibliographie; vgl. FRANCIS D. WEINERT, 4Q 159: Legislation for an essene community outside of Qumran?, JSJ, V, 1974, 179-207.

[64] DUPONT-SOMMER betont, dass eine Stelle im Nahum-Kommentar wahrscheinlich eine Anspielung auf Alexander Jannäus enthält: „Die Auslegung dessen betrifft den wütenden Jungleu, [der ... üben wird Ra]che an denen, die schmeichlerische Dinge suchen, — der Menschen lebendig aufhing [am Holz ..., was nicht geschehen war] in Israel vordem ..." (Die Essenischen Schriften, 1960, 382). Es handelt sich um das Vorgehen gegen die Pharisäer, die sich mit Demetrius III. verbunden hatten (vgl. Josephus, Antiq. XIII, 4, 2 § 379 f.; ibid.). Jannäus wird hier aber nicht als Verfolger der Qumransekte, er wird nicht Frevelpriester genannt (ibid.). — Im Habakuk-Kommentar wird der Lehrer der Gerechtigkeit durch die „gottlosen Priester verfolgt, misshandelt und war er hingerichtet" (DUPONT-SOMMER). Der Gelehrte hält Hyrkan II. oder Aristobul II. für den Frevelpriester (RHR, CXXXVII, 1950, 162 ff.; Die Essenischen Schriften, 1960, 380 ff.). Hab.-Komm. IX, 9-12 passt meint DUPONT-SOMMER, auf Hyrkan II.: „Die Auslegung dessen betrifft den gottlosen Priester, den

Hoherpriester sein und die Hasmonäer, obwohl vom priesterlichen Geschlecht, gehörten nicht der Zadokidendynastie an. Hohepriester nicht zadokidischer Abkunft hatte es aber schon vor Jonathan gegeben (Alkimus); es ist demnach kaum wahrscheinlich, dass die Legitimität des Hohenpriesters beim Entstehen der Sekte eine Rolle gespielt hat (JACOB LIVER, *The „Sons of Zadok the Priests" in the Dead Sea Sect, RQ*, 21, T. 6, Fasc. 1, 1967, 3-30, p. 29). LIVER weist hin auf den Habakuk-Kommentar, wo es heisst, der Frevelpriester, der Feind des Lehrers der Gerechtigkeit sei mit dem Namen der Wahrheit benannt worden zu Beginn seines Auftretens, „als er aber die Herrschaft ausübte über Israel, wurde sein Herz stolz und er verliess Gott und er verriet die Gebote um der Reichtümer willen …" (VIII, 8, f.). „Not priestly lineage, but personal acts and outlook are thus seem to be the underlying cause of sectarian wrath" (LIVER, *l.c.*). Es scheint uns, dass hier am ersten an Alexander Jannäus zu denken sei [65].

Die Mehrzahl der Gelehrten hält aber Jonathan, der von Alexander Ballas 152 v. Chr. zum Hohenpriester ernannt worden war, für den Frevelpriester und dessen Vorgänger, das ältere Glied der Zadokidendynastie für den Lehrer der Gerechtigkeit; dieser sei Hoherpriester nach Alkimus gewesen. Dies ist die Meinung HARTMUT STEGEMANN's (*Die Entstehung der Qumrangemeinde*, 1971, bei MURPHY-O'CONNOR, *The Essenes and their History, RB*, 81, 1974, 215-244, p. 224. 229 f.) [66]. GEZA VERMES hatte als erster (1953) Jonathan für den Frevelpriester erklärt.

Der Jerusalemer Tempel hatte für die Sektierer „ceased to be the centre of true worship because of the iniquity of its priesthood" (GEZA VERMES, *The Qumran interpretation of Scripture in its historical setting, AnLUOS*, VI, 1969, 85-97, p. 93). Die Versammlung der Gemeinde „was a provisional substitute for the sanctuary in Jerusalem" (*id.*) und das Kultmahl ein Substitut des Opferkults [67]. In einigen Texten

---

wegen der Frevel, die er am Lehrer der Gerechtigkeit und an den Menschen seines Rats verübt hatte, Gott in die Händen seiner Feinde gab, um ihn zu demütigen durch einen vernichtenden Schlag, in Bitterkeiten der Seele, weil er gottlos gehandelt hatte an seinen Erwählten" (*Die Essen. Schriften*, 381).

[65] Vgl. M. H. SEGAL, *The Habakkuk „Commentary" and the Damascus Fragments, JBL*, 70, 1951, 131-147, p. 137; KARL SCHUBERT, *Die Kultur der Juden, I, Israel im Altertum*, 1970, 178.

[66] Vgl. H. BURGMANN, *Das Kultmahl der Qumrangemeinde, ThZ*, 27, 1971, 385-398, S. 387; J. G. BUNGE, *Zur Gesch. und Chronologie des Untergangs der Oniaden und des Aufstiegs der Hasmonäer, JSJ*, VI, 1975, 1-46. Bunge hält Alkimus für einen Oniaden (p. 11). H. STEGEMANN hat nachgewiesen, dass Josephus' Nachricht, nach Alkimus' Tode habe es ein siebenjähriges Intersacerdotium gegeben, falsch ist. In diesen sieben Jahren ist der Lehrer der Gerechtigkeit Hoherpriester gewesen, der durch Jonathan aus seinem Amt verdrängt wurde (p. 27). Bunge setzt die Flucht des Lehrer der Gerechtigkeit 153/152 v. Chr. an (p. 37). — Siehe jetzt H. BURGMANN, *Gerichtsherr und Generalankläger, Jonathan und Simon, RQ*, IX, 33, 1977, 3-72.

[67] Die Meinung S. H. STECHOLL's, dass die Qumrangemeinde „had what to them was a real Temple replacing the Sanctuary in Jerusalem, where they carried out the customary functions of the Temple, including the offering of live sacrifices" (*The Qumran Sect in relation to the temple of Leontopolis, RQ*,

„the community is represented as the new temple, with two rooms, the ‚Holy place'
and the ‚Holy of holies' ..." (BERTIL GÄRTNER, *The Temple and the Community in
Qumran and the New Testament*, 1965, 44 und p. 26 ff.). Die meisten Texte scheinen
aber darauf zu deuten, „that its replacement was temporary. When the final victory
had been won the temple would once more resume its position at the heart of
national affairs" (GÄRTNER, *o.c.*, 99). Auch nach Gärtner handelt es sich demnach
nicht „d'un abandon définitif du temple". VALENTIN NIKIPROWETZKY hatte diese
Ansicht zu Unrecht GÄRTNER zugeschrieben (*Temple et Communauté, REJ*, CXXVI,
1967, 7-25, p. 11 f.). Auch DAVID FLUSSER betont, dass die Sektierer in ihrer Zu-
kunftserwartung „accepted whole heartedly the traditional Jewish view that sacrifices are essential for atonement. But for the present, they were unable to act in
accordance with this view, since the Temple service as conducted in their time by
their adversaries was entirely wrong, or as they put it, defiled" (*The Dead Sea Sect
and Pre-Pauline Christianity, SH*, IV, 1958, 215-266, p. 229).

Aus aramäischen Fragmenten (Qumran 2) war schon bekannt, dass die Qumran-
Sekte sich wohl für Tempel und Tempelkult interessierte (MAURICE BAILLET,
Fragments araméens de Qumran 2. Description de la Jérusalem Nouvelle, RB, 62, 1955,
222-245). Es ist eine Vision, in der eine zweifellos himmlische Gestalt über den Tempel und den Tempeldienst berichtet „et mesure lui-même l'édifice et les objets qu'il
contient" (p. 243). Es handelt sich hier offenbar nicht um den eschatologischen
Tempel, sondern um den Tempel, welcher den entweihten ersetzen soll. Dies ist
auch der Fall mit der 1967 von Y. YADIN entdeckten Beschreibung des Tempels
(*The Temple Scroll, BA* XXX, 4, 1967, 135-139). Der Verfasser der Beschreibung
„believed or wanted his readers to believe, that it was a divine decree given by God
to Moses, i.e. a Torah" (p. 136). Der Autor der Beschreibung hat, meint YADIN, die
im Alten Testament fehlende Tora über den Tempel, auf die 1. Chron. 28, 11 ff.
hindeutet, vorführen wollen (p. 138). „This missing Torah must have tantalised the
ancients, and it is quite likely that efforts were made to supply it" (*ibid.*). SAUL
LIEBERMANN teilte YADIN mit, dass im palästinischen Talmud (Sanhedrin 29 a) auf
solch eine Rolle, dem Ahitophel zugeschrieben, hingewiesen wird (p. 138).

Der Tempel der Tempel-Rolle enthält drei quadratische, zentrisch gelegene
Höfe, deren Seiten 250, 500 und 1600 Ellen betragen [68]. Zwölf Tore, nach den zwölf
Stämmen benannt, führen in den Aussenhof, zwölf auch vom Aussenhof in den
mittleren Hof (p. 139). Es gibt auch Nebenbauten (ancillary buildings). Über das
Tempelgebäude wird offenbar nichts gesagt. Eine Dekoration auf der Umhüllung

---

VI, 21, 1967, 55-69, p. 55 f. und p. 66) ist von dem Ausgräber, R. DE VAUX, zurückgewiesen worden
(siehe *RB*, 75, 1968, p. 204: Post-Scriptum zu DELCOR's Aufsatz, *Le Temple d'Onias in Egypte*).

[68] *BA*, XXX, 4, 1967, 137 f., Y. YADIN.

einer Rolle aus Qumran-Grotte I zeigt vier zentrisch gelegene Rechtecke, die wohl als Quadrate zu deuten sind [69]. Miss Crowfoot hatte schon die Frage aufgeworfen, ob diese Figur „has perhaps some religious significance" (*o.c.*, 25). Yadin hält es für möglich, dass die Figur den in der Tempel-Rolle beschriebenen Tempel darstellt (*l.c.*, 138). Im kleinsten „Quadrat" haben wir dann das Tempelgebäude zu sehen. Das grösste Quadrat liess sich als Aussenhof deuten. Dagegen spricht aber dessen Umfang: 1600 × 1600 Ellen. Im ezechielischen Tempelentwurf (Ez. 42, 16 f.) hatte der Aussenhof einen Umfang von 500 × 500 Ellen; das sind genau die Masse des mittleren Hofes des auf der Tempel-Rolle beschriebenen Tempels. Die Wahrscheinlichkeit spricht also dafür, dass das grösste Quadrat nicht als Aussenhof, sondern als die Stadt Jerusalem zu deuten ist. Daraus erklären sich auch die zwölf Tore (vgl. Ez. 48, 30-34; Ap. 21, 12). Die zwölf Tore des Aussenhofes deuten auf die Einheit von Stadt und Tempel. In der Zeit des ersten Tempels und in früher Zeit des herodianischen Tempels war „the consumption of the edible portions of sacrifices offered by individuals" nur innerhalb des Tempelgebietes erstattet (Shmuel Safrai, *The Heavenly Jerusalem, Ariel*, 23, 1969, 11-16, p. 13). Später „their consumption was permitted throughout the entire city (Tractate Zevahim, V. 8)" (*ibid.*). Jerusalem erhielt „a degree of sanctity" (*ibid.*). Die Tempelbeschreibung der Essener, in der die Einheit von Stadt und Tempel betont wird, zeugt dafür, dass die Sektierer Jerusalem eine Heiligkeitsstufe zuerkannt haben.

Über die Ableitung des Tempels ist Zweifel kaum möglich. Die quadratische Anlage von Tempel und Stadt lässt sich aus dem ezechielischen Tempelentwurf ableiten. Darin unterscheidet sich der neue Tempel der Qumran-Gemeinde vom Ezechielischen, dass Stadt und Tempel vereint sind; im ezechielischen Entwurf liegt der Tempel, wie wir Kap. IX gesehen haben, ausserhalb der Stadt. Vom herodianischen Tempel ist unser Tempel, wie Yadin bemerkt, „in many details" verschieden und es ist klar „that those who adhered to it could not regard Herod's temple as the one built truly according to God's injunctions" (Yadin, *l.c.*, 138). Es lässt sich nicht ausmachen, ob der Autor der Beschreibung, wie später der Verfasser des Traktates Middot, die Säulenhallen des herodianischen Tempels als heidnische Bauformen abgelehnt habe. Mit grosser Wahrscheinlichkeit darf man annehmen, dass im neuen Tempel kein Frauenhof vorgesehen war. *Antiq.*, XVIII, 1, 5 § 21 heisst es, dass die Essener nicht heirateten. Nach *Bell. Jud.* II, 8, 2 § 120 dachte ein Zweig der Essener über die Ehe gering und da Josephus diesen Zweig als ersten nennt — es gab auch einen zweiten, welcher darüber anders dachte, II, 8, 13 § 160 — wird er wohl der umfangreichere gewesen sein.

Der Jerusalemer Tempel war, wie wir gesehen haben, Heiligtum der jüdischen

---

[69] *Discoveries in the Judaean Desert*, I, 1955, Fig. 4, p. 27, Miss G. M. Crowfoot.

Nation. Die Essener hatten sich zwar vom Jerusalemer Tempel und Tempelkult abgekehrt, sie glaubten aber an eine „régéneration du Temple à la fin des temps. Cette conception ... maintient, et elle seule, Qumran à l'intérieur du judaïsme" (V. NIKIPROWETZKY, *Temple et Communauté*, *REJ*, CXXVI, 19 1967, 7-25, p. 12).

5. *Die Christengemeinde in Jerusalem.* Während die Essener den Jerusalemer Tempel für entweiht hielten und den Tempel nicht betraten (nach Josephus, *Antiq.*, XVIII, 1, 5 § 19 war ihnen der Zutritt zum Heiligtum nicht gestattet) hatte Jesus, der täglich im Tempel lehrte (Mark. 14, 49; Luk. 21, 37-38) den Tempeldienst und den Opferkult nicht verworfen. Aus Jesu Ausspruch: „Und wer da schwört bei dem Tempel, der schwört bei demselben und bei dem, der darin wohnt" (Math. 23, 21), folgt, dass Jesus nach jüdischer Auffassung den Tempel als irdische Wohnsitz Jahwes betrachtet hatte (vgl. Math. 23, 16-17) [70]. Dass er den Opferkult nicht verwarf, dafür zeugt seine Anrede an den Schriftgelehrten und Pharisäer, die sagten: „Wer da schwört bei dem Altar, das ist nichts; wer aber schwört bei dem Opfer, das darauf ist, der ist schuldig". Jesus sagte: „Ihr Narren und Blinden! Was ist grösser: das Opfer oder der Altar, der das Opfer heiligt? Darum, wer da schwört bei dem Altar, der schwört bei demselben und bei allem, was darauf ist" (Math. 23, 18-20). Jesu Achtung vor dem Tempel geht auch, wie J. DERENBOURG betonte, aus Mark. 11, 16-17 hervor: „und er liess nicht zu, dass jemand etwas durch den Tempel trüge" (*Essai*, I, 1967, 171, n. 5 und 202, n. 2) [71]. Es ist hier auch an die Tempelreinigung zu denken (Math. 21, 12-13; Mark. 11, 15-17; Joh. 2, 14-15). „Steht nicht geschrieben, mein Haus soll heissen ein Bethaus allen Völkern? Ihr aber habt eine Räuberhöhle daraus gemacht" (Mark. 11, 17) [72]. J. KING meinte im

---

[70] Über die Vorstellung „Wohntempel" siehe Bd. I, 1970, 637 ff. Dabei ist wohl überall zugleich die „Himmelvorstellung" lebendig gewesen (S. 638); auch bei Jesu, denn es heisst: καὶ ὁ ὀμόσας ἐν τῷ οὐρανῷ ὀμνύει ἐν τῷ θρόνῳ τοῦ θεοῦ καὶ ἐν τῷ καθημένῳ ἐπάνω αὐτοῦ (Math. 23, 22).

[71] Mark. 11, 16-17: καὶ οὐκ ἤφιεν ἵνα τις διενέγκῃ σκεῦος διὰ τοῦ ἱεροῦ. Mit ἱερός ist die ganze Tempelanlage gemeint; es kann sich aber nur um den Aussenhof handeln, denn nur hier konnte man von der einen Seite hinein- und von einer anderen hinausgehen (um den Weg zu verkürzen). — Im Talmud heisst es nach E. STAPFER: „Quel est le respect que l'on doit au Temple? — c'est que personne ne vienne dans la cour des paiens avec son bâton, avec ses chaussures, avec sa bourse, avec de la poussière aux pieds, et qu'il ne s'en serve pas comme de chemin en la traversant, et qu'il n'en fasse pas un endroit où il crache à terre" (Mischna *Berakhot*, IX, 5; babyl. *Jevanoth*, fol. 6, b, E. STAPFER, *La Palestine au Temps de Jésus-Christ d'après Le Nouveau Testament, l'Historien Flavius Josèphe et les Talmuds*, 1885, 394, n. 6).

[72] GEORGE WESLEY BUCHANAN vermutet, dass σπήλαιον λῃστῶν (Räuberhöhle; Mark. 11, 17) nicht zu den *ipsissima verba Jesu* gehört (*Mark. 11, 15-19: Brigands in the Temple*, *HUCA*, XXX, 1959, 169-177, p. 176). Josephus bezeichnet die Zeloten und Sikarii als λῃσταί oder λῃστρικοί. „First century Christians certainly must have known about the λῃσταί who hid in σπήλαια during the first Jewish resistance movement against the Romans. They had also seen within the generation when Mark was written, that the temple had really become a σπήλαιον λῃστῶν" (p. 177). Der Tempel war 68-70 „a zealot stronghold" (p. 176). BUCHANAN meint σπήλαιον λῃστῶν (Mark. 11, 17) ist „an

vorigen Jahrhundert, aus τὸ ἱερὸν schliessen zu dürfen, dass die Kaufleute und Geldwechsler bis innerhalb des vom *druphaktos* umschlossenen Raums gekommen wären (*Recent Discoveries on the Temple Hill at Jerusalem*, 1884, 136-137). Mit τὸ ἱερὸν ist hier die Gesamtanlage des Heiligtums gemeint; Kaufleute und Wechsler befanden sich sicher in den Hallen des Aussenhofes, wohl besonders in der königlichen Halle. Richtig sagt NEILL Q. HAMILTON: „If Jesus had wished to oppose the sacral function of the temple, he would have passed through the court of the gentiles to make his protest where the sacrifices were actually offered" (*Temple cleaning and Temple Bank*, *JBL*, LXXXIII, 1964, 365-372, p. 372). Die Erklärung der Tempelreinigung liegt nach HAMILTON im Hauptthema von Jesu Erkündigung: „the nearness of the kingdom. The approaching kingdom suspended all competitive concern for the economic things of a world soon to be renewed or replaced" (*l.c.*). Hamilton weist auf Zach. 14, 21 Schluss: „Und wird kein Kanaaniter mehr sein im Hause des Herrn Zebaoth zu der Zeit" (Luther; d.h. keine Kaufleute). Jesus „was probably acting in fulfillment of the obligation laid upon him by Zechariah" (*ibid.*). Der Hohepriester und die priesterliche Aristokratie dachten darüber natürlich anders. „Jesus was in effect attacking the sacerdotal aristocracy; for the money-changers and other traders could have operated there only under licence from the higher clergy who controlled the temple" [73]. „Diese Szene kann ... vom sadduzäischen Hohepriester nicht anders verstanden worden sein, als dass Jesus in seinen unmittelbaren Amtsbereich eingegriffen hatte" [74].

Es gibt in den Evangelien keine Stelle „plus obscure que le discours de Jésus sur la ruine du temple rapporté par les trois synoptiques" (A. FEUILLET, *Les Discours de Jésus sur la ruine du Temple*, *RB*, 1948, 481-502). „Wahrlich ich sage euch: Es wird hier nicht ein Stein auf dem andern bleiben, der nicht weggebrochen werden wird" (Math. 24, 2; vgl. Mark. 13, 2; Luk. 21, 6). Als Jesus vor dem Hohen Rat stand, sagten zwei falsche Zeugen: „Er hat gesagt: Ich kann den Tempel Gottes abbrechen und in drei Tagen ihn bauen" (Math. 26, 60-61) [75]. H. J. SCHOEPS bemerkt dazu: „Die Form, in der dieser Ausspruch Jesu bei Mark. 14, 58 überliefert ist mit dem Zusatz: ἀχειροποίητον, [nicht mit Händen gemacht] öffnet allen späteren Deutungen schon Tür und Riegel" [76]. Es ist in Jesu Worten nur vom Abbrechen des Tempels,

---

existential interpretation of Jer. 7. 11 and Isa, 56. 7 by the early Christian church after the fall of Jerusalem" (p. 176). „The whole pericope, Mark. 11. 15-19 is composite in nature" (*ibid.*).

[73] S. G. F. BRANDON, *Jesus and the Zealots*, 1967, 311; vgl. PAUL WINTER, *On the trial of Jesus*, *Studia Judaica*, I, 1961, 143.

[74] KURT SCHUBERT, *Die Kultur der Juden*, I, 1970, 198.

[75] Math. 26, 60-61: οὗτος ἔφη· δύναμαι καταλῦσαι τὸν ναὸν τοῦ θεοῦ καὶ διὰ τριῶν ἡμερῶν οἰκοδομῆσαι.

[76] *Die Tempelzerstörung des Jahres 70 in der jüdischen Religionsgesch. Coniectanea Neotestamentica edenda curavit Anton Fridrichsen*, VI, 1942, 1-45, S. 4.

nicht vom Wiederaufbauen die Rede [77]. „Im Judentum der Zeitwende sprach man schon längst viel von der oberen Himmelsstadt, die von ewigen Zeiten her bei Gott aufbewahrt sei, um einmal von dort herunterzusteigen" (KARL LUDWIG SCHMIDT, *Jerusalem als Urbild und Abbild, Eranos Jahrbuch*, XVIII, 1950, 207-248, S. 221). Nach KURT SCHUBERT hat die Vorstellung vom himmlischen Tempel, der an Stelle des irdischen treten soll und vom himmlischen Jerusalem, ihren Ursprung in der Ideologie der priesterlich-apokalyptischen Ḥasidäer (*Die Kultur der Juden*, I, 1970, 168). Nach DAVID FLUSSER entstand diese Vorstellung weit früher und zwar in der Zeit des Serubbabelschen Tempels, als man den Kontrast fühlte zwischen „the poverty of the house which they were building and the real or imagined splendours of the Solomonic Temple" (*Two Notes on the Midrash on 2 Sam. VII, IEJ*, 9, 1959, 99-109, p. 99). K. L. SCHMIDT weist hin auf die Henoch-Apokalypse 90, 28 ff. wo geschildert wird, wie der präexistente neue Tempel an die Stelle des jetzigen alten und irdischen tritt: „Ich stand auf, um zu sehen, bis dass er jenes alte Haus ‚einwickelte'. Man schaffte alle Säulen hinaus; alle Balken und Verzierungen jenes Hauses wurden mit ihm eingewickelt. Man schaffte es hinaus und legte es an einen Ort im Süden des Landes. Ich sah, bis dass der Herr der Schafe ein neues Haus brachte, grösser und höher als jenes erste, und es an dem Orte des ersten aufstellte, das eingewickelt worden war. Alle seine Säulen waren neu, auch seine Verzierungen waren neu; und ‚der Herr der' Schafe war darin" (KAUTZSCH, *Die Apokryphen*, II, 1900, 297, z. St.; G. BEER) [78]. Jesus hat wie aus Math. 23, 16-17. 18-20. 21 hervorgeht, den Tempel und den Tempelkult positiv beurteilt. „Jesus reinigt den Tempelkult, er sucht nicht ihn zu beseitigen" (OSCAR CULLMANN, *Jesus und die Revolutionären seiner Zeit*, 1970, 37; anders urteilt H. KOSMALA, *Hebräer-Essener-Christen*, 1959, 376). Jesus kann u.E. nicht gemeint haben, dass der Tempel endgültig vom Erdboden verschwinden werde. Er kann u.E. nur gemeint haben, der heutige Tempel wird abgebrochen und durch den präexistenten ersetzt werden. Daraus erklärt sich auch ἀχειροποίητον „nicht mit Menschenhänden gemacht" (Mark. 14, 52).

---

[77] Math. 24, 2; Mark. 13, 2; Luk. 21, 6.

[78] Nach der Meinung G. THEISSEN's bezieht sich Äth. Hen. 90, 28 f. nicht auf den Tempel, sondern auf Jerusalem (*Die Tempelweissagung Jesu. Prophetie im Spannungsfeld von Stadt und Land, ThZ*, 32, 1976, 144-158). THEISSEN bezieht sich auf die gründliche Untersuchung von L. GASTON, *No stone on another, Nov. Test. Suppl.* 23 (1970), s. 65-243. — Vom Buch Henoch, vorher nur Äth. bekannt, sind in Qumran (Q C 4) grosse Fragmenten in Aramäisch gefunden worden (*JJS*, XXVI, 1975, 7, GEZA VERMES). — HUGH NIBLEY sagt u.E. mit recht: „The famous prophecy that not one stone should remain upon another, hailed by the churchmen as a guarantee of eternal dissolution, contains nothing to confirm or deny a future restoration . . . " (*Christian Envy on the Temple, JQR*, L, 1959, 97-123, p. 108-109). Wir können NIBLEY nicht folgen wenn er unter Bezug auf V. TAYLOR zufügt: „and may well have been spoken „with the sorrow of a patriot rather than the wrath of an iconoclast" (V. TAYLOR, *Jesus and His Sacrifice*, 1937, p. 71). Wir glauben annehmen zu müssen, dass die Worte gesprochen sind in der Überzeugung, dass der alte Tempel durch einen herrlicheren ersetzt werden wird.

Während Jesus nach altjüdischem Glauben den Tempel als die irdische Wohnstätte Jahwes betrachtete, sagte Stephanus etwa zehn Jahre nach dem Tode Jesu, Gott wohne nicht in Bauten, von Menschenhänden gemacht; der Himmel sei seinen Thron und der Erde der Schemel seiner Füsse wie der Prophet sagt (Act. 7, 48 f.; Jes. 66, 1-2). Falsche Zeugen hatten gesprochen: „Dieser Mensch hört nicht auf, zu reden Lästerworte wider diese heilige Stätte und das Gesetz. Denn wir haben ihn hören sagen: Jesus von Nazareth wird diese Stätte zerstören und ändern die Sitten, die Mose uns gegeben hat" (Act. 6, 13-14). Da ausdrücklich gesagt wird, es seien falsche Zeugen gewesen, war das Zeugnis kaum von Wert. Was Stephanus gesagt hatte, hören wir, als er vor dem Hohen Rat steht: Der Allerhöchste wohnt nicht [in Tempeln] die mit Händen gemacht sind ..." (Act. 7, 48). Das war, wie er betonte, auch die Ansicht Jesaja's (Jes. 66, 1-2). Dass Stephanus den Tempel nicht als Jahwe's Eigentum betrachtet habe, lässt sich aus seinen Worten aber nicht schliessen. Auch bei Jesaja 66, 6 heisst es: „Man wird hören eine Stimme des Getümmels in der Stadt, eine Stimme vom Tempel, eine Stimme des Herrn, der seinen Feinden bezahlt" (Luther). Ebensowenig lässt sich aus seinen Worten schliessen, dass er den Tempelkult als Abfall vom wahren Gott verwirft, wie ED. MEYER meint (*Ursprung und Anfänge des Christentums*, III, 1923, 272). Er verwirft die Auffassung, dass Gott im Jerusalemer Tempel wohne und dies war Grund genug ihm zu verfolgen, denn das Judentum war davon überzeugt, dass Jahwe auf dem Zion thronte. PAUL WINTER hat nicht ganz Unrecht, wenn er meint, dass Stephanus aus politischen Gründen verurteilt worden sei (*On the trial of Jesus*, 1961, 130), denn die Behauptung, dass Gott nicht in Jerusalem wohne, kam Hochverrath gleich. Stephanus ist gesteinigt worden (Act. 7, 56) und die griechisch sprechenden Christen sind aus Jerusalem vertrieben worden. Act. 8, 1 heisst es, sie (die Christen) „zerstreuten sich alle in die Länder Judäa und Samarien, ausser den Aposteln". Dass nur die Apostel in Jerusalem zurückgeblieben sind, ist nicht anzunehmen; die Christengemeinde in Jerusalem bestand aber „seitdem aus blossen Hebräern"[79]. Die Judenchristen in Jerusalem haben weder den Tempel noch den Opferkult verworfen; „the Jerusalem Christians continued faithful to the cultus of Judaism ..."[80]. Was Josephus über

---

[79] F. C. BAUR, *Kirchengesch. der drei ersten Jahrhunderte*[3], 1863, 43. — Über „hebraioi" und „hellenistai" siehe P. LAPIDE in *RQ*, 32, t. 8, Fasc. 4, 1975, 498 und n. 89.

[80] BRANDON, *The Fall of Jerusalem and the Christian Church*, 1951, 37 ff.; vgl. H. C. SNAPE, *After the Crucifixion or „The Great forty days"* Numen, XVII, 2, 1970, 188-199, p. 190. Siehe auch W. D. DAVIES, *Jerusalem et la terre dans la tradition chrétienne* (Übers. aus d. Eng. durch J. CL. INGELAERE, *RHPhR*, 55, 1975, 491-533, bes. 504 ss.: Le Temple et l'Eglise). Auch Paulus hat den Tempel nicht radikal verworfen; „on ne trouve aucune trace de critique contre le sacerdoce ou le système du temple' (p. 505). Act. 22, 17 betet Paulus im Tempel (*id.*) „Paul gardait pour le Temple la vénération qu'il avait en tant que Juif, bienque cette vénération soit finalement rejetée dans l'ombre par sa conviction

Jakobus dem Bruder Jesu berichtet (*Antiq.*, XX, 9, 1 § 200 f.), lässt darauf schliessen, dass auch er dem Tempelkult anhing, das Gesetz aber weniger streng befolgte als die eifrigsten Beobachter des Gesetzes (vgl. SNAPE, *l.c.*). Nach Hegesippus (2. Jahrh. n. Chr.), der einen Kommentar zu Act. schrieb (er war ein zum Christentum bekehrter Jude), war Jakobus fortwährend in dem Tempel und soll das Vorrecht gehabt haben, das Heiligtum zu betreten (τούτῳ μόνῳ ἐξῆν εἰς τὰ ἅγια εἰσιέναι) [81]. Dass er den naos betreten habe, ist kaum anzunehmen, denn er war kein Priester.

BRANDON vermutet, dass mit dem „Greuel der Verwüstung" Mark. 13, 14 (Mark. Kap. XIII ist bekannt als die Kleine Apokalypse) Caligula's Plan, sein Bild im Jerusalemer Tempel aufzustellen, gemeint sei [82]. Caligula's plötzlicher Tod (41 n. Chr.) „must have seemed a veritable act of mercy on the part of Yahwe for the sake of his own people, for thus the threatened calamity was staged" (BRANDON, *o.c.*, 108). Dass die Judenchristen „had fully participated in the national agitation is surely testified by the preservation of this apoclyptic writing in the primitive Christian tradition" (*id.*, p. 109).

Der Tempel war nicht nur Heiligtum der jüdischen Nation, er war, wie wir gesehen haben, auch Symbol der staatlichen Selbständigkeit, sicher auch für die Judenchristen. Die Jünger Jesu haben gemeint, dass Jesus das Königreich Israel wiederaufrichten werde. Dass mit der Jesus-Bewegung politisch-revolutionäre Tendenzen verknüpft gewesen sind, unterliegt nicht dem Zweifel. Dafür zeugen Act. 1, 6, Math. 19, 28, Luk. 19, 11; 22, 30 [83]. Die Judenchristen, meint Brandon, bildeten eine Gruppe „closely allied by sympathy and outlook with the Zealots" [84]. Wie die Inschrift über dem Kreuz, „König der Juden" (Mark. 15, 26) zeigt, ist Jesus von den Römern als Revolutionär verurteilt worden [85]. Während aber die Zeloten die staat-

irrésistible que l'Église était le Temple du Dieu vivant: le lieu saint a cédé la place à la communauté sainte" (*ibid.*).

[81] BRANDON, *Jesus and the Zealots*, 1967, 119 f., 122.

[82] *The Fall of Jerusalem*, 1951, 107; Ders., *Jesus and the Zealots*, 1967, 88; vgl. FELIX FLÜCKIGER, *Luk. 21, 20-24 und die Zerstörung Jerusalems*, ThZ, 28, 1972, 385-390: „Mit dem „Greuel der Verwüstung" Mark. 13, 14 dürfte eine Tempelschändung gemeint sein.

[83] Vgl. PAUL WINTER, *On the Trial of Jesus*, 1961, 138. — Wir zitieren G. BARDY: „Wesentlich ist die Feststellung, dass im ersten Evangelium Jesus in der Gestalt des jüdischen Messias auftritt — wenn auch nicht so, wie ihn die nationale Richtung erwartete, die von der Hoffnung auf eine Wiederaufrichtung des Reiches Davids erfüllt war — doch wenigstens so, wie ihn die von der prophetischen Lehre durchdrungenen frommen Seelen ersehnten. Eine solche, in ganz bestimmter Richtung orientierte Darstellung der Mission Jesu musste vor allem in jüdischen oder judaisierenden Milieus Gefallen finden, deren geistige Unruhe sie verrät. Sie konnte aber den Griechen, die die Heiligen Bücher nicht kannten, wenig bedeuten" (*Die Religion Jesu. Christus und die Religionen der Erde*, III, 1951, 547-642, S. 557).

[84] *Jesus and the Zealots*, 1967, 201; siehe aber weiter unten und Anm. 86.

[85] Vgl. OSCAR CULLMANN, *Jesu und die Revolutionären seiner Zeit*, 1970, 23. 47; PAUL WINTER, *On the trial of Jesus*, 1961, 50. — Darüber ob Jesus durch die Römer, oder durch das Sanhedrin zum Tode verurteilt worden ist, besteht freilich keine Einstimmigkeit. Die Mehrzahl der Gelehrten ist der

liche Selbständigkeit mit Gewalt herbeiführen wollten, verkündete Jesus das Gottes-
reich, das von Gott her kommen werde [86]. Die Verurteilung und Kreuzigung Jesu
durch die Römer wird vermutlich viele Judenchristen ganz auf die Seite der Zeloten
getrieben haben, wie sich schon unter Jesu Jünger ein Zelot befunden hatte (Math.
10, 4; Mark. 3, 18: Simon der Zelot; *kananaios* ist nicht Kanaanäer, es ist das ins
Griechische umschriebene Wort für Zelot, vgl. hebr. *qna*: Eifer; OSCAR CULLMANN,
Jesus und die Revolutionären, 1970, 22, Anm. 11). Die Judenchristen, die von Jesus die
Wiedererrichtung des Reiches Israel erwartet hatten, haben auch nach seinem Tode
dem Tempel besondere Achtung bewahrt. Solange der Tempel aufrecht stand,
haben die Juden und die Judenchristen wahrscheinlich die Hoffnung auf die staatliche Selbständigkeit nicht aufgegeben. So hören wir, dass die Christen täglich und
stets beieinander im Tempel waren (Act. 2, 46; vgl. 3, 1).

Meinungsverschiedenheiten bestehen darüber, ob die Christen zur Zeit der
Tempelzerstörung 70 n. Chr. noch in Jerusalem waren, oder ob sie sich beim Ausbruch des grossen Krieges gegen Rom (66-73 n. Chr.) aus Jerusalem geflüchtet
hatten. Nach Euseb (*Kirchengesch*. III, 5, 3) hätten die Christen vor dem Krieg durch
eine Offenbarung den Befehl erhalten, Jerusalem zu verlassen, um sich in einer
Stadt in Peraea namens Pella niederzulassen. BRANDON hält diese von vielen für wahr
gehaltene Tradition für ungeschichtlich [87]. JOHN J. GUNTHER, hält die Flucht für

---

Meinung, dass die Juden für Jesu' Kreuzigung nicht verantwortlich sind. — S. ZEITLIN, *The crucifixion of Jesus re-examined*, *JQR*, 31, 1940-1941, 327-369; 32, 1941-1942, 175-189, 279-301; Ders.,
Who crucified Jesus, 1942; M. S. ENSLIN, *Who crucified Jesus?*, über ZEITLIN's Buch, *JQR*, 33, 1942-1943,
491-495; es bleiben nach ENSLIN noch viele Fragen offen; J. BLINZLER, *Der Prozess Jesu*, 1951,
Bespr. durch P. BENOIT, *RB*, 60, 1953, 452-453: Jesus ist durch das Sanhedrin zum Tode verurteilt
worden, p. 453. Ähnlich urteilt BENOIT, p. 453. Die engl. Ausgabe erschien 1959: *The Trial of Jesus*;
Bespr. durch ZEITLIN in *JQR*, 53, 1962, 77-88. ZEITLIN betont, dass weder Petrus „nor the Apostolic
Fathers ever brought the charge against the Jews that they had crucified Jesus" (*JQR*, 32, 1941-1942,
p. 299). Erst in einer späteren Zeit, als die Politik der Christen war, den Römern „not to antagonise",
ist die Schuld auf die Juden geschoben worden (*ibid.*).

[86] Wir zitieren MARCEL SIMON: „C'est une gageure de vouloir reduire le christianisme naissant à
une forme de nationalisme juif. Il est également difficile de la comprendre vraiment en l'isolant de
son contexte. Le courant que l'on désigne communément sous l'appellation de zélote représentait
pour Jésus et ses disciples une réalité toujours présente — et peut-être une tentation — par rapport à
laquelle il leur fallaît se définir, mais en prenant leurs distances bien plutôt qu'en constatant un
accord fondamental entre les deux mouvements" (S. G. F. Brandon (1907-1971), *Numen*, XIX, 1972,
88). — Einstimmigkeit besteht darüber, dass Jesus nie, wie die Zeloten (und im Anfang die Jünger
Jesu) die staatliche Selbständigkeit im Auge hatte (vgl. Math. 22, 21; Mark. 12, 17; Luk. 20, 25). Es
lässt sich nicht ausmachen, ob Jesus auch aufgetreten wäre, wenn es damals keine nationalistische
Bewegung gegeben hätte.

[87] *The Fall of Jerusalem*, 1951, 167 ff., The Fate of the Palestinian Church, 174 und 172 n. 2; Ders.,
Jesus and the Zealots, 1967, 208 ff. und 209, n. 1. OSCAR CULLMANN sagt dazu: „Die Bestreitung . . . .
scheint mir nicht gelungen zu sein" (*Jesus und die Revolutionären seiner Zeit*, 1970, 70, Anm. 25). SIDNEY
SOWERS untersucht die von BRANDON vorgeführten Gründe und hält sie für nicht zureichend (*The
Circumstances and Recollection of the Pella Flight*, ThZ, 26, 1970, 305, 320). SOWERS meint, Winter 67-68,

historisch, er meint aber, „it is unsafe to go beyond the Biblical evidence that only the flight from Jerusalem was directed" [88]. Nach der Meinung BRANDON's ist die Jerusalemer Christengemeinde im Krieg gegen Rom untergegangen. GUNTHER weist hin auf Josephus *Bell. Jud.* II, 20, 1 § 556 wo berichtet wird: „Nach der Niederlage des Cestius verliessen viele angesehene Juden die Stadt, wie man sich aus einem sinkenden Schiff durch Schwimmen rettet" (Übers. MICHEL-BAUERNFEIND, z.St.). Darunter könnten sich sicher auch Christen befunden haben; dass die ganze Christengemeinde Jerusalem verlassen habe, ist u.E. nicht anzunehmen. Der Tempel war das Heiligtum auch der Judenchristen; es wird unter ihnen sicher viele gegeben haben, welche das Heiligtum gegen die Römer verteidigt haben. Dass Ap. 21, 22 so nachdrücklich gesagt wird: „Und ich sah keinen Tempel darin" [sc. im himmlischen Jerusalem] zeugt u.E. dafür, dass die Christen noch im 2. Jahrhundert die Zerstörung des Tempels schmerzlich empfunden haben [89]. Auch dies macht es unwahrscheinlich, dass sie nicht an die Seite der Zeloten mitgestritten haben, als die Römer den Tempel belagerten. GUNTHER hat recht, wenn er sagt, dass der Beweis dafür fehlt (*l.c.*, 90). Der geschichtliche Beweis, dass die Christen sich aus Jerusalem geflüchtet hätten, fehlt aber ebenfalls und innere Gründe sprechen doch eher dagegen.

nach Phanni's Ernennung als Hoherpriester, „seems the most probable time for the Pella flight to have taken place" (p. 319). Dies würde besagen, dass die Christen den Tempel damals für entweiht gehalten hätten. Sie haben ihm aber noch nach der Zerstörung 70 n. Chr. Achtung erwiesen; siehe weiter unten.

[88] *The Fate of the Jerusalem Church. The Flight to Pella*, ThZ, 29, 1973, 81-94, p. 89.

[89] Nach G. BARDY ist das Johannes-Evangelium „das radikalste antisemitische Werk des Neuen Testament" (*Christus und die Religionen der Erde*, III, 1951, 559). Seine Abfassung pflegt man im allgemeinen „um das Ende des ersten Jahrhunderts anzusetzen" (p. 556). Opposition gegen den Jerusalemer Tempel kennzeichnet nach O. CULLMANN die Johanneische Theologie (*L'opposition contre le Temple de Jérusalem, motif commun de la théologie Johannique et du monde ambiante*, New Test. Stud. 5, 1958-59, 157-173). Auch dies deutet u.E. doch wohl darauf, dass viele Christen noch hohe Achtung für den zerstört daliegenden Jerusalemer Tempel gehegt haben müssen.

XVII. KAPITEL

UNTERGANG DES JERUSALEMER TEMPELS

A — ROM — DER GOTTLOSE FEIND

Das „Vorspiel" des grossen Krieges gegen Rom (66-73 n. Chr.), der zum Untergang des Jerusalemer Tempels führte, lässt sich weit über den Abfall von Rom im Jahre 66 n. Chr., da das Opfer für den Kaiser eingestellt wurde[1], zurückverfolgen. Als nach Herodes' Tode 4 v. Chr. Archelaos (4 v. - 6 n. Chr.), der von Herodes in seinem Testament als Thronfolger ernannt worden war, die Herrschaft antrat, versammelte sich sofort eine Schar Unzufriedener, die um Erleichterung der Steuer baten. Sie forderte auch die Freilassung der von Herodes ins Gefängnis geworfenen und Absetzung von Leuten, welche unter Herodes hohe Posten bekleidet hatten um auf diese Weise den Tod der Männer zu rächen, welche von Herodes hingerichtet worden waren, als Strafe dafür, dass sie den goldenen Adler von der Tempelfront abgehauen hatten. Sie forderten überdies Absetzung des von Herodes eingesetzten Hohenpriesters und Ernennung eines gesetzmässigen (*Bell. Jud.* II, 1, 2 §§ 4 f.). Ein von Archelaos zu den Unzufriedenen gesandter Offizier wurde mit Steinwürfen vertrieben, noch ehe er ein Wort gesprochen hatte (§ 8 f.). Einer von Archelaos unter der Leitung eines Tribunen gesandte Kohorte gelang es nicht, die Anführer der Unzufriedenen zu greifen und die Ruhe kehrte erst wieder, als die gesamte Streitmacht angerückt war und an dreitausend Juden bei der Darbringung der Opfer niedergemacht worden waren (*Bell. Jud.* II, 1, 3 § 13). Nach der Abreise des Archelaos nach Rom, um von Kaiser Augustus die Bestätigung als Thronfolger zu erhalten, breitete sich der Aufstand wieder aus (*Antiq.* XVII, 10, 1 § 251), was aber der Statthalter von Syrien, Quintilius Varus, vorausgesehen hatte, weswegen er mit drei Legionen in Jerusalem einrückte. Gegen diese Streitmacht haben die Jerusalemer offenbar nichts unternommen, denn als Varus wieder abgereist war, hatte er nur eine Legion in der Stadt zurückgelassen (*Bell. Jud.* II, 3, 1 § 40/41). Der Aufruhr brach wieder aus, als der Finanzverwalter von Syrien, Sabinus, nach Jerusalem kam um nach den Schätzen des Herodes zu forschen. Es

---

[1] Rom hatte von den Juden nicht den Kaiserkultus verlangt; „man begnügte sich damit, dass täglich zweimal im Tempel zu Jerusalem „für den Cäsar und das römische Volk" geopfert wurde". (SCHÜRER, *Gesch.*, I⁵, 1920, 483). Siehe über dieses Thema J. JUSTER, *Les Juifs dans l'empire romain*, I, 1914, 339 ss.

war damals gerade das Pfingstfest und viele Juden waren aus Galiläa, Idumäa, Jericho und aus Peräa jenseits des Jordans in Jerusalem zusammengeströmt. Die meisten waren aber aus Judäa und diese kamen, sagt Josephus, nicht so sehr, um das Fest zu feiern, als um ihre Erbitterung auszudrücken (*Bell. Jud.* II, 3, 1 § 42; *Antiq.* XVII, 10, 2 § 254). Aller Wahrscheinlichkeit nach haben die Juden damals die Absicht gehabt, die Römer aus Jerusalem zu vertreiben. Sie teilten sich in drei Gruppen: eine besetzte die Nordseite des Tempels, eine die Rückseite beim Hippodrom, die dritte stand beim Palast des Herodes[2]. Die Römer waren umzingelt; Sabinus hatte sich auf den Turm Phasael zurückgezogen. Beim Tempel kam es zu einem Treffen, wobei die Römer anfangs den Juden überlegen waren; dann aber, als die Juden die Säulenhalle des Aussenhofes bestiegen hatten und den Feind auch vom Dach der Halle her beunruhigten, änderte sich die Lage. Es gelang aber den Römern, die Halle in Brand zu stecken und viele Juden sind dabei umgekommen, während die Römer in den Besitz des Tempels kamen. Nach *Bell. Jud.* II, 3, 3 § 50 raubten die Soldaten den Tempelschatz — etwa 400 Talente — und Sabinus eignete sich an, was übrig war; nach *Antiq.* XVII, 10, 2 § 264 nahm Sabinus vierhundert Talente weg, während die Soldaten sich einen grossen Teil des Schatzes zueigneten. Niedergeschlagen war der Aufruhr damit nicht. Die Juden umzingelten den Palast des Herodes, auf den Sabinus sich — wohl mit einer Kohorte — zurückgezogen hatte und sie drohten die ganze Besatzung niederzumachen, wenn sie sich nicht unter Gewährung des freien Abzugs aus der Stadt entfernten. Die Mehrzahl der königlichen Truppen — die Truppen des Herodes — hatte sich der Revolte angeschlossen. „Die Juden führten die Belagerung beharrlich weiter; sie versuchten, die Festigkeit der Mauern zu erschüttern und bestürmten die Truppen des Sabinus mit Zurufen, sie sollten doch abziehen und denen, die nach langer Zeit die Unabhängigkeit der Vorväter wieder erlangen wollten, nicht weiter im Wege stehen" (*Bell. Jud.* II, 3, 4 § 53-54; Übers. MICHEL-BAUERNFEIND, z.St.). Die Revolte hatte also klar den Charakter einer Freiheitsbewegung. Es war ein Versuch, lange vor dem Anfang des grossen Krieges das römische Joch abzuschütten. Sabinus traute dem Versprechen eines freien Abzugs nicht und da er auf baldige Hilfe von Varus rechnete (schon beim Anfang des Aufruhrs hatte er den Varus wissen lassen, dass die Legion gefahrlief, aufgerieben zu werden), hielt er die Belagerung aus (*Bell. Jud.* II, 3, 4 § 54; *Antiq.* XVII, 10, 3 § 268). Als dann Varus mit zwei Legionen und den dazu gehörigen Reiterabteilungen über Ptolemais (Akko) und Samaria nach Jerusalem kam — bei Ptolemais hatte König Aretas IV. von Nabatäa sich aus Hass gegen den doch schon gestorbenen Herodes dem römischen Heer angeschlos-

---

[2] *Bell. Jud.* II, 3, 1 § 44; *Antiq.* XVII, 10, 2 § 255. Die genaue Lage des Hippodrom ist nicht bekannt (vgl. MICHEL-BAUERNFEIND, *De Bello Judaico*, I, 1959, 429, Anm. 8).

sen —, haben die Juden, wohl im Hinblick auf die grosse Übermacht, die Tore der Stadt geöffnet. „Die Einwohner der Stadt jedoch nahmen Varus auf und suchten die Schuld am Aufstand abzustreiten. Sie behaupteten, nichts mit den Unruhen zu tun gehabt zu haben, wegen des Festes seien sie genötigt gewesen, das Landvolk aufzunehmen; man könne eher sagen, sie seien mit den Römern zusammen belagert gewesen, als dass sie mit den Aufständischen an der Belagerung teilgenommen hätten" (*Bell. Jud.* II, 5, 2 § 73; Übers. MICHEL-BAUERNFEIND, z.St.). Noch bevor Varus nach Jerusalem kam, hatte ein Teil seines Heeres unter der Führung seines Freundes Gajus Städte und Dörfer in Galiläa verwüstet und verbrannt; die Einwohner von Sepphoris sind in die Sklaverei geführt worden (*Bell. Jud.* II, 5, 1 § 68; *Antiq.* XVII, 10, 9 § 289). Nach der Meinung der Jerusalemer sassen die Hauptschuldigen der Revolte also unter dem Landvolk. Aufruhr hatte es aber in Jerusalem schon vor dem Pfingstfest gegeben und die Bewegung war demnach von den Jerusalemern ausgegangen, wenn auch ähnliches sich vordem schon in Galiläa ereignet hatte. Wir hören nicht, dass Varus in Jerusalem sofort blutige Rache an die Jerusalemern genommen hätte und dies deutet vielleicht darauf, dass es in Jerusalem viele römerfreundliche Einwohner gegeben hatte. „Varus schickte nun einen Teil des Heeres in Streifscharen gegen die Urheber des Aufruhrs über Land; viele wurden eingebracht und diejenigen, deren Beteiligung am Aufstand weniger erheblich zu sein schien, liess er gefangen setzen, die Hauptschuldigen aber, an 2000, liess er kreuzigen" (*Bell. Jud.* II, 5, 2, § 75; Übers. id.; vgl. *Antiq.* XVII, 10, 10 § 295). In Talmudischen Schriften ist dieses Jahr (4. v. Chr.) bekannt als die „Epoche der Varuskriege" (SIMON DUBNOW, *Weltgesch. des jüdischen Volkes*, II, 1925, 303).

Versuche, das Joch der Fremdherrschaft abzuwerfen, hatte es nicht erst nach Herodes' Tode gegeben. Schon der von Josephus als Räuberhauptmann bezeichnete und von Herodes (als er noch nicht an der Macht war) getötete Ezekias [3] hatte in Galiläa eine Freiheitsbewegung geleitet und dessen Sohn Judas brachte 4 v. Chr. in Sepphoris eine Gruppe zusammen, die er, als er die königlichen Zeughäuser geplündert hatte, bewaffnete um diejenigen anzugreifen, sagt Josephus, welche nach der Herrschaft strebten (*Bell. Jud.* II, 4, 1 § 56; *Antiq.* XVII, 10, 5 § 271). Ihm stand wahrscheinlich die staatliche Unabhängigkeit unter der Leitung eines legitimen Hohenpriesters vor Augen. Andere strebten tatsächlich nach der Herrschaft, wie ein gewisser Athrongaios, der mit seinen drei Brüdern das Land verheerte (*Bell. Jud.* II, 4, 6 § 60 f.; *Antiq.* XVII, 10, 7 § 278 f.). Für Josephus handelt es sich nur um Räubereien, dagegen spricht aber, dass die Bewaffneten, wie er selbst sagt, besonders Römer und königliche Anhänger umbrachten (*Bell. Jud.* II,

---

[3] *Bell. Jud.* I, 10, 5 § 204; II, 17, 9 § 441; *Antiq.* XIV, 9, 2 § 159.

4, 3 § 62; *Antiq.* XVII, 10, 7 § 281). Dass auch wohlhabende Juden umgebracht wurden (*ibid.*), erklärt sich daraus, dass die besitzende Klasse im allgemeinen prorömisch war.

Archelaos, durch Kaiser Augustus zum Ethnarchen ernannt (4. v. Chr.), behandelte die Juden und die Samaritaner in Erinnerung an die früheren Unruhen so grausam, dass beide Gruppen ihn beim Kaiser verklagten, was zu Archelaos' Verbannung nach Vienne (in Gallien) führte (*Bell. Jud.* II, 7, 3 § 111 f.; *Antiq.* XVII, 13, 2 § 342f.). Das war im neunten Jahre seiner Regierung (6. n. Chr.). Von da an ist Judäa unter unmittelbare römische Verwaltung gekommen, war aber mit der kaiserlichen Provinz Syrien verbunden und musste wenn nötig die in Syrien stationierten Legionen zu Hilfe rufen. Als Annex der Provinz Syrien erhielt Judäa einen eigenen Statthalter aus dem Ritterstand. „Mit dieser Thatsache wurde die Lage Judäa's eine wesentlich andere als zuvor. Herodes der Grosse und seine Söhne hatten trotz aller römischen Freundschaften doch so viel Verständniss für die Eigentümlichkeiten des Volkes, dass sie — einzelne Ausnahmen abgerechnet — seine heiligsten Gefühle nicht muthwillig verletzten ... Den Römern dagegen fehlte fast alles Verständniss des eigentümlich-jüdischen Wesens. Wie ihnen die religiösen Anschauungen der Pharisäer und die Fülle von Satzungen, welche das tägliche Leben wie ein Netz umspannten, unbekannt waren, so hatten sie auch keine Ahnung davon, dass ein ganzes Volk um äusserlicher und scheinbar gleichgültiger Dinge willen des äussersten Widerstandes selbst bis zum Tod und zur Selbstvernichtung fähig sein könne. Die Juden hinwiederum sahen in den einfachsten Verwaltungsmassregeln ... einen Eingriff in die heiligsten Rechte des Volkes und kamen von Tag zu Tag mehr zu der Einsicht, dass die unmittelbar römische Verwaltung, die sie noch beim Tode des Herodes gewünscht hatten [? Verf.], mit den Rechten der Theokratie unvereinbar war. So war selbst beim besten Willen von beiden Seiten Spannung und Feindschaft unvermeidlich" (E. SCHÜRER, *Gesch. des jüdischen Volkes*, I⁵, 1920, 453-454).

Schon im ersten Jahre des ersten Prokurators, Coponius (6. n. Chr.), kam Quirinius aus Syrien für eine Vermögensschätzung (Zensus) nach Judäa, woran die Juden Anstoss nahmen. Judas von Galiläa verleitete das Volk zum Abfall, „indem er es für einen Frevel erklärte, wenn sie bei der Steuerzahlung an die Römer bleiben und nach Gott irgendwelche sterbliche Gebieter auf sich nehmen würden" (*Bell. Jud.* II, 8, 1 § 118; Übers. MICHEL-BAUERNFEIND, z. St.). Auf Zureden des Hohenpriesters Joazar haben die Juden ihren Widerstand dann doch aufgegeben (*Antiq.* XVIII, 1, 1 § 3-4 a). „Aber es war kein dauernde Friede, sondern nur Waffenstillstand auf unbestimmte Dauer" (SCHÜRER, *o.c.*, 486). Judas der Galiläer „reizte in Gemeinschaft mit dem Pharisäer Sadduk das Volk durch die Vorstellung zum

Aufruhr, die Schätzung bringe nichts anderes als offenbare Knechtschaft mit sich, und so forderten sie das gesamte Volk auf, seine Freiheit zu schützen" (*Antiq.* XVIII, 1, 1 § 4; Clementz). SCHÜRER identifiziert Judas den Galiläer von 6 n. Chr. mit Judas dem Galiläer von 4 v. Chr. und er hat damit, meint J. SPENCER KENNARD JR., recht. „In view of this identity we appear to be dealing with a clan which for a hundred and thirty-three years submitted to Rome only in death. Its zeal for national independence forms one of the dramatic chapters in history" (*Judas of Galilee and his Clan, JQR*, 36, 1945/46, 281-286, p. 284). Eleazar ben Jaʿir, der 73 n. Chr. in Masada mit den Belagerten Selbstmord beging, um nicht in die Hände der Römer zu fallen, war, meint SPENCER KENNARD, ein Nachkomme des um 60 v. Chr. von Herodes ums Leben gebrachten Ezechias (Genealogie auf p. 284; vgl. MARTIN HENGEL, *Die Zeloten*, 1961, 337 f. und S. 339). „Moreover it was a leadership of high religious ideals. Hezekiah was Israel's militant champion of Judaism against heathen encroachments; Judas opposed the taxation as treason to God; the Sicarii prefered mass suicide to submission to Rome" (*ibid.*). Josephus führt den Untergang des Tempels 70 n. Chr. letzten Grundes auf Judas' und Sadduk's Auftreten gegen den Zensus zurück (*Antiq.* XVIII, 1, 1 §§ 4-10). Ihre Reden „wurden mit grösstem Beifall aufgenommen, und so dehnte sich das tollkühne Unternehmen bald ins ungeheuerliche aus. Kein Leid gab es, von dem infolge der Hetzarbeit jener beiden Männer unser Volk nicht heimgesucht worden wäre" (§ 6). Bis „endlich sogar der Tempel infolge des Aufruhrs in Flammen aufging" (§ 8, Ende).

Neben den Parteien der Sadduzäer, Pharisäer und Essener gründete Judas, wie Josephus sagt, eine vierte Partei, „deren Anhänger in allen anderen Stücken mit den Pharisäern übereinstimmen, dabei aber mit grosser Zähigkeit an der Freiheit hängen und Gott allein als ihren Herrn und König anerkennen" (*Antiq.* XVIII, 1, 6 § 23; früher hatte Josephus geschrieben, Judas sei der Begründer einer eigenen Sekte, die mit den anderen nichts gemein hat, *Bell. Jud.* II, 8, 1 § 118). Es ist dies, meint man, die Partei der Zeloten (Eiferer), die „den Kampf mit dem gottlosen Feind aufnehmen wollten" (SCHÜRER, *Gesch.*, I⁵, 1920, 486). MORTON SMITH hält es aber für unwahrscheinlich, dass die von Judas gegründete Partei sich schon Zeloten genannt habe⁴. „Ihren Umtrieben ist es zuzuschreiben, dass das Feuer des Aufruhrs von jetzt an ununterbrochen unter der Asche fortglimmerte, bis es endlich 60 Jahre später zur mächtigen Flamme emporloderte" (SCHÜRER, *o.c.*, 487). Dazu haben die Römer, denen wie SCHÜRER sagt (*o.c.*, 453) alles Verständnis des eigentlich-jüdischen Wesens fehlte, reichlich Anlass gegeben. Richtig sagt DERENBOURG:

---

⁴ *Zealots and Sicarii, their Origins and Relation, HThR*, 64, 1971, 1-19, p. 18; vgl. VALENTIN NIKI-PROWETZKY, *Sicaires et Zelotes, Semitica*, XXIII, 1973, 51-64, p. 51.

„Les Crassus, les Cassius et tant d'autre proconsuls ou procurateurs, Hérode et sa familie anti-judaïque, sont les véritables créateurs de la fraction belliqueuse de la nation ..." (*Essai*, I, 1867, 117, n. 1). Die Eroberung Jerusalems durch Pompeius 63 v. Chr. erregte bei den Juden schon tiefen Hass gegen die Römer. Crassus, Statthalter von Syrien, plünderte 54 v. Chr. den Jerusalemer Tempel; ausser allem übrigen Gold raubte er zweitausend Talente (*Bell. Jud.* I, 8, 8 § 179; *Antiq.* XIV, 7, 1 § 105). Cassius, der römische Feldherr, der nach Crassus' Niederlage gegen die Parther nach Syrien gekommen war, verkaufte 30 000 Juden als Sklaven (*Bell. Jud.* I, 8, 9 § 180; *Antiq.* XIV, 7, 3 § 120). Herodes, Schützling der Römer, hatte die Dynastie der Hasmonäer, deren Glieder rein jüdisch waren, ausgerottet; mit römischer Hilfe (Sosius) hatte er Jerusalem erobert. „Es bestand eine zahlreiche Partei unversöhnlicher Patrioten, die durch das despotische Regime des Herodes zu äusserster Erbitterung getrieben worden waren" (DUBNOW, *Weltgesch. des jüdischen Volkes*, II, 1925, 298). Archelaos hatte, wie wir sahen, ein Blutbad unter den Juden angerichtet, Sabinus den Tempel geplündert, Varus zweitausend Juden ans Kreuz geschlagen. Tiefen Hass gegen die Römer erregte es, dass die Steuern, die in der Zeit des Herodes doch wesentlich dem eigenen Lande zugute kamen, nun der Weltmacht gezahlt werden müssen. Damit war das Heilige Land, über das nur Jahwe König war, zum Besitz der Weltmacht geworden. Nicht weniger drückend wurde es empfunden, dass das Ornat des Hohenpriesters vom römischen Kommandanten auf der Burg Antonia aufbewahrt wurde und nur an den drei Hauptfesten und am grossen Versöhnungstage herausgegeben wurde. Zwar folgten die Römer damit den von Herodes eingeführten Brauch, dieser hing aber dem jüdischen Glauben an, nun war das Ornat im Besitz des heidnischen Procurators. „Auf diese Weise behielten die römischen Behörden die für die Juden heiligen Gegenstände gleichsam als Unterpfand" (DUBNOW, *Weltgesch.*, II, 1925, 381). Als Vitellius, Statthalter von Syrien, 36 n. Chr. auf das Gesuch der Juden das Gewand freigab, „gewann er die Zuneigung des Volkes" (*Antiq.* XVIII, 4, 3 § 95; vgl. XV, 11, 4 § 404; XX, 1, 1 § 6; 2 § 10 f.), was klar besagt, dass die Überwachung des Ornats, „these sacred garments, symbolic of Israel's service to Yahweh ..." (BRANDON, *Jesus and the Zealots*, 1967, 101) durch die Römer als eine Schmach empfunden worden war. Hinzu kommt, dass in der Antonia eine römische Besatzung lag (eine Kohorte; τάγμα), welche an Festtagen in den Hallen verteilt die Juden zu überwachen hatten; sie sollten jedem Aufruhr zuvorkommen (*Bell. Jud.* V, 5, 8 § 244). Die Möglichkeit eines Aufruhrs war an Festtagen um so grösser, als dann tausende von Juden aus aller Herren Länder in Jerusalem zusammengeströmt waren, von denen zahllose den Tempel besuchten. An jenen Tagen kam der Procurator, der in Caesarea residierte, aus Vorsicht nach Jerusalem, wo er dann im Palast des Herodes wohnte;

den „Zeloten" muss der Verbleib des Procurators in der Hauptstadt ein Ärgernis gewesen sein. Dass die Procuratoren von 6-41 n. Chr. das Recht hatten, den Hohenpriester nach Belieben abzusetzen und zu ernennen, daran werden wohl alle Juden Anstoss genommen haben. Der Procurator Valerius Gratus (14-26 n. Chr.) hatte in elf Jahren fünfmal einen Hohenpriester ernannt (*Antiq.* XVIII, 2, 2 § 34 f.). Wenn E. SCHÜRER sagt, der jüdische Kultus wurde nicht nur geduldet, sondern stand unter staatlichem Schutz (*Gesch.*, I⁵, 1920, 482; vgl. JUSTER, *Les Juifs dans l'empire romain*, I, 1914, 338 s.). ist zu bemerken, dass das Heiligtum damit wie ein Besitztum der heidnischen Herrschaft geworden war. Als Pontius Pilatus (26-36 n. Chr.), der nach Valerius Gratus das Procuratorenamt bekleidete, für den Bau einer nach Jerusalem führenden Wasserleitung die Tempelgelder anwendete, erregte dies einen Sturm unter den Juden; „es liefen Tausende zusammen, die mit lautem Geschrei forderten davon abzusehen ..." (*Antiq.* XVIII, 3, 2 § 60). Es entstand ein Aufruhr, der von einer Abteilung Soldaten in jüdischer Tracht unterdrückt wurde, wobei viele Juden umkamen (§ 62). Nach jüdischer Auffassung war der Tempelschatz Jahwe's Eigentum; die Tempelgelder sollten nicht zu einem profanen Zweck, und sei dies auch ein nützlicher, gebraucht werden. Dass hier nur an den Tempelarbeiter zu denken sei (G. THEISSEN, in *ThZ*, 32, 1976, 155 f.) dürfte kaum wahscheinlich sein.

Um seine Missachtung für die jüdischen Gesetze zu zeigen, hat Pilatus einmal seine Soldaten die Feldzeichen mit dem Kaiserbildnis nach Jerusalem hineintragen lassen (*Antiq.* XVIII, 3, 1 §§ 55 ff.). Hier zeigten die Juden, wie tief ihre Treue zum Gesetz verwurzelt war. Es handelt sich um das Bilderverbot. Die Feldzeichen trugen um diese Zeit ausser dem Adler kleine Brustbilder des Kaisers, und das Bild des Kaisers — wie übrigens auch das des Adlers — wurde von den Römern göttlich verehrt. Es galt den Juden also als ein Greuel. Die zahlreichen nach Caesarea gezogenen Juden baten den Pilatus die Bilder aus Jerusalem entfernen zu lassen. Als Pilatus den Juden dann drohte, sie niederzumachen, wenn sie nicht sofort nach Jerusalem zurückkehrten, antworteten die Juden, lieber sterben zu wollen als etwas wider das Gesetz geschehen zu lassen (*Antiq.* XVIII, 3, 1 § 59). Josephus sagt dann: „Einer solchen Standhaftigkeit bei der Beobachtung des Gesetzes konnte Pilatus seine Bewunderung nicht versagen und er befahl daher, die Bilder aus Jerusalem nach Caesarea zurückzubringen" (§ 59). Es ist aber mehr als wahrscheinlich, dass die Jerusalemer sich nicht ruhig verhalten hatten; die Furcht vor einer grossen Revolte in Jerusalem wird Pilatus wohl dazu geführt haben, die Feldzeichen aus Jerusalem zu entfernen [5].

---

[5] Nach Philo waren sie ἐν τῷ ἱερῷ aufgestellt (SCHÜRER, *o.c.*, 489, Anm. 145). — In die Fastenrolle heisst es: „Am 3. Kislev wurden die Bilder aus dem Tempelvorhof entfernt" (H. LICHTENSTEIN,

„Wahrscheinlich in die spätere Zeit des Pilatus fällt ein Ereigniss, über welches wir durch den Brief Agrippa's I. an Caligula, welchen Philo mittheilt, Nachricht erhalten. Pilatus hatte aus dem Vorfall in Cäsarea zwar gelernt, dass die Aufstellung von Kaiserbildern in Jerusalem gegen die Hartnäckigkeit der Juden nicht durchzusetzen sei. Er wollte es nun wenigstens mit bildlosen Weiheschilden, auf welchen der Name des Kaisers geschrieben war, versuchen. Solche Schilde, reich vergoldet, liess er „weniger um den Tiberius zu ehren, als um das Volk zu betrüben" in dem ehemaligen Palaste des Herodes, welchen er zu bewohnen pflegte [6], aufstellen. Aber das Volk ertrug auch dies nicht. Man wandte sich zunächst im Verein mit dem Adel von Jerusalem und den vier Söhnen des Herodes (welche wohl eines Festes wegen in der Stadt anwesend waren) [7] an Pilatus, um ihn zur Entfernung der Schilde zu bewegen. Als dies keinen Erfolg hatte, richteten die angesehensten Männer, darunter gewiss auch jene vier Söhne des Herodes, ein Bittgesuch an den Kaiser, damit dieser die Entfernung der anstössigen Schilden befehle. Tiberius, der wohl einsah, dass es sich nur um eine muthwillige Herausforderung von Seite des Pilatus handelte, befahl diesem alsbald unter Bezeugung seines äusserrsen Missfallens, die Schilde aus Jerusalem wegbringen und im Augustustempel zu Cäsarea aufstellen zu lassen" [8].

Ein an den Samaritern verübtes Gemetzel war für den Hohen Rat der Samariter Anlass, den Pilatus bei Vitellius, Statthalter von Syrien, zu verklagen (*Antiq.* XVIII, 4, 2 § 89) und dieser sandte den Pilatus nach Rom, um sich bei Tiberius zu verantworten; seinen Freund Marcellus sandte er nach Judäa um das Land zu verwalten [9].

Die Fastenrolle, HUCA, VIII-IX, 1931-1932, 259-317, p. 299). „Das Scholion bezieht den Tag auf die Entfernung von Standbilder (σημεῖα) durch die Hasmonäer" (*ibid.*). Lichtenstein meint mit Frankel, Dalman, Zeitlin, Schlatter, dass der Tag sich bezieht auf das Zurückziehen der Kohorten mit den Kaiserbildern durch Pilatus (p. 300). Es war ein Gedenktag.

[6] F. W. Kohnke übersetzt die bezügliche Stelle wie folgt: „Dieser liess, weniger um Tiberius zu ehren, als um die Volksmenge zu kränken, in der Herodesburg der Heiligen Stadt vergoldete Schilde anbringen" (*Philo von Alexandria,* VII, 1964, 249 § 299). In der Fussnote (2) sagt Kohnke: „Ἡρῴδου βασίλεια: Die Kränkung der Juden nur verständlich, wenn es sich um die Burg Antonia, das Prätorium, an der Nordwestecke des Tempels handelt, wo Herodes d. Gr. von 35 bis 23 v. Chr. bis zur Vollendung des Herodespalastes am Westrand der Stadt wohnte". Dies hat keine Wahrscheinlichkeit für sich. Pierre Benoit hat es wohl klar gemacht, dass das Prätorium nicht in der Antonia zu lokalisieren sei; es lag am Palast des Herodes in der Oberstadt (Benoit, *Prétoire, Lithostroton et Gabbatha, RB,* 59, 1952, 531-550). Nicht um die Burg Antonia, sondern um Herodes' Palast handelt es sich.

[7] Herodes hatte von neun Frauen sieben Söhne (*Bell. Jud.* I, 28, 4 § 562; *Antiq.* XVII, 1, 3 § 19 f. (nicht 10 Söhne, wie Kohnke 249, Anm. 3 sagt). Die vier standen in Rang und Würde Königen gleich (Philo, *ad Caium* § 38, bei Kohnke § 300). Es ist jedenfalls an Antipas, Tetrach von Galiläa, Philipp, T. des nördlichen Transjordanien zu denken (Kohnke, *l.c.*).

[8] Philo. *ad Caium,* § 38, bei Kohnke, 249 § 299 f.; Schürer, *Gesch.,* I⁵, 1920, 491 f.

[9] *Antiq.* XVIII § 89. Siehe E. Mary Smallwood, *The Date of the Dismissal of Pontus Pilate from Iudaea, JJS,* IV, 1954, 12-21; S. J. De Laet, *Le successeur de Ponce-Pilate, L'Antiquité Classique,* VIII,

Als Pilatus nach Rom kam, war Tiberius schon gestorben (§ 89; 37 n. Chr.) [10]. „Gaius musste die Beschwerde untersuchen, und da wird er, zumal Pilatus … als reicher Mann zurückgekommen war, kurzen Prozess gemacht haben, indem er, wie das technisch lautete, „*codicillos misit*"; Pilatus wartete den Vollzug nicht erst ab, sondern — um es mit einem Ausdruck des Tacitus zu sagen — „*finem vitae sponte implevit*" (EDUARD NORDEN, *Josephus und Tacitus über Jesus Christus und seine messianische Prophetie* (1913), abgedruckt in ABRAHAM SCHALIT, *Zur Josephus-Forschung*, 1973, 27-69, S. 49, Anm. 27). „Den Selbstmord kann man ruhig als historisch beglaubigt ansehen …" (NORDEN, *l.c.*). „Die christliche Legende lässt den Pilatus entweder durch Selbstmord enden oder vom Kaiser zur Strafe für sein Verfahren gegen Christus hingerichtet werden" (SCHÜRER, *Gesch.*, I[5], 1920, 492, Anm. 151 mit Christl. Lit.) [11]. Die Frage, in welchem Jahre Pilatus abberufen worden sei, ist umstritten. E. BAMMEL meint offenbar, im Jahre 31 n. Chr., beim Sturz des Seian, des Befehlshabers der Prätorianer und Günstlings des alternden Tiberius (*Syrian Coinage and Pilate*, *JJS*, II, 1949, 108-110). Dagegen spricht, dass Pilatus erst, als Tiberius gestorben war, (37 n. Chr.) in Rom ankam. Er ist also wohl nach 31 abberufen worden, denn es ist kaum anzunehmen, dass er sich erst sechs Jahre später nach Rom begeben hätte [12].

Bei Ausgrabungen in Caesarea war schon 1959 ein Stein mit dem Namen Pontius Pilatus ans Licht gekommen (*Oriens Antiquus*, I, 1962, 140-141). Der Stein ist später als Stufe benutzt worden (*id.*). Über eine neue Inschrift berichtete JERRY VARDAMAN

1939, 413-419. Nach der Meinung DE LAET's war Marcellus unter Tiberius kein Procurator; er hat Judäa wahrscheinlich im Namen des Vitellius verwaltet. Caligula sandte bald nach seinem Regierungsantritt Marullus als ἱππάρχης nach Judäa (*Antiq.* XVIII, 4, 10 § 237), wofür nach der Mehrzahl der Gelehrten ἔπαρχος (Terminus für Procurator) zu lesen ist. Auch DE LAET ist dieser Meinung (*l.c.*, 417 f.). Er sagt dann, Marullus ist Marcellus (p. 418) „Caligula nomma procurateur de Judée celui qui remplissait cette fonction depuis plusieurs mois, sans en porter le titre: Marcellus" (p. 419).

[10] Einige behaupteten, Tiberius sei von Caius, als dieser die Gunst des Macron, des Befehlshabers der Praetorianer erworben hatte, vergiftet worden (Sueton, *Caligula*, XII).

[11] Euseb (*Kirchengesch.* 2, 5, 17) beschreibt ihn als Kreatur des anti-semitischen Seian. E. STAUFFER, der hingewiesen hat auf Münzen des Pilatus, hat die darauf abgebildeten Symbole erklärt als „a provocative demonstration" gegen die religiösen Ansichten der Juden (*Christus und die Caesaren*, 127 ff., bei E. BAMMEL, *Syrian Coinage and Pilate*, *JJS*. II, 1949, 108-110, p. 108). — Philo hat in seiner Schrift „Über die Verfolger der Juden" Pilatus besonders behandelt und Philo behandelt hier „diejenigen Verfolger der Juden, welche durch einen gewaltsamen Tod von Gott gestraft worden sind" (SCHÜRER, *l.c.*). — Die Kirche hielt den Pilatus „in high regard" (STEWART PEROWNE, *The Later Herods. The political background of the New Testament*, 54). Die griechische Kirche feiert ihn am 27. Okt., die Äthiopische am 25. Juni, „a strange apotheosis indeed" (*ibid.*).

[12] Vitellius, der 35 n. Chr. nach Syrien gesandt worden war „avec des pouvoirs d'étendant sur tout l'Orient" (DE LAET, *l.c.*, 416; Tacitus, *Anm. VI*, 32) würde dies als Einbruch in seine Befehlsgewalt betrachtet haben. Wie lange Pilatus die Abreise hinausschieben konnte, bleibt eine Frage. DE LAET meint, Pilatus ist 36 n. Chr. abberufen worden und mit der Abreise habe er bis zum Frühling 37 gewartet (*l.c.*, 415; DE LAET folgt HOLZMEISTER).

in *JBL*, 81, 1962, 70-71 (siehe *Antieke Welt*, I/3, 1970, Foto S. 50: Denkmalsockel mit der Inschrift, die Pontius Pilatus nennt, aus dem Mauerwerk des Theaters: Israel Mus. Jerusalem). Wie aus der Inschrift hervorgeht, war Pilatus' Titel wohl nicht Procurator, sondern „Praefectus Judae" (S. 51; HANNAH PETOR).

Als Pilatus abberufen war und Vitellius den Marcellus nach Judäa gesandt hatte, kam er doch auch selbst noch nach Jerusalem und zwar zur Zeit des Passafestes (*Antiq.* XVIII, 4, 3 § 90) Es wurde ihm ein glänzender Empfang bereitet, wohl zum Dank dafür, dass er die Juden von Pilatus befreit hatte. Die Jerusalemer wurden von der Abgabe der Marktfrüchte für alle Zeit freigestellt und Vitellius liess zu, dass die Juden das Gewand des Hohenpriesters wie vormals im Tempel aufbewahrten (§ 90). Selbstverständlich handelte Vitellius nach Befehl aus Rom. Die den Juden geschenkten Vorrechte sind nicht einfach aus dem Sturz des Judenhassers Seian (31 n. Chr.), des Günstlings des Kaisers, zu erklären. Tiberius hatte dem Vitellius aufgetragen, Freundschaft mit dem Partherkönig Artabanus zu schliessen, der schon Armenien besetzt hatte und drohte, dem Reich noch grösseren Schaden anzutun (*Antiq.* XVIII, 4, 4 § 96, 5 § 101). Ein Krieg mit den Parthern war nicht unmöglich (vgl. Tacitus, *Hist.* VI, 36); da war es sinnvoll, die Ruhe in Judäa zu sichern und in diesem Licht sind wohl die Zugeständnisse, welche Vitellius den Juden zusicherte zu verstehen. In Rom herrschte über Vitellius, wie Tacitus berichtet, eine ungünstige Meinung (*sinistram in urbe famam, Hist.* VI, 32). Es war wohl der Geist des Seian, des Hauptfeinds der Juden, der in Rom noch herrschte. Auf seinen Einfluss war auch die Austreibung der Juden aus Rom im Jahre 19 n. Chr. zurückzuführen (SCHÜRER, *Gesch.*, I⁵, 1920, 492, Anm. 147). In Judäa war überdies, als Vitellius den Juden Zugeständnisse machte, Grund genug, Aufstände für möglich zu halten. Aus dem Neuen Testament wissen wir, wie wir gesehen haben, dass gerade in dieser Zeit die Hoffnung auf Wiedergewinnung der staatlichen Selbständigkeit gross war, haben doch die Jünger Jesu sein Auftreten anfangs in diesem Sinne aufgefasst. So sagt auch BRANDON († 1971): „that in its origins the movement which was initiated by Jesus of Nazareth was invested with an essentially political aspect, expressive of Jewish nationalist aspirations to be rid of the yoke of heathen Rome" (*The Fall of Jerusalem and the Christian Church*, 1951, 125). Den Nationalisten wird es bald klar geworden sein, dass die Jesus-Bewegung nicht zum von ihnen erstrebten Ziel: die staatliche Selbständigkeit, führen könnte; nur mit Gewalt war es zu erreichen. Sie haben Jesus auch nicht als zu ihnen gehörig betrachtet, sonst wäre nach der Kreuzigung wohl ein Aufruhr ausgebrochen. Die Wahrscheinlichkeit spricht aber dafür, dass Barabbas ein Nationalist war (vgl. OSCAR CULLMANN, *Jesus und die Revolutionären*, 1970, 49: sicher). Joh. 18, 40 wird er als λῃστής: Revolutionär, bezeichnet. Dass das Volk die Freilassung von Barabbas — nicht die Jesu — verlangte, zeugt für den Einfluss der nationalistischen Partei. Math. 27, 20 und Mark. 15, 11 heisst es zwar, der Hohepriester und die Ältesten des Volkes überredeten das Volk, die Freilassung des Barabbas zu verlangen; Luk. 23, 18 und Joh. 18, 40 erfragt das Volk aber die Freilassung „without priestly intrigues" (PAUL WINTER, *On the Trial of Jesus*, 1961, 98). Dass aber Pilatus auch nur daran gedacht habe, Jesus, der auf die Frage: „Bist du der Juden König" antwortete: „DU sagst es", freizulassen ist doch durchaus unwahrscheinlich. Es ist aber, wie PAUL WINTER sagt: „The Barabbas episode remains an enigma" (*o.(., 99*)[13].

Grosse Aufregung unter den Juden erregte es, als der an seine Selbstvergötterung glaubende Kaiser Caius (37-41 n. Chr.) dem Statthalter von Syrien Petronius auftrug, mit einem Heer in Judäa einzurücken und Caius' Bildnis im Jerusalemer Tempel aufzustellen[14]. Nach Josephus entstand der Befehl aus Streitigkeiten in Alexandrien, wo der Antisemit Apion den Juden vorwarf, dem Kaiser kein Bildnis zu weihen und nicht bei seinem Namen zu schwören (§§ 257 f.) und dies sei an Caius berichtet worden. Aus Philo, ad Caium, wissen wir aber, dass die damals unter Philo's Leitung zu Caius abgeordneten Gesandten von dem Vorfall, als sie noch in Ägypten waren, gar nichts wussten[15]. Tausende von Juden kamen zu Petronius in Ptolemais und sagten ihm, lieber sterben zu wollen als etwas wider das Gesetz geschehen zu lassen (§ 263-264). Auf dem Wege nach Tiberias versicherten sie dem Petronius, keinen Krieg führen zu wollen, aber lieber sterben zu wollen als das Gesetz zu übertreten (§ 271). Petronius versicherte schliesslich, er wolle nicht tausende von Menschen dem Wahnsinn des Kaisers aufopfern (§ 277) und in der Hoffnung, Caius umstimmen zu können, entschloss er sich, ihm zu schreiben. Es war aber indessen dem Agrippa (I.), der in Rom war und der bei Caius in hoher Gunst stand, schon gelungen, den Kaiser zu anderen Gedanken zu bringen (*Antiq.* XVIII, 8, 7 § 297 f.). Demzufolge schrieb Caius an Petronius, er habe aus Freundschaft mit Agrippa beschlossen, von der Errichtung seiner Statue

---

[13] „All four Gospels report . . . a demonstration by a Jewish crowd which demands that Jesus should be crucified. It is in the realm of historical possibilities that a mob, incited by opponents of Jesus, might have gathered outside the praetorium and shouted slogans of vindictive bitterness and hate. A demonstration by the mob can be construed as having been staged so as to convince Pilate that the masses made no common cause with one who was accused of sedition. Such a demonstration would have been regarded as a declaration of loyalty to the Imperial Government — a tactical move engineered perhaps by the priestly rulers to prove that the population of Judaea was immune against being inveigled into insurrection by political agitation" (PAUL WINTER, *o.c.*, 57). — Wir möchten Luk. 23, 12, John. 18, 40 folgend, absehen von „priestly intrigues", und annehmen, dass es die Nationalisten gewesen sind, welche das Volk überredeten die Freilassung des Barnabas zu verlangen. Die Häupter der Nationalisten werden geglaubt haben, dass der „Pazifist" Jesus ihrer Sache nur schaden konnte und vielleicht lässt sich daraus schliessen, dass Jesu' Anhang schon recht gross war.

[14] Philo, *ad Caium*, 29 f.; Josephus, *Antiq.* XVIII, 8, 2 § 216 f.

[15] Philo, *ad Caium*, *l.c.*; vgl. GRAETZ, *Gesch. der Juden*, III, 2[5], 1906, 764 f.

im Jerusalemer Tempel abzusehen (§ 301). Als er dann in Petronius' Schreiben las, dass die Juden wegen der Statue in Aufruhr gerieten und zum Krieg gegen Rom bereit waren, schrieb Caius an Petronius, dieser habe Geschenke der Juden höher geachtet als Befehle des Kaisers. Er solle jetzt sein eigener Richter sein. Zum Glück des Petronius war Caius schon ermordet, als er diesen Befehl erhielt. Dass Petronius, wie Josephus es zu erkennen gibt, ausschliesslich aus humanitären Motiven so gegenüber den Juden gehandelt haben sollte, hält GEDALYA ALLON wohl mit recht für unwahrscheinlich. Petronius „feared the number, courage and zeal for the Torah of the Jews in Palestine ..." (*The Attitude of the Pharisees to the Roman Government and the House of Herod*. Scripta Universitatis atque Bibliothecae Hierosolomitanarum. Orientalia et Judaica, VII, 1961, 53-78, p. 76, n. 77). Caius' Vorhaben muss, wie BRANDON betont, den Einfluss der Nationalisten (BRANDON: Zeloten) sehr verstärkt haben und der plötzliche Tod des Kaisers (er ist in seinem neunundzwanzigsten Jahre ermordet worden, SUETON, LIX) muss den Glauben bestärkt haben, dass Gott denjenigen helfen wird, die ihr Leben für ihn riskieren (*Jesus and the Zealots*, 1967, 87).

Der Einfluss der Nationalisten verrät sich vielleicht in Agrippa's Plan, die der Neustadt zugekehrten Mauern Jerusalems aufzubauen. Wäre der Plan ganz zur Ausführung gekommen, die Römer hätten 70 n. Chr., meint Josephus, die Mauern nicht einnehmen können (*Antiq.* XIX, 7, 2 § 326). Da Kaiser Claudius der Sache nicht traute, befahl er, den Bau einzustellen und Agrippa hielt es für geraten, sich darein zu fügen (*ibid.*). Er war der Sohn des auf Befehl seines Vaters Herodes des Grossen 7 v. Chr. hingerichteten Aristobul und in seinem 16. Lebensjahr nach Rom geschickt worden; er kannte demnach sehr wohl Rom's Macht. Von Kaiser Tiberius eingekerkert, erhielt er nach Tiberius' Tode (37. n. Chr.) von Caius, mit dem er sich befreundet hatte, die Besitzungen des Philippus mit dem Titel eines Königs. Von Kaiser Claudius (41-54 n. Chr.) wurde er mit Judäa und Samaria beschenkt (*Antiq.* XIX, 5, 1 § 274-75). Wie sein Grossvater Herodes herrschte er als König über ganz Palästina (41-44 n. Chr.). Als Agrippa nach Jerusalem kam, hing er die goldene Kette, welche Caius ihm geschenkt hatte und die so schwer war wie die aus Eisen, mit der Tiberius ihm hatte fesseln lassen, im Tempel „über der Schatzkammer" auf (*Antiq.* XIX, 6, 1 § 294). Nach Josephus hing er sie „zum Andenken an sein früheres Unglück" auf (*id.*). Es ist daneben wohl auch an einen anderen Grund zu denken. Es gab in Jerusalem drei Strömungen bzw. Parteien: Sadduzäer, Pharisäer und Nationalisten und Agrippa hatte der Ansicht dieser Gruppen über Tempel, Gesetz und staatliche Selbständigkeit Rechnung zu tragen. Die Sadduzäer beherrschten den Tempel und dies erklärt wohl, warum er die Kette im Tempel aufhing. Die Pharisäer band er an sich durch getreue Gesetzesbeachtung. Er wohnte gern andauernd in Jerusalem, „beobachtete die Satzungen der jüdischen Religion genau und liess auch keinen Tag ohne Darbringung der gesetzlichen Opfer vorbeigehen" (*Antiq.* XIX, 7, 3 § 331). Die drei Jahre seiner Regierung „waren wieder goldene Tage für den Pharisäismus" (SCHÜRER, *Gesch.*, I⁵, 1920, 554). Der Aufbau der Stadtmauer wird ganz nach dem Herzen der Nationalisten gewesen sein. Der Ansicht der Nationalisten wird es auch entsprochen haben, dass er die Christengemeinde, besonders die Apostel, verfolgte (vgl. MARTIN NOTH, *Gesch. Israels*³, 1956, 386). Jakobus den Älteren liess er hinrichten (Act. 12, 2), Petrus gefangen nehmen (*id.*, 12, 3-5).

Da Kaiser Claudius der Sache des Mauerbaus nicht traute, darf man vermuten, dass man damals in Jerusalem über Abfall sprach, ohne dass ein bestimmter Plan vorgelegen zu haben braucht. Als Agrippa sich einmal von Berytus nach Tiberias in Galiläa begab und die Könige von Kommagene, Emesa, Kleinarmenien, Pontos und Chalkis (Herodes von Chalkis; Bruder des Agrippa) in seinem Wagen mitbrachte, kam dies dem Statthalter von Syrien, Marsus, verdächtig vor, „da er ein Einverständnis so vieler mächtigen Fürsten nicht im Interesse der Römer liegend erachtete" (*Antiq.* XIX, 8, 1 § 341; CLEMENTZ). Auffällig ist auch, dass nach Agrippa's Tode (44 n. Chr.), als Cuspus Fadus Procurator war, Kaiser Claudius ihm befahl, die Kleider des Hohenpriesters wieder in die Burg Antonia zu bringen, „damit sie wie früher der Obhut der Römer unterstanden" (*Antiq.* XX, 1, 1 § 6): ein Unterpfand zur Sicherung der Ruhe des Volkes. Longinus, Statthalter von Syrien, der fürchtete, dies möchte einen Aufruhr in Judäa zur Folge haben, war vorsichtshalber mit grosser Truppenmacht nach Jerusalem gekommen (§ 7). Die Lage war dort offenbar gespannt. Einer Gesandtschaft an Claudius und Agrippa's Sohn, Agrippa II., der am Hofe lebte, gelang es, den Kaiser zu überreden, den Befehl zurückzunehmen (§ 10). Claudius behauptete, dies hätte man nur dem Agrippa zu danken, auf dessen Gesuch er so handele (*id.*). Die Gesandtschaft erhielt überdies ein an den Hohenpriester, die Ältesten und das gesamte Volk gerichtetes Schreiben, in dem bestätigt wurde, dass das Gewand des Hohenpriesters dauernd im Besitz der Juden bleiben soll. Es wird Claudius wohl klar gewesen sein, dass Nichtbewilligung des Gesuchs einen Aufstand in Jerusalem bedeutet hätte. Claudius hat es offenbar auch nicht gewagt, die Aufsicht über den Tempel und die Finanzverwaltung, die vor 41 v. Chr. durch die römischen Behörden geführt zu sein scheint (SCHÜRER, *Gesch.*, I⁵, 1920, 482), nach Agrippa's Tode wieder durch die römischen Behörden ausführen zu lassen. Sie wurden nun dem Herodes von Chalkis, dem Bruder des Agrippa I. übertragen (*Antiq.* XX, 1, 3 § 15). Herodes bekam auch die Vollmacht, den Hohenpriester zu ernennen (*id.*). BRANDON bemerkt dazu: „The granty of such authority surely implies acceptance of Roman control over the Temple and its resources" (*Jesus and the Zealots*, 1967, 101, n. 3). Als drückend haben die Juden dies wohl nicht empfunden. Herodes von Chalkis war ja ein Jude, wenn auch kein reiner Jude. Hätte Claudius die Übersicht über den Tempel und die Kompetenz, den Hohenpriester zu ernennen, wieder in römische Händen gelegt, ein Aufruhr in Jerusalem wäre die Folge gewesen. Später, nach dem Tode des Herodes von Chalkis, wurden die ihm verliehenen Rechte dem Agrippa II., dem Sohn des Agrippa I., der, als sein Vater starb, dafür noch zu jung war (*Antiq.* XIX, 9, 2 § 362), übertragen. Gegen Herausgabe des Reiches Chalkis erhielt er ein grösseres Gebiet in Palästina, das von Nero u.a. um einen Teil von Galiläa vergrössert wurde (*Antiq.* XX, 8, 4 § 159). Er erweiterte die Hauptstadt Caesarea Philippi und nannte sie nach Nero Neronia (§ 211).

Unter Tiberius Julius Alexander (er war ein abtrünniger Jude), Nachfolger des Procurator Cuspius Fadus, herrschte in Jerusalem eine Hungersnot, in der viele umgekommen sind (*Antiq.* XX, 2, 5 § 51). Im dreihzehnten Jahre der Regierung des Herodes hatte in Judäa ebenfalls eine Hungersnot geherrscht, Herodes hatte aber Gold- und Silbergerät aus seinem Palast umschmelzen lassen zum Getreideankauf (*Antiq.* XV, 9, 2 § 306 f.). Wir hören nicht, dass Agrippa II. (damals König von Chalkis) sich um die Not der Juden gekümmert habe; auch nicht, dass der Procurator die Not der Jerusalemiten gelindert habe. Hilfe leistete Helena von Adiabene, welche Leute nach Alexandrien sandte, um Getreide zu kaufen, andere nach Zypern, um Schiffsladungen Feigen heranzuführen. Hilfe leistete auch ihr Sohn Izates mit Geldschenkungen (*Antiq.* XX, 2, 5 § 51 f.). Die Hungersnot wird zu einem Aufruhr geführt haben, denn Alexander liess Jakobus und Simon, die Söhne des Nationalisten Judas von Galiläa, ans Kreuz schlagen (§ 102-103). Sie werden die Führer des Aufruhrs gewesen sein.

Unter dem nächstfolgenden Procurator, Ventidius Cumanus (148-52 n. Chr.), als viele Juden zum Passafest nach Jerusalem gekommen waren und Cumanus die Hallen des Aussenhofes wie üblich besetzen liess, gerieten die Juden durch eine ungeziemende Handlung eines Römers in Wut. Es gelang Cumanus nicht, sie zu beruhigen und da sie den Cumanus schmähten, liess er die ganze Streitmacht in die Burg Antonia einrücken. Als die Juden flohen, sind beim Gedränge in den engen Gassen der Stadt viele umgekommen, nach Josephus' wohl übertriebener Schätzung 20 000 (*Antiq.* XX, 5, 3 § 111-112; vgl. *Bell. Jud.* II, 12, 1 § 227: 30 000). Später drohte unter Cumanus ein Aufruhr auszubrechen, als ein Soldat in einem Dorf die Torarolle verbrannte (*Bell. Jud.* II, 12, 2 § 229-230; vgl. *Antiq.* XX, 5, 4 §§ 115 f.). In dem Streit zwischen Juden und Samaritern — diese hatten nach Jerusalem gezogene Galiläer überfallen — riefen die Galiläer, als Cumanus sich von den Samaritern hatte bestechen lassen, „das ganze jüdische Volk zu den Waffen um die Freiheit zu schützen" (*Antiq.* XX, 6, 1 § 120; vgl. *Bell. Jud.* II, 12, 3 §§ 232 f.). Die Sache wurde in Rom, wo Agrippa II., der sich gerade dort befand, bei Agrippina, der Gattin des Claudius, für die Juden eintrat, zugunsten der Juden entschieden; Cumanus wurde verbannt (*Antiq.* XX, 6, 3 § 136; *Bell. Jud.* II, 12, 7 § 245) und Marcus Antoninus Felix als Procurator nach Judäa gesandt (52-59/60 n. Chr.).

Unter Felix verbreitete sich die Freiheitsbewegung überall, was bei Josephus heisst: das Land war voll von Räubern und Betrügern, die das Volk irreleiteten (*Antiq.* XX, 8, 5 § 160). Felix, der königliche Machtvollkommenheit „mit jeder Art der Grausamkeit und Wollust" ausübte (Tacitus, *Hist.* V, 9; vgl. *Ann.* XII, 54), nahm den von Josephus als Räuberhauptmann bezeichneten Eleazar gefangen und sandte ihn mit vielen seiner „Spiessgesellen" nach Rom (*Bell. Jud.* II, 13, 2 § 253). Wir dürfen annehmen, dass Eleazar ein Führer der nationalistischen Bewegung gewesen ist. Als Felix den Eleazar gefangen genommen hatte, liess er viele Nationalisten („Räuber" bei Josephus) kreuzigen (*ibid.*). Sie „verführten viele zum Abfall und ermutigten sie zum Freiheitskampf; diejenigen, die der römischen Herrschaft weiterhin gehorchen wollten, bedrohten sie mit dem Tode und behaupteten, man müsse die, die freiwillig die Knechtschaft vorziehen, mit Gewalt befreien" (*Bell. Jud.* II, 13, 6 § 264; Übers. MICHEL-BAUERNFEIND). Es war ein religiös fundierter Terrorismus. Die nationalistische Bewegung „must be recognised as a true and inherently noble expression of Jewish religious faith ..." (BRANDON, *Jesus and the Zealots*, 1967, 63). Dass die Nationalisten die Besitzungen der Reichen plünderten, erklärt sich aus der im allgemeinen pro-römischen Haltung der Reichen. Die Bewegung hatte dadurch auch den Charakter einer sozialen Revolution. Dass Josephus die Nationalisten als Räuber bezeichnet, war nicht neu. G. WESLEY BUCHANAN betont, dass schon Strabo die Aktivisten in der Periode der Makkabäer/Hasmonäer ähnlich bezeichnet hatte (*HUCA*, XXX, 1959, 173; Strabo, VII, 16. 2. 40). Von den Sicariern („Messermänner"), die von Josephus als eine neue Gattung von Räubern bezeichnet werden (*Bell. Jud.* II, 13, 3 § 254), heisst es, dass sie am hellichten Tag und mitten in der Stadt Menschen mordeten (§ 255). Procurator war damals Porcius Festus (59/60-62 v. Chr.). Er liess die meisten Revolutionäre — Nationalisten — aufgreifen und viele hinrichten (§ 271). Albinus, Procurator nach Festus' (62 n. Chr.) liess viele Sicarier niedermachen (*Antiq.* XX, 9, 2 § 204). Vielleicht sind die Sicarier die ersten der Nationalisten gewesen, welche zu Mordtaten übergegangen sind. Josephus schreibt ihnen auch Entführungen zu. Unter Albinus entführten sie den Schreiber des Tempelvorstehers, den Sohn des Hohenpriesters Ananias, und wollten ihn erst freilassen, als Ananias den Albinus überredet hatte, zehn verhaftete Sicarier freizugeben. Albinus forderte dafür Lösegeld (*Antiq.* XX, 9, 3 § 209). Dass unter den Procuratoren — Felix, Albinus, Florus — viele Anhänger der Freiheitsbewegung ergriffen und hingerichtet worden sind, deutet wohl auf Verrat von römischgesinnten Juden, sicher von Seiten der besitzenden Klasse. Dass es auch einflussreiche Leute, doch aus der besitzenden Klasse, gab, welche sich der Freiheitsbewegung anschlossen, geht aus einem Bericht bei Josephus hervor. Unter Albinus „verstärkte sich auch die Verwegenheit aller derer, die in Jerusalem auf den Umsturz bedacht waren, und die einflussreichen Leute brachten den Albinus durch Bestechung soweit auf ihre Seite, dass er es ihnen möglich machte, ungefährdet Aufruhr anzustiften; der Teil des Volkes aber, der an der Ruhe kein Gefallen fand, schloss sich an die an, die von Albinus gedeckt waren" (*Bell. Jud.* II, 14, 1 § 274; Übers. MICHEL-BAUERNFEIND). VALENTIN NIKIPROWETZKI deutet dies so, dass diese Reichen sich an die Spitze der revolutionären Bewegung stellen, mit der geheimen Zustimmung des Albinus „qu'ils ont corrompu à prix d'or" (*Sicaires et Zélotes, Semitica*, XXIII, 1973, 51-64, p. 59). Das Ideal der Armut „était un idéal ancien et aussi répandu que l'idéal du zèle" (*id.*, p. 60). Es „animait de même tous les partis de la révolte contre les Romains. Les hautes classes et les grand-prêtres étaient haïs autant pour la violence qu'ils exerçaient sur les humbles que pour l'obstacle qu'ils constituaient à la liberté et à la sainteté de la nation en leur préférant leurs biens et en acceptant, pour les conserver, de pactiser avec les Romains" (*id.*, p. 61). Dass Albinus Verhaftete gegen Lösegeld frei liess und den, der nicht bezahlen konnte, im Gefängnis hielt (*Bell.Jud.* II, 14, 1 § 273), vergrösserte den Hass gegen die besitzende Klasse. Dadurch, dass Albinus sich durch einige Reichen hatte bestechen lassen „kam es, dass die Opfer der Raubzüge, anstatt ihren Unwillen äussern zu können, schweigen mussten, jene aber, die bisher verschont geblieben waren, aus Furcht, das gleiche zu erleiden, vor solchen den Rücken krümmten, die eigentlich die Todesstrafe verdient hatten. Die Freiheit der Rede war für alle völlig unmöglich gemacht, und die Gewaltherrschaft wurde von vielen ausgeübt. Von da an wurde der Same der kommenden Zerstörung in der Stadt ausgestreut" (*Bell. Jud.* II, 14, 1 § 276; Übers. MICHEL-BAUERNFEIND). Dass kann doch nur bedeuten, dass von da an die Mehrzahl der Jerusalemer der Freiheitsbewegung anhing.

Albinus, sagt Josephus, war im Vergleich mit seinem Nachfolger Gessius Florus (64-66 n. Chr.) noch ein höchst ehrenwerter Mann (*Bell. Jud.* II, 14, 2 § 277; vgl. *Antiq.* XX, 11, 1 § 253). Florus plünderte ganze Städte aus (II § 278) und aus dem Tempelschatz nahm er 17 Talente, unter dem Vorwand, der Kaiser habe das Geld nötig (§ 293). Als einige unter Beschimpfungen gegen Florus mit einem Gefäss herumliefen, um für den „armen und elenden Florus" zu betteln (§ 295), befahl Florus, als er mit einem Heer nach Jerusalem gekommen war und die Schuldigen nicht festzustellen waren, den oberen Markt zu plündern und Juden, welche zu greifen waren, niederzumachen (§ 305). Damals sind 630 Männer, Frauen und Kinder getötet worden (§ 307). Auch Juden von ritterlichem Stande sind gegeisselt und ans Kreuz geschlagen worden. Als Berenike, Schwester des Agrippa, den Florus bitten liess, dem Morden Einhalt zu gebieten (§ 310), würde sie selbst, hätte sie sich nicht in den Palast geflüchtet, getötet worden sein (§ 312). Florus, sagt Josephus, suchte die Juden in einen Krieg zu treiben, um dadurch sein Verbrechen verdecken zu können (§ 282 und 293). Von Florus' Geldgier gibt Josephus mehrere Beispiele; dass Florus ein Judenhasser gewesen sein muss, berichtet Josephus nicht und er verschweigt es wohl absichtlich. Florus' Schandtaten sollten bei jedem Abscheu erregen. Hätte er ihn als Judenhasser gebrandmarkt, hätten römische Leser sie für verzeihlich halten können. In Rom war nach dem Krieg der Hass gegen die Juden gross.

Florus' Geldgier und Treulosigkeit gegenüber den Juden zeigten sich auch in Caesarea, wo die Juden eine Synagoge besassen, die unmittelbar an ein Terrain grenzte, das Besitz eines Griechen war. Als der Grieche das Terrain mit Werkstätten bebaute, blieb nur ein unbequemer Zugang zu der Synagoge offen. Die Juden schenkten dem Florus acht Talente Silber im Vertrauen darauf, er werde die Errichtung der Bauten verbieten; als er das Geld in Händen hatte, ging er nach Sebaste und liess dem Aufruhr in Cäsarea freien Lauf (*Bell. Jud.* 14, 4 §§ 285-88). Cäsarea war eine Gründung des Herodes des Grossen. Kaiser Nero erbitterte die Juden dadurch, dass er den Griechen die Vorherrschaft in die Stadt zuerkannte (§ 284). „Das wurde der Anlass zum Ausbruch des Krieges im 12. Jahre der Regierung Neros und im 17. Jahre des Königtums Agrippas im Monat Artemisios" (*id.*; Übers. MICHEL-BAUERNFEIND). Bei Tacitus heisst es einfach: „Unter diesem [*sc.* Florus] kam es zum Krieg" (*Hist.* V, 10).

Am Tage nach der oben erwähnten, von Florus in Jerusalem begangenen Mordpartie gelang es dem Hohenpriester und den Ältesten der Stadt, das Volk zu beruhigen (§§ 315 f.). Als dann bald darauf das Volk die Soldaten der zwei Kohorten, welche von Cäsarea heraufmarschierten, begrüssten, und keine Antwort erfolgte (Florus hatte den Befehl geben lassen, den Gruss unbeachtet zu lassen!) und die Aufständischen Schmähworte gegen Florus hören liessen, sind viele Juden niedergehauen worden (§§ 325 ff.). Die übrigen flüchteten sich in die Stadt und da die Juden fürchteten, Florus könnte von der Antonia her den Tempel betreten und die Tempelschätze rauben, brachen sie die an der Antonia gelegene Halle des Aussenhofes ab (§§ 330 f.). Florus sah hierin Anlass, die Juden bei Cestius, Statthalter von Syrien, des Abfalls zu bezichtigen (§ 333). Als dann Cestius den Legaten Neapolitanus nach Jerusalem sandte, lobte dieser dort das jüdische Volk um seinen Treue zu Rom und ermahnte es, den Frieden zu bewahren (§§ 335-341). Neopolitanus hatte sogar „an dem Platz des Heiligtums, zu dem ihm der Zutritt erlaubt war, Gott die gebührende Verehrung erwiesen ..." (§ 341; Übers. MICHEL-BAUERNFEIND). Neapolitanus ist der letzte Römer gewesen, der den Jerusalemer Tempel zu diesem Zweck betreten hat.

Nach Neapolitanus' Abreise forderten die Juden, Agrippa (er war mit Neapolitanus nach Jerusalem gekommen) solle Florus bei Kaiser Nero verklagen. Dies war für Agrippa nicht möglich, denn es würde zu Florus' Feindschaft geführt haben. Hinzu kam, dass Florus in Rom hohe Schützer hatte: seine Frau Kleopatra war Freundin der Poppäa, der Gemalin Nero's. Vor dem Palast der Hasmonäer stehend, Berenike neben ihm, hat Agrippa dann dem Volk zugeredet, um es vom Krieg gegen Rom abzuhalten. Die lange Rede (*Bell. Jud.* II, 16, 4 §§ 345-401), darüber wird einstimmig geurteilt, ist ein Werk des Josephus [16]. Die Juden hätten nicht einmal dem römische Heer in der Zeit des Pompeius widerstehen können, wie sollten sie heute, da Rom die ganze Welt beherrsche mit gutem Erfolg die Römer bekämpfen können? „In der Tat ist die ganze Rede vom Thema der Grösse Roms bestimmt" (LINDNER, *o.c.*, 22). Am Schluss der Ansprache ermahnte Agrippa die Juden, die Antonia-Halle wiederaufzubauen und die Steuer zu bezahlen. Die Halle ist in der Tat wieder-aufgebaut worden, Agrippa's Versuch das Volk zum Gehorsam gegen Florus zu bewegen, scheiterte; man beschimpfte den König und forderte ihn auf, Jerusalem zu verlassen (§ 406).

Um diese Zeit befahl das Tempelhaupt Eleazar, Enkel des Hohenpriesters Ananias, den Priestern welche den Tempeldienst verrichteten, keine Gaben oder Opfer mehr von Nichtjuden anzunehmen (§ 409) [17]. Die Vornehmen (wahrscheinlich das San-hedrin) kamen mit den Hohenpriestern [18] und hervorragenden Pharisäern [19] zu-sammen, um sich über die Lage zu beraten und man beschloss, das Volk zu einer Versammlung zu berufen; man kam zusammen auf dem Raum hinter dem Osttor

---

[16] HELGO LINDNER, *Die Geschichtsauffassung des Flavius Josephus im Bellum Judaicum*, 1972, 21 f.

[17] Josephus nennt Eleazar Sohn des Ananias (*Bell. Jud.*, II § 409); er muss aber dessen Enkel und Sohn des Simon gewesen sein, denn der Eleazar ben Simon *Bell. Jud.* II § 564 kann kein anderer sein als der Eleazar am Anfang des Krieges. H. H. MILMAN hatte schon 1863 richtig Eleazar ben Simon mit dem Eleazar, der das Opfer für Nicht-Juden aufhob, identifiziert (*The History of the Jews*, I, Repr. 1913, 54). — M. HENGEL hält ihn, zweifellos zu Unrecht, für identisch mit dem *Bell. Jud.* II § 566 genannten Eleazar b. Ananias, der als Feldherr nach Idumäa abgeschoben wurde (*Die Zeloten*, 1961, S. 377; vgl. MICHEL-BAUERNFEIND, *De Bello Judaico*, I, 1959, S. 450, Anm. 240). Eleazar b. Simon wurde oberster Führer der Stadt (§ 565). Eleazar b. Ananias wurde als Feldherr nach Idumäa gesandt (§ 566; für Neos ist Ananias zu lesen, MICHEL-BAUERNFEIND, *l.c.*).

[18] Nicht nur der fungierende Hohepriester hatte diesen Titel; auch der abgesetzte behielt ihn. Auch die Söhne des Hohenpriesters werden wohl unter dem allgemeinen Titel ἀρχιερεῖς genannt (SCHÜRER, *Gesch.* II⁴, 1907, 274 f.).

[19] Zu den hervorragenden Pharisäern gehörten damals u.a. Gamaliel II. und Johanan ben Sakkai, der später zu den Römern übergelaufen ist (darüber mehr in Kap. XVIII). — Gamaliel war der Sohn des aus dem Neuen Testament bekannten Gamaliel I. (Act. 5, 34 f.; 22, 3).

des Heiligtums. Man versuchte, das Volk zu überreden, das Opfer für die Fremden nicht einzustellen; ohne Erfolg. Die Priester, welche die Massregel durchgeführt hatten, waren nicht einmal in der Versammlung erschienen (*Bell. Jud.* II, 17, 4 § 417). Die Einstellung des Opfers bedeutete Abfall und Kriegserklärung an Rom. Es gab aber eine Friedenspartei und diese sandte sowohl an Florus (er war in Cäsarea) als an Agrippa Gesandten, welche ihnen baten, mit Heeresmacht nach Jerusalem zu kommen, um den Aufruhr zu unterdrücken. Florus, der den Krieg wollte, liess die Gesandten ohne Antwort (§ 420); Agrippa schickte 3000 Reiter, unter Anführung des Obersten Darius, nach Jerusalem. Die königlichen Truppen und die Leute der Friedenspartei besetzten die obere Stadt, die Nationalisten — die Zeloten — hielten die untere Stadt besetzt. Als sie die königlichen Truppen aus der oberen Stadt vertrieben hatten, verbrannten sie den Palast der Hasmonäer, steckten auch das städtische Archiv in Brand" und beeilten sich, die Schuldverschreibungen der Gläubiger zu vernichten, um so die Eintreibung der Schulden unmöglich zu machen und die Menge der Schuldner auf ihre Seite zu ziehen ..." (*Bell. Jud.* II, 17, 6 § 427; Übers. MICHEL-BAUERNFEIND). Die Friedenspartei und die königlichen Truppen zogen sich in den Palast des Herodes zurück. Tags darauf belagerten die Zeloten die Burg Antonia und machten nach zwei Tagen die römische Besatzung nieder. Die Festung des Heiligtums, wo seit 6 n. Chr. eine römische Besatzung gelegen hatte, war wieder im Besitz der Juden. Dann belagerten die Zeloten den Palast des Herodes, in den die königlichen Truppen und die Anhänger der Friedenspartei sich geflüchtet hatten.

Indessen war Menachem, Enkel des Judas des Galiläers, der unter Sabinus 6. n. Chr. die Juden aufgerufen hatte, nur Gott als Herrn anzuerkennen [20], nach Masada gegangen, das nach *Bell. Jud.* II, 17, 2 § 408 schon im Besitz der Juden war, wo er sich und seine Leute aus dem Zeughaus des Herodes bewaffnete (§ 433 f.). Nach H. GRAETZ hätte Menachem die Festung Masada erobert und die römische Besatzung darin getötet (*Gesch. der Juden*, III, 2⁵, 1906, 456). Dies ist auch die Meinung CECIL ROTH's [21]. Es ist ein Irrtum. VALENTIN NIKIPROWETZKY hat richtig gesehen, dass Masada schon von Eleazar ben Jair erobert war. Er weist hin auf *Bell. Jud.* VII, 8, 4 § 297, wo klar gesagt wird, dass Eleazar ben Jair gemeinsam mit den Sicariern die Festung Masada in seine Gewalt bekam. „Ce n'est pas Menachem, mais Eleasar ben Yair dont on nous apprend qu'il s'en empara par la ruse avec les Sicaires" [22].

Umringt von einer Leibwache kam Menachem wie ein König aus Masada nach

---

[20] Josephus nennt ihn den Sohn des Judas (*Bell. Jud.* II § 433); er kann nur dessen Enkel gewesen sein.

[21] *The Zealots in the war of 66-73*, *JSS*, IV, 1959, 332-355, p. 340.

[22] *Semitica*, XXIII, 1973, 57; vgl. MICHEL-BAUERNFEIND, *De Bello Judaico*, I, 1959, 447, Anm. 197.

Jerusalem, wo er die Leitung der Belagerung des Palastes an sich nahm. Sowohl die königlichen Truppen wie die sich in dem Palast befindenden Anhänger der Friedenspartei hat er dann aber frei abziehen (*Bell. Jud.* II, 17, 8 § 437), den Hohenpriester Ananias und dessen Bruder Ezechiaz durch seine Partei töten lassen (§441). Der Tod des Hohenpriesters, sagt Josephus, stieg dem Menachem sosehr zu Kopfe, dass er grausam und ein unerträglicher Tyrann wurde (§ 442). Die Anhänger des Eleazar ben Simon (dieser war, wie wir sahen, der Enkel des Hohenpriesters Ananias) haben dann den Menachem „als er stolz und im Schmuck königlicher Kleidung zum Gebete hinaufschritt" angegriffen und als er auf den Ophel geflüchtet war, unter vielen Foltern getötet (§§ 444 f.). Viele Anhänger von Menahem sind ebenfalls getötet worden, einigen gelang es aber, nach Masada zu flüchten, darunter Eleazar ben Jair (er war ein Verwandter Menachems) der 73 n. Chr. den Oberbefehl in Masada führte (§ 447). „Der Zahlenwert von „menachem" (= der Tröster) ist derselbe wie der von „zemach" (= der Spross), nämlich 138. Dies war für einzelne jüdische Gelehrte eine Bestätigung dafür, dass Menachem eine messianischer Namenstitel sei" (CLEMENS THOMA, *Bibl. Ztschr.*, NF 12, 1968, 52, Anm. 87). Vielleicht hatte Menachem sich für den Messias gehalten. Dass die Aufständischen in Jerusalem ihm nicht trauten, erklärt sich u.E. wohl vor allem daraus, dass er die königlichen Truppen und die in den Palast geflüchtete Friedenspartei hatte frei abziehen lassen [23]. Die im Römerlager anwesenden, von Florus in Jerusalem gelassenen Soldaten, die sich in die Türme Hippikos, Phasael und Mariamne zurückgezogen hatten (eine Kohorte), sind von Eleazar ben Simon, obwohl er ihnen freien Abzug zugesichert hatte, niedergehauen worden; nur der Befehlshaber Metilius, der sich beschneiden lassen wollte, ist als Jude begnadigt worden (§ 454). In Cäsarea sind angeblich am selben Tage (6. Aug. 66 n. Chr.; nach Josephus sogar zur selben Stunde, § 457) die Juden durch die griechischen Einwohnern ermordet worden. Als in Damaskus bekannt wurde, dass in Jerusalem die römischen Soldaten umgebracht worden waren, sind dort alle Juden getötet worden. Ähnlich geschah es in Askalon. „Im notwendigen Rückschlag dieser Judenvesper ergriff die in Jerusalem siegreiche Insurrektion sofort ganz Judäa und organisierte sich überall unter ähnlicher Misshandlung der Minoritäten, übrigens aber mit Raschheit und Energie" (THEODOR MOMMSEN, *Das Weltreich der Caesaren*, 386; *Bell. Jud.* II, 18, 1 §§ 458 ff.). Josephus legt den Nachdruck darauf, dass die Juden jetzt überall blutig verfolgt wurden und der Statthalter von Syrien, Cestius Gallus, nun gezwungen war aufzutreten (§§ 499 ff.). Cestius, der Befehlshaber der 12. Legion, hatte in Galiläa die Ruhe wiederhergestellt

---

[23] Wir halten es für möglich, dass Menachem gar nicht die staatliche Selbständigkeit Judäa's im Sinne der Nationalisten im Auge gehabt habe. Eher ist an ein von Rom abhängiger Königtum zu denken. — Auch Herodes hatte sich für den Messias gehalten.

(§§ 510 f.) und als es in den meisten Städten Judäas ruhig geworden war, marschierte Cestius mit seinem Heer nach Jerusalem und schlug sein Lager auf bei Gabao, fünzig Stadien von Jerusalem (§ 516). Beim Treffen zwischen Römern und Juden fielen 515 Römer gegen nur 22 Juden. Während Simon bar Giora den Römern auf ihren Marsch nach Bet-Horon in den Rücken fiel und die Juden die Anhöhen und Pässe besetzten, zog die Hauptmacht der Juden sich nach Jerusalem zurück. Agrippa, der mit dreitausend Mann Fussvolk und etwa zweitausend Reitern im römischen Heer war und der meinte, die Römer seien in Gefahr gekommen (niedergehauen zu werden), versuchte durch Abgesandte, die Juden vom Krieg abzuhalten. Einer der Gesandten, Phoebus, wurde von den Juden getötet, dem zweiten, Borkaus, gelang es zu flüchten (§ 523 f.). Cestius lagerte sich auf dem Skopus sieben Stadien von Jerusalem und unternahm über drei Tage nichts gegen die Stadt, „vielleicht weil er erwartete, dass die Einwohner nachgeben würden" (§ 528; Übers. MICHEL-BAUERNFEIND). Am vierten Tag rückte er mit seinem Heer heran, brannte die Neustadt (Bezetha) nieder und lagerte sich gegenüber dem Königspalast. „Wenn er sich in dieser Stunde hätte entschliessen können, in das Stadtgebiet innerhalb der Mauern mit Gewalt einzudringen, so hätte er alsbald die ganze Stadt in seinen Besitz gebracht, und der Krieg wäre zu Ende gewesen" (§ 531; id.). Dies stimmt kaum zu dem, was Josephus weiter berichtet: die Juden verteilten sich (über die Mauer) „und schossen von den Türmen auf alle, die die Mauer stürmen wollten. Obwohl die Römer fünf Tage lang von allen Seiten Angriffe versuchten, war ihr Ansturm vergeblich" (§ 534 f.; id.). Als der Verräter Ananus und seine Anhänger Cestius versprachen, die Tore öffnen zu wollen und der Verrat entdeckt wurde, sind sie von der Mauer heruntergejagt und mit Steinwürfen in ihre Häuser getrieben (§ 534). Als es Cestius nach fünf Tagen nicht gelungen war, die Mauer (der Oberstadt) einzunehmen, versuchte er am sechsten Tage den Tempel von der Nordseite her einzunehmen (§ 535). Durch den kräftigen Widerstand, welchen die Juden von der Säulenhalle her leisteten, misslang auch dieser Angriff. Es gelang den Römern auch nicht, trotz der Bildung von „Schildkröten", welche es möglich machten, hart an die Mauer zu kommen, die Mauer zu untergraben und sie machten nun Vorbereitungen, das Nordtor in Brand zu stecken (§ 537). Offenbar aus Mangel an Brennstoffen ist es dazu nicht gekommen. Bei Josephus heisst es dann: „Hätte er bei der Belagerung nur etwas mehr Ausdauer gezeigt, dann wäre ihm die Stadt ohne weiteres in die Hände gefallen" (§ 539; id.). Cestius gab, „obwohl ihn kein Rückschlag getroffen hatte, unbegreiflicherweise die Hoffnung" auf, die Stadt einnehmen zu können; „so zog er von der Stadt ab" (§ 540; id.). Noch unbegreiflicher scheint uns, wie Josephus, der doch die Belagerung und Einnahme der Stadt und des Tempels durch Titus mitgemacht und beschrieben hat, meinen konnte, nach

48

Eroberung der Nordmauer des Aussenhofes wäre die Stadt gefallen. Nicht der Aussenhof, sondern das Innenheiligtum war das eigentliche Bollwerk der Stadt und auch der Aussenhof selbst war nicht so einfach zu besetzen gewesen. Cestius hatte nicht einmal versucht die Antonia, die Festung des Heiligtums, einzunehmen. Mit RICCIOTTI darf man annehmen, dass Cestius von Anfang an die Aufgabe, Jerusalem einzunehmen, zu leicht genommen hatte (*Flavio Guiseppi*, II, 348, bei BRANDON, *Jesus and the Zealots*, 1967, 135, n. 6; dort auch die Meinung anderer Gelehrter, unter anderen MOMMSEN, GRAETZ, MOMIGLIANO, NOTH). „Die Schuld am Scheitern der Unternehmung liegt also an der mangelhaften Vorbereitung durch Cestius ..." (MICHEL-BAUERNFEIND, *De Bello Judaico*, I, 1959, 450, Anm. 231).

Es ist interessant, dass Josephus nirgends mit klaren Worten sagt, es ist Cestius nicht gelungen, Jerusalem einzunehmen. Aus Liebe zu den Römern hatte er offenbar die Belagerungskunst der Römer nicht herabsetzen wollen. Was er von den Aufständischen sagt, viele seien aus der Stadt geflohen (als die Römer versuchten, die Mauer zu untergraben und Vorbereitungen trafen, das Tor in Brand zu stecken) und das Volk sei zu den Toren geströmt, um sie zu öffnen und Cestius als Wohltäter zu empfangen, lässt sich mit Cestius' Abzug nicht vereinen. Josephus hat hier die Aufständischen herabsetzen wollen, den Römern die Ehre, gross in der Belagerungskunst zu sein, nicht nehmen wollen[24]. Hätte Cestius noch etwas gewartet, er hätte durch die Tore hineinziehen können; so wenigstens lässt Josephus es vorkommen. Die Wahrheit ist, dass Cestius bei der Belagerung von Jerusalem Schiffbruch erlitten hat. Nach Tacitus ist er entweder eines natürlichen Todes, oder aus Lebensüberdruss gestorben (*Hist.* V, 10: *qui ubi fato aut taedio occidit*).

Cestius' Abzug wurde einer Flucht gleich und viele Römer sind von den ihnen nachsetzenden Juden getötet worden: 5300 Mann Fussvolk und 480 Reiter (II, 19, 9 § 555). Die Juden werden das Abziehen des römischen Heeres mit dem mysteriösen Abzug Sanheribs im Jahre 701 v. Chr. verglichen und die Rettung der Stadt der Hilfe Jahwes zugeschrieben haben[25]. FARMER hat es wahrscheinlich gemacht, dass in der Tat die Sanherib-Tradition „innerhalb der zelotischen Geschichtsauffassung eine hervorragende Rolle gespielt hat"[26]. „Ausserdem wissen wir aus der Fastenrolle, dass der auch sonst als Gedenktag gefeierte „Nikanortag" (13. Adar) für die Aufstandsbewegung der Jahre 66-70 eine wesentliche Rolle gespielt hat" (LINDNER, *l.c.*). Viele angesehene Juden haben aber nach Cestius' Niederlage die Stadt ver-

---

[24] Wir werden unten (Kap. XVII, II, 5) sehen, wie Titus bei der Belagerung und Einnahme Jerusalems (70 n. Chr.) einen misslungenen Angriff auf die dritte Mauer ausgeführt hatte, was von Josephus verschleiert wird.

[25] 2. Kön. 18, 13 ff., 19, 35 f.

[26] *Maccabees, Zealots, and Josephus*, 1956, 97-104; LINDNER, *Die Geschichtsauffassung des Flavius Josephus im Bellum Judaicum*, 1972, 30.

lassen[27], sicher überzeugt, dass die Römer mit grösserer Heeresmacht zurückkommen werden, um Judäa und Jerusalem wieder zu unterwerfen. Der Aufstand
war „a mad and desperate revolt, for to declare war against Rome was to defy the
whole force of the civilised world. The insurgents neither had, nor could hope for
allies; the rest of the Roman provinces were in profound peace, and little likely
to answer the call or follow the example of a people they despised, in assertion of
their independence" (H. H. MILMAN, *The History of the Jews*, I, Repr., 1913, 516).
Dies war auch Josephus' Meinung. Die Frage ist aber, wie die Aufständischen die
Revolte aufgefasst haben. „Es ging den Zeloten nicht um die politische Unabhängigkeit als solche, sondern um die endzeitliche Erlösung Israels durch Gottes Eingreifen, wie M. HENGEL herausgearbeitet hat" (LINDNER, *o.c.*, 23). „In der Gehor-
samsverweigerung gegenüber dem Kaiser bestand die Umkehr zum wahren Gottes-
willen, sie bildete die Voraussetzung zu Gottes helfenden Eingreifen ..." (HENGEL,
Die Zeloten, 1961, 131). Josephus, der die religiösen Motive der Aufständischen
sehr wohl kannte (vgl. Antiq. XVIII, 1, 6 § 23) verdeckt sie im Bellum Judaicum
weithin (vgl. LINDNER, *o.c.*, 23/24; W. WEBER, *Josephus und Vespasian*, 1921, 26).

B — DIE ZELOTENHERRSCHAFT IN JERUSALEM
(66-70 n. Chr.)

„Als die Juden, die Cestius verfolgt hatten, nach Jerusalem zurückgekehrt waren,
brachten sie die noch römisch Gesinnten durch Gewalt, oder Überredung auf ihre
Seite und setzten in einer Versammlung auf dem Tempelplatz weitere Feldherren
zur Kriegsführung ein" (*Bell. Jud.* II, 20, 3 § 562; Übers. M.-B.). Die höchste
Gewalt über die Stadt erhielt nicht sofort Eleazar ben Simon, das Haupt der Zeloten,
dessen Anhänger als seine schwerbewaffnete Leibwache auftraten, sondern Joseph
ben Gorion und der Hohepriester Ananos (§ 563 f.), der als Sadduzäer Führer der
gemässigten Partei und Gegner der Zeloten war (MICHEL-BAUERNFEIND, *o.c.*, I,
450, Anm. 238). Sie sollten die Stadtmauer erhöhen, d.h. die von Agrippa I. angefangene Stadtmauer vollenden (*id.*, 450, Anm. 239). Jerusalem geriet aber bald in
Geldnot und da Eleazar ben Simon die den Römern abgenommene Beute und die
Kasse des Cestius sowie viele Staatsgelder verwaltete, wurde er nun als oberster
Führer der Stadt erkannt (§ 565).

Haupt der Pharisäer war damals R. Simon ben Gamaliel der, obwohl er der
aristokratischen Klasse angehörte, Sympathie für den gemeinen Mann hatte[28].

---

[27] *Bell. Jud.* II, 20, 1 § 556. Da Josephus nur drei bei Namen nennt (Kostobar, Saulus und Philippus) darf man annehmen, dass unter πολλοὶ τῶν ἐπιφανῶν Ἰουδαίων doch nur eine verhältnismässig geringe Zahl zu verstehen ist. Um eine Flucht *en masse* aus Jerusalem handelt es sich gewiss
nicht.

[28] Vgl. CECIL ROTH, *The Pharisees in the Jewish revolution of 66-73, JJS*, VII, 1962, 63-80, p. 64.

Staatliche Selbständigkeit war im allgemeinen, wie wir gesehen haben, für die Pharisäer keine Lebensfrage und vor der Revolution, als die Bewegung der Aufständischen schon um sich griff, waren sie neutral, „or even collectively averse to violent action" (ROTH, *l.c.*, 80). Die verbreitete Meinung, dass die Pharisäer keine politische Interessen hatten, ist aber, wie GEDALYAH ALLON betont, aufzugeben. „Jewish scholars have done away with the belief that the Pharisaic doctrine was in principe opposed to the participation of Jews in political life by suggesting that to them statesmanship was irrelevant compared with the main thing, to wit, religion" [29]. R. Simon ben Gamaliel war einige Zeit einer der einflussreichsten Männer in der Zeit der Revolution (*Bell. Jud.* IV, 3, 9 § 159). Er „roused the nation to defend itself"(ALLON, *l.c.*, 76). Dass viele Pharisäer sich der Revolution angeschlossen haben, unterliegt kaum dem Zweifel [30]. Die Sadduzäer, die 6.-70. n. Chr. alle oder fast alle Hohenpriester stellten, wodurch der Tempel zu Jerusalem ihr Einflusszentrum wurde, betrieben mit Rom eine ausgesprochene Ausgleichspolitik „und wurden dadurch der unterdrückten jüdischen Bevölkerung entfremdet" [31]. Sie waren vielfach Grossgrundbesitzer (THOMA, *l.c.*, 34) und sind demnach im allgemeinen wohl römerfreundlich gewesen. Als römerfreundlich ist die besitzende Klasse den Zeloten besonders verhasst gewesen und viele einflussreichen Juden sind schon im Anfang der Revolution getötet worden, darunter der aus königlichem Geschlecht stammende Antipas (IV, 3, 4 § 140), der zu den Gesandten gehört hatte, die zu Agrippa gegangen waren, um ihn zu bitten, mit Heeresmacht den Aufruhr in Jerusalem zu unterdrücken (II, 17, 4 § 418). Der Hass gegen die leitenden Kreise führte die Zeloten auch dazu, die Vorrechte der Familien, aus denen die Oberpriester erwählt wurden, abzuschaffen und sie dann aus niedrigen Klassen zu wählen (IV, 3, 6 § 148). Als dann das Volk durch Zutun des Ananos in Bewegung kam, flüchteten sich die Zeloten in den Tempel, setzten den rechtmässigen Hohenpriester Matthias ab und bestimmten durch Los einen Nachfolger aus niedrigem sozialem Stand: Phanni (= Pinehas). Dazu bemerken MICHEL-BAUERNFEIND: „Abgesehen von der polemischen Übertreibung ist die Darstellung des Josephus hellenistisch gefärbt: Hinter der Losentscheidung steht nicht mehr Gott, sondern die τύχη; desgleichen gilt der Bauer für griechisches Empfinden als ungebildeter Mensch, während er nach israelitischer Auffassung durchaus nicht zu den verachteten Berufen

---

[29] *The Attitude of the Pharisees to Roman Government and the House of Herod*, *SH*, VII, 1961, 53-78, p. 55.

[30] ALLON betont, dass es in der Zeit des Bar Kochba-Krieges nur Pharisäer gab; „Pharisees alone were represented in the community" (*l.c.*, 76); d.h., wären sie dem Krieg gegen Rom abgeneigt gewesen, hätte es wohl keinen zweiten Krieg gegen Rom gegeben. — Über die Rolle der Sadduzäer in der Zeit des Kaisers Justinian, siehe JUSTER, *o.c.*, I, 1914, 372 s.

[31] CLEMENS THOMA, *Auswirkungen des jüdischen Krieges*, *BZ*, NF, 12, 1968, 30-54, 186-210, S. 34.

gehört" [32]. Es scheint uns, dass nach der Ansicht der Zeloten hinter der Losentscheidung sicherlich Gott stand und nach ihrer Ansicht der Hohepriester nur von Gott zu bestimmen sei. Nicht ganz konsequent haben sie dann den Hohenpriester nicht aus den besitzenden Klassen bestimmen lassen. Der Hass war stärker als die Lehre. Die Ernennung des „unwürdigen" Hohenpriesters führte dazu, dass Ananos, Joseph ben Gorion, R. Simon ben Gamaliel und Jesus ben Gamala das Volk gegen die Zeloten aufstachelten (IV, 3, 9 § 158 f.; 10 §§ 163 ff.), was zu einem Bürgerkrieg führte, in dem es auf beiden Seiten viele Toten und Verwundeten gab (IV §§ 196 ff.). Die Zeloten beherrschten schliesslich nur noch das Innenheiligtum, Ananos und das Volk die Stadt und den Aussenhof. Ananos stellte in den Hallen des Aussenhofes sechstausend durch Los gewählte Männer auf, die fortlaufend durch andere abgelöst werden sollten, sodass alle Wache zu stehen hatten. Er hoffte, auf diese Weise die Zeloten zur Übergabe zu bewegen. Viele reichen Leute liessen aber gegen Bezahlung die Wache durch Ärmere besetzen (IV, 3, 12 § 206-207). MILMAN bemerkt, dass sie damit „betrayed their want of spirit ... Such a party was not likely to succeed against such antagonists" (*The History of the Jews*, II, Repr. 1913, 41, n. 1). Vielleicht auch sind sie der Meinung gewesen, es werde Ananos wohl gelingen, die Sache auf friedliche Weise zu lösen, entweder durch einen Vergleich mit den Zeloten, der Kriegspartei, oder durch Herbeiführung der Römer, d.h. durch Übergabe der Stadt. Dazu würde es wahrscheinlich auch gekommen sein — Ananos ist dessen jedenfalls verdächtigt worden, *Bell. Jud.* IV, 5, 5 § 347 —, wäre nicht ein neuer römerfeindlicher und rücksichtsloser Führer: JOHANNES VON GISCHALA, der Feind des Flavius Josephus, nach Jerusalem gekommen. Im Krieg gegen Rom hatte er sich schon, anders als Josephus, klar römerfeindlich gezeigt. Als die Römer Jotapata (67 n. Chr.) [33] belagerten und die Stadt erobert hatten ist Josephus zu den Römern übergelaufen. Johannes von Gischala, der Gischala [34], dessen Einwohner dem Krieg abgeneigt waren, zu verteidigen hatte, verstand die Kunst, Vespasian, als dieser die Stadt belagerte, zu hintergehen. Er verliess nachts mit seinen bewaffneten Anhängern die Stadt und kam nach Jerusalem, sicher überzeugt, dass auch Jerusalem der Belagerung durch die Römer nicht entgehen werde. Josephus lässt es vorkommen, als sei Johannes aus Angst um die Freiheit und das Leben nach Jerusalem geflüchtet (IV, 2, 4 § 106 ff.). MILMAN hat Johannes „Flucht" mit Recht eine „skilful retreat" genannt (*o.c.*, 35, n. 1). Freilich hat MILMAN auch recht, wenn er sagt, für Jerusalem wäre es besser gewesen „if

---

[32] *De Bello Judaico*, II, 1, 1963, 212, Anm. 40.

[33] Jotapata = das heutige *Khirbet Shifat* (AVI-YONAH, *The Missing Fortress of Flavius Josephus, IEJ*, 3, 1953, 94-98, p. 95).

[34] Gischala = das heutige *el-Jish* (AVI-YONAH, *l.c.*, 94).

John of Gischala had perished in the trenches of his native town, or been cut off in his flight by the pursuing cavalry" (*o.c.*, 36). Während es bis dahin in Jerusalem zwei Gruppen gegeben hatte, die um die Macht stritten: die Zeloten [35] unter der Führung von Eleazar ben Simon, und der Anhang des Hohenpriesters Ananos, dem es möglicherweise gelungen wäre, den Zelotenaufstand zu unterdrücken und mit Rom zu einer Übereinkunft zu kommen, gab es nun einen dritten Führer, der extrem patriotisch und römerfeindlich war. Als er nach Jerusalem kam, schloss er sich dem Ananos an, aber wohl nur, um die Stärke dieser Gruppe kennen zu lernen. Es ist ihm sicher bald klar geworden, dass die Zeloten, die Kriegspartei, Gefahr liefen, von Ananos und seinen Anhänger niedergeschlagen zu werden und da sein eigener Anhang — Galiläer — offenbar nicht stark genug war dem zuvorzukommen, überredete er die Aufständischen, die Hilfe der Idumäer, die ebenfalls geneigt waren, das römische Joch abzuwerfen, anzurufen. Es gelang den Zeloten, das Stadttor zu öffnen und die bewaffneten Idumäer hereinzulassen (IV, 4, 7 § 300). Die Wachen an den Hallen des Aussenhofes wurden niedergemacht, und nachdem auch Ananos und Jesus ben Gamala ermordet waren, ist ein wahres Blutbad in Jerusalem angerichtet worden (IV §§ 310 ff., 326 f.). Betreffs des Mordes an Ananos sagt Josephus: „Ich gehe wohl kaum fehl mit der Behauptung, die Eroberung der Stadt habe mit dem Tod des Ananos begonnen, und der Einsturz der Mauer, der Untergang des jüdischen Staates habe mit jenem Tage eingesetzt, an dem die Bürger Jerusalems den Hohenpriester und Führer, auf dem ihr eigenes Heil beruhte, mitten in der Stadt hingeschlachtet sahen" (IV, 5, 2 § 318; Übers. MICHEL-BAUERNFEIND). Wenn Josephus es auch nicht klar sagt, so ist er doch offenbar der Meinung gewesen, dass Ananos die Unterwerfung an Rom nicht abgelehnt hätte. „Um es kurz zu sagen: wäre Ananos am Leben geblieben, so wäre sicherlich ein Vergleich zustande gekommen" (§ 321; *id.*). Damit stand er aber gegen die Auffassung der Aufständischen, die aus religiösen Gründen die staatliche Selbständigkeit anstrebten.

Nach Ananos' Ermordung „fielen die Zeloten und die Scharen der Idumäer das Volk an, als wäre es eine Herde unreiner Tiere, und schlachteten es hin. Die gewöhnlichen Leute wurden niedergemetzelt, wo man sie gerade fasste. Edle und Junge dagegen verhaftete man und warf sie ins Gefängnis, wobei man ihre Hinrichtung aufschob, weil man hoffte, sie könnten sich ihrer Partei anschliessen. Aber keiner

---

[35] Nach MORTON SMITH seien die Zeloten erst im Winter 67-68 als Partei hervorgetreten. SMITH hält sie für die „representatives of Palestinian, principally Judean peasant piety, hostile alike to the rich of the city, the upper priesthood of the Temple, and of course the foreign rulers" (*Zealots and Sicarii, their Origins and Relation, HThR*, 64, 1971, 1-19, p. 19). HENGEL's Buch über die Zeloten sei „mainly a work of fantasy" (p. 15), der Aufsatz DANIEL's, *Esséniens, Zélotes, et Sicaires* (*Numen*, 13, 1966, 88 ff.) „ignorant nonsens" (p. 17, n. 61).

schenkte ihnen Gehör ..." (IV, 5, 3 §§ 326-328; Übers. M.-B.). Vermutlich bildeten sie eine eigene Gruppe, die dem von den Zeloten ermordeten Ananos angehangen hatte (siehe aber M.-B., II, 1, 1963, 219, Anm. 81 und dort die Meinung KLAUSNER's: sie sollten gerade eine extreme Gruppe gebildet haben). Als es dann den Zeloten missfiel, die Leute ohne weiteres zu ermorden, richteten sie zum Schein Gerichtshöfe und Prozessverfahren ein, wobei sie sich vorgenommen hatten, den Zacharias zu töten, nicht nur wegen seines Reichtums, sondern auch da dieser „sehr wohl imstande gewesen wäre, ihren eigenen Sturz herbeizuführen" [36]. Sie verklagten den Zacharias, „er gebe die Sache des Volkes den Römern preis und unterhalte verräterische Beziehungen zu Vespasian" (IV §§ 334-336). Die siebzig Richter (wohl ein neuer grosser, in der Mehrzahl aus Zeloten gebildeter Sanhedrin; M.-B., II, 1, 219, Anm. 85; J. KLAUSNER) sprachen den Zacharias frei; er ist aber nichtsdestoweniger im Tempel ermordet worden (§§ 334-343).

Nach Josephus liess einer der Zeloten die Idumäer zusammenrufen, um sie wieder zum Abzug zu bewegen (IV §§ 345-352). KLAUSNER vermutet, dass dieser Zelot Johannes von Gischala gewesen sei, der obwohl ein glühender Patriot, die Freveltaten der radikalen Zeloten verurteilte (*Historia schel habbait hascheni* [37], 1954, 215 f., bei MICHEL-BAUERNFEIND, II, 1, 220, Anm. 90). Josephus, Feind des Johannes von Gischala, hat dies absichtlich verschwiegen (*id.*). Nach der Vermutung Klausner's ist nach dem Abzug der Idumäer eine antizelotische Verschwörung zustande gekommen und Johannes von Gischala hat sich zum Diktator in Jerusalem gemacht (bei M.-B., II, 1, 221, Anm. 94). Simon ben Gurion und Niger aus Peräa, die sich wahrscheinlich an dieser antizelotischen Bewegung beteiligt hatten, sind damals ermordet worden (IV §§ 358 f.). Es unterliegt wohl nicht dem Zweifel, dass Johannes von Anfang an seine Diktatur in Jerusalem im Auge gehabt habe, und vermutlich hatten nur die Idumäer, die eine Macht in Jerusalem bildeten, dies verhindern können; es war für Johannes also nötig, die Idumäer aus Jerusalem zu entfernen.

Johannes stützte sich auf seine galiläischen Truppen, die mit ihm aus Gischala nach Jerusalem gekommen waren und ihm dort zu seiner starken Stellung verholfen hatten. Nach Josephus erhielten sie nun von Johannes die Freiheit, in Jerusalem zu tun, was ihnen gelüste (IV § 559 f.): die Wahrheit wird eher sein, dass sie eine undisziplinierte Truppe gebildet haben. Von den Jerusalemern und Idumäern, von denen eine Gruppe in Jerusalem geblieben war, sind sie gehasst und bekämpft worden. So lässt sich vielleicht erklären, dass Johannes' Leute sich in Weiberkleider

---

[36] Die Meinung kann nur sein, dass Zacharias durch seine Reichtümer im Stande gewesen wäre eine eigene Partei zu gründen, deren Glieder sich durch Bestechung gegen die Zeloten richten würden.

[37] „*Geschichte des zweiten Tempels*"; es ist damit bekanntlich der Tempel des Herodes gemeint.

steckten und sich als Frauen schmückten (§ 561), um den Waffen der Gegner zu entgehen. H. Graetz hält dies für Lüge und Verleumdung von Seiten des Josephus: „Johannes, der stahlharte Patriot, wird schwerlich seine Leute haben verweichlichen lassen" (*Gesch. der Juden*, III, 2⁵, 1906, 522, Anm. 1). J. Klausner hält die Sache für wahr, meint aber, dass die jüdische Aufstandsbewegung diese Verwilderung nach sich gezogen habe (bei M.-B., II, 1, 233, Anm. 188; dort eine Erklärung über den Sinn der Verwilderung). Die Galiläer selbst trugen unter ihren Kleidern Schwerter und durchstachen jeden, der ihnen in den Weg kam (IV § 564); dies macht es u.E. wahrscheinlich, dass die Sache nicht ausschliesslich aus „Verwilderung" zu erklären sei. Die Verkleidung machte es den Galiläern leichter zu morden, schirmte sie andererseits gegen die Mordwaffen der Gegner.

Der von den Galiläern — und den Zeloten — betriebene Terrorismus führte zu eine Empörung der noch in der Stadt anwesenden Idumäer (IV § 572). J. Klausner ist der Ansicht, dass die Gemässigten unter der Führung des Priesteradels die Jerusalemer angeregt haben, sich mit Hilfe der Idumäer wieder an die Macht zu bringen (bei M.-B., II, 1, 233, Anm. 193). „Sie wäre dann die treibende Kraft bei der Empörung gegen Johannes gewesen" (M.-B., *l.c.*). Dafür spricht auch, dass, nachdem die Empörung nicht zum Ziel geführt hatte, der Oberpirester Matthias abgeordnet wurde, um Simon ben Giora hereinzuholen. Bei einem Treffen von Idumäern und Zeloten sind viele Zeloten niedergeschlagen worden, andere sind in den Tempel getrieben worden oder haben sich in den Tempel geflüchtet; auch die in der Stadt zerstreuten Zeloten flüchteten sich in den Tempel (IV § 570). Nach Josephus fürchteten die Idumäer nun, dass die Zeloten nachts aus dem Tempel kommen werden, um sie zu überfallen und die Stadt in Brand zu stecken (§ 571). Vielleicht haben die Zeloten in der Tat den Gedanken gehabt, die Stadt durch Feuer zu zerstören, um der Belagerung durch die Römer zu entgehen; der Tempel wäre dabei instand geblieben. Als Jerusalem schon gefallen war (70 n. Chr.) und die Leiter der Revolution sich in unterirdischen Gängen versteckt hatten, haben sie in der Hoffnung, die Römer würden abziehen, noch mehr als die Römer von der Stadt in Brand gesteckt (*Bell. Jud.* VI, 7, 3 §§ 370 ff.).

Um Johannes von Gischala zu stürzen wählte das Volk unter Beratung der Oberpriester ein Mittel, das, wie Josephus sagt, ärger war als der Untergang (*Bell. Jud.* IV, 9, 11 § 573). Man holte den mit seinen Truppen vor der Stadt lagernden extrem-patriotischen Simon bar Giora herein (IV § 573 f.; April 69 n. Chr.). Simon bar Giora begegnete uns schon bei der Belagerung Jerusalems durch Cestius. Als Cestius Gallus sich aufmachte, Jerusalem zu belagern, war der aus Gerasa stammende Simon bar Giora in Jerusalem, und bei Cestius' Marsch nach Bet-Horon war er den Römern in den Rücken gefallen, wobei er eine Menge Lasttiere raubte und in die Stadt brachte (*Bell. Jud.* II, 19, 2 § 521). In der Toparchie Akrabatene [38] hatte er dann später viele Patrioten um sich versammelt und die Häuser der Reichen geplündert. Die Führer der Friedenspartei in Jerusalem — unter anderen Ananos II.; damals noch am Leben — schickten dann Truppen gegen ihn, was ihn veranlasste, nach Masada (damals schon im Besitz der Revolutionäre) auszuweichen (II § 653). Nach Ananos' Tode kehrte er sich von den in Masada lebenden Sicarier ab und durchstreifte mit einem grossen Anhang Akrabatene und Idumäa (IV § 508. 511. 529). Er verheerte nicht nur Dörfer und Städte, sondern er verwüstete auch das Land (IV § 534). Wenn Josephus auch darüber schweigt, dürfen wir doch annehmen, dass Simon bar Giora im Hinblick auf den Krieg gegen Rom die Taktik der „verbrannten Erde" befolgte. In Jerusalem zweifelte man nicht daran, dass Simon es auf eine Unternehmung gegen Jerusalem abgesehen hatte (IV § 513) und man versuchte, den extrem-radikalen Führer ausserhalb der Stadt zu halten. Josephus schweigt hier über Johannes von Gischala, der doch sicher am wenigsten darauf gebrannt hat, Simon bar Giora in die Stadt zu holen. Es heisst, aus Furcht vor einem heimlichen Überfall rückten bewaffneten Zeloten aus Jerusalem dem Simon entgegen (IV § 514). Die Ehre, den Simon mit seinen Bewaffneten in die Flucht getrieben zu haben — denn eine Flucht wird es gewesen sein —, kam doch sicher dem Johannes von Gischala zu, was Josephus, Erzfeind des Johannes, verschweigt. Als Simon dann später Idumäa erobert hatte und dort die Taktik der „verbrannten Erde" angewandt hatte, hielt man es in Jerusalem für geraten, dagegen aufzutreten, wagte es aber nicht, den Simon, der ausser seinen Schwerbewaffneten eine grosse Gruppe von Anhängern hatte (IV § 535: 40 000, wohl eine übertriebene Zahl), in offener Feldschlacht zu bekämpfen (§ 538). Die von Johannes von Gischala in Jerusalem geführte Schreckensregierung veranlasste dann die Leiter des Volkes, den Beschluss zu fassen, Simon bar Giora mit seinem Heer in die Stadt kommen zu lassen, im Vertrauen, es werde Simon, dessen Heeresmacht die des Johannes weit übertraf, gelingen, Johannes zu stürzen. Im dritten Jahre des Krieges, im Monat Xanthikus (April-Mai 69 n. Chr.) kam Jerusalem in seine Hände (IV § 577). Es gelang dem Simon aber nicht, Johannes mit seinem Anhang ganz aus der Stadt zu werfen; Simon beherrschte die Oberstadt und einen grossen Teil der Unterstadt (V § 11), Johannes hielt das Heiligtum und die Burg Antonia besetzt (IV §§ 577 ff.). Josephus nennt hier die Antonia nicht, sie muss aber im Besitz des Johannes gewesen sein, denn bei der Eroberung der Antonia durch die Römer ist sie von Johannes' Leuten verteidigt worden [39].

---

[38] Ein jüdischer Grenzbezirk südöstlich von Sichem (MICHEL-BAUERNFEIND, *De Bello Judaico*, II, 1, 1963, 229, Anm. 159).

[39] Siehe weiter unten Abschn. D, 7: Einnahme der Antonia.

Simons Herrschaft über Jerusalem hatte ganz andere Folgen, als die Leiter des Volkes gehofft hatten. Es ging daraus der Kampf zwischen zwei Parteien hervor, denen zwar der Hass gegen Rom und die besitzende Klasse gemein war, die aber nichtsdestoweniger einander nach Möglichkeit auszurotten versuchten. Mit Simons Einzug „begann der Bürgerkrieg in seiner entsetzlichsten Gestalt" (GRAETZ, *Gesch. der Juden*, III, 2⁵, 1906, 522). Wie Johannes von Gischala an vier Stellen des Aussenhofes Türme errichtete zur Aufstellung von Katapulten und anderen Wurfmaschinen, womit er den Leuten von Simon hart zusetzte, kam schon im Kapitel über den Tempel (Kap. XIII) zur Sprache. GRAETZ hält Josephus' Angabe, dass die Türme zum Kampf der Parteien gegen einander errichtet worden seien, ohne Grund für erlogen (*o.c.*, 527, Anm. 3). Richtig ist, was GRAETZ weiter sagt: „jede Partei beanspruchte den Oberbefehl über die andere . . ." (S. 528).

Weder Simon bar Giora noch Johannes von Gischala hatte sich um den Opferdienst im Tempel gekümmert, hat doch Johannes später sogar die Tempelgeräte geraubt [40]. Nach Josephus trennte Eleazar ben Simon, der 66 n. Chr. das Opfer für den Kaiser eingestellt hatte, was der Kriegserklärung an Rom gleich kam, sich um diese Zeit von der Partei des Johannes, da er für sich die Gewaltherrschaft begehrte (V §§ 2 ff.). Eleazar besetzte mit seiner Partei das Innenheiligtum und offenbar ist es die Sorge um den Tempeldienst gewesen, die ihn veranlasste, sich von Johannes zu trennen. Zur Verteidigung des Innenheiligtums setzte er Kriegswaffen über die Tore (§ 7), um Angriffe von Seiten des Johannes, der den Aussenhof besetzt hatte, abzuschlagen. Wer opfern wollte, Jerusalemer oder Fremder, wurde unter Aufsicht in den Tempel zugelassen, er lief aber Gefahr, durch Geschosse, welche die Partei des Johannes ins Innenheiligtum schleuderte, getötet zu werden (V §§ 15-16). Wenn Josephus dann sagt: „Mit den Leichen der Einheimischen lagen die von Fremden, mit denen von Priestern die von Laien durcheinander gemengt zusammen, und das Blut von mancherlei Erschlagenen bildete Lachen in den Vorhöfen Gottes" (V § 18; Übers. M.-B. z.St.), stimmt dies kaum zum Vorhergesagten, dass die Leute im Altarhof durch die aus dem Aussenhof geschleuderten Geschosse getötet wurden. Lachen von Blut können daraus nicht hervorgegangen sein. Eher aus der Schlächterei, welche Johannes später, als die Römer schon vor Jerusalem lagen und die Juden einen Ausfall gegen die auf dem Ölberg gelagerte zehnte Legion gemacht hatten, im Innenheiligtum anrichten liess. Johannes hatte zuerst den Plan gehabt, das von Eleazar ben Simon besetzte Innenheiligtum mittels hoher Belagerungstürme (wofür er das von Agrippa II. für den Tempel bestimmte heilige Holz verwendete) zu erobern (V §§ 36 f.). Später, am 14. Tag des Monats Xanthikos, verfuhr er rigoroser. Als am Fest der ungesäuerten Brote das Volk das

---

[40] *Bell. Jud.* V, 13, 6 § 562.

Innenheiligtum betrat, kamen viele von Johannes' Leute, insgeheim bewaffnet, mit hinein, die die Festbesucher mit Keulen und Schwertern am Altar niedergeschlagen haben (V §§ 99 f., 102 f.). Zweck der Einnahme des Innenheiligtums war der Raub der dort vorhandenen Vorräte (§ 104). Johannes, der wie gesagt den Aussenhof des Tempels besetzt hatte, hatte bei seinen Ausfällen gegen die Partei von Simon bar Giora die Getreidehäuser in Brand gesteckt (V § 24), natürlich um Simon in eine Notlage zu bringen. Dass auch Simon das Getreide verbrannt habe (*ibid.*), dürfte doch kaum wahrscheinlich sein. Simon hatte zwar überall die Taktik der „verbrannten Erde" befolgt, aber sicher nicht in den von ihm besetzten Stadtteilen von Jerusalem. Die Einäscherung der Umgebung des Tempels (V § 25-26) ist wohl hauptsächlich das Werk von Johannes gewesen. Er ist wohl Schuld daran, dass das Getreide, „das auf Jahre hinaus für eine Belagerung ausgereicht hätte" (§ 25), verloren gegangen ist. Interessant ist, dass Josephus hier implizit die schnelle Eroberung Jerusalems durch Titus als eine Folge der in Jerusalem herrschenden Hungersnot betrachtet und sie nicht der hervorragenden Belagerungskunst der Römer zuschreibt.

Der Parteienstreit kam zu einem vorläufigen Ende, als die Römer sich in der Nähe von Jerusalem lagerten (V § 68 f.; 71 f.). Vereint machten sie einen plötzlichen Ausfall nach der auf dem Ölberg gelagerten zehnten Legion (V § 75 f.). Kaum zurück in der Stadt erwachte der Parteienstreit wieder (V § 98 f.) und Johannes eroberte, wie wir sahen, das Innenheiligtum. Statt drei gab es nun zwei Parteien. Simon bar Giora hatte das Oberbefehl über 10 000 Anhänger (unter fünfzig Anführern) und 5000 Idumäern (unter zehn Anführern). Johannes von Gischala, der nun das ganze Heiligtum besetzt hielt, hatte 6000 Schwerbewaffnete (unter 20 Anführern) und die 2000 Anhänger von Eleazar ben Simon unter sich (V §§ 248-251). Wer sich nicht einer diesen Parteien anschloss, wurde von beiden gebrandschatzt (§ 251). Erst als die Römer daran gingen, die erste Mauer der Stadt mit ihren mächtigen Sturmböcken zu berennen, haben sie vereint versucht, die Einnahme Jerusalems durch Titus zu verhindern.

Der Parteienstreit lässt sich natürlich nicht einfach aus „bürgerlichen Feindschaft zwischen den Führern Simon bar Giora und Johannes von Gischala — Eleazar ben Simon hatte später kaum mehr eine Rolle gespielt — erklären. MICHEL-BAUERN-FEIND weisen hin auf die messianischen Züge im Bilde Simon bar Gioras (*De Bello Judaico*, II, 1, 1963, 230). Simons gewaltsamer Tod in Rom (*Bell. Jud.* VI, 9, 6 § 434; VII, 5, 5 § 154 f.) beweist, dass die Römer in ihm den eigentlichen Führer des Aufstandes sahen (*ibid.*). Der gewaltsame Tod Simons errinnert uns an die Kreuzigung des für den König der Juden gehaltenen Jesus. Sollte vielleicht Simons gewaltsamer Tod mit aus dem messianischen Anspruch Simons zu erklären sein? Die

Wahrscheinlichkeit spricht u.E. dafür, dass die Feindschaft zwischen Johannes von Gischala und Simon bar Giora aus Simons messianischen Anspruch zu erklären ist. Johannes hatte, so scheint uns, die staatliche Selbständigkeit Judäas unter Verwaltung nach den väterlichen Gesetzen im Auge; die mit Rom befreundete besitzende Klasse sollte zu diesem Zweck ausgerottet werden. Simon bar Giora sah sich selbst als Messias-König um als solcher eine neue gesellschaftliche Ordnung zu gründen. Er hatte den Sklaven die Freiheit verkündet (*Bell. Jud.* IV, 9, 3 § 508). J. KLAUSNER spricht von Simon bar Gioras „kommunistisch-revolutionären Gesinnung" (MICHEL-BAUERNFEIND, l.c.) [41].

C — JOTAPATA. JOSEPHUS' WEISSAGUNG AN VESPASIAN

Cestius' Niederlage vor Jerusalem hatte zur Folge, dass Judäa, Idumäa und Galiläa in Händen der Aufständischen blieb bzw. kam. Dass der Aufstand nicht über die Grenzen Palästinas hinausging, daran war, wie THEODOR MOMMSEN sagt, nicht die Regierung Schuld, „sondern die nationale Abneigung der Syrohellenen gegen die Juden" (*Das Weltreich der Caesaren*, 386). Nach Josephus sollen aber die Nachbarvölker schon von der Empörung angesteckt gewesen sein (*Bell. Jud.* III, 1, 2 § 3), was aber ohne Erfolg blieb [42]. Als Kaiser Nero, der sich in Achaja befand, Bericht über den Abfall Judäa's erhielt, sandte er Titus Flavius Vespasianus, der das von den Germanen erschütterte Abendland den Römern wiedergewonnen und Britannien der römischen Herrschaft wieder unterworfen hatte (Tacitus, *Agricolae* 17, 1), als kaiserlichen Legaten und Oberbefehlshaber im Krieg gegen die Juden nach Palästina (*Bell. Jud.* III, 1, 2 § 4; Tacitus, *Hist.* V, 10, 1-2). Cestius Gallus war, wie Mommsen sagt, rechtzeitig gestorben (*o.c.*, 387; vgl. Tacitus, *Hist.* V, 10, 1). Gaius Licinius Mucianus wurde zum Statthalter von Syrien ernannt.

Von Achaja hatte Vespasian seinen Sohn Titus nach Alexandrien geschickt, um die dort lagernde 15. Legion zu holen (*Bell. Jud.* III, 1, 3 § 8; siehe aber W. WEBER, *o.c.*, 144: nicht Alexandrien, sondern Alexandrette, in Syrien), während er selbst über den Hellespont und auf dem Landweg nach Syrien kam. In Antiochien über-

---

[41] KLAUSNER glaubt, dass Simon bar Giora das kommunistische Ideal von den Essenern erworben habe (bei MICHEL-BAUERNFEIND, *ibid.*). — „Sie sind Verächter des Reichtums, und bewundernswert ist bei ihnen der Gemeinschaftssinn; es ist auch unter ihnen niemand zu finden, der an Besitz hervorrage; denn es ist Gesetz, dass die in die Sekte Eintretenden ihr Vermögen dem Orden übereignen, sodass bei ihnen insgesamt weder die Niedrigkeit der Armut noch ein Vorrang des Reichtums in Erscheinung tritt, sondern nach Zusammenlegung des Besitzes der Einzelnen nur ein Vermögen für alle als Brüder vorhanden ist" (Josephus, *Bell. Jud.* II, 8, 3 § 122; Übers. M.-B.). — Siehe auch W. WEBER, *Josephus und Vespasian*, 1921, S. 28 f.

[42] Zwei Verwandte des Königs Monobazus von Adiabene haben sich beim Anrücken des Cestius am Kampf gegen die Römer beteiligt (*Bell. Jud.* II, 19, 2 § 520). Sie wohnten in Jerusalem, wo um 40 n. Chr. sich Helena, Gemahlin des Königs Monobazus I. mit einem Teil der Familie angesiedelt hatte. — Siehe MICHEL-BAUERNFEIND, II, 2, 1969, 204, Anm. 198.

nahm er sein Heer (zwei Legionen, 5. und 10.) und vereinigte sich mit König Agrippa, der ihn dort mit seiner gesamten Streitmacht erwartet hatte. Von Antiochien zog er nach Ptolemais (*Bell. Jud.*, III, 2, 4 §§ 29 f.; Frühling 67 n. Chr.). In Ptolemais traf Titus mit seinem Vater zusammen und vereinigte seine Legion mit denen seines Vaters (III, 4, 2 § 64-65). Ausser diesen drei Legionen und dem Heer des Agippa gab es noch Truppen des Königs von Emesa und des Arabers Malchos (Malichus II; Nabatäer); die gesamte Streitmacht betrug etwa 60 000 Reiter und Fussvolk (§ 69).

In Jerusalem hatte man für die verschiedenen Gebiete Judäa's Feldherren ernannt und Josephus, der spätere jüdische Geschichtsschreiber, erhielt den Befehl über Galiläa (*Bell. Jud.* II, 20, 4 § 568). Auch Gamala, die stärkste Stadt dieser Gegend, gehörte zu seinem Bereich (*id.*). Er hob aus dem Lande eine Streitmacht von über 100 000 jungen Leute aus (ὑπὲρ δέκα μυριάδας νέων ἀνδρῶν, II, 20, 6 § 576; eine wohl übertriebene Zahl), die er bewaffnete [43].

Josephus wurde 64 n. Chr., als er erst 26 Jahre alt war, nach Rom gesandt, um die Freilassung einiger befreundeter Priester, die vom Prokurator Felix gefangen genommen und nach Rom geschickt worden waren, zu erlangen (*Vita* 3 § 13 f.). Dass gerade Josephus nach Rom gesandt wurde, erklärt sich wohl aus seiner Kenntnis der griechischen Sprache [44]. Als er im Frühjahr 66 n. Chr. nach Jerusalem zurück-

---

[43] Über die von Josephus in Galiläa verstärkten Forts siehe M. HAR-EL, *The Zealot's Fortresses in Galilee*, *IEJ*, 22, 1972 123-130 und Fig. 1, p. 125.

[44] Vgl. E. STEIN, *De woordenkeuze in het Bellum Judaicum van Flavius Josephus*, 1937, p. 4. — Die wichtigste zwischen 1937-1962 und früher über Josephus erschienene Lit. bei LOUIS FELDMANN, *Scholarship on Philo and Josephus. Studies in Judaica*, 26 ff. „Josephus Studies in this century reached their height during the period from 1918 to 1930, when no less than six works of interpretation appeared" (p. 31) — R. LAQUEUR, *Der jüdische Historiker Josephus*, war 1920 erschienen. Laqueur's „most famous — and most fantastic — theory ist hat J., when his fame as an author was threatened by the stylistically superior work of Justus of Tiberias, inserted the *Testimonium Flavianum* into *Antiquitates* in order to win a sale among Christians" (p. 31). Die bekanntesten Werke über Josephus sind wohl H. ST. JOHN THACKERAY, *Josephus. The Man and the Historian*. The Hilda Stich Stroock Lect. at The Jewish Institute of Religion, New York, 1929, und W. WEBER, *Josephus und Vespasian*, 1921. *Untersuchungen zu dem jüdischen Krieg des Flavius Josephus*, Berlin-Leipzig 1921. Das von THACKE-RAY angefangene Lexikon (1930) ist von MARCUS fortgesetzt worden. R. J. H. SHUTT veröffentlichte 1961 *Studies in Josephus*, London. „The main source ( ) of the Jewish war is Josephus' Memory" (p. 27); WEBER (*o.c.*) betont aber die Benutzung einer römischen Quelle. Über die Quellen der *Antiq.* XII-XVII und *Bell. Jud.* I hatte JUSTUS VON DESTINON, *Die Quellen des Flavius Josephus*, 1882 veröffentlicht. — HELGO LINDNER, *Die Geschichtsauffassung des Flavius Josephus im Bellum Judaicum*. Gleichzeitig ein Beitrag zur Quellenfrage. 1972; *Zur Josephus-Forschung*, Herausgegeb. von ABRAHAM SCHALIT, 1973 enthält früher erschienene Aufsätze verschiedener Gelehrten (u.a. NORDEN, LAQUEUR, WILLRICH, BICKERMAN); JOSEPH BLENKINSOPP, *Prophecy and Priesthood in Josephus*, *JJS*, XXV, 1974, 239-262; GOHEI HATA (Japan), *Is the Greek version of Josephus' JEWISH WAR a translation or a rewriting of the first version?*, *JQR*, LXVI, 1975, 89-108. Gohei: „in making the Greek version Josephus rewrote the first version [aram.] drastically so that it might become more interesting and informative for his new audience — Romans and Greeks" (p. 108). — Siehe auch unten Anm. 51 und oben Kap. XIII, Anm. 3.

gekehrt war (er war in Rom durch den Schauspieler Halityrus der Poppäa, Nero's Gemalin, vorgestellt worden), sah er die Begierde des Volkes, das römische Joch abzuwerfen. Nach dem Bericht in Vita (4 § 17 f.) versuchte er, die Aufständischen zu anderen Gedanken zu bringen, denn er sah voraus, dass der Krieg gegen Rom für die Juden nur einen unglücklichen Ablauf haben könne. Zu gross war aber schon, sagt Josephus, die Wahnsinn der zur Verzweiflung gebrachten Bürger (§ 19, Ende). Damit stimmt kaum, dass er versucht habe, die Aufständischen auf andere Gedanken zu bringen. GRAETZ betont, dass Josephus die Vita verfasste, um sich gegen Anklagen der Römerfeindschaft (unter Domitian traten mehrere Anklager gegen ihn auf, *Vita* 76 § 428 f.) zu verteidigen (*Gesch. der Juden*, III, 2, 485, Anm. 1). „Josephus' Charakter und Tätigkeit sind äusserst schwer zu beurteilen, weil die beiden Quellen, der jüdische Krieg und der Selbstbiographie (Vita), grelle Widersprüche darüber enthalten" (GRAETZ, *ibid.*). Wir möchten es für wahrscheinlich halten, dass Josephus sich in Jerusalem aus Furcht, für einen Verrater gehalten zu werden, den Aufständischen angeschlossen habe. Von der Regierung in Jerusalem wurde er mit Joazar und Juda nach Galiläa gesandt, um den Krieg gegen Rom zu organisieren (so *Bell. Jud.* II § 577 f.), während es Vita 7 § 29 heisst, um die Aufständischen zum Niederlegen der Waffen zu überreden. RICHARD LAQUEUR meint, Josephus habe seine Stellung als Gesandter Jerusalems ausgenützt, „um sich zum Tyrannen von Galiläa zu machen" (*Der jüdische Historiker Flavius Josephus*, 1920, Kap. VIII: Der Werdegang des Josephus, S. 245-278, wieder abgedruckt in A. SCHALIT, *Zur Josephus-Forschung*, 1973, 70-103, S. 75). LAQUEUR sagt dann: „Gewiss ist er nur in eine schon bestehende Bewegung hereingerissen worden, aber statt diese zu bekämpfen, wie ihm aufgetragen war, hat er sie für eigene Zwecke dienstbar gemacht, bis er schliesslich von der Bewegung selbst mitgerissen wurde" (bei SCHALIT, *o.c.*, 78). Mit GRAETZ halten wir es für unmöglich, dass Josephus nach Galiläa gesandt worden sei, um das Volk und die „Räuber" zu entwaffnen (*Gesch.* III, 2, 485, Anm. 1) [45]. „Das Richtige wird wohl sein, dass Josephus Anfangs ebenfalls vom Taumel der Revolution ergriffen war, und bona fide die Erhebung Galiläas übernommen hat" (*l.c.*).

Als Vespasian mit seiner Streitmacht von Ptolemais in Palästina einrückte, liess er erst den Tribun Placidus Galiläa durchziehen, wobei viele Juden niedergemacht worden sind (*Bell. Jud.* III, 6, 1 § 110 f.). Als die festeste von Josephus ummauerte Stadt galt Jotapata [46], welche Placidus meinte überfallen und einnehmen zu können;

---

[45] KRAUSS: „This is plainly a distortion of the facts, since Galilee was always most inclined to war" (*JE*, VII, 1916, Art. *Josephus, Flavius*, p. 274-281, p. 274).

[46] *Khirbet Shifat*. Der in der Nähe liegende Berg Asamon reicht 548 m über die Umgegend. „The importance of Mt. Asamon stemmed from its strong position and proximity to Jotapata, the largest Galilean fortress" (M. HAR-EL, *IEJ*, 22, 1972, 127).

er glaubte, wenn die stärkste Festung gefallen sei, würden die übrigen Städte sich wohl unterwerfen (§ 111). Der Angriff misslang: die Einwohner erwarteten ihn vor der Stadt und trieben die Römer auf die Flucht (§ 112). Für Vespasian war es Zeit, selbst in Galiläa einzufallen (§ 115 f.). Josephus lag damals mit einer Gruppe Bewaffneter in der Stadt Garis (§ 129). Als die Juden ohne Kampf flohen, floh Josephus mit einer ihm treu gebliebenen Truppe nach Tiberias (§131). Die Schuld, dass die Juden keinen Kampf wagten, ruht doch auf dem Feldherrn, auf Josephus. So sagt SIMON DUBNOW: „Sein Mut reichte wohl dazu aus, sich in einer gutgeschützten Festung zu verteidigen, nicht aber, dem Feind in offener Schlacht die Stirn zu bieten" (*Weltgesch. des Jüd. Volkes*, II, 1925, 443). Josephus verbirgt die Schuld hinter den Worten, dass er schon an einem günstigen Ausgang des Krieges zu zweifeln begann. Er schickte Gesandte nach Jerusalem mit der Botschaft, er werde entweder kapitulieren, oder man sende Truppen, mit denen er den Streit gegen die Römer aufnehmen könnte (III, 7, 2 § 138 f.). Gehör hatte er nicht gefunden, wahrscheinlich weil man ihm nicht traute; war doch, wie Josephus selbst sagt, schon früher durch ganz Galiläa das Gerücht verbreitet worden, dass Josephus beabsichtige, das Land den Römern zu überlassen (*Vita* 26 § 129) [47].

Vespasian liess die Stadt Gabara, aus der die kampffähigen Männer geflüchtet waren, einnehmen und alle noch anwesenden Männer, alte und junge, niedermachen, „denn in ihren Hass gegen die Juden und in Andenken an das, was Cestius hatte ausstehen müssen, kannten die Römer kein Erbarmen" (III § 133; CLEMENTZ). Da die meisten galiläischen Kämpfer nach der gut zu verteidigenden, fast ganz auf einem steilen Felsen gelegenen und stark ummauerten Stadt Jotapata geflüchtet waren, wohin auch Josephus sich begeben hatte, beschloss Vespasian die Stadt zu belagern und zu zerstören. Sie war nur im Norden leicht zugänglich und hier liess Vespasian einen Damm zur Mauerhöhe aufwerfen. Josephus hat die Belagerung und Einnahme der Stadt eingehend beschrieben (*Bell. Jud.* III §§ 141-288; §§ 316-36; § 339), wir müssen dies aber übergehen. Es zeugt vom Verteidigungsmut der Belagerten, dass die Stadt erst nach siebenundvierzig Tagen (§ 316) und dann noch durch Verrat eingenommen wurde (die Zahl 47 ist unsicher, siehe MICHEL-BAUERNFEIND, I, 1959, 460, Anm. 77). Hier gilt wohl auch, was MOMMSEN über die Kriegsführung der Römer in Palästina sagt: „sie war weder glänzend noch rasch" (*Das Weltreich der Caesaren*, 387). Die Einnahme Jotapata's trieb viele Einwohner zum Selbstmord, zahllose sind durch die Römer niedergemacht worden. Nach Josephus sollen bei der Einnahme und in den vorangegangenen Kämpfen 40 000 gefallen sein (§ 337). Vita 65 § 357 heisst es gegen Justus von Tiberias, alle welche über die

---

[47] Wenn wenigstens dies nicht von Josephus ersonnen ist; er stellt sich in der Vita als römerfreundlich hin.

Belagerung Jotapatas hätten berichten können, sind in dem Kampf gefallen. Vespasian liess dann die Festungswerke schleifen und die Stadt zerstören (§ 338-339).

Als Josephus am fünften Tage, nachdem die Vorbereitungen zur Belagerung der Stadt schon angefangen hatten, von Tiberias nach Jotapata kam, muss er in der Überzeugung gelebt haben, dass es den Römern nicht gelingen werde, die auf einem hohen Felsen gelegene Stadt einzunehmen. Sonst hätte er sich wohl nicht in die Stadt gewagt. Nichts deutet darauf, dass er damals schon den Plan gehabt habe, zu den Römern überzulaufen. Er hat alles mögliche getan, die Stadt zu halten und auch selbst bei Ausfällen mitgemacht (III § 151). Dass die Römer bei der Belagerung auf hartnäckigen Widerstand der Belagerten gestossen sind, unterliegt doch nicht dem Zweifel; darüber spricht Josephus auch noch in Vita (65 § 357; gegen Justus von Tiberias). Man urteilt darüber freilich nicht einstimmig. „Vielleicht hat sich Josephus in der Vita pazifistischer gegeben, als er in Wirklichkeit gewesen ist. Vielleicht auch hat er andererseits in Bellum seine galiläische Mission soldatischer geschildert, als sie es tatsächlich gewesen ist. Seit Laqueur neigt man in der Forschung stärker zu der letzteren Auffassung" (HELGO LINDNER, *Die Geschichtsauffassung des Flavius Josephus im Bellum Judaicum*, 1972, 58, Anm. 1). Wir können LAQUEUR nicht folgen und halten Josephus' Angaben über die Verteidigung von Jotapata und seinen Anteil daran für durchaus glaubwürdig. Dass er sich in der Vita pazifistischer gegeben hat, als er gewesen ist, unterliegt u.E. nicht dem Zweifel und dafür hatte er seinen guten Grund. Wenn Josephus sagt, er sei überzeugt gewesen, dass es für die Juden keine Sicherheit gab ausser in freiwilliger Unterwerfung (III § 136; vgl. *Vita* 4 § 17-19), soll nicht übersehen werden, dass Bellum Judaicum „im Grunde eine Verherrlichung der unangreifbaren Machtstellung Roms" war (LAQUEUR, bei SCHALIT, *o.c.*, 112); es sollte andere Völker davon abhalten, von Rom abzufallen. Dass Josephus von Anfang an überzeugt gewesen sei, die Juden werden den Krieg gegen Rom verlieren, halten wir für unwahrscheinlich, er hätte dann wohl die Ernennung zum Feldherrn von Galiläa abgeschlagen. Erst die Einnahme Jotapata's muss Josephus überzeugt haben, dass es den Römern gelingen werde, jede Stadt und Festung Judäas — auch Jerusalem — einzunehmen und im offenem Feld hatten die Juden gegen die römischen Legionen unter der Führung eines Vespasian nichts zu bestellen.

Als Josephus erkannte, „dass die Stadt nicht mehr lange Widerstand leisten könne", beriet er sich mit den Häupter der Stadt über eine mögliche Flucht (III § 193). Dass es ihm um seine persönliche Sicherheit zu tun war (§ 197), ist kein Grund, den Verteidiger von Jotapata zu verurteilen. Er war nicht gefallen und Selbstmord hielt er für Feigheit und einen Frevel gegen Gott (III §§ 361 ff., 370). Als die Stadt eingenommen war (III § 341: ὁ δὲ τῆς πόλεως ἁλισκομένης), gelang es

Josephus, durch die Feinde zu schleichen und sich in einer oben unsichtbaren Höhle, in der sich schon 40 angesehene Leute versteckt hatten, zu verbergen (§ 341-342). Da die Umgebung von allen Seiten bewacht wurde, gab es keine Möglichkeit zu entkommen. Am dritten Tag wurde er von einer Frau die sich dort ebenfalls versteckt hatte, dann aber, als sie herausgekommen war, gegriffen wurde, verraten. „Vespasian schickte eifrig besorgt sofort zwei Tribunen, Paulinus und Gallicanus, mit dem Auftrag, dem Josephus Sicherheit anzubieten und ihn aufzufordern, heraufzukommen" (III § 344; Übers. M.-B., z.St.). Erst nachdem ein dritter Tribun gesandt war, Nikanor, mit dem Josephus früher befreundet war, und die römischen Soldaten den Plan hatten, die Höhle auszuräuchern, machte Josephus Anstalten, sich dem Nikanor zu ergeben, nachdem er aber erst Gott insgeheim ein Gebet dargebracht hatte (III §§ 350 ff.). Die übrigen im Versteck Verbleibenden drohten aber, den Josephus zu töten, falls er nicht sich selbst töten wolle. „Wir leihen dir Arm und Schwert: stirbst du freiwillig, dann als Feldherr der Juden, stirbst du unfreiwillig, dann als Verräter! „Mit diesen Worten zückten sie ihre Schwerter gegen ihn und drohten, ihn niederzustossen, falls er sich den Römern ergäbe" (III § 359; Übers. M.-B., z.St.).

Michel-Bauernfeind betonen, dass es im Judentum seit der Makkabäerzeit die heroische Möglichkeit gab, „sich selbst den Tod zu geben, um den Gottlosen nicht in die Hände zu fallen (2 Makk. 14, 41-46). Dieser Selbstmord hat in zelotischen Kreisen als äusserste Möglichkeit ... eine Rolle gespielt" (o.c., I, 1959, 461, Anm. 85). Nach M.-B. ist III §§ 361 ff. „bewusst antizelotisch und argumentiert mit dem Appell an dass natürliche Empfinden in hellenistischem und in allgemein menschlichem Sinn" (l.c.). Auf Vorschlag des Josephus wurde durch das Los entschieden, wer einen Genossen töten solle. „Auf wen das Los trifft, der falle durch die Hand des Nächsten; so soll das Schicksal durch unsere Reihe gehen, damit niemand von eigener Hand niedergestreckt werden muss. Denn es wäre ungerecht, wenn ein Letzter umschwenkte und sich rettete, nachdem alle anderen dahingegangen sind" (III § 388-389; Übers. M.-B., z.St.). Dass auf diese Weise das Todeslos alle treffen würde, ohne dass einer sich selbst zu töten hatte (§ 389) stimmt nicht, denn wer sollte den Letzten töten? Zwar heisst es „es wäre ungerecht, wenn ein Letzter umschwenkte und sich rettete" (§ 389: ἄδικον γὰρ οἰχομένων τινὰ τῶν ἄλλων μετανοή-σαντα σωθῆναι) es wird aber nicht gesagt, wer den Letzten töten soll. Es gibt nur eine Möglichkeit: der Letzte und der Vorletzte mussten einander niederstossen, nachdem der Vorletzte den ihm vorangehenden niedergestossen hatte. Es ist anzunehmen, dass es so verabredet gewesen ist, denn die Leute werden wohl eingesehen haben, dass anders der Letzte am Leben blieb. Josephus verschleiert die Verabredung absichtlich: es soll nicht sofort klar werden, dass er ihr nicht nachgekommen sei. Er war nicht vom Los getroffen, er war also der Letzte. Josephus sagt nun, er habe seine Hand nicht mit dem Blut eines Volksgenossen beflecken wollen, weshalb er den Vorletzten überredete, sich den Römern zu übergeben (III § 391). Dafür hatte Josephus aber einen weit tieferen Grund: nach der Verabredung hätten die zwei sich gegenseitig töten sollen. Sollte Josephus am Leben bleiben, musste er den Vorletzten überreden, weder sich selbst, noch Josephus zu töten. Hätte Josephus den Vorletzten getötet, der das Schwert sicher noch nicht abgelegt hatte, würde auch Josephus niedergestossen worden sein. Nach Josephus ist er durch glücklichen Zufall oder durch göttliche Fügung nicht vom Los getroffen worden (III § 391). Zufall wäre zwar nicht unmöglich, wenn wir aber sehen, dass Josephus der Verabredung nicht nachgekommen ist, dürfte Betrug wohl wahrscheinlicher sein. Auch nach der slawischen Übersetzung des BJ hat Josephus es durch List erreicht, dass er als letzte übrig blieb (*EJ*, 9, 1932, 399, A. GUTMANN) [48].

Als Josephus von Nikanor ins Lager von Vespasian geführt war und Vespasian den Plan hatte, ihn zu Nero zu senden, erbat Josephus um eine persönliche Unterhaltung mit Vespasian. Bekanntlich hat er dann dem Vespasian vorhergesagt, dieser und sein Sohn Titus werden Kaiser und Alleinherrscher sein (III § 401-402: σὺ Καῖσαρ, Οὐεσπασιανέ, καὶ αὐτοκράτωρ, σὺ καὶ παῖς ὁ σὸς οὗτος). Er habe auch den Jotapatenern vorhergesagt, die Stadt werde in 47 Tage fallen und er, Josephus, werde gefangen genommen worden (III § 406). Als sich dies, sagt Josephus, als richtig erwiesen hatte, begann Vespasian ihn zu glauben, liess ihn aber noch im Gefängnis und in Fesseln. Dem Titus verdankte Josephus es vornehmlich, dass er dann weiter freundlich behandelt wurde (III § 407-408). Josephus' Weissagung an Vespasian ist, wie wir aus Sueton (*Vesp.* 5, 6) und Dio Cassius (XLVI, 1) wissen, in die offizielle römische Omina-Liste aufgenommen worden. Der Judenhasser Tacitus (Hist. 2, 78) hat „den Anteil des Juden in seiner Darstellung einfach unter den Tisch fallen lassen" (LINDNER, *Die Geschichtsauffassung des Flavius Josephus*, 1972, 63). Josephus muss den Vespasian selbstverständlich auf griechisch angesprochen haben. Dass Titus griechisch kannte, wissen wir aus Sueton: Latine Graeceque vel in orando vel in fingendis poematibus promptus (*Tit.* 3, bei STEIN, *De Woordkeuze in Bellum Judaicum*, 1937, 5, n. 1).

H. H. MILMAN betonte vor mehr als einem Jahrhundert, die Weissagung, Vespasian werde Kaiser sein, „was far from requiring any great degree of political sagacity. It was impossible to suppose that the bloody Nero would be allowed to burthen

---

[48] Bei GRAETZ (*Gesch. der Juden*, III, 2⁵, 1906, 499, bearbeitet von M. BRANN) heisst es: „Durch die Überzahl überwunden, musste er sich in den Beschluss ergeben, dass sie allesamt sich dem Tode weihen wollten ... Sie fielen je einer durch die Hand des anderen. Nur Josephus, der ebenfalls zu sterben geschworen hatte, brach den Toten das Wort, wie er es den Lebenden gebrochen hatte". Nur Josephus ist falsch; auch der Vorletzte muss das Wort gebrochen haben.

the throne much longer ... The empire would in all probability, fall to the lot of the boldest and most ambitious of the great military leaders, among whom Vespasian stood, if not confessedly the first, yet certainly, with few competitors, in the first rank" (*History of the Jews*, II, repr. 1913, 23). Auffallend ist, dass Josephus zugleich dem Titus die Kaiserwürde vorhersagt (vgl. Tacitus, *Hist.* V, 13; siehe WEBER, *o.c.*, 42 ff., bes. 50 f.). Titus, der etwa das Alter des Josephus hatte, war bei der Unterhaltung gegenwärtig und die Weissagung wird ihn mehr noch als seinen Vater getroffen haben. „Titus der aus seinem Ehrgeiz keinen Hehl machte" überredete später den Mucianus, Statthalter von Syrien, Vespasian anzuspornen Kaiser zu werden (GRAETZ, *Gesch. der Juden*, III, 2⁵, 1906, 525). Als Vespasian auf dem Karmel opferte, hatte der Priester Basilides nur dem Vespasian „weite Grenze und viele Leute" zugeschrieben (Tacitus, *Hist.* II, 78).

Nach Josephus soll Gott ihm in nächtlichen Träumen „die über die Juden hereinbrechenden Schicksalsschläge und das künftige Geschick der römischen Kaiser gezeigt" haben (*Bell. Jud.* III § 351). Er beschreibt die erst kurz zurückliegenden Träume (sie kamen ihm in der Höhle in die Erinnerung) als furchterregende Bilder (§ 353). Damit ist über die Träume nichts bestimmtes ausgesagt, anders als beim Traum über den Vita 42 § 208 f. berichtet: es war, als stände jemand neben ihm, der sagte, erinnere dich, dass du gegen die Römer kämpfen musst (§ 209, Ende: μέμνησο δ' ὅτι καὶ Ῥωμαίοις δεῖ σε πολεμῆσαι). Für wichtiger halten wir, was Josephus weiter sagt: er sei mit den Weissagungen der heiligen Schriften gut bekannt gewesen (III § 352). Er meinte hier die messianische Prophetie, über die er *Bell. Jud.* VI, 5, 4 § 312 f. berichtet „Was sie (*sc.* die Juden) aber am meisten zum Krieg anspornte, war ein mehrdeutiger Gottesspruch (χρησμὸς ἀμφίβολος), der sich gleichfalls in den heiligen Schriften fand, dass in jener Zeit einer aus ihrem Lande über die bewohnte Erde herrschen werde. Diese Ankündigung fassten sie als ihren selbst geltend auf, und viele Gelehrte gingen bei der Auslegung irre. Indes zeigte der Gottesspruch die Herrscherwürde Vespasians an, der in Judäa zum Kaiser ausgerufen wurde" (Übers., LINDNER, *o.c.*, 69/70).

EDUARD NORDEN meinte, die jüdische Priesterschaft hätte zur Zeit des grossen Krieges, um die Gemüter für den letzten Verzweiflungskampf zu stärken, die Prophetie hervorgezogen [49]. Nach Josephus hatte der Gottesspruch die Juden aber gerade zum Krieg angesprnt. Nach HELGO LINDNER ist das messianische Schriftwort innerhalb einer breiten jüdischen Tradition sogar „mit einer apokalyptischen Terminrechnung verbunden gewesen, die den Beginn der Erlösung in den Jahren

---

[49] *Josephus und Tacitus über Jesus Christus und eine messianische Prophetie*. Neue Jahrbücher für das klassische Altertum, Geschichte und deutsche Literatur, 16, 1913, 637-666; bei SCHALIT, *Zur Josephus-Forschung*, 1973, 27-69, S. 61.

zwischen 66 und 70 datiert hatte" (*o.c.*, 72/73). Tacitus (*Hist.* V, 13) und Sueton (*Vesp.* 4, 5) erwähnen die Prophetie ebenfalls. Tacitus: „das dunkle Wort war eine Weissagung auf Vespasian und Titus; aber die Menge deutete so, wie's beim starken Verlangen geht, so grosse Dinge, die da kommen sollten, zu ihren Gunsten, und liess sich-selbst durch Missgeschick nicht auf die richtige Gedanken bringen" (V, 13; Übers. K. L. Roth). Da auch Tacitus — wie Josephus — den Titus in der Weissagung nennt, wird Graetz recht haben, wenn er sagt, dass Tacitus die Prophetie aus Josephus entlehnt habe (*Gesch.* III, 2⁵, 1906, 505, Anm. 1; vgl. M. Simon, in *Numen*, XXIII, 1976, 60; siehe aber Weber, *o.c.*, S. 50).

Norden meinte, Josephus und die Priester hätten die Weissagung auf Dan. 7, 13 ff. gegründet (*l.c.*, 62). Nach Lindner lässt der „Herrscher aus ihrem Lande" an den Bileamspruch Nu. 24, 17 b denken: „Es geht ein Stern aus Jakob auf, und ein Herrscherstab ersteht aus Israel" (*o.c.*, 71; vgl. Hengel, *Die Zeloten*, 1961, 244). Josephus soll die Entscheidung in der Traumdeutung *Bell. Jud.* III, 8, 3 § 351 diesem Bibelwort verdanken, was ihn dann auch zur Weissagung an Vespasian geführt habe (*o.c.*, 70). „Grundlage der Jotapata-Offenbarung" sei ein Traumerleben (*o.c.*, 75). Wie oben bemerkt, hatte Josephus in der Höhle, wo das Los bestimmte, nach welcher Ordnung die Leute einander töten sollten, wahrscheinlich einen Betrug begangen. Der Verabredung ist er überdies nicht nachgekommen. Die Träume, wiewohl es sich doch um eine wichtige Sache handelte, beschreibt er ganz unbestimmt. Wir halten es für wahrscheinlich, dass sie für die Deutung der Weissagung beiseite geschoben werden können, dass Josephus sie nur angeführt habe, um seine angebliche „Prophetengabe" ins Licht zu stellen [50]. Wert hat u.E. nur die messianische Weissagung, die, wie wir sahen, mit einer apokalyptischen Terminrechnung (zwischen 66 und 70) verbunden war. Nach dieser Weissagung würde aus Israel ein Herrscherstab entstehen. Vespasian, wenn auch nur Feldherr, war während diesem Termin in Judäa und es war ganz unwahrscheinlich, dass es um diese Zeit einen zweiten Eroberer Palästinas geben würde. Dies wird Josephus dazu geführt haben, in Vespasian den „Herrscherstab" der Prophezeiung, und seine politische Einsicht wird ihm dazu geführt haben, in Vespasian den künftigen Kaiser zu sehen.

---

[50] „Like the Jabneh rabbis who were his contemporaries, Josephus knew that the age of prophecy was in principle past and gone". Er glaubte aber, dass „God still made use of certain individuals as instruments for revealing the course of the future and guiding the destinies of his people" (Blenkinsopp, *JJS*, XXV, 1974, 255 f.). Dieser Glaube wird damals wohl ziemlich allgemein verbreitet gewesen sein, sonst hätte Josephus sich nicht als Wahrsager aufwerfen können. Dass er es auch selbst glaubte, unterliegt nicht dem Zweifel, denn dafür zeugt seine Nachricht über den Essener Manachem der, wie er sagt, „von Gott mit der Gabe, die Zukunft vorherzusehen, ausgestattet war . . ." (*Antiq.* XV, 10, 5 § 373: καὶ πρόγνωσιν ἐκ θεοῦ τῶν μελλόντων ἔχων). Manachem hatte dem Herodes als dieser noch nicht König war, vorhergesagt, er werde König werden (§ 374). Hätte Josephus auch selbst diese Gabe besessen, er hätte es hier wohl nicht unerwähnt gelassen.

Die Weissagung hatte den Feldherrn davon abgehalten, Josephus zu Nero zu schicken. Er blieb im Römerlager, nicht aber als Kriegsgefangener, sondern als Überläufer. Als in Jerusalem bekannt wurde, dass er lebe — man hatte zuerst gemeldet, er sei bei der Einnahme Jotapatas ums Leben gekommen — und besser behandelt wurde, als es sonst bei Kriegsgefangenen üblich war, beschimpfte man ihn als Feigling und Verräter (III §§ 434 ff.). Josephus' Überzeugung, dass die Juden den Krieg verlieren werden, hatte ihn selbstverständlich veranlasst, zu den Römern überzulaufen; eine Entschuldigung für seinen Verrat ist diese Überzeugung aber nicht. Nach Auffassung der Zeloten hätte Josephus Selbstmord begehen müssen; Josephus war aber nicht, was Titus von den Juden im allgemeinen sagte (III § 475), ein Verächter des Todes. Er hing am Leben und sein kurzer Aufenthalt in Rom (64-65 n. Chr.) hatte ihn gelehrt, wie die Römer es verstanden zu leben. Vielleicht ist sein Übergang mit dadurch bestimmt gewesen. Wenn Josephus auch die Freiheitskämpfer im Stich gelassen hatte, ein abtrünniger Jude — wie Tiberius Alexander — ist er nie geworden [51].

[51] S. KRAUSS urteilt über Josephus wie folgt: „Josephus' orthodoxy and piety are thus beyond doubt; but his conduct during the great Jewish war shows him in a very doubtful light" (*JE*, VII, 1916, 279) „He was vain and self-seeking . . ." (*ibid.*). Seine „condemnation by such historians as J. SALVADOR and GRAETZ is certainly too severe" (*ibid.*); R. LAQUEUR (1920): „der von mir allerdings sehr tief eingeschätzte Charakter des Josephus . . .". *Der jüdische Historiker Flavius Josephus*, Kap. VIII, Der Werdegang des Josephus S. 245-278, in SCHALIT, *Zur Josephus-Forschung*, 1973, 70-103, S. 85; S. 100 ff. die absurde Behauptung, Josephus habe das *testimonium Flavianum* (*Antiq.* XVIII, 3, 3 § 63) eingeschoben, um das Werk den Christen zuzuführen; H. STRATHMANN nennt Josephus die peinlichste Figur aus dem ganzen Kampf. „Spekulierende, kriechende Unterwürfigkeit gegenüber dem Römer und nationalistische Eitelkeit halten sich bei ihm die Wage" (*PJ*, 23, 1927, 93); THACKERAY: „Looking at his career as a whole, I do not think that a lack of patriotism can be reckoned among his (faults" *Josephus. The Man and the Historian*, 1929, 21). „His fine *apologia* for Judaism, the *contra Apionem*, crowns his services to his race. He has surely earned the name of patriot" (p. 22); FARMER, Josephus war „a very effective apologist for the Romans" aber auch ein starker Apologet für das jüdische Volk (*Maccabees, Zealots and Josephus*, 1956, 16). „Perhaps we may put it this way: Josephus was too honest as an historian to be completely consistent as a propagandist" (p. 22); SHUTT: „Josephus' last work [*c. Ap.*] is the most famous ancient apology for Judaism" (*Studies in Josephus*, 1961, 120). Die Juden haben den Josephus verworfen und verwerfen ihn noch, „but the reason is largerly because the Christians took up Josephus' works owing to his short mention of Jesus in the *Testimonium*" (p. 121). KRAUSS, selbst Jude, urteilte über Josephus schon 1916 weniger streng (oben); vgl. I. ABRAHAMS, *Campaigns in Palestine*, Schweich. Lect., 1922, p. 36, auch bei SHUTT, p. 121; E. STAUFFER sagt wie LAQUEUR: „charakterlos skrupellos verlogen" (*BhHwb.* II, 1964, 890, Art. *Josephus*). Nach Euseb. (*Kirchengesch.* 3, 9) hatte man in Rom für Josephus nach seinem Tode eine Statue aufgestellt. „C'était beaucoup pour son mérite, qui était celui d'un opportuniste réaliste, prompt et habile à suivre les suggestions de son intérêt particulier" (CH. GUIGNEBERT, *Le monde Juif vers le Temps de Jesus*, 1935 = 1955, p. 24). In Rom erhielt Josephus das Bürgerrecht. „En revanche, ses compatriotes le regardaient comme un vulgaire traître et le détestaient: aujourd'hui encore, les écrivains juifs sont pour lui sans indulgence" (*ibid.*). Y. YADIN: Josephus „was a miserable Jew but a good historian" (bei ALFRED FRIENDLY, *Recent Excavations in Jerusalem. The Magazine of Archaeology/Anthropology*, 15, 3, 1973, p. 16). Als ein „miserable Jew" zeigt Josephus sich unserer

Die Kriegsführung von Vespasian und Titus in Palästina vor der Belagerung Jerusalems eingehend zu verfolgen, liegt ausserhalb unserer Aufgabe. Im ersten Kriegsjahre (67 n. Chr.) hatte Vespasian die Festungen in Galiläa und die Küste bis nach Askalon in seine Gewalt gebracht. Im zweiten Kriegsjahr liess er die Städte Gadara und Gerasa in Transjordanien besetzen, stationierte Truppen bei Emmaus und Jericho und liess von da aus Idumäa im Süden und Samaria im Norden besetzen, „so dass Jerusalem im Sommer des Jahres 68 von allen Seiten umstellt war. Die Belagerung sollte eben beginnen, als die Nachricht von dem Tode Neros eintraf. Damit war von Rechts wegen das dem Legaten erteilte Mandat erloschen und Vespasian stellte in der Tat, politisch nicht minder vorsichtig wie militärisch, bis auf neue Verhaltungsbefehle die Operationen ein. Bevor diese von Galba eintrafen, war die gute Jahreszeit zu Ende ... Erst nach Vitellius' Sieg, im Juni 69 nahm Vespasian die Operationen wieder auf und besetzte Hebron" (MOMMSEN, *Das Weltreich der Caesaren*, 388). Bald darauf ist Vespasian zum Kaiser ausgerufen worden. Der 1. Juli galt als Beginn von Vespasians Prinzipat (Tacitus, *Hist.* II, 79; Sueton, *Vesp.* 6, 3). Am 1. Juli sind die Legionen Ägyptens von Tiberius Alexander auf Vespasian vereidigt worden und erst am 3. Juli hat Vespasian persönlich die Akklamation des Heeres in Judäa empfangen. Bei Josephus heisst es, Vespasian sei vom Heer in Judäa zum Kaiser ausgerufen worden und erst danach sollten die Legionen Ägyptens auf Vespasian vereidigt worden sein (*Bell. Jud.* IV, 10, 4 § 601 und 616 f.). Josephus beabsichtigt damit „sicherlich nicht nur, die enge Verbundenheit des Generals mit seiner Truppe zum Ausdruck zu bringen, sondern vor allem die Übereinstimmung mit der in den heiligen Schriften gegebenen Weissagung, aus Judäa werde zu dieser Zeit der Herrscher der Welt hervorgehen" (MICHEL-BAUERN-FEIND, II, 1, 1963, S. 235, Anm. 205). Erst als Vespasians Herrschaft im ganzen Reich anerkannt war, beauftragte er Titus Jerusalem zu belagern und einzunehmen. Mai 70 n. Chr., mehr als zwei Jahre nach dem Anfang des Krieges, erschien er vor Jerusalem. Die Aufständischen werden daraus geschlossen haben, dass Gott den Feind von der heiligen Stadt fern hielt. „Nach dieser offenkundigen Erfahrung des Jerusalem deckenden göttlichen Schutzes waren die Kämpfer nicht mehr zur Ergebung bereit, sondern gehorchten mit unüberwindlicher Entschlossenheit dem einen Gedanken, durchzuhalten auch in der höchsten Not, bis das Heil erschien" [52].

Meinung nach weniger dadurch, dass er sich habe gefangennehmen lassen, als dadurch, dass er die Leute in der Höhle betrogen hatte.

[52] A. SCHLATTER, *Der Bericht über das Ende Jerusalems. Beiträge zur Förderung christlicher Theologie*, 28, Heft 1, 1923, 51, bei LINDNER, *o.c.*, 79.

D — ZERSTÖRUNG JERUSALEMS UND UNTERGANG DES TEMPELS

1. *Titus' Heeresmacht.* Frühjahr 70 n. Chr. war Titus mit seinem Heer von Cäsarea nach Jerusalem abgezogen, um die Stadt zu belagern und einzunehmen. Ausser den drei Legionen, mit denen Vespasian das Land verheert hatte (5., 10. und 15.), stand ihm die zwölfte — die unter Cestius Gallus geschlagen worden war — zur Verfügung (*Bell. Jud.* V, 1, 6 §§ 40 f.). Überdies hatte er Hilfsheere einiger Könige, unter anderem das Heer Agrippa's. Da Titus im Krieg noch nicht erfahren war, stand ihm Tiberius Julius Alexander, der Statthalter von Ägypten — dieser war, wie gesagt, ein abtrünniger Jude — zur Seite (§ 45). Josephus, der die Belagerung Jerusalems als „Zuschauer" mitgemacht hat, berichtet hier nicht, dass er sich wie Tiberius Julius Alexander in Titus' Heer befunden habe. Erst später hören wir, dass er bei der Belagerung gegenwärtig war (zuerst *Bell. Jud.* V, 3, 3 § 114). Vita 75 § 415 f. und *c. Ap.* I, 9 § 48 berichtet er aber, er habe den Titus von Alexandrien nach Jerusalem begleitet. Er war 69 n. Chr., als Vespasian die Operationen vorläufig eingestellt hatte, mit Vespasian und Titus nach Ägypten gegangen.

Titus zog durch Samarien bis nach Gophna, das schon von Vespasian erobert worden war und wo eine römische Besatzung lag. Am folgenden Tag schlug er beim Dorf Gibe'ath-Šaul (*Tell el-Full*), etwa 30 Stadien vor Jerusalem, sein Lager auf. Von dort begab er sich mit 600 Reitern auf den Weg nach Jerusalem, um die Festungswerke der Stadt zu besehen. Er wollte auch die Gesinnung der Juden kennen lernen, ob sie sich vielleicht ohne Kampf ergeben würden. Dass es in Jerusalem eine Friedenspartei gab, war ihm durch Überläufer wie Josephus wohl bekannt und auch, dass die drei revolutionären Parteien einander bekämpften. Josephus berichtet zwar nicht, dass es in Jerusalem Verräter gab, die dem römischen Feldherrn über Vorgänge in Jerusalem berichteten, dies geht aber aus dem haggadischen Kommentar Abot di R. Natan hervor. Es heisst, als Vespasian an Jerusalem heran kam, habe R. Jochanan den Einwohnern Jerusalems zugerufen: „Warum wollt ihr diese Stadt zerstören und den Tempel verbrennen? Der Feind verlangt ja nur von euch einen Pfeil oder eine Lanze und ist nicht abgeneigt abzuziehen"[53]. Sie antworteten: „Wie wir seine beiden Vorgänger besiegt haben, werden wir auch ihn besiegen". „Vespasian hatte aber (befreundete) Männer auf den Mauern Jerusalems, die ihm von jedem Vorfall Kunde gaben, ihn niederschrieben, die Schrift in einem Pfeil steckten und über die Mauer warfen. Unter anderen zeigten sie Vespasian auch an, dass R. Jochanan zu den Freunden des Kaisers gehöre und so und so die Jerusalemer angeredet habe" (GRAETZ, *l.c.*; mit hebr. Text)[54]. Statt Vespasian ist

---

[53] GRAETZ, *Gesch.* III, 2⁵, 1906, 814.

[54] Johanan b. Sakkai war nicht weniger römisch gesinnt als später Josephus. Nur Josephus hatte man damals für einen Verräter gehalten; er war aber Befehlshaber im grossen Krieg gewesen, kein

Titus zu lesen (GRAETZ, *l.c.*). Die beiden Vorgänger waren Metilius [55] und Cestius Gallus (*id.*). Dass die Friedenspartei zu schwach war, sich gegen die Aufständischen aufzulehnen, sagt auch Josephus (V, 2, 1 § 53). Dass die Juden nicht daran dachten, die Stadt ohne Kampf aufzugeben, wurde dem Titus sofort klar, als er beim Psephinusturm (an der Nordwestecke der Stadt) mit einer kleinen Gruppe Reiter einen Seitenpfad einschlug. Die Juden stürzten sich aus dem Nordtor auf die Haupttruppe, wodurch Titus mit nur wenigen von der Haupttruppe abgeschnitten wurde (V, 2, 2 § 56 f.). „S'il n'avait pas eu son épée, les siens ne l'auraient pas revenir ...'. (F. M. ABEL, *Topographie du siège de Jérusalem en 70*, *RB*, 56, 1949, 238-258, p. 239). Weiter fortzugehen war für Titus unmöglich, denn es gab dort umzäunte Gärten und viele Gräber; die Rückkehr zu der Hauptgruppe war ihm durch die Juden versperrt. Nach Josephus rettete Titus' persönliche Tapferkeit ihn aus der Gefahr und es gelang ihm und seinen Gefährt ins Lager zu kommen. Nur zwei Reiter sollten getötet und ein Pferd als Beute in die Stadt geführt worden sein. Der günstige Erfolg des Ausfalls erfüllte die Juden mit Vertrauen für die Zukunft (V § 66). F. DE SAULCY bemerkte schon vor einem Jahrhundert dazu: „De deux choses l'une: ou le danger couru par Titus en cette circonstance n'a pas été aussi grave que le prétend Josèphe, ou l'escorte romaine a perdu plus de deux hommes. Nous avons là ... un échantillon remarquable de ce que l'on appelle „style de bulletin", et pour que les juifs aient tiré si grande gloire de ce premier combat, il faut que le résultat final ait été bien autrement grave que la mise à mort de deux hommes et d'un cheval" (*Les derniers jours de Jérusalem*, 1866, 202). Hat Josephus die schwierige Lage, in die Titus geraten war, ersonnen? Bei Tacitus heisst es: „Die Juden stellten ihre Schlachtordnung hart unter den Mauern auf, entschlossen, bei guten Erfolge weiter hinaus zu gehen, und hinsichtlich der Zuflucht sichergestellt, wenn sie verloren. Reiterei, mit unbeschwerten Kohorten gegen sie geschickt, bestand ein unentschieden Gefecht; weiterhin wichen die Feinde, und in den nachfolgenden Tagen lieferten sie wiederholte Gefechte vor den Toren, bis sie durch unausgesetzten Verlust hinter ihre Mauern getrieben wurden" (*Hist.* V, 11; Übers. K. L. ROTH).

Auch Josephus berichtet von weiteren Ausfälle der Belagerten. Titus, der indessen die Streitmacht zum Skopus geführt hatte, befahl der 10. Legion, sich auf dem Ölberg, sechs Stadien vor Jerusalem, zu lagern. Sieben Stadien vor der Stadt hatte er für zwei Legionen ein gemeinsames Lager aufgeschlagen und für die dritte ein Lager drei Stadien weiter rückwärts. Die Anlage der Lager so nahe der Stadt hatte

---

Rabbi. Heute gibt es Forscher, welche den Johanan ebenfalls für einen Verräter halten. Siehe weiter unten. — Josephus erwähnt R. Johanan nicht; „il se venge par le silence", JUSTER, *o.c.*, I, 225, n. 3.

[55] Der Befehlshaber der römischen Soldaten, welche von Eleazar ben Simon niedergehauen worden sind ausser Metilius, der versprach sich beschneiden zu lassen (*Bell. Jud.* II, 17, 10 § 449 ff.).

die drei Kriegsparteien in Jerusalem (vgl. Tacitus, *Hist.* 12) zu einem Waffenstillstand gebracht. Vereint machten sie einen plötzlichen Ausfall (aus dem Osttor?) gegen die auf dem Ölberg gelagerte 10. Legion, die daran war, das Lager einzurichten. Ein Teil der Legion liess die Arbeit im Stich und zog sich zurück; mit einem anderen Teil kam es zum Kampf bei dem viele Römer niedergemacht wurden (V §§ 75 ff.). Da stets mehr Juden herbeikamen, wurden die Römer ganz von ihren Lager weggetrieben und die ganze 10. Legion schien verloren, wenn nicht Titus auf dem Terrain erschienen wäre und die Situation gerettet hätte. Die Juden wurden ins Kidrontal hinabgetrieben. Das Ende des Kampfes auf dem Ölberg war dies freilich nicht. Eine neue Gruppe der Belagerten brach hervor und es gelang ihr, die Stellung der Römer zu durchbrechen, wonach die Römer den Ölberg hinaufflüchteten (V § 85 f.). Nur Titus hielt mit einigen Legionären auf den Abhang des Ölberges stand und er drängte die Juden zurück. Als diese nach rechts und links abschwenkten, um den nach oben flüchtenden Römern nachzusetzen, löste die 10. Legion sich beinahe auf, aber als sie sahen, dass Titus [immer Titus!] stand hielt, drängten sie die Juden nicht ohne Widerstand im Kidrontal hinab. Die Juden haben sich dann, wenn Josephus es auch nicht sagt, wieder in die Stadt begeben. Josephus, „toujours prêt à attribuer à son héros seul le succes de tous les combats auxquels il prit part" (DE SAULCY, *o.c.*, 268) sagt dann, zweimal habe Titus die bedrohte Legion gerettet (V § 97). Über die Anführer der Juden schweigt er. Die Abschwenkung nach beiden Seiten (siehe oben) lässt sich natürlich nur aus dem Befehl eines Anführers erklären und dieser Anführer wird Johannes von Gischala gewesen sein, denn dieser gebot über den Tempel und das Kidrontal (V § 254). Er war aber Josephus' Feind und Josephus hat ihm die Ehre, den Römern eine „Schlappe" bereitet zu haben, offenbar nicht gegönnt.

F. DE SAULCY — selbst General — hat mit Recht die Sorglosigkeit der zehnten Legion kritisiert (*o.c.*, 205-206). Die Römer hatten nicht einmal eine Wache aufgestellt: „pas un n'aperçoit ces masses de soldats qui affluent vers eux et qui leur courent sus, comme tombant du ciel" (p. 206). Auch hier trifft zu, was MOMMSEN über die Kriegsführung der Römer in Palästina sagte (*Das Weltreich der Caesaren*, 387).

Da Titus weitere Ausfälle erwartete, stellte er an verschiedenen Stellen Reiterei und Fussvolk auf und liess dann dort die Umgebung bis zur Stadtmauer einebnen (V § 106). Durch List gelang es den Juden später, Legionäre zwischen die Tortürme des Nordtores anzuziehen: vorgebend, sie sei von der Kriegspartei ausgestossen worden, begab sich eine Gruppe ausserhalb der Stadt. Eine auf der Mauer stehende Gruppe meldete dem Feind, die Tore öffnen zu wollen. Als nun Legionäre zwischen die Tortürme gekommen waren, sind sie von der Mauer her wie gesteinigt worden. Verschiedene sind dabei getötet, viele verwundet worden. Die Legionäre, welche flüchten konnten, sind noch bis zum Grabmal der Königin Helena beschossen worden (V § 119). Dass die Juden die Römern dann von den Mauern herab verspotteten, sie hätten sich täuschen lassen; dass sie vor Freude tanzten und schrieen (V § 120), deutet wohl darauf, dass die Belagerten in der Überzeugung gelebt haben, es werde den Römern nie gelingen, Jerusalem einzunehmen. Nicht ganz klar ist es, wie die Juden den Römern so weit haben verfolgen können. Die drei Pyramiden welche Königin Helena vor der Stadt hatte errichten lassen, lagen drei Stadien (ca. 550 m) vor der Stadt (*Antiq.* XX, 4, 3 § 95: τρία στάδια τῆς Ἱεροσολυμιτῶν πόλεως ἀπεχούσας). Haben wir den Bericht buchstäblich zu nehmen, müssen die Juden sich doch mindestens etwa zwei Stadien ausserhalb der Stadt gewagt haben und ganz nahe an die von Titus aufgestellten Reiter und das Fussvolk gekommen sein. Vielleicht ist anzunehmen, dass eine grosse Gruppe sich an dem Ausfall beteiligt hatte und die Römer es nicht gewagt haben — sie hatten wohl auch nicht den Befehl dazu erhalten —, die Juden anzugreifen. Der Kampf auf dem Ölberg hatte es ihnen überdies klar gemacht, dass die Juden mit Todesverachtung kämpften.

Das etwa 750 m nördlich der Solimanmauer gelegene sogenannte „Grab der Könige" (*qubūr el-Mūluk*) wird gemeinhin für das Grab der Königin Helena gehalten; da aber Josephus sagt, die Pyramiden haben drei Stadien vor der Stadt gelegen, hat das Grab *qubūr el-Mūluk* für die diesbezügliche Frage kaum Bedeutung.

Der Ausfall am Nordtor — denn ein Ausfall muss es gewesen sein — ist vielleicht als eine Antwort auf Titus' tags zuvor durch Josephus an die Belagerten gerichteten Aufruf, sich zu ergeben, zu deuten (V § 114). Die Belagerten hatten auch gar keine Neigung dazu gezeigt (*ibid.*). Da die Zeloten einen jeden, der auch nur von Übergabe redete, töteten ist vielleicht anzunehmen, dass Josephus ausserhalb des Bereiches der Bogenschützen gestanden habe. Als aber Josephus einige Tage später mit Titus und Nikanor an der Mauer stand, um Friedensvorschläge zu machen, ist Nikanor durch einen Pfeilschuss an der Schulter verwundet worden (V § 261). Man darf wohl annehmen, dass der Pfeilschuss für Josephus bestimmt war. Ein anderes Mal, als er wieder den Belagerten zusprach, stand er an einem ausser Schussweite gelegenen Ort, wo er nichtsdestoweniger deutlich zu verstehen war (V § 362). Später warf man Josephus bei seinem Rundgang einen Stein aufs Haupt und als er betäubt dalag, versuchten die Juden ihn in die Stadt zu schleppen; dem kamen die Römer zuvor. In der Stadt meinte man aber, Josephus sei tot und die Belagerten freuten sich darüber sehr (V §§ 541 ff.).

Titus bedachte sich nun, wie er sich gegen den Anschlag der Juden schützen könne (V § 129: αὐτὸς δ' ὅπως ἀμυνεῖται τὴν Ἰουδαίων ἐπιβουλὴν ἐσκόπει), das heisst, wie er weiteren Ausfällen der Belagerten zuvorkommen könnte. Offenbar hatte Titus vor den Ausfällen der Juden keine geringe Furcht, war es ihm ja klar geworden, dass die Juden den Tod nicht scheuten, wenn sie nur einen oder mehrere Feinde niedermachen konnten. Als nach vier Tagen das Terrain vor der Mauer eingeebnet war und die Lager zwei Stadien vor der Mauer angelegt werden sollten ('Titus' Lager musste vom Skopus nach Jerusalem versetzt werden), stellte der Feldherr den Kern seiner Truppen in siebenfacher Linie von Norden nach Westen, sodass die drei Legionen und der Tross in Sicherheit vorbeiziehen konnten. Gegen diese Truppenmacht wagten die Juden keinen Ausfall. Es kommt aber hinzu, dass am Tage, da die Lager versetzt wurden, 14. Xanthikus (V § 567; 1. Mai) gerade das Passafest gefeiert wurde; ein Ausfall war also nicht zu fürchten (DE SAULCY, *o.c.*, 219) Titus lagerte sich gegenüber dem Psephinusturm (an der Nordwestecke der Stadt), ein Teil des Heeres lag gegenüber dem Turm Hippikus. Die zehnte Legion blieb auf dem Ölberg (V § 133-135). Die Errichtung der Lager vor der Stadt am 1. Mai 70 n. Chr. war die Einleitung der Belagerung Jerusalems, der 11. Mai der Beginn der Belagerung. „Zu blosser Blokade konnte der junge Feldherr sich nicht entschliessen; eine mit vier Legionen in dieser Weise zu Ende geführte Belagerung brachte ihm persönlich keinen Ruhm und auch das neue Regiment brauchte eine glänzende Waffentat" (MOMMSEN, *o.c.*, 389; vgl. TACITUS *Hist.* V, 11). Die Legionäre begehrten überdies den Kampf „zum teil im Gefühl ihrer Kraft, viele in wildem Ungestüm und Verlangen nach Gewinn; dem Titus selbst lagen Rom und dessen Herrlichkeiten und Genüsse im Sinne, was ihm vorenthalten blieb, wenn Jerusalem nicht sogleich fiel" (Tacitus, *Hist.* V, 11; Übers. K. L. ROTH).

Josephus berichtet erst *Bell. Jud.* V, 6, 2 § 258, dass Titus die Stadt umritt, um ausfindig zu machen wo die Mauer am leichtesten anzugreifen war, während er doch schon V, 3, 5 § 133-134 von der Anlage der Lager berichtet. Es ist aber unbedingt anzunehmen, dass Titus, als er die Lager an die Nordwestseite der Stadt stellte, sich darüber schon klar war, dass die Mauer hier am leichtesten anzugreifen war. Dies betont mit recht auch F. M. ABEL (*Topographie du siège de Jérusalem en 70*, *RB*, 56, 1949, 238-258, p. 245); Titus muss der Stadt also vorher schon umritten haben, um mit den auf drei Seiten der Stadt — Süd, Ost und West — laufenden Schluchten bekannt zu werden. Das Kidrontal war ihm freilich schon aus dem Kampf auf dem Ölberg bekannt. Titus hat auch später, als die Belagerung schon im Gange war, die Mauer wieder umritten (V § 519): einmal sah er die vielen Toten, die in den Schluchten lagen. Die Notiz, Titus habe Gott als Zeugen angerufen, dass dies nicht sein Werk sei (§ 519), gehört zum Titus-Bild des Josephus. „Titus ist der Vertreter der φιλανθρωπία, der nur widerwillig den Weg der militärischen Konsequenz geht, aber die Zeloten lassen ihm keine andere Wahl" (HELGO LINDNER, *Die Geschichtsauffassung des Flavius Josephus in Bellum Judaicum*, 1972, 150).

2. *Jerusalems Mauern* (*Bell. Jud.* V, 4, 1 §§ 136 ff.). Zur Zeit der Belagerung und Einnahme Jerusalems durch Titus hatte die Stadt drei Mauern, von denen eine die Stadt umschloss, während zwei innerhalb der Stadt lagen. Über die Baugeschichte Jerusalems haben wir im ersten Bande (S. 96 ff.) schon gehandelt und wir haben gesehen, dass die Meinungen der Gelehrten über den Lauf der Mauern auseinander-

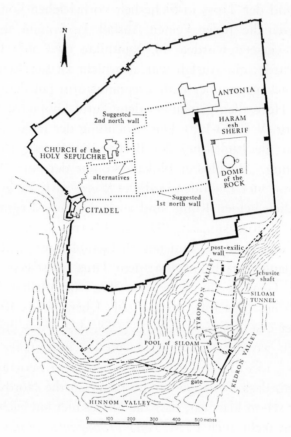

Abb. 341. Jerusalem zur Zeit des Agrippa. (K. KENYON)

gehen. Besonders über die Agrippa-Mauer, welche von Josephus in der Stadt-beschreibung als dritte Mauer bezeichnet wird — in der Beschreibung der Bela-gerung heisst sie die erste — waren die Meinungen geteilt (siehe Bd. I, 108 f.). Die Frage war, ob die im vorigen Jahrhundert von ROBINSON im Norden festgestellte und durch SUKENIK-MAIER besser bekannt gewordene Mauer als die Agrippa-Mauer zu betrachten sei, oder ob die dritte Mauer auf der Linie der Nordmauer der Altstadt Jerusalems — der Soliman-Mauer — anzunehmen sei (Abb. 341). Im 19. Jahrhundert und im ersten Viertel unseres Jahrhunderts hatte man fast all-gemein das Letztere angenommen und neuere Ausgrabungen (1964-1966) am

Damaskus-Tor (in der Nordmauer der Altstadt) haben diese Ansicht als sehr wahrscheinlich erwiesen. „The problem has been very firmly settled archaeologically in favour of the line of the present north wall" (KATHLEEN M. KENYON, *Digging up Jerusalem*, 1974, 238; vgl. *RB*, 75, 1968, 250 s., B. HENNESY). Israeli-Archäologen halten aber die SUKENIK-MAIER-Mauer für die Mauer Agrippas (M. AVI-YONAH, *IEJ*, 18, 1968, 98-125; (SARA BEN-ARIEH and E. NETZER, *Excavations along the „Third Wall" of Jerusalem*, 1972-1974, *IEJ*, 24, 1974, 96-107; vgl. *RB*, 80, 1973, 579 s.). Da an der Mauer zwei römische Münzen aus dem Jahre 54 und 59 n. Chr. gefunden wurden, muss die SUKENIK-MAIER-Mauer nach 59 n. Chr. errichtet sein (KENYON, *o.c.*, 254; HENNESY, in *RB*, 75, 1968, 251) [56]. HENNESY (*l.c.*) meint, diese Mauer „est peut-être en relation avec le mur de circonvallation de Titus" (wir bezeichnen diese Mauer als „die Hungermauer") und dies ist auch die Meinung Miss KENYONS (*o.c.*, 254; siehe aber weiter unten Anm. 79).

Jerusalem hatte bei der Belagerung und Einnahme der Stadt durch Titus (70 n. Chr.) einen grösseren Umfang als die heutige Altstadt [57]. Im Süden erstreckte

[56] Die Münzen sind 1966 bei den von E. W. HAMRICK an der Sukenik-Maier Mauer ausgeführten Ausgrabungen gefunden worden (*New Excavations at Sukenik's „Third Wall"*, *BASOR*, 183, 1966, 19-26, p. 23-24, HAMRICK). Sie lagen in einer Füllung „thrown against the base of the wall at the time of its construction" (p. 21). SARA BEN-ARIEL und NETZER sagen dazu: „it is not at all clear, in our opinion, that the throwing of this fill was contemporary with the laying of the foundations" (*IEJ*, 25, 1975, 267). HAMRICK hatte es u.E. doch wohl wahrscheinlich gemacht, dass die Füllung aus der Zeit der Errichtung der Mauer datiert (*l.c.*, 21 f.). — Gelöst ist das Problem der Sukenik-Maier-Mauer damit freilich noch nicht. M. AVI-YONAH schrieb 1968: „The utter inability of all those rejecting the identity of the wall excavated in 1925-27 with the Third Wall to suggest an acceptable alternative is the strongest argument for such an identification" (*The Third and Second Wall of Jerusalem*, *IEJ*, 18, 1968, 98-125, p. 115). Dass die Türme der Sukenik-Maier-Mauer nicht, wie Miss KENYON (*Digging up Jerusalem*, 1974, 253) meint, nach Süden, sondern nach Norden gerichtet sind, steht heute ausser Zweifel (*IEJ*, 25, 1975, 266). — Wenn der Belagerer einer Stadt Entsatzversuche von aussen befürchtete, „so baute er ausserdem einen zweiten Wall mit der Front nach aussen, eine contra vallatio" (H. STRATHMANN, *Der Kampf um Beth Ter*, *PJ*, 23, 1927, 92-123, S. 117). Haben wir vielleicht in der Sukenik-Maier-Mauer eine von Titus angefangene *contra vallatio* zu sehen?

[57] Nach Josephus hatte Jerusalem damals einen Umfang von 33 Stadien, ca. 6000 m (*Bell. Jud.* V, 4, 3 § 159; Umfang der heutigen Altstadt ca. 4023 m, G. EBERS-H. GUTHE, *Palästina* I, 7). Im von Miss Kenyon vorgeschlagenen Plan (*Digging up Jerusalem*, 1974, Fig. 42, p. 245) hat die Stadt einen Umfang von etwa 5000 m. Die SUKENIK-MAIER-Mauer gehört hier nicht zur Stadtmauer. Im von AVI-YONAH vorgeschlagenen Plan (SUKENIK-MAIER-Mauer = Agrippa Mauer) hat die Stadt einen Umfang von etwa 7500 m (*Jerusalem Revealed*, 1975, Fig. p. 10). Nach Euseb, *Praep. ev.*, IX, 35 hatte Jerusalem einen Umfang von 40 Stadien (bei MICHEL-BAUERNFEIND, II, 1, 1963, 248, Anm. 48). Dies stimmt nicht schlecht zu dem Bericht des Josephus, nach dem der Umfang der „Hungermauer" (siehe weiter unten) 39 Stadien betragen habe (V § 508). Euseb könnte die „Hungermauer" für die Stadtmauer gehalten haben. Bei einem Umfang von 39 Stadien (ca. 7200 m) kann der Umfang Jerusalems schwerlich 33 Stadien gross gewesen sein (siehe unten Anm. 79). Nach *Praep. ev.* IX, 36 habe im zweiten Jahrhundert v. Chr. die Mauer, geschätzt vom „Landaufseher Syriens", 27 Stadien gemessen (MICHEL-BAUERNFEIND, *l.c.*). „Diese letztere Angabe = 5 km dürfte wohl am ehesten den Tatsachen entsprechen" (*id.*). Im zweiten Jahrhundert v. Chr. kann der Umfang der Stadt wohl nie 27 Stadien gemessen haben. Vielleicht steckt in dieser Zahl der Umfang Jerusalems zur Zeit des

sich die Stadt über die später von Soliman erbaute Mauer hinaus. Die Südmauer könnte etwa in der Linie der 1894-1897 von BLISS ausgegrabenen Mauerreste gelegen haben (*Excavations at Jerusalem*, 1898, General Plan; SIMONS, *Jerusalem*, 1952, Fig. 34, gegenüber p. 256; KENYON, *Royal Cities of the Old Testament*, 1971, Fig. 3, p. 22; Dies., *Digging up Jerusalem*, 1974, Fig. 42, p. 245; AVI-YONAH, in *Jerusalem Revealed*, 1975, Fig. p. 10; hier Abb. 342). Aus archäologischen und topographischen Gründen dürfte es wahrscheinlich sein, dass die Stadt sich schon zur Zeit des Herodes so weit nach Süden ausgedehnt hatte. Die Ansicht KENYONS (1967), dass die Südmauer damals etwa auf der Linie der Südmauer der Altstadt gelegen habe (*Jerusalem. Excavating 3000 Years of History*, 1967, Fig. p. 145), wird von AVI-YONAH mit recht „against all topographical reason" genannt (*IEJ*, 18, 1968, 136), und 1974 hat KENYON diese Ansicht auch aufgegeben (*Digging up Jerusalem*, 1974, Fig. 36, p. 224).

Im Norden hatte die Stadt sich über die Alte Mauer (Josephus' 2. Mauer) ausgedehnt, und da dieser Stadtteil offen lag, wurde er von Agrippa I. (41-44 n. Chr.) durch eine Mauer umschlossen. Als Kaiser Claudius Einspruch gegen den Bau erhoben hatte (*Bell. Jud.* V, 4, 2 § 152; *Antiq.* XIX, 7, 2 § 327), wurde der Bau eingestellt, nachdem nur das Fundament gelegt war (V § 152: θεμελίους μόνον βαλόμενος). Daraus erklärt sich auch, dass Cestius Gallus bei der Belagerung von Jerusalem (66 n. Chr.) die Neustadt und den sogenannten Holzmarkt in Brand stecken konnte (II, 19, 4 § 530). Erst nach dem Ausbruch des grossen Krieges ist die Mauer von den Aufständischen vollendet worden. Josephus' Notiz, dass die Schönheit der Steine der der am Tempel verwendeten nicht nachstand (V § 156: ἥ γε μὴν ἁρμονία καὶ τὸ κάλλος τῶν λίθων οὐδὲν ἀπέδει γαοῦ), lässt vermuten, dass unter Agrippa wohl etwas mehr als das Fundament zur Ausführung gekommen war. In der Tat sind bei den 1964-1966 ausgeführten Grabungen am Damaskus-Tor Reste der Mauer und eines grossen Tores mit Nebeneingang ans Licht gekommen (KENYON, *Digging up Jerusalem*, 1974, Pl. 99, Foto und Fig. 41, p. 242). Die Meinung AVI-YONAH's: „these remains can by only additions to the Second Wall, made either by Herod or by Agrippa I" (*IEJ*, 18, 1968, 122 und Fig. 6, p. 124), hat keine Wahrscheinlichkeit für sich (siehe hier Abb. 342).

Wäre die Agrippa-Mauer ganz in der Art, wie sie angefangen war, ausgeführt worden, die Stadt wäre, sagt Josephus, nicht einzunehmen gewesen (V § 153; *Antiq.* XIX § 326). Zwanzig Ellen lange und zehn Ellen breite Steine sollen nach Josephus an der Zehn Ellen dicken Mauer verwendet und mit Klammern aus Eisen untereinander verbunden gewesen sein (§ 153). Wie bei Josephus üblich, sind

---

grossen Krieges gegen Rom. — Über die Einwohner Jerusalems siehe MAAGEN BROSHI, *La population de l'ancienne Jérusalem*, *RB*, 82, 1975, 5-14.

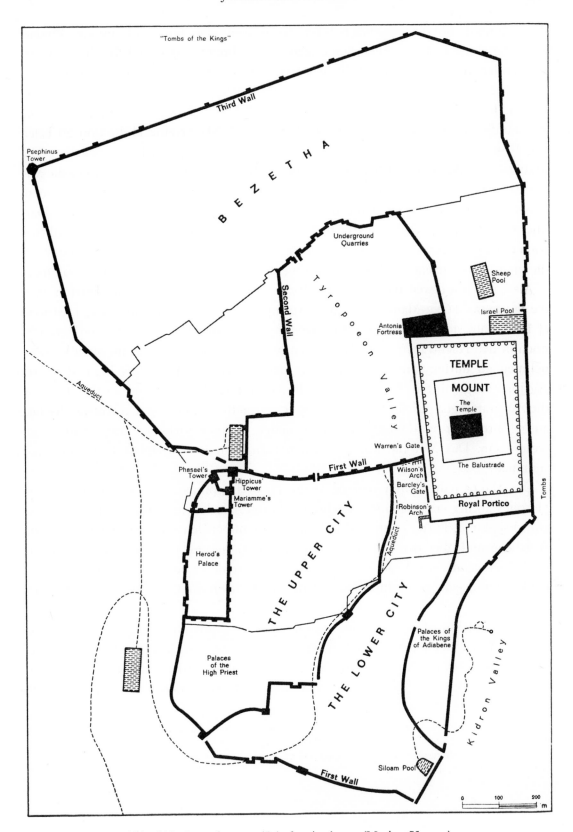

"Tombs of the Kings"

Third Wall

Psephinus
Tower

B E Z E T H A

Underground
Quarries

Sheep
Pool

Second Wall

T y r o p o e o n   V a l l e y

Israel Pool

Antonia
Fortress

TEMPLE

MOUNT

The
Temple

The Balustrade

Aqueduct

Warren's Gate

Phasael's
Tower

Hippicus'
Tower

First Wall

Wilson's
Arch

Barcley's
Gate

Robinson's
Arch

Royal Portico

Tombs

Mariamme's
Tower

Herod's
Palace

THE UPPER CITY

Aqueduct

Palaces of
the Kings
of Adiabene

Palaces
of the
High Priest

THE LOWER CITY

K i d r o n   V a l l e y

Siloam Pool

First Wall

0   100   200
m

Abb. 342. Jerusalem zur Zeit des Agrippa. (M. Avi-Yonah)

die Steinmasse übertrieben. Nach Josephus sollen an den Türmen Hippikus, Phasael und Mariamne zwanzig Ellen lange, zehn Ellen breite und fünf Ellen hohe Steine verwendet worden sein (V § 175). An Jerusalems Zitadelle stellte C. N. Johns aber fest, dass Josephus' Masse mehr als das Doppelte der grössten, am Turm von David (Phasael) vorkommenden Steine sind (*QDAP*, XIV, 1950, 142, n. 1). Die Aufständischen haben am Anfang des Krieges der Mauer eine Höhe von 20 Ellen (ca. 10 m), mit einer Brüstung von zwei und Zinnen von drei Ellen, gegeben. Die Mauer hatte neunzig 20 Ellen breite und 20 Ellen hohe viereckige Türme, die wie die Mauer massiv waren und die Mauer überragten. Weiter heisst es, über dem massiven, 20 Ellen hohen Unterbau befanden sich prächtige Wohnräume [58]. Darüber Obergemächer und Behälter für Regenwasser [59]. Breite Wendeltreppen führten nach oben (*id.*: ἕλικές τε καὶ πλατεῖαι καθ' ἕκαστον ἄνοδοι). Ähnliche Türme hatten auch die in der Stadt gelegenen Mauern. Wir werden auf die Türme noch zurückkommen.

Als wir es im ersten Bande unseres Werkes (1970) noch für möglich hielten, dass die Sukenik-Maier-Mauer die Mauer Agrippas gewesen sei, meinten wir, J. Simons († 1969) habe sich bei Josephus' Beschreibung der dritten Mauer irreführen lassen [60]; noch in den Nachträgen (S. 694) meinten wir, diese Ansicht vorläufig nicht zurücknehmen zu dürfen. Heute urteilen wir darüber anders. Josephus hatte den von Agrippa ausgeführten Teil der Mauer im Auge und dieser Tiel ist in der Tat, wie die Ausgrabungen gezeigt haben, vorzüglich ausgeführt. Die von den Aufständischen ausgeführte Agrippa-Mauer wird aber sicher weniger sorgfältig aufgemauert gewesen sein. Das Material könnte freilich zum Teil von Agrippas Unternehmung stammen.

Die Mauer nahm ihren Anfang beim Turm Hippikus; das war einer der von Herodes an der ersten Mauer errichteten Türme. Sie lief in nördliche Richtung bis zum Psephinus-Turm, erstreckte sich dann gegenüber den Gräbern der Helena von Adiabene und über den Königshöhlen (V § 149: διὰ σπηλαίων βασιλικῶν; der heute noch bestehende Steinbruch); beim Eckturm gegenüber dem sogenannten Walkerdenkmal bog sie um, schloss sich dann an die ersten Mauer an und endete am Kidrontal.

Es ist auffällig, dass Josephus vom Psephinus-Turm nur sagt, er sei achteckig und 70 Ellen hoch gewesen (V § 160). Wir müssen annehmen, dass die Beschreibung der Mauertürme sich auf den Psephinus-Turm bezieht, obwohl Josephus dies nicht sagt. Über dem 20 Ellen hohen Unterbau haben sich

---

[58] *Bell. Jud.* V § 157: μετὰ δὲ τὸ ναστὸν ὕψος τῶν πύργων, ὅπερ ἦν εἰκοσάπηχυ, πολυτελεῖς ἦσαν οἶκοι,
[59] § 157: καὶ καθύπερθεν ὑπερῷα, δεξαμεναί τε πρὸς τὰς τῶν ὑετῶν ὑποδοχάς,
[60] Bd. I, 1970, S. 111, Anm. 90.

prächtige Gemächer befunden, die über breite Wendeltreppen erreicht wurden. Die Beschreibung stimmt nicht zu 20 Ellen hohen Mauertürmen, wohl zu dem 70 Ellen hohen Psephinus. Da die Lage der Agrippa-Mauer heute wie es scheint fest steht, dürfte es wahrscheinlich sein, dass der Psephinus an die Stelle des *Qasr-Djalud* zu lokalisieren ist, wie dies von F. DE SAULCY (*Les derniers jours*, 1866, 225), L. H. VINCENT (*RB*, 1913, 88 ss.; 1927, 526 ss.), F. M. ABEL (*RB*, 56, 1949, 246) und J. SIMONS (*Jerusalem in the Old Testament*, 1952, 486 ff., 491, Fig. 60, p. 485) angenommen wurde. Neuere Ausgrabungen haben es aber klar gemacht, dass die heutigen Reste des (quadratischen) Turms aus dem Mittelalter datieren (*Jerusalem Revealed*, 1975, 109-110, D. BAHAT - M. BEN-ARI). Diesem Turm gegenüber, sagt Josephus, sind von Herodes der Hippikus-Turm und zwei andere Türme (Phasael und Mariamne) in der alten Mauer errichtet worden [61]. Dies macht es wahrscheinlich, dass auch der Bau des Psephinus dem Herodes zuzuschreiben sei [62]. Was ihn zum Bau des monumentalen Turms an dieser Stelle veranlasst habe, lässt sich vielleicht erraten. Es lag in dieser Gegend das Grabmal des Hohenpriesters Hyrkanus [63], eines Gliedes der von Herodes gehassten, vom Volk aber verehrten Dynastie der Hasmonäer. Nicht das Grabmal des Hyrkan, sondern der mächtige, von Herodes errichtete Turm sollte bewundert werden. Über die Bestimmung gibt es keinen Zweifel: es war ein Aussichtsturm. Beim Sonnenaufgang gewährte er die Fernsicht nach Arabien und die fernsten Teile des Landes bis zum Meer (V § 160).

Der Bau des Psephinus lässt vermuten, dass schon Herodes den Plan gehabt habe, die Neustadt zu ummauern. Sollte vielleicht die Strecke zwischen dem Hippikus und dem Psephinus aus Herodes' Zeit stammen? Diese Mauer war niedriger als die Agrippa-Mauer [64] und vielleicht lässt sich daraus *Antiq.* XIX, 7, 2 § 326 erklären, wo es heisst, Agrippa habe die Mauer breiter und höher gemacht, was dann heissen könnte breiter und höher als die schon bestehende Strecke der Mauer. Wie wir bald sehen werden ist diese Strecke von den Römern angegriffen worden.

Agrippa hatte selbstverständlich mit der Errichtung der Mauer in der Hauptsache die fortifikatorische Bedeutung im Auge. Es ist aber mehr. H. GRAETZ betont, dass das Passalamm innerhalb der ummauerten Stadt verzehrt werden musste. So

---

[61] *Bell. Jud.* V § 161: τούτου δ' ἄντικρυς ὁ Ἱππικὸς καὶ παρ' αὐτὸν δύο κατεσκευάσθησαν μὲν ὑφ' Ἡρώδου βασιλέως ἐν τῷ ἀρχαίῳ τείχει,

[62] Die Notiz ist natürlich nicht so zu verstehen, dass die Türme Hippikus, Phasael und Mariamme später als der Turm Psephinus gebaut worden sind. Josephus setzt den Psephinus voraus weil dieser der mächtigste und bekannteste Turm war. Die Errichtung ist sicher nach dem Bau des Palastes anzusetzen.

[63] *Bell. Jud.* V, 6, 2 § 260; auch erwähnt § 304, 356, 468; VI § 169. — Über die Lokalisierung des Denkmals nach der Meinung KLAUSNER's, THACKERAY's, RICCIOTI's, VINCENT's siehe MICHEL-BAUERNFEIND II, 1, 1963, 261, Anm. 109.

[64] Die verhältnismässig geringe Höhe der Mauer liess den Turm Psephinus umso höher erscheinen.

lange die Neustadt nicht ummauert war, mussten die Bewohner sich innerhalb der ummauerten Stadt begeben. „Es galt daher als ein höchst wichtiger Akt, die Neustadt mit einer Mauer zu umgeben und sie einzuweihen. Die Bewohner derselben und die Fremden konnten seit der Zeit auch hier ihrer Pflicht genügen" (*Gesch. der Juden*, III, 2⁵, 1906, 575; vgl. S. 574 über die zwei Gedenktage). Unter Agrippa ist, wie wir gesehen haben, sicher mehr als das Fundament ausgeführt worden und es ist wohl anzunehmen, dass auch eine Mauer geringer Höhe genügte, das Passalamm innerhalb der Neustadt verzehren zu dürfen [65].

3. *Einnahme der ersten Mauer.* Die an der Ost-, West- und Südseite gelegenen Schluchten machten es unmöglich, mit den Sturmböcken an die Stadtmauer heranzukommen, während an der anderen Seite (*sc.* Nordseite) die erste Mauer von Titus als zu stark befunden wurde, um sie durchbrechen zu können (*Bell. Jud.* V, 6, 2 § 259) [66]. Es ist dies die Agrippa-Mauer, welche von den Zeloten aufgebaut worden war. Im Nordwesten gab es aber, wie wir sahen, eine Mauerstrecke, die niedriger war und weniger fest. Da der hier gelegene Teil der Neustadt weniger dicht bevölkert war, sagt Josephus, hatte man die Umwallung in der Gegend vom Grabe des Hohenpriesters Hyrkan weniger sorgfältig ausgeführt (§ 260). Wenn das Grab des Hyrkan auch nicht genau zu lokalisieren ist (M.-B. II, 1, 261, n. 109), geht doch aus *Bell. Jud.* V, 6, 5 § 284, wo berichtet wird, dass die Juden durch ein (verdecktes) Tor nahe dem Hippikus (κατὰ τὸν Ἱππικὸν πύργον) einen Ausfall wagten, mit grosser Wahrscheinlichkeit, wenn nicht mit Sicherheit, hervor, dass die zwischen dem Hippikus und dem Psephinus gelegene Mauerstrecke angegriffen wurde (vgl. ABEL, *Topographie du siège de Jérusalem en 70, RB*, 56, 1949, 244). An dieser Mauerstrecke wurden drei Belagerungswälle aufgeworfen. Dass die Wälle an nur einer Mauerstrecke lagen, geht daraus hervor, dass zwischen den Wällen Schleudern und Bogenschützen aufgestellt wurden (V § 263: μέσους ἵστησι τῶν χωμάτων). Die Mauer ist also an drei Stellen zugleich angegriffen worden. Vor der Mauer sind Katapulte und Ballisten aufgestellt worden gegen mögliche Ausfälle der Belagerten und Angriffe von oben her (§263). Simon bar Giora, der die Stadt beherrschte, hatte nämlich die von Cestius eroberten Wurfmaschinen auf die Mauer gestellt. Durch Ausfälle, auch durch Steinwürfe und Pfeilschützen von oben her versuchten die Be-

---

[65] Dass die Mauer damals noch nicht eingeweiht war, wird man wohl nicht als eine Beschwernis empfunden haben.

[66] Vgl. M. AVI-YONAH, *The Wall of Agrippa and Titus' Siege*, in M. ISH-SHALOM, M. BENAYAHU, A. SHOCHAT, Ed. *Jerusalem* (hebr.), 1953, p. 40-42, bei LOUIS FELDMAN, *Scholarship on Philo and Josephus*, 37: AVI-YONAH „suggests that the reason why Titus . . . . attacked Jerusalem first from the west and not, as had other attackers, from the north, was that the wall of Agrippa was then strong in the north but weak in the west"; vgl. F. M. ABEL, *Topographie du Siège de Jérusalem en 70, RB*, 56, 1949, 238-258, p. 244.

lagerten, den Bau der Wälle zu verhindern, wobei aber viele durch die Geschosse der Römer getötet wurden: die Steinschleuderer der Römer schleuderten talent-schwere Steine bis zwei oder mehrere Stadien weit [67]. Es gelang den Römern, das Werk zu vollenden und mit den heraufgeführten Sturmböcken die Mauer zu be-arbeiten. Erst das Gestosse der Sturmböcke brachte, wie oben schon bemerkt, die zwei sich bekämpfenden Parteien in Jerusalem (Johannes von Gischala und Simon bar Giora) zu einander. „Die beiden Parteien stellten ihren Hass und ihre eigenen Streitigkeiten der Vergessenheit anheim und wurden so ein Leib. Sie verteilten sich ringsum auf der Mauer und schleuderten von ihr eine Unmenge von Feuer-bränden auf die Maschinen herab; ferner beschossen sie unaufhörlich diejenigen, die diese Belagerungsmaschinen gegen die Mauer drücken mussten. Die Kühneren sprangen in Rotten nach vorn, rissen die Flechtwerke von den Maschinen herab und stürzten sich auf die Bedienungsmannschaften, wobei sie selten durch ihr über-legenes Können, sondern meist durch ihren Wagemut die Oberhand behielten" (V § 279 f.; Übersetzung M.-B., z.St.). Auf den Wällen liess Titus nun fünfzig Ellen (ca. 23 m) hohe Türme aufrichten, um die Juden, die auf der Mauer standen, zu ver-treiben (V § 292) [68].

Vespasian's Heer in Palästina betrug, wie wir oben gesehen haben, 60 000 Mann Fussvolk und Reiter (*Bell. Jud.* III, 4, 2 § 69). Da die Mannschaft, welche von Vespasian mit Mucianus, Statthalter Syriens, nach Italien geschickt war, aus den von Titus mitgebrachten Streitkräften ersetzt worden war (V § 43), ist Jerusalem von einer etwa 60 000 Mann starken Streitmacht belagert worden (vgl. ABEL, *l.c.*, 242, n. 1). F. DE SAULCY berechnete aus Notizen bei Josephus und Tacitus (V, 1) die Streitmacht auf 70 000 Mann (*Les derniers jours*, 1866, 184 ss., 187), H. GRAETZ auf mindestens 80 000 (*Gesch. der Juden*, III, 2⁵, 1906, 531). In Jerusalem gab es im Ganzen 23 400 streitbare Männer (V § 248 f.). Josephus berichtet nicht, dass jeder, der nur konnte, an die Verteidigung teilnahm, „denn es lag in seinem Plane, die Bevölkerung Jerusalems als friedlich gesinnt darzustellen, und den hartnäckigen Widerstand auf die Zeloten und „Räuber" zu schieben" (GRAETZ, *o.c.*, 534, Anm. 3). *Bell. Jud.* VI § 9-13. 17, wo die Kampfkraft der Juden anerkannt wird, „ist kaum auf Josephus zurückzuführen. Hier kämpft nicht eine Gruppe von Verbrechern,

---

[67] *Bell. Jud.* V, 6, 3 § 270: ταλαντιαῖοι μὲν γὰρ ἦσαν αἱ βαλλόμεναι πέτραι, δύο δὲ καὶ πλείονας ἦεσαν σταδίους· Das Talent war das schwerste jüd. Gewicht. — Der römische Architekt und Schriftsteller Vitruv hat die von den Römern zu ihrem Höhepunkt entwickelten Geschütze be-schrieben: X, 10, 1-4 Katapulte, 11, 1-9 Ballisten, 13, 1-8 Sturmböcke und Belagerungstürme. Siehe auch A. NEUBURGER, *Die Technik des Altertums*, 1921, 224 ff. — Katapulte und Steinschleudern hatte schon Uzzia verfertigen lassen „zu schiessen mit Pfeilen und grossen Steinen" (2. Chron. 26, 15).

[68] Nach Diades (Zeit: Alex. d. Gr.) soll der kleinste Turm mindestens 60 Ellen hoch und unten 17 Ellen breit sein (*Vitr.* X, 13, 4); ein grösserer Turm 120 Ellen hoch und unten 23¹/₂ Ellen breit (*id.* X, 13, 5).

sondern ein ganzes Volk mit Einsatz seiner besten Kräfte! W. WEBER hat gezeigt, dass diese Farben zu den römischen Berichten passen, die wir von Tacitus und Cassius Dio besitzen" [69]. Bei Tacitus heisst es: „Waffen hatten alle, die sie tragen konnten, und derer die danach verlangten waren mehr, als erforderlich war; Männer und Weiber waren gleich unbeugsam" (*Hist.* V, 13). Nach Tacitus soll die Einwohnerzahl 600 000 betragen haben (*ibid.*).

Dass die Juden trotz der grossen Übermacht der Römer Ausfälle wagten, zeugt für ihren Mut und Todesverachtung. Als sie eines Tages, offenbar vor der Errichtung der Belagerungstürme der Römer, einen Ausfall machten und versuchten, die Belagerungsmaschinen in Brand zu stecken, hatten sie im Gefecht die Oberhand; sie versuchten sogar die Lager zu bestürmen. Titus rettete die Situation: er trieb die Juden in die Stadt zurück und hinderte sie, die Belagerungswerke zu zerstören (V §§ 284-288). Einer der Juden wurde gefangen genommen und vor der Mauer gekreuzigt. Titus hoffte, dadurch die Juden zum Nachgeben zu bringen (§ 289). „Voila, on en conviendra, un étrange moyen d'apaiser les haines; et ce supplice, à coup sur, ne fit qu'exaspérer ceux qui en furent spectateurs" (DE SAULCY, *Les derniers jours*, 1866, 269).

Nach der Errichtung der 50 Ellen hohen Belagerungstürme, durch die die Juden erhebliche Verluste erlitten — die grosse Höhe der Türme machte es ihnen unmöglich, die Schützen zu erreichen V § 296-297 —, zweifelten die Juden nicht mehr daran, dass es den Römern gelingen würde, diese Mauer einzunehmen. Es gab kein Mittel, die Türme zu zerstören: wegen ihres Gewichtes konnte man sie nicht umstürzen und wegen der eisernen Verkleidung nicht in Brand setzen. „Da sie sich ausserhalb der Schutzweite aufhalten mussten, konnten sie die Stösse der Sturmböcke nicht mehr verhindern, die nun mit ununterbrochenen Schlägen langsam ihr Ziel erreichten" (§ 297-298; Übers. M.-B., z.St.). Die Juden haben sich dann von dieser Mauer zurückgezogen, wohl im Vertrauen, die übrigen Festungswerke der Stadt seien uneinnehmbar. Am fünfzehnten Tag des Angriffs wurde mit dem grössten der Sturmböcke — *Nikor* — eine Bresche in die Mauer geschlagen (25. Mai) und als einige Legionäre hineingeklommen waren und die Tore geöffnet hatten, besetzte der Feind die Neustadt. Eine grosse Strecke der Agrippa-Mauer wurde niedergerissen und der nördliche Teil der Neustadt zerstört (V § 299-302). Die Juden zogen sich hinter die zweite Mauer zurück (§ 301) und Titus verlegte sein Lager hinein in das Stadtgebiet, in das sogenannte „Lager der Assyrer" [70].

---

[69] H. LINDNER, *Die Geschichtsauffassung des Flavius Josephus im Bellum Judaicum*, 1972, 114; W. WEBER *Josephus und Vespasian*, 1921, 211-213.

[70] *Bell. Jud.* V § 303. — J. SIMONS hat es klar gemacht, dass Titus' Assyrer-Lager (siehe 2. Kön. 18, 17) sehr wohl innerhalb der durch die „Soliman"-Mauer umgrenzten Stadt gelegen haben könne (*Jerusalem in the Old Testament*, 1952, 482, n. 2 auf p. 482-484). Nach Josephus hielt Titus sich so weit

4. *Einnahme der zweiten Mauer*. Als Titus sein Lager hinein in das Stadtgebiet verlegt hatte, ist sogleich die zweite Mauer angegriffen worden (V § 303: προσβολὰς δ᾽ εὐθέως ἐποιεῖτο). Sie bestand aus einer Nord- und einer Westmauer, die an der Nordwestecke zusammenkamen (Abb. 341). Die Mauer ist von beiden Parteien der Belagerten, Simon bar Giora und Johannes von Gischala, verteidigt worden. Die Männer Simon bar Gioras verteidigten die Mauer vom Zugang beim Grabmal des Johannes Hyrkan (durch diesen Zugang führte die Wasserleitung zum Turm Hippikus) bis „zum Tor" (V § 304: μέχρι πύλης). CLEMENTZ hatte diese Stelle u.E. falsch übersetzt: „Simons Truppen dagegen besetzten den Eingang bei dem Grabmal des Johannes und verteidigten die Strecke bis zu dem Thor, an welchem die Wasserleitung zum Hippikusturm hinlief" (*Flavius Josephus, Gesch. des Jüdischen Krieges,* z.St.). Ähnlich MICHEL-BAUERNFEIND: „während die Truppen des Simon den Zugang beim Grab des Hohenpriesters Johannes sicherten und sich bis hin zum Tor, durch welches das Wasser zum Hippikusturm hereingeführt wurde, verschanzten" (*De Bello Judaico*, II, 1, 1963, z.St.). F. M. ABEL hat: „depuis la poterne par laquelle l'eau arrivait à la tour Hippicos ..." (*RB*, 56, 1949, 247) [71].

Einstimmigkeit besteht darüber, dass die zweite Mauer den Stadtteil umschloss, der im Alten Testament die Mischne hiess (J. SIMONS, *Jerusalem in the Old Testament,* 1952, 291; die Mischne des Alten Testaments hatte aber nach SIMONS einen grösseren Umfang, *o.c.*, 156. 292 ff.). Zephanja (1, 10) erwähnt das in Mischne gelegene Fischtor. Es lag im Norden, d.h. in der Nordmauer des bezüglichen Stadtteil (vgl. SIMONS, *o.c.*, 305). Es könnte dies das von Josephus erwähnte Tor sein. SIMONS hält es a priori für wahrscheinlich, dass auch in der Westmauer (Josephus' „südlicher" Strecke) ein Tor gelegen habe und Josephus erwähnt in der Tat einen Zugang beim Grabmal des Hohenpriesters Johannes; das Grabmal kann nur westlich der zweiten Mauer gelegen haben. Dieser Zugang, durch welchen das Wasser zum Hippikusturm hereingeführt wurde, ist im Hinblick auf der Lage des Hippikus im südlichen Teil der Westmauer zu lokalisieren. Die Nordmauer des Stadtteils erstreckte sich bis an die Burg Antonia (V § 146: ἀνῄει μέχρι τῆς ᾽Αντωνίας) und da der östliche Teil der Nordmauer durch Johannes von Gischala, der den Tempel und die Antonia

von der zweiten Mauer entfernt, dass er ausserhalb der Schussweite blieb (V § 303). „As Titus' former positions had been at two stadia from the city, this figure may be taken as indicating what was believed to be a position „out of bowshot". Probably two stadia is even somewhat more than was normally required, because the powerful tower Hippicus commanded an exceptionally large area" (*o.c.*, p. 483 f.). Titus' Lager kann also sehr wohl im Nordwesten des Areals der Altstadt gelegen haben; vgl. MICHEL-BAUERNFEIND, II, 1, 1963, 262, Anm. 126, wo freilich unklar bleibt, wo Agrippa's Mauer anzusetzen sei.

[71] CLEMENTZ's und MICHEL-BAUERNFEIND's Übersetzung der Stelle würde implizieren, dass das Tor, durch welches das Wasser zum Hippikusturm hereingeführt wurde, weit ab vom Turm gelegen habe, was kaum Wahrscheinlichkeit für sich hat.

besetzt hatte, verteidigt wurde (V § 304: καὶ πρὸ τῶν ᾿Αλεξάνδρου τοῦ βασιλέως αὐτῶν μνημείων) könnte das von Josephus erwähnte Tor (Fischtor?) etwa in der Mitte der Nordmauer zu lokalisieren sein[72]. Simon bar Giora hatte sicher den grössten Teil der zweiten Mauer zu verteidigen. „Häufig machten die Juden aus den Toren heraus einen Ausfall und fochten Mann gegen Mann mit den Römern, wurden sie aber zurückgedrängt, so kämpften sie von der Mauer herab; bei den Nahkämpfen waren sie unterlegen, da sie die militärische Ausbildung der Römer nicht besassen, dagegen behielten sie in den Gefechten um die Mauer die Oberhand". (V § 305; Übers. M.-B., z.St.). Dass die Juden mit Todesverachtung stritten, sagt Josephus klar: der Tod schien ihnen nichts, wenn sie nur bei einem getöteten Feind fielen (§ 315).

Bei der Belagerung der zweiten Mauer sind offenbar keine Wälle aufgeworfen worden; Josephus erwähnt sie jedenfalls nicht. Vielleicht hat Titus die Errichtung von Wällen vor dieser Mauer unterlassen um, wie J. N. SIMCHONI gestützt auf Tacitus V, 11 vermutet, möglichst bald nach Rom zu kommen (*Josephus, Jüdischer Krieg*, 1957, 483, bei MICHEL-BAUERNFEIND, *o.c.*, 263, Anm. 130). Es ist aber auch möglich, und wir halten dies für wahrscheinlicher, dass schon der untere Teil des Turms, der von Titus zum Einsturz gebracht wurde, aus mässig grossen Steinen aufgemauert gewesen ist. Als der Turm — es war der mittlere der Nordmauer — mit dem Sturmbock gestossen wurde und schon einzustürzen drohte (V § 318: λυομένου δὲ τοῦ πύργου), haben Castor und einige seiner Genossen, die den Turm bewachten, heuchlerisch dem Titus um Erbarmen gefleht, was zur Folge hatte, dass Titus befahl mit dem Stossen einzuhalten (V §§ 317 ff.). „Castor aber liess Simon melden, er möge in aller Ruhe über das Dringlichste beratschlagen, während er selbst wohl noch eine gute Weile den Feldherrn der Römer zum Narren halten wolle" (V § 322; Übers. M.-B., z.St.). Es wird Simon klar gewesen sein, dass auch die zweite Mauer nicht zu halten war und er wird sich die Frage gestellt haben, ob seine Mannschaften sich in die Oberstadt, oder in den Tempel und die Antonia zurückziehen sollten. Als Titus einsah, dass Castor ein Spiel aufgeführt hatte, ist der Turm mit noch grösserer Gewalt des Sturmbocks bearbeitet worden und als der Turm nachgab, haben Castors Leute ihn angezündet (V § 330). Es muss also in dem Turm viel Holz gegeben haben, wobei an hölzerne Treppen, hölzernen Fussboden der Geschosse und die Dachbalken zu denken ist. Das Feuer sollte offenbar die Römer hindern, sogleich die Vorstadt zu besetzen. Am fünften Tag (30. Mai) nach der Einnahme der ersten Mauer gelang es den Römern mit Titus an

---

[72] Die Lage des Denkmals des Königs Alexander (es kann hiermit nur Alexander Jannäus gemeint sein) ist unbekannt; „nach den Angaben an unserer Stelle muss es sich nördlich von der zweiten Mauer, etwa in deren Mitte befunden haben" (MICHEL-BAUERNFEIND, II, 262, Anm. 127).

der Spitze, diesen Stadtteil zu betreten (V § 331); sie sind aber bald wieder, herausgeworfen worden (siehe weiter unten).

Dass der Turm in verhältnissmässig kurzer Zeit zum Einsturz gebracht werden konnte, deutet darauf, dass er nicht in der Kurtine eingebunden war. „Die spätere Lehre vom Festungbau schreibt vor, dass die Türme ausser Verband mit dem Mauerzug errichtet werden sollen, damit bei ihrer Zerstörung die Mauer selbst nicht in Mitleidenschaft gezogen wird. Vielleicht haben Beobachtungen solcher Nachteile bereits die alten Kanaaniter dazu bewogen, ihre Türme nicht in die Mauer einzubinden" [73]. Nach LAWRENCE A. SINCLAIR sind in Gibeah I die Türme nicht im Verband mit der Kurtine aufgemauert, wohl aber in Gibeah II (*AASOR*, XXIV-XXV, 1954-1956, 14). Ein Verband zwischen Türme und Kurtine fehlt auch im von BLISS-MACALISTER ausgegrabenen Fort von Tell Zakariyah (bei SINCLAIR, *l.c.*). C. N. JOHNS weist ebenfalls auf dieses Verfahren im Festungbau des Altertums: „It was the ancient practice not to bond tower and curtain together" (*QDAP*, XIV, 1950, 137, nach Philo Mechanicus). Vielleicht lässt dieses Verfahren sich aus der Ausführung erklären: Mauer und Türme konnten so schneller hoch aufgemauert werden.

Als Titus mit tausend Reitern und einer Elitetruppe durch die schmale Bresche, welche in der Mauer geschlagen war, in die Vorstadt hereingekommen war, sind sie sofort in den engen Gassen von den Juden hart angegriffen und auch von den Dächer der Häuser her bekämpft worden. Andere kamen durch die oberen Tore (*sc.* Tore der Oberstadt) in das Gebiet ausserhalb der zweiten Mauer, wo die Römer von den Türmen hinabsprangen und sich ins Lager flüchteten (V § 336-338). „Die Juden wurden immer zahlreicher und konnten, da sie sich in den Gassen weit besser auskannten, viele Gegner verwunden und im Angriff vor sich hertreiben. Die Römer konnten meistenteils nicht anders, als notgedrungen Widerstand zu leisten, denn es war unmöglich, in gedrängtem Haufen durch die enge Lücke in der Mauer zu entkommen. Wie es schien, wären wohl alle niedergehauen worden, die durch die Bresche eingedrungen waren, wenn ihnen nicht Titus Hilfe gebracht hatte" (V § 338-339; Übers. M.-B.). Titus liess durch Bogenschützen die Juden hindern, in der Nähe zu kommen, bis alle Römer sich aus der Vorstadt zurückgezogen hatten [74]. Dass viele Römer in der Vorstadt Jerusalems den Tod gefunden haben, dürfen wir annehmen, wenn Josephus, Freund des Titus, es auch nicht sagt.

Nach Josephus soll Titus in der Hoffnung, die Juden zu Übergabe zu bewegen,

---

[73] E. SELLIN und CARL WATZINGER, *Jericho. Ergebnisse der Ausgrabungen*, 22. *WVDOG*, 1913, 23 unter Hinweis auf Philo Mechanicus' Schrift über Festungbau (*Abh. Preuss. Akad. philos. hist. Kl.* Nr. 12, 1919).

[74] *Bell. Jud.* V § 341: καὶ τοὺς Ἰουδαίους κωλύων παρελθεῖν, μέχρι πάντες ἀνεχώρησαν οἱ στρατιῶται.

die Bresche, in der zweiten Mauer nur schmal gemacht haben (V §§ 333 ff.). „Der römische Bericht hat wahrscheinlich einfach zugegeben, dass Titus nach Eroberung der zweiten Mauer unvorsichtig gehandelt hat, als er nur mit einer Elitetruppe in das feindliche Stadtgebiet vorgerückt war, noch dazu unter Vernachlässigung der Rückzugssicherung. Titus ist ein Draufgänger, der durch persönliche Tatkraft auch einen taktischen Fehler wieder wettmachen kann. Ganz anders die Meinung des Josephus: Titus will seine Gegner beschämen, sie zur Sinnesänderung veranlassen. ... Die φιλανθρωπία des Titus beeinträchtigt sein militärisches Vorgehen. Das ist Josephische Apologie" (HELGO LINDNER, *Die Geschichtsauffassung des Flavius Josephus in Bellum Judaicum*, 1972, 104-105). Drei Tage haben die Juden die Römer dann gehindert, die Vorstadt zu besetzen, erst am vierten Tage sind sie zurückgetrieben. Zweifellos wird es dabei noch zu einen harten Kampf Mann gegen Mann gekommen sein, in dem sicher viele Juden, aber gewiss auch viele Römer gefallen sind. Die Juden wichen zurück auf die Oberstadt (V § 346, Ende: ἀναφεύγουσιν). Belehrt durch seinen früheren taktischen Fehler liess Titus nun die ganze Nordmauer der Vorstadt schleifen (V § 347: τὸ προσάρκτιον μὲν εὐθέως κατέρριψε πᾶν), während er die Westmauer der Vorstadt mit Besatzungsmannschaften besetzte (§ 347). Dies erklärt sich daraus, dass die Juden aus den Toren der Oberstadt Ausfälle unternahmen (siehe weiter unten), wobei sie nun im Schutzbereich der auf Mauer und Türmen wachenden Besatzung blieben.

Titus hoffte, dass die Juden nun Geneigtheit zeigen würden, den Kampf aufzugeben, zumal die Stadt durch Hunger bedroht wurde. Er setzte die Belagerung vier Tage aus und liess, als die Mannschaften den Sold erhielten, das Heer an einen gut sichtbaren Ort ausrücken. „Die Soldzahlung wird dabei mit einer grossartigen Truppenparade verbunden, die die Kampfmoral des Gegners treffen soll" (LINDNER, *o.c.*, 106). Daraus lässt sich mit Sicherheit schliessen, dass die Juden die Vorstadt mit Löwenmut verteidigt hatten. Nach Josephus überfiel nun auch die Verwegensten grosse Niedergeschlagenheit (V § 353), was kaum damit stimmt, dass sie gar keine Geneigtheit zeigten, den Kampf aufzugeben.

Am fünften Tag lies Titus Wälle aufwerfen an der Antonia und beim Grabmal des Johannes Hyrkanus, wo er die Oberstadt einzunehmen dachte (V § 356). Er teilte die Legionen in zwei Abteilungen (*id.*), zwang damit aber die Juden, ihre viel geringere Streitmacht ebenfalls an zwei Stellen zugleich einzusetzen: an der Antonia und an der Mauer der Oberstadt. Als die Legionen schon angefangen hatten, die Wälle aufzuwerfen — durch Ausfälle haben die Juden die Arbeit soviel wie möglich aufgehalten —, meinte Titus noch einen Versuch zur Übergabe der Stadt tun zu können und er sandte dazu wieder Josephus, der an der Mauer den Belagerten zuredete. Es sei eine Torheit gegen die Römer, die die Welt beherrschen, zu kämpfen

(V §§ 362-419). Dass die Ansprache so wie Josephus sie niederschrieb, am Schreibtisch in Rom entstanden ist, liegt auf der Hand. Sicher wird Josephus aber gesagt haben, dass in Kürze auch die dritte Mauer fallen werde, dafür zeuge die Eroberung der ersten und zweiten Mauer [75].

5. *Misslungener Versuch die dritte Mauer zu erobern.* Am zwölften des Monats Artemisios (30. Mai) begannen die Legionäre Wälle aufzuwerfen, welche am 29. (16. Juni) vollendet waren (siehe hierüber WEBER, *o.c.*, S. 200). Wie aus Josephus' Angaben hervorgeht, sind zwei Wälle an der dritten Mauer (V § 356, § 468; vgl. J. SIMONS, *Jerusalem in the Old Testament*, 1952, 299) und zwei an der Antonia (§ 356, § 467) errichtet worden. Aus Josephus' Ansprache an die Belagerten geht klar hervor, dass dem Titus viel daran gelegen war, erst die dritte Mauer (d.h. die Oberstadt) zu erobern. Der gleichzeitige Angriff auf die Antonia, welcher dadurch misslang, dass Johannes von Gischala die Wälle unterhöhlte (V § 469), ist u.E. als ein Ablenkungsmanöver zu deuten. Dass es den Römern damals nicht gelang, die dritte Mauer zu erobern, geht aus dem weiteren Verlauf der Belagerung Jerusalem hervor. Wenn J. SIMONS sagt: „Having broken through the wall of Agrippa as well as through the Second Wall, Titus prepared for the final assault on the Early Wall, among other things, by throwing up two earth works ...'' (*o.c.*, 299), übersieht er, dass die Oberstadt erst nach der Einnahme der Antonia und des Tempels im Besitz der Römer gekommen ist. Die Belagerung der Antonia beim Versuch, die dritte Mauer zu erobern, hatte wie schon angedeutet einen taktischen Grund: es sollte den Juden unmöglich gemacht werden, ihre ganze Streitmacht zur Verteidigung der dritten Mauer einzusetzen. Die Eroberung der Antonia misslang damals dadurch, dass Johannes von Gischala wie gesagt die Wälle unterhöhlt hatte und diese einstürzten (V § 469 f.). Dass es den Römern damals auch nicht gelang, die dritte Mauer zu erobern, sehen wir aus der weiteren Geschichte der Belagerung. Es heisst erst, Antiochos von Kommagene, der mit einer Schar Schwerbewaffneter nach Jerusalem gekommen war, verwunderte sich darüber, dass die Römer zögerten, die dritte Mauer zu erobern (V §§ 460 ff.). Es heisst dann weiter, dass es seinen Leute nicht gelang, die Mauer zu erobern (§ 464-465). LINDNER bezeichnet diese Erzählung als eine Anekdote, welche die Kampfkraft der Juden unterstreicht und darum zur Ausrichtung der römischen Quelle passt (*Die Geschichtsauffassung des Flavius Josephus*, 1972, 109/110). Es scheint uns, dass diese ganze Erzählung verschleiern soll, dass der Angriff der Legionäre auf die dritte Mauer misslang. Erst später (V §§ 473-485) hören wir, dass Simon bar Giora's Leute die Wälle (*sc.* an der dritten Mauer) angriffen und die Belagerungsmaschinen in Brand steckten.

---

[75] *Bell. Jud.* V § 374: τοῦ γε μὴν ταχέως τὸ τρίτον τεῖχος ἁλώσεσθαι τὰ προεαλωκότα πίστιν εἶναι; vgl. V § 347.

„Von den Maschinen sprang das Feuer dann auch schneller auf die Wälle über, als die Hilfstruppen es verhindern konnten. Da die Römer sich nun überall von den Flammen umgeben sahen, gaben sie die Hoffnung auf, die Werke zu retten, und zogen sich in Richtung auf ihre Lager zurück" (V § 480; Übers. M.-B.). Sie sind durch die Juden bis dahin verfolgt worden und es entstand dort, nachdem noch viele aus der Stadt zu Hilfe gekommen waren, ein harter Kampf mit der Abteilung Soldaten, welche das Lager zu bewachen hatte [76]. „Nachdem die Soldaten dann noch die Katapulte auf dem Wall [77] verteilt hatten, konnten sie sich schliesslich der Massen erwehren, die aus den Toren der Stadt hervorbrachen, ohne an Deckung und eigene Sicherheit auch nur zu denken ..." (V § 484; Übers. M.-B.). Als Titus mit seiner Kerntruppe den Juden die schon an der Front hart bedrängt wurden, in die Flanke fiel [78], kehrten sie sich auch gegen Titus, haben sich dann aber schliesslich in die Stadt zurückgezogen. Die dritte Mauer blieb im Besitz der Juden; Josephus sagt es freilich nicht. Der Ausgang des Kampfes um die dritte Mauer war eine Schande für das mächtige Römerheer. Zwei Tage vorher hatte Johannes von Gischala die von den Legionären an der Antonia errichteten zwei Wälle durch ein auf Pfähle gestelltes Gerüst unterminiert, dann mit Pech und Asphalt betrichenes Holz hineingebracht und angezündet. Als die Pfähle verbrannten, stürzten die Wälle mit Donner ein (V § 469-470). Vorläufig war auch der Angriff auf die Antonia — es war der erste — misslungen.

Josephus' Ansprache an die Juden hatte sie nicht dazu gebracht zu kapitulieren. Sie verspotteten den Überläufer und haben ihn beschossen (V § 375). Der Hunger trieb aber viele Juden aus der Stadt, zahllose sind dann von Titus vor der Mauer gekreuzigt worden, sodass es bald keinen Raum mehr gab für die Kreuze und keine Kreuze für die Leiber (V § 451).

6. *Die Hungermauer*. Der Einsturz und die Zerstörung der Belagerungswerke durch die Juden hatten bei den Römern Zweifel hervorgerufen, ob Jerusalem ausschliesslich auf dieser Weise zu erobern sei (V § 490). Es war den Juden noch stets gelungen Lebensmitteln herbeizuschaffen und die Einnahme der Stadt könnte

---

[76] „Es handelt sich hier um die Abteilungen, welche die Torwache vor dem Lager hielten .... Dass es grössere Abteilungen und nicht einzelne Vorposten waren, ist aus Caesar bellum Gallicum 6, 37 zu ersehen, wo von einer cohors in statione die Rede ist ..." (MICHEL-BAUERNFEIND, II, 1, 1963, 270, Anm. 197).

[77] ἐπὶ τοῦ τείχους (§ 484). Die äussere Umwallung des röm. Lagers machte den Eindruck einer Mauer (*Bell. Jud.* III § 79-80: ἔξωθεν δ' ὁ κύκλος τείχους ὄψιν ἐπέχει). Der Wall eines röm. Lagers „besteht aus Erdreich, das durch Pfähle und Äste befestigt wird (Caesar bell. Gall. 7, 72)", MICHEL-BAUERNFEIND, I, 1959, 457, Anm. 35. Titus' Lager könnte u.E. wohl zum Teil ummauert gewesen sein.

[78] Titus kam „von der Antonia herbei, wohin er sich entfernt hatte, um den Platz für neue Wälle auszusuchen" (§ 486); siehe weiter unten.

demnach wohl viel Zeit brauchen. In einem Kriegsrat entschloss Titus sich, die Stadt mit einer Ringmauer zu umgeben, um die Belagerten auszuhungern. Der Ruhm sei durch rasches Handeln bedingt (V § 498: πρὸς δὲ τῆς εὐκλείας τὸ τάχος). Josephus beschreibt den Lauf der Ringmauer [11], sagt aber nicht, woher das Material stammte. Der Umfang der Mauer betrug 39 Stadien und dreizehn Kastelle sind eingebaut worden (§ 508). In drei Tagen [kaum glaublich!] wurde der Bau vollendet (§ 509), die Steine müssen mindestens zum Teil in der Nähe gelegen haben. Da Titus ein grosses Stück der ersten Mauer und einen Teil der zweiten hatte niederreissen lassen, werden diese Steine wohl zur Errichtung der Hungermauer benutzt worden sein. Viel Material könnte auch vom Grabdenkmal der Königin Helena stammen [80]. Wie das vallum in Masada könnte die Höhe der Ringmauer etwa 2-3 m betragen haben (vgl. F. M. ABEL, in *RB*, 56, 1949, 250). Jedenfalls gab es für die Juden keine Möglichkeit über die Mauer hinweg zu kommen. „Den Juden aber war mit den Ausgängen zugleich jede Hoffnung auf Rettung abgeschnitten, und der Hunger frass immer weiter um sich, indem er das Volk in ganzen Häusern und Sippen dahinraffte. Die Dächer lagen voll von entkräfteten Frauen und Kindern, die Gassen voller toter Greise; Knaben und Jünglinge, unförmig aufgedunsen, wankten Gespenstern gleich über die Strassen und sanken hin, wo sie das Unheil ereilte" (V § 512-513; Übers. M.-B.).

7. *Einnahme der Antonia.* Die Meinung ADOLF SCHLATTERS, dass die Aufstän-

---

[79] *Bell. Jud.* V §§ 504 f. „Vom Assyrerlager, seinem eigenen Hauptquartier, führte er die Mauer zur unteren Neustadt hinab, von hier durch das Kidrontal auf den Ölberg, dann liess er sie nach Süden abbiegen und umschloss den Berg bis zum sogenannten Taubenschlag-Felsen sowie auch den folgenden Hügel, der die Schlucht an der Siloahquelle überragt, von dort wandte er sie nach Westen und in die Quellschlucht hinab. Dann führte die Mauer am Grabmal des Hohenpriesters Ananos wieder aufwärts und umfasste den Berg, wo Pompejus gelagert hatte, wandte sich dem Nordhang zu bis hin zu einem Dorf mit Namen Erbsenhausen, umgab nach diesem das Grabmal des Herodes und erreichte nach Osten hin wieder das Lager des Feldherrn, von wo sie ausgegangen war" (Übers. MICHEL-BAUERNFEIND, z.St.). Bei „Taubenschlagfelsen" wäre vielleicht an die sogen. „Prophetengräber" am Südwesthang des Ölberges zu denken (M.-B. II, 1, 1963, 271, Anm. 200; vgl. D. USSISHKIN, ‚*The Rock Called Peristereon*', *IEJ*, 24, 1974, 70-72, die Silwan necropolis; die Gräber waren offen und von der Davidtstadt aus gesehen glichen die zahlreichen Gräber einem Taubenschlag, Fig. 1, p. 71 Plan, Pl. 10 B, Foto). Für die Lokalisierung der übrigen von Josephus genannten Punkte siehe MICHEL-BAUERNFEIND, 271, Anm. 201 und die dort genannte Meinung DALMAN's (*Jerusalem und sein Gelände*, 1930, 49 f., 146; *Orte und Wege Jesu*, 1924, 353) und VINCENT's (*Jérusalem de l'Ancien Testament*, 1956, 741, n. 4, 741 s. und n. 31). — Über die Lage der unteren Stadt (§ 504) siehe SIMONS, *Jerusalem in the Old Testament*, 1952, 58, n. 3. WILSON meinte, sie sei östlich des Hügels Bezetha zu lokalisieren (*Golgotha and the Holy Sepulchre*, 1906, 138-139). SIMONS: „it is no doubt equally possible to locate this part of the town to the west of that hill on the slopes of the Central Valley and reaching almost as far as the so-called „Camp of the Assyrians" (*l.c.*). Hat Titus' Lager im Nordwesten des Areals der Altstadt gelegen, kann die SUKENIK-MAIER-Mauer unmöglich, wie KENYON, *Digging up Jerusalem*, 1974, 254 meint ein Teil der „Hungermauer" gewesen sein.

[80] Die Pyramiden sind wohl damals abgebrochen worden, vgl. N. P. CLARKE, *Helena's Pyramids*, *PEQ*, 1938, 84-104, p. 103.

dischen schon beim Anfang des Krieges die Antonia ausbrannten (*Die Theologie des Judentums nach dem Bericht des Josephus*, 1932, zum Teil wieder abgedruckt bei A. SCHALIT, *Zur Josephus-Forschung*, 1973, 190-204, S. 201), war verfehlt. Zwar heisst es *Bell. Jud.* II, 17, 7 § 431: καὶ τὸ φρούριον ἐνέπρησαν, damit kann aber, wie schon H. GRAETZ betonte, nicht die Antonia gemeint sein, „da diese Festung noch 4 Jahre intakt geblieben ist, und die Römer sie erst unter Titus nach vieler Anstrengung genommen und zerstört haben ...'' (*Gesch. der Juden*, III, 2⁵, 1906, 460, Anm. 2). Mit φρούριον kann nur das Gefängnis gemeint sein (GRAETZ, *l.c.*).

Titus hatte, wie wir sahen, nach der Eroberung der Vorstadt erst versucht die dritte Mauer (d.h. die Oberstadt) zu erobern, ist dabei aber bis zum Römerlager zurückgeschlagen worden. Dass er sich nach dieser Niederlage von der dritten Mauer abwendete und endgültig die Antonia angriff, muss einen besonderen Grund gehabt haben. Der Grund wird u.E. dieser sein, dass die dritte Mauer von Simon bar Giora, die Antonia von Johannes von Gischala verteidigt wurde. Simon hatte nicht nur die grösste Streitmacht (10 000 Mann), die Männer hingen ihm auch dermassen an, dass sie auf seinem Befehl hin auch zum Selbstmord bereit gewesen wären [81]. Johannes' eigene Streitmacht umfasste 6000 Galiläer; dazu kamen 2400 Judäer, die Eleazar ben Simon Anhang waren; weiter stritten hier 5000 Idumäer. Es fehlte also die in einem Krieg notwendige Zusammengehörigkeit. Wir hören auch nicht, wie bei Belagerung der dritten Mauer, dass die Juden, die die Antonia verteidigten, den Feind bis zum Römerlager verfolgt haben. Im Gegenteil: beim Angriff auf einen der Wälle lähmte die mit dem Vordringen verbundene Gefahr den Kampfgeist [82]. Die Juden kehrten schliesslich um und schalten einander Feiglinge (§ 22).

Beim ersten Angriff auf die Antonia hatte Titus hier zwei Wälle aufwerfen lassen, deren einer (nach Josephus) in der Mitte des sogenannten Struthion-Teiches lag, die Zweite etwa zwanzig Ellen davon entfernt (V § 467). Beide Wälle sind dann durch Johannes von Gischala unterminiert und zum Einsturz gebracht worden (§ 469-470). Für den definitiven Angriff auf die Antonia sind vier viel grössere Wälle [83] angelegt worden, wofür die Soldaten das Holz bis zu 90 Stadien weit herbeischaffen mussten (*ibid.*). Angaben über die genaue Lage dieser Wälle fehlen.

Wie wir im Abschnitt über die Antonia gesehen haben, sind die Meinungen über die Lage der Wälle geteilt. Die Frage war, wie V § 467: κατὰ μέσον τῆς Στρουθίου καλουμένης κολυμβήθρας zu deuten sei. Dass der Teich Struthion mit dem Doppelteich zu identifizieren ist, unterliegt heute kaum noch dem Zweifel; auch dass der

---

[81] *Bell. Jud.* V § 309 Ende: ὡς καὶ πρὸς αὐτοχειρίαν ἑτοιμότατος εἶναι κελεύσαντος·

[82] VI § 21: ὅ τε κίνδυνος τοῦ πρόσω χωρεῖν ἐποίει μαλακωτέρους.

[83] V § 524: πολὺ μείζονα τῶν προτέρων χώματα.

Doppelteich damals noch nicht überwölbt war, darf als gesichert gelten. Mit MAUER nehmen wir an, dass einer der Wälle mitten im Struthion gelegen habe, was aber u.E. so zu deuten ist, dass er quer über dem Teich in der Mitte lag. Der zweite Wall, zwanzig Ellen davon entfernt — sicher nach Nordwesten, denn der Boden des Teiches neigt sich nach Norden — muss ebenfalls quer über dem Teich gelegen haben. Dass nun aber diese zwei Wälle zum ersten Angriff auf die Antonia gehören, wie Josephus es darstellt, halten wir für unwahrscheinlich. Der erste Angriff auf die Antonia war eine Nebenoperation bei der Belagerung der dritten Mauer; das Aufwerfen eines Walles in dem etwa 10 m tiefen Teich wäre ein viel zu zeitraubendes Werk gewesen. Zweitens: die Wälle des ersten Angriffs sind von Johannes unterminiert worden, der Minengang hätte an der Wand des Teiches wahrnehmbar sein müssen, was nicht der Fall ist. An der Nordseite des Vorwerkes der Antonia ist bei den Ausgrabungen ein Minengang ermittelt worden [84] und wir dürfen u.E. annehmen, dass hier, an der Nordseite, die Wälle des ersten Angriffs gelegen haben. Auch zwei Wälle des endgültigen Angriffs sind sicher hier zu lokalisieren. Dass sie genau an der Stelle der alten Wälle errichtet worden sind, wie F. DE SAULCY (1866) annahm (*Les derniers jours*, 335) dürfte kaum wahrscheinlich sein. Sie werden wohl in einigem Abstand davon aufgeworfen worden sein. Die zwei übrigen Wälle des definitiven Angriffs sind also unserer Meinung nach im Teich Struthion zu lokalisieren. Dass Josephus diese zwei zum ersten Angriff rechnet, erklärt sich wohl daraus, dass sie den mächtigsten Eindruck auf ihm gemacht hatten.

Noch ehe die Römer die Sturmböcke aufgestellt hatten, haben die Juden versucht, die Belagerungswerke anzugreifen; sie kamen bewaffnet mit Fackeln heran, zogen sich aber, noch ehe sie an die Wälle herangekommen waren, wieder zurück (VI §§ 15 f.); d.h. in Schussweite sind sie nicht gekommen. „Denn vor allem schien es, dass sie in ihrer Planung nicht aufeinander abgestimmt waren, da sie in einzelnen Haufen, mit Abständen und in furchtsamem Zaudern ihren Ausfall machten— ganz und gar unjüdisch" (§ 17; Übers. M.-B.). Dieser Ausfall wurde am Neumond des Monats Panemus (20. Juli) unternommen (§ 22). Als dann die Römer die Sturmböcke herangebracht hatten und in Stellung brachten, haben die Juden die Römer nur von der Mauer her mit Steinen, Feuerbränden und anderen Geschossen beunruhigt (VI §§ 23 ff.). Besonders die Steinwürfe brachten Verluste (§ 27), was den Feind veranlasste, mit Schilden ein Schutzdach zu bilden und es gelang den Römern schliesslich mit Händen und Hebeln (χερσὶ καὶ μοχλοῖς), die Fundamente (τοὺς θεμελίους) zu untergraben und vier Steine herauszubrechen (§ 27). Im Abschnitt über die Antonia haben wir schon darauf hingewiesen, wie diese Stelle dafür zeugt, dass die betreffende Mauer nicht auf dem Antoniafelsen gestanden haben könne. Nicht

---

[84] Soeur MARIE ALINE DE SION, *La Forteresse Antonia*, 1955, 60, Pl. 18, 2 und Sigle e auf Pl. 14.

die eigentliche Burg ist erst angegriffen worden, sondern das Vorwerk. Nachts ist dann die Mauer an der Stelle, wo Johannes die Wälle unterminiert hatte eingestürzt (VI § 28). Die Juden hatten aber hinter der Mauer schon eine zweite errichtet und da die Antonia (hier kann nur die auf dem Antoniafelsen gelegene Burg gemeint sein) sich in gutem Zustand befand (VI § 30: ὡς μενούσης συνέβαινε τῆς ᾽Αντωνίας) vertrauten sie, dass es den Römern nicht gelingen werde, die Burg zu nehmen. Erst als Titus seinen Soldaten Mut zugesprochen hatte — noch während der Ansprache schreckten sie vor der Gefahr zurück —, haben sie es gewagt, die Mauer zu besteigen (VI §§ 33-53, § 54). Es gelang dem Syrer Sabinus mit elf Genossen über die Mauer zu kommen und die Juden zu vertreiben (VI § 61). Die Belagerten meinten, es sei eine Truppe Römer hereingekommen und sie wandten sich zur Flucht (§ 63: ἅμα δὲ καὶ πλείους ἀναβεβηκέναι δόξαντες ἐτράπησαν). Dass επ᾽ ἄκρῳ (§ 61) nicht einfach „auf der Mauer" (CLEMENTZ, z.St.; MICHEL-BAUERNFEIND: „auf die Zinne der Mauer", z.St.) bedeuten kann, geht daraus hervor, dass die Juden flüchteten, dann, als Sabinus über einen Stein gestrauchelt war, zurückkehrten und ihn niedermachten (§ 64). Sabinus muss sich in der offenen Hofanlage der Burg befunden haben. Seinen Gefährten war es offenbar nicht gelungen hinauf und hinein zu kommen. Das Vorwerk der Antonia, wie die auf dem Antoniafelsen gelegene Burg, blieb im Besitz der Juden. Zwei Tage später ist dann die ganze Burg, Vorwerk und eigentliche Burg, ohne bedeutenden Widerstand der Juden von den Römern besetzt worden (VI §§ 68 ff.). Als eine verhältnismässig kleine Gruppe römischer Soldaten hereindrang und die Juden meinten, die Römer seien in grossen Massen hereingekommen, haben die Belagerten sich in das Heiligtum geflüchtet[85]. Dass sie die Antonia praktisch ohne Kampf preisgegeben haben, geht auch aus dem hervor, was Josephus den Titus zu seinen Soldaten sagen lässt: „Ersteigen wir die Antonia, so haben wir die Stadt: denn wenn auch mit denen da drinnen noch ein leichter Kampf entspinnen sollte, was ich übrigens nicht glaube ..."[86]. Titus kann diese Worte natürlich nicht gesprochen haben. Die vier Wälle und seine Ansprache an die Soldaten zeugen dafür, dass er die Eroberung der Antonia gewiss nicht für eine leichte Sache gehalten hatte und die Stärke der Besatzung war ihm noch nicht bekannt. Josephus, der bei der Belagerung gegenwärtig war, wusste, dass die Juden sich praktisch ohne Widerstand aus der Antonia zurückgezogen hatten und als er seine Geschichte des Jüdischen Krieges schrieb, hat er dem Titus die betreffenden Worten in die Mund gelegt. MICHEL-BAUERFEIND's Übersetzung des zweiten Teils des § 45: „Denn wenn es auch noch zu einem Kampf mit den Juden innerhalb der

---

[85] VI § 71: καταπεφευγότων δὲ ᾽Ιουδαίων εἰς τὸ ἱερὸν ....

[86] Übers. CLEMENTZ, z.St.; VI § 45: ἀναβάντες γοῦν ἐπὶ τὴν ᾽Αντωνίαν ἔχομεν τὴν πόλιν· καὶ γὰρ ἂν γίνηται τίς ἔτι πρὸς τοὺς ἔνδον, ὅπερ οὐκ οἶμαι, μάχη, ...

Stadt selbst kommen sollte, was ich freilich nicht annehme ..." (z.St.) halten wir für verfehlt. Es handelt sich um einen Kampf in der Antonia.

Das Aufgeben der Antonia lässt sich wohl erklären. Die Verteidigung würde einen grossen Verlust an Mannschaften gekostet haben und bei der grossen Übermacht des römischen Heeres wäre sie schliesslich doch nicht zu halten gewesen. Zum Angriff auf das Heiligtum, dies werden die Juden gemeint haben, hatte die Antonia für die Römer kaum Bedeutung, denn es fehlte eine leichte Verbindung zwischen der Antonia und dem Heiligtum. Die Treppen, welche in die Hallen hinabführten, konnten leicht unbrauchbar gemacht bzw. zugemauert werden und die Antonia-Halle konnte, wie in der Zeit des Procurators Florus, abgebrochen werden. Titus sah die Sache anders. Durch teilweises Niederreissen der Antonia verschaffte er seinen Soldaten einen bequemen Zugang zum Aussenhof.

Als die Juden sich auf das Heiligtum zurückgezogen hatten, haben die Römer versucht, durch einen unterirdischen Gang in das Heiligtum zu kommen. Nach Josephus sollen sie durch den unterirdischen Gang, welchen Johannes von Gischala unter den Belagerungswällen gegraben hatte, hinaufgekommen sein (VI, 1, 7 § 71). Dies darf man für ausgeschlossen halten. Über die Lage des von Johannes gegrabenen Ganges liesse sich noch streiten; dass der Anfang nicht im *hieron* gelegen haben könne, unterliegt nicht dem Zweifel. Nach Josephus hatte Herodes der Grosse einen unterirdischen Gang von der Antonia zum Heiligtum machen lassen (*Antiq.* XV, 11, 7 § 424). Vielleicht ist an diesen Gang zu denken (vgl. F. DE SAULCY, *Les derniers jours*, 1866, 344). Der Gang soll beim östlichen Tor des Innenheiligtums ausgekommen sein [87]. Am Eingang und Ausgang entstand ein harter Kampf (*Bell. Jud.* VI, 1, 7 § 74) an dem sowohl Simons' Männer, als die des Johannes teilnahmen (§ 72). Dass dieser Kampf nicht, wie J. SIMONS annahm (*Jerusalem*, 1952, 416), zwischen der Antonia und der äusseren Umgrenzung des Heiligtums stattfand, haben wir schon Kap. XII, betont [88]. Nach einem mit dem Schwert geführten Kampf von Mann gegen Mann — wegen des geringen Umfangs des Raums konnte man keine Schutzwaffen gebrauchen — gelang es den Römern in den Aussenhof zu kommen, sind dann aber nach einem Kampf im Aussenhof wieder in die Antonia zurückgetrieben worden (VI §§ 81-91). Nur ein Teil des Römerheeres hatte am Kampf teilgenommen, die Legionen, auf die die Römer ihre Hoffnung gesetzt hatten, hatten die Antonia noch nicht betreten (VI § 80). MICHEL-BAUERNFEIND bemerken dazu: „Es bleibt in der Darstellung des Josephus völlig offen, warum

---

[87] *Antiq.* XV, 11, 7 § 424: μέχρι τοῦ ἔσωθεν ἱεροῦ πρὸς τὴν ἀνατολικὴν θύραν.

[88] MICHEL-BAUERNFEIND folgen auffällig genug Simons (*De Bello Judaico*, II, 2, 1969, 164, Anm. 24), während doch aus Josephus klar hervorgeht, dass der Aussenhof des Heiligtums an die Antonia grenzte. — Auch CARL MOMMERT hatte einen freien Raum zwischen dem Heiligtum und der Antonia angenommen (*Topographie*, IV, 1907, 199).

es im Verlauf eines 10stündigen Kampfes nicht zum Einsatz der Legionen gekommen ist. Etwaige Vermutungen der Ausleger, der eigentliche Kampfraum zwischen der Antonia und dem Tempel sei zu diesem Einsatz zu eng gewesen (§ 75-78), oder Titus habe nur die Gardetruppen aufgeboten, können als zureichenden Erklärungen nicht ernst genommen werden" (*o.c.*, 164, Anm. 22). Der Kampfplatz war aber wie gesagt nicht ein Raum zwischen der Antonia und dem Tempel, sondern einen unterirdischen Gang. Dass nur ein Teil des Römerheeres an der Einnahme der Antonia teilgenommen hat, erklärt sich vielleicht daraus, dass es sich ursprünglich um eine Nebenoperation bei der Belagerung der dritten Mauer gehandelt habe. Vielleicht auch hatte Simon bar Giora, als die Römer die Antonia belagerten den Legionen noch viel zu schaffen gemacht. Dass Josephus darüber schweigt, wäre nicht verwunderlich, hatte er doch auch nicht mit klaren Worten gesagt, dass Titus' Angriff auf die dritte Mauer misslungen war.

Beim Zurückziehen auf das Heiligtum haben die Juden wohl nicht nur den unterirdischen Gang, sondern auch die Treppen, welche die Antonia mit dem Aussenhof verbunden und die damals sicher noch nicht zerstört bzw. zugemauert waren, benutzt. Der Centurio Julianus, von dem es heisst, er sei von der Antonia hervorgesprungen und er habe die Juden bis an eine Ecke des Innenheiligtums zurückgetrieben (VI § 82: μέχρι τῆς τοῦ ἐνδοτέρω ἱεροῦ γωνίας; nicht „in eine Ecke des inneren Tempelhofes", wie es bei CLEMENTZ heisst, z.St.), könnte ebenfalls über eine der Treppen herabgekommen sein. Vielleicht auch ist er von der Antonia-Halle, die damals noch nicht abgebrochen war, herabgesprungen. Er muss dann aus einem Fenster der Antonia auf die Halle gekommen sein. Josephus will den Julianus selbst gekannt (§ 81) und sein heldenhaftes Auftreten gegen die Juden auch gesehen haben. HELGO LINDNER sagt darüber: „Offenbar liegt hier der Bericht eines Augenzeugen vor, und man wird zögern, im „Ich" dieses Satzes [*sc.* § 81] einen anderen Erzähler als Josephus selbst sehen zu wollen. Da der Bericht sonst alle Merkmale der römischen Quelle aufweist, wird man aber damit rechnen müssen, dass Josephus hier auch das Ich der Quelle mit übernommen hat, — oder er hat den Mann, von dem die Quelle berichtete, tatsächlich selbst gekannt und diese Tatsache zusätzlich in den Bericht eingefügt" (*Die Geschichtsauffassung des Flavius Josephus*, 1972, 115). Dass niemand von den Römern es wagte, ihm zu Hilfe zu kommen als er von den Juden niedergemacht wurde (§ 88-89) beweist — wenn wenigstens die Erzählung als glaubwürdig zu betrachten ist —, dass im Römerheer das Heldennmutige eine Seltenheit gewesen ist.

8. *Eroberung des Aussenhofes*. Am 5. des Monats Panemos (25. Juli) war die Antonia eingenommen worden (VI § 67-68), erst am 17. Panemos befahl Titus seinen Soldaten, die Grundmauern (τοὺς θεμελίους) der Antonia zu zerstören (§ 93-

94). Man hat diesen verhältnismässig langen Zeitraum zwischen Einnahme und Zerstörung der Antonia auf verschiedene Weisen zu erklären versucht. W. WEBER meint: „Ob in diesem Abschnitt nichts vorfiel oder des Josephus Darstellung versagt, ist nicht ganz sicher zu sagen" [89]. ADOLF SCHLATTER meint, die Antonia sei sofort nach der Einnahme zerstört worden. „Der Befehl, den Zugang zu sichern, kann nicht vom Gewinn der Burg getrennt werden" [90]. Diese Ansicht ist zweifellos falsch, denn die Juden haben erst am 22. Panemos die Antonia-Halle die an der Antonia lag in Brand gesteckt (VI § 165-166). WEBER und SCHLATTER hatten nicht beachtet, dass die eigentliche Burg, die zu zerstören war, auf einem etwa 10 m hohen Felsen lag. Die Zerstörung erforderte die Anlage eines breiten Weges welcher hinauf führte; die betreffenden elf Tagen sind sicher für die Anlage dieses Weges benutzt worden. Diesen Weg, welcher hinauf führte, erwähnt Josephus VI § 93, nur hat er die Sache dadurch verwirrt, dass er ihn mit der Schleifung der Antonia verknüpft hat. Als nach siebentägiger Arbeit (also am 24. Panemos; 12. Aug.) die Grundmauern der Antonia zerstört waren, wurde ein breiter Weg angelegt, welcher bis zum Heiligtum führte (VI § 149: μέχρι τοῦ ἱεροῦ πλατεῖαν ὁδὸν εὐπρεπίσαντο). Damit ist, wie schon im ersten Bande (S. 72) betont wurde, das Innenheiligtum gemeint: dieser Weg führte von dem Antoniafelsen hinab in den Aussenhof.

Als die Antonia eingenommen war, aber ehe der breite Weg zum Innenheiligtum zustande gekommen war, haben die durch Hunger getriebenen Juden einen Ausfall gegen die römischen Wachen auf dem Ölberg ausgeführt (VI § 157 ff.). MICHEL-BAUERNFEIND übersetzen die bezügliche Stelle wie folgt: „Einen Tag nach dem Aufmarsch der Römer fanden sich die Aufrührer in grosser Zahl zusammen, da ihnen die geraubten Vorräte schon ausgingen und der Hunger sie hart bedrängte, und unternahmen um die elfte Tagesstunde einen Angriff auf die römischen Wachen am Ölberg" (VI § 157; z.St.). Nach der Meinung der Gelehrten soll mit Μετὰ δὲ μίαν ἡμέραν αὐτῶν τῆς ἀνόδου (§ 157) die Besetzung des durch die Schleifung der Antonia gangbar gewordenen Geländes durch die nachrückenden römischen Truppen gemeint sein (o.c., 167, Anm. 56). Der Ausfall der Juden soll kurz nach der Zerstörung der Antonia erfolgt sein (Anm. 57). Wir können den Gelehrten nicht folgen. Die Zerstörung der Antonia implizierte den baldigen Angriff auf das Heiligtum; da werden die Belagerten sich sicher nicht aus dem Heiligtum entfernt haben. CLEMENTZ übersetzt die diesbezüglichen Worte mit: „Einen Tag nach der Besetzung der Antonia durch die Römer ..." (z.St.), meint also auch, zu recht, dass die Antonia noch nicht zerstört war. Wir möchten an den Weg denken, welcher zu der Antonia hinaufführte: Einen Tag nach der Vollendung dieses Weges.

---

[89] *Josephus und Vespasian*, 1921, 202.
[90] *Zur Topographie und Geschichte Palästinas*, 1893, 344, bei LINDNER, *o.c.*, 118-119.

Der Angriff der Juden gegen die Wachen auf dem Ölberg wurde abgeschlagen und die Juden sind zurückgetrieben worden. Titus hat dann dem Josephus wieder aufgetragen, mit Johannes von Gischala zu sprechen, um ihn zur Übergabe zu bewegen (VI § 94 ff.), was abgewiesen wurde: die Stadt könne nicht erobert werden, denn sie stehe unter dem Schutz Gottes (§98 : θεοῦ γὰρ ὑπάρχειν τὴν πόλιν). Viele Überläufer sollen nun ebenfalls die Aufständischen gebeten haben, das Heiligtum zu verlassen, denn nur im äussersten Notfall würden die Römer dazu übergehen, das Heiligtum durch Feuer zu zerstören (§ 120). Diese Worte mehrten nur den Widerstand der Aufständischen und sie stellten Schnellwurfmaschinen, Katapulte und Steinwerfer auf die Tore des Heiligtums, sodass der naos wie eine Festung war (§ 121 : τὸν δὲ ναὸν αὐτὸν φρουρίῳ). Naos muss hier das ganze Innenheiligtum bedeuten und nicht nur das Tempelgebäude, denn das Innenheiligtum und selbst der Aussenhof war noch im Besitz der Juden. Titus hat dann nochmals dem Josephus befohlen, Johannes zu sprechen, um ihn zur Übergabe zu bringen, was unter Hohn und Verachtung abgewiesen wurde. Die Belagerten meinten, diese Angebote seien aus Feigheit gemacht[91]. Bald darauf fing Titus an, den Aussenhof des Tempels zu erobern. Noch ehe der breite Weg, welcher zum Aussenhof führte, angelegt war, befahl er einer auserwählten Gruppe unter dem Befehlshaber Cerealius, um die neunte Stunde der Nacht die Wachmannschaften zu überfallen. LINDNER betont mit Recht, dass SCHLATTER (o.c., 364) irrt, wenn er das Gefecht, das entstand (VI §§ 131-148), erst nach der Fertigstellung des Weges ansetzt (LINDNER, o.c., 119, Anm. 2). Der Weg ist erst am 24. Panemos angelegt worden und am 22. Panemos haben die Belagerten die Antonia-Halle niedergebrannt; die Kommando-Gruppe wird von der Antonia-Halle herabgesprungen sein und dies erklärt, dass die Juden die Halle zerstörten. Die Wachmannschaft schlief nicht und es entstand auf dem Aussenhof ein Gefecht, das von der neunten Stunde der Nacht bis zur fünften des Tages dauerte (VI § 147). Auf das Schlachtgeschrei der Nachtwachen hin waren die Juden in dichter Kolonne aus dem Innenheiligtum hervorgebrochen. „Keine Partei hatte die andere nachhaltig zum Weichen gebracht, sondern beide hatten den Sieg unentschieden in der Schwebe lassen müssen" (VI § 147; Übers. M.-B. z.St.; siehe über die Frage, ob die Kampfschilderungen §§ 68-92 und §§ 131-148 Dubletten seien, dort S. 166, Anm. 48: es ist „sehr merkwürdig, dass die gesamte Schilderung dieser Schlacht nicht mit einer Belohnung der römischen, sondern mit einer Aufzählung der jüdischen Helden abschliesst. Diese Liste bildet nun deutlich eine Dublette zu § 92, da der Bericht selber die Übereinstimmung (von 8 Namen sind 5 die gleichen) nicht durch einen Rückverweis kenntlich macht. Folglich entsteht

---

[91] *Bell. Jud.* VI § 129: οἱ λῃσταὶ καὶ ὁ τύρραννος οὐκ ἀπ' εὐνοίας ἀλλὰ κατὰ δειλίαν γίνεσθαι τὰς παρακλήσεις δοκοῦντες ὑπερηφάνουν.

der Verdacht, dass die gesamten Berichte Dubletten seien, immer aufs neue"). Hat eine Kommando-Gruppe sich damals in der Tat auf den Tempelplatz gewagt, müssen wir u.E. annehmen, dass sie von den Juden niedergemacht worden ist [92]; es war nicht unmöglich, von der Antonia herabzukommen, es war aber kaum möglich, sich auf die Antonia zurückzuziehen.

Am 22. Panemos haben die Juden die Antonia-Halle und die daneben gelegene 20 Ellen lange Halle niedergebrannt (VI § 165), womit sie aber für sich selbst nichts mehr ausrichteten, denn offenbar wohl am 23. Panemos haben die Römer die Frontmauer der Antonia niedergerissen und den Schutt, wie den der Halle, sicher zur Anlage der breiten Weg benutzt; am 24. Panemos war der Weg fertig und haben die Legionen den Aussenhof betreten (VI §§ 149 f.). Am selben Tage brannten die Römer die westliche Antonia-Halle nieder (§ 166). Diese Halle hatte für die Belagerten strategischen Wert, denn vom Dach her konnten die Juden die hereinziehenden Römer mit Schusswaffen angreifen und die Tatsache, dass die Römer die Halle zerstörten deutet darauf, dass die Juden sich auf dieser Halle aufgestellt hatten. Was Josephus weiter über die Zerstörung dieser Halle sagt, ist sachlich kaum verständlich. Als das Feuer schon fünfzehn Ellen weit gekommen war „brachen die Juden das Dach wieder ab" (§ 166: ἀποκόπτουσιν ὁμοίως Ἰουδαῖοι τὴν ὀροφήν). Dies kann nicht richtig sein. Die Römer hatten die Halle in Flammen gesetzt, die Juden müssen vom Dach herabgesprungen sein. Ist ἀπολείπω (einen Ort unverteidigt lassen) statt ἀποκόπτω zu lesen? Die Römer werden wohl ruhig angesehen haben wie das Feuer seine Verheerungen anrichtete; § 167 bezieht sich also unserer Meinung nach auf die Römer, nicht auf die Juden.

Eine Halle, welche für Belagerte und Belagerer strategischen Wert hatte, war die westliche Halle des Aussenhofes. Die Juden konnten vom Dach der Halle her mit Schusswaffen die Römern bei der Anlage der Wälle, welche sie zur Eroberung des Innenheiligtums aufwarfen, beunruhigen. Umgekehrt konnten römische Soldaten vom Dach der Halle her die Juden, welche durch Ausfälle die Römer bei der Anlage der Wälle angriffen, mit Schusswaffen zurücktreiben. Die Juden, belehrt durch die Zerstörung der westlichen Antonia-Halle durch die Römer, haben der Möglichkeit, dass der Feind die Halle durch Feuer zerstören könnte, Rechnung getragen. Die Römer haben aber die Möglichkeit, dass die Juden selbst diesen Teil des Heiligtums in Brand stecken könnten, nicht beachtet. Als römische Soldaten mittels Leitern auf das Dach geklommen waren (am 27. Panemos = 15. August), füllten die Juden den Dachraum mit brennbarem Material und setzten die Halle in Flammen (VI §§ 177-185). Es gelang nur einige Römer sich auf die breite

[92] Dass Josephus, Freund der Römer und des Titus es nicht erwähnt, braucht nicht zu verwundern die Kommando-Gruppe war zweifellos auf Titus' Befehl herabgesprungen.

Umfassungsmauer zurückzuziehen; viele fanden den Tod in die Flammen, viele als sie von der hohen Mauer herabsprangen. Die, welche auf der Mauer gegriffen wurden, sind niedergemacht worden (§ 185).

Nach Josephus sollten die Soldaten ohne Befehl das Dach der Halle besetzt haben (§ 182: ἐπειδὴ δίχα παραγγέλματος ἀναβεβήκεσαν). Eher ist wohl an einen taktischen Fehler des Feldherrn zu denken und es dürfte mehr als wahrscheinlich sein, dass der Befehl von Titus selbst ausgegangen war, was Josephus nur verschweigen konnte.

Strategischen Wert für Belagerte und Belagerer hatte auch die Halle auf der Nordseite des Aussenhofes. Die schlimme Erfahrung mit der westlichen Halle hatte die Römer nun aber vorsichtiger gemacht (§ 190): sie haben diese Halle am folgenden Tag in Flammen aufgehen lassen (§ 192). Dies deutet schon darauf, dass die Juden die Römer nicht im ungestörten Besitz des Aussenhofes liessen. Es gab bei den Gefechten um das Innenheiligtum „keine Unterbrechnug, sondern es fanden fortwährend Kampfhandlungen statt, bei denen kleinere Gruppen Ausfälle gegeneinander unternahmen" (VI § 168; M.-B.).

9. *Eroberung des Innenheiligtums*. Am 24. des Monats Panemos (12. Aug.) haben die Legionen begonnen, Wälle zur Eroberung des Innenheiligtums aufzuwerfen; am 8. des Monats Loos (VI § 220; 27. Aug.), also fünfzehn Tagen später, sind sie vollendet worden. Über die Lage dieser Walle haben wir schon Kap. XIII, gehandelt. Drei Wälle sind an der Nordseite, einer ist an der Westseite errichtet worden (VI § 150-151). Sie lagen gegen den ersten peribolos (πρῶτος περίβολος, *ibid.*) und damit ist nicht die Ummauerung des Aussenhofes (so SIMONS, *Jerusalem in the Old Testament*, 1952, 416), sondern die des Innenheiligtums gemeint. Es ist auch nicht richtig, wenn HELGO LINDNER sagt: „Man beginnt mit dem Aufwerfen von vier Belagerungswällen gegen die Umfassungsmauer des äusseren Vorhofs" (*Die Geschichtsauffassung des Flavius Josephus*, 1972, 116. 117). Der Aussenhof war schon im Besitz der Römer, es sollte nun das Innenheiligtum erobert werden.

Dass die Juden das Aufwerfen der Wälle nicht ruhig angesehen haben, geht aus Josephus Notiz hervor: der Bau war mit grosser Mühe (μετὰ πολλοῦ καμάτου) und Anstrengung aller Kräfte verbunden (VI § 151). Es ist hier selbstverständlich besonders an Angriffe der Juden zu denken. Hinzu kam, sagt Josephus, dass Material aus einem Abstand bis zu hundert Stadien weit herbeigeholt werden musste (*ibid.*). Merkwürdig genug haben die Wälle bei der Eroberung des Innenheiligtums keine grosse Rolle gespielt und es ist u.E. nicht unmöglich, dass Titus mit der Errichtung dieser Wälle, deren Fertigstellung fünfzehn Tage gekostet hat, bezweckt habe, die Juden zum Nachdenken über die Übergabe zu bringen.

Noch ehe am 8. Loos (27. Aug.) alle Wälle vollendet waren, liess Titus die Westmauer mit dem schwersten Sturmbock angreifen, freilich ohne damit etwas auszurichten (VI §§ 220 f.; für ἔξωθεν ist ἔσωθεν zu lesen; vgl. Michel-Bauernfeind, z.St.). Als dann nach der Fertigstellung der Wälle Titus den Sturmbock abermals auf diese Mauer richtete — sie war aus grossen in guten Verband gelegten Quadern aufgemauert —, richtete er damit ebenfalls nichts aus. Dass Titus zuerst die Westmauer angriff, lässt sich wohl erklären. An dieser Seite gab es am Podium keine vierzehn Stufen und keine Tore, die durch ihren Quermauern die Nordmauer widerstandsfähiger machten. Wenn Josephus es auch nicht klar sagt, dürfen wir annehmen, dass auch die Nordmauer mit dem Sturmbock angegriffen wurde. Es heisst aber, dass andere die Fundamente des Tores (Nordseite) untergruben und die vordersten Steine losbrachen, während das Tor selbst stehen blieb (§ 222). Es ist hier an das Haupttor in der Mitte der Nordseite zu denken. Dann heisst es: „Da gaben die Römer ihre Bemühungen mit Kriegsmaschinen und mit den Brechstangen auf und legten Leitern an die Hallen” (§ 222; Übers. M.-B.). Offenbar hatten sie soeben den Sturmbock gegen die Nordmauer angewendet — ohne Erfolg. „Die Juden beeilten sich nun keineswegs, sie daran zu hindern, doch als jene erst einmal hinaufgestiegen waren, stiessen sie zum Kampf gegen sie vor, trieben die einen zurück und stürzten sie rücklings hinab, andere, die sich ihnen entgegenstellten, machten sie nieder ... Ausserdem gelang es ihnen, einige Leitern, die mit schwer bewaffneten Römern voll besetzt waren, von oben her auf die Seite zu neigen und hinabzuschmettern” (VI §§ 223 f.; Übers. M.-B.). Es gelang den Juden sogar, sich der Feldzeichen der Römer zu bemächtigen (§ 226). Als Titus einsah, dass das Innenheiligtum auf diese Weise nicht ohne grosse Verluste zu erobern war, ordnete er an, Feuer an die Tore zu legen (VI § 228: τὰς πύλας προσέταξεν ὑφάπτειν). Als die Metallverkleidung (Silber) geschmolzen war, gingen die hölzernen Türen in Flammen auf und griff das Feuer auch die Hallen des Innenhofes an (VI § 232). Das Feuer brannte den ganzen Tag und die folgende Nacht (§ 235). Was Josephus weiter über das Feuer sagt, kann nicht richtig sein. Es heisst: „Als die Juden rundherum das Feuer sahen ...” (VI § 233: ὁρῶσι τὸ πῦρ ἐν κύκλῳ). Damit will er doch sagen, dass die Hallen rundherum um den Innenhof in Flammen standen. Vielleicht um dies wahrscheinlich zu machen, sagt er, dass die Römer die Hallen angezündet haben. „Denn die Römer mussten ein Stück nach dem andern anzünden, da sie nicht gleichzeitig von allen Seiten Feuer an die Hallen legen konnten” (§ 235; Übers. M.-B.). Dass die Römer damals die Hallen in Brand gesetzt hatten, dem widerspricht, dass Titus am nächsten Tag (9. Loos) einem Teil des Heeres befahl, das Feuer zu löschen (§ 236). Die Hallen sind in Brand geraten, als die Römer Feuer an die Türen gelegt hatten. Die Türen müssen also sehr nahe der Hallen gestanden haben, wie dies in unserer Rekonstruktion beim nördlichen Tor der Westseite (und Ostseite) der Fall ist. Die in Brand geratenen Hallen werden hier zu lokalisieren sein.

Am selben Tag, als er befahl, das Feuer zu löschen, liess Titus vor den Toren einen Weg zum leichteren Aufmarsch der Legionen anlegen (§ 236). Am 9. Loos ist der Innenhof des Heiligtums erobert worden. Nicht der Sturmbock, sondern das Feuer hatte den Weg zum Innenhof gebahnt. Die Juden haben aber die Römern auch nach der Besetzung des Innenhofes unaufhörlich bekämpft.

10. *Die Zerstörung des Tempels.* Durch den Brand im Innenhof steigerte sich der Hass der Juden gegen die Römer, wie wenn der naos schon in Flammen stünde (VI § 234-235). Vielleicht haben die Juden sich damals der Worte erinnert, welche Titus als er den Aussenhof noch nicht erobert hatte, durch Überlaufer ihnen hatte zurufen lassen: nur im äussersten Notfall werden die Römer das Heiligtum in Brand stecken (VI § 120) und fürchteten sie, dass Titus nun auch das Tempelgebäude durch Feuer zerstören werde, was ihren Kampfgeist nur stärken konnte. Zwei Tage nach der Eroberung des Innenhofes machten die Juden einen Ausfall durch das östliche Tor (viele müssen sich demnach im Frauenhof befunden haben) gegen die römischen Soldaten auf dem Aussenhof. Es gelang den Römern standzuhalten, schliesslich aber doch nur mit Titus' Hilfe (VI § 246). Die Juden wurden zurückgetrieben, machten dann aber, als die Römer abgezogen waren, wieder kehrt und fielen sie im Rücken an (§ 248). Die Juden haben sich dann wieder auf das Innenheiligtum zurückgezogen, um nachher, als Titus sich entfernt hatte, abermals gegen die Römer auszurücken.

Auch im Innenhof kehrten die Juden sich gegen die Römer. Es kam zu einem Kampf zwischen den Juden, welche das Tempelgebäude besetzt hielten, und den Römern, welche das Feuer im Innenhof löschten (VI § 251). Dass die Juden sich nicht besiegt erachteten, dafür zeugen die oben erwähnten Ausfälle aus dem Osttor. Wahrscheinlich war ihr Kampf im Innenhof ein Versuch, die Römer herauszutreiben. Die Juden wurden aber zurückgetrieben und nach Josephus soll damals einer der römischen Soldaten zum Tempelgebäude vorgedrungen sein und ohne dazu einen Befehl erhalten zu haben, einen Feuerbrand durch das goldene Fenster an der Nordseite des Tempelgebäudes geschleudert haben (VI § 252). Als die Flammen auflodern, sollen die Juden von allen Seiten zur Verteidigung herbeigesprungen sein, auch Titus, dem man den Brand gemeldet hatte — er war in die Antonia —, solle zum Tempel hingelaufen sein und den Soldaten zu verstehen gegeben haben, das Feuer zu löschen (VI § 254 f.). Als es Titus nicht gelang, die Soldaten zum Gehorsam zu bringen und die Flammen stets weiter um sich griffen, soll er mit einigen Offizieren das Heilige (τοῦ ναοῦ τὸ ἅγιον) betreten haben (§260). Da nur der Umbau brannte glaubte er, der Hauptteil des Gebäudes — Vorhalle, Heiliges und Allerheiligtes — sei noch zu retten, als er heraus kam, soll er versucht haben, die Soldaten zum Löschen anzuhalten. Auch soll er dem Centurion Liberalis

— zu Titus' Leibwache gehörig — befohlen haben, die Unwilligen durch Stock-
schläge zum Löschen zu zwingen (§ 261 f.). Dann heisst es, als Titus herauskam, um
die Soldaten zurückzuhalten habe einer von denen, die ins Innere eingedrungen
waren, Feuer an die Türangeln gelegt und das Hauptgebäude in Flammen gesetzt
(§ 265-266). Auf diese Weise sollte der Tempel gegen Titus' Willen in Flammen
aufgegangen sein (§ 266: ὁ μὲν οὖν ναὸς οὕτως ἄκοντος Καίσαρος ἐμπίπραται). In einem
am Tage nach der Einnahme des Innenhofes wegen des Tempels gehaltenen Kriegsrat (VI §§ 236-243) soll Titus gesagt haben, er werde den Tempel selbst dann nicht
zerstören, wenn die Juden sich vom Tempel herab wehren würden; er wolle nicht
an leblosen Dingen statt an Menschen Rache üben oder solch ein mächtiges Werk
durch Feuer zerstören (VI § 241).

Wir haben schon im I. Bande angenommen, dass der Tempel auf Titus' Befehl
durch Feuer zerstört worden ist und Josephus' Bericht über die Brandlegung
durchaus ungeschichtlich, d.h. unglaubwürdig genannt (S. 3, Anm. 4). Wir haben
hingewiesen auf *Antiq.* XX, 10, 5 § 250 wo es heisst „von der Zeit des Herodes
bis zu dem Tage, da Titus den Tempel und die Stadt einnahm und durch Feuer
zerstörte ..." (μέχρι τῆς ἡμέρας, ἧς τὸν ναὸν καὶ τὴν πόλιν Τίτος ἑλὼν ἐπυρπόλησεν). Kurz
nachdem wir dies geschrieben hatten, aber noch vor dem Erscheinen des ersten
Bandes (1970) veröffentlichte INGOMAR WEILER einen Aufsatz über die Zerstörung
des Jerusalemer Tempels: *Titus und die Zerstörung des Tempels von Jerusalem. Absicht
oder Zufall?* (*Klio. Beiträge zur alten Geschichte*, Bd. 50, 1968, 139-158), in dem er,
wenn auch, wie schon der Schluss des Titels „Absicht oder Zufall?" besagt, weniger
positiv wie wir dem josephischen Bericht über die Zerstörung des Tempels wenig
Glaubwürdigkeit zuschreibt. Er sagt S. 142: „Auch der Bericht des Josephus über
die eigentliche Brandlegung am Tempel besitzt, wie die Erzählung vom Kriegsrat,
wenig Glaubwürdigkeit". Wenn aber WEILER meint, dass alle Stellen des Josephus,
welche dafür zeugen sollen, dass Titus den Tempel habe schonen wollen, nicht
glaubwürdig sind, können wir ihm nicht folgen. Es unterliegt u.E. nicht dem
Zweifel, dass Titus nicht vom Anfang an den Plan gehabt habe, den Tempel zu
zerstören. Wiederholt hatte er die Juden durch Josephus aufrufen lassen, die Waffen
niederzulegen und wir dürfen unbedingt annehmen, dass der Tempel, hätten die
Juden dem Aufruf gefolgt, unzerstört geblieben wäre.

Nach Sulpicius Severus, einem Schriftsteller aus dem 4. Jahrhundert n. Chr.,
soll Titus den Tempel zerstört haben „damit durch die Zerstörung des Tempels der
Judäer und auch der Christen Glaube ausgerottet werde. Denn diese Religionen,
obwohl einander entgegengesetzt und feindlich, sind von denselben Urhebern
ausgegangen. Die Christen sind aus den Judäern entstanden. Sei erst die Wurzel
(die Judäer) weggeschafft, so werde auch der Stamm (Christen) untergehen" (Übers.

H. GRAETZ, *Gesch. der Juden*, III, 2, 1906, 540, Anm. 1). Der Bericht des Sulpicius Severus stammt, wie JACOB BERNAYS gezeigt hat, aus Tacitus (*Über die Chronik des Sulpicius Severus*, 1861, 55 ff., bei WEILER, *l.c.*). Tacitus war aber ein Judenhasser. Von allen klassischen Schriftstellern stand Tacitus wahrscheinlich dem jüdischen Volk und der jüdischen Religion am feindlichsten gegenüber [93]. FELIX DE SAULCY hatte schon 1866 betont, dass Titus „n'était pas l'ennemi implacable des Juifs ..." (*Les derniers jours de Jérusalem*, 375) und EDUARD NORDEN schrieb 1913: „Es ist ... in der Tat, wie man dem Holländer I. M. Valeton zugeben muss (Verslagen en Mededeelingen d. K. Akad. van Wetenschappen. Afd. Letterk. IV 3. Amsterdam 1899, S. 87-116, bs. 105 ff.) undenkbar, dass Titus im Kriegsrat sein auf die Notwendigkeit der Zerstörung des Tempels hinauslaufendes Gutachten mit den Worten begründet haben könnte: quo plenius Iudaeorum et Christianorum religio tolleretur. Quippe has religiones, licet contrarias sibi, iisdem tamen ab auctoribus profectas; Christianos ex Judaeis exstitisse, radice sublata, strirpem facile periturem" [94]. GRAETZ, der Josephus folgend meint, Titus habe den Tempel schonen wollen, sagt, der Grund, welchen Sulpicius für die Zerstörung des Tempels angibt „klingt mönchisch und keineswegs taciteisch" (*l.c.*). Tacitus hatte doch auch das Christentum eine „fluchwürdige Schwärmerei" genannt (*Annalen*, XV, 44). Aus dem Bericht des Sulpicius Severus lässt sich mit Wahrscheinlichkeit schliessen, dass nach Tacitus der Jerusalemer Tempel auf Titus' Vorschlag zerstört worden ist. Es war aber, wie wir unten sehen werden, der Verlauf des Krieges, welcher den Titus zu der Zerstörung des Tempels gezwungen hat.

INGOMAR WEILER bemerkt mit Recht, dass Josephus' Bericht über die eigentliche Brandlegung des Tempels wenig Glaubwürdigkeit besitzt (*l.c.*, 142; vgl. WEBER, *Josephus und Vespasian*, 1921, 73). WEILER hat aber nicht alle Gründe aufgeführt, welche den Bericht unglaubwürdig machen. Mit Recht nennt er es merkwürdig, dass nirgends von einer Bestrafung des Soldaten die Rede ist, der eigenmächtig einen Feuerbrand ins goldene Fenster geschleudert haben soll, „und damit bewirkt hat, dass ein „grosser Wunsch" seines Feldherrn, nämlich den Tempel unter allen Umständen vor dem Untergang zu bewahren, unerfüllt blieb" (*l.c.*, 143). Nach Josephus sollen die Juden zu der Verteidigung (d.h. natürlich des Heilig-

---

[93] Vgl. S. ZEITLIN, *The Rise and Fall of the Judaean State*, II, 1967, 306; ANNA M. A. HOSPERS-JANSEN, *Tacitus over de Joden. Hist. 5, 2-13*. Diss. Groningen, 1949. In Alexandrien, Brennpunkt der hellenistischen Kultur, entstand ein theoretischer und systematischer Judenhass religiösen Charakters (p. 36). Als Quelle der älteren jüdischen Geschichte hat Tacitus die alexandrinische anti-jüdische Literatur benutzt (p. 181).

[94] E. NORDEN, *Josephus und Tacitus über Jesus Christus und eine messianische Prophetie*. Neue Jahrbücher für das klassische Altertum, 16, 1913, 637-666, wieder abgedruckt in SCHALIT, *Zur Josephus-Forschung*, 1973, 27-69, S. 51, Anm. 28.

tums) herbei gerannt sein [95]. Wir hören nicht, dass man versucht habe, den Brand
im Inneren zu löschen, was doch ganz einfach gewesen wäre, denn der Umbau
war auch von der Südseite aus zu betreten und der Tempel war noch im Besitz der
Juden. Auf dem Dach des Umbaus werden sich übrigens, wie auf dem Tempeldach, Juden zur Verteidigung des Tempels befunden haben, die ohne Schwierigkeiten zum Löschen hatten hinuntersteigen können. Ohne von den Römern darin
gehindert zu werden, hätten sie das Feuer löschen können. Dass nun Titus, wie
Josephus sagt, als der Umbau lichterloh brannte, noch das Heiligtum (das durch
Juden besetzt war!) betreten hätte (VI § 260), darf man für ausgeschlossen halten.
Das Grossfeuer würde durch Türen und Fenster zweifellos bald das Obergeschoss
und damit die Decke des Heiligen ergriffen haben. Noch unwahrscheinlicher ist
es, dass einer der Soldaten, als Titus herausgekommen war, Feuer an den Türangeln
gelegt hätte (VI § 265). Titus war der Meinung, sagt Josephus, das Hauptgebäude
sei noch zu retten, was impliziert, dass er die Ausstattung des Inneren unberührt
gelassen hätte. Wir hören auch nicht, dass er den goldenen Leuchter und den Schaubrottisch habe herausschleppen lassen. Diese würden demnach wie auch die Vorhänge, ein Raub der Flammen geworden sein. Wir wissen aber, dass Leuchter,
Tisch und Vorhänge nach Rom verschleppt worden sind [96]. Dass ein römischer
Soldat es gewagt haben sollte, hinten dem Rücken des Feldherrn den Tempel in
Brand zu stecken, ist doch auch ganz undenkbar. Josephus' Bericht über die Brandlegung des Tempels verdient keinen Glauben. Der Jerusalemer Tempel ist, wie
Josephus, *Antiq.* XX, 10, 5 § 250 auch selbst sagt, von Titus durch Feuer zerstört
worden. Es war der hartnäckige Widerstand der Juden, welcher ihm dazu trieb
den Tempel, letztes Bollwerk der Stadt, zu zerstören.

Bell. Jud. VI, 4, 5 § 249 heisst es, Titus, der sich auf die Antonia zurückgezogen
hatte, entschloss sich am folgenden Tag (*sc.* am Tage nach den Ausfällen der Juden
aus dem Osttor und dem Versuch, den Feind aus dem Innenhof zu vertreiben) in
der Frühe den Tempel mit seinen ganzen Heer anzugreifen und zu umzingeln (VI
§ 250: καὶ τὸν ναὸν περικατασχεῖν). Davon ist im weiteren Verlauf der Belagerung

---

[95] VI § 253: καὶ πρὸς τὴν ἄμυναν συνέθεον,

[96] *Bell. Jud.* VII § 148, hier nur Leuchter und Tisch erwähnt. Sie sind in Rom im Tempel der
Friedensgöttin ausgestellt worden. Die Torarolle und die purpernen Vorhänge des Tempels sind
im Palast (des Vespasian) niedergelegt und bewacht worden, VII § 162: τὸν δὲ νόμον αὐτῶν καὶ τὰ
πορφυρᾶ τοῦ σηκοῦ καταπετάσματα προσέταξεν ἐν τοῖς βασιλείοις ἀποθεμένους φυλάττειν. Das
Wort σηκός wird von MICHEL-BAUERNFEIND (z.St.), KOHOUT, CLEMENTZ SIMCHONI, mit „Allerheiligstem" übertragen (M.-B., 2 II, 2, 1969, 250, Anm. 89). Die Übersetzung „Heiligtum, Tempel
ist aber naheliegend" (*ibid.*). „Tempel" dürfte hier doch wohl das wahrscheinlichste sein, denn
ausser dem Allerheiligsten hatte auch das Heilige einen Vorhang; es ist ja auch von καταπετάσματα
die Rede, was wohl nicht auf zwei Bahnen zu beziehen ist, denn V § 212 wird der Vorhang mit
καταπέτασμα bezeichnet.

nicht mehr die Rede; es heisst, Gott hatte schon längst über den Tempel das Feuer verhängt [97]. Aus Josephus' Notiz, Titus habe den Tempel umzingeln wollen, lässt sich mit Sicherheit schliessen, dass die Juden den Tempel, der nach Josephus' ganz unglaubwürdigem Bericht schon in Flammen stand, besetzt hatten. Um den Tempel zu erobern wird Titus ihn wohl in der Tat umzingelt haben und dies wird zu einem hartnäckigen Widerstand der Juden geführt haben. Als der Kampf für die Römer zu hart schien, wird Titus den Befehl gegeben haben, Feuer an den Tempel zu legen, aber doch erst, nachdem er die Juden zum Teil herausgetrieben und den goldenen Leuchter, den Schaubrottisch und die Vorhänge hatte herausschleppen lassen. Es war dem Titus wohl klar geworden, dass der Tempel für die Juden mehr war als ein strategisches Bollwerk: der Tempel war das Palladium der Stadt. Solange der Tempel aufrecht stand, war die Hoffnung, die Stadt könne von den Römern nicht eingenommen werden, lebendig und Titus hatte noch die Unterstadt und die Oberstadt zu erobern. Sie sind nach der Zerstörung des Tempels verhältnismässig leicht im Besitz der Römer gekommen. Die Juden haben den Tempel aber mit Löwenmut verteidigt. Josephus, der Römerfreund, weiss davon weniger eindringlich zu berichten als der römische Schriftsteller Dio Cassius. Bei Dio (66, 6) heisst es: Die Juden widerstanden den Römern mit grösserem Mut als je, es war für sie ein grosses Glück bei dem Tempel und für den Tempel kämpfend zu fallen. TH. REINACH bemerkt dazu; „En resumé, le texte de Dion, sans pouvoir se comparer par le détail avec le „journal du siège de Jérusalem" chez Josèphe, ajoute des détails nouveaux au récit de celui-ci. Il est remarquable que plusiers de ces details soient à l'éloge des Juifs et nullement à l'honneur des armes romaines: des deux historiens, c'est le Juif qui s'est montre le plus romain" [98]. Auch WEILER zitiert Dion: „so gross auch die numerische Überlegenheit der Römer sein mochte ( ) sie konnten nicht eher eine Entscheidung herbeiführen πρὶν ὑποπρησθῆναί τι τοῦ νέω" (o.c., 152). WEILER sagt dazu: „Eine neutrale Formulierung! Und doch, wäre der josephische Bericht nicht auf uns gekommen, es würde nach der Darstellung des Cassius Dio kaum jemand daran zweifeln, dass die Brandlegung am Tempel auf das Konto Roms zu buchen sei" (ibid.). WEILER hat damit natürlich recht, die Frage war aber, ob der Tempel auf Titus' Befehl durch Feuer zerstört worden ist. Darüber lässt Dion uns im Dunkel. Es heisst auch nur „als bis ein Teil des Tempels in Brand geriet" (so richtig schon TH. REINACH, o.c., 194; CLEMENTZ, Gesch. des Jüdischen Krieges, S. 16). Dio hat also für die Frage „Titus oder Zufall" kaum Gewicht und seine Quelle könnte hier wohl Josephus gewesen sein. Nur der von Sulpicius Severus überlieferte Bericht

---

[97] VI § 250: τοῦ δ' ἄρα κατεψήφιστο μὲν τὸ πῦρ ὁ θεὸς πάλαι,
[98] TH. REINACH, Textes d'auteurs Grecs et Romains, 1895, 195, n. 3.

des Tacitus (aus einem verloren gegangenen Teil seiner Historien) hat für die Frage Bedeutung.

INGOMAR WEILER, darin JACOB BERNAYS folgend, weist auch hin auf den Dichter C. Valerius Flaccus (cognomina: Setinus Balbus), „der unter Vespasian ein Epos „Argonautika" verfasste, in welchem er auf die Brandlegung am Tempel unver-blühmt hinweist" (*o.c.*, 153; vgl. TH. MOMMSEN, *Das Weltreich der Caesaren*, 391, Anm. *). Valerius Flaccus empfiehlt dem „Versemacher" Domitian, Titus als Helden von Jerusalem zu besingen. Dass die Erwähnung des Titus als *spargens faces* „un-missverständlich auf die Brandlegung am Tempel bezogen werden (darf)" (WEILER, *l.c.*, 153), wollen wir den Gelehrten folgend annehmen. Dann wird dadurch, wie WEILER bemerkt, ein Faktum offensichtlich: „Unmittelbar nach dem Untergang Jerusalems liess sich der flavische Kaisersohn durchaus als Zerstörer der *clarissima urbum orientis* und ihres Heiligtums feiern" (*l.c.*, 153).

Nach Josephus ist der Tempel, wie wir sahen, gegen Titus' Willen in Flammen aufgegangen. WEILER weist darauf hin, dass gerade in der Zeit, als Josephus sein *Bellum Judaicum* veröffentlichte (nach W. 75 n. Chr.; richtiger zwischen 75-79 n. Chr.; Band I, 1970, 36), das flavische Kaiserhaus hohen Besuch aus Palästina bekam: Berenike (Titus' Geliebte; Tacitus, *Hist.*, II, 2) und ihr Bruder Agrippa II., die beide den Bestand des Tempels sehr gewünscht hatten. WEILER meint, dies „mag Ursache dafür sein, dass Titus die Zerstörung des jüdischen Heiligtums in ein neues Licht zu stellen wünschte und dass Josephus diesem Wunsche zu entsprechen hatte" (*l.c.*, 154) [99]. Wir halten dies für kaum wahrscheinlich. Da Berenike in Titus' Lager verblieb (vgl. F. M. ABEL, in *RB*, 56, 1949, 254; WEBER, *o.c.*, 57) und Agrippa mit einem Heer an der Belagerung Jerusalems teilnahm, wird es ihnen nicht unbekannt gewesen sein, dass der Tempel auf Titus' Befehl zerstört worden ist. Mit WEILER ist aber unbedingt anzunehmen, dass Josephus die Form seines Berichtes nach dem Wunsch des Titus verfasst hat. Die Zerstörung des Tempels war alles weniger als eine grosse Kriegstat, was Dio klar ausdrückt, wenn er sagt, so gross auch die numerische Überlegenheit der Römer war, eine Entscheidung wurde erst herbei-geführt als ein Teil des Tempels in Flammen aufging. Das mächtige unter Titus' Befehl stehende Römerheer hatte den Feind erst besiegen können als der Tempel verwüstet war. Nur militärisch gesehen gereichte dies dem Titus eher zur Schande als zum Ruhm. Wir halten es für möglich und wahrscheinlich, dass es in Rom

---

[99] W. WEBER war fragweise noch weiter gegangen: „Sollte er [Josephus] nicht im Dienst dieses Weibes und ihres Anhangs geschrieben haben? Gerade das Bild des ewig mitleidvollen Titus, die Zurücksetzung des sieghaften Römers, des allmächtigen Vespasian im BJ müssen das Produkt der Treibereien der jüdischen Partei in Titus' Umgebung sein, die von ihm mehr erhoffte, als von dem Judenfeind Vespasian" (*Josephus und Vespasian*, 1912, S. 57/58). — Wäre dies richtig, Josephus hätte die Berenike in seinem Werk wohl besonders hervorgehoben.

Leute gegeben hatte, welche über die Zerstörung des Tempels ganz anders urteilten als der Dichter C. Valerius Flaccus; der späte Bericht des Dio könnte dafür zeugen. Kein Wunder, dass Titus dem Josephus befahl, die Wahrheit zu verdrehen und ihn sagen liess, der Tempel sei durch römische Soldaten gegen Titus Willen in Brand gesteckt worden. Als Josephus seine Altertümer schrieb (93-94 n. Chr.) war Titus (79-81) nicht mehr am Leben. Da konnte Josephus unverblümt sagen „bis zur Zeit da Titus Jerusalem und den Tempel durch Feuer zerstörte" (*Antiq.* XX § 250). Die talmudische Tradition (Gittin 56 b) zeichnet den Titus denn auch als „der Ruchlose, der Schänder und Plünderer des Heiligtums, der als der Verfluchte von Gott gerichtet wird" [100]. „Auf dem Namen des Titus ruht ... der Hass des Judentums" (WEILER, *l.c.*, 158).

Als der Tempel in Feuer aufging, sind auch die Reste der Hallen des Innenhofes, die Tore und die Schatzkammern eingeäschert worden (*Bell. Jud.* VI § 281-282). Die Soldaten hatten aus dem Heiligtum und den Schatzkammern alles geraubt, was ihnen in die Hände kam und die Beute an Gold war so gross, dass dessen Wert in Syrien um die Hälfte sank (§ 317) [101]. Im Aussenhof stand offenbar nur noch die *stoa basileia* aufrecht. In dieser Halle hatten sich etwa 6000 Männer, Frauen und Kinder geflüchtet. Sie waren, sagt Josephus, auf Anraten eines falschen Propheten aus der Stadt zum Tempel hinaufgestiegen. Diese Halle wurde durch römische Soldaten, ohne dazu Befehl erhalten zu haben, in Brand gesteckt und niemand soll dabei den Tod entronnen sein (VI § 284). Hat Josephus mit dieser Notiz vielleicht seine Beschreibung der Brandlegung des Tempels wahrscheinlich machen wollen? In beiden Fällen sollten Soldaten ohne Befehl ein wichtiges Gebäude in Brand gesteckt haben. Dass wir in dieser Halle die *stoa basileia* zu sehen haben, unterliegt wohl nicht dem Zweifel. Befremden muss, dass Josephus über den Untergang dieses Prachtbaus so leicht hinweggeht. Darüber wie das Gebäude in Brand gesteckt wurde, schweigt er. Vielen haben sich sicher aus der Halle flüchten können. Dass sie alle niedergemacht worden sind, dürfte eine josephische Übertreibung sein. Die Notiz sollte klar machen, wieviel Elend die Zeloten über die Jerusalemer gebracht haben.

Es gelang einer Rotte der Aufständischen, darunter Simon bar Giora und Johannes von Gischala, die Römern zum Weichen zu bringen und (wohl aus den Toren der Südseite) in die Stadt zu flüchten (VI § 277). Die Römer stellten nun ihre Feld-

---

[100] LINDNER, *Die Geschichtsauffassung des Flavius Josephus*, 1973, 141, Anm. 2.

[101] Die Notiz über die Plünderung des Tempels ohne Erwähnung des Tempelschatzes macht es wahrscheinlich, dass dieser nicht mehr da war (siehe oben Kap. XVI, Anm. 62 über die Kupferrolle 3 Q 15). Viel Gold kam sicher vom goldenen Weinstock und wohl auch vom Goldbelag der Tempeltüren und vom Tempelinneren.

zeichen dem östlichen Tore des Heiligtums gegenüber auf, brachten diesen Opfer und riefen den Titus zum Imperator aus (§ 316).

11. *Zerstörung der Stadt.* Als die Aufständischen einsahen, dass Fortsetzung des Krieges nicht zum Sieg führen konnte und sie wegen der Umwallung (sc. der „Hungermauer") auch keine Möglichkeit zur Flucht hatten, riefen sie den Titus zu einer Unterredung an. Dieser stellte sich am westlichen Rande des Aussenhofes auf, dort wo die Brücke anfing, welche den Tempel mit der Stadt verband und hielt eine harte Ansprache, die von einem Dolmetscher übersetzt wurde (VI §§ 328-350). Wir geben nur den Schluss, nach der Übersetzung durch MICHEL-BAUERN-FEIND: (VI §§ 347-350): „Mit Schandtaten über und über besudelt, kommt ihr nun und wollt mich zu einer Unterredung bitten? Gibt es denn noch etwas zu retten, das dem, was schon untergegangen ist, an die Seite zu stellen wäre? Was kann euch noch an eurer eigenen Erhaltung liegen, nachdem der Tempel gefallen ist? Ja, auch jetzt steht ihr noch mit den Waffen da, ihr Unseligen, und ändert nicht einmal in der alleräussersten Notlage eure Haltung und bittet um Schonung! Worauf vertraut ihr noch? Sind nicht eure Leute tot, ist nicht euer Tempel dahin, liegt nicht die Stadt mir zu Füssen, und in meiner Hand euer Leben? Seht ihr es denn als Heldenruhm an, den Tod zu suchen? Aber ganz gewiss will ich nicht mit eurer tollen Verblendung in Wettstreit treten: wer die Waffen streckt und sich ergibt, dem schenke ich das Leben; ich mache es wie ein wohlwollender Herr in seinem Hause tut: wo es nichts zu bessern gibt, da wird ausgemerzt, aber was übrig ist, das erhalte ich mir" (*De Bello Judaico*, II, 2, 1969, z.St.). Wo Titus in seiner Ansprache sagt, dass die Aufständischen mit eigenen Händen den Tempel in Brand gesteckt hatten (§ 347), könnte er an die List der Juden gedacht haben, als sie die mit römischen Soldaten besetzte westliche Halle des Aussenhofes in Brand steckten; viele Soldaten waren dabei ums Leben gekommen. Vielleicht erklärt sich daraus was folgt: „Mit Schandtaten über und über besudelt, kommt ihr nun und wollt mich zu einer Unterredung bitten?".

Meinungsverschiedenheiten bestehen über die Bedeutung von ῥίψασι δὲ τὰ ὅπλα καὶ παραδοῦσι τὰ σώματα χαρίζομαι τὸ ζῆν (§ 350). MICHEL-BAUERNFEIND haben, wie wir sahen, „wer die Waffen streckt …". Bei CLEMENTZ heisst es, „werft ihr die Waffen weg und ergebt euch, so schenke ich euch das Leben" (z.St.). Ähnlich WHISTON-MARG., THACKERAY, SIMCHONI, WILLIAMSON (bei MICHEL-BAUERNFEIND, *o.c.*, II, 2, 202, Anm. 189). KOHOUT und RICCIOTTI übersetzten die Worte schon im Sinne MICHEL-BAUERNFEINDS (*ibid.*). J. SPENCER KENNARD Jr. meint, die Ansprache sei für die Familie des Judas des Galiläer bestimmt gewesen. „We know of only this family to whom these words could strictly apply"[102]. Simon bar Giora und

[102] *Judas of Galilea and his Clan, JQR*, 36, 1945-1946, 281-286, p. 286.

Johannes von Gischala, die damaligen Führer des Freiheitskrieges, gehörten aber diesem Geschlecht nicht an; Eleazar ben Simon spielte kaum mehr eine Rolle. Dass die Ansprache an die Führer des Aufstandes gerichtet war, unterliegt aber wohl nicht dem Zweifel und dies macht es u.E. wohl wahrscheinlich, dass die betreffenden Worte (ῥίψασι δὲ τὰ ὅπλα) mit „wer die Waffen streckt ..." zu übersetzen sind. Für die Frage, inwieweit die Rede in ihren Grundzügen historisch sein kann, siehe MICHEL-BAUERNFEIND, o.c., II, 2, 1969, 193-194, Anm. 160.

Die Aufständischen antworteten dem Titus, seinen Vorschlag nicht annehmen zu können, denn sie hätten geschworen dies niemals zu tun[103]. MICHEL-BAUERN-FEIND bemerken dazu: „Der in § 351 zum ersten Mal vorausgesetzte Eid wird in § 366 noch einmal deutlich aufgenommen. Es erhebt sich die Frage, ob hier der Eid eines zelotischen Verbandes gemeint ist — etwa im Sinne des Eides, unter dem die Sikarier bzw. galiläische Aufstandsbewegung standen ..., oder aber eine jetzt erst vor der Katastrophe erfolgte eidliche Verpflichtung, sich auf keinen Fall in die Hände der Römer zu ergeben" (o.c., II, 2, 1969, 202, Anm. 190). Da die einander bekämpfenden Parteien in Jerusalem sich erst versöhnten, als die Römer an den Mauern der Stadt standen, dürfte das letztere u.E. am wahrscheinlichsten sein.

Als die Juden um freien Abzug mit Frauen und Kinder durch den Belagerungs-wall (die „Hungermauer") baten, liess Titus aufgebracht darüber, dass sie, die Besiegten, ihm noch Bedingungen stellten, ihnen bekannt machen, er werde nie-mand mehr schonen, er werde nur noch nach Kriegsbrauch handeln. Seinen Sol-daten erlaubte er die Stadt in Brand zu stecken und zu plündern (VI § 353). Es ist hier die Unterstadt gemeint. Dass die Soldaten erst am folgenden Tag dazu über-gingen (§ 354), lässt sich vielleicht daraus erklären, dass sie den Zugang zu der Stadt frei zu machen hatten. In der Unterstadt haben sie dann das Archiv, die Akra, das Rathaus in Flammen aufgehen lassen[104], wobei das Feuer bis zum in der Mitte der Unterstadt gelegenen Palast der Königin Helena vordrang. „Es brannten die Stras-senzüge und die Häuser, die mit den Leichen der durch Hunger Umgekommenen gefüllt waren" (§ 355; M.-B.). Die Aufständischen haben dann aber den Palast, in den viele ihren Besitz gebracht hatten, angegriffen und die Römer herausgetrieben. Sie sollen dabei 8400 Menschen, die hier zusammengekommen waren, (um Titus

---

[103] VI § 351: ὀμωμοκέναι γὰρ μήποτε τοῦτο ποιήσειν,

[104] VI § 354: τῇ δὲ ὑστεραίᾳ τό τε ἀρχεῖον καὶ τὴν ἄκραν καὶ τὸ βουλευτήριον καὶ τὸν Ὀφλᾶν καλούμενον ὑφῆψαν· Das Archivgebäude wurde schon früher durch die Zeloten in Brand gesetzt, um die Schuldverschreibungen der Gläubiger zu vernichten (II § 427). Die Akra ist die Stelle der alten hellenistischen Festung (vgl. MICHEL-BAUERNFEIND, II, 2, 1969, 203, Anm. 196). Das Archiv lag nach der wohl richtigen Vermutung F. SPIESS' (ZDPV, 15, 1892, 249) in der Nähe des Rathauses. Ofel, schon erwähnt 2. Chr. 27, 3; 33, 14; Neh. 3, 26; 11, 21, war der Teil des Südosthügels zwischen der Südmauer des Tempelplatzes und der alten Davidsstadt. „Alle genannten Orte befinden sich demnach im nördlichen Teil der Unterstadt" (MICHEL-BAUERNFEIND, l.c.).

um Gnade zu bitten) ermordet haben. „Die Angabe über die Zahl der Juden mag man mit Simchoni für übertrieben halten" [105]. Die Aufständischen sind dann am folgenden Tag aus der Unterstadt vertrieben und nach der Oberstadt, wohin sie die Beute gebracht hatten, geflüchtet; die Römer steckten am gleichen Tage den südlichen Teil der Unterstadt bis zum Siloahteich [106] in Brand. Nach Josephus sollen die Aufständischen mit strahlendem Gesicht auf die brennende Stadt geschaut haben (VI § 364). Michel-Bauernfeind bemerken dazu: „Falls das Folgende nicht ausschliesslich als eine tendenziöse Darstellung des Josephus anzusehen ist, sondern auf eine historische Begebenheit zurückgeführt werden kann, sind die Gründe für die Freude am eigenen Untergang auch religiös zu verstehen. Erst nach dem gänzlichen Untergang kann Gott wieder aufbauen" (*De Bello Judaico*, II, 2, 1969, 205, Anm. 205, mit interessanter Parallele aus b. Middot 24 a. b). Josephus soll dann noch flehend für den Rest der Stadt eingetreten sein; „aber so ernst er auch über ihre Grausamkeit und Gottlosigkeit sprach, so anhaltend er zur Rettung riet, nichts als grösseren Spott trug er davon" (§ 365; M.-B.). Michel-Bauernfeind bemerken dazu: „Angesichts des Bescheids in § 352, dass Titus keinerlei Schonung mehr üben werde, wirkt dieser nachträgliche Hinweis auf Bemühungen um Rettung durch Josephus innerhalb der historischen Fragestellung wenig glaubhaft" (*o.c.*, 205, Anm. 206, Ende). Nach Josephus soll es viele gegeben haben, welche beabsichtigten überzulaufen und die Zeloten sollen sie ausnahmlos abgeschlachtet haben, die Leichen den Hunden vorgeworfen haben (§ 367). „Doch jede Todesart schien den Unglücklichen leichter zu ertragen als der Hungertod, so dass sie, obwohl sie nun kein Erbarmen mehr erhoffen durften, immer noch zu den Römern flohen und dabei den mordenden Aufständischen freiwillig in die Händen liefen" (§ 368; M.-B.). Michel-Bauernfeind sagen dazu: „Die Schilderung des Hungers ... ist an unserer Stelle als blosser Hintergrund für die josephinische Polemik zu verstehen. Der Genuss des Unreinsten soll die vollständige Loslösung von der Tora und aller Bindung an Gott und Menschenwürde beschreiben. Sie ist für Josephus charakteristisches Kennzeichen der Aufständischen" (*o.c.*, 206, Anm. 212). Da die Aufständischen sich schon in die Oberstadt zurückgezogen hatten, verdient u.E. Jose-

---

[105] Michel-Bauernfeind, II, 2, 1969, 204, Anm. 200, Ende. — Dass an den Herodespalast gedacht ist (Klausner, Thackeray), halten M.-B. mit Recht für unmöglich. „Der Nordwesten der Oberstadt war in diesem Augenblick noch nicht Kampfplatz .... So ist mit Kohout, Simchoni und Ricciotti doch an einen der Paläste der Adiabener zu denken" (*ibid.*). Diese hatten nach Josephus drei Paläste in Jerusalem: den der Helena (V § 253; VI § 355), den des Monobazus (V § 252) und den des Grapte (IV § 567).

[106] Der Teich liegt etwa 540 m südlich der Solimanmauer, siehe Kenyon, *Digging up Jerusalem*, 1974, Fig. 16, p. 224; Simons, *Jerusalem in the Old Testament*, 1952, Fig. 8, p. 37. Ein grosser Teil Jerusalems lag im Süden ausserhalb der heutigen Altstadt (Abb. 341 und 342).

phus' Schilderung der Abschlachtungen, die doch in der Unterstadt anzunehmen wären, keinen Glauben.

Nach Josephus war es unmöglich, die ringsum abschüssige Oberstadt ohne Wälle einzunehmen (VI § 374). Die Aufständischen waren aber aus der Unterstadt in die Oberstadt geflüchtet, die Römer hätten demnach einen Sturmangriff ausführen können, um die Aufständischen in der Oberstadt niederzumachen. SIMCHONI meint, die Aufständischen seien militärisch noch so stark gewesen, dass die Römer sie mit einem Sturmangriff aus der Oberstadt nicht hätten vertreiben können (bei MICHEL-BAUERNFEIND, o.c., 210, Anm. 227). Der Ausgang des „Streites" um die Oberstadt lässt aber klar sehen, dass die Aufständischen militärisch kaum noch etwas zu bedeuten hatten. Titus muss u.E. einen anderen Grund gehabt haben, weshalb er dazu überging Wälle aufzuwerfen zur Einnahme der Oberstadt. Nach der Einnahme der zweiten Mauer hatte Titus die dritte Mauer (die Mauer der Oberstadt) angegriffen, war aber von Simon bar Giora zurückgeschlagen worden. Diese Schlappe sollte nun wettgemacht werden. Am 20. des Monats Loos (8. September) teilte Titus die Streitmacht für die Arbeit an den Wällen (§ 374), die in achtzehn Tagen (am 7. des Monats Gorpiaeus; 25. September) vollendet wurden (§ 392): das Holz musste aus einer weiten Umgebung herbeigeschaft werden (§ 374). Über die Zahl der Wälle liesse sich streiten (jedenfalls mindestens zwei), über ihre Lage ist Zweifel kaum möglich: sie sind an der dritten Mauer, welche Titus früher nicht hatte einnehmen können, aufgeworfen worden. Eine lag gegenüber dem Xystos (§ 377), also an der dritten Mauer der Beschreibung der Belagerung. Daraus lässt sich wohl mit Sicherheit schliessen, dass auch die anderen Wälle an dieser Mauer lagen. Eine lag im westlichen Teil der Stadt gegenüber dem Königspalast (dem Palast des Herodes) (§ 377). Am 7. des Monats Gorpiaeus (25. September) sind die Sturmböcke herangeführt worden und viele Juden standen auf der Mauer; sie versuchten ohne Erfolg, das Heranbringen der Sturmböcke zu verhindern. „Die Römer waren diesen aber an Menge und Kraft überlegen und, was das wichtigste ist, Truppen frischen Mutes hatten die Oberhand über mutlose und abgespannte. Als nun die Mauer an einer Stelle aufgebrochen war und manche Türme unter den Widderschlägen erzitterten, da flohen die Verteidiger sofort, denn Furcht hatte die Tyrannen befallen, die heftiger war, als es die Notlage geboten hätte. Bevor die Feinde nämlich die Mauer überstiegen hatten, erstarrten die Zeloten und wussten nicht, ob sie fliehen oder bleiben sollten" (VI § 393 f.; M.-B.). Die Notlage war u.E. grösser, als Josephus sie hinstellt, denn die Aufständischen konnten auch noch von der Unterstadt aus angegriffen werden. Die Notiz: dass „manche Türme unter den Widderschlägen erzitterten „lässt darüber keinen Zweifel, dass die Sturmböcke nur eine Mauer angriffen, und hier ist nicht an die Westmauer (so MICHEL-BAUERN-

FEIND, *o.c.*, 210, Anm. 230) zu denken, sondern an die „dritte" Mauer der Belagerung. Zwar hatten die Aufständischen sich auf die Türme Hippikus, Phasael und Mariamne zurückgezogen, sie sind aber freiwillig von den Türmen herabgezogen (§ 399), zweifellos, um nicht der Möglichkeit zur Flucht beraubt zu werden. Es gelang ihnen aber nicht den Umfassungswall (die „Hungermauer") zu durchbrechen und nach Josephus haben sie sich in den unterirdischen Gängen Jerusalems versteckt (§ 402). Als die Römer die Mauern erobert hatten (die betreffende Mauer bestand aus zwei Strecken) stellten sie ihre Feldzeichen auf den Türmen auf (§ 403). „Als sie tatsächlich ohne Blutvergiessen die letzte Mauer erstiegen hatten, wollten sie es nicht glauben, und als sie keinen Gegner sahen, waren sie, gegen ihre Gewohnheit, ratlos. Dann ergossen sie sich aber schwerterschwingend in die engen Gassen und erschlugen hemmungslos alle, die sie ergriffen; die Häuser, in die sich noch Flüchtlinge gerettet hatten, steckten sie mit allen darin befindlichen Menschen in Brand" (§§ 403 f.; M.-B.).

Simon bar Giora, „der wilde Patriot, der seit seinem ersten Zusammentreffen mit den Römern bis an das Ende des Krieges ihnen furchtbar war" (GRAETZ, III, 2⁵, 1906, 466) und Johannes von Gischala, denen es nicht gelungen war, durch die Ringmauer zu flüchten, haben sich später auf Gnade und Ungnade ergeben. Simon wurde für den Triumph in Rom, Johannes zu lebenslanger Einkerkerung bestimmt (VI § 433-434). Simons gewaltsamer Tod in Rom (VII §§ 154 f.) „beweist, dass die Römer in ihm und nicht etwa in dem im Gefängnis endenden Johannes von Gischala den eigentlichen Führer des Aufstandes sahen" (MICHEL-BAUERNFEIND, *o.c.*, II, 1, 1963, 230).

Vom 10. Mai bis zum 26. September 70 n. Chr. hatten die Aufständischen in Jerusalem der Belagerung durch ein mindestens 60 000 Mann starkes römisches Heer standgehalten. Der Sieg der Römer war „nicht so sehr ein heroischer Sieg als ein Sieg über Heroen. Die Weltbezwinger hatten keinen Anlass, stolz zu sein: sie konnten darüber nur froh sein, dass der mühevolle und gefährliche Krieg nun zu Ende war" (SIMON DUBNOW, *Weltgesch. des jüdischen Volkes*, II, 1925, 465). Der endgültige Sieg über die Juden kam bekanntlich erst nach der Eroberung Masada's (73. n. Chr.). Interessant ist TH. MOMMSENS Bemerkung über die Eroberung Jerusalems: „Das Werk war getan. Dass Kaiser Vespasianus, ein tüchtiger Soldat, es nicht verschmäht hat wegen eines solchen unvermeidlichen Erfolges über ein kleines längst untertäniges Volk als Sieger auf das Capitol zu ziehen und dass der aus dem Allerheiligsten [*sic*.] des Tempels heimgebrachte siebenarmige Kandelaber auf dem Ehrenbogen, den der Reichssenat dem Titus auf dem Markte der Kampfstadt errichtete, noch heute zu schauen ist, gibt keine hohe Vorstellung von dem kriegerischen Sinn dieser Zeit" (*Das Weltreich der Caesaren*, 390; siehe aber weiter unten Absch. 13).

52

Nach Josephus befahl Titus die ganze Stadt und den Tempel zu zerstören [107],
nur die Türme Hippikus, Phasael und Mariamne und die Weststrecke der Stadtmauer sollten stehen bleiben; diese sollte für die künftige Besatzung der Stadt
dienen (VII § 1-2). Alle andere Teile der Stadtmauer machten sie so gründlich
dem Erdboden gleich, dass künftige Besucher dieser Gegend meinten könnten, die
Stätte sei niemals bewohnt gewesen [108]. Neuere Ausgrabungen am Damaskus-Tor
der Altstadt haben gezeigt, dass wenigstens an dieser Stelle die Mauer nicht ganz
dem Erdboden gleich gemacht worden ist [109]. Der Nachdruck, welchen Josephus
auf die Zerstörung der Stadtmauer legt, lässt vermuten, dass die Wohnquartiere
trotz Titus' Befehl (wenn er wenigstens in der Tat befohlen hat, die ganze Stadt zu
zerstören; siehe weiter unten) nicht so radikal verwüstet worden sind wie gemeinhin
angenommen wird. Eine Stadt war immer ummauert, wo eine Mauer fehlt, könnte
man glauben, die Stätte sei nie bewohnt gewesen. CECIL ROTH bemerkt: „the roll
of scholars apparently resident in Jerusalem who survived the War suggests that
the devastation at the time of the fall of the city was by no means so comprehensive
as is generally believed" (*The Pharisees in the Jewish revolution*, *JJS*, VII, 1962, 63-80,
p. 80). W. F. ALBRIGHT schrieb 1949: „It has sometimes been supposed that the
Jews returned to Jerusalem and contitued to maintain some sort of communal life
there. Archaeological evidence is wholy against this view. Not a single one of the
many Jewish tombs which has been excavated in the region of Jerusalem can be
dated to the period after A.D. 70; every inscribed ossuary hitherto discovered near
Jerusalem belongs to the last century of the Second Temple (30 B.C.-A.D. 70)"
(*The Archaeology of Palestine*, 1949 [1960], 241). Italienische Ausgrabungen (1953-
1955) auf dem Ölberg unter der Leitung von B. BAGATTI haben einen Friedhof
aus der römischen Periode ans Licht gebracht und dort sind auch einige jüdische
Gräber entdeckt worden, welche sehr wahrscheinlich bis zum Barkochba-Krieg
benutzt worden sind [101]. Ganz entvölkert ist Jerusalem sofort nach 70 n. Chr.
wohl nicht gewesen. Es ist übrigens auch fraglich (wir deuteten schon darauf hin),
ob Titus in der Tat befohlen habe, die Stadt ganz zu zerstören. Josephus' Bericht
klingt seltsam: „Als aber das Heer weder etwas zu morden noch zu rauben fand,
war doch nichts mehr übrig, woran die Soldaten ihren Zorn hätten auslassen kön-

---

[107] VII § 1: τὴν τε πόλιν ἅπασαν καὶ τὸν νεὼν κατασκάπτειν,

[108] VII § 3: ὡς μηδεπώποτ' οἰκηθῆναι πίστιν ἂν ἔτι παρασχεῖς τοῖς προσελθοῦσι. „dass künftigen Besuchern dieser Gegend keine Anhaltspunkte für die Annahme gegeben werden sollten, hier
hätten jemals Menschen gewohnt" (M.-B., z.St.).

[109] Siehe J. B. HENNESSY, in *Levant* II, 1970, 24 und Fig. 2, p. 25, Pl. XV, Foto; KENYON, *Digging
up Jerusalem*, 1974, 237 f. und Fig. 41, p. 242.

[110] P. B. BAGATTI e J. T. MILIK, *Gli Scavi del „Dominus Flevit"* (*Monte Oliveto Gerusalemme*), 1958,
44.

nen ... da befahl der Caesar, die gesamte Stadt und den Tempel zu schleifen" (VII § 1; M.-B.). Dass Titus befohlen habe, die Tempelmauern zu schleifen, dürfte durchaus wahrscheinlich sein, die Stadt ganz dem Erdboden gleich zu machen kann Titus nicht befohlen haben, denn die X. Legion Fretensis lagerte in der Oberstadt. Dass grosse Verwüstungen angerichtet worden sind, unterliegt indessen nicht dem Zweifel. „There is ample archaeological evidence of the destruction" (KENYON, *Digging up Jerusalem*, 1974, 254). In den Ruinen eines herodianischen Gebäudes kamen „human bones, including three skulls" ans Licht, „a reminder of the slaughter described by Josephus, which filled the streets with blood" (*id.*).

Die Frage ist nun, wie Josephus dazu kam zu berichten, die Stadt sei ganz zerstört worden. Er muss bekannt gewesen sein mit der Inschrift auf dem seit langem verschwundenen Bogen, welcher dem Titus vom Senat während seiner kurzen Regierung gewidmet war (er stand im Zirkus; der heute noch bestehende Titusbogen ist erst unter Domitian errichtet worden). Die Inschrift (lat.) auf dem verschwundenen Bogen nennt als Grund der Denkmalerrichtung: „weil er nach Vorschrift und Anweisung und unter der Oberleitung des Vaters das Volk der Juden bezwang und die bis auf ihn von allen Feldherren, Königen und Völkern entweder vergeblich belagerte oder gar nicht angegriffene Stadt Hierusolyma zerstört hat"[111]. MOMMSEN bemerkt dazu: „Die historische Kunde dieses seltsamen Schriftstückes, welches nicht bloss Nebukadnezar und Antiochos Epiphanes, sondern den eigenen Pompeius ignoriert, steht auf gleicher Höhe mit der Überschwenglichkeit des Preises einer recht gewöhnlichen Waffentat" (*l.c.*). Es dürfte u.E. möglich und wahrscheinlich sein, dass Josephus' Notiz über die Zerstörung der Stadt auf diese Inschrift zurückzuführen ist. Nach dem späten Bericht bei Euseb (Praep. Ev. VI, 18, 10) hatte Titus nur die Hälfte der Stadt verwüstet (bei P. PRIGENT, *La Fin de Jérusalem. Archéologie Biblique*, 17, 1969, 77, n. 1).

12. *Vae victis.* Im ersten Baude unseres Werkes haben wir, ED. MEYER zitierend, schon darauf hingewiesen, um wieviel humaner „trotz aller barbarischen Strafgerichte im Grunde die Kriegsführung der Orientalen gewesen ist als die der Griechen und Römer" (Band I, 1970, 691, Anm. 70; ED. MEYER, *Die Entstehung des Judenthums*, 1896, 113, Anm. 1). ED. MEYER wies hin auf Nebukadnezar, der nach der Eroberung Jerusalems 587 v. Chr. die Juden in ein fremdes Land führte, ihnen aber Freiheit und Eigentum liess. H. GRAETZ hatte dies ebenfalls — wohl noch früher als MEYER — betont. „Nebukadnezar hat nur sehr wenige der Gefangenen umbringen lassen, viele im Lande gelassen und ihnen das Land zum Behauen eingeräumt und einen judäischen Statthalter darüber gesetzt; die Ge-

[111] Übers. TH. MOMMSEN, *Das Weltreich der Caesaren*, 390, Anm. *; vgl. S. REINACH, *REJ*, 1890; *Dio Cassius*, LXVI, 7, bei ABEL, *RB*, 56, 1949, 258, n. 1-2.

fangenen, die er nach Babylonien transportierte, hat er milde behandelt. Wie verfuhr der „*gütige*" Titus, nachdem er Tausende hatte hinrichten und Abertausende
zu Sklaven verkaufen lassen?" (*Gesch. der Juden*, III, 2⁵, 1906, 545). Das ironische
„gütige" Titus bezieht sich natürlich auf Flavius Josephus, der oft von Titus'
Philanthropia redet. W. WEBER entdeckte völlig zu Recht in Bellum Judaicum,
sagt HELGO LINDNER, einen „pharisäischen" Titus, „einen Titus, der die strategischen Notwendigkeiten hintansetzt, um die Feinde durch seinen Grossmut zu
beschämen (V, 8, 1 § 332 f.), der voll Jammer über die Leichen der Stadt Jerusalem
Gott zum Zeugen anruft, dass dies nicht sein Werk sei (V, 12, 4 § 519 ...)" (*o.c.*,
14; WEBER, *Josephus und Vespasian*, 1931, 70 f.; vgl., S. 140: Im Proömium I, 4 § 10:
„Der Führer des gegnerischen Heeres wird hier zum wahren Freund der Judenschaft"). Im Bericht über die Misshandlungen an den Gefangenen während der
Belagerung (V § 450) heisst es, Titus habe Mitleid mit ihren Schicksal gehabt;
„zumal da jeden Tag Fünfhundert, manchmal auch noch mehr Gefangenen eingebracht wurden, hielt es aber andererseits für gefährlich, diese mit Gewalt be-
zwungene Juden frei ausgehen zu lassen; denn hätte man eine solche Menge bewachen wollen, so wären sie gar leicht eine Wache ihrer Wächter geworden" (Übers.
CLEMENTZ). H. LINDNER bemerkt dazu: „Entfernt man die Sekundärmotivation des
Josephus aus § 450, so wird deutlich, wie wenig es den Titus kümmerte, dass die
jüdischen Gefangenen misshandelt und zu Tode gequält wurden" (*Die Geschichtsauffassung des Flavius Josephus*, 1972, 109). Wir dürfen annehmen, dass Titus die
Kreuzigungen nicht nur geduldet, sondern selber befohlen hat (*ibid.*).

Eine wahre Schlachtung unter den Einwohnern Jerusalems haben die Römer
nach der Eroberung der Oberstadt angerichtet. Titus soll schliesslich verordnet
haben, nur noch die Bewaffneten und jene, welche Widerstand leisteten zu töten,
die übrigen gefangen zu nehmen (VI § 414 f.). Die Soldaten machten aber auch
Alte und Schwache nieder (§ 415: τὸ τε γηραιὸν καὶ τοὺς ἀσθενεῖς ἀνήρουν) und trieben
dann die noch verwendbar waren in den Frauenhof (*id.*). Viele davon sind hingerichtet worden, die schönsten und grössten der Jüngeren für den Triumphzug
des Titus ausgewählt und die über siebzehn Jahre sind nach Ägypten geschickt
worden, um dort in den Bergwerken zu arbeiten; die unter siebzehn wurden verkauft (§ 418). Von den Leuten, welche in den Frauenhof getrieben waren, sollen
11 000 vor Hunger umgekommen sein, teils auch dadurch, dass sie verweigerten,
die Speise zu essen (§ 419). Von denen welche über siebzehn waren, sind viele nach
Städten in den Provinzen gesandt worden, um dort im Theater sich auf Leben und
Tod zu bekämpfen, oder im Gefecht mit wilden Tieren umzukommen (§ 418). In
Caesarea Philippi hat Titus im Theater den grausamen Tod einer grossen Menge
Kriegsgefangener mit angesehen (VII § 23 f.). Als er dann auf seinem Zug nach

Alexandrien (um von dort nach Rom zu fahren) an dem zerstörten Jerusalem vorbeikam, soll er den Untergang der Stadt bedauert haben (VII § 133: ᾤκτειρε τῆς πόλεως τὸν ὄλεθρον). Auch dies gehört zum Titusbild des Josephus.

13. *Der Triumph in Rom*. Josephus hat den von Vespasian und Titus gemeinsam begangenen Triumph in Rom eingehend geschildert (*Bell. Jud.* VII §§ 123-157; siehe hierüber WEBER, *Josephus und Vespasian*, 1921, 278 ff.). Dass in dem Triumph, bei dem auch der abtrünnige Jude Tiberius Alexander, auf dessen Anregung die ägyptischen Legionen Vespasian zum Kaiser ausgerufen hatten, gegenwärtig war, der goldene Leuchter, der goldene Tisch (VII § 148) und die Gesetzesrolle (§ 150; wahrscheinlich die im Tempel erbeutete, vgl. GRAETZ, III, 2⁵, 1906, 548) dem Volke gezeigt wurden, besagt wohl, wie grosse Bedeutung die Römer der Unterwerfung der Juden zuerkannt haben; als blosse Schaustücke sind sie wohl nicht vorgeführt worden.

Wie wir oben gesehen haben, war THEODOR MOMMSEN der Meinung, Vespasians Aufgang zum Kapitol gäbe keine hohe Vorstellung von dem kriegerischen Sinn dieser Zeit (*Das Weltreich der Caesaren*, 390). Es ist hier aber an den hartnäckigen Widerstand zu denken, welchen die Juden dem mächtigen von Vespasian und dann von Titus geleiteten Römerheer geboten hatten. GRAETZ bemerkt richtig: „einen so hartnäckigen Feind hatten die römischen Legionen schon lange nicht bekämpft. Während Titus Jerusalem belagerte, hatten die Gallier, Germanen und Bataver ebenfalls einen Aufstand gegen die Römer versucht und für ihre Freiheit kämpfen wollen. Aber das Erscheinen eines römischen Führers und Domitians auf den Sammelplätzen des Aufstandes genügte, um diese für kriegerisch gehaltenen Völker zu zerstreuen" (*Gesch. der Juden*, III, 2⁵, 1906, 548; *Bell. Jud.* VII § 75 ff.; Tacitus, *Hist.* II, 54 ff.). Es ist hier aber nicht nur der hartnäckige Widerstand der Juden von Bedeutung. Es galt die Unterwerfung eines Volkes, das schon eine wichtige Rolle in der Geschichte des Vorderen Orients gespielt hatte und, so schien es, daran war, sich wieder eine eigene Rolle zuzumessen. Die sicher auf Hegesipp (100-180 n. Chr.), dem Verfasser der ältesten Kirchengeschichte zurückgehende Notiz bei Euseb, nach der Vespasian sofort nach der Einnahme Jerusalems alle Nachkommen Davids habe aufspüren lassen (*Kirchengesch*. III, 12), besagt wohl, dass man in Rom ein Aufleben des jüdischen Nationalismus für möglich gehalten habe; „n'y avait-il pas là un possible ferment de nationalisme?" (PIERRE PRIGENT, *La Fin de Jérusalem, Archéol. Biblique*, 17, 1969, 81). Auch Domitian verordnete, die davidischen Abkömmlinge auszurotten; nach Hegesipp hatte er die Enkel des Judas, des Bruders Jesu, vorführen lassen (Euseb., *o.c.*, III, 20, bei PRIGENT, *l.c.*). Kaiser Trajan (98-117) hat im Jahre 105 oder 107 den Simeon, Bischof von Jerusalem, martern und kreuzigen lassen, weil er für einen Nachkommen des Geschlechtes David gehalten wurde (*id.*, 81). Vermutlich haben damals auch noch Christen im

Verdacht gestanden, nach politischer Selbständigkeit Judäas zu streben. Dass die Juden nach der Zerstörung Jerusalems 70 n. Chr. diese Hoffnung nicht aufgegeben haben, unterliegt nicht dem Zweifel. Der Zeitraum 70-135 n. Chr. scheint noch „von mancherlei Hoffnungen ausgefüllt gewesen, das römische Joch abzuschütteln und den Tempel noch einmal neu zu bauen" (H. J. SCHOEPS, *Aus Frühchristlicher Zeit*, 1950, Abschn. VI.: Die Tempelzerstörung des Jahres 70 in der jüdischen Religionsgesch., 144-183, S. 145). ALEXANDER GUTTMANN gibt viele Beispiele dafür, wie die Tannaim, die Gelehrten welche an der Mišna arbeiteten (70-220 n. Chr.), nach Gesetze umsahen und Gesetze und Gebräuche kreiierten „that would set apart Jerusalem from all the other cities of the land" (*Jerusalem in Tannaitic Law*, *HUCA*, XL-XLI, 1969-1970, 251-275, p. 274). Es gibt darin auch Gesetze theoretischen Charakters, „which are meant to be implemented in the future upon the reestablishment of Jerusalem as the capital of Israel" (*ibid.*). Die Hoffnung auf Wiedergewinnung der staatlichen Selbständigkeit führte bekanntlich schon etwa sechzig Jahre nach der Zerstörung Jerusalems zum Bar Kochba-Krieg (132-135 n. Chr.). Wie dieser Krieg unter Hadrian, der mit den Parthern zu schaffen hatte, geendet hätte, hätte es keinen ersten jüdischen Krieg gegeben, lässt sich natürlich nicht sagen. Dass das Aussicht auf einen Sieg unter der tüchtigen Leitung Bar Kochbas dann grösser gewesen wäre, dürfte wohl wahrscheinlich sein. Die Niederwerfung Judäas und Galiläas durch Vespasian und Titus ist in diesem Gedankengang für Rom von besonderer Bedeutung gewesen und die Herrscher haben den Sieg über die Juden zu recht mit einem Triumph gefeiert. Von dem Triumph zeugt heute nicht nur der Titusbogen mit dem darauf dargestellten Leuchter und Schaubrottisch, sondern auch die auf einer Marmorplatte — vom Bogen des Domitian stammend — dargestellte Szene: Vespasian, begleitet von seinem Sohn Domitian — damals 20 — „à son retour triomphale de la guerre de Judée: la Victoire le couronne, les Vestales le suivent, et il est salué par les génies du Sénat et du Peuple Romain" (FR. CUMONT, *Découvertes au Palais de la Chancellerie à Rome*, *Rev. Archéol.*, 6. Séries, t. XXIII, 1945, 155-156, p. 156).

14. *Der Bar Kochba Krieg*. Vermutlich um den Juden die Hoffnung auf Wiederaufbau des Tempels zu nehmen, hat Vespasian den Juden eine jährliche Kopfsteuer von zwei Drachmen aufgelegt. Es war die Tempelsteuer, welche die Juden vor der Zerstörung des Tempels für das jüdische Heiligtum entrichteten (2 Drachmen = ½ tyrische Schekel; *JE*, IV, 1916, 566) und welche sie nun für den Tempel des Jupiter Capitolinus in Rom zu zahlen hatten (*Bell. Jud.* VII § 218; *Dio Cassius*, 66, 7). Diese Judensteuer wurde der „judäische Fiskus" (fiscus judaicus; Sueton, Domitian, 12) genannt[112]. Dass nun die Juden die Hoffnung auf Wiederaufbau des Tempels und

---

[112] Siehe hierüber JUSTER, *Les Juifs dans l'empire romain*, II, 1914, 282 ss. — MARCEL SIMON zweifelt

Wiedergewinnung der staatlichen Selbständigkeit nicht verloren, lässt sich im Grunde darauf zurückführen, dass die Römer dem R. Jochanan b. Sakkai nach 70 n. Chr. gestatteten, in Jabne (Jamnia) ein Lehrhaus zu gründen bzw. weiter zu führen. „Nach der geläufigen talmudischen Überlieferung, gelang es Jochanan durch eine List, indem er sich als vermeintlich Toter aus dem Stadtgebiet heraustragen liess, Jerusalem zu verlassen und mit Vespasian, dem er die Erlangung der Kaiserwürde weissagte, erfolgreiche Verhandlungen über die Erhaltung des geistigen Besitzes der Nation zu führen" (D. J. BORNSTEIN, *Jochanan ben Sakkai, EJ*, IX, 1932, 222-227, S. 224/25). BORNSTEIN ist der Meinung, dass Jochanan keineswegs zu den Gegnern des Krieges gehört habe und er meint, Jochanan habe sich erst Sommer 70 aus Jerusalem heraustragen lassen (*l.c.*). Mit Vespasian kann er dann kaum gesprochen haben (S. 225). BORNSTEIN meint, M. Antonius Julianus, der während des Krieges Statthalter von Judäa war (*Bell. Jud.* VI § 238), könnte über Jochanans „Gesuch zur Erhaltung der Akademie von Jabne" entschieden haben (*l.c.*, 226). Über Jochanans Flucht aus Jerusalem gab es aber verschiedene Traditionen (siehe hierüber JACOB NEUSNER, *A Life of Yohanan ben Zakkai*[2], 1970, 157 ff.: The Escape)[113]. NEUSNER meint, „if Yohanan left Jerusalem before August of 70, it was probably in the spring or summer of 68" (*o.c.*, 166; vgl. CECIL ROTH, in *JJS*, VII, 1962, 75, n. 2; andere Meinungen bei NEUSNER, 156, n. 2). Nach H. J. SCHOEPS hatte Jochanan zweifellos der Friedenspartei angehangen und den Krieg schon für verloren gehalten, noch ehe er begonnen war (*Aus Frühchristlicher Zeit*, 1950, 167/168). Ist Jochanan Frühling 68 aus Jerusalem geflüchtet, dürfte es wahrscheinlich sein, dass er den Krieg nach der Eroberung Galiläas durch Vespasian für verloren gehalten hatte.

Israeli-Gelehrten halten im allgemeinen, wie es scheint, den Jochanan für einen Verräter, einen Quisling. Dazu bemerkt NEUSNER: „What people today think about

---

daran, ob der *fiscus judaicus*, wie allgemein angenommen wird, von Vespasian als ein „affront réfléchi et cruel" gemeint sei. SIMON meint, nach der Ansicht Vespasians konnten der Tempel von Jerusalem und der des Jupiter Capitolinus geweiht gewesen sein „a une seule et même divinité et qu'en conséquence, le premier ayant disparu, il était naturel que fût versé dans la caisse du second l'impôt cultuel jusqu' alors envoyé à Jérusalem" (*Jupiter-Yahvé. Sur un essay de théologie pagano-juive, Numen*, XXIII, 1, 1976, 40-66, p. 56 s.). Dies lässt sich u.E. kaum damit vereinen, dass der Jerusalemer Tempel von den Römern zerstört worden ist. Wir können SIMON auch nicht folgen wenn er sagt: „Et il n'est pas certain que les réactions juives devant sa décision aient été aussi unanimement hostiles qu'on l'admet généralement" (p. 57). Dafür zeugt u.E. die Hoffnung der Juden auf Wiederaufbau des Tempels.

[113] Siehe auch ANTHONY J. SALDARINI, *Johanan Ben Zakkai's escape from Jerusalem. Origin and development of a rabbinic Story, JSJ*, VI, 1975, 189-204. „We do not know what happened between Johanan and Vespasian, nor wether they actually met face to face, nor can we do more than speculate why Vespasian allowed Johanan to found a school. A reasonable hypothesis is that Vespasian had ordered escaping Jews to be quartered at Jamnia and that once there Johanan did the natural thing and began teaching. Only gradually did his school become authoritative and central for Judaism" (p. 204).

Yoḥanan's action in abandoning the besieged city mostly testifies to today's considerations, not to those of the first century" (*o.c.*, 245). Jochanans „act of surrender must have appeared as neither unique nor treasonably to very large numbers of Jews" (*id.*, 147). Richtig sagt aber Schoeps, die Konsequenz, welche Jochanan aus seiner Ansicht über den Krieg gezogen hat, „war im politischen Sinne Fahnenflucht und Hochverrat, im metapolitischen die Errettung von Volk und Staat" (SCHOEPS, *o.c.*, 168). Der Staat „wurde ins Lehrhaus transponiert, die Königsdynastie in das Patriarchat (Nassirat), und das Synhedrium wurde von der Tempelstätte trotz Deut. 17, 8 abgelöst und in Jabne selbständig weitergeführt" (*ibid.*). „Yohanan began the successful effort to bring the whole people to recognize the Pharisaic academy as legitimate successor and heir to the old Sanhedrin's authority. The reason was that, in his judgment, he and his colleagues and disciples had the obligation and right to reconstitute the social and religious order ... Israel was to form a „kingdom of priests and a holy people", whose constitution was revelation and whose citizenship imposed ethical and religious obligations" (NEUSNER, *o.c.*, 199). Die Gemeinde wurde die Erhalterin der Religion „this was no longer the function of a hereditary charisma of priests and Levites ..." (M. WEBER, *Ancient Judaism*, 378, bei NEUSNER, *o.c.*, 199, n. 2).

Zwischen 70-132 n. Chr. ist das Lehrhaus wohl keine ruhige Lehranstalt gewesen. Es gab selbst unter den Rabbinen radikal-endzeitlich denkende, und CLEMENS THOMA meint, dass sogar Jochanan ben Sakkai am Ende seines Lebens († 80 n. Chr.) ins akut-eschatologisch denkende Lager gekommen ist [114]. Diese Strömung, in der später auch Rabbi Akiba mitgeführt wurde, hielt die Gefahr eines neuen Freiheitkrieges (Bar Kochba-Krieg, 132-135) [115] in sich. Über die Ursachen des zweiten jüdischen Krieges gehen bekanntlich die Meinungen auseinander.

---

[114] *BZ*, NF, 12, 1968, 191.

[115] Über Bar Kochba und die Bar Kochba-Briefe Bd. I, 1970, 3, Anm. 6. — Y. YADIN, *Bar-Kokhba. The rediscovery of the legendary hero of the last Jewish revolt against Imperial Rome*, London 1971 (1972 eine holländ. Übers. erschienen). — Nach J. T. MILIK sind die im Bar Kochba-Brief genannten Galiläer aller Wahrscheinlichkeit nach die Christen, „dont la persécution par Bar Kokheba est bien attestée par Justin Martyr et Eusebe" (*Une lettre de Simeʾon Bar Kokheba, RB*, 60, 1953, 276-294, p. 287; p. 277 hebr. Text und Übers, und Pl. XIV; J. L. TEICHER folgt MILIK (*Documents of the Bar-Kochba Period, JJS*, IV, 1953, 132-134, p. 134: „as correctly explained by Milik". „Bar-Kochba apparently feared the effects of Christian propaganda on the moral of his army, and perhaps he also intended to excercise pressure on the Christians to join his movement" (*ibid.*); YADIN lehnt die Gleichsetzung ab (S. 138 holl. Übers.); ARIE RUBENSTEIN meint, die Galiläer seien Anhänger der Qumran-Sekte gewesen (*The appellation „Galileans" in Ben Kosebha's Letter to Ben Galgola, JJS*, VI, 1955, 26-34). — Justinus Martyr (Apol., 31) berichtet, dass Bar Kochba die Christen bei Strafe des Todes zwang, abtrünnig zu werden (Euseb., *Kirchengesch.*, 5, 16, bei ROBERT WILDE, *The Treatment of the Jews in the Greek Christian writers of the first three centuries*, 1949, 146). Euseb. (*Kirchengesch.* 4, 8) sagt, Bar Kochba habe die Christen verfolgt, da sie nicht gegen die Römer kämpfen wollten (*id.*, p. 103). — Über die Briefe siehe auch G. HOWARD-J. C. SHELTON, *The Bar-Kokhba Letters and Palestinian Greek, IEJ*, 23,

E. SCHÜRER hält das aus Spartian bekannte Verbot des Beschneidens [116] und die von Dio Cassius (LXIX, 12) erwähnte Gründung Aelia Capitolinas mit dem Jupiter-Tempel für an sich nicht unwahrscheinliche Ursachen des Bar Kochba-Krieges (*Gesch. des jüd. Volkes*, I[5], 1920, 674). Ähnlich urteilt P. BENOIT: das Vorhaben „d'élever à Jérusalem un temple païen a été l'origine de la revolte juive, et non sa conséquence comme on le dit parfois" [117]. Vertreter dieser Ansicht sind auch M. AVI-YONAH († 1976; *Gesch. der Juden im Zeitalter des Talmud*, 1962, 50), MARCEL SIMON (*Verus Israel*, 1964, 126) und andere. HUGO MANTEL hat aber gezeigt, dass Hadrian's Dekrete „were a reaction to the rebellion of the Jews" (*The Causes of the Bar Kokba Revolt*, *JQR*, LVIII, 1968, 224-242; 274-296, p. 286). „The cause of the rebellion, then, was not ad ecree or decrees of Hadrian—as to the building of the foreign city and Temple or circumcision and other religious commandments. It was the desire of the Jews for freedom and salvation ..." (*l.c.*, 278). S. KRAUSS hielt es schon 1916 für möglich, dass die Dekrete Folge des Aufstandes gewesen seien: „it is also possible that they were merely the consequences of it" (*JE*, VI, 1916, Art. Hadrian, 134-135, p. 135).

Unter Trajan (98-117) hatte es 115-117 eine jüdische Revolte in Kyrenaika gegeben. Es erschien dort ein Mann, den man für den Messias gehalten hatte. Die Aufständischen zerstörten den Apollotempel in Kyrenaika und den Nemesistempel in der Nähe Alexandriens [118]. Diese Revolte erklärt sich aus „religious fanaticism based on messianic exaltation" (*id.*, p. 30). JACOB NEUSNER vermutet freilich, dass die Parther Aufstände in Alexandrien, Kyrenaika und Zypern erregten „to meet the invasion" [114-116 Krieg Trajans gegen die Parther] (*A History of the Jews in Babylonia*, I, 1965, 70 f.: The Revolt against Trajan: Aufstand der mesopotamischen Juden 116 n. Chr.). In Jerusalem hatte Rabbi Akiba Bar Kochba für den Messias gehalten [119]

1973, 101-102. — Über den Krieg: H. H. MILMAN, *History of the Jews*, II, 1913, 135 ff.: „unhappily this second Jewish war had no Josephus" (p. 136). Es gibt einen Bericht über den Krieg bei Dio Cassius (LXIX, 11-15); TH. MOMMSEN, *Das Weltreich der Caesaren*, 399: der Aufstand Bar Kochba's wurde zu einem Krieg, der „durch Intensität und Dauer in der Geschichte der römischen Kaiserzeit seinesgleichen nicht hat". Die Nachricht Dio's, nach der 580 000 Juden gefallen sind (LXIV, 14), hielt MOMMSEN für „nicht unglaublich, da der Krieg mit unerbittlicher Grausamkeit geführt und die männliche Bevölkerung wohl überall niedergemacht ward" (*ibid.*).—Vgl. JOHN G. GAGER, in *HUCA*, XLIV, 1973, 89. — H. STRATHMANN, *Der Kampf um Beth-Ter*, PJ, 23, 1927, 92-123; 101 ff. IV: Der Anlasz des Aufstandes; 107 ff. V: Der Verlauf des Aufstandes bis zum Kampf um Beth-Ter; 114 ff. VI: Der Kampf um Beth-Ter; 119 ff. VII: Das Schicksal des Volkes.

[116] Spartian, *Hadr.* 14: *moverunt ea tempestate et Judaei bellum, quod vetabantur mutilare genitalia*. — Erfolg hatte das Verbot nicht: „circumcision continued long after Hadrian" (GAGER, *l.c.*, 93).

[117] *RB*, 54, 1947, p. 85, n. 3.

[118] V. A. TCHERIKOVER, *The Decline of the Jewish Diaspora in Egypt in the Roman Period*, JJS, XIV, 1963, 1-32, p. 29.

[119] Über Akiba: G. S. ALEKSANDROV, *The role of ʿAqiba in the Bar-Kokhba Rebellion*, REJ, 132, 1973, 65-77, Bespr. in *JSJ*, V, 1974, 242 (v. D. W.). A. meint, es gibt kein Grund zu vermuten, dass

und dies könnte das Ausbrechen des Bar Kochba-Krieges vielleicht schon erklären. Es gibt aber auch eine andere Möglichkeit.

Im Barnabas-Brief, eine pseudepigraphische Schrift aus dem 2. Jahrhundert n. Chr., heisst es: „wegen ihres (der Juden) Krieges ist er (der Tempel) von den Feinde zerstört worden, jetzt werden sie und die Diener der Feinde ihn wieder aufbauen" (bei GRAETZ, *Gesch.* III, 2[5], 1906, 841) [120]. GRAETZ bemerkt dazu: „Die Herausgeber der Patrum Apostolorum opera, v. Gebhardt, Harnack und Zahn, führen in den Prolegomena zu dieser Epistel eine stattliche Reihe stimmberechtigter Forscher an, welche auf Grund dieses Passus als unzweifelhaft feststellen, dass zur Abfassungszeit dieser Epistel die Restauration in Angriff genommen war, und dass Hadrian den Juden diese Konzession gemacht hat" (*o.c.*, 841, Anm. 1). A. SCHLATTER ist ebenfalls der Meinung, dass der Barnabas-Brief über den jüdischen Tempel spricht. Der Brief spricht ausdrücklich von der Erwartung, dass der Tempel von den Römern wiederaufgebaut werden wird (*Gesch. Israels von Alexander dem Grossen bis Hadrian*[3], 1925, 375). E. SCHÜRER meint freilich: „Barnabas scheint ( ) auf den beabsichtigten heidnischen Bau Hadrian's anzuspielen" (*Gesch.* I[5], 1920, 672; vgl. H. STRATHMANN, *Der Kampf um Beth-Ter*, *PJ*, 23, 1927, 92-123, S. 104). Auch H. J. SCHOEPS meint, Barnabas habe den von Hadrian erbauten Tempel des Jupiter Capitolinus im Auge (*Aus Frühchristlicher Zeit*, 1950, 160). Dass Hadrian an der Stelle des alten Tempelgebäudes einen heidnischen Tempel errichtet habe, darf man für ausgeschlossen halten [121]. Zu dem Barnabas-Brief fügt sich eine spätjüdische Legende, nach der in den Tagen des R. Josua b. Chananja (unter Hadrian) „die heidnische Regierung angeordnet habe, dass der Tempel gebaut werden dürfte" (SCHÜRER, *o.c.*, 671). SCHÜRER hält den Wert dieser Legende natürlich für gleich Null, er lehnt ja die Auffassung, dass im Barnabas-Brief vom jüdischen Tempel die Rede ist ab.

Über die Datierung des Briefes gehen die Meinungen auseinander. HARNACK datiert ihn ca. 130 n. Chr., FUNK 96-98 n. Chr. (siehe ROBERT WILDE, *The treatment of the Jews in the Greek Christian Writers of the first three centuries*, 1949, 87). ED. MEYER: „aus den ersten Jahrzehnten des zweiten Jahrhunderts ..." (*Ursprung und Anfänge des Christentums*, III, 1923, 427). R. SCHÜTTE: aus dem 2. Jahrhundert (*RGG*, I[3],

---

Bar Kochba sich Messias nannte „but our sources give reason to believe that ʿAqiba was one of the so-called „calculators of the end". He *could* have given moral support to the rebels" (p. 242).

[120] *Epistula Barnabe* 16, 4 (GRAETZ, III, 2[5], 1906, 841, Anm. 1): γίνεται. διὰ γὰρ τὸ πολεμεῖν αὐτοὺς (τοὺς Ἰουδαίους) καθηρέθη (ὁ ναὸς) ὑπὸ τῶν ἐχθρῶν. νῦν καὶ οὗτοι ( ) καὶ οἱ τῶν ἐχθρῶν ὑπηρέται ἀνοικοδομήσουσιν αὐτόν. — Wir können J. J. GUNTHER nicht folgen wenn er sagt: „It is best to read 16:4 metaphorically. ... Therefore, on neither exegetical nor historical grounds should Barnabas 16:3-4 be understood to refer to a rebuilding of a temple of stone during Hadrian's reign" (*The Epistle of Barnabas and the Final rebuilding of the Temple, JSJ*, VII, 1967, 143-151, p. 151). Es wird 16:4 doch klar gesagt, dass der Tempel zerstört worden ist, und dass sie ihn wieder aufbauen.

[121] Bd. I, 1970, 4 und Anm. 14.

1957, 80/81: Art. *Barnabasbrief*). Da in dem Brief klar über den Wiederaufbau des Tempels gesprochen wird, kommt für die Datierung doch wohl nur die Zeit Hadrian's in Betracht. SCHLATTER meint, die Juden hätten in dem Wiederaufbau des Tempels den Anfang der messianischen Zeit gesehen und dies konnte leicht zu dem Aufstand führen (*o.c.*, 376). Die Sache liesse sich auch anders sehen. Hadrian's Absicht, den jüdischen Tempel wiederaufzubauen, war mit den jüdischen Erwartungen, dass der Tempel von dem aus dem Geschlecht David's zu erwartenden Messias wiederaufgebaut werden sollte, unvereinbar. Das gleiche Thema begegnete uns beim Tempel Serubbabels: nicht Kyros, sondern der messianische Serubbabel sollte den Tempel bauen. Es ist auch kein Zufall, dass der Talmud schweigt über den Plan des Julian Apostata (361-363), den Tempel wieder aufzubauen. Dass dies Schweigen „doch nur auf die Bedrückung und Demütigung des Judentums durch den unglücklichen Ausgang des Tempelbaus zurückzuführen (ist)", wie JOSEPH VOGT meint (*Kaiser Julian und das Judentum*. Morgenland Hft. 30, 1939, 52) hat H. J. SCHOEPS nicht zu Unrecht eine triviale Erklärung genannt (*Die Tempelzerstörung des Jahres 70*, 1942, 39). In Antiochien konnte Julian „gewiss Juden finden, die seinen Gedanken und Plänen entgegenkamen" (VOGT, *o.c.*, 51). Richtig sagt dann Vogt selber: „Von dieser Haltung war für das strenggläubige Judentum allerdings noch ein weiter Weg bis zu der Vorstellung, dass ein Herrscher der Weltmacht Rom, deren Niederwerfung doch nach den rabbinischen Lehren die Voraussetzung für die Errichtung der Weltherrschaft Israels bildete, berufen sein sollte, den Tempel in Jerusalem wiederaufzubauen" (*ibid.*). Gewiss war dieser Weg nicht für alle ungangbar. „Rabbi Acha, ein Zeitgenosse Julians, erklärte sogar ausdrücklich, der Tempel werde eines Tages wiederaufgebaut werden, ehe das Königtum des Hauses David wiederhergestellt sei" (*ibid.*). Auch M. AVI-YONAH betont, dass die Rabbinen Beschwerde gegen den Plan erhoben, es aber auch solche gab, welche den Plan guthiessen (*Gesch. der Juden im Zeitalter des Talmud*, 1962, 200 ff.), während die Priester sich über den Plan freuten (S. 202).

Nicht der Plan, einen heidnischen Tempel auf dem Tempelplatz zu errichten, sondern Hadrian's Absicht, den jüd'schen Tempel wiederaufzubauen, könnte u.E. die Juden zum Aufstand getrieben haben; der Plan muss dann um 130 n. Chr. aufgekommen sein [122]. Unsere Auffassung trifft, so scheint uns, auch dann zu, wenn ZEITLIN recht hätte, dass der Bar Kochba Krieg „not a religious but a national-secular revolt to restore the Jewish national state" gewesen ist (*JQR*, 38, 1947-

---

[122] Hadrian war 129/130 n. Chr. in Palästina und reiste dann nach Ägypten. Als Hadrian 131/132 in Griechenland war, brach der Aufstand aus (W. F. STINESPRING, *Hadrian in Palestine*, 129/130 A.D., *JAOS*, 59, 1939, 360-365). Haben die Juden in Alexandria den Hadrian vielleicht darum gebeten, den Jerusalemer Tempel wiederaufzubauen? Siehe über Hadrian und die Juden in Alexandria JUSTER, *Les Juifs dans l'empire romain*, II, 1914, 190, n. 1.

1948, 19), denn der Tempel war Symbol der staatlichen Selbständigkeit; er durfte nicht auf Befehl eines fremden Herrschers wiederaufgebaut werden.

Bar Kochba, der dreieinhalb Jahre Herr über Jerusalem gewesen ist, wird den Tempel sei es auch in dürftiger Form wiederaufgebaut haben (Bd. I, 1970, 3 und Anm. 7). Der Aufstand führte aber nicht zur Wiedergewinnung der staatlichen Selbständigkeit. Er endete im Galut Romi, mit dem für alle Juden geltenden Verbot, Jerusalem zu betreten. Nach dem Bar Kochba-Aufstand, „the nation generally no longer regarded itself as capable of fighting for its independance by force of arms and awaited its salvation from heaven in a state of complete subjection" [123].

[123] GEDALIYAH ALLON, *The Attitude of the Pharisees to the Roman Government and the House of Herod. Scripta Hierosolomitana* VII, 1961, 53-78, p. 53.

XVIII. KAPITEL

DER TEMPEL NACH DEM TRAKTAT MIDDOT

EINLEITUNG

1. *Wiederaufbauerwartung.* Die Zerstörung des Tempels 70 n. Chr., der der unglückliche Ausgang des Bar Kochba-Krieges (132-135), die Errichtung Aelia Capitolina's an der Stätte Jerusalems [1] haben den Juden die Hoffnung auf künftigen Wiederaufbau des Tempels nicht nehmen können; „jeder gläubige Jude sprach davon dreimal täglich in seinem Gebet" [2]. Der Tag der Tempelzerstörung (9. Ab) blieb im religiösen Bewusstsein der Juden ein Trauertag. Der Versuch des Patriarchen Juda I., das Trauern um die Zerstörung des Tempels abzuschaffen, misslang, wiewohl dieser Patriarch von den Juden doch beinahe königliche Ehre empfing

---

[1]) Siehe H. VINCENT-F. M. ABEL, *Jérusalem. Recherches de topographie, d'Archéologie et d'Histoire*, II, 1914, 1 ss.: Aelia Capitolina: „Aelius Hadrian avait décrété l'anéantissement définitif de Jérusalem". — Die Neugründung der Stadt als Aelia Capitolina geschah unter der Leitung des Aquila aus Sinope (WATZINGER, *Denkmäler Palästinas*, II, 1935, 79). Dass Hadrian an der Stätte des zerstörten Jerusalemer Tempels einen Jupiter-Tempel errichtet habe, berichtet nur Dio Cassius in einem Excerpt bei Xiphilin (11. Jahr.): καὶ ἐς τὸν τοῦ ναοῦ τοῦ θεοῦ τόπον, ναὸν τῷ Διὶ ἕτερον ἀντεγείραντος... (REINACH, *Textes d'auteurs Grecs et Romains relatifs au Judaïsme*, 1895, 198. Keinesfalls hat der Jupiter-Tempel auf der Ruine des alten Tempelgebäudes gestanden (vgl. Bd. I, 1970, 4). WERNER CASKEL geht aber zu weit, wenn er sagt: „Entgegen früheren Ansichten steht seit längerer Zeit fest, dass auf diesem Platz [*sc.* Ḥarām asch-scharīf] kein Tempel der ( ) durch Kaiser Hadrian gegründeten Römischen Kolonie Aelia Capitolina gestanden hat" (*Der Felsendom und die Wallfahrt nach Jerusalem*, 1963, 10-11), siehe VINCENT-ABEL, *o.c.*, 17 s.; vgl. WATZINGER, *Denkmäler*, II, 1935, 79 f. — Die Kodra im Chronikon Paschale (139 n. Chr.) ist der Ḥaram (VINCENT-ABEL, 14; WATZINGER, 80), nach SCHICK die Ḥarammauer (*Stiftshütte*, 1896, 217). Das τριχάμαρον ist nach VINCENT-ABEL das Capitolium (p. 10), nach WATZINGER eher ein Triumphbogen mit drei gewölbten Durchgängen (*o.c.*, 80), also der Hadrianbogen. Das Chronikon Paschale erwähnt auch Thermen, Theater, ein Tetranymphon und ein Dodecapylon, „cirque ou amphithéatre, précédemment connu sous le vocable de ‚Gradins' " (VINCENT-ABEL, p. 6). Da das Dodekapylon („Zwölftorbau") früher „die Stufen" genannt wurde (καὶ τὸ Δωδεκάπυλον τὸπρὶν ὀνομαζόμενον Ἀναβαθμοί, VINCENT-ABEL, p. 7 (Anm. 1), sah SCHICK hierin das Stufenpodium des herodianischen Tempels (*Stiftshütte*, *l.c.*). SCHICK meinte, das Dodekapylon sei der von Hadrian errichtete Jupiter-Tempel, „der auf eine Plattform gestellt wurde, wie es heute noch die grosse Kuppelmoschee „Es Sachra" ist" (*o.c.*, 217). Der Jupiter-Tempel wird doch wohl auf das alte Podium gestellt gewesen sein, denn hier gab es im Osten des zerstörten Tempelgebäudes Raum genug für den Bau eines römischen Tempels. Münzbilder aus der Zeit Hadrian's zeigen einen Tetrastyl-Tempel (VINCENT-ABEL, *o.c.*, Fig. 2, p. 10); es war also ein Gebäude mässigen Umfangs (vgl. VINCENT-ABEL, p. 18).

[2] M. AVI-YONAH, *Gesch. der Juden im Zeitalter des Talmud*, 1962, 50; JOSEPH VOGT, *Kaiser Julian und das Judentum*, 1939, 2: das „von den Juden an allen Orten gesprochen wird".

(Avi-Yonah, *o.c.*, 55; vgl. Clemens Thoma, *Auswirkungen*, *BZ*, NF 12, 1968, 198).
Dass nach der Zerstörung 70 n. Chr. der für die Sündenvergebung so wichtige
Opferdienst eingestellt wurde, lässt sich nach Alexander Guttmann nicht ausschliesslich aus der Tempelzerstörung erklären. Die Mischna lehrt, dass nach der
Zerstörung des Tempels die Stätte heilig blieb, „and suitable for offering sacrifices" (*The End of the Jewish Sacrificial Cult*, *HUCA*, XXXVIII, 1967, 137-148,
p. 139). Zwei andere Ursachen verhinderten die Wiederherstellung des Opfer-
kultus: die Ablehnung der Rabbinen die Macht der Priesterkaste wiederaufleben
zu lassen [3] und die Tatsache, dass die Römer keinen Hohenpriester mehr ernannten
(*id.*, p. 148). Als R. Josua, ein Schüler Jochanan ben Sakkai's über das Aufhören des
Opferdienstes klagte, antwortete Jochanan ihm mit dem Troste, „dass ihnen ein
ebenso wirksames Mittel der Sühne geblieben sei: die Wohltätigkeit" (*Abot de
Rabbi Nathan*, IV, bei D. J. Bornstein, *Jochanan ben Sakkai*, *EJ*, IX, 1932, 222-227,
S. 226; vgl. Jacob Neusner, *A Life of Yoḥanan ben Zakkai*[2], 1970, 189). Nach der
Meinung der Rabbinen repräsentierten Synagoge (Bethaus) und Lehrhaus den
Tempel vollgültig (Clemens Thoma, *Auswirkungen*, *BZ*, NF 12, 1968, 205). „Diese
Bet- und Lehrhausfrömmigkeit konnte eine solide Basis dafür bieten, überschweng-
liche Hoffnungen auf den Wiederaufbau des Tempels und die Wiederherstellung der
Eigenstaatlichkeit für die Jetztzeit zu dämpfen und auf das in unbestimmter Ferne
liegende Eschaton abzuschieben" (Thoma, *ibid.*). Vom 2. bis zum 4. Jahrhundert
gibt es aber Zeugnisse nicht einfach für die Hoffnung, sondern für die Erwartung
des Wiederaufbaus des Tempels [4], und dabei hatte man den Wiederaufbau wohl
nicht in einer unbestimmten Ferne gedacht. Zu den Rabbinen, welche den Wiederaufbau in einer geschichtlichen Zukunft vorstellten, muss der Verfasser des Mischna
Traktates Middot (die Masse des Tempels enthaltend) gerechnet werden. Nach
späterer Tradition war R. Eliezer ben Jakob der Verfasser des Traktates (*Yoma*
I, 2). Die hebräisch geschriebene Mischna ist im 2. Jahrhundert n. Chr. redigiert
worden [5]. Im Traktat Tamid wird die Darbringung des täglichen Opfers am Morgen
und am Nachmittag „und die ihr vorangehenden und sich an sie anschliessenden
Dienstverrichtungen der Priester im Heiligtum" erzählt (J. Cohn, *Mischnajot*, V,
1925, 444). Auch der (oder die) Verfasser dieses Traktates wird (werden) wohl mit
dem Wiederaufbau des Tempels in einer geschichtlichen Zukunft gerechnet haben.
Worauf die Erwartung sich gründete, bleibt, wenn wir absehen von messianischen
Hoffnungen (4. Esra und Baruchbuch), eine Frage. Auch Ezechiel hatte den Wieder-

---

[3] Die Priester haben, wie wir oben sahen, Julian's Plan, den Tempel wieder aufzubauen, nicht
abgelehnt.

[4] H.-L. Strack-P. Billerbeck, *Kommentar zum Neuen Testament aus Talmud und Midrasch*, I, 1922,
1004 f., IV, 884 f., bei Vogt, *o.c.*, 30.

[5] J. Z. Lauterbach, Art. *Mishnah*, *JE*, VIII, 1916, 609-619. — Das alte Gesetz hatte „Thou

aufbau des Tempels in einer geschichtlichen Zukunft erwartet (siehe WALTHER ZIMMERLI, *Ezechiel, BKAT*, Bd. XIII/1, 1. Teilband, 1969, 102*). Dass es nach dem Zusammenbrechen des Bar Kochba-Aufstandes noch Nationalisten gegeben hatte, dürfte mehr als wahrscheinlich sein. Hadrian's Dekrete deuten wohl darauf, dass die Römer eine Wiederholung des Aufstandes nicht für unmöglich gehalten hatten. Nach dem Bar Kochba-Krieg haben aber die Juden weder im 2. noch im 3. Jahrhundert versucht, das römische Joch abzuschütteln. Erst unter Konstantin dem Grossen (324-337) scheinen sie versucht zu haben, den Tempel wiederaufzubauen, wenigstens berichtet dies Joh. Chrysostomus in seiner 6. Rede gegen den Juden. „Und man versuchte es [*sc.* den Wiederaufbau des Tempels] wieder in den Tagen Konstantins, und der Kaiser, als er von diesem Versuch erfuhr, liess ihnen die Ohren abschneiden und sie so überall hinführen" (bei AVI-YONAH, *Geschichte der Juden im Zeitalter des Talmud*, 1962, 177-188). AVI-YONAH bemerkt dazu: „es ist möglich, dass Verzweiflung eine Anzahl von Juden zur Zeit des Konstantins bewog, den Versuch zu unternehmen Jerusalem zu erobern und den Tempel zu errichten, bevor die ganze Stadt christlich wurde. Ihr Unternehmen misslang ..." (*l.c.*) [6]. Wenn Midd. II, 5 (HOLTZMANN, *Middot*, 1913, II 5 b) über die vier Kammern an den Ecken des Frauenhofes gesagt wird: „so werden sie sein" (HOLTZMANN), besagt dies nicht, dass der Traktat im eschatologischen Sinne geschrieben ist. COHN übersetzt die Stelle: „so werden sie auch in Zukunft sein" (*Mischnajot*, V, 1925, z.St.). Wo es sich um den eschatologischen Tempel handelt, wie bei Saadia Gaon (10. Jahrh. n. Chr.), ist es der ezechielische Tempel, der als Beispiel dient. „The Temple will be of the form explained by Ezekiel ... They will be studded with jewels and precious stones ..." [7]. Die bezügliche Middot-Stelle beweist aber, wie HOLTZMANN betont (*l.c.*), dass der Traktat nicht in antiquarischem Interesse geschrieben ist. Der Verfasser beabsichtigte nicht ein getreues Bild des herodianischen Tempels zu geben. „Er beschreibt den Tempel nicht um der Vergangenheit willen, sondern im Blick auf die Zukunft" (HOLTZMANN, *o.c.*, 2). Die Frage, ob der herodianische

---

shalt not „als" key-note. It was concerned chiefly with guarding the rights of persons. The new law, which was afterward gathered and written down in Mishnah, was mandatory rather than prohibitive. It was chiefly concerned with the enforcement of rights created by contract, express or implied. Thus, the new law was the necessary complement to the old law of the Torah" (DANIEL WERNER AMRAM, *JE*, VII, 1916, 633-635, Art. *Law, Civil*). — Über Mischna-Studien: J. NEUSNER (Ed.), *The Modern Study of the Mishnah* (Leiden 1973). Sammelband von 15 Beiträge mit Übersicht von J. H. ZAIMAN, *The Traditional Study of the Mishnah* (Bücherschau *ZAW*, 87, 1975, 123-124).

[6] Die Furcht, die ganze Stadt könnte christlich werden, ist sicher durch die Errichtung der Grabeskirche (Anastasia) mit Basilika in Jerusalem, die der Himmelfahrtskirche auf dem Ölberg, erhöht worden.

[7] *The Book of Beliefs and Opinions*. Transl. SAMUEL ROSENBLATT, 1948, 309 f. — Saadia Gaon ben Joseph aus Ägypten (942 gestorben) in Sura (Babylonien) war der erste Jude, der die Bibel ins Arab. übersetzte (*RB*, 71, 1964, 305-306).

Tempel nach Flavius Josephus' Beschreibung des Tempels, oder nach dem Traktat Middot zu rekonstruieren sei, haben wir schon im ersten Bande zu Gunsten des Josephus beantwortet [8]. Sie soll hier noch etwas eingehender beleuchtet werden.

2. *Josephus oder Middot?* Der Verfasser eines 1886 erschienenen Aufsatzes, „*The Herodian Temple, according to the Treatise Middoth and Flavius Josephus*" (*PEQ QuSt*, 1886, 92-113) betonte, dass man für die Rekonstruktion des herodianischen Tempels stets nur dem jüdischen Geschichtschreiber und nicht dem Verfasser des Traktates Middot Glauben geschenkt habe (p. 93). Man habe den Rabbinen „not considered competent to give evidence" und die Rabbinen seien „in this, as in other cases, the object of the most contemptuous attacks for negligence and untrustworthiness" gewesen (*ibid.*) [9]. Der Verfasser versuchte „by means of a closer investigation of the two, to harmonise, where possible, what appears to be discrepancies; or, where this is impossible, to reduce the divergence to its smallest dimensions, and to establish the correctness of the statements in the Mishna" (*ibid.*). Dass J. HILDESHEIMER schon ein Jahrzehnt früher (1876) versucht hatte, das Problem des herodianischen Tempels auf ähnliche Weise zu lösen, ist dem Verfasser des Aufsatzes offenbar nicht bekannt gewesen. Hildesheimer stellte die Angaben des Traktates neben die des Josephus und statt die Unterschiede hervorzuheben, versuchte er sie miteinander in

---

[8] Bd. I, 1970, 41 f.

[9] L'EMPEREUR, *Kommentar zum Traktat Middot der Mishnah*, war schon 1630 erschienen. — GUIL SURENHUSIUS, *Mischnah, VI Tomi in fol.*, wovon Tomus V mit dem Traktat Middot, erschien 1702. — LIGHTFOOT (17. Jahrh.) hatte hauptsächlich den Talmud seiner Untersuchung zugrunde gelegt, daneben aber auch Josephus' Beschreibung des Tempels benutzt: *Descriptio Templi Hierosolymitani Praesertim quale erat tempore Servatoris nostri*. JOANNIS LIGHTFOOTI, *Opera Omnia* Tom I (1650/1686, p. 549-756), Caput II. Mensura soli Montis Templi, p. 554: „quingentos cubitos supra quingentos cubitos, hoc est, tetragonum perfectum quingentorum cubitorum...". Das sind die Masse aus Middot (II, 1) und, wie LIGHTFOOT (*l.c.*) bemerkt, aus Ezechiel (42, 16-20). Caput V, De Occidentalibus Portis; p. 558 heisst es, in talmud. Schriften gibt es nur ein Westtor, bei Josephus vier. Caput VIII handelt über die Στοὰ Βασιλική, die nur von Josephus erwähnt und beschrieben wird (p. 564). Caput XI p. 570 ff. handelt über den herodianischen Tempel nach Talmud, Maimonides und Josephus. — JACOB JEHUDA LEON (1602-1675) benutzte für sein Tempelmodell (Tempel Salomos) ausser der Beschreibung im Buch Könige sowohl Josephus' Beschreibung des herodianischen Tempels als die im Traktat Middot. Die Burg Antonia stammt aus Josephus' Beschreibung, seine Notiz über die jungen Priester, die an goldenen Ketten emporstiegen und die Kränze in den Fenstern sahen, stammt aus Middot (III, 8). So auch die Notiz über die Schächte im Obergemach des Allerheiligsten, durch die man die Arbeiter in Kästen hinabliess für Herstellarbeiten am Allerheiligsten (Middot, IV, 5). A. K. OFFENBERG, der einen schönen Artikel über Templo schrieb (in *De Tempel van Salomo*. Rijksmuseum Meermanno-Westreenianum, 1976, 54-75), hält diese Notiz irrtümlich für Fantasie Templo's (p. 60). — A. HIRT (Anfang 19. Jahrh.) hat bei der Rekonstruktion des herodianischen Tempels den Traktat Middot ganz unbeachtet gelassen (*Abh. Preuss. Ak. 1816-17, hist. phil. Kl.*, Berlin 1819, 9 ff., bei G. B. WINER, *Bibl. Realwörterbuch*, II, 1848, 579, Anm. 1). WINER selbst folgte hauptsächlich Josephus (*o.c.*, 578 ff.). — Es liegt auf der Hand, dass wir in diesem Kapitel nur Middot benutzen und zwar OSCAR HOLTZMANN, *Middot* (*Von den Massen des Tempels*). Text, Übersetzung und Erklärung, 1913 und J. COHN, *Mischnajot. Die sechs Ordnungen der Mischna*. Hebr. Text mit Punktation, deutscher Übersetzung und Erklärung, Teil V, 1925, 478-511: Middot.

Übereinstimmung zu bringen [10]. „Cette réaction justifiée paraît cependant avoir fait surgir un écueil de tout autre sorte: celui d'amalgamer au petit bonheur les données talmudiques et celles de Josèphe, pour reconstruer une image plus complète du Temple; aussi bien est-ce aujourd'hui le fait d'à peu près toutes les monographies publiées" (VINCENT, l.c., p. 5). VINCENT, der den herodianischen Tempel zu recht nach Josephus' Beschreibung rekonstruierte [11] und den im Traktat beschriebenen Tempel ebenfalls zu recht als eine Schöpfung des Verfassers des Traktates betrachtet [12], hatte das Problem: Josephus oder Middot, vereinfacht. Zur Lösung des Problems des herodianischen Tempels kann Middot auf dreierlei Weise verwendet werden. Am radikalsten sind die Gelehrten verfahren, welche Middot über die Beschreibung des Flavius Josephus gestellt haben (in unserer Zeit u.a. CARL WATZINGER [13]

[10] *Die Beschreibung des herodianischen Tempels im Tractate Middoth und bei Flavius Josephus. Jahrberichte für Rabbiner-Seminars für orthodoxes Judenthum*, 1876-77, S. 1-32, bei L. H. VINCENT, *Le Temple Herodien d'après la Misnah*, *RB*, 61, 1954, 5-35, 398-418, p. 5. — E. STAPFER (1885) benutzte für seine kurze Beschreibung des dritten Tempels sowohl Middot als Josephus, ohne den Versuch, die beiden Beschreibungen zur Übereinstimmung zu bringen: der Aussenhof 500 × 500 Ellen (Middot) wurde Hof der Heiden genannt (Josephus). „Du côté de l'Orient [*sic.* muss sein „de l'Est" Verf.] était la porte de Suse" (Middot). Im Süden zwei Tore (Middot), im Westen vier (Josephus) „et une au Nord" (Middot). „A l'intérieur du parvis et le long des murs regnaient des portiques" (Josephus). Auf der Südmauer stand die στοὰ βασιλική (Josephus). Der Frauenhof misst 135 × 135 Ellen (Middot). In den vier Ecken des Frauenhofes waren „quatre petites cours..." (Middot) (*La Palestine au temps de Jésus Christ*, 1885, p. 392 ss.). — Auch CONRAD SCHICK vermischte talmudische Daten mit solchen aus Josephus. Das Podium hatte nach Josephus 14 Stufen; nach Middot 12. SCHICK meinte, im Osten gab es 14 Stufen, im Westen 10 „also im Durchschnitt 12 Stufen" (*Die Stiftshütte*, 1896, 155). Im Ganzen folgte er aber Josephus: nach der Mischna gab es im Westen nur ein Tor, nach Josephus vier: kein Zweifel, sagt SCHICK: vier Tore (S. 177). SCHICK meinte, die Mischna erwähnt nur das oberhalb der Einfriedigung der Westhalle durchschneidendes Tor (*ibid.*). Im Traktat gibt es aber keine Säulenhallen! — PAUL BERTO hat 1910 den Tempel des Herodes nach Josephus (schematisch) rekonstruiert (*REJ*, LX, 1910, Pl. VIII-X, p. 22-23), den Plan des Tempelgebäudes freilich komplettiert mit Details aus Middot (*l.c.*, Pl. III, p. 16 und Pl. VII, p. 21). — J. D. EISENSTEIN rekonstruierte den Grundriss des dritten Tempels ausschliesslich nach dem Talmud (*JE*, XII, 1916, Fig. p. 93, hier Abb. 348). Die Rekonstruktion ist von der von uns vorgeschlagenen (Abb. 344) in wichtigen Punkten verschieden — es fehlt z.B. das zwölfstufige Podium.

[11] *Jérusalem de l'Ancien Testament*, II-III, 1956, 432 ff., Pl. CII und Fig. 143, p. 460 [hier Bd. I, 1970, Abb. 24, S. 74]; 433 ss.: *Bell. Jud.* V, 5, 1-6 §§ 184-226; *Antiq.* XV, 11, 1-3 §§ 380-402; 5-7 §§ 410-425.

[12] *Le Temple Hérodien d'après la Misnah*, *RB*, 61, 1954, 5-35, 398-418, Fig. 1, p. 7: Placement du temple de la Misnah sur le Haram; Fig. 2, p. 15: Plan détaillé du temple de la Misnah; Ders., *Jérusalem de l'Ancien Testament*, II-III, 1956, 496 ss.

[13] *Denkmäler Palästinas*, II, 1935, 41 ff., Abb. 25-28, Taf. 6-7. „Über den Neubau des zweiten Tempels durch Herodes liegt in der Mischna eine zuverlässige, auf einen Augenzeugen zurückgehende Überlieferung vor, während die davon abweichenden Angaben des Josephus sich aus seiner Neigung zu tendenziöser Übertreibung oder aus ungenauer Erinnerung erklären werden" (S. 41; vgl. A. KUSCHKE in *BR*, 2, 1977, 341). ABRAHAM SCHALIT hat WATZINGER's Ansicht, wie wir Kap. XIII. gesehen haben, mit recht zurückgewiesen (*König Herodes*, 1969, 392, Anm. 845). — RUDOLF KITTEL mag recht haben, wenn er sagt, dass in Middot „ein im grossen Ganzen wohl unterrichteter nüchtern urteilender Mann zu uns redet" (*Studien zur Hebräischen Archäologie und*

und MICHAEL AVI-YONAH) [14]. Es sind wohl gewisse (oder vermeintliche) Übertreibungen bei Josephus, welche dazu führten, Josephus' Beschreibung beiseite
zu schieben. Ein anderer Grund liegt zweifellos darin, dass die Verteidiger der
Mischna die Beschreibung im Traktat nicht nach der technischen Seite besehen
haben. Zwei Beispiele mögen vorläufig genügen um klar zu machen, dass der
herodianische Tempel nicht nach Middot zu rekonstruieren sei: Middot II 6 a
heisst es: „Und fünfzehn Stufen stiegen aus ihm [*sc.* dem Frauenhof] empor zum
Vorhof Israels ...". Nach Middot II 3 c waren die Höhe und die Breite aller Stufen
des Tempels eine halbe Elle. Fünfzehn Stufen ergeben eine Gesamthöhe von 7½
Ellen (ca. 4 m; die Elle zu 52½ cm) [15]. Bei dieser grossen Höhe der Treppe hätten
die Frauen gar keine Beteiligung an den im Altarhof vollzogenen Opferhandlungen
gewinnen können. Zweites Beispiel: Nach Middot IV 5 führte ein aussen am Umbau
liegender Rundgang zum Dach des Umbaus und zum Eingang des Obergeschosses.
Dieser aus dem ezechielischen Tempelentwurf stammende Rundgang am Umbau
würde die Beleuchtung vieler Kammern des Umbaus — wie am ezechielischen
Tempel — unmöglich gemacht haben [16].

Die zweite Art der Verwendung des Traktates bei der Rekonstruktion des herodianischen Tempels ist die, welche von VINCENT ins Licht gestellt wurde: sie
versucht beide Beschreibungen, die des Josephus und die des Traktates, miteinander
in Übereinstimmung zu bringen. Das Werk von F. J. HOLLIS, *The Archaeology of
Herod's Tempel* (1934) ist ein Beispiel dafür, dass dies nicht zum Ziel führen kann.
Der Umfang des Tempelberges, nach Middot (500 × 500 Ellen; Midd. II, 1), lässt
sich mit dem Umfang des herodianischen *hieron* nicht in Einklang bringen. HOLLIS
meint zwar, die Diskrepanz zwischen Middot und Josephus hinsichtlich des Umfangs des Tempelberges sei nicht gross, nur dass die von Josephus gegebenen
Masse auf ungefähren Schätzungen beruhen (*o.c.*, 117); HOLLIS geht aber davon aus,
dass das herodianische *hieron* sich nicht über die Linie des sogenannten Throns
Salomos [17] ausgedehnt habe (*o.c.*, 106). Der im Traktat genannte Umfang des Tempelberges (500 × 500 Ellen) soll dem des Tempelberges zur Zeit des Herodes

Religionsgeschichte, 1908, 80), dies impliziert nicht, dass er eine genaue Beschreibung des historischen
herodianischen Tempels gibt bzw. geben wollte.

[14] *Tarbiz* 29, 1959-60, 218-221 (hebr.), bei LOUIS FELDMAN, *Scholarship on Philo and Josephus* (1937-
1962), p. 47: M. AVI-YONAH „contends that both the Mishnah and J. are describing Herod's Temple;
unlike VINCENT, he concludes that the Mishnaic tradition, which goes back to a period considerably
earlier than J., is more trustworthy since J. wrote when the Temple was in ruins"; Ders., *Sepher
Yerushalayim* (The Book of Jerusalem, 1956) (hebr.), I, Fig. p. 399, 401, 402, 405 [hier Bd. I, 1970,
Abb. 23, S. 73]. — Auch S. ZEITLIN beschreibt den herod. Tempel nach Middot und Talmud (*The
Temple and Worship, JQR*, 51, 1961, 209-241, 210 f.).

[15] HOLTZMANN, *Middot*, 1913, 15; vgl. J. JEREMIAS, *ZDPV*, 65, 1942, 117, Anm. 6.

[16] Siehe oben Kap. IX: Der ez. Tempelentwurf, B, 6: Der Umbau.

[17] Siehe Bd. I, 1970, Abb. 4, S. 9: *Ḥarām asch-scharīf*; etwa 33 m nördlich des Goldenen Tores.

ungefähr entsprochen haben. Josephus weiss aber nichts von einem herodianischen *hieron* quadratischen Grundrisses. Wo er über ein Quadrat spricht, hat er den salomonischen bzw· nachsalomonischen Tempelberg im Auge[18].

Es gibt noch eine dritte Art die Tempelbeschreibung des Traktates bei der Rekonstruktion des herodianischen Tempels zu benutzen und diese dient doch auch „pour reconstituer une image plus complète du Temple". Sie lässt sich nicht einfach beiseite schieben, wiewohl VINCENT sie offenbar ablehnt. O. HOLTZMANN betont mit Recht, dass Middot „auch wertvolle Beiträge zu unserer Kenntnis des herodianischen Tempels" bietet (*Middot*, 1913, IV). Da Josephus keine Masse der Höfe und keine Gesamtmasse des Innenheiligtums erwähnt, mussten wir bei unserer Rekonstruktion (Kap. XIII) die Masse aus dem Traktat Middot ableiten. Dass sie den Tatsachen genau entsprochen haben, steht natürlich nicht ausser Zweifel; es gibt aber keine andere Möglichkeit, die Masse zu bestimmen. Es empfiehlt sich doch mehr von diesen Massen auszugehen als ganz in der Luft schwebende Masse anzunehmen. Wie wir bei der Besprechung des Brandopferaltars gesehen haben, stimmen die in Middot genannten Masse des Altars (32 × 32 Ellen) besser zu der Front des Tempelgebäudes als die von Josephus genannten (50 × 50 Ellen). Es spricht also nichts dagegen, hier dem Traktat zu folgen[19]. Ein anderes Beispiel liefert der Middot IV, 6 genannte Tropfraum oberhalb des Hekal. Aus Josephus' Beschreibung des Tempels lässt sich schliessen, dass es oberhalb der 90 Ellen hohen Vorhalle einen etwa 5 Ellen hohen leeren Raum gegeben haben muss. Dieser Raum lässt sich, Middot folgend, als Tropfraum deuten und berechtigt uns auch oberhalb des Heiligen einen „Tropfraum" anzunehmen, dessen Zweck nun aber war, das Heilige schallsicher zu machen. Bei Benutzung des Traktates auf diese Weise kann man nicht sagen, es werde damit beabsichtigt, beide Beschreibungen, die des Josephus und die des Traktates, miteinander in Übereinstimmung zu bringen.

[18] *Antiq.* XV, 11, 3 § 397 f., § 400. Das hatte schon MELCHIOR DE VOGÜÉ richtig gesehen (*Le Temple de Jérusalem*, 1864, 19). Das *hieron* bildete damals, meinte Josephus, ein Quadrat von 1 × 1 Stadie. J. FERGUSSON hielt dies für den Umfang des herodianischen *hieron* (*The Temples of the Jews*, 1878, 71 f.). Es heisst dann p. 280: „there is not a single expression either in Josephus or the Talmud that would lead us to suppose that the Temple of Herod was anything but a square". Josephus sagt aber, dass der Umfang der Säulenhallen 6 Stadien beträgt (*Bell. Jud.* V, 5, 2 § 192) und das stimmt, wie wir Kap. XII. gesehen haben, zu dem Umfang des *Ḥarām asch-scharīf*.

[19] Vgl. KITTEL, *Studien*. 1908, 80-81: „Nun sind die 50 Ellen Grundfläche des Josephus sowohl den bisherigen Dimensionen des Altars als auch den übrigen Verhältnissen am Tempel gegenüber so ausserordentlich, dass man schon umdessenwillen geneigt sein wird, die 32 Ellen der Mischna vorzuziehen". Vgl. F. SPIESS, *Das Jerusalem des Josephus*, 1881, 92; G. DALMAN, *Orte und Wege Jesu*, I³, 1924, 319, Anm. 3. — Wir stellten die Masse des herodianischen Altars auf 30 × 30 Ellen.

[20] Dies lässt sich vermutlich erklären aus „schrankenloser Hochschätzung", welche christliche Schriftsteller vom Mittelalter bis zum 15. Jahrhundert für Josephus gezeigt haben. Im letzten Viertel des 15. Jahrhunderts macht dies „allmählig einem kritischeren Verständnis Platz" (HEINZ SCHRECKENBERG, *Die Flavius-Josephus-Tradition in Antike und Mittelalter*, 1972, 170).

Im 19. Jahrhundert klagte man darüber, wie wir gesehen haben, dass man bei der Rekonstruktion des herodianischen Tempels die Notizen der Rabbinen über den Tempel kaum beachtet habe [20]. Ganz anders schrieb PAUL BERTO im Jahre 1910: „Il est vraiment à regretter que les divers savants, qui ont jusqu'ici dépensé des efforts considérables à nous donner une idée du Temple de Jérusalem, aient si peu tenu compte des données de l'historien juif" [21]. Etwa fünfzig Jahre später (1954) hat der grosse französische Palästinologe L. H. VINCENT († 1960) Josephus' Beschreibung des herodianischen Tempels klar über die des Traktates Middot gestellt: Josephus „s'efforçait de décrire un monument réel, devenu sous ses yeux une épave archéologique; les talmudistes, au contraire, faisant abstraction radicale d'archéologie, se donnaient la tâche de fixer l'image rituelle du monument à réaliser dans l'ère messianique" (VINCENT, in *RB*, 61, 1954, 417; vgl. Ders., *Jérusalem de l'Anc. Testament*, II-III, 1956, 496 ss., 525). Ganz richtig ist dies freilich nicht, denn es unterliegt nicht dem Zweifel, dass sich im Traktat Elemente nachweisen lassen, die dem herodianischen Tempel entnommen sind. Hier drängt sich also die Frage nach den Quellen des Traktates auf.

3. *Die Quellen.* J. BRANDT vermutet, dass der Verfasser des Traktates nicht den herodianischen Tempel, sondern den Tempel Serubbabels beschreibt [22]. Das Alte Testament enthält bekanntlich keine Beschreibung des serubbabelschen Tempels. Es finden sich im Traktat nichtsdestoweniger Erinnerungen an den zweiten Tempel. Middot III, 8 heisst es: „Und die Kronen sollen dem Helam, dem Tobia, dem Jedaja und dem Chen, Söhne des Zefanja, zum Andenken sein im Hekal des Ewigen". Es sind dies die Sacharja 6, 14 angeblich im serubbabelschen Tempel untergebrachten Kronen. HOLTZMANN nennt dies ein Beispiel dafür, „wie sehr dem Verfasser alle Tempeleinrichtungen unabänderlich weiterdauern: die nach Sach. 6:14 im Tempel aufgehängten Kränze sollen noch im herodianischen Tempel gehangen haben. Das ist die Art orientalischer Heiligtumsüberlieferung" (MIDDOT, 1913, 4). Es werden uns in der Beschreibung noch mehrere Beispiele begegnen, welche dafür zeugen, dass der Verfasser seinen Tempel mit dem zweiten Tempel verknüpft hat. Aber nicht nur mit dem Tempel Serubbabels. Wo der Verfasser die Kammern des Umbaus erwähnt (IV, 4) heisst es: „Der untere war fünf Ellen breit und die Decke sechs, der mittlere sechs und die Decke sieben, der obere sieben, denn so heisst es: „Der untere Anbau war fünf Ellen breit, der mittlere sechs Ellen breit, und der dritte sieben Ellen breit". Hier wird also klar auf die Beschreibung des salomonischen Tempels im Baubericht der Bücher Könige hingewiesen (1. Kön. 6, 6). Es ist dies

---

[21] *Le Temple de Jérusalem, REJ*, 59, 1910, 14-35, 161-187; 60, 1910, 1-23, p. 179.
[22] *Some observations on the Second Temple Edifice, Tarbiz*, 1959-1960, 210-217 (hebr.), bei LOUIS FELDMAN, *Scholarship on Philo and Josephus* (1937-1962), *Studies in Judaica*, p. 47.

wie HOLTZMANN bemerkt (*o.c.*, 3) das einzige Mal, wo im Traktat ausdrücklich auf
den salomonischen Tempel hingewiesen wird; die Stelle beweist aber, dass der
Verfasser den Baubericht der Bücher Könige benutzt hat. An fünf Stellen wird ausdrücklich auf den ezechielischen Tempel hingewiesen, von denen hier nur eine
erwähnt sei. Middot IV, 2 heisst es: „bei dem grossen Tor waren zwei Seitenpforten, „eine auf der Nordseite und eine auf der Südseite, die südliche wurde nie
von einem Menschen benutzt, auf sie bezieht sich der Ausspruch in Ezechiel:
„Und der Einige sprach zu mir: Dieses Tor soll geschlossen bleiben, es soll nicht
geöffnet werden und niemand dadurch eintreten, denn der Ewige, der Gott Israels,
tritt durch dasselbe ein, geschlossen soll es bleiben" (Übers. COHN; vgl. Ez. 44, 2).
Während an dieser und vier anderen Stellen klar auf Ezechiel hingewiesenwird, gibt
es in der vom Verfasser beschriebenen Anlage des Heiligtums zwei Daten, welche
obwohl Ezechiel hier nicht erwähnt wird, bestimmt dafür zeugen, dass der Verfasser sie dem ezechielischen Tempelentwurf entlehnt hat. Es ist dies erstens die
Quadratform und Grösse des heiligen Bezirkes: 500 × 500 Ellen (Middot, II, 1).
Es sind die Zahlen aus Ezechiel 42, 16-20 (vgl. HOLTZMANN, *Middot*, 1913, 44;
W. ZIMMERLI, *Ezechiel*, 2, 1969, 1068: „Die Vermessung in b Mid. II 1 dürfte
biblizistisch an Ez. 42 15 ff. angeglichen sein"). Da bei Ezechiel (42, 16) von Ruten
die Rede ist (500 × 500 Ruten = 3000 × 3000 Ellen), hält HOLLIS es für ausgeschlossen, dass die im Traktat genannten Zahlen aus Ezechiel stammen (*Archaeology
of Herod's Temple*, 1934, 117). HOLLIS meint, sie aus dem südlichen Teil des Tempelplatzes ableiten zu können (*o.c.*, 113 ff.). Solche schöne runde Zahlen lassen sich auf
dem Ḥarām asch-scharīf nicht nachweisen. „Fünfhunderd Ruten" (חמש־אמות קנים)
ist übrigens wie WALTHER ZIMMERLI betont nicht ursprünglich. Der ursprüngliche
Text ist Ez. 42, 20 sichtbar: חמש אמות ohne Beifügung der Masseinheit (*Ezechiel*, 2,
1969, 1066, Anm. d). Der ezechielische Tempelbezirk war 500 × 500 Ellen gross.
Die zweite Gegebenheit, welche bestimmt auf den ezechielischen Tempel hinweist,
wiewohl der Prophet hier nicht genannt wird, liegt im Rundgang am Umbau des
Tempelgebäudes, der oben schon zur Sprache kam. Vielleicht ist der Verfasser des
Traktates der Meinung gewesen, dass auch der Tempel Serubbabels diesen Rundgang enthalten habe; er stammt nichtsdestoweniger aus dem ezechielischen Tempelentwurf. Verschiedene Elemente des neuen Tempels stammen zweifellos aus dem
herodianischen Tempel. Auf der Südseite hat der heilige Bezirk zwei Tore, die beiden
Hulda-Tore (Middot, I, 3) [23]. Es sind dies das Zweifache und Dreifache Tor an der
Südmauer des Ḥarām asch-scharīf. Wie beim herodianischen Tempel steht auch hier
das Innenheiligtum auf einem gestuften Podium. Fünfzehn Stufen führen vom

---

[23] Siehe für dies und die folgenden Details weiter unten Abschn. A: Der Tempelberg; B: Das
Innenheiligtum; C: Das Tempelhaus.

Frauenhof zum Innenhof empor; zwölf Stufen führen zum Eingang der Vorhalle des Tempelgebäudes. Der Innenhof hat auf der Nord- und Südseite drei Tore. Wichtig sind auch neue Gedanken, welche der Verfasser dem Entwurf einträgt. Hierzu gehört das Fehlen der Säulenhallen im Innenhof und Aussenhof. Sie fehlten zwar auch am salomonischen Tempel, daraus allein lässt sich das Fehlen von Säulenhallen im Middot-Tempel aber nicht erklären. Die Säulenhalle war eine heidnische Bauform und so wie heidnische Bauformen am *naos* des herodianischen Tempels verpönt waren, so sollten sie am künftigen Heiligtum ganz fehlen (siehe auch Bd. I, 1970, 42). Während der Aussenhof des herodianischen Tempels den Heiden zugänglich war und Aufschriften am „unteren" Tempelhof den Zugang zum Innenheiligtum den Heiden bei Todesstrafe verboten, findet sich in Middot kein Hinweis darauf, dass Heiden den Aussenhof betreten durften und so gibt es hier auch keine Aufschriften, welche vor dem Betreten des Innenheiligtums warnen (vgl. VINCENT, *RB*, 61, 1954, 408). Das Fehlen heidnischer Bauformen und die exklusiv jüdische Bestimmung des Middot-Tempels stimmen zu der von den Rabbinen vorgeschriebenen Trennung der Juden von der Welt der Heiden. „The actual situation of the Jews in the second and third centuries necessitated their social isolation from the Gentiles" (U. E. URBACH, *The Rabbinical Laws of Idolatry in the Second and Third Centuries in the Light of Archaeological and Historical Facts, IEJ*, 9, 1959, 149-165; 229-245, p. 241 f., 243). Gewiss war nach anderen rabbinischen Schriftstellern der Aussenhof den Heiden zugänglich (Kelim I, 8); wir haben es hier aber nur mit der Ansicht des Verfassers des Traktates Middot zu tun.

OSCAR HOLTZMANN betont, dass Ezechiel seinen Tempel der Zukunft bewusst dem zerstörten Tempel entgegen stellt; der Verfasser des Traktates Middot sein Idealbild des Tempels im Anschluss an Bibel und geschichtliche Erinnerungen so aufbaut, „dass er es als das getreue Spiegelbild des bis zur Zerstörung vorhanden gewesenen Tempels betrachtet" (*Middot*, 1913, V-VI). Über das Fehlen der Säulenhallen geht HOLTZMANN hinweg. Der Verfasser des Traktates hat damit seinen Tempel doch bewusst dem herodianischen Tempel entgegen stellen wollen. Der Terminus „Idealbild" soll nicht den Gedanken an einen „Idealentwurf" aufrufen. Der Verfasser hatte seine Schöpfung gewiss nicht als solchen betrachtet. „Le Temple qu'il se préoccupe de concrétiser est l'image de celui qui doit, dans une restauration future, reponde à toutes les prescriptions divines successives depuis l'ère du Tabernacle, et s'adapter aux raffinements du rituel très élaboré de son temps suivant les concepts du pharisaïsme" (L. H. VINCENT, *RB*, 61, 1954, 403).

A — DER TEMPELBERG
(Abb. 343)

1. *Umfang*. Der Umfang des „Tempelberges" (הר הבית) beträgt 500 × 500 Ellen (Midd. II, 1). Umfang und Quadratform stammen, wie wir sahen, aus dem ezechielischen Tempelentwurf. Während aber bei Ezechiel das Innenheiligtum genau in die Ost-West Achse des Bezirkes gestellt ist und der Raum auf der Ostseite des Innenheiligtums dem auf der Nord- und Südseite entspricht (Kap. IX, Abb. 177), liegt das Innenheiligtum des Middot-Tempels nach Norden und Westen zu verschoben. Der Raum auf der Südseite des Innenheiligtums ist der grösste, „der zweitgrosse der auf der Ostseite, der drittgrosse auf der Nordseite, der kleinste auf der Westseite" (Midd. II, 1) [24].

2. *Die Tore des Tempelberges* (Abb. 343: I-V). „Fünf Tore hatte der Tempelberg: die beiden Hulda-Tore auf der Südseite, sie dienten als Eingang und Ausgang, das Kiphonos-Tor auf der Westseite, es diente als Eingang und Ausgang, das Tadi-Tor auf der Nordseite, es war gar nicht zum Gebrauch bestimmt, das Ost-Tor, über dem sich ein Bild der Residenz Susa befand, durch dieses gingen der Hohepriester, der die [rote] Kuh verbrannte, die Kuh, und alle die bei ihr Hilfe leisteten, zum Ölberg hinaus" (Midd. I, 3, Cohn).

Die beiden Hulda-Tore sind, wie schon bemerkt, mit dem zweifachen und dem dreifachen Tor an der Südmauer des Ḥarām asch-scharīf zu identifizieren (vgl. VINCENT, *RB*, 61, 1954, 9). Nach E. SCHÜRER ist nicht zu bezweifeln, dass der Name Hulda-Tor so viel wie „Tunnel-Tore" bedeutet (*ZNW*, 7, 1906, 53). Der Name soll also von dem im Inneren des Plateaus gelegenen Aufgang stammen [25]. „Auf der Seite, auf der seine Ausdehnung [*sc.* des Tempelberges] am grössten war, dort war er auch am meisten benutzt" (Midd. II, 1). Das war, wie wir sahen, die Südseite. „Jeder, der den Tempelberg betrat, wandte sich beim Eintritt nach rechts, ging

[24] Die nach Norden und Westen zu verschobene Lage des Heiligtums stammt vom herodianischen *hieron* (Kap. XIII. und Abb. 253). In dem von VINCENT vorgeschlagenen Lageplan liegt das Heiligtum in der Ost-West Achse des Tempelberges (*RB*, 61, 1954, Fig. 1, p. 7). Dies streitet mit Middot II, 1, wo es heisst, dass der Raum auf der Südseite der grösste war. — Das Mass 500 × 500 Ellen ist, anders als bei Ezechiel wo es das Aussenmass angibt, als Innenmass zu betrachten; dafür spricht das genaue Mass der Höfe des Innenheiligtums (siehe weiter unten). Rabbi ABRAHAM BEN DAVID in seinem Kommentar zu Middot gibt für die verschiedenen Abstände die folgenden Masse: im Süden 205, im Osten 115, im Norden 100, im Westen 63 Ellen (*Commentarius de Templo*, in *Thesaurius antiquitatum* etc. des *Ugolinus*, Venedig, 1748, tome IX, bei MOMMERT, *Topographie des alten Jerusalem*, II, 1903, 213 ff.). Wert für die Rekonstruktion haben diese Zahlen nicht. Von Ost nach West gibt es nach R. BEN DAVID: 115 + 135 (Tiefe des Frauenhofes) + 187 (Tiefe des Innenhofes) + 63 = 500 Ellen. Rechnet man die Mauerstärke hinzu, erhält man natürlich andere Masse.

[25] Mit der Prophetin Hulda hat der Name nichts zu tun. J. JEREMIAS denkt an die Ableitung von *nhebr. ḥālad* (graben, höhlen, syr. sich einbohren). Der Name stammt von dem tunnelartigen Torweg unter der *stoa basileia* (*ZDPV*, 65, 1942, 116).

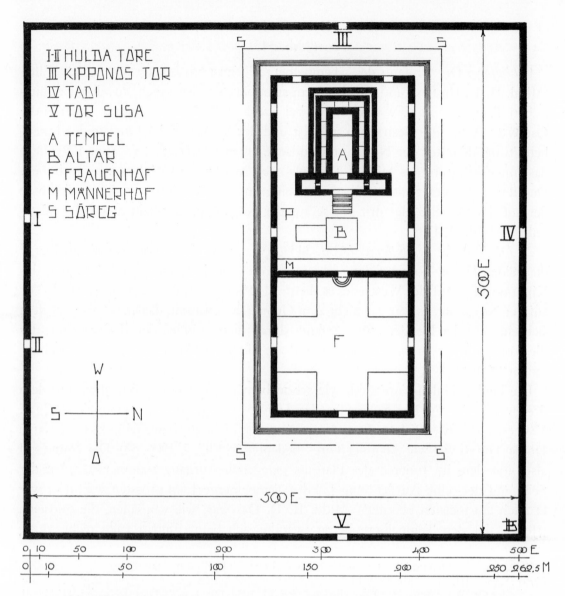

Abb. 343. Der Tempelberg nach dem Traktat Middot. (Rekonstr. Th. A. BUSINK)

herum und dann zur Linken wieder hinaus ..." (Midd. II, 2). Vielleicht ist dies so zu verstehen, dass man nach dem Verfasser den Tempelplatz durch das dreifache Tor betrat und durch das zweifache wieder verliess [26]. Man benutzte beim Betreten

[26] Das dreifache Tor liegt rechts, das zweifache links. Ursprünglich (zur Zeit des dritten Tempels) hatte auch das dreifache Tor nur zwei Durchgänge. Die Sache lässt sich also auch anders erklären: man benutzte beim Betreten des Tempelplatzes den Eingang rechts eines der Tore und beim Hinausgehen den Eingang links. Das ist, wie es scheint, die Meinung JEREMIAS', denn er weist hin auf Midd. II, 2 und sagt dann, alle Aussentore waren Doppeltore (*l.c.*, 117). Middot zeugt übrigens

des Tempelberges ein Tor zum Hineingehen, ein anderes zum Hinausgehen (vgl. Ez. 46, 8-9). WALTHER ZIMMERLI bemerkt dazu: „Man mag sich fragen, ob bei dieser Durchgangsregelung lediglich die nüchterne Absicht vorherrscht, bei grossem Andrang zum Tempel Stauungen zu vermeiden und den geordneten Durchfluss der Menge durch den Tempel von N nach S und von S nach N zu sichern. Man wird sich fragen, ob nicht alte Taburegeln, die im heiligen Bereich ein Umkehren verboten, hier rituell erstarrt sind" (*Ezechiel, BKAT*, 2. Teilband, 1969, 1173)[27].

Über die Lokalisierung des auf der Westseite gelegenen Kiphonos-Tores gibt es Meinungsverschiedenheiten. E. SCHÜRER meint: „Das Kiphonos-Tor entspricht wohl dem Xystos-Tor des Josephus" (*ZNW*, 7, 1906, 53). Auch VINCENT lokalisiert es am heutigen Tor eṣ-ṣilsileh (an der Stelle des alten Brückentores; *RB*, 61, 1954, 9). B. MAZAR meint: „The Kiponus Gate is apparently that known today as ‚Barclay's' Gate ..."[28]. Dies hat kaum Wahrscheinlichkeit für sich; es liegt zu weit vom Innenheiligtum. Vermutlich ist es auch, wie wir meinten annehmen zu dürfen, später nicht mehr benutzt worden. Das Brückentor (Siehe Abb. 253, Sigel 5) lag auf dem Niveau des Plateaus, es könnte am leichtesten in der Erinnerung bewahrt bleiben. Woher der Name Kiphonos stammt, auch darüber bestehen Meinungsverschiedenheiten. Man denkt an griechisch κῆπος = Garten, und es könnte sich in der Nähe eine Gartenanlage befunden haben (COHN, *o.c.*, 481, Anm. 20). SCHÜRER denkt offenbar an das Wort Xystos (*l.c.*). Nach MAZAR ist das Tor „most certainly named after Coponius", Procurator 6-9 n. Chr.[29]. Könnte Kiphonos etwas mit gr. γέφυρα = Brücke zu tun haben? Interessant ist, dass der Verfasser nur ein Tor an der Westseite annimmt, während es hier am herodianischen Heiligtum vier Tore gegeben hatte. Dies erklärt sich daraus, dass der Aussenhof damals auch den Heiden zugänglich war; der Middot-Tempel ist ein exklusiv jüdisches Heiligtum.

Das auf der Nordseite gelegene Tadi-Tor (über die mögliche Bedeutung des Wortes siehe COHN, *o.c.*, 481, Anm. 22) „war gar nicht zum Gebrauch bestimmt" (Midd. I, 3). Wir meinten annehmen zu dürfen, dass das Tor, durch welches das Opfervieh hineingebracht wurde, an der Nordmauer des herodianischen *hieron* gelegen habe. Es könnte dies das Tadi-Tor sein und dies würde erklären, dass es

nicht explizit dafür, dass alle Aussentore Doppeltore waren. — COHN erklärt die Stelle anders: man ging nach rechts, „auch wenn der Weg nach links der kürzere war" (*Mischjanot*, V, 1925, 486, Anm. 5). Man ging zur Linken wieder hinaus: „er kehrte nicht wieder um, sondern ging durch das nächste Tor, das, wenn er das Gesicht zur Mauer wandte, zu seiner Linken lag, hinaus" (*id.* Anm. 6).

[27] Wir halten es für wahrscheinlich, dass an die günstige Bedeutung von rechts, die ungünstige von links zu denken sei. Das Nordtor (Tempel Ez.) liegt auf der rechten Seite des Gebäudes, das Südtor auf der linken. Midd. II, 2 ist beim Betreten des Tempels links der Weg der Trauer, des Bannes, rechts demnach der Weg des Heils.

[28] *The Excavations in the Old City of Jerusalem, Prel. Rep. of the First Season*, 1968, 3.

[29] *Prel. Rep. Second and Third Seasons*, 1969-1970, 1971, p. 10; hier „probably" Barclay-Tor.

nicht zum Ein- und Ausgang benutzt wurde. Aus Midd. I, 9 geht aber hervor, dass es zum Ausgang nicht ganz unbenutzt gewesen ist; man pflegte es aber nicht als Ein- und Ausgang zu benutzen (COHN, *o.c.*, 482, Anm. 23) [30]. Dieses Tor hatte nicht wie die übrigen Tore des Heiligtums eine waagerechte Überdeckung; „an diesem waren an deren Stelle zwei aufeinander geneigten Steine" (Midd. II, 4). Die Frage ist, wie der Verfasser dazu kam, dieses Tor so zu bilden. Nach Midd. I, 9 war unter dem Zwinger ein Rundgang, der zum Tadi-Tor führte. Vielleicht haben wir in diesem Rundgang eine Erinnerung an den im Podium des Innenheiligtums anzunehmenden Tunnel zu sehen, durch welchen die Opfertiere zum Altarhof hinaufgeführt wurden. Die Wände könnten durch Überkragung der Steinschichten aufgemauert und die Überdeckung durch schräg gestellte Steine gebildet gewesen sein. Der Verfasser des Traktates hätte dann auch dem Tadi-Tor diese Form gegeben, sie aber vereinfacht, indem er von zwei aufeinander geneigten Steine spricht. Wir brauchen das Tor nicht dreieckig zu rekonstruieren, wie HOLLIS es vorgeschlagen hatte [31]. Über die genaue Lage des Tores wird nichts gesagt, vermutlich wird der Verfasser des Traktates sich das Tor aus der Mitte der Nordmauer, nach Westen zu, gedacht haben. Nach einigen Kommentatoren hat Tadi die Bedeutung „*cachette* ou *absconsio*" (VINCENT, *RB*, 61, 1954, 7). Wenn so, sagt VINCENT, das Tadi-Tor „repondrait vaguement à bâb el-ʿAtm" auf der Nordseite des Ḥarām asch-scharīf (*l.c.*, 9).

Das Osttor, auf dem die „Burg Susa" dargestellt ist (Midd. I, 3; vgl. Kelim XVII, 9), ist mit dem heutigen goldenen Tor zu identifizieren. E. SCHÜRER meint, die Stelle 1. Kön. 7, 19 legt es sehr nahe, an lilienförmige Ornamente (מעשה שושן) zu denken (*ZNW*, 7, 1906, 54). Nach JULIUS MORGENSTERN hatte das goldene Tor sich durch ein goldenes Objekt, etwa einen goldenen Leuchter, ausgezeichnet [32]. Im Traktat heisst es aber klar שושן הבירה. Der Verfasser des Traktates hatte sich das Tor also doch wohl mit einer Darstellung der Burg Susa vorgestellt. Offenbar hatte er auch auf diese Weise den neuen Tempel mit dem in der persischen Periode erbauten Tempel Serubbabels verbinden wollen.

Dass das Tor durch eine Brücke mit dem Ölberg verbunden war, über welche der

---

[30] Dies erklärt sich vielleicht daraus, dass es ein einfaches Tor war; man sollte nicht dasselbe Tor zum Hineingehen und Hinausgehen benutzen.

[31] *Archaeology of Herod's Temple*, 1934, 266, n. 3, Pl. XX, p. 269. VINCENT spricht von HOLLIS' „bizarre interprétation graphique" (*RB*, 61, 1954, 8, n. 4). Die richtige Ansicht über diese schräg gestellten Steine hatte schon CONRAD SCHICK, der eine weit abliegende Parallele erwähnt: „wie es beim Eingang in die grosse Pyramide bei Kairo der Fall ist" (*Stiftshütte*, 1896, 183). Das war freilich ein Irrtum, denn die Parallele findet sich in die Überdeckung der Königskammer (PERROT-CHIPIEZ, *Histoire de l'Art dans l'Antiquité*, I, 1882, Fig. 152, p. 227; I. E. S. EDWARDS, *The Pyramids of Egypt*, 1961, Fig. 27, p. 119).

[32] *The Gates of Righteousness*, HUCA, VI, 1929, 1-37, p. 25.

Hohepriester ging, wenn er eine rote Kuh verbrannte [33], wie es Para III, 6 heisst (bei SCHÜRER, *ZNW*, 7, 1906, 54), sagt der Verfasser des Traktates Middot nicht. Ob wir es hier mit einer jüngeren Tradition zu tun haben, oder ob unser Verfasser davon bewusst Abstand nimmt, um die Andacht ganz auf das Heiligtum zu richten, lässt sich nicht ausmachen. Fest steht, dass das herodianische Heiligtum an dieser Stelle keine Brücke hatte. Eine Brücke hatte es auf der Westseite gegeben (Brückentor) und daraus könnte die Tradition einer auf der Ostseite gelegenen Brücke entstanden sein.

3. *Die Umfassungsmauer* (siehe Abb. 343). Über die Umfassungsmauer des heiligen Bezirkes spricht der Traktat nur in Verbindung mit allen Mauern des Heiligtums. Midd. II, 4: „Alle Mauern, die dort waren [in und vor dem Heiligtum, COHN, *Mischnajot*, V, 488, Anm. 32], waren hoch, ausgenommen die Ostmauer, weil der Priester, der die [rote] Kuh verbrannte, oben auf dem Ölberg stand und es abpassen musste, dass er in den Eingang zum Hēkal hineinsah, während er das Blut sprengte". Welche Mauer damit gemeint ist, Ostmauer des Tempelberges oder Ostmauer des Innenheiligtums, lässt sich nicht mit Sicherheit ausmachen (vgl. VINCENT, *RB*, 61, 1954, 9, n. 3). VINCENT betont, dass die Spitze des Ölberges etwa 60 m über dem Niveau des Innenheiligtums liegt; wie hoch die Umfassungsmauer des heiligen Bezirkes sein könnte, um den Einblick im Heiligtum zu verhindern und wie niedrig, um den Einblick möglich zu machen, lässt sich aus Middot nicht bestimmen. J. COHN hat versucht, die Frage zu lösen. COHN meint, dass es sich um die Ostmauer des heiligen Bezirkes handelt (*o.c.*, 488, Anm. 37) und dies hat doch auch die meiste Wahrscheinlichkeit für sich, denn hier genügte „Ostmauer" ohne nähere Bestimmung. Es wird nicht gesagt, der Hohepriester stehe auf der Spitze des Ölberges, er stand, meint COHN, „mehr nach dem Fuss zu, in der Höhe der Tempelbergs-Mauer ..." (*l.c.*, Anm. 35). Für diese Mauer nimmt COHN hypothetisch eine Höhe von 24 Ellen an. Das Osttor des Innenheiligtums (Frauentor) war 20 Ellen hoch, es stand aber auf einem 6 Ellen hohen Podium, der Priester auf dem Ölberg habe demnach über die Mauer des Bezirkes durch zwei Ellen (26-24) hineinblicken können. Durch diese zwei Ellen blickte er durch das Nikanor-Tor (das 13½ Ellen über dem Fuss des Tempelberges lag) und durch das Tor des Ulam und des Hēkal, die wieder 8½ Ellen [so COHN] über dem Nikanor-Tor lagen. Die Tür des Ulam wie die des Hēkal lag also 22 Ellen [so COHN] über dem Fuss des Tempelberges (6 + 7½ + 8½), nur die untersten zwei Ellen (24-22) sind durch die 24 Ellen hohe Umfassungsmauer verdeckt worden, darüber gab es zwei Ellen (die zwei Ellen des Frauentores!), wodurch man in das Hēkal blickte (COHN, *o.c.*, 488, Anm. 37). Es ist eine echt „rabbinische" Lösung (COHN war Rabbiner) des Problems. Wir dürfen

---

[33] Siehe unten Anm. 34.

annehmen, dass der Verfasser des Traktates sich gar nicht um das Problem gekümmert hat. Er hatte Num. 19, 4 im Auge, wo vorgeschrieben wird „das Blut gegenüber dem Angesicht des Heiligtums ... zu sprengen" (COHN, *l.c.*). Das Problem zu lösen war Sache der Priester, die in der Zukunft die Kuh zu verbrennen und das Blut zu sprengen hätten. Nach JOSEPH L. BLAU hatte übrigens das Verbrennen der roten Kuh im Ganzen nur neun oder elf Mal stattgehabt [34].

B — DAS INNENHEILIGTUM
(Abb. 344)

1. *Die sōreg* (סרג). Das Innenheiligtum ist durch ein Gitter (*sōreg*) vom Aussenhof getrennt (S-S im Plan Abb. 344). Midd. II, 3: „Nach innen zu folgte dann ein Gitter, zehn Handbreiten hoch, [87.5 cm., HOLTZMANN, *Middot*, 1913, 21] an dreizehn Stellen war es durchbrochen worden, die syrischen Könige hatten es durchbrochen, man hatte die Lücken dann aber wieder ausgefüllt ...". (COHN). Die Notiz über die syrischen Könige deutet wieder darauf, dass der Verfasser seinen Tempel mit dem Tempel Serubbabels habe verknüpfen wollen. Zur Zeit der syrischen Könige (2. Jahrh. v. Chr.) hatte es im Heiligtum, wie aus der Fastenrolle bekannt ist, in der Tat ein Gitter gegeben und zwar um einen für die Dirnen bestimmten Raum zu umzäunen (HANS LICHTENSTEIN, *Die Fastenrolle*, *HUCA*, VIII-IX, 1931-1932, 259-317, p. 273). Es ist von den Hasmonäern zerstört worden und dies führte zum Gedenktag am 23. Marschewan (LICHTENSTEIN, *l.c.*). Die sōreg des Middot-Tempels stammt zweifellos vom herodianischen Tempel [35]. Wieviel Eingänge sie hatte wird nicht gesagt (auch

---

[34] L. BLAU, *The Red Heifer*: *A Biblical Purification Rite in Rabbinic Literature*, Numen, XIV, 1967, 70-78, p. 73. „The rite involved the burning to ash of a Red Heifer by an assistant, possibly a layman, after slaughter in the sight of a priest and a ritual sprinkling of the Heifer's blood by „Eleazar the priest" (p. 70). Fliessendes Wasser gemischt mit dieser Asche bildete ein Sühnemittel. Nach Blau muss dies „ritual of purification" kurz nach 100 n. Chr. ausser Gebrauch gekommen sein: es fehlte die Asche. Es war also sinnlos, noch darüber zu diskutieren. In der Mischna ist nichtsdestoweniger ein ganzer Traktat (*Parah*; Bab. Talmud) der Roten Kuh gewidmet. Im Bab. Talmud gibt es nicht weniger als 80 Stellen, in denen über die Rote Kuh referiert wird. Blau erklärt dies: „because it was a perennial puzzle" (p. 76). Die Asche der Roten Kuh war selbst unrein. „The rabbis were fascionated by the logical problem how that which was in itself unclean could purify" (p. 77). Blau vermutet „that the Red Heifer theme played the part in the rabbinical mind that squaring the circle played for the classical mathematician or the perpetual motion machine for the early modern inventor" (p. 78). — Nach MORGENSTERN verbindet die rote Farbe der Kuh sie mit der Unterwelt; es war möglicherweise ein Opfer an den Gott der Unterwelt (*VT*, X, 1960, 180). LEONHARD ROST meint, der Ritus stammt wohl aus vorjahwistischer Zeit und ist schliesslich in den Jahwekult einbezogen worden (*Erwägungen zum israelitischen Brandopfer. Von Ugarit nach Qumran*, Festschrift Otto Eissfeldt, 1958, 177-183, S. 177). JACOB NEUSNER hingegen meint, „it is not entirely clear", dass die Rote Kuh vor 70 n. Chr. geschlachtet worden ist, „since the Tannaitic traditions on the matter are notoriously inexact" (*A History of the Jews in Babylonia*, II, 1966, 252).

[33] *Bell. Jud.* V, 5, 2 § 193: δρύφακτος λίθινος, steinerne Balustrade, die das nur den Juden zugängliche Innenheiligtum vom den Heiden zugänglichen Aussenhof trennte.

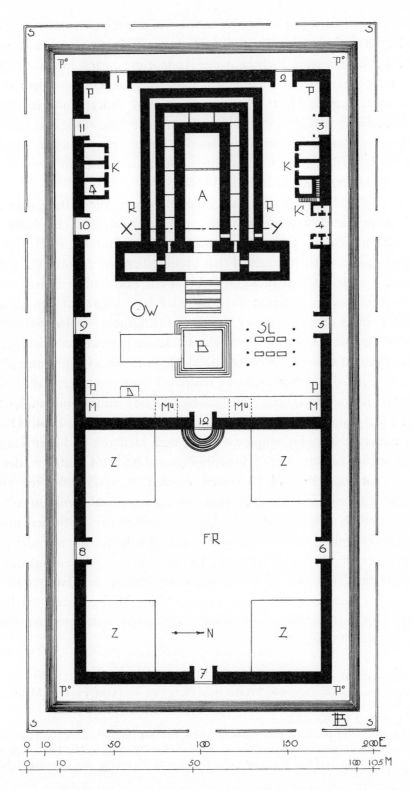

Abb. 344. Das Innenheiligtum nach dem Traktat Middot. (Rekonstr. Th. A. BUSINK)

Josephus schweigt darüber); vielleicht haben wir dreizehn anzunehmen, denn nach Midd. II, 7 e hat auch das Innenheiligtum dreizehn Tore. Die genaue Lage der sōreg lässt sich nicht bestimmen, doch lässt die Andeutung „nach innen zu" (לפנים ממנו) mit Wahrscheinlichkeit darauf schliessen, dass sie ziemlich nahe dem Podium des Innenheiligtums zu stellen ist [36]. Die sōreg hatte eine andere Funktion als die Balustrade im herodianischen Heiligtum. Hier trennte die Balustrade den nur den Juden zugänglichen Teil des Heiligtums von dem den Heiden zugänglichen Aussenhof; die sōreg trennt das Heilige vom Ungeweihten. Der Aussenhof gilt nicht als heilig; er ist ungeweiht (HOLTZMANN, *Middot*, 1913, 58).

2. *Das Podium* (ḥel, חיל). Weiter nach innen, heisst es Midd. II, 3, folgte dann der Zwinger, „zehn Ellen, zwölf Stufen waren da, jede Stufe war eine halbe Elle hoch und eine halbe Elle breit". Es ist ein sechs Ellen hohes Podium, entlang den Mauern des Innenheiligtums mit einer zehn Ellen breiten Terrasse (Po im Plan, Abb. 344). Der Terminus *ḥel* deutet aber nicht einfach auf das Podium; er deutet vielmehr auf die entlang den Mauern laufende Terrasse, vielleicht sogar auf den ganzen Raum zwischen der sōreg und der Mauer des Innenheiligtums [37]. HOLTZMANN (*o.c.*, 58) weist hin auf Ez. 42, 20, wo es heisst, die Umfassungsmauer des heiligen Bezirkes diene dazu, „um zu scheiden zwischen dem Heiligen und Ungeweihten" (בין־הקדש לחל). VINCENT, der den Terminus mit „rempart" übersetzt, meint, dies „évoque au contraire une idée de protection". Der *ḥel* bildet „une indication supplémentaire de la saintété plus grande du parvis que l'on aborde" (*RB*, 61, 1954, 11). Auch so betrachtet bildet *ḥel* eine Trennung zwischen dem Heiligen und dem Ungeweihten.

Das Podium des herodianischen Innenheiligtums hatte 14 Stufen [38], der Verfasser des Traktates gibt dem Podium 12 Stufen. Nach J. B. SEGAL wird im Alten Testament die Zahl 12 „used where the context implies a national significance" (*Numerals in the Old Testament*, *JSS*, X, 1965, 2-20, p. 7). Sollten die 12 Stufen des Podiums vielleicht die Hoffnung bzw. Erwartung auf Wiedergewinnung der staatlichen Selbständigkeit symbolisieren? Während Josephus klar sagt, dass auf der Westseite die Stufen fehlten (*Bell. Jud.* V, 1, 5 § 38), lässt Middot uns darüber im Dunkeln. Da aber auf der Westseite zwei Tore liegen (Midd. II, 7 g), sind am Podium des Middot-Tempels wohl Stufen auf allen vier Seiten anzunehmen: ein rundum zwölffach gestuftes Podium [39].

---

[36] Vgl. VINCENT, *RB*, 61, 1954, Fig. 1-2, p. 7 und 15.

[37] „Nach fast allen Erklärern wurde חיל der freie Platz von dem Gitter bis zur Mauer des Tempelgebäudes genannt" (COHN, *Mischnajot*, V, 1925, 487, Anm. 17).

[38] *Bell. Jud.* V, 5, 2 § 195.

[39] J. FERGUSSON hatte 1863 in einer ganz falschen Rekonstruktion des herodianischen Tempels Stufen an der Westseite angenommen (*Dict. of the Bible*. Ed. W. SMITH, III, 1863, Fig. 10, p. 1460). Er folgte hier offenbar Middot, denn er sagt, für unsere Kenntnis des herodianischen Tempels

3. *Die Höfe.* Das Innenheiligtum ist baulich gesehen aus zwei Höfen gebildet: einem als Frauenhof bezeichneten Vorhof und einem Innenhof. Der Innenhof ist aber durch eine Balustrade in zwei Höfe aufgeteilt: den Männerhof und den Priesterhof.

a) *Der Frauenhof* (העזרת הנשים). Der nach Osten gelegene Vorhof (Fr. im Plan) bildet ein 135 × 135 Ellen (ca. 70 × 70 m) grosses Quadrat (Midd. II, 5 b). Da keine Stufen erwähnt werden, welche zum Frauenhof emporführen, liegt er unmittelbar auf dem sechs Ellen hohen Podium, ähnlich dem Frauenhof des herodianischen Tempels. In den vier Ecken des Frauenhofes liegt je eine 40 × 40 Ellen (ca. 21 × 21 m) grosse, nicht überdachte Zelle (Midd. II, 5 b). Der Verfasser des Entwurfs hat diese Zellen (Z im Plan), wie er auch selbst andeutet, dem ezechielischen Tempelentwurf entlehnt (*ibid.*; Ez. 46, 21. 22). Nach Midd. II, 6 d war der Hof anfangs glatt, „doch umgab man ihn mit einer Empore, dass die Frauen von oben schauten und die Männer von unten, damit sie nicht vermengt seien" (Übers. Holtzmann). Der Frauenhof des herodianischen Tempels hatte niemals Emporen gehabt und es gab damals auch keinen Grund, dem Frauenhof mit Emporen auszustatten: es gab zwischen dem Frauenhof und dem Altarhof nur eine Niveaudifferenz von etwa 1.40 m [40], die Frauen blickten also durch das grosse Tor unmittelbar in den Altarhof. Beim Middot-Tempel beträgt die Niveaudifferenz zwischen Frauenhof und Altarhof etwa 4 m (Midd. II, 6: fünfzehn Stufen zu je einer halben Elle). Bei dieser grossen Niveaudifferenz hätten die Frauen nie in den Altarhof blicken können, hätte der Entwerfer des Middot-Tempels den Frauenhof nicht mit Emporen ausgestattet. Es sieht aber u.E. so aus, als sei dies dem Entwerfer erst später klar geworden, sonst hätte er wohl nie gesagt, der Hof sei anfangs glatt gewesen. Über die Ableitung der Empore ist Zweifel kaum möglich: der Entwerfer kannte die für die Frauen bestimmten Emporen der Synagogen [41] und überträgt sie nun auf den Frauenhof des Tempels.

Midd. II, 7 heisst es: „Und Kammern waren unter dem Hof Israels geöffnet nach dem Frauenhof" [42]. Sie dienten zum Aufbewahren der Musikinstrumente (Mu im

---

„we are indebted almost wholly to the words of Josephus, with occasional hint form the Talmud" (p. 1460). In Vincent's Rekonstruktion des Middot-Tempels gibt es nur an den Langseiten Podiumstufen (*RB*, 61, 1954, Fig. 1. 2, p. 7. 15), in Fig. 2 (p. 15) sogar nur dem Innenhof entlang; hieran dürfte der Zeichner Schuld haben (Abb. 345). Das Fehlen von Podiumstufen an der Westseite erklärt sich wohl daraus, dass Vincent hier keine Tore annimmt, während Middot doch klar von zwei Toren an dieser Seite spricht (siehe weiter unten).

[40] Siehe Kap. XIII, Abt. II, A, 2. Das Podium.

[41] Siehe Kap. XV: Tempel und Synagoge; 2. Synagoge.

[42] ולשכות היו תחת עזרת ישראל ופתוחות לעזרת הנשים. Holtzmann: „Und Zellen waren unter dem Vorhof Israels geöffnet nach dem Frauenhof" (*Middot*, 1913, 71); Cohn: „Unter dem Männer-Vorhof waren Kammern mit dem Eingang vom Frauen-Vorhof" (*Mischnajot*, V, z.St.).

Plan). HOLTZMANN kann diese Kammern (er übersetzt: Zellen) nicht unterbringen; er lehnt sie ab. Er meint, der Altarhof habe auf dem Niveau des Frauenhofes gelegen (*Middot*, 1913, 72). Dies war ein Irrtum: der Frauenhof liegt etwa 4 m (15 Stufen zu je einer halben Elle) unter dem Männer-Hof (siehe unten b); die Kammern liegen also in der Plattform des Innenhofes und sind vom Frauenhof aus zugänglich. Nach Midd. I, 4 liegt eine zur Rechten und eine zur Linken des Nikanor-Tores (vgl. COHN, *Mischnajot*, V, 1925, 490, Anm. 57). Ob diese Kammern auf ähnliche, möglicherweise hier gelegene „Zellen” im herodianischen Tempel zurückzuführen sind, lässt sich nicht ausmachen. Der Niveauunterschied zwischen Frauenhof und Innenhof war damals etwa 1.40 m; es könnten hier zwei Nischen gegeben haben, woraus der Verfasser Kammern machte.

b) *Der Innenhof*. Dieser ist 187 Ellen tief und 135 Ellen breit (Midd. V, 1; II, 6; etwa 98 × 70 m). Nur ein elf Ellen breiter Streifen im Osten war den Laien (Männern) zugänglich (*ibid.*; M im Plan, Abb. 344). Er wird als Hof Israel bezeichnet (II, 5 u. ö; bei COHN: Männer-Vorhof, *Mischnajot*, V, z.St.). Midd. II, 6 heisst es: der Hof Israel war 135 Ellen lang und elf Ellen breit; „ebenso war der Priester-Vorhof 135 Ellen lang und elf Ellen breit ...” (COHN, z.St.). Der Priestervorhof ist der elf Ellen breite Streifen zwischen dem Hof Israel und dem Altar; selbstverständlich ist der ganze Innenhof den Priestern zugänglich (P-P im Plan). Aus der Länge des Priestervorhofs (135 Ellen) geht mit Sicherheit hervor, dass es im Norden und Süden (und Westen) keinen für die Laien bestimmten Raum gibt, wie (Abb. 345) VINCENT zu Unrecht annimmt [43]. Dafür zeugt auch Midd. V, 2, wo die Masse von Norden nach Süden erwähnt werden: es fehlt auf der Nord- und Südseite ein Hof Israels. Beim herodianischen Tempel war es anders gewesen. *Bell. Jud.* V § 226 heisst es: „Das Tempelgebäude und den Altar umgab eine aus schönen Steinen gefertigte gefällige Schranke, etwa eine Elle hoch; sie trennte das draussen stehende Volk von den Priestern” (Übers. M.-B., z.St.). Richtig sagt auch HOLTZMANN, dass im herodianischen Tempel die Männer in einem bestimmten Abstand um das Tempelgebäudes herum gehen konnten (*Middot*, 1913, 72). Wenn er dann S. 73 sagt: „Die Anschauung der Mischna ist hier also wohl auch die des Josephus. Den Männern Israels blieb nur im Osten des Tempelgebäudes vor dem abgegrenzten Altarraum der Zugang frei” ist nur das Letztere richtig; die Anschauung des Verfassers des Middot ist eine andere als die zur Zeit des herodianischen Tempels. Der Verfasser des Traktates hat den rundum gehenden Hof Israels des herodianischen Tempels auf einen im Osten gelegenen Streifen reduziert. Die Erinnerung an den

---

[43] *RB*, 61, 1954, Fig. 2, p. 15. — Die Länge des Priestervorhofes (seine Breite beträgt 11 Ellen) wird Midd. II, 6 erwähnt. — J. D. EISENSTEIN setzt den 11 Ellen breiten Raum für Laien richtig nur an die Ostseite (*JE*, XII, 1916, Fig. p. 95; hier Abb. 348).

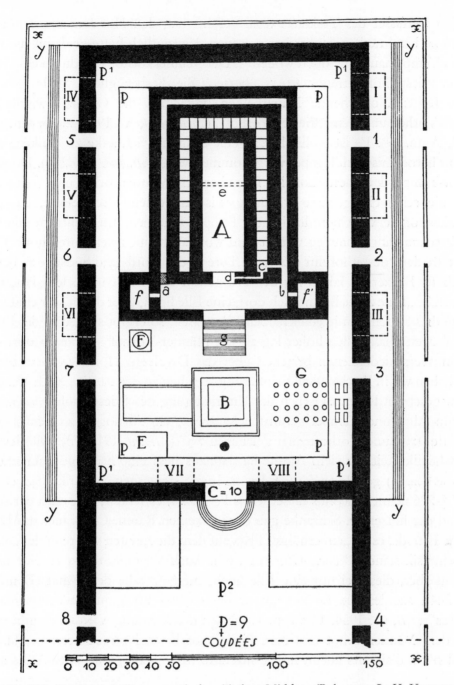

Abb. 345. Das Innenheiligtum nach dem Traktat Middot. (Rekonstr. L. H. Vincent)

früheren Zustand war aber nicht verloren gegangen, denn nach Kelim 1, 8 war „den Israeliten bei der Darbringung des Opfers der Zutritt zum Raum vor dem Tempelhaus gestattet" (Michel-Bauernfeind, *o.c.*, II, 1, 1963, 257, Anm. 91).

Was den Verfasser des Traktates dazu geführt hat, den Hof Israels auf nur einen Streifen zu beschränken, ist schwer zu sagen. Vermutlich hatte er damit die Heiligkeit des Tempelhauses betonen wollen [44]. Der Männervorhof war durch eine Schranke vom Priesterhof getrennt. COHN übersetzt die diesbezügliche Stelle (Midd. II, 6) wie folgt: „vorstehende Mauerbalken bezeichnet die Grenze zwischen dem Männer-Vorhof und dem Priester-Vorhof" (*Mischnajot*, V, 1925, z.St.; vgl. ebend. S. 483, Anm. 49). Es ist wohl eher an eine steinerne Schranke zu denken, wie sie auch im herodianischen Tempel vorgekommen war (*Bell. Jud.* V § 226). Da aber im Middot-Tempel der Priesterhof eine Elle über dem Männervorhof liegt (siehe unten) gibt es hier schon eine gewisse Trennung zwischen beiden Höfen; eine eine Elle hohe Schranke könnte vom herodianischen Tempel stammen. Im Zentrum muss eine Unterbrechung angenommen werden und wohl auch eine zwei Stufen hohe Treppe, sonst wäre der Priesterhof nur durch die Tore an der Nord- und Südseite zu betreten.

Nach R. Eliezer b. Jakob lag der Priesterhof 2½ Ellen über dem Hof Israels. Midd. II, 7: „Eine Stufe befand sich dort, eine Elle hoch, über dieser war ein Duchan, an dem drei Stufen von je einer halben Elle waren, so ergibt sich, dass der Priester-Vorhof zweieinhalb Ellen höher lag als der Männer-Vorhof" (Übers. COHN, z.St.). Meinungsverschiedenheiten bestehen über das Duchan. HOLTZMANN meint, vielleicht haben wir in Duchan eine Erinnerung zu sehen an den *Antiq.*, XIII, 13, 3 § 373 „vorausgesetzten Raum zwischen der Umfriedigung des Priesterhofes (θριγκός) und dem um Altar und Tempel geführten δρύφακτον, ein Analogon zu dem zwischen Steingitter (סֹרֵג) und Vorhofmauer gelegenen חֵיל" (*Middot*, 1913, 73). Dies hat keine Wahrscheinlichkeit für sich. Alexander Jannäus liess eine hölzerne Schranke (δρύφακτον δὲ ξύλινον) gerade an (μέχρι) der niedrigen steinernen Schranke (θριγκός; *Bell. Jud.* V § 226 nennt Josephus diese Schranke γείσιον) errichten; zwischen der steinernen und der hölzernen Schranke gab es also keinen Raum. COHN hält das Duchan für eine Estrade, es ist „ein erhöhter Platz auf dem die Leviten während der täglichen Tempelmusik standen" (*o.c.*, 490, Anm. 63). Auch VINCENT denkt an eine Estrade er meint aber, diese sei nur eine Elle hoch; hierauf, nahe dem Altar (D im Plan, Abb. 344), standen die Leviten „pour des chœurs liturgiques accompagnant les sacrifices" (*RB*, 61, 1954, 14 ss., p. 17). Nach der Meinung VINCENT's gibt es zwischen dem Männervorhof und dem Priesterhof keine Niveaudifferenz, „différence dont il n'y a d'ailleurs aucun indice littéraire ni archéologique" (*ibid.*). Es scheint

---

[44] Es ist aber u.E. auch möglich, dass er den Abstand zwischen Laien und Priestern habe ins Licht stellen wollen. Dann hätten wir hier, so scheint uns, eine Reminiszens des Einflusses der Sadduzäer, die vor der Zerstörung des Tempels 70 n. Chr. den Tempel beherrschten. — Nach JUSTER (*Les Juifs dans l'empire romain*, I, 1914, 369 ss.) zeigt übrigens Novelle 146 von JUSTINIAN (aus dem Jahre 553, noch „*un sursaut de la vitalité des doctrines sadducéennes qui allaient justement à cette époque ( ) se continuer en donnant naissance à la secte des Caraïtes qui existe encore*" (p. 376).

uns, dass Midd. II 7 c für eine Höhendifferenz von einer Elle zeugt und die Reduzierung des Männervorhofs auf nur einen Streifen spricht dafür, dass der Verfasser
dem Männervorhof eine geringere Bedeutung zuerkannt habe als dieser im herodianischen Tempel gehabt hatte; dies macht es wohl wahrscheinlich, dass er die
geringere Bedeutung auch durch einen Niveauunterschied zwischen Männerhof und
Priesterhof habe kennbar machen wollen. Es soll nie vergessen werden, dass der
Entwerfer des Middot-Tempels diesen nach eigener Einsicht aufbaut.

c) *Die Tore* (Nr. 1-12 im Plan, Abb. 344). „Sieben Tore hatte der Hof, drei auf der
Nordseite, drei auf der Südseite und eines auf der Ostseite" (Midd. I, 4). Mit בעזרה
ist der Innenhof gemeint. Das Tor auf der Ostseite des Innenhofes ist das N i k a n o r -
T o r (Nr. 12). Nach II, 7 e hatte das Innenheiligtum im ganzen dreizehn Tore. Zwei
davor waren im Westen (II, 7 g). Auf der Nord- und Südseite gab es je vier Tore,
von denen je drei in den Innenhof (3-5 und 9-11), je eins in den Frauenhof führte
(6 und 8). Das Nikanor-Tor eingerechnet gibt es also 2 + 8 + 1 = 11 Tore. Vom
Nikanor-Tor heisst es aber, es hatte zwei Seitenpforten, eine zur Rechten und eine
zur Linken (Midd. II, 7 g), also im ganzen 13 Tore. Ob wir uns die Seitenpforten in
dem Tore selbst, oder zu seinen beiden Seiten vorzustellen haben (COHN, *o.c.*, 492,
Anm. 85), lässt sich nicht mit Sicherheit ausmachen. Beim herodianischen Tempel
hatte hier das grosse Tor gestanden, dessen Tordurchgang sich nach links und
rechts erweiterte (Siehe Abb. 243). Vielleicht sind die Seitenpforten daraus abzuleiten. Es ist dann anzunehmen, dass im Nikanor-Tor mit den Seitenpforten eine
Erinnerung an das grosse Tor des herodianischen Tempels fortlebt. Ein Tor an der
Ostmauer des Frauenhofes (das selbstverständlich anzunehmen ist) wird nicht erwähnt. Aus Midd. II, 7 e-g könnte man schliessen wollen, dass das Nikanor-Tor in
der Ostmauer des Frauenhofes anzusetzen sei; nach Midd. I, 4 liegt es aber an der
Ostmauer des Innenhofes. Ein Tor an der Ostmauer des Frauenhofes mitgerechnet
gibt im ganzen 14 Tore. Die Nebenpforten des Nikanor-Tores lassen sich aber nicht
als regelrechte Tore bezeichnen, es gibt also im ganzen 12 Tore und die zwölf
Stufen des Podiums deutet wohl darauf, dass der Verfasser der Zahl 12 ein besonderes Gewicht beigelegt habe. Daraus lassen sich nun wohl die zwei Tore (Nr. 1 und
2) auf der Westseite erklären; Midd. II, 7 g: „Zwei Tore waren im Westen, diese
hatten keine besonderen Namen". Beim herodianischen Tempel hatte es auf der
Westseite keine Tore gegeben. Im Traktat sollen die zwei Tore auf der Westseite
die Zahl 12 vollmachen [45].

---

[45] Unerklärt bleibt, warum der Verfasser nirgends explizit sagt, dass das Heiligtum im ganzen
12 Tore hatte. Es sind nichtsdestoweniger 12 Tore anzunehmen: 4 auf der Nordseite, 4 auf
der Südseite, 2 auf der Westseite, 1 auf der Ostseite des Frauenhofes, 1 auf der Ostseite des Innenhofes. In VINCENT's Rekonstruktion des Grundrisses gibt es im ganzen 10 Tore (*RB*, 61, 1954,
Fig. 1-2, p. 7 und 15), in der EISENSTEIN's im ganzen 14 Tore (*JE*, XII, 1916, Fig. p. 95; hier Abb.

Nach Midd. II, 3 d sind alle Eingänge und Tore (כל הפתחים והשערים) 20 Ellen hoch und 10 Ellen breit (ausgenommen der Eingang des Ulam, II, 3 e). Da an dieser Stelle auch vom Tadi-Tor (an der Umfassungsmauer des heiligen Bezirkes) die Rede ist, schreibt der Verfasser offenbar sowohl den Toren des Aussenhofes, als denen des Innenheiligtums diese Masse zu. Wenn HOLTZMANN sagt: „So hätten die Torgebäude die Höhe der Mauer [*sc.* des Aussenhofes] kaum überragt" (*Middot,* 1913, 30; die Höhe des Barclay-Tores auf der Westseite des Ḥarām asch-scharīf wird von HOLTZMANN mit 18 m angegeben), ist zu bemerken, dass der Verfasser des Traktates die Höhe der Mauer gar nicht erwähnt. „Eingänge und Tore" könnte befremden; da aber והשערים in einigen Texten fehlt (COHN, *Mischnajot,* V, 487, Anm. 23), ist anzunehmen, dass alle Eingänge eine Höhe und Breite von 20 × 10 Ellen haben. Die Notiz Midd. II, 3 f, dass alle Tore Oberschwellen (שקופות) haben, könnte darauf deuten, dass der Verfasser auch Rundbogen gekannt hat [46]; doch nennt er hier die Oberschwelle wohl zum Unterschied der anders gestalteten Überdeckung des Tadi-Tores. Die Notiz Midd. II, 3 e, dass all Eingänge, ausgenommen der des Ulam, Türflügel (דלתות) hatten, soll den offenen Charakter des Ulam ins Licht stellen. Auch das Ulam des herodianischen Tempels hatte diesen Charakter gezeigt.

In unserer Rekonstruktion des herodianischen Tempels (Kap. XIII) meinten wir die Breite des ehernen Tores (in Middot: Nikanor-Tor) auf 10 Ellen (jeder eherne Türflügel 5 Ellen, etwa 2.30 m) stellen zu dürfen, was bei dem Verhältnis 1:2 eine Höhe von 20 Ellen ergibt. Beim herodianischen Tempel lag das eherne Tor an der Ostmauer des Frauenhofes, der Verfasser des Traktates stellte es an die Ostmauer des Innenhofes und gibt allen Toren die Masse des Nikanor-Tores. Durch die ehernen Türflügel war das Nikanor-Tor klar als Haupttor des Innenheiligtums gekennzeichnet; es gab also keinen Grund, für die übrigen Tore geringere Masse anzunehmen. Die Masse der Tore im Traktat sind also vermutlich nicht aus der Luft gegriffen: sie könnten vom ehernen Tor des herodianischen Tempels stammen.

Das Nikanor-Tor wird über fünfzehn, eine halbe Elle hohe Stufen betreten; diese Stufen sint „gerundet wie die Hälfte einer kreisförmigen Tenne" (Midd. II, 6 e; HOLTZMANN). Die Tore des Frauenhofes (Nr. 6, 7, 8 im Plan) liegen auf dem Niveau der Podium-Terrasse; Stufen gibt es hier also nicht, der Hof wird unmittelbar von der Podium-terrasse aus betreten. Anders steht es um die Tore auf der Nord-, Süd- und Westseite des Innenhofes. Der Priesterhof liegt 8½ Ellen (4.46 m) über dem Niveau der Podium-Terrasse (nach VINCENT's Annahme 7½ Ellen). Hier sind also

348); an der Nord- und Südseite gibt es dort je 5 Tore. Midd. II, 7 werden aber an der Nord- und Südseite je vier Tore erwähnt.

[46] Rundbogenfenster oberhalb des Türsturzes kennen wir u.a. aus der Synagoge von Kefer Birʾim (SUKENIK, *Ancient Synagogues,* 1934, Frontispice; KOHL-WATZINGER, *Antike Synagogen,* Abb. 186, S. 97; hier Abb. 330).

17 Stufen anzunehmen. Middot erwähnt diese Stufen nicht. Ähnliches begegnete uns beim ezechielischen Tempelentwurf: am Eingang des Umbaus sind von Ezechiel nicht erwähnte Stufen anzunehmen, wie auch bei den grossen Tempelsakristeien. Bei Ezechiel liess sich dies wohl daraus erklären, dass er nur Interesse für die zum Tempelhaus hinaufführende Treppe gehabt habe. Es handelt sich dort schliesslich auch nur um Treppen untergeordneter Bedeutung. Die bezüglichen Treppen des Middot-Tempels führen aber zum Priesterhof empor und sie sind auch nur für die Priester bestimmt, denn auf der Nord, Süd- und Westseite gibt es keinen Männervorhof. Beim herodianischen Tempel hatten an diesen Toren (Nord und Süd) fünfstufige Treppen gelegen und durch diese geringe Zahl der Stufen könnte die Erinnerung daran verloren gegangen sein [47]. Nicht verloren gegangen war die Erinnerung an die Zahl der Tore: je drei auf der Nord- und Südseite. Da nur Priester diese Tore benutzen durften, wären zwei Tore ausreichend gewesen (die diesbezüglichen Tore des herodianischen Tempels wurden von allen Männern benutzt); der Verfasser hat also die Zahl dieser Tore dem historischen Tempel entlehnt [48].

Jedes Tor, ausgenommen die Tore der Westseite, hatte einen Namen, die aber nicht einstimmig vorgeführt werden. Das Nikanor-Tor begegnete uns schon [49]. Die vier Tore auf der Südseite waren von Westen aus gerechnet: das oberste Tor, das Brennholz-Tor, das Erstgeburten-Tor, das Wasser-Tor (Midd. II, 7; COHN). Auf der Nordseite von Westen aus gerechnet: das Jechonja-Tor, das Opfer-Tor, das Frauen-Tor, das Musik-Tor (*ibid.*). Nach Midd. II, 7 f soll das Jechonja-Tor den Namen davon haben, dass Jojachin aus ihm herausging, als er in die Verbannung geschickt wurde (2. Kön. 24, 8-16). HOLTZMANN betont, dass Jojachin doch nicht aus dem Tempelhof in die Verbannung gesandt wurde. „Eher war ein Jechonja der Stifter des Tors wie Nikanor" (*Middot*, 1913, 74). Wir halten es für möglich, dass der Verfasser den Tempel durch diesen Namen mit dem salomonischen habe verknüpfen wollen. „Frauentor" passt nur für das vierte Tor (vgl. HOLTZMANN, *l.c.*), denn dieses Tor führt in den Frauenhof. Midd. I, 4-5 werden Jechonja-Tor und Musik-Tor nicht genannt, eine einhellige Tradition über die Tornamen hatte es also nicht gegeben und es lässt sich nicht ausmachen, ob einige dieser Namen aus der

---

[47] Der Verfasser des Traktates muss beim Entwerfen gesehen haben, dass hier etwa 17 Stufen erfordert waren. Warum erwähnt er es nicht? Diese Treppen hätten einen Vorsprung von 8½ Ellen gehabt und die Terrasse war nur 10 Ellen breit. Er umgeht die Schwierigkeit, indem er über die Stufen schweigt.

[48] Dass er die Zahl dieser Tore nicht auf zwei herabsetzte, lässt sich wohl nicht aus Pietät für Herodes' Schöpfung erklären. Eher ist an die Zahl 12 (Tore) zu denken, die er im Kopfe hatte. Dafür zeugen wohl die zwei Tore der Westseite.

[49] Es ist, wie wir Kap. XIII. gesehen haben, das eherne Tor des Josephus (*Bell. Jud.*, V, 5, 3 § 201), aus korinthischem Erz.

Zeit des historischen herodianischen Tempel stammen. Interessant ist, was über das auf der Nordseite gelegene Funkentor (HOLTZMANN; Zundfeuertor, COHN) gesagt wird. Midd. I, 5: „das war wie eine Art Exedra (וכמין אכסדרא היה); und ein Obergemach war darüber gebaut, dass die Priester oben wachten und die Leviten unten; und es hatte einen Ausgang zur Schanze" (HOLTZMANN, z.St.; ופתח היה לו לחיל). Der Ausgang führte also auf die Podium-Terrasse, die aber 17 Stufen niedriger liegt! Die Stufen werden aber, wie schon bemerkt, nicht erwähnt. COHN hält die Exedra wohl richtig für einen vorn offenen, aber überdachten Vorbau [50]. Der Vorbau liegt an der Seite des Innenhofes (Nr. 3 im Plan), denn ein Ausgang führte zu der Terrasse. In der von uns vorgeschlagenen Rekonstruktion des herodianischen Tempels (siehe Abb. 242) ist vor dem nordwestlichen (und südwestlichen) Tor eine Halle. Ob wir hierin die Exedra zu sehen haben, lässt sich natürlich nicht mit Sicherheit ausmachen [51]. Das Obergemach ist im eigentlichen Torgebäude also nicht über die Exedra zu stellen Das Torgebäude wird beträchtlich höher als die Exedra gewesen sein und daraus lässt sich vielleicht die Notiz über das Obergemach erklären. Die Notiz, dass die Priester oben Wache hielten, die Leviten unten (Midd. I, 5) soll das Bestehen eines Obergemachs erklären bzw. bestätigen.

Das dritte Tor der Nordseite wird als [Tor des] Erwärmungsraum[s] bezeichnet (Midd. I, 5; COHN, *Mischnajot*, z. St.; HOLTZMANN: „Warmhaus", *Middot*, 1913, z.St.). Das Warmhaus ist ein grosser Raum (I, 8: בית גדול) der überwölbt ist (כיפה, *id.*; כפה „das Gewölbte", „die gewölbte Decke", KRAUSS, *Talm. Arch*pol., I, 1910, 27). Midd. I, 6 heisst es: „Vier Kammern (לשכות) waren in dem Erwärmungsraum, in der Art von Nebenzimmern, deren Türen nach einem Saale führen, zwei davon gehörten zu den geheiligten, zwei zu den nichtheiligen Räumen, vorstehende Mauerbalken [HOLTZMANN: Steinvorsprünge, *Middot*, z.St.] bezeichneten die Grenze zwischen dem Heiligen und dem Nichtheiligen" (Übers. COHN, z.St.). Der Saal ist der grosse überwölbte Raum. Nach Midd. I, 7 hatte das Warmhaus zwei Tore, eins führte nach der Podium-Terrasse (ḥel) und eins nach dem Tempelhof. Dies lässt darüber keinen Zweifel, dass der ganze Bau an der Mauer des Tempelhofes zu lokalisieren ist, wie von den meisten Erklärern angenommen wurde (siehe COHN, *o.c.*, 483, Anm. 48). Der überwölbte Saal ist als Tordurchgang zu rekonstruieren [52]. Midd. I, 7 heisst es: „R. Jehuda sagte: Das nach dem Tempelhof führende [Tor] hatte eine kleine Nebenpforte" [53]. Die vier Nebenräume liegen nicht

---

[50] *Mischnajot*, V, 483, Anm. 38. — JOSEPHUS gebraucht den Terminus ἐξέδρα sowohl für die Seitenräume der Tore als für Säulenhallen.

[51] Das Funkentor ist jedenfalls das nordwestliche Tor.

[52] Mit den zwei Toren sind Eingang und Ausgang des Torgebäudes gemeint.

[53] Damit kann u.E. nur der Eingang zu der Südostkammer gemeint sein.

in (COHN), sondern *an* dem Erwärmungsraum[54], zwei an der Nord- und zwei an der Südseite (Nr. 4 im Plan, Abb. 344). Sie sind durch Türen mit dem grossen Saal verbunden (Midd. I, 6). Die südlichen gehören zum geheiligten (sie liegen an der Seite des Priesterhofes), die nördlichen zum nicht geheiligten Raum (sie liegen an der Seite des Aussenhofes. Im nordöstlichen Nebenraum, heisst es Midd. I, 7, haben die Hasmonäer-Söhne die Steine des Altars verwahrt, den die Könige von Syrien entweiht hatten (1. Makk. IV, 43 f.). Es ist wieder ein Beispiel dafür, wie der Verfasser den künftigen Tempel mit dem Tempel Serubbabels verknüpfen wollte[55]. Das Tor lässt sich, so scheint uns, aus den von Josephus beschriebenen Exedrai-Toren ableiten. Aus den neben dem Tordurchgang gelegenen Exedrai sind im ganzen vier Nebenräume gemacht. Als erstes ist an die nordöstliche Kammer zu denken, eine Kammer für die unreinen Steine. Sie müsste am nicht-geheiligten Raum (an der Seite des Aussenhofes) liegen, was eine zweite, vorliegende, Kammer erforderte. Aus Gründen der Symmetrie sind an beiden Seiten zwei Kammern angeordnet. Interessant ist die Notiz, dass der grosse Saal überwölbt ist (Midd. I, 8). In der Rekonstruktion des herodianischen Tempels (Kap. XIII) meinten wir für die Schatzkammern Überwölbung annehmen zu dürfen. Vielleicht lässt sich die im Middot erwähnte Überwölbung darauf zurückführen.

4. *Die Kammern* (לשכות). Nach Middot V 3 gibt es im Tempelhof sechs Kammern: drei auf der Nord- und drei auf der Südseite (K im Plan). VINCENT lokalisiert sie auf der Podium-Terrasse (Ḥel) (*RB*, 61, 1954, Fig. 2, p. 15; hier Abb. 345), was zweifellos unrichtig ist, denn sie liegen im Innenhof. Bei COHN heisst es: „im Priester-Vorhof oder zum Teil auch im Männer-Vorhof" (*o.c.*, 509, Anm. 13). Der Männer-Vorhof bildet aber nur einen elf Ellen breiten Streifen des Innenhofes; dass hier eine Kammer anzusetzen sei, dürfte kaum wahrscheinlich sein. Sie sind wohl an den Langseiten des Priester-Hofes zu lokalisieren. Die Frage ist nun aber, ob je drei Kammern unter ein Dach zu legen sind, wie HOLTZMANN annimmt (*Middot*, 1913, 102), oder ob sie als sechs selbständige Bauten aufzufassen sind, wie VINCENT (*l.c.*) und COHN (*o.c.*, 510, Anm. 27) annehmen. Bei COHN heisst es: „sie waren gleich hoch und lagen so dicht bei einander, dass sie wie unter einem Dach lagen" (*l.c.*). In der Tat ist, wie HOLTZMANN betont, von einem Dach die Rede: „גג nicht גגות (*l.c.*). Es heisst Midd. V, 4 a: וגג שלשתן שוה, was HOLTZMANN mit „und das Dach der drei war gleich" (*o.c.*, 102/03), COHN mit „das Dach der drei bildete eine gerade Fläche" (*o.c.*, 510 z.St.) übersetzt. Sollte nicht einfach: „das Dach der drei war

---

[54] COHN: בבית (Midd. I, 6); ED. LÖWE: לבית (COHN, *o.c.*, 483, Anm. 44).

[55] Ob die unreinen Steine tatsächlich in dem Heiligtum deponiert gewesen sind, ist ein andere Frage. I. Makk. IV, 46 heisst es: καὶ ἀπέθεντο τοὺς λίθους ἐν τῷ ὄρει τοῦ οἴκου ἐν τόπῳ ἐπιτη-δείῳ... „und legten die Steine auf dem Tempelberg an einem geeigneten Orte nieder". Damit könnte wohl auch der Aussenhof gemeint sein.

flach" zu übersetzen sein? Dass der Verfasser über die Dachform spricht, lässt sich aus der Notiz über das Warmhaus erklären: der Saal war überwölbt.

Die Notiz „und das Dach der drei war flach" gibt noch keine Antwort auf die Frage, ob je drei Kammern unter ein Dach zu legen sind. Auch die Notiz über die Kammer des Hohenpriesters gibt dazu keine sichere Antwort. Es heisst: „sie lag hinter den beiden anderen" (Übers. COHN), d.h. hinter der Gola-Kammer und der Quader-Kammer (siehe weiter unten). HOLTZMANN erklärt dies wie folgt: „Da zwei Zellen nach vorn und eine nach hinten war, so war die hintere wohl an die Vorhof-mauer angelehnt ..." (*Middot*, 1913, 102). Dies befriedigt nicht. Die Kammern sind wohl alle an der Hofmauer angelehnt zu denken. Maimonides erklärte die Stelle so, dass die drei Kammern eine hinter der anderen lagen und die Kammer des Hohenpriesters am weitesten nach Westen gelegen war (bei COHN, *o.c.*, 510, Anm. 26). Auch wir möchten אחורי in diesem Sinne auffassen, aber auch dies gibt keine Antwort auf die Frage: sind die Kammern als selbständige Bauten oder als ein einheitlicher Bau zu rekonstruieren?

Auf der Nordseite liegen die Salzkammer, die Parwa-Kammer (nach dem Talmud ein Eigennamen, COHN, *o.c.*, 510, Anm. 15) und die Abwasch-Kammer (Midd. V, 3). In der Salzkammer war das Salz für die Opfer, in der Parwa-Kammer salzte man die Häute der Opfertiere, in der Abwasch-Kammer reinigte man die Eingeweide der Opfertiere (*ibid.*). Salzkammer und Parwa-Kammer gehören sozusagen zusammen und dies spricht schon dafür, dass sie unter einem Dach liegen. Auf dem Dach der Parwa-Kammer ist das Tauchbad für den Hohenpriester am Versöhnungstage (*ibid.*) und das Dach wurde bestiegen über einen Rundgang, welcher bei der Abwasch-Kammer anfing (*ibid.*). Dies ist so zu deuten, dass an Seitenmauer und Rückmauer der Abwasch-Kammer ein Rundgang (Rampe oder Treppe) liegt, welcher zum Dach der Parwa-Kammer hinaufführt (K¹ im Plan, Abb. 344). Abwasch-Kammer und Parwa-Kammer sind also mit Sicherheit unter ein Dach zu stellen. Die bei der Abwasch-Kammer anfangende Rampe oder Treppe lässt nun darüber keinen Zweifel, dass auch die Salzkammer unter dasselbe Dach zu stellen ist, sonst hätte die Rampe oder Treppe an der Seitenmauer der Parwa-Kammer liegen können. Die drei Kammern auf der Nordseite liegen also unter einem Dach und der Symmetrie wegen sind auch die drei Kammern auf der Südseite unter ein Dach zu legen. Schwieriger ist die Frage zu beantworten, wo die Kammern genau zu lokalisieren sind. Aus praktischen Überlegungen könnte man sie in den südlichen Teil des Innenhofes, nahe dem Schlachtplatz, stellen wollen. Sie lassen sich hier aber kaum befriedigend unterbringen und wir meinten sie im nördlichen Teil des Innenhofes lokalisieren zu durfen. Es ist übrigens u.E. fraglich, ob der Verfasser des Traktates sich über die genaue Lage der Kammern Sorge gemacht hatte.

Auf der Südseite liegen die Holzkammer, die Gola-Kammer und die Quader-Kammer (Midd. V, 4). Nach R. Elieser b. Jakob war vergessen, wozu die Holz-kammer diente (*ibid.*). Abba Saul sagte: es war die Kammer des Hohenpriesters, „sie lag hinter den beiden anderen" (*ibid.*). In der Gola-Kammer war der Gola-Brunnen, „darunter befand sich das Schöpfrad, von dort versah man den ganzen Tempelhof mit Wasser" (Midd. V, 4). Cohn sagt dazu: „Nach den Erklärern wurde dieser Brunnen Gola-Brunnen genannt, weil er erst beim Bau des zweiten Tempels von den aus Babylonien zurückgekehrten Exulanten ... gegraben worden war" (*Mischnajot*, V, 510, Anm. 28). Es ist wohl wieder ein Beispiel dafür, wie der Ver-

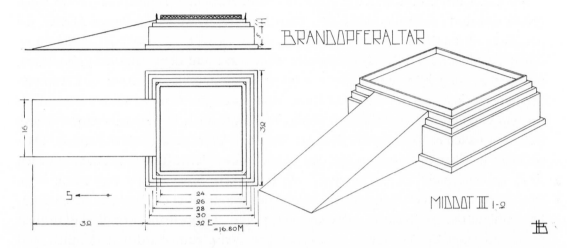

Abb. 346. Der Brandopferaltar des Middot-Tempels. (Rekonstr. Th. A. Busink)

fasser des Traktates den Tempel mit dem Tempel Serubbabels habe verknüpfen wollen. Der Brunnen (בור) ist sicher als eine Zisterne aufzufassen [56]. In der Quader-Kammer (לשכת הגזית) hatte nach dem Traktat der Hohe Rat Israels seinen Sitz (Midd. V, 4 c). Dass der Sitz im Innenhof lokalisiert wird (Q im Plan) braucht nicht zu verwundern: im Entwurf des Verfassers gibt es keine Kammern im Aussenhof. E. Schürer hält es wohl mit Recht für unwahrscheinlich, „dass man einen Raum des inneren Vorhofs zu anderen als zu Kultuszwecken sollte verwendet haben" (*Gesch. des jüd. Volkes*, II⁴, 1907, 264).

5. *Brandopferaltar* [57] *und Waschbecken.* Der Brandopferaltar (המזבח Midd. III, 1-4) bildet ein 32 × 32 Ellen grosses Quadrat (B im Plan, Abb. 344 und Abb. 346); er ist 8 Ellen hoch und vierstufig; die Stufen (von unten nach oben 1.5.1.1 Ellen)

[56] Über die Zisternen unter dem Ḥarām-Plateau siehe Kap. XII, D, 4.
[57] Vgl. Kap. XIII, Abschnitt über den Altar des historischen herodianischen Tempels.

springen jedesmal 1 Elle zurück. Auf der vierten Stufe stehen die Hörner [58]. Die auf der Südseite zum Altar emporführende Rampe ist 32 Ellen lang und 16 Ellen breit. Auf der Südwestecke der unteren Stufe gibt es zwei feine Löcher, wodurch das auf den westlichen und südlichen Teil der unteren Stufe gegossene Blut abfloss (III, 2). Die Masse der Rampe stammen klar vom Altar: Länge 32 Ellen (= die Seite des Altars), Breite 16 Ellen (= halbe Altarseite). Auch die Höhe des Altars (8 Ellen) stimmt zu diesem Masssystem (¼ der Altarseite). Woher stammt das Mass 32 Ellen der Grösse des Altars? Sicher nicht vom herodianischen Tempel, wo die Grundzahl 5 festzustellen war.

Nach 2. Chron. 4. 1 war der Altar des salomonischen Tempels 20 × 20 Ellen gross; das sind genau die Masse des Allerheiligsten. Dass wir in diesen Massen die des Altars des zweiten Tempels zu sehen haben, ist hier nebensächlich. Wichtig ist nur die zahlenmässige Relation zwischen dem Altar und dem Allerheiligsten. Auch in unserem Altar könnte eine zahlenmässige Relation zwischen Altar und Tempelgebäude stecken: das Hēkal ist 20 Ellen breit und seine Mauern sind 6 Ellen dick, was ein Gesamtmass von 32 Ellen ergibt. Das hatte auch R. JEHUDA betont (*Yoma*, I, 2). Wir halten es für möglich, dass das Mass des Altars daraus zu erklären sei. Dass sie nicht in Übereinstimmung mit den Massen des Allerheiligsten gebracht worden sind, braucht nicht zu verwundern: die Heiligkeit des Tempels war schon beim zweiten Tempel nicht mehr auf das *Debir* des salomonischen Tempels beschränkt. Die zahlenmässige Relation zwischen Altar und Tempelhaus bringt die Einheit beider im Sinne der Heiligkeit auf verborgene Weise zum Ausdruck. Ähnlich sind die Masse der zum Altar hinaufführenden Rampe zu erklären: sie stammen von dem Altar; Rampe und Altar sind im Sinne der Heiligkeit eine Einheit. Geschlachtet wurde bekanntlich auf der Nordseite des Altarhofes (S1 im Plan). Hier befanden sich acht Zwergsäulen mit hölzernen Aufsatz, an denen eiserne Haken befestigt waren, um daran die Opfertiere aufzuhängen und Marmortische zwischen den Säulen für das Abhauten (Midd. III, 5 b).

Zwischen der Vorhalle des Tempelhauses und dem Altar steht ein Waschbecken [59] (W im Plan). Der Verfasser folgt hier Exod. 30, 17-21: das Becken diente

---

[58] Die Fläche der obersten Stufe ist ein Quadrat von 26 Ellen, die des Altarfeuers ein Quadrat von 24 Ellen (Midd. III, 1; siehe hier Abb. 346) „Der Platz den die Priester beim Gehen auf dem Altar brauchten, eine Elle auf jeder Seite...” (Midd. III, 1). Bei COHN (*Mischnajot*, V, 1925, 493, Anm. 8) heisst es: „Auf der Oberfläche des Altars befanden sich auf den vier Ecken vier eine Elle lange, eine Elle breite und eine Elle hohe Aufsätze, die die Hörner des Altars genannt wurden”. Herumgehen ist dabei doch nicht möglich. Ezechiel (43, 13 ff.) schweigt über den Platz, den die Priester beim Gehen auf dem Altar brauchten und wir folgten hierin bei unserer Rekonstruktion (Abb. 182) Middot, vielleicht zu Unrecht. — Die Rabbinen sind über die Masse des Altars verschiedener Meinung gewesen (COHN, 493, Anm. 12).

[59] Midd. III, 6: ‏רהכיור היה בין האולם ולמזבח‎.

der Hand- und Fusswaschung der Priester, bevor sie den Dienst im Tempel und am
Altar anfingen, „um nicht wegen Entweihung des Heiligtums von der Hand Gottes
den Tod erwarten zu müssen" (HOLTZMANN, *Middot*, 1913, 84). HOLTZMANN sieht in
dem Becken eine letzte Erinnerung an die zehn Kesselwagen des salomonischen
Tempels (1. Kön. 7, 27-29), „die freilich kaum um solcher Reinigung willen aufgestellt waren" (*o.c.*, 84). Ein Waschbecken wird es doch wohl auch im herodianischen
Tempel gegeben haben, wiewohl es von Josephus nicht erwähnt wird [60].

C — DAS TEMPELHAUS
(A im Plan Abb. 344 und Abb. 347)

1. *Die Hauptmasse*. Das Tempelhaus das auch als Ganzes Hēkal genannt wird,
ist 100 Ellen breit, 100 Ellen lang und 100 Ellen hoch (Midd. IV, 6). Die Breite ist
die Frontbreite des Gebäudes. Die Masse stammen teils aus Ezechiel (Länge 100

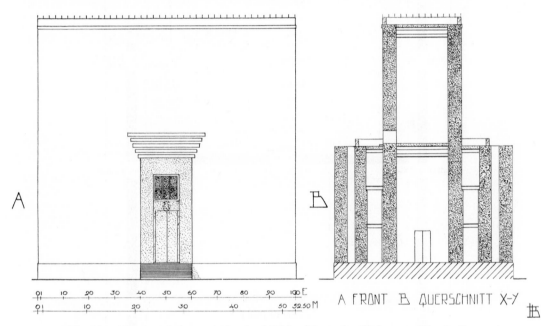

Abb. 347. Front und Querschnitt des Middot-Tempels. (Rekonstr. Th. A. BUSINK)

[60] Aus dem Schluss: משוך כלפי הדרום schliesst HOLTZMANN, dass das Becken langgestreckt und
so aufgestellt war, „dass die Schmalseite von Ost nach West und die Langseite von Norden nach
Süden sah" (*Middot*, 1913, 85). COHN überträgt die Stelle: „mehr nach Süden hin", z.St.; „d.h. es
stand nicht in dem Raume zwischen Altarwand und Ulam, da der Altar unmittelbar durch keinen
anderen Gegenstand getrennt vor dem inneren Heiligtum stehen musste", id., 498, Anm. 73. Vgl.
VINCENT, *RB*, 61, 1954, Fig. 2, p. 15. — Die Lage des Altars in EISENSTEIN's Rekonstruktion (nach
Süden zu verschoben; *JE*, XII, 1916, Fig. p. 95; hier Abb. 348) erklärt sich aus der Gemara zu
Yoma 16 b. R. Juda war der Meinung, dass der Altar recht vor dem Tempeleingang gestanden habe;
andere Rabbinen meinten, aus Middot V, 2 schliessen zu dürfen, dass der grösste Teil des Altars
nach der Südseite zu lag. Siehe hierüber *PEF QuSt*, 1885, 144, n. 26; vgl. COHN, *o.c.*, 509, Anm. 11.

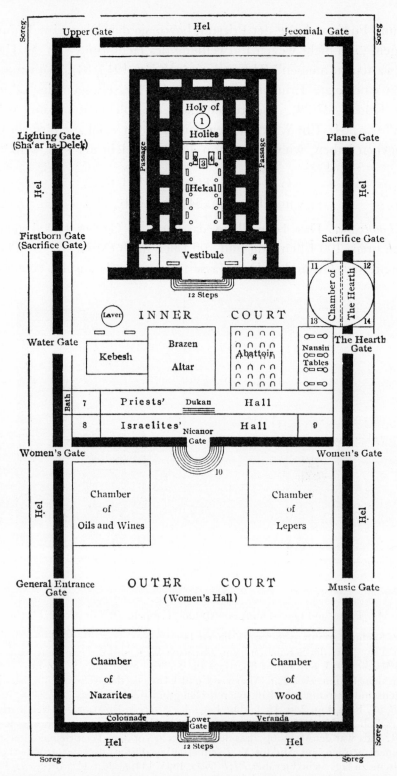

Abb. 348. Der Tempel nach dem Traktat Middot. (Rekonstr. J. D. Eisenstein)

Ellen), teils von dem herodianischen Tempel: Breite der Front und Höhe des Gebäudes 100 Ellen [61]. Wiewohl Midd. IV, 7 a, wo die Masse der verschiedenen Räume von Osten nach Westen erwähnt werden, ebenfalls auf einer Länge von 100 Ellen schliessen lässt, ist der Middot-Tempel in Wirklichkeit 108 Ellen lang. Midd. IV, 7 a ist der umlaufende 3 Ellen breite und von einer 5 Ellen dicken Mauer eingeschlossene Rundgang (Midd. IV, 5 a und 7 b) absichtlich oder aus Versehen nicht eingerechnet [62]. Die Breite des hinteren Teils des Tempels, bei Josephus 60 Ellen, beträgt am Middot-Tempel 70 Ellen [63]. Das Mass lässt sich weder aus dem ezechielischen Tempel, noch aus dem herodianischen ableiten. Das ezechielische Tempelhaus ist 50 Ellen breit. Rechnet man bei diesem Mass den 3 Ellen breiten, von einer 5 Ellen dicken Mauer eingeschlossenen Rundgang hinzu, so bekommt man 66 Ellen. Am herodianischen Tempel würde dies das Mass 76 Ellen ergeben. Im ezechielischen Tempelentwurf findet sich das Mass 70 Ellen am hinter dem Tempelgebäude liegenden Bau (הבנין), der 70 Ellen breit bzw. tief ist (Ez. 41, 12). Die Zahl 70 im Middot Tempel könnte mit der 70-Jahre-Prophetie zusammenhängen [64], etwa der Periode zwischen der Zerstörung des salomonischen Tempels (587 v. Chr.) und der Vollendung des Serubbabelschen Tempels (516 v. Chr.). Datiert der ursprüngliche Entwurf vielleicht aus der Zeit vor 140 n. Chr. und hatte der Verfasser den baldigen Wiederaufbau des Tempels erwartet bzw. erhofft?

[61] Es gibt aber einen Unterschied: bei Josephus ist die Höhe des Tempels oberhalb des Sockels 100 Ellen. Im Traktat beträgt die Höhe des Tempels einschliesslich des Sockels (6 Ellen), des Geländers (3 Ellen) und der Vogelscheuche (1 Elle) 100 Ellen (Midd. IV, 6).

[62] Nach Midd. V, 1 gibt es hinter dem Allerheiligsten (לאחורי בית הכפורת) einen elf Ellen tiefen Raum (vgl. COHN, o.c., 509, Anm. 7). Der Rundgang ist aber auch an der Westseite anzunehmen; der Raum hinter dem Allerheiligsten ist demnach nur 11 — 8 = 3 Ellen tief (Abb. 344).

[63] Midd. IV, 7, wo es heisst, dass das Ulam auf der Nord- und Südseite 15 Ellen über den hinteren Teil des Tempels hinausragt. Es ist hier natürlich an den ganzen Vorbau zu denken (vgl. VINCENT, RB, 61, 1954, Fig. 2, p. 15; hier Abb. 345); und nicht nur an die Frontmauer des Gebäudes, wie EISENSTEIN (JE, XII, 1916, Fig. p. 95; hier Abb. 348) falsch angenommen hatte.

[64] Jer. 25, 11 f.; 29, 10; Esra 1, 1; Sach. 7, 5; Dan. 9, 2 f.; 2. Chron. 36, 21 (Vgl. Kap. IX, Anm. 26). Nach der Meinung W. TH. IN DER SMITTEN's wird der 70-Jahre-Prophetie ursprünglich vermutlich ein alter Spruch gegen Tyrus zugrunde gelegen haben (Historische Probleme zum Kyrosedikt und zum Jerusalemer Tempelbau von 515, Persica, VI, 1972-1974, 167-178, S. 172; er weist hin auf Jes. 23, 15. 17). — C. F. WHITLEY meint, der Ursprung der 70-Jahre liege in der Zeit zwischen der Zerstörung des salom. und dem Wiederaufbau des Tempels durch Serubbabel (The term seventy Years Capturity, VT, IV, 1954, 60-72). PETER R. ACKROYD betont aber, dass das Datum Esra 6, 15 „for the completion of the Tempel, 3rd Adar in the sixth year of Darius I, is entirely without confirmation" (Two old Testament historical problems of the Early Persian Period, JNES, XVII, 1958, 13-27, 22 ff. B: The „Seventy Years" Period, p. 26). „What we know of the Chronicler's theological treatment of history does not give us undue confidence in his chronology. Since we know that he thought in terms of seventy years of desolation of the Temple (II. Chron. 36:21), may he not have believed that the date of the rededication must have fallen exactly seventy years after his destruction?" (p. 27). Wie dem auch sei, nach der geläufigen Ansicht der Juden hatte der erste Tempel 70 Jahre wüst gelegen.

2. *Der Sockel*. Midd. IV, 6 heisst es: האוטם שש אמות. HOLTZMANN (*Middot*, 1913, 94-95) und COHN (*Mischnajot*, V, z.St.) übertragen אוטם mit „Fundament" (vgl. ZIMMERLI, *Ezechiel*, 2. Bd., 1969, 1036). Aus der Beschreibung des Tempels in Middot geht aber klar hervor, dass damit der Sockel des Gebäudes gemeint ist (vgl. VINCENT, *RB*, 61, 1954, 26: *soubassement*). Eine Höhe von 100 Ellen bekommt man nur, wenn der 6 Ellen hohe Sockel eingerechnet wird (Midd. IV, 6). Die alten Erklärern waren freilich hierüber schon verschiedener Meinung. Maimonides sagt, es ist damit das Fundament in der Erde gemeint (bei COHN, *o.c.*, 506, Anm. 51). ASCHER hatte aber richtig gesehen, dass es ein 6 Ellen hoher Sockel ist (*ibid.*). HOLTZMANN (*Middot*, 95) leitet אוטם von bibl.-hebr. אטם ab, „verschliessen: der Teil des Baus, der die Erdhöhlung verschliesst: die Grundmauern, das Fundament". COHN hat „verstopfen, ein auch im Inneren ausgefülltes Mauerwerk", sagt dann aber unrichtig: „das als Fundament für das darüber aufgeführte Gebäude dient" (*o.c.*, 506, Anm. 51). Der Sockel eines Gebäudes lässt sich nicht als Fundament bezeichnen. Nach Vincent ist *ḥā-oṭèm*, das er richtig mit soubassement überträgt, „l'équivalent judéo-araméen du *iesōd*" (*RB*, 61, 1954, 30). אוטם deutet wohl darauf, dass der Sockel massiv gedacht ist: „im Inneren vollständig ausgefüllt" (ASCHER, bei COHN, *o.c.*, 506, Anm. 51). Der Verfasser des Traktates hat den Sockel nicht selbst erfunden; auch der ezechielische und der herodianische Tempel hatten einen Sockel; der Verfasser wird die Höhe (6 Ellen) Ez. 41, 8 entlehnt haben.

3. *Das Ulam*. Nach Josephus war die Vorhalle des herodianischen Tempels 20 Ellen tief, 50 Ellen breit und 90 Ellen hoch (*Bell. Jud.* V, 5, 4 § 209). Der Verfasser des Traktates gibt dem Ulam eine Tiefe von 11 Ellen (Midd. IV, 7 a) und folgt damit Ez. 40, 49 (MT). Auch die Stärke der Frontmauer (5 Ellen; *id.*) ist aus dem ezechielischen Tempelentwurf abzuleiten (Ez. 40, 48). Breite und Höhe des Ulam werden nicht erwähnt; dass das Ulam sich nicht über der ganzen Breite des Vorbaus erstreckt, folgt aus Midd. IV, 7 c, wo es heisst, dass das Ulam auf der Nord- und Südseite um 15 Ellen über dem hinteren Teil des Tempels hinausragt und die hier gelegenen Räume S c h l a c h t m e s s e r - R a u m genannt wurden. In der Vorhalle gibt es also links und rechts einen Nebenraum, wie dies auch beim Jerusalemer Tempel der Fall gewesen war. Dass der Verfasser Breite und Höhe des Ulam nicht erwähnt, deutet vielleicht darauf, dass er diesem Raum seine Selbständigkeit haben nehmen wollen. Dass das Ulam hoch gewesen war, ist dem Verfasser übrigens wohl klar gewesen, denn die Wand des Hēkal ist durch Zedernstämme mit der des Ulam verbunden, „damit sie nicht ausschlage" (Midd. III, 8 a). Auch ist das Ulam jedenfalls höher als 40 Ellen (Höhe des Hēkal; siehe unten 4) zu rekonstruieren, denn der Eingang des Ulam ist 40 Ellen hoch (Midd. III, 7 a) und die Decke ist selbstverständlich höher anzusetzen. Der Eingang, der keine Türen hat (Midd. II, 3), ist 20

Ellen breit und wie gesagt 40 Ellen hoch (Midd. III, 7). Diese Masse (20 × 40 Ellen) lassen sich weder aus dem ezechielischen Tempelentwurf, noch aus dem historischen herodianischen Tempel ableiten. Der Eingang des ezechielischen Tempel ist 14 Ellen breit (die Höhe wird bekanntlich nicht erwähnt), der des Jerusalemer Tempels war 25 Ellen breit und 70 Ellen hoch (*Bell Jud*. V, 5, 4 § 208). Die Masse des Eingangs werden aus denen des Hēkal (20 × 40 Ellen und 40 Ellen hoch) abzuleiten sein. Der Verfasser hatte damit, so scheint uns, die Einheit von Vorhalle und Tempelraum betonen wollen. Herodes hatte das anders gesehen: er hatte die Vorhalle zum architektonisch wichtigsten Raum des Gebäudes gemacht.

Zwölf Stufen führen zum Eingang des Ulam empor. Midd. III, 6: „Zwischen dem Ulam und dem Altar waren 22 Ellen, zwölf Stufen waren dort, jede Stufe eine halbe Elle hoch und eine Elle breit, eine Elle, eine Elle, und ein Absatz von drei Ellen, eine Elle, eine Elle, und wieder ein Absatz von drei Ellen, und zu oberst eine Elle, eine Elle, und ein Absatz von vier Ellen. R. Jehuda sagt: Zu oberst eine Elle, eine Elle, und ein Absatz von fünf Ellen" (Übers. COHN, z.St.). Daraus ergeben sich aber keine zwölf, sondern nur neun Stufen! Diese Mischna-Stelle ist von den Erklärern verschieden ausgelegt worden (siehe COHN, *o.c.*, 498, Anm. 75 ff.). Da die Zahl der Stufen ausser Zweifel steht (der Sockel ist, wie wir sahen, 6 Ellen hoch; 12 Stufen zu je einer halben Elle = 6 Ellen) sind wohl nicht zwei, sondern drei solche Absätze anzunehmen. Bei zwei dieser Absätze sind jedesmal drei Stufen anzunehmen. VINCENT hat diese Lösung vorgeschlagen (*RB*, 61, 1954, Fig. 2, p. 15; Abb. 345). Wir halten aus textlichen Gründen drei Absätze für wahrscheinlicher: es ist שלש ורובד אמה ואמה vor „zu oberst" (והעליונה) hinzuzufügen. Wir brauchen übrigens nicht anzunehmen, dass die Worte ausgefallen sind: sie werden niemals in dem Text gestanden haben. Der Verfasser hatte nicht gesehen, dass die Treppe so, wie er sie vorführt, nur neun Stufen hätte. HOLTZMANN hat (wie später VINCENT) zwei drei Ellen breite Absätze angenommen (*Middot*, 1913, 84 f.) und meint, die Treppe sei, eingerechnet den obersten 4 oder 5 Ellen breiten Absatz, 19 bzw. 20 Ellen lang gewesen. Da der Altar auf einem Abstand von 22 Ellen vor dem Ulam liegt (Midd. III, 6 b), gibt es zwischen dem Altar und der Treppe nur einen Raum von 2 bzw. 3 Ellen (*l.c.*). Mit drei Absätzen (wie wir es annehmen) beträgt die Länge der Treppe 21 bzw. 22 Ellen und man könnte meinen drei Absätze könne es also nicht gegeben haben. Es ist aber kaum wahrscheinlich, dass der oberste 4 bzw. 5 Ellen breite Absatz ausserhalb der Frontmauer des Ulam gelegen habe. Er ist, wie schon VINCENT angenommen hat (Abb. 345), in den Eingang des Ulam zu stellen. Die Länge der Treppe beträgt nun 17 Ellen (so in unserer Rekonstruktion, Abb. 344), und es gibt zwischen der Treppe und dem Altar einen Raum von 5 Ellen (etwa 2.60 m). Bei der von VINCENT vorgeschlagenen Rekonstruktion (zwei drei

Ellen breite Absätze) gibt es zwar einen noch grösseren Raum (Länge der Treppe 15 Ellen), also 22 — 15 = 7 Ellen; wir halten aber drei Absätze für das Wahrscheinlichste [65]. Ob die Treppe in dieser Form aus dem herodianischen Tempel abzuleiten sei, lässt sich nicht mit Sicherheit ausmachen; die Zahl der Stufen, 12, geht aber wohl auf den Jerusalemer Tempel zurück, denn im ezechielischen Tempelentwurf führen zehn Stufen zum Ulam empor (Ez. 40, 49, LXX).

Es ist noch die Abdeckung des Eingangs zu erwähnen (Abb. 347: A). Sie wird aus fünf mit Zwischenräumen übereinander gelagerten Sturzbalken aus Eschenholz gebildet (Midd. III, 7) und zwar so, dass der überliegende Balken jedesmal um zwei Ellen länger ist als der unterliegende; der oberste war 30 Ellen lang, „und Steingemauer war zwischen den einzelnen" (*id.*; Übers. HOLTZMANN). Am herodianischen Tempel könnte die Abdeckung des 25 Ellen breiten Eingangs wohl ähnlich aber einfacher gebildet gewesen sein; da aber die Mauerflächen sicher stuckiert gewesen sind, kann die Konstruktion nicht sichtbar gewesen sein. Es scheint fast, als habe der Verfasser des Traktates hier seine Kenntnis der Bautechnik ins Licht stellen wollen. War der Verfasser Architekt? [66].

4. *Das Hekal.* Aus Josephus wissen wir, dass das Heilige des herodianischen Tempels 60 Ellen hoch war (*Bell. Jud.* V, 5, 5 § 215). Im Middot-Tempel hat das Hēkal eine Höhe von 40 Ellen und auch das Obergeschoss ist 40 Ellen hoch (Midd. IV, 6). Richtig bemerkt HOLTZMANN dazu: „Josephus wird mit seiner Angabe der Höhe des Tempelsaals recht haben: der Oberstock, der keinerlei gottesdienstliche Bedeutung hatte, war schwerlich ebenso hoch wie der für den täglichen Gottesdienst überaus wichtige Tempelsaal" (*Middot*, 1913, 41). HOLTZMANN's Bemerkung ist aber nur für den historischen herodianischen Tempel von Bedeutung. Der Verfasser des Traktates, der den Entwurf für den neuen Tempel beschreibt, dachte darüber anders. Wie wir gesehen haben, hat er dem Ulam seine Selbständigkeit genommen, um diesen Raum mit der Heiligkeit des Hauptraums in Beziehung zu setzen. Ähnlich ist das Gleichmass zwischen Höhe des Hēkal und des Obergeschosses zu deuten. Das Obergeschoss des herodianischen Tempel hatte doch einen mehr oder weniger profanen Charakter; durch das Gleichmass der Höhen wurde ihm diesen Charakter genommen. Das ganze Tempelhaus war Gottes Heiligtum. Es war der Endpunkt einer Entwicklung der Heiligkeit des Tempels, deren Anfang im Debir des salomonischen Tempels gelegen hatte [67]. Man könnte meinen, das

---

[65] Es heisst ja stets „eine Elle, eine Elle und ein Absatz von drei Ellen", auch wo R. Jehuda sagt: „Zuoberst eine Elle, eine Elle, und ein Absatz von fünf Ellen" (Midd. III, 6 fin.). Hier haben wir offenbar den fehlenden Teil der Beschreibung der Treppe.

[66] Die Rabbinen hatten ein Beruf. Hillel war Holzhauer, Johanan ben Sakkai Geschäftsmann, Abba Jozef Baumeister (S. KRAUSS, *Talm. Arch.*, II, 1911, 254).

[67] Die Heiligkeit des salom. Tempels gründete sich auf das abgeschlossene Debir, ein selbständiger

Höhenmass des Hēkal und des Obergeschosses (40 Ellen) sei aus Josephus, d.h. aus dem historischen herodianischen Tempel, abzuleiten, wo vom oberen Teil des Tempels gesagt wird, es sei 40 Ellen hoch gewesen (*Bell. Jud.* V, 5, 5 § 221). Viel wahrscheinlicher dürfte sein, dass der Verfasser das Mass 40 Ellen selbständig angenommen hatte. Die Stockwerke sollten gleiche Höhe haben und da bot sich zum Aufbau des 100 Ellen hohen Gebäudes kaum ein anderes Mass als 40 Ellen für die Höhe jedes Stockwerkes.

Die Flächenmasse des Hēkal (20 × 40 Ellen; Midd. IV, 7 a-b) sind die aus dem salomonischen, ezechielischen und herodianischen Tempel bekannten. Die Mauerstärke (6 Ellen; *ibid.*) stammt aus dem ezechielischen Tempelentwurf (Ez. 41, 5). Die Tür des Hēkal ist 10 Ellen breit und 20 Ellen hoch (Midd. IV, 1 a). Es sind die Masse, welche der Verfasser allen Eingängen und Toren, ausgenommen dem Eingang zum Ulam gibt, und die wir vom Nikanor-Tor meinten ableiten zu dürfen. Im historischen herodianischen Tempel war die Tür des Hēkal 16 Ellen breit und 55 Ellen hoch (*Bell. Jud.* V, 5, 4 § 211). Es ist hier aber über der Tür ein Fenster anzunehmen, das von Josephus bei der Höhe von 55 Ellen eingerechnet gewesen sein muss. Nach Midd. III, 8 b hingen am Gebälk des Ulam goldene Ketten, „an ihnen stiegen die jungen Priester empor und sahen die Kränze in den Fenstern" (Übers. HOLTZMANN, z.St.). COHN hat hier einfach: „und sahen die Kronen" (z.St.). Die Kränze bzw. Kronen sind aber im Hēkal (בהיכל) aufgestellt (Midd. III, 8 b); es ist demnach über der Tür ein Fenster anzunehmen, durch welches man in das Hēkal blicken konnte. Der Plur. (חלונת; HOLTZMANN, *l.c.*; COHN, *o.c.*, 500, Anm. 93) lässt sich wohl so erklären, dass das Fenster durch einige senkrechte Riegel in Fächern verteilt ist (Abb. 347). Vom goldenen Weinstock, der sich nach Josephus über der Tür befunden hat, heisst es Midd. III 8 c, er war על פתחו של היכל, was COHN mit er „stand am Eingange zum Hechal" überträgt (z.St.); HOLTZMANN hat: „über dem Eingang des Heiligtums". Es soll doch wohl „über dem Eingang des Hēkal" heissen.

Nach Midd. IV, 1 a hat der Eingang vier Türen, „zwei drinnen und zwei draussen, denn so heisst es: „zwei Türen zum Hēkal und zwei zum Heiligtum". Die Erklärern waren sich darüber nicht einig, ob es sich hier um die Türen des Hēkal und die des Allerheiligsten handelt, oder ob die Angabe nur auf die Türen des Hēkal zu beziehen ist (siehe COHN, *Mischnajot*, V, 501, Anm. 3). Es heisst weiter: „Die äusseren öffneten

Naiskos. Schon beim ez. Tempel und sicher auch beim Tempel Serubbabels, hatte das Allerheiligste seine Selbständigkeit verloren. Das Hekal ist nicht nur baulich, sondern auch im Heiligkeitsinne ein Teil des Heiligtums. Ähnlich war es beim Dritten Tempel. Erst beim Middot-Tempel hat das ganze Gebäude, Vorhalle und Obergeschoss einbegriffen, die Heiligkeit erhalten. Beim Allerheiligsten greift der Verfasser freilich zurück auf Ezechiel: es ist ein durch Türen abgeschlossener Raum (siehe weiter unten).

55

sich in den Eingang, wo sie die Dicke der Wand bedeckten; die inneren öffneten sich nach dem Tempelhause, wo sie den Raum hinter sich bedeckten: denn das ganze Haus war übergoldet ausser dem Raum hinter den Türen" (Midd. IV, 1 b; Übers. HOLTZMANN). Es ist hier also an Doppeltüren zu denken. und zwar nach dieser Stelle an Flügeltüren. Rabbi Juda war anderer Meinung. Die Doppeltüren hätten vier Flügel (Klapptüren), die 2½ Ellen breit wären. Die inneren öffneten sich nicht nach dem Hēkal, sondern, nach dem Eingang zu, wie die äusseren. Auf beiden Seiten gibt es Türpfosten die eine halbe Elle breit seien, zwischen den Türpfosten gibt es also eine 5 Ellen breite Fläche, denn die Mauer ist 6 Ellen breit. Die zurückgeschlagenen Klapptüren sollen an den Leibungen gestanden haben (Midd. IV, 1 c). Dass dies eine unmögliche Lösung ist, hatte R. Juda nicht gesehen. Die Türflügel die wir uns mindestens 15-20 cm dick vorzustellen haben, wären nicht zu schliessen gewesen. Richtig bemerkt HOLTZMANN im Hinblick auf die von R. Juda vorgeschlagenen Lösung: „es lag also keine sichere Überlieferung vor" (*Middot*, 1913, 91). Der Verfasser benutzte biblische Notizen. „Le détail prolixe de sa double fermeture extérieure et intérieure, l'une et l'autre comprenant deux battants chacun à double valve pliante, s'inspire surtout de citations bibliques" (L. H. VINCENT, *RB*, 61, 1954, 27). Klapptüren hatte es am salomonischen Tempel gegeben und finden sich im ezechielischen Tempelentwurf. Doppeltüren hatte man in Ezechiels Tempelentwurf hineingelesen [68].

Midd. IV, 2 heisst es: „Zwei Seitenpforten waren bei dem grossen Tor eine auf der Nordseite und eine auf der Südseite, die südliche wurde nie von einem Menschen benutzt, auf sie bezieht sich der Ausspruch in Jecheskel: „Und der Ewige sprach zu mir: Dieses Tor soll geschlossen bleiben, es soll nicht geöffnet werden und niemand dadurch eintreten, denn der Ewige, der Gott Israels, tritt durch dasselbe ein, geschlossen soll es bleiben" (Übers. COHN, z.St.). Mit dem grossen Tor ist nicht das grosse Tor des historischen herodianischen Tempel (das Tor zwischen dem Frauenhof und dem Innenhof) gemeint, sondern der Eingang zum Hēkal. Grosses Tor wird es genannt im Hinblick auf die zwei Seitenpforten. HOLTZMANN meint: „Die beiden Pforten sind neben dem grossen Tor in wagrechter Linie mit ihm, nicht etwa in seiner Nische als Seitentüren, zu denken" (*Middot*, 1913, 90). Da es neben dem 10 Ellen breiten Tor des Hēkal im inneren nur 5 Ellen breite Wandflächen gibt — Breite des Hēkal 20 Ellen —, gibt es für die Breite der Seitenpforten höchstens 2 Ellen und sie müssten in die Flucht der Hēkalwänden gestellt werden. Midd. IV, 2 b heisst es aber: „Er nahm den Schlüssel und öffnete die Pforte [*sc.* die Nebenpforte auf der Nordseite], er kam zur Kammer und von der Kammer zum Heiligtum" (Übers. HOLTZMANN, z.St.). Die Nebenpforten führen also nicht zum Hēkal,

---

[68] Besonders H. GESE, *Der Verfassungsentwurf des Ezechiel*, 1957, 182.

sondern zu einer Kammer des Umbaus (siehe Abb. 344). Cohn sagt darüber: „Nach Tosf. Jomt. und andern Erklärern befanden sich diese Pforten nicht in der Mauer des Hēchal selbst, sondern seitlich davon, und trat man durch sie unmittelbar in die zu beiden Seiten des Hēchal befindlichen Seitenräume ein" (*Mischnajot*, V, *Tamid* 456, Anm. 50 auf S. 457). Nach Josephus' Beschreibung des Tempels wurden die Kammern des Umbaus von der Vorhalle aus betreten (was freilich keine Wahrscheinlichkeit für sich hat) und wir halten es für wahrscheinlich, dass die Seitenpforten aus Josephus Beschreibung stammen [69]. Holtzmann erklärt die Sache anders: „Die Sache liegt hier wohl so, dass unser Traktat nur den Gebrauch der einen von den beiden Pforten neben der Haupttür des Tempelsaals kennt (IV 2 b); das Vorhandensein der zweiten sucht er sich aus der heiligen Schrift zu erklären" (*Middot*, 1913, 91). Mit dem verschlossenen Tor hat der Verfasser den Tempel mit dem ezechielischen Tempelentwurf in Beziehung setzen wollen.

Midd. IV, 2 heisst es weiter: „R. Jehuda sagt: Er ging den durch die Dicke der Mauer führenden Gang entlang, bis er sich zwischen den beiden Toren befand, dann öffnete er die äusseren [Türen] von innen und die inneren von aussen" (Übers. Cohn, z.St.). Mit den beiden Toren sind die Front- und Rückseite des Eingangs des Hēkal gemeint. Wie die Sache zu verstehen sei, erklärt Cohn: „Er trat von dem Seitenraume nicht in den noch geschlossenen Hēchal ein, sondern in einen Gang, der von Norden nach Süden durch die Mauer hindurchführte" (*o.c.*, 502, Anm. 72), d.h. bis er in den Raum zwischen den Doppeltüren kam [70]. R. Juda's Lösung war scharfsinnig, aber kaum ausführbar. Ein Mann hätte die etwa 10 m hohen wohl mindestens 15-20 cm dicken Klapptüren nicht öffnen können und für eine Gruppe war der etwa 2 m tiefe, überdies ganz dunkle Raum zwischen den Doppeltüren zu eng. Fragen wir nun, wie der Verfasser des Traktates sich die Sache vorgestellt hat, so glauben wir seine Ansicht in Midd. IV, 1 a zu finden: die vier Türen, über die er spricht, sind auf die Flügeltüren des Hēkal und die des Allerheiligsten zu beziehen, „denn so heisst es: „zwei Türen zum Hēkal und zum Heiligtum" (*ibid.*). Auch Cohn ist der Meinung, dass die Türen des Hēkal einfach und zweiflüglig anzu-

---

[69] Josephus hatte bekanntlich *Bellum Judaicum* ursprünglich aram. geschrieben; da dürfte es doch wahrscheinlich sein, dass der Verfasser des Traktates das Werk gekannt hat.

[70] Vielleicht haben wir in diesem Gang eine Erinnerung zu sehen an die tiefe Höhle, welche in der Mauer dazu diente, den Querbalken, mit dem die Tür verriegelt wurde, zurückzuschieben, um das Tor öffnen zu können. Ein Beispiel davon ist aus *Tell En-Nasbeh* bekannt, siehe C. C. McCown, *Tell En-Nasbeh*, I, 1947, 196 und Fig. 47, p. 198). Vielleicht ist *Bell. Jud.* V, 4, 6 § 298 f. ähnlich zu erklären: die Zeloten kamen beim Unwetter auf den Gedanken mit den im Heiligtum liegenden Sägen τοὺς μοχλοὺς τῶν πυλῶν durchzusägen (§ 299). Es werden die Querbalken gemeint sein, mit denen das Tor verriegelt war. Dass der Querbalken nicht einfach zurückgeschoben wurde, lässt sich wohl verstehen: es wäre weit zu hören gewesen. Michel-Bauenfeind übertragen ἐκτεμεῖν (§ 298) nach der Bedeutung des Wortes mit „durchschneiden" (II, 1, 1963, z. St.). Clementz hat sachlich wohl richtiger, „durchsägen". Sägen macht „Geräusch" (§ 299), „durchschneiden" nicht.

nehmen sind (*o.c.*, 501, Anm. 3). Wie man in das Hēkal kam, um die Türen zu öffenn sagt Midd. IV, 2 b: der Priester kam von der Kammer [des Umbaus] zum Hēkal. Die Kammer muss demnach eine zum Hēkal führende Tür haben und ähnlich wird es wohl im historischen herodianischen Tempel ausgesehen haben. Während aber nach Middot die Kammer von der Vorhalle aus (durch die nördliche Seitenpforte) betreten wird, betrat man in Jerusalem die Kammer durch das auf der Nordseite gelegene goldene Türchen, L. H. VINCENT folgt in seiner Rekonstruktion des Grundrisses in der Hauptsache die Ansicht R. Juda's: der in der Mauer gelegene Gang führt zum Raum zwischen den Doppeltüren; es fehlt aber die in die Seiten-kammer führende Nebenpforte. Die Kammer des Umbaus wird durch eine Tür im Rundgang (siehe weiter unten) betreten Abb. 345).

Nach Midd. IV, 1 b war das ganze Haus (d.h. das Hēkal) mit Gold belegt, „ausser den Stellen hinter den Türen" (חוץ מאחר הדלתות) COHN sagt dann, „die von den zurückgeschlagenen Türen verdeckt wurden, da es Verschwendung gewesen wäre diese, die von den vergoldeten Türen vollständig verdeckt wurden, auch noch mit Gold zu belegen" (*Mischnajot*, V, 501, Anm. 7). HOLTZMANN meint, „das Fehlen der Goldplatten an dieser Stelle dürfte technische Gründe haben" (*Middot*, 1913, 89). Es ist hier natürlich an die Leibungen des Eingangs zu denken. Bei zurückgeschlagenen Türflügeln sind sie unsichtbar. Dass man sie am historischen herodianischen Tempel unvergoldet gelassen hätte, ist nicht anzunehmen. Diese Mischna-Stelle ist u.E. ganz anders zu erklären. Nach der Zerstörung des Tempels 70 n. Chr. hatte ein rabbinisches Verbot alle Arten von Verputz, das Weissen mit Kalk, das Bekleiden mit Stuck und das Schwarzfärben untersagt. „Es ist bezeichnend, dass die Rabbinen selbst dieses Verbot für unausführbar hielten und in dem Sinne mässigten, dass der Türe gegenüber auf der geweissten Wand eine kleine Stelle (eine Elle im Quadrat) zur Erinnerung an die Zerstörung des Tempels unverputzt gelassen werde" (S. KRAUSS, *Talmudische Archäologie*, I, 1910, 56-57). Ähnlich soll u.E. die unvergoldete Stelle hinter den zurückgeschlagenen Türen des Middot-Tempels die Erinnerung an die Tempelzerstörung lebendig halten.

5. *Das Allerheiligste*. Zwischen dem Hēkal und dem 20 × 20 Ellen grossen Aller-heiligsten gibt es eine nur eine Elle dicke Wand, die mit dem unsicheren Fremdwort טרקסין (*ṭriqsîn*) benannt wird (Midd. IV, 7 a). Ein Vorhang fehlt. Die Rabbinen sind darüber verschiedener Meinung gewesen, ob vor dem Allerheiligsten des Jerusa-lemer Tempels ein oder zwei Vorhänge waren (siehe VINCENT, *RB*, 61, 1954, 30). Dass im Traktat kein Vorhang erwähnt wird, erklärt sich wohl aus dem ezechie-lischen Tempelentwurf, wo es ebensowenig einen Vorhang gibt. Midd. IV, 1 a wird, wie oben schon bemerkt, gesagt: „denn so heisst es: zwei Türen zum Hēkal und zwei zum Heiligtum". Es scheint uns, dass der Verfasser sich das Allerheiligste

mit Flügeltüren geschlossen vorgestellt habe. Dass *ṭriqsîn* als einen Balken aufzufassen sei, der den Vorhang trägt, wie HOLTZMANN meint (*Middot*, 1913, 97), dürfte kaum wahrscheinlich sein. Es werden IV, 7 a Grundfläche und Mauerstärke genannt, da kann mit ṭriqsîn doch nicht ein hoch liegender Balken gemeint sein. Haben wir in ṭriqsîn das griechische θριγκός zu sehen (COHN, *o.c.*, 507, Anm. 62; COHN folgt SACHS, *Beiträge*, S. 134; vgl. HOLTZMANN, *l. c.*: „vielleicht"), könnte es wohl Einschliessung bedeuten und ist an eine steinern oder hölzerne Abschliessung des Allerheiligsten zu denken. Der Verfasser folgt hier dann wieder Ezechiel, wenn die Stärke der Wand auch nur eine Elle beträgt (bei Ez. 41, 3 zwei Ellen). Die Herabsetzung zu einer Elle erklärt sich aus der Gesamtlänge des Gebäudes: 100 Ellen; bei einer Wandstärke von 2 Ellen würde die Länge 101 Ellen betragen haben [71]. Die Türbreite wird nicht erwähnt, was sich vielleicht daraus erklären lässt, dass Ez. 41, 3 eine Breite von 6 und eine Breite von 7 Ellen genannt werden, wobei die 7 Ellen aber die Breite der Wandflächen neben der Tür angeben soll, was der Verfasser des Traktates vermutlich nicht gesehen hatte.

Über die Höhe des Allerheiligsten wird unmittelbar nichts gesagt; aus Midd. IV, 5 c lässt sich aber schliessen, dass das Allerheiligste etwa eben so hoch wie das Hēkal ist. Es heisst: „Und gleichsam Schachte waren offen im Obergeschoss nach dem Raum des Allerheiligsten; durch diese liess man die Arbeiter hinab in Kasten, damit sie nicht ihre Augen am Raum des Allerheiligsten weideten" (Übers. HOLTZMANN, z.St.). HOLTZMANN bemerkt dazu: „Wie kamen aber diese Kasten immer an die richtige Stelle, wenn kein unberufenes Auge vorher in den heiligen Raum hineinschauen durfte, und wie konnten die Kasten den Ausblick in den Raum hindern, in dem doch gearbeitet werden sollte, und was konnte man in diesem dunkeln und leeren Raum überhaupt sehen?" (*Middot*, 1913, 95). COHN meint: „Die Kasten waren so eingerichtet, dass die Arbeiter immer nur die Fläche sehen konnten, an der sie zu arbeiten hatten" (*o.c.*, 505, Anm. 47). Wir halten dafür, dass die Anwendung von Kasten nur vorgeführt wird um daran zu erinnern, dass Jahwe im Dunkel wohnen wollte. Eine Luke im Fussboden des Obergeschosses könnte es

---

[71] Die Grundmasse von Ost nach West (Midd. IV, 7 a) sind: Mauer der Vorhalle 5 Ellen, Vorhalle 11, Mauer des Heiligen 6, das Heilige 40, Wand des Allerheiligsten 1, das Allerheiligste 20, Mauer des Heiligen 6, Kammern 6, Mauer der Kammern 5 Ellen. Addiert gibt das 100 Ellen. Interessant ist nun, dass die Wandstärke des Allerheiligsten im Grunde durch die Zahl 70 (Breite des hinteren Teils des Tempels) bestimmt gewesen ist. Bei einer Kammerbreite des Umbaus von 5 Ellen hätte die Mauer des Allerheiligsten 2 Ellen betragen können, der hintere Teil des Gebäudes wäre nun aber nicht 70, sondern 68 Ellen breit gewesen. Am salom. und ez. Tempel waren die unteren Kammern nur 5 Ellen breit (bzw. tief). Es zeigt klar, wie hohe Bedeutung der Verfasser des Traktates der Zahl 70 beigemessen hatte. Man könnte noch meinen, er hätte doch den Kammern der Westseite eine Tiefe von 5 Ellen geben können, wobei die Wandstärke des Allerheiligsten (wie bei Ezechiel) auf 2 Ellen zu stellen gewesen wäre. Dies würde aber die Harmonie der Anlage zerstört haben: die Kammern sollten rundherum von gleicher Breite sein.

übrigens auch im historischen herodianischen Tempel sehr wohl gegeben haben, denn vom Vorhang aus dürfte das Allerheiligste jedenfalls nur von dem Hohenpriester (einmal jährlich) betreten werden.

6. *Das Obergeschoss.* Aus der oben erwähnten Notiz über die Schachte (Midd. IV, 5 c) folgt, dass das 40 Ellen hohe Obergeschoss sich auch über dem Allerheiligsten ausdehnt. Von dem Heiligen ist es dort durch ראשי פספסין (Midd. IV, 5 b) getrennt, was HOLTZMANN mit Steinvorsprünge (*Middot*, z.St.), COHN mit vorstehenden Mauerbalken überträgt (*Mischnajot*, V, z.St.; siehe auch 505, Anm. 45 und 483, Anm. 49, wo COHN auf LEVY, *Wörterb.* פסיפס = φῆφος Sreinchen verweist).

Zwischen Untergeschoss und Obergeschoss gibt es nach Midd. IV, 6 Konstruktionselemente, deren Gesamthöhe 5 Ellen beträgt: „eine Elle Täfelung (כיור) und zwei Ellen Tropfraum (בית דלפה), eine Elle Gebälk und eine Elle Füllung" (Übers. HOLTZMANN, z.St.). Bei COHN heisst es: „eine Elle die Täfelung, zwei Ellen das Bindegebälk, eine Elle die Decke und eine Elle der Estrich" (z.St.). Für eine Rekonstruktion müssen wir davon ausgehen, dass der Terminus כיור die Täfelung und die Balken, an die sie genagelt ist, bedeutet, denn so erklärt sich die grosse Höhe: eine Elle (52.5 cm). Mit dem zwei Ellen hohen בית דלפה kann unmöglich das Bindegebälk gemeint sein, wie COHN den Terminus übersetzt, denn erstens sind keine zwei Ellen hohe Balken anzunehmen und zweites deutet בית auf einen Raum. Es ist der Tropfraum (HOLTZMANN). Über dem Tropfraum liegen die eine Elle hohen Fussbodenbalken (תקרה) des Obergeschosses. Der Tropfraum ist also höher als zwei Ellen, denn es muss die Höhe der Deckenbalken (eine Elle) und der Fussbodenbalken (eine Elle) eingerechnet werden, was eine Gesamthöhe von etwa vier Ellen ergibt. Diese sachlich abnorm grosse Höhe des Tropfraums ist durch die Höhe des Tempels (100 Ellen) bestimmt. Die Fussbodenbalken des Obergeschosses tragen eine eine Elle dicke Aufschüttung (מעזיבה). Die Dicke der auf die Balken genagelten Bretter muss in dieser einen Elle einbegriffen sein. Die Aufschüttung ist als Lehmestrich aufzufassen, wie COHN den Terminus auch mit Estrich überträgt. Solche Fussböden im Obergeschoss sind auch aus dem Alten Orient bekannt [72].

Das Dach des Obergeschosses ist völlig gleich seinem Fussboden konstruiert. Midd. IV, 6: „eine Elle Täfelung und zwei Ellen Tropfraum, eine Elle Gebälk und eine Elle Estrich". Auch hier also eine Konstruktionshöhe von fünf Ellen (2.625 m). G. DALMAN meint: „Absichtlich ist die Bedachung beider Stockwerke völlig gleich konstruiert. Das untere Geschoss soll ein vollständiges Haus sein" (*Der Zweite Tempel in Jerusalem*, PJ, 5. Jahrg, 1909, 29-57, S. 48). Wir können DALMAN nicht folgen. Auch wenn das Hēkal höher als das Obergeschoss gewesen wäre, hätte die Bedachung beider Stockwerke völlig gleich sein können. Hēkal und Obergeschoss

---

[72] *BASOR*, 169, 1963, 40 (Sichem; aus dem 8. Jahrh. v. Chr.), L. E. TOOMBS-G. E. WRIGHT.

sollten die gleiche Höhe (40 Ellen) haben und die Höhe des Tempels (100 Ellen; Geländer und Vogelscheuchen inbegriffen) erforderte für die Bedachung beider Stockwerke eine Konstruktionshöhe von je 5 Ellen. Midd. IV, 6 enthält alle Höhenmasse: „Der Sockel 6 Ellen, die Mauerhöhe 40 Ellen, eine Elle die Täfelung, 2 Ellen der Tropfraum, eine Elle Gebälk und eine Elle der Estrich, die Höhe des Stockwerkes 40 Ellen, eine Elle die Täfelung, 2 Ellen der Tropfraum, eine Elle Gebälk, eine Elle der Estrich, 3 Ellen das Geländer und eine Elle der Rabenverscheucher". Addierung dieser Zahlen gibt eine Gesamthöhe von 100 Ellen (Abb. 347: B). R. Juda sagte: „Der Rabenverscheuer ist bei der Höhenangabe nicht mitgerechnet, sondern das Geländer war vier Ellen hoch" (ibid.). Dass die Vogelscheuche nicht als einen Gebäudeteil zu betrachten sei, ist ihm offenbar klar gewesen. Wie die Vogelscheuche gestaltet war, darüber sind die jüdischen Gelehrten verschiedener Meinung gewesen. Nach Maimonides war es ein ringsum das Dach auf dem Geländer angebrachter eiserner Aufsatz, dessen oberer Rand scharf wie ein Messer war (bei COHN, o.c., 506, Anm. 59). Nach RASCHI (Arach. 6 a) waren es eiserne Platten mit darauf spitz zulaufenden Stangen", die auf dem Dach selbst angebracht waren" (ibid.). Aus Josephus liess sich schliessen, dass die goldenen Stangen auf dem Dachfirst aufgesetzt waren.

Der Traktat schweigt über die Bedachung der Vorhalle. Sie ist wohl völlig gleich der Bedachung des hinteren Teils des Gebäudes anzunehmen, wiewohl es hier eigentlich keinen Grund für eine Konstruktionshöhe von 5 Ellen gibt. Die Höhe des Tempels, 100 Ellen, spielt hier ja keine Rolle.

7. *Der Umbau* (siehe Plan Abb. 344). Aus Midd. IV, 7 ist zu ersehen, dass der hintere Teil des Tempels auf drei Seiten einen Kammerumbau hat — wie der salomonische, ezechielische und herodianische Tempel. Es heisst dort: „Von Osten nach Westen waren 100 Ellen: die Mauer des Ulam 5, der Ulam 11, die Mauer des Hēchal 6, sein Innenraum 40 Ellen, eine Elle der Zwischenraum, 20 Ellen das Allerheiligste, die Mauer des Hēchal 6, der Seitenraum 6 und die Mauer des Seitenraums 5. Von Norden nach Süden waren 70 Ellen: die Mauer des Rundgangs 5, der Rundgang 3, die Mauer des Seitenraums 5, der Seitenraum 6, die Mauer des Hēchal 6, sein Innenraum 20 Ellen, die Mauer des Hechal 6, der Seitenraum 6, die Mauer des Seitenraums 5, der Raum für die abfliessenden Wasser 3 Ellen und die Mauer 5 Ellen" (Übers. COHN, z.St.). Über die Höhe des Umbaus belehrt uns Midd. IV, 5: durch einen Rundgang (darüber unten N. 8) steigt man zum Dach des Umbaus hinauf und auf der Südseite ist der Eingang zum Obergeschoss; der Umbau hat also die Höhe des unteren Stockwerkes wie bei Josephus.

Der Umbau enthält im ganzen 38 Kammern: 15 auf der Nordseite, 15 auf der Südseite und 8 auf der Westseite (Midd. IV, 3 a). Vincent lokalisiert sie alle im unteren Stockwerk (Abb. 345), was nicht richtig ist, denn es heisst im Traktat: „fünf unten, fünf darüber, und fünf über diesen, auf der Westseite drei unten, drei darüber, und über diesen zwei" (*l.c.*). Woher stammt die Zahl 38? Nicht aus Ezechiel, denn im ezechielischen Tempelentwurf gibt es im ganzen 90 Kammern (Ez. 41, 6). Es ist wohl anzunehmen, dass die Zahl aus dem herodianischen Tempel stammt. Dass die oberste Reihe auf der Westseite nur zwei Kammern enthält, erklärt sich vielleicht aus dem Wunsch eine gerade Zahl zu wählen.

Nach Midd. IV, 7 a-b sind die Kammern der untersten Reihe 6 Ellen breit, nach IV, 4 nur 5 Ellen. Der Traktat folgt hier 1. Kön. 6, 6, was auch gesagt wird: „denn so heisst es: „Der untere Anbau war fünf Ellen breit, der mittlere sechs Ellen und der dritte sieben Ellen breit". Wie kam der Traktat dazu, eine Breite von 6 Ellen anzunehmen? Aus dem ezechielischen Tempelentwurf stammt die Zahl nicht, denn hier gibt es eine Breite von vier (bzw. fünf) Ellen. Bei der Rekonstruktion des herodianischen Tempels (Kap. XIII.) kamen wir für die untersten Kammern zu einer Breite von sechs Ellen. Dass die Breite aus dem herodianischen Tempel stammen sollte, dürfte aber kaum wahrscheinlich sein. Josephus erwähnt die Breite nicht und dass sie aus der Tradition bekannt gewesen sei, ist doch nicht wahrscheinlich. Die Sache lässt sich aus der Breite des hinteren Teils des Tempels (70 Ellen) erklären. Mit einer Kammerbreite von 5 Ellen hätte die Breite des hinteren Teils, wie wir sahen, nur 68 Ellen betragen und die Breite sollte aus Gründen der Symbolik auf 70 Ellen gestellt werden. Zwar hätte dies auch durch eine Verbreiterung des Rundgangs zu 4 Ellen erzielt werden können, der Rundgang war aber nur ein untergeordnetes Planelement der Anlage. Aus der neu angenommenen Kammerbreite (6 Ellen) lässt sich, wie wir gesehen haben, erklären, dass die Trennungswand zwischen Hēkal und Allerheiligstem nur eine Elle (bei. Ez. zwei Ellen) beträgt: die Kammern mussten rundum gleicher Breite (6 Ellen) sein und sollte der Tempel 100 Ellen lang sein, musste die Trennungsmauer nur eine Elle dick sein, sonst hätte die Länge 101 Ellen betragen [73].

Jede Kammer hat drei Eingänge (פתחים): zwei zu den angrenzenden Kammern und einen nach der über ihr liegenden Kammer (Midd. IV, 3 b). In jeder Kammer ist demnach eine Treppe oder Leiter zum Betreten der über ihr liegenden Kammer anzunehmen. Dass die Luken eine Schwächung des Umbaus bedeuteten, hatte der Verfasser offenbar nicht beachtet.

Fünf „Eingänge" hat die an der Nordostecke gelegene Kammer: einen nach der Kammer rechts, einen nach der über ihr liegenden Kamer, einen nach dem Rundgang, einen nach der Seitenpforte und einen nach dem Hēkal (Midd. IV, 3b). Von den

---

[73] Siehe oben Anm. 71. — Der Middot-Tempel ist aber, wie wir schon gesehen haben, nicht 100 Ellen lang, sondern 108, was der Verfasser verschweigt; siehe weiter unten: Der Rundgang.

zwei zu dieser Kammer führenden Eingängen (einer in der Vorhalle und einer im Rundgang) ist einer überflüssig: es genügte entweder die Tür in der Vorhalle oder die Tür im Rundgang. Letztere liegt in der Nordmauer des Umbaus und hier hatte im herodianischen Tempel das von Josephus *Bell. Jud.* VI § 252 erwähnte goldene Türlein gelegen.

Bei der Erwähnung der Türen der Kammern denkt der Verfasser des Traktates, wie HOLTZMANN richtig bemerkt (*Middot*, 1913, 92), an die Kammern der untersten Reihe. Die Kammern der mittleren Reihe hatten vier „Eingänge" (je einen in den beiden Seitenwänden, einen in dem Fussboden und einen in der Decke); die der obersten Reihe hatten wohl einen „Eingang" (eine Luke) nach unten, nicht nach oben.

8. *Der Rundgang* (R im Plan, Abb. 344). Anschliessend an die Beschreibung der Kammern heisst es Midd. IV, 5: „Ein Rundgang führte von der Nordostecke aufwärts zur Nordwestecke, auf ihm stieg man zu den Dächern der Seitenräume hinauf, man ging den Rundgang hinauf das Gesicht nach Westen, so ging man die ganze Nordseite entlang, bis man nach der Westseite kam, war man zur Westseite gekommen, wandte man das Gesicht nach Süden, ging die ganze Westseite entlang, bis man nach der Südseite kam, war man zur Südseite gekommen, wandte man das Gesicht nach Osten, ging die Südseite entlang, bis man an den Eingang zum Oberstock gelangte, denn der Eingang zum Oberstock war auf der Südseite" (Übers. COHN, *z.St.*). Die Breite des Rundgangs (3 Ellen) und die Dicke der Aussenmauer (5 Ellen) werden Midd. IV, 7 b erwähnt. Nach HOLTZMANN (*Middot*, 1913, 94) und COHN (*Mischnajot*, V, 1925, 505, Anm. 38) wird das Dach des Umbaus schon an der Nordwestecke erreicht, eine zweifellos irrige Ansicht, welche sich wohl aus dem Anfang der diesbezüglichen Stelle, wo es unmittelbar heisst „auf ihm stieg man zu den Dächern der Seitenräume hinauf" erklären lässt. Die Beschreibung lässt darüber keinen Zweifel, dass wir es mit einer auf drei Seiten (Nord, West und Süd) liegende Rampe (oder Treppe) zu tun haben, welche an der Südseite (nach Osten zu) zum Eingang des Obergeschosses führt. Midd. IV, 5 heisst es: „Beim Eingange zum Oberstock befanden sich zwei Stangen aus Zedernholz, an ihnen stieg man zum Dach des Oberstocks hinauf" (Übers. COHN, z.St.). Nach R. Schemaja: mit verbindenden Sprossen, d.h. eine Leiter, nach Ascher, mit Einkerbungen (COHN, *o.c.*, 505, Anm. 43). S. Krauss bemerkt dazu: „Höchst primitiv ist (   ) ein im Heiligtum erwähnter Aufstieg auf eingefurchten Zedernbalken" (*Talm. Archäologie*, I, 1910, 35). Dass diese Stangen etwa 25 m lang sein müssten hatte der Verfasser des Traktates nicht beachtet. Er hat eine damals übliche Weise, das Dach eines Wohnhauses zu besteigen, auf den Tempel übertragen [74].

---

[74] Am historischen herodianischen Tempel hatte es, wie wir Kap. XIII. meinten annehmen zu dürfen, Treppenhäuser neben der Vorhalle gegeben.

Es lässt sich aus Middot nicht mit Sicherheit ausmachen, ob wir uns den Rundgang überdeckt oder offen vorzustellen haben; Midd. IV, 7, wo der Südarm des Rundgangs als Raum des Wasserablaufs (בית הורדת המים) bezeichnet wird und die Breite der Aussenmauer (5 Ellen), könnten für die zweite Alternative zeugen. Der Verfasser des Traktates hatte sich dies vielleicht so vorgestellt, dass das Dachwasser des Umbaus (und des Rundganges?) vom Zenith der Rampe (bzw. Treppe) über die Rampe herabfloss [75]. Die zu der Rampe führende Tür kann nicht, wie VINCENT angenommen hat (hier Abb. 345) in der Vorhalle gelegen haben; das herabfliessende Dachwasser würde die Vorhalle überströmt haben. Die Tür ist in die Aussenmauer des Rundgangs zu legen (Abb. 344).

Der Rundgang stammt aus dem ezechielischen Tempelentwurf (Kap. IX). Wir bezeichneten ihn dort als „Ding der Unmöglichkeit". Weder am salomonischen, noch am herodianischen Tempel hatte es einen Rundgang gegeben. Der „Schöpfer" dieser Rampe am ezechielischen Tempel hatte ihn nach dem Beispiel des „rundherumgehenden" Aufgangs der babylonischen Zikurrati „entworfen". So zeigt noch der Middot-Tempel (2. Jahrh. n. Chr.) den Einfluss des babylonischen Sakralbaus auf Jahwes Haus, den Einfluss der Baukunst des Volkes, dessen König Nebukadnesar 587 v. Chr. den Tempel Salomos zerstörte und Israel ins Exil führte. Hätte der Verfasser des Traktates um den Ursprung des Rundgangs gewusst, er hätte den Tempel der Zukunft vermutlich nicht so ausgestaltet. Als in der Zeit des Talmud der aus Babylonien nach Palästina eingewanderte R. ZEKIRA auf dem Markt „es wagte, dem Verkäufer zu sagen: Gut wiegen, gut wiegen! (wurde er) mit den Worten beschimpft: Troll dich davon, Babylonier, dessen Väter uns das Heiligtum zerstört haben!" (S. KRAUSS, *Talm. Archäologie*, II, 1911, 358) [76].

---

[75] Er könnte auch, und dies dürfte das wahrscheinlichste sein, an das am Dachausgang fallende Regenwasser gedacht haben.

[76] Am ezechielischen Tempel ist der Rundgang ein bauliches „Geschwür" das sicher nicht dem ursprünglichen Entwerfer (sei dies nun Ezechiel selbst oder nicht) zuzuschreiben ist. Bei der Rekonstruktion war von dem Rundgang ganz abzusehen. Anders ist es beim Middot-Tempel. Der Rundgang ist sicher dem Entwerfer selbst, der ihn aus dem ezechielischen Tempelentwurf entlehnte, zuzuschreiben. In einer Rekonstruktion kann man den Rundgang nicht weglassen. Er stammt wie gesagt aus dem ez. Tempelentwurf. Eine andere Frage ist es, ob der Verfasser des Traktates nicht auch einen neuen Gedanken mit dem Rundgang verbunden haben könnte. Im ez. Entwurf war dei Rampe (bzw. Treppe), wie anzunehmen ist, offen gedacht: sie hatte, wie wir gesehen haben (Kap. IX), ein Geländer. Beim Middot-Tempel ist der Rundgang offenbar ein geschlossenes Planelement. Er erhält damit den Charakter eines das Heiligtum — Hekal und Allerheiligstes — umschliessenden Schirmraums. Es könnte sich hierin Einfluss des parthischen Tempels verraten. Breite des Rundganges und Stärke der Aussenmauer werden im ezechielischen Entwurf nicht erwähnt. Über den parthischen Tempel siehe CLARK HOPKINS, *The Parthian Temple, Berytus*, VII, 1942, 1-18. Der Tempel in Hatra (2. Hälfte des 2. Jahrhs. n. Chr.) war „surrounded on all four sides by an enclosed vaulted passage" (p. 6 und Fig. 4).

LITERATURVERZEICHNIS

ABEL, F. M., Géographie de la Palestine, I-II, Paris 1938.

——, Hellénisme et Orientalisme en Palestine au déclin de la Période Séleucide, RB, 53, 1946, 385-402.

——, Exils et Tombeaux des Herodes, RB, 53, 1946, 56-74.

——, Le Siège de Jérusalem par Pompeé, RB, 54, 1947, 243-255.

——, Topographie du siège de Jérusalem en 70, RB, 56, 1949, 238-258.

——, Histoire de la Palestine depuis la conquête d'Alexandre jusqu'à l'invasion Arabe, I-II, Paris, 1952.

ABEL, P., La Prise de Jérusalem par les Arabes (638). Conférences de Saint-Étienne (École Pratique d'Études Bibliques), 1090-1911, Paris, 1911, 105-144.

ABERBACH, M. and L. SMOLAR, Aaron, Jeroboam, and the golden calves, JBL, LXXXVI, 1967, 129-140.

ABRAHAMS, I., Campaigns in Palestine from Alexander the Great, The Schweich Lect., 1922, London, 1927.

ABRAMSKY, S., Ancient Towns in Israel, Jerusalem, 1963.

ACKROYD, P. R., Studies in the Book of Haggai, JJS, II, 1951, 163-176; III, 1952, 1-13.

——, Two old Testament historical problems of the Early Persian Period, JNES, XVII, 1958, 13-27; 22-27: The „Seventy Year" Period.

ADLER, E. N., Jewish Travellers, London, 1930.

ADLER, M., The Emperor Julian and the Jews, JQR, V, 1893, 591-651.

AHARONI, Y. († 1976), Problems of the Israelite conquest in the light of Archaeological Discoveries, Antiquity and Survival, II, 2/3, 1957, 131-150.

——, The Negeb of Judah, IEJ, 8, 1958, 26-38.

——, The Date of Casemate Walls in Judah and Israel and their purpose, BASOR, 154, 1959, 35-39.

——, and RUTH AMIRAN, Arad: A Biblical City in Southern Palestine, Archaeology 17/1, 1964, 43-53.

——, The Citadel of Ramat Rahel, Archaeology, 18/1, 1965, 15-25.

——, The Land of the Bible. A Historical Geography. Transl. from the Hebrew by A. F. Rainey, London, 1966.

——, Arad. Its Inscriptions and Temple, BA, XXXI, 1, 1968, 2-32.

——, Trial Excavation in the ‚Solar Shrine' at Lachish, IEJ, 18, 1968, 157-169.

——, Arad: Roots in the Past, Ariel, 24, 1969, 21-36.

——, Excavations at Tel Beer-Sheba, BA, XXXV, 4, 1972, 111-127.

——, Beer-Sheba, I, Jerusalem, 1973.

——, The building activities of David and Solomon, IEJ, 24, 1974, 13-16.

——, Excavations at Tel Beer-Sheba, TA, II, 1975, 146-168.

——, The Solomonic Districts, TA, 3, 1, 1976, 5-15.

AHLEMANN, F., Zur Esra-Quelle, ZAW, 59, 1942, 43, 77-98.

AHLSTRÖM, G. E., Der Prophet Nathan und der Tempelbau, VT, XI, 1961, 113-127.

AISTLEITNER, J., Die mythologischen und kultischen Texte aus Ras Schamra, Budapest, 1959.

AKURGAL, E., Die Kunst der Hethiter, München, 1961.

ALBRIGHT, W. F., The Ṣinnôr in the Story of David's capture of Jerusalem, JPOS, II, 1922, 286-290.

——, The Excavation of Tell Beit Mirsim in Palestine, I: AASOR, XII, 1930/31; XVII, 1936/37; XXI-XXII, 1941/43.

——, The Archaeology of Palestine and the Bible, ³, 1935.

——, New Light on the Walls of Jerusalem in the New Testament Age, BASOR, 81, 1941, 6-10.

——, Two cressets from Marisa and the pillars of Jachin and Boaz, BASOR, 85, 1942, 18-27.

——, King Joiachin in Exile, BA, V, 4, 1942, 49-55.

——, From the Stone Age to Christianity, Baltimore, 1946.

——, Archaeology and the Religion of Israel², 1946.

——, A Brief History of Judah from the Days of Josiah to Alexander the Great, BA, IX, 1, 1946, 1-16.

——, The Old Testament and Archaeology, in Old Testament Commentary, Ed. by H. C. Alleman and E. E. Flack, 1948, 134-170.

——, The Biblical Period, in The Jews. Their History, Culture, and Religion, Ed. by Louis Finkelstein, I, 1949, 3-69.

——, The Archaeology of Palestine (Pelican Books), 1949.

——, The Old Testament and the Archaeology, in the Old Testament and Modern Study, Ed. H. H. Rowley, 1951, 1-27.

——, The Bible after twenty years of archaeology (1932-1952), in Religion in Life, XXI, 1952, 537-554.

——, The Date of the Kapara Period at Gozan (Tell Halaf), Anat. Stud., VI, 1956, 75-85.

——, Recent progress in Palestinian Archaeology: Samaria-Sebaste III and Hazor I, BASOR, 150, 1958, 21-25.

——, Was the Age of Solomon without Monumental Art?, ErIs, V, 1958, 1-9.

——, The Role of the Canaanites in the History of Civilization, in The Bible and the Ancient Near East, Ed. G. E. Wright, 1961, 328-362.

——, Recent Advances in Palestinian Archaeology, Expedition, 5, 1, 1962, 4-9.

—— and J. L. Kelso, The Excavation of Bethel (1934-1960), AASOR, XXXIX, 1968.

——, Yahweh and the Gods of Canaan. A Historical Analyses of Two Contrasting Faiths, Jordan Lectures (1965), 1968.

Aline, Soeur Marie, La Forteresse Antonia à Jérusalem et la question du Prétoire, 1955.

Alkim, U. B., Steinbruch und Skulptur-atelier von Yesemek, Belleten, XXI, 1957, 377-394.

Allegro, J. M., The Treasure of the Copper Scroll, 1960.

Alleman, H. C. and E. E. Flack, Old Testament Commentary. A general introduction to and a commentary on the books of the Old Testament, Ed. by ... , 1948.

Allon, G., The Attitude of the Pharisees to the Roman Government and the House of Herod, SH, VII, 1961, 53-78.

Alt, A., Israels Gaue unter Salomo, Festschrift Rudolf Kittel = BWAT, Hft. 13, 1913, 1-19.

——, Jerusalems Aufstieg, ZDMG, NF 4, 1925, 1-19.

——, Die Landnahme der Israeliten in Palästina. Territorialgeschichtliche Studien, 1925.

——, Das Taltor von Jerusalem, PJ, 24, 1928, 74-98.

——, Die Staatenbildung der Israeliten in Palästina, 1930.

——, Verbreitung und Herkunft des syrischen Tempeltypus, PJ, 35, 1939, 83-99.

——, Ägyptische Tempel in Palästina und die Landnahme der Philister, ZDPV, 67, 1945, 1-20.

——, Das Grossreich Davids, Theol. Lit. Zeitung 75, 1950 = Kleine Schr. II, 1959, 76-89.

——, Das Königtum in den Reichen Israel und Juda, VT, I, 1951, 1-22.

——, Baugeschichte von Jerusalem und Samaria in der israelitischen Königszeit, Kleine Schr., III, 1959, 303-325.

Amiran, R. and I. Dunayevsky, The Assyrian Open-Court building and its Palestinian derivatives, BASOR, 149, 1958, 25-32.

—— and Y. Aharoni, Ancient Arad. Introductory guide to exhibition held at the Israel Museum, 1967.

Amiran, Ruth and A. Eitan, Excavations in the Courtyard of the Citadel, Jerusalem, 1968-1969, IEJ, 20, 1970, 9-17.

Amy, R. Temples à escaliers, Syria, XXVII, 1950, 82-136.

Anati, E., Palestine before the Hebrews. A History from the earliest arrival of Man to the Conquest of Canaan, 1963.

Anderson, B. W., The Place of Shechem in the Bible, BA, XX, 1, 1957, 10-19.

ANDRAE, W., Die Festungwerke von Assur, 23. WVDOG, 1913.

ANTOINE, P., Garizim, in Dict. de la Bible, Suppl. t. 3me, 1938, 535-561.

APPLEBAUM, S., The Legal Status of the Jewish Communities in the Diaspora, in The Jewish People in the First Century. Ed. by S. Safrai and M. Stern, I, 1974, 420-463.

——, The Organisation of the Jewish Communities in the Diaspora, id., 464-503.

APTOWITZER, V., Spuren des Matriarchats im juedischen Schrifttum, HUCA, IV, 1927, 207-240; V, 1928, 261-297.

ASHTOR-STRAUSS, E., Saladin and the Jews, HUCA, XXVII, 1956, 305-326.

AUERBACH, E., Wüste und Gelobtes Land, I, 1932; II, 1936.

——, Wann eroberte Nebukadnezar Jerusalem? VT, XI, 1961, 128-136.

——, Der Aufstieg der Priesterschaft zur Macht im alten Israel, VT Suppl. IX, 1963, 236-249.

AUSCHER, D., Les Relations entre la Grèce et la Palestine avant la conquête d'Alexandre, VT, XVII, 1967, 8-30.

AUVRAY, P., Le problème historique du livre d'Ezéchiel, RB, 55, 1948, 503-519.

AVIGAD, N., The Fortifications of the City of David, IEJ, 2, 1952, 230-236.

——, The Architecture of Jerusalem in the Second Temple Period, Qadmoniot, I, 1-2, 1968, 28-36 (hebr.). Jerusalem Revealed, Ed. Y. Yadin, 1975, 14-20.

——, Excavations in the Jewish Quarter of the Old City, 1969-1971, Jerusalem Revealed, Ed. Y. Yadin, 1975, 41-51.

——, Archaeological Discoveries in the Jewish Quarter of Jerusalem. Second Temple Period. The Israel Museum, Jerusalem, 1976, Cat. Nr. 144.

AVI-YONAH, M., Mosaic Pavements in Palestine, QDAP, II, 1933, 136-181; III, 1934, 26-59.

——, Oriental Elements in the art of Palestine in the Roman and Byzantine Periods, QDAP, XIII, 1949, 128-165; XIV, 1950, 49-80.

——, The Missing Fortress of Flavius Josephus, IEJ, 3, 1953, 94-98.

——, The Walls of Nehemiah. A minimalist View, IEJ, IV, 1954, 239-248.

——, The Archaeological Survey of Masada 1955-1956, IEJ, 7, 1957, 1-65 (Mitarbeiter: Aharoni, Avigad, Dunayevsky, Gutman).

——, Sepher Yerushalayim (The Book of Jerusalem), 1956; Ed. (hebr.).

——, Places of Worship in the Roman and Byzantine Periods, in Antiquity and Survival, II, 2/3, 1957, 262-272.

——, Geschichte der Juden im Zeitalter des Talmud. In den Tagen von Rom und Byzanz. Studia Judaica II, 1962.

——, The Third and Second Walls of Jerusalem, IEJ, 18, 1968, 98-125.

——, The Newly-Found Wall of Jerusalem and the Topographical Significance, IEJ, 21, 1971, 168-169.

——, Encyclopedia of archaeological excavations in the Holy Land, I, 1975; II, 1976. Ed.

——, Jerusalem of the Second Temple Period, in Jerusalem Revealed, Ed. Y. Yadin, 1975, 9-13.

——, Jerusalem in the Second Temple Period, EncAEHL, II, 1976, 599 ff.

BAGATTI, P. B. and J. T. MILIK, Gli Scavi del „Dominus Flevit" (Monte Oliveto-Gerusalemme), 1958.

——, Il „Tempio di Gerusalemme" dal II all' VIII secolo, Biblica, 43, 1962, 1-21.

——, La posizione del tempio erodiano di Gerusalemme, Biblica, 46, 1965, 428-444.

BAGNANI, G., The Molten Sea of Solomon's Temple, in The Seed of Wisdom. Essays in Honour of T. J. Meek. Ed. W. S. Callough, 1964.

BAMMEL, E., Die Neuordnung des Pompeius und das römisch-jüdische Bündnis, ZDPV, 75, 1959, 76-82.

——, Die Rechtsstellung des Herodes, ZDPV, 84, 1968, 73-79.

BAMMER, A., Der Altar des jüngeren Artemisions von Ephesos, AA, 1968, 400-423.

BAR-ADON, P., The Cave of the Treasure, Archaeology 16/4, 1963, 251-259.

BARAMKI, D. C., An Early Byzantine Synagogue near Tell es Sultan, Jericho, QDAP, VI, 1938, 73-77.

——, Die Phönizier. Urban-Bücher Nr. 85, 1965.

BARCLAY, J. T., The City of the Great King; or, Jerusalem as it was, as it is, and as it is to be, 1857.

BARNETT, R. D., The Nimrud Ivories and the Art of the Phoenicians, Iraq, II, 1935, 179-210.

——, Phoenician and Syrian ivory carving, PEQ, 71, 1939, 4-19.

—— and N. GÖKCE, The Find of Urartian Bronzes at Altin Tepe, near Erzincan, Anat. Stud., III, 1953, 121-129.

——, Phoenicia and the ivory trade, Archaeology, 9/2, 1956, 87-97.

——, A Catalogue of the Nimrud Ivories with other examples of Ancient Ivories in the Br. Mus., 1957.

BARON, Salo Wittmayer, A Social and religious history of the Jews, II, 1952.

BARROIS, A., La Métrologie dans le Bible, RB, 40, 1931, 185-213; 41, 1932, 50-76.

——, Manuel d'Archéologie Biblique, I, 1939; II, 1953.

BARTHÉLEMY, D., Redécouverte d'un chaînon manquant de l'histoire de la septante, RB, 60, 1953, 18-29.

BARTON, G. A., Temple of Solomon, JE, XII, 1916, 98-101.

——, Archaeology and the Bible, 7th ed., 1937.

BAS, E. E. Le, Was the Corner-Stone of Scripture a pyramidion? PEQ, 1946, 103-115.

BAUMANN, E., Die Hauptvisionen Hesekiels in ihren zeitlichen und sachlichen Zusammenhang untersucht, ZAW, 67, 1955, 56-67.

BAUMSTARK, A., Die Modestianischen und die Konstantinischen Bauten am Heiligen Grabe zu Jerusalem. Studien zur Geschichte und Kultur des Altertums, 7. Bd. 3/4 Heft, 1915.

BEEBE, H. Keith, Ancient Palestinian Dwellings, BA, XXXI, 2, 1968, 38-58.

BEEK, M. A., Relations entre Jérusalem et la Diaspora égyptienne au 2e siècle avant J.-C., OTS, II, 1943, 119-143.

——, Het Judaïsme, in De Godsdiensten der Wereld³, Amsterdam, 1956, 343-380.

——, Geschichte Israels. Von Abraham bis Bar Kochba, Stuttgart, 1961.

BEGRICH, J., Die Chronologie der Könige von Israel und Juda, Tübingen, 1929.

BEN-ARIEH, Sara and E. NETZER, Excavation along the „Third Wall" of Jerusalem 1972-1974, IEJ, 24, 1974, 97-108.

BEN-ARIEH, Y., The geographical exploration of the Holy Land, PEQ, 104, 1972, 81-92.

BEN-DOR, I., A middle Bronze Age Temple at Nahariya, QDAP, XIV, 1950, 1-41.

BEN-HANANIAH, J., The Parker Expedition in 1911, BJPES, XIV, 1947-1948, 51 ff. (hebr.), V, engl.

BENOIT, P., Prétoire, Lithostroton et Gabbatha, RB, 59, 1952, 531-550.

——, L'Antonia d'Heróde le Grand et le Forum Oriental d'Aelia Capitolina, HThR, 64, 1971, 135-167.

——, The Archaeological Reconstruction of the Antonia Fortress, in Jerusalem Revealed, Ed. Yadin, 1975, 87-89.

BENTZEN, A., Priesterschaft und Laien in der jüdischen Gemeinde des fünften Jahrhunderts, AfO, VI, 1930-31, 280-286.

——, The Cultic Use of the Story of the Ark in Samuel, JBL, 67, 1948, 37-53.

BENZINGER, I., Hebräische Archäologie³, 1927.

BERGEMA, H., De Boom des Levens in schrift en historie. Diss. A'dam, 1938.

BERNHARDT, K. H., Gott und Bild. Ein Beitrag zur Begründung und Deutung des Bilderverbotes im A.T., Berlin, 1956.

——, Das Problem der altorientalischen Königsideologie im Alten Testament, VTSuppl., VIII, 1961.

BERTHOLET, A., Hesekiel, mit einem Beitrag von Kurt Galling, Handb. zum Alten Testament, Erste Reihe 13, Tübingen, 1936.

BERTO, P., Le Temple de Jérusalem, REJ, 59, 1910, 14-35, 161-187; 60, 1910, 1-23.

BEUKEN, W. A. M., Haggai-Sacharja 1-8. Studien zur Überlieferungsgeschichte der frühnachexilischen Prophetie. Studia Semitica Neerlandica, 10, 1967.

BEWER, J. A., Textual and exegetical notes on the book of Ezekiel, JBL, 72, 1953, 158-168.

BEYSE, K. M., Serubbabel und die Königserwartungen der Propheten Haggai und Sacharja. Eine historische und traditionsgeschichtliche Untersuchung, Stuttgart, 1972.

BIČ, Miloš, Die Nachtgesichte des Sacharja, Neukirchen-Vluyn, 1964.

BICKERMANN, E. (auch Bickerman, Bikerman), Zur Datierung des Pseudo-Aristeas, ZMW, 29, 1930, 280-298.

——, La charte séleucide de Jérusalem, REJ, C, 1935, 4-35 (auch übers. in A. Schalit, Josephus Forschung, 1973, 205-240).

——, Der Gott der Makkabäer. Untersuchungen über Sinn und Ursprung der makkabäischen Erhebung, Berlin, 1937.

——, Sur une inscription greque de Sidon, in Mélanges Syriens offerts à Monsieur René Dussaud, 1939, 867-871.

——, The Edict of Cyrus in Ezra 1, JBL, LXV, 1946, 249-275.

——, The Maccabees, An account of their history from the beginnings to the fall of the House of the Hasmoneans, New-York, 1947.

——, The Warning inscriptions of Herod's Temple, JQR, XXXVII, 1946-1947, 387-405.

——, Une proclamation séleucide relative au temple de Jérusalem, Syria, XXV, 1946-1948, 67-85.

——, The Historical foundations of Postbiblical Judaism, in L. Finkelstein, The Jews. Their History, Culture and Religion, I, 1949, 70-114.

BIETENHARD, H., Die Dekapolis von Pompeius bis Trajan, ZDPV, 79, 1963, 24-58.

BIRAN, A., Tel Dan, BA, XXXVII, 3, 1974, 26-51.

BISSING, F. W. von, Das angebliche Weltreich der Hyksos, AfO, XI, 1936-1937, 325-335.

BLANCHETIÈRE, F., Juifs et non Juifs. Essai sur le diaspora en Asie-Mineure, RHPhR, 54, 1974, 367-382.

BLAU, J. L., The Red Heifer. A Biblical Purification Rite in Rabbinic Literature, Numen, XIV, 1967, 70-78.

BLISS, F. J., Excavations at Jerusalem 1894-1897, London, 1898.

—— and R. A. S. MACALISTER, Excavations in Palestine, London, 1902.

BLOOMHARDT, P. F., The Poems of Haggai, HUCA, V, 1928, 153-195.

——, The Books of Ezra and Nehemiah, in Old Test. Commentary. Ed. Alleman-Flach, 1948, 457-480.

BÖHL, F., Über das Verhältnis von Shetija-Stein und Nabel der Welt in der Kosmogonie der Rabbinen, ZDMG, 124, 1974, 252-270.

BÖHL, F. M. Th., DE LIAGRE, De geschiedenis der stad Sichem en de opgraving aldaar, Med. Kon. Ak. A'dam, Afd. Letterk. Deel 62, Serie B, Nr. 1, 1926.

——, Missions- und Erwählungsgedanke in Alt-Israel, in Festschrif, Alfred Bertholet, Tübingen, 1950, 77-96.

——, De Verwoestingen van Babylon door Darius I en Xerxes in het licht van Babylonische en Bijbelse bronnen, HTS, 16, 1961, 261-278.

BOER, P. A. H. de, Het Koningschap in Oud-Israel. Inaug. Rede, 1938.

——, Second-Isaiah's Message, OTS, XI, 1956.

——, An Aspect of Sacrifice, VTSuppl. XXIII, 1972, 27-47.

BOERTIEN, M., De Tempelrol, AO no 1761, 1979, 1-20 [Y. Yaden, The Temple Scroll, Hebr. Ed. Jerusalem 1977] — Herrn Drs. F. J. Hoogewoud (A'dam) danke ich diesen Nachtrag.

BOËTHIUS, A., Vitruvius and the Roman Architecture of his Age, in Festschrift Martino Nilsson Dedicatum. Acta Instituti Romani Regni Sueciae. Series Altera I, Lund, 1939, 114-143.

——, Das Rom der Caesaren, Antike, XI, 1935, 110-138.

BONSIRVEN, J., Judaïsme Palestinien au temps de Jésus-Christ, Dict. de la Bible, Suppl. 22, 1948, 1143-1285; 23, 1249-1285.

——, Das Judentum Palästinas zur Zeit Christi, in Christus und die Religionen der Erde, III, 1951, 525-546.

BORGER, R., Das Problem der ʿapīru („Ḫabiru"), ZDPV, 74, 1958, 121-132.

BORN, A. van den, Zum Tempelweihespruch (1 Kg VIII 12 f.), OTS, XIV, 1965, 235-244.

BOSSERT, H. Th., Altsyrien, unter Mitarbeit von Rudolf Naumann, Tübingen, 1951.

BOTTÉRO, J., Les inventaires de Qatna, RA, XLIII, 1949, 1. 40.

——, Le Problème des Ḫabiru à la 4e Rencontre assyriologique internationale. Cahiers de la Société asiatique, XII, Paris, 1954.

BOUSSET, W., Die Religion des Judentums im späthellenistischen Zeitalter. In dritter verbesserter Auflage herausgeg. von D. Dr. Hugo Gressmann mit einem Vorwort von D. Eduard Lohse, HNT, 21, 4, photomech. gedr. Auflage, Tübingen, 1966.

BOWKER, J., Jesus and the Pharisees, Cambridge, 1973.

BRANDON, S. G. F., The Fall of Jerusalem and the Christian Church. A Study of the Effects of the Jewish Overtrow of A.D. 70 on Christianity, London, 1951.

——, Jesus and the Zealots. A Study of the political factor in primitive Christianity, Manchester Un. Press, 1967.

——, Jesus and the Zealots: Aftermath, BJRL, 54, 1971, 47-66.

BRENTJES, B., Die Stadtplanung im Alten Orient, Klio, 59, 1977, 5-9.

BRESSAN, G., L'Espugnazione di Sion in 2 Sam. 5, 6-8//1 Chron. 11, 4-6 e il problema del „Ṣinnôr", Biblica, 25, 1944, 346-381.

BRIGHT, J., Altisrael in der neueren Geschichtsschreibung, Stuttgart, 1961 (Early Israel in Recent History Writing, 1956).

——, A History of Israel, 1962.

BRINKER, R., The Influence of Sanctuaries in Early Israel, 1946.

BROCK, S. P., The Phenomen of the Septuagint, in OTS, XVII, 1972, 11-36.

BROCKELMANN, C., History of the Islamic Peoples, 1949 (deutsch 1939).

BROOME, E. C., Ezekiel's abnormal Personality, JBL, LXV, 1946, 277-292.

BROSHI, M., The Expansion of Jerusalem in the Reigns of Hezekiah and Manaseh, IEJ, 24, 1974, 21-26.

——, La Population de l'ancienne Jérusalem, RB, 82, 1975, 5-14.

BROWNE, L. E., Early Judaism, Cambridge, 1920.

BROWNING, I., Petra², London, 1974.

BRUNET, G., La prise de Jérusalem sous Sédécias les sens militaires de l'hébreu bâqaʿ, RHR, CL, XVII, 1965, 157-176.

BRÜNNOW, R. E. and A. von DOMASZEWSKI, Die Provincia Arabia, I, Strassburg, 1904.

BRUNO, A., Gibeon, Leipzig-Erlangen, 1923.

BRUNS, Gerda, Umbaute Götterfelsen als kultische Zentren in Kulträumen und Altären, JDAI, 75 (1960), 1961, 100-111.

BRUSTON, Ch., L'inscription des deux colonnes du temple de Salomon, ZAW, NF, 1, 1924, 153-154.

BUCHANAN, G. W., Mark 11, 15-19; Brigands in the Temple, HUCA, XXX, 1959, 169-177.

BÜCHLER, A., The Nicanor Gate and the Brass Gate, JQR, XI, 1899, 46-63.

——, The Fore-court of Women and the Brass Gate in the Temple of Jerusalem, JQR, X, 1898, 678-718.

BUHL, F., Geographie des alten Palästina, 1896.

BULL, R. J., A Re-examination of the Shechem Temple, BA, XXIII, 1960, 110-119.

——, The Excavation of Tell er-Ras on Mt. Garizim, BA, XXXI, 2, 1968, 58-72.

——, Tell er-Ras (Garizim), RB, 75, 1968, 238 ss.

BUNGE, J. G., Zur Geschichte und Chronologie des Untergangs der Oniaden und des Aufstiegs der Hasmonäer, JSJ, VI, 1975, 1-46.

BURCHARD, Ch., Die Essener bei Hippolyt . . . und Josephus, JSJ, VIII, 1977, 1-41.

BURGMANN, H., Das Kultmahl der Qumrangemeinde, ThZ, 27, 1971, 385-398.

BURGER, E., Die Anfänge des Pilgerwesens in Palästina, PJ, 27, 1931, 84-111.

BURROWS, M., What mean these Stones? The Significance of Archaeology for Biblical Studies, New Haven, 1941.

BUSINK, Th. A., Tempelbouw in Oud-Mesopotamie, JEOL, 5, 1937/38, 409-420.

——, De Toren van Babel. Zijn vorm en zijn beteekenis, Batavia, 1938.

——, Sumerische en Babylonische Tempelbouw, Batavia, 1940.

——, La Zikurrat de Dûr-Šarrukîn, RAI, 1951, 105-122.

——, Les Origines du Temple de Salomon, JEOL, 17 (1963), 165-192.

——, Der Tempel von Jerusalem. Von Salomo bis Herodes I., Leiden, 1970.

BUTLER, H. C., Syria. Publications of the Princeton Un. Archaeological Expeditions to Syria in 1904-5 and 1909. Div. II. Architecture, Section A, Leiden, 1919.

——, Early Churches in Syria, Princeton Un., 1929.

BYATT, A., Josephus and Population numbers in first century Palestine, PEQ, 1973, 51-60.

BYVANCK, A. W., Quelques observations sur l'architecture hellénistique, BVBA, XXIV-XXVI, 1949-1951, 36-41.

——, Le Palais hellénistique de Ptolemais, BVBA, XXVII, 1952, 17-19.

——, Le Problème de l'Art Romain, BVBA, XXXIII, 1958, 1-32.

CALLAWAY, J., Excavating Ai (Et-Tell): 1964-1972, BA, XXXIX, 1, 1976, 18-30.

CAMERON, G. G., Darius and Xerxes in Babylonia, AJSL, 58, 1941, 314-325.

CANCIANI, F. and G. PETTINATO, Salomos Thron, philologische und archäologische Erwägungen, ZDPV, 81, 1965, 88-108.

CAQUOT, A., La Prophétie de Nathan et ses échos lyriques, VTSuppl., IX, 1963, 213-224.

——, Le Messianisme d'Ezéchiel, Semitica, XIV, 1964, 5-23.

CARLSON, R. A., David, the chosen King. A Traditio-Historical Approach to the second Book of Samuel, Stockholm, 1964.

CASKEL, W., Der Felsendom und die Wallfahrt nach Jerusalem, Köln, 1963.

CASPARI, W., Die Bundeslade unter David. Theologische Studien Th. Zahn . . . dargebracht, Leipzig, 1908, 25-46.

CASSUTO-SALZMANN, Milka. Selected Bibliography. Publications on archaological excavations and surveys in Israel 1948-1958, ʿAtiqot, II, 1959, 165 ff.

CAZELLES, H., La Mission d'Esdras, VT, IV, 1954, 113-140.

CHÉBAB, M., Tyr à l'époque romaine. Aspects de la Cité à la lumière des textes et des fouilles, MUSJ, XXXVIII, 1962, 13-40.

CHIPIEZ, Ch. and G. PERROT, Le Temple de Jérusalem et la maison du Bois-Liban. Restitués d'après Ézéchiel et le Livre des Rois, Paris, 1889.

CLARKE, N. P., The Four North Walls of Jerusalem, PEQ, 1944, 199-212.

CLEMEN, C., Lukians Schrift über die Syrische Göttin, AO, 37, 3/4, 1938.

CLEMENTS, R. E., God and Temple. The Idea of the Divine Presence in Ancient Israel, 1965.

——, Temple and Land: A significant aspect of Israel's Worship, TrGUOS, XIX, 1963, 16-28.

CLEMENTZ, H., Des Flavius Josephus Jüdische Altertümer, I-II, Berlin (o.J.).

——, Flavius Josephus, Geschichte des Jüdischen Krieges, Berlin (o.J.).

CLEVELAND, R. L., Cherubs and the „Tree of Life", in Ancient South Arabia, BASOR, 172, 1963, 55-60.

COHN, J., Traktat Middot, Mischnajot, V, 478-511, Berlin, 1925.

COLLART, P., Le sanctuaire de Baalshamin à Palmyre. Fouilles Suisses 1954-1956, AAS, VII, 1957, 67-90.

——, Aspects du culte de Baalshamîn à Palmyre, in Mélanges offerts à Kazimierz Michalowski, 1966, 325-337.

——, and J. VICARI, Le Sanctuaire de Baalshamin à Palmyre, Topographie et architecture. Inst. suisse de Rome, 1969.

CONDER, Cl. R., Tent Work in Palestine, I-II, London, 1878.

——, Register of Rock Levels, Jerusalem, PEF QuSt, 1880, 82-91.

——, Notes on Colonel Wilson's paper on the Masonry of the Haram Wall, PEF QuSt, 1880, 91-97.

—— and Ch. WARREN, The Survey of Western Palestine, III, Jerusalem, London, 1884.

——, Syrian Stone-Lore or The Monumental History of Palestine, London, 1896.

——, The Latin Kingdom of Jerusalem, London, 1897.

——, The City of Jerusalem, London, 1909.

CONSTANTIN, D., Esséniens, Zélotes et Sicaires et leur mention par paronymie dans le N.T., Numen, XIII, 1966, 88-115.

CONTENAU, G., Manuel d'Archéologie Orientale, I-IV, Paris 1927-1947.

——, La Civilisation Phénicienne, Paris, 1949.

COOK, S. A., The Religion of Ancient Palestine in the Light of Archaeology, London, 1930.

——, The Age of Zerubbabel, in Studies in Old Testament Prophecy Presented to Th. H. Robinson, Ed. H. H. Rowley, Edinburgh, 1950, 19-36.

CORBETT, S., Some observations on the gateways to Herodian Temple in Jerusalem, PEQ, 84, 1952, 7-14.

Coüasnon, Ch., The Church of the Holy Sepulchre. The Schweich Lect. 1974.

Coulton, J. J., Διπλῆ Στοά, AJA, 75, 1971, 183-184.

Cowley, A., Aramaic Papyri of the fifth century B.C., Oxford, 1923.

Creswell, K. A. C., A short account of Early Muslim Architecture. A Pelican Book, 1958.

——, Early Muslim Architecture, I, 1-2, Oxford, 1969.

——, A Bibliography of the Architecture, Arts and Crafts of Islam, Suppl. Jan. 1960 to Jan. 1972. The American Un. in Cairo Press 1973.

Cross, F. M., The Tabernacle. A Study from an Archaeological and Historical Approach, BA, X, 3, 1947, 45-68.

Crowfoot, J. W. and G. M. Fitzgerald, Excavations in the Tyropoeon Valley, Jerusalem 1927, PEF, Ann, V, 1927.

—— and G. M. Crowfoot, The ivories from Samaria, PEF QuSt, 1933, 7-24.

——, Early Ivories from Samaria, London 1938.

——, K. M. Kenyon, and E. L. Sukenik, The Buildings at Samaria, London, 1942.

——, The four north Walls of Jerusalem, PEQ, 1943, 58-60.

Cullmann, O., Jesus und die Revolutionären seiner Zeit, Tübingen, 1970.

Cumont, F., Les Religions Orientales dans le Paganisme Romain[4], 1929.

Dalman, G., Petra und seine Felsheiligtümer, Leipzig, 1908.

——, Die Schalensteine Palästinas, PJ, 4, 1908, 23 ff.

——, Der zweite Tempel in Jerusalem, PJ, 5, 1909, 29-57.

——, The Khazneh at Petra, PEF Ann, 1911, 95-107.

——, Neue Petra-Forschungen und der Heilige Felsen von Jerusalem, Leipzig, 1912.

——, Zion, die Burg Jerusalems, PJ, 11, 1915, 39-84.

——, Orte und Wege Jesu, Gütersloh, 1924.

——, Jerusalem und sein Gelände, Gütersloh, 1930.

——, Arbeit und Sitte in Palästina, VI: Das Zelt und das Zeltleben, Gütersloh, 1939; VII: Das Haus, Hühnerzucht, Taubenzucht, Bienenzucht, id., 1942.

Daniel, C., Les „Hérodiens" du Nouveau Testament sont-ils des Esséniens?, RQ, VI, 21, 1967, 31-53.

Daniélou, J., La symbolique du temple de Jérusalem chez Philon et Josèphe, Serie Orientale Roma, XIV, 1957, 83 s.

Danthine, Helène, Le Palmier-Dattier et les arbres sacrés dans l'iconographie de l'Asie occidentale ancienne, Paris, 1937.

Davies, H., The Ark of the Covenant, ASTI, V, 1967, 30-47.

Davies, W. D., Jérusalem et la terre dans la tradition chrétienne, RHPhR, 55, 1975, 491-533.

Delaet, S. J., Le Successeur de Ponce-Pilate, L'Antiquité Classique, VIII, 1939, 413-419.

Delcor, M., Le Trésor de la Maison de Yahweh dès origines à l'Exil, VT, XII, 1962, 353-377.

——, Jahwe et Dagon ou le Jahwisme face à la Religion des Philistines, d'après 1 Sam. V, VT, XIV, 1964, 136-154.

——, Philistins., Dict. de la Bible, Suppl. 40-41, 1965-1966, Col. 1234-1288.

——, Le Temple d'Onias en Égypte, RB, 75, 1968, 188-205.

Derenbourg, J., Essai sur l'Histoire et la Géographie de la Palestine, d'après les Thalmuds et les autres sources Rabbiniques, Iere Partie, Paris, 1867.

Dessenne, A., Le Sphinx. Étude iconographique, Paris, 1957.

Destinon, J. von, Die Quellen des Flavius Josephus in der Jüd. Arch. Buch XII-XVII = Jüd. Krieg Buch I, Kiel, 1882.

Dever, W. G., Excavations at Gezer, BA, XXX, 2, 1967, 47-62.

Dhorme, P. and L. H. Vincent, Les Chérubins, RB, 35, 1926, 328-358.

Diebner, B., Die Orientierung des Jerusalemer Tempels und die „Sacred Direction" der frühchristlichen Kirchen, ZDPV, 87, 1971, 153-166.

Donceel, R., Recherches et travaux archéologiques récents au Liban (1962-1965), L'Antiquité Classique, XXXV, 1966, 222-261.

Donner, H. and W. Röllig, Kanaanäische und aramäische Inschriften, I-III, 1962-1964.

——, Die soziale Botschaft der Propheten im Lichte der Gesellschaftsordnung in Israel, OA, II, 1963, 229-245.

DOTHAN, M., The Excavations at Nahariyah, IEJ, 6, 1956, 14-25.

——, Ashdod. Prel. Report on the Excavations in Seasons 1962/1963, IEJ, 14, 1964, 79-95.

DOTHAN, Trude, The Philistines and their Material Culture, Jerusalem, 1967 (hebr.).

DOWNEY, G., A History of Antioch in Syria from Seleucus to the Arab Conquest, New Jersey, 1961.

DRIVER, G. R., Linguistic and textual problems: Ezekiel, Biblica, 19, 1938, 175-187.

——, Technical terms in the Pentateuch, WO, 1956, 254-263.

——, Ezekiel: Linguistic and textual Problems, Biblica, 35, 1954, 145-159; 299-312.

DUBNOW, S., Weltgeschichte des jüdischen Volkes, I.-X, Berlin, 1925-1929.

DUMMERMUTH, F., Zur deuteronomischen Kulttheologie und ihren Voraussetzungen, ZAW, 70, 1958, 59-98.

DUNAND, M., Fouilles de Byblos, I: 1926-1932, Paris, 1939; II: 1933-1938, Paris 1954-1958.

—— and Nessib Saliby, Le Sanctuaire d'Amrit, AAS, XI-XII, 1961-1962, 3-12.

—— and R. DURU, Oumm el-ʾAmed. Une ville de l'époque hellénistique aux échelles de Tyr, Paris, 1962.

——, Byblos, son histoire, ses ruines, ses légendes, Beyrouth, 1963.

——, Byblos, Sidon, Jérusalem. Monuments apparentés des Temps achéménides, VTSuppl., XVII, 1969, 64-70.

——, L'Architecture à Byblos au Temps des Achéménides, BMB, XII, 1969, 93-99.

DUNAYEVSKY, I. and A. KEMPINSKI, The Megiddo Temples, ZDPV, 89, 1973, 161-187.

DUNCAN, J. G., Digging up Biblical History, I-II, 1931.

DUPONT-SOMMER, A., Les Manuscrits de la mer Morte; leur importance pour l'histoire des Religions, Numen, II, 1955, 168-189.

——, Les rouleaux de cuivre trouvés à Qoumrân, RHR, CLI, 1957, 22-36.

——, Die Essenischen Schriften vom Toten Meer, Übers. W. W. Müller, Tübingen, 1960.

DURM, J., Die Baukunst der Römer, Stuttgart, 1905.

DUS, J., Der Brauch der Ladewanderung im alten Israel, ThZ, 17, 1961, 1-16.

——, Noch zum Brauch der „Ladewanderung", VT, XIII, 1963, 126-132.

——, Die Erzählung über den Verlust der Lade 1 Sam. IV, VT, XIII, 1963, 333-337.

——, Die Thron- und Bundeslade, ThZ, 20, 1964, 241-251.

DUSSAUD, R., Le Temple de Jupiter Damascénien et ses transformations aux époques chrétiene et muselmane, Syria, III, 1922, 219. 250.

——, Les découvertes de Ras Shamra et l'Ancien Testament, Paris, 1937.

——, Les monuments Palestiniens et Judaïques, Paris, 1942. Museé du Louvre.

——, Temples et Cultus de la Triade Héliopolitaine à Baʿalbeck, Syria, 23, 1942-1943, 33-77.

——, L'art Phénicien du IIe millénaire, Paris, 1949.

DYKEMA, F., De Tempel te Elefantine en de zoogenaamde Centralisatie van den Eeredienst te Jerusalem, NThT, 20, 1931, 321-333.

EBERS, G. and H. GUTHE, Palästina in Bild und Wort, I-II, Stuttgart-Leipzig, 1882.

EDDY, S. K., The King is dead, Studies in the Near Eastern Resistance to Hellenism, Lincoln, 1961.

EDELMANN, R., Das Judentum, in Handb. der Religionsgeschichte, Bd. 2, Kobenhavn, 1968-1972, 191-264.

EERDMANS, B. D., Sojourn in the Tent of Jahu, OTS, I, 1942, 1-16.

——, The Religion of Israel, Leiden, 1947.

——, The Name Jahu, OTS, V, 1948, 1-29.

EHRLICH, E. L., Die Kultsymbolik im alten Testament und im nachbiblischen Judentum, Symbolik der Religionen, Herausgeg. von F. Herrmann, III, Stuttgart, 1959.

EICHRODT, W., Das Alte Testament. Das Prophet Hesekiel, Göttingen, 1966.

——, Der neue Tempel in der Heilshoffnung Hesekiels, in Das Ferne und nahe Wort, Festschrift Leonard Rost, Berlin, 1967, 37-48.

EISELEN, F. C., Sidon. A Study in Oriental History, New York, 1907.

EISSFELDT, O., Philister und Phönizier, AO, 34/3, 1936.

———, Eine Einschmelzstelle am Tempel zu Jerusalem, FuF, 13, 1937, 163-164; auch Kleine Schriften 2, 1963, 107-109.

———, Ba'alšamēn und Jahwe, ZAW, 57, 1939, 1-31.

———, Lade und Stierbild, ZAW, 58, 1940/41, 190-215.

———, Tempel und Kulte syrischer Städte in hellenistisch-römischer Zeit, AO, 40, Leipzig, 1941.

———, Jahwe Zebaoth, Miscellanea Academica Berolinensia, II/2, 128-150, Berlin, 1950.

———, Einleitung in das Alte Testament, ² ,Tübingen, 1956.

———, Lade und Gesetztafeln, ThZ, 16, 1960, 281-284.

———, Kanaanäisch-Ugaritische Religion, Handb. d. Orientalistik, 1. Abt. 8. Bd. Lief. I, 76-91, 1964.

———, Kultzelt und Tempel, in Wort und Geschichte. Festschrift für Karl Elliger, Neukirchen-Vluyn, 1973, 51-55.

ELATH, E., Claude Regnier Conder (In the Light of his Letters to his Mother), PEQ, 100, 1965, 21-41.

ELLIGER, K., Die dreissig Helden Davids, PJ, 31, 1935, 29-75.

———, Die grossen Tempelsakristeien im Verfassungsentwurf des Ezechiel (42, 1 ff.), in: Geschichte und Altes Testament. Beiträge zur historischen Theologie, Alt Festschrift, Tübingen, 1953.

———, Kleine Schriften zum Alten Testament, herausgeg. von Hartmut Gese und Otto Kaiser, Münich, 1966.

ENSLIN, M. S., Who crucified Jesus? JQR, XXIII, 1942-1943, 491-495 (Bespr. Zeitlin, Who crucified Jesus, 1942).

EWALD, H., Geschichte des Volkes Israel², Göttingen, 1852 f.

FAKHRY, Ahmed, An Archaeological Journey to Yemen (March-May, 1947), I-III, Cairo, 1951-1952. Service des Antiquités de l'Égypte.

FARMER, W. R., Maccabees, Zelots and Josephus, New York, 1956.

FEIST, S., Stammeskunde der Juden, 1925.

FELDMAN, L., Scholarship on Philo and Josephus (1937-1962), o.J.

FERGUSSON, J., The Temples of the Jews and other Buildings in the Haram Area, London, 1978.

———, An Essay on the Ancient Topography of Jerusalem, London, 1847.

FERNANDEZ, A., El Ṣinnor (2 Sam. 5, 6-8), Biblica, 35, 1954, 217-222.

FESTUGIÈRE, A. J., Antioche Paienne et Chrétienne. Avec une commentaire archéologique sur l'Antiochikos (196 ss.) par Roland Martin, Paris, 1959.

FEUILLET, A., Le Discours de Jésus sur la ruine du temple d'après Marc XIII et Luc XXI, 5-36, RB, 55, 1948, 481-502.

FILSON, F. V., Temple, Synagogue, and Church, BA, VII, 4, 1944, 77-88.

FINKELSTEIN, L., The Pharisees. The sociological Background of their Faith³, Philadelphie, 1962.

FISHER, Cl. St., The Third Wall of Jerusalem, BASOR, 83, 1941, 4-7.

FISHER, T., Zu den Beziehungen zwischen Rom und den Juden im 2. Jahrh. v. Chr., ZAW, 86, 1974, 90-93.

FITZGERALD, G. M., Palestine in the Roman Period, 63 B.C.-A.D. 324, PEQ, 88, 1956, 38-48.

FLEMING, J., Personalities of the Old Testament, London, 1947.

FLEMING, W. B., The History of Tyre, New York, 1915.

FLINDERS PETRIE, W. M., Hyksos and Israelite Cities, London, 1906.

FLÜCKIGER, F., Luk. 21, 20-24 und die Zerstörung Jerusalems, ThZ, 28, 1972, 385-390.

FLUSSER, D., The Dead Sea Sect and Pre-Pauline Christianity, SH, IV, 1958, 215-266.

FOERSTER, G., Ancient Synagogues in Eretz-Israel, Qadmoniot, V, 2, 1972, 38-42 (hebr.).

———, Herodium, EncAEHL, II, 1976, 502-510.

FOHRER, G., Die Glossen im Buche Ezechiel, ZAW, 63, 1951, 33-53.

———, Die Hauptprobleme des Buches Ezechiel, BZAW, 72, 1952.

———, Ezechiel. Mit einem Beitrag von Kurt Galling, Tübingen, 1955.

FORBES, R. J., Studies in Ancient Technology, I-IX, Leiden, 1955-1964.

FRAEYMAN, M., La Spiritualisation de l'idée du Temple dans les épitres Pauliniennes, Analecta Lovaniensia Biblica et Orientalia, Ser. II, Fasc. 5, Louvain, 1948.

FRANKEL, R., The Measure of Hewn Stones 1. King 7, 9, TA, 3, 1976, 74-78.

FRANKEN, H. J. and C. A. FRANKEN-BATTERSHILL, A Primer of Old Testament Archaeology, Leiden, 1963.

——, Clay tablets from Deir ʿAlla, Jordan, VT, XIV, 1964, 377-379.

FRANKFORT, H., Kingship and the Gods, Chicago, 1948.

——, The Art and Architecture of the Ancient Orient, London, 1954.

FRETHEIM, T. E., The Priestly Document: Anti-Temple? VT, 18, 1968, 313-329.

FREUDENTHAL, J., Alexander Polyhistor und die von ihm erhaltenen Reste judäischer und samaritanischer Geschichtswerke, Breslau, 1875.

FRIEDRICH, J., Ras Schamra. Ein Überblick über Funde und Forschungen, AO, 33, 1/2, 1933.

FRIES, S. A., Jahwetempel ausserhalb Palästinas. Actes du IVe Congres International d'histoire des Religions tenu à Leide, 1913.

FRITZ, V., Erwägungen zu dem spätbronzezeitlichen Quaderbau bei Amman, ZDPV, 87, 1971, 140-152.

FUGMAN, E., Hama. Fouilles et recherches de la Fondation Carlsberg 1931-1938, L'architecture des périodes pré-hellénistiques, Kopenhagen, 1958.

FUNK, R. W., The 1957 campaign at Beth-Zur, BASOR, 150, 1958, 8-20.

FUNK, S., Monumenta Talmudica, Wien-Leipzig, 1913.

GABRIEL, A., Recherches archéologiques à Palmyre, Syria, VII, 1926, 71-92.

GABRIEL, J., Zorobabel. Ein Beitrag zur Geschichte der Juden in der ersten Zeit nach dem Exil, Wien, 1927.

GÄRTNER, B., The Temple and the Community in Qumran and the New Testament, Cambridge, 1965.

GAERTRINGEN, F. HILLER VON, Stadtgeschichte von Thera, Berlin, 1904.

GALL, A. von, Altisraelitische Kultstätten, BZAW III, Giessen, 1898.

GALLING, K., Die Beleuchtungsgeräte im israelitisch-jüdischen Kulturgebiet, ZDPV, 46, 1923, 1-50.

——, Der Altar in den Kulturen des Alten Orients, Berlin, 1925.

——, Der Bautypus des Palasttores im Alten Testament und das Palasttor von Sichem, Sellin-Festschrift, 1927, 49-53.

——, Die israelitische Staatsverfassung in ihrer vorderasiatischen Umwelt, AO, 28, 3/4, 1928.

——, Die Baugeschichte Jerusalems, ZDPV, 54, 1931, 85-90.

——, Die Halle des Schreibers, PJ, 27, 1931, 51-57.

——, Tempel in Palästina, ZDPV, 55, 1932, 245-250.

——, Das Allerheiligste in Salomos Tempel, JPOS, XII, 1932, 43-48.

——, Der Tempelschatz nach Berichten und Urkunden im Buche Esra, ZDPV, 60, 1937, 177-**183**.

——, Kyrusedikt und Tempelbau, OLZ, XL, 8/9, 1937, 37-478.

——, Biblisches Reallexikon, Tübingen, 1937. [2. Ausgabe 1977].

——, Denkmäler zur Geschichte Syriens und Palästinas unter der Herrschaft der Perser, PJ, 34, 1938, 59-79.

——, Bethel und Gilgal, ZDPV, 66, 1943, 140-155; 67, 1944-1945, 21-43.

——, Textbuch zur Geschichte Israels, Tübingen, 1950.

——, Königliche und nichtkönigliche Stifter beim Tempel von Jerusalem, ZDPV, 68, 1950, 134-142.

——, The „Gōlā-list" according to Ezra // Nehemia 7, JBL, 70, 1951, 149-158.

——, Die Exilswende in der Sicht des Propheten Sacharja, VT, II, 1952, 18-36.

——, Von Naboned zu Darius. Studien zur chaldäischen und persischen Geschichte, ZDPV, 69, 1953, 42-64.

——, Erwägungen zur antiken Synagoge, ZDPV, 72, 1956, 163-178.

——, Art. Altar II: In Israel, RGG, I², 1957, 254-255.

——, Erwägungen zum Stelenheiligtum von Hazor, ZDPV, 75, 1959, 1-13.

——, Serubbabel und die Wiederaufbau des Tempels in Jerusalem, in: Verbannung und Heimkehr, Festschrift für W. Rudolph, Tübingen, 1962, 67-96.

——, Eschmunazar und der Herr der Könige, ZDPV, 79, 1963, 140-151.

——, Studien zur Geschichte Israels im persischen Zeitalter, Tübingen, 1964.

——, Miscellanea Archaeologica, 1. Steinerne Rahmenfenster, ZDPV, 83, 1967, 123-135.

GARBER, P. L., Reconstructing Solomon's Temple, BA, XIV, 1, 1951, 2-24.

——, A Reconstruction of Solomon's Temple, Archaeology, V, 3, 1952, 165-172.

———, Reconsidering the Reconstruction of Solomon's Temple, JBL, LXXVII, 1958, 123-129.

GARSTANG, J., Jericho: City and Necropolis, AAAL, XIX, 1932, 3-22; XX, 1933, 3-42; XXI, 1934, 99-136.

———, The Heritage of Solomon. An Historical introduction to the sociology of ancient Palestine, London, 1934.

———, and J. B. E. GARSTANG, The Story of Jericho (New ed., revised), 1948.

GASTER, M., The Samaritans. Their History, Doctrines, and Literature. The Schweich Lect. 1923, London, 1925.

GASTER, Th. H., Thespis. Ritual, Myth and Drama in the Ancient Near East, New York, 1950.

GAWLIKOWSKI, M., Le Temple palmyrénien, Palmyre VI, Warszawa, 1973.

———, Les défences de Palmyre, Syria, LI, 3-4, 1974, 231-242.

GELDEREN, C. van, Der salomonische Palastbau (Zu I Reg. 7, 1-12), AfO, VI, 1930-1931, 100-106.

GENGE, H., Zum „Lebensbaum" in den Keilschrifturkunden, Acta Orientalia, XXXIII, Copenhagen, 1971, 321-334.

GERKAN, A. von, Die Stadtmauer von Palmyra, Berytus, II, 1935, 25-33.

———, Griechische Städteanlagen, Berlin-Leipzig, 1924.

GESE, H., Der Verfassungsentwurf des Ezechiel (Kap. 40-48). Traditionsgeschichtlich untersucht. Beiträge zur Historischen Theologie, Tübingen, 1957.

GESENIUS, W., Hebräisches und aramäisches Handwörterbuch über das Alte Testament[17] (Fr. Buhl), Leipzig, 1921.

GIBLET, J., Eupolème et l'Historiographie du Judaïsme hellénistique, in Mélanges Gonzague Ryckmans, Louvain, 1963, 539-554.

GICHON, M., The Defences of the Solomic Kingdom, PEQ, 95, 1963, 113-126.

GIESEBRECHT, F., Das Buch Jeremia. Handkommentar zum Alten Testament herausgeg. von W. Nowack, III/2/1, Göttingen, 1907.

GILDEMEISTER, J., Die arabischen Nachrichten zur Geschichte der Harambauten, ZDPV, XIII, 1890, 1-24.

GLATZER, N. N., Anfänge des Judentums. Eine Einführung, Gutersloh, 1966.

GLUECK, Nelson, Explorations in Eastern Palestine, AASOR, XIV, 1933/34, 1-113; XV, 1934/35; XVIII-XIX, 1937/39; XXV-XXVIII, 1945/49.

———, The Other Side of the Jordan, New Haven, 1945.

———, A Nabataean Painting, BASOR, 141, 1956, 13-23.

———, The Archaeological History of the Negev, HUCA, XXXII, 1961, 11-18.

———, Nabataean Dolphins, ErIs, VII, 1964, 40*-43*.

———, Ezion-Geber, BA, XXVIII, 3, 1965, 70-87.

———, Deities and Dolphins. The Story of the Nabataeans, London, 1966.

GOEDICKE, H., The end of „So, King of Egypt" (2 K. 17, 4), BASOR, 171, 1963, 64-66.

GOHEI HATA, Is the Greek version of Josephus' JEWISH WAR a translation or a rewriting of the first version? JQR, LXVI, 1975, 89-108.

GOITEIN, S. D., The Historical Background of the Erection of the Dome of the Rock, JAOS, 70, 1950, 104-108.

———, Contemporary Letters on the Capture of Jerusalem by the Crusaders, JJS, III, 1952, 162-177.

———, Muhammad's Inspiration by Judaism, JJS, IX, 1958, 149-162.

———, Studies in Islamic History and Institutions, Leiden, 1966.

———, A Mediterranean Society. Vol. I: Economic Foundations, Berkeley and Los Angeles, 1967.

———, The Synagogue building and its furnishings according to the Cairo Geniza, ErIs, VII, 1974, 81-87 (hebr.), 169*-172* (engl.).

GOLD, V. R., The Mosaic Map of Madeba, BA, XXI, 3, 1958, 50-71.

GOLDBERG, A. M., Der siebenarmige Leuchter, zur Entstehung eines jüdischen Bekenntnissymbols, ZDMG, 117, 1967, 232-246.

GOLDZIHER, I., Vorlesungen über den Islam 1924, Neuauflage Franz Babinger, Darmstadt, 1963.

———, Gesammelte Schriften herausgegeben von Joseph Desomoggi, I-V, Hildesheim, 1967-1970.

GOODENOUGH, E. R., The Menorah among Jews of the Roman World, HUCA, XXIII/2, 1950-1951, 449-492.

——, Jewish Symbols in the Greco-Roman Period, I-XIII, 1953-1968, Toronto-New York.

GOODING, D. W., The Account of the Tabernacle. Translation and Textual Problems of the Greek Exodus, Cambridge, 1959.

——, An impossible Shrine, VT, XV, 1965, 405-420.

——, Temple Specifications: A Dispute in logical arrangement between the MT and the LXX, VT, XVII, 1967, 143-172.

GOOSSENS,G., Hierapolis de Syrie, Louvain, 1943.

GORDON, C. H., Ugaritic Literature, Roma, 1949.

——, Homer and the Bible. The origin and character of East Mediterranean Literature, HUCA, XXVI, 1955, 43-108.

——, Geschichtliche Grundlagen des Alten Testaments², Zürich-Köln, 1961. (Engl.: The World of the Old Testament; Übers. Hans Marfurt).

——, Before the Bible. The Common Background of Greek and Hebrew Civilisations, New York-London, 1962.

——, The Mediterranean Factor in the Old Testament, VTSuppl. IX, 1963, 19-31.

GOTTLIEB, H., Amos und Jerusalem, VT, XVII, 1967, 430-463.

GOTTSCHALK, H. L., Der Islam, in Christus und die Religionen der Erde, III. Bd., Wien, 1951, 9-72.

——, B. SPULER, and H. KÄHLER, Die Kultur des Islams, Frankfort am M., 1971.

GRABAR, O., The Umayyad Dome of the Rock in Jerusalem, Ars Orientalia, III, 1959, 33-62.

——, A new Inscription from the Haram-al-Sharif in Jerusalem. A Note on the Mediaeval Topography of Jerusalem, in Studies in Islamic Art and Architecture. In Honour of Professor K. A. C. Creswell, Cairo, 1965, 72-83.

GRADWOHL, R., Die Farben im Alten Testament. Eine terminologische Studie, BZAW, 83, 1963.

GRAETZ, H., Geschichte der Juden, I-XI, Leipzig; I o.J.; XI, 1900.

GRAFMAN, R., Herod's Foot and Robinson's Arch, IEJ, 20, 1970, 60-66.

GRANT, E. and G. E. WRIGHT, Ain Shems Excavations (Palestine), I-V, Haverford, 1931-1939.

GRANT, M., Herod the Great, London, 1971.

——, The Jews in the Roman World, London, 1973.

GRAY, J., Cultic Affinities between Israel and Ras Shamra, ZAW, 62, 1950, 207-220.

——, The Hebrew Conception of the Kingship of God: its Origin and Development, VT, VI, 1956, 268-285.

——, The Legacy of Canaan. The Ras Shamra Texts and their Relevance to the Old Testament, VTSuppl., V, Leiden, 1957.

GRAY, L., La ruïne du Temple par Titus, RB, 55, 1948, 215-226.

GRAY, Mary P., The Ḥabirū-Hebrew Problem in the Light of the source material available at present, HUCA, XXIX, 1958, 135-202.

GRAYZEL, S., The Jews and Roman Law, JQR, LIX, 1968, 93-117.

GRELOT, P., Documents araméens d'Égypte. Introduction, traduction, présentation, Paris, 1972.

GRESSMANN, H., Die Lade Jahves und das Allerheiligste des Salomonischen Tempels, Beiträge zur Wiss. vom Alten Test., NF, Hft I, Leipzig, 1920.

——, Altorientalische Texte zum Alten Testament², Berlin-Leipzig, 1926.

——, Altorientalische Bilder zum Alten Testament², Berlin-Leipzig, 1927.

GRINTZ, J. M., Some observations on the „High Place" in the History of Israel, VT, XXVII, 1977, 111-113.

GRONKOWSKI, W., Le Messianisme d'Ezéchiel, Paris, 1930.

GROOT, J. de, Palestijnsche Masseben (Opgerichte Steenen), Diss. 1913.

——, Die Altäre des Salomonischen Tempelhofes. Eine archäologische Untersuchung. Beiträge zur Wissenschaft vom A.T., NF, Hft 6, 1924.

GRÜNEBAUM, G. E. von, Der Islam, in Propyläen Weltgeschichte, V, 1963, 23-179.

GRY, L., La Ruine du Temple par Titus. Quelques traditions juives plus anciennes et primitives à la base de Pesiḳta Rabbathi XXVI, RB, 55, 1948, 215-226.

GUIGNEBERT, Ch., Le monde Juif vers le Temps de Jésus², Paris, 1955.

GUILLAUME, A., The Life of Muhammed. A Translation of Isḥaq's sīrat rasūl Allāh, London-New York-Toronto, 1955.

———, Islam, London, 1963.

GUNTHER, J. J., The Fate of the Jerusalem Church, ThZ, 1973, 81-94.

GUTMANN, A., Art. Josephus Flavius, EJ, 9, 1932, 394-420.

GUTTMANN, A., Jerusalem in Tannaitic Law, HUCA, XL-XLI, 1969-70, 251-275.

———, The End of the Jewish sacrificial cult, HUCA, XXXVIII, 1967, 137-148.

GUTMANN, J., The Synagogue: Studies in Origins, Archaeology and Architecture. Selected with a Prolegomenon by J. Gutmann, New York, 1975.

GYLLENBERG, R., Kultus und Offenbarung, in Festschrift Sigmund Mowinckel, Oslo, 1955, 72-84.

HAAG, H., Was lehrt die literarische Untersuchung des Ezechiel-Textes? Freiburg in der Schweiz, 1943.

HACHLILI, Rachel, The Niche and the Ark in Ancient Synagogues, BASOR, 223, 1976, 43-53.

HAHN, I., Zwei dunkle Stellen in Josephus (Bellum Judaicum VI § 311 und II § 142), Acta Orientalia Academiae Scientiarum Hungaricae, t. XIV, 131-138, Budapest, 1962.

HALLER, M., Die Kyros Lieder Deuterojesajas, in Festschrift Herman Gunkel, 261-277, Göttingen, 1932.

———, Das Judentum², Göttingen, 1925.

HAMERTON-KELLY, R. G., The Temple and the Origins of Jewish Apocalyptic, VT, XX, 1970, 1-15.

HAMILTON, N. Q., Temple cleaning and Temple Bank, JBL, LXXXIII, 1964, 365-372.

HAMILTON, R. W., Excavations against the north Wall of Jerusalem, QDAP, X, 1944, 1-54.

———, Guide to Samaria-Sebaste, Jerusalem, 1944.

———, The Structural History of the Aqsa Mosque, Jerusalem, 1949.

HAMMERSCHMIDT, E., Königsideologie im spätantiken Judentum, ZDMG, 113 (1963), 1964, 493-514.

HAMMERSHAIMB, E., Ezekiel's View of the Monarchy, in Studia Orientalia Ioanni Pedersen Hauriae, 1953, 130-140.

HAMMOND, Ph. C., The Nabataeans. Their History, Culture and Archaeology. Studies in Mediterranean Archaeology XXXVII, Lund, 1973.

HAMRICK, E. W., New Excavations at Sukenik's „Third Wall", BASOR, 183, 1966, 19-26.

HANDCOCK, P. S. P., The Archaeology of the Holy Land, London, 1916.

HANDLER, Susan, Architecture on the Roman Coins of Alexandria, AJA, 75, 1971, 57-74.

HANFMANN, G. M. A., Letters from Sardis. Harvard Un. Press Cambridge, Massachusetts, 1972.

HARAN, M., The Ark of the Covenant and the Cherubs, ErIs, V, 1958, 83-90 (hebr.).

———, The Ark and the Cherubim. Their symbolic Significance in Biblical Ritual, IEJ, 9, 1959, 30-38.

———, The nature of the „Ohel Mo'edh" in Pentateuchal Sources, JSS, V, 1960, 50-65.

———, The uses of incense in the ancient Israelite Ritual, VT, X, 1960, 113-129.

———, The Disappeareance of the Ark, IEJ, 13, 1963, 46-58.

———, The Priestly image of the Tabernacle, HUCA, XXXVI, 1965, 191-226.

HARDEN, D., The Phoenicians, London, 1962.

HARDER, G., Herodes-Burgen und Herodes-Städte im Jordangraben, ZDPV, 78, 1962, 49-63.

HAR-EL, M., The Zealot's Forteresses in Galilee, IEJ, 22, 1972, 123-130.

HARTMANN, R., Der Felsendom in Jerusalem und seine Geschichte, Strassburg, 1909.

HAYES, J. H., The Tradition of Zion's Inviolability, JBL, LXXXII, 1963, 419-426.

HEDINGER, U., Jesus und die Volksmenge. Kritik der Qualifizierung der ochloi in der Evangelienauslegung, ThZ, 32, 1976, 201-206.

HEHN, J., Siebenzahl und Sabbat bei den Babyloniern und im Alten Testament. Leipziger sem. Stud., II, 5, 1907, Leipzig.

HEINRICH, E. and Ursula SEIDL, Grundrisszeichnungen aus dem Alten Orient, MDOG, 98, 1967, 14-45.

HELCK, W., Die Beziehungen Ägyptens zu Vorderasien im 3. und 2. Jahrtausend v. Chr. Ägyptologische Abhandlungen, 5, 1962.

HENGEL, M., Die Zeloten. Untersuchungen zur jüdischen Freiheitsbewegung in der Zeit von Herodes I. bis 70 n. Chr., Leiden/Köln, 1961.

———, Judentum und Hellenismus. Studien zu ihrer Begegnung unter besonderer Berücksichtigung Palästinas bis zur Mitte des 2. Jh. v. Chr. Tübingen, 1969.

HENNESY, J. B., Preliminary Report on Excavations at the Damascus Gate Jerusalem, Levant, II, 1970, 22-27.

HERBIG, R., Aphrodite Parakyptusa (Die Frau im Fenster), OLZ, 30, 1927, 917-922.

——, Fenster an Tempeln und monumentalen Profanbauten, JDAI, 44, 1929, 224-262.

HERRMANN, F., Die Sechs als bedeutsame Zahl. Ein Beitrag zur Zahlensymbolik, Saeculum, 14, 1963, 141-169.

HERTZBERG, H. W., Der heilige Fels und das Alte Testament, JPOS, XII, 1932, 32-42.

HERZFELD, E., Xerxes' Verbot des Daiva-Cultes, AMI, VIII, 1937, 56-77.

HESSE, F., Haggai, in Verbannung und Heimkehr, Festschrift für Wilhelm Rudolph, Tübingen, 1961, 109-134.

HINZ, W., Das erste Jahr des Grosskönigs Dareios, ZDMG, 92, 1938, 136-173.

HIRSCH, S. A., The Temple of Onias, Jews' College Jubilee Volume, London, 1906, 39-80.

HIRSCHBERG, J. W., Jüdische und Christliche Lehren im vor- und frühislamischen Arabien, Ein Beitrag zur Entstehungsgeschichte des Islams, Krakow, 1939.

HIRT, A. L., Der Tempel Salomon's, Berlin, 1809.

——, Über die Baue Herodes des Grossen überhaupt, und über seinen Tempelbau zu Jerusalem ins besonder, Abh. Ak. Berl. Hist. Phil. Kl. 1816-17 (Berlin 1819), 1-24.

HITTI, Ph. K., History of Syria. Including Lebanon and Palestina, London, 1951.

HÖFFKEN, P., Warum schwieg Jesus Sirach über Esra? ZAW, 87, 1975, 184-202.

——, Heilszeitherrscherwartung im babylonischen Raum, WO, IX, 1977, 57-71.

——, Untersuchungen zu den Begründungselementen der Völkerorakel des Alten Testaments. Diss. Bonn,1977.

HÖLSCHER, G., Palästina in der persischen und hellenistischen Zeit, Berlin, 1902.

——, Das Buch der Könige, seine Quellen und seine Redaktion, Gunkel Festschrift, 158-213, Göttingen, 1923.

HOENIG, S. B., The supposititious Temple-Synagogue, JQR, LIV, 1963, 115-131.

HOLLIS, F. J., The Sun-Cult and the Temple at Jerusalem, in Hooke, Myth and Ritual, 1933, 87-110.

——, The Archaeology of Herod's Temple. With a commentary on the tractate 'Middôth', London, 1934.

HOLTZMANN, O., Tore und Terrassen des herodianischen Tempels, ZNW, IX, 1908, 71-74.

——, Middot (Von den Massen des Tempels), Text, Übersetzung und Erklärung nebst einem textkritischen Anhang, Giessen, 1913.

HOOKE, S. H., Myth and Ritual. Essays on Myth and Ritual of the Hebrews in relation to the Culture Pattern of the Ancient East, ed. by S. H. Hooke, London, 1933.

——, The Origins of Early Semitic Ritual. The Schweich Lect. 1935, London, 1938.

HOONACKER, A. van, Une Communauté Judéo-Araméenne à Elephantine, en Égypte, aux VIe et Ve siècles av. J.C., The Schweich Lect. 1914, London, 1915.

HOPKINS, Cl., The Parthian Temple, Berytus, VII, 1942, 1-18.

HOPKINS, I. W. J., The four quarters of Jerusalem, PEQ, 1971, 68-84.

HORN, S. H., Mordecai. A Historical Problem, Biblical Research, IX, 1964, 14-25.

HORSFIELD, G. and A., Sela-Petra, The Rock of Edom and Nabatena, QDAP, VII, 1938, 1-42; VIII, 1938, 87-115; IX, 1942, 105-204.

HOSPERS-JANSEN, Anna M. A., Tacitus over de Joden, Groningen-Batavia, 1949.

HOWIE,C.G., The Date and Composition of Ezekiel, JBL Monograph Series,IV,Philadelphia,Pa,1950.

——, The East Gate of Ezekiel's Temple enclosure and the Solomonic Gateway of Megiddo, BASOR, 117, 1950, 13-19.

HULST, A. R., Old Testament Translation Problems, Leiden, 1960.

ILIFFE, J. H., Nabatean Pottery from the Negeb. Its Distribution in Palestine, QDAP, III, 1934, 132-135.

——, A Model Shrine of Phoenician type, QDAP, XI, 1945, 91-92.

IN DER SMITTEN, W. Th., Erwägungen zu Nehemias Davidizität, JSJ, V, 1974, 41-48.

——, Historische Probleme zum Kyrosedikt und zum Jerusalemer Tempelbau von 515, Persica, VI, 1972-1974, 167-178.

IRWIN, W. A., Ezekiel Research since 1943, VT, III, 1953, 54-66.

——, The Problem of Ezekiel. An Inductive Study, Chicago, 1943.

ITA OF SION, Marie, The Antonia Fortress, PEQ, 100, 1968, 139-143.

IVRY, A. L., Nehemiah 6, 10: Politics and the Temple, JSJ, III, 1972, 35-45.

JACK, J. W., Samaria in Ahab's Time, Harvard Excavations and their Results, Edinburgh, 1929.

——, The Ras Shamra tablets, their bearing on the Old Testament, Edinburgh, 1935.

JAEGER, R., Die Bronzetüren von Bethlehem, JDAI, 45, 1930, 91-115.

JAMES, E. O., The Tree of Life. An Archaeological Study, Suppl. Numen, Leiden,

JEFFERY, G., A Brief Description of the Holy Sepulchre, Cambridge, 1919.

JEPSEN, A. and R. MANHART, Untersuchungen zur israelitisch-jüdischen Chronologie, BZAW, 88, 1964.

JEREMIAS, J., Das westliche Südtor des herodianischen Tempels, ZDPV, 65, 1942, 112-118.

——, Hesekieltempel und Serubbabeltempel, ZAW, 52, 1934, 109-112.

——, Die Einwohnerzahl Jerusalems zur Zeit Jesu, ZDPV, 66, 1943, 24-31.

——, Die „Zinne" des Tempels (Mt. 4, 5; Lk. 4, 9), ZDPV, 59, 1936, 195-208.

——, Jerusalem zur Zeit Jesu², Göttingen, 1958.

JIRKU, A., Der Kampf um Syrien-Palästina im orientalischen Altertum, AO, 25/4, 1927.

——, Geschichte des Volkes Israel, Leipzig, 1931.

——, Die Megalith-Kultur in Palästina, Archiv Orientální, 17/1, 1949, 340-344.

——, Die Ausgrabungen in Palästina und Syrien, Halle, 1956.

——, Geschichte Palästinas-Syriens im orientalischen Altertum, Aalen, 1963.

JOHNS, C. N., The Citadel, Jerusalem. A summary of work since 1934, QDAP, XIV, 1950, 121-190.

JOINES, K. R., The Bronze Serpent in the Israelite Cult, JBL, LXXXVII, 1968, 247-256.

JONGE, M. de, De Berichten over het scheuren van het voorhangsel bij Jezus' dood in de synoptische Evangelien, NThT, 21, 1966, 90-114.

JONGELING, B., A classified Bibliography of the Finds in the Desert of Judah, Leiden, 1971.

JUSTER, J., Les Juifs dans l'empire romain, I-II, Paris, 1914.

KAHLE, P., Die Septuaginta. Prinzipielle Erwägungen, in Festschrift Otto Eissfeldt zum 60. Geburtstag, Halle an der Saale, 1947, 161-180.

KAMMERER, A., Pétra et la Nabatène, Paris, 1929.

KANAEL, B., The Coins of King Herod of the Third Year, JQR, 42, 1951-52, 261-264.

——, Notes on Jewish Art in the Period of the Second Temple, AnnLUOS, I, 1958-1959, 61-73.

——, Die Kunst der antiken Synagoge, München, 1961.

KANTOR, Helène J., Syro-Palestinian Ivories, JNES, XV, 1956, 153-174.

KAPELRUD, A. S., The Gates of Hell and the Guardian Angels of Paradise, JAOS, 70, 1950, 151-156.

——, Temple Building, a Task for Gods and Kings, Orientalia, 32 NS, 1963, 56-62.

KAPLAN, J., Excavations at Benei Beraq, 1951, IEJ, 13, 1963, 300-312.

KAUFMANN, Y., The Religion of Israel, Transl. and abridged by Moshe Greenberg, London, 1961.

KAUTZSCH, E., Die Apokryphen und Pseudepigraphen des Alten Testaments, I-II, Tübingen, 1900.

——, Die Heilige Schrift des Alten Testaments, I-II, Tübingen, 1922.

KELLNER, H. J., Die Nabatäer. Ein vergessenes Volk am Toten Meer 312 v. Chr. - 106 n. Chr., Herausgeg. von H. J. Kellner.

KELSO, J. L. and D. C. BARAMKI, Excavations at New Testament Jericho and Khirbet En-Nitla, AASOR, XXIX-XXX (1949-1951), 1955.

KENYON, Kathleen M., Jericho and its Setting in Near Eastern History, Antiquity, 120, 1956, 184-195.

——, Digging up Jericho, London, 1957.

——, Excavations at Jericho, I, Jerusalem, 1960; II, London, 1965.

——, Archaeology in the Holy Land, London, 1960.

——, Biblical Jerusalem, Expedition, 5/1, 1962, 32-35.

——, Amorites and Canaanites, The Schweich Lect., (1963), London, 1966.

——, Jericho, Archaeology, 20, 1967, 268-275.

——, Jerusalem. Excavating 3000 Years of History, London, 1967.

——, Some aspects of the impact of Rome on Palestine, JRAS, 1970, 181-191.

——, New Evidence on Solomon's Temple, MUSJ, XLVI, 1970-71, 139-149.

——, Royal Cities of the Old Testament, London, 1971.

——, Digging up Jerusalem, London, 1974.

KESSLER, Chr., ʿAbd Al-Malik's inscription in the dome of the Rock: a reconsideration, JRAS, 1970, 1-14.

KEY, A. F., Traces of the Worship of the Moon God Sîn among the Early Israelites, JBL, LXXXIV, 1965, 20-26.

KIND, H. D., Antike Kupfergewinnung zwischen Rotem und Totem Meer, ZDPV, 81, 1965, 56-73.

KIRKBRIDE, Diana, Le Temple Nabatéen de Ramm. Son Evolution architecturale, RB, 67, 1960, 65-92.

KITTEL, R., Studien zur hebräischen Archäologie und Religionsgeschichte, Leipzig, 1908.

——, Gestalten und Gedanken in Israel. Geschichte eines Volkes in Charakterbildern, Leipzig, 1925.

——, Geschichte des Volkes Israel, I-III; II⁵, 1922; III/2, 1929.

KLAMROTH, E., Die jüdischen Exulanten in Babylonien, BWAT, 10, Leipzig, 1912.

KLAUSER, Th., Der Vorhang vor dem Thron Gottes, Jahrb. für Antike und Christentum, 3, 1960, 141-142.

KLENGEL, H., Syria Antiqua, Leipzig, 1971.

KOCH, K., Haggais unreines Volk, ZAW, 79, 1967, 52-66.

——, Die Hebräer vom Auszug aus Ägypten bis zum Grossreich Davids, VT, XIX, 1969, 37-81.

——, Ezra and the Origins of Judaism, JSS, XIX, 1974, 173-197.

KOEHLER, L. and W. BAUMGARTNER, Lexicon in Veteris Testamenti Libros, Leiden, 1953.

KOHL, H., Kasr Firaun in Petra, Leipzig, 1910.

—— and C. WATZINGER, Antike Synagogen in Galilaea, 29. WVDOG, Leipzig, 1916.

KOLDEWEY, R., Die Architektur von Sendschirli, in Ausgrabungen in Sendschirli, II, Berlin, 1898, S. 103 ff.

——, Die Tempel von Babylon und Borsippa, 15. WVDOG, Leipzig, 1910.

——, Das wieder erstehende Babylon⁵, Leipzig, 1925.

KOOLHAAS, A. A., Theocratie en Monarchie in Israel, Wageningen, 1957.

KOPP, Cl., Die heiligen Stätten der Evangelien, Regensburg, 1959.

KORNEMANN, E., Weltgeschichte des Mittelmeer-Raumes von Phillip II. von Makadonien bis Muhammed, I, München, 1948.

KORNFELD, W., Der Symbolismus der Tempelsäulen, ZAW, 74, 1962, 50-57.

KOSMALA, H., Hebräer-Essener-Christen. Studien zur Vorgeschichte der frühchristlichen Verkündigung, Leiden, 1959.

——, Jerusalem, BHHwb, II, 1964, 820-850.

KOSTERS, W. H., Het Herstel van Israel in het Persische Tijdvak, Leiden, 1894.

KRAELING, C. H., Gerasa City of the Decapolis, New Haven, 1938.

——, The Excavations at Dura-Europos, Final Report VIII, Part I: The Synagogue, New Haven, 1956.

KRAELING, E. G., The Brooklyn Mus. Aramaic Papyri, New Haven, 1953.

KRAUS, H. J., Archäologische und topographische Probleme Jerusalems im Lichte der Psalmenexegese, ZDPV, 75, 1957, 125-140.

——, Gottesdienst in Israel, München, 1962.

KRAUSS, S., Talmudische Archäologie, I-III, Leipzig, 1910-1912.

——, Synagogale Altertümer, Berlin-Wien, 1922.

——, Zion and Jerusalem. A linguistic and historical Study, PEQ, 77, 1945, 15-33.

—— and H. KREISSIG, Die Ursachen des „Makkabäer"-Aufstandes, Klio, 58, 1976, 249-253.

KRENCKER, D. and W. ZSCHIETZSCHMANN, Römische Tempel in Syrien, Berlin-Leipzig, 1938.

KUHN, K. G., Über die Entstehung des Namens Jahwe. Orient. Studien Enno Littmann zu seinem 60. Geburtstag, 25-42, Leiden, 1935.

KUSCHKE, A., Die Lagervorstellung der priesterschriftlichen Erzählung, ZAW, 63, 1951, 74-105.

——, Der Tempel Salomos und der „syrische Tempeltypus", in Das Ferne und Nahe Wort, Festschrift Leonard Rost, 1967, 124-132.

KUTSCH, E., Art. Lade Jahwes, RGG³, IV, 1960, 197-199.

LAGRANGE, M. J., Le Judaïsme avant Jésus-Christ³, Paris, 1931.

LAMARCHE, P., La mort du Christ et le voile du temple selon Marc, Nouvelle revue théologique, T. 96, Nr. 6, 1974, 583-599.

LAMBERT, E., L'Architecture des Templiers, Paris, 1955.

LANDSBERGER, B., Sam'al. Studien zur Entdeckung der Ruinenstätte Karatepe. Veröffentlichungen der Türkischen Historischen Gesellschaft, VII. Serie, Nr. 16, Ankara, 1948.

LANDSBERGER, F., The sacred direction in Synagogue and Church, HUCA, XXVIII, 1957, 181-203.

——, History of Jewish Art, Cincinnati, 1946.

——, The Origin of the Winged angel in Jewish art, HUCA, 20, 1947, 227-254.

LANGHE, R. de, Het gouden altaar in de Israelitische Eredienst. Med. Kon. Vl. Ac. v. Wet., Lett. en Schone Kunsten van Belgie, Kl. der Litt. Jaarg. XIV, 1952, Nr. 6.

LAPERROUSAZ, E. M., A-t-on dégagé l'angle sud-est du „Temple de Solomon"? Syria, L, 1973, 355-399.

——, Remarques sur les pierres à bossage préhérodiennes de palestine, Syria, LI, 1974, 105-128.

LAPIDE, P., Insights from Qumran into the languages of Jesus, RQ, 32, t. 8, Fasc. 4, 483-501.

LAPP, Nancy L., Casemate Walls in Palestine and the Late Iron II casemate at Tell el-Ful (Gibeah), BASOR, 223, 1976, 25-42.

LAPP, P. W., Palestine Known But Mostly Unknown, BA, XXVI, 4, 1963, 121-134.

——, 'Iraq el-Emir, in EncAEHL, II, 1976, 527-531.

LAQUEUR, R., Der jüdische Historiker Flavius Josephus. Ein biographischer Versuch auf neuer quellenkritischer Grundlage, Giessen, 1920.

LEBRAM, J. C. H., König Antiochus im Buch Daniel, VT, XXV, 1975, 737-772.

LEEUW, G. van der, Phänomenologie der Religion, Tübingen, 1933.

LEHMANN, M. R., Identification of the Copper Scroll based on its technical terms, RQ, Nr. 17, 1964, 97-105.

LEON, H. J., The Jews of Ancient Rome, Philadelphia, 1960.

LEROUX, G., Les Origines de l'édifice Hypostyle en Grèce, en Orient et chez les Romains, Paris, 1913.

LESLIE SHEAR, T., Jr., The Athenian Agora. Excavations of 1973-1974, Hesperia, XLIV, 1975, 331-374; 365 ff.: The stoa basileios.

LEUZE, O., Die Satrapieneinteilung in Syrien und im Zweistromlande von 520-320, Schriften der Königsberger Gelehrten Gesellschaft, Geisteswissenschaftliche Klasse, 11. Jahr, Hft 4, Halle, 1935.

LEVY BRUHL, L., L'expérience mystique et les symboles chez les Primitifs, Paris, 1938.

LEWY, H., Hekataios von Abdera περὶ Ἰουδαίων, ZNW, 31, 1932, 117-132.

LICHTENSTEIN, H., Die Fastenrolle. Eine Untersuchung zur jüdisch-hellenistischen Geschichte, HUCA, VIII + IX, 1931-32, 259-317.

LIDDELL, H. G. and R. SCOTT, A Greek-English Lexicon. A new ed. by H. Stuart Jones, I-II, Oxford, 1925.

LIEBERMANN, S., Palestine in the third and fourth centuries, JQR, XXXVI, 1945-46, 329-370.

——, Hellenism in Jewish Palestine. Studies in the literary transmission beliefs and manners of Palestine in the I. Century B.C.E. - IV Century C.E., New York, 1950.

LIFSHITZ, B., L'ancienne Synagogue de Tibériade, sa mosaique et ses inscriptions, JSJ, IV, 1973, 43-55.

LINDNER, H., Die Geschichtsauffassung des Flavius Josephus im Bellum Judaicum, Leiden, 1972.

LIPIŃSKI, E., YĀWEH MÂLĀK, Biblica, 44, 1963, 405-460.

——, La Royauté de Yahwé dans la Poésie et le Culte de l'Ancien Israel, Brussel, 1965.

LIVER, J., On the Chronology of Hiram King of Tyre, BIES, XVII, 3-4, 1953, 86 ff. (hebr.).

——, The Book of the Acts of Solomon, Biblica, 48, 1967, 75-101.

——, The „Sons of Zadok the Priests" in the Dead Sea Sect, RQ, 21, T. 6, fasc. 1, 1967, 3-30.

LIVERANI, M., Storia di Ugarit nell 'Eta' degli archivi Politici. Universita di Roma, Centro do Studi Semitici. Studi Semitici 6, Roma, 1962.

LODS, A., Israel des origines au milieu du VIIIᵉ siècle, Paris, 1930.

Lohr, M., Die Stellung des Weibes zu Jahwe-Religion und -Kult, BWAT, 4, 1908.

——, Das Raucheropfer im Alten Testament, Schriften der Königsberger Gelehrten Gesellschaft, Halle/Saale, 1927, 155-158, 160-163.

Lohse, E., Die römischen Statthalter in Jerusalem, ZDPV, 74, 1958, 69-78.

Loud, G., The Megiddo Ivories, OIP, LII, Chicago, 1939.

Luschan, F. von, Ausgrabungen in Sendschirli, I-IV, Berlin, 1893-1911.

Maag, V., Malkût JHWH, VTSuppl., VII, 1960, 129-153.

——, Syrien-Palästina, in Kulturgeschichte des Alten Orient, herausgeg. von Hartmut Schmökel, 447-604, Stuttgart, 1961.

Maasz, F., Hazor und das Problem der Landnahme, in Von Ugarit nach Qumran, Festschrift Otto Eissfeldt, 105-117, Berlin, 1958.

Macalister, R. A. S., Bible Side-lights from the mound of Gezer², London, 1907.

——, The Excavation of Gezer 1902-1905 and 1907-1909, I-III, London, 1911 f.

——, The Philistines. Their History and Civilization, The Schweich Lect. (1911), London, 1913.

—— and J. G. Duncan, Excavations on the Hill of Ophel, PEFAnn, IV, 1923-1925.

——, A Century of Excavation in Palestine, London, 1925.

Macholz, G. Ch., Noch einmal: Planungen für den Wiederaufbau nach der Katastrophe von 587. Erwägungen zum Schlussteil des sog. „Verfassungsentwurf des Hesekiel", VT, XIX, 1969, 322-352.

Maclaurin, E. C. B., The Origin of the Hebrew Sacrificians, Sydney, 1948.

Madden, F. W., History of the Jewish Coinage, London, 1864.

Mader, E., Mambre. Die Ergebnisse der Ausgrabungen im heiligen Bezirk Râmet el-Ḥalîl in Süd-palästina 1926-1928, Freiburg in Breisgau, 1957.

Mahmud, S. F., Geschichte des Islam, München, 1964, Übers. Eva Schönfeld.

Maier, J., Das altisraelitische Ladeheiligtum, Berlin, 1965.

Maisler, B. (Mazar), Das vordavidische Jerusalem, JPOS, X, 1930, 181-191.

——, Ancient Israelite Historiography, IEJ, II, 1952, 82-88.

Malamat, A., The Kingdom of David and Solomon in its contact with Egypt and Aram Naharaim, BA, XXI, 4, 1958, 96-102.

——, Hazor. „The Head of all those Kingdoms", JBL, LXXIX, 1960, 12-19.

——, Aspects of the foreign policies of David and Solomon, JNES, XXII, 1963, 1-17.

——, The Last Kings of Judah and the Fall of Jerusalem. An Historical-Chronological Study, IEJ, 18, 1968, 137-156.

Mallon, A., Cité de David, Dict. de la Bible, Suppl. t. 2ᵐᵉ, 1934, 330-341.

Mallowan, M., Cyrus the Great (558-529 B.C.), Iran, X, 1972, 1-17.

Manhart, R., Fragen um die Entstehung der LXX, VT, XII, 1962, 139-163.

Mantel, H., The Causes of the Bar Kokba Revolt, JQR, LVIII, 1968, 224-242; 274-296.

——, The Dichotomy of Judaism during the second Temple, HUCA, XLIV, 1973, 55-87.

Marcus, R., The Qumran Scrolls and early Judaism, Biblical Research, I (1956), 1957, 9-47.

Marquet-Krause, Judith, Les Fouilles de ʿAy (Et-Tell), Paris, 1949.

Marten-Achard, R., Ésaie et Jérémie aux prises avec les problèmes politiques. Contribution à l'étude du thème: Prophétie et politique, RHPhR, 47, 1967, 208-224.

Martin, R., Recherches sur l'Agora Grecque, Paris, 1951.

Martiny, G., Die Tempel von Sendschirli. Wilhelm Dörpfeld, Festschrift zum 80. Geburtstag. Herausgegeben von der Koldewey-Gesellschaft, 78-83, Berlin, 1933.

Maurer, Chr., Der Struthionteich und die Burg Antonia, ZDPV, 80, 1965, 137-149.

May, H. G., Some aspects of Solar worship at Jerusalem, ZAW, NF 14, 1937, 269-281.

——, The Sacred Tree on Palestine Painted Pottery, JAOS, 59, 1939, 251-259.

——, The two pillars before the Temple of Solomon, BASOR, 88, 1942, 19-27.

——, Synagogues in Palestine, BA, VII, 1, 1944, 1-20.

——, „This People" and „This Nation" in Haggai, VT, XVIII, 1968, 190-197.

——, Material Remains of the Megiddo Cult, OIP, XXVI, Chicago, 1935.

Mayer, H., Das Bauholz des Tempels Salomos, BZ, 1967, 53-66.

MAYER, L. A., A Bibliography of Jewish Numismatics, Jerusalem, 1966.

MAYER, R., Der Gottesname Jahwe im Lichte der neuesten Forschung, BZ, NF 2, 1958, 26-53.

MAZAR, B., The Campaign of Pharaoh Shishak to Palestine, VTSuppl., IV, 1957, 57-66.

——, The Military Élite of King David, VT, XIII, 1963, 310-320.

——, The Sanctuary of Arad and the Family of Hobab the Kenite, ErIs, VII, 1964, 1-5 (hebr.), 165* engl.

——, Trude DOTHAN, and I. DUNAYEVSKY, En-Gedi. The First and Second Seasons of Excavations 1961-1962, ʿAtiqot, Engl. Series, V, 1966.

——, The Excavations in the Old City of Jerusalem. Prel. Rep. of the First Season 1968, Jerusalem, 1970.

——, The Excavations South and West of the Temple Mount in Jerusalem: The Herodian Period, BA, XXXIII, 2, 1970, 47-60.

——, The Excavations South and West of the Temple Mount, Ariel, 27, 1970, 11-19.

——, The Excavations in the Old City of Jerusalem near the Temple Mount, Prel. Rep. of the Second and Third Seasons 1969-1970, Jerusalem, 1971.

——, Excavations near the Temple Mount, Qadmoniot, V, 3-4 (19-20), 1972, 74-90 (hebr.).

——, A Philistine Temple at Tell Qasile, BA, 36, 2, 1973, 42-48.

——, The Archaeological Excavations near the Temple Mount, in Jerusalem Revealed, Ed. Y. Yadin, Jerusalem, 1975, 25-40.

McCOWN, C. C., The Ladder of progress in Palestine. A Story of Archaeological Adventure, New York-London, 1943.

——, Tell en-Nasbeh, I. Archaeological and Historical Results, Berkeley-New Haven, 1947.

McEWAN, C. W., The Syrian Expedition of the Oriental Inst. of the Un. of Chicago, AJA, 41, 1937, 8-16.

McKANE, W., The earlier History of the Ark, TrGUOS, XXI, 1965-66, 68-76.

MELLAART, J., Earliest Civilizations of the Near East, London, 1965.

MENES, A., Tempel und Synagogue, ZAW, 50, 1932, 268-276.

MERRIL, S., East of the Jordan. A Record of Travel and Observation in the Countries of Moab, Gilead and Bashan, London, 1881.

MESNIL DU BUISSON, R. du, Le Site Archéologique de Mishrifé-Qatna, Paris, 1935.

——, Les Peintures de la Synagogue de Doura-Europos, Rome, 1939.

——, Les Origines du Panthéon Palmyrénien, MUSJ, XXXIX, 1963, 169-195.

MESSEL, N., Ezechielfragen. Skrifter utgitt av det Norske Videnskaps-Akademi i Oslo, II. Hist.-Filos. Kl. 1945, Nr. 1, Oslo, 1945.

MEYER, Ed., Die Entstehung des Judenthums. Eine historische Untersuchung, Hall a.S., 1896.

——, Die Israeliten und ihre Nachbarstämme, Halle, 1906.

——, Ursprung und Anfänge des Christentums, I-III, Stuttgart-Berlin, 1921/23.

MICHAELIS, A., Hallenförmigen Basiliken, in Mélanges Perrot, Paris, 1903, 239-246.

MICHALOWSKI, M., Palmyre. Fouilles Polonaises, 1959, La Haye-Paris, 1960, (5 Bände, 1960-1966).

MICHEL, O. and O. BAUERNFEIND, Flavius Josephus, De Bello Judaico, I-III, (I, Tübingen 1957; II, 1, München, 1963; II, 2, III, München, 1969).

MIDDENDORP, Th., Die Stellung Jesu Ben Siras zwischen Judentum und Hellenismus, Leiden, 1973.

MILIK, J. T., Le rouleau de cuivre de Qumran (3 Q 15), RB, 66, 1959, 321-357.

——, Le rouleau de cuivre, DJDJ, III, 1962, 199 ss.

MITTWOCH, A., Tribute and Land-Tax in seleucid Judaea, Biblica, 36, 1955, 352-361.

MÖHLENBRINK, K., Der Leuchter im fünften Nachtgesicht des Propheten Sacharja. Eine archäologische Untersuchung, ZDPV, 52, 1929, 257-286.

——, Der Tempel Salomos. Eine Untersuchung seiner Stellung in der Sakralarchitektur des Alten Orients, Stuttgart, 1932.

MOLIN, G., Halonoth ʾaṭumoth bei Ezechiel, BZ, NF, 15, 1971, 250-253.

MOMIGLIANO, A., Hellenismus und Gnosis. Randbemerkungen zu Droysens Geschichte des Hellenismus, Saeculum, 21, 1970, 185-188.

MOMMERT, C., Topographie des Alten Jerusalem, I-IV, Leipzig 1900-1907.

MONTET, P., Byblos et l'Égypte. Quatre campagnes de fouilles à Gebeil, Paris, 1928.

——, Notes et Documents pour servir à l'histoire des relations entre l'Egypte et la Syrie, I, 1928, 19-28; 83-93; XIII, 1954, 63-76; XVI, 1962, 76-96; XVII, 1964, 61-68.

——, Le Rituel de fondation des temples égyptiens, Kêmi, XVII, 1964, 74-100.

MONTGOMERY WATT, W., Muḥammad, in The Cambridge History of Islam, I, 1970, 30 ff.

MORGAN, J. de, La Préhistoire Orientale, I-III, Paris, 1925-1927.

MORGENSTERN, J., Biblical Theophanies, ZA, 25, 1900, 139-193.

——, The Gates of Righteousness, HUCA, VI, 1929, 1-37.

——, The Ark, The Ephod, and the „Tent of Meeting", HUCA, XVII, 1942-1943, 153-265; XVIII, 1943-1944, 1-52.

——, The Chanukkah Festival and the Calender of Ancient Israel, HUCA, XX, 1947, 1-136; XXI, 1948, 365-496.

——, Two Prophecies from 520-516 B.C., HUCA, XXII, 1949, 365-431.

——, Jerusalem - 485 B.C., HUCA, XXVII, 1956, 101-179.

——, The Origin of the Synagogue, in Studi orientalistici in onore di Giorgio Levi della Vida, II, 192-201, Roma, 1956.

——, Jerusalem - 485 B.C. (continued), HUCA, XXVIII, 1957, 15-47.

——, The King-God among the Western Semites and the meaning of Epiphanes, VT, X, 1960, 138-197.

——, Jerusalem - 485 B.C. (concluded), HUCA, XXXI, 1960, 1-29.

——, The Dates of Ezra and Nehemiah, JSS, VII, 1962, 1-11.

——, The Fire upon the Altar, Chicago, 1963.

——, Further light from the Book of Isaiah upon the Catastrophe of 485 B.C., HUCA, XXXVII, 1966, 1-28.

MOSCATI, S., I Prédecessori d' Israel, Roma, 1956.

——, Sulla Storia del nome Canaan, Analecta Biblica, 12, 1959, 266-269.

——, Die altsemitischen Kulturen, Stuttgart, 1961 (Urban Bücher).

——, Il Mondo dei Fenici, Milan, 1966.

MOVERS, F. C., Die Phönizier, II, 1, 1849.

MOWINCKEL, S., Wann wurde der Jahwäkultus in Jerusalem offiziell bildlos? Acta Orientalia, VIII, 1930, 257-279.

——, Die Komposition des deuterojesajanischen Buches, ZAW, 49, 1931, 87-112.

——, General oriental and specific Israelite elements in the Israelite conception of the sacral Kingdom, in The Sacral Kingship. Contributions to the central theme of the VIIIth intern. congress for the History of Religion (Rome, April, 1955), Leiden, 1959, 283-293.

——, Israelite Historiography, ASTI, II, 1963, 4-26.

——, Studien zu dem Buche Ezra-Nehemia, I, Oslo, 1964.

MUESAM, Alice, Coin and Temple. A Study of the architectural representation on Ancient Jewish Coins, Leiden, 1966.

MULDER, M. J., Ba ʿal in het Oude Testament, Diss., 's-Gravenhage, 1962.

——, Kanaanitische goden in het Oude Testament, Den Haag, 1965.

——, Einige Bemerkungen zur Beschreibung des Libanonwaldhauses in 1 Reg 7, 2 f., ZAW, 88, 1976, 99-105.

MULLER, V., The Roman Basilica, AJA, XLI, 1937, 250-261.

MULLO WEIR, C. J., Aspects of the Book of Ezekiel, VT, II, 1952, 97-112.

MURPHY-O'CONNOR, J., Demetrius I and the Teacher of Righteousness, RB, 83, 1976, 400-424.

MYRES, J. L., King Solomon's Temple and other Buildings and Works of Art, PEQ, 80, 1948, 14-41.

NAGELE, P. J., Sichems Zerstörung durch Abimelech, JPOS, XII, 1932, 152-161.

NAUMANN, Architektur Kleinasiens von ihren Anfängen bis zum Ende der Hethitischen Zeit, Tübingen, 1955.

——, Tell Halaf, II. Band, Berlin, 1950, 367 ff.: Teil III Kritische Betrachtung der Architektur. Ihre Stellung in der Baukunst des Alten Orients.

NAVEH, J., Dated Coins of Alexander Janneus, IEJ, 18, 1968, 20-25.

NEGEV, A., The Chronology of the seven-Branched Menorah, ErIs, VIII, 1967, 193 ff. (hebr.; 74* engl.).

——, Archaeology and the Bible, Ariel, 22, 1968, 13 ff.

——, The Staircase-Tower in Nabataean Architecture, RB, 80, 1973, 364-383.

——, The Nabataean Necropolis at Egra, RB, 83, 1976, 203-236.

NEGOÏTSA, A., Did the Essenes survive the 66-71 War? RQ, Nr. 24, t. 6, f, 4, 517-530.

NETZER, E., The Hasmonean and Herodian Winter Palaces at Jericho, IEJ, 25, 1975, 89-100; RB, 82, 1975, 270 ss.

NEUFELD, E., The Emergence of a Royal-Urban Society in ancient Israel, HUCA, XXXI, 1960, 31-53.

NEUSNER, J., The Conversion of Adiabene to Judaism, JBL, LXXXIII, 1964, 60-66.

——, A History of the Jews in Babylonia, I-IV, Leiden, 1965 f.

——, The Conversion of Adiabene to Christianity, Numen, XIII, 1966, 144-150.

——, A Life of Yohanan ben Zakkai², Leiden, 1970.

NEUVILLE, R., Le Préhistorie de Palestine, RB, 43, 1934, 237-259.

NIBLEY, H., Christian envy of the Temple, JQR, 50, 1959, 97-123; 1960, 229-240.

NICOLA, A. de, La Lucerna cultuale in Israele, Bibbia e Oriente, 14/2, 1972, 79-91.

NIELSEN, E., Shechem. A Traditio-Historical Investigation, Copenhagen, 1955.

——, Some Reflections on the History of the Ark, VTSuppl., VII, 1960, 61-74.

NIESE, B., Flavii Iosephi Opera, I-VI, Berlin, 1888-1895.

NIKIPROWETZKY, V., Temple et Communauté, REJ, CXXVI, 1967, 7-25.

——, La spiritualisation des sacrifices et le culte sacrificiel au Temple de Jérusalem chez Philon d'Alexandrie, Semitica, XVII, 97-116.

——, La mort d'Éleazar fils de Jaïre et les courants apologétiques dans le De Bello Judaico de Flavius Joséphe, in Hommage à André Dupont-Sommer, 461-490, Paris, 1971.

——, Sicaires et Zélotes — Une Reconsideration, Semitica, XXIII, 1973, 51-64.

NÖTSCHER, Fr., Biblische Altertumskunde, Bonn, 1940.

NORTH, Chr. R., The Second Isaiah, Oxford, 1964.

NORTH, Fr. Sparling, Critical Analysis of the Book of Haggai, ZAW, 68, 1956, 25-46.

NOTH, M., Das System der zwölf Stämme Israels, BWANT, 4. Folge, Hft 1, Stuttgart, 1930.

——, Die Ansiedlung des Stammes Juda auf dem Boden Palästinas, PJ, 30, 1934, 31-47.

——, Grundsätzliches zur geschichtlichen Deutung archäologischer Befunde auf dem Boden Palästinas, PJ, 34, 1938, 7-22.

——, Zur Geschichte des Names Palästina, ZDPV, 62, 1939, 125-144.

——, Die Herrenschicht von Ugarit im 15./14. Jahrhundert v. Chr., ZDPV, 65, 1942, 144-164.

——, Die syrisch-palästinische Bevölkerung des zweiten Jahrtausends v. Chr. im Lichte neuer Quellen, ZDPV, 65, 1942, 9-67.

——, Jerusalem und die israelitische Tradition, OTS, VIII, 1950, 28-46 (Gesammelte Studien, 172-187).

——, David und Israel in II Samuel, 7, in Mélanges Bibliques rédigés en l'Honneur de André Robert, 122-130 (o.J.), Travaux de l'Inst. Catholique de Paris, 4.

——, La Catastrophe de Jérusalem en l'an 587 avant Jésus-Christ et sa signification pour Israel, RHPhR, 33, 1953, 81-102.

——, Geschichte Israels³, Göttingen, 1956.

——, Die Einnahme von Jerusalem im Jahre 597 v. Chr., ZDPV, 74, 1958, 133-157.

——, Der Beitrag der Archäologie zur Geschichte Israels, VTSuppl, VII, 1960, 262-282.

——, Die Welt des Alten Testaments. Einführung in die Grenzgebiete der alttestamentlichen Wissenschaft⁴, Berlin, 1962.

——, Könige. Biblischer Kommentar, Altes Testament IX, 2, Neukirchen-Vluyn, 1965.

NOWACK, W., Lehrbuch der hebräischen Archäologie, I-II, Freiburg i.B. und Leipzig, 1894.

OBBINK, H. Th., Jahwebilder, ZAW, 1929, 264-274.

OBERMANN, J., How Baal destroyed a rival, JAOS, 67, 1947, 195-208.

——, Ugaritic Mythology, New Haven, 1948.

——, The divine name YHWH in the light of recent discoveries, JBL, 68, 1949, 301-323.

OESTERLEY, W. O. E., A History of Israel, II, Oxford, 1932.

OESTREICHER, D. Th., Reichstempel und Ortsheiligtümer in Israel. (Beiträge zur Forderung christlicher Theologie 33. Bd., 3. Hft, 1930).

OGINO, Hiroshi, Frankincense and Myrrh of Ancient South Arabia, Orient, 3, 1967, 21-39.

OLMSTEAD, A. T., History of Palestine and Syria, New York-London, 1931.

——, History of the Persian Empire (Achaemenid period), Chicago, 1948.

OPPENHEIM, M. Freiherr von, Tell Halaf. Zweiter Band: Die Bauwerke von Felix Langenegger †, Karp Muller † Bearbeitet und ergänzt von Rudolf Naumann, Berlin, 1950.

ORLINSKY, H. M., Where did Ezekiel receive the Call to Prophecy? BASOR, 122, 1951, 34-36.

——, Ancient Israel, Ithaca, New York, 1954.

——, The Plain Meaning of RUᴬH in Gen. 1-2, JQR, 48, 1957-1958, 174-182.

OUELLETTE, J., Le vestibule du Temple de Salomon était-il un Bit Ḥilâni, RB, 76, 1969, 365-378.

PALACHE, J. L., Het Heiligdom in de voorstelling der semitische Volken, Leiden, 1920.

PARENTE, F., La Lettera di Aristea comme fonte per la storia del Guidaisme alessandrino durante la prima meta' del 1. Secolo A.C. Annali della Scuola Normale Superiore di Pisa Classe di Lettere e Filosofia Serie III Vol. II, 1-2, 177-237; 517-567, Pisa, 1972.

PARET, R., Toleranz und Intoleranz im Islam, Saeculum, 21, 1970, 344-365.

PARIBENI, R., Architettura dell' Oriente Antico, Bergamo, 1937.

PARR, P. J., Le „Conway High Place" à Petra, RB, 69, 1962, 64-79.

——, Recent discoveries in the sanctuary of the Qasr Bint Farʾun at Petra, ADAJ, XII-XIII, 1967-1968, 5-10.

PARROT, A., Le Temple de Jérusalem, Paris, 1954.

——, Samarie Capitale du Royaume d'Israel, Paris, 1955.

——, Mari et l'Ancien Testament, RHPhR, 35, 1955, 117-120.

——, Mission archéologique de Mari, Vol. II: Le Palais, Architecture, Paris, 1958.

PATAI, R., Hebrew installation rites, HUCA, XX, 1947, 143-225.

PEDERSEN, J., Israel. Its life and Culture, I-IV, London-Copenhagen, 1940 f.

——, Canaanite and Israelite Cultus, Acta Orientalia, XVIII, 1940, 1-14.

PELLETIER, A., Le „Voile" du Temple de Jérusalem est-il devenu la „portiére" du temple d'Olympie? Syria, XXXII, 1955, 289-307.

——, Le Grand Rideau du vestibule du Temple de Jérusalem, Syria, XXXV, 1958, 218-226.

——, Lettre d'Aristée à Philocrate, Paris, 1962.

PEROWNE, S., The Later herods. The political background of the New Testament, London.

PERROT, G. and Ch. CHIPIEZ, Histoire de l'Art dans l'Antiquité, t. IV; Judée, Sardaigne-Syrie-Cappadoce, Paris, 1887.

PETERS, F. E., The Harvest of Hellenism. A History of the Near East from Alexander the Great to the Triumph of Christianity, London, 1970.

PETERS, J. P. and H. THIERSCH, Painted Tombs in the Necropolis of Marissa, London, 1905.

PIETSCHMANN, R., Geschichte der Phönizier, Berlin, 1889.

PILLET, M., Le Temple de Byblos, Syria, VIII, 1927, 105-112; 113-125 (R. Dussaud).

PLOEG, P. J. van der, Jésus et les Pharisiens, Mémorial Lagrange, 279-293, Paris, 1940.

PLÖGER, O., Priester und Prophet, ZAW, 63, 1951, 157-192.

——, Die Makkabäischen Burgen, ZDPV, 71, 1955, 141-172.

——, Hyrkan im Ostjordanland, ZDPV, 71, 1955, 70-81.

——, Die Feldzüge der Seleukiden gegen dem Makkabäer Judas, ZDPV, 74, 1958, 158-188.

POCOCKE, R., Beschrijving van het Oosten. Vert. E. W. Cramerus, Utrecht-Rotterdam-Amsterdam, 1779.

POIDEBARD, A. and J. LAUFFRAY, Sidon. Aménagements antiques au Port de Saida, Beyrouth, 1951.

PORTEN, B., The Structure and Orientation of the Jewish Temple at Elephantine, A Revised Plan of the Jewish District, JAOS, 81, 1961, 38-42.

——, Archives from Elephantine. The Life of an ancient Jewish military colony, Berkeley and Los Angeles, 1968.

——, The Religion of the Jews of Elephantine in the light of the Hermopolis papyri, JNES, 28, 1969, 116-121.

POULSEN, F., Der Orient und die frühgriechische Kunst, Leipzig, 1912.

PRESTEL, J., Die Baugeschichte des Jüdischen Heiligtumes und der Tempel Salomons, Strassburg, 1902.

PRIGENT, P., La Fin de Jérusalem, Archéologique Biblique, Neuchâtel, 1969.

PRITCHARD, J. B., Ancient Near Eastern Texts relating to the Old Testament, Princeton, New Jersey, 1950.

——, The Ancient Near East in Pictures Relating to the Old Testament[2], id., 1969.

——, The Excavation at Herodian Jericho 1951, AASOR, XXXII-XXXIII (1952-1954), New Haven, 1958.

——, Gibeon where the sun stood still. The discovery of the Biblical City, New Jersey, 1962.

PROCKSCH, O., Das Jerusalem Jesajas, PJ, 26, 1930, 12-40.

——, Fürst und Priester bei Hesekiel, ZAW, 58, 1940-1941, 99-133.

——, Theologie des Alten Testaments, Gütersloh, 1950.

PRONOBIS, C., Der Tempel zu Jerusalem. Seine Masse und genaue Lage, Das Heilige Land, 70, 1926, 197-211; 71, 1927, 8-32.

RABIN, C., Alexander Jannaeus and the Pharisees, JJS, VII, 1956, 4-11.

RAD, G. von, Das Reich Israel und die Philister, PJ, 29, 1933, 30-42.

——, Der Heilige Krieg im Alten Israel, Abhandlungen zur Theologie des Alten und Neuen Testaments, 20, Zurich, 1951.

——, Zelt und Lade, in Gesammelte Studien zum Alten Testament, 1961, 109-129.

——, Die Nehemia-Denkschrift, ZAW, 76, 1964, 176-187.

RAHLFS, A., Septuaginta, I-II, Stuttgart, 1935.

REED, W. L., The Asherah in the Old Testament, Fort Worth, Texas, 1949.

REICKE, B., Art. Herodes, BHHwb, II, 1964, 696-703.

REIFENBERG, A., Caesarea. A Study in the Decline of a Town, IEJ, I, 1950-1951, 20-32.

——, Ancient Jewish Coins[2], Jerusalem, 1947.

——, Ancient Hebrew Art, New York, 1950.

REINACH, Th., Textes d'auteurs grecs et romains relatifs au Judaisme, Réunis, tradits et annotés, Paris, 1895.

REISNER, G. A., Harvard Excavations at Samaria, Cambridge, 1924.

RELANDI, Hadriani, Palaestina ex Monumentis veteribus illustrata, I-II, Trajacti Batavorum, M.D.CC.XIV.

——, De spoliis templi Hierosolymitani in arcu Titiano Romae conspicuis, 1716.

RENAN, E., Histoire du Peuple d'Israel, I-V. (Neudruck o.J.).

——, Vie de Jésus, Sept. Éd., Paris, 1863.

RENGSTORF, K. H., Zu den Fresken in der jüdischen Katakombe der Villa Torlonia in Rom.

REYNOLDS, J., The History of the Temple of Jerusalem. Transl. from the Arabic Ms. of the Imám Jalal-addín al Siúti, London, 1863.

RICCIOTTI, G., Histoire d'Israel, I-II, Paris, 1939 (trad. P. Auvray).

RICHMOND, E. T., The Dome of the Rock in Jerusalem. A Description of its Structure and Decoration, Oxford, 1924.

RICHMOND, I. A., The Roman Siege-works of Masada, Journal of Roman Studies, 52, 1962, 142-155.

RICHTER, G., Der salomonische Königspalast, ZDPV, 40, 1917, 171-225.

——, Die Kesselwagen des salomonischen Tempels, ZDPV, 41, 1918, 1-34.

RIEHM, E. C. A., Handwörterbuch des Biblischen Altertums[2], (Fr. Baethgen), Bielefeld-Leipzig, 1898.

RIEMANN, H., Vitruv und der griechische Tempel, AA, 1952, 1-38.

RIGNELL, L. G., Die Nachtgesichte des Sacharja. Eine exegetische Studie, Lund, 1950.

RIIS, P. J., Temple, Church and Mosque. Historisk- filosofiske Meddelelser udgivet af der Kongelige Danske Videnskabernes Selskab, Bd. 40, Nr. 5, Kobenhavn, 1965.

RIVKIN, E., Beth Din, Boulé, Sanhedrin: A tragedy of Errors, HUCA, XLVI, 1975, 181-199.

——, Defining the Pharisees, HUCA, XL-XLI, 1969-1970, 205-249.

ROBERTSON, E., The disruption of Israel's Monarchy-Before and After, BJRL, 20, 1936, 134-156.

——, The Altar of Earth (Exod. XX, 24-26), JJS, I, 1948, 12-21.

ROBERTSON SMITH, W., The Old Testament in the Jewish Church, London, 1892.

——, Lectures on the Religion of the Semites, 3th ed. by S. A. Cook, London, 1927.

ROBINSON, E., Biblical Researches in Palestine and adjacent regions. A journal of travels in the years 1838 and 1852, I-II, London, 1856.

ROBINSON, Th. H., The Decline and Fall of the Hebrew Kingdom, Oxford, 1930.

——, A History of Israel, I, Oxford, 1932 (II: Oesterley).

RÖLLIG, H., H. DONNER and W. RÖLLIG, Kanaanäische und aramäische Inschriften, I-III, 1962-1964.

ROMANOFF, P., Jewish Symbols on ancient Jewish Coins, JQR, XXXIII, 1942-1943, 1-15, 435-444; XXXIV, 1943-1944, 161-177, 425-440.

ROSEN, G., Das Haram von Jerusalem und der Tempelplatz des Moria. Eine Untersuchung über die Identität beider Stätten, Gotha, 1866.

——, Juden und Phönizier. Das antike Judentum als Missionsreligion und die Entstehung der jüdischen Diaspora. Neu bearbeitet und erweitert von F. Rosen und D. G. Bertram, Tübingen, 1929.

ROSEN-AYALON, M., The Islamic Architecture of Jerusalem, in Jerusalem Revealed. Ed. Y. Yadin, 92-96, Jerusalem, 1975.

ROSENAU, Helen, Some aspects of the pictorial influence of the Jewish Temple, PEQ, 68, 1936, 157-162.

——, The Synagogue and the Diaspora, PEQ, 69, 1937, 196-202.

——, Jacob Judah Leon Templo's contribution to architectural imagery, JJS, XXIII, 1972, 72-81.

ROSS, W., The four north Walls of Jerusalem, PEQ, 1942, 69-81.

ROST, L., Die Überlieferung von der Thronnachfolge Davids, BWANT, 3. Folge, Hft 6, Stuttgart, 1926.

——, Die Vorstufen von Kirche und Synagoge im Alten Testament, BWANT, 4. Folge, Hft 24, Stuttgart, 1938.

——, Einleitung in die alttestamentlichen Apokryphen und Pseudepigraphen einschliesslich der grossen Qumran-Handschriften, Heidelberg, 1971.

ROSTOVTZEFF, M., Dura-Europos and its Art, Oxford, 1938.

——, The Social and Economic History of the Hellenistic World, Oxford, I-III, Oxford, 1941.

——, Gesellschaft und Wirtschaft im römischen Kaiserreich, I-II, Leipzig (o.J.), Übers. Lothar Wickert.

ROTH, C., The Pharisees in the Jewish revolution of 66-73, JJS, VII, 1962, 63-80.

——, The Zealots in the War of 66-73, JSS, IV, 1959, 332-355.

——, The Historical Background of the Dead Sea Scrolls, 1958.

ROTHENBERG, B., God's Wilderness, Discoveries in Sinai, London, 1961.

——, Ancient Copper Industries in the Western Arabah, PEQ, 94, 1962, 5-71.

——, Masada. Based on the Story told by Flavius Josephus, Tel-Aviv, 1964.

——, Ezeon-Geber — König Salomons Hafen im Roten Meer neu entdeckt, Das Heilige Land, 97, 1965, 18-28.

——, Excavations in the Early Iron Age Copper Industry at Timna (Wadi Arabah, Israel), May 1964, ZDPV, 82, 1966, 125-135.

ROTHSTEIN, J. W., Juden und Samaritaner, Die grundliegende Scheidung von Judentum und Heidentum. Eine kritische Studie zum Buche Haggai und zur jüdischen Geschichte im ersten nachexilischen Jahrhundert, BWAT, 3, Leipzig, 1908.

ROWE, A., The Topography and history of Beth-Shan. Publ. of the Palestine Section of the Mus. of the Un. of Pa., I-IV, Philadelphia, 1930-1940.

ROWLEY, H. H., Zadok and Nehustan, ZDMG, NF 17, 1938, +8+ — +9+.

——, The Growth of the Old Testament, London, 1950.

——, From Joseph to Joshua. Biblical Traditions in the Light of Archaeology, The Schweich Lect. (1948), London, 1950.

——, The Meaning of Sacrifice in the Old Testament, BJRL, 33, 1950-1951, 74-110.

——, The Old Testament and Modern Study. A generation of Discovery and Research. Essays by Members of the society for Old Testament Study, ed. by H. H. Rowley, Oxford, 1951.

——, The Book of Ezekiel in Modern Study, BJRL, 36, 1953-54, 146-190.

——, Nehemiah's Mission and its Background, BJRL, 37, 1955, 528-561.

——, Sanballat and the Samaritan Temple, BJRL, 38, 1955-56, 166-198.

——, Hezekiah's Reform and Rebellion, BJRL, 44, 1961-62, 395-431.

——, Men of God. Studies in Old Testament History and Prophecy, London, 1963.

——, The History of the Qumran Sect, BJRL, 49, 1966, 202-232.

ROWTON, M. B., The Date of the founding of Solomon's Temple, BASOR, 119, 1950, 20-22.

RUDOLPH, W., Jeremia. Handbuch zum Alten Testament, herausgegeben von Otto Eissfeldt, I, 12, Tübingen, 1947.

——, Esra und Nehemia samt 3. Esra, id., I, 20, Tübingen, 1949.

——, Zum Text der Königbücher, ZAW, 63, 1951, 201-215.

——, Chronikbücher, Handbuch, AT, I, 21, Tübingen, 1955.

RUNCIMAN, S., A History of the Crusades, I-III, Cambridge, 1952 f.

RUPPRECHT, K., Nachrichten von Erweiterung und Renovierung des Tempels in 1. Könige 6, ZDPV, 88, 1972, 38-52.

RUTTER, E., The Holy Cities of Arabia, I-II, London-New York, 1928.

RYCKMANS, G., Inscriptions du Yemen relevées par M. Ahmed Fakhry, Le Muséon, LXI, 1948, Louvain-Leuven.

SAUER, G., Serubbabel in der Sicht Haggais und Sacharjas, in: Das Ferne und Nahe Wort, Festschrift Leonard Rost, 1967, 199-207.

——, Die Bedeutung des Königtums für den Glauben Israels, ThZ, 27, 1971, 1-15.

SAULCY, F. de, L'art Judaïque[2], Paris, 1864.

——, Les derniers jours de Jérusalem, Paris, 1866.

——, Voyage en Terre Sainte, I-II, Paris, 1872.

——, Jérusalem, Paris, 1882.

SAUVAGET, J., Le plan antique de Damas, Syria, XXVI, 1949, 314-358.

SAVIGNAC, R. and G. HORSFIELD, Le Temple de Ramm, RB, 44, 1935, 245-278.

SCHACHERMEYR, F., Alexander der Grosse. Das Problem seiner Persönlichkeit und seines Wirkens, Wien, 1973.

SCHAEDER, M. H., Esra der Schreiber. Beiträge zur Historischen Theologie, 5, Tübingen, 1930.

SCHAEFFER, Cl. F. A., Ugaritica, I-VI, Paris, 1939-1969.

——, Ugarit und die Hethiter, AfO, XVII, 1, 1954-1955, 93-99.

——, Chars de Culte de Chypre, Syria, XLVI, 1969, 267-276.

SCHALIT, A., The Letter of Antiochus III to Zeuxis regarding the establishment of Jewish military colonies in Phrygia and Lydia, JQR, L, 1959-1960, 289-318 (deutsch Übers. in Zur Josephus-Forschung, Herausgeg. von A. Schalit, Leiden, 1973).

——, Die frühchristliche Überlieferung über die Herkunft der Familie des Herodes, ASTI, 1962, 109-160.

——, Die „Herodianischen" Patriarchen und der „Davidische" Herodes, ASTI, VI, 1967-1968, 114-123.

——, Namenwörterbuch zu Flavius Josephus, Leiden, 1968.

——, Zu Act 25, 9, ASTI, VI, 1968, 106-113.

——, König Herodes. Der Mann und sein Werk. Studia Judaica IV. Forschungen zur Wissenschaft des Judentums, Berlin, 1969.

——, Zur Josephus-Forschung, herausgeg. von A. Schalit, Leiden, 1973.

SCHICK, C., Nehemia's Mauerbau in Jerusalem, ZDPV, XIV, 1891, 41-62.

——, Die Stiftshütte, der Tempel in Jerusalem und der Tempelplatz der Jetztzeit, Berlin, 1896.

SCHLATTER, D. A., Geschichte Israels von Alexander dem grossen bis Hadrian[3], Stuttgart, 1925.

SCHLUMBERGER, D., Les Formes anciennes du chapiteau corinthien en Syrie, en Palestine et en Arabie, Syria, XIV, 1933, 283-317.

——, Études sur Palmyre, Berytus, II, 1935, 149-167.

——, Déscendants non-méditerranéens de l'art grec, Syria, XXXVII, 1960, 131-166; 253-318.

SCHMID, H., Jahwe und die Kulttraditionen von Jerusalem, ZAW, 67, 1955, 168-197.

SCHMIDT, H., Kerubenthron und Lade, in Festschrift Gunkel, 120-144, Göttingen, 1923.

——, Die Thronfahrt Jahwes am Fest fer Jahreswende im alten Israel, 1927.

——, Der heilige Fels in Jerusalem. Eine archäologische und religionsgeschichtliche Studie, Tübingen, 1933.

SCHMIDT, W., Königtum Gottes in Ugarit und Israel, BZAW, 80, Berlin, 1961.

SCHMITT, H. H., Untersuchungen zur Geschichte Antiochos' des Grossen und seiner Zeit. Historia. Zeitschrift für alte Geschichte, Einzelh. 6, Wiesbaden, 1964.

SCHMÖKEL, H., Geschichte des Alten Vorderasiens, Hb. der Orientalistik herausgeg. von Bertold Spuler, II. Bd, 3. Abschn., Leiden, 1957.

SCHNEIDER, A. M., Römische und byzantinische Bauten auf dem Garizim, Beiträge zur bibl. Landes und Altertumskunde 68, 3, 1951, 211-234.

SCHNEIDER, C., Kulturgeschichte des Hellenismus, I-II, München, 1967.

SCHOEPS, H. J., Die Tempelzerstörung des Jahres 70 in der jüdischen Religionsgeschichte, Uppsala, 1942 (auch in Schoeps, Aus Frühchristlicher Zeit, Tübingen, 1950, 144-183).

SCHRECKENBERG, H., Bibliographie zu Flavius Josephus, Leiden, 1968.

——, Die Flavius-Josephus-Tradition in Antike und Mittelalter, Arbeiten zur Literatur und Geschichte des Hellenistischen Judentums, Herausg. von K. H. Rengstorf, V, Leiden, 1972.

SCHUBERT, K., Die Messiaslehre in den Texten von Chirbet Qumran, BZ, NF, 1, 1957, 177-197.

——, Die Kultur der Juden, I. Israel im Altertum. Handb. der Kulturgesch. ,neu herausgegeb. von Eugen Thurnher, 1970.

SCHULT, H., Der Debir im salomonischen Tempel, ZDPV, 80, 1964, 46-54.

SCHULTEN, A., Masada die Burg des Herodes und die römischen Lager, mit einem Anhang: Beth Ter, ZDPV, 56, 1933, 1-84.

SCHUMACHER, G., Tell el Mutesellim, I. Bd. Herausgegeben . . . von C. Steuernagel, Leipzig, 1908; II. Bd., Bearbeitet von C. Watzinger, Leipzig, 1929.

SCHÜRER, E., Geschichte des jüdischen Volkes im Zeitalter Jesu Christi, I⁵, Leipzig, 1920; II⁴, 1907; III⁴, 1909; Register⁴, 1911.

——, Die θυρα oder πυλη ωραια Act. 3, 2 u. 10, ZNW, 7, 1906, 51-68.

SCHWARZ, A., Die Schatzkammer des Tempels in Jerusalem, Monatschrift für Geschichte und Wissenschaft des Judentums, 63, 1919, 227-252.

SCOTT, R. B. Y., The pillars Iachin and Boaz, JBL, LVIII, 1939, 143-149.

——, Solomon and the beginnings of Wisdom in Israel, VTSuppl, III, 1955, 262-279.

——, The Hebrew Cubit, JBL, LXXVII, 1958, 205-214.

——, Weights and Measures of the Bible, BA, XXII, 2, 1959, 22-40.

SEAGER, A. R., The Building History of the Sardis Synagogue, AJA, 76, 1972, 425-435.

SEEBASS, H., Zur Königserhebung Jerobeams I., VT, XVII, 1967, 325-333.

SEELIGMANN, I. L., The Septuagint version of Isaiah, pp. 91 ff.: Onias III and the Onias Temple in Heliopolis, Meded. en Verh. Nr. 9 van het Vooraziat.-Eg. Gen. „Ex Oriente Lux", Leiden, 1948.

SEGAL, J. B., Numerals in the Old Testament, JSS, X, 1965, 2-20.

SELLHEIM, R., Der Zweite Bürgerkrieg im Islam (680-692), SB der Wiss. Gesellschaft der Johann Wolfgang Goethe-Un., Frankfurt/Main, Bd. 8, Nr. 4, 1969, 87-111.

SELLIN, E., C. Watzinger, Jericho. Die Ergebnisse der Ausgrabungen, 22. WVDOG, Leipzig, 1913.

——, Tell Ta'annek, Denkschriften der Kais. Ak. der Wiss., Wien, 1904.

——, Das Zelt Jahwes, in Alttestamentliche Studien Rudolf Kittel zum 60. Geburtstag dargebracht, 168-192, Leipzig, 1913.

——, Die Ausgrabung von Sichem, ZDPV, 49, 1926, 229-236, 304-320; 50, 1927, 205-211, 265-274.

——, Die Masseben der El-Berit in Sichem, ZDPV, 51, 1928, 119-123.

——, Geschichte des Israelitisch-Jüdischen Volkes. Erster Teil. Von den Anfängen bis zum babyl. Exil, Leipzig, 1935.

——, Noch einmal der Stein des Sacharjas, ZAW, 59, 1942/43, 59-77.

SELMS, A. van, Ezra en Nehemia, Groningen-Batavia, 1935.

SEPP, Dr., Jerusalem und das Heilige Land, Pilgerbuch nach Palästina, Syrien und Aegypten, I, Schaffhausen, 1873.

——, Das Gleichniss vom Kamel und Nadelöhr, ZDPV, XIV, 1891, 30-34.

SETTON, K. M., A History of the Crusades, Ed., I Philadelphia, 1955; II, 1962.

SEVENSMA, T. P., De Ark Gods, Het Oud-Israelitische Heiligdom, A'dam, 1908.

SEYRIG, H., La Triade héliopolitaine et les Temples de Baalbek, Syria, X, 1929, 314-356.

——, Le culte de Bêl et de Baalshamîn (Antiquités syriennes 13), Syria, XIV, 1933, 238 ss.

SHUTT, R. J. H., Studies in Josephus, London, 1961.

SIMON, M., La Prophétie de Nathan et le Temple, RHPhR, 32, 1952, 41-58.

——, Verus Israel. Étude sur les relations entre chrétiens et juifs dans l'Empire Romain, Paris, 1964.

SIMONS, J., Opgravingen in Palestina, Roermond, 1935.

——, Van Jericho tot ʿAj, Bijdragen van de Philosophische en Theologische Faculteiten der Ned. Jezuïeten, I, 1938, 449-468.

——, Caesurae in the history of Megiddo, OTS, I, 1941, 17-54.

——, Topographical and Archaeological Elements in the Story of Abimelech, OTS, II, 1943, 35-78.

——, The Wall of Manasseh and the „Mišneh" of Jerusalem, OTS, VII, 1950, 179-200.

——, Jerusalem in the Old Testament. Researches and Theories, Leiden, 1952.

SMALLWOOD, E. Mary, The Date of the Dismissal of Pontius Pilate from Judaea, JJS, IV, 1954, 21-21.

SMITH, G. A., Jerusalem. The Topography, Economics and History of the earliest Times to a.D. 70, I-II, London, 1907-08.

SMITH, Morton, Zealots and Sicarii, their Origin and Relation, HThR, 64, 1971, 1-19.

SMITH, S., Timber and brick or masonry construction, PEQ, 73, 1941, 5-17.

——, The Statue of Idri-Mi, London, 1949.

SNAITH, N. H., The Date of Ezra's Arrival in Jerusalem, ZAW, 63, 1951, 53-66.

SNOUCK HURGRONJE, C., Mekka. I, Die Stadt und ihre Herren, II, Aus dem heutigen Leben, Haag, 1889.

SNIJDERS, L. A., L'orientation du Temple de Jérusalem, OTS, XIV, 1965, 214-234.

SODEN, W. von, Akkadisch taʾû und hebräisch tāʾ als Raumbezeichnungen, WO, 5, 1950, 356-359.

SOGGIN, J. A., Zur Entwicklung des alttestamentlichen Königtums, ThZ, 15, 1959, 401-418.

——, Der offiziel geförderte Synkretismus in Israel während des 10. Jahrhunderts, ZAW, 78, 1966, 179-204.

SOKOLOW, N., History of Zionism 1600-1918, London, 1919.

SOLOMIAC, M., The Northwest line of the third Wall of Jerusalem, BASOR, 89, 1943, 18-21.

SOWERS, S., The Circumstances and Recollection of the Pella Flight, ThZ, 26, 1970, 305-320.

SPERBER, D., The History of the Menorah, JJS, XVI, 1965, 135-159.

SPEYER, H., Die biblischen Erzählungen im Quran, Darmstadt, 1961.

SPIESZ, F., Der Tempel zu Jerusalem während des letzten Jahrhunderts seines Bestandes nach Josephus, Berlin, 1880.

——, Das Jerusalem des Josephus. Ein Beitrag zur Topographie der heiligen Stadt, Berlin, 1881.

——, Die königliche Halle des Herodes im Tempel von Jerusalem, ZDPV, XV, 1892, 234-256.

SPULER, B., Die Chalifenzeit. Entstehung und Zerfall des islamischen Weltreichs, Hb. d. Orientalistik, VI. Bd., 1. Abschn., Leiden, 1952.

STADE, B., Der Text des Berichtes über Salomos Bauten 1 K. 5-7, ZAW, 1883, 129-177.

——, Geschichte des Volkes Israel, I-II, Berlin, 1887-1888.

——, Die Kesselwagen des salomonischen Tempels, ZAW, 21, 1901, 145-190.

STAEHELIN, F., Die Philister, in Reden und Vorträge, herausg. von W. Abt, 1956, 121-146.

STÄHLIN, O., Die Hellenistisch-Jüdische Litteratur, München, 1921.

STAMM, J. J., Der Name des Königs Salomo, ThZ, 16, 1960, 285-297.

STAPFER, E., La Palestine au temps de Jésus-Christ, Paris, 1885.

STARCKY, J., Palmyre. Guide Archéologique, MUSJ, t. XXIV, 1941.

——, Salles de banquets rituels dans les sanctuaires orientaux, Syria, XXVI, 1949, 62 ss.

——, Palmyre, Paris, 1952.

——, The Nabataeans: A Historical Sketch, BA, XVIII, 4, 1955, 84-106.

——. Pétra et la Nabatène, Dict. de la Bible, Suppl. 39, 886-1017, Paris, 1964.

—— and J. STRUGNELL, Petra: Deux nouvelles inscriptions nabatéennes, RB, 73, 1966, 236-247.

——, Le Temple Nabatéen de Khirbet Tannur, RB, 75, 1968, 206-235.

——, La Civilisation nabatéenne: État des questions, AAAS, XXI, 1971, 79-86.

STEIN, E., De Woordenkeuze in het Bellum Judaicum van Flavius Josephus, Diss., Leiden, 1937.

STÉKELIS, M., Les Monuments Mégalitiques de Palestine, Archives de l'Inst. de Paleonthologie Humaine Mem. 15, 1935.

STENDEBACH, F. J., Altarformen vom kanaanäisch-israelitischen Raum, BZ, NF 20, 1976, 180-196.

STERN, E., The Architecture of Palestine in the Persian Period, ErIs, XI, 1973, 265-276 (hebr.), 31* engl.

——, The Material Culture of the Land of the Bible in the Persian Period, 538-332 B.C., Jerusalem, 1973 (hebr.).

——, Eretz-Israel in the Persian Period, Qadmoniot, II, 4 (8), 1969, 110-124 (hebr.).

STERN, M., The Reign of Herod and the Herodian Dynasty, in The Jewish People in the First Century, ed. by S. Safrai and M. Stern, Assen, 1974, 216-307.

STEUERNAGEL, C., Lehrbuch der Einleitung in das Alte Testament, Tübingen, 1912.

STEWART, A., Itinerary from Bordeaux to Jerusalem, ,The Bordeaux Pelgrim', Transl. by —, PPTS, I, 1891.

STINESPRING, W. F., Wilson's Arch Revisited, BA, XXIX, 1, 1966, 27-36.

——, Wilson's Arch and the Masonic Hall, BA, XXX, 1, 1967, 27-31.

STOCKS, H., Studien zu Lukians „De Syria Dea", Berytus, IV, 1937, 1-40.

STOEBE, H. J., Die Einnahme Jerusalems und der Ṣinnôr, ZDPV, 73, 1957, 73-99.

STRANGE, Guy Le, Palestine under the Moslems (1890), Beirut, 1965.

STRATHMANN, H., Der Kampf um Beth-Ter, PJ, 23, 1927, 92-123.

STRICKER, B. H., De Brief van Aristeas, De Hellenistische Codificaties der praehelleensche Godsdiensten. Verh. Kon. Ned. Ak. v. W., Afd. Letterk, Nieuwe Reeks, Deel LXII, Nr. 4, Amsterdam, 1956.

STROBEL, A., Das römische Belagerungswerk um Machärus. Topographische Untersuchungen, ZDPV, 90, 1974, 128-184.

SUKENIK, E. L., The account of David's capture of Jerusalem, JPOS, VIII, 1928, 12-16.

—— and L. A. MAYER, The Third Wall of Jerusalem. An Account of Excavations, Jerusalem, 1930.

——, The Ancient Synagogue of Beth Alpha, London-Jerusalem, 1932.

——, Ancient Synagogues in Palestine and Greece (The Schweich Lect. 1930) London, 1934.

——, The Ancient Synagogue of El-Hammeh (Hammath-by-Gadara), Jerusalem, 1935; auch in JPOS, XV, 1935, 101, 180.

——, A New Section of the third Wall, Jerusalem, PEQ, 76, 1944, 145-151.

TAEUBLER, E., Jerusalem 201 to 199 B.C.E. On the history of a messianic movement, JQR, 37, 1946-1947, 1-30, 125-137.

——, Biblische Studien, Die Epoche der Richter, Tübingen, 1958.

TARN, W. W., Alexander the Great, I, Narrative, Cambridge, 1948.

——, Hellenistic Civilisation³, London, 1953.

TAYLOR, W. R., A Jerusalem forgery of the balustrade inscription of Herod's Temple, JPOS, XIII, 1933, 137-139.

TCHERIKOVER, V. A., Corpus Papyrorum Judaicarum, I, Ed. by . . . in collaboration with A. Fuks, Cambridge Mass., 1957.

——, The Ideology of the Letter of Aristeas, HThR, LI, 1958, 59-85.

——, Hellenistic Civilization and the Jews, transl. S. Applebaum, Philadelphia, 1959.

——, The Third Book of Maccabees as a historical source of Augustus' time, SH, VII, 1-26, 1961.

——, The Decline of the Jewish Diaspora in Egypt in the Roman Period, JJS, XIV, 1963, 1-32.

——, Was Jerusalem a ,Polis'? JEJ, 14, 1964, 61-78.

TERRIEN, S., The Omphalos Myth and Hebrew Religion, VT, 20, 1970, 315-338.

THACKERAY, H. St. J., Josephus. The Man and the Historian, New York, 1929.

Theissen, G., Die Tempelweissagung Jesu, ThZ, 32, 1976, 144-158.

Thiele, E. R., The Chronology of the Kings of Judah and Israel, JNES, III, 1944, 137-186.

Thiersch, H., Ein altmediterraner Tempeltyp, ZAW, 50, 1932, 73-86.

——, Pharos. Antike, Islam und Occident. Ein Beitrag zur Architekturgeschichte, Leipzig und Berlin, 1909.

Thoma, C., Auswirkungen des jüdischen Krieges gegen Rom (66-70/73 n. Chr.) auf das rabbinische Judentum, BZ, NF, 12, 1968, 30-54, 186-210.

Thomas, D. Winton, Archaeology and Old Testament Study. Jubilee Vol. of the Society for Old Testament Study, Ed. by D. Winton Thomas, Oxford, 1967.

Thompson, R. J., Penitence and sacrifice in Early Israel outside the Levitical Law, Leiden, 1963.

Thompson, Th. L., The Dating of the Megiddo Temples in Strata XV-XIV, ZDPV, 86, 1970, 38-49.

Thomsen, P. Denkmäler aus der Zeit Jesu, Das Land der Bibel, II, 1, 1916, 8-39.

——, Das Stadtbild Jerusalems auf der Mosaikkarte von Madeba, ZDPV, 52, 1929, 149-174, 192-219.

——, Palästina und seine Kultur in fünf Jahrtausenden, AO, 30, 1931.

——, Die Palästina-Literatur, I-III 1895-1904, IV 1915-1924, V 1925-1934, VI 1935-1944, Band A Lief. 1-3 1957-1960.

Thomson, H. C., The right of entry to the Temple, TrGUOS, XXI, 1965-1966, 25-34.

——, A Row of Ceder Beams, PEQ, 92, 1960, 57-63.

Thomson, W. M., The Land of the Book. The Holy Land, London, 1881.

Tobler, T., Zwei Bücher Topographie von Jerusalem und seinen Umgebungen, Berlin, 1853.

Tocci, Fr. M., La Siria nell' età di Mari, Roma, 1960.

——, Hazor nell' età del medio e tardo bronzo, RSO, XXXVII, 1962, 59-64.

Torczyner, H., (Tur-Sinai), Die Bundeslade und die Anfänge der Religion Israels, 1922.

Torrey, Ch. C., Pseudo-Ezekiel and the original prophecy, Yale Oriental series. Researches Vol. XVIII, New Haven, 1930.

Touzard, J., Les Juifs au temps de la Période Persane, Paris, 1915.

Trinquet, J., Métrologie Biblique, Dict. de la Bible, Suppl. XXVIII, 1955, 1211-1250.

Tufnell, Olga, Excavations at Tell ed-Duweir, Palestine (1932-1938), PEQ, 82, 1950, 65-80.

——, Lachish III (Tell ed-Duweir), The Iron Age, London, New York-Toronto, 1953.

——, Hazor, Samaria and Lachish, PEQ, 91, 1959, 90-105.

Tushingham, A. D., The Excavations at Dibon (Dhiban) in Moab. The Third campaign 1952-53, AASOR, XL, Cambridge, 1972.

Unger, M. F. Israel and the Aramaeans of Damascus, London, 1957.

Ungnad, A., Die Paradiesbäume, ZDMG, NF, 4, 1925, 111-118.

Urbach, E. E., The Rabbinical Laws of Idolatry in the Second and Third Centuries in the Light of Archaeological and Historical Facts, IEJ, 9, 1959, 149-165.

Ussishkin, D., King Solomon's Palaces, BA, 36, 3, 1973, 78-105.

Vanbeek, G. W., Frankincense and Myrrh, BA, XXIII, 3, 1960, 70-95.

Vanel, A., Prétoire, Dict. de la Bible, Suppl. 44, 1969, 514-554.

Van Hoonacker, M., La date de l'introduction de l'encens dans le culte de Iahvé, RB, 1914, 161-187.

Vaux, R. de, Les décrets de Cyrus et de Darius sur la reconstruction du Temple, RB, 46, 1937, 29-57.

——, Notes sur le Temple de Salomon, Kêdem, II, 1945, 48 ss. (hebr.), IX, fr.

——, Les Manuscrits de Qumrân et l'Archéologie, RB, 66, 1959, 87-110.

——, Les Institutions de l'Ancien Testament, I-II, Paris, 1958-1960.

——, Les chérubins et l'arche d'alliance. Les sphinx gardiens et les trônes divins dans l'ancien Orient, MUSJ, XXXVII, 1960-1961, 93-124.

——, L'archéologie et les Manuscrits de la Mer Morte, The Schweich Lect. (1959), London, 1961.

——, Arche d'Alliance et Tente de Réunion, in A la Rencontre de Dieu, Mémorial Albert Gélin, 55-70, Le Puy, 1961.

——, Jérusalem et les Prophètes, RB, 73, 1966, 481-509.

Velde, C. W. M. van de, Reis door Syrie en Palestina in 1851 en 1852, I-II, Utrecht, 1854.

Vermes, Geza, The Impact of the Dead Sea Scrolls on Jewish Studies during the last Twenty-Five Years, JJS, XXVI, 1975, 1-14.

——, The Impact of the Dead Sea Scrolls on the Study of the New Testament, JJS, XXVII, 1976, 107-116.

VINCENT, A., La Religion des Judéo-Araméens d'Eléphantine, Paris, 1937.

VINCENT, L. H., La description du Temple de Salomon. Notes exégetiques sur I Rois VI, RB, 4, 1907, 515-542.

——, Jérusalem d'apres la lettre d'Aristée, RB, NS, 5, 1908, 520-532; 6, 1909, 555-575.

——, Jérusalem sous terre. Les récents fouilles d'Ophel, London, 1911.

——, Jérusalem. Recherches de topographie, d'archéologie et d'histoire, I, Jérusalem Antique, Paris, 1912; II, Jérusalem Nouvelle, Paris, 1914 (et F. M. Abel).

——, Hébron. Le Ḥaram el-Khalil. Sépulture des Patriarches, Paris, 1923 (et E. J. H. Mackay-F. M. Abel).

——, L'Antonia et la Prétoire, RB, 42, 1933, 83-113.

——, Autour du Prétoire, RB, 46, 1937, 563-570.

——, Encore la troisième enceinte de Jérusalem, RB, 54, 1947, 90-126.

——, La Notion biblique du Haut-Lieu, RB, 55, 1948, 245-278.

——, Art. Jérusalem. Dict. de la Bible, Suppl. XXI, 1948, 897-966.

——, L'autel des holocaustes et le caractère du Temple d'Ézéchiel, in Analecta Bollandiana t. XVII, Mélanges Paul Peeters, Bruxelles, 1949, 7-20.

——, Le Lithostrotos Évangélique, RB, 59, 1952, 513-530.

——, L'Antonia, palais primitif d'Hérode, RB, 61, 1954, 87-107.

——, Jérusalem de l'Ancien Testament. Recherches d'Archéologie et d'Histoire, Ire Partie, Paris, 1954; 2e-3e Partie, Paris, 1956.

——, Le Temple Hérodien d'après la Mišnah, RB, 61, 1954, 5-35, 398-418.

——, Le caractère du Temple Salomonien, in Mel. Bibl. rédigés en l'Honneur de André Robert, Travaux de l'Inst. Catholique de Paris, 4 (o.J.), 137-148 (Paris 1955?).

——, Site Primitif de Jérusalem et son évolution initiale, RB, 65, 1958, 161-180.

VINK, J. G., The date and origin of the Priestly Code in the Old Testament, OT, XV, 1969, 1-144.

VOGEL, Eleanor K., Bibliography of Holy Sites, HUCA, XLII, 1971, 1-96.

VOGT, E., Die neubabylonische Chronik über die Schlacht bei Karkemisch und die Einnahme von Jerusalem, VTSuppl, IV, 1957, 67-96.

——, Die Texte Tiglat-Pilesers III. über die Eroberung Palästinas, Biblica, 45, 1964, 348-354.

——, Das Wachstum des alten Stadtgebietes von Jerusalem, Biblica, 48, 1967, 337-358.

——, Bemerkungen über das Jahr der Eroberung Jerusalems, Biblica, 56, 1975, 223-230.

VOGT, J., Kaiser Julian und das Judentum, Morgenland 30, Leipzig, 1939.

VOGÜÉ, M. de, Le Temple de Jérusalem. Monographie du Haram. ech-cherif suivi d'un essai sur la Topographie de la Ville Sainte, Paris, 1864.

——, Syrie Centrale. Architecture Civile et religieuse du Ire au VIIe siècle, I, Paris, 1865-77.

——, The Hauran, in Warren-Wilson, Recovery of Jerusalem, II, 1871, 410/37.

VOLZ, P., Jüdische Eschatologie von Daniel bis Akiba, Tübingen, 1903.

——, Die biblischen Altertumer², Stuttgart, 1925.

VRIEZEN, Th. C., De Compositie van de Samuël-Boeken, Orientalia Neerlandica, 1948, 167-819.

——, Hoofdlijnen der Theologie van het Oude Testament², Wageningen, 1954.

——, Jahwe en zijn Stad, Amsterdam, 1962 (Rede Kon. Ned. Akad. d. W.).

——, De godsdienst van Israel, Zeist-Arnhem-Antwerpen, 1963.

WAGENAAR, C. G., De Joodsche Kolonie van Jeb-Syene in de 5de eeuw voor Christus., Diss., Den Haag, 1928.

WALLIS, G., Die Anfänge des Königtums in Israel, Wiss. Ztschr. der Martin-Luther-Un., XII, 1963, 239-247, Halle-Wittenberg.

WARREN, C. W. and C. R. CONDER, Survey of Western Palestine, III, Jerusalem, London, 1884.

——, The Temple of Herod, in The Athenaeum 20. Febr. 1875, 265-266.

——, Underground Jerusalem, London, 1876.

——, The Temple or the Tomb, London, 1880.

WATERMAN, L., The damaged „Blueprints" of the Temple of Solomon, JNES, 1943, 284-294.

——, The treasures of Solomon's private chapel, JNES, VI, 1947, 161-163.

WATSON, C. M., The site of the Temple, PEF QuSt, 1896, 47-60.

——, Fifty Years' Work in the Holy Land, PEF, 1915.

——, The Story of Jerusalem, London, 1918.

WATZINGER, C., Denkmäler Palästinas. Eine Einführung in die Archäologie des heiligen Landes, I, Leipzig, 1933; II, 1935.

—— and WÜLZINGER, K., Damaskus. Die antike Stadt. Wiss. Veröffentl. des Deutsch-Türkischer Denkmalschutz-Kommandos, Herausg. von Th. Wiegand, Berlin-Leipzig, 1921.

WEBER, W., Josephus und Vespasian. Untersuchungen zu dem jüdischen Krieg des Flavius Josephus, Berlin-Leipzig, 1921.

WEICKERT, C., Augustus: Bild und Geschichte, Antike, XIV, 1938, 202-230.

WEILER, I., Titus und die Zerstörung des Tempels von Jerusalem — Absicht oder Zufall? Klio, 50, 1968, 139-158.

WEILL, R., La Cité de David, Paris, 1920.

WEINFELD, M., Cult centralisation in Israel in the light of a Neo-Babylonian Analogy, JNES, XXIII, 1964, 202-212.

WEIPPERT, H. und M., Jericho in der Eisenzeit, ZDPV, 92, 1976, 105-148.

WEISER, A., Die Tempelbau Krise unter David, ZAW, 77, 1965, 153-168.

WEISSBACH, F. H., Die Keilinschriften der Achämeniden, VAB 3, Leipzig, 1911.

WENSINCK, A. J., The ideas of the western Semites concerning the Navel of the Earth, Verh. Kon. Akad. A'dam, Afd. Letterk. Nieuwe Reeks Deel XVII Nr. 1, A'dam, 1916.

WHITLEY, C. F., The term seventy years captivity, VT, IV, 1954, 60-72.

WIDENGREN, G., Sakrales Königtum im Alten Testament und im Judentum, Stuttgart, 1955.

WIEGAND, Th., Baalbek, I, 1921; II, 1923; III, 1925.

——, Palmyra. Ergebnisse der Expeditionen von 1902 and 1917, Berlin, 1932.

——, Petra. Wiss. Veröffentl. des deutsch-türkischen Denkmalschutz-Kommandos, Berlin-Leipzig, 1921.

WIENER, H. M., The Altars of the Old Testament, Beigabe zur OLZ, 1927.

WIESENBERG, E., The Nicanor Gate, JJS, III, 1952, 14-29.

WILL, E., Au sanctuaire d'Héracles à Tyr, Berytus, X, 1950-1951, 1-12.

——, Du Trilithon de Baalbek et d'autres appareils colossaux, Festschrift Michalowski, 1966, 725-729.

WILLIAMS, G., The Holy City, Historical, Topographical, and Antiquarian notices of Jerusalem, I-II, London, 1849.

WILLIAMS, S., Palestinian Temples, Iraq, VI, 1949, 77-89.

WILLRICH, H., Das Haus des Herodes, Bibl. der klass. Altertumswiss. VI, Heidelberg, 1929.

WILSON, C. W. and C. WARREN, The Recovery of Jerusalem. A Narrative of Exploration and Discovery in the City and the Holy Land, London, 1871.

——, Golgotha and the Holy Sepulchre, London, 1906.

WINTER, P., On the trial of Jesus, Studia Judaica I, 1961, Berlin.

WIRGIN, W., The Menorah as Symbol of After Life, IEJ, 14, 1964, 102-104.

——, On king Herod's Messianism, IEJ, 11, 1961, 153.

WISEMAN, D. J., Chronicles of Chaldaean Kings (626-556 B.C.) in the British Mus., London, 1956.

WOOLLEY, C. L., Carchemish. Report on the excavations at Jerablus on behalf of the British Mus., I-III, 1914-1952.

——, Alalakh. An account of the excavations at Tell Atchana in the Hatay, 1937-1949, Oxford, 1955.

WRIGHT, G. E., Solomon's Temple Resurrected, BA, IV, 2, 1941, 17-31.

——, The Tempel in Palestine-Syria, BA, VII, 4, 1944, 65-77.

——, Dr Waterman's View concerning the Solomonic Temple, JNES, VII, 1948, 53.

——, The Stevens' Reconstruction of the Solomonic Temple, BA, XVIII, 2, 4-44.

——, Biblical Archaeology, Philadelphia-London, 1957.

——, Shechem: The Archaeology of the City, BA, XX, 1, 1957, 19 ff.

——, Samaria, BA XXII, 3, 1959, 67-78.

——, The Archaeology of Palestine, in The Bible and the Ancient Near East. Essays in Honour of W. F. Albright. Ed. by G. E. Wright, 73-112, London, 1961.

——, Shechem. The Biography of a Biblical City, New York-Toronto, 1965.

——, The Provinces of Solomon, ErIs, VIII, 1967, 58*-68*.

——, Archaeological Method in Palestine. — An American Interpretation, ErIs, IX, 1969, 120-133.

——, The Archaeology of Palestine from the neolithic through the Middle Bronze Age, JAOS, 91, 1971, 276-293.

WRIGHT, G. R. H., Structure of the Qasr Bint Farʾun. A Preliminary review, PEQ, 93, 1961, 8-37.

——, Reconstructing Archaeological Remains, BA, XXIV, 1, 1961, 25-31.

——, Petra. The arched Gate, 1959-60, PEQ, 1961, 124-135.

——, The Nabataean-roman temple at Dhiban: a suggested reinterpretation, BASOR, 163, 1961, 26-30.

——, The Khazne at Petra: a review, ADAJ, VI-VII, 1962, 24-54 (reiche Bibliographie p. 26).

——, Structure et date de l'arc monumentale de Petra. Étude comparative, RB, 73, 1966, 404-419.

——, Temples at Shechem, ZAW, 80, 1968, 1-35.

WURZ, H., Zur Charakteristik der klassischen Basilika, Strassburg, 1906.

WYLIE, C. C., On King Solomon's Molten Sea, BA, XII, 4, 1949, 86-90.

YADIN, Y., Some aspects of the strategy of Ahab and David, Biblica, 36, 1955, 332-351.

——, Hyksos fortifications and the Battering-ram, BASOR, 137, 1955, 23-32.

——, The Rise and Fall of Hazor, Archaeology, X, 2, 1957, 83-92.

——, Hazor I. An account of the first season excavations, 1955. The James A. de Rothschild Expedition at Hazor, Jerusalem, 1958; II, An account of the second season, 1956, Jerusalem, 1960.

——, Solomon's City Wall and Gate at Gezer, IEJ, 8, 1958, 80-86.

——, New Light on Solomon's Megiddo, BA, XXIII, 2, 1960, 62-68.

——, The Art of Warfare in Biblical Lands, I-II, 1963.

——, The Excavation of Masada-1963/64. Prel. Rep., IEJ, 15, 1965, 1-120.

——, The Ben Sira Scroll from Masada, Jerusalem, 1965.

——, The Excavation at Masada, The Jewish Museum New York, 1967, 19-32.

——, The Temple Scroll, BA, XXX, 4, 1967, 135-139.

——, Masada. Herod's Fortress and the Zealot's Last Stand, London, 1967.

——, Megiddo of the Kings of Israel, BA, XXXIII, 3, 1970, 66-96.

——, Hazor. The Head of all those Kingdoms. The Schweich Lect., 1970.

——, Bar-Kokhba. The rediscovery of the legendary hero of the last Jewish revolt against Imperial Rome, London, 1971.

——, Jerusalem Revealed. Archaeology in the Holy City 1968-1974, Jerusalem, 1975 (Ed. Y. Yadin).

YARDEN, L., The Tree of Light. A Study of the Menorah, 1971.

YEIVIN, Sh., Jachin and Boaz, PEQ, 91, 1959, 6-22.

——, A Decade of Archaeology in Israel 1948-1958, Istanbul, 1960.

——, Was there a high portal in the First Temple? VT, XIV, 1964, 331-343.

YORK, A. D., Ezekiel I: Inaugural and Restoration Visions, VT, XXVII, 1977, 82-98.

ZEITLIN, S., Hanukkah. Its Origin and its Significance, JQR, XXIX, 1938-1939, 1-36.

——, The Crucifixion of Jesus re-examined, JQR, XXXI, 1940-1941, 327-369; XXXII, 1941-1942, 175-189, 279-301.

——, The Warning inscription of the Temple, JQR, XXXVIII, 1947-1948, 111-116.

——, The Temple and Worship. A Study of the Development of Judaism. A Chapter in the History of the Second Jewish Commonwealth, JQR, LI, 1961, 209-241.

——, The Trial of Jesus, JQR, LIII, 1962, 77-88.

——, There was no synagogue in the Temple, JQR, LIII, 1962, 168-169.

——, Herod. A malevolent Maniac, JQR, LIV, 1963, 1-27.

——, The Rise and Fall of the Judaean State, Vol. II 37 B.C.E. — 66 C.E., Philadelphia, 1967.

ZIMMERLI, W., Die Eigenart der prophetischen Rede des Ezechiel, ZAW, 66, 1954, 1-26.

——, Israel im Buch Ezechiel, VT, VIII, 1958, 75-90.

——, Art. Ezechiel, in RGG, II³, 1958, 844-847.

——, The special form- and traditio-historical character of Ezechiel's prophecy, VT, XV, 1965, 515-527.

——, Ezechieltempel und Salomostadt, VTSuppl, XVI, 1967, 398-414.

——, Planungen für den Wiederaufbau nach der Katastrophe von 587, VT, XVIII, 1968, 229-255.

——, Ezechiel 1.-2. Teilband. Bibl. Kommentar Altes Test., Bd. XIII/1-2, Neukirchener Verlag, 1969.

——, Deutero-Ezechiel? ZAW, 84, 1972, 501-516.

ZIMMERN, H., Die babylonische Göttin im Fenster, OLZ, 31, 1928, 1-3.

ZUNTZ, G., Aristeas Studies, JSS, IV, 1959, 21-36, 109-126.

ZWARTS, J., De zevenarmige Kandelaar in de romeinse Diaspora, Diss., 1935.

ZIJL, A. H. van, The Moabites. Pretoria Oriental Series ed. by A. Van Selms, Leiden, 1960.

REGISTER

Orte und Städte